Preussischer Landtag

Verhandlungen Band IV aus 1892

Preussischer Landtag

Verhandlungen Band IV aus 1892

ISBN/EAN: 9783742897343

Hergestellt in Europa, USA, Kanada, Australien, Japan

Cover: Foto ©Suzi / pixelio.de

Manufactured and distributed by brebook publishing software (www.brebook.com)

Preussischer Landtag

Verhandlungen Band IV aus 1892

Inhaltsverzeichniß.

Band IV.
Nr. 142 bis incl. Nr. 261.

Nr.		Seite
142.	Bericht der Rechnungskommission, betreffend die allgemeine Rechnung über den Staatshaushalt des Jahres vom 1. April 1888/89. — Nr. 13 der Drucksachen......	1961
143.	Zweiter Bericht der Justizkommission über Petitionen von Subalternbeamten bei Lokalpolizeibehörden und bei Staatsanwaltschaften, wegen Verbesserung ihrer Einkommensverhältnisse und wegen Rangerhöhung........	1979
144.	Erster Bericht der Budgetkommission über die Petition von Gemeinden des Mittelodcrbruchs, wegen Errichtung eines Schöpfwerkes bei Reitwoarow oder Neuliehen....	1982
145.	Vierter Bericht der Agrarkommission über Petitionen: A. Petition des Hofbesitzers Otto Mey in Gemlih, Regierungsbezirk Danzig, wegen Erhöhung seiner Entschädigung für eine zur Regulirung des Weichselstromes abgetretene Landfläche. B. Petition des Bürgermeisters und von Einwohnern der Gemeinde Klein-Schwalbach, wegen Abtretung eines Domänenguts................	1987
146.	Bericht der XIV. Kommission über den Gesetzentwurf, betreffend die Abänderung einzelner Bestimmungen des Allgemeinen Berggesetzes vom 24. Juni 1865. — Nr. 99 der Drucksachen.	1997
147.	Antrag des Abgeordneten Richter und Genossen, betreffend die Ergebnisse der Veranlagung der neuen Einkommensteuer..................	2033
148.	Antrag der Abgeordneten Richter und Genossen, betreffend die Veranstaltung einer Lotterie Behufs weiterer Niederlegung von Gebäuden in der Umgebung des Königlichen Schlosses..................	2033
149.	Gesetzentwurf, betreffend das Diensteinkommen der Lehrer an den nichtstaatlichen öffentlichen höheren Schulen	2033
150.	Gesetzentwurf, betreffend die Verlegung der Landesbuß- und Bettage...................	2037
151.	Antrag der Budgetkommission zu ihrem mündlichen Berichte über den Gesetzentwurf, betreffend die Erweiterung, Vervollständigung und bessere Ausrüstung des Staatseisenbahnnetzes, Nr. 115 der Drucksachen, sowie über dazu gehörige Petitionen............	2038
152.	Antrag der Budgetkommission zu ihrem mündlichen Bericht über den Gesetzentwurf, betreffend die Feststellung eines Nachtrags zum Staatshaushaltsetat für das Jahr vom 1. April 1892/93. — Nr. 128 der Drucksachen......	2039
153.	Antrag der Abgeordneten Richter und Genossen, betreffend die Niederlegung fiskalischer Gebäude, beziehungsweise die Abtretung fiskalischen Grund und Bodens in der Umgebung des Königlichen Schlosses in Berlin und betreffend die Veranstaltung einer neuen Lotterie zur Erwerbung beziehungsweise Niederlegung von Privatgebäuden in der Umgebung dieses Schlosses..........	2040

Nr.		Seite
154.	Anträge der Budgetkommission zu ihren mündlichen Berichten über Petitionen: I. Petitionen des Ströh und Genossen und des Dr. Schulte und Genossen in Kiel, betreffend den Umbau des dortigen Bahnhofs. II. Petitionen des Frank und Genossen und des Pohl und Genossen in Mehlsack, betreffend den Bau einer Eisenbahn von Mehlsack nach Heilsberg...........	2040
155.	Sechster Bericht der Petitionskommission: A. Petition des Presbyteriums der evangelischen Gemeinde zu M.-Gladbach, betreffend die Erweiterung des Friedhofes dieser Gemeinde. B. Petition des Fährbesitzers Hansen in Schwabstedt, wegen Entschädigung für eine aufgehobene Fährgerechtigkeit.........	2046
156.	Anträge zur zweiten Berathung des Gesetzentwurfs, betreffend die Abänderung einzelner Bestimmungen des Allgemeinen Berggesetzes vom 24. Juni 1865. — Nr. 146 der Drucksachen: a) der Abgeordneten Eberhard und v. Jhenplitz, b) „ „ „ Hitze und Genossen........	2018
157.	des Abgeordneten Eberty..............	2019
158.	Bericht der Budgetkommission über § 1 III Nr. 2, 3, 4, 6, 7, 8, 9, 13, 14, 16 des Gesetzentwurfs, betreffend die Erweiterung, Vervollständigung und bessere Ausrüstung des Staatseisenbahnnetzes. — Nr. 115 der Drucksachen sowie über die dazu beantragte Resolution........	2019
159.	Erster Bericht der Wahlprüfungskommission: A. Wahl des Abgeordneten Grimm im 11. Wahlbezirk des Regierungsbezirks Wiesbaden. B. Wahl des Abgeordneten v. Selle im 4. Wahlbezirk des Regierungsbezirks Marienwerder.......	2057
160.	Antrag der Abgeordneten Hitze und Genossen zur zweiten Berathung des Gesetzentwurfs, betreffend die Abänderung einzelner Bestimmungen des Allgemeinen Berggesetzes vom 24. Juni 1865. — Nr. 146 der Drucksachen..................	2065
161.	Anträge der Agrar- und der Unterrichtskommission zu ihren mündlichen Berichten über Petitionen: I. Petition des Rangirmeisters und Zugführers Döring in München-Gladbach, um Nachzahlung von Gehaltszulagen und um Pensionserhöhung. II. Petition des Eichrichters Hülsebus und Genossen in Bottum u. a. Orten, betreffend den Bau eines Kanals von Oberhusen nach Emden. III. Petition des früheren Kreisgerichtssekretärs Reicang in Marggrabrowa, wegen Wiederaufnahme als Mitglied der allgemeinen Wittwenverpflegungsanstalt, oder Rückzahlung seiner Beiträge zu dieser Anstalt.	

Haus der Abgeordneten. Inhaltsverzeichniß.

Nr.	Seite
IV. Petition des Landwirths Tornow in Neuschaumburg, um Entschädigung für Verluste durch Hochwasser und um Maßregeln gegen künftige Hochwassergefahr.
V. Petition des Eigenthümers Montowski und Genossen in Kossowo, um Zulassung zur Werbung von Torf in der Königlichen Forst.
VI. Petition des Kraak in Stralsund, wegen Abänderung von Vorschriften über das Fischereiwesen.
VII. Petition der Kreislastengehülfen Lüd und Genossen in Ratibowitz u. a. Orten, wegen Verbesserung der Lage der ersten Kreisklassengehülfen.
VIII. Petition des Singer in Welhenfels, wegen Aufhebung des Brückenzolls auf der dortigen Saalbrücke.
IX. Verschiedene Petitionen, betreffend die Berechnung des Dienstalters der katholischen Pfarrer bei der Gewährung von Altersuzlagen 2065
162. Antrag des Abgeordneten Dr. Hammacher zur zweiten Berathung des Gesetzentwurfs, betreffend die Abänderung einzelner Bestimmungen des Allgemeinen Berggesetzes vom 24. Juni 1865. — Nr. 146 der Drucksachen 2066
163. Zusammenstellung des Entwurfs eines Gesetzes, betreffend die Abänderung einzelner Bestimmungen des Allgemeinen Berggesetzes vom 24. Juni 1865, — Nr. 99 und Nr. 146 der Drucksachen — mit den in der zweiten Berathung im Plenum des Hauses der Abgeordneten über denselben gefaßten Beschlüssen 2067
164. Antrag der Petitionskommission zu ihrem mündlichen Bericht über Petitionen zu dem Gesetzentwurfe, betreffend die Verlegung der Landes-Buß- und Bettage. — Nr. 150 der Drucksachen 2083
165. Gesetzentwurf, betreffend die Gewährung einer Staatsrente für Stolgebührenentschädigungen in der evangelisch-lutherischen Kirche der Provinz Hannover 2083
166. Bericht der Justizkommission über den Antrag der Abgeordneten Neukirch und Drawe auf Annahme eines Gesetzentwurfs, betreffend die Regulirung der gutsherrlichen und bäuerlichen Verhältnisse in Neuvorpommern und Rügen. — Nr. 119 der Drucksachen 2086
167. Gesetzentwurf, betreffend die Geheimhaltung der Ergebnisse der Veranlagung zur Staatseinkommensteuer .. 2100
168. Antrag der Abgeordneten Dr. Seelig und Genossen zur zweiten Berathung des Gesetzentwurfs, betreffend die Erweiterung, Vervollständigung und bessere Anordnung des Staatseisenbahnnetzes. — Nr. 115 der Drucksachen .. 2103
169. Bericht der XV. Kommission über den Gesetzentwurf, betreffend die Aufhebung von Stolgebühren für Taufen, Trauungen und kirchlichen Aufgebote in der evangelischen Landeskirche der älteren Provinzen der Monarchie und den Gesetzentwurf, betreffend die Aufhebung von Stolgebühren für Taufen und Trauungen in der evangelisch-lutherischen Kirche der Provinz Schleswig-Holstein. — Nr. 84 der Drucksachen 2103
170. Siebenter Bericht der Petitionskommission über die Petition des Grafen v. Mirbach-Sorquitten, betreffend die Forderungen der Landwirthschaft in Konsequenz der jüngsten wirthschaftspolitischen Maßnahmen 2108
171. Bericht der XVI. Kommission über den Gesetzentwurf, betreffend die Einführung der Landgemeindeordnung für die sieben östlichen Provinzen der Monarchie vom 3. Juli 1891 in der Provinz Schleswig-Holstein. — Nr. 120 der Drucksachen 2110
172. Antrag der Abgeordneten Richter und Genossen, betreffend die Vorlegung von Gesetzentwürfen über Abänderung des Landtagswahlrechts und über eine Neueintheilung der Wahlkreise. 2124
Anträge zur dritten Berathung des Gesetzentwurfs, betreffend die Abänderung einzelner Bestimmungen des Allgemeinen Berggesetzes vom 24. Juni 1865. — Nr. 168 der Drucksachen:
173. des Abgeordneten Engels.................. 2124
174. des Abgeordneten Grafen Douglas 2125

Nr.	Seite
175. Zusammenstellung des Entwurfs eines Gesetzes, betreffend die Regulirung der gutsherrlichen und bäuerlichen Verhältnisse in Neuvorpommern und Rügen. — Nr. 118, Nr. 119 und Nr. 166 der Drucksachen — mit den in der zweiten Berathung im Plenum des Hauses der Abgeordneten über denselben gefaßten Beschlüssen .. 2126
176. Bericht der Budgetkommission über den Gesetzentwurf, betreffend die Aufhebung der Befreiung von ordentlichen Personalsteuern gegen Entschädigung. — Nr. 107 der Drucksachen........................... 2129
177. Antrag des Abgeordneten v. Schalscha wegen Vorlegung eines Gesetzentwurfs zur Ergänzung des Einkommensteuergesetzes vom 24. Juni 1891 2141
178. Fünfter Bericht der Agrarkommission über Petitionen:
A. Verschiedene Petitionen aus der Provinz Schleswig-Holstein, wegen Gewährung einer Grundsteuerentschädigung.
B. Petition der Wittwe Pauleit in Budoethen, Regierungsbezirk Gumbinnen, wegen Beseitigung von Wasserschäden.
C. Petitionen der Grundbesitzer in Ober-Nessau, um Unterstützung wegen Wasserschäden.
D. Petition der Besitzer der Dorfschaft Kawocze, betreffend die Eindeichung der dortigen Feldmark........ 2144
179. Zusammenstellung des Entwurfs eines Gesetzes, betreffend die Einführung der Landgemeindeordnung für die sieben östlichen Provinzen der Monarchie vom 3. Juli 1891 in der Provinz Schleswig-Holstein. — Nr. 120 und Nr. 171 der Drucksachen — mit den in der zweiten Berathung im Plenum des Hauses der Abgeordneten über denselben gefaßten Beschlüssen............ 2150
180. Antrag der Abgeordneten Hitze und Genossen zur dritten Berathung des Gesetzentwurfs, betreffend die Abänderung einzelner Bestimmungen des Allgemeinen Berggesetzes vom 24. Juni 1865. — Nr. 168 der Drucksachen 2157
181. Dritter Bericht der Justizkommission über Petitionen von Lehrern in Lauraütte und in Halberstadt, wegen Gewährung von Altersuzlagen 2158
Anträge zur dritten Berathung des Gesetzentwurfs, betreffend die Abänderung einzelner Bestimmungen des Allgemeinen Berggesetzes vom 24. Juni 1865. — Nr. 168 der Drucksachen:
182. des Abgeordneten Grafen Douglas 2163
183. der Abgeordneten Hitze und Genossen 2163
184. Zusammenstellung des Entwurfs eines Gesetzes, betreffend die Abänderung einzelner Bestimmungen des Allgemeinen Berggesetzes vom 24. Juni 1865. — Nr. 99, Nr. 146 und Nr. 168 der Drucksachen — mit den in der dritten Berathung im Plenum des Hauses der Abgeordneten über denselben gefaßten Beschlüssen........... 2164
185. Antrag des Abgeordneten Grafen zu Limburg-Stirum zur zweiten Berathung des Gesetzentwurfs, betreffend die Aufhebung der Befreiung von ordentlichen Personalsteuern gegen Entschädigung. — Nr. 176 der Drucksachen 2167
186. Zusammenstellung des Entwurfs eines Gesetzes, betreffend die Aufhebung der Befreiung von ordentlichen Personalsteuern gegen Entschädigung. — Nr. 107 und Nr. 176 der Drucksachen — mit den in der zweiten Berathung im Plenum des Hauses der Abgeordneten über denselben gefaßten Beschlüssen............. 2168
187. Vierter Bericht der Unterrichtskommission über Petitionen:
A. Petition der Wittwe des Direktors des Taubstummeninstituts zu Schleswig, Paulsen, wegen Gewährung einer Pension.
B. Petition des Lehrers und Organisten Claussen in Krummendiek, wegen Regelung seines Gehalts .. 2171
188. Anträge der Petitions-, Agrar-, Unterrichts-, Budgetkommission zu ihren mündlichen Berichten über Petitionen:
I. Petition des Eisenbahnbaurondidaten Kimmeyer in Bitten, betreffend die Anrechnung der Militärdienstzeit auf die Civildienstzeit.
II. Petition der Gemeindevertretung von Brodt-Zpeldorf, wegen Errichtung einer Apotheke daselbst.

Haus der Abgeordneten. Inhaltsverzeichniß.

Nr.		Seite
111.	Petition des Hölzermann in Neubrück, um Entschädigung wegen Entwerthung seines Mastenkrahns durch Herstellung des Ober-Spreekanals.	
IV.	Petition der Grundbesitzer Hansen und Genossen in Reiß und anderen Orten des Kreises Sonderburg, mit Uebernahme eines Theils von Haferabgaben an kirchliche Stellen auf die Staatskasse.	
V.	Petition des Kohloff und Genossen in Lobbe, wegen Bildung von Rentengütern aus dem dortigen Domänenvorwerk.	
VI.	Petition des Schild und Genossen in Hüinghausen und Umgegend, wegen Errichtung einer Volksschule daselbst.	
VII.	Petition der Lehrer Ramislo und Genossen in Oberich und anderen Orten, wegen Abänderung des Gesetzes vom 6. Juli 1885, betreffend die Pensionirung der Lehrer und Lehrerinnen an den öffentlichen Volksschulen.	
VIII.	Petition des Landgerichtssekretärs Bernards in Köln, um Bewilligung einer Theuerungszulage.	
IX.	Petition des Bergmanns Kelter in Altenkessel, wegen Aenderung der Regeln für Gewährung staatlicher Prämien an Berg- und Hüttenleute zum Bau von Wohnhäusern.	
X.	Petitionen der Direktors der Handwerker- und Kunstgewerbeschule in Hannover, wegen Erhöhung der Aufwendungen für das gewerbliche Schulwesen, — und von Innungsvorständen und Anderen, wegen Erhöhung des Staatszuschusses für Fortbildungsschulen.	
XI.	Petition des Forstamtssekretärs Haus in Kullik, um Verleihung der Anstellungsberechtigung.	
XII.	Petition des Pfarrers Hülsmann in Niederbobmar, um Nachzahlung eines Staatszuschusses zu seinem Gehalt.	2175
189.	Verzeichniß solcher Petitionen, welche von den Kommissionen zur Erörterung im Plenum nicht für geeignet erachtet sind	2177
190.	Sechster Bericht der Agrarkommission über Petitionen:	
	A. Petition des Dannenberger Deichverbandes, wegen Erlasses oder Ermäßigung einer Schuld.	
	B. Petition des Oberamtmanns Humburg in Wildungen, wegen Rückerstattung eines Theils der von ihm für die Domäne Wadern gezahlten Pacht.	
	C. Petition des Vorsitzenden des Centralvereins Preußischer Berufsfischer, betreffend die Fischerei in der Tiefe der Ostsee.	
	D. Petition des Klempnermeisters Sottz in Reinfeld in Holstein, betreffend den Ersatz von Kosten für Beschädigung seines Wohnhauses durch Wasser nach Herstellung einer Köhlsluder Anlage	2179
191.	Dritter Bericht der Justizkommission über Petitionen:	
	A. Petition von Kanzleiräthen und Kanzleigehülfen im Bezirk des Oberlandesgerichts zu Köln, wegen Vermehrung der etatsmäßigen Kanzlistenstellen bei den Justizbehörden.	
	B. Petitionen einer Anzahl von Justizkanzleigehülfen, wegen Verbesserung ihrer Lage.	
	C. Petition von Hülfsgerichtsdienern, wegen Verbesserung ihrer Lage	2186
192.	Siebenter Bericht der Agrarkommission über Petitionen:	
	A. Petition des Renlander Deichverbandes wegen Gewährung einer Entschädigung.	
	B. Petition des Geestes- und Unterlermarscher Deichacht, wegen Gewährung eines Darlehns aus Staatsfonds	2195
193.	Erster Bericht der Gemeindekommission über Petitionen einer Anzahl von Städten, wegen Gewährung eines Staatszuschusses zur Deckung der Ausgaben in Folge der sozialreformatorischen Gesetze	2207
194.	Anträge der Unterrichtskommission zu ihren mündlichen Berichten über Petitionen:	
	A. Petition der Lehrer der Stadt Burg, wegen Gewährung von Alterszulagen.	
	B. 1. Petition der Lehrer Dr. Kaiser und Genossen in Wiesbaden u. a. O., betreffend die Versorgung der Hinterbliebenen der wissenschaftlichen Lehrer an den Realanstalten des vormaligen Herzogthums Nassau.	
	2. Petition des Lehrers Remmes in Saarlouis, um Anerkennung seines Rechts als vollberechtigter Lehrer und Gewährung des Wohnungsgeldzuschusses	2210

Nr.		Seite
195.	Achter Bericht der Petitionskommission über die Petition des katholischen Kirchenvorstandes zu Keppel, betreffend die Zahlung der Beträge aus dem dortigen Stiftsfonds an den katholischen Pfarrfonds	2211
196.	Zweiter Bericht der Wahlprüfungskommission über die Wahl des Abg. Grimm im 11. Wahlbezirk des Regierungsbezirks Wiesbaden	2213
197.	Bericht der XX. Kommission zur Vorberathung des Gesetzentwurfs, betreffend die Geheimhaltung der Ergebnisse der Veranlagung zur Staatseinkommensteuer. — Nr. 167 der Drucksachen	2214
198.	Gesetzentwurf, betreffend die Kosten für die in Folge des Reichsgesetzes vom 20. April 1892 bei der Führung des Handelsregisters vorkommenden Geschäfte	2219
199.	Gesetzentwurf, betreffend die Feststellung eines Nachtrags zum Staatshaushaltsetat für 1892/93	2220
200.	Gesetzentwurf, betreffend die Ablösung der auf Grund des § 46 der Wegeordnung für die Provinz Sachsen vom 11. Juli 1891 (Gesetzsamml. S. 316 ff.) Seitens des Staates an die genannte Provinz zu zahlenden Rente..	2224
201.	Bericht der XIX. Kommission zur Vorberathung des Gesetzentwurfs, betreffend das Diensteinkommen der Lehrer an den nichtstaatlichen öffentlichen höheren Schulen. — Nr. 149 der Drucksachen	2225
202.	Zusammenstellung des Entwurfs eines Gesetzes, betreffend die Kosten für die in Folge des Reichsgesetzes vom 20. April 1892 bei der Führung des Handelsregisters vorkommenden Geschäfte. — Nr. 198 der Drucksachen — mit den in der zweiten Berathung im Plenum des Hauses der Abgeordneten über denselben gefaßten Beschlüssen ..	2246
203.	Vierter Bericht der Justizkommission über Petitionen:	
	A. Petition des Gerichtsvollziehers Krings zu Melmersen, Provinz Hannover, betr. die Gewährung von Alterszulagen an die Gerichtsvollzieher, die Versetzung und die Eintheilung der Geschäftsbezirke derselben.	
	B. Petition von Gerichtsaktuaren des Oberlandesgerichtsbezirks Breslau, betr. die Einkommens- und Anstellungsverhältnisse der Gerichtsaktuare.	
	C. Petition der Einwohner von Haindorf, wegen Abtrennung der Gemeinden Holnstein und Hasselbach vom Bezirke des Amtsgerichts in Usingen	2248
204.	Antrag der Abgeordneten Dr. Kropatschek und Genossen zur zweiten Berathung des Gesetzentwurfs, betreffend das Diensteinkommen der Lehrer an den nichtstaatlichen öffentlichen höheren Schulen. — Nr. 201 der Drucksachen	2253
205.	Bericht der XVII. Kommission zur Vorberathung des Gesetzentwurfs, betreffend die Besetzung der Subaltern- und Unterbeamtenstellen in der Verwaltung der Kommunalverbände mit Militäranwärtern. — Nr. 130 der Drucksachen	2254
206.	Bericht der XVIII. Kommission zur Vorberathung des Gesetzentwurfs, betreffend die Bahnen unterster Ordnung. — Nr. 138 der Drucksachen	2271
207.	Antrag der Budgetkommission zu ihrem mündlichen Bericht über den Gesetzentwurf, betreffend die Feststellung eines Nachtrags zum Staatshaushaltsetat für das Jahr vom 1. April 1892/93. — Nr. 199 der Drucksachen	2312
	Anträge zur zweiten Berathung des Gesetzentwurfs, betreffend das Diensteinkommen der Lehrer an den nichtstaatlichen öffentlichen höheren Schulen — Nr. 201 der Drucksachen:	
208.	des Abgeordneten v. Bülow (Wandsbek)	2313
209.	der Abgeordneten v. Schendendorff und Dr. Kropatschek	2313
210.	Antrag des Abgeordneten v. Eitombed zur zweiten Berathung des Gesetzentwurfs, betreffend die Ablösung der auf Grund des § 46 der Wegeordnung für die Provinz Sachsen vom 11. Juli 1891 (Gesetzsamml. S. 316 ff.) Seitens des Staates an die genannte Provinz zu zahlenden Rente. — Nr. 200 der Drucksachen	2313
211.	Anträge der Abgeordneten Rabbul und Genossen zur zweiten Berathung des Gesetzentwurfs, betreffend das Diensteinkommen der Lehrer an den nichtstaatlichen öffentlichen höheren Schulen. — Nr. 201 der Drucksachen	2314

VI   Haus der Abgeordneten. Inhaltsverzeichniß.

Nr.		Seite
212.	Zweiter Bericht der Gemeindekommission über die Petition der Stadtverordnetenversammlung in Merseburg, betr. das Beschwerderecht derselben	2314
213.	Anträge der Petitions-, Gemeinde- und Budgetkommission zu ihren mündlichen Berichten über Petitionen:	
	I. Petition des Vermessungsrevisors a. D. Antel in Görlitz, um Erhöhung seiner Pension.	
	II. Petition des Bürgermeisters Schneider und Genossen in Massenheim u. a. O., wegen Versteigerung des Holzes in fiskalischen Forsten und Stundung des Kaufgeldes.	
	III. Petition des pensionirten Eisenbahnschaffners Wolff und Genossen in Breslau, wegen Erhöhung der Pensionen der in Folge von Körperbeschädigungen dienstunfähig gewordenen Beamten.	
	IV. Petition von Brand und Genossen in Kroppenstedt, wegen Abänderung des Normalreskripts vom 3. März 1778, betr. die Theilung und Nutzung der dortigen Reiterhufen.	
	V. Petition des Weichenstellers Rosenberg in Ottensen, um Festsetzung seines Gehalts nach Maßgabe seiner Gesammtdienstzeit.	
	VI. Petition der Vertretung der Stadt Hagen, wegen Abänderung des Projekts für das Geschäftshaus des dortigen Eisenbahnbetriebsamts	2319
214.	Antrag des Abgeordneten Dr. Reich, wegen Vorlegung eines Gesetzentwurfs, betreffend die Errichtung eines Amtsgerichts auf Helgoland	2319
215.	Anträge der Abgeordneten v. Tschoppe (Oldenstadt) und Genossen zur zweiten Berathung des Gesetzentwurfs, betreffend die Besetzung der Subaltern- und Unterbeamtenstellen in der Verwaltung der Kommunalverbände mit Militäranwärtern. — Nr. 205 der Drucksachen	2320
216.	Fünfter Bericht der Unterrichtskommission über die Petition des Gutsbesitzers Zieting in Stubbnwalde, betreffend die Schulabgaben der Besitzer von Privatgrundstücken im forstfiskalischen Gutsbezirke Czerst	2320
217.	Zusammenstellung des Entwurfs eines Gesetzes, betreffend die Feststellung eines Nachtrags zum Staatshaushaltsetat für das Jahr vom 1. April 1892/93, — Nr. 195 und Nr. 207 der Drucksachen — mit den in der zweiten Berathung im Plenum des Hauses der Abgeordneten über denselben gefaßten Beschlüssen	2323
218.	Zusammenstellung des Entwurfs eines Gesetzes, betreffend das Diensteinkommen der Lehrer an den nichtstaatlichen öffentlichen höheren Schulen, — Nr. 149 und Nr. 201 der Drucksachen — mit den in der zweiten Berathung im Plenum des Hauses der Abgeordneten über denselben gefaßten Beschlüssen	2326
219.	Antrag des Abgeordneten Eberhard zur zweiten Berathung des Gesetzentwurfs, betreffend die Besetzung der Subaltern- und Unterbeamtenstellen in der Verwaltung der Kommunalverbände mit Militäranwärtern. — Nr. 205 der Drucksachen	2329
220.	Zusammenstellung des Entwurfs eines Gesetzes, betreffend die Besetzung der Subaltern- und Unterbeamtenstellen in der Verwaltung der Kommunalverbände mit Militäranwärtern, — Nr. 130 und Nr. 205 der Drucksachen — mit den in der zweiten Berathung im Plenum des Hauses der Abgeordneten über denselben gefaßten Beschlüssen	2329
221.	Anträge der Geschäftsordnungskommission zu ihren mündlichen Berichten über die Fragen der Erledigung der Mandate der Abgeordneten v. Balan und Jerusalem	2335
222.	Antrag des Abgeordneten Dr. Ostrop und Dr. Wuermeling zur dritten Berathung des Gesetzentwurfs, betreffend die Besetzung der Subaltern- und Unterbeamtenstellen in der Verwaltung der Kommunalverbände mit Militäranwärtern. — Nr. 220 der Drucksachen	2335
	Anträge zur dritten Berathung des Gesetzentwurfs, betreffend die Besetzung der Subaltern- und Unterbeamtenstellen in der Verwaltung der Kommunalverbände mit Militäranwärtern. — Nr. 220 der Drucksachen:	
223.	der Abgeordneten v. Buch und Genossen	2335
224.	der Abgeordneten Eberhard und v. Buch	2336

Nr.		Seite
	Anträge zur dritten Berathung des Gesetzentwurfs, betreffend die Besetzung der Subaltern- und Unterbeamtenstellen in der Verwaltung der Kommunalverbände mit Militäranwärtern. — Nr. 220 der Drucksachen:	
225.	des Abgeordneten v. Tschoppe (Oldenstadt)	2336
226.	des Abgeordneten Eberhard	2336
227.	Dritter Bericht der Gemeindekommission über die Petition des Kossäthenherrn Rissen in Sophien-Magdalenen-Moor, betreffend die Abtrennung der vier oktroirten Reußischen Äcker vom Amtsbezirke Vorbelum und Bildung eines besonderen Amtsbezirks aus denselben	2337
	Anträge zur zweiten Berathung des Gesetzentwurfs über die Bahnen unterster Ordnung. — Nr. 206 der Drucksachen:	
228.	A. des Abgeordneten Jansen, B. des Abgeordneten Im Walle	2340
229.	A. des Abgeordneten v. Strombeck, B. des Abgeordneten Barth	2341
230.	A. des Abgeordneten v. Strombeck, B. des Abgeordneten Hansen	2342
231.	der Abgeordneten Rickert und Genossen	2342
232.	Unterantrag des Abgeordneten Hansen zu seinem Antrage, Nr. 230 der Drucksachen zu B. 4 zur zweiten Berathung des Gesetzentwurfs über die Bahnen unterster Ordnung. — Nr. 206 der Drucksachen	2343
	Anträge zur zweiten Berathung des Gesetzentwurfs über die Bahnen unterster Ordnung. — Nr. 206 der Drucksachen:	
233.	des Abgeordneten Jansen	2343
234.	des Abgeordneten v. Tiedemann (Bomst)	2343
235.	der Abgeordneten Frentz und Genossen	2343
236.	des Abgeordneten Jerusalem	2344
237.	des Abgeordneten Engels	2344
238.	des Abgeordneten v. Strombeck	2344
239.	des Abgeordneten Ludowieg	2344
240.	Interpellation der Abgeordneten Dr. Sattler und Genossen, betreffend die Einziehung des dem Kronfideikommißfonds für die Theater in Hannover, Cassel und Wiesbaden gezahlten Zuschusses	2345
241.	Antrag des Abgeordneten v. Tiedemann (Bomst) zur zweiten Berathung des Gesetzentwurfs über die Bahnen unterster Ordnung. — Nr. 206 der Drucksachen	2345
242.	I. Antrag der Petitionskommission zu ihrem mündlichen Berichte über die Petition des Steuerauffsehers Montag in Hannover, wegen Herauszahlungen aus der Uniformirungskasse der Steuer- und Grenzaufseher zu Hannover.	
	II. Verzeichniß solcher Petitionen, welche von den Kommissionen zur Erörterung im Plenum nicht für geeignet erachtet sind	2345
243.	Antrag der Geschäftsordnungskommission zu ihrem mündlichen Berichte betreffend die Ertheilung der Ermächtigung zur strafgerichtlichen Verfolgung der Zeitung „Vorwärts, Berliner Volksblatt" wegen Beleidigung des Hauses der Abgeordneten	2346
244.	Zusammenstellung des Entwurfs eines Gesetzes über die Bahnen unterster Ordnung — Nr. 138 und Nr. 206 der Drucksachen — mit den in der zweiten Berathung im Plenum des Hauses der Abgeordneten gefaßten Beschlüssen	2347
245.	Neunter Bericht der Petitionskommission über eine Petition betreffend die Feuerbestattung	2361
	Anträge zur dritten Berathung des Gesetzentwurfs über Kleinbahnen und Privatanschlußbahnen. — Nr. 244 der Drucksachen:	
246.	A. des Abgeordneten Böbler, B. des Abgeordneten Engels	2365
247.	des Abgeordneten Jerusalem	2365

Haus der Abgeordneten. Inhaltsverzeichniß. VII

Nr.		Seite
248.	Gesetzentwurf, betreffend die Besetzung der Subaltern- und Unterbeamtenstellen in der Verwaltung der Kommunalverbände mit Militäranwärtern. (Nach den Beschlüssen des Herrenhauses.)	2365
249.	Fünfter Bericht der Justizkommission über Petitionen, betreffend Einräumung eines Vorrechts für Forderungen, die aus Arbeiten oder Lieferungen zu Neubauten herrühren	2366
	Anträge zur dritten Berathung des Gesetzentwurfs über Kleinbahnen und Privatanschlußbahnen. — Nr. 244 der Drucksachen:	
250.	A. des Abgeordneten Hansen, B. des Abgeordneten v. Tiedemann (Bomst)	2379
251.	der Abgeordneten Graf zu Limburg-Stirum und v. Bismarck	2380
252.	des Abgeordneten Dr. Krause	2380
253.	des Abgeordneten Jerusalem	2380
254.	Zusammenstellung des Entwurfs eines Gesetzes über die Bahnen unterster Ordnung — Nr. 138, Nr. 206 und Nr. 244 der Drucksachen — mit den in der dritten Berathung im Plenum des Hauses der Abgeordneten über denselben gefaßten Beschlüssen	2381
255.	Gesetzentwurf, betreffend das Diensteinkommen der Lehrer an den nichtstaatlichen öffentlichen höheren Schulen. (Nach den Beschlüssen des Herrenhauses.)	2384
	Anträge zur Berathung des vom Herrenhause zurückgelangten Gesetzentwurfs, betreffend das Diensteinkommen der Lehrer an den nichtstaatlichen öffentlichen höheren Schulen. — Nr. 255 der Drucksachen:	
256.	des Abgeordneten Dr. Krendt	2388
257.	des Abgeordneten Dr. Lieber	2388
258.	Anträge der Geschäftsordnungskommission zu ihren mündlichen Berichten über die Fragen der Erledigung der Mandate der Abgeordneten Im Walle und Spahn	2388
259.	Gesetzentwurf über die Bahnen unterster Ordnung. (Nach den Beschlüssen des Herrenhauses.)	2389
260.	Schreiben des Präsidenten des Staatsministeriums, Grafen zu Eulenburg, betreffend Einladung beider Häuser des Landtages zu einer vereinigten Sitzung	2389
261.	Allerhöchste Botschaft, betreffend den Schluß des Landtages	2390
	Sachregister	2391

Haus der Abgeordneten. Aktenstück №͏ 142.

№͏ 142.

Bericht

der

Rechnungskommission über die allgemeine Rechnung, betreffend den Staatshaushalt des Jahres vom 1. April 1888/89.

— Nr. 13 der Drucksachen. —

Berichterstatter:
Abgeordneter Jansen.

Die allgemeine Rechnung über den Staatshaushalt des Jahres vom 1. April 1888/89 ist durch den Herrn Finanzminister am 15. Januar 1892 dem Landtage in Gemäßheit des Artikels 104 der Verfassungsurkunde zur Entlastung der Königlichen Staatsregierung vorgelegt worden.

Die Vorlage enthält:

a) einen Vorbericht des Herrn Finanzministers vom Dezember 1891, Seite III—IV,
b) die allgemeine Rechnung, Seite 1—38,
c) sodann in 33 Anlagen, Seite 1—412, die im Inhaltsverzeichniß angegebenen Spezialrechnungen,
d) als Beilage I, Seite 1—114, die Revisionsbemerkungen der Oberrechnungskammer vom 24. Oktober 1891,
e) als Beilage II, Seite 1—7, die Rechnung über Einnahmen und Ausgaben des ehemaligen Staatsschatzes für das Jahr 1888/89 nebst den Revisionsbemerkungen der Oberrechnungskammer dazu vom 26. Februar 1891.

Das Haus der Abgeordneten ist in der Sitzung vom 3. Februar 1892 in die erste Berathung der Vorlage eingetreten und hat in derselben die Vorlage der Rechnungskommission zur Vorberathung überwiesen.

Die Kommission hat diese Vorberathung unter Zuziehung von Kommissarien der Herren Minister vorgenommen und erstattet hiermit ihren Bericht.

Die allgemeine Rechnung für 1888/89

und die ihr beigelegten 33 Spezialrechnungen sind mit der verfassungsmäßig vorgeschriebenen Bescheinigung versehen (Artikel 104 der Verfassungsurkunde, § 18 Nr. 1 des Oberrechnungskammergesetzes vom 27. März 1872,

Gesetzsamml. Seite 283). Nach der Bescheinigung vom 15. August 1891, Seite 38 der allgemeinen Rechnung, befindet sich dieselbe hinsichtlich der Summen in Uebereinstimmung mit der revidirten Hauptrechnung der Generalstaatskasse bis auf nachstehende Abweichung: Diese besteht darin, daß in der vorstehenden allgemeinen Rechnung bei den Ausgaben unter B. „Außeretatsmäßige extraordinaire Ausgaben"

bei Abschnitt I .... 90 204 317 ℳ 18 ₰ und bei Abschnitt XVII .... 877 322 ℳ 21 ₰
in der Hauptrechnung dagegen
bei Abschnitt I .... 90 248 941 • 44 • • • •   XVII .... 832 697 • 95 •

mithin in ersterer bei Abschnitt I weniger . 44 624 ℳ 26 ₰ und bei Abschnitt XVII mehr 44 624 ℳ 26 ₰

nachgewiesen sind, während die Gesammtsumme der Ausgabe unter B. übereinstimmt.

Ebenso stimmen auch die in der allgemeinen Rechnung aufgeführten Beträge in Einnahme und Ausgabe bis auf die unter der Spezialrechnung Nr. 2 der Forstverwaltung, der Spezialrechnung Nr. 6 der Lotterieverwaltung, der Spezialrechnung Nr. 10 der Eisenbahnverwaltung, der Spezialrechnung Nr. 27 der Handels- und Gewerbeverwaltung und der Spezialrechnung Nr. 29 der Verwaltung des Innern hervorgehobenen Abweichungen mit denjenigen überein, welche in den Spezialrechnungen und den von der Oberrechnungskammer revidirten Kassenrechnungen in Einnahme und Ausgabe nachgewiesen sind. Jene Abweichungen sind von dem Herrn Finanzminister auf Seite III und IV des Vorberichts erläutert. Die Kommission hält jene Erläuterung für genügend und hat kein Hinderniß der Dechargirung gefunden.

Der Herr Finanzminister hat auf Seite IV des Vorberichts mit Bezug auf § 11 des Gesetzes vom 27. März 1872 mitgetheilt, welche Veränderungen hinsichtlich des Verzeichnisses der zur Revision durch die Oberrechnungskammer an sich geeigneten, wegen ihrer untergeordneten Bedeutung innerhalb der bisher bestandenen Grenzen von dieser Prüfung jedoch ausgeschlossenen Rechnungen (Nr. 92 der Drucksachen des Hauses der Abgeordneten aus der Session 1871/72 — Anlagen zu den stenographischen Berichten Seite 533 ff.) eingetreten sind. Die beigefügten Erläuterungen erklären und rechtfertigen die eingetretenen Veränderungen.

Die Königliche Staatsregierung hat auf Seite 167 bis 173 der Anlagen zur Allgemeinen Rechnung eine besondere Beilage zur Anlage 11 (Spezialrechnung von der Verwaltung der Staatsschulden) vorgelegt, in welcher wiederum eine Uebersicht von dem Stande der Staatseisenbahn-Kapitaltilgungsfonds und beziehungsweise der Staatseisenbahn-Kapitalschuld am 31. März 1889 enthalten ist. Diese Uebersicht ergiebt, daß die durch § 2 des Gesetzes vom 27. März 1882 (Gesetzsamml. S. 214) für den Zeitpunkt vom 1. April 1880 auf den Betrag von 1 496 858 100 Mark angenommene Staatseisenbahn-Kapitalschuld (welche laut vorjährigen Berichts am 31. März 1888: 4 103 756 407,69 Mark betrug) sich zum Schlusse des Berichtsjahres nach Abzug der nach gesetzlicher Vorschrift abzuschreibenden Beträge von insgesammt 138 563 120,74 Mark auf 4 067 074 143,40 Mark stellt.

Die allgemeine Rechnung erweist, daß die Verwaltung des Rechnungsjahres 1. April 1888/89 einen disponiblen Ueberschuß von 4 869 197,90 Mark ergeben hat, welcher zur Deckung der Ausgaben im Rechnungsjahre 1890/91 bestimmt und auf die unter Kap. 24 Tit. 17 des Staatshaushaltsetats für 1. April 1890/91 zum Soll gestellte Summe von rund 4 869 198 Mark vereinnahmt worden ist.

A. Erörterungen zu den Bemerkungen der Oberrechnungskammer.

a) Im Allgemeinen.

Die aus der allgemeinen Rechnung sich ergebenden Mehr- und Mindereinnahmen, Etatsüberschreitungen und außeretatsmäßigen Ausgaben sind bis auf diejenigen Etatsüberschreitungen und außeretatsmäßigen Ausgaben, deren nachträgliche Genehmigung von der Kommission ausdrücklich vorgeschlagen wird, dem Landtage bereits in der Session 1890 in einer Uebersicht mitgetheilt und erläutert.

Diese Uebersicht ist von der damaligen Rechnungskommission des Hauses der Abgeordneten geprüft, welche sodann über das Resultat den Bericht vom 21. März 1890 (Nr. 118 der Drucksachen) vorgelegt hat. Dieser Bericht liefert zugleich Material, welches die im Berichtsjahre vorgekommenen Mehr- und Mindereinnahmen, Etatsüberschreitungen und außeretatmäßigen Ausgaben vielfach ergänzt.

Auf Antrag der Kommission sind derzeit die in der Uebersicht nachgewiesenen Etatsüberschreitungen und außeretatmäßigen Ausgaben vom Abgeordnetenhause vorbehaltlich der bei der Prüfung der Rechnungen sich etwa ergebenden Erinnerungen genehmigt; das Herrenhaus ist diesem Beschlusse des Hauses der Abgeordneten beigetreten.

Die Kommission hat daher gegenwärtig ihre Erörterungen wesentlich auf die nunmehr vorliegenden Revisionsverhandlungen der Oberrechnungskammer beschränken können und nur noch diejenigen Etatsüberschreitungen, außeretatsmäßigen Ausgaben und sonstigen Abweichungen vom Etat einer speziellen Erörterung unterzogen, welche als solche bei Prüfung der Uebersicht nicht erkannt sind, oder deren nachträgliche besondere Genehmigung für erforderlich zu erachten ist.

Die außerdem vorkommenden Unregelmäßigkeiten und Abweichungen vom Etat, welche in der Uebersicht bereits nachgewiesen sind, haben der Kommission zu neuen Erörterungen keinen Anlaß gegeben.

Die Bemerkungen der Oberrechnungskammer (Beilage I) sind so geordnet, daß gemäß den Aufstellungen der allgemeinen Rechnung jedesmal sämmtliche Bemerkungen zu

den Einnahmen (S. 2—10),
den dauernden Ausgaben (S. 11—106),
den einmaligen und außerordentlichen Ausgaben (S. 106—109),
den außeretatsmäßigen extraordinären Ausgaben (S. 109—111)

aller Verwaltungszweige zusammen aufgeführt werden. Den Bemerkungen ist eine kurze Einleitung vorausgeschickt, aus welcher hervorgeht, daß das Verfahren der Königlichen Oberrechnungskammer bei Prüfung der Allgemeinen Rechnung und bei Aufstellung ihrer Bemerkungen gegen das Vorjahr keine Aenderung erlitten hat.

Die Ergebnisse der Prüfung der Oberrechnungskammer werden in Nachstehendem mitgetheilt, und sind hierbei unter I die Bemerkungen zu den Einnahmen S. 7—16, unter II die Bemerkungen zu den verschiedenen Ausgaben S. 16 folg., und zwar diese wie in früheren Berichten, soweit sie eine und dieselbe Verwaltung betreffen, neben einander erörtert.

Einige Bemerkungen mögen hier vorweg noch Platz finden.

1. Nachdem der Beschluß der Oberrechnungskammer, von der Anordnung der materiellen Ausgleichung von Fondsverwechselungen allgemein Abstand zu nehmen, in Gemäßheit des Antrages der Rechnungskommission vom 28. März 1882 in der III. Session der 14. Legislaturperiode die Billigung des Landtages gefunden, ist demgemäß auch jetzt verfahren.

2. Die Ermittelung der noch nicht genehmigten Etatsüberschreitungen und außeretatsmäßigen Ausgaben, welche hervortreten, wenn die allgemeine Rechnung nach Maßgabe der Bemerkungen der Oberrechnungskammer richtig gestellt wird, ist materiell in derselben Art, wie dies in der Bemerkung II (Einleitung) zur allgemeinen Rechnung für 1879/80 angegeben worden ist, auch zur vorliegenden Rechnung erfolgt. Es sind danach die in Gemäßheit der bezüglichen Bemerkungen fehlenden Beträge in Zugang und die nach denselben an unrichtiger Stelle verrechneten Beträge in Abgang gebracht.

3. Die im Interesse der besseren Uebersicht und Deutlichkeit zuerst in den Bemerkungen zur allgemeinen Rechnung des Etatsjahres 1880/81 eingetretene Aenderung der Bemerkungen, wonach die noch zu genehmigenden Etatsüberschreitungen und außeretatmäßigen Ausgaben nicht, wie früher, in einer besonderen Nachweisung zusammengestellt, sondern zu jedem Titel der Rechnung, bei welchem sie hervortreten, sogleich im Anschluß an die betreffenden Bemerkungen, oder in besonderen zu diesem Zwecke aufgestellten Bemerkungen dargethan sind. Aus jeder dieser Bemerkungen ist speziell ersichtlich, aus welchen Einzelbeträgen sich die als Etatsüberschreitungen oder außeretatsmäßige Ausgaben in besonderen Spalten ausgeworfenen Beträge zusammensetzen.

4. Bei denjenigen Titeln, zu welchen eine besondere Bemerkung über Etatsüberschreitungen oder außeretatsmäßige Ausgaben nicht aufgestellt worden ist, haben sich solche nach Richtigstellung der Rechnung nicht ergeben.

5. Hinsichtlich der auch im Berichtsjahre zahlreich hervorgetretenen verfrühten oder verspäteten Verrechnungen, d. h. solcher Ausgaben, welche vor bezw. nach dem Etatsjahre, dem sie angehören, also auf die Fonds eines früheren bezw. späteren Jahres zur Verrechnung gelangen, ist darauf hinzuweisen, daß das Abgeordnetenhaus im Jahre 1889 den Vorschlägen der Kommission beigetreten ist, wonach

a) verfrühte Verrechnungen unterschiedlos und von den verspäteten Verrechnungen diejenigen, die sich auf nicht übertragbare Fonds beziehen, als außeretatsmäßige Ausgaben der nachträglichen Genehmigung des Landtages bedürfen sollen,

b) daß dagegen — unter Aussetzung der formellen Entscheidung der Rechtsfrage und in Erwartung der definitiven Ordnung durch ein Etats- (Komptabilitäts-) Gesetz — bei denjenigen verspäteten Verrechnungen, die übertragbare Fonds betreffen, von einer nachträglichen Genehmigung derselben als außeretatsmäßiger Ausgaben Abstand zu nehmen sei.

Diese Vorschläge, welche auch das Herrenhaus angenommen hat, waren in der Voraussetzung gefaßt, daß die Oberrechnungskammer auch die verspäteten Verrechnungen bei übertragbaren Fonds wegen des immerhin darin liegenden Verstoßes gegen die Grundsätze des Etatsrechts trotzdem nach wie vor zur Kenntniß des Landtages bringen würde.

Die Oberrechnungskammer hat, wie ihre Bemerkungen erkennen lassen und wie sie auch im diesjährigen Vorbericht hervorhebt, sich auf diesen Standpunkt gestellt, d. h. die verspäteten Verrechnungen überall monirt, solche bei übertragbaren Fonds nicht mehr unter die zu genehmigenden eingestellt, obgleich sie auch diese nach wie vor als außeretatsmäßige betrachtet. Hiernach ist die Kommission ohne weitere Erörterung auch in diesem Jahre gemäß den Beschlüssen des Jahres 1889 verfahren.

246*

Auch in diesem Jahre ist zu einer Anzahl von verspäteten Verrechnungen von der Oberrechnungskammer bemerkt, daß diese Verrechnungen wegen Erschöpfung des Etatsfonds bezw. zur Vermeidung einer Etatsüberschreitung erst nach dem Jahre, dem sie angehören, vorgenommen sind. (Vergl. z. B. Bemerkung 280, 296a bis l, 381, 393). Dazu ist von Seiten der Königlichen Staatsregierung erklärt, daß die einzelnen Fälle meist erst durch die Bemerkungen der Oberrechnungskammer zur Kenntniß der Centralinstanz kämen, nachdem die Oberrechnungskammer selbst schon die unteren Instanzen in den einzelnen Fällen zurechtgewiesen habe. Auch die Centralinstanz trete diesen Unregelmäßigkeiten entgegen. Die Kommission ist deshalb bei den einzelnen Bemerkungen hierauf nicht wieder zurückgekommen.

Bei einigen verspäteten Verrechnungen aber, z. B. Bemerkungen 15, 40a und b, 43b, 49, 54b—d, 65, 75, 126, 131a, b, 136, 137, 201, 243, 244, 248a, 258, 326 ließen die Bemerkungen der Oberrechnungskammer nicht ersehen, wodurch die Verspätung verursacht sei. In allen diesen Fällen ist deshalb die Königliche Staatsregierung für dieses Mal um besondere Auskunft angegangen, um einmal eine völlige Klarstellung herbeizuführen. Hierbei hat sich nur in vereinzelten Fällen eine bemerkenswerthe Veranlassung gezeigt; derartige Fälle sind im Verfolg des Berichts in der Reihe näher dargelegt; im Uebrigen sind einfache Versehen der unteren Instanzen, oder auch Verzögerungen in der Beibringung der Belege für Zahlungen, die zunächst vorschußweise geleistet sind, oder sonstige geringfügige Unregelmäßigkeiten die Ursache gewesen. Die Kommission hält diese Unregelmäßigkeiten dadurch für völlig aufgeklärt.

Die Verspätungen, Bemerkungen 126, 136, 137, 201a, 243, 248a, 258, in verschiedenen Verwaltungen beziehen sich gleichmäßig auf Zeitungsabonnements, bei denen nach der übereinstimmend ertheilten Auskunft der Königlichen Staatsregierung früher der Grundsatz galt, daß die im voraus fälligen, für einen Zeitraum des folgenden Etatsjahres zahlbaren Zeitungsabonnementsgelder in der Rechnung desjenigen Etatsjahres endgültig verrechnet wurden, welchem sie wirthschaftlich angehörten. Nachdem die Oberrechnungskammer zuerst bei der Rechnung für 1885/86 dieses Verfahren monirt hat, ist anfangs 1889 verwaltungsseitig allgemein die Anweisung ertheilt, derartige Ausgaben in der Rechnung desjenigen Etatsjahres zu verrechnen, in welchem die Zahlungsverpflichtung eintrat.

Hiernach ist für die Zukunft die korrekte Verrechnung für alle diese Fälle zu erwarten, da die erst 1889 gegebene Anweisung für das Berichtsjahr noch nicht beachtet werden konnte.

6. Unter den übrigen von der Oberrechnungskammer hervorgehobenen Mängeln treten die Fondsverwechselungen am zahlreichsten auf und ergeben ein ähnliches Bild, wie in den Vorjahren.

7. Unzulässige Reservirungen sind in der allgemeinen Rechnung für 1888/89 nur an drei Stellen hervorgetreten, und zwar in zwei Fällen bei den „Einmaligen und außerordentlichen Ausgaben", nämlich laut

Bemerkung 459 zu Kapitel 8 Titel ohne Nummer hinter 9 bei dem Fonds „Zur Ausrüstung der Baugewerkschule in Deutsch-Krone mit Inventarien und Lehrmitteln" und laut

Bemerkung 463 bei Kapitel 15 Titel ohne Nummer hinter 67 bei dem Fonds „Zur inneren Ausrüstung des chemischen Laboratoriums bei der technischen Hochschule zu Berlin".

Beide Fälle sind Fortsetzungen früherer unzulässiger Reservirungen und sind noch nicht abgeschlossen, sondern werden für das folgende Jahr 1889/90 von der Oberrechnungskammer weiter verfolgt werden.

Dabei sind in dem Fall Bemerkung 465 768 Mark 50 Pf. zu laufenden Ausgaben des Berichtsjahres verwendet, welche Ausgabe sich in Folge der unzulässigen Reservirung als außeretatsmäßige erweist und als solche von der Königlichen Staatsregierung anerkannt wird; diese Summe ist unter die zu genehmigenden eingestellt.

Außerdem ist laut Bemerkung 46 bei der Domänenverwaltungsrechnung in Oppeln ein Betrag von 1 112 Mark 10 Pf. zu Unrecht in Ausgaberest statt in Abgang gestellt; die Verwendung dieses Betrages wird von der Oberrechnungskammer für 1889/90 weiter verfolgt werden.

Endlich ergiebt die Bemerkung 446, daß die laut Bemerkung 462 zur Rechnung für 1887/88 damals unzulässig erfolgte Reservirung von 361 157 Mark 01 Pf. bei Kapitel 124 Titel 18 durch Nachweis einer bedeutend höheren Minderausgabe im Jahre 1888/89 erledigt ist.

8. Die von der Oberrechnungskammer durch die Bemerkungen zur Kenntniß des Landtages gebrachten Unregelmäßigkeiten sind durch den Bericht nur dann nochmals besonders hervorgehoben, wenn die Kommission in der Bedeutung derselben dazu eine Veranlassung fand. Die Etatsüberschreitungen, welche durch die in Folge der Fondsverwechselungen vorgenommene Richtigstellung der Rechnungen hervortreten, sind bis auf einige unten erwähnte Ausnahmen nicht Gegenstand näherer Erörterung gewesen und daher auch in dem Berichte nicht weiter behandelt worden.

Alle der Genehmigung des Landtages bedürfenden Etatsüberschreitungen und außeretatsmäßigen Ausgaben, welche als solche von der Oberrechnungskammer nachgewiesen, von der Rechnungskommission anerkannt und dem Hause zur nachträglichen Genehmigung vorgeschlagen werden, sind wie in Vorjahre, in den desfallsigen Anträgen der Kommission (vgl. am Schlusse unter B) zu den Verwaltungen, denen sie angehören, zu einer Gesammtsumme vereinigt.

Im Einzelnen vertheilen sich die Bemerkungen der Oberrechnungskammer auf die verschiedenen Verwaltungen folgendermaßen. Es beziehen sich auf die Spezialrechnungen

	Einnahme	Ausgaben		
		Ordinarium	Extraordinarium	außeretatsmäßige Extraordinaria
über die Domänenverwaltung	1—10	36—54		
der Forstverwaltung	11—15	55—88		
der Verwaltung der direkten Steuern	16	89—99		
über die Verwaltung der indirekten Steuern	17. 18	100—123		
der Lotterieverwaltung	19			
über die etatsmäßigen Einnahmen und Ausgaben des Seehandlungsinstituts	—	124. 125		
der Berg-, Hütten- und Salinenverwaltung	20	126—140		
der Eisenbahnverwaltung	21—23	141—245	419—456	464—472
von den Einnahmen und Ausgaben des Herrenhauses	—	246		
der allgemeinen Finanzverwaltung	24	247		
über die Einnahmen und Ausgaben für das Büreau des Staatsministeriums	—	248. 249		
über die Verwaltung des Deutschen Reichs- und Königlich Preußischen Staatsanzeigers	—	250		
über die Einnahmen und Ausgaben für das Finanzministerium	25. 26	251—264		
von der Bauverwaltung	27—29	265—284	457. 458	
der Handels- und Gewerbeverwaltung		285—290	459	
von der Justizverwaltung	30. 30a	291—315		
von der Verwaltung des Innern		316—341	460	
von der Verwaltung der landwirthschaftlichen Angelegenheiten	31	342—388	—	473
über die Verwaltung der Staatsgestüte	32—35	389—401	461. 462	
der geistlichen, Unterrichts- und Medizinalverwaltung		402—448	463	

An den Bemerkungen der Oberrechnungskammer sind nicht betheiligt die Spezialrechnungen
  der Centralverwaltung der Domänen und Forsten,
  der Münzverwaltung,
  der Verwaltung der Staatsschulden,
  der Verwaltung der Einnahme- und Ausgabefonds des Hauses der Abgeordneten,
  der Staatsarchivverwaltung,
ferner die Spezialrechnungen
  über die Einnahmen und Ausgaben der Generalordenskommission,
  über die Einnahmen und Ausgaben des Geheimen Civilkabinets,
  über die Einnahmen und Ausgaben für die Oberrechnungskammer,
  über die Einnahmen und Ausgaben der Prüfungskommission für höhere Verwaltungsbeamte, sowie über die Ausgaben des Disziplinarhofes und des Gerichtshofes zur Entscheidung der Kompetenzkonflikte,
  des Gesetzsammlungsamts in Berlin,
  über die Einnahmen und Ausgaben der Ansiedelungskommission für Westpreußen und Posen,
  über den Fonds des Ministeriums der auswärtigen Angelegenheiten,
  über den Fonds des Kriegsministeriums.

Im Ganzen sind in 7 307 Fällen (im vorigen Berichtsjahre in 8 367) 67 von der Oberrechnungskammer monirte gemachte Finanzgesetze verletzt worden. Die Oberrechnungskammer hat in Bemerkung 476 die Zahl der Fälle und die Geldbeträge zu den einzelnen verletzten Gesetzen aufgeführt; die Beträge beziffern sich im Ganzen auf 85 438,49 Mark (gegen 85 250,53 Mark im Vorjahre). Am häufigsten sind verletzt das Stempelgesetz (in 3 055 Fällen) und das Gesetz betreffend die Tagegelder und Reisekosten der Staatsbeamten (in 1 602 Fällen).

Die Spezialrechnungen, zu welchen keine Revisionsbemerkungen vorliegen, und die Revisionsbemerkungen der Oberrechnungskammer, welche zu weiteren Erörterungen keinen Anlaß gegeben haben, bleiben auch Seitens der Rechnungskommission unerwähnt. Diejenigen Etatsüberschreitungen und außeretatsmäßigen Ausgaben, welche im Berichte nicht des Näheren dargelegt werden, finden nach Auffassung der Rechnungskommission ihre genügende Darlegung und Motivirung in den Bemerkungen der Oberrechnungskammer, auf die deshalb Bezug genommen wird.

b) Im Besonderen.

I. Einnahmen.

Ministerium für Landwirthschaft, Domänen und Forsten.

Bei der Einnahme Kap. 3 „Erlös aus Ablösungen von Domänengefällen und aus dem Verkaufe von Domänen- und Forstgrundstücken" sind laut Bemerkung 15

in der Domänenamortisationsrenten-Rechnung der Regierungshauptkasse zu Bromberg 2 896 Mark 38 Pf. am 24. März 1888 eingezahltes, nach der Fälligkeit dem Etatsjahre 1887/88 angehörendes AmortisationsrentenAblösungskapital erst im Etatsjahre 1888/89, mithin verspätet verrechnet worden.

Hiermit hat es folgende Bewandtniß:
Die Königliche Ansiedelungskommission hatte Domänen-Amortisationsrenten von 112 Mark 90 Pf. bezw. 44 Mark 60 Pf. und 44 Mark 10 Pf. ohne Kündigung abgelöst; die Ablösungskapitalien waren mit zusammen 2 896 Mark 38 Pf. am 24. März 1888 bei der Hauptkasse der Königlichen Regierung in Bromberg eingegangen. Der Ausfall der Renten trat hiernach mit dem 1. April 1888 ein.

Das Rentensoll für das Rechnungsjahr 1888/89 war, weil die geprüften und festgesetzten Heberollen den Kreiskassen bis zum 1. April zugegangen sein müssen, bei Eingang der Anzeige der Hauptkasse über die gezahlten Ablösungskapitalien (29. März 1888) bereits festgestellt.

Aus diesem Grunde wurden die Ablösungskapitalien in die Rechnung für 1888/89 übernommen.

Für die Folge wird aber in ähnlichen Fällen eine Berichtigung, daß bereits festgesetzten Rentensolls mittels besonderer Verfügung erfolgen, wodurch der Wiederkehr ähnlicher Verstöße vorgebeugt wird.

Staatsverwaltungseinnahmen. Finanzministerium.

Bemerkung 25 und 259.

Kap. 27 „Wittwen- und Waisenverpflegungsanstalten" bezw. zur Ausgabe Kap. 60 „Wittwenund Waisenverpflegungsanstalten".

Tit. 1 „Zuschuß zur allgemeinen Wittwenverpflegungsanstalt in Berlin" und
Tit. 3 bis 10 „Pensionen und Restitutionen bei den Wittwen- und Waisenanstalten in den neuen Landestheilen".

Die Generaldirektion der allgemeinen Wittwenverpflegungsanstalt zu Berlin hat diejenigen ihrer Mitglieder, welche auf Grund der Gesetze vom 5. und 28. März 1888, betreffend den Erlaß der Wittwen- und Waisengeldbeiträge, den früheren Verzicht auf Wittwenund Waisengeld widerrufen haben, und gleichzeitig aus der allgemeinen Wittwenverpflegungsanstalt ausgeschieden sind, — gleichviel ob diese Austrittserklärung vor oder erst nach dem 1. April 1888 abgegeben ist —, allgemein von letzteren Termine als ausscheiden lassen, dergestalt, daß sie auch die Wittwenkassenbeiträge der erst nach dem 1. April 1888 ausgeschiedenen Mitglieder nur bis Ende März 1888 erhoben, und soweit die Beiträge über diesen Zeitpunkt hinaus entrichtet waren, den Interessenten zurückerstattet hat.

Der Herr Finanzminister hat dies Verfahren gebilligt; die Oberrechnungskammer hält es für unzulässig.

Zum besseren Verständniß der Streitpunkte sei darauf hingewiesen, daß der Staat durch das Gesetz vom 20. Mai 1882, betr. die Fürsorge für die Wittwen und Waisen der unmittelbaren Staatsbeamten, diese Fürsorge in gesetzlicher Weise regelte. Das Gesetz verpflichtete jeden unmittelbaren Staatsbeamten zur Entrichtung der normirten Beiträge zur Staatskasse und ordnete an, daß diese Beiträge einfach vom Diensteinkommen, Wartegeld oder Pension einbehalten werden sollten. Dagegen sollte der Staat eintretenden Falls ein Wittwenund Waisengeld.

Das Gesetz stellte aber zugleich den bisherigen Mitgliedern einer Militär- oder Staatsbeamten-Wittwenkasse oder einer sonstigen Veranstaltung des Staats zur Versorgung der Hinterbliebenen von Beamten, soweit diese Mitglieder nicht erst nach Verkündung der gedachten Gesetzes beigetreten waren, die Wahl, binnen bestimmter Frist auf Recht und Pflicht aus dem Gesetze zu verzichten, oder anderenfalls aus den besonderen Kassen auszuscheiden.

Im Jahre 1888 wurden nun im Reich durch Gesetz vom 5. März 1888 (publizirt am 8. März), in Preußen durch Gesetz vom 28. März 1888 (publizirt am 31. März) bestimmt, daß die Wittwen- und Waisengeldbeiträge nach Maßgabe des Gesetzes vom 20. Mai 1882 vom 1. April 1888 ab von den ununterbrechbaren Staatsbeamten nicht mehr erhoben werden sollten, unbeschadet des Anspruchs auf Wittwen- und Waisengeld.

Um nun denen, die Mitglieder der früher (vor 1882) eingerichteten besonderen Kassen geblieben waren, die Wohlthat des Erlasses der Beiträge zugänglich zu machen, bestimmten die bezeichneten Gesetze vom Jahre 1888 im Reich und in Preußen gleichmäßig, daß besagte Mitglieder den nach dem Gesetz vom 20. Mai 1882 etwa erklärten Verzicht bis 30. Juni 1888 einschließlich (die Frist konnte noch verlängert werden) sollten widerrufen dürfen; in solchem Falle habe das betreffende Mitglied zur Staatskasse soviel nachzuentrichten, als ohne Erklärung seines Verzichtes von ihm zu entrichten gewesen wäre. Dabei sollte aber den Mitgliedern, welche den Verzicht widerriefen und gleichzeitig aus den besonderen Kassen ausschieden, die an die letzteren seit der Verzichtleistung entrichteten Beiträge auf die vorgedachten zu machenden Nachzahlungen angerechnet werden.

Der Herr Finanzminister hat nun zur Begründung seines Verhaltens Folgendes angeführt:

a) da die bezeichneten Gesetze die Anrechnungsfähigkeit der an die Landesanstalten entrichteten Beiträge auf die nachzuzahlenden Wittwen- und Waisengeldbeiträge davon abhängig gemacht hätten, daß der den Verzicht auf Wittwen- und Waisengelder Widerrufende gleichzeitig aus der Landesanstalt ausscheide, so habe die allgemeine Wittwenverpflegungsanstalt diejenigen Mitglieder, welche von dieser Befugniß Gebrauch gemacht hätten, nicht auf Grund der reglementarischen Vorschriften, welche Anträge auf Ausscheiden nur für den 1. April oder 1. Oktober gestatteten, zur Aufrechterhaltung der Versicherung bis zum 1. Oktober 1888 anhalten können, und schon hieraus würde sich als selbstverständliche Folge eine wenigstens theilweise Zurückzahlung der bereits entrichteten Versicherungsbeiträge ergeben.

b) Abgesehen von der Unausführbarkeit einer solchen ratenweisen Erstattung ergebe sich aber auch aus der Absicht des Gesetzes vom 28. März 1888 die Nothwendigkeit der vollen Zurückzahlung. Denn während die Regierungsvorlage eine Wiedereinsetzung in den vorigen Stand nur dahin beabsichtigt habe, den Widerruf des Verzichtes bis zum 30. Juni 1888 mit der Verpflichtung zuzulassen, daß derjenige Betrag an Wittwen- und Waisengeldbeiträgen nachentrichtet würde, welcher ohne den Verzicht hätte gezahlt werden müssen, — habe im Laufe der parlamentarischen Verhandlungen bezüglich derjenigen, welche Mitglieder der Landeskassen geblieben, eine Erweiterung der Wiedereinsetzung in den vorigen Stand dahin stattgefunden, daß die an die Landeskassen geleisteten Zahlungen als Zahlungen der Wittwen- und Waisengeldbeiträge angenommen werden sollten, und daß damit diejenigen, welche widerriefen und gleichzeitig aus der Landesanstalt ausschieden, so angesehen werden sollten, als hätten sie überhaupt nicht verzichtet und von vornherein Wittwen- und Waisengeldbeiträge geleistet. Dieselben hätten also mit dem 1. April 1888 von den Beiträgen an die Landesanstalt ebenso befreit werden sollen, wie diejenigen, welche nicht verzichtet hätten, mit diesem Tage von den Wittwen- und Waisengeldbeiträgen befreit worden seien.

Der beabsichtigten vollen Gleichstellung beider Kategorien von Beamten würde es nicht entsprochen haben, wenn die Einen mit dem 1. April 1888 von Beiträgen befreit, die Anderen zur Zahlung derselben herangezogen worden wären.

Der zu Grunde liegende, wiederholt zum Ausdruck gebrachte Gedanke sei gewesen, daß beide Arten von Zahlungen — die Landeskassenbeiträge und die Wittwen- und Waisengeldbeiträge — den Staatskassen in gleicher Weise zu Gute kommen seien.

c) Eine Beschränkung dieser Wiedereinsetzung in den vorigen Stand könne auch nicht in der Bemerkung gefunden werden, welche der Kommissionsbericht vom 29. Februar 1888 — Nr. 75 der Drucksachen des Hauses der Abgeordneten Seite 4 — bezüglich der Nichtherauszahlung solcher entrichteten Beiträge enthalte. Denn diese Erklärung sei von dem Kommissar des Finanzministers selbst und zwar lediglich in dem Sinne abgegeben, daß eine Herauszahlung der bis zum Inkrafttreten des Gesetzes gezahlten Beiträge nicht stattfinden solle, nicht aber in dem Sinne, daß noch die am 1. April 1888 erhobenen Beiträge der Staatskasse verbleiben sollten.

d) Weiterhin hat der Herr Finanzminister hervorgehoben, daß die Nichterstattung der vom 1. April 1888 ab gezahlten Landeskassenbeiträge eine ungleichmäßige Behandlung für die Mitglieder der allgemeinen Wittwenverpflegungsanstalt ergeben habe nachdem sie Reichs- oder Preußische Beamte gewesen seien. Die Reichsbeamten hätten nach dem Reichsgesetz vom 5. März 1888 hinreichend Zeit gehabt, den Widerruf des Verzichts auf Wittwen- und Waisengeld und gleichzeitig den Austritt aus der Landesanstalt vor dem 1. April 1888 zu erklären, und sie hätten dies auch bis auf drei, von denen jene Erklärungen allerdings erst nach dem 1. April 1888 abgegeben seien, gethan. Die Preußischen Beamten hätten dagegen, da das Preußische Gesetz vom 28. März 1888 erst am 31. März ej. a. publizirt worden sei, ihre Erklärungen erst am bezw. nach dem 1. April abgeben können; es würde daher für dieselben eine von dem gesetzgebenden Faktoren nicht beabsichtigte Härte gewesen sein, wenn ihnen die am 1. April 1888 fällig gewesenen Landeskassenbeiträge ohne nennenswerthe Gegenleistung einbehalten worden wären.

Die Oberrechnungskammer hat diese Auffassung als gerechtfertigt nicht erachten können. Sie ist vielmehr der Ansicht

zu a, daß in dem auf die betreffenden Statuten und Reglements gegründeten privatrechtlichen Verhältnisse zwischen den Landesanstalten und der allgemeinen Wittwenverpflegungsanstalt einerseits, und ihren Mitgliedern andererseits durch die vorbezeichneten Gesetze nichts geändert worden sei.

Die Versicherungsverträge, so meint sie, beständen auch nach dem 1. April 1888 unverändert so lange fort, bis die Versicherungsnehmer ihren freiwilligen Austritt aus der Anstalt erklärt hätten. Nach den §§ 22, 33 und 34 des der Beiträgen zum Grunde liegenden Reglements vom 28. Dezember 1775 seien nun die Wittwenkassenbeiträge an die allgemeine Wittwenverpflegungsanstalt halbjährlich am 1. April und 1. Oktober im voraus zu entrichten, und es erstrecke sich die Zahlungsverbindlichkeit der Mitglieder bis zum Ende desjenigen Halbjahres, in welchem die Mitgliedschaft aufhöre. Von dieser Verpflichtung seien auch diejenigen Mitglieder, welche aus der Anstalt auf Grund der in Rede stehenden Gesetze ausgeschieden, in den letzteren nicht befreit worden.

Dieselben verzichteten allerdings vom Zeitpunkte ihres Ausscheidens auf die Mitgliedschaft, was ihnen freigestanden, und wofür sie andererseits den Vortheil der Anrechnung der entrichteten Wittwenkassenbeiträge auf die nachzuzahlenden Wittwen- und Waisengeldbeiträge erlangt hätten. Aus dem einseitigen freiwilligen Verzicht des Versicherten auf die Mitgliedschaft folge aber für den anderen Kontrahenten, den Versicherungsgeber, nicht die Verpflichtung, seinerseits auf bereits fällig gewesene Versicherungsbeiträge zu verzichten oder gar einen Theil solcher vertragsmäßig schon gezahlten Beiträge zurückzugeben. Vielmehr bestimme § 27 des Allerhöchsten Patents und Reglements vom 28. Dezember 1775 ausdrücklich, daß die Versicherungsbeiträge,
„es mag die Verbindung eines Mitgliedes mit der Sozietät auf eine oder die andere Art aufgehoben werden, niemals zurückgezahlt werden können."

Sei es hiernach vertrags- und reglementsmäßig unzulässig gewesen, in den Fällen, in welchen der Austritt aus der Wittwenanstalt erst nach dem 1. April 1888 erfolgt sei, die bis zum Tage der Austrittserklärung und namentlich die am 1. April 1888 zahlbar gewordenen Wittwenkassenbeiträge nicht zu erheben, bezw. soweit sie gezahlt seien, ganz oder theilweise zurückzuerstatten, so könne ein solches Verfahren auch nicht, wie oben

zu b behauptet worden sei, aus der Absicht der mehrerwähnten Gesetze begründet werden. Es möge diese Absicht, wie angegeben, dahin gegangen sein, bezüglich derjenigen den früheren Verzicht auf Wittwen- und Waisengeld nachträglich Widerrufenden, welche Mitglieder der Landeskasse geblieben seien, eine erweiterte Wiedereinsetzung in den vorigen Stand dahin eintreten zu lassen, daß die an die Landeskassen geleisteten Zahlungen als Zahlungen der Wittwen- und Waisengeldbeiträge angenommen würden, und diejenigen, welche widerriefen und gleichzeitig aus der Landesanstalt ausschieden, „so angesehen werden sollten, als hätten sie überhaupt nicht verzichtet" und „von vornherein Wittwen- und Waisengeldbeiträge geleistet."

Es könne aber der hieraus gezogenen Folgerung nicht zugestimmt werden, daß diese Beamten nach dem Vorbemerkten „mit dem 1. April 1888 auch von den Beiträgen an die Landesanstalten, ebenso wie von den Wittwen- und Waisengeldbeiträgen hätten befreit werden sollen", und es folge dies namentlich nicht aus der vorgedachten Wiedereinsetzung in den früheren Stand.

Würden danach und entsprechend dem vom Herrn Finanzminister besonders betonten Worten die betreffenden Beamten zunächst nur „so angesehen, als hätten sie überhaupt nicht verzichtet", so hätten sie auch nur dieselben Rechte und Pflichten, wie diejenigen, welche nicht verzichtet hätten, nämlich den Anspruch für ihre Hinterbliebenen auf Wittwen- und Waisengeld, Befreiung von Wittwen- und Waisengeldbeiträgen seit 1. April 1888 und die Pflicht zur Zahlung dieser Beiträge bis Ende März 1888. Wenn dann aber denjenigen, welche beim rechtzeitigen Widerruf des früheren Verzichts gleichzeitig aus der Landesanstalt ausgetreten seien, noch die weitere Vergünstigung gewährt worden sei, daß ihnen die seit der Verzichtleistung an die Anstalt entrichteten Beiträge auf die nachzuzahlenden Wittwen- und Waisengeldbeiträge angerechnet werden sollten, so erscheine diese „Anrechnung" allerdings begründet, weil, wie bei Berathung des Gesetzes ausgesprochen und vorstehend angegeben, „beide Arten von Zahlungen der Staatskasse in gleicher Weise zu Ende gekommen seien", deshalb „die an die Landeskassen geleisteten Zahlungen als Zahlungen der Wittwen- und Waisengeldbeiträge angenommen" und „die Beamten, welche widerriefen und gleichzeitig aus der Anstalt ausschieden, wohl so angesehen werden könnten, als hätten sie von vornherein Wittwen- und Waisengeldbeiträge geleistet."

Diese An- und Ausführungen seien aber doch nur geeignet, die im Gesetz ausschließlich angeordnete „Anrechnung" zu begründen und zu erläutern; es könne aus ihnen nicht darüber hinaus gefolgert und solches als Absicht des Gesetzes aufgestellt werden; insbesondere folge daraus nicht eine vollständige Gleichstellung beider Arten von Zahlungen, diese seien und blieben vielmehr ihrem Rechtsgrunde nach ganz verschieden und deckten sich auch nur in wenigen Fällen ihrem Betrage nach. Es könne daher das, was lediglich für die Wittwen- und Waisengeldbeiträge gesetzlich bestimmt sei, — ihr Wegfall vom 1. April 1888 ab — unmöglich ohne Weiteres auch auf die Landeskassenbeiträge angewendet werden.

Vielmehr hätte, wie die Aufhebung der Wittwen- und Waisengeldbeiträge auf ausdrücklicher gesetzlicher Bestimmung beruhe, so auch die Befreiung von den Beiträgen an die Landesanstalten, wenn solche mit dem 1. April 1888 hätte eintreten sollen, nothwendigerweise in dem Gesetz ausdrücklich ausgesprochen werden müssen. Statt dessen ergäben aber die Verhandlungen des Hauses der Abgeordneten über das Gesetz vom 28. März 1888 das Gegentheil.

Denn in der Plenarsitzung vom 28. Januar 1888 — Verhandlungen Bd. 1 S. 167 — habe der damalige Herr Finanzminister der beabsichtigten Erweiterung des Gesetzentwurfs dahin zugestimmt, „daß den ihren Verzicht Widerrufenden bei erklärtem Austritt aus der Anstalt das an dieselbe in der Zwischenzeit Geleistete auf die erforderlichen Nachzahlungen angerechnet werde", und ebenso sei in dem Kommissionsberichte vom 29. Februar 1888 — Nr. 75 der Drucksachen des Hauses der Abgeordneten S. 4 — bemerkt worden: „Zur Begründung jener Anrechnung sei geltend gemacht, daß der Widerrufende für die Zeit von seinem Verzichte bis zu dem Widerrufe die Prämie für seine Versicherung an den Staat, wenn auch an eine andere Kasse, gezahlt habe, und diese Anschauung habe die allgemeine Billigung gefunden".

Die hier deutlich erklärte Absicht sei mithin dahin gegangen, auf die nachzuzahlenden Wittwen- und Waisengeldbeiträge dasjenige anzurechnen, was an Landeskassenbeiträgen bis zum Widerruf des Verzichts und dem gleichzeitig erklärten Austritt aus der Anstalt zu entrichten gewesen, und als dieser Endtermin könne von vornherein unmöglich allgemein der 31. März 1888 angenommen werden, weil ja der Widerruf des Verzichts auf Wittwen- und Waisengeld und das gleichzeitige Ausscheiden aus der Anstalt bis zum 30. Juni 1888 für zulässig erklärt worden sei und diese Frist sogar noch habe verlängert werden können. Jener Endpunkt sei vielmehr unbestimmt geblieben und daher auch im Gesetz nicht festgestellt worden, weil eben die Pflicht zur Entrichtung der Wittwenkassenbeiträge erst mit dem ungewissen Zeitpunkte des Ausscheidens aus der Anstalt aufhöre. So lange aber diese Verpflichtung bestanden, könnte die Verwaltung davon nicht entbinden und die zu zahlen gewesenen Beiträge nicht zurückerstatten.

Die Unzulässigkeit solcher Erstattung werde auch durch den oben

zu c erwähnten Kommissionsbericht vom 29. Februar 1888 — Nr. 75 der Drucksachen des Hauses der Abgeordneten Seite 4 — bestätigt, indem daselbst von dem Regierungskommissarius erklärt worden sei, daß eine Herauszahlung der zu entrichten gewesenen Landeskassenbeiträge in keinem Falle erfolgen solle, und wenn dagegen von dem Herrn Finanzminister jetzt bemerkt worden sei, daß diese Erklärung von seinem Kommissar, und zwar lediglich in dem Sinne abgegeben worden, daß nur vor dem Zeitpunkte des Inkrafttretens des Gesetzes vom 28. März 1888 gezahlten Wittwenkassenbeiträge nicht habe stattfinden sollen, so sei eine solche Beschränkung aus der fraglichen ganz allgemeinen Erklärung nicht zu entnehmen. Uebrigens habe bereits vorher in der Sitzung vom 28. Januar 1888 — Verhandlungen Bd. I S. 167 — der Abgeordnete Bödiker ebenfalls hervorgehoben, wie schon die Fassung des § 3 des Gesetzes ausdrücke, daß vom Staate nichts herausgezahlt werden solle, und dies sei von keiner Seite des Landtags eingeschränkt worden. Außerdem aber sei das Gesetz vom 28. März 1888 erst am 31. März ej. a. publizirt, und die verbindliche Kraft desselben habe mithin nach dem Gesetze vom 16. Februar 1874 — Gesetzsamml. S. 23 — erst im 14. April 1888 begonnen, so daß also auch nach der fraglichen vorgedachten Beschränkung die am 1. April 1888 fällig gewesenen Landeskassenbeiträge mit Recht noch zu erheben und nicht zu erstatten gewesen sein würden.

Zu d endlich sei allerdings richtig bemerkt, daß nach dem vorher in dem Erlasse des Reichsgesetzes vom 5. März 1888 die Reichsbeamten zum größeren Theile in der Lage gewesen seien, ihren

Austritt aus der allgemeinen Wittwenverpflegungsanstalt schon vor dem 1. April 1888 zu erklären, während Seitens der Preußischen Beamten die betreffenden Erklärungen erst nach jenem Termine hätten abgegeben werden können. Es könne jedoch hieraus die Befugniß nicht abgeleitet werden, denjenigen Beamten, welche am 1. April 1888 noch Mitglieder der Wittwenanstalt gewesen, die zu dieser Zeit fällig gewesenen Wittwenkassenbeiträge zu erlassen oder zu erstatten. Die ungleiche Lage der Reichs- und der Preußischen Beamten sei eine nothwendige Folge der zu verschiedenen Zeiten erlassenen Gesetze, wie in gleicher Weise auch die Fürsorge für die Wittwen und Waisen nach dem Gesetz vom 20. April 1881 den Reichsbeamten der Civilverwaltung ein volles Jahr früher als den Preußischen Staatsbeamten nach dem gleichen Gesetze vom 20. Mai 1882 zu Theil geworden.

Es könne aber auch darin, daß die Preußischen Beamten in Folge ihres späteren Ausscheidens aus der Anstalt die am 1. April 1888 fällig gewesenen Wittwenkassenbeiträge noch zu zahlen hätten, keine besondere Härte gefunden werden. Denn auch diese Beiträge wären ihnen nach dem Gesetze vom 28. März 1888 auf die von ihnen nachzuzahlenden Wittwen- und Waisengeldbeiträge wieder in Anrechnung zu bringen, und in denjenigen Fällen, in welchen der nachzuzahlende Betrag etwa schon durch die vor dem 1. April 1888 entrichteten Wittwenkassenbeiträge gedeckt sei, blieben die am 1. April 1888 gezahlten Beiträge immerhin eine Gegenleistung für die von der Anstalt bis zum Tage des Ausscheidens getragene Versicherungspflicht.

Diesen Darlegungen der Oberrechnungskammer gegenüber ist der Herr Finanzminister dennoch bei seiner obigen Auffassung verblieben und hat auch in einem Erlasse vom 9. Juli 1888 ausgesprochen, daß nur die bis zum 31. März 1888 entrichteten Wittwenkassenbeiträge auf die nachzuzahlenden Wittwen- und Waisengeldbeiträge anzurechnen seien. Letzteres ist zwar ebenso von dem Herrn Justizminister in dem Erlasse vom 12. November 1888 (Justiz-Min.-Bl. S. 286) vorgeschrieben, dagegen von dem Herrn Minister der öffentlichen Arbeiten in einem Spezialfalle als richtig nicht anerkannt, und steht, wie die Oberrechnungskammer meint, mit dem Gesetze gleichfalls nicht im Einklange, da dieses keine Begrenzung des Zeitpunktes enthält, bis zu welchem die zu zahlen gewesenen Wittwenkassenbeiträge anzurechnen seien.

Gemäß der von dem Herrn Finanzminister vertretenen Auffassung sind nun nach der Rechnung der allgemeinen Wittwenverpflegungsanstalt für das Etatsjahr 1888/89 und nach den auf Grund der Akten der Anstaltsdirektion getroffenen Feststellungen von Mitgliedern, welchen nach Artikel II § 3 der Gesetze vom 5. und 28. März 1888 der Austritt aus der Anstalt, unter Anrechnung der gezahlten Wittwenkassenbeiträge auf die von ihnen an Wittwen- und Waisengeldbeiträgen zu leistenden Nachzahlungen gestattet worden ist, wenngleich sie ihre Austrittserklärungen erst nach dem 1. April 1888 abgegeben haben, an Beiträgen für den 1. April 1888 nicht erhoben, bezw. soweit sie bereits zur Einziehung gelangt waren, den Interessenten zurückerstattet worden, im Ganzen 31 260 Mark 91 Pf.

Die Oberrechnungskammer legt nun aber weiter dar, daß allerdings nicht in Höhe dieses gesammten Betrages eine Schädigung der Preußischen Staatskasse eingetreten sei, weil, wie sie abweichend von dem Herrn Finanzminister annehme, die nicht erhobenen bezw. zurückgezahlten Beiträge eventuell auf die nachzuentrichtenden Wittwen- und Waisengeldbeiträge anzurechnen gewesen sein würden.

Wenn aber bei denjenigen Wittwenkassenmitgliedern, welche ihre Kompetenzen aus der Preußischen Staatskasse bezögen, die nachzuentrichtende Schuld bereits gedeckt werde durch die bis Ende März 1888 gezahlten Wittwenkassenbeiträge, oder wenn jene Schuld, soweit sie durch diese früheren Wittwenkassenbeiträge nicht vollständig gedeckt werde, doch geringer sei, als der Betrag, welchen das Mitglied an Beiträgen zur Wittwenkasse vom 1. April 1888 ab noch zu entrichten hätte, so erleide die Staatskasse einen Ausfall in Höhe des vollen oder doch eines Theiles des Betrages an Wittwenkassenbeiträgen, welche am 1. April 1888, und bei einer Verlängerung der Widerrufsfrist über den 30. Juni 1888 hinaus auch ferner noch zu entrichten gewesen. Außerdem komme bei denjenigen Wittwenkassenmitgliedern, welche Preußische Beamte seien oder gewesen seien, der Umstand in Betracht, daß ein Theil derselben die nachzuentrichtende Schuld an Wittwen- und Waisengeldbeiträgen erst vom 1. Juli oder vom 1. Oktober 1888 ab ratenweise getilgt habe, da die Gesetze einen Anfangstermin für diese Tilgung nicht bestimmten. Diese Interessenten hätten sonach bei dem stattgehabten Verfahren in dem Zeitraum vom 1. April bis Ende September 1888 Wittwenkassenbeiträge überhaupt nicht, und Wittwen- und Waisengeldbeiträge entweder nur für ein Vierteljahr oder auch gar nicht gezahlt. Der Staatskasse erwachse hieraus jedenfalls der Nachtheil, daß die Abwickelung der Schuld verzögert werde.

Es könne jedoch auch, wenn der Schuldner sterbe und die Schuld aus zuzahlenden Wittwen- und Waisengeldern nicht zu decken sei, ein Ausfall entstehen, welcher in Höhe der schuldigen Wittwenkassenbeiträge zu vermeiden gewesen wäre, wenn letztere richtig erhoben und nicht erstattet worden wären.

Was sodann diejenigen früheren Wittwenkassenmitglieder betreffe, welche ihre Bezüge aus der Reichskasse empfängen, so erleide die Preußische Staatskasse bei dem stattgehabten Verfahren einen Ausfall in Höhe des vollen Betrages der Wittwenkassenbeiträge, welche am 1. April 1888 und eventuell auch noch weiter zu erheben gewesen wären.

Denn eine verbleibende Schuld an Wittwen- und Waisengeldbeiträgen sei hier nicht zur Preußischen Staatskasse, sondern zur Reichskasse zu entrichten, und es finde sonach die zu Ungunsten der Preußischen Staatskasse erfolgte Zurückzahlung der am 1. April 1888 und fernerhin noch fällig gewordenen Wittwenkassenbeiträge in keinem Falle ihre Ausgleichung in der entsprechend größeren Höhe der Schuld an nachzuzahlenden Wittwen- und Waisengeldbeiträgen.

Die Oberrechnungskammer hat hiernach die zur Feststellung und Ausgleichung der der Preußischen Staatskasse erwachsenen Nachtheils erforderlichen Erhebungen angeordnet, hat aber demnächst sich damit einverstanden erklärt, daß von diesen weiteren Ermittelungen bis zur Beschlußfassung des Landtages abgesehen werde, da der Herr Finanzminister seine Auffassung vor dem Landtage zu vertreten sich bereit erklärt habe.

Ferner bemerkt die Oberrechnungskammer, daß das vorstehend beanstandete Verfahren auf Veranlassung des früheren Herrn Finanzministers auch bei den übrigen, im Kap. der Ausgabe des Staatshaushaltsetats für 1888/89 aufgeführten Wittwenverpflegungsanstalten der neuen Landestheile stattgefunden habe. Bei diesen Anstalten seien an fällig gewordenen Beiträgen solcher Mitglieder, welche auf Grund der Gesetze vom 5. und

28. März 1888 erst nach dem 1. April 1888 den früheren Verzicht auf Wittwen- und Waisengelder widerrufen hätten und gleichzeitig aus jenen Anstalten ausgeschieden seien, für die Zeit vom 1. April 1888 bis zu diesem Ausscheiden .... 1 008 $\mathscr{M}$ 26 $\mathscr{J}$
unerhoben geblieben, weitere .... 1 287 . 55 .
nach erfolgter Einziehung den Schuldnern zurückgezahlt, mithin .... 2 295 $\mathscr{M}$ 81 $\mathscr{J}$
der Preußischen Staatskasse entzogen worden.

Endlich hat die Oberrechnungskammer beiläufig noch bemerkt, daß in ihrem Sinne bei der Militärwittwenpensionsanstalt verfahren worden sei. Die an diese schuldig gewordenen Beiträge seien voll auch über den 1. April 1888 hinausgezahlt und dann auf die Nachzahlungen an Wittwen- und Waisengeldbeiträgen angerechnet worden.

Die Kommission hat aus dem letzterwähnten Umstande kein Bedenken gegen das Verfahren des Herrn Finanzministers entnommen, indem sie den Ausführungen des Herrn Regierungskommissars dahin beipflichtete, daß solche Verschiedenheiten in den Auffassungen der Civil- und der Militärverwaltung aus der selbständigen Stellung jeder dieser Verwaltungen erklärlich sei, und daher aus der einen nichts gegen die andere gefolgert werden dürfe.

Im Uebrigen stellte sich die Kommission, was die Auslegung des Gesetzes und die Rechtsfragen betrifft, auf die Seite der Oberrechnungskammer; dagegen war sie ebenso einig darin, daß aus Billigkeitsgründen dem Verfahren des Herrn Finanzministers zugestimmt werden könne. Es wurde erwogen, daß der Erlaß der Beiträge gemäß den Gesetzen vom Jahre 1888 aus dem Bestreben hervorgegangen sei, den unmittelbaren Staatsbeamten ganz allgemein finanziell, wenn auch nur innerhalb des geringen Rahmens der Beiträge zu Hülfe zu kommen. Der Billigkeit entspreche es, daß dies möglichst gleichmäßig bewirkt werde, und das Verfahren des Herrn Finanzministers bewege sich in dieser Richtung. Noch mehr gälte dies aber, nachdem die bemängelte Zurückzahlung der in Frage stehenden Beiträge für die Zeit vom 1. April 1888 aufwärts bereits thatsächlich bewirkt sei, da die Beamten diese schon erlangte finanzielle Erleichterung hinterher doch sehr schwer entbehren müßten.

Die Kommission beantragt daher, es dabei zu belassen, daß die erstatteten Wittwen- und Waisengeldbeiträge von den betreffenden Beamten nicht wieder eingezogen werden.

II. Ausgaben.

Spezialrechnung der Domänenverwaltung.

(Anlage 1.)

Bemerkung 43b zu Kap. 1 Tit. 18 „Unterhaltung und Neubau der Domänengebäude, sowie Wege-, Brücken-, Ufer- und Wasserbauten, welche dem Domänenfiskus obliegen".

Es handelt sich um die verspätete Verrechnung von Baukosten von 923 Mark 37 Pfennige, welche die Regierung in Potsdam, und 54 Mark, welche die Regierung in Königsberg zu verrechnen hatte.

Der Grund der Verspätung ist hinsichtlich der erstwähnten 923 Mark 37 Pfennige, wie auch der 54 Mark seitens der Königlichen Regierung genügend klargestellt.

Die 923 Mark 37 Pfennige setzen sich aus 10 kleineren Beträgen zusammen. Es soll hier nur die bezüglich eines Theilbetrages von 632 Mark 79 Pfennigen gegebene Auskunft mitgetheilt werden, welche also lautet:

Nach dem Erlasse vom 27. Januar 1888 — LI. 603 — hätten Erhöhungen und Ermäßigungen gegen den vorläufigen Abschluß vom Domänenbaufonds für 1887/88 nicht vorgenommen werden dürfen, wogegen aus den in dem Abschluß aufgeführten Ausgaberesten noch Zahlungen innerhalb der Höhe dieser Reste hätten geleistet werden können. Bei Position 17 des Domänenbauplans für 1887/88 = 1000 Mark habe nur noch ein Ausgaberest von 418 Mark 89 Pfennigen gestanden, während an die Wasserbauverwaltung 632 Mark 79 Pfennige zu erstatten gewesen seien. Es hätte also die ministerielle Genehmigung für die überschießenden 213 Mark 90 Pfennige, wenn dieselben für 1887/88 noch zahlbar zu machen, eingeholt werden müssen.

Bei dem damals bevorstehenden Finalabschlusse für 1887/88 sei jedoch, um die Zahlung nicht zu verzögern, und es fraglich erschienen, ob überhaupt bei der Kürze der Zeit die Genehmigung noch rechtzeitig eintreffen würde, die Zahlung für das Rechnungsjahr 1888/89 in der Weise angeordnet, daß 418 Mark 89 Pfennige aus dem pro 1887/88 disponiblen Bestande und 213 Mark 90 Pfennige aus dem Domänenbau-Extraordinarium für 1888/89 gezahlt worden seien.

Spezialrechnung der Berg-, Hütten- und Salinenverwaltung.

(Anlage 9.)

Laut Bemerkung 131a zu Kap. 14 Tit. 8 „Betriebsmaterialien und Utensilien"

sind 8000 Mark (Schlußzahlung) für einen zum Abteufen der Schächte erforderlichen Förderhaspel, welche Summe im Etatsjahr 1887/88 fällig gewesen und bezahlt worden ist, erst für 1888/89, also verspätet verrechnet. Der Grund hierfür liegt nach der Auskunft der Königlichen Regierung lediglich darin, daß der Förderhaspel zwar bereits im Jahre 1887/88 geliefert worden war, die Abnahme aber erst im April 1888 erfolgte, und deshalb die Schlußzahlung auf Fonds des Etats für 1888/89 zur Verrechnung gelangte.

Laut Bemerkung 134c/133 zu Kap. 14 Tit. 11 „Sonstige Baukosten (laufende Unterhaltung der Gebäude, Wege und Betriebsanlagen)"

sind in der Rechnung der Steinkohlengrube Königin Luise im Bezirke Breslau für eine Badeeinrichtung, sowie für verschiedene Neuherstellungen und Erweiterungen der Betriebsanlagen 35612 Mark 57 Pfennige verrechnet, welche aus Kap. 14 Tit. 10 „Neu- und Erweiterungsbauten, sowie Neuherstellung und Erweiterung von Betriebsanlagen" zu bestreiten waren und daselbst eine Etatsüberschreitung von 31932 Mark 30 Pfennigen herbeigeführt haben.

Da nach Auskunft der Königlichen Staatsregierung diese Kosten im Interesse des Betriebes unvermeidlich gewesen und bei der Etatisirung nicht vorgesehen werden konnten, hat die Kommission kein Bedenken gegen die Genehmigung gefunden.

Spezialrechnung der Eisenbahnverwaltung.

(Anlage 10.)

Bemerkung 184 zu Kap. 28 Tit. 4: (Gehälter.) „Personal des Expeditions-, Fahr-, Werkstätten- und Magazindienstes".

Ausweislich der Betriebsrechnung des Eisenbahnbetriebsamtes zu Aachen sind vom 1. April 1888 ab fünf bei der ehemaligen Aachen-Jülicher Eisenbahn beschäftigt gewesene Beamte mit einem jährlichen Gehalte von je 1000 Mark als Lokomotivführer in den Staatsdienst übernommen, obgleich nach dem Spezialetat der Eisenbahnverwaltung das jährliche Mindestgehalt der Lokomotivführer 1100 Mark beträgt. Da das letztere durch den Staatshaushaltsetat festgesetzt ist, so charakterisirt sich die Minderbewilligung als eine Abweichung von den Bestimmungen des Etats.

Der Herr Ressortminister hat der Eisenbahndirektion zu Köln gegenüber das beobachtete Verfahren als unzulässig bezeichnet und angeordnet, durch Gewährung von Beihülfen aus dem Etatsfonds Kap. 28 Tit. 8 „Zu außerordentlichen Remunerationen und Unterstützungen an Beamte" eine Ausgleichung herbeizuführen. Wie aus einer Anfrage der Kommission die Königliche Regierung mittheilt, ist der Ausgleich durch Gewährung eines der Gehaltsdifferenz entsprechenden Betrages aus dem entsprechenden Etatsfonds thatsächlich bewirkt.

Spezialrechnung der allgemeinen Finanzverwaltung.

(Anlage 14.)

Bemerkung 247 zu Kap. 43 Tit. 8: (Apanagen, Renten, Abfindungen, Zuschüsse ꝛc.)

„Zuschuß zu den Verwaltungsausgaben der Fürstenthümer Waldeck und Pyrmont".

In der Hauptrechnung der Generalstaatskasse für das Etatsjahr 1888/89 ist bei dem vorbezeichneten Titel der Zuschuß Preußens zu den Verwaltungsausgaben der Fürstenthümer Waldeck und Pyrmont für das Jahr 1888 im etatsmäßigen Betrage von 310000 Mark voll verausgabt, während nach der Staatskassenrechnung der genannten Fürstenthümer für das Jahr 1888 die Einnahmen derselben einschließlich des Preußischen Zuschusses mit zusammen . . . . 1216964 ℳ 01 ₰
die Ausgaben von . . . . 1190364 ,, 35 ,,
um . . . . 26699 ℳ 66 ₰
überstiegen haben. Obwohl nun bei der jedesmaligen Zahlung des Preußischen Zuschusses der Landesdirektor einen Revers dahin ausstellt, „daß der zur Bestreitung der Landesausgaben der Fürstenthümer in dem bezüglichen Kalenderjahre etwa nicht erforderliche Betrag des Zuschusses an die Preußische Staatskasse wieder zurückgezahlt werden", ist doch der Ueberschuß des Jahres 1888 an Preußen nicht erstattet, sondern von der Landesverwaltung in Arolsen zur theilweisen Deckung derjenigen Beträge zurückbehalten, welche von den bei Uebernahme der Fürstenthümer in Preußische Verwaltung vorhandenen gewesenen Vermögensbeständen derselben zu den von bis Ende des Jahres 1887 erwachsenen Mehrausgaben in angegebenen Betrage von 117939 Mark 36 Pf. verwendet worden sind. Mit Rücksicht auf letzteren Umstand hat auch der Herr Finanzminister es abgelehnt, die Zurückzahlung des von den Preußischen Zuschusse zur Bestreitung der Verwaltungsausgaben der Fürstenthümer im Jahre 1888 nicht erforderlich gewesenen Betrages herbeizuführen.

Bei Beurtheilung der Zulässigkeit dieses Verfahrens kommt zunächst die Frage nach der rechtlichen Natur des Preußischen Zuschusses in Betracht, und insbesondere:

1. ob der Zuschuß als in seinem Betrage durch den jedesmaligen Ansatz im Preußischen bezw. Waldeckschen Etat fixirtes Pauschquantum anzusehen ist, dergestalt, daß einerseits eine Ueberschreitung dieses Betrages nicht zulässig, andererseits der

247*

letztere aber auch ohne Rücksicht auf einen Minderbedarf unverkürzt zu zahlen wäre, — oder ob der Zuschuß sich als ein Bedürfnißzuschuß in dem Sinne charakterisirt, daß derselbe nach Maßgabe des wirklichen Bedürfnisses, also der thatsächlichen Ausgabe jedes einzelnen Jahres zu zahlen, und jede Ersparniß eines Jahres der Preußischen Staatskasse zu erstatten ist.

Der Preußische Staatshaushaltsetat erledigt diese Frage nicht, vielmehr kann nach der Fassung desselben der Zuschuß ebensowohl als ein Pauschquantum wie als ein Bedürfnißzuschuß angesehen werden. Als Pauschquantum ist er zuerst aufgefaßt in einem Schreiben vom 12. April 1870 — I. 4814 — seitens des damaligen Herrn Finanzministers, und nach dessen damaliger Angabe soll der Zuschuß auch von der Preußischen Landesvertretung alljährlich als ein Pauschquantum bewilligt sein. Später hat derselbe Herr Minister jedoch in dem Schreiben an die Oberrechnungskammer vom 18. Juni 1870 — I. 8005 — den fraglichen Zuschuß als einen „nicht feststehenden" bezeichnet und in dem Schreiben vom 10. Juni 1872 — I. 7888 — anerkannt, daß derselbe nicht über das Bedürfniß hinaus in Anspruch genommen werden dürfe.

Die Oberrechnungskammer hat sich nicht davon überzeugen können, daß der Landtag den Zuschuß als ein Pauschquantum bewilligt habe, sondern hat ihrerseits nach den Accessionsverträgen vom 18. Juli 1867, 24. November 1877 und 2. März 1887, sowie den beigefügten Denkschriften den Zuschuß immer als einen Bedürfnißzuschuß angesehen. Derselben Ansicht ist der jetzige Herr Finanzminister, und ihr entsprechen auch die oben gedachten jährlichen Reverse des Landesdirektors.

Fraglich bleibt dabei aber weiter:

2. ob der Zuschuß etatsmäßig als ein überschreitbarer oder als ein nicht zu überschreitender anzusehen ist. Der jetzige Herr Finanzminister vertritt die erstere Ansicht auf Grund des Artikel 3 der Accessionsverträge, wonach

Preußen einerseits die gesammten Landeseinnahmen der Fürstenthümer bezieht, dagegen aber auch die sämmtlichen Landesausgaben — mit Ausschluß der Ausgaben für das Konsistorium in seiner Eigenschaft als Oberkirchenbehörde — zu bestreiten hat.

Er bezeichnet den Zuschuß hiernach als einen Bedürfnißzuschuß in dem Sinne, daß dieser nach Maßgabe des wirklichen Bedürfnisses, der thatsächlichen Ausgabe jedes einzelnen Jahres, zu zahlen sei, möge dabei eine Ueberschreitung des etatsmäßig vorgesehenen Betrages oder eine Ersparniß an demselben sich ergeben.

Dagegen ist in dem Etat der Fürstenthümer Waldeck und Pyrmont für 1869/71, welcher von Seiner Majestät dem König von Preußen unter Gegenzeichnung des Preußischen Staatsministeriums und des Landesdirektors unterm 4. Januar 1869 genehmigt worden ist (Fürstlich Waldeckisches Regierungsblatt 1869 S. 17 ff.), der fragliche Zuschuß unter Kap. 16 der Einnahme als

„Zuschuß aus der Preußischen Staatskasse nach Bedürfniß bis zum Betrage von (damals) 58 666 Thaler"

nachgewiesen. Hier ist also derselbe als ein limitirter Bedürfnißzuschuß angesehen.

Ferner ist nach dem Schreiben des früheren Herrn Finanzministers an die Oberrechnungskammer vom 27. März 1873 — I. 1568 — durch die Verfügung desselben vom 9. November 1872 — I. 15 765 — der von dem Waldeckschen Landtage gestellte Antrag, die in den Jahren 1868 und 1869 bei der Waldeckschen Landesverwaltung entstandenen Defizits über den gezahlten damaligen etatsmäßigen Betrag des Preußischen Zuschusses von 58 665 Thaler hinaus aus Preußischen Fonds zu decken, abgelehnt worden. Vielmehr hat die Preußische Regierung die Befugniß in Anspruch genommen, die entstandenen Defizits aus Vermögensbeständen der Fürstenthümer zu decken, und demzufolge ist, obwohl der Preußische Zuschuß sich wiederholt als unzureichend zur Deckung des in den einzelnen Jahren hervorgetretenen wirklichen Ausgabebedarfs erwiesen hat, dennoch in diesen Fällen seither niemals eine Zahlung über den Etatsbetrag des Zuschusses hinaus geleistet worden, sondern es sind die in früheren Jahren im Waldeckschen Staatshaushalt hervorgetretenen Defizits, soweit sie nicht nachträglich aus den Fürstenthümer an der Französischen Kriegskostenentschädigung gedeckt werden konnten, aus dem Stammvermögen der Fürstenthümer und aus den bei Beginn des Accessionsverhältnisses vorhanden gewesenen Beständen der Waldeckschen Landeskasse gedeckt worden. Den Gesammtbetrag, welcher auf diese Weise dem Vermögensbestande der Fürstenthümer bis zum Schluß des Jahres 1887 entnommen und ungedeckt geblieben ist, hat der Landesdirektor, soviel die der Oberrechnungskammer vorliegenden Materialien ergeben, mit 117 939 Mark 36 Pf. nicht zu hoch angegeben.

3. Jetzt liegt nun die Frage vor, ob Preußen überhaupt bezw. zur Zeit verpflichtet ist, die vorerwähnten Defizits durch Erstattung der Fürstenthümer entnommenen Beträge zu decken, und ob insbesondere zu diesem Zweck der Betrag von 26 599 Mark 66 Pf., welcher von dem Preußischen Zuschusse zur Bestreitung der laufenden Ausgaben des Jahres 1888 nicht erforderlich war, den Fürstenthümern gezahlt bezw. belassen werden durfte.

In dieser Beziehung hat in dem Schreiben vom 5. Januar 1872 — I. 14 805 — der damalige Herr Finanzminister sich gegen die Oberrechnungskammer dahin ausgesprochen,

„daß zwar eine Bestimmung in Betreff der Disposition über die Vermögensbestände der Fürstenthümer weder in dem Vertrage vom 18. Juli 1867, noch in dem zugehörigen Schlußprotokolle getroffen, auch nach Mittheilung des Herrn Reichskanzlers, dessen Aeußerung über diesen Punkt erbeten worden, bei den vor Abschlusse des Vertrages vorausgegangenen Verhandlungen mit der Waldeckschen Regierung diese Frage nicht zur Sprache gekommen sei. Ebensowenig aber enthalte der Vertrag eine Bestimmung, welche Preußen die unbedingt Verpflichtung auferlege, ein in den Waldeckschen Finanzen entstehendes Defizits aus seinen Mitteln auszugleichen. Die Frage, wie dasselbe zu decken sei, würde daher eine offene anzusehen sein."

Ferner hat der damalige Herr Finanzminister in der oben angezogenen Verfügung vom 9. November 1872 — I. 15 765 — dem Landesdirektor der Fürstenthümer erklärt:

„Der zwischen Preußen und Waldeck abgeschlossene Accessionsvertrag und das dazu gehörige Schlußprotokoll enthielten keine Bestimmung, welche der einstweiligen Verwendung der Vermögensbestände zur Deckung des Defizits entgegenständen. So lange der Vertrag in Kraft sei, erscheine demnach die Waldeck'sche Landesvertretung keinesfalls berechtigt, die Rückzahlung der aus den Beständen entnommenen Beträge von Preußen zu fordern. Zur Erörterung der Frage, inwieweit Preußen zu dieser Rückerstattung verpflichtet sein möchte, falls eine Aenderung der bestehenden Verhältnisse demnächst eintreten sollte, liege zur Zeit keine Veranlassung vor."

Die Oberrechnungskammer erklärt, daß sie sich dieser Auffassung nur anschließen könne.

Die Ansicht und Auslassung des jetzigen Herrn Finanzministers geht dagegen dahin:

„Die Preußische Regierung habe sich zwar ermächtigt halten können, Vermögensbestände der Fürstenthümer einstweilen, d. h. für die Dauer des Accessionsverhältnisses, zur Bestreitung der Landesausgaben zu verwenden, bei den hierüber innerhalb der Preußischen Staatsregierung gepflogenen Verhandlungen sei aber seitens der Finanzverwaltung ausdrücklich darauf hingewiesen worden, daß im Allgemeinen weder der Wortlaut des Accessionsvertrags, noch die beim Abschlusse desselben stattgehabten Verhandlungen einen bestimmten Anhalt für die Zulässigkeit der Inanspruchnahme Waldeck'scher Vermögensbestände zu dem fraglichen Zwecke böten, und daß deshalb die definitive Verwendung derselben zur Deckung der Defizits jedenfalls erheblichen Bedenken unterliegen würde.

Nachdem aber die Gewährung Preußischer Staatsmittel über den etatsmäßigen Zuschußbetrag hinaus und bis zur vollen Höhe des wirklichen Ausgabebedarfs der Fürstenthümer seither fortgesetzt versagt sei, erscheine es nicht angängig, nunmehr für das Jahr 1888 lediglich den hinter dem Etatsbetrage zurückgebliebenen wirklichen Bedarf als maßgebend zu betrachten und demnach den Preußischen Zuschuß entsprechend zu kürzen.

Es würde dies zu einer nicht ungerechtfertigten unliebsamen Kritik des Verfahrens der Preußischen Verwaltung Anlaß geben und von dem Landtage der Fürstenthümer dazu benutzt werden können, um von neuem die Frage wegen Erstattung der zur Deckung der früheren Defizits dem Stammvermögen der Fürstenthümer entnommenen Beträge in Anregung zu bringen. Es erscheine vielmehr angezeigt, von einer theilweisen Rückerstattung des Zuschusses zur Preußischen Staatskasse, wiewohl eine solche Maßnahme nach dem oben Bemerkten an sich der Natur des Zuschusses entsprechen würde, bis auf Weiteres abzusehen, den etatsmäßigen Betrag des Zuschusses jedenfalls so lange unverkürzt der Waldeck'schen Landeskasse zu zahlen bezw. zu belassen, als der Gesammtbetrag der danach sich herausstellenden Ueberschüsse nicht über

den Gesammtbetrag der zur Deckung früherer Defizits verwendeten Vermögensbestände hinausgehe."

Nach Ansicht der Oberrechnungskammer würde dies nicht ohne Zustimmung des Preußischen Landtags zulässig sein. Sie meint auch, daß es sich nach den vorstehenden Darlegungen empfehlen möchte, die rechtliche Natur und Zweckbestimmung des fraglichen Zuschusses in dem Preußischen Staatshaushaltsetat künftig in einer jeden Zweifel ausschließenden Fassung zum Ausdruck zu bringen. Jedenfalls widerspreche aber gegenwärtig die Zahlung des von dem Preußischen Zuschusse zur Bestreitung der Ausgaben der Fürstenthümer Waldeck und Pyrmont im Jahre 1888 nicht erforderlich gewesenen, sondern zur theilweisen Deckung der Defizits früherer Jahre verwendeten Betrags von 26 599 Mark 66 Pf. den bestehenden Etatsgrundsätzen. Denn, wie auch der Herr Finanzminister anerkenne, sei der jährliche Zuschuß in den Staatshaushaltsetats immer nur für die Ausgaben jedes einzelnen Jahres bewilligt, er sei nicht dazu bestimmt, auch ungedeckt gebliebene Ausgaben früherer Jahre zu bestreiten, und es bilde daher die Tilgung des Defizits früherer Jahre aus den Mitteln des Etatsjahres 1888/89 eine verspätete und deshalb außeretatsmäßige Ausgabe, welche der Genehmigung des Landtages bedürfe.

Auch in der Kommission ist Seitens des Kommissars des Herrn Finanzministers die Ausgabe als außeretatsmäßige anerkannt und deren Genehmigung nachgesucht, und die Kommission hat demgemäß die nachfolgender Erwägung diese Genehmigung zu beantragen beschlossen.

Sie geht davon aus, daß, wie auch die Auffassung über die Natur des Zuschusses sich gestalten möge, das ganze Verhältniß Preußens zu den Fürstenthümern Waldeck und Pyrmont zur Zeit eine freiere Behandlung angezeigt erscheinen läßt, wo zum ersten Male seit 1867 gegenüber einer nach und nach bis auf 117 939 Mark 36 Pf. summirten Unzulänglichkeit des Preußischen Zuschusses sich für ein Jahr ein Ueberschuß von mäßigem Betrage ergeben hat. Nach Ansicht der Kommission ist die weitere Entwickelung des Etats der Fürstenthümer abzuwarten, um zu ersehen, ob der diesmal hervorgetretene Ueberschuß einen Ausnahmefall darstellt, oder eine dauernde Erscheinung ist; für jetzt steht der Ueberschuß so vereinzelt da, daß der Kommission nicht angängig erscheint, deswegen in Streit mit den Fürstenthümern einzutreten und unter den abweichenden Auffassungen des früheren und des jetzigen Herrn Finanzministers die Wahl zu treffen. Indem die Kommission aber für diesmal den Ueberschuß den Fürstenthümern zu belassen vorschlägt, will sie keineswegs präjudiciirt die Meinung unterstützen, als ob diese Belassung auch künftig oder etwa solange zu wiederholen sei, bis das aufgelaufene Defizit gedeckt ist.

Die Kommission hat daher geglaubt, von einer Erörterung der verschiedenen Auffassungen, von der Natur des Zuschusses und der Bedeutung der in Betracht kommenden Vertragsbestimmung für diesmal absehen zu können.

Spezialrechnung von der Bauverwaltung.

(Anlage 26.)

Bemerkung 285 zu Kap. 64 Tit. 8 „Remunerirung von Hülfsarbeitern &c."

Hier hebt die Oberrechnungskammer eine Fondsverschleierung hervor, die schon bei Bemerkung 313 zur allgemeinen Rechnung für 1885/86 im Bericht der Rechnungskommission in der Session 1889 (Anlage Bd. III

S. 1890) erörtert ist. Es handelt sich darum, daß nach Ansicht der Oberrechnungskammer in der Spezialrechnung XVIII der Generalstaatskasse über die Fonds der Bau- und Centralverwaltung des Ministeriums der öffentlichen Arbeiten im Jahre 1888/89: 990,80 Mark Kosten der Anfertigung von Zeichnungen und perspektivischen Bildern bei diesem Titel statt bei Kap. 64 Tit. 12 „Büreaubedürfnisse" nachgewiesen sind. Nach dem Bericht für 1885/86 hatte der Herr Minister die schon damals von der Rechnungskommission vertretene Ansicht nicht anerkannt. Die Kommission aber verfolgte damals die Frage nicht weiter, da der Herr Regierungskommissar erklärt hatte, dieselbe weiter prüfen zu wollen. Nunmehr nach nochmaliger Prüfung ist der Herr Minister der Ansicht der Oberrechnungskammer beigetreten und hat die Unrichtigkeit der geschehenen Verrechnung anerkannt.

Spezialrechnung der Handels- und Gewerbeverwaltung.
(Anlage 27.)

Bemerkung 290 zu Kap. 69 Tit. 10

„Zuschüsse zur Unterhaltung gewerblicher Zeichen-, Baugewerk-, Webe- und anderer Fachschulen".

In der Rechnung von der Handels- und Gewerbeverwaltung zu Marienwerder ist auf Anordnung des Herrn Ministers für Handel und Gewerbe die einem Lehrer an der Baugewerkschule zu Deutsch-Krone, welche von dem Staate und der dortigen Gemeinde gemeinschaftlich zu unterhalten ist, bewilligte Unterstützung von 300 Mark bei dem vorstehenden Fonds verausgabt.

Der genannte Herr Minister hat die Verrechnung dieser Ausgabe bei obigem Fonds für zulässig gehalten, weil die Unterstützung einem hülfsbedürftigen Lehrers als eine zur Unterhaltung der betreffenden Schule geleistete Ausgabe, in vorliegendem Falle aber bei den großen und dringenden Hülfsbedürftigkeit jenes Lehrers, und da die Gemeinde es abgelehnt habe, sich zu ihrem Theile an der sofort ganz aus der Schulkasse gezahlten Unterstützung zu betheiligen, nichts übrig geblieben sei, als den vollen Betrag derselben bei dem obigen Fonds verrechnen zu lassen, was um so unbedenklicher erschienen, als an dem etatsmäßigen Jahresbetrage des der erwähnten Schule zu gewährenden Staatszuschusses in dem betreffenden Rechnungsjahre eine erhebliche Summe erspart worden sei.

Die Oberrechnungskammer ist dagegen im Hinblick auf die Bestimmungen im § 15 der Allerhöchst vollzogenen Instruktion für die Oberrechnungskammer vom 18. Dezember 1824 und auf die Erörterungen, welche über ihre Bemerkung 343 zur allgemeinen Rechnung über den Staatshaushaltsetat für 1885/86 in der Drucksachen des Hauses der Abgeordneten (Nr. 179 S. 20/21 der Drucksachen) stattgefunden haben, der Ansicht, daß der oben bezeichnete Fonds nach seiner Zweckbestimmung zur Uebernahme der erwähnten Ausgabe nicht geeignet, und daß dieselbe, da der Staatshaushaltsetat auch einen anderen dazu geeigneten Fonds nicht enthalte, als eine außeretatsmäßige anzusehen sei.

Es wurde in der Kommission noch darauf hingewiesen, daß bei anderen Titeln auch mit allgemeiner Zweckbestimmung die Verwendung zu Unterstützungen und Remunerationen besonders bestimmt werde, z. B. Kap. 122 Tit. 02, Kap. 121 Tit. 28a im Vergleich mit Tit. 30.

Seitens der Königlichen Staatsregierung ist schließlich nach anderweitiger Erwägung der Auffassung der Oberrechnungskammer beigetreten und die Genehmigung der Ausgabe als außeretatsmäßige erbeten.

Die gewährte Unterstützung unterliegt nach den Umständen des Falles keinem Bedenken; die Kommission schlägt daher die Genehmigung der Ausgabe als außeretatsmäßige vor.

Spezialrechnung von der Justizverwaltung.
(Anlage 28.)

Bemerkung 294 zu Kap. 74 Tit. 2 und 11

„Besoldungen der Landrichter und Amtsrichter" sowie

„Wohnungsgeldzuschüsse für die Beamten".

In der Theilrechnung IIIA der Justizhauptkasse zu Königsberg i. Pr. sind verrechnet worden:

unter Tit. 2.................... 1 200 ℳ
und unter Tit. 11............... 105 "
welche Beträge mit zusammen..... 1 305 ℳ

der Schwester eines im Dezember 1888 ohne Hinterlassung einer Wittwe und ehelicher Nachkommen verstorbenen Amtsgerichtsraths als Gnadenkompetenz, an Gehalt und Wohnungsgeldzuschuß für die Monate Januar, Februar und März 1889 seitens des Herrn Justizministers bewilligt sind. Nach der Allerhöchsten Ordre vom 15. November 1819 ist nun zwar dem Ministern als Departementschefs frei gelassen, im Falle der Verstorbene eine Wittwe, Kinder oder Enkel nicht hinterlassen hat, dagegen aber der Ernährer armer Eltern, Geschwister 2c. gewesen ist, ausnahmsweise denselben das Gnadengehalt anzuweisen. Ferner kann nach § 3 des Gesetzes vom 6. Februar 1881 (Gesetzsamml. S. 17) mit Genehmigung des Verwaltungschefs das Gnadenquartal außer den in jener Kabinetsordre erwähnten auch solchen Personen, welche die Kosten der letzten Krankheit und der Beerdigung bestritten haben, für den Fall gewährt werden, daß der Nachlaß zu deren Deckung nicht ausreicht. Nach der erfolgten Erhebungen hat der betreffende Amtsgerichtsrath aber seine bei ihren Eltern wohnende Schwester nicht unterstützt; er ist jedoch nicht Ernährer derselben gewesen, auch sind die sämmtlichen Kosten seiner letzten Krankheit und der Beerdigung aus seinem Nachlasse bestritten worden. Der Herr Justizminister hat diese Feststellungen nicht bemängelt und ausgeführt, daß die Bewilligung der Gnadenkompetenz von ihm gewährt sei auf Vorschlag der zuständigen Instanz, welche mit Rücksicht auf die bisherige Praxis in analogen Fällen für zweifellos erwähnt habe, daß die seit reichliche Unterstützung, welche der betreffende Amtsgerichtsrath seiner Schwester gewährt hatte, der Ernährung derselben gleichkomme. Der Herr Minister hat aber, wie schon der Oberrechnungskammer gegenüber, so auch durch seinen Herrn Kommissar in der Kommission erklärt, daß er bei den Darlegungen und Feststellungen der Oberrechnungskammer nicht mehr für zutreffend halte und in Zukunft bei Bewilligung von Gnadenkompetenzen nach den von der Oberrechnungskammer dargelegten Gesichtspunkten verfahren werde.

Nach Lage des Falles hat die Oberrechnungskammer es nicht für angezeigt erachtet, die Wiedereinziehung der Gnadenkompetenz anzuordnen.

Die Kommission hat kein Bedenken, für diese von dem Herrn Minister als außeretatsmäßige anerkannte Ausgabe die Genehmigung zu beantragen.

Spezialrechnung von der Verwaltung der landwirthschaftlichen Angelegenheiten.
(Anlage 30.)

a) **Etatsmäßige dauernde Ausgaben.**

Bemerkung 375 zu Kap. 106 Tit. 1
„Besoldungen der Meliorationsbauinspektoren".

Nach den Rechnungen der Regierungen zu Danzig, Königsberg und Potsdam sind für die Verwaltung der erledigten Meliorationsbauinspektorstellen zu Danzig und Königsberg innerhalb des Etatsjahres 1888/89 je 300 Mark verwendet worden, welche aus bereiten Gehaltsbeträgen dieser Stellen nicht entnommen werden konnten.

Diese 600 Mark sind auf Anordnung des Herrn Ministers für Landwirthschaft ꝛc. aus Ersparnissen, welche bei dem Gehalte der Meliorationsbauinspektorstelle für die Provinz Brandenburg verblieben sind, und deren Verwendung zu Zulagen bei anderen Stellen unterlassen ist, gedeckt und bei dem obenbezeichneten Titel verrechnet worden.

Die Oberrechnungskammer ist der Ansicht, daß dies nicht zulässig gewesen sei, weil grundsätzlich Stellvertretungskosten bezw. die Kosten der Verwaltung einer erledigten Stelle, um welche es sich hier handele, nur aus Ersparnissen an der Besoldung bei der verwalteten Stelle, nicht aus Ersparnissen in Folge von Vakanzen bei den Besoldungen anderer Stellen derselben Kategorie zu decken seien, wie dies bei Erledigung der Bemerkung 553 zur allgemeinen Rechnung für 1883/84 anerkannt sei. Vergl. den Bericht der Rechnungskommission des Hauses der Abgeordneten, Drucksachen für 1887 Nr. 96 S. 23. Es hätte danach die frei gewordene Besoldung des Meliorationsbauinspektors für die Provinz Brandenburg, soweit sie nicht zur Besoldung der letzteren Stelle, zu Gehaltszulagen und für den Amtsnachfolger, sowie zu extraordinären Remunerationen an Beamte gleicher Kategorie verwendet worden sei, b. h. mit dem Betrage von 600 Mark, als erspart in Abgang gestellt werden müssen, während die bei den beiden anderen Stellen über deren verfügbare Besoldungen geleisteten Ausgaben von 600 Mark, bei dem nach dem Etat auch zu Stellvertretungskosten bestimmten Tit. 4 des obigen Kapitels zu verrechnen gewesen wären.

Der Herr Ressortminister hat dieser Auffassung nicht beitreten können. Zunächst weist er darauf hin, daß die angeblichen Präcedenzfälle nicht zuträfen. Laut Bemerkung 553 zur Allgemeinen Rechnung pro 1883/84, sowie laut Bemerkung 167 der Rechnung pro 1880/81 (Drucksachen für 1883/84 Nr. 125) und laut Bemerkungen 697, 698 zur Rechnung pro 1873 handele es sich um Fälle, wo bei beschränkter Leistungsfähigkeit oder bei Erkrankungen etatsmäßiger Beamten Hülfskräfte zu remunueriren seien, laut Bemerkung 390 zur Rechnung pro 1880/81 um Ersparnisse bei Einzelbesoldungen im Gegensatz zu einer Besoldungsgemeinschaft, die im vorliegenden streitigen Falle in Rede stehe.

Endlich habe für einen analogen Fall laut Bemerkung 142 zur Rechnung für 1877/78 die Oberrechnungskammer selbst die jetzt von ihr bemängelte Verfahrung vertreten. Das gerügte Verfahren sei auch sparsamer, als wenn die beregten Kosten aus Fonds Kap. 106 Tit. 4 bestritten und die ersparten Besoldungstheile zu Remunerationen verwendet würden.

Ehe jedoch die Kommission in die nähere Erörterung der Detailfragen eintrat, wurde von den Herren Kommissarien der landwirthschaftlichen Verwaltung und der Finanzverwaltung eine erneute Prüfung der Streitfragen in Aussicht gestellt, wobei namentlich die Herbeiführung eines gleichmäßigen Verfahrens für sämmtliche Verwaltungen ins Auge gefaßt werden solle. Unter diesen Umständen empfiehlt die Kommission das Ergebniß dieser Verhandlungen abzuwarten.

b) **Außeretatsmäßige extraordinäre Ausgaben.**

Bemerkung 473 zu VIII.

„Zur Beseitigung der durch das Hochwasser der Weichsel in der Provinz Westpreußen und im Landkreise Bromberg, Provinz Posen, herbeigeführten Verheerungen".

In der auf Grund des Gesetzes vom 8. April 1865 (Gesetzsamml. S. 105) im Ressort der landwirthschaftlichen Verwaltung geleisteten Ausgabe von 7 866 Mark 53 Pf. ist eine der Gemeinde Pieckel im Regierungsbezirk Danzig aus Anlaß der im Sommer des Jahres 1884 erlittenen Hochwasserschäden zur Reparatur und Verstärkung ihres Deiches bewilligte Beihülfe von 5 000 Mark enthalten. Auf diese Beihülfe sind nach der Rechnung der Regierung zu Danzig

a) 44 Mark aus dem Jahre 1882 herrührende Kosten für Vorarbeiten zur Bildung eines Pieckeler Stauverbandes und
b) 21 Mark 75 Pf. für Lebensmittel und Materialien, welche im Interesse der Vertheidigung des Deiches im Sommer 1884 geliefert worden,

übernommen. Wie die Oberrechnungskammer, so hält auch der Herr Minister für Landwirthschaft ꝛc. die Uebernahme dieser Ausgaben auf die bezeichnete Staatsbeihülfe nicht für zutreffend. Da aber der Herr Minister die Ausgaben vor dem Landtage vertreten zu wollen erklärt hat, hat die Oberrechnungskammer von Weiterem abgesehen und die Summe von 65 Mark 76 Pf. hier nur als eine noch zu genehmigende außeretatsmäßige Ausgabe aufgeführt.

Der Herr Minister hat folgende Aufklärung ertheilt:

Aus den, der Königlichen Staatsregierung durch das citirte Gesetz gewährten Mitteln sei zur Wiederherstellung und Verstärkung des Pieckeler Deiche an der sogenannten alten Nogat der Betrag von 5 000 Mark auf Grund des § 1 Lit. b des eben genannten Gesetzes zur Verfügung gestellt worden, mit der Maßgabe, daß die Zahlungen für die erforderlichen Arbeiten zunächst vorschußweise geleistet und in der Folge nach der Erstattung liquidirt werden sollten. Nach Ueberwindung verschiedener Schwierigkeiten seien die Arbeiten in den Jahren 1886 bis 1888 ausgeführt und im Februar 1889 sei die definitive Verrechnung erfolgt.

Erst im Januar 1891 sei es anläßlich der Revision der Rechnungen des Jahres 1888/89 zur Sprache gekommen, daß die beiden, in der Bemerkung Nr. 473 näher bezeichneten Zahlungen aus jener Beihülfe bestritten worden seien. Und zwar sei dies geschehen, weil am 17. März 1886 zu einem Deichverbande vereinigte Pieckeler Interessenten in ihrer damaligen höchst bedrängten Lage diese Beträge nicht hätten bezahlen können.

Wenngleich die Kosten der beregten Vorarbeiten bei rechtzeitiger Anforderung zweifellos aus Staatsfonds, und zwar aus dem unter Kap. 106 Tit. 10 für Zwecke dieser Art bereit gestellten Fonds bewilligt worden wären, und die Kosten der Vorarbeiten theilweise vielleicht bei der Wiederherstellung und Verstärkung des Deiches benutzt sein dürften, so sei es doch anzuerkennen, daß beide Ausgaben außerhalb des Rahmens der Verwendungszwecke lägen, für welche die Beihülfe bewilligt worden. Es sei aber nach Ansicht der Königlichen Staatsregierung von der Wiedereinziehung dieser Beträge zur Vermeidung großer Härte Abstand zu nehmen, weil inzwischen die Deichgenossen durch die in den Jahren 1888 und 1889 eingetretenen Hochwasserschäden, Deichbeschädigungen und Ueberfluthungen wiederum in große Noth gebracht seien.

Die Kommission pflichtet diesen Erwägungen der Königlichen Staatsregierung bei und hat die Ausgabe unter die zu genehmigenden außeretatsmäßigen eingestellt.

Spezialrechnung der geistlichen, Unterrichts- und Medizinalverwaltung.

(Anlage 32.)

Bemerkung 404 zu Kap. 109 Tit. 10

„Außerordentliche Remunerationen und Unterstützungen für Subaltern-, Kanzlei- und Unterbeamte".

Nach der Rechnung von den Besoldungs- und Bedürfnißfonds des Ministeriums ist aus diesem Titel einem durch Vertrag angenommenen Hülfsdrucker des Ministeriums, welcher das ihm vertragsmäßig zustehende Tagegeld aus dem Büreaubedürfnißfonds (Kap. 109 Tit. 12) bezieht, eine Unterstützung von 80 Mark bewilligt und gezahlt.

Die Zahlung dieses Betrages durfte nur, und zwar mit vorheriger Zustimmung des Herrn Finanzministers, aus dem Fonds Kap. 62 „Wartegelder, Pensionen und Unterstützungen" Tit. 8 „Zu einmaligen Unterstützungen für Personen, welche, ohne die Eigenschaft von Beamten zu haben, im Staatsdienste beschäftigt werden u. s. w." erfolgen.

Der Betrag wird deshalb aus den in der Bemerkung 374 zur allgemeinen Rechnung für 1880/81 angegebenen Gründen, auf welche Bezug genommen wird, hier als eine außeretatsmäßige Ausgabe nachgewiesen.

Vergl. auch Seite 22 des Berichts der Rechnungskommission des Hauses der Abgeordneten über die allgemeine Rechnung für 1880/81 — Nr. 125 der Drucksachen II. Session 1883/84.

Der Herr Minister hat die Ausgabe als außeretatsmäßige anerkannt und die Hülfsbedürftigkeit des Unterstützten näher darlegen lassen. Die Kommission findet kein Bedenken gegen die Genehmigung der Ausgabe.

Bemerkungen 405, 406, 403, 402 zu Kap. 109.

Tit. 11. „Remunerirung von Hülfsarbeitern ꝛc."
Tit. 7. „Unterbeamten."
Tit. 5. „Büreau- und Kassenbeamte".

In diesen Fällen handelt es sich darum, aus welchem Fonds die für die einstweilige Verwaltung einer zeitweise unbesetzten Beamtenstelle erwachsenen Kosten zu entnehmen waren. Laut Bemerkung 405 ist einem Hülfsunterbeamten, welcher zeitweise die Stelle eines Hausdieners versah, ein einmaliger Remunerationszuschuß von 60 Mark aus Tit. 11 statt aus Tit. 7 gezahlt. Laut Bemerkung 406 sind a) 625 Mark Vertretungskosten für die zeitweilige Verwaltung der Stelle eines Geheimen expedirenden Sekretärs und Kalkulators, und b) 100 Mark Vertretungskosten für einstweilige Verwaltung der Stelle eines Geheimen Kanzleidieners aus Tit. 11 gezahlt, während der Betrag zu a aus Tit. 5 und zu b aus Tit. 7 zu entnehmen war.

In allen diesen Fällen waren nämlich Gehälter in den zeitweilig unbesetzten Stellen erspart, welche zu den gedachten Kosten hätten verwendet werden müssen. Im Falle der Bemerkung 405 sind die bei Tit. 7 ersparten 60 Mark zu außerordentlichen Remunerationen verwendet worden.

Seitens des Herrn Ressortministers ist anerkannt, daß das bemängelte Verfahren gegen die Etatsbestimmungen verstößt, und ist dies auf ein Versehen zurückgeführt.

Bemerkung 432a/264 zu Kap. 121 Tit. 28a

„Unterstützung unvermögender Gemeinden und Schulverbände bei Elementarschulbauten".

Bei diesem Titel sind irrthümlich in Ausgabe verrechnet in der Rechnung von der geistlichen und Unterrichtsverwaltung

der Regierungshauptkasse zu Königsberg:
eine Abschlagszahlung von 4 466 Mark auf ein zum Neubau einer Kirche bis zum Betrage von 6 700 Mark Allerhöchst bewilligtes Gnadengeschenk.

Diese waren mit 4 466 Mark bei Kap. 63 Tit. 1 „Dispositionsfonds zu Gnadenbewilligungen aller Art" zu verrechnen.

Dadurch würde bei diesem Fonds eine, wenn auch nur formelle Etatsüberschreitung herbeigeführt werden. Der Herr Minister hat zur Aufklärung dieser Fondsverwechselung mitgetheilt, daß in der Verfügung des Ministeriums an die Provinzialregierung der Fonds, bei welchem die Verrechnung erfolgen sollte, richtig und innerhalb der zur Verfügung stehenden etatsmäßigen Mittel bezeichnet sei. Die gleichwohl erfolgte Verwechselung der Fonds und die unrichtige Anweisung sei auf ein formelles Versehen der Regierungshauptkasse bei der Buchung zurückzuführen, welche gerügt worden sei.

Auf ein gleiches Versehen, nämlich auf unrichtige Buchführung trotz richtiger Anweisung innerhalb der etatsmäßigen Mittel wird die

laut Bemerkung 439d zu Kap. 124 Tit. 4
„Neubau und Unterhaltung der Kirchen-, Pfarr-, Küsterei- und Schulgebäude, soweit solche auf einer rechtlichen Verpflichtung des Staates beruhen"

in der Rechnung der Regierungshauptkasse zu Liegnitz nachgewiesene, im Betrage von 1 490 Mark 26 Pf. zum Neubau eines Schulhauses geleistete, nicht auf rechtlicher Verpflichtung beruhende Staatsbeihülfe zurückgeführt. Dieser Betrag wäre bei Kap. 121 Tit. 28a „Unterstützung unvermögender Gemeinden und Schulverbände bei Elementarschulbauten" zu verrechnen gewesen.

Bemerkung 441 zu Kap. 124 Tit. 5

„Verbesserung der äußeren Lage der Geistlichen aller Bekenntnisse".

Rechnung von der Centralverwaltung des Ministeriums der geistlichen, Unterrichts- und Medizinalangelegenheiten.

Durch den von dem Herrn Minister der geistlichen, Unterrichts- und Medizinalangelegenheiten allein erwirkten Allerhöchsten Erlaß vom 22. Mai 1888 ist genehmigt worden, daß aus Ersparnissen des linksrheinischen Unterstützungsfonds (d. h. desjenigen Fonds, welcher durch Allerhöchste Ordre vom 8. November 1834 zum Zwecke der Verbesserung der äußeren Lage der Geistlichen beider Konfessionen am linken Rheinufer mit jährlich 30 000 Thalern [90 000 Mark] aus Staatsmitteln überwiesen ist, und der noch gegenwärtig etatsmäßig als ein Theil des im Staatshaushaltsetat bei Kap. 124 Tit. 5

für die Geistlichen aller Bekenntnisse in der ganzen Monarchie ausgebrachten Fonds von 4 000 000 Mark besteht) 16 249 Mark 75 Pf. zum Ankauf von vierprozentigen Preußischen Konsols im Nennwerthe von 15 000 Mark verwendet und diese letzteren einer katholischen Pfarrstelle als Dotation überwiesen werden.

Nach dem Allerhöchsten Erlaß vom 22. Mai 1888 ist zugleich der in Rede stehenden Pfarrstelle bezw. der betreffenden Kirchengemeinde in Höhe ihres Dotationskapitals ein Konto im Staatsschuldbuche eröffnet. Diese Verwendung solcher Ersparnisse ist von der Oberrechnungskammer bereits in der allgemeinen Rechnung von 1884/85 in Bemerkung 508 und wiederholt in der Rechnung für 1886/87 in Bemerkung 459 und für 1887/88 in Bemerkung 457 bemängelt. Die Oberrechnungskammer bezeichnet die Ausgabe als eine außeretatsmäßige; als solche ist sie, wie in den früheren Fällen, so auch diesmal von der Königlichen Staatsregierung anerkannt.

Im Bericht aus der Session 1888 (Nr. 207 der Drucksachen S. 27 ff.) ist die thatsächliche und rechtliche Seite dieser Verwendung eingehend erörtert worden, so daß, weil es sich im jetzt vorliegenden Falle lediglich um eine Fortsetzung dieses Verfahrens handelt, darauf verwiesen werden kann.

Der Landtag hat damals sein Einverständniß damit, daß die Ersparnisse zu Dotationen von evangelischen und katholischen Pfarrstellen verwendet würden, erklärt, also schon das Verfahren der Königlichen Staatsregierung für unberechtigt erachtet werden müßte.

Demgemäß beantragt die Kommission auch jetzt wieder, wie in den Vorjahren, diese Ausgabe als außeretatsmäßig nachträglich zu genehmigen.

Uebrigens hat die Königliche Staatsregierung, worauf sie bereits im Vorjahre hingewiesen, den Rest der Ersparnisse im Betrage von 34 778,85 Mark jetzt dem Hauptfonds zur Verbesserung der äußeren Lage der Geistlichen aller Bekenntnisse zugeführt. Damit ist diese Angelegenheit völlig erledigt.

In Bemerkung 442 zu Kap. 124 Tit. 9 „Unterstützungen von Wittwen und Waisen von Geistlichen und Kirchenbeamten"

hat die Oberrechnungskammer hervorgehoben, daß in der Rechnung der Regierungshauptkasse zu Minden von der geistlichen und Unterrichtsverwaltung 100 Mark außerordentliche Unterstützung für die Schwester eines verstorbenen Dompropstes, Regierungs- und Schulraths, durch ein Versehen der betreffenden Regierung bei dem obigen Fonds in Ausgabe verrechnet worden sei.

Von der Wiedereinziehung dieses Betrages sei in Anbetracht der Hülfsbedürftigkeit der Empfängerin Abstand genommen.

Die geleistete Ausgabe, für welche weder der Tit. 9 des Kap. 124 noch ein sonstiger Fonds des Spezialetats des Ministeriums der geistlichen, Unterrichts- und Medizinalangelegenheiten bestimmt sei, stelle sich darnach als eine außeretatsmäßige dar, welche noch der Genehmigung des Landtags bedürfe.

Der Herr Minister hat die Ausgabe als außeretatsmäßig anerkannt. Die Kommission hat dieselbe unter die zu genehmigenden eingestellt.

In Bemerkung 447 zu Kap. 125 Tit. 15 „Verschiedene andere Ausgaben für Medizinalzwecke"

trägt die Oberrechnungskammer, daß nach der Rechnung der Regierungshauptkasse zu Potsdam von der Medizinal- und Sanitätsverwaltung einer Hebeamme die in die Kasse des Charité-Krankenhauses zu Berlin geflossenen Kosten ihrer Ausbildung mit 260 Mark aus dem obigen Fonds erstattet worden seien. Die Staatskasse sei zur Erstattung dieses Betrages nicht verpflichtet gewesen, und insbesondere erscheine der vorbezeichnete Fonds zur Uebernahme desselben nicht geeignet, weil dieser Fonds kein Dispositionsfonds sei, sondern aus einzelnen feststehenden Beträgen bestehe. Demzufolge werde die Ausgabe als eine außeretatsmäßige hier nachgewiesen. Die Erstattung des obigen Betrages aus Staatsfonds sei nicht angeordnet, weil die Charitéhauptkassenrechnungen für die Etatsjahre 1887/89 mit nicht unerheblichen Defizits abgeschlossen hätten.

Der Sachverhalt ist von der Königlichen Staatsregierung, welche die Ausgabe als außeretatsmäßig anerkennt, wie folgt aufgeklärt:

Die betreffende Hebeamme aus dem Kreise Angermünde habe sich, da die Bezirkshebeammenstellen in diesem Kreise besetzt gewesen und deshalb zu ihrer unentgeltlichen Ausbildung keine Veranlassung vorgelegen, auf ihre eigene Kosten ausbilden lassen, um frei zu praktiziren. Demgemäß habe sie die 260 Mark aus eigenen Mitteln bezahlt. Inzwischen sei aber eine Bezirkshebeammenstelle in jenem Kreise durch Wegzug der bisherigen Inhaberin vakant geworden und nunmehr der in Rede stehenden Hebeamme übertragen. Letztere habe sich die 260 Mark darlehnsweise beschaffen müssen und sei durch Krankheit und Tod ihres Mannes in weitere Schulden gerathen. Aus diesen Gründen seien ihr Seitens der Provinzialregierung die vorgedachten 260 Mark aus dem für diesen Zweck allerdings nicht geeigneten — Fonds Kap. 125 Tit. 15 zurückgezahlt worden.

Hiernach findet die Kommission kein Bedenken mehr, die Genehmigung dieser außeretatsmäßigen Ausgabe zu beantragen.

Staatsschatz.

Die in Anlage II der Vorlage enthaltene Rechnung über die Einnahmen und Ausgaben des Fonds des ehemaligen Staatsschatzes für das Jahr 1888/89 ist von der Oberrechnungskammer geprüft und mit den verfassungsmäßigen Bescheinigungen versehen. Erinnerungen gegen diese Rechnung finden sich in den Bemerkungen der Oberrechnungskammer S. 7 der Rechnung nicht.

Auch die Kommission hat nichts zu erinnern gefunden.

B. Anträge der Kommission:

Auf Grund der vorstehenden Erörterungen beantragt die Rechnungskommission:

Das Haus der Abgeordneten wolle beschließen:

1. Die in der nachstehenden Nachweisung für die einzelnen Verwaltungen unter I als Etatsüberschreitungen und unter II als außeretatsmäßig bezeichneten Ausgaben nachträglich zu genehmigen:

Bezeichnung der Verwaltungen	I. Etats- überschreitungen		II. außeretatsmäßige Ausgaben		
	Ordi- narium ℳ	Extra- ordinarium ℳ	Ordi- narium ℳ	Extra- ordinarium ℳ	außeretats- mäßiges Extra- ordinarium ℳ
1. Domänenverwaltung	286,82	—	4 430,24	—	—
2. Forstverwaltung	1 088,51	—	898,23	—	—
3. Verwaltung der direkten Steuern	1 064,59	—	238,97	—	—
4. Verwaltung der indirekten Steuern	292,60	—	82,25	—	—
5. Seehandlungsinstitut	4,50	—	—	—	—
6. Berg-, Hütten- und Salinenverwaltung	33 283,20	—	10 169,09	—	—
7. Eisenbahnverwaltung	25 139,85	1 048,05	47 226,19	—	1 752
8. Herrenhaus	8,50	—	—	—	—
9. Allgemeine Finanzverwaltung	—	—	26 599,66	—	—
10. Büreau des Staatsministeriums	17,00	—	15,40	—	—
11. Deutscher Reichs- und Königlich Preußischer Staats- anzeiger	—	—	8	—	—
12. Finanzministerium	9 360,80	—	255,60	—	—
13. Bauverwaltung	3 018,68	144,84	22,24	—	—
14. Handels- und Gewerbeverwaltung	191,47	—	300	—	—
15. Justizverwaltung	495,41	—	4 322,19	—	—
16. Verwaltung des Innern	1 784,26	—	187,58	6 002,50	—
17. Landwirthschaftliche Verwaltung	3 898	—	1 514,63	—	65,75
18. Gestütverwaltung	77	—	136,60	—	—
19. Geistliche, Unterrichts- und Medizinalverwaltung	4 722,47	—	17 395,72	768,50	—
	84 734,16	1 192,89	113 802,97	6 771	1 817,75
	85 927,05		122 391,72		

2. Im Uebrigen die Entlastung der König- lichen Staatsregierung in Beziehung auf die allgemeine Rechnung über den Staats- haushalt des Jahres vom 1. April 1888/89, sowie die Rechnung über die Einnahmen und Ausgaben des Fonds des ehemaligen Staatsschatzes für das Jahr vom 1. April 1888/89 auszusprechen.

Berlin, den 1. April 1892.

Die Rechnungskommission.

Dr. **Virchow**, Vorsitzender. **Jansen**, Berichterstatter. **Bode. Böbiker. Eberhard. Kleine.** Dr. **Sattler.**

Haus der Abgeordneten. Aktenstück Nr. 143. 1979

Nr. 143.

Betr. Herstellung eines einheitlichen Etatsverbandes für die Gerichtsschreiber der Amts-, Land- und Oberlandesgerichte, Rang- und Gehaltserhöhung, Erhöhung der Reisekosten und Bewilligung einer Theuerungszulage für die Gerichtsschreiber der Amts- und Landgerichte sowie der Sekretäre der Staatsanwaltschaften.

Zweiter Bericht
der
Kommission für das Justizwesen über Petitionen.

Berichterstatter:
Abgeordneter Dr. Oetker.

Journal II Nr. 129, 190, 279 und 281.

Unter den Journalnummern II 129, 190, 279 und 281 sind der Justizkommission verschiedene Petitionen zur Prüfung und Begutachtung überwiesen, welche von Subalternbeamten mehrerer Lokaljustizbehörden (Land- und Amtsgerichte) und Staatsanwaltschaften herrühren und die Verbesserung der Einkommensverhältnisse sowie Rangerhöhung bezwecken.

I. Die Eingabe II 129, welche von 34 Subalternbeamten der Lokaljustizbehörden des Oberlandesgerichtsbezirks Hamm ausgegangen ist, (17 Sekretäre, 6 Assistenten und 11 Aktuaren) stellt die Bitte:

„Das Hohe Haus wolle beschließen, bezw. darauf hinwirken, daß

1. die Subalternbeamten der Lokaljustizbehörden mit den Beamten der Provinzialbehörden in etatmäßigem Einkommen und Rang gleichgestellt werden;
2. denselben eine den Theuerungsverhältnissen entsprechende Zulage gewährt wird."

II. Dieselbe Bitte, wenn auch nicht wörtlich, doch der Sache nach, stellen 21 Subalternbeamte des Land- und Amtsgerichts sowie der Staatsanwaltschaft zu Königsberg in Preußen (2 Landgerichtssekretäre, 1 Sekretär der Staatsanwaltschaft, 2 Kanzleiräthe, 1 Rechnungsrath, 15 Amtsgerichtssekretäre) in der Eingabe Journal II Nr. 281.

III. Die Petition Journal II Nr. 190 ist von 13 Subalternbeamten des Amtsgerichts zu Siegen (9 Sekretären, 2 Assistenten und 2 Diätaren) unterschrieben und beschränkt sich auf die Bitte um Gleichstellung der Subalternbeamten bei den Lokaljustizbehörden bezüglich des Rangs und Gehalts mit denjenigen bei den Oberlandesgerichten, ohne eine Theuerungszulage zu begehren.

IV. Die Petition Journal II Nr. 279, welche von 6 Subalternbeamten der Land- und Amtsgerichts Allenstein herrührt, enthält den Antrag:

„Das Hohe Haus der Abgeordneten wolle die Königliche Staatsregierung ersuchen, in den Gehalts- und Rangverhältnissen der Gerichtsschreiber der Land- und Amtsgerichte und der Sekretäre der Staatsanwaltschaften eine Aenderung dahin eintreten zu lassen, daß:

1. Das Maximalgehalt von 3300 Mark auf 3600 Mark,
2. Der Satz der Tagegelder von 6 Mark auf 9 Mark

erhöht werde".

Zur Begründung haben die Petenten im Wesentlichen vorgetragen:

Durch die Justizorganisation vom 1. Oktober 1879 sei die Stellung der Gerichtsschreiber der Lokaljustizbehörden wesentlich schwieriger und verantwortlicher geworden. Es wird auf die Thätigkeit derselben in Grundbuch-, Vormundschafts-, Nachlaß-, Konkurs- und Zwangsversteigerungssachen, sowie im Kassen-, Rechnungs- und Verwaltungswesen hingewiesen, die ungleich mühsamer und mehr verantwortlich sei, als die Thätigkeit der Gerichtsschreiber bei den Oberlandesgerichten und die den Funktionen der Regierungs-, Kreis-, Eisenbahn- und Oberbergamtssekretäre nicht nachstehe.

Ein Aufrücken in die Stelle eines Gerichtsschreibers bei einem Oberlandesgerichte sei regelmäßig mit einer Gehaltseinbuße verknüpft, weil der Aufrückende mit dem geringsten Gehalte von 2100 Mark anfangen müsse, während der Durchschnittsgehalt bei den Lokaljustizbehörden mehr betrage.

Wenn eingewendet werde, daß die Gerichtsschreiber bei den Land- und Amtsgerichten Nebenverdienst für Kalkulaturarbeiten haben, so sei zu beachten, daß die große Mehrzahl von diesem Nebenverdienst ausgeschlossen sei, daß dieser eine besondere Arbeit neben den sonstigen Dienstgeschäften erfordere und so gering sei, daß er kaum in Betracht gezogen werden könne. So habe dieser Nebenverdienst z. B. beim Amtsgerichte Siegen im Jahre 1891 für 13 Beamte nur 797 Mark 63 Pfennig betragen.

Die Ungleichheit im Diensteinkommen werde durch Vereinigung der Gerichtsschreiberstellen bei den Oberlandesgerichten mit denjenigen bei den Land- und Amtsgerichten zu einem Etatsverbande beseitigt werden. Wenn es für erforderlich gehalten werde, so könne zu den Gerichtsschreibern der Oberlandesgerichte durch eine pensionsfähige Funktionszulage eine etwas höhere Besoldung gewährt werden, ein Weg, der am 1. April 1886 bei der Vereinigung der Stellen der Rendanten und Rechnungsrevisoren mit denen der Gerichtsschreiber bereits beschritten sei, in dieser Vereinigung aber insofern für die Gerichtsschreiber bei den Lokaljustizbehörden von Nachtheil sei, als die Gerichtsschreiber der Oberlandesgerichte sich um diese bequemeren und besser dotirten Stellen bei jenen Lokaljustizbehörden häufig mit Erfolg bemühten.

Bezüglich der Post-, Kreis- und Eisenbahnsekretäre sei ohne Rücksicht auf die Behörde, bei welcher sie beschäftigt werden, ebenfalls die Gleichstellung mit den Beamten der Provinzialbehörden ins Leben gerufen.

Die Gehaltsaufbesserung durch diese Gleichstellung und eventuell durch Einführung einer weiteren Gehaltsklasse von 3600 Mark sei um so nothwendiger, als die Anstellung zum Gerichtsschreiber regelmäßig erst zehn bis zwölf Jahre nach bestandener Prüfung erfolge und das Aufrücken in die höheren Gehaltsklassen ein so langsames sei, daß die höchste Klasse von 3300 Mark nur von Wenigen erreicht werde, die Mehrzahl aber mit 2700 Mark abschließe.

Die Gerichtsschreiber der Land- und Amtsgerichte ständen im Range mit den Kanzlisten der Provinzialbehörden gleich, was im Hinblick auf die Vorbildung und Thätigkeit dieser letzteren

248*

Beamtenklasse gewiß nicht angemessen erscheine.

Ebenso erhielten die Gerichtsschreiber der Lokaljustizbehörden gleich den Assistenten und Kanzlisten nur 6 Mark Tagegelder, während die Post-, Eisenbahn-, Kreis- und Oberlandesgerichtssekretäre 9 Mark empfingen, eine Ungleichheit, die ebenfalls den Anforderungen an die Vorbildung und Leistungen der Gerichtsschreiber nicht entspreche, diese gesellschaftlich herabdrücke und von ihnen schmerzlich empfunden werde.

Der Antrag auf Gewährung einer einstweiligen Theuerungszulage bis zur anderweiten allgemeinen Regulirung der Beamtengehälter ist durch den Hinweis auf die seit dem 1. Oktober 1879 eingetretene, durch Vorlage von amtlichen Preisverzeichnissen nachgewiesene Vertheuerung der nothwendigsten Lebensbedürfnisse, sowie durch Bezugnahme auf den Umstand, daß zahlreiche Städte ihren sämmtlichen Beamten Theuerungszulagen gewährt haben, z. B. Bochum, Dortmund, Essen, Hagen u. s. w. begründet worden.

Ueber diese Petitionen ist in der Sitzung der Justizkommission vom 24. März 1892 im Beisein des Herrn Geheimen Justizraths Vierhaus als Vertreters des Herrn Justizministers und des Herrn Geheimen Oberfinanzraths Lehnert als Kommissars des Herrn Finanzministers verhandelt worden.

Vor Eröffnung der Diskussion trug der Berichterstatter noch Folgendes vor:

Die Anträge der Petenten haben die Justizkommission und das Haus der Abgeordneten bereits mehrfach beschäftigt. Aus den deshalbigen Verhandlungen verdient hervorgehoben zu werden:

Gelegentlich der Berathung des Justizetats für 1890/91 gab der Vertreter der Königlichen Staatsregierung in der Sitzung des Hauses vom 3. März 1890 in Veranlassung einer die Gleichstellung der Gehälter der Gerichtsschreiber der Land- und Amtsgerichte mit denen der Gerichtsschreiber bei den Oberlandesgerichten bezweckenden Anregung die Erklärung ab: Die angeregte Frage könne nicht für die Justizverwaltung allein entschieden werden, da entsprechende Verhältnisse sich auch in anderen Verwaltungen fänden und die Regelung nach allgemeinen Gesichtspunkten erfolgen müsse. Bei der bevorstehenden Gehaltsaufbesserung werde beabsichtigt, die gleichartigen Beamten der verschiedenen Verwaltungen in größere Gruppen zusammenzufassen und ihr Gehalt nach gleichen Grundsätzen zu bemessen. Eine Auflösung und Umgestaltung der bestehenden Etatsverbände sei zu vermeiden, insofern nicht zwingende Gründe dafür vorlägen. Solche Gründe seien nicht vorhanden; es sei vielmehr richtig, daß an die Oberlandesgerichte in der Regel die besser qualifizirten und im Dienste besser erprobten Beamten berufen würden. Es entspreche der Billigkeit, daß diesen Beamten eine etwas höhere Besoldung zu Theil werde.

In der Sitzung des Hauses vom 21. Mai 1890 ging dasselbe beim Auftrage der Justizkommission gemäß über eine die Gleichstellung der Subalternbeamten der Lokaljustizbehörden mit denen der Provinzialbehörden in Rang und Gehalt beanspruchende Petition ohne Debatte zur Tagesordnung über, nachdem der Herr Regierungskommissar in der Justizkommission erklärt hatte, daß die Königliche Staatsregierung im Allgemeinen den in der Plenarsitzung vom 3. März 1890 von ihr entwickelten Standpunkt festhalte und insbesondere eine Vereinigung der getrennten Etatsverbände der Subalternbeamten bei den Provinzialbehörden einerseits und bei den Lokalbehörden andererseits nicht beabsichtige.

Auch im Jahre 1891 lag der Justizkommission eine Reihe von Petitionen mit im Wesentlichen gleichen Anträgen vor. Dieselbe beantragte auch damals durch schriftlichen Bericht vom 5. Mai 1891 Uebergang zur Tagesordnung, und das Haus beschloß demgemäß in der Sitzung vom 18. Juni 1891. Der Herr Regierungskommissar hatte damals in der Justizkommission erklärt:

Es seien, wie ja auch der Herr Finanzminister in der Plenarsitzung vom 12. Januar 1891 erklärt habe, zur Zeit im Schoße der Staatsregierung Erwägungen über die Frage im Gange, ob nicht das System der Gehälterbemessung nach Etatsverbänden zu verlassen und durch ein System fester Alterszulagen zu ersetzen sei. Durch ein solches würde ein Theil der von den Bittstellern beklagten Uebelstände vermieden werden.

Freilich würde auch nach einer solchen Reform immer noch der Wunsch nicht erfüllt sein, daß die Gehälter der Subalternbeamten bei den Oberlandesgerichten einerseits und bei den Amts- und Landgerichten andererseits nach gleichen Grundsätzen bemessen werden möchten. Diesem Wunsche aber ständen gewichtige grundsätzliche Bedenken entgegen, hinsichtlich deren lediglich auf die oben erwähnten früheren Erklärungen der Justizverwaltung Bezug genommen werden könne.

Anzuerkennen sei, daß die unvermeidlichen Uebelstände des Systems fester Etatsverbände gerade bei den hier in Rede stehenden Beamtenkategorien besonders fühlbar seien. Dies liege daran, daß das Mindestgehalt für beide Kategorien dasselbe, das Höchstgehalt aber für die eine nur um 300 Mark höher sei, als für die andere. Daher sei es leichter, als sonst möglich, daß die Beförderung eines Beamten vom Land- oder Amtsgericht an das Oberlandesgericht für ihn mit einer Einbuße an Diensteinkommen verbunden sei. Falls wider Erwarten die Erörterungen über eine allgemeine Umgestaltung der Gehaltsverhältnisse für die Subalternbeamten aller Dienstzweige zu einem Ergebniß nicht führen sollten, und falls dann etwa eine weitere Aufbesserung des jetzigen Ergebnisses jener Beamten auf Grund des bisherigen Systems ins Auge gefaßt würde, so werde der Wunsch der Justizverwaltung in erster Reihe auf eine Aufbesserung der Oberlandesgerichtsbeamten gerichtet sein. Trete bei ein, so würden die beklagten Uebelstände von selbst gemindert werden.

Auf alle Fälle könne es nur als inopportun bezeichnet werden, wenn zu einer Zeit, in der Verhandlungen über eine grundsätzliche Reform der Diensteinkommensverhältnisse schwebten, die Abänderung der bisherigen Normen für eine einzelne Gattung von Beamten eines bestimmten Dienstzweiges erstrebt werden solle.

Aus der gegenwärtigen Session des Landtags kommt für die Beurtheilung der Petitionen noch Folgendes in Betracht:

In der Sitzung des Hauses vom 15. Januar d. J. erklärte der Herr Finanzminister:

Meine Herren, es wird Ihnen erklärlich sein, daß wir bei einer Finanzlage, wie ich sie dargelegt habe, nicht in der Lage waren, in dem gewünschten Umfange die begonnene Aufbesserung der Beamtengehälter von unten nach oben fortzusetzen; wir haben in dieser Beziehung eine, hoffentlich nur kurze Unterbrechung im allgemeinen eintreten lassen müssen, ohne daß wir das Ziel selbst in irgend einer Weise aus dem Auge verlieren. Aus der Thronrede haben Sie bereits erfahren, daß das System des Aufrückens nach Altersstufen und die Befreiung der Beamten aus der bisherigen Unsicherheit in Bezug auf die Gestaltung ihrer Gehaltsverhältnisse in der Zukunft für sämmtliche etatsmäßige Unterbeamten in dem neuen Etat bereits durchgeführt ist. Wir werden damit weitergehen und zunächst dasselbe System auch bei den Kanzleibeamten und Zeichnern zur Durchführung bringen.

Und in der Sitzung vom 10. Februar d. J. erklärte bei Gelegenheit der Berathung des Justizetats auf Veranlassung einer Anregung des Abgeordneten Dr. Lotichius der Herr Regierungskommissar:

> Der Herr Abgeordnete Dr. Lotichius hat die Aufhebung der Etatsverbände der Subalternbeamten angeregt. Dies ist eine Frage, die, wie bereits der Herr Referent eben bemerkt hat, im engsten Zusammenhange mit einer anderen prinzipiell wichtigen Frage steht, nämlich der der Abstufung der Gehälter nach Dienstalterstufen. Wenn dieses System der Dienstalterstufen durchgeführt wird, so fallen von selbst die lokalen und provinzialen Etatsverbände fort. Es ist dem Hohen Hause aus den Verhandlungen des vorigen Jahres, wie auch aus der Rede, die der Herr Finanzminister bei Einbringung des diesjährigen Etats gehalten hat, bekannt, daß die Königliche Staatsregierung die Absicht hegt, das System der Dienstaltersgulagen für sämmtliche Subaltern- und Unterbeamten zur Durchführung zu bringen, daß sie gegenwärtige Etat dies nur in Beziehung auf die Unterbeamten hat verwirklichen können, daß aber unausgesetzt weiter gearbeitet werden wird, um dieses System in der ursprünglich beabsichtigten Weise auszugestalten. Ich kann dem Herrn Abgeordneten Dr. Lotichius auch mittheilen, daß die Vorarbeiten für die Einführung des Systems der Dienstalterszulagen bei den Subalternbeamten der Justiz bereits abgeschlossen und dem Herrn Finanzminister mitgetheilt worden sind. Es wird also aller Voraussicht nach diesen Anregungen in der Form der Einführung der Dienstalterszulagen sobald, als thunlich, Folge gegeben werden.

Hierauf hat der Berichterstatter bezüglich der Bitten um Erhöhung des Diätensatzes von 6 auf 9 Mark und um Bewilligung einer Theuerungszulage die Herren Regierungskommissare um Auskunft darüber, ob anderen Beamtenklassen aus Staatsmitteln Theuerungszulagen gewährt seien und wie es sich mit der Verschiedenheit der Diätensätze verhalte, sowie welche Stellung die Königliche Staatsregierung diesen Bitten gegenüber einnehme.

Der Herr Kommissar des Finanzministeriums erklärte hierauf Folgendes:

> Die Höhe der Reisekosten sei für die einzelnen Beamtenkategorien nach ihren Rangverhältnissen im Wege Königlicher Verordnung festgesetzt; eine Abänderung würde also ebenfalls nur auf demselben Wege erfolgen können. Hierzu liege indessen bezüglich der in Rede stehenden Beamten keinerlei Veranlassung vor, wie denn überhaupt ein Vorgehen in dieser Beziehung zu Gunsten einer einzelnen Kategorie von Beamten als ausgeschlossen angesehen werden müsse und mit Rangerhöhungen nur im Falle eines dringenden Bedürfnisses vorgegangen werden dürfe, da dieselben erfahrungsmäßig nur immer neue Wünsche und Berufungen von anderen Beamtenklassen nach sich zögen.

> Was sodann die Frage der Theuerungszulagen betreffe, so beständen solche zur Zeit nur in Berlin und Frankfurt a. M., und zwar auch nur für gewisse Kategorien von Beamten, namentlich Subalternbeamte einiger Verwaltungen. Es habe dies in Berlin seinen Ursprung im Wesentlichen darin, daß die betreffenden Behörden früher besondere Etats gehabt hätten und die Gehälter ihrer Beamten höher gewesen seien, als diejenigen der Beamten in der Provinz; bei der Vereinigung der Berliner und der Provinzialetats und der Schaffung einheitlicher Gehaltssätze habe man dann die Mehrbeträge in Berlin in der Gestalt von pensionsfähigen Lokalzulagen beibehalten. In Frankfurt a. M. seien die Lokalzulagen gleich nach der Annexion mit Rücksicht auf die dortigen Theuerungs- und sonstigen besonderen Verhältnisse bewilligt und seitdem beibehalten worden. Die Ungleichheit, welche in Berlin und Frankfurt a. M. hiernach insofern bestanden habe, als daselbst die mittleren Beamten bei einigen Verwaltungen sämmtlich Lokalzulagen bezogen, während solche den gleichen Beamten anderer Verwaltungen überhaupt nicht gewährt worden seien, sei bei der Ausdehnung des Systems der Stellenzulagen durch den Nachtragsetat für 1890/91 dadurch einigermaßen ausgeglichen worden, daß den Beamten der letzteren Verwaltungen in reichlicherem Maße Stellenzulagen bewilligt seien.

> Im Uebrigen aber sei die Absicht der Königlichen Staatsregierung auf eine Beseitigung, nicht auf eine Ausdehnung des Systems der Lokal- oder Theuerungszulagen gerichtet. Dasselbe habe schon das durchgreifende Bedenken gegen sich, daß es nicht möglich sein würde, den Kreis der geeigneten Orte, welche als vorzugsweise theuer anzuerkennen wären, zutreffend und abschließend zu bestimmen, und daß die Theuerungsverhältnisse eines Ortes unter dem Einflusse äußerer Umstände dem Wechsel unterworfen seien. Die allgemeine Einführung des Systems der Ortszulagen würde nur ein fortgesetztes Drängen der Beamten und sonstigen Interessenten auf Erweiterung des Kreises der zu berücksichtigenden Orte zur Folge haben und die Nichtberücksichtigung der geltend gemachten Wünsche stets neue Unzufriedenheit nach sich ziehen.

> In Berlin und in Frankfurt a. M. sind auch bereits die Ortszulagen für diejenigen Beamtenkategorien, deren Gehälter eine allgemeine Aufbesserung erfahren haben, also für die Unterbeamten und Kanzleibeamten, in Verbindung mit der Gehaltsaufbesserung in Wegfall gebracht; dasselbe soll auch bezüglich der übrigen in Betracht kommenden Beamtenkategorien an den genannten beiden Orten geschehen, sobald deren Gehälter aufgebessert werden.

Der Herr Kommissar des Justizministeriums gab folgende Erklärung ab:

> Die Justizverwaltung halte mit Entschiedenheit an dem bei den früheren Verhandlungen eingenommenen Standpunkte fest, daß die Subalternbeamten der Oberlandesgerichte höher zu besolden seien, als die der Lokalbehörden. Die Gründe hierfür seien von dem Herrn Berichterstatter erschöpfend vorgetragenen früheren Verhandlungen dargelegt und beständen fort.

> Die Tagegelder für Reisen seien gesetzlich für alle Subalternbeamten gleichen Ranges festgesetzt,

ihre Aenderung entziehe sich dem Einflusse der Justizverwaltung.

Der Berichterstatter beantragte hiernächst, die Justizkommission wolle dem Hause der Abgeordneten den Uebergang zur Tagesordnung über die erörterten Petitionen empfehlen. Zur Begründung dieses Antrags bezog sich selbe sich auf die vorgetragenen mehrfachen Erklärungen der Königlichen Staatsregierung und ihrer Kommissare, namentlich auf diejenigen vom 15. Januar und 10. Februar d. J. (die den Petenten bei Abfassung ihrer Eingaben noch nicht bekannt sein konnten) und die darin entwickelten Gründe, wonach eine allgemeine Regelung der Gehaltsverhältnisse der Subalternbeamten in naher Aussicht steht und womit der hauptsächlichste Inhalt der Petitionen gegenstandslos wird. Aber auch soweit dies nicht der Fall ist, können die Petitionen aus den in der heutigen Sitzung von den Herren Kommissaren hervorgehobenen Gründen, denen man nur beipflichten könne, nicht befürwortet werden.

Der Antrag des Berichterstatters wurde hierauf ohne Diskussion von der Justizkommission einstimmig angenommen.

Die Justizkommission beantragt demgemäß:

Das Haus der Abgeordneten wolle beschließen:
Ueber die Petitionen II Nr. 129. 190. 279. 281 zur Tagesordnung überzugehen.

Berlin, den 5. April 1892.

Die Kommission für das Justizwesen.

Simon v. Zastrow, Vorsitzender. Dr. Oetker, Berichterstatter. Dr. Avenarius. Biesenbach. Bode. Dr. v. Cuny. Czwalina. Eberhard. Graf (Hohenzollern). Korsch. Muhl. Rabbyl. Schmidt (Warburg). Schumacher.

№ 144.

Betr. Errichtung eines Schöpfwerks an der Oder bei Neutornow oder Neuglietzen.

Erster Bericht

der

Kommission zur Prüfung des Staatshaushaltsetats über Petitionen.

Berichterstatter:
Abgeordneter v. Neumann.

Journal II Nr. 186.

Die Gemeinden des Mitteloderbruchs Alt- und Neuglietzen, Altküstrinchen, Gabow und Neutornow bitten um die baldige Errichtung eines Schöpfwerkes bei Neutornow oder Neuglietzen. Die Bittsteller führen aus, daß ihre Bruchländereien, die von der neuen und alten Oder umflossen und von den diese Flußläufe einengenden Dämmen begrenzt werden, durch die Ueberschwemmungen der letzten Jahre zum Theil bereits entwerthet, zum Theil in der Ertragsfähigkeit sehr bedeutend zurückgegangen seien. Sobald die neue Oder im Frühjahr steige, sammle sich alles Drängwasser dieser sowie das Rückstauwasser der alten Oder, welches durch die Neutornower Schleuse hindurchbringe, und schließlich auch alles Wasser, welches die Gräben von dem oberen Theile des Bruches herabführen, auf den Ländereien der genannten Ortschaften. Die Ertragsfähigkeit des Bodens schwinde zusehends von Jahr zu Jahr; der kostbare Acker werde seiner Kraft beraubt und versumpfe und auf den Wiesen gewinne man nur noch schlechtes Futter, meist nur Segge. In früheren Jahren hätten die Wirthe kaum so viel geerntet, daß sie ihre Abgaben bezahlen und die Rückstauwasser erhalten könnten. Im letzten Jahre hätten die Gemeinden Neu- und Altglietzen eine völlige Mißernte und die Gemeinden Altküstrinchen, Gabow und Neutornow eine noch nie erlebte ungünstige Ernte gemacht. Viele Besitzer könnten nur noch sehr schwer ihren Haus- und ihren Viehstand erhalten, sie seien nicht im Stande, die hohen Abgaben zu zahlen, und vielfach sei man schon genöthigt, das Vieh zu verkaufen. Wenn nicht bald Hülfe käme, müßten die Ortschaften verarmen und die Besitzer Haus und Hof verlassen.

Einzig und allein könne ihnen noch durch das Anlegen eines Schöpfwerkes bei Neutornow oder Neuglietzen geholfen werden, welches die Aufgabe habe, das auf den Ländereien sich sammelnde Wasser in die Oder zu pumpen, so daß die Aecker theils vor Ueberschwemmungen bewahrt blieben, theils bei Zeiten vom Wasser befreit würden, damit die Bestellung zur rechten Zeit erfolgen könne. Ohne staatliche Hülfe sei die Anlage nicht ausführbar. Die Projekte seien zwar schon ausgearbeitet, aber man fürchte, daß bei der bisherigen zögernden Behandlung die Hülfe erst kommen werde, wenn nichts mehr zu retten sei.

Die Bittsteller richten deshalb an das Hohe Haus der Abgeordneten die dringende Bitte, dasselbe möge sich der bedrängten Ortschaften annehmen und dahin wirken, daß das erbetene Schöpfwerk recht bald gebaut werde.

Die Petition kam in der Sitzung der Budgetkommission vom 11. März 1892, an welcher seitens des Ministeriums der öffentlichen Arbeiten der Geheime Baurath Keller und seitens des landwirthschaftlichen Ministeriums der Geheime Oberregierungsrath Kunisch und der Landrath Freiherr v. Seherr-Thoß theilnahmen, zur Verhandlung.

Der Referent führte zunächst aus, daß nicht nur die eben genannten Ortschaften, sondern das gesammte Mittel- und Niederoderbruch durch die Ueberschwemmungen der letzten 10 Jahre, in Sonderheit der Jahre 1888, 1890 und 1891 in eine höchst bedrängte Lage gekommen seien. Die Grundstücke gehen in ihrer Ertragsfähigkeit und die Besitzer in ihrem Wohlstande immer mehr und mehr zurück. Die Letzteren könnten sich vielfach nur noch durch die äußerste Einschränkung in ihrem Besitz erhalten; viele seien gezwungen, ihr Vieh zu verkaufen, manche wollten ihre Wirthschaft im Stich lassen. Leider lägen die Gründe für die so beklagenswerthen Zustände und für die große Noth, in die der sonst so schöne und fruchtbare Landestheil gerathen sei, hauptsächlich darin, daß man mit der Regulirung der Oder nicht von unten, sondern von oben her begonnen, und daß der Fluß, der in seinem untern Theile nur ein ganz geringes Gefälle habe, vollständig versandet sei. Hierdurch sei im Laufe des letzten Jahrzehnts eine Erhöhung des Flußbettes erfolgt, welche eine Erhöhung des Wasserspiegels zur Folge gehabt habe. Alle die Wassermassen der oberen Oder, die ganz eingedeicht und mit Buhnen belegt sei, kämen so schnell als möglich herunter. Von Küstrin, insbesondere aber von Hohenwutzen an sei das Gefälle noch ein sehr geringes. Alle die Sandmassen und sonstige Sinkstoffe, die der Fluß mit sich führe, lagern sich dort ab, wo das Gefälle so gut wie aufhöre. Die Folge davon sei, daß, wie bereits angedeutet, der Wasserspiegel sich in den letzten zehn Jahren um 2½ Fuß bis 1 Meter erhöht habe. Seitens der Königlichen Strombauverwaltung werde dieser Umstand bedauerlicherweise nicht zugegeben, und man suche den Gegenbeweis durch die Resultate der vorgenommenen Messungen zu führen. Die Strombauverwaltung habe aber lediglich für die Fahrrinne gesorgt und die Erhöhung des Strombettes und des Wasserspiegels im Interesse der Schifffahrt und zum großen Nachtheil der so schwer geschädigten Interessenten herbeigeführt. Hierin liege das Hauptunglück für die Bewohner des Mittel- und des Niederoderbruches. Die Wassermassen, die sich nicht mehr nach der Tiefe hin ausdehnen können, dehnen sich nach oben hin aus, sie treten zurück, und da nur noch ein ganz geringes Gefälle vorhanden, so können die Wassermassen nicht zur rechten Zeit abfließen. Das Drängwasser und das Rückstauwasser bleibe auf den Ländereien stehen, und die Besitzer gehen, wie bereits oben ausgeführt, immer mehr und mehr ihrem wirthschaftlichen Untergange entgegen. Lediglich daran, daß sich das ganze Oderbett erhöht habe und kein Abfluß mehr sei, liege das Unglück.

Nur durch eine Tieferlegung des Strombettes durch Anwendung von umfangreichen wiederholten Baggerungen könne diesem Uebelstande abgeholfen werden, und es sei dringend erwünscht und erforderlich, daß mit diesen Baggerungen so schnell als möglich vorgegangen werde.

Weiter sei aber auch von den Bewohnern des Mittel- und Niederoderbruches vielfach die Anlage eines großen Dampfschöpfwerkes am Hohensaatener Wehr erörtert worden, durch welches die Binnenwässer dauernd auf einem gleichmäßig niedrigeren Stande erhalten werden sollten. Bereits im Jahre 1883 sei der erste Entwurf hierzu von dem Deichinspektor Bauräth Scheck in Freienwalde ausgearbeitet worden. Auf den Pfeilern des Wehres sollte eine Dampfmaschine aufgestellt und in vier der vorhandenen sechs Wehröffnungen Centrifugalpumpen eingebaut werden. Die größte durch diese Pumpen zu bewältigende Wassermenge wurde auf 25 cbm in der Sekunde und die Hubhöhe auf 2,5 m angenommen.

Bei der weiteren Bearbeitung, der dieser Entwurf auf Veranlassung des Ministeriums der öffentlichen Arbeiten unterzogen wurde, habe sich jedoch herausgestellt, daß die auszuschöpfende Wassermenge eine viel größere sei, es müßten bei einer Hubhöhe von 2,43 m nicht 25, sondern 36 cbm in der Sekunde bewältigt, und die entsprechende Leistung der Dampfmaschine auf 1 880 Pferdekräfte bemessen werden. Sodann ergab sich auch, daß der bauliche Zustand der Pfeiler am Hohensaatener Wehr die beabsichtigte Aufstellung der Dampfmaschine bedenklich erscheinen lasse. Nachdem weiter eine ganz genaue Untersuchung der Wehrpfeiler die Unzulässigkeit derselben für die Aufstellung von Pumpenanlagen ergeben habe, sei von dem Ministerium der öffentlichen Arbeiten von der Benutzung der Pfeiler abgesehen und dem Meliorationsbauinspektor Gerhardt und dem Regierungsbaumeister Knauer den Auftrag ertheilt, einen neuen Entwurf für ein am Ufer des Vorfluthkanals zu erbauendes Schöpfwerk auszuarbeiten. In diesem Entwurfe vom 25./28. Juli 1890 sei man zu dem Ergebniß gelangt, daß ungünstigen Falls nicht 36 sondern 60 cbm Wasser in der Sekunde auf 2,49 m Höhe befördert werden müßten, und, daß die hierzu erforderliche Dampfmaschine nicht 1 880 sondern 2 340 Pferdekräfte zu entwickeln haben werde. Mit Rück-

sicht auf die hohen Betriebskosten und im Hinblick auf den Umstand, daß angestellten Berechnungen zufolge noch erheblich größere Forderungen an das Pumpwerk herantreten würden, sei auf Veranlassung des Ministeriums der öffentlichen Arbeiten die Errichtung eines einheitlichen Schöpfwerkes beim Hohensaatener Wehr endlich aufgegeben und die Bearbeitung eines Projektes in Angriff genommen, wonach die Entwässerung des Oderbruches durch die Anlage mehrerer kleiner Schöpfwerke erfolgen solle.

Die Ergebnisse dieser letzten Arbeit, wonach sieben gesonderte Polder mit eben soviel Schöpfwerken gebildet werden sollen, sei in einer Denkschrift niedergelegt, auch sei den Betheiligten in einer eigens dazu anberaumten Versammlung weiterer Aufschluß über diesen Entwässerungsentwurf gegeben worden.

Dieser Entwurf solle nach den vom Meliorationsbauinspektor Gerhardt gemachten Ausführungen nachstehende Vorzüge enthalten.

1. Jeder Polder könne für sich ausgeführt werden, wie es die Bodenbeschaffenheit des Geländes und die Natur verlange.
2. Es könne alljährlich eine regelmäßige Ueberfluthung der Wiesen bewirkt werden, während eine solche bei der Anlage eines einzigen Schöpfwerkes nicht durchführbar sei.
3. Die Sicherung der Niederung werde durch die Sonderpolder eine größere als durch die Anlage eines Schöpfwerkes.
4. Bei der Sonderpolderung schließe sich das Auspumpen den örtlichen Verhältnissen an. Die Flächen bei Liepe und Oderberg können und müssen anders behandelt werden als die im Mittelbruche. Jeder einzelne Bezirk brauche den Wasserstand nur so hoch zu halten wie es für ihn vortheilhaft sei.
5. Die Vertheilung der Lasten könne leichter und gerechter erfolgen.

Von den Gegnern des Entwurfes sei hervorgehoben worden, daß aus demselben nicht hervorgehe, wo das auszupumpende Wasser bleiben solle, und daß auf zu wenig Rücksicht auf die bestehenden alten Meliorationsanlagen nehme. Würden die geplanten Einzelpolder angelegt und die einzelnen Schöpfwerke die ganze in Betracht kommende Fläche von etwa 40 000 Morgen freipumpen, so würde der Wasserstand außerhalb der Polder ganz erheblich gehoben werden. Hierdurch würde namentlich die Stadt Oderberg zu leiden haben.

Schließlich sei mit großer Majorität beschlossen, die Königliche Staatsregierung zu bitten, die Sonderentwürfe für die einzelnen Schöpfwerke baldmöglichst aufstellen zu lassen.

Dies, so bemerkte der Referent, sei die jetzige Lage der Verhandlungen über die Errichtung der von den Bewohnern des Mittel- und Niederoderbruches so sehr gewünschten, und für ihre Existenz so dringend erforderlichen Schöpfwerke. Was die petitionirenden zu dem Mitteloderbruche gehörenden Gemeinden betreffe, so solle bei dem für das letztere projektirte Schöpfwerk eine Fläche von 4 570 Hektar auspumpen, eine Stärke von ca. 400 Pferdekräften erhalten und voraussichtlich 440 000 Mark kosten. Eine große Schwierigkeit entstehe indessen die Wahl des Ortes machen, wo das betreffende Schöpfwerk anzulegen sei. Wolle man es bei Neuglietzen anlegen, so würden die auszupumpenden Wassermassen sehr hoch gehoben werden müssen, und dadurch die Anlage und die Unterhaltung sehr kostspielig werden. Es ständen indessen dabei der sehr große Vortheil, daß das Wasser direkt in die neue Oder gepumpt und dadurch das Ueberfluthen anderer zum Niederoberbruch gehörenden Flächen vermieden würde. Wolle man das Schöpfwerk bei Neutornow anlegen, so träte mit Rücksicht auf die weiter unterhalb an der alten Oder liegenden Interessenten die Frage auf: „wo das ausgepumpte Wasser bleibe?" Auch werde sich voraussichtlich für die oberhalb Neutornow an der alten Oder liegenden Interessenten ein sehr schädlicher Rückstau geltend machen.

Der Referent bemerkte weiter, daß unter allen Umständen eine schleunige Hülfe für das Mittel- und Niederoberbruch geschaffen werden müsse, daß aber die in Frage kommenden Gemeinden bereits wirthschaftlich soweit zurückgegangen seien, daß sie, so lange sie noch Meliorationsbeiträge für die Deichbaugesellschaft zu leisten hätten, keine Beiträge für die zu errichtenden Schöpfwerke leisten könnten, und daß es deshalb dringend erwünscht sei, daß der Staat zunächst allein helfend eintrete.

Der Referent behielt sich zunächst die Stellung eines Antrages vor und richtete an die Vertreter der Königlichen Staatsregierung nachstehende Fragen: 1. Sind die Vorarbeiten für die zu errichtenden Schöpfwerke so weit vorgeschritten, daß die Entwürfe demnächst den Interessenten zur Beschlußfassung vorgelegt werden und bereits im nächsten Jahre im Etat Gelder für den Anfang der Ausführung eingestellt werden können? 2. Beabsichtigt man baldmöglichst, spätestens aber im nächsten Jahre mit den so dringend nöthigen Baggerungen behufs Tieferlegung des Flußbettes und Senkung des Wasserspiegels der Oder vorzugehen, und auch zu diesem Zwecke Gelder in den Etat einzustellen?

Der Kommissar des Herrn Ministers für Landwirthschaft, Geheimer Oberregierungsrath Kunitz, gab hierauf die Erklärung ab, daß das Oderbruch erst durch die von Friedrich dem Großen begonnenen und in dem 6. Dezennium dieses Jahrhunderts beendeten Meliorationen und Eindeichungen für die Ackerkultur gewonnen worden sei, aber bei allen anhaltend hohen Wasserständen ganz erheblich unter dem Eintritt des Drängewassers und bei den geschlossenen Sielen sich innerhalb der Deiche ansammelnden Niederschlagswasser leide. Dieser Uebelstand sei in dem überaus wasserreichen letzten Jahrzehnt im Oderbruch ebenso wie in allen anderen Strom- und Flußniederungen Norddeutschlands stark hervorgetreten und habe allerorts schwere Schädigungen der Landwirthschaft herbeigeführt.

Die Behauptung des Herrn Referenten, daß die Regulirung der Oder eine Versandung des Stromes und demzufolge eine Erhöhung des Flußbettes und des Wasserspiegels herbeigeführt habe, beruhe auf einem schon oft widerlegten aber leider immer noch von einzelnen Kreisen der Bevölkerung festgehaltenen Irrthum, welcher sich bei näherer Erwägung schon aus dem Umstande als solcher erweise, als bei einer Erhöhung des Wasserspiegels und Strombettes neben den Deichen des Oderbruches — etwa um 1 Meter wie behauptet wurde — folgerichtig das Stromgefälle von hier bis zum Haff bezw. zur Ostsee sich um das gleiche Maaß hätte verstärken müssen. Dies sei aber nachweislich nicht der Fall, werde auch von den Anliegern, welche gerade über Mangel an Gefälle klagen, auf das lebhafteste bestritten, desgleichen auch von dem Herrn Referenten entschieden in Abrede gestellt. Wenn im übrigen eine Widerlegung der einzelnen Behauptungen dem Herrn Kommissar des Herrn Arbeitsministers überlassen werden müsse, so glaube Redner doch auch seinerseits darauf aufmerksam machen zu sollen, daß durch Ausbaggerung des Strombettes eine Senkung des Wasserspiegels nicht herbeigeführt werden könne, da die Höhe des letzteren von der Tiefenlage der Stromsohle völlig unabhängig sei.

In Betreff des erwünschten Schöpfwerks seien Untersuchungen angestellt worden, welche ergeben hätten, daß die früher in Vorschlag gebrachte Aufstellung eines solchen auf dem Hohensaatener Wehre völlig unthunlich sei. Abgesehen davon, daß man die Wehröffnungen nicht durch Pumpwerke verbauen und die großen Maschinen nicht auf die hierfür nicht geeigneten Wehrpfeiler stellen könne, müsse hauptsächlich deshalb von einer solchen Anlage Abstand genommen werden, weil das Auspumpen der alten Oder und des Oderberger See's einschließlich aller aus dem angehörigen weiten Niederschlagsgebiete einmündenden Wasserzüge eine Maschinenanlage bedingen würde, deren Herstellung, Unterhaltung und Betrieb ganz unverhältnißmäßig hohe Kosten erfordere. Dazu trete auch noch der Umstand, daß der Hohensaatener Abflußkanal, welcher die geförderten gewaltigen Wassermassen aufnehmen und abführen müßte, hierfür nicht annähernd weit genug sei.

In Folge dessen mußte erwogen werden, ob es nicht zweckmäßig sei, nur das Mittelbruch durch ein kleineres, bei Glietzen oder Neutornow aufzustellendes Pumpwerk zu entwässern. Hierbei begegnete man aber den großen Schwierigkeiten, daß ein Schöpfwerk bei Glietzen das Wasser bis zum Hochwasserspiegel der Oder, also 3,90 m höher heben müßte, wie bei Neutornow, auch die Anlage eines Pumpensumpfes unmittelbar neben dem Oberdeiche das Durchfließen des Drängewassers in hohem Grade begünstigen und verstärken würde.

Andererseits erschien es fraglich, ob ein Schöpfwerk bei Neutornow, welches das geforderte Wasser der alten Oder zuführen würde, bei geschlossener Hohensaatener Schleuse nicht den Binnenwasserstand in einer die Stadt Oderberg benachtheiligenden Weise heben könnte.

Die Verhältnisse seien deshalb derartig schwierig, daß es nicht möglich erscheine, eine die wirthschaftlichen Interessen befriedigende und zugleich mit verhältnißmäßig hohen Kosten erreichbare Lösung der Frage so schnell zu finden, wie die Interessenten und mit ihnen der Herr Referent erwarte. Der Herr Minister für Landwirthschaft habe die möglichste Förderung und Beschleunigung der eingeleiteten Untersuchungen angeordnet und widme der Angelegenheit das lebhafteste Interesse, es liege aber, wie aus der gegebenen Darstellung ersichtlich sein dürfte, nicht im Bereiche der Möglichkeit, jetzt schon Angaben darüber zu machen, ob überhaupt, bezw. binnen welcher Frist ein Meliorationsprojekt werde vorgelegt werden können, welches einerseits dem wirthschaftlichen Bedürfniß entspreche und andererseits mit Summen zur Ausführung gebracht werden könne, welche sich im Hinblick auf die erreichbaren Vortheile rechtfertigen lassen.

Der zweite Kommissar des Herrn Ministers für Landwirthschaft 2c., Landrath Freiherr von Gehert-Thoß, wiederholte die Versicherung, daß der Herr Minister der fraglichen Angelegenheit sein größtes Interesse entgegenbringe und auch gern bereit sei, zur Abstellung der beklagten Mißstände staatliche Mittel zu bewilligen, soweit ihm solche durch den Etat zur Verfügung gestellt werden würden, und so weit sich die Aufwendungen durch den zu erwartenden Erfolg rechtfertigten. Was in dieser Beziehung zu geschehen habe, ob ein oder mehrere Schöpfwerke, und an welchen Stellen diese zu errichten seien, lasse lediglich von den Ergebnisse der bereits schwebenden, eingehenden technischen Ermittelungen ab. Wann die letzteren ihren Abschluß finden würden, lasse sich leider zur Zeit noch nicht bestimmen, da die sachmännischen Erwägungen die gesammten Mißstände im Gebiete der Oder und Elbe umfassen, und bei dem großen Umfange der Arbeiten und der Ueberlastung der technischen Kräfte eine Beschleunigung sich nicht in dem wünschenswerthesten

Maße erzwingen ließe. Jedenfalls werde in dieser Hinsicht geschehen, was möglich sei.

Der Geheime Baurath Keller, als Vertreter des Herrn Ministers der öffentlichen Arbeiten, erklärte:

Von dem Herrn Referenten wird die Veranlassung zu den während der letzten Jahre im Mittel- und Niederoderbruch beklagten Wasserverhältnissen zu Unrecht in der Ausführung der Oderregulirung gesucht, da durch diese weder das Bett noch der Wasserstand der Oder gehoben worden ist. Von Seiten der Strombauverwaltung wird die stattgehabte Verwässerung ausgedehnter Ländereien oberhalb Schwedt nicht geleugnet, aber, um eine Verbesserung der Verhältnisse herbeiführen zu können, erscheint es nothwendig, sich auf die Basis der hierbei in Betracht kommenden Thatsachen zu stellen, weil man sonst zu unrichtigen Schlüssen und zu großen Geldaufwendungen gelangen würde, ohne damit einen Erfolg zu erreichen. Bei der Beurtheilung der fraglichen Verhältnisse muß in erster Linie festgehalten werden, daß die Oder in ihrem ganzen oberen Laufe bis oberhalb Schwedt ein starkes Gefälle besitzt (von $1/3200$—$1/2000$), welches sich von hier aus bis Stettin sich in ein ganz minimales ($1/100000$) abschwächt und bei anhaltendem Nordwind sich sogar in ein entgegengesetztes zuweilen verwandelt. Außerdem kommt in Betracht, daß die Oder bis oberhalb Schwedt — bei Crieort — eingedeicht ist und das Hochwasser in einem geschlossenen Profile von 300—400 m Breite abgeführt wird, während dasselbe sich von Crieort abwärts über die ganze tiefgelegene, von vielen Wasserläufen durchzogene Thalsohle von 3000—4000 m Breite ausdehnt. Endlich muß darauf hingewiesen werden, daß jeder Strom, regulirt oder unregulirt, namentlich bei Hochwasser wegen der dann erheblich vermehrten Geschwindigkeit eine große Masse von Sinkstoffen aus den oberen Quellgebieten und den Seitenflüssen mit sich fortführt und dieselben bis zur Ablagerung gelangen, wo durch die Abnahme des Gefälles die Geschwindigkeit sich so vermindert, daß diese zum Weitertransport der Sinkstoffe nicht mehr ausreicht. Aus diesen allgemeinen Verhältnissen ergiebt sich für die Oder, daß jie die große Menge ihrer Sinkstoffe bis Crieort und zu führen und auf den Ländereien oberhalb Schwedt ablagern muß, wo das Hochwasser durch die Verminderung des Gefälles und die Ausbreitung über die weite Thalsohle eine erheblich verminderte Geschwindigkeit annimmt. Es ist dies derselbe Vorgang, welcher die Bildung der Deltas an den Mündungen aller größeren Ströme der Erde, dem Nil, dem Ganges, dem Mississippi, dem Po ze. veranlaßt, nur wird das raschere Anwachsen der Versandungen an der unteren Oder vergleichsweise dadurch noch mehr begünstigt, daß ein großer Theil der im offenen Meere erfolgenden Ablagerungen von den Küstenströmungen und Sturmfluthen von den Mündungen wieder weggeschwemmt wird, während die Versandungen bei Schwedt den Meeresbewegungen ganz entzogen sind. Die hier fortgesetzt stattfindende Landbildung vollzieht sich hiernach in gleicher Weise wie im Frischen Haff bei Elbing durch die Anschwemmungen der Nogat.

In Bezug auf Art, Ort und Umfang der Versandungen an der unteren Oder sind in den letzten Jahrzehnten durch die tiefeinschneidenden Veränderungen der dortigen Deichanlagen wesentliche Verschiebungen eingetreten, wie solche die — in der Sitzung der Kommission vorgezeigten — Generalstabskarten, deren Aufnahme in den Jahren 1826/32 erfolgt ist und welche die seitdem erfolgten Anlagen noch nicht enthalten, näher nachweisen.

Von Friedrich dem Großen war zur Verbesserung der Vorfluth des Oderbruches in den Jahren 1746 bis 53 die neue Oder von Güstebiese bis Hohensaaten einschließlich des Neugliezener Durchstichs hergestellt worden,

Anl. z. b. Verhandl. b. Hauses b. Abg. 17. Legisl. IV. Session 1892.

aber diese hatte nur eine Sohlenbreite von 38 m erhalten und war zur Aufnahme des gesammten Hochwassers der Oder nicht bestimmt, weil die alte Oder von Güstebiese über Briezen, Freienwalde und Oderberg nach Hohensaaten mit einer Breite von 300—400 m als offener Wasserlauf erhalten blieb. Der Vortheil für das Oderbruch war ein sehr beträchtlicher, da für ihn ein Gefälle von mehr als 3,0 m gewonnen wurde, und der Rückstau des Hochwassers, welcher die Nutzung der Grundstücke bis Seelow hinauf unsicher gemacht hatte, nun auf die unteren Theile bis Alt-Trebbin beschränkt wurde.

Um die Vorfluthverhältnisse des Oderbruches noch weiter zu verbessern, wurde dann im Jahre 1832 die Alte Oder bei Güstebiese geschlossen und damit das gesammte Oderhochwasser dem Neugliezener Durchstich zugewiesen. Ferner wurde zu dem gleichen Zwecke in den Jahren 1849 bis 1860 der linksseitige Strombeich bis Stütztow fortgesetzt, sowie das Zehdener und Lunow-Stolper Bruch hochwasserfrei eingedeicht und endlich, um den Rückstaupunkt bis nach Schwedt hinabzuschieben, im Jahre 1867 die Oder durch Verlängerung des linken Deiches bis Crieort coupirt und die Schifffahrtsoder an den rechten Thalrand in die Meglitze gedrängt.

Alle diese Veränderungen, welche nicht im Schifffahrtsinteresse, sondern ausschließlich zur Verbesserung der Vorfluth des Oderbruchs ausgeführt worden sind, haben neben den in dieser Beziehung für große Bruchgebiete erreichten Vortheilen theilweise gerade die Mißstände veranlaßt, welche an der unteren Oder besonders hervor gehoben werden. So lange die Alte Oder bei Güstebiese offen war, konnte die Ablagerung der von ihr aus den oberen Stromgebieten mitgeführten Sinkstoffe in ganz unschädlicher Weise im Oderberger See stattfinden, erst durch die Schließung derselben wurde diese Art des Niederschlags für die Zukunft unmöglich gemacht, aber durch diese Maßregel wurde hingegen der bei unteren Stromstrecke zugeführten Sinkstoffe auch dadurch noch erheblich vermehrt, daß durch die Zuweisung des gesammten Oderhochwassers in den Neugliezener Durchstich die sandigen 14 m hohen Ufer desselben einem viel heftigeren Stromangriff und stärkeren Abbruch als früher ausgesetzt wurden. Für die Ablagerung dieser vermehrten Sandmassen boten zunächst noch die tief liegenden Flächen des Zehdener und Lunow-Bruches mit rund 12 800 Morgen eine günstige Gelegenheit. Seit der hochwasserfreien Eindeichung derselben und der Verlängerung des Flügeldeiches bis Crieort sind dem Strome auch diese Niederschlagsgebiete entzogen, und er muß nun seit dem Jahre 1867 die großen Sinkstoffmassen bis zum Ende dieser Deiche fortführen, wo sie auf den Rabuhner Wiesen die oft beklagten Versandungen veranlassen. Diese Zusammenfassung der in Betracht kommenden Thatsachen und Verhältnisse läßt ersehen, daß die fraglichen Mißstände lediglich durch die Veränderungen an den Deichanlagen des Oderbruches veranlaßt worden sind und zu Unrecht der in den Jahren 1860 bis 1890 ausgeführten Regulirung der Oder zur Last gelegt werden, welche sich lediglich auf eine Umbildung des Mittel- und Kleinwasserprofils beschränkt und den fast vollständigen Schutz der Ufer gegen Abbruch, sowie die stattfindende Ablagerung der Sände in den Buhnenfeldern die Menge der von dem Strome in den regulirten Strecken mitgeführten Sandmassen ganz erheblich vermindert hat.

Durch das mit den aufgeführten Deichänderungen hergestellte geschlossene Hochwasserprofil von Güstebiese bis Crieort hat sich der Stand des Hochwassers auf den zwischen und außerhalb der Deichen belegenen Ländereien wesentlich geändert und zwar in der Weise, daß derselbe zwischen den Deichen durch die Beschränkung des Hochwasserprofils auf etwa $1/10$ der früheren Breite sich ge-

249

hoben, dagegen außerhalb der Deiche bis zur Rückstauhöhe von unten gesenkt hat. Die Hebung der Hochwasserstände an den Punkten der neuen Oder zwischen Güstebiese und Crieort findet hierin demnach ihre natürliche Erklärung und dementsprechend sind auch die Klagen über Vermehrung des Drängewassers im Mittelbruche alsbald nach Schließung der Alten Oder bei Güstebiese im Jahre 1832 laut geworden. In keinem Falle können deshalb die schädlichen Folgen, welche durch diese Umgestaltung des Hochwasserprofils für die zwischen den neuen Deichen belegenen Orte, wie Bätzig, erwachsen sind, der Oberregulirung zur Last gelegt werden. Diese Hebung des Hochwasserstandes zwischen den Deichen ist aber ohne wesentlichen Einfluß auf die Vorfluth für die Ländereien des Oberbruches, da für diese bei Hochwasser der Rückstau vom unteren Ende des linken Deiches und für die Mittel- und Kleinwasserstände der Wasserstand der Oder oberhalb von Schwedt maßgebend ist.

Wenn durch diese weite Hinabschiebung des Rückstaupunktes die Vorfluthverhältnisse des Oberbruches auch ganz wesentlich verbessert worden sind, so haben in nassen Jahren doch immer noch große Gebiete des Mittel-, Nieder- und Tiefen-Oberbruchs durch Verwässerung zu leiden gehabt, nur werden diese Verhältnisse gegenwärtig dadurch schwerer empfunden, weil jetzt mehrere nasse Jahre unmittelbar hintereinander gefolgt sind, wodurch die betreffenden Grundbesitzer sich an einer zwischenliegenden guten Ernte von den erlittenen Ausfällen nicht erholen konnten.

Im Uebrigen können auch die in jedem der letzten vier Jahre eingetretenen Wasserverhältnisse an sich nicht als neue und unbekannte bezeichnet werden, vielmehr sind die gleichen und schlimmern auch früher schon oft beobachtet worden.

Zum Maßstab für die Beurtheilung dieser Frage empfiehlt es sich, die Dauer der Wasserstände zu wählen, welche während der Vegetationsperiode eines Jahres die Höhe von + 1,6 m am Schwedter Pegel überschritten haben, weil die Oberfläche der meisten Terrains bei Schwedt dieser Höhe entspricht. Es hat nun dieser Wasserstand

1. im Jahre 1891 von mehr als + 1,6 m Sch. P. = 170 Tage gedauert,
   in 1855 von mehr als + 1,6 m Sch. P. = 176 Tage;
2. im Jahre 1890 von mehr als + 1,6 m Sch. P. = 151 Tage gedauert,
   in 1844 von mehr als + 1,6 m Sch. P. = 160 Tage;
3. im Jahre 1888 von mehr als + 1,6 m Sch. P. = 122 Tage gedauert,
   in 1847 von mehr als + 1,6 m Sch. P. = 139 Tage;
   in 1854 von mehr als + 1,6 m Sch. P. = 139 Tage;
   in 1883 von mehr als + 1,6 m Sch. P. = 136 Tage;
   in 1837 von mehr als + 1,6 m Sch. P. = 129 Tage;
   in 1871 von mehr als + 1,6 m Sch. P. = 123 Tage;
4. im Jahre 1889 von mehr als + 1,6 m Sch. P. = 110 Tage gedauert,
   in 1880 von mehr als + 1,6 m Sch. P. = 120 Tage.

Hieraus geht hervor, daß die Behauptung des Herrn Referenten, es sei während der letzten 10 Jahre durch die Regulirung der Oder der Wasserstand auf die beklagte Höhe gehoben worden, unbegründet ist, vielmehr lassen die Angaben ersehen, daß eine Verwässerung der ländlichen Grundstücke in nassen Jahren auch schon vor Ausführung der Oderregulirung ebenso oft und mit noch erheblich längerer Dauer stattgefunden hat. In gleicher Weise ergeben die Pegelbeobachtungen, daß in Jahren mit normalen Niederschlägen auch jetzt die Wasserstände auf den früheren tiefen Stand zurückgehen. Wenn die Behauptung des Herrn Referenten, es sei der Wasserspiegel der Oder um 75 cm bis 1 m durch die Regulirung der Oder gehoben worden, richtig wäre, so müßte sich am unteren Ende der Regulirungsstrecke oberhalb Schwedt ein konzentrirtes Gefälle von gleicher Höhe gebildet haben, welches jedoch nicht vorhanden ist.

Wie im Eingang schon hervorgehoben wurde, fehlt es auf der unteren Oberstrecke von Schwedt ab an Gefälle, sobald es nicht möglich ist, mit den durch den Herrn Referenten verlangten umfangreichen Baggerungen die vorhandenen Mißstände zu beheben, weil das Wasser an der Oberfläche doch nicht abfließen würde. Die Verbesserung der Wasserverhältnisse kann hiernach an der unteren Oder nur durch Eindeichung der Ländereien und künstliche Beseitigung des Wassers mittelst Schöpfwerken bewirkt werden. Da hierzu aber Anlagen nothwendig sind, welche in der Herstellung dem Betriebe sehr hohe Kosten veranlassen, so muß sorgfältiger als sonst festgestellt werden, ob diese Aufwendungen und die hiervon erwachsende dauernde Belastung der Grundstücke durch die gesteigerten Erträge derselben in hinreichendem Maße aufgewogen werden.

Der zur Verhandlung herzugezogene Abgeordnete Freiherr v. Dobeneck, der die Petition überreicht hat, führte Folgendes aus:

Den Herren Regierungskommissarien spreche er seinen Dank aus für die Mittheilung, daß die Herren Minister wohlwollend der Petition gegenüber stehen; denn schon seit Jahren befänden sich die Petenten in einem wirklichen Nothstande. In einem Punkte müsse er aber den Herrn Regierungskommissarien widersprechen; er müsse nämlich bei der Behauptung bleiben, daß der Wasserstand der unteren Oder durch Hebung des Flußbettes sich in den letzten 10 Jahren etwa um 1 Meter gehoben habe, wodurch das Drängwasser durch die Dämme bringe und die niedrig liegenden Wiesen und Aecker schwer schädige. Er mache der Strombauverwaltung dadurch keinen Vorwurf, die nur das Interesse der Schifffahrt zu vertreten habe, aber das Faktum ergebe sich durch die Messungen an den Privatpegeln bei Bellinchen, sowie dadurch, daß früher weit trocken gelegene Wiesen am Oderufer jetzt stets unter Wasser stehen, die Fahrrinne sei wohl dieselbe geblieben, aber durch die Eindeichungen und die Buhnenbauten habe sich der Sand hinter diesen abgelagert und das Flußbett erhöht.

Wenn nun die Anlage von Schöpfwerken, wie die Bittsteller sie wünschen, leider solchen Schwierigkeiten begegne, daß die Inangriffnahme nicht so bald erfolgen könne, dann spreche er die dringende Bitte aus, daß möglichst bald an den versandeten Strecken mit Baggerungen begonnen werden möge, um die Flußsohle zu senken, denn viele der adjacirenden Wiesen- und Ackerbesitzer, deren Ländereien augenblicklich bereits tiefer liegen als der mittlere Wasserstand der Oder, hätten in Jahren keine Ernten mehr gemacht und gehen dem Elend entgegen, wenn nicht baldige Hülfe eintrete. Er könne nicht zugeben, daß Baggerungen ohne Erfolg sein werden, wie der Herr Regierungskommissar behauptet und könne es nur wiederholen, daß gerade auf deren Ausführung die Bewohner der unteren Oder seit Jahren ihre Hoffnungen setzen. Alle Bitten blieben aber bisher leider unberücksichtigt. Er bitte deshalb die Kommission, dem Hause vorzuschlagen, die Petition der Königlichen Regierung zur Berücksichtigung zu überweisen, damit möglichst schon im nächstjährigen Etat eine Summe für die nöthigen Baggerungsarbeiten eingestellt werde.

Der Referent bittet schließlich nochmals, die schwebenden technischen Ermittelungen so sehr als möglich zu beschleunigen, um so mehr, da die Kommissarien des Herrn landwirthschaftlichen Ministers erklärt hätten, daß der letztere der Angelegenheit sein volles Interesse widme. Die Noth im Oderbruch sei auf das Höchste gestiegen, so daß eine baldige Abhilfe dringend erforderlich erscheine.

Den Ausführungen des Kommissarius des Herrn Ministers der öffentlichen Arbeiten müsse er zu seinem Bedauern widersprechen; seines Erachtens trüge die Oberregulirung, durch welche das Flußbett und der Wasserstand der Oder gehoben sei, hauptsächlich die Schuld an den jetzt herrschenden traurigen Verhältnissen an der unteren Oder. Bei der Regulirung hätte man zu sehr die Interessen der Schifffahrt berücksichtigt und dadurch bedauerlicher Weise die Interessen der Landwirthschaft schwer geschädigt. Im Gegensatz zu den Ausführungen des Herrn Regierungskommissarius sei man an der unteren Oder der Ansicht, daß umfangreiche wiederholte Baggerungen von großem Nutzen seien und wesentlich zur Verminderung der Wasserschäden beitragen würden.

Er bäte deshalb dringend, man möge doch seitens der Strombauverwaltung sich in diesem Punkte nicht durchaus ablehnend verhalten, sondern die Angelegenheit nochmals wohlwollend in Erwägung ziehen und schon im nächsten Jahre größere Summen zum Zwecke gründlicher Baggerungen in den Etat einsetzen. Man möge bei diesen Erwägungen doch nur berücksichtigen, wie große Summen durch die alljährlichen Ueberschwemmungen allein auf der Strecke von Küstrin bis Schwedt verloren gehen. Sehr dankbar würde man dem Herrn Minister der öffentlichen Arbeiten sein, wenn er die in der Sitzung des Abgeordnetenhauses vom 26. Februar durch den Herrn Unterstaatssekretär in Aussicht gestellte Besichtigung der untern Oder schon in diesem Frühjahr ausführen möchte, damit er sich selbst möglichst bald von der dort herrschenden Noth überführen und demnächst helfend eingreifen könne.

Der Kommissar des Ministers der öffentlichen Arbeiten verblieb bei seiner Ansicht, daß durch die Stromregulirung eine Hebung des Wasserspiegels nicht eingetreten sei, und daß umfangreichere Baggerungen die fraglichen Mißstände nicht beseitigen würden, weil das erforderliche Gefälle von Schwedt abwärts fehle. Letztere Ansicht wurde von mehreren Mitgliedern der Kommission getheilt.

Der Referent beantragte, die Kommission wolle beschließen, die Petition der Königlichen Staatsregierung zur Berücksichtigung zu überweisen.

Die Kommission schloß sich dem vorstehenden Antrage einstimmig zu und beantragt:

 das Haus der Abgeordneten wolle beschließen:
  die Petition II Nr. 186 der Königlichen Staatsregierung zur Berücksichtigung zu überweisen.

Berlin, den 4. April 1892.

Die Kommission zur Prüfung des Staatshaushaltsetats.

Francke (Toudern), Vorsitzender. v. Neumann, Berichterstatter. Bödiker. v. Buch. v. Czarlinski. Dr. Enneccerus. Dr. Hammacher. Dr. Hartmann (Lübben). Hoeppner. Freiherr v. Huene. Krebs. v. Kröcher. Dr. Lieber. Graf zu Limburg-Stirum. Lohren. Dr. Meyer (Berlin). Dr. Sattler. Sperlich. Stengel. v. Tiedemann (Bomst). Dr. Virchow.

№ 145.

A. Betr. Erhöhung der Entschädigung für eine zu Zwecken der Weichselregulirung abgetretene Landfläche.
B. Betr. den Austausch des Domänengutes Kleinschwalbach gegen einen der Gemeinde Kleinschwalbach gehörigen Wald.

Vierter Bericht

der

Kommission für die Agrarverhältnisse über Petitionen.

A.

Berichterstatter Abgeordneter Drawe.

Journal II Nr. 389.

Die Petition II Nr. 389 ist von dem Hofbesitzer Otto Mey in Gemlitz (Regierungsbezirk Danzig) ausgegangen, welcher zur Regulirung des Weichselstromes von seinem im Außendeiche belegenen Lande 11 ha 15 ar 40 qm abtreten mußte.

Die ihm laut Beschlusses der Königlichen Ausführungskommission zuerkannte Entschädigung von 1 292 Mark 50 Pf. pro Hektar hält Petent für zu gering und beantragt daher:

 eine Revision der genannten Taxe und demnächst eine entsprechende Erhöhung der Entschädigung für die abgetretene Landfläche bei der Königlichen Staatsregierung befürworten zu wollen.

Die Agrarkommission beschäftigte sich in ihrer Sitzung am 23. März 1892 mit der vorliegenden Petition.

Die Königliche Staatsregierung war durch den Geheimen Regierungsrath Holle vertreten.

Der Petent führt aus, daß die von den Ausführungskommissionen festgesetzte Taxe keineswegs dem reellen Werthe des abgenommenen Landstücks entspräche. Die von zwei achtbaren Kreistaxatoren und Sachverständigen ausgeführte, der Petition beigefügte Taxe, nach welcher die betreffenden Ländereien einen fast doppelt so hohen Werth haben, nämlich 2400 Mark pro Hektar, entspräche den wirklichen Verhältnissen. Die Schädigung seines Grundstücks sei um so empfindlicher, als die abgenommene Fläche die einzigen Wiesen enthalte, welche zu dem Grundstücke gehörten. Durch diese sei es allein möglich geworden, eine sichere Weide und ausreichenden Heuertrag für die Erhaltung des Viehstandes zu gewinnen. Es handle sich daher nicht nur um die Begnahme des in Rede stehenden Wiesenlandes, sondern mehr noch um die unberechenbaren Nachtheile, die dem Restgrundstücke zugefügt seien.

Von dem Vertreter der Königlichen Staatsregierung wurde Folgendes erklärt:

Nach dem Statute für den Weichsel-Nogat-Deichverband vom 20. Juni 1889 hat die Ausführungskommission zur Regulirung der Weichsel und Nogat die Entschädigungen festzustellen, welche für die von den Grundbesitzern zu den Regulirungswerken abgetretenen Flächen zu zahlen sind. Der außerordentliche Werth der Grundstücke ist dabei gemäß § 20 des Deichgesetzes nicht in Anrechnung zu bringen. Die Ausführungskommission besteht statutenmäßig aus je einem Königlichen Verwaltungs- und Baubeamten und den Deichhauptleuten der drei Sonderverbände. Letztere sind Grundbesitzer, als besonders kenntniß- und erfahrungsreiche Landwirthe bekannt und mit der Abschätzung der Grundstücke, die zu Deichzwecken häufig vorkommt, durchaus vertraut.

Bei den Werthsfestsetzungen derselben ist nicht der durch die Grundsteuerveranlagung ermittelte Reinertrag zu Grunde gelegt, sondern es ist für die abzutretenden Grundstücke besondere Kulturarten und Bonitätsklassen nach den allgemeinen Grundsätzen bei Abschätzung des Reinertrages der Liegenschaften vom 21. Mai 1861 ermittelt und unter Berücksichtigung der Lage und etwa vorhandener Servituten die durchschnittlichen Wirthschaftserträge festgestellt. Diese sind zum 50fachen Betrage kapitalisirt und bis an den Hofbesitzer Metz darnach zu zahlenden Entschädigungen auf 1 292 Mark 50 Pf. pro Hektar festgesetzt.

Die Werthsansätze der Taxatoren Collins und Witt, welche eine Entschädigung von 2 400 Mark für gerechtfertigt erachten, sind an und für sich übermäßig hoch gegriffen, einzelne der denselben zu Grunde liegenden Unterstellungen, z. B. die Fischereierträge der in dem Vorlande befindlichen Kolke, sind unrichtig. Aus der Lage der Grundstücke sind lediglich Vortheile gefolgert, die aus den Ueberfluthungen zur Unzeit sich ergebenden Nachtheile unberücksichtigt gelassen und die Bedeutung der dem Deichverbande zustehenden Berechtigung zur unentgeltlichen Erdentnahme so gut wie außer Acht gelassen.

Im Gegensatze erscheinen die von der Kommission festgesetzten Entschädigungen angemessen und über die bei freihändigem Verkaufe gleichartiger Grundstücke gezahlten Preise noch hinausgehend. So hat der Deichhauptmann Wannow vor etwa 5 Jahren zu Güttland, Kreis Dirschau, eine mit werthvollen Gebäuden (großem, massivem Wohnhause, massivem Stalle, massiven Instwohnungen für 10 Instleute) bestandene Besitzung mit vollem lebenden und todtem Inventar in Pausch und Bogen für 200 000 Mark gekauft, also, da das Grundstück 4 131 Mark Grundsteuerreinertrag hat, den 41 fachen Reinertrag bezahlt. Im Jahre 1890 kaufte der Besitzer Eduard Klatt zu Letzkau in Letzkau die Besitzung für den 47 fachen Betrag des Grundsteuerreinertrages.

Auch die Angabe, daß durch den Fortfall der Vorlandsweiden eine vollständige Aenderung des bisher bestandenen Wirthschaftssystems erforderlich werde, ist nicht zutreffend, denn in der Werthstaxe von Collins ausdrücklich das Binnenland als kleefähig bezeichnet ist und danach die Besitzer in der Lage sind, selbst wenn der Viehstand bisher ausschließlich auf die Außendeichsflächen angewiesen ist, durch Einschaltung eines Kleeschlags den Viehstand zu erhalten.

Hiernach erscheint der Antrag auf Erhöhung der Entschädigung nicht begründet.

Die dem Beschwerdeführer statutenmäßig offen gestandene Beschreitung des Rechtsweges gegen die festgesetzte Entschädigung ist von demselben nicht versucht worden, obwohl seitens der Ausführungskommission bei Mittheilung der Entschädigung ausdrücklich darauf hingewiesen ist, daß der Rechtsweg binnen 4 Wochen nach der Mittheilung zulässig sei.

Hierauf erwiderte der Berichterstatter, daß ihm die Taxe der Ausführungskommission zu gering erscheint, weil, wie allgemein bekannt ist, die Gemlitzer Außendeichswiesen zu den ertragsreichsten der Danziger Niederung gehören. Die Ueberfluthungen, die ziemlich regelmäßig stattfinden, halten die Wiesen in vorzüglicher Dungkraft. Sie sind daher eine nie versiegende Quelle für die Bereicherung der übrigen Ländereien. Einen genügenden Ersatz dafür durch Anlegung von Kleefeldern zc. zu schaffen, ist schwer möglich, da diese nie, wie jeder praktische Landwirth weiß, die Sicherheit des Grundstücks gewähren können, ist nicht hoch zu veranschlagen, da die Ueberfluthungen die Aussichtsstellen bald wieder ausfüllen. Die angeführten Beispiele über Verkäufe von Gütern, die in letzter Zeit stattgefunden und die der Taxe der Ausführungskommission entsprechen, sind nicht maßgebend für diesen Fall, da es nicht angänglich erscheint, Durchschnittspreise als Werthmesser für einzelne Flächen zu Grunde zu legen, die für das ganze Grundstück von fast unschätzbarem Werthe sind. Da somit die Besitzer des Betrens durch die Fortnahme der Wiesen eine kaum nach Geld zu berechnende Gesammtentschädigung erfahren habe, beantragt Referent, die Petition der Königlichen Staatsregierung zur Berücksichtigung zu überweisen.

Diesem Antrage wurde jedoch von mehreren Mitgliedern der Agrarkommission widersprochen, indem hervorgehoben wurde, daß es unmöglich sei, sich ein Urtheil über den Werth der in Rede stehenden Flächen zu bilden. Daher sei auch schwer eine Entscheidung zu treffen, welche von beiden Taxen die richtigere sei. Es sei bedauerlich, daß der Petent nicht den ihm zustehenden Rechtsweg beschritten habe.

Bei der nach Schluß der Diskussion erfolgten Abstimmung wurde der Antrag auf Ueberweisung zur Berücksichtigung abgelehnt, und die Ueberweisung zur Erwägung mit allen gegen eine Stimme angenommen.

Die Agrarkommission empfiehlt deshalb:

> Das Haus der Abgeordneten wolle beschließen: die Petition II Nr. 389 der Königlichen Staatsregierung zur Erwägung zu überweisen.

B.

Berichterstatter:
Abgeordneter Knebel.

Journal II Nr. 590.

Der Bürgermeister und viele Einwohner der Gemeinde Klein-Schwalbach, Regierungsbezirk Wiesbaden, bitten, daß ein ihnen im Banne liegendes Domänengut der Gemeinde abgetreten werde im Austausch gegen einen der Gemeinde zugehörigen Wald und unter Ausgleichung des Werthunterschiedes durch Geldzahlung. Zur Begründung des Antrages führen sie an, daß ihr Wald 12 km vom Ort entfernt liege und auf beiden Seiten an Staatsforsten angrenze, während die Domäne in vielen Parzellen mit den dazu gehörenden Gebäuden unmittelbar im Ortsbering gelegen sei.

Die etwa 160 ha umfassende Domäne sei früher an eine Anzahl von Ortseinwohnern verpachtet gewesen. Schlechte Zeiten und Erträge hätten die Pächter jedoch mißmuthig gemacht, so daß sie sich um die Erneuerung der Pachtverträge nicht bemühten. Hierdurch sei die Domäne im Jahre 1839 in die Hand eines Fremden gelangt. Dieser betreibe vorzugsweise Rübenbau, während die Einwohner eine der Allgemeinheit förderlichere Wirthschaft führten, indem sie ausschließlich Brodfrüchte bauten und Viehzucht betrieben. Bei einem Anwachsen der Gemeinde seit 1839 von 600 auf 1000 Seelen habe sich ein Mangel an Ackerland und ein Ueberschuß an Arbeitskräften eingestellt, so daß gegenwärtig 150 junge Männer auswärts in Arbeit ständen. Trotzdem beschäftige der Domänenpächter nicht weniger als 50 bis 60 polnische Arbeiter.

Da nun im Jahre 1893 die gegenwärtige Pachtdauer ablaufe, so hätten die Petenten sich mit dem Antrag auf Austausch der Domäne gegen ihren Wald zunächst an die Königliche Regierung in Wiesbaden gewandt, seien aber am 31. Juli 1890 und am 11. Dezember desselben Jahres abschlägig beschieden worden. Die Königliche Regierung habe dabei ausgeführt, es erscheine die beantragte Verpachtung bezw. der Austausch des gesammten Vorwerks Kleinschwalbach schon ein beswillen unthunlich, als eine nicht einheitliche Bewirthschaftung desselben der Kultur der Güter schädlich sein würde. Auch würden die auf dem Vorwerke befindlichen Wirthschaftsgebäude keine Verwerthung finden können. In Sulzbach und Kahlbach besitze Fiskus kein Vorwerk mit Gebäuden und in Eichborn überhaupt nur 1,027 ha, welche mit dem Vorwerk Klein-Schwalbach verpachtet seien.

Der Herr Minister für Landwirthschaft rc., an welchen man sich demnächst gewandt, habe durch Verfügung vom 21. Mai v. J. II. 2788 die Ablehnung lediglich bestätigt. Hierdurch seien die jungen Leute der Gemeinde fortdauernd den sozialen Gefahren ausgesetzt, welche die auswärtige Beschäftigung mit sich bringe. Die Gemeinde sei bereit, die Gebäude der Domäne gegen Entschädigung zu übernehmen. Es hänge für Wohlstand von dem Tausche ab, für welchen einzutreten das Abgeordnetenhaus gebeten werde.

Die Petition kam in der Sitzung der Agrarkommission vom 1. April b. J. zur Erörterung, in welcher als Vertreter des Ministers für Landwirthschaft rc. der Geheime Oberregierungsrath Jäger sich betheiligte.

Da die Begründung der ablehnenden Entscheidungen der Verwaltungsbehörden die von den Petenten für ihren Antrag beigebrachten Gesichtspunkte großentheils unerörtert läßt, so wurde der Herr Regierungskommissar zunächst um eine Erklärung gebeten, welche er in nachstehender Weise abgab:

„Die zum Domänenvorwerke Kleinschwalbach gehörigen Grundstücke sind bis zum Jahre 1839 von der früheren Nassauischen Domänenverwaltung in einzelnen Stämmen und Parzellen verpachtet worden. Da bei dieser Art der Rentbarmachung die Grundstücke jedoch sehr mangelhaft bewirthschaftet wurden und der Pachterlös fortgesetzt abnahm, sah sich die Verwaltung veranlaßt, von jenem Jahre an die Grundstücke im Ganzen als ein geschlossenes Vorwerk zu verpachten, was beim Vorhandensein der größten Theiles der erforderlichen Wirthschaftsgebäude leicht ausführbar war. Als vor 18 Jahren die zweite Pachtperiode ablief, baten die Einwohner von Kleinschwalbach darum, daß die Vorwerksgrundstücke wieder in Parzellen verkauft oder verpachtet werden möchten,

wurden jedoch nach sorgfältiger Prüfung der obwaltenden Verhältnisse auf diesen Antrag ablehnend beschieden. Als die Gemeinde dann im verflossenen Jahre mit Rücksicht auf den bevorstehenden Ablauf der dritten Pachtperiode den Antrag wiederholte, wurde die Regierung in Wiesbaden zur nochmaligen eingehenden Prüfung veranlaßt und erstattete nachstehenden gutachtlichen Bericht:

Das Vorwerk Kleinschwalbach, welches insgesammt eine Fläche von 150 ha 71 ar 61 qm umfaßt, ist durch Verfügung vom 1. Oktober 1874 bis Johanni 1893 dem Oberamtmann Schreiber verpachtet worden, von welchem die Pachtung am 15. Februar 1875 auf den früheren Pächter Otterberg überging, welcher sie wiederum am 8. April 1879 an den Landwirth Wilhelm Lindheimer abgetreten hat.

Das Pachtgeld von anfänglich 10 950 Mark ist durch Zusatz von Zinsen für Baukapitalien seitdem um 761,5 Mark und für Drainirungskapitalien um 425,92 Mark erhöht worden und beträgt jetzt hiernach 12 136,82 Mark, also etwa 80 Mark pro Hektar.

Das Vorwerk ist nächst Mechtilshausen das beste und werthvollste im Regierungsbezirk und wird wegen seiner Lage in der Nähe von Höchst und Frankfurt, dicht bei Soden, am Fuße des Taunus, stets von intelligenten, mit Geldmitteln versehenen Landwirthen gesucht sein. Ein großer Theil desselben eignet sich zum Zuckerrübenbau und wird in angemessener Fruchtfolge dazu verwandt, insbesondere seitdem die Zuckerfabrik in Hattersheim zunächst Höchst an der Taunuseisenbahn zur Verwerthung nahe Gelegenheit bietet. Dies ist nicht im Nachtheil, wie die Gesuchsteller meinen, sondern ist durch die für den Rübenbau erforderliche Tiefkultur und starke Düngung mit in richtiger Weise den Boden bereichernden künstlichen Dungmitteln die Ertragsfähigkeit wesentlich gesteigert.

Der Pächter hat eine Molkerei, deren Milch infolge Sterilisirung in Krankheit als Säuglingsmilch hohe Preise erzielt.

Die Gemarkung Klein-Schwalbach umfaßt, abgesehen von dem Vorwerk, 470,23,80 ha, welche sich im Besitz von 446 Grundeigenthümern befinden. Ausweislich des anliegenden Verzeichnisses über die Grundbesitzer in der Gemarkung Schwalbach, welche 8 und über 8 Mark Grundsteuer zahlen, sind unter diesen jedoch nur 72 Landwirthe, welche mit einem Besitzthum von 278,39,81 ha 4 771,27 Thaler Reinertrag und 1 369,79 Mark Grundsteuer nach ihrem Besitzstande in der Gemarkung Schwalbach bei einer Neuverpachtung auf das Vorwerkland reflektiren könnten. Bei einer Ueberlassung des Vorwerks an die Antragsteller würde hiernach der durchschnittlich etwa 4 ha betragende Grundbesitz dieser 72 Eigenthümer um je etwa 2 ha, also um so viel vermehrt werden, daß mit den bisherigen Betriebsmitteln derselben schwerlich eine auch nur annähernd der jetzigen gleiche ergiebige Wirthschaft darauf betrieben werden kann. Bei der herrschenden Landessitte der Theilung des Grundbesitzes unter die Erben würde aber muthmaßlich schon in der zweiten Generation der jetzige Zustand wieder hergestellt und die weitere Zersplitterung des Besitzes nicht aufzuhalten sein.

Hiervon abgesehen müssen wir uns doch ganz entschieden gegen eine Verpachtung oder sonstige Ueberlassung des Gutes an die Grundbesitzer von Klein-Schwalbach erklären.

Finanzielle wie nationalökonomische Gründe sprechen gegen eine solche Aenderung der Benutzungsart.

Daß durch eine parzellenweise Verpachtung eine höhere Pacht erzielt werden sollte, ist durchaus unwahrscheinlich, wenn auch möglicherweise für die nächste Zeit, bis der durch zweckmäßige Bewirthschaftung gewonnene Bodenreichthum ausgesaugt sein würde, eine gleiche, vielleicht sogar etwas höhere Pacht geboten werden sollte, dagegen würde hierbei eine sehr erhebliche Minderung der Kultur des Gutes unzweifelhaft eintreten.

Erst seitdem die Verpachtung in Stämmen bezw. Parzellen aufgegeben worden ist, hat sich der Zustand des Vorwerks durch den Fleiß und die Intelligenz seiner Pächter in hohem Grade gebessert, während ein Vergleich der bäuerlichen Felder mit denen des Vorwerks zeigt, daß die Bauern von Klein-Schwalbach es seit jener Zeit nicht verstanden haben sich von der alten, wenig rationellen Wirthschaftsart loszumachen und sich die auf landwirthschaftlichem Gebiete gemachten Fortschritte anzueignen.

Daß aber eine Aenderung in diesen Verhältnissen durch eine Vergrößerung der immer nur geringfügig bleibenden Wirthschaftsfläche der einzelnen Grundbesitzer herbeigeführt werden sollte, ist nicht entfernt anzunehmen.

Im Gegentheil kann bei der geringen Kapitalskraft der meisten Besitzer eine solche Aenderung durch Ausdehnung der Wirthschaftsfläche nur erschwert werden.

Ist hiernach bei einer Berücksichtigung des Wunsches der Antragsteller zu befürchten, daß der jetzt hohe Kulturzustand des Vorwerks bedeutend herabgesetzt wird, so muß weiter berücksichtigt werden, daß das Beispiel eines intelligenten Landwirthes, wie es der gegenwärtige Pächter ist, nur bildend und befruchtend auf die bäuerlichen Besitzer der Gegend wirken kann, was bei dem geringen Domänenbesitz im diesseitigen Regierungsbezirk doppelt schwer wiegt.

Gegen eine parzellenweise Verpachtung spricht endlich auch der Umstand, daß bei einer solchen die sehr guten Wirthschaftsgebäude des Vorwerks gar nicht oder nur in ganz unangemessener Weise zu verwerthen wären.

Auch eine tauschweise Ueberlassung des Vorwerks gegen den Schwalbacher Gemeindewald und Zahlung der Differenz kann nicht befürwortet werden. Allerdings würde sich dieser 109,90 ha große, in der Hochlage zwischen dem kleinen Feldberg und dem Altkönig gelegene Gemeindewald an sich zur Abrundung des fiskalischen Waldes sehr gut eignen. Doch beträgt der Werth des Vorwerks, wenn man das Pachtgeld von rund 12000 Mark kapitalisirt, etwa 300000 Mark, während der Gemeindewald von dem Königlichen Oberförster zu Kronberg nur auf einen Kapitalwerth von 43154 Mark abgeschätzt worden ist. Es könnte somit nur ein kleiner Theil des Vorwerks eingetauscht werden, was für die Gemeinde nicht ins Gewicht fallen würde, von ihr auch nicht gewollt ist, die Lebensfähigkeit des Vorwerks aber immerhin zweifelhaft und einen Theil der Gebäude werthlos machen würde. Selbst aber wenn die Gemeinde zur Zahlung der bedeutenden Differenz im Stande wäre, so würde doch eine Verminderung des an sich schon geringen Domänenbesitzes, resp. des in unserm Regierungsbezirk so sehr beschränkten und doch hier gerade nicht nur nationalökonomisch, sondern auch politisch wichtigen größeren Grundbesitzes sehr nachtheilig wirken. Bei der großen Zersplitterung alles Grundbesitzes im hiesigen Bezirk ist die Erhaltung und Konsolidirung desselben ein wesentliches Kulturinteresse, und der weiteren Parzellirung, die auch einen kräftigen Bauernstand nicht bestehen läßt, auf alle Weise entgegen zu treten.

Am wenigsten sind die von den Antragstellern vorgebrachten Beschwerden geeignet, eine parzellenweise Verpachtung oder einen Verkauf des Vorwerks zu begründen. Denn wenn es auch richtig ist, daß täglich eine große Anzahl von Leuten aus der Gemeinde nach den benachbarten Städten, namentlich in die Fabriken von Frankfurt auf Arbeit geht, so geschieht dies doch nicht nur in Klein-Schwalbach, sondern auch in sehr vielen anderen Gemeinden der hiesigen Gegend in gleicher Lage, in welcher kein größerer Grundbesitz vorhanden ist.

Der Grund liegt lediglich darin, daß die Landwirthschaft die Löhne der Industrie nicht zu zahlen vermag, und auch eine Parzellirung des Vorwerks würde diejenigen Leute, welche sich an die Arbeit in den Fabriken gewöhnt haben, nicht mehr zu einer landwirthschaftlichen Thätigkeit zurückführen.

Wie wenig Neigung zu einer solchen bei den Bewohnern von Klein-Schwalbach vorhanden ist, beweist gerade der Umstand, daß der jetzige Pächter zur Bewirthschaftung des Vorwerks fremde Arbeitskräfte heranzuziehen genöthigt ist, was ja nur darauf beruht, daß er im Orte und Umgegend geeignete Arbeiter zu erträglichen Preisen nicht bekommt. Die Behauptung aber, daß durch diese fremden Arbeiter dem Ortsarmenverband Lasten entstanden sind, ist geradezu unrichtig, da dieselben sich nur vorübergehend in besserer Jahreszeit dort aufhalten, die Gemeinde auch bisher nicht einmal vorschußweise in Anspruch genommen haben.

Irgend welche besonderen Gründe für die parzellenweise Verpachtung oder den Verkauf des Vorwerks sind also nicht vorhanden, vielmehr sprechen die gewichtigsten Gründe aus den verschiedensten Rücksichten entschieden dagegen.

Aus diesen Darlegungen hat der Herr Minister für Landwirthschaft, Domänen und Forsten die Ueberzeugung gewonnen, daß zunächst bei den günstigen, in Klein-Schwalbach herrschenden Erwerbsverhältnissen ein Bedürfniß zur Vermehrung der landwirthschaftlich benutzten Grundstücke der Einwohner nicht vorliege; daß ferner die Vorwerksgrundstücke bei ihrer Ueberlassung an die Einwohner von Klein-Schwalbach voraussichtlich erheblich verschlechtert werden würden, da der Zustand der von ihnen bereits benutzten Grundstücke darauf schließen lasse, daß ausreichende Arbeitskräfte zu ihrer erfolgreichen Bewirthschaftung gegenwärtig kaum noch vorhanden seien; und daß endlich die Erhaltung eines größeren Gutes in jener Gegend, in welcher sonst nur noch bäuerliche und kleinere Besitzer wohnten, im Interesse der Landeskultur äußerst wünschenswerth sei. Es ist daher der von der Gemeinde gestellte Antrag abgelehnt und die Wiederverpachtung des Vorwerks im bisherigen Umfange angeordnet worden, auch auf den Umstand, daß der von der Gemeinde als Tauschobjekt angebotene Gemeindewald vom Orte Klein-Schwalbach 12 km entfernt liegt, während er vom fiskalischen Walde fast umschlossen wird, im vorliegenden Falle ein besonderes Gewicht nicht zu legen ist, weil im Regierungsbezirk Wiesbaden die Gemeindewaldungen von denselben Königlichen Forstbeamten wie die angrenzenden fiskalischen Waldungen bewirthschaftet werden.

Neue Thatsachen, welche zu einer anderen Auffassung führen könnten, sind in der vorliegenden Petition nicht enthalten, so daß dieselbe zur Berücksichtigung nicht geeignet erscheint.

Aus der Kommission wurde hervorgehoben, es sei den von beiden Seiten vorgebrachten Gründen so weittragende Bedeutung beizumessen, daß die Abwägung des wirthschaftlichen Interesses der Staatskasse in den Hintergrund treten dürfe. Für den Kleinbauernstand seien Mustergüter, welche für die technische Verbesserung der Wirthschaft Beispiel und Anregung böten, in hohem Grade nützlich und wünschenswerth. Wo sie nicht in den kleinen Besitz eingesprengt seien, empfehle es sich, ihre Entstehung zu begünstigen. Ob allerdings gerade in vorliegendem Falle der Domänenpächter, welche eine von den Bauern ganz verschiedene Wirthschaftsweise führt, nach dieser Richtung wirke, sei fraglich. Es könne erwogen werden, ob die Umwandlung der Domäne in ein Mustergut empfehlenswerth erscheine, aus dem gegenwärtigen Zustande aber sei ein durchschlagender Grund gegen den Antrag der Einwohner von Klein-Schwalbach nicht herzuleiten.

Beitreten müsse man nach anderwärts gemachten Erfahrungen dem Regierungskommissar darin, daß das Aufsuchen auswärtiger Arbeit weniger seinen Grund in dem Mangel an örtlicher Arbeitsgelegenheit als in den höheren Löhnen finde, welche städtische und industrielle Beschäftigungen gegenüber der Landwirthschaft zu bieten vermöchten. Hierau werde auch der Uebergang der Domäne in den Wirthschaftsbetrieb der Einwohner eine wesentliche Aenderung nicht herbeiführen. Bei aller Anerkennung der sozialen Gefahren, welche der Zusammenfluß junger Leute in Mittelpunkten des Verkehrs und der Arbeit nach sich ziehe, dürfe man doch auch die Vortheile, welche diese Bewegung mit sich führe, nicht übersehen. Gerade in den kleinbäuerlichen Gegenden sei in den meisten Familien ein Ueberschuß an Arbeitskraft vorhanden. Könne dieser in anderweiter Arbeitsgelegenheit verwerthet werden, dann bringe er einen Verdienst ins Haus, welcher die Neigung der Kleinlandwirthschaft zum Rückgange vollkommen wieder ausgleiche. Solchen kleinbäuerlichen Gegenden, welche ausreichende Gelegenheit zu sonstigem Verdienste ständen, gehe es materiell noch am allerbesten. Dies spreche aber noch nicht gegen den Antrag der Petenten, welcher nach der Richtung zu untersuchen sei, ob durch ihn wirthschaftlich eine Verbesserung der bestehenden Verhältnisse herbeigeführt werde. Da könne dann im Allgemeinen ein Zweifel wohl kaum bestehen, daß bei Besitz- und Kulturverschiebungen der Wald der Allgemeinheit, das Feld den Einzelnen zuzuweisen sei. Vorliegend werde die allgemeine Regel noch gekräftigt dadurch, daß der Wald in einer wirthschaftlich zu großen Entfernung von der Gemeinde liege und vom Staatswald eingeschlossen sei, wogegen die Feldgrundstücke der Domäne in unmittelbarem Zusammenhange mit dem Ortsberinge ständen. Hierzu trete der weitere Gesichtspunkt, daß es weniger auf die durch die Gestaltung des Grundbesitzes etwa vermehrte Arbeitsgelegenheit, als darauf ankomme, möglichst viele Staatsbürger mit gesundem und lebensfähigem Grundbesitze seßhaft zu machen. Daß hierzu gerade die in Rede stehende Domäne Gelegenheit biete, könne an sich nicht geläugnet werden. Das Bedenken, daß eine Vergrößerung der Einzelstellen von 4 auf 6 ha zu starke Anforderung wegen Erweiterung des Betriebes nach sich ziehe, erscheine nicht begründet, da schädliche Folgen durch Vorsicht bei der Ausführung, namentlich auch durch Vermehrung der Stellen selbst vermieden werden könnten. Abgesehen von etwaigen besonderen Umständen des Einzelfalles würde also der beantragte Tausch durchaus den Zielen einer gesunden Agrarpolitik entsprechen.

Der Regierungskommissar wende ein, daß der örtlich vorhandenen Neigung zur Zersplitterung des Grundbesitzes durch immer weiter gehende Theilungen entgegengetreten werden müsse, indem die wenigen größeren Güter erhalten würden. Auch dieser Einwand sei nicht stichhaltig. Das Ziel sei gewiß erstrebenswerth, werde aber keineswegs durch die Erhaltung etwa vorhandener größerer Güter, sondern wesentlich dadurch erreicht, daß man von der Zusammenlegungsgesetzgebung Gebrauch mache. Der Kleinbauer des Westens lasse erst dann vom Theilen ab, wenn er die durch Zusammenlegung seines Eigenthums ihm gebotene Erleichterung und Verbesserung an sich selbst erfahren habe, das Beispiel des Vorhandenseins größerer Güter habe diese Wirkung noch nirgendwo gehabt. Anscheinend sei in Klein-Schwalbach weniger die Besitzvertheilung als die Grundstücksvertheilung eine recht unwirthschaftliche. Vielleicht könne die Regierung gerade dadurch, daß sie den Tauschanträgen entgegenkomme, sowohl auf die Vermehrung der bäuerlichen Stellen als auf die gesundere Gestaltung derselben hinwirken. Ein abschließendes Urtheil hierüber lasse sich allerdings ohne örtliche Kenntniß der Verhältnisse nicht fällen. Namentlich bleibe die Frage der Verwendung der Domänengebäude eine offene. Die Kommission werde daher auch nur die Richtung angeben können, nach welcher hin sie weitere Ermittelungen und Erörterungen befürwortet.

In Anknüpfung an den Umstand, daß die Domäne mit neuen und guten Gebäuden versehen sei, machte ein Mitglied der Kommission darauf aufmerksam, daß nach seinen Erfahrungen solche Gebäude ein volles Drittel des Gutswerthes darstellten. Bei einer Parzellirung würden die meisten dieser Gebäude nicht nur überflüssig, sondern sogar unbrauchbar sein und abgebrochen werden müssen, was einer Verringerung des Nationalvermögens gleichkomme. Ueberdies spreche der Umstand, daß die Petenten Brodfrüchte, der Pächter aber Rübenbau treibe, gegen die Wünsche der Ersteren. Denn wenn der Anbau von Rüben mehr Reinertrag abwerfe, als der Anbau von Brodfrüchten, so trage er zur Vermehrung des Nationalwohlstandes bei, wirke also nützlich und nicht schädlich, erfordere auch mehr Handarbeit und schaffe daher erweiterte Arbeitsgelegenheit.

Ein anderes Mitglied will dem Beispiel, daß den kleinen Besitzern durch die größere Musterwirthschaft geboten werde, keinen erheblichen Werth beimessen. Der Maschinenarbeit in der größeren Wirthschaft stehe die Spatenkultur in der kleineren gegenüber. Das Beispiel habe auch noch nicht gewirkt, da, wie der Regierungskommissar angegeben habe, viele der kleinen Wirthschaften mangelhaft betrieben würden und die sogenannte Musterwirthschaft bereits über 50 Jahre bestehe. Die kleine Wirthschaft besitze eine nicht unerhebliche Quelle billiger Arbeitskraft in der Familie, die bei zu kleinem Besitze aus Mangel an Beschäftigung verloren gehe, bei vergrößerter Wirthschaft jedoch zur Geltung gelange. Rübenbau sei nicht als das höchste Kulturziel anzusehen; Gemüse- und Obstbau gewährten in dicht bevölkerten Gegenden sicher höhere Erträge.

Die Kommission beschloß sodann einstimmig, dem Hause der Abgeordneten zu empfehlen

> die Petition II Nr. 590 der Königlichen Staatsregierung zur Erwägung dahin zu überweisen, ob nicht mittels des beantragten Tausches eine Vermehrung der Ansiedelungen und eine wirthschaftlichere Gestaltung der Grundstücke herbeigeführt werden kann.

Berlin, den 6. April 1892.

Die Kommission für die Agrarverhältnisse.

Frhr. v. Huene, Vorsitzender. Brandenburg.
Frhr. v. Buddenbrock. Christophersen. Claeſſen.
Domink. Drawe. Grandke. Herold. Rasch.
Knebel. Knobel. Thiel. Seer.

Verzeichniß

über die

Grundbesitzer in der Gemarkung Schwalbach, die 8 und über 8 Mark Grundsteuer zahlen.

———

Artikel der Mutter- rolle	Name	Ort	Flächeninhalt			Reinertrag		Jahresbetrag der Grundsteuer	
			ha	ar	qm	Thlr.	1/100	ℳ	₰
37	Bommersheim, Peter 2r ..	Schwalbach	2	77	70	49	64	14	25
40	Bommersheim, Philipp ...	"	2	77	25	48	68	13	97
47	Buch, Johann Peter	"	4	50	08	78	45	22	52
48	Burkardt, Adam	"	4	77	00	83	38	23	92
90	Fay, Peter	"	4	38	34	82	53	23	69
99	Flach, Johann Peter	"	3	21	24	47	11	13	53
102	Flach, Johann	"	4	30	94	69	44	19	94
105	Freund, Franz Xaver	"	2	45	31	42	14	12	10
110	Freund, Lorenz	"	4	71	74	86	05	24	70
111	Freund, Jakob	"	2	09	83	33	20	9	53
135	Hardt, Johann 1r	"	2	32	54	36	42	10	45
165	Henrich, Adam	"	7	45	55	125	96	36	15
167	Henrich, Georg	"	5	19	24	88	80	25	49
171	Henrich, Johann 3r	"	3	60	30	64	05	18	39
203	Keller, Anton	"	2	59	10	46	32	13	30
206	Keller, Johann Joseph	"	2	73	14	41	20	11	83
233	Kreiner, Johann, jr.	"	3	64	21	66	03	18	96
258	Mathes, Johann	"	4	79	56	82	72	23	75
266	Morhardt, Philipp	Sulzbach	1	13	00	29	36	8	43
270	Müller, Georg	Schwalbach	5	82	50	87	44	25	10
294	Petry, Philipp	"	2	65	87	36	52	10	49
306	Reul, Philipp Adam	"	4	60	72	79	30	22	76
319	v. Ritter, Freiherr zu Friedrich und Rüdesheim	"	2	26	17	51	73	14	85
328	Rudolph, Philipp	"	3	62	81	56	09	16	11
	24 Grundbesitzer	Seite 1	88	44	14	1512	51	434	22

Artikel der Mutter- rolle	Name	Ort	Flächeninhalt			Reinertrag		Jahresbetrag der Grundsteuer	
			ha	ar	qm	Thlr.	¹/₁₀₀	ℳ	₰
330	Rudolph, Johann Joseph ..	Schwalbach	3	19	65	47	35	13	59
343	Scherer, Johann 3r.......	"	18	42	95	304	84	87	52
347	Scherer, Joseph	"	1	71	06	31	77	9	12
350	Scherer, Nikolaus 3r......	"	5	30	65	98	12	28	17
375	Schulnick, Melchior	"	3	19	35	50	17	14	40
393	Spiel, Quirin II	"	3	79	29	67	91	19	50
426	Weil, Johann, sr...........	"	6	72	35	114	50	32	87
428	Weil, Georg...............	"	7	90	64	142	55	40	93
432	Weil, Philipp Anton.......	"	8	13	93	145	26	41	70
457	Weiß, Johann	"	3	35	13	65	84	18	90
458	Hofmann, Stephan	"	2	22	46	31	18	8	95
459	Scherer, Peter 1r	"	12	16	37	205	70	59	06
460	Scherer, Anton 2r	"	3	38	31	62	24	17	87
461	Scherer, Johann Nikolaus ..	"	3	56	12	60	78	17	45
462	Seiberth, Peter 2r	"	4	51	20	83	53	23	98
463	Pleines, Anton............	"	1	64	72	30	00	8	61
465	Pleines, Johann...........	"	2	88	17	52	06	15	12
467	Spiel, Nikolaus............	"	6	35	98	114	47	32	86
468	Kraus, Ferdinand	"	4	89	75	87	82	25	21
469	Boll, Georg	"	3	14	24	50	93	14	62
472	Freund, Valentin	"	2	59	93	44	22	12	70
480	Rilb, Melchior	"	4	80	00	80	99	23	25
493	Lorenz, Georg Philipp.....	"	5	24	12	89	23	25	62
514	Weck, Ignatz...............	"	5	78	89	96	72	27	77
528	Scherer, Martin 2r	"	3	40	89	60	01	17	23
541	Buch, Georg...............	"	2	53	13	49	38	14	18
	26 Grundbesitzer....	Seite 2	130	89	28	2 268	17	651	18

250*

Artikel der Mutter- rolle	N a m e	Ort	Flächeninhalt			Reinertrag		Jahresbetrag der Grundsteuer	
			ha	ar	qm	Thlr.	1/100	ℳ	₰
543	Henrich, Philipp	Schwalbach	3	69	07	65	37	18	77
545	Herberth, Georg	"	4	07	17	63	84	18	33
547	Herberth, Wilhelm	"	4	25	21	64	02	18	38
566	Scherer, Johann 4r	"	3	46	94	52	16	14	07
569	Weil, Anton 3r	"	2	28	20	39	34	11	29
571	Weil, Peter	"	2	69	29	46	92	13	47
582	Selberth, Philipp 2r	"	1	98	65	29	28	8	41
608	Scherer, Nikolaus 6r	"	1	78	48	34	00	9	76
610	Spahn, Andreas	"	1	55	58	30	11	8	64
619	Weil, Georg Philipp	"	3	00	36	49	86	14	31
661	Endrich, Heinrich	"	5	13	59	91	36	26	23
681	Weil, Georg 2r	"	2	60	02	43	67	12	54
685	Freund, Joseph 3r	"	1	66	15	30	06	8	63
686	Freund, Johann 2r	"	2	73	57	50	96	14	63
689	Lorenz, Nikolaus	"	1	99	50	32	25	9	26
715	Hemmerle, Karl	"	2	84	22	50	64	14	54
719	Lorenz, Joseph	"	1	90	53	28	34	8	14
732	Hemmerle, Franz Philipp	"	2	07	32	34	14	9	80
742	Reul, Anna	"	1	63	95	29	82	8	66
743	Reul, Katharina	"	1	68	46	29	01	8	33
748	Endrich, Katharina	"	3	05	93	51	38	14	75
749	Endrich, Theresia	"	2	93	66	44	06	12	65
	22 Grundbesitzer	Seite 3	50	05	89	990	59	284	39
	26 "	" 2	130	89	28	2 268	17	651	18
	24 "	" 1	88	44	14	1 512	51	434	22
	72 Grundbesitzer	Summa	278	39	31	4 771	27	1 369	79

№ 146.

Bericht

der

XIV. Kommission zur Vorberathung des Entwurfes eines Gesetzes, betreffend die Abänderung einzelner Bestimmungen des Allgemeinen Berggesetzes vom 24. Juni 1865. — Nr. 99 der Drucksachen. —

Berichterstatter:
Abgeordneter Dr. Schultz (Bochum).

Die XIV. Kommission hat die Vorberathung des Entwurfes eines Gesetzes, betreffend die Abänderung einzelner Bestimmungen des Allgemeinen Berggesetzes vom 24. Juni 1865, in 6 Sitzungen erledigt.

Den Berathungen wohnten bei
    der Minister für Handel und Gewerbe, Freiherr v. Berlepsch,
    der Ministerialdirektor Lohmann,
    der Ministerialdirektor, Oberberghauptmann Freund,
    der Geheime Oberbergrath Eskens,
    die Geheimen Bergräthe Nasse und Dr. Fürst.

Die Kommission beschloß unter Verzicht auf die Generaldiskussion zwei Lesungen des Gesetzentwurfes vorzunehmen.

Wenngleich eine allgemeine Besprechung des Gesetzentwurfes nicht für erforderlich gehalten wurde, so waren doch die ersten Sitzungen von dieser beherrscht. Um von vornherein die dem Gesetzentwurfe gegenübertretenden Grundanschauungen zu kennzeichnen und Wiederholungen zu vermeiden, möge deshalb dieser Bericht mit einer allgemeinen Erörterung eingeleitet werden.

Durch die Berathung zogen zwei Strömungen, die Eine erwählt den Arbeiterschutz als ihr vornehmstes Ziel. Von einem Theile der folgenden Gruppe wurde betont, daß an dem freien Arbeitsvertrage zwar grundsätzlich festgehalten, aber in dem gebotenen Arbeiterschutze eine unüberschreitbare Schranke für ihn gefunden werde. Der Arbeiterschutz solle daher wie in der Reichsgesetzgebung so auch in der Landesgesetzgebung zum vollen Ausdruck gelangen, und insofern die Eigenart der Verhältnisse für die in Frage kommenden Arbeiter, im vorliegenden Falle die Bergleute, besondere Berücksichtigung verlangt, so sei diese auch über den Rahmen der Reichsgesetze hinaus zu gewähren. Das Maß dieser nothwendigen Ergänzung

und Umgestaltung der reichsgesetzlichen Vorschriften werde wesentlich bestimmt durch die Erfahrungen und Lehren aus dem großen Bergarbeiterausstande vom Jahre 1889. Jene Erfahrungen wandten sich aber selbst im Lichte der dem Arbeitgeber günstigen „Denkschrift über die Arbeiter- und Betriebsverhältnisse in den Steinkohlenbezirken"*) betrachtet, durchaus gegen die Bergwerksbesitzer und zeigten in zahlreichen Fällen die mit rücksichtsloser Selbstsucht verfolgte Ausbeutung der Bergleute. Dieser für die Zukunft vorzubeugen, seien scharfe gesetzliche Bestimmungen nothwendig, umsomehr als die Bergleute Preußens nicht die kräftigen Organisationen besäßen, welche die Bergleute Englands in den Stand setzten, mit ihren Arbeitgebern auf dem Fuße der Gleichberechtigung zu verhandeln und ihre Forderungen mit der ganzen Wucht der geeinten und gesammelten Kraft geltend zu machen. So lange diese Organisationen den Preußischen Bergleuten fehlten oder bei ihnen noch nicht die erforderliche Stärke erlangt hätten, sei der Gesetzgeber verpflichtet, den Bergleuten einen besonderen Schutz zu gewähren und zwar an allen den Stellen, wo sich gezeigt habe, bezw. durch die Denkschrift erwiesen sei, daß die Bergleute von ihren Arbeitgebern benachtheiligt werden. Da der Bergbau seiner eigenthümlichen, der allgemeinen Kontrole völlig entzogenen, Verhältnisse wegen die Beaufsichtigung durch eine besondere sachverständige Behörde verlange, so müsse dieselbe auch mit allen Befugnissen ausgestattet werden, welche ihr zur Erfüllung ihrer umfassenden und schweren Aufgabe nothwendig seien. Die vorgekommenen Uebelstände und die zu ihrer Abwehr in der Zukunft geforderten neuen Gesetzesvorschriften bedingten aber mit Nothwendigkeit eine Erweiterung der Macht der Behörden. Nur bei dieser sei das Eindringen in sonst verborgene Verhältnisse, die Unterdrückung arbeiterfeindlicher Maßnahmen ermöglicht.

Die andere Gedankenströmung, welche sich bei der Berathung geltend machte, verfolgt mit der geschilderten zunächst die gleiche Richtung. Auch für die von ihr beherrschte Gruppe ist die Reichsgewerbegesetzgebung und der von dieser angestrebte Arbeiterschutz der Ausgangspunkt. In dem Umfange der Reichsgesetze werden die Arbeiterschutzbestimmungen auch für den Bergbau anerkannt werden. Nicht in dem Sinne, als ob ihre Vortrefflichkeit oder selbst Zweckmäßigkeit überall anzuerkennen wäre. Aber der höhere Gesichtspunkt, daß die nach schweren Kämpfen auf diesem Gebiete vorläufig zum Abschluß gelangte Gesetzgebung des Reiches auf die verwandte Gesetzgebung des Einzelstaates einen bestimmenden Einfluß haben müsse, sei entscheidend, umsomehr als für den Bergbau bereits eine ganze Reihe von reichsgesetzlichen Bestimmungen Geltung erlangt habe, so diejenigen über die Beschäftigung der jugendlichen Arbeiter, die Frauenarbeit und die Sonntagsheiligung. Hiernach sei durchaus angezeigt, daß der Theil dem Ganzen sich unterordne, der Bergbau mit den übrigen Gewerben gesetzlich gleich behandelt werde und die mit der Eigenart des Bergbaues zu vereinbarenden gesetzlichen Bestimmungen der Reichsgewerbeordnung in das Preußische Berggesetz übernommen werden. Die Auffassung von der für den Bergbau und die Bergleute erforderlichen Ergänzung der reichsgesetzlichen Schutzbestimmungen weicht aber wesentlich von derjenigen der zuerst gekennzeichneten Gruppe ab und von dieser nicht verfolgt die Strömung einen anderen Lauf. Dieselbe wird viel weniger bestimmt durch die Ergebnisse der Denkschrift, als durch die anders als in ihr angesehenen thatsächlichen Verhältnisse des Bergbaues. Die Denkschrift hat nach dieser Meinung nicht mehr vorhandene oder nicht mehr so vorhandene Zustände beleuchtet. Dazu ist ihr Ergebniß,

---

*) Kam. Bearbeitet im Auftrage der Minister der öffentlichen Arbeiten und des Innern. Berlin 1890.

soweit dieses auf die Unterbrückung des Arbeiters durch den Arbeitgeber gedeutet werden könne, ein namentlich gegenüber der ungeheueren Ausdehnung des Untersuchungsfeldes ganz verschwindendes. Das ausnahmsweise Vorkommen von Unbilligkeits- selbst Rohheitsfällen ändere hieran Nichts, bestätige vielmehr die Regel, daß die Bergleute von ihren Arbeitgebern gerecht behandelt werden. Durch die nur auf einen Berufsstand sich erstreckende Untersuchung werde wenig bewiesen, möglicher und selbst wahrscheinlicher Weise würde eine weiter ausgedehnte Untersuchung der Arbeiterverhältnisse in anderen Gewerben viel schlimmere Zustände aufdecken als beim Bergbau geschehen sei. So lange nicht feststehe, daß das Verhalten der Bergwerksbesitzer ihre Ausnahmestellung rechtfertige, dürfte diese nicht zu begründen sein. Daher wäre für die Bergwerksbesitzer überall da dieselbe gesetzliche Behandlung, welche den übrigen Arbeitgebern zu Theil werde, nicht zu verweigern, wo die Eigenart des Bergbaues keine Abweichung bedingt. Die Denkschrift gebe hierfür nur wenig Anhalt. Vor allem sei aber auch irrig, aus einzelnen Fällen verallgemeinernde gesetzliche Bestimmungen abzuleiten. Das Gesetz erhalte dadurch eine Ueberladung mit — weil Zufälligkeiten entsprungen — auch keine Dauer verbürgenden Ausnahmebestimmungen. Hier gelte es zu vereinfachen, den Einklang mit den Reichsgesetzen thunlichst zu wahren und nur da nachzuhelfen, wo die thatsächlichen Verhältnisse des Bergbaues solches erfordern.

Der Standpunkt der Regierung war diesen so weit auseinander gehenden Meinungen gegenüber ein vermittelnder. Auch sie will den Inhalt der Reichsgewerbeordnung möglichst, aber doch nur so weit auf das Berggesetz übertragen, als die Eigenart des Bergbaues zuläßt, die Reichsgesetze ergänzende Bestimmungen nur in so fern, als die Eigenart des Bergbaues sie fordert. Sie findet Letztere zwar nicht durch die Ergebnisse der Denkschrift erschöpfend gekennzeichnet, aber sie hält doch die fraglichen Ergebnisse für eine wichtige Unterlage zur Beurtheilung der eigenartigen Verhältnisse des Bergbaues und für den Bergwerksbesitzer und die Bergleute mitbewegend gewordenen neuen Gesetzesbestimmungen. Sie will dem Bergwerksbesitzer, wenn auch gewiß nicht eine untergeordnetere, doch eine andere Stellung anweisen, als die Gewerbeordnung den übrigen Arbeitgebern zugetheilt hat.

Der 9 Artikel umfassende Gesetzentwurf zerfällt in drei Abschnitte, von welchen der erste (A) die Verhältnisse der Bergleute und der Betriebsbeamten, der zweite (B) die Befugnisse der Bergbehörden betrifft und der dritte (C) die Straf- und Schlußbestimmungen enthält.

Der Abschnitt A, welcher zugleich den Artikel I bildet, verändert den von den Bergleuten handelnden dritten Abschnitt des dritten Titels im Allgemeinen Berggesetze (§§ 80 bis 93).

Der Abschnitt B erweitert in den Artikeln II, III, IV, V und VII die durch §§ 77, 189, 196, 197 und 202 des Allgemeinen Berggesetzes festgestellte Machtbefugniß der Bergbehörden auf polizeilichem Gebiete und regelt im Artikel VI die Beziehungen der Bergpolizei zur Unfallberufsgenossenschaft.

Vom Abschnitt C umfaßt Artikel VIII die Strafbestimmungen in theilweiser Abänderung der §§ 207 bis 209 des Allgemeinen Berggesetzes und regelt Artikel IX den Zeitpunkt für das Inkrafttreten der Gesetzesbestimmungen.

Aus der Berathung der einzelnen Artikel und Paragraphen des Gesetzentwurfes war Nachstehendes aufzuzeichnen:

§ 80.

Der diesem Paragraphen des Allgemeinen Berggesetzes beigefügte Absatz 2 bestimmt:

„Den Bergwerksbesitzern ist untersagt, für den Fall der rechtswidrigen Auflösung des Arbeitsverhältnisses durch den Bergmann die Verwirkung des rückständigen Lohnes über den Betrag des durchschnittlichen Wochenlohnes hinaus auszubedingen."

Hierzu bemerkte ein Kommissionsmitglied: es sei auf Braunkohlengruben in den östlichen Provinzen üblich, daß mit Zustimmung der Arbeiter ihnen ein Theil ihres Lohnes einbehalten werde, welcher zu Gunsten des Werksbesitzers verfalle, wenn sie nicht nach Ablauf eines Urlaubes zurückkehrten. Er frage, ob eine derartige Sicherstellung durch die Bestimmung des § 80 Absatz 2 getroffen und beschränkt werde. Der Regierungsvertreter erwiderte, die Entscheidung hierüber stehe dem Richter zu, indessen dürfte doch kaum zweifelhaft sein, daß es sich um rückständigen Lohn handele, und so würde, wenn beispielshalber 1 Mark wöchentlich einbehalten wäre, der durchschnittliche Wochenlohn aber 10 Mark betrage, nur die Sicherstellung auf zehn Wochen ausbedungen und verwirkt werden können.

Gemäß § 80a

1. Absatz soll innerhalb vier Wochen nach Inkrafttreten des Gesetzes für jedes Bergwerk eine Arbeitsordnung erlassen werden. Die hierdurch ausgesprochene allgemeine Verpflichtung zum Erlaß der Arbeitsordnung wurde zwar allseitig gebilligt, die Frist von vier Wochen aber zu kurz befunden, wenn das Gesetz nach Artikel IX des Entwurfes bereits am 1. Juli 1892 in Kraft treten solle. Der Handelsminister erkannte das Bedenken als berechtigt an, stellte aber anheim, bei Berathung des Artikels IX einen späteren Tag vorzuschlagen.

Ein Kommissionsmitglied erhob grundsätzlichen Einspruch gegen die Art und Weise, wie nach dem Gesetzentwurf die Arbeitsordnung zu Stande komme. Hierbei sei eine stärkere Mitwirkung der Arbeiter geboten, als die Regierungsvorlage in Aussicht nehme. Die im Abs. 1 von § 80f getroffene Bestimmung, nach welcher den großjährigen Arbeitern oder, wo ein ständiger Arbeiterausschuß bestehe, diesem Gelegenheit zu geben sei, sich über den Inhalt der Arbeitsordnung zu äußern, wahre das Recht der Arbeiter, die Vertragsverhältnisse nicht einseitig von dem Arbeitgeber festlegen zu lassen, nicht in genügendem Maße. Jenes könne nur auf der Grundlage völliger Gleichberechtigung der Vertragschließenden sich befriedigend gestalten. Zu diesem Behufe sei zunächst erforderlich, die Einrichtung der Arbeiterausschüsse gesetzlich vorzuschreiben. Arbeiterausschüsse könnten besonders beim Bergbau nicht entbehrt werden, dessen Arbeitsbedingungen undurchsichtig und verwickelt seien, dessen Gefahren und Gesundheitsschädlichkeiten von keinem anderen Gewerbe erreicht würden. Da dürfe der Arbeiter nicht blind sich den einseitig vom Arbeitgeber festgesetzten Bedingungen unterwerfen, er müsse vielmehr durch seine berufenen Vertreter bei ihrer Aufstellung mitwirken und die Bestimmungen der Arbeitsordnung frei vereinbaren. Das Vorbild Englands zeige, daß auf diesem Wege allein der Friede zwischen Arbeitgeber und Arbeitnehmer sich lange erhalte oder rasch wiederherstelle.

Da für die Berathung des § 80f als die passendere Stelle besondere Anträge vorbehalten wurden, so knüpfte sich an diese Darlegungen keine weitere Erörterung. —

Von einem Kommissionsmitgliede war der Antrag eingebracht: Zu § 80a Abs. 5 am Schlusse hinzuzusetzen: „sie . . . . . . nämlich die Bergbehörde . . . . . . muß ihm, dem Bergwerksbesitzer, dagegen davon . . . . . . von dem Erlaß einer Arbeitsordnung . . . . . . entbinden, wenn die Belegschaft die Zahl 20 nicht übersteigt." Zur Begründung wurde ausgeführt: Die Verhältnisse eines Bergwerks, welches regelmäßig nicht über 20 Arbeiter beschäftige, seien so einfach, daß die gleichen Voraussetzungen zuträfen, welche nach der Reichsgewerbeordnung (§ 134a) die Fabriken mit nicht über 20 Arbeitern von der Verpflichtung zum Erlaß einer Arbeitsordnung befreiten. Arbeiter und Arbeitgeber könnten sich gegenseitig und es beständen zwischen ihnen persönliche Beziehungen. Bei kleinen Bergwerken würde der Erlaß einer Arbeitsordnung von den Arbeitern nicht recht verstanden, ihr Inhalt nicht richtig gewürdigt werden, während das Arbeitsverhältniß ohne viele gedruckten Vorschriften zur Befriedigung beider Theile sich geregelt habe. — Von dem Vertreter der Staatsregierung wurde hierauf erwidert: Die Bergbehörde würde in wohlwollendster Berücksichtigung der Verhältnisse Ausnahmen gestatten, sie könne aber in der Belegschaftsziffer, insbesondere der Mindestzahl von 20 Köpfen, keinen durchschlagenden Befreiungsgrund anerkennen. Der Vergleich einer schwach belegten Grube mit einer kleinen Fabrik sei nicht zutreffend. Bei einem Bergwerke seien auch, wenn nur wenige Arbeiter beschäftigt würden, die eigenthümlichen Verhältnisse des Bergbaues, vor allen dessen Gefahren, in vollstem Maße vorhanden, und es sei deshalb kein sachlicher Grund gegeben, die Bedingungen der Bergarbeit bei kleiner und großer Arbeiterzahl verschieden zu gestalten. Gleichwohl würde es unrichtig sein, die unbedingte Nothwendigkeit, jeden Bergbau unter eine Arbeitsordnung zu stellen, vertreten zu wollen. Bei einigen Bergwerksbetrieben, namentlich aber solchen, welche wie die Aufschluß- und Versuchsarbeiten mehr die Einleitung zum Bergbau als diesen selbst darstellten, sei der Betrieb noch nicht so geschlossen, die Arbeiterschaft noch nicht so zusammengezogen, um die Nothwendigkeit des Erlasses einer Arbeitsordnung zu rechtfertigen. In diesen Fällen nicht umfangreicher und vorübergehenden Betriebes würden nicht die Anträge der Bergwerksbesitzer, von dem Erlaß einer Arbeitsordnung oder von der Aufnahme einzelner der im § 80b bezeichneten Bestimmungen entbunden zu werden, günstige Bescheidung finden.

§ 80b

führt die Bestimmungen auf, welche die Arbeitsordnung enthalten muß. Er entspricht dem § 134b Reichsgewerbeordnung, erweitert indeßen die Vorschriften dieses Paragraphen in manchen Punkten. Von mehreren Kommissionsmitgliedern wurde zunächst allgemein und grundsätzlich bemängelt, daß aber das Maß der Gewerbeordnungsbestimmungen in dem Gesetzentwurfe soweit hinausgegangen sei. Hierdurch werde die Arbeitsordnung der Bergwerke mit Einzelheiten überladen, welche sie zu einem Buche anschwellen ließen. Bestimmungen für die Arbeiter dürften aber, sollten sie gelesen und beachtet werden, nicht umfangreich und verwickelt sein. Die mannigfachen Arbeitsvorgänge einer großen Fabrik bedürften zu ihrer Regelung sicherlich ebenso viele Bestimmungen wie die verschiedenen Betriebsverhältnisse eines Bergwerks, gleichwohl komme man bei jener mit den wenigen gesetzlichen Vorschriften der Reichsgewerbeordnung aus. Wenn aber die Eigenart des Bergbaues auch thatsächlich bedingen möchte, daß besondere Bestimmungen der Arbeitsordnung für ihn gesetzlich festgelegt würden, so seien doch in dem Gesetzentwurfe Bestimmungen verlangt, welche die Eigenart des Bergbaues nicht bedinge, ja, welche ihr widersprächen. Gerade in diesem Paragraphen trete ein verhängnißvoller Fehler des ganzen Gesetzentwurfes hervor, daß er die Ergebnisse der Denkschrift über die Arbeiter- und Betriebsverhältnisse in den Steinkohlenbezirken zu sehr verallgemeinere. In dieser irrigen Auffassung würden in dem Entwurfe auf vereinzelte Fälle des Steinkohlenbergbaubetriebes gesetzliche Vorschriften begründet, welche bei der ihnen innewohnenden Wucht nicht blos auf den ganzen Steinkohlenbergbau treffen, sondern über diesen hinaus auf die anderen Bergbaubetriebe des Landes insbesondere den vom Steinkohlenbergbau so grundverschiedenen und von der Denkschrift garnicht berührten Erzbergbau.

Gegen diese Ausführungen wurde von Kommissionsmitgliedern eingewandt: Man könne nicht zugeben, daß die in § 134b der Reichsgewerbeordnung vorgesehenen Bestimmungen für die Arbeitsordnung aus Bergwerken genügten. Die Verschiedenheit des Bergwerks- und Fabrikbetriebes sei so unverkennbar, daß sie nicht wohl in Frage gezogen werden könne. Damit sei aber auch bewiesen, daß besondere von der Reichsgewerbeordnung nicht berücksichtigte Bestimmungen in die Arbeitsordnung der Bergwerke eingeführt werden müßten, solle den Bergleuten ihr Recht erhalten und ihre Bedrückung vermieden werden. Wie nothwendig das sei, werde durch die Denkschrift an zahlreichen Stellen dargethan, diese erstrecke sich freilich nicht auf die Erörterung der Verhältnisse unseres gesammten Bergbaues, aber doch auf diejenige seines weitaus bedeutendsten Theiles und zudem sei die Verschiedenheit des Steinkohlen- und Erzbergbaus bei den hier fraglichen Arbeitsbedingungen keine so große, daß sie den Ausschlag geben könne.

Dieselbe Auffassung wurde von den Regierungsvertretern vertheidigt. Die Regierung wurde insbesondere dagegen verwahrt, daß sie ausschließlich oder auch nur vorwiegend die Ergebnisse der Denkschrift in Gesetzesbestimmungen umgeformt habe.

Diese allgemeinen Erörterungen kehrten bei der Besprechung der einzelnen angegriffenen Bestimmungen des § 80b wieder, ihnen wäre aber an dieser Stelle vereinigt, um hier die berichtliche Darstellung nicht weiter mehr zu durchbrechen.

Bei Erörterung der Nummer 1 wurde aus der Kommission beantragt, die Bestimmung über den Anfang und das Ende der regelmäßigen täglichen Arbeitszeit durch eine Bestimmung über die Dauer dieser Letzteren zu ersetzen. Der Wortlaut der Gewerbeordnung, welche allein von dem Anfang und dem Ende der Arbeitszeit rede, werde hiermit freilich verlassen, jedoch das sei in dem betreffenden Sachtheil des Gesetzentwurfes ohnehin geschehen. Es sei aber zweckmäßiger beim Bergbau wegen der Dauer als wegen des Anfanges und Endes der Arbeitszeit Vorschriften zu erlassen. Die Eigenart des Bergbaus bedinge sehr verschiedene Anfangszeiten der Bergleute, jene wechselten nicht blos von Winter zum Sommer, die zahlreichen Gattungen von Arbeiten, deren ein Theil unbedingt vor, der andere nur unbehindert von den übrigen Arbeiten vorzunehmen sei, bedingten für die in ihnen beschäftigten Personen sehr verschiedenen Beginn und Schluß der Arbeitszeit. Dieser Verschiedenheit könne die Arbeitsordnung nur durch eine ganze Reihe von Einzelbestimmungen gerecht werden. Da sei es besser, wenn, wie im § 8 der Westfälischen Normalarbeitsordnung*) geschehen, dem Betriebsführer die zweckdienliche Bestimmung des Anfanges und des Endes der Arbeit gesetzlich vorbehalten bleibe. Dieses sei um so unbedenklicher, als Klagen der Bergleute über

_____
*) Anm. Diese Arbeitsordnung ist, weil wiederholt auf ihren Inhalt Bezug genommen wurde, als Anlage abgedruckt.

den ungeitigen Anfang und Schluß der Arbeitsschicht wohl kaum laut geworden wären, vielmehr der Kampf der Meinungen sich ausschließlich auf die Dauer der Arbeitsschicht gerichtet habe.

Hiergegen wurde von den Vertretern der Königlichen Staatsregierung und von Kommissionsmitgliedern, welche ihr zustimmten, bemerkt: Es sei kein Grund vorhanden, weshalb man die Reichsgewerbeordnung, welche über Anfang und Ende der regelmäßigen Arbeitszeit Bestimmungen in der Arbeitsordnung verlange, nicht auch für den Bergbau gelten lassen wolle. Mit dem Anfang und Ende der regelmäßigen Arbeitszeit sei auch deren Dauer bestimmt, aber im Interesse der Arbeiter noch mehr, insofern die willkürliche und zu häufig wechselnde Festsetzung des Beginnes und Schlusses der Schicht vermieden werde. Dem Bedürfnisse für Winter und Sommer sowie für einzelne Arbeiterklassen verschiedene Anfahrtszeiten zu bestimmen, könnten wenige Worte der Arbeitsordnung Genüge leisten. Um so mehr, als es nur auf den Anfang und das Ende der regelmäßigen täglichen Arbeitszeit ankomme und ein Theil der anderzeitig anfahrenden Belegschaft z. B. die von einem der Redner erwähnten sogenannten Wettermänner dem Aufsichtspersonal beizuzählen sei und deshalb hier ausscheide.

Die Mehrheit der Kommission pflichtete dieser Auffassung bei, der Antrag auf Ersetzung der Worte „Anfang und Ende" durch „die Dauer" wurde abgelehnt.

In Nummer 1 wurde noch von einem Kommissionsmitgliede bemängelt, daß die Arbeitsordnung bestimmen solle, „in welchem Maße" die Arbeiter verpflichtet sind, die Arbeit über die ordentliche Dauer der Arbeit hinaus fortzusetzen oder besondere Nebenschichten zu verfahren. Gerade die hauptsächlich hier in Betracht kommenden Arbeiten zur Rettung verunglückter Kameraden gestatteten schlechthin keine Vorausbestimmung ihrer Dauer; es komme vor, daß in solchen Nothfällen, wie noch anzuerkennen, die Leute 24 Stunden auf ihrem Posten verblieben. Die Regierungsvertreter erklärten, daß diese Fälle gar nicht von den Bestimmungen der Arbeitsordnung getroffen werden sollten, sondern lediglich diejenigen, in welchen durch Ausdehnung der Arbeitszeit eine Erhöhung der Förderung bezweckt würde. Dahinzielende Ueberschichten seien bei Arbeitern, wie die amtliche Untersuchung ergeben habe, vielfach abgenöthigt worden, und müsse daher zur gesetzlichen Pflicht gemacht werden, hierbei das mit Rücksicht auf die Gesundheit der Bergleute gebotene Maß inne zu halten.

Bei der I. Lesung wurden die Worte „und in welchem Maße" dem eingebrachten Antrage gemäß gestrichen. Die II. Lesung stellte sie aber wieder her, da das die Streichung veranlassende Bedenken der Mehrheit durch Hinzufügung folgender Worte hinter „in welchem Maße" gehoben wurde: „abgesehen von Fällen der Beseitigung von Gefahren und der Ausführung von Notharbeiten."

Mit der Erörterung darüber, ob die Festlegung von Anfang und Ende und von der Dauer der regelmäßigen täglichen Arbeitszeit den Vorzug verdiene, verflocht sich die Frage, wie diese Dauer zu berechnen sei. Man einigte sich dahin, daß hierunter nicht die am Arbeitsorte verbrachte, sondern die Zeit verstanden werden müsse, welche der Arbeiter unter Tage von Beendigung der Einfahrt bis zum Wiederbeginn der Ausfahrt verbringe, also einschließlich der Zeit, welche der Weg vom Schachte zum Arbeitsorte und von diesem zum Schachte in Anspruch nehme.

Nr. 2 vom § 80b ist dem Gesetzentwurfe eigenthümlich, gleiche oder ähnliche Vorschriften fehlen in der Reichsgewerbeordnung. Gemäß Nr. 2 muß die Arbeitsordnung Bestimmungen enthalten:

A. über die Art der Bemessung des Lohns der Arbeiter (Schichtlohn oder Gedinglohn),
und B. bei den im Gedinge auszuführenden Arbeiten
   a) über die Art der Gedingstellung,
   b) über die zum Abschluß des Gedinges ermächtigten Personen,
   c) über den Zeitpunkt, bis zu welchem nach Uebernahme der Arbeit das Gedinge abgeschlossen sein muß,
   d) über die Maß- oder Gewichtseinheit, welche dem Gedinge zu Grunde gelegt wird,
   e) über die Beurkundung oder Bekanntmachung des abgeschlossenen Gedinges,
   f) über die Voraussetzungen, unter welchen der Bergwerksbesitzer oder der Arbeiter eine Veränderung oder Aufhebung des Gedinges zu verlangen berechtigt ist,
   g) über die Art der Bemessung des Lohns für den Fall, daß eine Vereinbarung dieserhalb nicht zu Stande kommt, sowie
   h) über die Grundsätze der Gedingabnahme.

Von einigen Kommissionsmitgliedern wurde die Ansicht vertreten, die Nr. 2 sei für den Bergbau entbehrlich. Die Reichsgewerbeordnung enthalte derartige Bestimmungen nicht, obwohl die Akkordarbeit auch in Fabriken häufig bei noch viel verwickelteren Verhältnissen zu vereinbaren sei als die Gedingearbeit in den Bergwerken. Das gelte namentlich von den Eisenhütten und den Webereien. Aber könne man auch selbst zugeben, daß die Eigenart des Bergbaus besondere Bestimmungen über den Gedingeabschluß verlange, so seien doch die im Gesetzentwurfe aufgestellten zum guten Theile unannehmbar.

Daß über die Art der Bemessung des Lohns, darüber ob Schichtlohn oder Gedinglohn zu gewähren sei, die Arbeitsordnung bestimmen solle, führe zu der praktisch gar nicht zu lösenden Aufgabe, für den Arbeiter verständliche Grundsätze aufzustellen, nach welchen die so außerordentlich verschiedenen und zahlreichen Betriebsfälle des Bergbaus mit Bestimmtheit der einen oder anderen Lohnart zugewiesen werden können.

Man brauche nur den Versuch zu machen, dahingehende Regeln für auch nur eine Gattung von Bergarbeiten z. B. den Gesteinsbetrieb aufzustellen, um sich davon zu überzeugen, daß die Mühe verloren sei. In einem und demselben Gesteinsbetriebe, z. B. einem Schachtabteufen, könne nach Lage der Umstände der Schichtlohn an die Stelle des sonst vorwaltenden Gedingelohnes treten, mitunter verbänden sich an demselben Betriebsorte mehr für den Gedinglohn und mehr für den Schichtlohn geeignete Arbeiten. Diesem Wechsel und dieser Verschlingung der die Art des Lohnes bedingenden Verhältnisse könne eine knappe und klare Bestimmung in der Arbeitsordnung nicht folgen, man versuche daher auch besser nicht eine solche aufzustellen. Der gleiche Einwurf müsse gegen Bestimmungen über die Art der Gedingstellung (B. a) in der Arbeitsordnung erhoben werden. Die Gedingstellung sei eine so mannigfache, daß sie sich jeder einigen Regel oder wenige Regeln bringen lasse. Ob z. B. das wegzusprengende Gestein nach Längen- oder Raummaße zu bestimmen sei, hänge von den besonderen Umständen ab, nicht weniger ob sogenannte General- d. i. Werksverdingung oder sogenannte Monats- d. i. Maß- bezw. Gewichtsgedinge am Platze ist. Bestimmungen über die Art der Gedingstellung würden jedenfalls zu viel Einzelheiten in Betracht ziehen müssen, daß die Arbeitsordnung die wünschenswerthe Kürze und Gemeinverständlichkeit einbüße.

Dagegen werde die Forderung (B. b), daß die zum Abschlusse des Gedinges ermächtigten Personen dem Gedingnehmer in der Arbeitsordnung bezeichnet werden, als berechtigt nicht angefochten; es dürfe eben über die Befugniß der Grubenbeamten zum Gedingeabschluß kein Zweifel bestehen, damit dieser selbst für den Bergarbeiter unumstößliche Sicherheit erlange und nachträgliche Abänderungen, welche naturgemäß die Unzufriedenheit der Arbeiter wachrufen müßten, ausgeschlossen blieben.

Die Vorausbestimmung des Zeitpunktes, bis zu welchem nach Uebernahme der Arbeit das Gedinge abgeschlossen sein muß (B. c), sei außerordentlich schwierig, wenn es sich um ganz neue, weder dem Arbeitgeber, noch dem Arbeitnehmer bereits bekannte Verhältnisse handele. Werde z. B. ein bis dahin noch nicht in Bau gewesenes Flöz aufgeschlossen, so bedürfe es nach den besonderen Umständen verschiedener, vielfach aber längerer Zeit, bis alle die Arbeit begünstigenden oder erschwerenden Bedingungen genügend erforscht seien, um ein regelrechtes Gedinge feststellen zu können. Gegenüber einer solchen Unsicherheit über den Eintritt des geeigneten Zeitpunktes sehe man besser von der im Gesetzentwurfe geforderten Fristbestimmung ab.

Entbehrlich sei eine Bestimmung der Arbeitsordnung über die Maß- oder Gewichtseinheit, welche dem Gedinge zu Grunde gelegt werde (B. d), da diese selbstverständlich nur an die durch die Reichsgesetze vorgeschriebene sich anlehnen dürfe.

Mit der (in B. e) verlangten Beurkundung oder Bekanntmachung des abgeschlossenen Gedinges werde die wünschenswerthe Sicherheit über die Thatsache und den Inhalt der Gedingvereinbarung geschaffen. Die Aufnahme dieser Bestimmung in die Arbeitsordnung solle deshalb nicht beanstandet werden.

Desgleichen werde Nichts dagegen eingewandt, in der Arbeitsordnung die Voraussetzungen festzulegen, unter welchen der Bergwerksbesitzer oder der Arbeiter eine Veränderung oder Aufhebung des Gedinges zu verlangen berechtigt ist (B. f). Wenn eine wesentliche Veränderung in den Verhältnissen eintrete, welche beim Abschlusse des Gedinges maßgebend gewesen seien, so müsse seine Abänderung oder Aufhebung gefordert werden dürfen. Es liege dieses im gleichmäßigen Interesse vom Arbeitnehmer und Arbeitgeber.

Bestimmungen über die Art der Bemessung des Lohns für den Fall, daß eine Vereinbarung dieserhalb nicht zu Stande kommt, (B. g) könnten in der Arbeitsordnung füglich nicht aufgenommen werden. Zum Voraus lasse sich garnicht bestimmen, welcher Lohn im Einzelfalle der angemessene sei. Die Verschiedenartigkeit der Arbeitsbedingungen sei zu groß, dem entsprechend auch die Zahl und Höhenlage der Lohnabstufungen zu veränderlich, um mit wenigen allgemein gehaltenen Bestimmungen der Arbeitsordnung das Richtige auch nur annähernd zu treffen. Der Praxis bleibe besser überlassen im Einzelfalle Hülfe zu schaffen, indem von vornherein der Schichtlohn bis zum Abschlusse des Gedinges oder bis zu einem anderen Zeitpunkte fest vereinbart werde.

Was gegen die Bestimmungen der Arbeitsordnung, über die Art der Gedingstellung (B. a) eingewendet worden, gelte nicht weniger bezüglich der Einschiebung von Grundsätzen der Gedingabnahme (B. b) in die Arbeitsordnung. Sie verbiete sich mit Rücksicht auf die große Mannigfaltigkeit der in Frage kommenden Gedingsfälle. Da eine kurz und klar gefaßte Bestimmung diese nicht erschöpfend zu würdigen vermöge, so unterbleibe besser die im Gesetzentwurfe verlangte Aufstellung von Grundsätzen der Gedingabnahme in der Arbeitsordnung.

Mit diesen Ausführungen wurde der Antrag begründet, § 80b Nr. 2 folgendermaßen zu fassen:

über die zur Festsetzung des Schichtlohns und zum Abschluß des Gedinges beziehungsweise zur Festsetzung des Gedinges ermächtigten Personen, über die Beurkundung und Bekanntmachung des abgeschlossenen Gedinges, sowie über die Grundsätze für eine Veränderung, Aufhebung oder Abnahme des Gedinges.

Hierzu muß bemerkt werden, daß nach Erklärung des Antragstellers der vorstehend wiedergegebene Wortlaut des Antrages zwei Berichtigungen erfährt, indem es statt „Beurkundung und Bekanntmachung" heißen muß „Beurkundung oder Bekanntmachung" und statt „Aufhebung oder Abnahme" „oder Aufhebung". —

Die Vertreter der Königlichen Staatsregierung widersprachen dem Antrage und bemerkten gegen seine Begründung: Durch die Eigenart des Bergbaus sei auch die Lohnbemessung anders gestaltet als in den übrigen Gewerbebetrieben. Die Beschwerden der Bergleute seien, wie die Untersuchung aus Anlaß des 89er Ausstandes nachgewiesen habe, vor allem darauf gerichtet gewesen, daß es an klaren und festen Bestimmungen über die Lohnbemessung gefehlt habe. In Folge dessen wäre in zahlreichen Fällen umsicher geblieben oder streitig geworden, ob, wann und in welchem Sinne eine Lohnvereinbarung zu Stande gekommen sei. Die in § 80b unter 2 geforderten Bestimmungen sollten ebenso vielen entsprechenden Beschwerden die Wurzel abgraben. Ein Theil dieser Bestimmungen, nämlich der in dem Antrage belassene, werde allseitig als berechtigt anerkannt. Aber auch für die übrigen Bestimmungen müsse in Anspruch genommen werden, daß sie ebensowohl im Interesse des Arbeiters erforderlich als auch praktisch durchführbar seien. Insbesondere erscheine geboten, von vornherein festzustellen, für welche Arbeiten Schichtlohn und für welche Gedingelohn der Regel nach bestimmt werde. Die große Anzahl von Einzelheiten, welche die Befürworter des Antrages als Hinderniß bezeichneten, sei thatsächlich nicht vorhanden oder lasse sich doch in wenigen scharf geschiedenen Gruppen unterbringen. Das gelte auch von den Bestimmungen über die Art der Gedingstellung. Hierfür würden vielleicht sechs Abtheilungen genügen, und ohne deshalb die Besorgniß nicht als gerechtfertigt angesehen werden, daß die Arbeitsordnung durch ihre Aufzählung zu weitläufig und unübersichtlich werde. Eine Bestimmung über den Zeitpunkt, bis zu welchem nach Uebernahme der Arbeit das Gedinge abgeschlossen sein muß, lasse sich garnicht entbehren, solle nicht der Gedingeabschluß der Willkür des Arbeitgebers überantwortet werden. Daß die Festlegung jenes Zeitpunktes in der Arbeitsordnung sehr wohl geschehen könne, ohne zu praktischen Schwierigkeiten zu führen, beweise die abgeänderte Arbeitsordnung für die Königlichen Steinkohlengruben bei Saarbrücken vom 25. Mai 1889. Diese bestimme im dritten Absatze des Artikels 5: „Die gewöhnlichen Gedinge (Monatsgedinge) müssen spätestens bis zum zehnten des Monats abgeschlossen, den Bergleuten bekannt gemacht und in das Gedingebuch eingetragen sein." Bisher sei aber noch keine Klage darüber laut geworden, daß die in Frage stehende Fristbestimmung Unzuträglichkeiten nach sich ziehe. Die Aufnahme der dem Gedinge zu Grunde liegenden Maß- oder Gewichtseinheit in die Arbeitsordnung sei deshalb von Nutzen, weil nur so diese für den Arbeitsvertrag wesentliche Größe mit Sicherheit feststehe und von Schwankungen befreit bleibe.

Die Arbeitsordnung müsse bestimmen über die Art der Bemessung des Lohnes für den Fall, daß eine Vereinbarung dieserhalb nicht zu Stande kommt, weil andernfalls zum Schaden des Arbeiters der Fall, wo ja zahlende Lohn nicht festgestellt sei. Werde dann keine Einigung erzielt, so müßte das Gericht angerufen werden. Die hiermit verbundenen Weitläufigkeiten verursachten dem wirthschaftlich schwächeren Arbeiter unverhältnißmäßigen

Nachtheil, besonders wenn nicht das Gewerbegericht, sondern das ordentliche Gericht mit dem Rechtsstreite befaßt werde. Die Schwierigkeit, den Lohn für die fraglichen Fälle voraus zu bestimmen, werde überschätzt. Man könne den in der vorausgegangenen Lohnperiode verdienten Lohn des Arbeiters, den ortsüblichen Lohn oder ein Vielfaches desselben, den durchschnittlichen Lohn der betreffenden Arbeiterkategorie im letzten Vierteljahre, den für die Festsetzung des Krankengeldes maßgebenden Durchschnittslohn der einzelnen Lohnklassen zum Anhalt nehmen.

Die Gründe, welche die Bestimmungen über die Art der Gedingstellung in der Arbeitsordnung rechtfertigten, sprächen auch gegen die Ausstellungen, welche gegen das Einbeziehen von Grundsätzen der Gedingabnahme in die Arbeitsordnung geltend gemacht worden seien.

Der Auffassung und Darlegung der Regierungsvertreter pflichtete ein Theil der Kommissionsmitglieder in allen Punkten bei und erklärte, in den Bestimmungen des Gesetzentwurfes sei lediglich das Mindestmaß dessen geboten, was zur Sicherung des Rechts der Arbeiter gefordert werden müsse, gegen jeden weiteren Abstrich werde nachdrücklicher Widerspruch erhoben.

Die für den Antrag eintretenden Kommissionsmitglieder wiesen wiederholt auf die Vielgestaltigkeit der Fälle hin, welche durch die angefochtenen Bestimmungen getroffen werden müßten, die aber, wenn überhaupt, nicht ohne Weitschweifigkeit und Ueberladung mit Einzelheiten in der Arbeitsordnung berücksichtigt werden könnten. Sie seien lediglich von dem Gesichtspunkte geleitet, in die Arbeitsordnung praktisch anwendbare, von dem Arbeiter auch wirklich gelesene und ihm verständliche Bestimmungen zu sehen, das es hierbei auf eine Verkümmerung der Rechte der Arbeiter abgesehen sei, werde auf das Entschiedenste bestritten.

Die Mehrheit entschied in der ersten Lesung für die Annahme des Antrages. Derselbe wurde aber nach erneuter Besprechung in der zweiten Lesung durch Mehrheitsbeschluß dahin abgeändert, daß Nr. 2 von § 80b folgenden Wortlaut erhielt: „Ueber die zur Festlegung des Schichtlohns und zum Abschlusse sowie zur Abnahme des Gedinges ermächtigten Personen, über den Zeitpunkt, bis zu welchem nach Uebernahme der Arbeit gegen Gedinglohn das Geding abgeschlossen sein muß, über die Beurkundung oder Bekanntmachung des abgeschlossenen Gedinges und über die Voraussetzungen, unter welchen der Bergwerksbesitzer oder der Arbeiter eine Veränderung oder Aufhebung des Gedinges zu verlangen berechtigt ist."

Der Beschluß zweiter Lesung weicht im Wesentlichen von demjenigen der ersten Lesung dadurch ab, daß die Fristbestimmung für den Gedingabschluß aufgenommen ist und die Bezeichnung auch der zur Abnahme des Gedinges ermächtigten Personen verlangt wird. Letztgenannter Zusatz wurde erst bei der zweiten Lesung angeregt und begegnete keinem Widerspruche, da allseitig anerkannt wurde, daß die gleichen Gründe für die Angabe der zur Gedingabnahme wie für diejenige der zum Gedingabschluß ermächtigten Personen in der Arbeitsordnung entschieden müßten.

Von Kommissionsmitgliedern war beantragt worden, Nummer 3 von § 80b in Uebereinstimmung mit der Reichsgewerbeordnung (§ 134b Nummer 2) auf die Worte zu beschränken . . . . (die Arbeitsordnung muß Bestimmungen enthalten . . .) „über die Zeit und Art der Abrechnung und Lohnzahlung", somit abzusehen von Bestimmungen der Arbeitsordnung „über die Voraussetzungen, unter welchen Abzüge wegen ungenügender oder unvorschriftsmäßiger Arbeit gemacht werden dürfen und über die Vertreter des Bergwerksbesitzers, welchen die Befugniß zu solchen Anordnungen zusteht, über den Beschwerdeweg gegen solche Anordnungen, sowie über die Verwendung der in Folge solcher Anordnungen bei der Abrechnung in Abzug gebrachten unmittelbar verwendbaren Produkte oder der dafür berechneten Geldbeträge."

Zur Begründung des Antrages wurde ausgeführt, es sei in der angefochtenen Erweiterung der Gewerbeordnungsbestimmung ein nicht zu rechtfertigendes Mißtrauen gegen die Ehrenhaftigkeit der Bergwerksbesitzer und ihrer Vertreter ausgesprochen. Abzüge für vorschriftswidrige Lieferungen, insbesondere auch das vielberufene Nullen d. i. die Nichtanrechnung derselben, kämen nicht blos im Bergbau, sondern in allen anderen Gewerbebetrieben vor, in einzelnen, z. B. im Webereigewerbe, in noch viel härterer Weise. Gleichwohl halte die Regierung Bestimmungen für den Bergbau nothwendig, welche bei anderen Gewerben der freien Entschließung des Arbeitgebers überlassen blieben. Zudem kranke die gegen die Bergwerksbesitzer gerichtete Forderung an dem Gebrechen, mit welchem der ganze Gesetzentwurf in seinen Sonderbestimmungen für den Bergbau behaftet sei: einer Ueberlastung mit Einzelheiten und dem fehlsamen Bestreben, auf der zu schmalen Unterlage der Denkschriftergebnisse allgemein verbindliche Gesetzesvorschriften aufzubauen.

Gegen diese Ausführungen wurde von den Vertretern der Staatsregierung und dem Kommissionsmitgliedern eingewandt: Die Denkschrift erweise, daß im Preußischen Kohlenbergbau ernstliche Mißstände bei den Abzügen für ungenügende oder vorschriftswidrige Arbeit zu rügen gewesen seien. Die Arbeiter hätten vor Allem darüber zu klagen gehabt, daß die Abzüge und das Nullen willkürlich von Personen verfügt worden wären, deren Vollmacht hierzu nicht ausdrücklich festgestellt und bekannt gegeben sei; ebenso sei in manchen Fällen die Beschwerde gegen deren Anordnungen entweder garnicht zugelassen, oder doch unklar und unsicher geblieben, an wen diese sich richten müsse und wen die endgültige Entscheidung zustehe. Die Pflicht, solchen die Arbeiter bedrückenden Zuständen ein Ende zu bereiten oder doch ihre Wiederkehr zu verhüten, dürfe nicht deshalb abgelehnt werden, weil in anderen Gewerben ähnliche oder selbst größere Unzuträglichkeiten vorkämen.

Die Mehrheit der Kommissionsmitglieder vermochte sich durch diese Darlegung von der Nothwendigkeit nicht zu überzeugen, dem Bergbau gegenüber Ausnahmebestimmungen zur Anwendung zu bringen und genehmigte in der ersten Lesung den die Vorschrift der Reichsgewerbeordnung für ausreichend erklärenden Antrag. Die wiederholte Erörterung der in Betracht kommenden Verhältnisse führte indessen zu einer Einigung darüber, daß auch „die Vertreter des Bergwerksbesitzers, welchen die Befugniß zur Anordnung von Abzügen wegen ungenügender oder vorschriftswidriger Arbeit zusteht, sowie über den Beschwerdeweg gegen solche Anordnungen" in der Arbeitsordnung zu bestimmen seien und damit zur Annahme des diesen Wortlaut feststellenden Antrages zweiter Lesung durch die Kommissionsmehrheit.

Die Nummern 4, 6 und 7 des § 80b veranlaßten keine Erörterung und wurden nach der Regierungsvorlage angenommen. Bei Nr. 5 wurde das Wort „Ordnungsstrafen" der Reichsgewerbeordnung (§ 134b 4.) folgend durch „Strafen" ersetzt. Der Regierungsvertreter erklärte, das Wort „Ordnungsstrafen" sei als das für den fraglichen Fall sinngemäße gewählt worden, doch lege die Regierung auf seine Beibehaltung keinen entscheidenden Werth. —

Von mehreren Kommissionsmitgliedern wurde der Antrag eingebracht, „nach § 80b einen neuen § 80bb einzuschieben, wie folgt: Die Dauer der Beschäftigung unter Tag darf 8 Stunden für die einzelne Schicht, 48 Stunden in der Woche nicht überschreiten. Soweit aus besonderen Rücksichten Ausnahmen erforderlich sind, setzt das Oberbergamt dieselben fest". — Zur Begrünbung des Antrags wurde ausgeführt: Die Antragsteller verträten den Normalarbeitstag seit lange, da sie in ihm die gesetzliche und deßhalb friedliche Lösung zahlreicher mit wachsender Erbitterung gefochtener Meinungskämpfe zwischen dem Arbeiter und dem Arbeitgeber erhofften. Zwar seien ihre Vorschläge bisher nicht in der Reichsgesetzgebung durchgedrungen, es stehe aber Nichts im Wege, spreche vielmehr Manches dafür, in der Gesetzgebung des mächtigsten Deutschen Bundesstaates und beim Bergbau mit der Verwirklichung des Normalarbeitstages den Anfang zu machen. Der Preußische Bergbau habe ein solches Uebergewicht im Vergleich mit dem Bergbau der außerpreußischen Bundesstaaten, von welchen höchstens noch Sachsen in Betracht komme, daß die Einführung des Normalarbeitstages beim Preußischen Bergbau für den gesammten Deutschen Bergbau entscheidende Bedeutung erlange.

Der Bergbau sei wegen seiner großen Gefahren und vielen Gesundheitswidrigkeiten ganz besonders zur Feststellung eines Normalarbeitstages geeignet. Thatsächlich sei diese Feststellung auch bereits in alten Zeiten und Gesetzen erfolgt, von der Ungebundenheit in der Dauer der Arbeitszeit loszukommen, werde auf keinem Gebiete lebhafter angestrebt als auf demjenigen des Bergbaues. Die in dem Antrage verlangte Achtstundenarbeit werde durch die neue Westfälische Arbeitsordnung den Arbeitern unter Tage bereits gewährt, stehe also für den größten Theil der Preußischen Steinkohlenbergleute schon in unbestrittener Geltung. Ueber jene Bestimmung (§ 7 der B. A. O.) wollten die Antragsteller in der Hoffnung, daß auf diesem Boden eine Mehrheit sich für dieselben finden werde, nicht hinausgehen.

Der Handelsminister widersprach dem Antrage. Der Reichstag habe den Normalarbeitstag verworfen, es sei deßhalb schon aus staatsrechtlichen Gründen nicht unbedenklich, wenn ein einzelner Bundesstaat mit dessen Einführung vorgehen wolle. Er müsse bestreiten, daß der Preußische Bergbau hierzu besonders geeignet sei. Die Verhältnisse der einzelnen Bergreviere Preußens seien so außerordentlich verschieden, daß die gesetzliche Gleichstellung der Arbeitsdauer in ihnen zum unnatürlichen Zwange werde. Die Arbeitsbedingungen des Erz-, Salz- und Kohlenbergbaus, im Kohlenbergbau selbst wieder des Steinkohlen- und Braunkohlenbergbaus, endlich beim Steinkohlenbergbau beispielshalber diejenigen des Oberschlesischen und des Westfälischen Reviers wichen so sehr von einander ab, daß für sie einen, natürlich auf den gefährlichsten und gesundheitsschädlichsten Bergbau zurecht geschnittenen Normalarbeitstag bestimmen, nichts Anderes hieße, als viele Bergwerke wettbewerbsunfähig machen und zum Erliegen bringen. Die Verschiedenheit in den Bedingungen der Arbeit und des Wettbewerbes bestehe aber auch zwischen den Bergwerken Preußens und des Auslands. So lange nicht unter den bergbautreibenden Staaten eine Verständigung über den Normalarbeitstag herbeigeführt sei, werde sich Preußen wohl hüten müssen ihn gesetzlich zu machen, um so mehr, als die Wettbewerbsbedingungen der Bergwerke Preußens nicht die günstigsten seien und diesen vorzugsweise im Interesse ihrer Arbeiter Lasten auferlegt seien, welche von dem Bergbau anderer Länder nicht in gleicher Höhe zu tragen wären. Gegenüber dem Drängen der Bergleute auf den Achtstundenarbeitstag, welcher übrigens mit eingerechneter Ein- und Ausfahrtszeit gemeint sei, müsse auf die Thatsache hingewiesen werden, daß beim Bergbau bereits überall in Preußen eine Verkürzung der Arbeitszeit stattgefunden habe und daß die Preußischen Bergleute dabei trotz ihrer gesunkenen Leistungen die unverminderten hohen Löhne verdienten. Endlich sei auch nicht zuzugeben, daß die Bergarbeit gegenüber allen anderen Fabrikbetrieben so außergewöhnlich gesundheitswidrig einwirke, daß sich hierdurch ein Abgehen von dem System der Gewerbeordnung rechtfertigen lasse.

Die Kommissionsmitglieder, welche den Antrag bekämpften, wiesen darauf hin, daß über die Gesundheitsschädlichkeiten der Bergarbeit irrige und übertriebene Vorstellungen beständen. Die Bergarbeit sei besonders gefährlich, aber nicht besonders gesundheitswidrig, das werde häufig verwechselt. Insbesondere die Lüftungseinrichtungen der Bergwerke seien derart verbessert, daß der Aufenthalt in der Grube nicht so gesundheitswidrig sei, wie derjenige in engen dumpfigen Werkstätten. Zahlenmäßig stehe fest, daß in verschiedenen Gewerben mehr oder langwierigere Erkrankungen der Arbeiter aufträten als im Bergbau. Auch die Gefahren der Bergarbeit würden unter dem Eindrucke der schrecklichen Massenunglücke vielfach überschätzt, die Küstenschifffahrt und die Waldarbeit beispielsweise verhältnißmäßig mehr Opfer als der Bergbau.

Von einem Kommissionsmitgliede wurde bemerkt, daß die Entbehrung des Sonnenlichtes bei der Bergarbeit als eine dieser eigenthümliche Gesundheitsschädlichkeit nicht verkannt werden könne, das blasse Aussehen der Bergleute spreche schon hierfür. Zur Frage des Normalarbeitstages übergehend erklärte der Redner, sie sei für ihn heute zur Entscheidung noch nicht reif, obwohl er anerkenne, daß gerade die Bergarbeit mit ihren Gefahren und Gesundheitswidrigkeiten am ehesten und meisten die gesetzliche Beschränkung ihrer Dauer verlange.

Der Antrag wurde mit großer Mehrheit abgelehnt.

§ 80c.

Von mehreren Kommissionsmitgliedern war beantragt, in § 80c als Absatz 1 einzusetzen:

„Das festgesetzte Gedinge muß in ein zur Einsicht für jeden Arbeiter offenliegendes Gedingebuch eingetragen und abschriftlich der betheiligten Kameradschaft mitgetheilt werden."

Zur Begründung dieses Antrages wurde ausgeführt: Die lebhaftesten Klagen der Bergleute in dem großen Ausstande des Jahres 1889 hätten den Unsicherheit des Gedingabschlusses gegolten. Die Bergleute hätten sich vor allem darüber beschwert, daß das abgeschlossene Gedinge zu ihrem Schaden vielfach nicht innegehalten, sondern willkürlich verschlechtert worden sei, ohne daß beim Mangel schriftlicher Verlautbarung des gethätigten Gedingabschlusses ihnen ein Beweismittel zur Wahrung ihrer Rechte zur Seite gestanden hätte. Dieser den Arbeiter empfindlich benachtheiligenden Rechtsunsicherheit könne nur auf dem von dem Antrage bezeichneten Wege begegnet werden. Der schon erwähnte Artikel V der abgeänderten Arbeitsordnung für die Königlichen Steinkohlengruben bei Saarbrücken vom 25. Mai 1889 bestimme bereits, daß die Gedinge spätestens bis zum 10. des Monats abgeschlossen, den Bergleuten bekannt gemacht und in das Gedingebuch eingetragen werden müssen. Ueber diese Bestimmung gehe der Antrag nur wenig hinaus. Er verlange des Gedingebuches für jeden oder wenigstens die betheiligten Arbeiter und die abschriftliche Mittheilung des Gedinges an die betheiligte Kameradschaft. Offenbar habe das Gedingebuch nur dann für den Arbeiter seinen vollen Werth, wenn es ihm so zugänglich sei, daß er von der erfolgten und richtigen Gedingeintragung sich jederzeit zu überzeugen vermöge. Die schriftliche Beurkundung für die betheiligte Kameradschaft könne in einfachster Weise auf vorgedruckten Formularen erfolgen.

Gegen den Antrag wurde von Regierungsvertretern und einigen Kommissionsmitgliedern bemerkt: Durch die in § 80b Nummer 2 geforderten Bestimmungen der Arbeitsordnung „über die Verkündung oder Bekannt-

251*

machung des abgeschlossenen Gedinges" würden die Rechte aus dem Letzteren ausreichend gesichert, ohne daß die Beurkundung oder Bekanntmachung gerade in dem Umfange und in den Formen erfolge, auf welche der Antrag abziele. Derartige Bestimmungen kämen besser in die Arbeitsordnung als in das Gesetz, und müsse der Praxis überlassen bleiben, das nach den örtlichen Verhältnissen passendste zu finden. Die Einsichtnahme von dem ganzen Inhalte des Gedingbuches jedem Arbeiter zu gestatten, sei nicht unbedenklich. Die abschriftliche Mittheilung des festgesetzten Gedinges an die betheiligte Kameradschaft verursache ohne ersichtlichen Nutzen viele Arbeit.

Der Antrag wurde abgelehnt.

Der erste Absatz von § 80c der Regierungsvorlage bestimmt:

„Ist im Falle der Fortsetzung der Arbeit vor demselben Arbeitsort das Gedinge nicht bis zu dem nach § 80b Nr. 2 in der Arbeitsordnung zu bestimmenden Zeitpunkte abgeschlossen, so ist der Arbeiter berechtigt, die Feststellung seines Lohnes nach Maßgabe des in der vorausgegangenen Lohnperiode für dieselbe Arbeitsstelle gültig gewesenen Gedinges zu verlangen."

Von einem Kommissionsmitgliede war beantragt, diesen Absatz zu streichen, was damit begründet wurde: Die Feststellung des Lohnes nach Maßgabe des früher gültig gewesenen Gedinges könne auch zum Nachtheil des Arbeiters ausschlagen, nämlich dann, wenn die Arbeitsbedingungen ungünstigere geworden wären, z. B. das Flöz sich verschmälert hätte oder die Arbeitsstelle nässer geworden wäre. Auf der anderen Seite gäbe die angegriffene Bestimmung dem Arbeiter ein Mittel in die Hand, wenn die Arbeitsbedingungen sich günstiger gestalteten, durch Verzögerung des Gedingabschlusses eine Erniedrigung der zu hoch geworden Gedingsätze zu verhüten. Die hier in Frage kommenden Fälle seien praktisch unerheblich, da, wenn bis zu dem für den Gedingabschluß bestimmten äußersten Zeitpunkt das Gedinge nicht zu Stande gekommen sei, die Arbeit von denselben Arbeitern überhaupt nicht fortgesetzt zu werden pflege.

Von dem Regierungsvertreter, welchem mehrere Kommissionsmitglieder sich anschlossen, wurde hierauf entgegnet: Wie der der Denkschrift zu Grunde liegenden Untersuchungen ergeben hätten, seien die Fälle ungebührlich verzögerten Gedingabschlusses doch nicht so selten, um im Bergbau gesetzliche Bestimmungen entbehren zu können, welche die mit jenen verknüpften Nachtheile von dem Arbeiter abwehren. Dieser wäre sonst auf das gerichtliche Feststellungsverfahren angewiesen, welches wenigstens bei den ordentlichen Gerichten für den Arbeiter zu umständlich und kostspielig sei. Es empfehle sich daher die in den Gesetzentwurf aufgenommene, einfache und jede Schwierigkeit ausschließende Bestimmung. —

Diese Ausführungen überzeugten die Mehrheit der Kommissionsmitglieder, welche den Antrag ablehnte.

Zu dem zweiten Absatze des § 80c dahin lautend:

Werden auf Grund der Arbeitsordnung Fördergefäße wegen ungenügender oder unvorschriftsmäßiger Beladung ganz oder theilweise nicht angerechnet, so ist den betheiligten Arbeitern Gelegenheit zu geben, hiervon nach Beendigung der Schicht Kenntniß zu nehmen. Der Bergwerksbesitzer ist verpflichtet zu gestatten, daß die Arbeiter auf ihre Kosten durch einen von ihnen oder, wenn ein ständiger Arbeiterausschuß besteht, von diesem aus ihrer Mitte gewählten Vertrauensmann das Verfahren bei Feststellung solcher Abzüge insoweit überwachen lassen, als dadurch eine Störung der Förderung nicht eintritt. Genügend

und vorschriftsmäßig beladene Fördergefäße dürfen zur Strafe nicht in Abzug gebracht werden. wurde mit allseitigem Einverständniß das Wort „unvorschriftsmäßig" durch „vorschriftswidrig" ersetzt. Auf denselben Absatz bezog sich der Antrag: statt der Worte „Gelegenheit zu geben, hiervon nach Beendigung der Schicht Kenntniß zu nehmen," zu setzen „hiervon sofort nach Beendigung der Schicht Kenntniß zu geben." Dieser Antrag wurde indessen fallen gelassen, nachdem der Regierungsvertreter erklärt hatte, „daß die Bestimmung in den Worten

„so ist den betheiligten Arbeitern Gelegenheit zu geben, hiervon nach Beendigung der Schicht Kenntniß zu nehmen""

den Bergwerksbesitzer keineswegs verpflichten soll, die aus irgend welchem Grunde genullten oder zu bemängelnden Wagen am Schachte aufzustellen, damit die Arbeiter durch etwaige Besichtigung derselben sich überzeugen können, ob die Streichung dieser Wagen berechtigt sei. — Diesen Zweck hat die Bestimmung in dem folgenden Satze im Auge, nach welchem den Arbeitern gestattet werden soll, das Verfahren bei Feststellung solcher Abzüge von einem aus ihrer Mitte gewählten Vertrauensmann überwachen zu lassen. Die Aufstellung der gestrichenen Wagen zur etwaigen Besichtigung durch die betroffenen Arbeiter erscheint danach nicht erforderlich; auf den meisten Gruben würde dieselbe auch in der That unmöglich sein.

Der Zweck der in der Rede stehenden Bestimmung im ersten Satz von § 80c 2. Absatz geht vielmehr nur dahin, in dieser Beziehung allgemein anzuordnen, was auf sehr vielen Gruben bereits geschieht, daß nämlich das Verzeichniß der während einer Schicht genullten Wagen in geeigneter Weise, wie etwa durch Aushang oder durch Vermerk auf einer dazu bestimmten besonderen Tafel bekannt gegeben werde, damit die betroffenen Arbeiter nach beendigter Schicht davon Kenntniß nehmen können, ob und wieviel Wagen ihnen etwa von den in der Schicht geförderten Wagen gestrichen worden sind.

Eine solche Einrichtung aber ist nothwendig, um den Beschwerden der Arbeiter vorzubeugen, daß sie von dem ihnen gemachten Abzuge entweder gar keine oder zu spät Kenntniß erhielten und deshalb nicht in der Lage wären, sich den verdienten Lohn zu berechnen oder den Beschwerdeweg gegen den erfolgten Abzug rechtzeitig zu betreten.

Gegen die Gesetzesvorschrift als solche wurde Einspruch nicht erhoben, vielmehr darauf hingewiesen, daß sie bereits in größeren Revieren praktisch geworden sei. (Vergl. die W. A. O. § 24 zweiter Absatz.) Von einem Kommissionsmitgliede war beantragt, den letzten Satz von § 80c zu streichen, da, nicht erwartet werden könne, daß genügend und vorschriftsmäßig beladene Fördergefäße in Abzug gebracht werden würden. Der Regierungsvertreter erklärte, daß gemäß der Arbeitsordnung einiger Zechen zur Strafe nicht für ein ungenügend oder vorschriftswidrig beladenes Fördergefäß bis zu sechs genügend und vorschriftsmäßig beladene „genullt" werden durften. Das Verbot solchen Verfahrens, welches allseitig auf das Schärfste verurtheilt wurde, erschien hiernach der Mehrheit der Kommissionsmitglieder als keineswegs entbehrlich und wurde deshalb der auf Streichung des Schlußsatzes von § 80c gerichtete Antrag verworfen.

Eine lediglich redaktionelle Verbesserung bezweckte der einstimmig angenommene Antrag, den Schlußsatz von § 80c wie folgt zu fassen: Genügend und vorschriftsmäßig beladene Fördergefäße zur Strafe in Abzug zu bringen, ist unzulässig.

Von einem Kommissionsmitgliede war beantragt,

I. dem § 80c beizufügen:

a) wird die Förderung nach Gewicht bezahlt, so wird jeder beanstandete Wagen gewogen;

b) wird die Förderung nach Rauminhalt bezahlt, so wird, falls der mit der Annahme der Wagen Beauftragte und der Vertrauensmann der Arbeiter über das Quantum des fehlenden Inhaltes sich nicht einigen, die Beladung gemessen;

c) wenn das Fördergefäß wenigstens zwei Drittel der vorschriftsmäßigen Beladung hat, darf nur das ermittelte Mindergewicht in Abzug gebracht werden. Ist ein Fördergefäß nicht mit reiner Kohle beladen, so darf höchstens das Doppelte der unreinen Bestandtheile desselben von der Förderung in Abzug gebracht werden.

(d) Wenn eine Vereinbarung betreffs des Gedinges nicht zu Stande kommt, so ernennt der betheiligte Grubenbeamte und der Grubenausschuß je einen Probehauer, welche unter Aufsicht eines Steigers und eines Mitgliedes des Grubenausschusses zwei Schichten hindurch an der betreffenden Arbeitsstelle arbeiten. Auf Grund der Leistung der Probehauer wird das Gedinge durch den Grubenbeamten, welcher dem mit der ordentlichen Gedingestellung Beauftragten zunächst übergeordnet ist (festgesetzt)*).

II. Den letzten Satz des zweiten Absatzes des § 80c zu streichen und an dessen Stelle zu setzen:

Wegen ungenügender Beladung dürfen andere Strafen als die im § 80c (hier Antrag Ic) aufgeführten nicht verhängt werden.

Diese Anträge waren bereits bei Berathung von § 80b Nummer 2 in die Erörterung gezogen, da sie größtentheils die dort besprochenen Gegenstände behandeln. Der besseren Uebersichtlichkeit wegen möge aber das für und wider die Anträge Vorgebrachte an dieser Stelle vereinigt werden.

Der Antragsteller erklärte, er sei von der Absicht geleitet, mit den von ihm vorgeschlagenen Bestimmungen ein klares und sicheres Verfahren zu schaffen, um die streitigen Fälle der Förderungsabzügen und Gedingeabschlüssen zu entscheiden. Er verlange zunächst, daß beanstandete Wagen, wenn nach Gewicht bezahlt würde, gewogen, wenn nach Rauminhalt, in Bezug auf den fehlenden Theil nachgemessen würden. Hierdurch solle die oberflächliche und häufig irregehende Abschätzung vermieden und eine zweifelsfreie Feststellung des Fehlbetrages herbeigeführt werden. Mit dem Antrage c bezwecke er zu scharfer Handhabung des Nullens entgegenzutreten, in sofern dasselbe nur bei einer über die vorschriftsmäßigen unterschreitenden Beladung zugelassen sein solle. Daß seine Vorschläge praktisch ausführbar seien, werde durch das in dem Rosse-Krümmerschen Reiseberichte mitgetheilte Verfahren englischer Gruben bestätigt, wo die aus den Wagen gelesenen Steine gewogen und erst bei einem bestimmten Gewichtsbetrage derselben die Strafen verhängt würden. Gemäß seinem Antrage, den letzten Satz des § 80c zu streichen und zu ersetzen empfehle sich, weil die Fassung der Vorlage nur einen einzelnen Mißbrauch treffe, diejenige des Antrages aber jeden Mißbrauch ausschließe.

Den Antrag auf Feststellung streitiger Gedinge nach der Leistung von Probehauern habe er eingebracht, weil ihm damit ein gangbarer Weg gegeben zu sein scheine, um in zweifelhaften Fällen eine unparteiische Entscheidung herbeizuführen. Die Leistung der Probehauer werde mit Sicherheit erkennen lassen, was von tüchtigen Arbeitern in bestimmter Zeit an der fraglichen Stelle geschafft werden könne. Damit sei aber auch der richtige Maßstab für das abzuschließende Gedinge gegeben.

*) Anm.: (d) und (festgesetzt) fehlen in dem Antrage und sind sinngemäß ergänzt.

Gegen diese Ausführungen wurde von Vertretern der Regierung und von Kommissionsmitgliedern bemerkt: Die in den Anträgen verlangten Gewichts- und Maßermittelungen seien so umständlich und zum Theil auch so schwierig, daß sie mit dem unerläßlich regelmäßigen Fortgang der Schachtförderung sich schlechterdings nicht vertrügen. Das Auslesen und Abwiegen der Steine aus einzelnen Wagen sei nur bei einer Förderung möglich, welche ausschließlich großstückige Kohlen enthalte, ein Fall, welcher vielleicht noch bei einigen englischen Gruben zutreffe, sicherlich aber bei keinem Preußischen Bergwerke. Vollends unausführbar in der Praxis sei die geforderte Abmessung des Fehlinhaltes beanstandeter Wagen. Auch wenn die von dem Antragsteller im Laufe der Erörterung vorgeschlagenen Marken im Innern des Wagenkastens angebracht wären, sei damit nicht viel geholfen, da diese Marken durch den Kohlenschmutz gleich in der ersten Schicht undeutlich gemacht werden würden. —

Bei der Unausführbarkeit der besprochenen Vorschläge sei der Antrag gegenstandlos geworden, welcher die Abänderung des Schlußsatzes von § 80c bezwecke.

Auch die Verwendung von Probehauern zur Ermittelung des richtigen Gedinges stoße auf die größten praktischen Bedenken. Vor Allem erhebe sich sofort die kaum lösbare Schwierigkeit, festzustellen, wie und mit welchem Lohne die von der streitigen Arbeitsstelle weggenommenen Leute während der Probehauerschichten zu beschäftigen seien. Daß die Verlegung derselben auf die Arbeitsstellen der Probehauer die Lösung nicht herbeiführe, leuchte dem Praktiker ohne Weiteres ein. Nicht weniger schwierig sei die Lohnbemessung bei den Probehauern; werde Schichtlohn festgesetzt, so fehle das ohnehin bei den Kameraden wegen nicht sehr lebhafte — Interesse, Erhebliches zu leisten.

Sämmtliche Anträge wurden von der Mehrheit abgelehnt.

Von mehreren Kommissionsmitgliedern war beantragt worden, „nach § 80c als neuen § 80cc einzusetzen: Die Berechnung und Auszahlung der Löhne muß mindestens monatlich erfolgen und mindestens alle 14 Tage eine Abschlagszahlung stattfinden."

Dieser Antrag wurde damit begründet, daß das weite Hinausschieben der Lohnzahlung die Bergleute schwer bedrücke und deshalb besser durch das Gesetz unmöglich gemacht würde.

Der Antrag wurde vorbehaltlich einer mehr redaktionellen Umänderung, betreffend die Fristen der Abschlagszahlung, in erster Lesung mit großer Mehrheit angenommen. Von einigen Kommissionsmitgliedern wurde ihre Zustimmung damit begründet, daß mit der beantragten Gesetzesbestimmung bestehende Praxis zum Ausdrucke gelange und die Bestimmung von Arbeitsordnungen wie der Westfälischen (im § 17 erster Absatz) wiederholt würde.

Die Einwendung des Handelsministers, daß der beantragte § 80cc sowohl dem abweichenden, für den Arbeitgeber und den Arbeitnehmer befriedigenden Brauche in einzelnen Revieren, als auch dem § 119a Absatz 2 der Reichsgewerbeordnung widerspreche, welcher den fraglichen Gegenstand einer statutarischen Bestimmung der Gemeinde vorbehalte, überzeugte indessen die Mehrheit der Kommission von der Unrichtigkeit des Beschlusses erster Lesung, welcher deshalb in zweiter Lesung wieder aufgehoben wurde.

Ebenso wurde der — für die zweite Lesung umredigirte — Antrag verworfen:

„Die Abrechnung über die im Gedinge geleisteten Arbeiten muß monatlich innerhalb längstens 3 Wochen nach dem Schluß des Monates erfolgen und auf den verdienten Lohn in regelmäßigen, längstens dreiwöchigen Fristen eine Abschlagszahlung stattfinden."

Zu dieser Entscheidung trug auch die von einigen Kommissionsmitgliedern angeregte Erwägung bei, daß die beantragte Gesetzesbestimmung für die sogenannten Generalgedinge nicht passe, welche wegen ihrer auf längere Fristen sich erstreckenden Dauer besonderer Vereinbarung wegen der End- und Abschlagszahlungen bedürften.

§ 80d.

Die Kommission nahm den ersten Absatz des § 80d mit der Abänderung an, daß hinter dem Worte „dürfen" im zweiten Satze eingeschaltet wurde „in jedem einzelnen Falle". Die Einschiebung war von einem Kommissionsmitgliede beantragt worden, um jeden Zweifel darüber auszuschließen, daß mit „Geldstrafen" etwas anderes als die für den einzelnen Fall verhängten gemeint sei. Das in der Mehrzahl gebrauchte Wort „Geldstrafen" könnte andernfalls so gedeutet werden, als ob es die Strafen für mehrere Fälle zusammen, z. B. für diejenigen einer Lohnperiode bezeichne.

Den ersten Satz des zweiten Absatzes von § 80d beantragten Kommissionsmitglieder wie folgt zu fassen: „Alle Strafgelder müssen einer zu Gunsten der Arbeiter des Bergwerks bestehenden oder zu bildenden Unterstützungskasse überwiesen werden, deren Verwaltung dem ständigen Arbeiterausschusse oder einem in der Majorität von den Arbeitern in geheimer Wahl gewählten Vorstande obliegt." Dieser Antrag wollte die Ueberweisung der Strafgelder an die in dem Gesetzentwurfe an erster Stelle genannte Knappschaftskasse beseitigen und abweichend von dem Entwurfe, welcher über die Verwaltung der Strafgelder keine Bestimmung enthält, jene vorzugsweise in die Hände der Arbeiter bezw. von deren Vertretern gelegt wissen. Für den Fall der Ablehnung des Antrages wurde beantragt, in § 80d Abs. 2 nach dem ersten Satze einzuschieben: „Soweit sie ... die Strafgelder ... der Knappschaftskasse überwiesen werden, sind entweder die Leistungen der Knappschaftskasse an dem entsprechenden Betrag zu erhöhen, oder die Beiträge der Arbeiter entsprechend herabzusetzen."

Zur Begründung wurde ausgeführt: Es sei eine Forderung der Gerechtigkeit, daß die Strafgelder ausschließlich zum Besten der Arbeiter verwendet würden. Dieser Zweck würde aber nicht erreicht, wenn die Strafgelder ganz oder theilweise den Knappschaftskassen zuflössen, weil in Folge dieser Einnahme der Knappschaftskasse die Beiträge der Werksbesitzer sich verminderten. Daß eine solche gar nicht berechtigte Bereicherung der Werksbesitzer nicht unerheblich sei, ergebe sich aus den hohen Beträgen der aus der Knappschaftskassen abgelieferten Strafgelder*). Könne man sich nicht entschließen, den Knappschaftskassen diese Einnahmequelle abzuschneiden, so müsse man doch folgerichtig ihre Erträge den Arbeitern allein zu Gute kommen lassen, was im Rahmen der Knappschaft nur auf den durch den Eventualantrag bezeichneten beiden Wegen geschehen könne.

Ob und wie die Strafgelder aus den Unterstützungskassen zu Gunsten und im Sinne der Arbeiter verwandt würden, sei mit Sicherheit nur festzustellen, wenn ihre Verwaltung durch die Arbeiter selbst oder deren ohne Bedrückung durch die Werksbesitzer, also geheim gewählten Vertreter erfolge.

Die Regierungsvertreter und mehrere Kommissionsmitglieder widersprachen diesen Anträgen, weil sie ohne einen aus der Eigenart des Bergbaus zu entnehmenden

---
*) Anm.: Dieselben beliefen sich im Jahre 1890 auf insgesammt 88 961 Mark 80 Pf. bei 26 686 665 Mark 61 Pf. Gesammteinnahme und 389 035 Knappschaftsgenossen.

Grund über die einschlägigen Bestimmungen der Reichsgewerbeordnung weit hinausgingen und das Mißtrauen gegen die Bergwerksbesitzer gewissermaßen gesetzlich festlegen würden, für welches doch jedes thatsächliche Anhalten fehle; als solches könne der gelegentlich der Ausstandsuntersuchung von einigen Arbeitern geäußerte aber in keinem Falle bewahrheitete Verdacht unrechter Verwendung der Strafgelder füglich nicht betrachtet werden.

Die Kommissionsmehrheit pflichtete dieser Darlegung bei und verwarf die Anträge.

Zum zweiten Absatze von § 80d wurde von einem Kommissionsmitgliede beantragt, hinter „Strafgelder" im ersten Satze einzuschalten „sowie alle wegen ungenügender oder vorschriftswidriger*) Belohnung bei der Förderung gefäße den Arbeitern in Abzug gebrachter Lohnbeträge". Der Antrag, welcher damit begründet wurde, daß die Abführung dieser Lohnbeträge an die Unterstützungskasse der Billigkeit entspreche, auch bereits in § 24 ersten Satz der Westfälischen Arbeiterordnung verfügt sei, fand einstimmige Annahme.

Von Kommissionsmitgliedern wurde die Streichung des zweiten, von der Mitverwaltung der Arbeiter und der Beaufsichtigung der Unterstützungskassen durch die Oberbergämter handelnden Satzes im Absatz 2 des § 80d beantragt, andere Kommissionsmitglieder wollten dagegen die oberbergamtliche Beaufsichtigung noch erweitern, indem sie beantragten, dem Absatz 2 von § 196 des Allgemeinen Berggesetzes beizufügen: ... „der polizeilichen Aufsicht der Bergbehörden unterliegen ..... ,ebenso die zum Besten der Arbeiter getroffenen Einrichtungen und Anstalten, Waschkauen, Aufenthalts- und Umkleideräume, Arbeiterwohnungen, Logirhäuser, Menagen, Unterstützungskassen rc." Letzterer Antrag ist zusammenhängend an anderer Stelle, nämlich bei dem Abschnitte II des Gesetzentwurfes, betreffend die Befugnisse der Bergbehörden berathen worden und kommt, da er verworfen wurde, für § 80d nicht weiter in Betracht.

Der Antrag auf Streichung des zweiten Satzes im Absatz 2 des § 80d wurde dahin begründet: Die angefochtenen Bestimmungen fänden sich nicht in der Reichsgewerbeordnung, bei der Verwaltung der Unterstützungskassen auf den Fabriken unter eine besondere gesetzliche Regel zu stellen nicht für nothwendig gehalten worden sei. Die Eigenart des Bergwerksbetriebes wirke aber offenbar auf die Verwaltung jener Kassen nicht ein, die ungleiche Behandlung der Unterstützungskassen durch das Gesetz dahin führen, daß bei ein und derselben Verwaltung unterstellten Kassen z. B. bei einer Gruben und Hüttenwerke betreibenden Gesellschaft die Verwaltung der Unterstützungskasse des Bergwerks der Beaufsichtigung durch die Bergbehörde unterliege, während die Verwaltung der Hüttenunterstützungskasse nicht staatlich beaufsichtigt werde.

Der Handelsminister erklärte, daß er zwar die angefochtene Bestimmung des Gesetzentwurfes für zweckmäßig halte, aber zugebe, daß in der Eigenart des Bergbaues keine zwingende Veranlassung liege, seine Unterstützungskassen anders zu behandeln als diejenigen der Fabriken. Er werde deshalb der Streichung des Satzes nicht entgegentreten.

Von einem Kommissionsmitgliede wurde dem Antrage aus dem Grunde widersprochen, weil die Denkschrift Mißstände in der Verwaltung der Bergwerksunterstützungskassen aufgedeckt habe und ergebe, daß jene bei der Eigenart des Bergbaues sich leichter verschleiern ließen. Die Mehrheit der Kommissionsmitglieder vermochte dieser Auffassung nicht beizutreten und genehmigte den Antrag.

---
*) Anm.: Nach der Fassung der II. Lesung. Vorher war das Wort „unvorschriftsmäßig" gebraucht worden.

§ 80e

stimmt bis auf die erforderliche Umnummerirung der angezogenen Gesetzesparagraphen und Ersatz der Worte „im § 139b bezeichneten Beamten" mit § 134c der Reichsgewerbeordnung überein und wurde ohne Erörterung angenommen.

Zu § 80f, welcher bis auf die durch die Uebertragung auf den Bergbau gebotenen Wortänderungen dem § 134d der Reichsgewerbeordnung entspricht, war von mehreren Kommissionsmitgliedern beantragt worden:

a) in Zeile 2 statt „den" zu setzen „eine Vertretung der" — nämlich der großjährigen Arbeiter;
b) in der letzten Zeile des ersten Absatzes vor „genügt" einzusetzen „wo ein solcher Ausschuß nicht besteht, durch Anhörung in geheimer Wahl gewählter Vertrauensmänner."

Diese Anträge wurden damit begründet, das Anhören der ganzen Arbeiterschaft vor dem Erlaß der Arbeitsordnung gewähre keine Sicherheit für den richtigen Ausdruck und die volle Berücksichtigung der berechtigten Wünsche der Arbeiter. Solche könne nur erwartet werden bei geordneter Vertretung der Arbeiter, wo aber diese wegen Mangels eines ständigen Arbeiterausschusses nicht bestehe, müsse sie durch freie also geheime Wahl der Vertrauensmänner geschaffen werden.

Die Mehrheit der Kommissionsmitglieder vermochte sich nicht davon zu überzeugen, daß die beantragten, von der Reichsgewerbeordnung abweichenden Bestimmungen, für den Bergbau nach dessen Eigenart besonders geboten seien, und verwarf die Anträge. § 80f wurde hiernach unverändert angenommen.

§ 80g

stimmt bis auf die bereits gewürdigten redaktionellen Abänderungen mit § 134e der Reichsgewerbeordnung überein. Zu demselben war von mehreren Kommissionsmitgliedern der Antrag gestellt: im § 80g Abs. 1 Zeile vor „einzureichen" einzuschieben „zur Genehmigung". Die Antragsteller befürworteten ihren Abänderungsvorschlag, wonach die Genehmigung der Arbeitsordnung durch die Bergbehörde eingeholt werden soll, aus dem Grunde, weil nur in der angezeigten Weise gesichert sei, daß die Bestimmungen der Arbeitsordnung nicht den berechtigten Interessen der Arbeiter zuwiderliefen.

Der Handelsminister entgegnete: Der Antrag sei für die Regierung nicht annehmbar, weil sie auch den Schein vermeiden müsse, als ob die Aufsichtsbehörde mit der Genehmigung der Arbeitsordnung eine Verantwortlichkeit für deren Inhalt übernehme. Der Antrag wurde von der Mehrheit abgelehnt und § 80g nach der Regierungsvorlage angenommen.

§ 80h und § 80i

decken sich bis auf die gebotenen redaktionellen Abänderungen mit § 134f und § 134g der Reichsgewerbeordnung und wurden unverändert angenommen.

§ 80k.

Zu diesem Paragraphen war bei der ersten Lesung von Kommissionsmitgliedern beantragt: „In § 80k die Nr. 1, 2 und 3 durch folgende Bestimmungen zu ersetzen:
1. Wird die Leistung aus Zahl und Rauminhalt der Fördergefäße ermittelt, so muß dieser aus Fördergefäße selbst dauernd und deutlich ersichtlich gemacht werden,
2. wird die Leistung aus dem Gewichtsinhalte der Fördergefäße ermittelt, so muß das Leergewicht

jedes einzelnen derselben vor dem Beginn des Gebrauches und später in jedem Betriebsjahr mindestens einmal von neuem festgestellt und am Fördergefäße selbst dauernd und deutlich ersichtlich gemacht werden.

Zur Begründung des Antrages wurde ausgeführt: Derselbe bezwecke bei einer wesentlichen Vereinfachung der Bestimmungen nichts Anderes als die Regierungsvorlage, nämlich dafür zu sorgen, daß der Rauminhalt bezw. das Leergewicht der in Frage kommenden Fördergefäße sicher bekundet sei. Das würde aber möglich sein ohne die lästigen Nebenbedingungen, welche der Gesetzentwurf dem Betriebe auferlege. Bei der ungleichen Mächtigkeit und Neigung der zu bauenden Lagerstätten sei unvermeidlich, daß Fördergefäße von verschiedenem Rauminhalte und von abweichender Form zur Anwendung gelangten, diese technisch gebotene Maßnahme werde durch die Gesetzesvorschrift behindert. Der Uebergang von kleineren zu größeren Fördergefäßen, welche wegen ihres verhältnißmäßig geringeren todten Gewichtes auch für den Arbeiter vortheilhafter wären, würde desgleichen durch die Bestimmungen des Gesetzentwurfes wesentlich erschwert, da gemäß denselben dann in der ganzen Grube oder Grubenabtheilung die kleineren Wagen zu beseitigen und durch größere zu ersetzen wären. Das Verlangen, nach jeder Reparatur das Leergewicht des im Gewichtsgedinge verwendeten Wagens neu zu ermitteln, gehe zu weit und es könne um so eher bei der erneuerten Ermittlung in den Betriebsjahre bewenden, als Reparaturen der Förderwagen fast regelmäßig eine Zunahme ihres Leergewichtes veranlaßten. Daß nach Nummer 3 die aus betriebstechnischen Gründen erforderlichen Ausnahmen von der Bergbehörde genehmigt werden könnten, helfe wenig, bedinge vielmehr ein für den Bergwerksbesitzer wie die Bergbehörde gleich lästiges Eindringen in Einzelheiten des Betriebes.

Von den Regierungsvertretern wurde hierauf entgegnet: Die gegen die angefochtenen Vorschriften des Gesetzentwurfes vorgebrachten Bedenken seien nach den Erfahrungen der Bergbehörden nicht zutreffend. Die Schwierigkeit, Wagen gleichen Rauminhaltes zu beschaffen, werde überschätzt; wo letzterer dem Gedinge zu Grunde liege, kämen im Wesentlichen nur die Wagen in Betracht, welche durch den Schacht gefördert würden, diese aber müßten schon wegen der einmal gegebenen, ihre Größenverhältnisse bestimmenden und begrenzenden, Abmessungen der Förderabtheilungen des Schachtes und des Förderkorbes gleichen Rauminhalt und gleiche Form besitzen. Die kleineren Förderwagen blieben gewöhnlich in den Oberbauen und die pflegte dann nicht nach ihnen, sondern nach den zu Tage gehenden Wagen, in welche umgeladen würde, oder in anderer Weise z. B. nach ausgehauenen Quadratmetern das Gedinge bestimmt zu werden. Uebrigens sei durch Nummer 3 des § 80k die Möglichkeit gegeben, in allen Fällen, wo es wünschenswerth erscheine, von der Bergbehörde die Genehmigung von Ausnahmen zu erlangen, das gelte besonders auch für die allmähliche Umgestaltung des Wagenparks durch Einstellung größerer Fördergefäße. Bei der Neuverwiegung nach Reparaturen sei nur an größere in die Werkstatt führende Reparaturen gedacht, wo die Verwiegung ja ohne viel Aufenthalt sich bewerkstelligen ließe. Eine Reparatur bewirke auch nicht immer Vermehrung des Leergewichtes, sondern mitunter z. B. bei Verwendung leichterer Beschläge eine Verminderung.

Von Kommissionsmitgliedern wurde zur Bekämpfung des Antrages ausgeführt: Durch die Befolgung der Vorschriften des Gesetzentwurfes allein würde das erschütterte Vertrauen der Arbeiter wieder hergestellt, daß mit gleichem Maße gemessen und nicht eine größere Leistung wie eine kleinere bezahlt werde. Bei Wagen gleichen Rauminhaltes sei auch eine irrthümliche Verwechselung ausgeschlossen und vereinfache sich die Berechnung.

Die Mehrheit der Kommissionsmitglieder entschied sich bei der ersten Lesung für die Gestaltung der Nr. 1 nach dem Antrage, dagegen für Beibehaltung der Nr. 2 unter Streichung der Worte „sowie nach jeder Reparatur" und für unveränderte Annahme der Nr. 3 nach der Regierungsvorlage. Dieser Beschluß entsprach einem im Laufe der Erörterung eingebrachten Abänderungsantrage.

In der zweiten Lesung wurde jedoch der ursprüngliche Antrag wieder aufgenommen und fand unter Ablehnung auf die Wiederherstellung der Nr. 1 nach der Regierungsvorlage gerichteter Anträge die Zustimmung der Mehrheit der Kommissionsmitglieder. Die Verwerfung letzterer Anträge traf auch den für den Fall der Annahme gestellten Antrag: „Ziffer 3 in folgender Form wieder herzustellen: aus betriebstechnischen Gründen sowie wegen Einführung neuer Fördergefäße für eine Grube oder Grubenabtheilung erforderliche Ausnahmen von diesen Vorschriften bedürfen der Genehmigung der Bergbehörde".

Der zweite und der dritte Absatz von § 80k wurden in erster Lesung unverändert angenommen. Ein Mitglied der Kommission stellte hierbei fest, daß mit Annahme des dritten Absatzes von § 80k, der zu Mißbräuchen und Mißdeutungen veranlassende Abzug der sogenannten „Füllkohlen", ohne daß irgend welcher Einspruch erhoben sei, durch das Gesetz beseitigt werde.

Bei der zweiten Lesung beantragten mehrere Kommissionsmitglieder, dem § 80k den Schlußsatz beizufügen: „Ausnahmen hiervon bedürfen der Genehmigung der Bergbehörde". Zur Begründung des Antrages wurde ausgeführt: Der Absatz 3 des § 80k treffe eine im Wesentlichen nur für den Kohlenbergbau passende Bestimmung. Auf manchen Erzgruben und ausnahmsweise auch auf Kohlengruben sei es kaum möglich, ohne entsprechende Abzüge von der Fördermenge die Arbeiter zum Aushalten des Tauben (der Steine) in der Grube und zur Lieferung eines absatzfähigen reinen Fördergutes zu bestimmen. Solches könne nur geschehen, wenn der Arbeiter sich auf einen mit dem Grade der verschuldeten Verschlechterung steigenden Abzug gefaßt machen müsse. Mit dem Verbote dieses Abzuges falle der Antrieb zur reinen Ausförderung hinweg und bleibe das Bestreben des Arbeiters nur darauf gerichtet, die Wagen zu füllen und eine möglichst große Fördermenge zu erzielen. Der Antrag wolle nicht an dem regelmäßigen Verbote des Abzüge rütteln, aber die Möglichkeit offenhalten, daß die Bergbehörde wohlbegründete Ausnahmen gestatte. Der Regierungsvertreter widersprach dem Antrage, indem er darlegte, daß in den fraglichen Fällen das Gedinge anders als nach dem Inhalte der Fördergefäße geregelt werden könne, z. B. nach der Menge des auf dem Hüttenplatze zur Ablieferung gelangenden Erzes. Auch sei die schuldbare Förderung unreiner Massen unter Strafen zu stellen, welche gerechter und erfolgreicher wirkten, weil sie sich auf den Einzelfall bezögen.

Die Mehrheit der Kommissionsmitglieder vermochte sich nicht davon zu überzeugen, daß Ausnahmen gänzlich zu entbehren seien und stimmte dem Antrage zu.

§ 81, § 82, § 83 und § 83a wurden, weil inhaltlich mit Bestimmungen der Reichsgewerbeordnung in den §§ 122 bis 124a oder des allgemeinen Berggesetzes in den §§ 81 bis 83 übereinstimmend, ohne weitere Erörterung angenommen.

Zu § 84 wurde beantragt, die beiden ersten Absätze zu einem Satze zusammen zu ziehen und diesen wie folgt zu fassen: „Der Bergwerksbesitzer oder dessen Stellvertreter ist verpflichtet, dem abkehrenden großjährigen Bergmanne ein Zeugniß über die Art und Dauer seiner Beschäftigung und auf Verlangen auch ein Zeugniß über seine Führung und seine Leistungen auszustellen. Die Unterschrift dieser Zeugnisse hat die Ortsbehörde kosten- und stempelfrei zu beglaubigen."

Der Antragsteller rechtfertigte seinen Abänderungsvorschlag damit: Nach der Fassung der Regierungsvorlage könne zweifelhaft erscheinen, ob das Führungszeugniß von dem Beschäftigungszeugnisse getrennt auf besonderem Blatte ausgefertigt werden dürfe und ob in diesem Falle die Unterschrift des Bergwerksbesitzers oder seines Stellvertreters kosten- und stempelfrei zu beglaubigen sei. Diese Zweifel würden durch die beantragte Abänderung gehoben. — Der Antrag wurde unter Zustimmung des Regierungsvertreters mit großer Mehrheit angenommen.

Die beiden letzten Absätze des § 84 wurden ohne Erörterung angenommen.

§ 85.

Von mehreren Kommissionsmitgliedern war beantragt worden, dem § 85 folgende Fassung zu geben: „Bergwerksbesitzer oder deren Stellvertreter dürfen mit der selbstständigen Ausführung von Arbeiten, welche Leben und Gesundheit der Mitarbeiter gefährden können nur solche großjährige Arbeiter betrauen, welche den Nachweis erbringen, daß sie für die bezüglichen Arbeiten befähigt sind. Die näheren Vorschriften erläßt das Oberbergamt."

Der Antrag wurde wie folgt begründet: Es herrsche allgemeines Einverständniß darüber, daß viele Unglücksfälle auf Bergwerken durch die Einstellung unerfahrener und unbefähigter Arbeiter an gefährlichen Betriebsorten veranlaßt würden. Das werde namentlich auch von den älteren Bergleuten beklagt, welche bringend wünschten, daß wie früher gewissen längere Lehrzeit dem Aufrücken zum Vollhauer vorausginge. Wenn nun auch der Nachweis der Befähigung für die bezeichneten Arbeiten, als zum Arbeiterschutze unentbehrlich, durch das Gesetz selbst gefordert werden müsse, so könne das Letztere doch nicht nähere Vorschriften über die Bethätigung dieses Nachweises enthalten, dieselben wären vielmehr den örtlichen Verschiedenheiten angepaßt von den Oberbergämtern zu erlassen.

Der Handelsminister erklärte sich mit dem Grundgedanken des Antrages durchaus einverstanden, auch erwünsche lebhaft im Interesse der Sicherheit des Betriebes und zur Verminderung der Unglücksfälle eine bessere Vorbereitung der Bergleute in und zu ihrem gefährlichen Berufe. Es sei aber schwierig zu bestimmen, in welcher Art der Nachweis der Befähigung erbracht werden solle. Wenn er auch heute noch nicht die Frage zur Entscheidung reif halte, so sei er doch ernstlich um deren Klärung bemüht und werde nach Abschluß der dieserhalb eingeleiteten Erhebungen vielleicht in die Lage kommen, bestimmtere Stellung zu der Frage zu nehmen.

Die sich zu dem Antrage äußernden Kommissionsmitglieder pflichteten den Ausführungen des Handelsministers durchweg bei und hoben noch hervor, daß sowohl die Bestimmung des Begriffes „Leben und Gesundheit gefährdender Arbeiten" als auch die Prüfung der vielen hier in Betracht zu ziehenden Bergleute auf praktische Schwierigkeiten stoße. Der Antrag wurde abgelehnt und § 85 nach der Regierungsvorlage angenommen.

Die §§ 85a, 85b, 85c, 85d, 85e, 85f, 85g und 85h enthalten der Reichsgewerbeordnung (§ 113, §§ 107 bis 112 und § 114) nachgebildeten Bestimmungen über das Zeugniß und Arbeitsbuch der minderjährigen Bergleute und wurden unverändert angenommen.

Zu § 85 f fragte ein Abgeordneter, ob die im zweiten Absatze geforderte Unterschrift des Bergwerksbesitzers oder seines Stellvertreters durch Aufdruck des Firmenstempels ersetzt werden dürfe. Der Regierungsvertreter verneinte im Hinweis auf die Bestimmung an gleicher Stelle, wonach die Eintragungen mit Tinte zu bewirken sind.

Der mit § 125 der Reichsgewerbeordnung sich deckende § 86 betreffend die Verleitung fremder Arbeiter zum Vertragsbruch wurde ohne Erörterung genehmigt.

Zu § 87, welcher den Fortbildungsschulbesuch der minderjährigen Bergleute behandelt, war von einem Kommissionsmitgliede beantragt worden, im letzten Satze von Absatz 3 hinter „befreit" einzufügen „welche auf dem Werke selbst oder in einer sonstigen Anstalt des Bergwerkseigenthümers resp. der Gewerkschaft &c. Fortbildungsunterricht erhalten." Dieser Antrag wurde auf die Erklärung des Ministers zurückgezogen, daß die Besucher der bezeichneten Lehranstalten von der Verpflichtung zum Besuche der Fortbildungsschule ja schon nach der Fassung der Vorlage befreit sein würden, wenn das Oberbergamt den Unterricht als ausreichend anerkenne.

Die §§ 88, 89 und 90 regeln das Dienstverhältniß der Bergwerksbetriebsbeamten im Anschluß an die Bestimmungen der §§ 133a bis 133d der Reichsgewerbeordnung über „die Verhältnisse der Betriebsbeamten, Werkmeister, Techniker". Ein Kommissionsmitglied bemerkte, daß die Aufnahme dieser Bestimmungen in den Gesetzentwurf einen lebhaften Wunsch der betheiligten Beamten entgegen komme, aus deren Kreise er beauftragt sei, dem Minister hierfür wärmsten Dank auszusprechen.

Die §§ 88 bis 90 wurden unverändert angenommen, ebenso die auf die Verwendung von Strafgeldern bezüglichen §§ 91 und 92, von welchen der Erstere dem § 133e der Reichsgewerbeordnung, der letztere dem § 92 des Allgemeinen Berggesetzes nachgebildet ist. § 93, betreffend die Arbeiterliste, stimmt wörtlich überein mit dem Paragraphen gleicher Zahl des Allgemeinen Berggesetzes und wurde unverändert angenommen.

Zu den die Verhältnisse der Bergleute und der Betriebsbeamten behandelnden Abschnitt A des Gesetzentwurfs fällt noch der Antrag mehrerer Kommissionsmitglieder, in dem die Wahl der Knappschaftsältesten regelnden § 179 des Allgemeinen Berggesetzes Absatz 1 letzte Zeile vor „gewählt" einzusetzen „in geheimer Wahl." Der Antrag, welcher mit dem Rechtsanspruche der Arbeiter auf freie von dem Arbeitgeber nicht beeinflußte Wahl ihrer Vertreter begründet wurde, fand nicht die Zustimmung der Mehrheit der Kommissionsmitglieder, welche es ablehnte, die schwierige Frage in einem Sondergesetze beiläufig zu entscheiden.

Vom Abschnitt B, betreffend die Befugnisse der Bergbehörden, wurden Artikel II, welcher an die Stelle von § 77 des Allgemeinen Berggesetzes treten und Artikel III, welcher den zweiten Absatz von § 189 dieses Gesetzes umgestalten soll, unverändert angenommen.

Zu Artikel IV, nach welchem in Erweiterung von § 196 des Allgemeinen Berggesetzes die polizeiliche Aufsicht der Bergbehörden sich auch erstrecken soll auf „die Aufrechterhaltung der guten Sitten und des Anstandes durch die Einrichtung des Betriebes", war von mehreren

Kommissionsmitgliedern ein Antrag eingebracht worden, wonach in Ergänzung des zweiten Absatzes von § 196 der bergpolizeilichen Aufsicht unterliegen sollen „ebenso die zum Besten der Arbeiter getroffenen Einrichtungen und Anstalten (Waschlauen, Aufenthalts- und Umkleideräume, Arbeiterwohnungen*), Logirhäuser, Menagen, Unterstützungskassen &c.)".

Zur Begründung des Antrages wurde ausgeführt, die genannten Einrichtungen und Anstalten bedürften einer besonderen fachmännischen Beaufsichtigung, welche am besten dem Revierbeamten anvertraut würde, da dieser ohnehin alle mit dem Betriebe zusammenhängenden Einrichtungen und Anstalten der Bergwerke zu überwachen habe. In Oesterreich hätte der Fabriksinspektor bereits die Aufsicht über die von den Verwaltungen an die Arbeiter vermietheten Wohnungen, ohne daß über diese Bestimmung bisher Klagen laut geworden wären. Ganz besonders dringlich sei die Erweiterung der bergpolizeilichen Aufsicht auf die Logirhäuser und die Unterstützungskassen, auf die ersteren, um gesundheits- und sittengefährliche Zustände zu verhüten, auf die letzteren, um die richtige Verwendung der Strafgelder im Interesse der Bergleute zu sichern.

Der Handelsminister bekämpfte den Antrag, welcher über die Bestimmungen der Reichsgewerbeordnung hinausgehe, ohne daß die eigenartigen Verhältnisse des Bergbaues dieses rechtfertigten. So weit die in Frage kommenden Einrichtungen und Anstalten mit dem Betriebe in Zusammenhang ständen, seien sie schon jetzt der bergpolizeilichen Aufsicht unterworfen. Den Bergrevierbeamten aber, wie gefordert werde, die Wohnungspolizei zu übertragen, verbiete sich, weil die Vorbildung und Berufsthätigkeit dieser Beamten anderen Aufgaben zugewendet sei und im Interesse des Bergbaues auch bleiben müsse. Würde der Antrag zum Gesetz, so wäre jedenfalls eine starke Vermehrung der staatlichen Aufsichtsbeamten bei der Bergverwaltung unvermeidlich.

Von einigen Kommissionsmitgliedern wurde noch hervorgehoben, daß die Revierbeamten durch die ihnen angesonnene Ueberwachung der Logirhäuser in ihrer Achtung herabgesetzt würden, daß zuletzt sei, wie weit sich der Begriff „Arbeiterwohnungen" erstrecke, und daß mit der übertriebenen Erweiterung der bergpolizeilichen Aufsicht die Neigung der Bergwerksbesitzer, für ihre Arbeiter Wohnungen zu erbauen oder die Bergleute beim Hausbau zu unterstützen, zu deren Schaden sich vermindern würde. —

Ein Kommissionsmitglied beantragte, den fraglichen Einrichtungen allein die Unterstützungskassen, deren Beaufsichtigung in besonderem Maße wünschenswerth und am besten von den Revierbeamten auszuüben sei, diesen zuzuweisen.

Beide Anträge wurden mit Stimmenmehrheit abgelehnt. —

Artikel V

des Gesetzentwurfs bestimmt:

Der Absatz 1 des § 197 . . . . . . des Allgemeinen Berggesetzes . . . . . . erhält folgenden Zusatz:

„Insbesondere können die Oberbergämter, wenn durch übermäßige Dauer der täglichen Arbeitszeit die Gesundheit der Arbeiter gefährdet wird, Dauer, Beginn und Ende der täglichen Arbeitszeit und den zu gewährenden Pausen vorschreiben und die zur Durchführung dieser Vorschriften erforderlichen Anordnungen erlassen."

---

*) Anm.: Im Laufe der Erörterung wurde vom Antragsteller hinter „Arbeiterwohnungen" ergänzt „der Werksverwaltung".

Von Kommissionsmitgliedern wurde beantragt, diese Bestimmung zu streichen, für den Fall der Ablehnung dieses Antrages aber dem Artikel V hinzuzufügen als zweiten Absatz:

„Vor Erlaß derartiger Anordnungen sind die Bergwerkseigenthümer oder deren Stellvertreter zu hören"

und als dritten Absatz:

„Außer der Beschwerde beim Ministerium für Handel und Gewerbe ist gegen derartige Anordnungen noch die Beschwerde an das Staatsministerium zulässig. Bis zur Entscheidung der zuletzt angerufenen Behörde bleiben die Anordnungen des Oberbergamtes außer Kraft."

In entgegengesetzter Richtung zu diesen Anträgen strebte ein von mehreren Kommissionsmitgliedern unterstützter Antrag, die Machtbefugniß der Oberbergämter noch über das im Artikel V bestimmte Maß hinaus zu erhöhen, in der Art, daß im Artikel V ein zweiter Zusatz beigefügt würde:

„In gleicher Weise können dieselben......, nämlich die Oberbergämter......, die Verwendung von Arbeiterinnen sowie von Arbeitern unter 18 Jahren für gewisse Arbeiten, welche mit besonderen Gefahren für Gesundheit oder Sittlichkeit verbunden sind, gänzlich untersagen oder von besonderen Bedingungen abhängig machen."

In dem Kampfe um den Artikel V der Regierungsvorlage wurde der Angriff gegen denselben hauptsächlich darauf gestützt, daß die durch die §§ 196 und 197 des Allgemeinen Berggesetzes den Oberbergämtern verliehene Machtbefugniß völlig ausreiche, um den im Artikel V angestrebten Arbeiterschutz zu gewähren. Nach § 196 erstrecke sich die bergpolizeiliche Aufsicht auch auf die Sicherheit des Lebens und der Gesundheit der Arbeiter. § 197 ertheile den Oberbergämtern die Befugniß, für den ganzen Umfang ihres Verwaltungsbezirkes oder für einzelne Theile desselben Polizeiverordnungen über die in § 196 bezeichneten Gegenstände zu erlassen. Da zu diesen die Sicherheit des Lebens und der Gesundheit der Arbeiter gehöre, so seien die Oberbergämter schon auf Grund des Allgemeinen Berggesetzes befugt, „wenn durch übermäßige Dauer der täglichen Arbeitszeit die Gesundheit der Arbeiter gefährdet wird" die Dauer u. s. w. der täglichen Arbeitszeit vorzuschreiben, wie denn thatsächlich auch durch Polizeiverordnung der Oberbergämter die Dauer der Arbeitszeit vor mehr als 29 Grad Celsius warmen Betrieben auf 6 Stunden beschränkt worden sei. Die nach § 80 b des Gesetzentwurfes in die Arbeitsordnung aufzunehmenden Bestimmungen über Anfang und Ende der regelmäßigen täglichen Arbeitszeit böten nun eine weitere Gewähr dafür, daß nicht durch übermäßige Dauer der täglichen Arbeitszeit die Gesundheit der Arbeiter gefährdet werde. Der Absatz 3 vom § 120 e der Reichsgewerbeordnung, welchem der Artikel V des Gesetzentwurfs nachgebildet sei, decke sich übrigens mit diesem durchaus nicht. Die Reichsgewerbeordnung bestimme: „Durch Beschluß des Bundesrathes können für solche Gewerbe, in welchen durch übermäßige Dauer der täglichen Arbeitszeit die Gesundheit der Arbeiter gefährdet wird, Dauer, Beginn und Ende der zulässigen täglichen Arbeitszeit und der zu gewährenden Pausen vorgeschrieben und die zur Durchführung dieser Vorschriften erforderlichen Anordnungen erlassen werden. Hiermit sei der höchsten Reichsbehörde die Macht verliehen, für einzelne Gewerbe wegen der ihnen beiwohnenden Gesundheitswidrigkeit Ausnahmebestimmungen zu treffen. Dagegen übertrage Artikel V diese Befugniß auf eine untergeordnete Landesbehörde und dazu noch mit der Verschärfung, daß ein im Allgemeinen nicht als gesundheitswidrig anzusehendes Gewerbe, nämlich der Bergbau, von den Ausnahmebestimmungen betroffen werden könne. Die Macht, welche im Artikel V des Gesetzentwurfes den Oberbergämtern zugedacht sei, könne aber zweifellos in der Tragweite ausgeübt werden, daß der Bergbau schlechthin für ein Gewerbe erklärt werde, in welchem durch übermäßige Dauer der täglichen Arbeitszeit die Gesundheit der Arbeiter Gefahr laufe und für welchen deshalb Dauer, Beginn und Ende der täglichen Arbeitszeit und der zu gewährenden Pausen vorgeschrieben werden müßten. Der Artikel V berge daher den Keim des Normalarbeitstages für den Bergbau in sich, und es sei nicht ausgeschlossen, daß die Bergbehörde ein Mal dem gerade auf diesem Gebiete besonders kräftig einsetzenden Ansturm nachgebe und für den Bergbau wegen dessen besonderer Gefährlichkeit und Gesundheitswidrigkeit den Normalarbeitstag verkünde. Um gegen solche über das Ziel hinausschießenden Maßnahmen das Bergbaugewerbe zu schützen, sei, wenn der Artikel V nicht gestrichen werden sollte, unbedingt erforderlich, in ihn Bestimmungen hineinzubringen, welche die Bethätigung der vergrößerten Machtbefugniß auf die einzelnen Betriebe des Bergbaus — die einzelnen Bergwerke oder Bergwerksabtheilungen — bieten. Daß vor Erlaß von Anordnungen so großer wirthschaftlicher Bedeutung die Bergwerkseigenthümer oder deren Stellvertreter gehört würden, entspreche lediglich der Billigkeit. Auch müßten den nach Artikel V unbeschränkten Anordnungen der Oberbergämter im Wege der Beschwerde bis an die höchste Landesbehörde hinauf außer Kraft gesetzt werden können, sowie auch den Beschwerden bis zu ihrem Austrag aufschiebende Wirkung zustehen. Hierauf bezögen sich die Anträge, welche auf den Fall gestellt seien, daß die Streichung des Artikels abgelehnt werde.

Der Handelsminister erwiderte auf diese Ausführungen: Er könne nicht anerkennen, daß die in den §§ 196 und 197 des Allgemeinen Berggesetzes den Oberbergämtern verliehene Machtbefugniß die im Artikel V geforderte ersetze. Der § 196 des Allgemeinen Berggesetzes beziehe sich auch der an angezogenen Stelle lediglich auf die Sicherung des Lebens und der Gesundheit der Arbeiter gegen die Betriebsgefahren. Es könne nun aber der Fall vorkommen, und thatsächlich seien solche Fälle mehrfach vorgekommen, daß in ganz ordnungsmäßig eingerichteten Gruben eine außergewöhnliche Betriebsgefahren durch übermäßige Dauer der täglichen Arbeitszeit die Gesundheit der Arbeiter gefährde werde. Dies trete unzweifelhaft ein, wenn z. B. bis zu 20 Stunden täglich in Folge von Schichtlagen gearbeitet werden müsse. Ein Mittel zur Abhülfe hiergegen sei aber durch § 80b nicht gegeben, da die Arbeitsordnung wohl den Anfang und das Ende der regelmäßigen täglichen Arbeitszeit zu bestimmen habe aber hierbei durchaus an kein Zeitmaß gebunden sei. Für die auf der Regel zu wiederholende Arbeit der Ueber- und Nebenschichten sei aber überhaupt keine Grenze mehr gegeben, wenn die Kommission bei dem Beschlusse der ersten Lesung beharrte, welcher in Nummer 1 § 80b die Streichung der Worte „und in welchem Maße" veranlaßt habe.

Da die Bestimmung des § 120 e der Reichsgewerbeordnung nicht auf den Bergbau übertragen worden sei, so sei es erforderlich, eine diesen Gegenstand betreffende Bestimmung hier aufzunehmen. Der Eigenart des Bergbaues gemäß seien in dem Gesetzentwurf die Oberbergämter als die besonders sachverständigen und den Verhältnissen am Nächsten stehenden Behörden an Stelle des Bundesrathes mit der angefochtenen Machtbefugniß ausgestattet worden. Da die Oberbergämter verpflichtet sein würden, derartige Polizeiverordnungen nur nach Benehmen mit dem Handelsminister zu erlassen, und der Beschwerdeweg zu diesem offenstehe, so sei die Besorgniß nicht begründet, daß die Oberbergämter ihre Macht in der angedeuteten Weise mißbrauchen könnten.

Nachdem der Reichstag gegen den Normalarbeitstag sich erklärt habe, sei füglich ausgeschlossen, daß eine Behörde ihn für ein einzelnes Gewerbe insbesondere den Bergbau einführen werde.

Mehrere Kommissionsmitglieder äußerten sich in demselben Sinne und führten insbesondere noch aus: Die Staatsregierung sei mit Recht nicht davon überzeugt, daß im § 106 des Allgemeinen Berggesetzes die von ihr durch den Artikel V des Gesetzentwurfes verlangte Vollmacht enthalten sei. Jener Paragraph wolle offenbar den Oberbergämtern nur dann ein Einschreiten ermöglichen, wenn Leben und Gesundheit augenfällig mit Gefahr bedroht seien; aber wenn sie nicht augenfällig bedroht wären, dann habe das Oberbergamt noch nicht die Befugniß, darum wäre es doch sicherer, die Regierungsvorlage anzunehmen, durch welche diese Sache zweifellos gemacht werde und man solle nicht erst versuchen, durch eine gewagte Interpretationskunst dem Oberbergamte die Befugniß zu sichern, die man ihm ja zugestehen wolle. Die zahllosen Ueberschichten hätten den Bergleuten Grund zur Klage gegeben, darum schon müsse man den Artikel V, welcher Abhülfe zu bringen geeignet sei, annehmen. Die im Fall der Annahme des Artikels V beantragte Zulassung der Beschwerde über den Handelsminister hinaus und bis an das Staatsministerium, widerspreche dem bestehenden Einrichtungen.

In der ersten Lesung wurde der Antrag auf Streichung des Artikels V von der Mehrheit angenommen, die Kommission einigte sich indessen in der zweiten Lesung zur Annahme eines vermittelnden Antrages, welcher dahin lautete:

Der Absatz 1 des § 197 erhält folgenden Zusatz:

„Für solche Betriebe, in welchen durch übermäßige Dauer der täglichen Arbeitszeit, die Gesundheit der Arbeiter gefährdet wird, können die Oberbergämter Dauer, Beginn und Ende der täglichen Arbeitszeit und die zu gewährenden Pausen vorschreiben und die zur Durchführung dieser Vorschriften erforderlichen Anordnungen erlassen."

Der Antrag, die Oberbergämter zum gänzlichen oder bedingungsweisen Verbote der Beschäftigung von Arbeiterinnen oder noch nicht 18 Jahre alten Arbeitern zu ermächtigen, wurde mit der besonderen Gefährdung begründet, welche durch gewisse Arbeiten der Gesundheit oder der Sittlichkeit dieser, weil schwächeren auch besonders schutzbedürftigen Menschen, bereitet wird. Daß dieser besondere Schutz wünschenswerth sei, wurde allseitig anerkannt und deshalb in der ersten Lesung der Antrag angenommen. Die Ausführungen des Handelsministers, daß der verlangte Arbeitsschutz bereits auf Grund der bestehenden Gesetze z. B. die auch oder nur für die Bergwerke geltenden § 139a und § 154a 2. Absatz der Reichsgewerbeordnung, und durch oberbergamtliche Polizeiverordnungen gewährt werde, überzeugten die Mehrzahl der Kommissionsmitglieder von der Entbehrlichkeit der beantragten Bestimmung, und wurde diese daher nach Annahme des veränderten Artikels V in zweiter Lesung wieder gestrichen.

Artikel VI,

dessen Inhalt dem zweiten Satze im vierten Absatze von § 120d der Reichsgewerbeordnung und dem zweiten Satze im zweiten Absatze von § 120e desselben Gesetzes entspricht, wurde ohne Erörterung angenommen.

Artikel VII

bestimmt: Der § 202 des Allgemeinen Berggesetzes erhält folgenden Absatz 2:*)

Im gleichen Falle, sowie wenn der Bergwerksbesitzer einer auf Grund des § 197 ergangenen Polizeiverordnung zuwiderhandelt, kann der Revierbeamte bis zur Herstellung des der Verordnung oder der Verfügung entsprechenden Zustandes die Einstellung des Betriebes, soweit derselbe durch die Verordnung oder Verfügung getroffen wird, anordnen, falls dessen Fortsetzung erhebliche Nachtheile oder Gefahren herbeizuführen geeignet sein würde.

Von einem Kommissionsmitgliede war beantragt worden, den Artikel VII des Gesetzentwurfes zu streichen. Zur Begründung dieses Antrages wurde ausgeführt: Der § 199 des Allgemeinen Berggesetzes übertrage eine zum Schutze der Arbeiter völlig ausreichende Macht an den Revierbeamten, er verhüte aber zugleich durch die gebotene Mitwirkung des Oberbergamtes die mißbräuchliche Anwendung derselben, dagegen werde durch den Artikel VII ein häufig noch junger und unerfahrener Beamter ermächtigt, zum größten Schaden des Bergwerksbesitzers und auch der ihre Beschäftigung verlierenden Bergleute, einen Betrieb ohne Weiteres einzustellen, und so vielleicht zum Erliegen zu bringen. Die Einstellung eines Bergwerks bedeute eben etwas anderes als die Schließung einer Fabrik, insofern nach Einstellung des Bergwerks dessen Baue durch das aufsteigende Wasser und aus anderen Ursachen auf lange unzugänglich gemacht werden könnten.

Von Vertretern der Regierung, welchen sich einige Kommissionsmitglieder anschlossen, wurde entgegnet: Nach den bisherigen Bestimmungen könne der Revierbeamte nur jene Anordnungen treffen, die nöthig sind, um die Gesundheit und das Leben der Arbeiter gegen Gefahr aus dem Betriebe zu schützen. Es könne aber der Fall eintreten, daß diese Gefahr sich nicht durch positive Anordnungen beseitigen lasse, sondern die Einstellung des Betriebes nöthig mache. Ob zu einer solchen Einstellung der Revierbeamte schon auf Grund des alten Berggesetzes befugt wäre, sei nicht außer Zweifel. Der Zweifel rechtfertige sich insbesondere aus der Fassung von § 202 des Allgemeinen Berggesetzes, welcher dem Revierbeamten lediglich die Ermächtigung ertheile, bei Säumigkeit des Bergwerksbesitzers die Anordnungen auf Kosten desselben ausführen zu lassen. Artikel VII wurde jeden Zweifel beseitigen und die wünschenswerthe Uebereinstimmung mit der Reichsgewerbeordnung (§ 147 letzter Absatz) herbeiführen. Das Bedenken, daß ein junger Revierbeamter im Uebereifer zu weit gehen könne, sei nicht durchschlagend, es stehe ja der Beschwerdeweg offen, und überdies würden hierbei doch die Erfahrungen dieser Beamten, welche meist in reiferen Jahren in ihren Posten eintreten, unterschätzt.

---

*) Anm.: § 202 A.B.G. bestimmt: Werden die auf Grund der §§ 196 und 199 zulässigen Anordnungen nicht in der bestimmten Frist durch den Bergwerksbesitzer ausgeführt, so wird die Ausführung durch den Revierbeamten auf Kosten des Bergwerksbesitzers bewirkt; — desgl. § 198: Tritt auf einem Bergwerke in Beziehung auf die im § 196 bezeichneten Gegenstände eine Gefahr ein, so hat das Oberbergamt die geeigneten polizeilichen Anordnungen nach Vernehmung des Bergwerksbesitzers oder des Repräsentanten durch einen Beschluß zu treffen; — und § 199: Ist die Gefahr eine bringende, so hat der Revierbeamte sofort und selbst ohne vorgängige Vernehmung des Bergwerksbesitzers oder des Repräsentanten zur Beseitigung der Gefahr erforderlichen polizeilichen Anordnungen zu treffen, zugleich aber dem Oberbergamte hiervon Anzeige zu machen. Das Oberbergamt hat die getroffenen Anordnungen durch einen Beschluß zu bestätigen oder wieder aufzuheben. Vorher ist die Vernehmung der genannten Personen nachzuholen.

Nachdem vorher seitens mehrerer Kommissionsmitglieder zum Ausdruck gebracht worden war, daß die Zweifel der Staatsregierung gegen die Tragweite der bisherigen Bestimmungen des Berggesetzes nicht zutreffend seien, wurde bei der Abstimmung der Antrag, den Artikel VII zu streichen, mit großer Mehrheit angenommen.

Der die Strafbestimmungen enthaltende Artikel VIII wurde ohne Erörterung angenommen, dagegen zu Artikel LX beantragt, den Zeitpunkt für das Inkrafttreten des Gesetzes vom 1. Juli 1892 auf den 1. Januar 1893 hinauszuschieben und die im § 80k vorgesehenen Fristen statt „bis zum 1. Januar 1893" „bis zum 1. Juli 1893" zu erstrecken. Dieser Antrag, welcher keinem Widerspruch begegnete, wurde mit dem späten Einbringen des Gesetzentwurfs begründet, dessen Durchberathung in beiden Häusern des Landtages erst nahe vor dem 1. Juli 1892 vollendet sein könnte. —

Von mehreren Kommissionsmitgliedern war der Antrag gestellt, dem § 211 des Berggesetzes einen zweiten Absatz folgenden Inhaltes zuzufügen:

Auf den Eisenerzbergbau im Herzogthum Schlesien sollen jedoch Anwendung finden:
der dritte Abschnitt des dritten Titels (von den Bergleuten),
der zweite Abschnitt des fünften Titels (von dem Schadensersatze für die Beschädigungen des Grundeigenthums),
der achte Titel, insbesondere dessen §§ 191, 192, 193 (von den Bergbehörden) und
der neunte Titel (von der Bergpolizei).

Zur Begründung des Antrages wurde ausgeführt: Der bisher nicht dem Berggesetze unterworfene Eisenerzbergbau des Herzogthums Schlesien habe eine bedeutende Ausdehnung und beschäftige zahlreiche Arbeiter.*) Dabei sei der Betrieb ein sehr gefährlicher wie schon daraus hervorgehe, daß nach statistischen Angaben aus einem zwölfjährigen Zeitraume auf je 1000 Arbeiter der Bleierzgruben Oberschlesiens 0,30 tödtliche Verunglückungen entfielen, bei den Galmeigruben 1,92, bei den Eisenerzbergbau aber 2,04. — Die Gefahr werde dadurch gesteigert, daß die Arbeiten nur nicht genügend sachverständigen Personen betrieben und beaufsichtigt würden. Dieses gelte ganz besonders von der staatlichen Beaufsichtigung, welche von der allgemeinen Landespolizei und dem nicht im Bergfach ausgebildeten Fabrikinspektor geführt werde. Nicht weniger wünschenswerth als für die Bergarbeiter sei auch für die vom Bergbau geschädigten Grundbesitzer, daß wie beantragt, die Bestimmungen des Allgemeinen Berggesetzes gegenüber dem Eisenerzbergbau des Herzogthums Schlesien Geltung erlangten. Der Grundbesitzer habe jetzt seinen Schadensanspruch nach den für den Bergbau gar nicht passenden Vorschriften des Allgemeinen Landrechts zu verfolgen und sei damit auf ein weitläufiges schwieriges Verfahren verwiesen, während das Allgemeine Berggesetz dieses zu Gunsten des geschädigten Grundbesitzers wesentlich vereinfache. —

Der Handelsminister erklärte, daß er den sachlichen Gehalt des Antrages als berechtigt anerkenne, aber aus formellen Gründen seiner Annahme zur Zeit widersprechen müsse. Wie aus einer (in ihrem wesentlichsten Theile zum Vortrage gebrachten) Denkschrift erhelle, würdige die Behörde die gerügten Verhältnisse beim Oberschlesischen Eisenerzbergbau seit lange und im vollsten Maße. Sie würde auch Anlaß nehmen, die Uebertragung wenigstens der die Arbeiter, die Bergbehörde und die Polizei betreffenden Bestimmungen des Berggesetzes in seiner bisherigen und demnächstigen Gestaltung für die Gesetzgebung vorzubereiten und hoffe nach Anhörung des Schlesischen Provinziallandtages wenn auch noch nicht in dieser Tagung eine geeignete Vorlage einbringen zu können.

Von einem Abgeordneten wurde hervorgehoben, daß nicht blos für den Oberschlesischen Eisenerzbergbau, sondern auch den Salzbergbau im vormaligen Königreich Hannover und andere bisher dem Berggesetze nicht unterworfenen unterirdischen Betriebe die Einführung der hier in Frage stehenden Bestimmungen des Letzteren sich empfähle. Im Sinne der Darlegung des Handelsministers beschränke er sich aber für jetzt darauf, folgende Resolution zu beantragen: „die Königliche Staatsregierung zu ersuchen, den Erlaß eines Gesetzes in Erwägung zu nehmen, durch welches Bestimmungen des Allgemeinen Berggesetzes vom 24. Juni 1865 namentlich diejenigen über die Bergleute, die Bergbehörden und die Bergpolizei

auf den Eisenerzbergbau im Herzogthum Schlesien,
auf den Salzbergbau im vormaligen Königreich Hannover, nöthigenfalls auch auf sonstige unterirdisch betriebene Brüche

ausgedehnt werden."

Eine Resolution, welche um die baldige Vorlage eines Gesetzentwurfes in der Richtung des zuerst angeführten Antrages ersuchte, wurde zu Gunsten der vorstehend wiedergegebenen Resolution fallen gelassen und hierauf diese einstimmig angenommen.

Von einem Kommissionsmitgliede war noch folgende Resolution vorgeschlagen:
Die Königliche Staatsregierung zu ersuchen,
„die Thätigkeit der Bergrevierbeamten, soweit dieselben die lokale Bergpolizei handhaben, und die erste Instanz der Bergbehörden bilden, auch auf die fiskalischen Bergwerke auszudehnen."

Diese Resolution wurde damit gerechtfertigt, daß auf den fiskalischen Werken die Bergpolizei von den Werksdirektoren selbst ausgeübt werde, wodurch namentlich zu Ungunsten der Bergleute die sonst für den Bergbau bestehende erste Instanz der Aufsichtsbehörde außer Wirksamkeit trete.

Von einem Kommissionsmitgliede, welches inhaltlich sich mit der beantragten Resolution einverstanden erklärte, wurde dieselbe dem geltenden Bergrecht gegenüber für entbehrlich gehalten, da § 2 des Allgemeinen Berggesetzes bereits anordne, daß den Bestimmungen dieses Gesetzes auch der Betrieb von Bergwerken für Rechnung des Staates unterworfen sei, die Behördenorganisation dem § 187 a. a. O., welche die Revierbeamten als erste Instanz einführe, finde daher auch auf die fiskalischen Werke Anwendung und sei nur erforderlich diese gesetzliche Vorschrift auch in der Praxis zur Geltung zu bringen.

Der Handelsminister erwiderte: Er müsse die Richtigkeit dieser Auslegung des Gesetzes bestreiten und könne nicht anerkennen, daß die bisher übliche Verwaltungspraxis, wonach der Werksdirektor für seine Grube als Revierbeamter bestellt werde, ungesetzlich sei, er wolle indessen nicht in Abrede stellen, daß diese Praxis Unzuträglichkeiten mit sich führe. Er werde deshalb zunächst diejenigen Befugnisse der Aufsichtsbehörden, welche auf Grund der Gewerbeordnung auszuüben seien, für die fiskalischen Bergwerke den Revierbeamten übertragen und habe dies bereits förmlich der Aufsicht über die Beschäftigung der jugendlichen Arbeiter und der Frauen gethan. Eine weitergehende Beaufsichtigung der fiskalischen Bergwerke durch die Revierbeamten bilde den Gegenstand noch nicht abgeschlossener Erwägungen.

---

*) Anm.: Im Jahre 1891 wurden auf 56 Eisenerzgruben 2848 männliche und 1609 weibliche, also zusammen fast 4000 Arbeiter beschäftigt. Dieselben förderten gegen einen Gesammtlohn von 1612064 Mark 654537 Tonnen Erz im Werthe von 3190000 Mark.

Auf diese Erklärung des Ministers wurde die beantragte Resolution zurückgezogen und hierauf bei der Schlußabstimmung der Gesetzentwurf nach den im Einzelnen gefaßten Beschlüssen im Ganzen angenommen.

Die Kommission beantragt demnach:

Das Haus der Abgeordneten wolle beschließen:

1. Dem Entwurf eines Gesetzes, betreffend die Abänderung einzelner Bestimmungen des Allgemeinen Berggesetzes vom 24. Juni 1865, in der aus der anliegenden Zusammenstellung sich ergebenden Fassung der Kommissionsbeschlüsse die Zustimmung zu ertheilen.

2. Die Königliche Staatsregierung zu ersuchen, den Erlaß eines Gesetzes in Erwägung zu nehmen, durch welches Bestimmungen des Allgemeinen Berggesetzes vom 24. Juni 1865, namentlich diejenigen über die Bergleute, die Bergbehörden und die Bergpolizei

auf den Eisenerzbergbau im Herzogthum Schlesien,

auf den Salzbergbau im vormaligen Königreich Hannover,

nöthigenfalls auch auf sonstige unterirdisch betriebene Brüche

ausgedehnt werden.

3. Die zu dem Gesetzentwurfe eingegangenen Petitionen II Nr. 789, 815, 843, 844 durch die gefaßten Beschlüsse für erledigt zu erklären.

Berlin, den 28. April 1892.

Die XIV. Kommission.

Lopelius, Vorsitzender. Dr. **Schulz** (Bochum), Berichterstatter. v. **Bockelberg. Bode. Burghardt** (Lauban). **Dasbach. Eberhard. Eberty. Engels.** v. **Itzenplitz. Graf v. Kanitz. Kletschke. Letocha.** v. **Manteuffel.** Dr. **Meyer** (Berlin). v. **Ploetz.** Dr. **Ritter. Roeren. Schmieding. Sperlich. Stötzel.**

Zusammenstellung

des

Entwurfs eines Gesetzes, betreffend die Abänderung einzelner Bestimmungen des Allgemeinen Berggesetzes vom 24. Juni 1865, — Nr. 99 der Drucksachen — mit den Beschlüssen der Kommission.

Regierungsvorlage.

Gesetzentwurf,

betreffend

die Abänderung einzelner Bestimmungen des Allgemeinen Berggesetzes vom 24. Juni 1865.

Wir Wilhelm, von Gottes Gnaden König von Preußen ꝛc.

verordnen unter Zustimmung der beiden Häuser des Landtages der Monarchie in Abänderung des Allgemeinen Berggesetzes vom 24. Juni 1865 (Gesetzsamml. S. 705 ff.) für das gesammte Staatsgebiet was folgt:

A. Betreffend die Verhältnisse der Bergleute und der Betriebsbeamten.

Artikel I.

Der dritte Abschnitt des dritten Titels im Allgemeinen Berggesetze vom 24. Juni 1865 erhält folgende Fassung:

Dritter Abschnitt.

Von den Bergleuten und den Betriebsbeamten.

§ 80.

zu § 80. 1. Das Vertragsverhältniß zwischen den Bergwerksbesitzern und den Bergleuten wird nach den allgemeinen gesetzlichen Bestimmungen beurtheilt, soweit nicht nachstehend etwas Anderes bestimmt ist.

Beschlüsse der Kommission.

Gesetzentwurf,

betreffend

die Abänderung einzelner Bestimmungen des Allgemeinen Berggesetzes vom 24. Juni 1865.

Wir Wilhelm, von Gottes Gnaden König von Preußen ꝛc.

verordnen unter Zustimmung der beiden Häuser des Landtages der Monarchie in Abänderung des Allgemeinen Berggesetzes vom 24. Juni 1865 (Gesetzsamml. S. 705 ff.) für das gesammte Staatsgebiet was folgt:

A. Betreffend die Verhältnisse der Bergleute und der Betriebsbeamten.

Artikel I.

Unverändert.

Dritter Abschnitt.

Von den Bergleuten und den Betriebsbeamten.

§ 80.

Unverändert.

Regierungsvorlage. **Beschlüsse der Kommission.**

Den Bergwerksbesitzern ist untersagt, für den Fall der rechtswidrigen Auflösung des Arbeitsverhältnisses durch den Bergmann die Verwirkung des rückständigen Lohnes über den Betrag des durchschnittlichen Wochenlohnes hinaus auszubedingen.

§ 80a.

Regierungsvorlage	Beschlüsse der Kommission
Für jedes Bergwerk und die mit demselben verbundenen unter der Aufsicht der Bergbehörden stehenden Anlagen ist innerhalb vier Wochen nach Inkrafttreten dieses Gesetzes oder nach der Eröffnung des Betriebes eine Arbeitsordnung von dem Bergwerksbesitzer oder dessen Stellvertreter zu erlassen. Für die einzelnen Abtheilungen des Betriebes, für einzelne der vorbezeichneten Anlagen oder für die einzelnen Gruppen der Arbeiter können besondere Arbeitsordnungen erlassen werden. Der Erlaß erfolgt durch Aushang (§ 80g, Absatz 2). Die Arbeitsordnung muß den Namen des Bergwerks oder die Bezeichnung der besonderen Betriebsanlage sowie den Zeitpunkt, mit welchem sie in Wirksamkeit treten soll, angeben, und von dem Bergwerksbesitzer oder dessen Stellvertreter unter Angabe des Datums unterzeichnet sein. Abänderungen ihres Inhalts können nur durch den Erlaß von Nachträgen oder in der Weise erfolgen, daß an Stelle der bestehenden eine neue Arbeitsordnung erlassen wird. Die Arbeitsordnungen und Nachträge zu denselben treten frühestens zwei Wochen nach ihrem Erlaß in Geltung. Die Bergbehörde kann den Bergwerksbesitzer auf Antrag von dem Erlaß einer Arbeitsordnung oder von der Aufnahme einzelner der in § 80b bezeichneten Bestimmungen entbinden, wenn der Betrieb nur von geringem Umfange oder seiner Natur nach von kurzer Dauer ist.	§ 80a. Unverändert.

§ 80b.

Die Arbeitsordnung muß Bestimmungen enthalten: 1. Über Anfang und Ende der regelmäßigen täglichen Arbeitszeit, über die Zahl und Dauer der für die erwachsenen Arbeiter etwa vorgesehenen Pausen und darüber, unter welchen Voraussetzungen und in welchem Maße die Arbeiter verpflichtet sind, die Arbeit über die ordentliche Dauer der Arbeitszeit hinaus fortzusetzen oder besondere Nebenschichten zu verfahren, bei Arbeiten unter Tage über die Regelung der Ein- und Ausfahrt und über die Überwachung der Anwesenheit der Arbeiter in der Grube; 2. über die Art der Bemessung des Lohns der Arbeiter (Schichtlohn oder Gedingelohn), und bei den im Gedinge auszuführenden Arbeiten: über die Art der Gedingestellung, über die zum Abschluß des Gedinges ermächtigten Personen, über den Zeitpunkt, bis zu welchem nach Uebernahme der	Die Arbeitsordnung muß Bestimmungen enthalten: 1. Über Anfang und Ende der regelmäßigen täglichen Arbeitszeit, über die Zahl und Dauer der für die erwachsenen Arbeiter etwa vorgesehenen Pausen und darüber, unter welchen Voraussetzungen und in welchem Maße, **abgesehen von Fällen der Beseitigung von Gefahren und der Ausführung von Nothardeiten**, die Arbeiter verpflichtet sind, die Arbeit über die ordentliche Dauer der Arbeitszeit hinaus fortzusetzen oder besondere Nebenschichten zu verfahren, bei Arbeiten unter Tage über die Regelung der Ein- und Ausfahrt und über die Überwachung der Anwesenheit der Arbeiter in der Grube; 2. über die **zur Festsetzung des Schichtlohns und zum Abschlusse sowie zur Abnahme des** Gedinges ermächtigten Personen, über den Zeitpunkt, bis zu welchem nach Uebernahme der Arbeit **gegen Gedingelohn** das Gedinge abgeschlossen sein muß, über die Beurkundung oder Bekanntmachung des abgeschlossenen Gedinges **und** über die Vor-

---

*) Die links und rechts in Parenthesen neben dem Text stehenden Angaben beziehen sich auf die entsprechenden Paragraphen der Gewerbeordnung.

Regierungsvorlage. **Beschlüsse der Kommission.**

Arbeit das Gedinge abgeschlossen sein muß, über die Maß- oder Gewichtseinheit, welche dem Gedinge zu Grunde gelegt wird, über die Beurkundung oder Bekanntmachung des abgeschlossenen Gedinges, über die Voraussetzungen, unter welchen der Bergwerksbesitzer oder der Arbeiter eine Veränderung oder Aufhebung des Gedinges zu verlangen berechtigt ist, und über die Art der Bemessung des Lohns für den Fall, daß eine Vereinbarung dieserhalb nicht zu Stande kommt, sowie über die Grundsätze der Gedingeabnahme;

3. über Zeit und Art der Abrechnung, über Zeit und Art der Auszahlung des Lohns, über die Voraussetzungen, unter welchen Abzüge wegen ungenügender oder unvorschriftsmäßiger Arbeit gemacht werden dürfen, und über die Vertreter des Bergwerksbesitzers, welchen die Befugniß zu solchen Anordnungen zusteht, über den Beschwerdeweg gegen solche Anordnungen, sowie über die Verwendung der in Folge solcher Anordnungen bei der Abrechnung in Abzug gebrachten unmittelbar verwendbaren Produkte oder der dafür berechneten Geldbeträge;

4. sofern es nicht bei den gesetzlichen Bestimmungen (§§ 81, 82, 83) bewenden soll, über die Frist der zulässigen Aufkündigung, sowie über die Gründe, aus welchen die Entlassung und der Austritt aus der Arbeit ohne Aufkündigung erfolgen darf;

5. sofern Ordnungsstrafen vorgesehen werden, über die Art und Höhe derselben, über die Art ihrer Festsetzung, über die hierzu bevollmächtigten Vertreter des Bergwerksbesitzers und den Beschwerdeweg gegen diese Festsetzung, sowie, wenn die Strafen in Geld bestehen, über deren Einziehung und über den Zweck, für welchen sie verwendet werden sollen;

6. sofern die Verwirkung von Lohnbeträgen nach Maßgabe der Bestimmung des § 80 Absatz 2 durch Arbeitsordnung oder Arbeitsvertrag ausbedungen wird, über die Verwendung der verwirkten Beträge;

7. über die etwaige Verabfolgung und Berechnung der Betriebsmaterialien und Werkzeuge.

§ 80 c.

Ist im Falle der Fortsetzung der Arbeit vor demselben Arbeitsort das Gedinge nicht bis zu dem nach § 80 b. Nr. 2 in der Arbeitsordnung zu bestimmenden Zeitpunkte abgeschlossen, so ist der Arbeiter berechtigt, die Feststellung seines Lohnes nach Maßgabe des in der vorausgegangenen Lohnperiode für dieselbe Arbeitsstelle gültig gewesenen Gedinges zu verlangen.

Werden auf Grund der Arbeitsordnung Fördergefäße wegen ungenügender oder unvorschriftsmäßiger Beladung ganz oder theilweise nicht angerechnet, so ist den betheiligten Arbeitern Gelegenheit zu geben, hiervon nach Beendigung der Schicht Kenntniß zu nehmen. Der Bergwerksbesitzer ist verpflichtet zu gestatten, daß die Arbeiter auf ihre Kosten durch einen von ihnen oder, wenn ein ständiger Arbeiterausschuß besteht, von diesem aus ihrer

aussetzungen, unter welchen der Bergwerksbesitzer oder der Arbeiter eine Veränderung oder Aufhebung des Gedinges zu verlangen berechtigt ist.

3. über Zeit und Art der Abrechnung und Lohnzahlung, über die Vertreter des Bergwerksbesitzers, welchen die Befugniß zur Anordnung von Abzügen wegen ungenügender oder vorschriftswidriger Arbeit zusteht, sowie über den Beschwerdeweg gegen solche Anordnungen;

4. sofern es nicht bei den gesetzlichen Bestimmungen (§§ 81, 82, 83) bewenden soll, über die Frist der zulässigen Aufkündigung, sowie über die Gründe, aus welchen die Entlassung und der Austritt aus der Arbeit ohne Aufkündigung erfolgen darf;

5. sofern Strafen vorgesehen werden, über die Art und Höhe derselben, über die Art ihrer Festsetzung, über die hierzu bevollmächtigten Vertreter des Bergwerksbesitzers und den Beschwerdeweg gegen diese Festsetzung, sowie, wenn die Strafen in Geld bestehen, über deren Einziehung und über den Zweck, für welchen sie verwendet werden sollen;

6. sofern die Verwirkung von Lohnbeträgen nach Maßgabe der Bestimmung des § 80 Absatz 2 durch Arbeitsordnung oder Arbeitsvertrag ausbedungen wird, über die Verwendung der verwirkten Beträge;

7. über die etwaige Verabfolgung und Berechnung der Betriebsmaterialien und Werkzeuge.

§ 80c.

Ist im Falle der Fortsetzung der Arbeit vor demselben Arbeitsort das Gedinge nicht bis zu dem nach § 80 b. Nr. 2 in der Arbeitsordnung zu bestimmenden Zeitpunkte abgeschlossen, so ist der Arbeiter berechtigt, die Feststellung seines Lohnes nach Maßgabe des in der vorausgegangenen Lohnperiode für dieselbe Arbeitsstelle gültig gewesenen Gedinges zu verlangen.

Werden auf Grund der Arbeitsordnung Fördergefäße wegen ungenügender oder vorschriftswidriger Beladung ganz oder theilweise nicht angerechnet, so ist den betheiligten Arbeitern Gelegenheit zu geben, hiervon nach Beendigung der Schicht Kenntniß zu nehmen. Der Bergwerksbesitzer ist verpflichtet zu gestatten, daß die Arbeiter auf ihre Kosten durch einen von ihnen oder, wenn ein ständiger Arbeiterausschuß besteht, von diesem aus ihrer

Haus der Abgeordneten. Aktenstück № 146. 2017

Regierungsvorlage.

Mitte gewählten Vertrauensmann das Verfahren bei Feststellung solcher Abzüge insoweit überwachen lassen, als dadurch eine Störung der Förderung nicht eintritt. Genügend und vorschriftsmäßig beladene Fördergefäße dürfen zur Strafe nicht in Abzug gebracht werden.

§ 80d.

Abs. 1. (§ 134b Abs. 1) Strafbestimmungen, welche das Ehrgefühl oder die guten Sitten verletzen, dürfen in die Arbeitsordnung nicht aufgenommen werden. Geldstrafen dürfen die Hälfte des für die vorhergegangene Lohnperiode ermittelten durchschnittlichen Tagesarbeitsverdienstes derjenigen Arbeiterklasse nicht übersteigen, zu welcher der Arbeiter gehört; jedoch können Thätlichkeiten gegen Mitarbeiter, erhebliche Verstöße gegen die guten Sitten, sowie gegen die zur Aufrechterhaltung der Ordnung des Betriebes, zur Sicherung gegen Betriebsgefahren oder zur Durchführung der Bestimmungen dieses Gesetzes und der Reichsgewerbeordnung erlassenen Vorschriften mit Geldstrafen bis zum vollen Betrage dieses durchschnittlichen Tagesarbeitsverdienstes belegt werden. Das Recht des Bergwerksbesitzers, Schadenersatz zu fordern, wird durch diese Bestimmung nicht berührt.

Abs. 2. (§ 134b Abs. 2) Alle Strafgelder müssen der Knappschaftskasse oder einer zu Gunsten der Arbeiter des Bergwerks bestehenden Unterstützungskasse überwiesen werden. An Unterstützungskassen dürfen Strafgelder und Lohnabzüge (§ 80b Nr. 3) nur abgeführt werden, wenn bei ihrer Verwaltung die Arbeiter mitbetheiligt sind und wenn sie dem Oberbergamt in einer von diesem vorgeschriebenen Form eine jährliche Uebersicht ihrer Einnahmen, Ausgaben und des Vermögensbestandes einreichen und dieselbe auch zur Kenntniß der Arbeiter bringen.

Abs. 3. Dem Bergwerksbesitzer bleibt überlassen, neben den im § 80b bezeichneten noch weitere die Ordnung des Betriebes und das Verhalten der Arbeiter im Betriebe betreffende Bestimmungen in die Arbeitsordnung aufzunehmen. Mit Zustimmung eines ständigen Arbeiterausschusses können in die Arbeitsordnung Vorschriften über das Verhalten der Arbeiter bei Benutzung der zu ihrem Besten getroffenen, auf dem Bergwerke bestehenden Einrichtungen, sowie Vorschriften über das Verhalten der minderjährigen Arbeiter außerhalb des Betriebes aufgenommen werden.

§ 80e.

Abs. 1. (§ 134e.) Der Inhalt der Arbeitsordnung ist, soweit er den Gesetzen nicht zuwiderläuft, für die Arbeitgeber und Arbeiter rechtsverbindlich.

Abs. 2. Andere als die in der Arbeitsordnung oder in den §§ 82 und 83 vorgesehenen Gründe der Entlassung und des Austritts aus der Arbeit dürfen im Arbeitsvertrage nicht vereinbart werden. Andere als die in der Arbeitsordnung vorgesehenen Strafen dürfen über den Arbeiter nicht verhängt werden. Die Strafen müssen ohne Verzug festgesetzt und dem Arbeiter zur Kenntniß gebracht werden.

Abs. 3. Die verhängten Geldstrafen sind in ein Verzeichniß einzutragen, welches den Namen des Bestraften, den Tag der Bestrafung, sowie den Grund und die Höhe der Strafe ergeben und auf Erfordern dem Revierbeamten jederzeit zur Einsicht vorgelegt werden muß.

Anl. z. d. Verhandl. d. Hauses d. Abg. 17. Legisl. IV. Session 1892.

Beschlüsse der Kommission.

Mitte gewählten Vertrauensmann das Verfahren bei Feststellung solcher Abzüge insoweit überwachen lassen, als dadurch eine Störung der Förderung nicht eintritt. Genügend und vorschriftsmäßig beladene Fördergefäße zur Strafe in **Abzug zu bringen, ist unzulässig.**

§ 80d.

Abs. 1. § 134b Abs. 1. Strafbestimmungen, welche das Ehrgefühl oder die guten Sitten verletzen, dürfen in die Arbeitsordnung nicht aufgenommen werden. Geldstrafen dürfen **in jedem einzelnen Falle** die Hälfte des für die vorhergegangene Lohnperiode ermittelten durchschnittlichen Tagesarbeitsverdienstes derjenigen Arbeiterklasse nicht übersteigen, zu welcher der Arbeiter gehört; jedoch können Thätlichkeiten gegen Mitarbeiter, erhebliche Verstöße gegen die guten Sitten, sowie gegen die zur Aufrechterhaltung der Ordnung des Betriebes, zur Sicherung gegen Betriebsgefahren oder zur Durchführung der Bestimmungen dieses Gesetzes und der Reichsgewerbeordnung erlassenen Vorschriften mit Geldstrafen bis zum vollen Betrage dieses durchschnittlichen Tagesarbeitsverdienstes belegt werden. Das Recht des Bergwerksbesitzers, Schadenersatz zu fordern, wird durch diese Bestimmung nicht berührt.

Abs. 2. § 134b Abs. 2. Alle Strafgelder, **sowie alle wegen ungenügender oder vorschriftswidriger Beladung der Fördergefäße den Arbeitern in Abzug gebrachten Lohnbeträge** müssen der Knappschaftskasse oder einer zu Gunsten der Arbeiter des Bergwerks bestehenden Unterstützungskasse überwiesen werden.

Dem Bergwerksbesitzer bleibt überlassen, neben den im § 80b bezeichneten noch weitere die Ordnung des Betriebes und das Verhalten der Arbeiter im Betriebe betreffende Bestimmungen in die Arbeitsordnung aufzunehmen. Mit Zustimmung eines ständigen Arbeiterausschusses können in die Arbeitsordnung Vorschriften über das Verhalten der Arbeiter bei Benutzung der zu ihrem Besten getroffenen, auf dem Bergwerke bestehenden Einrichtungen, sowie Vorschriften über das Verhalten der minderjährigen Arbeiter außerhalb des Betriebes aufgenommen werden.

§ 80e.

Unverändert.

Regierungsvorlage.	Beschlüsse der Kommission.
§ 80 f.	**§ 80 f.**
Abs. 1. (§ 111 d.) Vor dem Erlaß der Arbeitsordnung oder eines Nachtrages zu derselben ist den auf dem Bergwerke, in der betreffenden Betriebsanlage oder in den betreffenden Abtheilungen des Betriebes beschäftigten großjährigen Arbeitern Gelegenheit zu geben, sich über den Inhalt der Arbeitsordnung zu äußern. Auf Bergwerken, für welche ein ständiger Arbeiterausschuß besteht, wird dieser Vorschrift durch Anhörung des Ausschusses über den Inhalt der Arbeitsordnung genügt.	Unverändert.
Abs. 2. (§ 111 b.) Als ständige Arbeiterausschüsse im Sinne der vorstehenden Bestimmung und der §§ 80 c Absatz 2 und 80 d Absatz 3 gelten nur:	
1. die Vorstände der für die Arbeiter eines Bergwerks bestehenden Krankenkassen oder anderer für die Arbeiter des Bergwerks bestehender Kasseneinrichtungen, deren Mitglieder in ihrer Mehrheit von den Arbeitern aus ihrer Mitte zu wählen sind, sofern sie als ständige Arbeiterausschüsse bestellt werden;	
2. die Knappschaftsältesten von Knappschaftsvereinen, welche nur die Betriebe eines Bergwerksbesitzers umfassen, sofern sie aus der Mitte der Arbeiter gewählt sind und als ständige Arbeiterausschüsse bestellt werden;	
3. die bereits vor dem 1. Januar 1892 errichteten ständigen Arbeiterausschüsse, deren Mitglieder in ihrer Mehrzahl von den Arbeitern aus ihrer Mitte gewählt werden;	
4. solche Vertretungen, deren Mitglieder in ihrer Mehrzahl von den volljährigen Arbeitern des Bergwerks, der betreffenden Betriebsabtheilung oder der mit dem Bergwerke verbundenen Betriebsanlagen aus ihrer Mitte in unmittelbarer und geheimer Wahl gewählt werden. Die Wahl der Vertreter kann auch nach Arbeiterklassen oder nach besonderen Abtheilungen des Betriebs erfolgen.	
§ 80 g.	**§ 80 g.**
Abs. 1. (§ 111 e.) Die Arbeitsordnung, sowie jeder Nachtrag zu derselben ist unter Mittheilung der Seitens der Arbeiter geäußerten Bedenken, soweit die Aeußerungen schriftlich oder zu Protokoll erfolgt sind, binnen drei Tagen nach dem Erlaß in zwei Ausfertigungen, unter Beifügung der Erklärung, daß und in welcher Weise der Vorschrift des § 80 f Absatz 1 genügt ist, der Bergbehörde einzureichen.	Unverändert.
Abs. 2. Die Arbeitsordnung ist an geeigneter, allen betheiligten Arbeitern zugänglicher Stelle auszuhängen. Der Aushang muß stets in lesbarem Zustande erhalten werden. Die Arbeitsordnung ist jedem Arbeiter bei seinem Eintritt in die Beschäftigung zu behändigen.	
§ 80 h.	**§ 80 h.**
Abs. 1. (§ 111 f.) Arbeitsordnungen und Nachträge zu denselben, welche nicht vorschriftsmäßig erlassen sind, oder deren Inhalt den gesetzlichen Bestimmungen zuwiderläuft, sind auf Anordnung der Bergbehörde durch gesetzmäßige Arbeitsordnungen zu ersetzen oder den gesetzlichen Vorschriften entsprechend abzuändern.	Unverändert.
Abs. 2. Gegen diese Anordnungen findet der Rekurs nach näherer Bestimmung der §§ 191 bis 193 statt.	

Regierungsvorlage. **Beschlüsse der Kommission.**

§ 80i.

(§ 114 g.) Arbeitsordnungen, welche vor dem Inkrafttreten dieses Gesetzes erlassen worden sind, unterliegen den Bestimmungen der §§ 80a bis e, 80g Absatz 2, 80h und sind binnen vier Wochen der Bergbehörde in zwei Ausfertigungen einzureichen. Auf spätere Abänderungen dieser Arbeitsordnungen und auf die seit dem 1. April 1892 erstmalig erlassenen Arbeitsordnungen finden die §§ 80f und 80g Absatz 1 Anwendung.

§ 80i.

Unverändert.

§ 80k.

Absatz 1. Erfolgt die Lohnberechnung auf Grund abgeschlossener Gedinge, so ist der Bergwerksbesitzer zur Beobachtung nachstehender Vorschriften verpflichtet:

1. Wird die Leistung aus Zahl und Rauminhalt der Fördergefäße ermittelt, so dürfen auf einer und derselben Grube (Grubenabtheilung) zur Förderung des gewonnenen Minerals nur Fördergefäße von gleichem Rauminhalt benutzt werden. Der Rauminhalt muß vor dem Beginn des Gebrauchs festgestellt und am Fördergefäße selbst dauernd und deutlich ersichtlich gemacht werden.
2. Wird die Leistung aus dem Gewichtsinhalt der Fördergefäße ermittelt, so muß das Leergewicht jedes einzelnen derselben vor dem Beginn des Gebrauchs und später in jedem Betriebsjahr mindestens einmal, sowie nach jeder Reparatur von Neuem festgestellt und am Fördergefäße selbst dauernd und deutlich ersichtlich gemacht werden. Wenn nicht jedes einzelne Fördergefäß abgewogen wird, so müssen auf einer und derselben Grube (Grubenabtheilung) die Fördergefäße gleiche Form und gleichen Rauminhalt besitzen.
3. Aus betriebstechnischen Gründen erforderliche Ausnahmen von diesen Vorschriften bedürfen der Genehmigung der Bergbehörde.

Absatz 2. Der Bergwerksbesitzer ist verpflichtet, die Einrichtungen zu treffen und die Hülfskräfte zu stellen, welche die Bergbehörde zur Ueberwachung der Ausführung vorstehender Bestimmungen erforderlich erachtet.

Absatz 3. Für Waschabgänge, Halden und sonstige beim Absatz der Produkte gegen die Fördermenge sich ergebende Verluste dürfen dem Arbeiter Abzüge von der Arbeitsleistung oder dem Lohne nicht gemacht werden.

§ 80k.

Erfolgt die Lohnberechnung auf Grund abgeschlossener Gedinge, Absatz 1. so ist der Bergwerksbesitzer zur Beobachtung nachstehender Vorschriften verpflichtet:

1. Wird die Leistung aus Zahl und Rauminhalt der Fördergefäße ermittelt, so muß dieser am Fördergefäße selbst dauernd und deutlich ersichtlich gemacht werden.
2. Wird die Leistung aus dem Gewichtsinhalt der Fördergefäße ermittelt, so muß das Leergewicht jedes einzelnen derselben vor dem Beginn des Gebrauchs und später in jedem Betriebsjahre mindestens einmal von Neuem festgestellt und am Fördergefäße selbst dauernd und deutlich ersichtlich gemacht werden.
3. fällt fort.

Der Bergwerksbesitzer ist verpflichtet, die Ein- Absatz 2. richtungen zu treffen und die Hülfskräfte zu stellen, welche die Bergbehörde zur Ueberwachung der Ausführung vorstehender Bestimmungen erforderlich erachtet.

Für Waschabgänge, Halden und sonstige beim Absatz Absatz 3. der Produkte gegen die Fördermenge sich ergebende Verluste dürfen dem Arbeiter Abzüge von der Arbeitsleistung oder dem Lohne nicht gemacht werden. **Ausnahmen hiervon bedürfen der Genehmigung der Bergbehörde.**

§ 81.

Absatz 1. (§ 122.) Das Vertragsverhältniß kann, wenn nicht ein anderes verabredet ist, durch eine jedem Theile freistehende, vierzehn Tage vorher zu erklärende Aufkündigung gelöst werden.

Absatz 2. Werden andere Aufkündigungsfristen vereinbart, so müssen sie für beide Theile gleich sein. Vereinbarungen, welche dieser Bestimmung zuwiderlaufen, sind nichtig.

§ 81.

Unverändert.

§ 82.

Absatz 1. Vor Ablauf der vertragsmäßigen Arbeitszeit und (§ 123.) ohne Aufkündigung können Bergleute entlassen werden:

1. wenn sie bei Abschluß des Arbeitsvertrages den Arbeitgeber durch Vorzeigung falscher oder verfälschter Abkehrscheine, Zeugnisse oder Arbeits-

§ 82.

Unverändert.

Regierungsvorlage. **Beschlüsse der Kommission.**

bücher hintergangen oder ihn über das Bestehen eines anderen, sie gleichzeitig verpflichtenden Arbeitsverhältnisses in einen Irrthum versetzt haben;

2. wenn sie eines Diebstahls, einer Entwendung, einer Unterschlagung, eines Betruges oder eines lüderlichen Lebenswandels sich schuldig machen;

3. wenn sie die Arbeit unbefugt verlassen haben oder sonst den nach dem Arbeitsvertrage ihnen obliegenden Verpflichtungen nachzukommen beharrlich verweigern;

4. wenn sie eine sicherheitspolizeiliche Vorschrift bei der Bergarbeit übertreten oder sich groben Ungehorsams gegen die den Betrieb betreffenden Anordnungen des Bergwerksbesitzers, dessen Stellvertreter oder der ihnen vorgesetzten Beamten schuldig machen;

5. wenn sie sich Thätlichkeiten oder grobe Beleidigungen gegen den Bergwerksbesitzer, dessen Stellvertreter oder die ihnen vorgesetzten Beamten oder gegen die Familienangehörigen derselben zu Schulden kommen lassen;

6. wenn sie einer vorsätzlichen und rechtswidrigen Sachbeschädigung zum Nachtheil des Bergwerksbesitzers, dessen Stellvertreter, der ihnen vorgesetzten Beamten oder eines Mitarbeiters sich schuldig machen;

7. wenn sie die Vertreter des Bergwerksbesitzers, die ihnen vorgesetzten Beamten, die Mitarbeiter oder die Familienangehörigen dieser Personen zu Handlungen verleiten oder zu verleiten versuchen, welche wider die Gesetze oder die guten Sitten verstoßen;

8. wenn sie zur Fortsetzung der Arbeit unfähig oder mit einer abschreckenden Krankheit behaftet sind.

Absatz 2. In den unter Nr. 1 bis 7 gedachten Fällen ist die Entlassung nicht mehr zulässig, wenn die zu Grunde liegenden Thatsachen dem Bergwerksbesitzer oder dessen Stellvertreter länger als eine Woche bekannt sind.

Absatz 3. Inwiefern in den unter Nr. 8 gedachten Fällen dem Entlassenen ein Anspruch auf Entschädigung zustehe, ist nach dem Inhalte des Vertrages und nach den allgemeinen gesetzlichen Vorschriften zu beurtheilen.

§ 83. § 83.

Vor Ablauf der vertragsmäßigen Arbeitszeit und ohne vorhergegangene Aufkündigung können Bergleute die Arbeit verlassen:

1. wenn sie zur Fortsetzung der Arbeit unfähig werden;

2. wenn der Bergwerksbesitzer, dessen Stellvertreter oder die ihnen vorgesetzten Beamten sich Thätlichkeiten oder grobe Beleidigungen gegen die Bergleute oder gegen ihre Familienangehörigen zu Schulden kommen lassen;

3. wenn der Bergwerksbesitzer, dessen Stellvertreter oder Beamte oder Familienangehörige derselben die Bergleute oder deren Familienangehörige zu Handlungen verleiten oder zu verleiten versuchen, oder mit den Familienangehörigen der Bergleute Handlungen begehen, welche wider die Gesetze oder die guten Sitten laufen;

Unverändert.

Regierungsvorlage.   **Beschlüsse der Kommission.**

4. wenn der Bergwerksbesitzer den Bergleuten den schuldigen Lohn nicht in der bedungenen Weise auszahlt, bei Gedingelohn nicht für ihre ausreichende Beschäftigung sorgt, oder wenn er sich widerrechtlicher Uebervortheilungen gegen sie schuldig macht.

Zu Abs. 2. In den unter Nr. 2 gedachten Fällen ist der Austritt aus der Arbeit nicht mehr zulässig, wenn die zu Grunde liegenden Thatsachen dem Arbeiter länger als eine Woche bekannt sind.

§ 83a.

(§ 126 a.) Außer den in den §§ 82 und 83 bezeichneten Fällen kann jeder der beiden Theile aus wichtigen Gründen vor Ablauf der vertragsmäßigen Zeit und ohne Innehaltung der Kündigungsfrist die Aufhebung des Arbeitsverhältnisses verlangen, wenn dasselbe mindestens auf vier Wochen oder wenn eine längere als vierzehntägige Kündigungsfrist vereinbart ist.

§ 83a.

Unverändert.

§ 84.

Zu Abs. 1. Der Bergwerksbesitzer oder dessen Stellvertreter ist verpflichtet, dem abkehrenden großjährigen Bergmanne ein Zeugniß über die Art und Dauer seiner Beschäftigung auszustellen, dessen Unterschrift die Ortspolizeibehörde kosten- und stempelfrei zu beglaubigen hat.

Zu Abs. 2. Auf Verlangen ist dem großjährigen Bergmanne auch ein Zeugniß über seine Führung und seine Leistungen auszustellen.

Zu Abs. 3. Wird die Ausstellung des Zeugnisses verweigert, so fertigt die Ortspolizeibehörde dasselbe auf Kosten des Verpflichteten aus.

Zu Abs. 4. Werden dem abkehrenden Bergmanne in dem Zeugnisse Beschuldigungen zur Last gelegt, welche seine fernere Beschäftigung hindern würden, so kann er auf Untersuchung bei der Ortspolizeibehörde antragen, welche, wenn die Beschuldigung unbegründet befunden wird, unter dem Zeugnisse den Befund ihrer Untersuchung zu vermerken hat.

Zu Abs. 5. Den Arbeitgebern ist untersagt, die Zeugnisse mit Merkmalen zu versehen, welche den Zweck haben, den Arbeiter in einer aus dem Wortlaut des Zeugnisses nicht ersichtlichen Weise zu kennzeichnen.

§ 84.

Der Bergwerksbesitzer oder dessen Stellvertreter ist Zu Abs. 1. verpflichtet, dem abkehrenden großjährigen Bergmanne ein Zeugniß über die Art und Dauer seiner Beschäftigung **und auf Verlangen auch ein Zeugniß über seine Führung und seine Leistungen** auszustellen. Die Unterschrift **dieser Zeugnisse hat** die Ortspolizeibehörde kosten- und stempelfrei zu beglaubigen.

Fällt fort.   Zu Abs. 2.

Wird die Ausstellung des Zeugnisses verweigert, so Zu Abs. 3. fertigt die Ortspolizeibehörde dasselbe auf Kosten des Verpflichteten aus.

Werden dem abkehrenden Bergmanne in dem Zeugnisse Zu Abs. 4. Beschuldigungen zur Last gelegt, welche seine fernere Beschäftigung hindern würden, so kann er auf Untersuchung bei der Ortspolizeibehörde antragen, welche, wenn die Beschuldigung unbegründet befunden wird, unter dem Zeugnisse den Befund ihrer Untersuchung zu vermerken hat.

Den Arbeitgebern ist untersagt, die Zeugnisse mit Zu Abs. 5. Merkmalen zu versehen, welche den Zweck haben, den Arbeiter in einer aus dem Wortlaut des Zeugnisses nicht ersichtlichen Weise zu kennzeichnen.

§ 85.

Bergwerksbesitzer oder deren Stellvertreter dürfen großjährige Arbeiter, von denen ihnen bekannt ist, daß sie schon früher beim Bergbau beschäftigt waren, nicht eher zur Bergarbeit annehmen, bis ihnen von denselben das Zeugniß des Bergwerksbesitzers oder Stellvertreters, bei dem sie zuletzt in Arbeit gestanden, beziehungsweise das Zeugniß der Ortspolizeibehörde (§ 84) vorgelegt ist.

§ 85.

Unverändert.

§ 85a.

Zu Abs. 1. (§ 128.) Minderjährige Arbeiter können beim Abgange ein Zeugniß über die Art und Dauer ihrer Beschäftigung fordern, dessen Unterschrift die Ortspolizeibehörde kosten- und stempelfrei zu beglaubigen hat.

Zu Abs. 2. Dieses Zeugniß ist auf Verlangen der Arbeiter auch auf ihre Führung und ihre Leistungen auszudehnen.

Zu Abs. 3. Auf die Ausstellung dieses Zeugnisses finden die Absätze 3, 4 und 5 des § 84 entsprechende Anwendung.

§ 85a.

Unverändert.

Regierungsvorlage.	Beschlüsse der Kommission.

Artikel 1. Der Vater oder Vormund des Minderjährigen kann die Ausstellung des Zeugnisses fordern, auch verlangen, daß dasselbe nicht an den Minderjährigen, sondern an ihn ausgehändigt werde. Mit Genehmigung der Gemeindebehörde des Arbeitsortes kann auch gegen den Willen des Vaters oder Vormundes die Aushändigung unmittelbar an den Arbeiter erfolgen.

§ 85 b.

(§ 107.) Minderjährige Personen dürfen auf den den Bestimmungen dieses Gesetzes unterworfenen Anlagen als Arbeiter nur beschäftigt werden, wenn sie mit einem Arbeitsbuche versehen sind. Bei der Annahme solcher Arbeiter hat der Bergwerksbesitzer das Arbeitsbuch einzufordern. Er ist verpflichtet, dasselbe zu verwahren, auf amtliches Verlangen vorzulegen und nach rechtmäßiger Lösung des Arbeitsverhältnisses wieder auszuhändigen. Die Aushändigung erfolgt an den Vater oder Vormund, sofern diese es verlangen, oder der Arbeiter das sechzehnte Lebensjahr noch nicht vollendet hat, anderenfalls an den Arbeiter selbst. Mit Genehmigung der Gemeindebehörde des im § 85 c bezeichneten Ortes kann die Aushändigung des Arbeitsbuches auch an die Mutter oder einen sonstigen Angehörigen oder unmittelbar an den Arbeiter erfolgen.

§ 85 b.

Unverändert.

§ 85 c.

(§ 108.) Das Arbeitsbuch wird dem Arbeiter durch die Polizeibehörde desjenigen Ortes, an welchem er zuletzt seinen dauernden Aufenthalt gehabt hat, wenn aber ein solcher innerhalb des Staatsgebiets nicht stattgefunden hat, von der Polizeibehörde des von ihm zuerst erwählten Arbeitsortes kosten- und stempelfrei ausgestellt. Die Ausstellung erfolgt auf Antrag oder mit Zustimmung des Vaters oder Vormundes; ist die Erklärung des Vaters nicht zu beschaffen, oder verweigert der Vater die Zustimmung ohne genügenden Grund und zum Nachtheile des Arbeiters, so kann die Gemeindebehörde die Zustimmung desselben ergänzen. Vor der Ausstellung ist nachzuweisen, daß der Arbeiter zum Besuche der Volksschule nicht mehr verpflichtet ist, und glaubhaft zu machen, daß bisher ein Arbeitsbuch für ihn noch nicht ausgestellt war.

§ 85 c.

Unverändert.

§ 85 d.

Artikel 1. (§ 109.) Wenn das Arbeitsbuch vollständig ausgefüllt oder nicht mehr brauchbar, oder wenn es verloren gegangen oder vernichtet ist, so wird an Stelle desselben ein neues Arbeitsbuch ausgestellt. Die Ausstellung erfolgt durch die Polizeibehörde desjenigen Ortes, an welchem der Inhaber des Arbeitsbuches zuletzt seinen dauernden Aufenthalt gehabt hat. Das ausgefüllte oder nicht mehr brauchbare Arbeitsbuch ist durch einen amtlichen Vermerk zu schließen.

Artikel 2. Wird das neue Arbeitsbuch an Stelle eines nicht mehr brauchbaren, eines verloren gegangenen oder vernichteten Arbeitsbuches ausgestellt, so ist dies darin zu vermerken. Für die Ausstellung kann in diesem Falle eine Gebühr bis zu fünfzig Pfennig erhoben werden.

§ 85 d.

Unverändert.

§ 85 e.

Artikel 1. (§ 110.) Das Arbeitsbuch (§ 85 b) muß den Namen des Arbeiters, Ort, Jahr und Tag seiner Geburt, Namen und letzten Wohnort seines Vaters oder Vormundes und die Unterschrift des Arbeiters enthalten. Die Ausstellung

§ 85 e.

Unverändert.

Regierungsvorlage.	Beschlüsse der Kommission.

erfolgt unter dem Siegel und der Unterschrift der Behörde. Letztere hat über die von ihr ausgestellten Arbeitsbücher ein Verzeichniß zu führen.

Abs. 4. Die Einrichtung der Arbeitsbücher wird durch den Minister für Handel und Gewerbe bestimmt.

§ 85 f.

Abs. 1. Bei dem Eintritt des Arbeiters in das Arbeits-
(§ 111.) verhältniß hat der Bergwerksbesitzer an der dafür bestimmten Stelle des Arbeitsbuches die Zeit des Eintritts und die Art der Beschäftigung, am Ende des Arbeitsverhältnisses die Zeit des Austritts und, wenn die Beschäftigung Aenderungen erfahren hat, die Art der letzten Beschäftigung des Arbeiters einzutragen.

Abs. 2. Die Eintragungen sind mit Tinte zu bewirken und von dem Bergwerksbesitzer oder dem dazu bevollmächtigten Betriebsleiter zu unterzeichnen.

Abs. 3. Die Eintragungen dürfen nicht mit einem Merkmal versehen sein, welches den Inhaber des Arbeitsbuches günstig oder nachtheilig zu kennzeichnen bezweckt.

Abs. 4. Die Eintragung eines Urtheils über die Führung oder die Leistungen des Arbeiters und sonstige durch dieses Gesetz nicht vorgesehene Eintragungen oder Vermerke in oder an dem Arbeitsbuche sind unzulässig.

§ 85 g.

(§ 112.) Ist das Arbeitsbuch bei dem Bergwerksbesitzer unbrauchbar geworden, verloren gegangen oder vernichtet oder sind von dem Bergwerksbesitzer unzulässige Merkmale, Eintragungen oder Vermerke in oder an dem Arbeitsbuche gemacht, oder wird von dem Bergwerksbesitzer ohne rechtmäßigen Grund die Aushändigung des Arbeitsbuches verweigert, so kann die Ausstellung eines neuen Arbeitsbuches auf Kosten des Bergwerksbesitzers beansprucht werden. Ein Bergwerksbesitzer, welcher das Arbeitsbuch seiner gesetzlichen Verpflichtung zuwider nicht rechtzeitig ausgehändigt oder die vorschriftsmäßigen Eintragungen zu machen unterlassen oder unzulässige Merkmale, Eintragungen oder Vermerke gemacht hat, ist dem Arbeiter entschädigungspflichtig. Der Anspruch auf Entschädigung erlischt, wenn er nicht innerhalb vier Wochen nach seiner Entstehung im Wege der Klage oder Einrede geltend gemacht ist.

§ 85 h.

(§ 114.) Auf Antrag des Minderjährigen, seines Vaters oder Vormundes hat die Ortspolizeibehörde die Eintragung in das Arbeitsbuch kosten- und stempelfrei zu beglaubigen.

§ 86.

Abs. 1. Bergwerksbesitzer, welche einen Bergmann verleiten,
(§ 145.) vor rechtmäßiger Beendigung des Arbeitsverhältnisses die Arbeit zu verlassen, sind dem früheren Arbeitgeber für den entstandenen Schaden als Selbstschuldner mitverhaftet. In gleicher Weise haftet der Bergwerksbesitzer, welcher einen Bergmann annimmt, von dem er weiß, daß derselbe einem anderen Arbeitgeber zur Arbeit noch verpflichtet ist.

Abs. 2. In dem im vorstehenden Absatze bezeichneten Umfange ist auch derjenige Bergwerksbesitzer mitverhaftet, welcher einen Bergmann, von dem er weiß, daß derselbe einem anderen Arbeitgeber zur Arbeit noch verpflichtet ist, während der Dauer dieser Verpflichtung in der Beschäftigung behält, sofern nicht seit der unrechtmäßigen Lösung des Arbeitsverhältnisses bereits vierzehn Tage verflossen sind.

	§ 85 f.
	Unverändert.
	§ 85 g.
	Unverändert.
	§ 85 h.
	Unverändert.
	§ 86.
	Unverändert.

Regierungsvorlage.   **Beschlüsse der Kommission.**

§ 87.   § 87.

Absatz 1. (§ 140.) Die Bergwerksbesitzer sind verpflichtet, ihren Arbeitern unter achtzehn Jahren, welche eine von der Gemeindebehörde oder vom Staate als Fortbildungsschule anerkannte Unterrichtsanstalt besuchen, hierzu die erforderlichenfalls von der Bergbehörde festzusetzende Zeit zu gewähren. An Sonntage darf der Unterricht nur stattfinden, wenn die Unterrichtsstunden so gelegt werden, daß die Schüler nicht gehindert werden, den Hauptgottesdienst oder einen mit Genehmigung der kirchlichen Behörden für sie eingerichteten besonderen Gottesdienst ihrer Konfession zu besuchen. Ausnahmen von dieser Bestimmung kann der Minister für Handel und Gewerbe für bestehende Fortbildungsschulen, zu deren Besuch keine Verpflichtung besteht, bis zum 1. Oktober 1894 gestatten.

Unverändert.

Absatz 2. Als Fortbildungsschulen im Sinne dieser Bestimmungen gelten auch Anstalten, in welchen Unterricht in weiblichen Hand- und Hausarbeiten ertheilt wird.

Absatz 3. Durch statutarische Bestimmung einer Gemeinde oder eines weiteren Kommunalverbandes, welche nach Maßgabe des § 142 der Gewerbeordnung erlassen wird, kann mit Zustimmung des Oberbergamts für männliche Arbeiter unter achtzehn Jahren die Verpflichtung zum Besuche einer Fortbildungsschule begründet werden. Auf demselben Wege können die zur Durchführung dieser Verpflichtung erforderlichen Bestimmungen getroffen werden. Insbesondere können durch statutarische Bestimmung die zur Sicherung eines regelmäßigen Schulbesuchs den Schulpflichtigen sowie deren Eltern, Vormündern und Arbeitgebern obliegenden Verpflichtungen bestimmt und diejenigen Vorschriften erlassen werden, durch welche die Ordnung in der Fortbildungsschule und ein gebührliches Verhalten der Schüler gesichert wird. Von der durch statutarische Bestimmung begründeten Verpflichtung zum Besuch einer Fortbildungsschule sind diejenigen befreit, welche eine andere Fortbildungs- oder Fachschule (Steigerschule, Bergvorschule, Bergschule) besuchen, sofern der Unterricht dieser Schule von dem Oberbergamt als ausreichender Ersatz des durch statutarische Bestimmung geregelten Fortbildungsschulunterrichts anerkannt wird.

§ 88.   § 88.

Absatz 1. (§ 183 a.) Das Dienstverhältniß der von den Bergwerksbesitzern gegen feste Bezüge zur Leitung und Beaufsichtigung des Betriebes nach Maßgabe der §§ 73 und 74 angenommenen oder dauernd mit höheren technischen Dienstleistungen betrauten Personen (Maschinen- und Bautechniker, Chemiker, Zeichner und dergleichen) kann, wenn nicht etwas Anderes verabredet ist, von jedem Theile mit Ablauf jedes Kalendervierteljahres nach sechs Wochen vorher erklärter Aufkündigung aufgehoben werden.

Unverändert.

Absatz 2. (§ 188 b.) Jeder der beiden Theile kann vor Ablauf der vertragsmäßigen Zeit und ohne Innehaltung einer Kündigungsfrist die Aufhebung des Dienstverhältnisses verlangen, wenn ein wichtiger, nach den Umständen des Falles die Aufhebung rechtfertigender Grund vorliegt.

§ 89.   § 89.

Absatz 1. (§ 138 c.) Gegenüber den im § 88 bezeichneten Personen kann die Aufhebung des Dienstverhältnisses insbesondere verlangt werden:

Unverändert.

1. wenn sie beim Abschluß des Dienstvertrages den Bergwerksbesitzer durch Vorbringen falscher oder verfälschter Zeugnisse hintergangen oder ihn über

das Bestehen eines anderen sie gleichzeitig verpflichtenden Dienstverhältnisses in einen Irrthum versetzt haben;
2. wenn sie im Dienste untreu sind oder das Vertrauen mißbrauchen;
3. wenn sie ihren Dienst unbefugt verlassen oder den nach dem Dienstvertrage ihnen obliegenden Verpflichtungen nachzukommen beharrlich verweigern;
4. wenn sie eine sicherheitspolizeiliche Vorschrift bei der Leitung oder Beaufsichtigung der Bergarbeit übertreten oder wenn ihnen durch die Bergbehörde die Befähigung zum Aufsichtsbeamten aberkannt ist;
5. wenn sie durch anhaltende Krankheit oder durch eine längere Freiheitsstrafe oder Abwesenheit an der Verrichtung ihrer Dienste verhindert werden;
6. wenn sie sich Thätlichkeiten oder Ehrverletzungen gegen den Bergwerksbesitzer oder seine Vertreter zu Schulden kommen lassen;
7. wenn sie sich einem unsittlichen Lebenswandel ergeben.

Abs. 2. In dem Falle zu 5 bleibt der Anspruch auf die vertragsmäßigen Leistungen des Bergwerksbesitzers für die Dauer von sechs Wochen in Kraft, wenn die Verrichtung der Dienste durch unverschuldetes Unglück verhindert worden ist. Jedoch mindern sich die Ansprüche in diesem Falle um denjenigen Betrag, welcher dem Berechtigten aus einer auf Grund gesetzlicher Verpflichtung bestehenden Kranken- oder Unfallversicherung oder aus einer Knappschaftskasse zukommt.

§ 90.

(§ 100 d.) Die im § 88 bezeichneten Personen können die Aufhebung des Dienstverhältnisses insbesondere verlangen:
1. wenn der Bergwerksbesitzer oder seine Stellvertreter sich Thätlichkeiten oder Ehrverletzungen gegen sie zu Schulden kommen lassen;
2. wenn der Bergwerksbesitzer die vertragsmäßigen Leistungen nicht gewährt;
3. wenn der Bergwerksbesitzer oder dessen Stellvertreter Anordnungen ergehen läßt, welche gegen den Betriebsplan oder gegen sicherheitspolizeiliche Vorschriften verstoßen, oder wenn er die Mittel zur Ausführung der von der Bergbehörde getroffenen polizeilichen Anordnungen verweigert.

§ 90.

Unverändert.

§ 91.

(§ 100 e.) Unter den im § 86 aufgestellten Voraussetzungen tritt die daselbst bestimmte Haftung des Bergwerksbesitzers auch für den Fall ein, wenn die im § 88 bezeichneten Personen zur Aufgabe des Dienstverhältnisses verleitet, in Dienst genommen oder im Dienst behalten werden.

§ 91.

Unverändert.

§ 92.

Die wegen Uebertretungen der §§ 84 Absatz 5, 85 und 85 f Absatz 3 festgesetzten Geldstrafen fließen zu der Knappschaftskasse, welcher das betreffende Werk angehört.

§ 92.

Unverändert.

Anl. z. d. Verhandl. d. Hauses d. Abg. 17. Legisl. IV. Session 1892.

Regierungsvorlage. **Beschlüsse der Kommission.**

§ 93.

Auf jedem Bergwerke ist über die daselbst beschäftigten Arbeiter eine Liste zu führen, welche die Vor- und Zunamen, das Geburtsjahr, den Wohnort, den Tag des Dienstantritts und der Entlassung sowie das Datum des letzten Arbeitszeugnisses enthält.
Die Liste muß der Bergbehörde auf Verlangen vorgelegt werden.

§ 93.

Unverändert.

B. Betreffend die Befugnisse der Bergbehörden.

Artikel II.

An Stelle des § 77 im Allgemeinen Berggesetze tritt folgende Bestimmung:

„Dieselben sind verpflichtet, die Bergbeamten, welche im Dienste das Bergwerk befahren, zu begleiten und denselben auf Erfordern Auskunft über den Betrieb, über die Ausführung der Arbeitsordnung und über alle sonstigen, der Aufsicht der Bergbehörde unterliegenden Gegenstände zu ertheilen."

Artikel III.

Der 2. Absatz des § 189 erhält folgende Fassung:
„Sie handhaben insbesondere die Bergpolizei nach Vorschrift des Gesetzes. In Beziehung auf die ihrer Aufsicht unterworfenen Anlagen und Betriebe stehen ihnen, insbesondere bei der Ueberwachung der Ausführung dieses Gesetzes, die Befugnisse und Obliegenheiten der im § 139b der Reichsgewerbeordnung bezeichneten Aufsichtsbeamten zu."

Artikel IV.

In § 196 wird hinter den Worten:
„die Sicherheit des Lebens und der Gesundheit der Arbeiter," folgender Absatz eingeschaltet:
„die Aufrechterhaltung der guten Sitten und des Anstandes durch die Einrichtung des Betriebes."

Artikel V.

Der Absatz 1 des § 197 erhält folgenden Zusatz:
„Insbesondere können die Oberbergämter, wenn durch übermäßige Dauer der täglichen Arbeitszeit die Gesundheit der Arbeiter gefährdet wird, Dauer, Beginn und Ende der täglichen Arbeitszeit und der zu gewährenden Pausen vorschreiben und die zur Durchführung dieser Vorschriften erforderlichen Anordnungen erlassen."

Artikel VI.

1. Der § 192 erhält folgenden Absatz 2:
„Widersprechen Verfügungen oder Beschlüsse des Revierbeamten oder des Oberbergamts den von

B. Betreffend die Befugnisse der Bergbehörden.

Artikel II.

Unverändert.

Artikel III.

Unverändert.

Artikel IV.

Unverändert.

Artikel V.

Der Absatz 1 des § 197 erhält folgenden Zusatz:
„Für solche Betriebe, in welchen durch übermäßige Dauer der täglichen Arbeitszeit die Gesundheit der Arbeiter gefährdet wird, können die Oberbergämter Dauer, Beginn und Ende der täglichen Arbeitszeit und der zu gewährenden Pausen vorschreiben und die zur Durchführung dieser Vorschriften erforderlichen Anordnungen erlassen."

Artikel VI.

Unverändert.

Regierungsvorlage.

der zuständigen Berufsgenossenschaft erlassenen Vorschriften zur Verhütung von Unfällen, so ist zur Einlegung des Rekurses binnen der vorstehend bezeichneten Frist auch der Vorstand der Berufsgenossenschaft oder Berufsgenossenschaftssektion befugt."

2. Der § 197 erhält folgenden Absatz 3:

„Vor dem Erlaß von Polizeiverordnungen, welche sich auf die Sicherheit des Lebens und der Gesundheit der Arbeiter und auf die Aufrechterhaltung der guten Sitten und des Anstandes im Betriebe beziehen, ist dem Vorstande der betheiligten Berufsgenossenschaft oder Berufsgenossenschaftssektion Gelegenheit zu einer gutachtlichen Aeußerung zu geben. Auf diese finden die Bestimmungen des § 79 Absatz 1 des Unfallversicherungsgesetzes vom 6. Juli 1884 (Reichsgesetzbl. S. 69) Anwendung."

Artikel VII.

Der § 202 erhält folgenden Absatz 2:

„Im gleichen Falle, sowie wenn der Bergwerksbesitzer einer auf Grund des § 197 ergangenen Polizeiverordnung zuwiderhandelt, kann der Revierbeamte bis zur Herstellung des der Verordnung oder der Verfügung entsprechenden Zustandes die Einstellung des Betriebes, soweit derselbe durch die Verordnung oder Verfügung getroffen wird, anordnen, falls dessen Fortsetzung erhebliche Nachtheile oder Gefahren herbeizuführen geeignet sein würde."

C. Straf- und Schlußbestimmungen.

Artikel VIII.

Der dritte Abschnitt des neunten Titels im Allgemeinen Berggesetze vom 24. Juni 1865 erhält folgende Fassung:

Dritter Abschnitt.

Strafbestimmungen.

§ 207.

Uebertretungen der Vorschriften in den §§ 4, 10, 66, 67, 69, 71, 72, 73, 74, 77, 93, 163, 200, 201, 203, 204, 205 werden mit Geldstrafe bis zu einhundertfünfzig Mark und im Unvermögensfalle mit Haft bestraft.

In den Fällen der §§ 67 und 69, sowie 73 und 74 tritt diese Strafe auch dann ein, wenn auf Grund der §§ 70 und 75 der Betrieb von der Bergbehörde eingestellt wird.

§ 207 a.

Mit Geldstrafe bis zu zweitausend Mark und im Unvermögensfalle mit Gefängniß bis zu sechs Monaten werden Bergwerksbesitzer bestraft, welche den §§ 84 Absatz 5 und 85 f Absatz 3 zuwiderhandeln.

Beschlüsse der Kommission.

Artikel VII.

Fällt fort.

C. Straf- und Schlußbestimmungen.

Artikel VIII.

Unverändert.

Dritter Abschnitt.

Strafbestimmungen.

§ 207.

Unverändert.

§ 207 a.

Unverändert.

Regierungsvorlage.	Beschlüsse der Kommission.

§ 207 b.

Mit Geldstrafe bis zu dreihundert Mark und im Unvermögensfalle mit Haft wird bestraft, wer ein Bergwerk betreibt, für welches eine Arbeitsordnung (§ 80a) nicht besteht, oder wer der endgültigen Anordnung der Behörde wegen Ersetzung oder Abänderung der Arbeitsordnung (§ 80b) nicht nachkommt.

§ 207 b.

Unverändert.

§ 207 c.

Mit Geldstrafe bis zu einhundertfünfzig Mark und im Unvermögensfalle mit Haft bis zu vier Wochen wird bestraft:
1. wer der Bestimmung des § 80e Absatz 2 zuwider gegen Arbeiter Strafen verhängt, welche in der Arbeitsordnung nicht vorgesehen sind oder den gesetzlich zulässigen Betrag übersteigen, oder wer Strafgelder, Lohnabzüge, (§ 80b Nr. 3) oder die in § 80b Nr. 6 bezeichneten Beträge in einer in der Arbeitsordnung nicht vorgesehenen Weise verwendet;
2. wer es unterläßt, den durch die §§ 80c Absatz 2, 80g Absatz 1, 80i und 80k für ihn begründeten Verpflichtungen nachzukommen.

§ 207 c.

Unverändert.

§ 207 d.

Mit Geldstrafe bis zu dreißig Mark und im Unvermögensfalle mit Haft bis zu acht Tagen wird bestraft, wer es unterläßt, der durch § 80g Absatz 2 für ihn begründeten Verpflichtung nachzukommen.

§ 207 d.

Unverändert.

§ 207 e.

Mit Geldstrafe bis zu zwanzig Mark und im Unvermögensfalle mit Haft bis zu drei Tagen für jeden Fall der Verletzung des Gesetzes wird bestraft:
1. wer den Bestimmungen der §§ 85 und 85 b bis 85 g zuwider einen Arbeiter in Beschäftigung nimmt oder behält;
2. wer außer dem im § 207 a vorgesehenen Falle den Bestimmungen dieses Gesetzes in Ansehung der Arbeitsbücher zuwiderhandelt;
3. wer vorsätzlich ein auf seinen Namen ausgestelltes Arbeitsbuch unbrauchbar macht oder vernichtet;
4. wer den Bestimmungen des § 87 Absatz 1 oder einer auf Grund des § 87 Absatz 3 erlassenen statutarischen Bestimmung zuwiderhandelt;
5. wer es unterläßt, den durch § 80e Absatz 3 für ihn begründeten Verpflichtungen nachzukommen.

§ 207 e.

Unverändert.

§ 208.

Zuwiderhandlungen gegen die von den Bergbehörden bereits erlassenen, sowie die von den Oberbergämtern auf Grund des § 197 noch zu erlassenden Bergpolizeiverordnungen werden mit Geldstrafe bis zu dreihundert Mark und im Unvermögensfalle mit Haft bestraft.

Dieselbe Strafe findet bei Zuwiderhandlungen gegen die auf Grund der §§ 198 und 199 getroffenen polizeilichen Anordnungen Anwendung.

Die Strafe tritt auch ein, wenn der Betrieb auf Grund des § 202 Absatz 2 von der Bergbehörde eingestellt wird.

§ 208.

Zuwiderhandlungen gegen die von den Bergbehörden bereits erlassenen, sowie die von den Oberbergämtern auf Grund des § 197 noch zu erlassenden Bergpolizeiverordnungen werden mit Geldstrafe bis zu dreihundert Mark und im Unvermögensfalle mit Haft bestraft.

Dieselbe Strafe findet bei Zuwiderhandlungen gegen die auf Grund der §§ 198 und 199 getroffenen polizeilichen Anordnungen Anwendung.

Fällt fort.

Regierungsvorlage. **Beschlüsse der Kommission.**

§ 209.

Zu § 1. Ueber die Zuwiderhandlungen gegen die vorstehenden Vorschriften (§ 207, § 207 a bis 207 e, § 208) sind von den Revierbeamten Protokolle aufzunehmen.

Zu § 2. Diese Protokolle werden der Staatsanwaltschaft zur Verfolgung übergeben.

Zu § 3. Die Entscheidung steht den ordentlichen Gerichten zu. Dieselben haben hierbei nicht die Nothwendigkeit oder Zweckmäßigkeit, sondern nur die gesetzliche Gültigkeit der von den Bergbehörden erlassenen polizeilichen Vorschriften zu prüfen.

§ 209 a.

Die Strafverfolgung der in den §§ 207 b und 208 mit Strafe bedrohten Handlungen verjährt innerhalb drei Monaten von dem Tage an gerechnet, an welchem sie begangen sind.

Artikel IX.

Dieses Gesetz tritt am 1. Juli 1892 in Kraft. Mit der Ausführung desselben wird der Minister für Handel und Gewerbe beauftragt.

Die Oberbergämter sind ermächtigt, den Bergwerksbesitzern auf Antrag angemessene Fristen, längstens bis zum 1. Januar 1893, behufs Herstellung der zur Durchführung des § 80 k Absatz 1 erforderlichen Einrichtungen zu gewähren.

Urkundlich ꝛc.

§ 209.

Unverändert.

§ 209 a.

Unverändert.

Artikel IX.

Dieses Gesetz tritt am 1. Januar 1893 in Kraft. Mit der Ausführung desselben wird der Minister für Handel und Gewerbe beauftragt.

Die Oberbergämter sind ermächtigt, den Bergwerksbesitzern auf Antrag angemessene Fristen, längstens bis zum 1. Juli 1893, behufs Herstellung der zur Durchführung des § 80 k Absatz 1 erforderlichen Einrichtungen zu gewähren.

Urkundlich ꝛc.

Resolution.

Die Königliche Staatsregierung zu ersuchen, den Erlaß eines Gesetzes in Erwägung zu nehmen, durch welches Bestimmungen des Allgemeinen Berggesetzes vom 24. Juni 1865, namentlich diejenigen über die Bergleute, die Bergbehörden und die Bergpolizei
    auf den Eisenerzbergbau im Herzogthum Schlesien,
    auf den Salzbergbau im vormaligen Königreich Hannover,
    nöthigenfalls auch auf sonstige unterirdisch betriebene Brüche
ausgedehnt werden.

**Anlage
zum Bericht der XIV. Kommission.**

Arbeitsordnung.

I. Arbeitsvertrag.

§ 1.

Die Annahme, Kündigung und Entlassung der Arbeiter erfolgt durch den Betriebsführer. Jeder Arbeiter hat bei der Annahme seine Ausweispapiere bei dem Betriebsführer zu hinterlegen.

§ 2.

Der Arbeitsvertrag kann von jedem Theile mit Ablauf eines jeden Monats nach vorgängiger 14tägiger Kündigung aufgehoben werden.

§ 3.

Vor Ablauf der vertragsmäßigen Arbeitszeit und ohne vorhergegangene Kündigung können Arbeiter entlassen werden:
1. wenn sie beim Abschluß des Arbeitsvertrages den Betriebsführer durch Vorzeigung falscher oder verfälschter Ausweispapiere oder Zeugnisse hintergangen oder ihn über das Bestehen eines anderen, sie gleichzeitig verpflichtenden Arbeitsverhältnisses in einen Irrthum versetzt haben;
2. wenn sie eines Diebstahls, einer Veruntreuung, eines liederlichen Lebenswandels, groben Ungehorsams oder beharrlicher Widerspenstigkeit sich schuldig machen;
3. wenn sie eine sicherheitspolizeiliche Strafvorschrift bei der Bergarbeit übertreten;
4. wenn sie sich Thätlichkeiten oder Schmähungen gegen den Bergwerksbesitzer, dessen Stellvertreter oder die ihnen vorgesetzten Beamten erlauben;
5. wenn sie zur Fortsetzung der Arbeit unfähig geworden oder mit einer ekelhaften Krankheit behaftet sind;
6. wenn sie ohne Einwilligung des Betriebsführers 3 oder mehr aufeinander folgende Schichten von der Arbeit ausbleiben. Ein ausgebliebener Arbeiter wird aus der Liste der Arbeiter gestrichen und ist damit entlassen; er erhält einen Abkehrschein nur auf besonderes Verlangen. Seine Weiterbeschäftigung ist nur dann zulässig, wenn er von neuem wieder angenommen wird.

In den unter Nr. 1 bis 4 bezeichneten Fällen ist die Entlassung ohne Aufkündigung nicht mehr zulässig, wenn die zu Grunde liegenden Thatsachen dem Betriebsführer länger als eine Woche bekannt sind.

§ 4.

Vor Ablauf der vertragsmäßigen Arbeitszeit und ohne vorhergegangene Kündigung können Arbeiter die Arbeit verlassen:
1. wenn sie zur Fortsetzung der Arbeit unfähig werden;
2. wenn der Bergwerksbesitzer oder dessen Stellvertreter sich thätlich an ihnen vergreift;
3. wenn er ihnen den versprochenen Lohn oder die sonstigen Gegenleistungen ohne genügende Veranlassung vorenthält;
4. wenn er ihnen im Falle der vollständigen oder theilweisen Unterbrechung des Betriebes 3 oder mehr aufeinander folgende Schichten keine Arbeit geben kann.

In den unter Nr. 2 und 3 bezeichneten Fällen ist der Austritt aus der Arbeit ohne Aufkündigung nicht mehr zulässig, wenn die zu Grunde liegenden Thatsachen dem Arbeiter länger als eine Woche bekannt sind.

§ 5.

Wenn die Zeche einen Arbeiter ohne Innehaltung der vertragsmäßigen Kündigungsfrist in anderen als den im § 3 bezeichneten Fällen entläßt, so hat sie den für jeden Arbeitstag vom Tage der Entlassung an bis zu demjenigen Tage, an welchem die Entlassung vertragsmäßig erfolgen konnte, jedoch höchstens für 6 Arbeitstage, einen Schadensersatz zu zahlen, welcher für den Arbeitstag gleich dem für die Beiträge zur Krankenkasse und für das Krankengeld maßgebenden Tagelohn zu berechnen ist. Auf weiteren Schadensersatz für die Entlassung vor Ablauf der Kündigungsfrist hat der Arbeiter keinen Anspruch.

Der Betrag dieses Schadensersatzes fällt dem Arbeiter eigenthümlich zu, steht rechtlich dem verdienten rückständigen Lohne gleich und kann ebenso wie dieser eingeklagt werden.

§ 6.

Wenn ein Arbeiter ohne Innehaltung der vertragsmäßigen Kündigungsfrist in anderen als den im § 4 bezeichneten Fällen die Arbeit verläßt oder ausbleibt (§ 3 Nr. 6), so hat er für jeden Arbeitstag vom Tage des Wegbleibens an bis zu demjenigen Tage, an welchem der Abkehr vertragsmäßig erfolgen konnte, jedoch höchstens für 6 Arbeitstage einen Schadensersatz zu zahlen, welcher für den Arbeitstag gleich dem für die Beiträge zur Krankenkasse und für das Krankengeld maßgebenden Tagelohn zu berechnen ist. Zu einem weiteren Schadensersatz wegen Wegbleibens ist der Arbeiter nicht verpflichtet.

Der Betrag des Schadensersatzes ist ohne vorgängiges Verfahren vor dem ordentlichen Gericht oder vor dem Gewerbegericht, von dem rückständigen Lohne zu Gunsten der Zeche einzuziehen.

II. Schichtzeit.

§ 7.

Die Dauer einer Schicht beträgt in der Regel:
1. für die Arbeiter unter Tage 8 Stunden von Beendigung der Seilfahrt bis Wiederbeginn derselben;
2. für die Arbeiter über Tage 12 Stunden einschließlich 2 Stunden Ruhepause.

Für die jugendlichen Arbeiter gelten die gesetzlichen Bestimmungen.

§ 8.

Beginn und Schluß der Schicht sowie die Ein- und Ausfahrzeiten für die unterirdisch beschäftigten Arbeiter werden durch den Betriebsführer festgesetzt.

§ 9.

Bei vorhandener Gefahr für das Leben von Arbeitern oder für die Sicherheit und die ungestörte Unterhaltung des Betriebes ist jeder Arbeiter verpflichtet, sobald er von seinem Vorgesetzten dazu aufgefordert wird, länger als die regelmäßige Schichtzeit zu arbeiten.

§ 10.

Wollen einzelne Arbeiter freiwillig über ihre Schichtzeit hinaus arbeiten oder ihre Schicht verwechseln, so bedürfen sie dazu der vorher eingeholten Erlaubniß ihres nächsten Vorgesetzten.

§ 11.

Bei der Lohnberechnung werden nur diejenigen Schichten berücksichtigt, welche auf Grund persönlicher und rechtzeitiger Empfangnahme und Wiederabgabe der Kontrolmarke von dem Markenaufseher angeschrieben sind.

Für einzelne Betriebszweige kann ein besonderes Vermerken der Schichten angeordnet werden.

III. Lohnberechnung.

§ 12.

Der Lohn wird entweder nach Schichtlohn oder nach Gedinge berechnet, welche zwischen Betriebsführer und Arbeiter vereinbart werden.

Eine Herabsetzung des Gedinges bei gleichbleibenden Verhältnissen, oder eine Herabsetzung der Schichtlöhne muß den Arbeitern so frühzeitig mitgetheilt werden, daß sie in der Lage sind, von ihrem Kündigungsrechte Gebrauch zu machen.

Tritt eine wesentliche Aenderung in der Beschaffenheit des Gesteins oder des Flözverhaltens ein, so kann beiderseits eine sofortige Abänderung des Gedinges, jedoch ohne rückwirkende Kraft verlangt werden.

§ 13.

Der Betriebsführer und jeder Ortsälteste können verlangen, daß ein Gedinge schriftlich festgestellt wird und daß zwei Ausfertigungen von allen Betheiligten unterschrieben werden.

§ 14.

Im Falle der vollständigen oder theilweisen Unterbrechung des Betriebes wegen Störungen, Mangel an Absatz oder aus anderen Gründen haben die davon betroffenen Arbeiter keinen Anspruch auf Lohn; wenn jedoch eine solche Unterbrechung drei oder mehr aufeinander folgende Tage dauert, so können die betreffenden Arbeiter gemäß § 4 Nr. 4 die sofortige Entlassung beanspruchen.

§ 15.

Wenn der Lohn sich ganz oder theilweise nach der Menge der vor einer Arbeit gewonnenen und zu Tage geschickten Kohlen richtet, so gilt als Einheit der Inhalt der vorhandenen Förderwagen bei vorschriftsmäßiger Beladung.

Treten in dem Rauminhalt dieser Wagen Veränderungen ein, so sind diese dem Arbeiter bekannt zu geben und bei der Lohnfestsetzung zu berücksichtigen.

§ 16.

Regel- oder vorschriftswidrig oder unvollständig ausgeführte Arbeiten werden nicht abgenommen. Wenn die betreffenden Arbeiter die gerügten Mängel nicht unverzüglich selbst beseitigen, so kann der Betriebsführer dieses auf Kosten der Säumigen unter Anrechnung auf deren Lohn thun lassen, unbeschadet etwaiger Schadenersatzansprüche.

IV. Lohnauszahlung.

§ 17.

Die Gedingeabnahme erfolgt am Monatsschluß. Der in jedem Monat verdiente Lohn wird am nächsten Lohntage in der zweiten Hälfte des folgenden Monats ausbezahlt, jedoch ist an diejenigen Arbeiter, welche sich rechtzeitig bei ihrem nächsten Vorgesetzten melden, ein Abschlag bis zur Hälfte des Lohnes innerhalb der ersten Hälfte des gedachten Monats zu zahlen.

Anfang Januar jeden Jahres werden die Lohn- und Abschlagstage jedes Monats durch Lauenanschlag bekannt gemacht.

Bei der Lohnzahlung werden in Abzug gebracht:

1. die Pfennige, welche bei Ermittelung des aufzuzahlenden Restlohnes über die Zehner hinausgehen und der einfacheren Auslöhnung wegen nicht ausgezahlt werden.
2. die Beiträge zur Knappschaftskasse oder sonstigen Kassen gemäß gesetzlicher Bestimmungen;
3. ein den durchschnittlichen Selbstkosten entsprechender Betrag für die von der Zeche gelieferten Sprengmaterialien, Geleuchte, und für verlorene, vorsätzlich oder fahrlässig verdorbene Gezähe, Lampen und Werkzeuge, die von der Zeche geliefert und unterhalten werden, für deren Aufbewahrung und sachgemäße Verwendung aber jeder Arbeiter selbst verantwortlich ist;
4. die Miethe für von der Zeche gelieferte Wohnung und Landnutzung, sowie die Beträge für verabfolgte Feuerung, Beköstigung und Lebensmittel in den gesetzlichen Grenzen;
5. bereits geleistete baare Abschlagszahlungen;
6. der Betrag eines etwa zu leistenden Ersatzes für einen von der Zeche in schuldbarer Weise verursachten Schaden;
7. die nach Maßgabe des § 6 ermittelten Beträge wegen widerrechtlicher Auflösung des Arbeitsvertrages;
8. Strafgelder gemäß Abschnitt V dieser Arbeitsordnung.

Die Beträge unter 1 und 8 fließen in die Unterstützungskasse der Zeche zur Verwendung für hülfsbedürftige Arbeiter oder deren Familien.

§ 18.

Wer nach ordnungsmäßiger Kündigung von Seiten der Zeche am Ende eines Monats oder in dem § 5 vorgesehenen Falle entlassen wird, oder in dem § 4 vorgesehenen Fällen seine Entlassung nimmt, kann seinen Lohn binnen 3 Tagen beanspruchen; das Gleiche gilt von dem § 5 vorgesehenen Schadensersatz. In allen anderen Fällen kann der Arbeiter seinen Lohn erst am nächsten Lohntage verlangen.

§ 19.

Jeder Arbeiter hat sich ein vorschriftsmäßiges Lohnbuch zu beschaffen und spätestens am 10. eines jeden Monats an der dafür bestimmten Stelle abzugeben. Nach der Eintragung des Lohnes und der Abzüge wird das Lohnbuch vor der Auslöhnung dem Eigenthümer persönlich ausgehändigt, oder, im Falle seiner Abwesenheit oder Verhinderung derjenigen Person, welche sich als Rechtsnachfolger oder Bevollmächtigter genügend ausweist.

Die Auszahlung des Lohnes erfolgt gültig an diejenige Person, welche das Lohnbuch bei der Auslöhnung vorlegt. Der auslohnende Beamte ist berechtigt, aber nicht verpflichtet, die Auszahlung an fremde Personen zu beanstanden.

Der Zahlungsvermerk des bei der Löhnung anwesenden Grubenbeamten gilt als Quittung über die geleistete Auszahlung.

§ 20.

Beschwerden wegen unrichtiger Lohnauszahlung sind sofort bei dem auslohnenden Beamten anzubringen, dagegen solche wegen unrichtiger Lohnermittelung längstens binnen 8 Tagen nach dem Lohntage, in keinem Falle aber am Lohntage selbst, bei dem nächsten Vorgesetzten bei Verlust jedes ferneren Anrechtes.

V. Ordnung und Strafen.

§ 21.

Jeder Arbeiter ist verpflichtet, alle bergpolizeilichen Vorschriften und die Anordnungen der Zechenverwaltung und deren Beamten genau zu befolgen, einerlei ob dieselben durch Anschlag an den dazu bestimmten Stellen allgemein bekannt gemacht oder dem einzelnen Arbeiter mündlich mitgetheilt sind.

§ 22.

Zuwiderhandlungen werden mit Lohnabzügen bis zur Hälfte des für das Krankengeld maßgebenden Tagelohnes bestraft, besonders wenn ein Arbeiter:

1. zu spät zur Arbeit erscheint, oder zu früh Schicht macht, oder die wegen der Marken und des Schichtanschreibens gegebenen Vorschriften nicht befolgt;
2. ohne vorherige genügende Entschuldigung bei seinem nächsten Vorgesetzten eine Schicht versäumt;
3. die ihm aufgegebene Arbeit nicht sorgfältig und regelrecht ausführt oder während der Schicht schläft;
4. betrunken zur Zeche kommt, geistige Getränke mitbringt, auf der Zeche verbirgt oder trinkt; Betrunkene werden außerdem nicht zur Arbeit zugelassen, oder wenn dies unbemerkt geschehen, nachträglich ohne Anrechnung der Schicht nach Hause geschickt;
5. ohne Erlaubniß Gezähe, Schienen, Grubenholz oder sonstige Materialien oder Geräthe verwechselt, verschleppt oder anders als bestimmungsmäßig verwendet;
6. die von einem anderen gewonnenen Kohlen mit einer unrichtigen Nummer versieht, vorbehaltlich strafrechtlicher Verfolgung;
7. an einer anderen, als der ihm angewiesenen Stelle Kohlen gewinnt;
8. Markscheiderstufen oder sonstige Markzeichen entfernt oder verändert;
9. seine Mitarbeiter neckt, schimpft oder thätlich mißhandelt;
10. sich ungesittet beträgt oder an einer anderen als der dafür bestimmten Stellen Bedürfnisse befriedigt;
11. die Grubenpferde neckt oder mißhandelt;
12. seine Vorgesetzten belügt.

§ 23.

Finden die vorerwähnten Zuwiderhandlungen wiederholt oder unter erschwerenden Umständen statt, so kann der betreffende Arbeiter gemäß § 9 sofort entlassen werden.

§ 24.

Für Förderwagen, welche nicht vorschriftsmäßig voll oder unrein geladen sind, wird ein Lohn nicht gezahlt; der nicht zur Auszahlung kommende Lohnbetrag fließt in die Unterstützungskasse. Im Wiederholungsfalle und unter erschwerenden Umständen kann außerdem noch eine Geldstrafe bis zu der in § 22 bezeichneten Höhe oder Entlassung verfügt werden.

Es ist den Kohlenhauern der Zeche gestattet, auf ihre Kosten durch ein oder mehrere Mitglieder der Belegschaft das Nullen der mangelhaft oder unrein geladenen Wagen überwachen zu lassen, jedoch ohne daß der Betrieb darunter leidet.

§ 25.

Den Arbeitern gegenüber wird die Zeche durch den Betriebsführer vertreten, welcher alle Betriebsanordnungen zu treffen, die Löhne und Gedinge festzusetzen und angemessene Geldstrafen zu verhängen hat; von letzteren ist, so weit sie nicht durch Kauenanschlag bekannt gemacht werden, dem Betroffenen durch seinen nächsten Vorgesetzten in der folgenden Schicht Kenntniß zu geben.

Der Betriebsführer ist berechtigt, auch im Laufe des Monats Änderungen zu unterbrechen oder Änderungen der Arbeitsstellen anzuordnen, soweit nicht ausdrückliche Vereinbarungen entgegenstehen.

Die Befugnisse des Betriebsführers kann dauernd oder zeitweise ein Stellvertreter für alle oder einzelne Betriebszweige oder auch für besondere Geschäfte wahrnehmen, sobald dieses durch Kauenanschlag zur Kenntniß der Belegschaft gebracht ist.

Den Arbeitern gegenüber gilt jedes von einem Beamten der Zeche eingeräumte Gedinge als abgeschlossen.

§ 26.

Beschwerden sind zunächst bei dem Betriebsführer anzubringen und zwar in der Regel von jedem Arbeiter nur für sich allein. Gemeinschaftliche Beschwerden oder Wünsche von mehreren Arbeitern dürfen höchstens durch 3 Betheiligte vorgetragen werden.

Gegen die Entscheidungen des Betriebsführers ist eine Berufung an den Repräsentanten ꝛc. oder dessen Stellvertreter gestattet, welcher endgültig entscheidet.

Besondere Bestimmungen für minderjährige Arbeiter werden vorbehalten.

Diese Arbeitsordnung tritt am   iu Kraft.

№ 147.

Antrag.

Das Haus der Abgeordneten wolle beschließen:
Die Königliche Staatsregierung zu ersuchen, über die Ergebnisse der Veranlagung der neuen Einkommensteuer für den Staat und für die größeren Kommunen baldmöglichst ausführliche Denkschriften zu veröffentlichen.

Berlin, den 26. April 1892.

Richter.

Broemel. Czwalina. Drawe. Eberty. Halberstadt. Knörcke. Lange. Dr. Langerhans. Dr. Meyer (Berlin). Neukirch. Papendieck. Parisius. Rickert. Steffens.

№ 148.

Antrag.

Das Haus der Abgeordneten wolle beschließen:
Die Königliche Staatsregierung zu ersuchen, Auskunft darüber zu ertheilen, ob es richtig ist, daß dieselbe beabsichtigt, die Genehmigung zu einer Lotterie zu ertheilen Behufs weiterer Niederlegung von Gebäuden in der Umgebung des Königlichen Schlosses.

Berlin, den 26. April 1892.

Richter.

Broemel. Czwalina. Drawe. Eberty. Halberstadt. Knörcke. Lange. Dr. Langerhans. Dr. Meyer (Berlin). Neukirch. Papendieck. Parisius. Rickert. Steffens.

№ 149.

Ministerium der geistlichen, Unterrichts- und Medizinalangelegenheiten.

U. II. Nr. 835.

Berlin, den 28. April 1892.

Auf Grund der beifolgenden Allerhöchsten Ermächtigung vom 23. April d. J. beehre ich mich Ew. Excellenz den
Entwurf eines Gesetzes, betreffend das Diensteinkommen der Lehrer an den nichtstaatlichen höheren Schulen,
nebst Begründung mit dem Ersuchen ganz ergebenst zu übersenden, denselben der Beschlußfassung des Hauses der Abgeordneten gefälligst zu unterbreiten.

Bosse.

An
den Präsidenten des Hauses der Abgeordneten,
Wirklichen Geheimen Rath,
Herrn v. Köller
Excellenz.

Wir Wilhelm, von Gottes Gnaden König von Preußen ꝛc.

ertheilen Unserem Minister der geistlichen ꝛc. Angelegenheiten hierdurch die Ermächtigung, den beiliegenden Gesetzentwurf, betreffend das Diensteinkommen der Lehrer an den nichtstaatlichen höheren Schulen, nebst Begründung dem Landtage der Monarchie zur verfassungsmäßigen Beschlußnahme vorzulegen.

Gegeben Wartburg, den 23. April 1892.

Wilhelm.

Bosse.

Allerhöchste Ermächtigung.

Entwurf eines Gesetzes,

betreffend

das Diensteinkommen der Lehrer an den nichtstaatlichen öffentlichen höheren Schulen.

Wir Wilhelm, von Gottes Gnaden König von Preußen ꝛc.

verordnen unter Zustimmung beider Häuser des Landtages für den Umfang der Monarchie was folgt:

§ 1.

Die für das Diensteinkommen der Leiter und der wissenschaftlichen Lehrer einschließlich der Hülfslehrer an den staatlichen höheren Schulen beim Inkrafttreten dieses Gesetzes geltenden Bestimmungen finden in gleichem Maße Anwendung bei denjenigen öffentlichen höheren Schulen, welche von einer bürgerlichen Gemeinde als eine Veranstaltung derselben unterhalten werden.

Dasselbe gilt bezüglich des Diensteinkommens derjenigen an diesen Schulen angestellten Zeichenlehrer, welche mindestens 14 Zeichenstunden und 10 Stunden anderen Unterrichts in der Woche ertheilen.

Die Besoldung der übrigen technischen, Elementar- und Vorschullehrer ist innerhalb der für die entsprechenden Kategorien von Lehrern an den staatlichen höheren Schulen bestimmten Grenzen dergestalt festzustellen, daß dieselbe hinter derjenigen der Volksschullehrer in dem betreffenden Orte nicht zurückbleiben darf. Mit derselben Maßgabe ist außerdem jenen Lehrern eine nicht pensionsfähige Zulage von 150 Mark jährlich zu gewähren. Bei der Versetzung des Lehrers an eine Volksschule fällt diese Zulage weg; die hierdurch eintretende Verminderung des Diensteinkommens wird als eine Verkürzung des Diensteinkommens im Sinne des § 87 des Gesetzes, betreffend die Dienstvergehen der nichtrichterlichen Beamten, vom 21. Juli 1852 (Gesetzsamml. S. 465) nicht angesehen.

§ 2.

Der bürgerlichen Gemeinde steht es frei, zu beschließen, daß das Aufrücken der wissenschaftlichen Lehrer im Gehalt statt nach dem System der Dienstalterszulagen nach Maßgabe des für die einzelne Anstalt oder für mehrere Anstalten zusammen aufzustellenden Besoldungsetats erfolgt. In diesem Falle ist für jede Stelle eines wissenschaftlichen Lehrers neben dem Wohnungsgeldzuschusse der Tarifklasse III das für einen staatlichen Lehrer dieser Kategorie berechnete Durchschnittsgehalt voll in den Etat einzustellen und auf die Gesammtzahl der Stellen innerhalb der Sätze für das Mindest- und das Höchstgehalt in angemessenen Abstufungen zu vertheilen.

Für die Leiter der Anstalten und die vollbeschäftigten Zeichenlehrer (§ 1 zweiter Absatz) kann die gleiche Ausnahme mit Genehmigung des Unterrichtsministers zugelassen werden, wenn nach seinem Ermessen Einrichtungen getroffen sind, welche ein allmähliches Aufrücken der Leiter und Lehrer zum Höchstgehalte in angemessenen Zwischenräumen gestatten.

§ 3.

Die bürgerliche Gemeinde ist verpflichtet, die zur Erfüllung der Bestimmungen der §§ 1 und 2 erforderlichen Mittel bereit zu stellen, soweit diese nicht aus den eignen Einnahmen der Anstalt oder aus anderen dazu bestimmten Fonds gedeckt werden.

§ 4.

Die vorstehenden Bestimmungen der §§ 1 bis 3 kommen auch bei denjenigen öffentlichen höheren Schulen zur Anwendung, welche von anderen Korporationen oder aus eigenem Vermögen oder aus anderen dazu bestimmten Fonds zu unterhalten sind.

Die Beschlußfassung über die Art des Aufrückens der Lehrer im Gehalt steht der nach den örtlichen Bestimmungen hierzu berufenen Verwaltungsbehörde zu.

§ 5.

Die bürgerlichen Gemeinden und sonstigen Korporationen u. s. w. sind durch die Vorschriften des gegenwärtigen Gesetzes nicht behindert, das Diensteinkommen der Lehrer an den von ihnen zu unterhaltenden Anstalten in einer für die Lehrer günstigeren als der oben bestimmten Weise zu regeln.

§ 6.

Den Lehrern steht ein Rechtsanspruch auf Bewilligung eines bestimmten Diensteinkommens, insbesondere auf Feststellung eines bestimmten Dienstalters oder auf ein Aufrücken im Gehalt nicht zu.

Die Versagung von Alterszulagen ist nur bei unbefriedigender Dienstführung zulässig und bedarf der Genehmigung des Provinzialschulkollegiums.

§ 7.

Der Unterrichtsminister ist befugt, das Schulgeld an den nichtstaatlichen höheren Unterrichtsanstalten in derselben Höhe und von dem von ihm zu bestimmenden Zeitpunkte ab festzusetzen und seine Erhebung anzuordnen, wie dasselbe bei den staatlichen Schulen der entsprechenden Kategorie zur Hebung gelangt.

§ 8.

Höhere Schulen im Sinne dieses Gesetzes sind die vom Unterrichtsminister als solche anerkannten und anzuerkennenden Unterrichtsanstalten, zur Zeit: Gymnasien, Realgymnasien, Oberrealschulen, Progymnasien, Realprogymnasien und Realschulen.

Solange eine staatliche Oberrealschule nicht vorhanden ist, finden auf die Oberrealschulen die für die sonstigen staatlichen Vollanstalten geltenden Gehaltsbestimmungen Anwendung.

§ 9.

Dieses Gesetz tritt am 1. April 1893 in Kraft.

Die Gemeinden bezw. Korporationen u. s. w. können die Zahlung des erhöhten Diensteinkommens bereits von einem früheren Termine ab beschließen.

Gegeben ꝛc.

Urkundlich ꝛc.

Beglaubigt:

Bosse.

Begründung

zu dem

Entwurf eines Gesetzes, betreffend das Diensteinkommen der Lehrer an den nichtstaatlichen öffentlichen höheren Schulen.

Die Erfahrung hat gezeigt, daß Seitens der Kommunen und sonstigen Korporationen den von ihnen gegründeten bezw. unterhaltenen höheren Lehranstalten diejenige Fürsorge und materiellen Opfer im Großen und Ganzen gern entgegengebracht werden, welche diese zu ihrem Gedeihen und ihrer zeitgemäßen Weiterentwickelung bedürfen; dies gilt insbesondere von den größeren steuerkräftigeren Kommunen, deren höhere Schulen, was ihre äußere Ausstattung (Gebäude, Lehrmittel) wie auch die Zusammensetzung der Lehrerkollegien betrifft, im Wesentlichen allen zu stellenden Anforderungen genügen.

Schwieriger gestalten sich diese Verhältnisse in den kleineren, weniger leistungsfähigen Kommunen, bei denen nicht selten die materielle Fürsorge für das Lehrerpersonal Vieles zu wünschen übrig läßt. Obwohl die Vorbildung und der Kreis der Pflichten dieser Lehrer genau derselbe ist, wie bei den staatlichen Anstalten, bleibt das Einkommen der ersteren vielfach recht erheblich hinter demjenigen der staatlichen Lehrer zurück. Während bei den Vollanstalten im Wesentlichen der Normaletat vom 20. April 1872 zur Durchführung gelangt ist, entbehren noch jetzt nach Verlauf von nahezu 20 Jahren die Lehrer an fünf Vollanstalten den Wohnungsgeldzuschuß gänzlich, an einer Anzahl anderer Anstalten theilweise; namentlich ist dies der Fall bezüglich der ordentlichen Lehrer der Staatsanstalten seit dem Jahre 1886 zu Theil gewordenen Erhöhung auf die Sätze für die Oberlehrer; von den Nichtvollanstalten ist nahezu die Hälfte mit dem Wohnungsgeldzuschuß noch gänzlich im Rückstande, bei einigen dieser Anstalten sind bisher sogar nicht einmal die vollen normalmäßigen Gehälter bereit gestellt worden. Selbst um dies ungenügende Resultat zu erreichen, hat es jahrelanger Verhandlungen, wiederholter Gesuche der betheiligten Lehrerkollegien und des Druckes der Schulverwaltung bedurft, ohne daß es doch gelungen wäre, den Widerstand der städtischen Vertretungen ganz zu beseitigen. Insonderheit hat die Einführung des Wohnungsgeldzuschusses wiederholt einen Widerspruch herausgefordert, der in einigen Fällen selbst der Entziehung des früher gewährten Staatszuschusses nicht gewichen ist; vereinzelt soll sogar im Schooß der städtischen Körperschaften die Aeußerung gefallen sein, daß man nur gesetzlichem Zwange sich fügen werde.

Es bedarf keines Nachweises, daß die Beseitigung der noch bestehenden Verschiedenheiten und die neuerdings in Aussicht genommene Erhöhung des Diensteinkommens für die Lehrer der nichtstaatlichen Anstalten aus freier Entschließung der Städte in vielen Fällen überhaupt nicht, in anderen nur nach vielfachen fruchtlosen Verhandlungen und nur zum Theil durchzusetzen sein wird, daß jedenfalls lange Zeit vergehen wird, ehe sämmtliche nichtstaatlichen Lehrer den staatlichen bezüglich ihres Diensteinkommens auch nur annähernd gleichgestellt sein werden.

Die Folge würde sein, daß die Lehrer nach die besser dotirten Stellen an den Königlichen Anstalten hindrängen, daß die Stellen an den nichtstaatlichen Anstalten von den hervorragenderen Lehrern nur als Durchgangsposten angesehen und einem steten Wechsel der Inhaber ausgesetzt, schließlich nur von minderwerthigen und mißmuthigen Lehrkräften bekleidet werden, daß die Leistungen unter das normale Maaß herabgehen und damit diesen Schulen der Charakter von Anstalten geringerer Ordnung aufgeprägt würde, ein Zustand, der schon mit Rücksicht auf den gleichen Umfang der Berechtigungen im öffentlichen Interesse nicht zugelassen werden könnte.

Es erscheint daher der Erlaß eines Gesetzes geboten, durch welches die Patronate der nichtstaatlichen höheren Schulen verpflichtet werden, die für die Leiter und Lehrer der staatlichen Schulen geltenden Gehaltssätze auch bei jenen Schulen mit den durch die Sachlage gebotenen Unterschieden alsbald zur Durchführung zu bringen; es ist dies umsomehr geboten als durch die anläßlich der Schulkonferenz ergangene Allerhöchste Ordre vom 17. Dezember 1890 die Nothwendigkeit einer baldigen Regelung der äußeren Verhältnisse des Lehrerstandes mit Rücksicht auf die zum 1. April d. J. in Aussicht genommene Durchführung der neuen Reformpläne und die damit verbundene Mehrbelastung des gesammten Lehrerstandes ausdrücklich betont worden ist. Die gegen jene Maßregel etwa geltend zu machenden prinzipiellen Bedenken dürften durch die Erwägung gemindert werden, daß nach § 65 II. 12 A. L. R. und Art. 23 Abs. 2 der Verfassungsurkunde die Lehrer an diesen Anstalten als (wenn auch mittelbare) Beamte der Staates angesehen werden sollen, daß deren Ruhegehälter bereits durch Gesetz (das Pensionsgesetz vom 27. März 1872 und dessen Ergänzungen) geregelt sind, daß nach § 84 Abs. 3 der Städteordnung vom 30. Mai 1853 sogar die Bemessung der Gehälter für einen Theil der eigentlichen Gemeindebeamten der Bestimmung der Aufsichtsbehörden unterliegt.

Die Staatsreglerung kann sich nach den oben geschilderten Erfahrungen der Einsicht, daß eine gesetzgeberische Regelung der vorstehenden Angelegenheit unerläßlich sei, umsoweniger entziehen, als bereits durch die Seitens des Abgeordnetenhauses erfolgte Annahme der Anträge der Abgeordneten Dr. Kropatschek und v. Schenckendorff in wiederholten Kommissionssitzungen ausgearbeitete Gesetzentwürfe aus dem Jahre 1886 (Drucksachen Nr. 217; Stenographische Berichte vom 29. Mai, 1. Juni 1886 S. 2439, 2459 ff.) und 1888 (Drucksachen Nr. 146 und 161, Stenographische Berichte vom 9. Februar 1888 S. 369, 24. April 1888 S. 1283 und vom 27. April 1888 S. 1302 ff.) das Bedürfniß eines gesetzgeberischen Eingreifens Seitens dieses Theiles der Landesvertretung wiederholt anerkannt worden ist.

Zu § 1.

Um nicht die Patronate fortdauernd der Eventualität auszusetzen, bei einer Aenderung der Bestimmungen über das Diensteinkommen der Lehrer an den staatlichen höheren Schulen, mithin lediglich in Folge von Beschlüssen bei Feststellung des Staatshaushaltsetats, zu erheblichen in den Haushalt der Kommunen tief eingreifenden Aufwendungen genöthigt zu werden, ist es angemessen erschienen, die durch dieses Gesetz zu begründende Verpflichtung der Gemeinden u. s. w. auf diejenigen Einkommensätze zu beschränken, welche zur Zeit des Inkrafttretens dieses Gesetzes für die Lehrer an den staatlichen Schulen in Geltung sind, d. h. durch den neuen Normaletat im Falle der Allerhöchsten Genehmigung gelangen werden zum 1. April 1892 zur Einführung gelangen werden.

255*

Die völlige Gleichstellung des Diensteinkommens mit der Besoldung der Lehrer an den Staatsanstalten ist nur für die Leiter und wissenschaftlichen Lehrer, sowie die vollbeschäftigten Zeichenlehrer der nichtstaatlichen Anstalten in Aussicht genommen; bezüglich der seminarisch gebildeten Lehrer empfiehlt es sich, sie mit den Volksschullehrern des Ortes rangiren zu lassen, um im Interesse des Dienstes ihre Versetzung an eine Volksschule offenzuhalten und um ferner an kleineren Orten mit billigeren Lebensverhältnissen die Errichtung von lateinlosen sechsklassigen Anstalten (Realschulen) durch eine erhebliche Höherbemessung der Gehälter dieser Lehrer nicht allzusehr zu erschweren.

Die Gewährung einer nichtpensionsfähigen Jahreszulage von 150 Mark an diese Lehrer erscheint nothwendig, weil ihnen die Kommunalsteuerfreiheit der Volksschullehrer nicht zusteht und die Anstellung an einer höheren Schule nicht zum direkten Nachtheil gereichen darf; vielmehr entspricht eine Besserstellung derselben in geringem Umfange der Sachlage, wenn dadurch die Zurückversetzung in die Reihe der Volksschullehrer nicht ausgeschlossen wird.

Zu § 2.

Nach dem der Landesvertretung vorgelegten Entwurfe eines neuen Normaletats ist das System des Aufrückens im Gehalt auf Grund von Dienstalterszulagen für die Lehrer der staatlichen höheren Unterrichtsanstalten in Aussicht genommen. Da mit diesem System im Fall einer überwiegenden Mehrzahl von älteren Lehrern zeitweise eine erhebliche Ueberschreitung der Gesammtsumme der Durchschnittsbesoldungen, mithin eine Mehrbelastung der städtischen Haushaltsetats verbunden sein kann, ist den Patronatsbehörden die Entschließung darüber anheimgegeben, ob dies System zur Einführung gelangen oder das bisherige Verfahren des Aufrückens bei eintretenden Vakanzen innerhalb des Stellenetats beibehalten werden soll. Während dieses Verfahren ohne Weiteres bei den eine Mehrzahl bildenden wissenschaftlichen Lehrern einer Anstalt durchführbar ist, muß für die geringe Zahl der Direktoren und der vollbeschäftigten Zeichenlehrer anderweitige Vorsorge in ausreichender Weise getroffen werden.

Zu §§ 3 und 4.

Die Pflicht der Bereitstellung der für die Besoldungsverbesserung erforderlichen und anderweit nicht zu beschaffenden Mittel trifft die unterhaltungspflichtigen Gemeinden und Korporationen.

Dies schließt jedoch die Unterstützung durch den Staat bei Leistungsunfähigkeit der Gemeinden nicht aus; vielmehr ist gerade zu diesem Zweck unter den im Kap. 120 Tit. 5 des Staatshaushaltsetats für 1892/93 vorgesehenen 1 400 000 Mark ein Betrag von 900 000 Mark enthalten, aus welchem gegebenen Falles Beihülfen vom Unterrichtsminister im Einvernehmen mit dem Finanzminister auch für die gegenwärtig nicht subventionirten Anstalten gewährt werden sollen.

Die Erfüllung der den bürgerlichen Gemeinden auferlegten Verpflichtungen würde im Wege des gesetzlichen Zwanges, namentlich in den Formen des § 19 des Zuständigkeitsgesetzes vom 11. August 1883 Gesetzsamml. S. 237 zu erreichen sein; bezüglich der sonstigen Korporationen kommen die für dieselben bestehenden besonderen Vorschriften zur Anwendung.

Zu § 5.

Seitens einiger besonders leistungsfähiger Kommunen wird den Lehrern an den von ihnen zu unterhaltenden Anstalten das Diensteinkommen zu höheren Sätzen oder

in anderer Form gewährt, als den staatlichen Lehrern; so z. B. in Frankfurt a. M., in Berlin ꝛc. Häufig wird der Wohnungsgeldzuschuß in voller Höhe in das Gehalt miteingerechnet, die Dienstalterstufen sind geringer, die Gehaltsstufen höher bemessen u. s. w. Es ist nicht die Absicht, hierin den Kommunen eine Beschränkung aufzuerlegen. Staatsmittel werden für derartige Mehrleistungen jedoch nicht gewährt werden.

Zu § 6.

Die Bestimmung im ersten Absatz entspricht dem geltenden Verwaltungsrecht. Durch die Vorschrift im zweiten Absatz soll verhindert werden, daß aus anderen als in der Dienstführung des Lehrers liegenden Gründen das normalmäßige Aufrücken im Gehalt ꝛc. versagt wird, wenn das System der Dienstalterszulagen eingeführt ist. Für den im § 2 des Entwurfs vorgesehenen Falle läßt sich eine gleiche Vorsorge nicht treffen, da im Interesse des Dienstes der sogenannte Einschub eines älteren oder hervorragenderen Lehrers von außerhalb offen gehalten werden muß.

Zu § 7.

Die dem Unterrichtsminister hier beigelegte Befugniß zur Festsetzung des Schulgeldes an den nichtstaatlichen Schulen in der für die Staatsanstalten geltenden Höhe bezweckt eine gegenseitige, nicht durch die Verhältnisse begründete Konkurrenz der staatlichen und nichtstaatlichen Schulen fernzuhalten und das Abströmen der Schüler an andere Anstalten, namentlich desselben Orts, lediglich wegen der äußeren Rücksicht auf das geringere Schulgeld zu verhindern.

Zu § 8.

Durch diese Bestimmung wird der bisher nicht mit voller Schärfe festgestellte Begriff einer höheren Unterrichtsanstalt im Bereiche des Unterrichtsministeriums für den vorliegenden Zweck genauer bestimmt.

Zu § 9.

Während für die Staatsanstalten die Erhöhung der Lehrergehälter bereits vom 1. April 1892 ab eintreten soll, ist für die nichtstaatlichen Anstalten die Hinausschiebung dieses Termins geboten, weil den betheiligten Behörden die dann damit zusammenhängenden und erforderlichen Entschließungen erst gelassen werden muß; insbesondere wird die Bereitstellung neuer Mittel Seitens der Unterhaltungspflichtigen vor dem 1. April 1893 nicht angängig sein, ohne die Ordnung des städtischen Haushalts in Frage zu stellen. Der Zweck des Gesetzes wird im Wesentlichen schon dadurch erreicht, daß die Gleichstellung der Lehrer der nichtstaatlichen Anstalten mit denen der staatlichen nicht blos im Prinzip anerkannt, sondern auch für einen bestimmten nicht zu fern liegenden Termin gesichert wird. Für eine frühzeitigere Durchführung dieser Maßregel soll den betreffenden Behörden ein Hinderniß selbstredend nicht bereitet werden.

№ 150.

**Ministerium der geistlichen, Unterrichts-
und Medizinalangelegenheiten.**

G. L. Nr. 1062.

Berlin, den 28. April 1892.

Euerer Excellenz beehre ich mich auf Grund der beiliegenden Allerhöchsten Ermächtigung vom 23. April d. Js. den

**Entwurf eines Gesetzes, betreffend die
Verlegung der Landes-Buß- und Bettage,**

nebst Begründung mit dem ganz ergebensten Ersuchen zu übersenden, die verfassungsmäßige Beschlußnahme des Hauses der Abgeordneten über diesen Gesetzentwurf gefälligst herbeiführen zu wollen.

Bosse.

An
den Präsidenten des Hauses der Abgeordneten,
Wirklichen Geheimen Rath,
Herrn v. Köller
Excellenz.

Wir Wilhelm, von Gottes Gnaden
König von Preußen ꝛc.

ertheilen Unserem Minister der geistlichen ꝛc. Angelegenheiten hierdurch die Ermächtigung, den beiliegenden Entwurf eines Gesetzes, betreffend die Verlegung der Landes-Buß- und Bettage, nebst Begründung dem Landtage der Monarchie zur verfassungsmäßigen Beschlußfassung vorzulegen.

Gegeben Wartburg, den 23. April 1892.

Wilhelm.

Bosse.

Allerhöchste Ermächtigung.

Entwurf eines Gesetzes,

betreffend

die Verlegung der Landes-Buß- und Bettage.

Wir Wilhelm, von Gottes Gnaden
König von Preußen ꝛc.

verordnen mit Zustimmung der beiden Häuser des Landtages für den Umfang der Monarchie, mit Ausschluß der Hohenzollern'schen Lande, was folgt:

§ 1.

Die in den verschiedenen Landestheilen der Monarchie bestehenden Buß- und Bettage, insbesondere der Mittwoch nach dem Sonntag Jubilate, gelten fortan nicht mehr als allgemeine Feiertage.

§ 2.

Dem Mittwoch vor dem letzten Trinitatis-Sonntage wird die Geltung eines allgemeinen Feiertages beigelegt.

§ 3.

Der Zeitpunkt des Inkrafttretens dieses Gesetzes wird durch Königliche Verordnung bestimmt.

Urkundlich unter Unserer Höchsteigenhändigen Unterschrift und beigedrucktem Königlichen Insiegel.

Gegeben

Beglaubigt:

Bosse.

Begründung.

Das Haus der Abgeordneten hat in seiner Sitzung vom 17. Juni 1891 bei der Berathung des von der Königlichen Staatsregierung auf Grund Allerhöchster Ermächtigung vom 2. Mai 1891 dem Landtage vorgelegten Gesetzentwurfes, betreffend die Verlegung der Landes-Buß- und Bettage, — Nr. 331 und Nr. 405 der Drucksachen, Stenographische Berichte Seite 2861 — beschlossen:

in Erwägung,

daß der Gesetzentwurf eine den beiden christlichen Konfessionen gemeinsame Feier eines Buß- und Bettages nicht sicher stellt, daß dagegen bei seiner Annahme voraussichtlich in verschiedenen Landestheilen zwei Tage der gewerblichen Thätigkeit entzogen werden müßten,

in fernerer Erwägung,

daß der in dem Gesetzentwurf in Vorschlag gebrachte Tag (Freitag) vielseitig als Feiertag nicht geeignet erscheint, daß aber andererseits das Bedürfniß nach Vereinigung der verschiedenen Buß- und Bettage auf einen gemeinsam zu feiernden Tag anerkannt wird,

1. den Gesetzentwurf, betreffend die Verlegung der Landes-Buß- und Bettage, abzulehnen;
2. der Königlichen Staatsregierung anheimzustellen, mit den betreffenden Landesregierungen und Kirchenbehörden beider Konfessionen erneut in Verhandlung zu treten und dabei eine Vereinigung zu gemeinsamer Feier auf einen Tag gegen Schluß des Kirchenjahres, womöglich in der vorletzten Woche, auf einen Mittwoch in Aussicht zu nehmen.

In Folge dessen ist die Königliche Staatsregierung von Neuem sowohl mit den inländischen Kirchenbehörden als auch mit den Landesregierungen der Norddeutschen Bundesstaaten in Verbindung getreten. Dabei hat der Vorschlag, daß als gemeinsamer Feiertag der Mittwoch vor dem letzten Trinitatissonntage ausersehen werde, fast allgemeine Zustimmung erfahren.

Die Generalsynode der evangelischen Landeskirche der neuen älteren Provinzen, die Gesammtsynode der evangelisch-lutherischen Kirche der Provinz Schleswig-Holstein, die Landessynode der evangelisch-lutherischen Kirche der Provinz Hannover, die Gesammtsynode der evangelisch-reformirten Kirche der Provinz Hannover und die Bezirkssynode der Konsistorialbezirks Wiesbaden haben sämmtlich die ihnen von ihren Kirchenregierungen gemachten Vorlagen wegen kirchengesetzlicher Verlegung der Buß- und Bettage auf den genannten Tag angenommen.

Die katholischen Bischöfe Preußens haben ihre Bereitwilligkeit erklärt, dem Heiligen Stuhle die Bitte zu unterbreiten, für die alten Provinzen der Monarchie den bisher am Mittwoch nach Jubilate abgehaltenen kirchlichen Feiertag unter Rückverlegung der auf diesen Tag gelegten kirchlichen Feste auf ihre früheren Tage wieder aufzuheben und statt dessen den vorletzten Mittwoch im Kirchenjahr unter Anweisung eines entsprechenden Festtages zu einem gebotenen Feiertage zu erheben.

Von den Landesregierungen der Norddeutschen Bundesstaaten sind außer vom Großherzogthum Mecklenburg-Strelitz und den Fürstenthümern Waldeck und Reuß ältere Linie bereits im Wesentlichen zustimmende Erklärungen eingegangen.

Um die Verhandlungen namentlich hinsichtlich des Zeitpunktes der Einführung der neuen Ordnung zum Abschluß bringen zu können, erscheint es nothwendig, die endgültige Zustimmung des Landtages dazu durch Annahme des vorgelegten Gesetzentwurfes zu erlangen.

Mit Rücksicht darauf, daß die süddeutschen Staaten (Bayern, Württemberg, Baden und Hessen) sich der Einrichtung eines gemeinsamen Buß- und Bettages nicht anschließen wollen, sind die Hohenzollernschen Lande, wo bisher ein solcher Tag nicht gefeiert wird, von der Geltung des Gesetzes ausgenommen.

№ 151.

Auf die Tagesordnung einer der nächsten Plenarsitzungen wird gesetzt werden:

Mündlicher Bericht der Budgetkommission über den Gesetzentwurf, betreffend die Erweiterung, Vervollständigung und bessere Ausrüstung des Staatseisenbahnnetzes, Nr. 115 der Drucksachen, sowie über die nachstehend bezeichneten Petitionen.

Berichterstatter: Abgeordnete v. Buch, Dr. Hammacher, Hoeppner, Dr. Lieber, Lohren, Dr. Meyer (Berlin), Dr. Sattler, Sperlich, v. Tiedemann (Bomst).

Anträge der Budgetkommission:

Das Haus der Abgeordneten wolle beschließen:

a) den Gesetzentwurf in Nr. 115 der Drucksachen unverändert anzunehmen;
b) die Petition von Dr. Albrecht und Gen. in Schmitten und den übrigen Feldbergdörfern im Taunus — II 16 —, welche beantragen, ihre Heimathsorte an das Eisenbahnnetz anzuschließen,
   der Königlichen Staatsregierung als Material zu überweisen,
c) 1. die Petition des Landgerichtsdirektors Crönert in Trier — II 66 —, welcher den Bau einer Eisenbahn beantragt, um das Hochland zwischen den Flüssen Rhein, Mosel, Saar und Nahe zu erschließen,
   2. die Petition des Bürgermeisters Hepke in Neuenahr und Gen. — II 112 —, welche den Bau einer Zweigbahn von der Euskirchen - Bonner Eisenbahn in das Ahrthal zum Anschluß an die linksrheinische Uferbahn beantragen,
   3. die Petition des Bergwerksbesitzers Bausch in Linnich — II 611 —, welcher den Bau einer Eisenbahn zwischen Lindern, Linnich, Jülich und Roermund beantragt,
   der Königlichen Staatsregierung als Material zu überweisen;

d) die Petitionen
1. des Vorstandes des landwirthschaftlichen Vereins der Niederharde, Christensen und Gen., — II 137 —, welcher die Erbauung einer Eisenbahn auf der Insel Alsen und dem festländischen Theil des Kreises Sonderburg zum Anschluß an die schleswigsche Hauptbahn beantragt,
2. des Fischereivereins für den Kreis Sonderburg, Kroßh, — II 212 — und von H. Lassen und Gen. in Oysabel u. a. O. — II 316 1–4 —, welche den Bau einer Eisenbahn von Sonderburg nach Tingleff beantragen,
3. von Claussen und Gen. in Gravenstein — II 440 —, welche beantragen, nur einer Bahn von Sonderburg über Gravenstein — nicht über Beuschau und Seegard — nach Tingleff zuzustimmen, der Königlichen Staatsregierung als Material zu überweisen;

e) die Petition von H. Gutor in Körner — II 140 —, welcher den Bau einer Eisenbahn Mühlhausen—Körner—Schlotheim—Ebeleben beantragt, der Königlichen Staatsregierung als Material zu überweisen;

f) die Petition von Schmidt und Gen. in Neuzittau und des Magistrats in Köpenick — II 241 —, welche den Bau einer Eisenbahn zwischen Köpenick—Müggelsheim—Neuzittau—Gosen—Storkow beantragen, der Königlichen Staatsregierung als Material zu überweisen;

g) die Petitionen
1. des Hotelbesitzers Licke und Gen. in Reinerz u. a. O. — II 227 1–4 —, welche die Weiterführung der Bahnstrecke Glaz—Rückers—Reinerz bis Lewin beantragen,
2. der Aktiengesellschaft Donnersmarkhütte in Zabrze, O./Schl., — II 790 —, welche die Herstellung einer Hauptbahnverbindung zwischen den Stationen Karf und Bobrek beantragt, der Königlichen Staatsregierung als Material zu überweisen;
3. der Aktiengesellschaft Donnersmarkhütte in Zabrze, O./Schl., — II 187 —, welche beantragt Anschluß ihrer Eisen- und Kohlenwerke an die oberschlesische Schmalspurbahn durch zwei verschiedene Linien, Ermäßigung der für sie gültigen Tarifsätze und dementsprechende Zurückerstattung der seit dem 1. Oktober 1890 zu viel gezahlten Beträge, sowie Beförderung ihrer Frachten nach Oesterreich auf dem kürzesten Schienenwege und Aufhebung der Oderberger Brückengebühr,
in Bezug auf den Punkt 1 der Königlichen Staatsregierung zur Erwägung zu überweisen, über die Punkte 2, 3 und 4 der Petition zur Tagesordnung überzugehen;

h) die Petitionen
1. des Rittergutsbesitzers v. Kossowski in Gajewo und Gen. — II 825 —, welche den Bau einer Eisenbahn zwischen Schönsee und Gollub beantragen,
2. der Stadt Heilsberg — II 833 — um Ausbau der Bahnlinie Zinten-Landsberg—Heilsberg—Seeburg—Rothfließ—Bischofsburg—Rudczanny,
3. des Magistrats und der Stadtverordneten in Landsberg, Ostpr., — II 839 —, welche den Bau einer Eisenbahnlinie Zinten—Rudczanny beantragen, der Königlichen Staatsregierung als Material zu überweisen.

Berlin, den 29. April 1892.

Der Präsident des Hauses der Abgeordneten.

v. Köller.

№ 152.

Auf die Tagesordnung einer der nächsten Plenarsitzungen wird gesetzt werden:

Mündlicher Bericht der Budgetkommission über den Gesetzentwurf, betreffend die Feststellung eines Nachtrags zum Staatshaushaltsetat für das Jahr vom 1. April 1892/93, Nr. 128 der Drucksachen.

Berichterstatter: Abgeordneter Freiherr v. Huene.

Antrag der Budgetkommission:

Das Haus der Abgeordneten wolle beschließen:
Dem Gesetzentwurfe, betreffend die Feststellung eines Nachtrags zum Staatshaushaltsetat für das Jahr vom 1. April 1892/93, Nr. 128 der Drucksachen, nebst dem dazu gehörigen Nachtragsetat unverändert die Zustimmung zu ertheilen.

Berlin, den 30. April 1892.

Der Präsident des Hauses der Abgeordneten.

v. Köller.

№ 153.

Antrag.

(Unter Zurückziehung des unter № 148 eingebrachten Antrages.)

Das Haus der Abgeordneten wolle beschließen:
Die Königliche Staatsregierung um Auskunft darüber zu ersuchen:
1. ob dieselbe die Niederlegung fiskalischer Gebäude, bezw. die Abtretung fiskalischen Grund und Bodens in der Umgebung des Königlichen Schlosses beabsichtigt;
2. ob dieselbe es angemessen erachtet, nochmals eine Lotterie zu genehmigen zur Erwerbung bezw. Niederlegung von Privatgebäuden in der Umgebung des Königlichen Schlosses.

Berlin, den 2. Mai 1892.

Richter.

Czwalina. Drawe. Eberty. Halberstadt. Dr. Otto Hermes. Klotz. Kolisch. Lange. Dr. Meyer (Berlin). Neukirch. Papenbiek. Rickert. Schmieder. Steffens. Dr. Virchow.

№ 154.

Mit Nr. 151 der Drucksachen zugleich werden auf die Tagesordnung des Plenums gesetzt werden:

I.

Mündlicher Bericht der Budgetkommission über die Petitionen
von Ströh und Genossen in Kiel — II Nr. 834 —
von Dr. Ahlmann und Genossen in Kiel — II Nr. 838
um Aenderungen des für den Umbau des Bahnhofs in Kiel von der Eisenbahnverwaltung aufgestellten Projekts,
von Dr. Schulte und Genossen in Kiel — II Nr. 845 —
um Ausführung des vorbezeichneten Projekts.

Berichterstatter: Abgeordneter Dr. Hammacher.

Antrag der Budgetkommission:
Das Haus der Abgeordneten wolle beschließen:
Die Petitionen II Nr. 834, 838, 845 durch die Beschlüsse, welche das Haus zu § 1 III 10 des Entwurfs eines Gesetzes, betreffend die Erweiterung, Vervollständigung und bessere Ausrüstung des Staatseisenbahnnetzes fassen wird, für erledigt zu erklären.

II.

Mündlicher Bericht der Budgetkommission über die Petitionen
von Fraaß und Genossen in Mehlsack — II Nr. 805[1] — und von
Pohl und Genossen daselbst — II Nr. 805[2] — um Erbauung einer Eisenbahn zwischen Mehlsack und Heilsberg.

Berichterstatter: Abgeordneter v. Tiedemann (Bomst).

Antrag der Budgetkommission:
Das Haus der Abgeordneten wolle beschließen:
Die Petitionen II 805[1] und 805[2] der Königlichen Staatsregierung als Material zu überweisen.

Berlin, den 2. Mai 1892.

Der Präsident des Hauses der Abgeordneten.
v. Köller.

№ 155.

A. Betr. Erweiterung des Friedhofes der evangelischen Gemeinde in M. Gladbach.
B. Betr. Entschädigung für eine aufgehobene Jahrgerechtigkeit.

Sechster Bericht

der

Kommission für Petitionen.

A.

Berichterstatter:
Abgeordneter Lückhoff.

Journ. II Nr. 82.

Das Presbyterium der evangelischen Gemeinde zu M. Gladbach beantragt:

Das Hohe Haus der Abgeordneten wolle dahin wirken, daß der evangelischen Gemeinde zu M. Gladbach unter Aufhebung der entgegenstehenden Entscheidungen des Ministeriums der geistlichen, Unterrichts- und Medizinalangelegenheiten und des Ministeriums des Innern die Erlaubniß zur Erweiterung ihres Friedhofs ertheilt werde.

Zur Begründung ihres Antrags führen die Petenten folgendes aus: Die evangelische Gemeinde zu M.-Gladbach habe von ihrer Entstehung an ihren eigenen konfessionellen Begräbnißplatz gehabt. Daran habe auch das Kaiserlich Französische Dekret vom 23. Prairial des Jahres XII nichts geändert, wie die Neuanlage des jetzt bestehenden Friedhofes aus dem Jahre 1854 beweise. Die erste Erweiterung dieses Begräbnißplatzes, welche im Jahre 1863 erfolgte, sei nicht den geringsten Schwierigkeiten begegnet, vielmehr ohne weiteres durch Ministerialreskript vom 28. Mai 1863 genehmigt worden. Im Jahre 1883 dagegen, als sich die Nothwendigkeit einer ferneren Erweiterung herausstellte, sei anfangs ein dahingehendes Gesuch abschlägig beschieden worden, weil die Hohen Behörden in der Erlaubniß zur Erweiterung des Friedhofes eine Verletzung der Parität zu erblicken glaubten und nach ihrer Meinung eine Garantie dafür nicht vorhanden gewesen sei, daß die Erweiterung ohne Belastung der kirchlichen Umlage erfolgen könne. Beide Bedenken seien jedoch vom Presbyterium der Gemeinde widerlegt worden und am 8. Juli 1887 habe der Herr Minister der geistlichen Angelegenheiten die erbetene Erlaubniß ertheilt.

Das damals dem alten Friedhofe zugelegte Stück Land habe einen Flächenraum von nur 35,40 Ar gehabt. Die evangelische Gemeinde habe deshalb schon bald an eine größere Erweiterung, welche sie auf absehbare Zeit sicherstellen könnte, denken müssen. Diese sei aber ohne jede Angabe von Gründen abgelehnt worden. Das Presbyterium habe sich darauf, durch das Konsistorium in Koblenz warm unterstützt, nochmals mit einer Bittschrift an die Königliche Regierung zu Düsseldorf gewandt und zur Begründung ihres Gesuches folgende Punkte hervorgehoben:

1. Die evangelische Gemeinde hat den bringenden Wunsch, ihren eigenen Friedhof erhalten zu sehen, und kann diesen Wunsch ausführen, ohne daß ihre kirchliche Umlage dadurch belastet wird. Beides hat sie dadurch bewiesen, daß sie innerhalb drei Wochen die hohe Summe von 30 000 Mark durch freiwillige Gaben aufgebracht hat zum Ankauf des für die Erweiterung erforderlichen Grundstückes.

2. Die katholische Gemeinde hat die Bitte um Erweiterung des evangelischen Friedhofes ohne jeden Vorbehalt nachdrücklich unterstützt, wie eine dahingehende schriftliche Erklärung ihres Kirchenvorstandes beweist. Wenn der katholischen Gemeinde seiner Zeit die Genehmigung zur Erweiterung ihres Friedhofes endgültig versagt wurde, so hatte das darin seinen Grund, daß sie die Mittel zum Ankauf des Terrains nicht nachweisen konnte und dieselben auf dem Wege der kirchlichen Umlagen aufzubringen beabsichtigte.

3. Der im Jahre 1879 infolge der gegen die Erweiterung des katholischen Friedhofes ergangenen Entscheidung angelegte Civilfriedhof stellt sich örtlich als eine Vergrößerung des katholischen dar, ist nie von den Evangelischen benutzt worden und gilt für die Praxis als katholischer Begräbnißplatz. Eine Erweiterung des evangelischen Friedhofes würde demnach den Interessen beider Konfessionsgemeinden am besten dienen.

4. Die Versagung der Erlaubniß würde dem sozialen Frieden in der evangelischen Gemeinde sehr gefährlich werden, da fortan die wohlhabenden Gemeindeglieder auf ihren angekauften Erbbegräbnißstätten des alten schönen Friedhofes, die ärmeren aber auf dem Civilfriedhof beerdigt werden würden.

5. Der Civilgemeinde kann es nur wünschenswerth sein, wenn die evangelische Gemeinde selbst die Kosten ihrer Friedhofserweiterung trägt und so eine weitere Erhöhung des ohnehin enorm hohen Kommunalsteuersatzes von 440 Prozent vermieden werden kann. Daß die Stadtgemeinde in der That keine Bedenken gegen die projektirte Erweiterung des Friedhofes gehegt hat, läßt sich aus der Thatsache beweisen, daß die Stadtverordnetenversammlung vom 18. Januar 1886 die damals projektirte und von dem Hohen Ministerium später genehmigte kleine Vergrößerung des Friedhofes mit 20 gegen 3 Stimmen befürwortet hat.

6. Sanitäre Bedenken gegen die Erweiterung liegen, wie ein Physikatsattest bezeugt, in keiner Weise vor.

7. Am schwersten möchte wohl für die endgültige abschlägige Entscheidung der Hohen Ministeriums das Bedenken in's Gewicht gefallen sein, daß durch die Erweiterung des evangelischen Friedhofes die Entwickelung der Stadt nach der betreffenden Seite hin angeblich in ungerechtfertigter Weise gestört und gehemmt werde. Aber auch der Nachweis ist bereits erbracht, daß das fragliche Grundstück in Verbindung mit den anschießenden Grundstücken durch den 220 Fuß breiten und 50 Fuß tiefen Einschnitt der Rheinischen Eisenbahn von der Stadt abgetrennt und wegen seines nach Waldhausen hin abschüssigen Terrains zu Straßenanlagen absolut ungeeignet ist. Es wird begrenzt von einem die Stadt- von der Landgemeinde M.-Gladbach trennenden Grenzweg und bildet eine ganz verlorene Ecke, welche zu Bauwerken schlecht aufgeschlossen werden kann.

Die Petenten sprechen nun die Meinung aus, daß, da Bedenken prinzipieller Natur der Erfüllung ihres Wunsches nicht entgegenstehen, diejenigen lokaler Natur nicht so schwer in's Gewicht fallen könnten, um daraus eine Begründung für die Unmöglichkeit der Erweiterung ihres Friedhofes herzuleiten. Sie heben ferner hervor, daß, wenn auch einige wenige aber einflußreiche Personen in ihrer Stadt dem Projekt der evangelischen Gemeinde abgeneigt seien — die einen in großer Voreingenommenheit für Civilkirchhöfe, die anderen in Vertretung ihrer materiellen Interessen bei den anschießenden Grundstücken, die sie durch die projektirte Erweiterung des Friedhofes bedroht sähen —, so würde doch die Verstimmung, die durch die Erlaubniß der Erweiterung in diesen Kreisen hervorgerufen würde, auch nicht annähernd in Anschlag zu bringen sein gegenüber dem Verdruß und der Verwirrung, welche durch die Aufrechterhaltung des abschlägigen Bescheides in der evangelischen wie in der katholischen Gemeinde Platz greifen würde.

Wie die erstere sich damit aussöhnen würde, daß erstlich die Wohnung des Todtengräbers, die Leichenhalle und die Leichenkapelle, die sie aus ihren freiwillig gesteuerten Mitteln erbaut, fortan völlig nutzlos daliegen sollten und zum anderen die wohlhabenden Gemeindeglieder dem alten, die Armen dagegen den Civilkirchhof zur Benutzung haben würden, sei ebenso schwer einzusehen, wie das andere, in welcher Weise an einem Ort, wo von jeher getrennte Begräbnißplätze bestanden haben, ein zufriedenstellendes Arrangement zwischen der evangelischen und katholischen Gemeinde auf einem gemeinsamen Begräbnißplatze getroffen werden sollte, ohne daß damit eine Quelle unablässiger Reibungen und konfessioneller Störungen geschaffen würde.

Diese Petition gelangte am 11. März b. J. in der Kommission zur Verhandlung. Der Herr Minister der geistlichen Angelegenheiten war durch den Herrn Geheimen Regierungsrath Dr. Renvers und der Herr Minister des Innern durch den Herrn Geheimen Oberregierungsrath Röll vertreten.

Der Berichterstatter machte darauf aufmerksam, daß dieselbe Petition der Kommission schon in voriger Session zur Berathung vorgelegen habe. Die Kommission habe beschlossen, im Plenum zu beantragen, die Petition der Königlichen Staatsregierung zur Erwägung zu überweisen. Sie sei aber nicht ins Plenum gelangt.

Bevor er einen Antrag stelle, richte er an die Herren Kommissare die Frage, ob die Königliche Staatsregierung anläßlich des Beschlusses der Kommission vom vorigen Jahr in eine erneute Erwägung der Sachlage eingetreten sei. Diese Frage wurde verneint. Der Kommissar des Herrn Ministers der geistlichen 2c. Angelegenheiten, Herr Geheimer Regierungsrath Dr. Renvers, führte dagegen folgendes aus.

In rechtlicher Beziehung gestatte ich mir vorerst kurz auf die gelegentlich der vorigjährigen gleichartigen Petition der Kirchengemeinde Aurich in der Petitionskommission des Abgeordnetenhauses gemachten Ausführungen zu verweisen. Die Königliche Staatsregierung hält an dem Grundsatz fest, daß im Gebiete des Rheinischen Rechtes es eine ausschließliche Pflicht der Civilgemeinde ist, für das Begräbnißwesen zu sorgen. Nur in den Gemeinden, in welchen zu einer Zeit, als die Rheinische Jurisprudenz den Standpunkt einnahm, daß die unter der französischen Herrschaft säkularisirten Kirchhöfe wieder in das Eigenthum der Kirchengemeinden zurückgefallen seien, die Staatsregierung — sich der Jurisprudenz anbequemend — die Anlage von Kirchhöfen durch die Kirchengemeinden genehmigt hat, werden, nachdem die neuere Jurisprudenz das Eigenthum der Civilgemeinden an den alten Kirchhöfen wieder vertritt, aus Billigkeitsrücksichten neue konfessionelle Kirchhöfe oder die Erweiterung der bestehenden bewilligt, falls die Anlage ohne Kirchenumlagen erfolgen kann und falls die Beschaffung eines Kommunalkirchhofs auf unüberwindliche Schwierigkeiten stößt.

Was den vorliegenden Fall und die Anwendung dieser Grundsätze auf denselben betrifft, so erscheinen die Angaben der Petition einer thatsächlichen Ergänzung bedürftig. Zunächst sei bemerkt werden, daß die Neuanlage des jetzigen evangelischen Kirchhofs an Stelle des alten evangelischen Kirchhofs im Jahre 1854 und die Erweiterung desselben im Jahre 1863 in die Zeit fällt, in welcher die Verwaltung noch unter dem Einfluß der älteren Rechtsprechung, wonach die Kirchengemeinden wieder Eigenthümer der säkularisirten Kirchhöfe geworden, stand.

Als Ende der siebenziger Jahre der neben dem evangelischen Kirchhofe bestehende katholische Kirchhof gefüllt war und die Kirchengemeinde einen neuen kirchlichen katholischen Friedhof anlegen wollte, wurde, entsprechend obigem Grundsatze staatlicherseits die Genehmigung hierzu versagt, da die Anlage nur unter Steuerumlagen erfolgen konnte und die Civilgemeinde sich bereit erklärte, einen hinreichend großen Kommunalkirchhof mit konfessionellen Abtheilungen anzulegen. Die katholische Gemeinde hat sich hierbei beruhigt und benutzt seit dieser Zeit den neuangelegten Kommunalfriedhof.

Unter dem 31. August 1883 legte die Königliche Regierung zu Düsseldorf ein Gesuch der evangelischen Gemeinde zu M. Gladbach um Vergrößerung ihres Kirchhofes vor, auf welches durch Erlaß vom 15. Juli 1884 aber ablehnend entschieden wurde, da die Civilgemeinde entsprechend ihrer gesetzlichen Verpflichtung einen Kommunal-

kirchhof mit gesonderten konfessionellen Abtheilungen für evangelische und katholische Christen angelegt habe.

Im Monate August 1884 wurde Seitens der gedachten evangelischen Gemeinde das Gesuch erneuert und darauf hingewiesen, daß die Gemeinde den hübsch angelegten, mit Kriegerdenkmal, Leichenhalle und zahlreichen Erbbegräbnissen versehenen Kirchhof aus Pietätsgründen behalten wolle. Auch ohne Steuerumlage könne durch höhere Erbbegräbnißgebühren die Kostendeckung erfolgen; die katholische Gemeinde habe Bedenken nicht zu erheben, eine Anzahl von Stadtverordneten befürworteten das Projekt. Aus dem gleichen Grunde wie im Jahre 1884 wurde das Gesuch unter dem 14. Januar 1885 abgelehnt.

Kurze Zeit nach dieser Ablehnung und gerade mit Rücksicht auf diese Entscheidung vergrößerte die Civilgemeinde ihren Kirchhof um 5 ha. Unter dem 20. Februar 1887 berichtete sodann die Königliche Regierung zu Düsseldorf, der um 5 ha vergrößerte Civilkirchhof reiche voraussichtlich auf 12—15 Jahre aus. Die Civilgemeinde beabsichtige nach Belegung dieses Kirchhofs denselben zu schließen, einen großen Kommunalkirchhof vor der Stadt anzulegen und den jetzigen Kommunalkirchhof in Verbindung mit dem bereits verlassenen katholischen und dem baun auch gefüllten evangelischen Friedhof nach und nach zu Parkanlagen umzuwandeln. Die evangelische Gemeinde wünsche eine Vergrößerung ihres Kirchhofes um ein Stück von etwa 35 ar, welche Vergrößerung genüge, um ihr die Benutzung ihres Kirchhofs bis zu dem in 12—15 Jahren eintretenden Zeitpunkte zu ermöglichen, in welcher die Schließung des Kommunalkirchhofs erfolgen werde. Die Königliche Regierung beruft sich zur Begründung ihrer Auffassung auf die auf diese Momente ausdrücklich hervorhebende Eingabe des Presbyteriums vom 20. November 1885, in welcher es unter anderem auch heißt:

Die Frage der späteren Anlegung eines gemeinschaftlichen größeren Civilfriedhofes, welche hierorts vorläufig noch vertagt ist, würde durch Genehmigung unserer Bitte in keiner Weise präjudizirend abgeschlossen sein.

Da es sich nach dem Berichte der Königlichen Regierung nur um eine kleine, die gleichzeitige Schließung des evangelischen und des kommunalen Kirchhofes ermöglichende Vergrößerung handelte, so wurde durch Erlaß vom 8. Juli 1887 diese Vergrößerung genehmigt. Das Erweiterungsstück wurde erst im Monate März 1888 in Benutzung genommen.

Bereits im November 1888 legte die Königliche Regierung zu Düsseldorf einen Bericht über einen nochmaligen Vergrößerungsantrag, wonach dem evangelischen Kirchhof eine Fläche von 10 Morgen zugeschlagen werden sollte, vor. Der Antrag war gestellt noch ehe das Erweiterungsstück von 1887 in Benutzung genommen worden, und wurde mit einem dringenden Nothstande gerechtfertigt.

Dieses Gesuch wurde unter dem 1. November 1889 nach Anhörung des Königlichen Konsistoriums zu Koblenz und des Königlichen Oberpräsidenten ablehnend beschieden. Maßgebend für diese Entscheidung war der Umstand, daß die unter dem 8. Juli 1887 bewilligte Vergrößerung als Interimistikum angängig erschienen, eine Vergrößerung von 10 Morgen aber ein Definitivum begründe, welches die beabsichtigte demnächstige Schließung des evangelischen Kirchhofs mit dem Kommunalfriedhof ausschließe, eine Vergrößerung des Kirchhof vielmehr auf absehbare Zeit bestehen lasse. Wesentlich wurde auch in Betracht gezogen, daß die Civilgemeinde allen Verpflichtungen bereitwilligst nachgekommen war und die Vergrößerung des evangelischen Kirchhofs um 10 Morgen auf einem Terrain erfolgen sollte, welches zu dem natürlichen Erweiterungsterrain der Stadt gehört.

Die schon begonnene straßenmäßige Bebauung dieser Gegend müßte durch die Anlage von 10 Morgen zu Kirchhofszwecken nach dem Urtheile der Stadtverwaltung und der Regierung eine wesentliche Schädigung der städtischen Interessen herbeiführen. Unter dem 24. Juni 1890 erneuerte die evangelische Gemeinde ihr Gesuch nochmals und wies darauf hin, daß das qu. Terrain der Kirchengemeinde geschenkt worden, daß sanitätspolizeiliche Bedenken nicht vorhanden seien, daß die katholische Gemeinde einverstanden sei und der Civilgemeinde ein pekuniärer Vortheil durch die Anlage insofern entstehen werde, als der Kommunalkirchhof länger benutzbar bleibe; eine Schädigung der baulichen Interessen der Stadt sei nicht zu befürchten, da das in Betracht kommende Terrain sich nicht zur Bebauung eigne und durch den Eisenbahndamm von der Stadt getrennt sei.

Auch auf dieses Gesuch erging unter dem 25. März 1891 ein ablehnender Bescheid. Für die Ablehnung war maßgebend einmal der Umstand, daß, entgegen den Ausführungen der Kirchengemeinde, nach dem übereinstimmenden Urtheil des Oberbürgermeisters und der durch einen an Ort und Stelle anwesend gewesenen Kommissar orientirten Regierung den baulichen Interessen der Stadt es bringend wünschenswerth machten, das natürliche Erweiterungsterrain der Stadt nicht durch eine große Kirchhofserweiterung zu verschließen, dann aber auch weiter die Erwägung, daß die Stadt auf Grund ihrer gesetzlichen Verpflichtung einen Kommunalkirchhof mit gesonderten konfessionellen Abtheilungen beschafft hatte. Bezüglich der Schädigung der städtischen Bauinteressen kam schließlich auch noch eine von 231 Adjazenten und Bürgern unterzeichnete Petition um Versagung der Genehmigung der Erweiterung des Kirchhofs mit in Berücksichtigung.

Der von der Kirchengemeinde behauptete Nothstand konnte übrigens nicht anerkannt werden, denn abgesehen davon, daß der evangelische Kirchhof noch eine Gartenparzelle von 10 ar in sich schließt, und überreichliche Erbbegräbnisse auf der Erweiterungsfläche von 1887 aufweist, steht jederzeit der Kommunalkirchhof zu Gebot.

Im Einzelnen nehme ich auf den verlesenen Bericht des Oberbürgermeisteramtes zu M. Gladbach vom 22. August 1890 über die baulichen Interessen der Stadt und auf die vorgelegten Zeichnungen Bezug. Gegen den Bescheid vom 25. März 1891 richtet sich die den Gegenstand der Verhandlungen bildende Petition.

Nach dem Vorgetragenen kann eine Verletzung der obengedachten Grundsätze über die Regelung des Kirchhofswesens in der Rheinprovinz nicht behauptet werden; ohne Verletzung dieser Grundsätze konnte eine Erweiterung des evangelischen Kirchhofs nicht genehmigt werden, da die Stadt einen Kommunalkirchhof entsprechend den gesetzlichen Vorschriften angelegt hatte; die Ertheilung der Genehmigung würde zu unliebsamen Konsequenzen und Berufungen führen. Aber selbst wenn die Genehmigung nach den bestehenden Grundsätzen zulässig gewesen, so hätte das gefährdete bauliche Interesse der zu allen Opfern für das Kirchhofswesen bereiten Stadt es gefordert, von der Staatsregierung zustehenden Befugniß, die Genehmigung zu versagen, Gebrauch zu machen.

Der Kommissar des Herrn Ministers des Innern, Herr Geheimer Oberregierungsrath Nöll, trat der vorstehenden Erklärung bei und führte dieselbe in einzelnen Beziehungen noch weiter aus. Namentlich machte derselbe unter eingehender Mittheilung der Vorstellung des Presbyteriums vom 20. November 1886 darauf aufmerksam, daß die in der Petition enthaltene Anführung der Entscheidung des Ministeriums vom 8. Juli 1887 eine schiefe sei. Es erscheine unerfindlich, wie das Presbyterium nach den Vorgängen, welche im Jahre 1887 zu einer Erweiterung des evangelischen Kirchhofs um circa 35 ar geführt

hatten, mit „voller Bestimmung auf Genehmigung" auch der im Anschlusse an diese Erweiterung nunmehr geplanten Vergrößerung um circa 2½ ha habe rechnen können. Wenn übrigens die im Jahre 1887 ertheilte Genehmigung gegenwärtig dazu verwerthet werden solle, die Zulässigkeit einer weiteren Genehmigung für angängig zu erachten, so ergebe sich hieraus nur die Nothwendigkeit, kein Material für neue Berufungen zu schaffen. Im Uebrigen möge festgehalten werden, daß die Erweiterung im Jahre 1887 für die baupolizeilichen Interessen der Stadt M. Gladbach ohne Bedeutung war, während die gegenwärtig geplante Erweiterung für diese Interessen von entscheidender und zwar schädlicher Bedeutung sei.

Der Berichterstatter erklärte, auf die rechtliche Frage nicht eingehen zu wollen; er halte sich einfach an die Thatsache, daß die Königliche Staatsregierung trotz des Prairialdekrets des Jahres XII in den Jahren 1864, 1863 und auch unter der Herrschaft der neueren Jurisprudenz, nämlich im Jahre 1887, die Erlaubniß zur Erweiterung des evangelischen Friedhofes ertheilt habe. Es stehe also fest, daß auch im Geltungsbereich des französischen Rechts der Anlegung und Erweiterung von Friedhöfen durch die Kirchengemeinden gesetzlich nichts im Wege stehe. Allerdings sei es dort Pflicht der Civilgemeinde, für das Begräbnißwesen zu sorgen, das schließe aber nicht aus, daß die Kirchengemeinde diese Pflicht freiwillig übernehmen könne, was auch das Prairialdekret nicht verbiete. Wenn der Herr Regierungskommissar sich darauf berufe, daß die Civilgemeinde M. Gladbach in den 70er Jahren einen Friedhof angelegt habe und daher ein Bedürfniß für die Erweiterung des evangelischen Friedhofes nicht anzuerkennen sei, so müsse darauf hingewiesen werden, daß dieser Civilfriedhof, welcher sich drillich als eine Erweiterung des katholischen darstelle, von den Evangelischen nicht benutzt worden, also thatsächlich als ein katholischer anzusehen sei. Der Verhältnisse, wie sie jetzt in M. Gladbach beständen, entsprächen den Wünschen sowohl der Civilgemeinde, welcher in Anbetracht der 440 Prozent Kommunalsteuern die Entlastung von Friedhofseinrichtungen wohl zu gönnen sei, als auch den beiden Konfessionsgemeinden; es sei hier nicht einzusehen, weshalb plötzlich bei einem französischen Dekret vom Jahre 1804 zu Liebe geändert werden sollten. Der Berichterstatter hob ferner hervor, daß nach seiner Kenntniß die konfessionelle Trennung der Kirchhöfe den Wünschen der Gesammtbevölkerung entspreche und daß die Regierung viel Unzufriedenheit hervorrufen würde, wenn sie, wie in M. Gladbach, zwangsweise Civilkirchhöfe einführen wolle. Er beantrage in Uebereinstimmung mit dem vorjährigen Beschlusse der Kommission, dem Hause zu empfehlen, die Petition der Königlichen Staatsregierung zur Erwägung zu überweisen.

Demgegenüber führte ein Mitglied aus, das Recht und die Pflicht, Friedhöfe anzulegen, stehe im Gebiete des Rheinischen Rechtes der bürgerlichen Gemeinde zu. Im vorliegenden Falle eine Ausnahme zuzulassen, sei um so weniger gerechtfertigt, als dieselbe in ausreichender Weise für einen allen Bedürfnissen genügenden Friedhof Sorge getragen habe. Die evangelische Gemeinde habe in früheren Jahren selbst zu erkennen gegeben, daß sie nur noch für kurze Zeit ihren konfessionellen Friedhof benutzen wolle; ihr jetziger Antrag stehe in Widerspruch mit ihren früheren Verhalten. Da der katholischen Gemeinde die Erweiterung ihres Friedhofes nicht zugestanden worden, sei es billig und gerecht, eine solche auch der evangelischen Gemeinde zu versagen. Er beantrage deshalb Uebergang zur Tagesordnung.

Von einem anderen Mitgliede wurde geltend gemacht, daß der Vertreter des Kultusministeriums zwar auf die Rechtsfrage nicht näher eingegangen sei, aber doch behauptet habe, daß auf dem linken Rheinufer

256*

die Anlage von Friedhöfen den Civilgemeinden zukomme, so erscheine es doch geboten, dieser Rechtsansicht nochmals wie im vorigen Jahr gelegentlich der Berathung der Petition der Gemeinde Anrich entgegenzutreten. Damals sei auch vom Herrn Minister der Bescheid ertheilt, die Anlage von Kirchhöfen seitens der Kirchengemeinden sei in jenem Bezirke überhaupt unzulässig. Dieser Bescheid lasse sich aber durch das Praktrialdekret nicht rechtfertigen, da dieses den Kirchengemeinden die Anlegung von Kirchhöfen nicht verbiete. Auch die damals von dem Herrn Minister zur Stütze seiner Behauptungen angezogenen Urtheile des Obertribunals und des Reichsgerichts hätten sich mit dieser Frage garnicht befaßt. So sei denn auch im neueren Ministerialerlaß vom 26. April 1862 folgendes erklärt:

Die linksrheinische Gesetzgebung erkennt also die Beerdigungen als Religions- und Kultushandlungen und die Kirchhöfe als religiöse und Kultuszwecken dienende Orte unzweideutig an, demnach würde der Erwerb von Kirchhöfen seitens der Kirchenfabriken selbst dann nicht ausgeschlossen sein, wenn diese auch auf Erwerbungen zu Kultuszwecken beschränkt wären. Das Erkenntniß des Königlichen Obertribunals vom 24. September v. J. in Sachen der Civilgemeinde St. Goar gegen die dortige Kirchenfabrik steht dem nicht entgegen. Dasselbe entscheidet lediglich über das Eigenthum von einem alten, außer Gebrauch gesetzten Kirchhofe, an dessen Stelle von der Civilgemeinde ein anderer Kirchhof beschafft worden war.

Diesen Grundsätzen entsprechend seien denn auch 50 Jahre hindurch Kirchhöfe von den Kirchengemeinden angelegt und die Genehmigung von der Regierung ertheilt worden.

Derselbe Redner wies auch auf die Verschiedenheit der Begräbnißceremonien unter den christlichen Konfessionen hin und glaubt, daß es geboten sei, zur Vermeidung von Verletzungen der Gefühle der einen oder anderen Konfession für jede besondere Friedhöfe einzurichten, namentlich aber die bestehenden Kirchenfriedhöfe zu erhalten.

Dieser letzten Ausführung trat ein Mitglied entgegen. Wenn gesagt sei, bei der Verschiedenheit der Ceremonien bei der Bestattung eines Evangelischen und eines Katholiken könnten beim Zusammentreffen eines Leichenfeier beider Konfessionen auf demselben Friedhofe die Gefühle der einen oder der anderen Konfession angehörenden Leidtragenden verletzt werden, so glaube er, daß davon nicht die Rede sein könne. Man habe als Christ den Glauben und die Glaubensformen seiner Mitmenschen zu achten. Nicht konfessionelle Zwietracht werde durch einen gemeinsamen Friedhof befördert, vielmehr sei das Bewußtsein, daß im Tode wenigstens ein Ort die Anhänger beider Konfessionen aufnehme, weit eher geeignet, die Gegensätze zu mildern. Uebrigens solle ja auf dem bürgerlichen Friedhofe in M. Gladbach insofern den beiden Konfessionen Rechnung getragen werden, als jeder derselben besondere in sich abgeschlossene Plätze zur Bestattung ihrer Todten überwiesen würden.

Diese Anschauung wurde von einem anderen Mitgliede unter Hinweis darauf, daß die verschiedenen Religionsgemeinden mit dem bestehenden Zustande, d. h. mit der Einrichtung konfessionell getrennter Friedhöfe, durchaus zufrieden, und daß darauf niemals Mißhelligkeiten entstanden seien, bekämpft. Weise der Herr Regierungskommissar darauf hin, die neuere Jurisprudenz habe den Grundsatz aufgestellt, daß die Errichtung von Begräbnißplätzen Sache der bürgerlichen Gemeinde sei, so müsse dem die Thatsache gegenübergestellt werden, daß

später noch der Kirchengemeinde Tenhoven eine solche Anlage gestattet und der Kirchengemeinde Longerich die Annahme eines geschenkten Grundstückes zur Anlage eines Friedhofs Allerhöchst genehmigt worden sei. Auch dränge sich das Gefühl der Rechtsungleichheit auf, wenn man sehe, daß die Düsseldorfer Regierung im Bergischen, z. B. in Elberfeld, Barmen, Sonnborn, wo doch auch das französische Recht gelte, den Kirchengemeinden bei der Erweiterung ihrer Kirchhöfe keinerlei Schwierigkeiten bereite und den Juden das gewähre, was sie den Evangelischen in M. Gladbach versage.

Darauf wurde erwidert, es handle sich im vorliegenden Falle weniger um die Rechtsfrage, obschon anerkannt werden müsse, daß in dem betreffenden Rechtsgebiete das Begräbnißwesen zu regeln Recht und Pflicht der Civilgemeinde sei, was wiederum die Erlaubniß zur Anlegung von konfessionellen Friedhöfen nicht ausschließe. Die Frage der Zweckmäßigkeit und Billigkeit müsse hinsichtlich der evangelischen Gemeinde M. Gladbach verneint werden. Die Civilgemeinde dort habe bereits einen städtischen Friedhof angelegt, der allerdings zunächst nur von Katholiken benutzt werde, an deren Kirchhof er stößt. Sie beabsichtige aber, einen neuen und großen Kommunalbegräbnißplatz anzulegen und die jetzigen Kommunal- und Kirchenfriedhöfe zu städtischen Anlagen umzuwandeln. Daher sei auch den Katholiken in den siebziger Jahren die Erlaubniß zur Erweiterung ihres Kirchhofs versagt und den Evangelischen im Jahre 1887 die Vergrößerung des ihrigen, wie das Presbyterium in seiner Eingabe an die Königliche Regierung vom 20. November 1885 ausdrücklich zugebe, in keiner Weise prinzipiirend gestattet worden. Das Presbyterium habe damals gerade zu die Erweiterung des evangelischen Kirchhofs um ein geringes Areal nur provisorisch erbeten und hätte nach geschehener Bewilligung wissen müssen, daß ein neues ähnliches Gesuch abschlägig beschieden werden würde. Jetzt wolle das Presbyterium sich entgegen den weisen und anerkennenswerthen Plänen der Stadtverwaltung mit einem konfessionellen Friedhof dauernd einrichten. Da auf dem Kommunalfriedhofe die Konfessionen gesonderte Abtheilungen erhalten sollten, so sei damit der Konfessionalität genügend Rechnung getragen. Es sei überhaupt nicht wünschenswerth, sondern sogar schädlich, besondere Friedhöfe für die einzelnen Konfessionen einzurichten; je mehr Verbindungen mit und Beziehungen zu einander Katholiken und Evangelische pflegen, desto mehr werde Friede und Eintracht unter ihnen gefördert.

Ein Mitglied der Kommission, welches mit den örtlichen Verhältnissen der Stadt M. Gladbach genau bekannt ist, nahm zunächst die Petenten in Schutz gegen den Vorwurf, sie hätten im Jahre 1887 behauptet, daß, wenn der evangelische Kirchhof eine weitere Vergrößerung um 35,40 ar erhalte, er dann voraussichtlich für die evangelische Gemeinde 12 Jahre lang ausreichen würde und trotz dessen verlangten sie jetzt wiederum eine Erweiterung ihres Friedhofes um 10 Morgen. Dieser Widerspruch finde darin seine Erklärung, daß die Stadt M. Gladbach sich in und die evangelische Gemeinde sich in größerem Maßstabe entwickelt, als man es erwartet habe und daß auch die Zahl der zu beerdigenden Leichen aus ganz natürlichen Lauf der Dinge größer geworden, als man vordem anzunehmen berechtigt gewesen sei. Ein weiterer Einwand, welchen die Königliche Staatsregierung gegen die Wünsche der Petenten erhoben, gehe dahin, daß durch die geplante Erweiterung des Kirchhofs die Ausdehnung der Stadt M. Gladbach nach dieser Seite hin auf einen längeren Zeitraum hinaus behindert werde. Die Richtigkeit dieser Behauptung müsse bestritten werden, denn erstens habe in der Vergangenheit die Lage der Kirchhöfe die Ausdehnung der Stadt nach dieser Seite hin nicht behindert. Wenn aber thatsächlich bis in die letzten Jahre hin die Stadt an dieser Stelle sich nicht wesentlich vergrößert habe, so liege das daran, daß noch im Innern der Stadt Bauplätze genug zu haben seien, und weil die Stadt von dem hier in Frage stehenden Terrain durch einen sehr tiefen und breiten Eisenbahneinschnitt, über welchen nur 2 Ueberbrückungen führen, die auf eine weite Strecke die einzige Verbindung zwischen der Stadt und diesem Terrain bilden, abgeschlossen sei. Zweitens sei auch für die Zukunft die Behinderung einer Ausdehnung der Stadt nicht zu erwarten, denn die Straße, welche aus der Stadt nach dem Kirchhof führt sei auf beiden Seiten bis unmittelbar zum Kirchhof hin schon bebaut und direkt hinter dem Kirchhof liege das Ende der städtischen Gemarkung. Auch eigne sich dieses Terrain, welches bis jetzt auch noch gar nicht in den erst vor 2 Jahren neu gefertigten städtischen Bebauungsplan hineingezogen, wegen seiner abgelegenen Lage und der ungünstigen Gestaltung seiner Oberfläche, überhaupt nicht für die Bebauung.

Es sei darauf hingewiesen worden, daß die Absicht bestehe, den katholischen wie den evangelischen Kirchhof zu schließen, um dieselben in städtische Parks umzuwandeln, und daß diese Absicht im Falle der Bewilligung einer Erweiterung des jetzigen evangelischen Kirchhofes durchkreuzt würde. Dagegen müsse eingewendet werden, daß auf dem Civil- bezw. katholischen Kirchhofe noch eine sehr große Fläche zu belegen sei und daß ein ziemlich gleichzeitiger Schluß beider Kirchhöfe zu erwarten stehe, wenn der Wunsch der Petenten erfüllt werde. Andernfalls werde der Civil- bezw. katholische Kirchhof einige Jahre früher als der evangelische belegt sein. Mit Rücksicht auf die 440 Prozent Kommunalsteuerumlage sollte man der Gemeinde M. Gladbach die Ausgabe für den Ankauf eines neuen Kirchhofterrains, dessen Kosten auf 150000 Mark veranschlagt würden, nicht früher als unbedingt nöthig, auferlegen.

Der Berichterstatter glaubt in seinem Schlußwort eine Lösung des scheinbaren Widerspruchs zwischen der früheren Behauptung der Petenten, durch die Vergrößerung des Kirchhofs um 35,40 ar werde derselbe voraussichtlich noch 12 Jahre ausreichen und der Thatsache, daß dieselben schon bald darauf eine abermalige Erweiterung beantragt haben, auch darin zu finden, daß das Presbyterium auf Grund der gemachten Erfahrung, die im Jahre 1883 nachgesuchte Erlaubniß erst nach vier Jahren ertheilt worden sei, nunmehr Jahre lang vor der zu erwartenden Belegung ihres Kirchhofs vorsorglich gehandelt haben könne. Es sei nicht anzunehmen, daß zwei Pfarrer der Gemeinde und mit ihnen das Presbyterium sich zu wissentlich unrichtigen Darstellungen hätten hinreißen lassen. Das wolle er auch in Bezug auf die von denselben ausgesprochene Befürchtung, es könne durch die Errichtung eines für beide Konfessionen gemeinsamen Begräbnißplatzes eine Quelle unablässiger Reibungen und konfessioneller Störungen geschaffen werden, ausgesprochen haben. Die Gegner der Petition, welche gerade aus einer solchen Gemeinsamkeit eine Förderung der Eintracht und des konfessionellen Friedens zwischen den Katholiken und Evangelischen erwarteten, schienen die Größe der am Rhein herrschenden konfessionellen Gegensätze zu unterschätzen. Dieselben würden auch gewiß zu einer anderen Stellungnahme gedrängt werden, wenn man in ihrer Heimath die vorhandenen konfessionell getrennten Friedhöfe in kommunale, gemeinsame verwandeln wollte. Es sei doch Thatsache, daß in M. Gladbach beide Konfessionen die Erhaltung ihrer Kirchhöfe dringend wünschen und daß auch die Stadtverordneten im Jahre 1886 mit 20 gegen 3 Stimmen dieselbe befürwortet hätten. Ohne die Frage, ob am Rhein Kirchen- oder Civilfriedhöfe zu errichten

sind, generell entscheiden zu wollen, müsse er im vorliegenden konkreten Falle sich für erstere erklären.

Die Abstimmung ergab die Ablehnung des Antrages auf Tagesordnung mit 10 gegen 9 Stimmen; der Antrag des Berichterstatters auf Erwägung dagegen wurde in gleichem Stimmenverhältniß angenommen.

Die Petitionskommission beantragt demnach:

 Das Haus der Abgeordneten wolle beschließen:
  Die Petition II Nr. 82 der Königlichen
  Staatsregierung zur Erwägung zu
  überweisen.

B.

Berichterstatter:
Abgeordneter Dr. Dürre.

Journal II Nr. 103.

Die Bittschrift des Fährbesitzers P. Hansen in Schwabstedt ist am 1. April von der Kommission für Petitionen berathen worden. An der Berathung hat Herr Geheimer Oberregierungsrath Dr. Sieffert als Vertreter des Ministers für Handel und Gewerbe theilgenommen.

Der Berichterstatter trug den Inhalt der Bittschrift und der dazu gehörigen Akten vor.

Der P. Hansen sei Besitzer der Treenefähre und vermittle durch sie den Verkehr auf der Treene zwischen Schwabstedt und Friedrichstadt. Durch den Erbpachtsvertrag vom 27. September 1756 sei dem Vorbesitzer Walter von der dänischen Landesherrschaft die herrschaftliche Fähre über die Treene bei Schwabstedt überlassen und ihm das Recht ertheilt worden, einzig und allein sowohl Waaren, als auch Personen nach und von Friedrichstadt zu befördern. Indessen sei jedem, der ein eignes Boot hat, überlassen geblieben, seine eignen Produkte damit nach Friedrichstadt zu bringen. Dem Erbpächter war jedoch keinen Erben habe auch frei gestanden, die Erbpachtsgerechtigkeit einem Andern zu überlassen. Diese sei nun durch Kauf an P. Hansen, den gegenwärtigen Besitzer, übergegangen. Der Erbpachtsvertrag habe zwei Fährgerechtigkeiten verliehen: Die eine, den Verkehr auf der Treene zwischen Schwabstedt und Friedrichstadt zu vermitteln und die andere, die Verbindung der beiden Ufer über die Treene herzustellen. Diese Gerechtsame sei in dem Vertrage nur nebensächlich erwähnt, da sie der schwer passirbaren Wege halber nur von geringem Werth gewesen sei. Schwabstedt und Friedrichstadt lägen auf entgegengesetzten Ufern der Treene und seien etwa sechs Kilometer von einander entfernt; die Verbindung der beiden Orte durch eine Längsfähre sei ein Bedürfniß gewesen und in dem ausschließlichen Recht, diese zu führen, das Recht der Querfähre mit inbegriffen. Da der Vertrag verleihe, bestehe für beiderlei Werth. Gemeinschaftlich für beide Berechtigungen, den Betrieb der Längswie der Querfähre, habe der Vertrag dem Pächter die jährliche Abgabe von 108 Mark auferlegt. Die Längsfähre habe auch stets als öffentliche Fähre gegolten; in früherer Zeit sei damit die Post befördert worden; der Besitzer sei durch den Inhalt der Verleihungsurkunde verpflichtet, regelmäßig an Markttagen und außerdem jederzeit auf Verlangen zu fahren, und die Obrigkeit berechtigt, die für den Fährmann verbindlichen Taxen festzusetzen.

Das Gesetz vom 17. März 1868, die Aufhebung aller ausschließlichen Gewerbeberechtigungen betreffend, habe nun bestimmt:

§ 1. Die noch bestehenden ausschließlichen Gewerbeberechtigungen, das heißt die mit dem Gewerbebetrieb verbundenen Berechtigungen, Andern den Betrieb eines Gewerbes zu untersagen oder sie darin zu beschränken, werden hierdurch aufgehoben.

§ 11. Die zur Zeit in den einzelnen Landestheilen wegen der Befugniß zum Halten öffentlicher Fähren und über das Abbedereitwesen bestehenden Vorschriften bleiben in Kraft.

§ 17. Die Ansprüche auf Entschädigung für den Verlust der aufgehobenen Berechtigungen müssen bis zum Schlusse des Jahres 1869 bei der Regierung schriftlich angemeldet werden.

Der Bittsteller habe geglaubt, daß seine Berechtigung nicht unter die Bestimmung des § 1, sondern unter die des § 11 fiele, daß sie nicht ohne seine Zustimmung aufgehoben werden könnte, und er nicht verpflichtet wäre, die Ablösung zu beantragen. Es sei ihm nicht in den Sinn gekommen, daß seine Berechtigung, einzig und allein Personen und Waaren von Schwabstedt nach Friedrichstadt und von Friedrichstadt nach Schwabstedt zu befördern, nicht als eine Fährgerechtigkeit angesehen werden könnte, nachdem sie mehr als hundert Jahre als solche bezeichnet und behandelt worden sei. Seine Berechtigung sei auch bis 1888 von niemand bezweifelt worden, weder von Privatpersonen, noch von Behörden. Erst im Jahre 1888 habe der Eigenthümer des Dampfschiffes Courier, Ernst Schlüter, die Anerkennung eines Fährprivilegiums verweigert und den P. Hansen gezwungen, den Rechtsweg zu betreten. Das Landgericht in Flensburg habe für Recht erkannt:

Beklagter ist schuldig, anzuerkennen, daß dem Kläger das ausschließliche Recht zur Fährschaft von Personen und Waaren von Friedrichstadt nach Schwabstedt und umgekehrt zusteht.

In den Gründen der Entscheidung heiße es:

Der § 11 des Gesetzes vom 17. März 1868 enthält die Bestimmungen über die Befugniß zum Halten öffentlicher Fähren ausdrücklich aufrecht, und dadurch, daß die vorliegende Fährgerechtigkeit sich auf den über 1/4 Meile langen Theil der Treene zwischen Schwabstedt und Friedrichstadt erstreckt, wird ihr Charakter als Fährgerechtigkeit nicht geändert.

Im Jahre 1889 seien dann auf Veranlassung der Königlichen Regierung in Schleswig Verhandlungen mit P. Hansen und den betheiligten Gemeinden über Ablösung seiner Berechtigung gepflogen worden. In den über die Verhandlungen aufgenommenen Protokolle vom 22. Januar 1889 heiße es:

Als Gegenstand der Ablösung wurde das Privileg, wie es in dem Rechtsstreit des Fährbesitzers wider den Rheder Ernst Schlüter in Kiel rechtskräftig festgestellt ist, zu Grunde gelegt. Es sollte die sog. Fangfähre, das heißt die ausschließliche Berechtigung, Personen und Waaren von und nach Friedrichstadt zu befördern und auf Zwischenstationen anzulegen, gegen Entschädigung aufgehoben werden, wogegen das aus-

schließliche Recht, den Verkehr in gleicher Weise wie bisher nach und von dem jenseitigen Ufer zu vermitteln, durch das jetzige Abkommen unberührt bleiben sollte.

Die Verhandlungen seien indessen ohne Erfolg geblieben, weil einige der Betheiligten die Verpflichtung zur Ablösung, andere ihr Interesse daran in Abrede gestellt hätten, noch andere sich nicht über die Höhe der Beitragsquote hätten einigen können.

Im Jahre 1890 seien nun die beiden Gemeinden Friedrichstadt und Schwabstedt bei dem Landgericht in Flensburg klagbar geworden und hätten beantragt:

festzustellen, daß die frühere Berechtigung des Beklagten, einzig und allein sowohl Waaren, als auch Personen nach und von Friedrichstadt längs der Treene zu transportiren aufgehoben sei.

Entgegen dem zwei Jahre zuvor gefällten Urtheil habe das Landgericht in Flensburg für Recht erkannt:

daß dem Beklagten eine Berechtigung, einzig und allein sowohl Waaren als Personen nach und von Friedrichstadt längs der Treene zu befördern, nicht zustehe.

Die Begründung werde auf die Erwägung gestützt, daß es angesichts des im Jahre 1868 und auch jetzt noch herrschenden Sprachgebrauchs und angesichts der Tendenz der Preußischen Gewerbegesetzgebung, Handel und Schiffahrt zu erleichtern, nicht zweifelhaft sein könne, daß unter dem Halten einer öffentlichen Fähre nur das Uebersetzen von einem Ufer zum andern, wenn auch nicht gerade in direkter Linie, zu verstehen sei, doch auf dem kürzesten geeigneten Wege verstanden werden solle. Damit sei ausgeschlossen, daß der Verkehr längs des Flusses unter dem Begriff einer Fähre falle.

Gegen dieses Urtheil sei von dem Beklagten beim Oberlandesgericht in Kiel erfolglos Berufung eingelegt worden; das Oberlandesgericht habe sich den Gründen des Vorderrichters überall angeschlossen und die Berufung zurückgewiesen. Auf das Rechtsmittel der Revision habe der Bittsteller verzichtet, weil es von seinem Rechtsbeistand für aussichtslos gehalten worden wäre.

Er habe nunmehr am 1. Juni 1891 an die Königliche Regierung in Schleswig die Bitte gerichtet, daß sie das vorgeschriebene Entschädigungsverfahren einleiten und gemäß § 62 des Gesetzes vom 17. März 1868 ein Resolut über die Berechtigung seines Entschädigungsanspruches abgeben möge. In der Begründung habe er hervorgehoben, daß er, ein einfacher Landmann, nicht hätte wissen können, was der Gesetzgeber als öffentliche Fähre betrachtet habe, daß erst jetzt durch Beschluß des Oberlandesgerichts festgestellt sei, daß auf seine Fährgerechtigkeit § 1 des erwähnten Gesetzes Anwendung finde, und daß es ihm deshalb wohl gestattet werden müsse, noch jetzt seine Entschädigungsansprüche anzumelden. Die Königliche Regierung habe aber mit Rücksicht auf die zwingende Bestimmung in §§ 17, 18 des Gesetzes vom 17. März 1868, wonach Entschädigungsansprüche, die nicht bis zum Schlusse des Jahres 1869 angemeldet seien, verloren gingen, sein Gesuch abgelehnt. Der Bittsteller habe sich darauf am 6. Oktober 91 mit einer Beschwerde an den Minister für Handel und Gewerbe gewandt, sei aber auch von diesem aus den Gründen, die bereits die Königliche Regierung geltend gemacht habe, abschläglich beschieden worden sei. Er rufe nun das Abgeordnetenhaus an und bitte:

das Abgeordnetenhaus wolle beschließen, daß in dem vorliegenden ganz besonderen Falle, weil der Gesetzgeber nicht deutlicher zum Ausdruck gebracht hat, was er unter öffentlichen Fähren verstanden wissen wollte, ihm für seine Berechtigung Entschädigung zu gewähren sei.

Die Gründe, welche der Bittsteller für sein Gesuch anführt, macht auch der Berichterstatter zu den seinigen: Es sei zwar zweifellos, daß nach dem Spruch des Oberlandesgerichts in Kiel die ausschließliche Berechtigung, Waaren und Personen längs der Treene zu befördern, als eine Fährgerechtigkeit nicht anerkannt werden kann, daß sie deshalb unter den § 1 und nicht unter den § 17 des Gesetzes fällt und aufgehoben werden muß. Es sei auch richtig, daß der Bittsteller den Schlußtermin habe verstreichen lassen, ohne seine Entschädigungsansprüche anzumelden, und daß er durch diese Versäumniß den Rechtsanspruch, entschädigt zu werden, verloren habe.

Die Billigkeit erfordere aber, daß dem Bittsteller eine Entschädigung gewährt werde, denn er habe nicht wissen können, daß der Gesetzgeber unter öffentlicher Fähre etwas anderes verstehe, als was im Munde des Volkes als solche bezeichnet werde. Länger als hundert Jahre sei die Bezeichnung Fähre für die Beförderung längs der Treene gang und gäbe gewesen, die Urkunde sowohl als auch der Erbpachtvertrag sprächen wiederholt von der Fähre über die Treene und der § 1 des Vertrags enthalte die Bestimmung: wird sothane Schwabstedter Fähre über die Treene..... der Erbpacht solchergestalt überlassen, daß derselbe (der Pächter)..... einzig und allein sowohl Waaren als Personen nach und von Friedrichstadt transportiren möge. Aber nicht nur in den alten Schriftstücken finde sich die Bezeichnung Fähre für die in Rede stehende Berechtigung, sondern auch in sämmtlichen späteren Bestätigungen des Erbpachtvertrages, so in der letzten vom Jahre 1867, in welcher es heißt: Confirmation für Peter Hansen über die Erbpacht der Fähre über die Treene. Die Behörden selbst hätten die Berechtigung als eine Fährberechtigung bezeichnet und behandelt. Es ergebe sich aus den Verordnungen, über die Fährtaxen, die von Zeit zu Zeit erlassen worden sind, so im Jahre 1885. In dieser heiße es unter der gemeinsamen Ueberschrift: „Tarif, nach welchem das Fährgeld für die Benutzung der Fähre über die Treene zu erheben ist" A. für die Beförderung über die Treene und B. längs der Treene von Schwabstedt bis Friedrichstadt und zurück. Auch in der von dem Hauptzollamt in Tönning im Jahre 1890 ausgestellten Quittung werde von der Fährpacht für die Schwabstedter Fähre gesprochen. Noch im Jahre 1889 habe die Königliche Regierung zu Schleswig durch die Verhandlungen über die Ablösung der Fährgerechtigkeit anerkannt, daß es sich um eine Fähre handle, und daß der P. Hansen einen Anspruch auf Entschädigung im Falle der Aufhebung der Fährgerechtigkeit besitze. Ja, das Landgericht in Flensburg habe 1888 ausgesprochen, daß die vorliegende Fährgerechtigkeit ihren Charakter als solche nicht verliere, wenn sie sich auch auf den über ½ Meile langen Theil der Treene zwischen Schwabstedt und Friedrichstadt erstrecke. Man könne nicht verlangen, daß ein Mann aus dem Volke vor 20 Jahren den Unterschied zwischen Beförderung über und längs der Treene habe erkennen müssen, wenn hohe Verwaltungs- und Justizbehörden 20 Jahre hindurch diesen Unterschied unbeachtet gelassen hätten. Der Bittsteller habe im guten Glauben gehandelt. Es müsse das Rechtsbewußtsein verwirren und das Rechtsgefühl kränken, wollte man ihm unter diesen Umständen ein wohlerworbenes Recht ohne Entschädigung entziehen.

Der Berichterstatter beantragte, dem Abgeordnetenhause vorzuschlagen,

die Bittschrift des P. Hansen der Königlichen Staatsregierung zur Berücksichtigung zu überweisen.

Der Regierungsvertreter widersprach diesem Antrage, indem er im Wesentlichen Folgendes ausführte:

„Ueber die Frage, ob eine geltend gemachte gewerbliche Berechtigung zu den durch das Gesetz vom 17. März 1868 über die Aufhebung und Ablösung gewerblicher Berechtigungen in den neu erworbenen Landestheilen aufgehobenen Berechtigungen gehört, ist nach § 49 desselben ausschließlich durch die Gerichte zu entscheiden. Dies ist im vorliegenden Falle durch das rechtskräftige Urtheil des Oberlandesgerichtes zu Kiel vom 3. April 1891 geschehen, in dessen Begründung unter Bezugnahme auf die angezogene gesetzliche Vorschrift der Auffassung Ausdruck gegeben ist, daß das durch das Privileg vom 10. September 1756 begründete Berechtigung zweierlei enthalte, nämlich die Fährgerechtigkeit, d. h. das Recht zum Uebersetzen über die Treene nach dem anderen Ufer hin und die weitere Berechtigung zum ausschließlichen Schiffsverkehr längs der Treene zwischen Schwabstedt und Friedrichstadt, und daß der (letztere) Theil der Gerechtigkeit als Gewerbeprivileg aufzufassen sei, welches dazu, was im Gesetze vom 17. März 1868 unter Fährgerechtigkeit verstanden wird, weit hinausgehe und daher durch § 1 cit. aufgehoben ist.

Diese richterliche Feststellung ist für die Beurtheilung der Rechtslage, insonderheit für die Stellungnahme der Verwaltungsbehörden bindend und hat zur Folge, daß der von dem Petenten geltend gemachte Anspruch auf Gewährung einer Entschädigung als rechtsbeständig nicht erachtet werden kann, weil derselbe entgegen den Vorschriften der §§ 17, 18 a. a. O. nicht bis zum Schlusse des Jahres 1869 an zuständiger Stelle angemeldet worden ist.

Ein Beschluß der Kommission, welcher dem Antrage des Herrn Referenten auf Ueberweisung der Petition an die Staatsregierung zur Berücksichtigung zustimmen würde, könne daher nur darauf gestützt werden, daß bei der Eigenart der Sachlage Billigkeitsgründe für die Erfüllung der Bitte des Petenten sprächen. Hierbei müsse aber die Frage untersucht werden, von welcher Stelle derartigen Billigkeitsgründen Rechnung zu tragen sei.

Ein ausschließliches Gewerbeberechtigung stellt ein zweiseitiges Rechtsverhältniß dar, bei welchem denn zur Ausübung derselben Berechtigten diejenigen gegenüberstehen, welche durch sein Recht von der Ausübung eines gleichartigen Gewerbebetriebes ausgeschlossen sind. Dies sind im vorliegenden Falle die betheiligten Gemeinden und die sonst etwa in Betracht kommenden Gewerbetreibenden innerhalb derselben, so daß allein durch den Fortfalle der ausschließlichen Gewerbeberechtigung des Petenten Vortheil haben, indem sie zugleich durch die nicht rechtzeitige Anmeldung befreit von der Verpflichtung zur Leistung der entsprechenden Entschädigung befreit sind (§§ 36 Abf. 2 und 17 a. a. O.). Soll daher hier Billigkeitsgründen Rechnung getragen werden, so ist dies lediglich Sache dieser Betheiligten, nicht aber des Fiskus, welcher in dieser ganzen Angelegenheit in absolut keiner Beziehung steht."

Einige Mitglieder der Kommission schlossen sich im Allgemeinen den Ausführungen des Berichterstatters an und befürworteten seinen Antrag. Im besonderen wurde von einem Mitgliede, dem die Oertlichkeit genau bekannt ist, hervorgehoben, daß die Fähre zwischen Schwabstedt und Friedrichstadt nicht anlege, den Weg ohne Aufenthalt und Unterbrechung zurücklege und daß sie auch in dieser Beziehung den Charakter als Fähre wahre. Ein Mitglied meinte, daß der Antrag des Berichterstatters zu weit gehe und hielt für genügend,

dem Abgeordnetenhause vorzuschlagen, die Bittschrift der Königlichen Staatsregierung zur Erwägung zu überweisen.

Ein drittes konnte sich auch hierzu nicht entschließen und stellte den Antrag,

dem Abgeordnetenhause Uebergang zur Tagesordnung vorzuschlagen.

In der Begründung wurde ausgeführt: So gern auch der Antragsteller sich dem Berichterstatter anschließen möchte, könne er es doch auf Grund reiflicher Erwägungen nicht thun, müsse sich vielmehr zu seinem Bedauern für den Uebergang zur Tagesordnung erklären. Die hier zu entscheidende Frage spitze sich lediglich dahin zu, ob das fragliche Schiffsgefäß als eine Fähre zu erachten sei oder nicht. Persönlich würde er sich der Ansicht derer anschließen, die diese Frage bejahen, denn das Schiffsgefäß sei im Vertrage als Fähre bezeichnet und versehe auch den Dienst einer solchen, indem es in regelmäßigen Fristen und zu bestimmter Tage die Verbindung von an entgegengesetzten Ufern des Flusses gelegenen Ortschaften versehe. — In letzterer Beziehung werde die Charakterisirung als Fähre dadurch, daß die beiden damit verbundenen Orte in der Längsrichtung des Flusses mehrere Kilometer auseinander liegen, um so weniger alterirt, als mitgetheilt worden sei, daß zwischen den beiden Anschlußorten keine weiteren bewohnten Ortschaften lägen. — Allein die Frage, ob Fähre oder nicht, sei keine offene mehr, sie sei vielmehr durch rechtskräftiges Urtheil bereits verneinend entschieden und damit endgiltig präjudizirt. — Mit Rücksicht hierauf könne auch der übrigens anzuerkennende gute Glaube des Petenten ihn vor dem Verluste seines Rechtes nicht schützen, denn er durch die bis Ende 1869 unterlassene Entschädigungsanmeldung erlitten habe, denn die Verspätung solcher Anmeldung sei im Gesetze selbst mit dem Verluste des Rechts bedroht. — Sollte hier eine Entschädigung gewährt werden, so könnte das nur auf dem Gnadenwege geschehen, denn es würde für Zahlung der Entschädigungssumme jedes Aequivalent, jeder rechtliche Titel fehlen.

Bei der Abstimmung wurde der Antrag des Berichterstatters mit 10 gegen 6 Stimmen angenommen. Die Kommission schlägt demgemäß dem Hause der Abgeordneten vor:

die Petition II Nr. 103 der Königlichen Staatsregierung zur Berücksichtigung zu überweisen.

Berlin, den 27. April 1892.

Die Kommission für Petitionen.

Lehmann, Vorsitzender. v. Bismarck. v. Borcke-Mienow. v. Bredow. Bunzen. Conrad (Graudenz). Cywalina. Dr. Dürre. Engels. Friederichs (Gummersbach). Dr. Graf (Elberfeld). Halberstadt. Jacobs. Jerusalem. Jürgensen. Dr. Krause. Lückhoff. Mies. Oster. Dr. Ostrop. Pleß. v. Puttkamer-Treblin. Radziejewski. Schmidt (Warburg). v. Veltheim. Frhr. v. Wackerbarth-Linderode. Weber (Genthin). v. Werdeck.

№ 156.

Anträge

zu der

zweiten Berathung des Entwurfs eines Gesetzes, betreffend die Abänderung einzelner Bestimmungen des Allgemeinen Berggesetzes vom 24. Juni 1865. — Nr. 146 der Drucksachen. —

—

A. Das Haus der Abgeordneten wolle beschließen:

Zu § 80 b der Nr. 2 (nach der Fassung der Kommissionsbeschlüsse) folgenden Zusatz zu geben:

„.., sowie über die Art der Bemessung des Lohns für den Fall, daß eine Vereinbarung über das Gedinge nicht zu Stande kommt."

Eberhard. v. Itzenplitz.

II. Das Haus der Abgeordneten wolle beschließen:

1. Zu § 80 b in Nr. 2 am Ende beizufügen:

„und über die Art der Bemessung des Lohnes für den Fall, daß eine Vereinbarung dieserhalb nicht zu Stande kommt."

(aus der Regierungsvorlage).

2. § 80 b Nr. 3 so zu fassen:

„3. über Zeit und Art der Abrechnung und Lohnzahlung, über die Voraussetzungen, unter welchen Abzüge wegen ungenügender oder vorschriftswidriger Arbeit gemacht werden dürfen, und über die Vertreter des Bergwerksbesitzers, welchen die Befugniß zu solchen Anordnungen zusteht, und über den Beschwerdeweg gegen solche Anordnungen."

3. In § 80 c als Absatz 1a einzusetzen:

„Das festgesetzte Gedinge muß in ein den betheiligten Arbeitern zur Einsicht offen liegendes Gedingbuch eingetragen und abschriftlich der betheiligten Kameradschaft mitgetheilt werden."

4. § 80 d Abs. 2 wie folgt zu fassen:

„Alle Strafgelder sowie alle wegen ungenügender oder vorschriftswidriger Beladung der Fördergefäße den Arbeitern in Abzug gebrachten Lohnbeträge müssen einer zu Gunsten der Arbeiter des Bergwerks bestehenden oder zu bildenden Unterstützungskasse überwiesen werden, deren Verwaltung dem ständigen Arbeiterausschusse oder einem in der Majorität von den Arbeitern in geheimer Wahl gewählten Vorstande obliegt."

Eventualantrag:
   Für den Fall der Ablehnung des vorstehenden Antrages Nr. 4 in § 80d, Absatz 2 nach dem ersten Satze einzuschieben:
   „Soweit sie der Knappschaftskasse überwiesen werden, sind entweder die Leistungen der Knappschaftskasse um den entsprechenden Betrag zu erhöhen oder die Beiträge der Arbeiter entsprechend herabzusetzen."
5. In § 80k Absatz 1
   a) Die Nr. 1 so zu fassen:
      1. Soweit die Leistung aus Zahl und Rauminhalt der Fördergefäße ermittelt wird, dürfen auf einer u. s. w. nach der Regierungsvorlage.
   b) Die Nr. 2 und 3 nach der Regierungsvorlage wieder herzustellen.
6. In § 80k Absatz 3 den letzten Satz zu streichen.
7. Zu Artikel V:
   a) Die Regierungsvorlage wieder herzustellen;
   b) folgende Resolution anzunehmen:
      Die Staatsregierung zu ersuchen, möglichst bald eine eingehende Untersuchung darüber anzustellen:
      inwieweit eine Herabsetzung der Arbeitszeit in den Bergwerken der verschiedenen Oberbergamtsbezirke aus Rücksicht auf Leben und Gesundheit der Arbeiter erforderlich erscheint und das Resultat derselben sowie die auf Grund des § 197 Absatz 1 des Allgemeinen Berggesetzes getroffenen beziehungsweise beabsichtigten Maßnahmen dem Landtage mitzutheilen.

Hitze. Dasbach. Letocha. Sperlich. Stötzel. Szmula.

Unterstützt durch:

v. d. Acht. Dr. Bachem. Dr. Bock. Bödiker. Broekmann. Conrad (Pleß). Dauzenberg. Deloch. Dieden. Freiherr v. Eynatten. Franke (Glatz). v. Glißczynski (Tost-Gleiwitz). Garnich. Graf (Hahenzollern). Greiß. Hartmann (Glatz). Dr. Freiherr v. Heereman. Freiherr v. Huene. Humann. Jansen. Im Walle. Klose. Dr. Köhler (Trier). Krämer (Heilsberg). Lehmann. Dr. Lieber. Graf Matuschka. Metzner (Frankenstein). Mies. Nadbyl. Nels. Oster. Dr. Perger. Pleß. Rintelen. Roeren. Schmidt (Warburg). Spahn. Theissing. Graf v. Zieten.

Berlin, den 2. Mai 1892.

№ 157.

Antrag

zu der
zweiten Berathung des Entwurfs eines Gesetzes, betreffend die Abänderung einzelner Bestimmungen des Allgemeinen Berggesetzes vom 24. Juni 1865. — Nr. 146 der Drucksachen. —

Das Haus der Abgeordneten wolle beschließen:
Zu § 80b Ziffer 3:
   Die Worte der Regierungsvorlage:
      „sowie über die Verwendung u. s. w. bis zum Schlusse des Satzes („Geldbeträge")" wiederherzustellen.

Berlin, den 3. Mai 1892.

Ebertz.

№ 158.

Bericht

der
Budgetkommission über § 1 III Nr. 2, 3, 4, 5, 7, 8, 9, 13, 14, 16 des Entwurfes eines Gesetzes, betreffend die Erweiterung, Vervollständigung und bessere Ausrüstung des Staatseisenbahnnetzes — Nr. 115 der Drucksachen — sowie über die zu diesem Gesetzentwurfe beantragte Resolution.

I.

Berichterstatter:
Abgeordneter Dr. Hammacher.

Durch den unter dem 28. März cr. dem Hause der Abgeordneten zugegangenen Entwurf eines Gesetzes, betreffend die Erweiterung, Vervollständigung und bessere Ausrüstung des Staatseisenbahnnetzes werden neben anderen Krediten auch solche verlangt, welche die für die Ausführung bereits bewilligter Bauten der Eisenbahnverwaltung erforderlichen Mehrkosten decken sollen. Letztere beziffern sich auf insgesammt 13 537 000 Mark, und zerlegen sich nach Inhalt des § 1 III Nr. 2—5, 7—9, 13, 14, 16 des Gesetzentwurfes in folgende Theile:

1. für den Bau der Eisenbahn von Deutsch-Wette nach Groß-Kunzendorf .... 372 000 ℳ
2. für den Bau der Eisenbahn von Strehlen nach Grottkau mit Abzweigung nach Wansen .... 635 000 •

3. für den Bau der Eisenbahn von
Nimptsch nach Gnadenfrei .... 460 000 ℳ
4. für den Bau der Eisenbahn von
Neusalz a./O. über Freistadt einerseits nach Sagan, andererseits nach
Reisicht .... 610 000 "
5. a) für die Anlage des dritten
und vierten Gleises auf der
Strecke Berlin — Zehlendorf
und für die Erweiterung der
Bahnhöfe auf dieser Strecke 910 000 "
b) für die Anlage des dritten
und vierten Gleises auf der
Strecke Neubabelsberg—Potsdam..................... 350 000 "
6. für den Bau der Eisenbahn von
Zella—Mehlis über Schmalkalden
nach Klein-Schmalkalden .... 2 200 000 "
7. für den Bau der Eisenbahn von
Ohrdruf nach Gräfenroda .... 420 000 "
8. für den Bau der Eisenbahn von
Weilburg nach Laubuseschbach .... 100 000 "
9. für die Umgestaltung der Bahnhofsanlagen zu Münster i./W. .... 80 000 "
10. für die Umgestaltung der Bahnanlagen innerhalb des Festungs-
gebiets der Stadt Köln .... 7 400 000 "

Eine vergleichende Gegenüberstellung der in dem
Gesetzentwurfe geforderten Mehrkosten und der bei der
Genehmigung der baulichen Anlagen geforderten und bewilligten Summen ergiebt folgendes Bild:
ad 1. Eisenbahn Deutsch-Wette—Groß-Kunzendorf.
Erster Anschlag .... 1 023 000 ℳ
jetzige Mehrforderung .... 372 000 "
ad 2. Eisenbahn Strehlen—Grottkau:
Erster Anschlag .... 2 360 000 ℳ
jetzige Mehrforderung .... 635 000 "
ad 3. Eisenbahn Nimptsch—Gnadenfrei:
Erster Anschlag .... 1 140 000 ℳ
jetzige Mehrforderung .... 460 000 "
ad 4. Eisenbahn Neusalz a. O.—Sagan und Reisicht:
Erster Anschlag .... 5 800 000 ℳ
jetzige Mehrforderung .... 610 000 "
ad 5. a) Anlage des dritten und vierten Geleises auf der Strecke Berlin—Zehlendorf und zur Erweiterung der Bahnhöfe:
Erster Anschlag .... 5 800 000 ℳ
jetzige Mehrforderung .... 910 000 "
b) Anlage des dritten und vierten Gleises
auf der Strecke Neubabelsberg—Potsdam:
Erster Anschlag .... 1 650 000 ℳ
jetzige Mehrforderung .... 350 000 "
ad 6. Eisenbahn Zella—Mehlis nach Klein-
schmalkalden:
Erster Anschlag .... 4 880 000 ℳ
jetzige Mehrforderung .... 2 200 000 "
ad 7. Eisenbahn Ohrdruf—Gräfenroda:
Erster Anschlag .... 1 737 000 ℳ
jetzige Mehrforderung .... 420 000 "
ad 8. Eisenbahn Weilburg—Laubuseschbach:
Erster Anschlag .... 1 900 000 ℳ
jetzige Mehrforderung .... 100 000 "

ad 9. Umgestaltung der Bahnhofsanlagen in
Münster i. W.:
Erster Anschlag .... 3 500 000 ℳ
jetzige Mehrforderung .... 80 000 "
ad 10. Umgestaltung der Bahnhofsanlagen innerhalb des Festungsgebietes der Stadt Köln:
Erster Anschlag .... 24 000 000 ℳ
jetzige Mehrforderung .... 7 400 000 "

Es geht aus dieser Darlegung hervor, daß in vielen
der vorliegenden Fälle die Ausführung der von dem Landtage genehmigten Bauten der Eisenbahnverwaltung erheblich größeren Kostenaufwand erfordert, als das Abgeordnetenhaus bei der Genehmigung auf Grund der von
der Königlichen Staatsregierung gemachten Vorlagen
annahm. Das Mißverhältniß zwischen den ersten Vor-
anschlägen und den wirklichen Ausgaben wird durch die
in dem gegenwärtigen Kreditgesetze hervortretenden Mehr-
bedürfnisse nicht einmal vollständig beleuchtet. Man muß
vielmehr zu diesem Zwecke auch die Mittheilungen zur
Begründung des Gesetzes zu Hülfe nehmen, nach denen
für die Legung des dritten und vierten Gleises auf der
Strecke Berlin—Zehlendorf, und für die Erweiterung der
Bahnhöfe auf dieser Strecke 390 000 Mark, und für den
Umbau der Bahnhofsanlagen in Münster 130 000 Mark
bereits in dem abgelaufenen Etatsjahre über die bewilligten Kredite hinaus zur Verwendung gelangten, und
als außeretatsmäßige außerordentliche Ausgaben verrechnet
wurden, mithin den in diesem Gesetze geforderten Mehrkosten hinzutreten.

Der Budgetkommission erwuchs hieraus die doppelte
Pflicht, bei der ihr durch den Beschluß des Abgeordnetenhauses übertragenen Vorberathung des gesammten Gesetzentwurfes den hervorgetretenen Mehr-
bedürfnisses für die hier in Rede stehenden Bauten und Anlagen nachzuforschen, um daraus grundsätzliche Gesichtspunkte
zu gewinnen, deren Beachtung zur möglichsten Vermeidung
gleichartiger Erscheinungen in Zukunft führen könne.
Sie wurde bei der Lösung dieser Aufgabe durch eingehende Erläuterungen bei der Begründung des Gesetzentwurfes enthaltenen thatsächlichen Angaben Seitens der
Herren Regierungskommissarien, sowie durch die Theilnahme des Herrn Ministers der öffentlichen Arbeiten und
des Herrn Finanzministers an ihren Verhandlungen auf
das Entgegenkommendste unterstützt.

Was den finanziell schädigenden Einfluß der in den
letzten drei Jahren hervorgetretenen Steigerung der
Preise für Eisenbahnmaterialien (namentlich des
Eisens und Holzes), sowie der Löhne anbetrifft, so
wird derselbe von der Königlichen Staatsregierung bei
fast sämmtlichen Nachtragsforderungen in den Vordergrund
gestellt, und kann mit Zweifel darüber sein, daß auf
diesem Gebiete einer der wesentlichen Gründe zu suchen
ist, weshalb die Voranschläge früherer Jahre bei den seit
etwa 1889 ausgeführten Bauten sich als unzureichend erwiesen. Die Preise der Schienen, welche für die Eisenbahn von Zella—Mehlis nach Klein-Schmalkalden vor
Einbringung des betreffenden Gesetzes vom 1. April 1887
mit 110 Mark pro Tonne veranschlagt waren, mußten
bei der Verdingung zum Preise von 157 Mark vergeben
werden. Die Kosten des Materials zur Herstellung von
1 Meter Gleise nebst Kiesunterbettung auf der Strecke
Berlin—Zehlendorf betrugen 1890/91 30,74 Mark,
während dafür im Kostenanschlage nur 23 Mark ausgeworfen waren. Der Stundenlohn für gewöhnliche
Handarbeiter stieg bei den Bauausführungen auf derselben
Strecke während der Bauzeit um 16 Prozent bis 25 Prozent,
— für Handwerker um 25 Prozent bis 30 Prozent, — der
Preis für die Herstellung von Maurerarbeiten um 33 Prozent.
Aehnliche Erhöhungen der Materialien- und Arbeitspreise

traten bei den Bahnhofsanlagen in Köln ein. Beispielsweise mußte die Bauverwaltung für eiserne Straßenüberbauten, die noch im Jahre 1886 à 230 Mark pro Tonne von den Fabriken übernommen waren, im Jahre 1890 409 Mark pro Tonne bezahlen.

Mit solchen Preisverschiebungen hat jeder Bauherr zu rechnen. Dieselben erweisen sich für ihn als ungünstig oder vortheilhaft, je nachdem die Preise steigen oder fallen. An und für sich ist aus den Wirkungen solcher Vorgänge kein Grund zum Tadel oder zur Anerkennung für die staatliche Bauverwaltung zu entnehmen.

Ebenso wenig glaubt die Kommission, daß ein Vorwurf an solche Mehrausgaben geknüpft werden könne, welche in der Steigerung der Bodenpreise, in unvorhergesehenen Schwierigkeiten, oder in den von der Landespolizeibehörde verlangten Aenderungen des ursprünglichen Bauplanes ihren Grund haben.

In der Nachtragsforderung für den Umbau der Bahnhöfe im Kölner Festungsbezirk befindet sich eine Summe von 1 400 000 Mark, welche über den in dem Kostenanschlage des Jahres 1883 ausgeworfenen Betrag ad 9 860 000 Mark hinaus für den Erwerb der nöthigen Grundstücke auszugeben ist. Mit Rücksicht auf diesen Einzelfall wurden allerdings in der Kommission Zweifel darüber geäußert, ob dieser Mehrkostenaufwand nicht zu vermeiden gewesen wäre, wenn die Bauverwaltung den Boden rechtzeitig erworben hätte. Das Gesetz, welches die Mittel für die Kölner Bahnhofsbauten bewilligte, sei bereits unter dem 21. Mai 1883 ergangen, und die gewaltige Preissteigerung in der Kölner Neustadt, wo der größte Theil der Bahnanlagen sich befinde, erst im Jahre 1886 eingetreten.

Zur Entkräftung dieses Bedenkens wiesen die Herren Regierungskommissarien auf die bereits in der Begründung des Gesetzentwurfes (S. 46, 47) dargelegten großen Schwierigkeiten hin, denen die Feststellung des Planes bei den Verhandlungen mit der Stadtgemeinde Köln und der Festungsverwaltung begegnet sei. Erst am 1. März 1886 habe die Militärverwaltung zu dem Bauplane ihre Zustimmung gegeben. Bezüglich des größten Theiles der erforderlichen Grundflächen habe das Enteignungsverfahren durchgeführt werden müssen. Während des letzteren sei die Steigerung der Grundstückspreise vor sich gegangen, und demnächst in den von den Enteigneten angestrengten Prozessen der Fiskus zur Zahlung derjenigen Entschädigungssummen verurtheilt worden, welche den Werthen zur Zeit der Zustellung des Entschädigungsfeststellungsbeschlusses der Enteignungsbehörde, mithin zur Zeit der stattgehabten Planfeststellung entsprachen.

Der die Baukosten vertheuernde Einfluß der Ergebnisse der landespolizeilichen Prüfung wird bei der Begründung des Gesetzentwurfs in mehreren Fällen hervorgehoben. Es geschieht dies insbesondere bezüglich der Eisenbahnen von Deutsch-Wette nach Groß-Kunzendorf, von Neusalz a. O. nach Sagan und Reischst, und von Ohrdruf nach Gräfenroda. Den größten Mehrkostenaufwand verursachten die auf unerläßlich erkannten Vorfluthanlagen. Die Zahl und Weite der Brückenbauwerke mußte in erheblich größerem Umfange, als bei der ursprünglichen Kostenveranschlagung vorgesehen war, ausgeführt werden. Auf diese Nothwendigkeit wiesen bei der Eisenbahn von Strehlen nach Grottkau auch die Erfahrungen hin, welche man bei den Hochfluthen im Frühjahr 1889 gemacht hatte. Die Wasserstände in dem Gebiete der Ohle und der Kryhnbaches erreichten zu dieser Zeit eine Höhe, welche bis dahin noch nicht beobachtet war, und angesichts welcher die den allgemeinen Vorarbeiten des Jahres 1887 zum Grunde gelegten Annahmen sich als unzutreffend erwiesen.

Vielfach zeigte sich auch der Boden für den Eisenbahndamm als ein gegen Erwarten nur mit erheblichem Kostenaufwande zu befestigender. Bei den Eisenbahnen von Strehlen nach Grottkau und von Neusalz a./O. nach Sagan fand man in größerer Längenausdehnung moorigen Untergrund, der kostspielige Fundirungen zur Herstellung des Dammkörpers und die Verwendung großer Massen Schüttungsmaterial nothwendig machte. — Bei dem Bau der Eisenbahn von Weilburg nach Laubuseschbach sollte das Steinmaterial der Uferbefestigungen anschlagsmäßig aus den Abträgen gewonnen werden; dieses fand sich aber in ausreichender Menge und brauchbarer Beschaffenheit nicht vor und mußte zum großen Theile zu hohen Preisen anderweitig beschafft werden. — Auf der Eisenbahnlinie von Zella-Mehlis nach Schmalkalden stellte sich eine erhebliche Vermehrung der Erdarbeiten, eine größere Abflachung der Böschungen, Herstellung von Pflastern, Trocken- und Futtermauern, sowie eine Verlängerung und Vermehrung der vorgesehenen Tunnel und die Ausmauerung derselben in stärkeren Profilen als nothwendig heraus, um den Bahnkörper sicher zu stellen und eine günstige Tracirung für den Betrieb zu gewinnen.

Endlich wurden bei den verschiedenen Eisenbahnbauten mehrfache zu Mehrkosten führende Veränderungen der Linie bei der Aufstellung der surfältigen Pläne und deren Ausführung vorgenommen. Beispielsweise mußte für den Bau der Eisenbahn von Strehlen nach Grottkau die Anschlußstrecke an den Bahnhof Strehlen eine geänderte Linienführung erhalten, welche die Gesammtlänge der Bahn um 0,6 km erhöhte. — Bei der Anfertigung des speziellen Entwurfs für die Eisenbahn von Rimptsch nach Gnadenfrei ergab sich, daß statt der bei den allgemeinen Vorarbeiten gemählten Führung der Bahn westlich der Luftlinie von Rimptsch nach Gnadenfrei über Girbackshof eine solche mehr östlich über Neudorf und Dirsdorf mit Anlage einer Haltestelle in der Nähe dieser letzteren Ortschaften für die Erschließung des berühmten Landstrichs vortheilhafter sein würde. Endlich wurde bei der Ausführung der Eisenbahnen von Zella—Mehlis nach Klein-Schmalkalden und von Ohrdruf nach Gräfenroda die ursprünglich geplante Linie mehrfach verändert.

Dieses Vorgehen der Bauverwaltung bildete bei den Kommissionsverhandlungen den Gegenstand einer grundsätzlichen Besprechung insofern, als die Frage aufgeworfen wurde, ob und inwiefern es zulässig sei, den dem Landtage vorgelegten Plan, auf Grund dessen die Kreditbewilligung erfolgte, zu verlassen. Allseitig herrschte darüber Einverständniß, daß den Anfangs- und Endpunkt einer Eisenbahn als durch das Bewilligungsgesetz festgelegt anzusehen habe. Die Königliche Staatsregierung vertrat jedoch den Standpunkt, daß es weder dem Willen und Sinne von Eisenbahnbewilligungsgesetzen, noch dem Wesen und Vortheile der Sache entspreche, wenn man Linirungsabweichungen von dem ursprünglichen Plane überhaupt unterlassen wolle. Selbstverständlich sei die Ausführung an die durch das Gesetz festgelegten Punkte gebunden; die Einzelprüfungen vor der Ausführung des Baues sowohl, als die während des Baues selbst gemachten Erfahrungen könnten jedoch dazu führen, eine veränderte Linienführung zu wählen. Es komme bei dem Eisenbahnbau darauf an, daß derselbe sich möglichst billig und für den bemnächstigen Betrieb geeignet gestalte und sich den örtlichen Verhältnissen sowie den Bedürfnissen der durchschnittenen Gegend möglichst anpasse. Die unter diesen Gesichtspunkten zu berücksichtigenden Fragen treten oft erst bei der Ausarbeitung der Pläne im Einzelnen, und nach dem Beginne der Bauarbeiten hervor, wie sich gerade bei den Eisenbahnen, für welche jetzt Mehrforderungen in dem Gesetzentwurfe erscheinen, mehrfach herausgestellt habe.

257*

Die Kommission konnte dieser Auffassung nicht entgegentreten, und befand sich deshalb nicht in der Lage, die durch die Aenderung der Linien vielfach hervorgetretenen Mehrkosten zu beanstanden.

Einen erheblichen Posten unter den berechneten Mehrausgaben bilden die Verwaltungskosten, welche bei der Eisenbahn von Zella—Mehlis nach Klein-Schmalkalden beispielsweise auf 200 700 Mark berechnet sind. Mit Bezug hierauf gaben die Vertreter der Königlichen Staatsregierung die Erläuterung, daß diese Mehrkosten durch die Verlängerung der Bauperioden im wesentlichen herbeigeführt wären. Die Baubüreaus und die bei denselben beschäftigten Beamten seien vom Beginne der Aufstellung der Einzelpläne an in Thätigkeit, und könnten nicht aufgelöst oder eingeschränkt werden, wenn sich der Bau in Folge vorliegender Schwierigkeiten verschleppe.

Nachdem regierungsseitig noch zu der Begründung der Mehrkosten für den Bau der Eisenbahn von Zella—Mehlis nach Klein-Schmalkalden die in der Anlage abgedruckten einzelnen Erläuterungen gegeben waren, beschloß die Kommission,

dem Hause der Abgeordneten die unveränderte Genehmigung des § 1 III Nr. 2 bis 5, 7 bis 9, 13, 14 und 16 zu empfehlen.

Sie war sich bewußt, daß es unmöglich sei, in eine technische Einzelprüfung aller Mehrforderungen einzutreten, gewann jedoch die Ueberzeugung, daß die letzteren bewilligt werden müßten, wenn die von dem Landtage als zweckmäßig erkannten Bauten zur Vollendung gelangen sollten.

Im Verlaufe der Berathungen vergegenwärtigte man sich, daß bereits bei der ersten Lesung des Gesetzentwurfs in der Sitzung des Abgeordnetenhauses vom 31. März cr. mehrere Redner auf das Bedürfniß einer anderweitigen Ordnung des Vorgehens bei größeren Eisenbahnbauten behufs Vermeidung der in den gegenwärtigen Nachtragskreditforderungen hervortretenden Uebelstände hingewiesen haben. Die Kommission konnte sich deshalb der Frage nicht entziehen, welches der geeignetste Weg zur Erreichung dieses Zieles sei.

Der Herr Eisenbahnminister äußerte sich in Uebereinstimmung mit seinen in der erwähnten Sitzung des Abgeordnetenhauses abgegebenen Erklärungen dahin, „daß die Königliche Staatsregierung durchaus dem Wunsch, Ueberschreitungen gesetzlich bewilligter Baukredite in der Folge vermieden zu sehen, theile, — die Frage, welche Maßregeln zu diesem Zweck zu ergreifen seien möchten, sei nach den Mittheilungen der beiderseitigen Ressortchefs bei der ersten Berathung des Anleihegesetzentwurfs bereits zwischen der Eisenbahn- und der Finanzverwaltung eingehend erörtert worden, auch hätten die Erörterungen zu völliger Uebereinstimmung beider Ressorts hinsichtlich des einzuschlagenden Verfahrens geführt. Vor allem sei man darüber einig, daß die Entwürfe für die in den Anleihegesetzentwürfen vorzusehenden Bauausführungen ein sicheres Urtheil über die Nothwendigkeit und Zweckmäßigkeit der geplanten Anlagen ermöglichen und eine ausreichende Grundlage für die Bemessung des anzufordernden Baubedarfs bieten müßten. Es seien daher auch bereits Ermittelungen darüber eingeleitet, inwieweit die Vorschriften über Anfertigung allgemeiner Vorarbeiten geeignet erschienen, diesen Zweck zu sichern, oder der Ergänzung bedürften. Hierbei habe sich schon jetzt ergeben, daß in der Folge bereits vor Aufstellung der allgemeinen Bauentwürfe eine eingehende Erörterung der Wege- und Vorfluthsverhältnisse stattfinden müsse, da nach den gemachten Wahrnehmungen Ueberschreitungen der den gesetzlichen Bewilligungen zu Grunde liegenden Kostenanschläge vielfach dadurch veranlaßt seien, daß bei der nach bisheriger Gepflogenheit erst nach Fertigstellung der ausführlichen Vorarbeiten herbeigeführten landespolizeilichen Prüfung noch umfangreiche und kostspielige Wege- und Vorfluths-Anlagen verlangt würden.

„Um für die Innehaltung der gesetzlich festgestellten Baukredite eine weitere Sicherheit zu schaffen, sei ferner vereinbart worden, daß mit der Ausführung gesetzlich genehmigter Eisenbahnprojekte erst nach Fertigstellung der Einzelentwürfe und Anschläge vorgegangen, und Ausnahmen hiervon nur im beiderseitigen Einverständniß zugelassen würden. Sollten die speziellen Anschläge ergeben, daß die betreffenden Bauten mit dem bewilligten Kredit nicht ausführbar seien, so würde zunächst die gesetzliche Nachbewilligung der erforderlichen Mehrkosten beantragt und erst nach Bewilligung derselben mit der Ausführung des Projektes vorgegangen werden."

„Die Königliche Staatsregierung hoffe, daß bei strenger Durchführung dieser Grundsätze die Nothwendigkeit zu Nachforderungen auf wenige Fälle beschränkt bleiben würde, wo durch Eintritt von Ereignissen, welche sich, wie z. B. plötzliche Steigerung der Arbeitslöhne und Materialienpreise ꝛc., selbst bei vorsichtigster Veranschlagung und umsichtigster Bauausführung nicht vorhersehen ließen, die ursprünglichen Ansätze sich demnächst als unzureichend erweisen möchten. Aber auch für diese Fälle sei durch Einführung wirksamer Kontrolen Vorsorge getroffen, daß unvermeidliche Ueberschreitungen einzelner Bautitel bald thunlichst zur Kenntniß und Beschlußfassung der Landesvertretung gebracht würden."

„Wie hieraus hervorgehe, habe die Königliche Staatsregierung schon aus eigenem Antriebe diejenigen Anordnungen getroffen, welche geeignet seien, die Erreichung des vorgezeichneten Zwecks sicherzustellen. Es möchte daher einer besonderen Anregung nach dieser Richtung hin um so weniger bedürfen, als die ergriffenen Maßregeln auch in der Kommission als zweckdienlich erkannt worden seien."

Mit dem aus diesen Mittheilungen hervorgehenden Standpunkte konnte sich die Kommission einverstanden erklären.

Wenn genauere Erhebungen vor Aufstellung des Bauplanes erfolgen, welcher die Grundlage des voraussichtlichen Geldbedarfs bildet, so ist naturgemäß die Gefahr wesentlicher Baukostenänderungen in einem geringeren Maße vorhanden als bei dem seitherigen Verfahren. Der Zeitpunkt der Inangriffnahme und Ausführung des Baues wird alsdann auch demjenigen der Geldbewilligung näher gerückt, und damit die Möglichkeit einer Preisverschiebung wesentlich abgeschwächt. An der Hand des vorliegenden Gesetzentwurfs läßt sich dies mehrfach nachweisen. Der Bau der Eisenbahn von Deutsch-Wette nach Groß-Kunzendorf wurde bereits durch das Gesetz vom: 19. April 1886, der der Eisenbahn von Ohrdruf nach Gräfenroda durch das Gesetz vom 11. Mai 1888 festgelegt. Mit der Ausführung der letzteren Linie hat man im vorigen Jahre begonnen; der der ersteren soll erst im laufenden Jahr begonnen werden. Es leuchtet ein, daß, soweit eine ungenügende Planfeststellung die Inangriffnahme dieser Bauten nicht verhindert hätte, ein Theil der jetzt nothwendig gewordenen Mehrkosten nicht erforderlich gewesen wäre.

Dasselbe gilt von den Bahnhofsanlagen in Köln, über welche der Kommissionsbericht sich bereits äußerte.

Mehrere Kommissionsmitglieder wiesen darauf hin, daß die Aufstellung von Eisenbahnbauplänen im Einzelnen einen großen Kostenaufwand erfordere, und daß, wenn ein solcher die Vorbedingung für die Bewilligung der von dem Landtage verlangten Baumittel sei, daraus nicht allein die Gefahr unnöthiger Ausgaben für die Planbearbeitung, sondern auch unsachgemäße Verzögerungen in der Vervollständigung des Staatseisenbahnnetzes entstehen würden. Demgegenüber wurde jedoch geltend

gemacht, daß die größere Sicherheit bei Baukrediten
bewilligungen nach der Richtung der Zulänglichkeit
einen Nutzen gewähre, der die angedeuteten Nachtheile
aufwiege. Auch sei die von der Königlichen Staatsregierung zugesagte größere Sorgfalt bei der Bemessung der für Neubauten geforderten Kredite nicht so zu verstehen, daß darin die Zusage liege, man wolle hinfort vor Einbringung der betreffenden Gesetze die Kostenanschläge und Pläne im Einzelnen so ausarbeiten, wie es die bauliche Ausführung erfordere. Das verbesserte Verfahren liege vielmehr in der Aufwendung einer umfassenderen und genaueren Beachtung der bei den Kosten in Betracht kommenden Fragen und insbesondere in einer sachgemäßeren Berücksichtigung der an den Bau im Landespolizeiinteresse zu stellenden Forderungen. In diesem Sinne erachtete die Kommission widerspruchslos die kundgegebene Absicht der Königlichen Staatsregierung als eine durchaus zweckmäßige.

Nicht minder begrüßte es die Kommission als einen Fortschritt im Interesse der Ordnung der Landesfinanzen, daß der Herr Eisenbahnminister sich bereit und dem Herrn Finanzminister gegenüber für gebunden erklärte, größere Eisenbahnbauten ohne ausdrückliche Zustimmung des Finanzministers und ohne vorherige Nachtragskreditbewilligungen nicht in Angriff zu nehmen, wenn sich nach genauer nachträglicher Einzelveranschlagung ergebe, daß die gesetzlich zur Verfügung stehenden Mittel zur Vollendung des Baues nicht ausreichen.

Im Anschlusse hieran wurden folgende Anträge eingebracht:

1. Das Haus der Abgeordneten wolle beschließen: im Vertrauen auf die von dem Herrn Minister der öffentlichen Arbeiten und von dem Herrn Finanzminister abgegebenen Erklärungen die Erwartung auszusprechen, daß bei der Ausführung von Staatseisenbahnbauten die vom Landtage für die Bauten bewilligten Kredite nach Möglichkeit nicht überschritten, und zur Erreichung dieses Zweckes der Bauten nicht eher begonnen werden, bis auf Grundlage sorgfältiger Veranschlagungen festgestellt ist, daß die von dem Landtage bewilligten Mittel für die Ausführung voraussichtlich genügen;

2. das Haus der Abgeordneten wolle erklären: es nehme Kenntniß von den Erklärungen der Königlichen Staatsregierung und erwarte, daß die getroffenen Verabredungen dahin führen werden, daß Ueberschreitungen der für den Bau von Eisenbahnen und anderen Bauausführungen der Eisenbahnverwaltung bewilligten Mittel in Zukunft vermieden werden.

Beide Anträge verfolgten, wie die Antragsteller ausführten, den Zweck, den Herrn Eisenbahnminister und dem Herrn Finanzminister bezüglich der Mehrforderungen für Eisenbahnbauten abgegebenen Erklärungen durch den Hinzutritt eines förmlichen Beschlusses des Abgeordnetenhauses verstärkten Werth auch für die Zukunft zu geben. Im wesentlichen nur durch eine verschärfte Form von dem zweiten Antrage verschieden, beabsichtige insbesondere der erste Antrag neben dem Ausdrucke des Vertrauens für die gegenwärtigen Minister auch die zukünftigen an die festgestellte Norm zu binden.

Es sei — so wurde der Antrag weiter begründet — von der größten Wesentlich, daß das Abgeordnetenhaus, wenn es Baukredite bewillige, Seitens der Regierung nach Möglichkeit über die thatsächlichen Geldbedarf gründlich und sachgemäß aufgeklärt werde. In dem gegenwärtigen Gesetzentwurf treten einige Mehrforderungen von so erheblicher Höhe auf, daß das Abgeordnetenhaus, wenn es

bei der Bewilligung des Baues dieselben hätte voraussehen können, möglicherweise eine Bewilligung nicht ausgesprochen haben würde. Es komme doch auch bei Eisenbahnbauten auf das Verhältniß an, in welchem der Kostenaufwand zu dem durch die Eisenbahnen zu schaffenden Nutzen stehe. Habe der Bau bereits begonnen, so befinden sich Regierung und Abgeordnetenhaus in einer Zwangslage, und das Staatsfinanzinteresse könne dadurch schwer geschädigt werden. Man müsse deshalb dem Landtage freie Bahn für seine Entschließung schaffen, ob er den Bau bewilligen wolle oder nicht, so lange die Möglichkeit dazu noch vorhanden sei. Und das könne im gegebenen Falle nur geschehen, indem der Eisenbahnminister, falls er die Unzulänglichkeit der bewilligten Mittel vor Beginn des Baues erkenne, diesen bis zur Bereitstellung der fehlenden Mittel aussetze.

Die Majorität der Kommission lehnte jedoch beide Anträge ab. Einige Mitglieder hielten es überhaupt für nicht zulässig in einem Augenblicke, wo die bezüglichen Verhandlungen zwischen dem Herrn Eisenbahnminister und dem Herrn Finanzminister über den in Rede stehenden Punkt noch nicht in allen Einzelheiten zum Abschlusse gelangt seien, das Abgeordnetenhaus zu einer bestimmten Stellungnahme zu veranlassen. Andere Mitglieder erklärten Resolutionen der vorgeschlagenen Art überhaupt für bedeutungs- und wirkungslos für eine andere als die jetzige Verwaltung. Es wurde als Bedenken geltend gemacht, daß durch eine strenge Handhabung der in den Resolutionen ausgedrückten Gedanken der Bau von Eisenbahnen zum Nachtheile einzelner Landestheile erschwert, und der Gang des Ausbaues des Eisenbahnnetzes verlangsamt werden könnte, — und endlich bemerkt, daß es Angesichts der Berechtigung vollen Vertrauens zu der bermaligen Verwaltung des förmlichen Ausdruckes der Zustimmung zu dem von der Königlichen Staatsregierung in Aussicht gestellten Verfahren nicht bedürfe.

Zur Vervollständigung des Berichts über die thatsächlichen Vorgänge bei den Kommissionsverhandlungen sei noch erwähnt, daß von einer Seite empfohlen wurde, sämmtliche Ausgaben für Eisenbahnbauten in den Staatshaushaltsetat einzustellen. Diese Art der Behandlung solcher Ausgaben entspreche den Gewohnheiten der Reichsverwaltung und den Bedürfnissen der Kontrole über die Staatsausgaben besser als die seitherige Methode.

Diese Anregung fand jedoch keine Unterstützung und wurde vielmehr von anderer Seite auch unter dem Gesichtspunkte als nicht zutreffend bezeichnet, weil die Vermeidung oder Verringerung der Ausgaben über den ursprünglichen Anschlag hinaus durch die empfohlene Maßregel nicht gefördert werde.

II.

Bei ihren Berathungen hatte die Budgetkommission wiederholt Veranlassung, der Frage näher zu treten, ob es von Grundsätzen einer guten Eisenbahnwirthschaft und den gebotenen Rücksichten auf eine gesicherte Gestaltung und Entwicklung der Staatsfinanzen entspricht, in seitheriger Weise auch in Zukunft den größten Theil der Ausgaben für die Erneuerung und Erweiterung von Bahnhöfen, Werkstätten und Wagenschuppen, für die Anlage vermehrter Gleise, für die Beschaffung neuen Betriebsmaterials (Lokomotiven und Wagen) ec. der Bedeckung den Eisenbahnetat zu entziehen und die Mittel dafür vielmehr in besonderen Anlehegesetzen, also auf dem Wege der Staatsschuldenvermehrung zu bewilligen.

Durch das vorliegende Gesetz werden an Krediten:
1. für den Umbau bezw. die Anlage von Bahnhöfen, welche an die Stelle vorhandener treten .... 9 627 000 ℳ
2. für die Vermehrung, Erweiterung und besseren Ausrüstung der Werkstätten und Wagenschuppen .... 2 500 000 „
3. für die Anlage vermehrter Gleise auf offener Strecke und den Bahnhöfen .... 19 104 920 „
4. für die Beschaffung von Betriebsmitteln auf den vorhandenen Bahnen .... 10 000 000 „

verlangt.

Außerdem sollen nach dem Gesetzentwurfe 230 000 Mark für den Bau von Arbeiterwohnhäusern in Frankfurt am Main, 09 840 Mark für den Ausbau verschiedener Strecken im Interesse der Erhöhung der Leistungsfähigkeit derselben, und 1 440 000 Mark für die Auslegung von Straßen zc. auf dem zum Verkaufe bestimmten Düsseldorfer Eisenbahnterrain ausgegeben, und der Bedarf durch neue Staatsschulden gedeckt werden.

Bekanntlich herrscht bezüglich der Art der Aufbringung der Geldmittel für Zwecke der angegebenen Art eine feste Regel bei unserer Staatsverwaltung nicht. In jedem Jahre bringt das Extraordinarium des Etats der Staatseisenbahnen mehr oder weniger erhebliche Geldsummen für außerordentliche Bedürfnisse auf, und ebenso gehen dem Landtage fast in jedem Jahre besondere Gesetzesvorlagen zu, nach welchen für bauliche Anlagen und sonstige Zwecke der Staatsschuldenkredit einzutreten hat.

Die hieraus hervorgehenden Unzuträglichkeiten sind wiederholt bei den Verhandlungen des Abgeordnetenhauses zur Sprache gebracht. Die bedenklichste Folge liegt auf dem Gebiete der Staatsfinanzen. In seiner Abgeordnetenhausrede vom 1. April cr. — bei der ersten Berathung des Gesetzentwurfs — erkannte der Herr Finanzminister ausdrücklich an, daß unsere Regierung während der letzten Jahre im steigenden Maße die Geldbedürfnisse für Umbauten von Bahnhöfen, Herstellung vermehrter Gleise und Beschaffung von Betriebsmitteln durch Anleihen bestritten habe, und daß nach seiner Ueberzeugung bahin gestrebt werden müsse, solche Ausgaben in höherem Grade aus den Betriebsüberschüssen der Staatsbahnen zu bestreiten.

Während der Kommissionsverhandlungen gab der Herr Eisenbahnminister die Summe der in dem Zeitraume von 1880—1891 stattgehabten Verwendungen für die erwähnten Zwecke auf 681 Millionen Mark an, von welcher 538 Millionen aus Anleihemitteln entnommen, und 143 Millionen durch das Extraordinarium des Etats aufgebracht seien.

Wenn die Kommission überhaupt in eine erschöpfende Behandlung der Frage einzutreten die Aufgabe gehabt hätte, wie den störenden Einwirkungen der finanziellen Ergebnisse der Staatseisenbahnverwaltung auf die selben wesentlich bedingenden Ausgaben für die mit dem Betriebe zusammenhängenden Anlagen und Anschaffungen zu begegnen sei, würde sie zweifellos auch auf das die Verwendung der Eisenbahnüberschüsse betreffende Gesetz vom 27. März 1882 haben zurückgreifen müssen. Es geschah dies indessen durch folgenden Antrag:

Das Haus der Abgeordneten wolle beschließen:

„in der Ueberzeugung, daß die Einstellung wechselnder Ueberschüsse der Eisenbahnverwaltung in den Staatshaushaltsetat zur Bestreitung anderer dauernder Ausgaben große finanzielle Gefahren bietet und den Interessen einer gedeihlichen Entwickelung der Staatseisenbahnverwaltung nicht entspricht,"

„die Königliche Staatsregierung aufzufordern, die Frage einer Beschränkung der von der Eisenbahnverwaltung für andere Staatsausgaben zur Verfügung zu stellenden Summen auf einen festen, in bestimmten Zeiträumen zu revidirenden Betrag in Erwägung zu nehmen".

Dieser Antrag wurde, wie folgt, begründet:

Bei der dermaligen Behandlung des Staatseisenbahnfinanzwesens treten alle Nachtheile einer von Schwankungen der Einnahmen abhängigen Staatsverwaltung hervor. Kein Finanzminister könne dabei einen festen Etat aufstellen, und es trete in besonders ertragsreichen Zeiten die Versuchung heran, daß die Staatsregierung wie die Landesvertretung die vorhandenen Eisenbahnüberschüsse als dauernde betrachte, und zur Bedeckung ständig wiederkehrender Ausgaben verwende. Die letztere Erscheinung habe sich bei uns bereits seit mehreren Jahren in bedenklicher Weise mit allen ihren Schattenseiten gezeigt und sei durch das die Verwendung der Eisenbahnüberschüsse ordnende Gesetz vom 27. März 1882 nicht verhindert worden. Um der Fortdauer dieses Zustandes entgegen zu wirken, empfehle es sich, die Ueberschüsse der Staatseisenbahnverwaltung nur in bestimmter und periodisch den Verhältnissen anzupassender Höhe der Staatskasse zu überweisen. Indem bei diesem Verfahren der Eisenbahnverwaltung der Rest der Ueberschüsse verbleibe, gewinne dieselbe daraus die Mittel, um auch außerordentliche Ausgaben, wie die Kosten der Vermehrung der Gleise und Betriebsmittel, des Baus von Bahnhöfen zc. zu bestreiten.

Der Antrag fand jedoch in der Kommission keinen Anklang. Von einer Seite wurde eine grundlegende Umgestaltung des Eisenbahngarantiegesetzes vom 27. März 1882 nach der Richtung hin befürwortet, daß man gesetzlich die Staatseisenbahnfinanzen von den übrigen Staatsfinanzen getrennt verwalte, so wie dies bereits im Großherzogtum Baden geschehe. Nur auf diesem Wege hatte man die störenden Einwirkungen des Staatsbahnwesens auf den Etat und die Ordnung der Staatsfinanzen abwenden, und namentlich zu einer geordneten und angehenden Tilgung der Staatseisenbahnschuld und zu allen den wirthschaftlichen Vortheilen gelangen können, welche bei der Einführung des Staatseisenbahnsystems erhofft seien. Den Hauptgrund für die ablehnende Stellung zu dem Antrage erkannte die Kommission darin, daß demselben angesichts der jetzigen Staatsfinanzlage und Staatsbedürfnisse die größten, vielleicht unüberwindlichen Schwierigkeiten biete.

Auch Seitens der Herren Minister wurde empfohlen, zunächst das Ergebniß der Verhandlungen abzuwarten, welche zwischen den Eisenbahn- und dem Finanzministerium rücksichtlich der mit dem Antrage in Verbindung stehenden Fragen schwebten.

Mehrere Mitglieder glaubten, daß die Unmöglichkeit, schon jetzt in umfassender Weise das Staatseisenbahnfinanzwesen zielbewußt zu ordnen, das Abgeordnetenhaus doch nicht davon abhalten sollte, der Königlichen Staatsregierung wenigstens einige finanzielle Anordnungen zu empfehlen, welche der Erreichung des Zieles näher führen. Aus dieser Anschauung gingen die folgenden Anträge hervor:

Das Haus der Abgeordneten wolle beschließen:

I. die Königliche Staatsregierung aufzufordern, die für den Erneuerungsbau von Bahnhöfen erforderlichen Bedürfnisse in dem Staatshaushaltsetat als Ausbringen auf dem für den Staatshaushaltsetat gegebenen Wege zu beschaffen;"

II. „die Königliche Staatsregierung aufzufordern, darauf Bedacht zu nehmen, daß thunlichst bald die Kosten für Anlage zweiter und weiterer Gleise, für Um- und Erneuerungsbauten von Bahnhöfen und für Vermehrung von Betriebsmitteln für die bereits bestehenden Bahnen in dem Staatshaushaltsplan ausgebracht, und demgemäß die Mittel zur Befriedigung dieser Bedürfnisse schrittweise aus den Betriebseinnahmen der Staatseisenbahnen beschafft werden;" —
III. „in Erwägung, daß nach wirthschaftlich richtigen Grundsätzen Um- und Erneuerungsbauten der Bahnanlagen und Bahnhöfe, sowie die Beschaffung der Betriebsmittel für die vorhandenen Bahnen nicht aus Anleihen, sondern aus den etatsmäßig zur Verwendung stehenden Mitteln zu bestreiten sind,"
„die Königliche Staatsregierung aufzufordern, diesem Ziele nachzustreben und thunlichst bald durch entsprechende Gestaltung des Etatsvoranschlages für die Erreichung desselben zu sorgen."

Wie der Inhalt ergiebt, enthalten sämmtliche Anträge das Verlangen, daß gewisse Ausgaben der Eisenbahnverwaltung, welche seither zum größten Theile aus Anleihemitteln bestritten wurden, auf die Betriebskosten übernommen werden sollen.

Der Unterschied besteht in der Begrenzung der Verwendungszwecke.

Sinngemäß stimmen alle Anträge darin überein, daß sie die Beschaffung der Mittel für den Erneuerungsbau von Bahnhöfen durch den Staatshaushaltsplan herbeigeführt sehen wollen. Der Antrag I verlangt dies in bestimmter Weise, während die Anträge sub II und III es der Königlichen Staatsregierung zur Erwägung und baldthunlichsten Durchführung empfehlen und überdies dieselben Erwägungen für die etatsmäßige Aufbringung der Mittel zur Anlage zweiter und weiterer Gleise und zur Vermehrung von Betriebsmitteln bereits bestehender Bahnen in Vorschlag bringen.

Nach gepflogener Berathung lehnte die Kommission die Anträge sub II und III ab, während der Antrag I angenommen wurde.

Die Majorität konnte nicht die Ueberzeugung gewinnen, daß es auch bei voller Berücksichtigung richtiger wirthschaftlicher Gesichtspunkte nothwendig oder auch nur zu empfehlen sei, grundsätzlich die für Gleisvermehrung und für Verstärkung des Betriebsmaterials nothwendigen Ausgaben auf den Etat zu übernehmen, also auf die Ueberschüsse des Betriebes zu verweisen; sie nahm vielmehr an, daß Anlagen und Anschaffungen, welche innerhalb dieser Verwendungszwecke liegen, ihrer Natur nach eine Vermögensvermehrung darstellen, und deshalb die Beschaffung der Mittel dafür durch die Inanspruchnahme des Staatskredits nicht ohne weiteres von der Hand zu weisen sei. Es wurde überdies geltend gemacht, daß, wie die Erfahrungen bei der Staatseisenbahnverwaltung ergeben haben, die Ausgestaltung der Bahnlinien durch die Hinzufügung neuer Gleise, sowie die den Verkehrsbedürfnissen entsprechende Vermehrung des rollenden Materials einen sehr großen Kostenaufwand erfordere, zu dessen Bestreitung die Betriebsüberschüsse der Eisenbahnen selbst in guten Jahren nicht ausreichen würden. So erwünscht es auch sei, daß die Staatseisenbahnverwaltung den Staatskredit überhaupt nicht in Anspruch nehme, so könne doch nicht in Aussicht genommen werden, daß dieses Ziel erreicht werde. Man müsse mit einer fortschreitenden Entwickelung des Verkehrs, folglich mit der Nothwendigkeit rechnen, auch in Zukunft die Betriebsmittel und die Gleise in erheblichem Umfange zu vermehren. Soweit die Ueberschüsse der Staatseisenbahnverwaltung nach stattgehabter Verzinsung und Tilgung der Staatseisenbahnschuld hierzu ausreichen, sollte man dieselben allerdings der Verwendung für außerordentliche Ausgaben in möglichst großem Umfange nicht entziehen, anstatt sie dem allgemeinen Staatshaushaltsetat zuzuführen. Dieser Weg müsse eingeschlagen werden und bei der einzige, welcher wirkungsvoll im Sinne des Antragstellers empfohlen werden könne.

Ein Mitglied der Kommission vertrat den Standpunkt, daß die Eisenbahnverwaltung überhaupt ebenso wie ein Privatunternehmer aus den anzusammelnden Ueberschüssen mit Möglichkeit auch die Neuanlagen auszuführen habe.

Was den Antrag sub I betrifft, so wurde zur Begründung desselben angeführt, daß der Bau von Bahnhöfen, welche an die Stelle unbrauchbar gewordener treten sollen, nicht als ein zur Vermehrung des Eisenbahnvermögens führender angesehen werden könne. In beschränktem Grade dies allerdings der Fall sein, wenn der an die Stelle des früheren tretende Bahnhof durch seinen Umfang oder seine Mehrleistungen einen Mehrwerth gegen den früheren darstelle. Es empfehle sich indessen nicht, eine Trennberechnung der Ausgaben unter diesem Gesichtspunkte vorzunehmen, und zwar um so weniger, als eine solche in den meisten Fällen zu den größten Schwierigkeiten führe. Jedenfalls sei es nicht ernsten Grundsätzen entsprechend, wenn man vorhandene Eisenbahntheile, deren Herstellungs- oder Erwerbskosten aus dem Erlös verkaufter Staatsschuldtitres bezahlt wurden, zerstöre, oder der Verwendung entziehe, und die Mittel für die Herstellung der an ihre Stelle tretenden Anlagen aus neuen Anleihen entnehme. Jeder zahlungsfähige Kaufmann und Landwirth bestreite die Erneuerungskosten seiner Gebäude aus laufenden Mitteln. Nach denselben Grundsätzen müsse auch der Staat, insbesondere die Eisenbahnverwaltung verfahren, die den Gesetzen einer gesunden industriellen Finanzwirthschaft sich niemals entziehen werde, ohne ihre eigenen Interessen und die der gesammten Staatsfinanzen zu schädigen.

Der Antrag der Kommission geht hiernach dahin:

Das Haus der Abgeordneten wolle beschließen:

Die Königliche Staatsregierung aufzufordern, die für den Erneuerungsbau von Bahnhöfen erforderlichen Bedürfnisse in dem Staatshaushaltsetat auszubringen und demgemäß die Mittel zur Befriedigung derselben auf dem für den Staatshaushaltsetat gegebenen Wege zu beschaffen.

Berlin, den 2. Mai 1892.

Die Budgetkommission.

Francke (Tondern), Vorsitzender. Dr. **Hammacher**, Berichterstatter. **Böhler.** v. **Buch.** v. **Czarliński.** Dr. **Enneccerus.** Dr. **Hartmann** (Lübben). **Hoeppner.** Freiherr v. **Huene. Krebs.** v. **Kröcher.** Dr. **Lieber.** Graf zu **Limburg-Stirum. Lohren.** Dr. **Meyer** (Diedenhofen). v. **Neumann.** Dr. **Sattler. Sperlich. Stengel.** v. **Tiedemann** (Bomst). Dr. **Virchow.**

Anlage.

Zu § 1 Nr. III 8, Deckung der Mehrkosten für den Bau der Eisenbahn von Zella—Mehlis über Schmalkalden nach Klein-Schmalkalben erklärt der Regierungskommissar:

Die Verwaltungskosten, welche alle Ausgaben für die Vorbereitung und Leitung der Bauausführung, insbesondere auch für Anfertigung der ausführlichen Vorarbeiten mit speziellen Entwürfen und Anschlägen umfassen, seien veranschlagt, wie folgt:

a) für die Bahnstrecke Zella—Mehlis—Schmalkalden:

1. Gehälter, Wohnungsgeldzuschüsse bezw. Miethsentschädigungen, Diäten und Reisekosten der Mitglieder der bauleitenden Verwaltung, sowie aller Baubeamten, Feldmesser, Zeichner, Büreau- und Kassenbeamten, der Bauaufseher, überhaupt des gesammten Verwaltungs-, Aufsichts- und Kassenpersonals, mit Ausnahme der etwa bei den einzelnen Bauwerken zu verrechnenden Löhne für Unteraufseher, Poliere ꝛc., mit Ausnahme der bei Titel I zu verrechnenden Kosten für 24,0 km Bahnlänge für das Kilometer 11 000 Mark .... 264 000 ℳ

2. Einrichtung und Möblirung der Büreaus, Beschaffung der Büreauutensilien, der Meßinstrumente, Zeichnergeräthe, Bücher, Karten, Zeichnungen, Modelle u. s. w. für 24,0 km Bahnlänge à 500 Mark ..... 12 000 "

3. Sonstige Büreaukosten, insbesondere Büreaumiethen, Kosten der Heizung, Reinigung und Erleuchtung der Büreaus, Schreib- u. Zeichenmaterialien, Zeitungsabonnements, Insertionskosten, Auktionsgebühren, Porto, Botenlöhne ꝛc. für 24,0 km Bahnlänge à 900 Mark ..... 21 600 "

4. Pfähle, Signalstangen, Fixpunkte u. s. w. für 24,0 km Bahnlänge à 200 Mark ..... 4 800 "

5. Tagelöhne bei Vermessungen, Bodenuntersuchungen, Bohrungen ꝛc., Beschaffung oder Anmiethung von Wächterhütten, Nachen u. dergl., sowie sonstige bei den Vorarbeiten vorkommende Ausgaben, als Frachtentschädigungen u. s. w. für 24,0 km Bahnlänge à 1 500 Mk. 36 000 "

Summa Titel XIII .. 338 400 ℳ

b. i. 7,0 Prozent der vorhergehenden Titel,

b) für die Bahnstrecke Schmalkalden—Klein-Schmalkalden:

1. Gehälter, Wohnungsgeldzuschüsse bezw. Miethsentschädigungen, Diäten und Reisekosten der Mitglieder der bauleitenden Verwaltung, sowie aller Baubeamten, Feldmesser, Zeichner, Büreau- und Kassenbeamten, der Bauaufseher, überhaupt des gesammten Verwaltungs-, Aufsichts- und Kassenpersonals, mit Ausnahme der etwa bei den einzelnen Bauwerken zu verrechnenden Löhne für Unteraufseher, Poliere ꝛc., mit Ausnahme der bei Titel I zu verrechnenden Kosten für 9,8 km Bahnlänge für das Kilometer 10 600 Mark .. 103 880 ℳ

2. Einrichtung und Möblirung der Büreaus, Beschaffung der Büreauutensilien, Zeichnergeräthe, Bücher, Karten, Zeichnungen, Modelle u. s. w. für 9,8 km Bahnlänge à 500 Mark ..... 4 900 "

3. Sonstige Büreaukosten, insbesondere Büreaumiethen, Kosten der Heizung, Reinigung und Erleuchtung der Büreaus, Schreib- und Zeichenmaterialien, Zeitungsabonnements, Insertionskosten, Auktionsgebühren, Porto, Botenlöhne u. s. w. für 9,8 km Bahnlänge à 900 Mark 8 820 "

4. Pfähle, Signalstangen, Fixpunkte ꝛc. für 9,8 km Bahnlänge à 200 Mark .... 1 960 "

5. Tagelöhne bei Vermessungen, Bodenuntersuchungen, Bohrungen ꝛc., Beschaffung oder Anmiethung von Wächterhütten, Nachen u. dgl., sowie sonstige bei den Vorarbeiten vorkommende Ausgaben, als Frachtentschädigungen u. s. w. für 9,8 km Bahnlänge und zur Abrundung für das Kilometer 1 300 Mark .... 12 740 "

Summe Tit. XIII .... 132 300 ℳ

b. i. rund 7,9 Prozent der vorhergehenden Titel.

Diese Prozentsätze von 7 bezw. 7,9 der Bausumme seien für den Bau einer Gebirgsbahn als äußerst mäßige anzusehen. Die für den Bau ähnlicher Bahnen thatsächlich aufgewendeten Verwaltungskosten hätten meist einen höheren Prozentsatz des Baukapitals betragen, z. B. für den Bau der Bahn

Kölbe—Laasphe 8,41,
Ostfriesische Küstenbahn 8,31,
Neil—Traben 9,31,
Kall—Hellenthal 13,43,
Gerolstein—Prüm 12,50,
Fulda—Gersfeld 12,50,
Fulda—Tann .... 12,30.

№ 159.

A. 11. Wiesbaden (Grimm).
B. 4. Marienwerder (v. Selle).

Erster Bericht

der

Kommission für die Wahlprüfungen.

A.

Berichterstatter:
Abgeordneter Dr. Graf Bassewitz-Levetzow.

11. Wiesbaden.

In Frankfurt a. M. hat am 12. Januar 1892 eine Ersatzwahl für das Haus der Abgeordneten stattgefunden, in der 488 Stimmen abgegeben worden sind, von denen Herr Grimm 251, Herr Fund 237 erhalten haben. Da die absolute Majorität 245 betrug, so wurde Herr Grimm als gewählt proklamirt und erklärte rechtzeitig die Annahme.

Nachdem rechtzeitig ein Protest gegen die Wahl eingegangen, wurden die Wahlverhandlungen von der Abtheilung an die Wahlprüfungskommission abgegeben, welche in ihrer Sitzung vom 29. März 1892 über die Wahl verhandelte.

In dem Proteste wird zunächst gefordert, daß die Wahl von vornherein auf Grund des § 27 der Verordnung über die Ausführung der Wahl der Abgeordneten, betreffend Vorprüfung der Wahlakten durch den Wahlkommissar, für ungültig erklärt werde. Die Kommission war einstimmig der Ansicht, daß diesem Ansinnen nicht zu entsprechen sei, da einestheils der § 27 nicht das Maß der vom Wahlkommissar vorzunehmenden Prüfung vorschreibe, da anderntheils aus dem Umstande, daß vom Wahlkommissar diverse Monita gegen die Urwahlen erzogen sind, die nicht in den Protesten erwähnt, hervorgehe, daß er dieselben geprüft.

Die übrigen Punkte des Protestes behandeln fast durchweg die Frage, in welchem Sinne der zweite Absatz des § 14 des Reglements über die Ausführung der Wahlen zum Hause der Abgeordneten aufzufassen sei. Es knüpfte sich an diese Frage und die sich daraus ergebenden Nebenfragen eine lange Debatte. Von einzelnen Mitgliedern wurde die Auffassung vertochten, daß aus der Bestimmung des § 14, daß bei einer von einer einzelnen Abtheilung vorzunehmenden Nachwahl die Zahl der Beisitzer aus den Urwählern einer andern Abtheilung ergänzt werden könne, wenn weniger als 4 Urwähler vorhanden sind, noch ge-

folgert werden müsse, daß, wenn vier oder mehr Urwähler der wählenden Abtheilung vorhanden seien, Beisitzer aus andern Abtheilungen unstatthaft seien. Die Kommission kam hierbei auf die Erörterung einer ganzen Zahl von Fragen, die sich ergiebt, wenn obiger Grundsatz als richtig angenommen wird:

a) Wie ist es mit dem Protokollführer zu halten, der im Absatz 2 des § 14 nicht erwähnt.
b) Wie ist die Sache aufzufassen, wenn zwei Abtheilungen Nachwahlen vorzunehmen haben.
c) Wie ist das Wort „vorhanden" im zweiten Absatz des § 14 zu interpretiren. Soll es bedeuten, daß, wenn in der Wählerliste für die Abtheilung vier oder mehr Wähler verzeichnet sind, keine Beisitzer aus andern Abtheilungen zugezogen werden dürfen, auch wenn weniger als vier von denselben erscheinen, die Bildung des Wahlvorstandes also unmöglich wird.
d) Ist es, wenn weniger als 4 Wähler der betheiligten Abtheilung vorhanden, statthaft, die Beisitzer beliebig zu ernennen, oder bedeutet das Wort „ergänzen", daß die vorhandenen Wähler der Abtheilung auch dann alle im Vorstand Verwendung finden müssen.
e) Genügt es bei Vorhandensein von mehr als 3 Wählern der betheiligten Abtheilung, wenn 3 Beisitzer (die gesetzlich erforderliche Zahl) aus der Abtheilung entnommen sind und ist statthaft, wenn außer diesen noch ein oder mehr Beisitzer aus anderen Abtheilungen zugezogen sind?
f) Ist es nicht möglich, daß in der That mehr als 3 Wähler der betheiligten Abtheilung gewählt haben und dennoch die Bildung des Wahlvorstandes ohne Zuziehung von Beisitzern aus einer anderen Abtheilung unmöglich, weil die Wähler später erschienen? (Im 78. Urwahlbezirk wählte die erste Abtheilung. Es haben 7 Wähler ihre Stimmen abgegeben, es ist aber im Protokoll bemerkt, daß der Protokollführer und 1 Beisitzer aus einer anderen Abtheilung entnommen „in Ermangelung von Personen erster Abtheilung".)

Die Mehrheit der Kommission entschied sich für die Auffassung, daß der § 20 der Verordnung entschieden den Wahlbezirk als abgegrenzte Einheit hinstelle, die der Wahlvorstand zu entnehmen und dem die zu wählenden Wahlmänner anzugehören hätten. Der § 14 des Reglements könne diese Bestimmung keinesfalls aufheben, auch nicht für die Nachwahlen einzelner Abtheilungen, der zweite Absatz des § 14 sei lediglich als ein Fingerzeig für den Wahlvorsteher aufzufassen, wie er die Unmöglichkeit einer Vorstandsbildung vermeiden könne, wenn weniger als 4 Wähler in der betheiligten Abtheilung vorhanden. Demnach nahm die Kommission an, daß auch solche Wahlmänner zu Recht gewählt seien, bei deren Wahl im Wahlvorstande Beisitzer aus andern Abtheilungen fungirt, obgleich in der wählenden Abtheilung mehr als 3 Wähler vorhanden waren. Ebenso entschied sich die Mehrheit der Kommission dafür, in dieser Frage den Protokollführer wie die andern Beisitzer zu behandeln, also noch die Zuziehung eines Protokollführers aus einer andern Abtheilung nicht als ein Grund zur Ungültigkeitserklärung der Wahl gelten zu lassen.

Bei der nach diesen Grundsätzen erfolgten Prüfung der von der Wahlversammlung gefaßten Beschlüsse ergab sich folgendes Resultat.

1. Der Wahlmann Roth im 15. Urwahlbezirk ist zu Unrecht kassirt, da entgegen der Ansicht der Wahlversammlung eine engere Wahl vor dem Loosen

laut Protokoll stattgefunden und nur die erneuerte Eintragung der Namen in der Wählerliste versäumt ist.

2. Der Wahlmann Holler im 21. Urwahlbezirk ist zu Unrecht kassirt, da ebenfalls vor dem Loosen eine engere Wahl stattgefunden und die Eintragung darüber nur an einer falschen Stelle des Protokolls erfolgt ist.

3. Die Wahlmänner:

Schaefer,	3. Abtheil.,	61. Urwahlbezirks
Collischow,	3. "	89. "
Helfrich,	2. "	79. "
Loewenthal,	3. "	2. "
Gutheim,	1. "	4. "
Plauer,	2. "	14. "
Link,	1. "	27. "
Zobel,	2. "	30. "
Ohler,	1. "	33. "
Hammerau,	2. "	33. "
Reutlinger,	2. "	40. "
Wertheim,	1. "	46. "
Bauer,	3. "	46. "
Spengler,	3. "	47. "
Müller-Scherlevsty,	1. Abth.,	51. Urwahlbz.
Rumpf,	3. Abtheil.,	51. Urwahlbezirks
Wedel,	1. "	59. "
Theobald,	1. "	81. "
Hoffmann,	3. "	81. "
Nagel,	1. "	94. "
Dauth,	2. "	94. "
Schlepp,	2. "	94. "
Reiß,	1. "	5. "
Hauraud,	1. "	36. "
Schmidt,	2. "	55. "
Schubert,	1. "	78. "
Tamm,	1. "	78. "
Schreiber,	3. "	81. "
Rohstadt,	3. "	89. "
Abt Sprenger,	1. "	95. "

waren nach dem oben von der Kommission angenommenen Grundsatz zu Unrecht von der Wählerversammlung kassirt, weil Beisitzer 2c. aus andern Abtheilungen bei ihrer Wahl im Wahlvorstande fungirt.

4. Dagegen sind von der Wahlversammlung mit Recht kassirt die Wahlen der Wahlmänner
 a) Zumüller, 3. Abtheilung 34. Urwahlbezirks, weil bei Stimmengleichheit zum Loosen geschritten, ohne vorherige engere Wahl;
 b) Laudert, 1. Abtheilung 73. Urwahlbezirks, aus dem gleichen Grunde;
 c) Beydemüller, 1. Abtheilung 39. Urwahlbezirks, weil überhaupt nur 2 Beisitzer fungirt haben.
 d) Kaufmann 1. Abtheilung 85. Urwahlbezirks, Loeffler 1. " 85. " Ruppert 2. " 85. "
  weil in der Wählerliste kein Vermerk über erfolgte Abstimmung eingetragen ist und das Protokoll durchaus lückenhaft ausgefüllt ist.

5 Von der Wahlversammlung ist die Wahl des Volz, 1. Abtheilung des 16. Urwahlzirks mit Recht für gültig erklärt, obgleich er und Funk gleich viel Stimmen erhalten und nicht gelooft haben, weil der pp. Funk in der Liste des Urwahlbezirks überhaupt nicht vorkommt, dort also nicht wählbar war.

Wenn also nach diesen Feststellungen von den 38 Wahlmännern, welche die Wahlversammlung für ungültig erklärt hat, die 6 unter 4. a. b. c. d. Aufgeführten mit Recht kassirt sind, die 32 unter 1. 2. 3. aufgeführten aber mit Unrecht, so vorschwindet die Majorität, mit der der pp. Grimm gewählt worden.

(Es sind abgegeben gültige Stimmen .... 488, es beträgt die absolute Majorität .... 245, es kommen hierzu die Stimmen von .... 32 zu Unrecht kassirten Wahlmännern und würden sich, wenn dieselben gewählt hätten, ergeben:
 abgegebene Stimmen 520,
 absolute Majorität 261,
welche Grimm mit 251 Stimmen nicht erreicht hat.)

Der Antrag der Kommission geht dahin:

Das Haus der Abgeordneten wolle beschließen:
1. die Wahl des Stadtraths Grimm in Frankfurt a. M. für ungültig zu erklären;
2. die unter 1. 2. 3. aufgeführten 32 Wahlmänner für richtig gewählt zu erklären.

— · —

B.

Berichterstatter:
Abgeordneter v. Neumann.

4. Marienwerder.

Das Haus der Abgeordneten hat in der Sitzung vom 12. Juni 1890 den Antrag der Wahlprüfungskommission, welchen dieselbe in der in der Anlage abgedruckten Berichte vom 9. Juni 1890 — Nr. 270 der Drucksachen von 1890 — gestellt hat, zum Beschluß erhoben. Auf Grund des letzteren hat die Beweisaufnahme stattgefunden, die sich indessen durch mehrere zur Aufklärung des Thatbestandes erforderliche Rückfragen verzögert hat.

Die angeordnete Zeugenvernehmung über die Frage, ob die Urwählerliste von Polnisch-Brzozie überhaupt öffentlich ausgelegt worden ist, an welchem Tage die Auslegung stattgefunden hat, ob, wann, wie, beziehungsweise durch wen bekannt gemacht worden ist, daß die Liste und an welchen Tagen öffentlich ausliege und ob diese Art der Bekanntmachung die ortsübliche ist, haben zu nachstehendem Ergebniß geführt:

Die Urwählerliste der Ortschaft Polnisch-Brzozie ist am 25. und 26. September 1888 im Auftrage des Ortsvorstehers Kobylski von dem Gemeindeschreiber Scharlok aufgestellt und demselben übergeben worden. Die Liste soll vom 27. September ab öffentlich ausgelegen haben, der Ortsdiener Lorenz Ostrowski hat dies durch Herumsagen bei den Einwohnern in ortsüblicher Weise bekannt gemacht. Wie sich indessen durch die Zeugenaussagen, insbesondere durch die Vernehmung des Gasthausbesitzers Clemens v. Thezynski und des Ortsvorstehers Kobylski herausgegeben hat, ist die Liste, ungeachtet der auf derselben befindlichen Bescheinigung des Ortsvorstehers, am 28. September noch nicht fertig gestellt, insbesondere aber noch nicht abgeschlossen gewesen.

Der auf der Urwählerliste befindliche Revisionsvermerk des berittenen Gensdarmen Lock vom 29. September 1888 giebt erst für diesen Tag Gewißheit darüber. Wie lange die Liste nach dem 29. September 1888 noch ausgelegen hat, insbesondere an welchem Tage sie an das Königliche Landrathsamt zu Straßburg abgeschickt und wann sie dort eingegangen ist, konnte nicht festgestellt werden.

Die Wahlprüfungskommission war daher einstimmig der Ansicht, daß die Wahl der in Polnisch-Brzozie gewählten 5 Wahlmänner für ungültig zu erklären, weil nicht nachgewiesen sei, daß die Urwählerliste den Bestimmungen des § 4 der Verordnung vom 4. September 1882 gemäß 3 Tage ausgelegen habe.

Dieselben haben alle fünf für Herrn Dr. Wolczlegier gestimmt. Zur zweiten Frage:

Aus welchen Gründen die Abänderung der Wahlbezirke 24, 35, 37, 38, bezüglich welcher ein Druckfehler nicht erhellt, erfolgt ist?

hat der damalige Verwalter des Landrathsamtes Straßburg, Landrath Zachmann in Golbap, nach Vorhalt, insbesondere der Ausführungen des Abgeordneten v. Czarlinski in der Sitzung des Abgeordnetenhauses vom 29. März 1889 und der Erwägung zu 5 des Kommissionsberichtes vom 9. Juni 1890 Nachstehendes erklärt:

Die Bekanntmachung vom 28. September 1888 im Kreisblatt vom 2. Oktober 1888 enthalte thatsächlich Druckfehler insofern, als im Wahlbezirk 11 die Einwohnerzahl von Adlich Brinsk nebst Zubehör auf 646, anstatt auf 656 und ebenso im Wahlbezirk 31 die Einwohnerzahl von Hermannsruhe auf 300 anstatt 360 angegeben sei.

Im Uebrigen bemerke er, daß aus der Fassung der Bekanntmachung vom 10. Oktober in dem Kreisblatt vom 12. Oktober 1888 mit Evidenz hervorgehe, wie die anderweitige Abgrenzung der Bezirke 24, 35, 37 und 38 keineswegs durch die vorerwähnten Druckfehler begründet werden solle, sich vielmehr als eine vollständig selbstständige Maßnahme darstelle. Zu dieser Maßnahme habe er sich auf Grund der Verordnung vom 30. Mai 1849, bezw. des Reglements vom 11. Juli 1879 für durchaus berechtigt gehalten, solange nicht die Aufstellung und Auslegung der Abtheilungslisten erfolgte war.

Was die Gründe betreffe, welche ihn zur Abänderung der in Rede stehenden Wahlbezirke Veranlassung gegeben hätten, so lägen dieselben für ihn lediglich in der seines Erachtens den Vorschriften nicht entsprechenden ursprünglichen Bildung des Wahlbezirks 24, indem die große Besitzung Bobrowo mit dem übrigen Theile des Wahlbezirks räumlich nur an einer ganz kleinen Stelle in Zusammenhang gelegen hätte, so daß der Wahlbezirk thatsächlich kein abgerundeter gewesen sei. Deshalb habe er Bobrowo zu dem Wahlbezirk 35 gelegt, und da alsdann der Wahlbezirk 24 weniger als 750 Seelen gehabt hätte, so habe auch dieser eine Aenderung dahin erfahren müssen, daß von dem Wahlbezirk 35 die Ortschaft Geistlich Kruschin zu dem Wahlbezirk 24 geschlagen worden sei. Welche Gründe ihn zur Abänderung der Wahlbezirke 37 und 38 bestimmt hätten, vermöge er nicht mehr anzugeben, bemerke jedoch, daß ihm dabei eine tendenziöse Absicht gänzlich ferngelegen habe, was schon daraus hervorgehe, daß in dem abgeänderten Bezirk 37 nur 5, anstatt früher 6 Wahlmänner zu wählen gewesen seien, deren Stimmen unzweifelhaft dem Deutschen Kandidaten zugefallen wären, während andererseits in dem abgeänderten Wahlbezirk 38 die Zahl der zu wählenden Wahlmänner, deren Stimmen unzweifelhaft für den Polnischen Kandidaten abgegeben worden wären, von 3 auf 4 gewachsen sei.

Richtig sei, daß die Entfernung von dem Gutshof Bobrowo nach dem Wahllokal Naymowo nicht so groß, wie nach dem Wahllokal Amt Straßburg sei. Für die zahlreichen Kolonisten indessen, welche gerade in dem südlichen Theile des Gutsbezirks Bobrowo wohnen, würde die Entfernung nach beiden Wahllokalen ziemlich gleich gewesen sein, und sei außerdem nach Amt Straßburg eine bequeme Chausseeverbindung, was hinsichtlich Naymowo nicht gelte. Ferner müsse er zugeben, daß die Ortschaft Karczewo von dem ursprünglichen Wahllokal, dem Gutshof zu Brodzki eine geringer sei, als nach dem später bestimmten Wahllokal der Schule zu Malken.

Die für jene Abänderung maßgebend gewesenen Gründe seien ihm nicht mehr gegenwärtig.

Mit Rücksicht auf die obigen Ausführungen und nach Einsicht der vorgelegten Karte, konnte die Wahlprüfungskommission bei den Wahlbezirken 24 und 35 eine tendenziöse Eintheilung um so weniger als vorliegend annehmen, da die Wahlbezirke thatsächlich abgerundet sind.

In Bezug auf die Wahlbezirke 37 und 38 konnte man sich indessen der Ansicht nicht verschließen, daß die Eintheilung eine sehr wenig günstige sei; sie hätten eine längliche höchsteigenthümliche Lage, und überdies sei der Umstand, daß die Ortschaften Karczewo und das Gut Brodzki nach dem entfernt liegenden Wahllokale, der Schule zu Malken gelegt seien, so bedenklich, daß man nicht zu der Vermuthung gelangen müsse, daß dabei doch wohl eine Tendenz nicht ausgeschlossen sei. Man war aber der Ansicht, daß es belanglos sei, diesen Punkt noch weiter zu untersuchen, da, selbst wenn die neun in diesen Wahlbezirken gewählten Wahlmänner, von denen fünf für Herrn Major a. D. v. Selle und vier für Herrn Dr. v. Wolczlegier gestimmt hätten, für ungültig erklärt würden, der Erstere immer noch die absolute Majorität habe, und seine Wahl somit gültig sei.

Die Zahlen, welche die Gültigkeit der Wahl des zum Abgeordneten proklamirten Herrn v. Selle unter Berücksichtigung der beiden vorerwähnten Beschlüsse ergeben, sind folgende:

Nach dem Bericht der Kommission vom 9. Juni 1890 betrug die Zahl der damals für gültig anerkannten Stimmen 161
wovon erhalten haben:
Herr v. Selle 74
Herr Dr. v. Wolczlegier 77
Nach dem ersten Theil dieses Berichtes sind die 5
Wahlmänner der Ortschaft Polnisch-Brzozie als ungültig gewählt zu erachten, sie sind von der Gesammtstimmenzahl und der Stimmenzahl des Herrn Dr. v. Wolczlegier, für den sie sämmtlich abgegeben sind, abzurechnen 5
so daß sich ergiebt: gültige Stimmen . . . 146,
wovon die absolute Majorität 74
beträgt. Zu zählen sind: für Herrn v. Selle 74
für Herrn Dr. v. Wolczlegier 72
so daß der Erstere die absolute Majorität erhalten hat.

Werden nun nach dem zweiten Theile des Berichtes auch die Wahlen für die Bezirke 35 und 38 als ungültig angesehen, so stellt sich die Berechnung wie folgt:
von 146
Wahlmännern, denen nicht nachgewiesen, als gültig gewählte anzunehmen sind, und von denen für
Herrn v. Selle 74
Herrn Dr. v. Wolczlegier 72

268*

Übertragen.... 146 74 72
gestimmt haben, sind die der Bezirke 35
und 38 mit zusammen 9
und zwar für:
 v. Selle mit 5
 Dr. v. Wolczlegier mit 4
abzurechnen, so daß verbleiben in Summa 137 69 68
 für Herrn v. Selle 69
 für Herrn Dr. v. Wolczlegier.. 68
Von 137 Stimmen beträgt die absolute Majorität 69, und da diese Zahl der Stimmen für Herrn v. Selle berechnet werden muß, so ist dessen Wahl auch gültig.

Hiernach beantragt die Kommission:
 Das Haus der Abgeordneten wolle beschließen:
 Die Wahl des Major a. D. v. Selle in Tomken zum Abgeordneten des Wahlkreises 4. Marienwerder für gültig zu erklären.

Berlin, den 28. April 1892.

Die Kommission für die Wahlprüfungen.

v. Liebermann, Vorsitzender. Dr. Graf Baffewitz-Lewehow. Fritzen (Rees). Dr. Grimm (Wiesbaden). Kolisch. Licht. v. Neumann. Peters. v. Rebbiger. v. Schalscha. Schumacher. v. Sczanierki. Sperlich. Strutz.

Anlage zu B.

№ 270.

Haus der Abgeordneten.
17. Legislaturperiode.
II. Session 1890.

A. 4. Düsseldorf (Giesenbach, Wenders).
D. 4. Marienwerder (v. Selle).

Sechster Bericht
der
Kommission für die Wahlprüfungen.

B.

Berichterstater:
Abgeordneter Schmieder.

4. Marienwerder.

Bei der am 6. November 1888 in Straßburg (Westpreußen) erfolgten Wahl eines Abgeordneten für den vierten Wahlbezirk (Straßburg) des Regierungsbezirks Marienwerder haben die am 30. Oktober 1888 gewählten 192 Wahlmänner sämmtlich ihr Wahlrecht ausgeübt. Hierbei hat der Major a. D. v. Selle in Tomken Kreis Straßburg 110, Dr. Anton v. Wolczlegier in Jakobsdorf 82 Stimmen erhalten.

Da die absolute Majorität 97 Stimmen beträgt, ist der Major v. Selle in Tomken mit 13 Stimmen über dieselbe zum Abgeordneten gewählt und ist auch dies Ergebniß der Wahl öffentlich bekannt gemacht worden. Der Major v. Selle in Tomken hat diese Wahl am 6. November 1888 angenommen. Seitens des Königlichen Landrathsamts ist gleichfalls am 6. November 1888 die Bescheinigung erfolgt, daß der gewählte Abgeordnete alle diejenigen Eigenschaften besitzt, welche nach § 29 der Wahlverordnung vom 30. Juni (soll wohl „Mai" heißen) 1849 die Wählbarkeit als Abgeordneter bedingen.

Gegen die Wahl haben die Abgeordneten v. Czarlinski und Magdzinski am 21. Januar 1889, also rechtzeitig Widerspruch erhoben.

Bei Durchsicht der Wahlakten fanden sich verschiedene Verstöße hinsichtlich des Durchstreichens und Nichtdurchstreichens einzelner Stellen der zu der Wahl der Wahlmänner benutzten gedruckten Formulare vor, auch fehlten mitunter die Unterschriften der gewählten Wahlmänner an der Stelle, an welcher sie zum Beweise der erfolgten Annahme der Wahl ihre Namen unterschreiben sollen. Die Wahlprüfungskommission erachtet in konstanter Praxis diese Verstöße für unwesentlich, da einerseits Zweifel gegen die vorschriftsmäßig erfolgte Wahl aus den betreffenden Protokollen nicht erhellen, andererseits die gewählten Wahlmänner sämmtlich unterm 30. Oktober 1888 von dem Wahlkommissarius zur Wahl eines Abgeordneten eingeladen und in dem Wahltermine am 6. November 1888 sämmtlich erschienen sind.

Der Widerspruch gegen die Gültigkeit der Wahl nimmt zunächst Bezug auf die bereits in der Wahlverhandlung vom 6. November 1888 erörterten Proteste des Lehrers a. D. Tyczinski aus Polnisch-Brzozie vom 25. Oktober 1888 und des Besitzers Johann v. Scrzezewski und Genossen aus Straßburg vom 5. November 1888.

Die Protesterheber haben außerdem sich vorbehalten, ihren Einspruch noch fernerhin zu begründen und namentlich die Abgrenzung der Urwahlbezirke, sowie die nicht gesetzlich erfolgten Bekanntmachungen zu rügen.

Die Wahlprüfungskommission hat bei Prüfung des Protestes auf diesen Vorbehalt keine Rücksicht nehmen können, weil bis dahin die in Aussicht gestellte Ergänzung und Begründung unterblieben war, vielmehr mittelst schriftlichen Berichts vom 13. März 1889 (Drucksache Nr. 119 H. d. A. 17. Legislaturperiode I. Session 1889 A) beantragt:

 das Haus der Abgeordneten wolle beschließen:
 die Wahl des Abgeordneten v. Selle für gültig zu erklären.

Die Verhandlung über diesen Antrag ist in dem Hause der Abgeordneten in der Sitzung vom 29. März 1889 erfolgt.

Nunmehr hat der Abgeordnete v. Czarlinski zur Begründung des Protestes folgende An- und Ausführungen gemacht:

„Meine Herren, wie Sie aus dem Bericht werden ersehen haben, ist es ja richtig, daß ich mit meinem leider nicht mehr unter uns weilenden Freunde Magdzinski gegen die Wahl des Herrn Abgeordneten v. Selle Widerspruch erhoben habe. Wir haben uns damals nur nicht genügend informiren können, um diesen Protest hinlänglich zu begründen. Mittlerweile ist mir eine Karte aus dem Kreise Straßburg überreicht worden, die ich, meine Herren, zu Ihrer geneigten Einsicht hiermit überreiche, da dieselbe ein grelles Licht auf die Wahlgeometrie wirft. Diese künstliche Bildung von Urwahlbezirken ist ja schon zu wiederholten Malen in diesem Hohen Hause Gegenstand eingehendster Erörterungen gewesen. Man hat immer darauf hingewiesen, daß das eine ganz verwerfliche Manipulation ist, und trotz alledem wollen es doch manche Herren nicht lassen. Ungeachtet dieser Erörterungen im Hause sowohl, als auch der Verfügungen des Herrn Ministers für die inneren Angelegenheiten, die dahin gehen, sich ganz genau nach den Vorschriften des Gesetzes bei der Bildung von Urwahlbezirken zu richten, hat es die betreffende Behörde in Straßburg für gut befunden, die ursprünglich dem Sinne des Gesetzes mehr entsprechenden Wahlbezirke abzuändern. Als Beleg hierfür haben Sie, meine Herren, das Kreisblatt Nr. 77, in welchem die Wahlbezirke so eingetheilt waren, wie Sie hier — (Redner zeigt die Handzeichnung) — den grünen Strich sich ansehen können. Zehn Tage jedoch später hat das Landrathsamt vier andere Wahlbezirke konstruirt, ungefähr in der Form einer ungeschickten Stubenpfeife, wo in dem Kopfe das Wahllokal sich befindet und aus der Spitze derselben Urwähler dahin beordert wurden. Die Wahlmänner haben, anstatt, wie ursprünglich festgesetzt war, eine halbe Meile zurückzulegen, (späterhin 1½ Meilen machen müssen, zum Beispiel in dem Wahlbezirk Nr. 37 aus der Ortschaft Karczewo bis nach Malken — hier nach dem rothen Strich. Ebenso hatten die Urwähler von Bobrowo nur eine halbe Meile, — das betrifft überhaupt 4 Wahlbezirke — wie ich gesagt, hatten die Wähler aus Bobrowo ungefähr nur eine halbe Meile zurückzulegen gehabt, nämlich nach Najemowo. Nach der neueren Eintheilung, die im Kreisblatt Nr. 80 bekannt gemacht worden ist, mußten sie sich nunmehr nach Straßburg, 1½ Meilen weit, begeben. Meine Herren, dies können Sie genau aus dieser Handzeichnung ersehen. Das Landrathsamt hat diese Abänderung als eine Folge von Druckfehlern vertheidigt. Es steht hier ganz ausdrücklich in der Kreisblattnummer 80:

Wegen vorgekommener Druckfehler bringe ich das Verzeichniß der Urwahlbezirke unter Bezugnahme auf meine Kreisblattverfügung vom 28. September d. J. (Kreisblatt Nr. 77) nochmals zum Abdruck und mache besonders aufmerksam, daß die Bezirke Nr. 24, 35, 37 und 38 eine andere Abgrenzung erhalten haben.

Meine Herren, das sind die Druckfehler, von denen in der That keinem Menschen, der lesen kann, erfindlich ist, wo im Kreisblatt Nr. 77 Druckfehler vorhanden sind. Es kann auch sein, daß der betreffende Herr Anspruch macht auf ein Patent für radikale Beseitigung von Druckfehlern. Ich glaube, das Hohe Haus würde ihm dieses gern zuerkennen. Ich beantrage Absetzung dieser Angelegenheit und Zurückverweisung in die Wahlprüfungskommission."

Nach längerer Debatte hat das Haus der Abgeordneten mit großer Majorität die Sache an die Wahlprüfungskommission zur Berichterstattung zurückgewiesen.

Bei Prüfung der nachträglichen Begründung ergab sich, daß die überreichte Karte der Urwahlbezirke 24, 35, 37 und 38 nichts weiter als eine Handzeichnung in unsicheren Umrissen enthielt. In Folge dessen wurde das Ministerium des Innern um eine genaue Karte des Kreises Straßburg, in welcher die Urwahlbezirke 24, 35, 37 und 38 sowohl nach der Bekanntmachung im Straßburger Kreisblatt vom 2. Oktober 1888, wie auch nach der Abänderung im Straßburger Kreisblatt vom 12. Oktober 1888 ersichtlich gemacht sind, ersucht.

Diese Karte — Ausgabe der Kartographischen Abtheilung der Königlich Preußischen Landesaufnahme 1878 — ist nunmehr eingegangen. In derselben sind die Begrenzungen und Nummern der Urwahlbezirke Nr. 24, 35, 37 und 38 nach der Kreisblattbekanntmachung vom 2. Oktober 1888 in grüner, die nach der Kreisblatt-

bekanntmachung vom 12. Oktober 1888 vorgenommenen Veränderungen in rother Farbe angegeben.

Was nun die beiden, bereits in der Wahlverhandlung vom 6. November 1888 erörterten Proteste anlangt, so glaubte die Wahlprüfungskommission durch die nachträgliche Beibringung anderweiter Protestgründe zu einer eingehenderen Prüfung jener Proteste verpflichtet zu sein, weil die frühere Annahme, daß selbst im Falle der Erheblichkeit und Richtigkeit aller jener Protestbehauptungen der gewählte Abgeordnete immer noch eine Stimme über die absolute Majorität haben würde, mindestens zweifelhaft geworden ist.

I. Der Protest des Lehrers a. D. Tyczinski aus Polnisch-Brzozie vom 25. Oktober 1888 enthält die Behauptung, daß die Urwählerliste des Urwahlbezirks Polnisch-Brzozie, welche am 27., 28. und 29. September 1888 zur öffentlichen Einsicht anliegen sollte, am 28. September noch nicht fertiggestellt gewesen, daß eine Bekanntmachung über die Auslegung der Urwählerliste im Gemeindebezirke nicht erlassen worden sei, endlich daß auch derselbe Gemeindevorsteher die Auslegung der Abtheilungsliste nicht bekannt gemacht habe. Auf Anlaß des Landrathsamts hat eine Feststellung des Thatbestandes stattgefunden. Der Ortsvorsteher Kobylski aus Polnisch-Brzozie hat eingeräumt, daß die Urwählerliste am 28. September 1888 bis Mittags 3 Uhr noch nicht fertig gewesen, die Fertigstellung vielmehr erst zwischen 4 und 5 Uhr erfolgt sei; er giebt bezüglich der Bekanntmachung dagegen an, sie sei durch den Ortsdiener erfolgt. Dementgegen behaupten der Gasthausbesitzer Klemens v. Tyczinski, Einsasse Nicolaus Bielicki und Schmiedemeister Rynkowski aus Polnisch-Brzozie übereinstimmend, daß lediglich am 29. September 1888 der Ortsdiener zu ihnen gekommen sei und ihnen mitgetheilt habe, daß nächsten Tag die Wahl stattfinden werde.

Die Wahlmännerversammlung hat diesen Protest für unerheblich erachtet; aus welchen Gründen, erhellt nicht.

Auf der Urwählerliste der Ortschaft Polnisch-Brzozie, welche zu dem Urwahlbezirk Nr. 19 gehört, hat eine Beschein des Gemeindevorstehers Kobylski des Inhalts, daß die Urwählerliste am 27., 28. und 29. September 1888 zu Jedermanns Einsicht im Schulzenamt öffentlich ausgelegen und daß diese Auslegung in ortsüblicher Weise bekannt gemacht ist. Aus der Abtheilungsliste der Urwählerbezirks Nr. 19, welche 267 Urwähler enthält, ist ersichtlich, daß die erste Abtheilung aus neun Urwählern bestanden hat, von denen sieben bei der Wahl erschienen sind und mit sechs gegen eine Stimme zwei Wahlmänner gewählt haben, welche bei der Hauptwahl für den Kandidaten v. Wolczlegier gestimmt haben. In der zweiten Abtheilung haben von 28 Berechtigten 17 gestimmt und mit 16 gegen 1 Stimme den Einfasen Patalon zum Wahlmann gewählt. In der dritten Abtheilung sind 87 Stimmen und von denselben 82 für zwei Wahlmänner abgegeben worden, welche, ebenso wie der Wahlmann Patalon für den Kandidaten v. Wolczlegier gestimmt haben.

Diese Stimmabgaben schließen für die Protestheber jeden Anlaß zu einer Beschwerde aus.

Andererseits erhellt aber, daß § 15 der Verordnung vom 30. Mai 1849 und § 4 des Reglements vom 4. September 1882 durch das Verhalten des Gemeindevorstehers Kobylski nicht gehörig beobachtet sind. Ob nun diese Verstöße wesentlicher Natur sind, so läßt sich bei der gegenwärtigen Lage der Sache nicht klar beurtheilen, einmal, weil die kurzen und unvollständigen unbedeutenden Erklärungen, welche der Amtsvorsteher von Plugimost von dem Ortsvorsteher Kobylski und den Zeugen v. Tyczynski, Bielicki und Rynkowski aufgenommen hat, für ein geeignetes Belastungsmaterial nicht angesehen werden können, dann aber, weil der Widerspruch zwischen den Ausliegetagen — 28., 29., 30. oder 27., 28., 29. September durchaus unaufgeklärt geblieben ist.

Die Wahlprüfungskommission erachtet hiernach weitere Feststellungen darüber für erforderlich:
ob die Urwählerliste von Brzozie überhaupt öffentlich ausgelegt worden ist, an welchen Tagen die Auslegung wirklich stattgefunden hat, und ob, wann und wie resp. durch wen bekannt gemacht worden ist, daß die Liste und an welchen Tagen dieselbe öffentlich ausliege und ob diese Art der Bekanntmachung die ortsübliche ist?

Hierüber sollen der Ortsvorsteher Kobylski, Gasthausbesitzer Klemens v. Tyczynski, Einsasse Nikolaus Bielicki, Schmiedemeister Rynkowski und der seinem Namen nach nicht benannte Ortsdiener von Polnisch-Brzozie als Zeugen vernommen werden.

II. In dem Proteste vom 5. November 1888 wird nach drei Richtungen hin Beschwerde geführt und zwar:
1. Im 3. Wahlbezirk Straßburg habe der Hausbesitzer Marquardt und Maler Semmler (Nr. 98 und 120 der Liste), im 4. Wahlbezirk der Tischlermeister Carl Schaffmann und der Bauunternehmer Friedrich Oligewski mitgestimmt. Letzterer befinde sich im Konkurse, die übrigen erhielten Armenunterstützung. In der Urwähler- bezw. Abtheilungsliste sind die genannten Personen verzeichnet und zwar mit dem Bemerken, daß pp. Marquardt 3 Mark 60 Pf. Gebäudesteuer, pp. Semmler und Carl Schaffmann je 3 Mark Klassensteuer zahlen. Schon hiernach ist die Behauptung des Protestes wenig glaubhaft, jedenfalls aber ist sie in Rücksicht auf das Stimmverhältniß ohne Einfluß, denn im 3. Bezirk haben von 67 Urwählern 59, im 4. Bezirk von 88 Urwählern 78 und beziehungsweise 76 in den dritten Abtheilungen für die gewählten Wahlmänner gestimmt und würde das Wahlergebniß in keiner Weise erschüttert werden, wenn die Zahlen von 59, 78 und 76 auf 57, 76 und 74 reduzirt würden. Eine andere Konsequenz ist aus den obwaltenden Umständen nicht zu ziehen.

2. Die Listen der stimmberechtigten Urwähler der Stadt Straßburg hätten am 7., 8. und 9. Oktober 1888 öffentlich ausgelegen; nun sei aber der 7. ein Sonntag gewesen und habe daher thatsächlich die Auslegung nur an 2, nicht an 3 Wochentagen stattgefunden und seien hierdurch die Wähler in ihren Rechten beeinträchtigt worden.

Nach §§ 4 und 10 des Reglements über die Ausführung der Wahlen zum Hause der Abgeordneten vom 4. September 1882 ist nicht vorgeschrieben, daß an drei Wochentagen die Auslegungen stattfinden sollen. Der Auslegung der Protesterheber, daß Sonntags eine Auslegung der Listen nicht stattfinden dürfe, steht mithin die entscheidende Bestimmung des Wahlreglements nicht zur Seite, es ist auch gar nicht absurdem, weshalb nicht auch an einem Sonntage, der wohl ausnahmslos einem jeden Urwähler zu viel arbeitsfreie Zeit gewährt, um die Listen einzusehen, die Offenlegung der Listen stattfinden sollte. Nur dann könnte der Beschwerde näher getreten werden, wenn etwa das Magistratsbureau, in welchem die öffentliche Auslegung der Listen zu erfolgen hatte, am 7., des Sonntags halber, geschlossen und somit die Einsicht der Listen unmöglich gewesen wäre; das aber ist nicht einmal behauptet, geschweige denn unter Beweis gestellt worden. Uebrigens haben Inhalts der Bescheinigungen des Magistrats zu Straßburg die Listen gar nicht am 7., sondern am 8., 9. und 10. Oktober ausgelegen.

3. Eine allgemeine Urwählerliste sei nicht gefertigt, sondern solche den einzelnen Wahlbezirken angepaßt und darnach die Abtheilungsliste angefertigt worden, indem in derselben sogleich mit den Höchstbesteuerten des zu bildenden Urwahlbezirks begonnen worden sei.

Die Richtigkeit dieser Behauptungen vorausgesetzt, würde sonach die Aufstellung und Auslegung einer vorschriftsmäßigen allgemeinen Abtheilungsliste (§ 5 des Reglements vom 4. September 1882) unterblieben sein. Diese Unterlassung würde in Uebereinstimmung mit einem früheren Beschluß des Hauses (Stenographischer Bericht des Hauses der Abgeordneten, Session 1887, Band II, Seite 731 und Anlage Band III, Seite 1917 Nr. 107 B) die Ungültigkeitserklärung der Wahl sämmtlicher Wahlmänner von Straßburg und Michelau zur Folge haben. Alsdann würden 26 Stimmen (die Wahlmänner Nr. 1 bis 26 der Liste) in Wegfall kommen.

Die Behauptungen des Protestes sind aber nicht richtig. Es sind vielmehr zunächst die Wähler von Straßburg und Michelau in 5 Urwahlbezirke vertheilt worden. Zu diesem Zweck sind für jeden dieser 5 Bezirke Urwählerlisten angefertigt und in der Zeit vom 8., 9. und 10. Oktober 1888 zur öffentlichen Einsicht ausgelegt worden. Demnächst ist eine allgemeine Abtheilungsliste und aus derselben ein Auszug für jeden der einzelnen Urwahlbezirke gefertigt und es sind alle diese Listen in der Zeit vom 11., 12. und 13. Oktober 1888 ausgelegt worden. Diese Listen entsprechen durchaus den Bestimmungen der §§ 3, 5 und 6 des Reglements vom 4. September 1882, insbesondere enthält die erste Abtheilung jedes Urwahlbezirks lediglich die in der allgemeinen Abtheilungsliste verzeichneten Steuerzahler, welche das erste Drittel der Gesammtsteuersumme der Gemeinden aufbringen. Daß nicht anfänglich eine allgemeine Urwählerliste aufgestellt, die Aufstellung der Urwählerliste vielmehr nach den einzelnen Urwahlbezirken erfolgt ist, entspricht der ausdrücklichen Vorschrift des § 3 Absatz 2 des Reglements. Hiernach ist auch dieser Theil des Protestes vom 5. November 1888 unbegründet.

Andererseits ist allerdings die Eintheilung der Wähler von Straßburg und Michelau in fünf Urwahlbezirke für eine gesetzliche nicht zu erachten.

Nach § 6 bezw. 5 der Verordnung vom 30. Mai 1849 sind Gemeinden von 1750 oder mehr als 1750 Seelen in mehrere Urwahlbezirke zu theilen, Gemeinden von weniger als 750 Seelen aber nicht einer oder mehreren benachbarten Gemeinden zu einem Urwahlbezirk zu vereinigen. Die Wahlprüfungskommission hält die Bildung von Urwahlbezirken, welche gegen diese klare gesetzliche Vorschrift verstoßen, in konstanter Praxis für derart unstatthaft, daß sie die in solchen Bezirken gewählten Wahlmänner als ordnungsmäßig gewählte bezw. als gesetzliche Vertreter der Urwähler nicht erachten kann. Die nothwendige Folge derartiger, mit der Verordnung vom 30. Mai 1849 in Widerspruch stehender Urwahlbezirke ist mithin die Kassation der Wahlen sämmtlicher darin gewählter Wahlmänner.

Die Stadt Straßburg zählt 6048, die Gemeinde Michelau 527 Seelen; beide Orte sind zusammengelegt und es sind alsdann für eine Gesammtseelenzahl von 6575 26 Wahlmännerwahlen für erforderlich erachtet worden. Nun sind die Untereintheilungen in 5 Bezirke derart erfolgt, daß

der Bezirk 1 mit 1033 Seelen 4 Wahlmänner,
„ „ 2 „ 1469 „ 6 „
„ „ 3 „ 1455 „ 6 „
„ „ 4 „ 1228 „ 5 „

und der Rest der Stadt Straßburg nebst der Gemeinde Michelau als Bezirk 5 mit 1390 Seelen 5 Wahlmänner zu wählen gehabt hat. Hieraus erhellen folgende wesentliche Verstöße gegen die vorerwähnten gesetzlichen Bestimmungen:
1. In Bezirk 2, 3 und 4 ist gegen die ausdrückliche Bestimmung des § 4 der Verordnung vom 30. Mai 1849

je ein Wahlmann mehr, als zulässig, gewählt worden. Die beiden Wahlmänner der 2. Abtheilungen im 2. und 3. Bezirk und die Wahlmänner der 1. und 3. Abtheilung im 4. Bezirk sind daher zu Unrecht zur Stimmabgabe bei der Hauptwahl zugelassen worden; die von ihnen für den gewählten Abgeordneten abgegebenen Stimmen sind mithin ungültig.

2. Die Zusammenlegung der Stadt Straßburg mit der Ortschaft Michelau macht in Verbindung mit der Aufstellung einer gemeinschaftlichen Hauptabtheilungsliste, auf Grund deren die Drittelung in 3 Abtheilungen erfolgt ist, die Gesammteintheilung in 5 Bezirke hinfällig (§§ 5 und 6 der Verordnung). Soweit sind sämmtliche 26 Wahlmännerwahlen ungültig. Von diesen 26 Wahlmännern haben 25 für den Abgeordneten v. Selle, einer für Herrn v. Bolczlegier gestimmt.

3. Die Abtheilungsliste für den 5. Bezirk ist lediglich von dem Magistrat zu Straßburg gefertigt und veröffentlicht worden, während nach § 5 der Verordnung wegen der Zusammenlegung verschiedener Gemeinden die Abgrenzung und Feststellung durch das Königliche Landrathsamt erfolgen mußte.

Außerdem ergiebt

4. die Bekanntmachung des Magistrats zu Straßburg vom 4. Oktober 1888 in Nr. 78 des Straßburger Kreisblattes vom 5. Oktober 1888, daß die Listen der stimmberechtigten Urwähler am 7., 8. und 9. Oktober im Magistratsbüreau öffentlich ausliegen sollten. Nach den auf denselben befindlichen Bescheinigungen des Magistrats ist dies aber nicht der Fall gewesen, vielmehr hat die Auslegung am 8., 9. und 10. Oktober 1888 stattgefunden.

Bei dieser mehrfachen Nichtbeobachtung der wesentlichen Vorschriften der Verordnung und des Reglements kann die Ungültigkeit der 26 Wahlmännerwahlen von Straßburg und Michelau nicht fraglich erscheinen.

III. Die Bildung von 3 Urwahlbezirken aus Stadt Lautenburg und der Gemeinde Blewsk mit Polko verstößt ebenfalls gegen die vorerwähnten gesetzlichen Bestimmungen. Die Stadt Lautenburg hat allein 3 564 Seelen und dürfte deshalb die Gemeinde Blewsk und Polko mit 338 Seelen nicht derselben zugeschlagen werden.

Die in diesen drei ungehörig gebildeten Bezirken gewählten 15 Wahlmänner waren hiernach zur Stimmabgabe nicht zuzulassen.

Dieselben haben 11 Stimmen für den Abgeordneten v. Selle, 4 Stimmen für dessen Gegner abgegeben.

IV. Aus vorstehenden Ausführungen zu II und III resultirt, daß die Gesammtzahl der gültigen Stimmen 192 weniger (26 und 15) 41, also 151 und die absolute Majorität 76, die Zahl der für den Abgeordneten v. Selle abgegebenen gültigen Stimmen 110 weniger (25 und 11) 36, also nur 74, die Zahl der gegnerischen Stimmen 82 weniger (1 und 4) 5, also 77 beträgt. Dieses Stimmenverhältniß kann aber als ein definitives nicht angesehen werden, da im Falle der Ungültigkeit der fünf Stimmen in 19. Bezirk Brzozie die Gesammtzahl der gültigen Stimmen auf 146 und die absolute Majorität auf 74 sich stellen würde und alsdann der gewählte Abgeordnete immer noch mit absoluter Majorität gewählt sein würde.

V. Aus den beigebrachten Nummern 77 und 80 des Straßburger Kreisblattes vom 2. bezw. 12. Oktober erhellt, daß nach der landräthlichen Bekanntmachung vom 28. September 1888 die Urwahlbezirke 24, 35, 37 und 38, wie folgt, gebildet worden sind:

Bezirk	Ortschaft	Seelen	Wahlmänner
24	Bichulec	177	
	Abl. Kruschin	253	
	Bobrowo	233	
	Raymowo	183	
		846	3
35	Straßburg Amt	458	
	Griewenhof	146	
	Druszyn mit Forsthaus Straßburg	268	
	Lipowitz-Bartnicki	132	
	Nievierz	174	
	Geistl. Kruschin	148	
		1 326	5
37	Malken mit Forsthaus Malken	290	
	Rosenhain	154	
	Wymotlen	70	
	Sloszewo nebst Zubehör	288	
	Busta Dombrowken	212	
	Ciechzu mit Renelche	558	
		1 572	6
38	Gut Brotzk	102	
	Brotzk Dorf	514	
	Karczewo	136	
		752	3

während nach der Abänderung vom 10. Oktober 1888 dieselben Bezirke anderweit, wie folgt, abgegrenzt worden sind:

Bezirk	Ortschaft	Seelen	Wahlmänner
24	Bichulec	177	
	Abl. Kruschin	253	
	Geistl. Kruschin	148	
	Raymowo	183	
		761	3
35	Straßburg Amt	458	
	Griewenhof	146	
	Druszyn mit Forsthaus Straßburg	268	
	Lipowitz-Bartnicki	132	
	Nievierz	174	
	Bobrowo	233	
		1 411	5
37	Malken mit Forsthaus Malken	290	
	Rosenhain	154	
	Wymotlen	70	
	Sloszewo nebst Zubehör	288	
	Busta Dombrowken	212	
	Gut Brotzk	102	
	Karczewo	136	
		1 252	5
38	Brotzk Dorf	514	
	Clecszu mit Renelche	558	
		1 072	4

Die Eingangsworte der amtlichen Bekanntmachung vom 10. Oktober 1888:

"Wegen vorgekommener Druckfehler bringe ich das Verzeichniß der Urwahlbezirke unter Bezugnahme auf meine Kreisblattverfügung vom 28. September b. Js. (Kreisblatt Nr. 77) nochmals zum Abdruck und mache darauf besonders aufmerksam, daß die Bezirke Nr. 24, 35, 37 und 38 eine andere Abgrenzung erfahren haben

scheinen zunächst, da Worte und Ziffern bei den durch die anderweite Abgrenzung betroffenen Urwahlbezirken Nr. 24,

35, 37 und 38 unverändert geblieben sind, auf diese anderweite Abgrenzung keinen Bezug zu haben.

Von einem Mitgliede der Kommission wurde zunächst geltend gemacht, daß diese Abänderungen der Wahlbezirke erst am 12. Oktober 1888 erfolgt seien, während die Urwählerlisten bereits am 27., 28. und 29. September 1888 öffentlich ausgelegen hätten und daß daher die Möglichkeit nicht ausgeschlossen sei, daß einzelne Urwähler sich in einem Irrthum befunden haben, wo sie ihr Wahlrecht ausüben sollten; jedenfalls sei die Aenderung, nachdem bereits die Urwählerlisten ausgelegen hätten, nicht ganz unbedenklich und bedürfe der Aufklärung bezw. Rechtfertigung.

Hierzu komme noch, daß die Anführungen des Abgeordneten v. Czarliński insofern durch die eingegangene Karte bestätigt werden, als allerdings die Entfernungen von Bobrowo nach Natzmowo, dem Wahllokal nach der ursprünglichen Wahlbezirkseintheilung, und von Bobrowo nach dem Gutshofe zu Amt Straßburg, dem Wahllokale nach der Abänderung, auffällig verschieden sind und die Behauptung zu bestätigen schienen, daß erstere Entfernung nur etwa eine halbe, letztere ein und eine halbe Meile beträgt. Ganz dasselbe Verhältniß scheint bezüglich der Ortschaft Karczewo der Fall zu sein. Auch hier ist die Entfernung bis zum erst bestimmten Wahllokal, dem Gutshof zu Wrozk, eine unbedeutende, bis zum später bestimmten Wahllokal, der Schule zu Molken, eine ganz bedeutende; anscheinend sind auch hier die behaupteten Unterschiede von ½ und 1½ Meilen zutreffend.

Nicht minder ergiebt die Einsicht der Karte, daß die erste Eintheilung besser abgerundete Bezirke enthielt, während durch die anderweite Aenderung, namentlich durch die Zulegung der vorgenannten Ortschaften Bobrowo und Karczewo die Bezirke 35 und 37 eine auffällige Längsausdehnung erhalten haben.

Dem gegenüber wurde geltend gemacht, daß § 1 des Reglements die Abgrenzung der Urwahlbezirke lediglich der Kompetenz des Königlichen Landraths in Straßburg unterlegen habe und daß derselbe nur insofern gebunden gewesen sei, als jeder Urwahlbezirk ein möglichst zusammenhängendes und abgerundetes Ganzes bilden müsse (§ 2 Absatz 6 des Reglements). Die Karte ergebe nun, daß die von dem Abgeordneten v. Czarliński bemängelten Urwahlbezirke 24, 35, 37 und 38 in ungetrennten Zusammenhange stehen, es könne daher von einer ungesetzlichen Bildung von Wahlbezirken, auf welche es, da eine tendenziöse Abänderung nicht erhelle, auch nicht einmal direkt behauptet sei, nicht die Rede sein und müsse der Protest, insoweit er die Eintheilung der Wahlbezirke bemängele, als unbegründet zurückgewiesen werden.

Schließlich wurde von einem Mitgliede der Kommission der Annahme Ausdruck gegeben, die Veränderung der Wahlbezirke könnte wohl deshalb erfolgt sein, um die Zahl der Wahlmänner polnischer Zunge zu verringern. In den Bezirken Nr. 35 und 37 seien je fünf Wahlmänner gewählt worden, welche für den Abgeordneten v. Selle gestimmt hätten. Bei den Wahlen in den dritten Abtheilungen sei ein lebhafter Kampf gewesen, der mit 87 bezw. 85 gegen 62 bezw. 65 (Bezirk 35) und mit 52 und 50 gegen 49 und 50 (nebst 11 auf andere Personen abgegebenen Stimmen im ersten Wahlgange, mit 54 gegen 45 Stimmen im zweiten Wahlgange (Bezirk 37) entschieden worden sei. Nach der ersten Eintheilung würde im Bezirk 37 das überwiegend polnische Dorf Cieszyn mit 106 Urwählern an Stelle der Ortschaft Karczewo mit 21 und des Gutes Wrozk mit 18 Urwählern mitzuwählen gehabt haben und dürften dann wohl die gewählten Wahlmänner nicht die Majorität der Stimmen erhalten haben. Das Ergebniß der Abstimmung der Wähler von Bobrowo, welche wesentlich zur Wahl der gewählten Wahlmänner mitgewirkt haben, dürfte andererseits vielleicht den Grund zur Aenderung der Bezirke 24 und 35 abgegeben haben.

Von anderer Seite wurde dagegen bemerkt, daß dieser Annahme kein Gewicht beigelegt werden dürfe; die Gründe, welche bei Eintheilung in die Wahlbezirke entscheidend seien, dürften einer Nachprüfung nicht unterliegen und dürfe auch eine tendenziöse Absicht nicht präsumirt werden.

Die Wahlprüfungskommission war schließlich der Ansicht, daß unter den vorliegenden Umständen über die Thatsache der Aenderung der Wahlbezirke nach einmal erfolgter Bekanntmachung derselben nicht ohne Weiteres hinweggegangen werden dürfe, vielmehr eine Aufklärung Seitens des Beamten, welcher die Eintheilungen besorgt habe, des Königlichen Regierungsassessors Jachmann, jetzt wahrscheinlich in Marienwerder, erfordert werden müsse.

Hiernach trägt die Wahlprüfungskommission darauf an:

Das Haus der Abgeordneten wolle beschließen:
1. die Wahl des Abgeordneten von Selle zu beanstanden,
2. die Königliche Staatsregierung zu ersuchen, Beweisaufnahme darüber zu veranlassen:
   a) ob die Urwählerliste von Poln. Brzozie überhaupt öffentlich ausgelegt worden ist, an welchem Tage die Auslegung stattgefunden hat, ob, wann, wie, beziehungsweise durch wen bekannt gemacht worden ist, daß die Liste und an welchen Tagen öffentlich ausliege und ob diese Art der Bekanntmachung die ortsübliche ist?
      durch Vernehmung des Ortsvorstehers Kobylski, und zeugenliche Vernehmung des Gasthausbesitzers Klemens v. Thczanski, des Einsassen Nikolaus Bielicki, des Schmiedemeisters Rynkowski und des dem Namen nach nicht bekannten Ortsdieners von Poln. Brzozie, sämmtlich in Poln. Brzozie,
   b) aus welchen Gründen die Abänderung der Wahlbezirke 24. 35. 37. 38. — bezüglich welcher ein Druckfehler nicht erhellt, erfolgt ist?
      durch amtliche Vernehmung des Königlichen Regierungsassessors Jachmann unter Berücksichtigung der Anführungen des Abgeordneten v. Czarliński in der Sitzung des Abgeordnetenhauses vom 29. März 1889 und der Erwägungen zu V des vorstehenden Berichts unter Vorlegung der Karte des Kreises Straßburg.

Berlin, den 9. Juni 1890.

Die Kommission für die Wahlprüfungen.

v. Liebermann, Vorsitzender. Dr. Graf Bassewitz-Levetzow. Fritzen (Rees). Dr. Grimm. Jansen. Licht. v. Neumann. Peters. v. Rehbinder. Rozański. Schmiedt. Schumacher. Sperlich. Strutz.

№ 160.

Antrag

zu der

zweiten Berathung des Entwurfs eines Gesetzes, betreffend die Abänderung einzelner Bestimmungen des Allgemeinen Berggesetzes vom 24. Juni 1865. — Nr. 146 der Drucksachen. —

Das Haus der Abgeordneten wolle beschließen:
Dem § 85 folgende Fassung zu geben:
    Bergwerksbesitzer oder deren Stellvertreter dürfen mit der selbstständigen Ausführung von Arbeiten, welche Leben und Gesundheit der Mitarbeiter gefährden können, nur solche großjährige Arbeiter betrauen, welche den Nachweis erbringen, daß sie für die bezüglichen Arbeiten befähigt sind.
    In Steinkohlenbergwerken dürfen als Vollhauer nur solche Bergarbeiter beschäftigt werden, welche im Steinkohlenbergbau mindestens 3 Jahre als Lehrhauer thätig gewesen sind.
    Die näheren Vorschriften erläßt das Oberbergamt.

Berlin, den 4. Mai 1892.

Hitze. Jerusalem. Stötzel. Letocha. Sperlich. Dasbach.

№ 161.

Auf die Tagesordnung einer der nächsten Plenarsitzungen werden gesetzt werden:

I.

Mündlicher Bericht der Kommission für Petitionen über die Petition des Rangirmeisters und Zugführers Döring in M.-Gladbach — II Nr. 107 — um Nachzahlung von Gehaltszulagen und Pensionserhöhung.

Berichterstatter: Abgeordneter Friederichs (Gummersbach).

Antrag der Petitionskommission:

Das Haus der Abgeordneten wolle beschließen:
Die Petition II Nr. 107, soweit sie auf Pensionserhöhung gerichtet ist, der Königlichen Staatsregierung zur Erwägung zu überweisen.

II.

Mündlicher Bericht der Kommission für Petitionen über die Petition des Gielrichters Hülsebus und Genossen in Bettum u. a. O. — II Nr. 717 — wegen Aufgabe des Projekts, durch das Binnenland von Olderfum nach Emden, südlich der Eisenbahn, einen Seitenkanal zu bauen.

Berichterstatter: Abgeordneter Weber (Genthin).

Antrag der Petitionskommission:

Das Haus der Abgeordneten wolle beschließen:
Die Petition II Nr. 717 der Königlichen Staatsregierung als Material zu überweisen.

III.

Mündlicher Bericht der Kommission für Petitionen über die Petition des früheren Kreisgerichtssekretärs Reicyng in Marggrabowa — II Nr. 817 —, in welcher derselbe seine Wiederaufnahme als Mitglied der allgemeinen Wittwenverpflegungsanstalt oder die Rückzahlung der von ihm früher dahin geleisteten Beiträge beantragt.

Berichterstatter: Abgeordneter v. Bredow.

Antrag der Petitionskommission:

Das Haus der Abgeordneten wolle beschließen:
Ueber die Petition II Nr. 817 zur Tagesordnung überzugehen.

IV.

Mündlicher Bericht der Kommission für die Agrarverhältnisse über die Petition des Landwirths Tornow in Neuschaumburg — II Nr. 113 — um Entschädigung für Verluste, welche seiner Besitzung durch Hochwasser zugefügt sind, und um Ausführung solcher Maßregeln, die dieselbe künftig gegen Hochwasser schützen.

Berichterstatter: Abgeordneter Frhr. v. Buddenbrock.

Antrag der Agrarkommission:

Das Haus der Abgeordneten wolle beschließen:
Die Petition II Nr. 113 der Königlichen Staatsregierung als Material zu überweisen.

V.

Mündlicher Bericht der Kommission für die Agrarverhältnisse über die Petition der Eigenthümer Montowski und Genossen in Kossowo — II Nr. 244 — um Zulassung der Werbung von Torf gegen die Taxe aus einer an ihren Wohnort grenzenden Königlichen Forst.

Berichterstatter: Abgeordneter Rasch.

Antrag der Agrarkommission:

Das Haus der Abgeordneten wolle beschließen:
Ueber die Petition II Nr. 244 zur Tagesordnung überzugehen.

VI.

Mündlicher Bericht der Kommission für die Agrarverhältnisse über die Petition von Kraatz in Stralsund — II Nr. 830 — um Abänderung einiger das Fischereiwesen betreffenden Vorschriften.

Berichterstatter: Abgeordneter Christophersen.

Antrag der Agrarkommission:
Das Haus der Abgeordneten wolle beschließen:
Ueber die Petition II Nr. 830 zur Tagesordnung überzugehen.

VII.

Mündlicher Bericht der Budgetkommission über die Petition der Kreiskassengehülfen Lück und Genossen in Kattowitz u. a. O. — II Nr. 145¹ und 145² — um Erwirkung der Beamtenqualifikation, der Anstellungs- und Pensionsberechtigung für die ersten Kreiskassengehülfen.

Berichterstatter: Abgeordneter v. Kröcher.

Antrag der Budgetkommission:
Das Haus der Abgeordneten wolle beschließen:
Ueber die Petitionen II Nr. 145 1–2 zur Tagesordnung überzugehen.

VIII.

Mündlicher Bericht der Budgetkommission über die Petition von Singer in Weißenfels — II Nr. 193 — um Aufhebung des Brückenzolles auf der Weißenfelser Saalbrücke.

Berichterstatter: Abgeordneter Dr. Hartmann (Lübben).

Antrag der Budgetkommission:
Das Haus der Abgeordneten wolle beschließen:
Die Petition II Nr. 193 der Königlichen Staatsregierung dahin zur Erwägung zu überweisen, ob nicht durch eine andere Form der Erhebung des Brückenzolls auf der Saalbrücke zu Weißenfels den in der Petition geschilderten Uebelständen entgegengetreten werden könne.

IX.

Mündlicher Bericht der Budgetkommission über die nachbezeichneten Petitionen, welche die Kommission für ungeeignet zur Erörterung im Hause erachtet hat, bezüglich deren aber auf eine Erörterung angetragen ist (§ 29 Absatz 3 der Geschäftsordnung):
der katholischen Pfarrer des Dekanats Neuerburg — Zimmer und Genossen — II Nr. 893,
der katholischen Pfarrer des Dekanats Hillesheim — Lefrieu und Genossen — II Nr. 596,
der katholischen Pfarrer des Dekanats Manderscheidt — Zoellner und Genossen — II Nr. 597¹
wegen Berechnung des Dienstalters der katholischen Pfarrer zum Zweck des Bezuges von Alterszulagen,

in Verbindung damit

Mündlicher Bericht über die gleichartige Petition
der katholischen Pfarrer des Dekanats Zell — Fisch und Genossen — II Nr. 597².

Berichterstatter: Abgeordneter Dr. Sattler.

Berlin, den 4. Mai 1892.

Der Präsident des Hauses der Abgeordneten.

v. Köller.

№ 162.

Antrag

zu der

zweiten Berathung des Entwurfs eines Gesetzes, betreffend die Abänderung einzelner Bestimmungen des Allgemeinen Berggesetzes vom 24. Juni 1865. — Nr. 146 der Drucksachen. —

Das Haus der Abgeordneten wolle beschließen:
Im Vertrauen auf die von der Königlichen Staatsregierung dem Wohle der Arbeiter zugewandte Fürsorge, und im Hinblick darauf, daß in Folge des Königlichen Erlasses vom 25. Mai 1889 eine eingehende Untersuchung der Bergarbeiterverhältnisse stattgefunden hat, über den Antrag der Herren Abgeordneten Hitze und Genossen — Nr. 156 der Drucksachen zu 7 b — zur Tagesordnung überzugehen.

Berlin, den 5. Mai 1892.

Dr. Hammacher.

№ 163.

Zusammenstellung

des

Entwurfs eines Gesetzes, betreffend die Abänderung einzelner Bestimmungen des Allgemeinen Berggesetzes vom 24. Juni 1865, — Nr. 99 und Nr. 146 der Drucksachen — mit den in der **zweiten Berathung** im Plenum des Hauses der Abgeordneten über denselben gefaßten Beschlüssen.

(§ 17 der Geschäftsordnung.)

Regierungsvorlage.　　　　　　Beschlüsse des Hauses der Abgeordneten.

Gesetzentwurf,

betreffend

die Abänderung einzelner Bestimmungen des Allgemeinen Berggesetzes vom 24. Juni 1865.

Wir Wilhelm, von Gottes Gnaden König von Preußen ꝛc.

verordnen unter Zustimmung der beiden Häuser des Landtages der Monarchie in Abänderung des Allgemeinen Berggesetzes vom 24. Juni 1865 (Gesetzsamml. S. 705 ff.) für das gesammte Staatsgebiet was folgt:

A. Betreffend die Verhältnisse der Bergleute und der Betriebsbeamten.

Artikel I.

Der dritte Abschnitt des dritten Titels im Allgemeinen Berggesetze vom 24. Juni 1865 erhält folgende Fassung:

Dritter Abschnitt.

Von den Bergleuten und den Betriebsbeamten.

§ 80.

Das Vertragsverhältniß zwischen den Bergwerksbesitzern und den Bergleuten wird nach den allgemeinen gesetzlichen Bestimmungen beurtheilt, soweit nicht nachstehend etwas Anderes bestimmt ist.

Gesetzentwurf,

betreffend

die Abänderung einzelner Bestimmungen des Allgemeinen Berggesetzes vom 24. Juni 1865.

Wir Wilhelm, von Gottes Gnaden König von Preußen ꝛc.

verordnen unter Zustimmung der beiden Häuser des Landtages der Monarchie in Abänderung des Allgemeinen Berggesetzes vom 24. Juni 1865 (Gesetzsamml. S. 705 ff.) für das gesammte Staatsgebiet was folgt:

A. Betreffend die Verhältnisse der Bergleute und der Betriebsbeamten.

Artikel I.

Unverändert.

Dritter Abschnitt.

Von den Bergleuten und den Betriebsbeamten.

§ 80.

Unverändert.

| Regierungsvorlage. | Beschlüsse des Hauses der Abgeordneten. |

Den Bergwerksbesitzern ist untersagt, für den Fall der rechtswidrigen Auflösung des Arbeitsverhältnisses durch den Bergmann die Verwirkung des rückständigen Lohnes über den Betrag des durchschnittlichen Wochenlohnes hinaus auszubedingen.

§ 80a.

Für jedes Bergwerk und die mit demselben verbundenen unter der Aufsicht der Bergbehörden stehenden Anlagen ist innerhalb vier Wochen nach Inkrafttreten dieses Gesetzes oder nach der Eröffnung des Betriebes eine Arbeitsordnung von dem Bergwerksbesitzer oder dessen Stellvertreter zu erlassen. Für die einzelnen Abtheilungen des Betriebes, für einzelne der vorbezeichneten Anlagen oder für die einzelnen Gruppen der Arbeiter können besondere Arbeitsordnungen erlassen werden. Der Erlaß erfolgt durch Aushang (§ 80g, Absatz 2).

Die Arbeitsordnung muß den Namen des Bergwerks oder die Bezeichnung der besonderen Betriebsanlage sowie den Zeitpunkt, mit welchem sie in Wirksamkeit treten soll, angeben, und von dem Bergwerksbesitzer oder dessen Stellvertreter unter Angabe des Datums unterzeichnet sein.

Abänderungen ihres Inhalts können nur durch den Erlaß von Nachträgen oder in der Weise erfolgen, daß an Stelle der bestehenden eine neue Arbeitsordnung erlassen wird.

Die Arbeitsordnungen und Nachträge zu denselben treten frühestens zwei Wochen nach ihrem Erlaß in Geltung.

Die Bergbehörde kann den Bergwerksbesitzer auf Antrag von dem Erlaß einer Arbeitsordnung oder von der Aufnahme einzelner der in § 80b bezeichneten Bestimmungen entbinden, wenn der Betrieb nur von geringem Umfange oder seiner Natur nach von kurzer Dauer ist.

§ 80a.

Unverändert.

§ 80b.

Die Arbeitsordnung muß Bestimmungen enthalten:

1. Über Anfang und Ende der regelmäßigen täglichen Arbeitszeit, über die Zahl und Dauer der für die erwachsenen Arbeiter etwa vorgesehenen Pausen und darüber, unter welchen Voraussetzungen und in welchem Maße die Arbeiter verpflichtet sind, die Arbeit über die ordentliche Dauer der Arbeitszeit hinaus fortzusetzen oder besondere Nebenschichten zu verfahren, bei Arbeiten unter Tage über die Regelung der Ein- und Ausfahrt und über die Ueberwachung der Anwesenheit der Arbeiter in der Grube;

2. über die Art der Bemessung des Lohns der Arbeiter (Schichtlohn oder Gedingelohn), und bei den im Gedinge auszuführenden Arbeiten: über die Art der Gedingestellung, über die zum Abschluß des Gedinges ermächtigten Personen, über den Zeitpunkt, bis zu welchem nach Uebernahme der

§ 80b.

Die Arbeitsordnung muß Bestimmungen enthalten:

1. Über Anfang und Ende der regelmäßigen täglichen Arbeitszeit, über die Zahl und Dauer der für die erwachsenen Arbeiter etwa vorgesehenen Pausen und darüber, unter welchen Voraussetzungen und in welchem Maße, abgesehen von Fällen der Beseitigung von Gefahren und der Ausführung von Notharbeiten, die Arbeiter verpflichtet sind, die Arbeit über die ordentliche Dauer der Arbeitszeit hinaus fortzusetzen oder besondere Nebenschichten zu verfahren, bei Arbeiten unter Tage über die Regelung der Ein- und Ausfahrt und über die Ueberwachung der Anwesenheit der Arbeiter in der Grube;

2. über die zur Festsetzung des Schichtlohns und zum Abschlusse sowie zur Abnahme des Gedinges ermächtigten Personen, über den Zeitpunkt, bis zu welchem nach Uebernahme der Arbeit gegen Gedingelohn das Gedinge abgeschlossen sein muß, über die Beurkundung oder Bekanntmachung des abgeschlossenen Gedinges und über die Vor-

---

*) Die links und rechts in Parenthesen neben dem Text stehenden Angaben beziehen sich auf die entsprechenden Paragraphen der Gewerbeordnung.

Regierungsvorlage. **Beschlüsse des Hauses der Abgeordneten.**

Arbeit das Gedinge abgeschlossen sein muß, über die Maß- oder Gewichtseinheit, welche dem Gedinge zu Grunde gelegt wird, über die Beurkundung oder Bekanntmachung des abgeschlossenen Gedinges, über die Voraussetzungen, unter welchen der Bergwerksbesitzer oder der Arbeiter eine Veränderung oder Aufhebung des Gedinges zu verlangen berechtigt ist, und über die Art der Bemessung des Lohnes für den Fall, daß eine Vereinbarung dieserhalb nicht zu Stande kommt, sowie über die Grundsätze der Gedingeabnahme;

3. über Zeit und Art der Abrechnung, über Zeit und Art der Auszahlung des Lohns, über die Voraussetzungen, unter welchen Abzüge wegen ungenügender oder unvorschriftsmäßiger Arbeit gemacht werden dürfen, und über die Vertreter des Bergwerksbesitzers, welchen die Befugniß zu solchen Anordnungen zusteht, über den Beschwerdeweg gegen solche Anordnungen, sowie über die Verwendung der in Folge solcher Anordnungen bei der Abrechnung in Abzug gebrachten unmittelbar verwendbaren Producte oder der dafür berechneten Geldbeträge;

4. sofern es nicht bei den gesetzlichen Bestimmungen (§§ 81, 82, 83) bewenden soll, über die Frist der zulässigen Aufkündigung, sowie über die Gründe, aus welchen die Entlassung und der Austritt aus der Arbeit ohne Aufkündigung erfolgen darf;

5. sofern Ordnungsstrafen vorgesehen werden, über die Art und Höhe derselben, über die Art ihrer Festsetzung, über die hierzu bevollmächtigten Vertreter des Bergwerksbesitzers und den Beschwerdeweg gegen diese Festsetzung, sowie, wenn die Strafen in Geld bestehen, über deren Einziehung und über den Zweck, für welchen sie verwendet werden sollen;

6. sofern die Verwirkung von Lohnbeträgen nach Maßgabe der Bestimmung des § 80 Absatz 2 durch Arbeitsordnung oder Arbeitsvertrag ausbedungen wird, über die Verwendung der verwirkten Beträge;

7. über die etwaige Verabfolgung und Berechnung der Betriebsmaterialien und Werkzeuge.

aussetzungen, unter welchen der Bergwerksbesitzer oder der Arbeiter eine Veränderung oder Aufhebung des Gedinges zu verlangen berechtigt ist, sowie über die Art der Bemessung des Lohns für den Fall, daß eine Vereinbarung über das Gedinge nicht zu Stande kommt;

3. über Zeit und Art der Abrechnung **und Lohnzahlung, über die Fälle, in denen aus dem Grunde ungenügender oder vorschriftswidriger Arbeit Abzüge gemacht werden müssen**, über die Vertreter des Bergwerksbesitzers, welchen die Befugniß **zur Anordnung von Abzügen wegen ungenügender oder vorschriftswidriger Arbeit** zusteht, sowie über den Beschwerdeweg gegen solche Anordnungen;

4. sofern es nicht bei den gesetzlichen Bestimmungen (§§ 81, 82, 83) bewenden soll, über die Frist der zulässigen Aufkündigung, sowie über die Gründe, aus welchen die Entlassung und der Austritt aus der Arbeit ohne Aufkündigung erfolgen darf;

5. sofern **Strafen** vorgesehen werden, über die Art und Höhe derselben, über die Art ihrer Festsetzung, über die hierzu bevollmächtigten Vertreter des Bergwerksbesitzers und den Beschwerdeweg gegen diese Festsetzung, sowie, wenn die Strafen in Geld bestehen, über deren Einziehung und über den Zweck, für welchen sie verwendet werden sollen;

6. sofern die Verwirkung von Lohnbeträgen nach Maßgabe der Bestimmung des § 80 Absatz 2 durch Arbeitsordnung oder Arbeitsvertrag ausbedungen wird, über die Verwendung der verwirkten Beträge;

7. über die etwaige Verabfolgung und Berechnung der Betriebsmaterialien und Werkzeuge.

§ 80 c.

Ist im Falle der Fortsetzung der Arbeit vor demselben Arbeitsort das Gedinge nicht bis zu dem nach § 80 b. Nr. 2 in der Arbeitsordnung zu bestimmenden Zeitpunkte abgeschlossen, so ist der Arbeiter berechtigt, die Feststellung seines Lohnes nach Maßgabe des in der vorausgegangenen Lohnperiode für dieselbe Arbeitsstelle gültig gewesenen Gedinges zu verlangen.

Werden auf Grund der Arbeitsordnung Fördergefäße wegen ungenügender oder unvorschriftsmäßiger Beladung ganz oder theilweise nicht angerechnet, so ist den betheiligten Arbeitern Gelegenheit zu geben, hiervon nach Beendigung der Schicht Kenntniß zu nehmen. Der Bergwerksbesitzer ist verpflichtet zu gestatten, daß die Arbeiter auf ihre Kosten durch einen von ihnen oder, wenn ein ständiger Arbeiterausschuß besteht, von diesem aus ihrer

§ 80 c.

Ist im Falle der Fortsetzung der Arbeit vor demselben Arbeitsort das Gedinge nicht bis zu dem nach § 80 b. Nr. 2 in der Arbeitsordnung zu bestimmenden Zeitpunkte abgeschlossen, so ist der Arbeiter berechtigt, die Feststellung seines Lohnes nach Maßgabe des in der vorausgegangenen Lohnperiode für dieselbe Arbeitsstelle gültig gewesenen Gedinges zu verlangen.

Werden auf Grund der Arbeitsordnung Fördergefäße wegen ungenügender oder **vorschriftswidriger** Beladung ganz oder theilweise nicht angerechnet, so ist den betheiligten Arbeitern Gelegenheit zu geben, hiervon nach Beendigung der Schicht Kenntniß zu nehmen. Der Bergwerksbesitzer ist verpflichtet zu gestatten, daß die Arbeiter auf ihre Kosten durch einen von ihnen oder, wenn ein ständiger Arbeiterausschuß besteht, von diesem aus ihrer

Regierungsvorlage.   **Beschlüsse des Hauses der Abgeordneten.**

Mitte gewählten Vertrauensmann das Verfahren bei Feststellung solcher Abzüge insoweit überwachen lassen, als dadurch eine Störung der Förderung nicht eintritt. Genügend und vorschriftsmäßig beladene Fördergefäße dürfen zur Strafe nicht in Abzug gebracht werden.

Mitte gewählten Vertrauensmann das Verfahren bei Feststellung solcher Abzüge insoweit überwachen lassen, als dadurch eine Störung der Förderung nicht eintritt. Genügend und vorschriftsmäßig beladene Fördergefäße zur Strafe in Abzug zu bringen, ist unzulässig.

§ 80d.   § 80d.

Strafbestimmungen, welche das Ehrgefühl oder die guten Sitten verletzen, dürfen in die Arbeitsordnung nicht aufgenommen werden. Geldstrafen dürfen die Hälfte des für die vorhergegangene Lohnperiode ermittelten durchschnittlichen Tagesarbeitsverdienstes derjenigen Arbeiterklasse nicht übersteigen, zu welcher der Arbeiter gehört; jedoch können Thätlichkeiten gegen Mitarbeiter, erhebliche Verstöße gegen die guten Sitten, sowie gegen die zur Aufrechterhaltung der Ordnung des Betriebes, zur Sicherung gegen Betriebsgefahren oder zur Durchführung der Bestimmungen dieses Gesetzes und der Reichsgewerbeordnung erlassenen Vorschriften mit Geldstrafen bis zum vollen Betrage dieses durchschnittlichen Tagesarbeitsverdienstes belegt werden. Das Recht des Bergwerksbesitzers, Schadenersatz zu fordern, wird durch diese Bestimmung nicht berührt.

Alle Strafgelder müssen der Knappschaftskasse oder einer zu Gunsten der Arbeiter des Bergwerks bestehenden Unterstützungskasse überwiesen werden. An Unterstützungskassen dürfen Strafgelder und Lohnabzüge (§ 80b Nr. 3) nur abgeführt werden, wenn bei ihrer Verwaltung die Arbeiter mittheilig sind und wenn sie dem Oberbergamt in einer von diesem vorgeschriebenen Form eine jährliche Uebersicht ihrer Einnahmen, Ausgaben und des Vermögensbestandes einreichen und dieselbe auch zur Kenntniß der Arbeiter bringen.

Dem Bergwerksbesitzer bleibt überlassen, neben den im § 80b bezeichneten noch weitere die Ordnung des Betriebes und das Verhalten der Arbeiter im Betriebe betreffende Bestimmungen in die Arbeitsordnung aufzunehmen. Mit Zustimmung eines ständigen Arbeiterausschusses können in die Arbeitsordnung Vorschriften über das Verhalten der Arbeiter bei der Benutzung der zu ihrem Besten getroffenen, auf dem Bergwerke bestehenden Einrichtungen, sowie Vorschriften über das Verhalten der minderjährigen Arbeiter außerhalb des Betriebes aufgenommen werden.

Strafbestimmungen, welche das Ehrgefühl oder die guten Sitten verletzen, dürfen in die Arbeitsordnung nicht aufgenommen werden. Geldstrafen dürfen in jedem einzelnen Falle die Hälfte des für die vorhergegangene Lohnperiode ermittelten durchschnittlichen Tagesarbeitsverdienstes derjenigen Arbeiterklasse nicht übersteigen, zu welcher der Arbeiter gehört; jedoch können Thätlichkeiten gegen Mitarbeiter, erhebliche Verstöße gegen die guten Sitten, sowie gegen die zur Aufrechterhaltung der Ordnung des Betriebes, zur Sicherung gegen Betriebsgefahren oder zur Durchführung der Bestimmungen dieses Gesetzes und der Reichsgewerbeordnung erlassenen Vorschriften mit Geldstrafen bis zum vollen Betrage dieses durchschnittlichen Tagesarbeitsverdienstes belegt werden. Das Recht des Bergwerksbesitzers, Schadenersatz zu fordern, wird durch diese Bestimmung nicht berührt.

Alle Strafgelder, sowie alle wegen ungenügender oder vorschriftswidriger Beladung der Fördergefäße bei den Arbeitern in Abzug gebrachten Lohnbeträge müssen einer zu Gunsten der Arbeiter des Bergwerks bestehenden Unterstützungskasse überwiesen werden.

Dem Bergwerksbesitzer bleibt überlassen, neben den im § 80b bezeichneten noch weitere die Ordnung des Betriebes und das Verhalten der Arbeiter im Betriebe betreffende Bestimmungen in die Arbeitsordnung aufzunehmen. Mit Zustimmung eines ständigen Arbeiterausschusses können in die Arbeitsordnung Vorschriften über das Verhalten der Arbeiter bei der Benutzung der zu ihrem Besten getroffenen, auf dem Bergwerke bestehenden Einrichtungen, sowie Vorschriften über das Verhalten der minderjährigen Arbeiter außerhalb des Betriebes aufgenommen werden.

§ 80e.   § 80e.

Der Inhalt der Arbeitsordnung ist, soweit er den Gesetzen nicht zuwiderläuft, für die Arbeitgeber und Arbeiter rechtsverbindlich.

Andere als die in der Arbeitsordnung oder in den §§ 82 und 83 vorgesehenen Gründe der Entlassung und des Austritts aus der Arbeit dürfen im Arbeitsvertrage nicht vereinbart werden. Andere als die in der Arbeitsordnung vorgesehenen Strafen dürfen über den Arbeiter nicht verhängt werden. Die Strafen müssen ohne Verzug festgesetzt und dem Arbeiter zur Kenntniß gebracht werden.

Die verhängten Geldstrafen sind in ein Verzeichniß einzutragen, welches den Namen des Bestraften, den Tag der Bestrafung, sowie den Grund und die Höhe der Strafe ergeben und auf Erfordern dem Revierbeamten jederzeit zur Einsicht vorgelegt werden muß.

Unverändert.

| Regierungsvorlage. | Beschlüsse des Hauses der Abgeordneten. |

§ 80 f.

(zu §. 174 d.) Vor dem Erlaß der Arbeitsordnung oder eines Nachtrages zu derselben ist den auf dem Bergwerke, in der betreffenden Betriebsanlage oder in den betreffenden Abtheilungen des Betriebes beschäftigten großjährigen Arbeitern Gelegenheit zu geben, sich über den Inhalt der Arbeitsordnung zu äußern. Auf Bergwerken, für welche ein ständiger Arbeiterausschuß besteht, wird dieser Vorschrift durch Anhörung des Ausschusses über den Inhalt der Arbeitsordnung genügt.

(zu §. 174 b.) Als ständige Arbeiterausschüsse im Sinne der vorstehenden Bestimmung und der §§ 80 c Absatz 2 und 80 d Absatz 3 gelten nur:

1. die Vorstände der für die Arbeiter eines Bergwerks bestehenden Krankenkassen oder anderer für die Arbeiter des Bergwerks bestehender Kasseneinrichtungen, deren Mitglieder in ihrer Mehrheit von den Arbeitern aus ihrer Mitte zu wählen sind, sofern sie als ständige Arbeiterausschüsse bestellt werden;
2. die Knappschaftsältesten von Knappschaftsvereinen, welche nur die Betriebe eines Bergwerksbesitzers umfassen, sofern sie aus der Mitte der Arbeiter gewählt sind und als ständige Arbeiterausschüsse bestellt werden;
3. die bereits vor dem 1. Januar 1892 errichteten ständigen Arbeiterausschüsse, deren Mitglieder in ihrer Mehrzahl von den Arbeitern aus ihrer Mitte gewählt werden;
4. solche Vertretungen, deren Mitglieder in ihrer Mehrzahl von den volljährigen Arbeitern des Bergwerks, der betreffenden Betriebsabtheilung oder der mit dem Bergwerke verbundenen Betriebsanlagen aus ihrer Mitte in unmittelbarer und geheimer Wahl gewählt werden. Die Wahl der Vertreter kann auch nach Arbeiterklassen oder nach besonderen Abtheilungen des Betriebs erfolgen.

§ 80 f.

Unverändert.

§ 80 g.

(zu §. 174 e.) Die Arbeitsordnung, sowie jeder Nachtrag zu derselben ist unter Mittheilung der seitens der Arbeiter geäußerten Bedenken, soweit die Aeußerungen schriftlich oder zu Protokoll erfolgt sind, binnen drei Tagen nach dem Erlaß in zwei Ausfertigungen, unter Beifügung der Erklärung, daß und in welcher Weise der Vorschrift des § 80 f Absatz 1 genügt ist, der Bergbehörde einzureichen.

Die Arbeitsordnung ist an geeigneter, allen betheiligten Arbeitern zugänglicher Stelle auszuhängen. Der Aushang muß stets in lesbarem Zustande erhalten werden. Die Arbeitsordnung ist jedem Arbeiter bei seinem Eintritt in die Beschäftigung zu behändigen.

§ 80 g.

Unverändert.

§ 80 h.

(zu §. 174 f.) Arbeitsordnungen und Nachträge zu denselben, welche nicht vorschriftsmäßig erlassen sind, oder deren Inhalt den gesetzlichen Bestimmungen zuwiderläuft, sind auf Anordnung der Bergbehörde durch gesetzmäßige Arbeitsordnungen zu ersetzen oder den gesetzlichen Vorschriften entsprechend abzuändern.

Gegen diese Anordnungen findet der Rekurs nach näherer Bestimmung der §§ 191 bis 193 statt.

§ 80 h.

Unverändert.

Regierungsvorlage. **Beschlüsse des Hauses der Abgeordneten.**

§ 80i.

(§ 114 g.) Arbeitsordnungen, welche vor dem Inkrafttreten dieses Gesetzes erlassen worden sind, unterliegen den Bestimmungen der §§ 80a bis e, 80g Absatz 2, 80h und sind binnen vier Wochen der Bergbehörde in zwei Ausfertigungen einzureichen. Auf spätere Abänderungen dieser Arbeitsordnungen und auf die seit dem 1. April 1892 erstmalig erlassenen Arbeitsordnungen finden die §§ 80f und 80g Absatz 1 Anwendung.

Unverändert.

§ 80k.

Absatz 1. Erfolgt die Lohnberechnung auf Grund abgeschlossener Gedinge, so ist der Bergwerksbesitzer zur Beobachtung nachstehender Vorschriften verpflichtet:

1. Wird die Leistung aus Zahl und Rauminhalt der Fördergefäße ermittelt, so dürfen auf einer und derselben Grube (Grubenabtheilung) zur Förderung des gewonnenen Minerals nur Fördergefäße von gleichem Rauminhalt benutzt werden. Der Rauminhalt muß vor dem Beginn des Gebrauchs festgestellt und am Fördergefäße selbst dauernd und deutlich ersichtlich gemacht werden.
2. Wird die Leistung aus dem Gewichtsinhalt der Fördergefäße ermittelt, so muß das Leergewicht jedes einzelnen derselben vor dem Beginn des Gebrauchs und später in jedem Betriebsjahre mindestens einmal, sowie nach jeder Reparatur von Neuem festgestellt und am Fördergefäße selbst dauernd und deutlich ersichtlich gemacht werden. Wenn nicht jedes einzelne Fördergefäß abgewogen wird, so müssen auf einer und derselben Grube (Grubenabtheilung) die Fördergefäße gleiche Form und gleichen Rauminhalt besitzen.
3. Aus betriebstechnischen Gründen erforderliche Ausnahmen von diesen Vorschriften bedürfen der Genehmigung der Bergbehörde.

Absatz 2. Der Bergwerksbesitzer ist verpflichtet, die Einrichtungen zu treffen und die Hülfskräfte zu stellen, welche die Bergbehörde zur Ueberwachung der Ausführung vorstehender Bestimmungen erforderlich erachtet.

Absatz 3. Für Waschabgänge, Halden- und sonstige beim Absatz der Produkte gegen die Fördermenge sich ergebende Verluste dürfen dem Arbeiter Abzüge von der Arbeitsleistung oder dem Lohne nicht gemacht werden.

Erfolgt die Lohnberechnung auf Grund abgeschlossener Absatz 1. Gedinge, so ist der Bergwerksbesitzer zur Beobachtung nachstehender Vorschriften verpflichtet:

1. Wird die Leistung aus Zahl und Rauminhalt der Fördergefäße ermittelt, so muß dieser am Fördergefäße selbst dauernd und deutlich ersichtlich gemacht werden.

2. Wird die Leistung aus dem Gewichtsinhalt der Fördergefäße ermittelt, so muß das Leergewicht jedes einzelnen derselben vor dem Beginn des Gebrauchs und später in jedem Betriebsjahre mindestens einmal von Neuem festgestellt und am Fördergefäße selbst dauernd und deutlich ersichtlich gemacht werden.

Der Bergwerksbesitzer ist verpflichtet, die Einrichtungen zu treffen und die Hülfskräfte zu stellen, Absatz 2. welche die Bergbehörde zur Ueberwachung der Ausführung vorstehender Bestimmungen erforderlich erachtet. Für Waschabgänge, Halden- und sonstige beim Absatz der Produkte gegen die Fördermenge sich ergebende Verluste dürfen dem Arbeiter Abzüge von der Arbeitsleistung oder dem Lohne nicht gemacht werden. Ausnahmen hiervon bedürfen der Genehmigung der Bergbehörde.

§ 81.

Absatz 1. (§ 115.) Das Vertragsverhältniß kann, wenn nicht ein anderes verabredet ist, durch eine jedem freistehende, vierzehn Tage vorher zu erklärende Aufkündigung gelöst werden.

Absatz 2. Werden andere Aufkündigungsfristen vereinbart, so müssen sie für beide Theile gleich sein. Vereinbarungen, welche dieser Bestimmung zuwiderlaufen, sind nichtig.

Unverändert.

§ 82.

Absatz 1. (§ 116.) Vor Ablauf der vertragsmäßigen Arbeitszeit und ohne Aufkündigung können Bergleute entlassen werden:

1. wenn sie bei Abschluß des Arbeitsvertrages den Arbeitgeber durch Vorzeigung falscher oder verfälschter Abkehrscheine, Zeugnisse oder Arbeits-

Unverändert.

Regierungsvorlage.	Beschlüsse des Hauses der Abgeordneten.

bücher hintergangen oder ihn über das Bestehen eines anderen, sie gleichzeitig verpflichtenden Arbeitsverhältnisses in einen Irrthum versetzt haben;
2. wenn sie eines Diebstahls, einer Entwendung, einer Unterschlagung, eines Betruges oder eines lüderlichen Lebenswandels sich schuldig machen;
3. wenn sie die Arbeit unbefugt verlassen haben oder sonst den nach dem Arbeitsvertrage ihnen obliegenden Verpflichtungen nachzukommen beharrlich verweigern;
4. wenn sie eine sicherheitspolizeiliche Vorschrift bei der Bergarbeit übertreten oder sich groben Ungehorsams gegen die den Betrieb betreffenden Anordnungen des Bergwerksbesitzers, dessen Stellvertreter oder der ihnen vorgesetzten Beamten schuldig machen;
5. wenn sie sich Thätlichkeiten oder grobe Beleidigungen gegen den Bergwerksbesitzer, dessen Stellvertreter oder die ihnen vorgesetzten Beamten oder gegen die Familienangehörigen derselben zu Schulden kommen lassen;
6. wenn sie einer vorsätzlichen und rechtswidrigen Sachbeschädigung zum Nachtheil des Bergwerksbesitzers, dessen Stellvertreter, der ihnen vorgesetzten Beamten oder eines Mitarbeiters sich schuldig machen;
7. wenn sie die Vertreter des Bergwerksbesitzers, die ihnen vorgesetzten Beamten, die Mitarbeiter oder die Familienangehörigen dieser Personen zu Handlungen verleiten oder zu verleiten versuchen, welche wider die Gesetze oder die guten Sitten verstoßen;
8. wenn sie zur Fortsetzung der Arbeit unfähig oder mit einer abschreckenden Krankheit behaftet sind.

In den unter Nr. 1 bis 7 gedachten Fällen ist die Entlassung nicht mehr zulässig, wenn die zu Grunde liegenden Thatsachen dem Bergwerksbesitzer oder dessen Stellvertreter länger als eine Woche bekannt sind.

Inwiefern in den unter Nr. 8 gedachten Fällen dem Entlassenen ein Anspruch auf Entschädigung zustehe, ist nach dem Inhalte des Vertrages und nach den allgemeinen gesetzlichen Vorschriften zu beurtheilen.

§ 83.	§ 83.
Vor Ablauf der vertragsmäßigen Arbeitszeit und ohne vorhergegangene Aufkündigung können Bergleute die Arbeit verlassen:	Unverändert.

1. wenn sie zur Fortsetzung der Arbeit unfähig werden;
2. wenn der Bergwerksbesitzer, dessen Stellvertreter oder die ihnen vorgesetzten Beamten sich Thätlichkeiten oder grobe Beleidigungen gegen die Bergleute oder gegen ihre Familienangehörigen zu Schulden kommen lassen;
3. wenn der Bergwerksbesitzer, dessen Stellvertreter oder Beamte oder Familienangehörige derselben die Bergleute oder deren Familienangehörige zu Handlungen verleiten oder zu verleiten versuchen, oder mit den Familienangehörigen der Bergleute Handlungen begehen, welche wider die Gesetze oder die guten Sitten laufen;

Regierungsvorlage.

4. wenn der Bergwerksbesitzer den Bergleuten den schuldigen Lohn nicht in der bedungenen Weise auszahlt, bei Bedingelohn nicht für ihre ausreichende Beschäftigung sorgt, oder wenn er sich widerrechtlicher Uebervortheilungen gegen sie schuldig macht.

Absatz 2. In den unter Nr. 2 gedachten Fällen ist der Austritt aus der Arbeit nicht mehr zulässig, wenn die zu Grunde liegenden Thatsachen dem Arbeiter länger als eine Woche bekannt sind.

§ 83a.

(§ 144a.) Außer den in den §§ 82 und 83 bezeichneten Fällen kann jeder der beiden Theile aus wichtigen Gründen vor Ablauf der vertragsmäßigen Zeit und ohne Innehaltung der Kündigungsfrist die Aufhebung des Arbeitsverhältnisses verlangen, wenn dasselbe mindestens auf vier Wochen oder wenn eine längere als vierzehntägige Kündigungsfrist vereinbart ist.

§ 84.

Absatz 1. Der Bergwerksbesitzer oder dessen Stellvertreter ist verpflichtet, dem abkehrenden großjährigen Bergmanne ein Zeugniß über die Art und Dauer seiner Beschäftigung auszustellen, dessen Unterschrift die Ortspolizeibehörde kosten- und stempelfrei zu beglaubigen hat.

Absatz 2. Auf Verlangen ist dem großjährigen Bergmanne auch ein Zeugniß über seine Führung und seine Leistungen auszustellen.

Absatz 3. Wird die Ausstellung des Zeugnisses verweigert, so fertigt die Ortspolizeibehörde dasselbe auf Kosten des Verpflichteten aus.

Absatz 4. Werden dem abkehrenden Bergmanne in dem Zeugnisse Beschuldigungen zur Last gelegt, welche seine fernere Beschäftigung hindern würden, so kann er auf Untersuchung bei der Ortspolizeibehörde antragen, welche, wenn die Beschuldigung unbegründet befunden wird, unter den Zeugnisse den Befund ihrer Untersuchung zu vermerken hat.

Absatz 5. Den Arbeitgebern ist untersagt, die Zeugnisse mit Merkmalen zu versehen, welche den Zweck haben, den Arbeiter in einer aus dem Wortlaut des Zeugnisses nicht ersichtlichen Weise zu kennzeichnen.

§ 85.

Bergwerksbesitzer oder deren Stellvertreter dürfen großjährige Arbeiter, von denen ihnen bekannt ist, daß sie schon früher beim Bergbau beschäftigt waren, nicht eher zur Bergarbeit annehmen, bis ihnen von denselben das Zeugniß des Bergwerksbesitzers oder Stellvertreters, bei dem sie zuletzt in Arbeit gestanden, beziehungsweise das Zeugniß der Ortspolizeibehörde (§ 84) vorgelegt ist.

§ 85a.

Absatz 1. (§ 114b.) Minderjährige Arbeiter können beim Abgange ein Zeugniß über die Art und Dauer ihrer Beschäftigung fordern, dessen Unterschrift die Ortspolizeibehörde kosten- und stempelfrei zu beglaubigen hat.

Absatz 2. Dieses Zeugniß ist auf Verlangen der Arbeiter auch auf ihre Führung und ihre Leistungen auszudehnen.

Absatz 3. Auf die Ausstellung dieses Zeugnisses finden die Absätze 3, 4 und 5 des § 84 entsprechende Anwendung.

Beschlüsse des Hauses der Abgeordneten.

§ 83a.

Unverändert.

§ 84.

Der Bergwerksbesitzer oder dessen Stellvertreter ist *Absatz 1.* verpflichtet, dem abkehrenden großjährigen Bergmanne ein Zeugniß über die Art und Dauer seiner Beschäftigung **und auf Verlangen auch ein Zeugniß über seine Führung und seine Leistungen auszustellen. Die Unterschrift dieser Zeugnisse hat** die Ortspolizeibehörde kosten- und stempelfrei zu beglaubigen.

Wird die Ausstellung des Zeugnisses verweigert, so *Absatz 2.* fertigt die Ortspolizeibehörde dasselbe auf Kosten des Verpflichteten aus.

Werden dem abkehrenden Bergmanne in dem Zeugnisse Beschuldigungen zur Last gelegt, welche seine fernere *Absatz 3.* Beschäftigung hindern würden, so kann er auf Untersuchung bei der Ortspolizeibehörde antragen, welche, wenn die Beschuldigung unbegründet befunden wird, unter dem Zeugnisse den Befund ihrer Untersuchung zu vermerken hat.

Den Arbeitgebern ist unterfagt, die Zeugnisse mit *Absatz 4.* Merkmalen zu versehen, welche den Zweck haben, den Arbeiter in einer aus dem Wortlaut des Zeugnisses nicht ersichtlichen Weise zu kennzeichnen.

§ 85.

Unverändert.

§ 85a.

Unverändert, bis auf den Hinweis:
„Absätze 3, 4 und 5 des § 84" in Absatz 3, welcher geändert ist in „Absätze 2, 3 und 4 des § 84".

Regierungsvorlage.   **Beschlüsse des Hauses der Abgeordneten.**

Abs. 4. Der Vater oder Vormund des Minderjährigen kann die Ausstellung des Zeugnisses fordern, auch verlangen, daß dasselbe nicht an den Minderjährigen, sondern an ihn ausgehändigt werde. Mit Genehmigung der Gemeindebehörde des Arbeitsortes kann auch gegen den Willen des Vaters oder Vormundes die Aushändigung unmittelbar an den Arbeiter erfolgen.

§ 85b.

(a 107.) Minderjährige Personen dürfen auf den den Bestimmungen dieses Gesetzes unterworfenen Anlagen als Arbeiter nur beschäftigt werden, wenn sie mit einem Arbeitsbuche versehen sind. Bei der Annahme solcher Arbeiter hat der Bergwerksbesitzer das Arbeitsbuch einzufordern. Er ist verpflichtet, dasselbe zu verwahren, auf amtliches Verlangen vorzulegen und nach rechtmäßiger Lösung des Arbeitsverhältnisses wieder auszuhändigen. Die Aushändigung erfolgt an den Vater oder Vormund, sofern diese es verlangen, oder der Arbeiter das sechzehnte Lebensjahr noch nicht vollendet hat, andernfalls an den Arbeiter selbst. Mit Genehmigung der Gemeindebehörde des im § 85c bezeichneten Ortes kann die Aushändigung des Arbeitsbuches auch an die Mutter oder einen sonstigen Angehörigen oder unmittelbar an den Arbeiter erfolgen.

§ 85c.

(d 108.) Das Arbeitsbuch wird dem Arbeiter durch die Polizeibehörde desjenigen Ortes, an welchem er zuletzt seinen dauernden Aufenthalt gehabt hat, wenn aber ein solcher innerhalb des Staatsgebiets nicht stattgefunden hat, von der Polizeibehörde des von ihm zuerst erwählten Arbeitsortes kosten- und stempelfrei ausgestellt. Die Ausstellung erfolgt auf Antrag oder mit Zustimmung des Vaters oder Vormundes; ist die Erklärung des Vaters nicht zu beschaffen, oder verweigert der Vater die Zustimmung ohne genügenden Grund und zum Nachtheile des Arbeiters, so kann die Gemeindebehörde die Zustimmung desselben ergänzen. Vor der Ausstellung ist nachzuweisen, daß der Arbeiter zum Besuche der Volksschule nicht mehr verpflichtet ist, und glaubhaft zu machen, daß bisher ein Arbeitsbuch für ihn noch nicht ausgestellt war.

§ 85d.

Absatz 1. Wenn das Arbeitsbuch vollständig ausgefüllt oder
(§ 109.) nicht mehr brauchbar, oder wenn es verloren gegangen oder vernichtet ist, so wird an Stelle desselben ein neues Arbeitsbuch ausgestellt. Die Ausstellung erfolgt durch die Polizeibehörde desjenigen Ortes, an welchem der Inhaber des Arbeitsbuches zuletzt seinen dauernden Aufenthalt gehabt hat. Das ausgefüllte oder nicht mehr brauchbare Arbeitsbuch ist durch einen amtlichen Vermerk zu schließen.

Absatz 2. Wird das neue Arbeitsbuch an Stelle eines nicht mehr brauchbaren, eines verloren gegangenen oder vernichteten Arbeitsbuches ausgestellt, so ist dies darin zu vermerken. Für die Ausstellung kann in diesem Falle eine Gebühr bis zu fünfzig Pfennig erhoben werden.

§ 85e.

Absatz 1. Das Arbeitsbuch (§ 85b) muß den Namen des
(§ 110.) Arbeiters, Ort, Jahr und Tag seiner Geburt, Namen und letzten Wohnort seines Vaters oder Vormundes und die Unterschrift des Arbeiters enthalten. Die Ausstellung

§ 85b.

Unverändert.

§ 85c.

Unverändert.

§ 85d.

Unverändert.

§ 85e.

Unverändert.

Regierungsvorlage.	Beschlüsse des Hauses der Abgeordneten.

erfolgt unter dem Siegel und der Unterschrift der Behörde. Letztere hat über die von ihr ausgestellten Arbeitsbücher ein Verzeichniß zu führen.

Absatz 2. Die Einrichtung der Arbeitsbücher wird durch den Minister für Handel und Gewerbe bestimmt.

§ 85 f.

Absatz 1. (§ 112.) Bei dem Eintritt des Arbeiters in das Arbeitsverhältniß hat der Bergwerksbesitzer an der dafür bestimmten Stelle des Arbeitsbuches die Zeit des Eintritts und die Art der Beschäftigung, am Ende des Arbeitsverhältnisses die Zeit des Austritts und, wenn die Beschäftigung Aenderungen erfahren hat, die Art der letzten Beschäftigung des Arbeiters einzutragen.

Absatz 2. Die Eintragungen sind mit Tinte zu bewirken und von dem Bergwerksbesitzer oder dem dazu bevollmächtigten Betriebsleiter zu unterzeichnen.

Absatz 3. Die Eintragungen dürfen nicht mit einem Merkmal versehen sein, welches den Inhaber des Arbeitsbuches günstig oder nachtheilig zu kennzeichnen bezweckt.

Absatz 4. Die Eintragung eines Urtheils über die Führung oder die Leistungen des Arbeiters und sonstige durch dieses Gesetz nicht vorgesehene Eintragungen oder Vermerke in oder an dem Arbeitsbuche sind unzulässig.

§ 85 f. Unverändert.

§ 85 g.

(§ 113.) Ist das Arbeitsbuch bei dem Bergwerksbesitzer unbrauchbar geworden, verloren gegangen oder vernichtet oder sind von dem Bergwerksbesitzer unzulässige Merkmale, Eintragungen oder Vermerke in oder an dem Arbeitsbuche gemacht, oder wird von dem Bergwerksbesitzer ohne rechtmäßigen Grund die Aushändigung des Arbeitsbuches verweigert, so kann die Ausstellung eines neuen Arbeitsbuches auf Kosten des Bergwerksbesitzers beansprucht werden. Ein Bergwerksbesitzer, welcher das Arbeitsbuch seiner gesetzlichen Verpflichtung zuwider nicht rechtzeitig ausgehändigt oder die vorschriftsmäßigen Eintragungen zu machen unterlassen oder unzulässige Merkmale, Eintragungen oder Vermerke gemacht hat, ist dem Arbeiter entschädigungspflichtig. Der Anspruch auf Entschädigung erlischt, wenn er nicht innerhalb vier Wochen nach seiner Entstehung im Wege der Klage oder Einrede geltend gemacht ist.

§ 85 g. Unverändert.

§ 85 h.

(§ 114.) Auf Antrag des Minderjährigen, seines Vaters oder Vormundes hat die Ortspolizeibehörde die Eintragung in das Arbeitsbuch kosten- und stempelfrei zu beglaubigen.

§ 85 h. Unverändert.

§ 86.

Absatz 1. (§ 115.) Bergwerksbesitzer, welche einen Bergmann verleiten, vor rechtmäßiger Beendigung des Arbeitsverhältnisses die Arbeit zu verlassen, sind dem früheren Arbeitgeber für den entstandenen Schaden als Selbstschuldner mitverhaftet. In gleicher Weise haftet der Bergwerksbesitzer, welcher einen Bergmann annimmt, von dem er weiß, daß derselbe einem anderen Arbeitgeber zur Arbeit noch verpflichtet ist.

Absatz 2. In dem im vorstehenden Absatze bezeichneten Umfange ist auch derjenige Bergwerksbesitzer mitverhaftet, welcher einen Bergmann, von dem er weiß, daß derselbe einem anderen Arbeitgeber zur Arbeit noch verpflichtet ist, während der Dauer dieser Verpflichtung in der Beschäftigung behält, sofern nicht seit der unrechtmäßigen Lösung des Arbeitsverhältnisses bereits vierzehn Tage verflossen sind.

§ 86. Unverändert.

Regierungsvorlage.	Beschlüsse des Hauses der Abgeordneten.

§ 87.

zu § 1.
(170.) Die Bergwerksbesitzer sind verpflichtet, ihren Arbeitern unter achtzehn Jahren, welche eine von der Gemeindebehörde oder vom Staate als Fortbildungsschule anerkannte Unterrichtsanstalt besuchen, hierzu die erforderlichenfalls von der Bergbehörde festzusetzende Zeit zu gewähren. Am Sonntage darf der Unterricht nur stattfinden, wenn die Unterrichtsstunden so gelegt werden, daß die Schüler nicht gehindert werden, den Hauptgottesdienst oder einen mit Genehmigung der kirchlichen Behörden für sie eingerichteten besonderen Gottesdienst ihrer Konfession zu besuchen. Ausnahmen von dieser Bestimmung kann der Minister für Handel und Gewerbe für bestehende Fortbildungsschulen, zu deren Besuch keine Verpflichtung besteht, bis zum 1. Oktober 1894 gestatten.

zu § 2. Als Fortbildungsschulen im Sinne dieser Bestimmungen gelten auch Anstalten, in welchen Unterricht in weiblichen Hand- und Hausarbeiten ertheilt wird.

zu § 3. Durch statutarische Bestimmung einer Gemeinde oder eines weiteren Kommunalverbandes, welche nach Maßgabe des § 142 der Gewerbeordnung erlassen wird, kann mit Zustimmung des Oberbergamts für männliche Arbeiter unter achtzehn Jahren die Verpflichtung zum Besuche einer Fortbildungsschule begründet werden. Auf demselben Wege können die zur Durchführung dieser Verpflichtung erforderlichen Bestimmungen getroffen werden. Insbesondere können durch statutarische Bestimmung die zur Sicherung eines regelmäßigen Schulbesuchs den Schulpflichtigen sowie deren Eltern, Vormündern und Arbeitgebern obliegenden Verpflichtungen bestimmt und diejenigen Vorschriften erlassen werden, durch welche die Ordnung in der Fortbildungsschule und ein gebührliches Verhalten der Schüler gesichert wird. Von der durch statutarische Bestimmung begründeten Verpflichtung zum Besuch einer Fortbildungsschule sind diejenigen befreit, welche eine andere Fortbildungs- oder Fachschule (Steigerschule, Bergvorschule, Bergschule) besuchen, sofern der Unterricht dieser Schule von dem Oberbergamt als ausreichender Ersatz des durch statutarische Bestimmung geregelten Fortbildungsschulunterrichts anerkannt wird.

§ 87.

Unverändert.

§ 88.

zu § 1.
(133a.) Das Dienstverhältniß der von den Bergwerksbesitzern gegen feste Bezüge zur Leitung und Beaufsichtigung des Betriebes nach Maßgabe der §§ 73 und 74 angenommenen oder dauernd mit höheren technischen Dienstleistungen betrauten Personen (Maschinen- und Bautechniker, Chemiker, Zeichner und dergleichen) kann, wenn nicht etwas Anderes verabredet ist, von jedem Theile mit Ablauf jedes Kalendervierteljahres nach sechs Wochen vorher erklärter Aufkündigung aufgehoben werden.

zu § 2.
(133b.) Jeder der beiden Theile kann vor Ablauf der vertragsmäßigen Zeit und ohne Innehaltung einer Kündigungsfrist die Aufhebung des Dienstverhältnisses verlangen, wenn ein wichtiger, nach den Umständen des Falles die Aufhebung rechtfertigender Grund vorliegt.

§ 88.

Unverändert.

§ 89.

zu § 1.
(133c.) Gegenüber den im § 88 bezeichneten Personen kann die Aufhebung des Dienstverhältnisses insbesondere verlangt werden:

1. wenn sie beim Abschluß des Dienstvertrages den Bergwerksbesitzer durch Vorbringen falscher oder verfälschter Zeugnisse hintergangen oder ihn über

§ 89.

Unverändert.

2078   Haus der Abgeordneten. Aktenstück № 163.

Regierungsvorlage.   **Beschlüsse des Hauses der Abgeordneten.**

das Bestehen eines anderen sie gleichzeitig verpflichtenden Dienstverhältnisses in einen Irrthum versetzt haben;
2. wenn sie im Dienste untreu sind oder das Vertrauen mißbrauchen;
3. wenn sie ihren Dienst unbefugt verlassen oder den nach dem Dienstvertrage ihnen obliegenden Verpflichtungen nachzukommen beharrlich verweigern;
4. wenn sie eine sicherheitspolizeiliche Vorschrift bei der Leitung oder Beaufsichtigung der Bergarbeit übertreten oder wenn ihnen durch die Bergbehörde die Befähigung zum Aufsichtsbeamten aberkannt ist;
5. wenn sie durch anhaltende Krankheit oder durch eine längere Freiheitsstrafe oder Abwesenheit an der Verrichtung ihrer Dienste verhindert werden;
6. wenn sie sich Thätlichkeiten oder Ehrverletzungen gegen den Bergwerksbesitzer oder seine Vertreter zu Schulden kommen lassen;
7. wenn sie sich einem unsittlichen Lebenswandel ergeben.

Absatz 2. Zu dem Falle zu 5 bleibt der Anspruch auf die vertragsmäßigen Leistungen des Bergwerksbesitzers für die Dauer von sechs Wochen in Kraft, wenn die Verrichtung der Dienste durch unverschuldetes Unglück verhindert worden ist. Jedoch mindern sich die Ansprüche in diesem Falle um denjenigen Betrag, welcher dem Berechtigten aus einer auf Grund gesetzlicher Verpflichtung bestehenden Kranken- oder Unfallversicherung oder aus einer Knappschaftskasse zukommt.

§ 90.

(§ 183 d.) Die im § 88 bezeichneten Personen können die Aufhebung des Dienstverhältnisses insbesondere verlangen:
1. wenn der Bergwerksbesitzer oder seine Stellvertreter sich Thätlichkeiten oder Ehrverletzungen gegen sie zu Schulden kommen lassen;
2. wenn der Bergwerksbesitzer die vertragsmäßigen Leistungen nicht gewährt;
3. wenn der Bergwerksbesitzer oder dessen Stellvertreter Anordnungen ergehen läßt, welche gegen den Betriebsplan oder gegen sicherheitspolizeiliche Vorschriften verstoßen, oder wenn er die Mittel zur Ausführung der von der Bergbehörde getroffenen polizeilichen Anordnungen verweigert.

§ 91.

(§ 183 e.) Unter den im § 86 aufgestellten Voraussetzungen tritt die daselbst bestimmte Haftung des Bergwerksbesitzers auch für den Fall ein, wenn die in § 88 bezeichneten Personen zur Aufgabe des Dienstverhältnisses verleitet, in Dienst genommen oder im Dienst behalten werden.

§ 92.

Die wegen Uebertretungen der §§ 84 Absatz 5, 85 und 85f Absatz 3 festgesetzten Geldstrafen fließen zu der Knappschaftskasse, welcher das betreffende Werk angehört.

§ 90.

Unverändert.

§ 91.

Unverändert.

§ 92.

Unverändert, bis auf die Worte: „Absatz 5" in Zeile 1, welche geändert sind in „Absatz 4".

Haus der Abgeordneten. Aktenstück Nr 163.

Regierungsvorlage.

Beschlüsse des Hauses der Abgeordneten.

§ 93.

Auf jedem Bergwerke ist über die daselbst beschäftigten Arbeiter eine Liste zu führen, welche die Vor- und Zunamen, das Geburtsjahr, den Wohnort, den Tag des Dienstantritts und der Entlassung sowie das Datum des letzten Arbeitszeugnisses enthält.
Die Liste muß der Bergbehörde auf Verlangen vorgelegt werden.

§ 93.

Unverändert.

B. Betreffend die Befugnisse der Bergbehörden.

Artikel II.

An Stelle des § 77 im Allgemeinen Berggesetze tritt folgende Bestimmung:

„Dieselben sind verpflichtet, die Bergbeamten, welche im Dienste das Bergwerk befahren, zu begleiten und denselben auf Erfordern Auskunft über den Betrieb, über die Ausführung der Arbeitsordnung und über alle sonstigen, der Aufsicht der Bergbehörde unterliegenden Gegenstände zu ertheilen."

B. Betreffend die Befugnisse der Bergbehörden.

Artikel II.

Unverändert.

Artikel III.

Der 2. Absatz des § 189 erhält folgende Fassung:

„Sie handhaben insbesondere die Bergpolizei nach Vorschrift des Gesetzes. In Beziehung auf die ihrer Aufsicht unterworfenen Anlagen und Betriebe stehen ihnen, insbesondere bei der Ueberwachung der Ausführung dieses Gesetzes, die Befugnisse und Obliegenheiten der im § 139 b der Reichsgewerbeordnung bezeichneten Aufsichtsbeamten zu."

Artikel III.

Unverändert.

Artikel IV.

In § 196 wird hinter den Worten:

„die Sicherheit des Lebens und der Gesundheit der Arbeiter," folgender Absatz eingeschaltet:

„die Aufrechterhaltung der guten Sitten und des Anstandes durch die Einrichtung des Betriebes."

Artikel IV.

Unverändert.

Artikel V.

Der Absatz 1 des § 197 erhält folgenden Zusatz:

„Insbesondere können die Oberbergämter, wenn durch übermäßige Dauer der täglichen Arbeitszeit die Gesundheit der Arbeiter gefährdet wird, Dauer, Beginn und Ende der täglichen Arbeitszeit und der zu gewährenden Pausen vorschreiben und die zur Durchführung dieser Vorschriften erforderlichen Anordnungen erlassen."

Artikel V.

Der Absatz 1 des § 197 erhält folgenden Zusatz:

„**Für solche Betriebe, in welchen** durch a **übermäßige Dauer der täglichen Arbeitszeit die Gesundheit der Arbeiter gefährdet wird, können die Oberbergämter** Dauer, Beginn und Ende der täglichen Arbeitszeit und der zu gewährenden Pausen vorschreiben und die zur Durchführung dieser Vorschriften erforderlichen Anordnungen erlassen."

Artikel VI.

1. Der § 192 erhält folgenden Absatz 2:

„Widersprechen Verfügungen oder Beschlüsse des Revierbeamten oder des Oberbergamts den von

Artikel VI.

Unverändert.

Regierungsvorlage.

der zuständigen Berufsgenossenschaft erlassenen Vorschriften zur Verhütung von Unfällen, so ist zur Einlegung des Rekurses binnen der vorstehend bezeichneten Frist auch der Vorstand der Berufsgenossenschaft oder Berufsgenossenschaftssektion befugt."

2. Der § 197 erhält folgenden Absatz 3:

„Vor dem Erlaß von Polizeiverordnungen, welche sich auf die Sicherheit des Lebens und der Gesundheit der Arbeiter und auf die Aufrechterhaltung der guten Sitten und des Anstandes im Betriebe beziehen, ist dem Vorstande der betheiligten Berufsgenossenschaft oder Berufsgenossenschaftssektion Gelegenheit zu einer gutachtlichen Aeußerung zu geben. Auf diese finden die Bestimmungen des § 79 Absatz 1 des Unfallversicherungsgesetzes vom 6. Juli 1884 (Reichsgesetzbl. S. 69) Anwendung."

Artikel VII.

Der § 202 erhält folgenden Absatz 2:

„Im gleichen Falle, sowie wenn der Bergwerksbesitzer einer auf Grund des § 197 ergangenen Polizeiverordnung zuwiderhandelt, kann der Revierbeamte bis zur Herstellung der Verordnung oder der Verfügung entsprechenden Zustandes die Einstellung des Betriebes, soweit derselbe durch die Verordnung oder Verfügung getroffen wird, anordnen, falls dessen Fortsetzung erhebliche Nachtheile oder Gefahren herbeizuführen geeignet sein würde."

Beschlüsse des Hauses der Abgeordneten.

Fällt fort.

C. Straf- und Schlußbestimmungen.

Artikel VIII.

Der dritte Abschnitt des neunten Titels im Allgemeinen Berggesetze vom 24. Juni 1865 erhält folgende Fassung:

Dritter Abschnitt.

Strafbestimmungen.

§ 207.

Uebertretungen der Vorschriften in den §§ 4, 10, 66, 67, 69, 71, 72, 73, 74, 77, 93, 163, 200, 201, 203, 204, 205 werden mit Geldstrafe bis zu einhundertfünfzig Mark und im Unvermögensfalle mit Haft bestraft.

In den Fällen der §§ 67 und 69, sowie 73 und 74 tritt diese Strafe auch dann ein, wenn auf Grund der §§ 70 und 75 der Betrieb von der Bergbehörde eingestellt wird.

§ 207a.

Mit Geldstrafe bis zu zweitausend Mark und im Unvermögensfalle mit Gefängniß bis zu sechs Monaten werden Bergwerksbesitzer bestraft, welche den §§ 84 Absatz 5 und 85f Absatz 3 zuwiderhandeln.

C. Straf- und Schlußbestimmungen.

Artikel VIII.

Unverändert wie Artikel VIII der Regierungsvorlage.

Dritter Abschnitt.

Strafbestimmungen.

§ 207.

Unverändert.

§ 207a.

Unverändert, bis auf die Worte: „Absatz 5" in der letzten Zeile, welche geändert sind in „Absatz 4".

Regierungsvorlage.	Beschlüsse des Hauses der Abgeordneten.

§ 207 b.

Mit Geldstrafe bis zu dreihundert Mark und im Unvermögensfalle mit Haft wird bestraft, wer ein Bergwerk betreibt, für welches eine Arbeitsordnung (§ 80a) nicht besteht, oder wer der endgültigen Anordnung der Behörde wegen Ersetzung oder Abänderung der Arbeitsordnung (§ 80b) nicht nachkommt.

§ 207 b.

Unverändert.

§ 207 c.

Mit Geldstrafe bis zu einhundertfünfzig Mark und im Unvermögensfalle mit Haft bis zu vier Wochen wird bestraft:
1. wer der Bestimmung des § 80c Absatz 2 zuwider gegen Arbeiter Strafen verhängt, welche in der Arbeitsordnung nicht vorgesehen sind oder den gesetzlich zulässigen Betrag übersteigen, oder wer Strafgelder, Lohnabzüge, (§ 80h Nr. 3) oder die in § 80b Nr. 6 bezeichneten Beträge in einer in der Arbeitsordnung nicht vorgesehenen Weise verwendet;
2. wer es unterläßt, den durch die §§ 80c Absatz 2, 80g Absatz 1, 80i und 80k für ihn begründeten Verpflichtungen nachzukommen.

§ 207 c.

Unverändert.

§ 207 d.

Mit Geldstrafe bis zu dreißig Mark und im Unvermögensfalle mit Haft bis zu acht Tagen wird bestraft, wer es unterläßt, der durch § 80g Absatz 2 für ihn begründeten Verpflichtung nachzukommen.

§ 207 d.

Unverändert.

§ 207 e.

Mit Geldstrafe bis zu zwanzig Mark und im Unvermögensfalle mit Haft bis zu drei Tagen für jeden Fall der Verletzung des Gesetzes wird bestraft:
1. wer den Bestimmungen der §§ 85 und 85b bis 85g zuwider einen Arbeiter in Beschäftigung nimmt oder behält;
2. wer außer dem im § 207a vorgesehenen Falle den Bestimmungen dieses Gesetzes in Ansehung der Arbeitsbücher zuwiderhandelt;
3. wer vorsätzlich ein auf seinen Namen ausgestelltes Arbeitsbuch unbrauchbar macht oder vernichtet;
4. wer den Bestimmungen des § 87 Absatz 1 oder einer auf Grund des § 87 Absatz 3 erlassenen statutarischen Bestimmung zuwiderhandelt;
5. wer es unterläßt, den durch § 80e Absatz 3 für ihn begründeten Verpflichtungen nachzukommen.

§ 207 e.

Unverändert.

§ 208.

Zuwiderhandlungen gegen die von den Bergbehörden bereits erlassenen, sowie die von den Oberbergämtern auf Grund des § 197 noch zu erlassenden Bergpolizeiverordnungen werden mit Geldstrafe bis zu dreihundert Mark und im Unvermögensfalle mit Haft bestraft.

Dieselbe Strafe findet bei Zuwiderhandlungen gegen die auf Grund der §§ 198 und 199 getroffenen polizeilichen Anordnungen Anwendung.

Die Strafe tritt auch ein, wenn der Betrieb auf Grund des § 202 Absatz 2 von der Bergbehörde eingestellt wird.

§ 208.

Zuwiderhandlungen gegen die von den Bergbehörden bereits erlassenen, sowie die von den Oberbergämtern auf Grund des § 197 noch zu erlassenden Bergpolizeiverordnungen werden mit Geldstrafe bis zu dreihundert Mark und im Unvermögensfalle mit Haft bestraft.

Dieselbe Strafe findet bei Zuwiderhandlungen gegen die auf Grund der §§ 198 und 199 getroffenen polizeilichen Anordnungen Anwendung.

Regierungsvorlage.	Beschlüsse des Hauses der Abgeordneten.

§ 209.

Abs. 1. Ueber die Zuwiderhandlungen gegen die vorstehenden Vorschriften (§ 207, § 207 a bis 207 e, § 208) sind von den Revierbeamten Protokolle aufzunehmen.

Abs. 2. Diese Protokolle werden der Staatsanwaltschaft zur Verfolgung übergeben.

Abs. 3. Die Entscheidung steht den ordentlichen Gerichten zu. Dieselben haben hierbei nicht die Nothwendigkeit oder Zweckmäßigkeit, sondern nur die gesetzliche Gültigkeit der von den Bergbehörden erlassenen polizeilichen Vorschriften zu prüfen.

§ 209 a.

Die Strafverfolgung der in den §§ 207 b und 208 mit Strafe bedrohten Handlungen verjährt innerhalb drei Monaten von dem Tage an gerechnet, an welchem sie begangen sind.

Artikel IX.

Dieses Gesetz tritt am 1. Juli 1892 in Kraft. Mit der Ausführung desselben wird der Minister für Handel und Gewerbe beauftragt.

Die Oberbergämter sind ermächtigt, den Bergwerksbesitzern auf Antrag angemessene Fristen, längstens bis zum 1. Januar 1893, behufs Herstellung der zur Durchführung des § 80k Absatz 1 erforderlichen Einrichtungen zu gewähren.

Urkundlich ꝛc.

§ 209.

Unverändert.

§ 209 a.

Unverändert.

Artikel VIII.

Dieses Gesetz tritt am 1. **Januar 1893** in Kraft. Mit der Ausführung desselben wird der Minister für Handel und Gewerbe beauftragt.

Die Oberbergämter sind ermächtigt, den Bergwerksbesitzern auf Antrag angemessene Fristen, längstens bis zum 1. Juli 1893, behufs Herstellung der zur Durchführung des § 80k Absatz 1 erforderlichen Einrichtungen zu gewähren.

Urkundlich ꝛc.

Resolution.

Die Königliche Staatsregierung zu ersuchen, den Erlaß eines Gesetzes in Erwägung zu nehmen, durch welches Bestimmungen des Allgemeinen Berggesetzes vom 24. Juni 1865, namentlich diejenigen über die Bergleute, die Bergbehörden und die Bergpolizei
    auf den Eisenerzbergbau im Herzogthum Schlesien,
    auf den Salzbergbau im vormaligen Königreich Hannover,
    nöthigenfalls auch auf sonstige unterirdisch betriebene Brüche
ausgedehnt werden.

Beglaubigt:

Berlin, den 5. Mai 1892.

Der Präsident
des Hauses der Abgeordneten.

v. Köller.

Die Schriftführer

Barth. Eberhard. Dr. Hartmann (Lübben). Im Walle. Kollisch. Oljem. Everlich. Copellus.

№ 164.

Mit der dritten Berathung des Gesetzentwurfs, betreffend die Verlegung der Landes-Buß- und Bettage — Drucksachen Nr. 150 —, wird auf die Tagesordnung gesetzt werden:

Mündlicher Bericht der Kommission für Petitionen über die Petitionen der Handelskammern in Wiesbaden, Lüneburg, Kiel, Frankfurt a./O., Göttingen, Düsseldorf — II Nr. 51–6 — und des Direktoriums des Vereins für die Rübenzuckerindustrie des Deutschen Reiches — II Nr. 849 — um Festsetzung eines anderen, als des im Gesetzentwurf bestimmten Tages, zum Buß- und Bettage.

Berichterstatter: Abgeordneter Jerusalem.

Antrag der Petitionskommission:
Das Haus der Abgeordneten wolle beschließen:
Die Petitionen II Nr. 51–6 und II Nr. 849 durch die Beschlüsse zu dem Gesetzentwurf, betreffend die Verlegung der Landes-Buß- und Bettage, für erledigt zu erklären.

Berlin, den 6. Mai 1892.

Der Präsident des Hauses der Abgeordneten.
v. Köller.

№ 165.

Berlin, den 5. Mai 1892.

Ew. Excellenz beehren wir uns auf Grund der beifolgenden Allerhöchsten Ermächtigung vom 4. Mai d. Js. den

Entwurf eines Gesetzes, betreffend die Gewährung einer Staatsrente für Stolgebührenentschädigungen in der evangelisch-lutherischen Kirche der Provinz Hannover,

nebst Begründung mit dem ganz ergebensten Ersuchen zu überreichen, die verfassungsmäßige Beschlußnahme des Hauses der Abgeordneten über diesen Gesetzentwurf herbeizuführen.

Der Finanzminister. Der Minister der geistlichen, Unterrichts- und Medizinalangelegenheiten.

Miquel. Bosse.

An
den Präsidenten des Hauses der Abgeordneten,
Wirklichen Geheimen Rath,
Herrn v. Köller
Excellenz.

F. M. I Nr. 6669.
M. d. g. A. G. I Nr. 11279.

Wir Wilhelm, von Gottes Gnaden König von Preußen ꝛc.

ertheilen Unserem Finanzminister und Unserem Minister der geistlichen ꝛc. Angelegenheiten die Ermächtigung, den beigefügten Entwurf eines Gesetzes, betreffend die Gewährung einer Staatsrente für Stolgebührenentschädigungen in der evangelisch-lutherischen Kirche der Provinz Hannover, nebst Begründung dem Landtage der Monarchie zur verfassungsmäßigen Beschlußnahme vorzulegen.

Gegeben Neues Palais, den 4. Mai 1892.

Wilhelm.

Miquel. Bosse.

Allerhöchste Ermächtigung.

Entwurf eines Gesetzes,

betreffend die Gewährung einer Staatsrente für Stolgebührenentschädigungen in der evangelisch-lutherischen Kirche der Provinz Hannover.

Wir Wilhelm, von Gottes Gnaden König von Preußen ꝛc.

verordnen, mit Zustimmung der beiden Häuser des Landtags der Monarchie, für die Provinz Hannover, was folgt:

Artikel 1.

Dem nach dem § 9 des Kirchengesetzes für die evangelisch-lutherische Kirche der Provinz Hannover, betreffend die Aufhebung von Taufgebühren, vom .... 1892 zu bildenden landeskirchlichen Fonds wird Seitens des Staats vom 1. Oktober 1892 ab eine dauernde vierteljährlich im Voraus zahlbare Rente im Betrage von jährlich 140 000 Mark überwiesen. Diese Staatsrente ist ausschließlich dazu bestimmt, solchen Kirchengemeinden, welche die für aufgehobene Stolgebühren zu gewährenden Entschädigungsrenten durch Umlage aufbringen müssen, nach Maßgabe der §§ 9 und 12 des Kirchengesetzes vom .... 1892 Beihülfen zu gewähren.

Artikel 2.

Gegen die nach § 8 a. a. O. zu treffenden Festsetzungen ist der Rechtsweg ausgeschlossen.

Urkundlich ꝛc.

Beglaubigt:
Miquel. Bosse.

Begründung.

Gleichwie mit den verfassungsmäßigen Organen der evangelischen Landeskirche der älteren Provinzen und der evangelisch-lutherischen Kirche der Provinz Schleswig-Holstein ist nunmehr auch mit der Landessynode der evangelisch-lutherischen Kirche der Provinz Hannover eine Verständigung über die Ausführung der Beschlüsse des Landtags wegen Ablösung der Stolgebühren mit staatlicher Beihülfe (zu vergl. die Begründung in Nr. 84 der Drucksachen des Hauses der Abgeordneten S. 15) erzielt worden.

In der evangelisch-lutherischen Kirche der Provinz Hannover sind die Gebühren für kirchliche Aufgebote und Trauungen bereits durch das Kirchengesetz vom 16. Juni 1875 (Gesetzsamml. S. 303) aufgehoben. Der von der Landessynode jetzt angenommene Entwurf eines Kirchengesetzes beschränkt sich deshalb auf die Aufhebung der Taufgebühren; nur im § 10 beseitigt er noch die nach dem Gesetze vom 16. Juni 1875 verbliebene Ausnahme, der zu Folge noch in drei Gemeinden Aufgebots- und Trauungsgebühren erhoben werden.

Bei der Aufhebung der Taufgebühren schließt sich der Entwurf dem Systeme jenes Kirchengesetzes an, indem er im Unterschied von dem altländischen und Schleswig-Holstein'schen Entwurfe nicht nur die Gebühr für die einfachste Form, sondern als Regel die Taufgebühren überhaupt aufhebt (§ 1).

In den §§ 2 und 3 läßt der Entwurf künftig bei Taufen Gebühren nur noch für bestimmte Fälle und Nebenleistungen zu, sobald nämlich die Taufe auf Wunsch der Betheiligten entweder außerhalb der Kirche stattfindet oder mit besonderen nicht zum Wesen der Handlung gehörenden Zuthaten umgeben wird.

Hierdurch sind abweichende Bestimmungen auch bezüglich der Entschädigung und der Verwendung des Staatszuschusses bedingt.

Die Entschädigungsrente nämlich muß in Folge dessen nach den Gebühreneinnahmen von sämmtlichen vollzogenen Taufen bemessen werden. Damit erhöht sich allerdings der Gesammtbedarf im Vergleich zu dem Ergebniß der statistischen Erhebungen, welchen nur die Gebühreneinnahme für die einfachsten Akte zu Grunde liegt.

Gleichwohl ist deswegen eine übermäßige Belastung der Gemeinden nicht zu befürchten. Denn dafür soll, soweit nicht die Kirchenkassen die Entschädigungsrenten übernehmen können, aus dem Staatszuschusse der volle Ersatz – nicht blos der vier Prozent der Einkommensteuer der Gemeindeglieder übersteigende Betrag – der Einnahmen aus den Taufgebühren für ortsüblich einfachste Handlungen gewährt werden (§ 7). Dies ist dadurch ermöglicht, daß die von den Gemeinden für die aufgehobenen Aufgebots- und Trauungsgebühren nach dem Kirchengesetze vom 16. Juni 1875 übernommenen Entschädigungen, mit denen sich die Gemeinden bereits eingerichtet haben, unberührt gelassen sind.

Zur Bestreitung des noch übrigen Theiles der Entschädigungsrenten für die Taufgebühren ist die Einnahme aus der in § 2 auch fernerhin zugelassenen Abgabe an die Kirchenkasse zu verwenden, deren in entsprechender Höhe festzusetzen dem Kirchenvorstande unbenommen sein wird.

Nachdem die evangelisch-lutherische Kirche der Provinz Hannover auf diese Weise den für die Ueberweisung des Staatszuschusses zu stellenden Anforderungen hinsichtlich der Aufhebung der Tauf- und Trauungsgebühren genügt

hat, soll ihr durch Artikel 1 des Staatsgesetzes der ihr nach den statistischen Erhebungen zukommende Betrag von jährlich 140 000 Mark überwiesen werden (zu vergl. S. 17 der oben angegangenen Drucksache). Dieser Betrag entspricht zwar nur derjenigen Summe, welche bei einer Aufhebung der Gebühren für Taufe und Trauung in einfachster Form der Staat übernehmen müßte, wenn die Gemeinden nicht mehr als vier Prozent ihrer Personalsteuer an Entschädigungsrenten für ihre bezugsberechtigten Stellen aufbringen sollen; sie reicht aber auch aus, um nach dem Kirchengesetzentwurfe den Gemeinden vollen Ersatz für die Entschädigungsrenten der Taufgebühren einfachster Form zu gewähren. Ueber die Verwendung etwaiger Ersparnisse ist im § 12 des Kirchengesetzentwurfes das Erforderliche vorgesehen.

Kirchengesetz,

betreffend

die Aufhebung von Taufgebühren.

Wir **Wilhelm** 2c.

verordnen für die evangelisch-lutherische Kirche der Provinz Hannover mit Zustimmung der Landessynode, was folgt:

§ 1.

Die Gebührenpflicht für Taufen ist aufgehoben.

§ 2.

Jedoch ist für Taufen, die, abgesehen von Nothfällen, nicht in der Kirche beziehungsweise Kapelle oder dem Pfarrhause stattfinden, eine von dem Kirchenvorstande mit Genehmigung der Kirchenregierung festzustellende Abgabe an die Kirchenkasse zu erlegen. Ausgenommen von dieser Bestimmung sind diejenigen Kirchengemeinden, in welchen die Taufen außerhalb der Kirche beziehungsweise Kapelle oder des Pfarrhauses die hergebrachte Regel bilden.

Entsteht in einem einzelnen Falle darüber Streit, ob diese Abgabe zu entrichten ist, so entscheidet darüber nach Anhörung des Bezirksynode und Anhörung des Kirchenvorstandes. Gegen diese Entscheidung ist binnen dreißig Tagen nach geschehener Zustellung die Beschwerde an das Konsistorium zulässig. Eine weitere Beschwerde findet nicht statt.

§ 3.

Insofern bei den Taufen eine besondere, nicht zum Wesen der Handlung gehörende Thätigkeit oder Leistung in Anspruch genommen wird, ist dafür die etwa bestehende oder vom Kirchenvorstande mit Genehmigung der Kirchenregierung festzustellende Vergütung dem Bezugsberechtigten zu entrichten.

§ 4.

Der den Stellen beziehungsweise deren Inhabern oder an ihrer Stelle bezugsberechtigten Kassen durch die Aufhebung der Taufgebühren verursachte Ausfall (vergleiche § 5) ist von den Kirchenkassen, soweit diese dazu ausreichen, sonst von den Kirchengemeinden durch eine Rente zu ersetzen.

Die Rente ist am Schlusse jedes Vierteljahrs zahlbar.

§ 5.

Die Höhe der Entschädigungsrente bestimmt sich nach dem Durchschnitt der Solleinnahme aus den aufgehobenen Gebühren für die in den Jahren 1887 bis einschließlich 1891 vollzogenen Taufen.

Ist diese Durchschnittseinnahme nicht zu ermitteln, so ist die Höhe der zu gewährenden Entschädigungsrente unter Berücksichtigung der örtlichen Verhältnisse und der Zahl der in den angegebenen Jahren überhaupt vorgekommenen Taufen durch Schätzung zu finden.

§ 6.

Von sechs zu sechs Jahren kann eine neue Feststellung des für die Folgezeit zu ersetzenden Ausfalls Seitens der Kirchenregierung, des Bezugsberechtigten oder des Kirchenvorstandes mit der Wirkung verlangt werden, daß die ursprünglich festgestellte Entschädigungsrente im Verhältniß des bis dahin eingetretenen Anwachsens oder Herabgehens der Seelenzahl in den Kirchengemeinden erhöht oder gemindert wird. Die Seelenzahl der Kirchengemeinde soll zu dem Ende sofort bei der ersten Feststellung des Ausfalls im Anschluß an die zunächst vorhergegangene öffentliche Zählung und demnächst, so oft es nöthig wird, in entsprechender Weise thunlichst genau festgestellt werden.

Eine Veränderung der Entschädigungsrente ist nur dann statthaft, wenn dieselbe sich mindestens auf einen Betrag von fünf Prozent der früheren Rente beläuft.

§ 7.

Denjenigen Kirchengemeinden, welchen nach § 4 die Zahlung der Entschädigungsrente an Stelle der Kirchenkasse oder Dritter ganz oder theilweise obliegt, wird aus dem in § 9 bezeichneten landesherrlichen Fonds ein Ersatz gewährt.

Dieser Ersatz besteht in einer fortlaufenden Rente, deren Jahresbetrag sich berechnet nach der Zahl der in den Jahren 1887 bis einschließlich 1891 durchschnittlich vollzogenen Taufen, mit Ausschluß derjenigen, für welche eine höhere Gebühr bezahlt ist, vervielfältigt mit dem Gebührensatze für die einfachste Form der Taufe. Wo dieser Gebührensatz nach Ständen, Steuern u. s. w. abgestuft ist, muß daraus unter Berücksichtigung der örtlichen Verhältnisse ein Durchschnittssatz gefunden werden.

Diejenigen Kirchengemeinden, in welchen nach dem 1. Januar 1874 die Gebühren für Taufen freiwillig ganz oder theilweise Seitens der Kirchengemeinde abgelöst sind, erhalten gleichfalls aus dem landeskirchlichen Fonds einen Ersatz, welcher nach den in diesem Gesetz aufgestellten Grundsätzen mit der Maßgabe zu ermitteln und festzusetzen ist, daß an Stelle der Jahre 1887 bis 1891 die letzten fünf Kalenderjahre vor der Ablösung treten.

Der Ersatz ist am Schlusse jedes Vierteljahres zahlbar. Von sechs zu sechs Jahren kann Seitens der Kirchenregierung oder des Kirchenvorstandes eine neue Feststellung des für die Folgezeit zu gewährenden Ersatzes nach Maßgabe des § 6 verlangt werden.

§ 8.

Die Feststellung der im § 5 dieses Gesetzes vorgesehenen Entschädigungsrente und der dafür in Betracht kommenden Seelenzahl der Kirchengemeinde, sowie der nach § 7 aus dem landeskirchlichen Fonds zu gewährenden Ersatzbeträge erfolgt durch das Konsistorium. Gegen dessen Entscheidung ist binnen dreißig Tagen nach Zustellung der Festsetzungsverfügung die Beschwerde an das Landeskonsistorium zulässig, welches endgültig entscheidet.

In den Fällen der §§ 5 und 6 dieses Gesetzes sind vor der Entscheidung des Konsistoriums die Betheiligten (Bezugsberechtigten und Kirchenvorstand), sowie vor der Entscheidung des Landeskonsistoriums der Ausschuß der Bezirkssynode zu hören.

§ 9.

Behufs Gewährung des im § 7 vorgesehenen Ersatzes wird ein landeskirchlicher Fonds gebildet, in welchen die staatlicherseits für die Zwecke der Stolgebührenablösung zu gewährende Rente fließt.

§ 10.

In denjenigen Kirchengemeinden, in welchen eine Aufhebung der Aufgebots- und Trauungsgebühren nach Maßgabe des § 8 des Kirchengesetzes vom 16. Juni 1875 bisher nicht stattgefunden hat, tritt diese nunmehr ein und ist die Entschädigungsrente nach den Bestimmungen des genannten Gesetzes zu ermitteln. Soweit in diesen Kirchengemeinden ein zur Zahlung der Entschädigungsrente Verpflichteter nicht vorhanden ist, vermindert sich die Einnahme der betreffenden Stellen um den Betrag dieser Entschädigungsrente; doch wird den auf ihnen zur Zeit des Inkrafttretens dieses Gesetzes im Amte befindlichen Personen für ihre Amtsdauer die Entschädigungsrente aus dem in § 9 bezeichneten landeskirchlichen Fonds gezahlt.

§ 11.

Wenn die Staatsrente zur Deckung der aus dem landeskirchlichen Fonds zu gewährenden Ersatzbeträge nicht hinreicht, so ist durch Beschluß des Landeskonsistoriums zu bestimmen, bis zu welchem Prozentsatz des Einkommensteuersolls der einkommensteuerpflichtigen Gemeindeglieder die Kirchengemeinde ohne Anspruch auf Ersatz aus dem landeskirchlichen Fonds die Entschädigungsrenten (§ 5) selbst zu tragen haben.

Bei dieser Beschlußfassung haben die Mitglieder des ständigen Ausschusses der Landessynode in der im § 66 Nr. 2 der Kirchenvorstands- und Synodalordnung vom 9. Oktober 1864 bestimmten Weise mitzuwirken.

§ 12.

Etwaige Ersparnisse an der staatlicherseits zu gewährenden Rente verbleiben dem landeskirchlichen Fonds. Dieselben sind zur Erleichterung ärmerer oder schwer belasteter Kirchengemeinden bei Aufbringung der von denselben zum Zwecke der Aufhebung von Stolgebühren jetzt oder in Zukunft zu übernehmenden beziehungsweise nach dem Kirchengesetz vom 16. Juni 1875 übernommenen Entschädigungsrenten zu verwenden. Ueber die Art und Weise dieser Verwendung bleibt kirchengesetzliche Regelung vorbehalten. Bei jedem Erlaß eines bezüglichen Kirchengesetzes ist das Landeskonsistorium ermächtigt, aus den Ersparnissen zu gleichen Zwecken einmalige Beihülfen zu bewilligen. Dasselbe hat jährlich unter Beifügung der Jahresrechnung eine Uebersicht über die Verwendung der Ersparnisse dem ständigen Ausschuß der Landessynode mitzutheilen.

§ 13.

Die Festsetzung des Zeitpunktes, mit welchem dieses Gesetz in Kraft tritt, bleibt Königlicher Verordnung vorbehalten.

§ 14.

Das Landeskonsistorium ist mit Ausführung dieses Gesetzes beauftragt.

Urkundlich ꝛc.

№ 166.

Bericht

der

Kommission für das Justizwesen über den Antrag der Abgeordneten Neukirch und Drawe auf Annahme eines Gesetzentwurfs, betreffend die Regulirung der gutsherrlichen und bäuerlichen Verhältnisse in Neuvorpommern und Rügen. — Nr. 119 der Drucksachen.

———

Berichterstatter:
Abgeordneter Dr. Oetker.

Der Antrag der Abgeordneten Neukirch und Drawe, Nr. 119 der Drucksachen, ist in den Sitzungen der Justizkommission vom 27. und 29. April und 2. Mai 1892 in Gegenwart des Herrn Geheimen Oberregierungsraths Sterneberg als Kommissars des Herrn Landwirthschaftsministers berathen worden. Den beiden letzten Sitzungen wohnte auch der Herr Geheime Justizrath Schröder als Kommissar des Herrn Justizministers bei.

Der Antrag betrifft die Regulirung der gutsherrlichen und bäuerlichen Verhältnisse in Neuvorpommern und Rügen und bezweckt, das Gesetz vom 2. März 1850, betreffend die Ablösung der Realladen und die Regulirung der gutsherrlichen und bäuerlichen Verhältnisse (Gesetzsamml. S. 77), in seinem dritten Abschnitte, welcher speziell die Regulirung der gutsherrlichen und bäuerlichen Verhältnisse behufs der Eigenthumsverleihung zum Gegenstande hat, soweit erforderlich und mit den gebotenen Modifikationen und Ergänzungen auf Neuvorpommern und Rügen im Wege der Gesetzgebung auszudehnen.

Der dritte Abschnitt dieses Gesetzes (§§ 73—90 einschl.) ist an die Stelle des Edikts vom 14. September 1811 über die Regulirung der gutsherrlichen und bäuerlichen Verhältnisse getreten und sollte nach § 73 nur in denjenigen Landestheilen Anwendung finden, in welchen dieses Edikt Geltung gehabt habe. Damit fiel die Anwendbarkeit dieses dritten Abschnitts auf Neuvorpommern und Rügen hinweg, weil hier das bezeichnete Edikt nicht eingeführt gewesen war. Der Grund dieser Ausschließung Neuvorpommerns und Rügens lag in der mangelhaften Kenntniß der gutsherrlich-bäuerlichen Verhältnisse dieser Landestheile und in den von den Behörden aus Neuvorpommern gelegentlich der Vorbereitung des Gesetzes vom 2. März 1850 erstatteten Berichten, wonach Verhältnisse, worauf der dritte Abschnitt desselben Anwendung finden könnte, in Neuvorpommern seit dem Schwedischen Gesetz vom 4. Juli 1806, die Aufhebung der Leibeigenschaft in den deutschen Staaten Schwedens betreffend, „völlig verschwunden seien und zur Zeit nicht mehr existirten".

So ist es gekommen, daß von allen Landestheilen Preußens, in denen sich entsprechende bäuerliche Besitzverhältnisse vorfanden, Neuvorpommern und Rügen allein eines Regulirungsgesetzes bis zur Stunde entbehren, obwohl das Irrthümliche jener Berichte sehr bald erkannt und das Vorhandensein regulirungsfähiger gutsherrlich-bäuerlicher Besitzverhältnisse in diesen Landestheilen außer Zweifel gesetzt wurde. Anerkannt werden muß indeß nach dem Zeugnisse Ernst Moritz Arndt's, daß in Folge der Aufhebung der Leibeigenschaft durch das Schwedische Gesetz vom 4. Juli 1806 und einer unrichtigen Auffassung der Bedeutung dieser Aufhebung Seitens der Gutsherrschaften „das Legen und Einschlachten der Bauerngüter" um sich gegriffen hatte und ein großer Theil derselben schon vor dem Gesetze vom 2. März 1850 beseitigt worden war.

Blieb somit Neuvorpommern und Rügen von den Segnungen des Gesetzes vom 2. März 1850, soweit es sich um die Regulirung der gutsherrlichen und bäuerlichen Verhältnisse behufs der Eigenthumsverleihung handelte, ausgeschlossen, so war von weiterem nachtheiligen Einfluß auf die Erhaltung der Bauerngüter das Gesetz vom 1. Mai 1854, betreffend die Aufhebung der durch das Gesetz vom 9. Oktober 1848 angeordneten Sistirung von Verhandlungen und Prozessen (Gesetzsamml. S. 257). In Voraussicht der Nothwendigkeit einer anderweiten angemesseneren gesetzlichen Regulirung der gutsherrlichen und bäuerlichen Verhältnisse u. s. w. und um für die Zwischenzeit bis zum Zustandekommen eines solchen Gesetzes willkürliche Veränderungen und Neuerungen in diesen Verhältnissen zu verhüten, wurden durch das Gesetz vom 9. Oktober 1848 (Gesetzsamml. S. 276), theils von Amtswegen, theils auf Antrag eines Theilnehmers, sowohl die eingeleiteten Verhandlungen über die Regulirung jener Verhältnisse, als auch alle in Veranlassung dieser Verhältnisse entstandenen noch schwebenden Prozesse sistirt. Dieses für die ganze Monarchie erlassene Gesetz hatte auch für Neuvorpommern und Rügen Geltung und gewährte einstweilen gegen die weitere Vertreibung der Bauern Schutz. Dasselbe wurde auch für diese Landestheile durch die Gerichte aufrecht erhalten, nachdem das Regulirungsgesetz vom 2. März 1850 ergangen und nach § 113 mit dem Zeitpunkt seiner Verkündung das Gesetz vom 9. Oktober 1848 bezüglich aller Verhandlungen und Prozesse, „welche Rechtsverhältnisse zum Gegenstande haben, die nach dem gegenwärtigen Gesetze geordnet werden sollen", außer Wirksamkeit gesetzt war; und zwar wurde dasselbe deshalb aufrecht erhalten, weil jenes Regulirungsgesetz in dem entscheidenden dritten Abschnitt auf diese Landestheile nicht ausgedehnt war. Eine Entscheidung des Obertribunals vom 28. Juni 1853, wodurch die Sistirung anhängiger Exmissionsprozesse gegen bäuerliche Wirthe in Neuvorpommern als fortbestehend anerkannt wurde, gab die Veranlassung zu dem Gesetze vom 1. Mai 1854, wodurch die durch das Gesetz vom 9. Oktober 1848 angeordnete Sistirung von Verhandlungen und Prozessen allgemein, „insoweit als dies bisher noch nicht geschehen ist", aufgehoben wurde. Von Interesse ist aus den Verhandlungen der damaligen II. Kammer, daß ein Amendement: „auf Ablehnung dieses Gesetzes und auf nähere Erforschung und Mittheilung der in Neuvorpommern bestehenden Besitz- und Abgabenverhältnisse der Inhaber bäuerlicher Stellen" zunächst mit 136 gegen 133 Stimmen angenommen, in namentlicher Abstimmung aber mit 146 gegen 144 Stimmen abgelehnt worden ist.

Seit diesem Gesetze, das seinem Inhalte nach speziell für Neuvorpommern und Rügen trotz seiner allgemeinen Fassung bestimmt war, sind Kündigungen und Exmissionen bäuerlicher Wirthe in diesen Landestheilen nicht blos in den Rittergütern, sondern auch in den Gutsbezirken von Stiftungen und Korporationen in vermehrter Zahl eingetreten, und es kann nicht Wunder nehmen, daß seit dieser Zeit die Bauern von Neuvorpommern und Rügen die Ausdehnung des dritten Abschnitts des Regulirungsgesetzes vom 2. März 1850 auf diese Landestheile erstrebten und dazu immer und immer wieder die Hülfe der Landesvertretung in Anspruch nahmen.

Zur vollen Würdigung dieser Bestrebungen sowohl als auch des jetzt zur Berathung stehenden Antrags ist es geboten, die Verhandlungen, welche in den Häusern des Landtags und den Kommissionen derselben stattgefunden haben, in thunlichster Kürze darzustellen.

Bereits in der Session des Hauses der Abgeordneten von 1859 kam eine Petition der Kossäthen Dankwardt und Dober zu Mönkvitz, Kreis Rügen, zur Verhandlung, in welcher gebeten wurde, das Haus wolle sich dafür verwenden,

daß der dritte Abschnitt des Gesetzes vom 2. März 1850 im Wege der Legislatur auch für Neuvorpommern und Rügen anwendbar erklärt werde.

Die beiden Petenten besaßen auf dem Grund und Boden des dortigen Tertialguts zwei Kossäthenhöfe, für deren Benutzung sie an die Besitzer des Guts bestimmte Geldabgaben und Dienste zu leisten hatten. Gestützt darauf, daß die Höfe auf einem Tertialgute sich befanden, und unter der Behauptung, daß sie, die Petenten, und ihre Vorfahren schon über 100 Jahre im Besitze der Höfe sich befunden hätten, sowie unter Bezugnahme auf die im Jahre 1806 erfolgte Aufhebung der Erbunterthänigkeit hatten dieselben ein erbliches Recht, und zwar Eigenthum oder Erbpacht, an ihren Höfen, sowie die Befugniß, die darauf ruhenden Lasten abzulösen, im Rechtswege in Anspruch genommen, waren damit aber in allen Instanzen rechtskräftig abgewiesen.

In dem Erkenntnisse des Königlichen Revisionskollegiums für Landeskultursachen vom 18. Mai 1856 war jedoch in Uebereinstimmung mit dem erstinstanzlichen Urtheile der Königlichen Generalkommission zu Stargard hervorgehoben,

es sei nicht zu verkennen, daß das Besitzverhältniß der Appellanten und ihrer Vorbesitzer an ihren Höfen sich als ein gutsherrlich-bäuerliches Verhältniß ausprägte, welches nach den Bestimmungen des dritten Abschnitts des Ablösungsgesetzes vom 2. März 1850 den Anspruch auf Eigenthumsverleihung rechtfertigen würde, sowie daß die Darstellung der in Rügen obwaltenden Besitzverhältnisse, auf deren Grund die Gesetzgebung veranlaßt worden sei, den dritten Abschnitt des bezeichneten Gesetzes für Rügen und Neuvorpommern auszuschließen, mit den Thatsachen in einzelnen Fällen in Widerspruch trete.

Die Agrarkommission des Hauses der Abgeordneten, welche die Petition zu begutachten hatte, beantragte:

die Petition der Staatsregierung zur Erwägung zu überweisen, ob nach den lokalen Verhältnissen eine gesetzliche Bestimmung über die Regulirungsfähigkeit der Grundbesitzer in Neuvorpommern und Rügen zu treffen sei,

und dieser Antrag wurde in der Plenarsitzung vom 23. Februar 1859 angenommen.

In der Session von 1860 hatte die Agrarkommission aufs Neue sich mit demselben Gegenstande in Veranlassung einer Petition von 29 Dorfbewohnern der zum Kreise

Rügen gehörigen, im Eigenthume des Klosters zum heiligen Geiste zu Stralsund befindlichen Insel Ummanz zu beschäftigen. Die Petenten hatten an ihren Höfen das in Eigenthum übergegangene Erbpachtsrecht in Anspruch genommen, waren damit aber in erster und dritter Instanz abgewiesen, während die zweite Instanz (das Revisionskollegium für Landeskultursachen) den Anspruch für gerechtfertigt erklärt hatte. Die Agrarkommission lehnte die gestellten ungeeigneten Anträge der Petenten zwar ab, beantragte aber, die Petition der Staatsregierung als Material bei der am 23. Februar 1859 empfohlenen Erwägung über das Bedürfniß einer legislatorischen Maßregel zu überweisen und bemerkte in ihrem Berichte:

Dagegen ergeben die (von den Petenten) eingereichten Erkenntnisse und Kontrakte unzweideutig, daß die Bittsteller und ihre Vorfahren früher ihre Höfe zu erblichen Rechten besessen und nach und nach in die Lage gekommen sind, welche zu den rechtskräftig entschiedenen Zweifeln Veranlassung gegeben hat.

Vergleiche hierüber Fuchs, der Untergang des Bauernstandes u. s. w. Nach archivalischen Quellen aus Neuvorpommern und Rügen S. 339 ff.

In der Plenarsitzung vom 7. März 1860, in welcher dieser Bericht zur Verhandlung kam, theilte die Königl. Staatsregierung dem Hause mit, daß die am 23. Februar 1859 beantragte Erwägung stattgefunden habe und faßte deren Ergebniß dahin zusammen:

Hiernach würde sich die Eigenthumsverleihung im Wege der gutsherrlichen und bäuerlichen Regulirung nach den Grundsätzen des Gesetzes vom 2. März 1850 nur erstrecken können:

auf einen Kossäthenhof zu Stevelin, Kreises Greifswald,

auf 21 Stellen in 5 Ortschaften des Kreises Franzburg,

auf die Höfe im fiskalischen Bezirke Dews und Singst besselben Kreises,

auf zwei Kossäthenhöfe zu Mönkvitz,

und auf die Bauernhöfe der Ortschaften der Insel Ummanz, beide im Kreise Rügen.

Sie fügte dem noch hinzu:

Mag man auch annehmen, daß einzelne Stellen lassitischer Natur bei der erfolgten Recherche unbeachtet geblieben sind, so kann darüber doch kein Zweifel mehr obwalten, daß die Zahl derartiger Höfe in Neuvorpommern und Rügen eine verhältnißmäßig sehr geringe ist und daß mithin kein öffentliches Interesse die Ausdehnung des dritten Abschnitts des Ablösungsgesetzes u. s. w. gebietet.

Die Agrarkommission indeß, an welche in Veranlassung dieser Mittheilung die Petition zurückverwiesen wurde, war wesentlich anderer Ansicht und beantragte in ihrem erneuten Berichte vom 10. Mai 1860:

Die Petitionen der Staatsregierung zur Berücksichtigung in der Erwartung zu überweisen, daß dieselbe dem nächsten Landtage einen Gesetzentwurf wegen Ausdehnung der Regulirungsbestimmungen des III. Abschnitts des Gesetzes vom 2. März 1850 auf Neuvorpommern und Rügen zur verfassungsmäßigen Beschlußnahme vorlegen werde,

und dieser Antrag wurde vom Plenum des Hauses am 19. Mai 1860 „fast einstimmig" angenommen.

Am 21. Januar 1861 wurde dem Landtage der verlangte Gesetzentwurf, betreffend die Regulirung der gutsherrlichen und bäuerlichen Verhältnisse in Neuvorpommern und Rügen vorgelegt, mit welchem das gegen-

wärtig beantragte Gesetz im wesentlichen übereinstimmt.
In den Motiven ist wörtlich bemerkt:
„Es steht also fest, daß thatsächlich die Voraussetzung nicht zutrifft, welche zu der Anschließung der Gültigkeit des dritten Abschnitts des Gesetzes vom 2. März 1850 in Neuvorpommern und Rügen geführt hat, und da es als eine Forderung der Gerechtigkeit anzuerkennen ist, daß die bäuerlichen Wirthe daselbst bei gleichen Verhältnissen nicht ungünstiger behandelt werden, als diejenigen der übrigen Theile des Staats, so erscheint es unvermeidlich, die Regulirungsvorschriften des citirten Gesetzes nachträglich auf jenen Landestheil auszudehnen.
Eine vorgängige Anhörung des Provinziallandtages ist für diesen Zweck nicht erforderlich."

Die Agrarkommission beantragte in einem ausgezeichneten ausführlichen Bericht vom 20. Februar 1861 einstimmig die Annahme des Gesetzentwurfs mit einigen Modifikationen und Zusätzen, und das Plenum des Hauses beschloß demgemäß am 25. Februar 1861.

Der Herr Minister und sein Kommissar hatten sich mit den beschlossenen Abänderungen und Zusätzen einverstanden erklärt.

Das Herrenhaus beschloß dagegen dem Antrage seiner XII. Kommission gemäß am 27. April 1861:
die Königliche Staatsregierung zu ersuchen, den Gesetzentwurf u. s. w. zunächst an die Provinzialstände der Provinz Pommern zur Berathung gelangen zu lassen.

Mit Rücksicht auf diesen Beschluß erklärte der Minister für landwirthschaftliche Angelegenheiten Herr Graf v. Pückler in derselben Sitzung, daß es die nächste Aufgabe der Regierung sein werde, „sofort noch in dieser Session ein Sistirungsgesetz vorzulegen, was die Nachtheile der Verzögerung aufhebt."

Gleichzeitig hatten die Kossäthen Dankwardt und Dober zu Mönkvitz an das Herrenhaus die Bitte gerichtet, für den Fall, daß die Annahme des Gesetzentwurfs einstweilen Anstand finden sollte:
vorläufig ein Sistirungsgesetz für die betreffenden Landestheile herbeizuführen,
und es wurde mit Rücksicht auf den vorerwähnten Beschluß diese Petition der Königlichen Staatsregierung zur Berücksichtigung in derselben Sitzung empfohlen.

Am 11. Mai 1861 legte die Staatsregierung den Entwurf eines solchen Sistirungsgesetzes dem Herrenhause vor, welcher indeß in der Sitzung vom 29. Mai 1861 dem Kommissionsantrage gemäß einstimmig abgelehnt wurde.

Dieselbe Petition der Kossäthen Dankwardt und Dober war auch an das Haus der Abgeordneten gerichtet und wurde von diesem am 5. Juni 1861 der Königlichen Staatsregierung zur Berücksichtigung überwiesen.

Nachdem der Provinziallandtag von Pommern sich am 20. August 1861 gegen die Ausdehnung des III. Abschnitts des Gesetzes vom 2. März 1850 ausgesprochen hatte, hielt die Agrarkommission des Hauses der Abgeordneten in der Session von 1862 es für eine gebotene Pflicht, aufs Neue eine Petition um Erlaß des Gesetzes zur Berücksichtigung an die Staatsregierung zu übergeben, zu welchem Zwecke die beiden Abgeordneten Dr. Lette und Hinrichs den durch den Beschluß des Hauses vom 25. Februar 1861 genehmigten Entwurf mit dem Antrage auf Ertheilung der Zustimmung einbrachten.

Eine gleichzeitig eingegangene Petition der sämmtlichen früher Ummanzer Bauern, welche denselben Zweck verfolgte, wurde in der Plenarsitzung vom 4. März 1862 durch den vorerwähnten, von den Abgeordneten Dr. Lette und Hinrichs eingebrachten Gesetzentwurf für erledigt erklärt, während der auf Ueberweisung zur Berücksichtigung lautende Bericht der Agrarkommission vom 20. Februar 1862 über diesen Gesetzentwurf, im Hause nicht mehr zur Erledigung gelangt ist. In der Kommissionsberathung am 18. Februar 1862 hatte der Vertreter der Staatsregierung erklärt, daß der Provinziallandtag von Pommern sich deshalb gegen die Ausdehnung des Regulirungsgesetzes auf Neuvorpommern und Rügen ausgesprochen habe, weil ein Bedürfniß dazu nicht vorhanden sei, ein solches Gesetz auch nicht im Einklange stehe mit der Rechtsentwicklung in den bezeichneten Landestheilen und aus einem solchen Gesetze eine bäuerliche Unsicherheit des Besitzes und Aufregung der Gemüther erwachsen werde. Zugleich hatte der Vertreter der Staatsregierung mit Rücksicht auf das Gutachten des Provinziallandtags bemerkt und weil die Fälle, auf welche das Gesetz Anwendung finden könnte, nur noch in geringer Zahl vorhanden seien, nicht beabsichtige, mit einer neuen Gesetzesvorlage hervorzutreten. Nach den angestellten Ermittelungen existirten auf der Insel Umman noch 8 eventuell regulirungsfähige Ortschaften und außerdem zerstreut an anderen Orten noch etwa 20—30 dergleichen Stellen.

In der Session von 1867 petitionirten die früher bäuerlichen Besitzer auf der Insel Umman, aufs Neue beim Hause der Abgeordneten um Einführung des III. Abschnitts des Ablösungsgesetzes vom 2. März 1850; der deshalbige Bericht der Agrarkommission vom 6. Februar 1868 lautete auf Ueberweisung zur Berücksichtigung, kam aber wegen Ablaufs der Session nicht mehr im Plenum zur Berathung.

Im Jahre 1890 richtete der Kossäthe Dankwardt zu Mönkvitz an beide Häuser des Landtags wiederholt die Bitte um Ausdehnung des III. Abschnitts des Ablösungsgesetzes vom 2. März 1850 auf Neuvorpommern und Rügen.

Das Herrenhaus ging am 20. März 1890 auf mündlichen Bericht seiner Kommission für Agrarverhältnisse ohne Diskussion zur Tagesordnung über, während das Haus der Abgeordneten, abweichend von dem Antrage seiner Agrarkommission, welcher zunächst die Feststellung des Umfangs des bestehenden Bedürfnisses zur Ausdehnung des III. Abschnitts des Ablösungsgesetzes vom 2. März 1850 auf Neuvorpommern und Rügen und Mittheilung des Ergebnisses verlangte, am 12. Juni 1890 die Petition der Staatsregierung zur Berücksichtigung überwies. Die Königliche Staatsregierung erklärte in der III. Session 1890/91: „Die Ermittelungen über die thatsächlichen und rechtlichen Verhältnisse der bäuerlichen Stellen in Neuvorpommern und Rügen sind noch nicht zum Abschluß gelangt."

In derselben Session wiederholten die früher bäuerlichen Besitzer auf der Insel Umman, beim Hause der Abgeordneten dieselbe Bitte; der auf Ueberweisung zur Berücksichtigung lautende einstimmige Antrag der Agrarkommission ist jedoch im Plenum nicht mehr zur Berathung gelangt. In der Kommission hatte die Staatsregierung das Ergebniß der seitherigen Ermittelungen über den Umfang der in Neuvorpommern und Rügen vorhandenen regulirungsfähigen Höfe mitgetheilt; dasselbe ist in dem Kommissionsbericht (Nr. 428 der Drucksachen, 17. Legislaturperiode, III. Session 1890/91) ausführlich aufgenommen, aber zu umfassend, um hier vollständig wiederholt zu werden, weshalb sich auf folgende Bemerkungen beschränkt wird: Im Anschluß an die Mittheilung der Staatsregierung in der Plenarsitzung vom 7. März 1860 wird gesagt:

1. Daß die 42 bäuerlichen Stellen in den Domänendörfern Dars (Devs) und Bingst ausschieden,

weil diese Stellen ihren Besitzern inzwischen vom Fiskus käuflich zum Eigenthum überlassen worden seien, und auf die übrigen zahlreichen Stellen daselbst die Regulirungsvorschriften nicht anwendbar sein würden, weil für die Annahme, daß ein gutsherrlich-bäuerliches Verhältniß obwalte, jeder Anhalt fehle.

2. Von den 21 Stellen in 5 Ortschaften des Kreises Franzburg schieden 11 Stellen aus, weil diese sich jetzt wieder im Besitze der Grundherrschaften befänden oder durch Ankauf in deren Besitz übergegangen und verpachtet seien. Dagegen schien bei den 10 Kossäthenstellen in Kinubackenhagen eine Aenderung der bisherigen Verhältnisse nicht eingetreten zu sein.

3. Die Besitzer der 34 Höfe in den Ortschaften der Insel Ummanz schieden aus, weil das Kloster mit den Wirthen bis 1860 Pachtverträge abgeschlossen habe, welche das Fortbestehen eines gutsherrlich-bäuerlichen Verhältnisses ausschlößen und weil das Kloster die Exmission gegen die Wirthe erstritten habe. Freilich sei bei der Exmission zwischen dem Kloster und den Bauern ein Vergleich dahin zu Stande gekommen, daß die Bauern unter Vorbehalt ihrer erblichen Nutzungs- und Eigenthumsrechte freiwillig geräumt haben, daß Kloster aber anerkannt habe, daß die freiwillige Räumung gleiche Wirkung wie eine zwangsweise Exmission haben solle; aber da seitdem mehr als 30 Jahre vergangen seien, werde ein Eingreifen der Gesetzgebung zu dem Zwecke, um die Pachthöfe in Eigenthumshöfe zu verwandeln, um so weniger für zulässig erachtet werden, als die im Jahre 1860 ermittirten Besitzer sich jedenfalls auch beruhigt hätten, da seit 1868 neue Anträge von ihnen nicht eingegangen seien.

4. Daß der Absatz 1 des § 74 des Gesetzes vom 2. März 1850 auf die drei Kossäthenhöfe zu Mönkvitz und Stevelin anwendbar sein würde, wenn er in Neuvorpommern und Rügen Geltung hätte, sei wohl zweifellos, da diese Höfe auf Tertialgütern sich befänden.

Sodann ist weiter von dem Vertreter der Staatsregierung die Frage, ob Billigkeitsgründe für die jetzige Ausdehnung des III. Abschnitts des Gesetzes vom 2. März 1850 vorliegen, erörtert und verneint, weil seit diesem Regulirungsgesetze mehr als 40 Jahre vergangen seien; die wenigen Gutsherren, welche ihre Bauernhöfe in der Zwischenzeit nicht gelegt haben, die Einführung des Gesetzes als eine Ungerechtigkeit empfinden würden; weil ferner bei der geringen Anzahl regulirungsfähiger Höfe kein ausreichendes öffentliches Interesse zur Ausdehnung des Gesetzes anerkannt werden könne, diese vielmehr als eine Begünstigung einiger weniger Personen erscheinen würde, welche der Gesetzgeber werde ablehnen müssen.

Auch in der gegenwärtigen Session des Landtages haben die Kossäthen Dankwardt zu Mönkvitz und Lange zu Stevelin, sowie 30 frühere Bauern der Insel Ummanz die gleiche Petition eingebracht, worüber die Agrarkommission des Hauses der Abgeordneten den Bericht Nr. 132 der Drucksachen erstattet hat.

Damit schließt die Vorgeschichte des gegenwärtigen Antrags. Die Petenten scheinen die Hoffnung aufgegeben zu haben, durch Intervention des Landtages zu ihrem Rechte zu gelangen, und es haben deshalb die beiden Kossäthen Dankwardt zu Mönkvitz und Lange zu Stevelin die Hülfe Sr. Majestät des Kaisers mit der ehrfurchtsvollen Bitte angerufen:

Anl. z. d. Verhandl. d. Hauses d. Abg. 17. Legisl. IV. Session 1892.

„Allergnädigst Fürsorge zu treffen, daß durch Ausdehnung des III. Abschnitts des Gesetzes vom 2. März 1850 auf unsere Landestheile dem verhängnißvollen Bauernlegen, welches den hiesigen Bauernstand in seiner Kraft gebrochen und fast vernichtet hat, endlich ein Ende gemacht werde."

Auf Veranlassung des Herrn Landwirthschaftsministers war jedoch schon vorher der Pommersche Provinziallandtag zur nochmaligen Begutachtung der Angelegenheit aufgefordert worden; derselbe hat unter dem 10. März d. J. den in den Motiven des gegenwärtigen Antrags wörtlich wiedergegebenen Beschluß gefaßt, welcher, in direktem Gegensatze zu dem Gutachten desselben Provinziallandtages vom 20. August 1861, die erbetene Ausdehnung des III. Abschnitts des Gesetzes vom 2. März 1850 für geboten erachtet, um im Wege der Gesetzgebung im Sinne der Gesetzesvorlage von 1861 den Betheiligten die Möglichkeit zu geben, die Frage, ob die Vorschriften des Gesetzes Anwendung finden, zum rechtlichen Austrage zu bringen. Es verdient Erwähnung, daß der Herr Oberpräsident der Provinz bei der Berathung betont hat, es sei eine Forderung der Gerechtigkeit, das Gesetz selbst dann auszudehnen, wenn dasselbe auch nur noch auf eine Bauernfamilie Anwendung finde.

Dem Kossäthen Dankwardt zu Mönkvitz, der seit mehr als 30 Jahren die Sache der Bauern in Neuvorpommern und Rügen beharrlich vertreten hat, ist es nicht mehr beschieden gewesen, von diesem Beschlusse des Provinziallandtages, wie auch von dem gegenwärtigen Antrage Kenntniß zu bekommen. Er ist im Alter von 81 Jahren im Anfange dieses Jahres gestorben.

Seinem Sohne ist alsbald nachher das Gut zu Johanni dieses Jahres von dem Tertialisten gekündigt mit der Aufforderung, dasselbe noch vor dem 1. Juli d. J. zu räumen, das Gut, das sich seit mehr als 100 Jahren in dem Besitze des Verstorbenen und seiner Vorfahren befunden hat und unzweifelhaft zu den Bauernhöfen gehört, auf die der III. Abschnitt des Gesetzes vom 2. März 1850 Anwendung gelitten hätte und die längst in das Eigenthum der Besitzer übergegangen wären, wenn das Gesetz eingeführt worden wäre.

Der Berichterstatter beantragte hiernach in Erwägung:

daß die Ausdehnung der einschlägigen Bestimmungen des III. Abschnitts des Gesetzes vom 2. März 1850 auf Neuvorpommern und Rügen als einer Forderung der Gerechtigkeit entsprechend vom Hause der Abgeordneten wiederholt anerkannt ist;

daß die Königliche Staatsregierung in den Motiven zu dem Gesetzentwurfe vom 21. Januar 1861 es für unvermeidlich erklärt hat, die Regulirungsvorschriften des bezeichneten Gesetzes auf die erwähnten Landestheile auszudehnen;

daß auch der Provinziallandtag der Provinz Pommern es für geboten erachtet hat, den Betheiligten die Möglichkeit zu geben, die Frage, ob die Vorschriften des Gesetzes Anwendung finden, zum rechtlichen Austrage zu bringen;

daß der Herr Landwirthschaftsminister seine persönliche Stellung dahin präzisirt hat, daß, wenn auch nur einem bäuerlichen Besitzer durch die beantragte Ausdehnung des Gesetzes geholfen werden könne, diese Ausdehnung seinen Wünschen entsprechen würde;

daß die Entscheidung der Frage, auf welche und wieviel Bauernhöfe die Regulirungsvorschriften des Gesetzes vom 2. März 1850

262

Anwendung leiden würden, den zur Ausführung des Gesetzes berufenen Behörden gebührt, während nach den Erklärungen der Königlichen Staatsregierung das Vorhandensein einzelner solcher Höfe außer Zweifel ist;

daß der gegenwärtige Antrag dem zwischen der Königlichen Staatsregierung und dem Hause der Abgeordneten in der Plenarsitzung vom 23. Februar 1861 festgestellten Gesetzentwurfe im Wesentlichen entspricht;

daß auch von keiner Seite des Hauses gegen den Antrag im Allgemeinen Einwendungen erhoben sind;

von einer Generaldiskussion Abstand zu nehmen und alsbald in die Spezialdiskussion einzutreten, und es wurde dieser Antrag ohne Diskussion einstimmig angenommen.

Bei Eröffnung der Spezialdiskussion wurde zunächst beschlossen, eine doppelte Lesung eintreten zu lassen.

Der Berichterstatter erklärte sodann, daß die von ihm zu beantragenden Abänderungen des Gesetzentwurfs, abgesehen von dem § 3 desselben, mit dem anwesenden Herrn Regierungskommissar berathen seien, und sowohl dessen als auch, wie er, der Berichterstatter, sich überzeugt habe, die Zustimmung der beiden Herren Antragsteller gefunden haben.

Hiernächst wurde die Ueberschrift und Einleitung des Gesetzentwurfs genehmigt.

Zu § 1

wurde beschlossen, die Zahl „79" durch die Zahl „80" zu ersetzen, nachdem unter Zustimmung des Herrn Regierungskommissars dargelegt worden war, daß die Ausdehnung der Bestimmungen des § 79 des Gesetzes vom 2. März 1850 wegen des verschiedenen Zeitpunkts vorliegend nicht passe, mit dem für den zu erreichenden Zweck ausreichenden letzten Satze des Absatzes 1 des § 3 des Entwurfs in Gegensatz trete und überflüssig sei.

§ 2

wurde genehmigt.

Zu § 3.

Zum ersten Absatze wurde von dem Herrn Regierungskommissar angeregt, daß es geboten erscheine, durch einen Zusatz zum Ausdrucke zu bringen, daß wohlerworbene Rechte, welche durch zulässige Verfügungen der Gutsherrschaften in der Zeit vom 1. Januar 1892 bis zur Verkündung des Gesetzes an den zu regulirenden Höfen für dritte Personen begründet worden, nicht verletzt werden sollten. Zu dem Zwecke wurde beantragt, zwischen die Worte: „sondern" und „in" der vierten Zeile des ersten Absatzes die Worte einzuschalten:

„unbeschadet der wohlerworbenen Rechte Dritter", und dieser Antrag nach längerer Erörterung durch Mehrheitsbeschluß zwar vorläufig angenommen, dabei jedoch anerkannt, daß der Gegenstand noch einer reiflichen Erwägung bei der zweiten Lesung bedürfe.

Darüber, daß Verfügungen der Gutsherren nach der Verkündung des Gesetzes durch die Regulirung ihre Wirksamkeit verlieren, war allgemeines Einverständniß, namentlich auch von Seiten des Herrn Regierungskommissars.

Zum zweiten Absatze des § 3 wurden folgende Abänderungen beantragt:

1. statt des Wortes „dieselbe" — „diese Stelle";
2. statt der Worte: „Eigenthums-, dinglichen oder erblichen Besitzrechte" das Wort „Rechte" zu setzen;
3. vor die Worte „schriftlich vorbehalten" die Worte: „bei oder vor der Räumung" einzuschalten;
4. Statt der Worte „ein für allemal" — „rechtskräftig" zu sagen;
5. vor die Worte: „geltend gemacht hat" einzuschalten: „vor der Räumung".

Es wurde ausgeführt, daß es sich nicht sowohl um Eigenthums-, dingliche oder erbliche Besitzrechte, als vielmehr wesentlich nur um Besitzrechte handele; daß insbesondere von einer Regulirung zum Zwecke der Eigenthumsverleihung nicht die Rede sein könne, wenn bereits Eigenthum bestehe und daß es sich daher empfehle, den allgemeinen Ausdruck „Rechte" zu gebrauchen, um alle Arten von Berechtigungen der Bauern an ihren Höfen zu begreifen.

Darüber, daß der schriftliche Vorbehalt der Rechte, beziehungsweise deren Geltendmachung im Prozeß, sei es im Wege der Klage oder der Einrede, vor oder bei der Räumung des Hofs erfolgen sein, späteren Vorbehalten aber die Wirkung versagt werden müsse, war keine Meinungsverschiedenheit. Der Berichterstatter machte dabei darauf aufmerksam, daß auch bei dem genehmigten Gesetzentwurfe von 1861, wie sich aus dem darüber erstatteten Berichte ergebe, von der gleichen Voraussetzung ausgegangen sei.

Die Abänderungen zu 1 und 4 sind redaktioneller Natur.

Die Anträge 1—5 wurden genehmigt.

Zum dritten Absatze wurde die Zahl „79" in Konsequenz des Beschlusses zu § 1 gestrichen.

Zu § 3a.

Dieser Zusatzparagraph, welcher die ungenügende Bestimmung im Schlußsatze des § 7 des Entwurfs zu ersetzen und die Vermittelung der Rentenbank bei der Ablösung der auf den zu regulirenden Höfen ruhenden Lasten und Servituten sicherzustellen bestimmt ist, fand keinerlei Widerspruch und wurde von der Kommission genehmigt. Das Gesetz vom 17. Januar 1881 (Gesetzsamml. S. 5), welches bereits durch das Gesetz vom 7. Juli 1891 (Gesetzsamml. S. 279) § 14 wieder in Kraft gesetzt ist, hat die Vermittelung der Rentenbanken nur zur Ablösung von Reallasten wieder zugelassen, während vorliegend auch die Ablösung von Servituten durch die Zusammenlegung der Grundstücke nothwendig werden kann. Der Herr Regierungskommissar erklärte sein Einverständniß und fügte noch hinzu:

„Bei den unter den dritten Abschnitt des Gesetzes vom 2. März 1850 fallenden Regulirungen können nach § 80 u. 4 und b 5, § 83 Absatz 2 und § 84 Absatz 2 auch Servituten durch Vermittelung der Rentenbank abgelöst werden, ebenso die im § 80 unter b 3 gedachten Verpflichtungen, die auf Reallasten oder Servituten beruhen können und im § 83 Absatz 1 und 2 bezüglich der Werthvermittelung im § 80 unter a 4 und b 5 gedachten Servituten gleichgestellt sind. Der vorgeschlagene § 3a ermöglicht die Ablösung durch Vermittelung der Rentenbank in demselben Umfang, wie sie nach dem dritten Abschnitte des Gesetzes vom 2. März 1850 zulässig war."

Zu § 4.

Die hier beantragte Abänderung ist theils redaktionell, theils, soweit es sich um den Zusatz: „und der Gemeinheitstheilungsordnung vom 19. Mai 1851 (Gesetzsamml. S. 371)" handelt, sachlicher Natur und deshalb wünschenswerth, weil dieses Gesetz für Neuvorpommern und Rügen erlassen ist und dessen Anwendung, neben den damit vereinbaren Vorschriften der Schwedischen Verordnung vom 18. November 1775, auch für die in Folge des gegenwärtigen Gesetzes nothwendig werdenden Zusammenlegungen geeignet erscheint. Der Herr Regierungskommissar erklärte die beantragte Aenderung ebenfalls für zweckmäßig und bemerkte, daß die Verordnung vom 18. November 1775 in dem von den Behörden handelnden Theile sehr dürftig und jetzt nicht mehr anwendbar sei, während die Gemeinheitstheilungsordnung die ergänzenden Bestimmungen enthalte.

Die Kommission beschloß dem Antrage gemäß.
Der § 5 wurde unverändert angenommen.

Zu § 5a.

Dieser Zusatzparagraph erscheint deshalb nothwendig, weil ohne denselben eine Vertretung des Tertialguts zur Wahrnehmung der gutsherrlichen Rechte bei der Regulirung und Zusammenlegung der zu einem solchen Gute gehörigen Höfe nicht besteht, der Tertialist insbesondere zu dieser Vertretung nicht berechtigt erscheint; das Gesetz also für diese Höfe nicht ausführbar sein würde. Die gemeinsame Vertretung durch den Fiskus und den Tertialisten rechtfertigt sich aus dem Umstande, daß der Fiskus Eigenthümer der Tertialgüter und als solcher in der Abtheilung I des Grundbuchs eingetragen ist. Der Herr Regierungskommissar trat dem Zusatze und der Begründung überall bei, und die Kommission genehmigte den § 5a.

Zu § 6.

Mit Rücksicht darauf, daß es noch nicht feststehe, wann das Gesetz würde verkündet werden und daß den Betheiligten, zumal bei der Schwierigkeit der Sache, eine genügende Frist zur Herbeischaffung und Klarstellung des Materials zur Begründung und zum Beweise ihrer Ansprüche gewährt werden müsse, dazu aber die Frist bis Ende 1892 keinenfalls ausreiche, wurde beantragt und mit Zustimmung des Herrn Regierungskommissars beschlossen, statt „1892" — „1893" zu setzen.

Zu § 7.

Der zweite Satz dieses Paragraphen hat durch den § 3a bereits seine Erledigung gefunden.
Bezüglich des ersten Satzes wurde, um wegen der zuständigen Behörden, des Verfahrens und des Kostenwesens alle Zweifel auszuschließen, in Uebereinstimmung mit dem Herrn Regierungskommissar der § 7 in der aus der Zusammenstellung ersichtlichen Weise anderweit formulirt und angenommen.
Der Herr Regierungskommissar bemerkte hierzu:
„Das Kostengesetz vom 24. Juni 1875 enthält keine Bestimmungen darüber, welche Kostenpauschsätze für gutsherrlich-bäuerliche Regulirungen zu erheben sind. Derartige Regulirungen waren damals nicht mehr anhängig und neue Provokationen konnten nach § 78 des Gesetzes vom 2. März 1850 und vom 17. März 1857 nicht mehr angebracht werden. Es müssen daher im § 7 Bestimmungen über die zu erhebenden Pauschsätze getroffen werden. Auf die im § 80 unter a 1 und 2 sowie b 1 und 2 nach § 82 ohne Entschädigung wegfallenden Rechte wird bei der Berechnung des Pauschquantums keine Rücksicht zu nehmen sein, weil diese Rechte ohne Werthsermittelungsverfahren durch Gesetz beseitigt werden."
Bei der am 29. April 1892 begonnenen zweiten Lesung wurde zunächst beschlossen, die Berathung gleichzeitig auf den inzwischen ebenfalls der Justizkommission überwiesenen Antrag der Abgeordneten Neukirch und

Drawe, Nr. 118 der Drucksachen, betreffend eine vorläufige Bestimmung über die Regulirung der gutsherrlichen und bäuerlichen Verhältnisse Behufs der Eigenthumsverleihung in Neuvorpommern und Rügen, auszudehnen. Sodann wurden zum vorliegenden Gesetzentwurfe und zur Miterledigung des Antrags Nr. 118 der Drucksachen folgende drei Anträge gestellt:

I. 1. Beide Gesetzentwürfe mit einander zu verbinden zu einem Gesetzentwurfe,
   2. in dem Entwurf Nr. 119 folgende Aenderungen gegenüber den Beschlüssen erster Lesung anzunehmen:
      a) im § 3
         α) zu Abs. 1 den Zusatz „unbeschadet der wohlerworbenen Rechte Dritter" wieder zu streichen,
         β) zu Abs. 2 hinter den Worten „geltend gemacht hat" den Abs. 2 so abzuschließen:
         „so soll für ihn und seine Erben nicht der 1. Januar 1892, sondern der Tag der Räumung maßgebend sein, falls der Grundeigenthümer nicht inzwischen einen Dritten in den Besitz der Rechte eingesetzt hat."
      b) unter Ablehnung des besonderen Gesetzentwurfs Nr. 118 hinter § 5a in den Gesetzentwurf Nr. 119 folgenden § 5b einzufügen:
         „die Regulirungsfähigkeit der bäuerlichen Stellen, deren Umfang, Berechtigungen und Verpflichtungen, sowie die Ansprüche auf Eigenthumsverleihung sollen nach denjenigen Rechts- und Besitzverhältnissen des 1. Juni 1892 beurtheilt werden. Hiermit in Widerspruch stehende, nach diesem Tage getroffene Verfügungen und Verabredungen, sowie Kündigungen, deren Fristen bis zu diesem Tage nicht abgelaufen sind, werden bei dem Eintritt der Regulirung rechtlich unwirksam. Die darauf beruhenden Besitzrechte verlieren durch die Regulirung ihre Kraft."

II. 1. Die Worte am Schlusse des 2. Absatzes „unbeschadet .... succedirt" sind zu streichen.
    2. Statt dessen ist zwischen dem 2. und 3. Absatz folgender Absatz einzuschieben:
       „Hat der Gutsherr im Falle des ersten Absatzes nach dem 1. Januar 1892 oder im Falle des zweiten Absatzes nach der Verkündung des Gesetzes vom 1. Mai 1854 zu Gunsten eines Dritten Verfügungen getroffen, welche mit den in den §§ 76, 81 des Gesetzes vom 2. März 1850 erwähnten Besitz- und Nutzverhältnissen im Widerspruch stehen, so ist der Regulirung zu Gunsten des dieselbe verlangenden früheren Stelleninhabers nur mit der Maßgabe zulässig, daß letzterer an Stelle des Gutsherrn in das zwischen diesem und dem Dritten begründete Rechtsverhältniß tritt."

III. 1. Hinter den ersten Absatz des § 3 einzuschalten:
    „Hiermit in Widerspruch stehende Verfügungen und Verabredungen, welche Seitens der Gutsherrschaft nach dem 1. Januar 1892 über bäuerliche Stellen getroffen sind, werden dem (früheren) Stelleninhaber gegenüber mit dem Eintritte der Regulirung rechtlich unwirksam und die darauf beruhenden Besitzrechte verlieren durch die Regulirung ihre Kraft."

262*

2. Für den Fall der Ablehnung: Hinter den ersten Absatz des § 3 einzuschalten:
„Wenn die Gutsherrschaft in der Zeit vom 1. Januar bis 15. März 1892 über die bäuerlichen Stellen zu Gunsten Dritter Verträge abgeschlossen hat, welche mit den in den §§ 76 und 81 des Gesetzes vom 2. März 1850 erwähnten Besitz- und Rechtsverhältnissen in Widerspruch stehen, so treten die (früheren) Stelleninhaber mit der Regulirung in diese Verträge an Stelle der Gutsherrschaft ein. Verfügungen und Verabredungen, welche Seitens der Gutsherrschaft nach dem 15. März 1892 über bäuerliche Stellen getroffen sind, werden dem (früheren) Stelleninhaber gegenüber mit dem Eintritt der Regulirung rechtlich unwirksam und die darauf beruhenden Besitzrechte verlieren durch die Regulirung ihre Kraft.

3. Für den Fall der Annahme des Antrages unter 1 oder 2 den Antrag der Herren Abgeordneten Neukirch und Drawe Nr. 118 der Drucksachen für erledigt zu erklären."

Nachdem die Antragsteller diese Anträge begründet hatten, war darüber allseitiges Einverständniß, daß die in erster Lesung in den ersten Absatz des § 3 eingeschalteten Worte: „unbeschadet der wohlerworbenen Rechte Dritter" zu unbestimmt und ungenügend seien, es vielmehr geboten erscheine, durch umfassendere Bestimmungen die Absicht des Gesetzgebers festzustellen, um jeden Zweifel auszuschließen. Es wurde daher um so mehr beschlossen, diese Worte wieder zu streichen, als die in Frage stehenden, von den Gutsherren nach dem 1. Januar 1892 (Absatz 1) bezw. nach der Verkündung des Gesetzes vom 1. Mai 1854 (Absatz 2) vorgenommenen Dispositionen und deren Wirkungen den Hauptgegenstand der gestellten Anträge bildeten. Zu einer Beschlußfassung über diese Anträge kam es wegen vorgerückter Zeit nicht mehr, dieselbe wurde vielmehr auf eine weitere Sitzung vertagt, nachdem noch beschlossen war, im Uebrigen, also abgesehen von § 3, es bei den sämmtlichen in erster Lesung angenommenen Abänderungen des Gesetzentwurfs zu belassen.

Bei Fortsetzung der zweiten Lesung am 2. Mai 1892, welcher auch der Herr Minister für Landwirthschaft, Domänen und Forsten neben den beiden Herren Kommissaren beiwohnte, wurde zunächst:

A. an Stelle des Antrages unter 1 der folgende neue Antrag von dem Antragsteller gestellt:

Zu den Beschlüssen der Kommission in erster Lesung (Nr. 119):

1. Dem Absatz 2 des § 3 hinter den Worten „geltend gemacht hat" folgenden Abschluß zu geben:
„so soll für ihn und seine Erben nicht der 1. Januar 1892, sondern der Tag der Räumung, als Normaltag maßgebend sein."

2. Hinter § 3 vor dem § 3a folgenden Paragraphen einzuschieben:

§ 3a.

Hat der Gutsherr im Falle des zweiten Absatzes § 3 nach jenem Räumungstage zu Gunsten eines Dritten Verfügungen getroffen, welche mit den in den §§ 76, 81 des Gesetzes vom 2. März 1850 erwähnten Besitz- und Rechtsverhältnissen im Widerspruch stehen, so bleiben zwar dritte Erwerber von Rechten im Besitze der übertragenen Rechte und findet auch die Regulirung zwischen dem gegenwärtigen Inhaber der Stelle und der Gutsherrschaft statt, es sind aber derjenige, welcher bei Räumung die Stelle inne hatte und seine Erben befugt, von dem Gutsherrn Abtretung aller Vortheile, welche er aus der Regulirung der Stelle zieht und bei Uebertragung der Stelle von dem dritten Erwerber gezogen hat, sowie aus diesen Verhältnissen ihm etwa zustehenden Ansprüche zu fordern berechtigt.

3. Unter Ablehnung des besonderen Gesetzentwurfs Nr. 118 hinter § 5a in den Gesetzentwurf Nr. 119 einzuschalten:

§ 5b.

Die Regulirungsfähigkeit der bäuerlichen Stellen, deren Umfang, Berechtigungen und Verpflichtungen, sowie die Ansprüche auf Eigenthumsverleihung sollen nach den Rechts- und Besitzverhältnissen des 1. April 1892 beurtheilt werden. Hiermit in Widerspruch stehende, nach diesem Tage getroffene Verfügungen und Verabredungen, sowie Kündigungen, deren Fristen bis zu diesem Tage nicht ablaufen sind, werden bei dem Eintritt der Regulirung rechtlich unwirksam. Die darauf beruhenden Besitzrechte verlieren durch die Regulirung ihre Kraft.

B. Die beiden Anträge unter II und III wurden ebenfalls zurückgezogen und vereinigten sich die beiden Antragsteller auf folgenden, den ganzen § 3 umfassenden neuen Antrag:

§ 3 zu Abs. 1. Rücksichtlich der in den §§ 76 und 81 des Gesetzes vom 2. März 1850 erwähnten Besitz- und Rechtsverhältnisse gilt nicht die Verkündung des Gesetzes vom 9. Oktober 1848, sondern der 1. Januar 1892 als der entscheidende Zeitpunkt. Von demselben ab vererbt sich auch das im § 79 des Gesetzes vom 2. März 1850 bezeichnete Recht.

§ 3 zu Abs. 2. Wenn aber derjenige, welcher eine bäuerliche Stelle zur Zeit der Verkündung des Gesetzes vom 1. Mai 1854 (Gesetzsamml. S. 257) innehatte, diese Stelle vor dem 1. Januar 1892 geräumt, die daran behaupteten Rechte bei oder vor der Räumung schriftlich vorbehalten oder in einem Rechtsstreite, ohne damit rechtskräftig zurückgewiesen zu sein, vor der Räumung geltend gemacht hat, so soll sein und seiner Erben Anspruch auf Eigenthumsverleihung den Vorzug vor demjenigen eines späteren zu seiner Familie nicht gehörigen Inhabers erhalten.

Verfügungen, Verabredungen und Kündigungen, welche nach dem 15. März 1892 getroffen sind und mit den Vorschriften des ersten und zweiten Absatzes in Widerspruch stehen, sind bei der Regulirung verlangender früheren Stelleninhaber gegenüber mit dem Eintritt der Regulirung rechtlich unwirksam.

Sind derartige Verfügungen, Verabredungen oder Kündigungen im Falle des ersten Absatzes in der Zeit vom 1. Januar 1892 bis 15. März 1892, oder im Falle des zweiten Absatzes in der Zeit von der Räumung der Stelle bis zum 15. März 1892 getroffen, so ist die Regulirung zu Gunsten des dieselbe verlangenden früheren Stelleninhabers nur mit der Maßgabe zulässig, daß Letzterer an Stelle des Gutsherrn in das zwischen diesem und dem Dritten begründete Rechtsverhältniß tritt.

§ 3 zu Abs. 3. An die Stelle der Bezugnahme auf das Gesetz vom 2. März 1850, welche sich in den §§ 77 und 88 desselben vorfindet, tritt die Bezugnahme auf das gegenwärtige Gesetz."

Die Antragsteller erklärten übereinstimmend, daß durch die Annahme sowohl des Antrages unter A, als des unter B, der Antrag unter Nr. 118 der Drucksachen seine Erledigung finde.

Die Diskussion beschränkte sich daher auf diese beiden neuen Anträge. Der Antrag unter A wurde von seinem Urheber in folgender Weise begründet:

Es müsse dem Kossäthen Dankwardt, dessen Petition zunächst zu dem Gesetzentwurfe Anlaß gegeben habe, vollständiger Schutz gewährt werden. Um dieses zu erreichen, bedürfe es aber eines Zurückdatirens der Wirkungen des Gesetzes nicht bis zum 1. Januar, auch nicht einmal bis zum 15. März d. J., sondern genüge, wenn folgender Antrag angenommen werde, in die Vorlage als § 5b einzurücken:

„Die nach dem 1. April 1892 getroffenen Verfügungen, Verabredungen sowie Kündigungen, deren Fristen bis zu diesem Tage nicht abgelaufen sind, werden bei dem Eintritt der Regulirung rechtlich unwirksam."

Eine weitere Zurückdatirung der Unwirksamkeit empfehle sich aber nicht, weil garnicht erhelle, ob in den ersten Monaten Austreibungen von Stelleninhabern stattgefunden hätten und unter welchen Umständen dies eventuell geschehen sei; es lasse sich deshalb garnicht ermessen, ob zu einem so einschneidenden Eingreifen in die Vertragsfreiheit durch Gesetz genügender Anlaß vorläge. Man müsse doch immer festhalten, daß bei dem bisherigen Stande der Gesetzgebung in den in Betracht kommenden Landestheilen dem Gutsherrn das Recht zum Vergeben der Stelle an Dritte zustand und deshalb gemäß dem Rechtssatze: qui jure suo utitur neminem laedit auch der Erwerb der Stelle durch einen Dritten durchaus rechtlich zulässig war. Sollte wirklich in den ersten Monaten des Jahres 1892 eine Entsetzung eines Stelleninhabers stattgefunden haben, so könne dies beispielsweise auf Grund einer Kündigung geschehen sein, welche schon aus der Zeit vom Oktober v. J. datirte. Ohne causae cognitio sei für geartete Fälle nachträglich, nachdem inzwischen vielleicht ein neuer Stelleninhaber eingezogen sei, die Nichtigkeit aller Rechtsakte auszusprechen, juristisch nicht als gerechtfertigt angesehen werden.

Vor allem komme es darauf an, gerade dritte Erwerber durch dies Gesetz in ihren Rechten nicht zu beeinträchtigen. Wer von den Gutsherren auf Grund des bestehenden Gesetzes, also auf einem ganz gültigen Rechtstitel, das Recht auf die Stelle erworben habe und vielleicht seit Jahren in der Stelle sitze, dürfe nicht aus derselben durch den früheren Inhaber der Stelle, solle dieser auch wider seinen Willen aus der Stelle entsetzt sein, vertrieben werden. Mit Rückzahlung des Kaufpreises werde ein solcher gegenwärtiger Stelleninhaber nicht einmal voll entschädigt, da ihm doch auch beispielsweise die etwa vorgenommenen Meliorationen vergütet werden müßten. Es gehe deshalb der Entwurf in § 2 Absatz 2 zu scharf gegen die dritten Erwerber vor und könne vielmehr nur gebilligt werden, wenn der dritte Erwerber in dem Besitze der Stelle erhalten, dagegen dem unter Protest vertriebenen früheren Stelleninhaber die Rechte auf Entschädigung abgetreten würden, also namentlich auf Auszahlung des Kaufpreises und der sonstigen Emolumente, welche der Gutsherr bei der Regulirung ziehen würde.

In Betracht kämen wohl hier vorzugsweise aus früherer Zeit die Ausgewiesenen der Unmanzer Stellen. Diesen möge dem Gutsherrn gegenüber das Recht verliehen werden, daß sie, falls der Gutsherr ihre Stellen nur zur Arrondirung seines Guts verwendet habe, noch jetzt in den Besitz zurückgelangten. Freilich müßten sie dann erst nachweisen, daß sie regulirungsfähige Stellen bei der Räumung inne gehabt hätten.

Zur Erleichterung ihres Beweises möge ihnen denn auch noch ein Normaltag, entsprechend dem Absatz 1 § 3 bewilligt werden und empfehle sich, da der 1. Januar 1892 nicht in Frage kommen könne, als solchen Normaltag den Tag der unfreiwilligen Räumung ins Gesetz zu setzen. Andererseits aber dürfe, nachdem die Austreibung schon im Jahre 1860 erfolgt sei, jetzt nach rechtsverjährter Zeit dritten Erwerbern in keiner Weise jenes Faktum entgegen stehen, und, da der Gesetzentwurf, wie nach den Worten

„so soll sein und seiner Erben Anspruch auf Eigenthumsverleihung den Vorzug vor demjenigen eines späteren — — Inhabers erhalten"

angenommen werden müsse, auf den Standpunkt sich stelle, daß der jüngere Besitzer dem ausgewiesenen früheren Stelleninhaber weichen solle, so werde dagegen der Antrag gestellt, 1. dem Abs. 2 § 3 der Vorlage hinter den Worten „geltend gemacht" zur Feststellung eines Normaltages für die Ausgewiesenen folgenden Abschluß zu geben:

„so soll für ihn und seine Erben nicht der 1. Januar 1892, sondern der Tag der Räumung als Normaltag maßgebend sein";

und dann einen neuen § 3a, wie von ihm vorgeschlagen, einzuschieben.

Der Antragsteller führte aus, sein Antrag bezwecke die Rechtslage so zu gestalten, als ob die Regulirung unter den Verhältnissen des Räumungstages stattfinde.

Im weiteren Laufe der Debatte erklärte derselbe Abgeordnete, nachdem von anderer Seite nunmehr ihm beigepflichtet sei, daß nach dem Wortlaute der Vorlage der neue Erwerber dem alten Stellenbesitzer im Besitze weichen müsse, und daß von dieser anderen Seite auch eine solche Folge des Gesetzes für durchaus berechtigt erachtet sei, müsse in dem Gesetze klar zum Ausdrucke kommen, daß dritte Erwerber von Stellen nicht aus dem Besitz entsetzt werden dürfen. Diesem Erforderniß entspreche aber auch nicht der von einem dritten Mitgliede gestellte Abänderungsantrag, welcher zwar mit dem Satze abschließe:

„so ist die Regulirung zu Gunsten des dieselbe verlangenden früheren Stelleninhabers nur mit der Maßgabe zulässig, daß Letzterer an Stelle des Gutsherrn in das zwischen diesem und dem Dritten begründete Rechtsverhältniß tritt"

— aber gleichwohl aus der Vorlage noch den Vordersatz beibehalten habe:

„so soll sein oder seinen Erben Anspruch auf Eigenthumsverleihung den Vorzug vor demjenigen eines späteren und zeitigen — — Inhabers erhalten."

Es zeige sich daher, daß nur der obige Antrag, welcher mit den Worten „Hat der Gutsherr" beginnt, einen wirksamen Rechtsschutz für dritte gutgläubige Erwerber und Eigenthümer schaffe.

Könne man sich nicht entschließen, diesen Antrag anzunehmen, so sei bei der Schwierigkeit der Materie besser, den Abs. 2 § 3 zur Zeit überhaupt aus der Vorlage zu streichen und nur den augenblicklich bedrohten Besitzern, wie Daukwarth, Rechtshilfe zu gewähren, aber bei der vorgerückten Landtagssession den Rechtsschutz der Ummanzer ausgewiesenen früheren Stelleninhaber einen neuen Gesetzentwurf für die nächste Session vorzubehalten, zumal der Herr Regierungsvertreter die Ansicht geäußert habe, jene Ummanzer würden schwerlich ihr Recht auf Regulirung beweisen können. Gerade der Versuch, auch diese früher entsetzten Personen noch nachträglich zu schützen, trage die großen Schwierigkeiten in das Gesetz hinein, indem doch in der Kommission über den unbedingt erforderlichen Rechtsschutz der bedrohten gegenwärtigen Besitzer volle Uebereinstimmung herrsche. Betreffs der früher ausgetriebenen Stellenbesitzer empfehle sich die eingehendste Prüfung wegen der Gefahr, daß das Gesetz in der Absicht, auch diesen Schutz zu gewähren, die Rechte dritter Erwerber, welche jedenfalls respektirt werden müßten, beeinträchtige. Es werde deshalb der eventuelle Antrag gestellt, "den Abs. 2 § 3 ganz zu streichen."

Wolle man auch diesem Antrage nicht stattgeben, so werde beantragt, den Schlußsatz von dem Worte „unbeschadet" ab zu streichen, an Stelle des Wortes „Eigenthumsverleihung" das Wort „Regulirung" zu setzen, und am Schlusse des betreffenden Satzes hinzuzufügen, „doch bleiben dritte Erwerber von Rechten im Besitze der übertragenen Rechte."

Zur Begründung des Antrages unter B bemerkten die Antragsteller etwa Folgendes: Der erste Absatz des § 3, aus dem, wie schon oben hervorgehoben, die unbestimmten und unzureichenden Worte „unbeschadet der wohlerworbenen Rechte Dritter" beseitigt seien, erfordere wohl kaum eine Erläuterung. Die Rechtsvermuthungen, welche in den §§ 76 und 81 des Gesetzes vom 2. März 1850 für die Rechtmäßigkeit des Besitzes an dem Bauernhofe sowie für die Zubehörungen zu demselben und für die Belastungen und Berechtigungen desselben auf die Zeit der Verkündung des Gesetzes vom 9. Oktober 1848 festgestellt seien, könnten vorliegend unmöglich soweit zurückbezogen werden, vielmehr erscheine es den veränderten Verhältnissen entsprechend, für die bezeichneten Vermuthungen in Betreff der Besitz- und Rechtsverhältnisse des Bauernhofs den 1. Januar 1892 als den entscheidenden Zeitpunkt anzunehmen. Das entspreche auch dem im Jahre 1861 zwischen der Staatsregierung und dem Hause der Abgeordneten festgestellten Gesetzentwurf, in welchem der 1. Januar 1861 bestimmt gewesen sei. Eine selbstverständliche Folge sei, daß das Recht an dem Hofe sich von demselben Zeitpunkte an vererbe, analog wie bestimmt in § 79 des Gesetzes vom 2. März 1850.

Damit sei die Grundlage für die Beurtheilung der Besitz- und Rechtsverhältnisse des Bauernhofes gelegt, und es frage sich nun, wie es mit den immerhin möglichen Verfügungen des Gutsherrn nach dem 1. Januar 1892 zu halten sei. Daß solche Verfügungen, wenn sie nach der Verkündung des gegenwärtigen Gesetzes vorgenommen sein sollten, den die Regulirung nachsuchenden jetzigen oder früheren Stelleninhabern gegenüber sowohl im Verhältniß zum Gutsherrn als zum Dritten mit dem Eintritt der Regulirung rechtlich unwirksam seien, bedürfe kaum der Erwähnung, wenn daraus auch vertragsmäßige Rechte zwischen dem Gutsherrn und dem Dritten erwachsen könnten, die selbstverständlich unberührt blieben.

Ganz dasselbe müsse nach Ansicht der Antragsteller auch für solche Verfügungen des Gutsherrn gelten, welche nach dem 15. März 1892 vorgenommen seien. Die Jahrzehnte langen Verhandlungen über die Ausdehnung des III. Abschnitts des Gesetzes vom 2. März 1850, die wiederholten Erklärungen der Königlichen Staatsregierung und des Hauses der Abgeordneten über die Nothwendigkeit dieser Ausdehnung, sowie insbesondere der Beschluß des Provinziallandtags von Pommern vom 10. März 1892 seien unzweifelhaft in den Kreisen der Betheiligten so bekannt geworden und so sehr geeignet gewesen, die Annahme von der bevorstehenden Ausdehnung des bezeichneten Gesetzesabschnitts auf Neuvorpommern und Rügen im Wege der Gesetzgebung zu begründen, daß jedenfalls vom 15. März 1892 an der gute Glaube sowohl auf Seite der Gutsherrschaften als auch dritter Erwerber regulirungsfähiger Höfe ausgeschlossen erscheine und Verfügungen sowie Uebertragungen nach dieser Zeit als zur Vereitelung der Gesetzesausdehnung und zur Beeinträchtigung der Rechte der Stelleninhaber vorgenommen anzusehen seien. Es erscheine daher gerechtfertigt, den (früheren) Stelleninhabern das Recht auf Regulirung behufs Verleihung der ungeschmälerten Eigenthums zu erhalten und ihnen gegenüber die Verfügungen nach dem Eintritt der Regulirung für unwirksam zu erklären, während die etwaigen vertragsmäßigen Rechte der Dritten den Gutsherren gegenüber auch hier unberührt blieben.

Was sodann die Verfügungen u. s. w. aus der Zeit vom 1. Januar bis 15. März 1892 betreffe, so könne man darüber verschiedener Ansicht sein. Wenn man erwäge, wie sehr die hier fraglichen Landestheile bezüglich der Regulirung der gutsherrlich-bäuerlichen Verhältnisse behufs der Eigenthumsverleihung an die Stelleninhaber durch die Gesetzgebung im Vergleich mit den übrigen Theilen der Monarchie zum Nachtheile der Bauern und zum Vortheile der Gutsherrschaften haben zurückstehen müssen, und daß, wenn das Edikt von 1811 (nach der Erwerbung jener Landestheile) oder das Gesetz vom 2. März 1850 auch in seinem dritten Abschnitte, wie hätte geschehen sollen, auf Neuvorpommern und Rügen ausgedehnt worden wäre, die Besitzer regulirungsfähiger Höfe längst das Eigenthum daran erworben hätten, so könne man, zumal gegenüber den unaufhörlichen Bestrebungen der Bauern, die Ausdehnung des dritten Abschnittes zu erreichen, recht wohl der Ansicht sein, die Stelleninhaber vom 1. Januar 1892 unbedingt schützen und ihnen das Recht auf Verleihung des Eigenthums im Wege der Regulirung ungeschmälert erhalten zu müssen. Und da sei um so mehr, als wegen der Ungunst der Verhältnisse nur noch verhältnißmäßig wenige Stellen übrig geblieben seien, auf die das gegenwärtige Gesetz Anwendung leiden werde, während die Gutsherrschaften diese Ungunst der Verhältnisse zu ihrem Vortheile vielfach ausgebeutet haben.

Diese Ansicht fand jedoch nicht den Beifall der Mehrheit der Kommission, dieselbe war vielmehr der Meinung, daß zwar das Recht auf Regulirung behufs Eigenthumsverleihung für die Stelleninhaber vom 1. Januar 1892 und deren Erben unbedingt anzuerkennen, daneben aber der dritte Erwerber in seinen Rechten zu schützen sei, und zwar letzteres in der Weise, daß der die Regulirung verlangende frühere Stelleninhaber mit der Regulirung an die Stelle des Gutsherrn in das zwischen diesem und dem Dritten begründete Rechtsverhältniß eintrete. Man war dieser Ansicht umsomehr, als, soviel bekannt, seit dem 1. Januar 1892 nur dem Sohne des Koßsäthen Dankwardt zu Mönkvitz die Stelle gekündigt, sonstige Verfügungen zum Nachtheile der Stelleninhaber aber nicht vorgenommen seien, diese Kündigung aber naturgemäß bleiben müsse und ein Einzelner oder ein Verkauf der Stelle oder eines Theils derselben Seitens des Tertialisten rechtlich unzulässig sei, so daß also die Dankwardt'schen Erben nur an Stelle des Gutsherrn in einen in der

Zeit vom 1. Januar bis 15. März 1892 etwa abgeschlossenen Pachtvertrag einzutreten haben, in ihrem Rechte auf Regulirung aber nicht beeinträchtigt seien.

Der Herr Regierungskommissar erklärte zu diesem Punkte (Abs. 1 des § 3 des Entwurfs) Folgendes:

„Nach dem ersten Absatze des Entwurfs soll für den Anspruch auf Regulirung behufs der Eigenthumsverleihung der am 1. Januar 1892 vorhandene Zustand nicht blos für den Gutsherrn und dem die Regulirung beanspruchenden, am 1. Januar 1892 vorhandenen Prätendenten, sondern auch für jeden Dritten in so durchgreifender Weise maßgebend sein, daß die nach dem 1. Januar 1892 getroffenen Verfügungen, soweit sie mit diesem Zustande im Widerspruch stehen, unwirksam werden und die auf ihnen beruhenden Besitzrechte ihre Kraft verlieren sollen. Hierdurch wird dem Gesetzentwurf eine rückwirkende Kraft beigelegt, welche sich in diesem Umfange nicht rechtfertigen läßt. Denn nach dieser Bestimmung sollen die nach dem 1. Januar 1892 in gutem Glauben begründeten Rechte Dritter ohne ausreichende Entschädigung einfach beseitigt werden. Wenn also der Gutsherr, welcher nach dem in Neuvorpommern und Rügen geltenden Rechte erledigte Stellen nicht wieder zu besetzen braucht, sondern einziehen und frei darüber verfügen kann, eine nach dem 1. Januar 1892 durch Entsetzung des bisherigen Inhabers erledigte Stelle an einen Dritten verkauft und aufgelassen oder verpachtet hat, so soll dieser Dritte sein in gutem Glauben erworbenes Eigenthum oder Pachtrecht verlieren, wenn der entsetzte Stelleninhaber die Regulirung verlangt. Wenn man auch dem Gesetze bezüglich des Verhältnisses zwischen dem Gutsherrn und dem entsetzten Bauern eine bis zum 1. Januar 1892 reichende rückwirkende Kraft beilegen kann, nimmermehr wird man aber eine gesetzliche Bestimmung, welche, wie vorliegend, rücksichtslos in die wohlerworbenen Rechte Dritter eingreift, zulassen können. Auch die Verweisung darauf, daß der Dritte nach allgemeinen Rechtsgrundsätzen das, was er für die Sache gegeben, zurückerhalten und für etwaige Verbesserungen entschädigt werden müsse, kann einen solchen Eingriff nicht rechtfertigen. Soll daher für den nach dem 1. Januar 1892 entsetzten Stelleninhaber die Regulirung mit Rücksicht auf die an diesem Tage bestehenden Rechts- und Besitzverhältnisse zugelassen werden, so kann das nur mit der Maßgabe geschehen, daß der entsetzte Stelleninhaber in das zwischen diesem und dem Dritten begründete Rechtsverhältniß eintritt. — Es kann sich hierbei nur fragen, ob man nach dem Verlauf der Dinge annehmen kann, daß der Dritte schon zu einem früheren Zeitpunkte, als dem Inkrafttreten der vorliegenden Gesetzentwurfs sich nicht mehr in gutem Glauben befand. Nach der großen Aufmerksamkeit, welche diese Angelegenheit in Neuvorpommern und Rügen gefunden hat, kann vielleicht angenommen werden, daß mit dem Tage, wo der Provinziallandtag den Erlaß des in Rede stehenden Gesetzes befürwortet hat, also mit dem 10. März d. Js. oder doch einige Tage später die Wahrscheinlichkeit des Erlasses des Gesetzes so allgemein bekannt war, daß der Erwerber von regulirungsfähigen Stellen sich nicht mehr in gutem Glauben befand. Die rückwirkende Kraft bis dahin zu erstrecken, erscheint daher unbedenklich."

Die Kommission ging sodann zur Berathung des Absatzes 2 des § 3 über.

Dieser Absatz hat vorzugsweise die Besitz- und Rechtsverhältnisse der Bauern auf der im Eigenthum des Klosters zum heiligen Geiste zu Stralsund befindlichen Insel Ummanz zum Gegenstande.

In Ergänzung des oben bereits Vorgetragenen bemerkte zunächst der Berichterstatter: Es sei die Insel Ummanz bis 1787 von dem Kloster, unter Vorbehalt mancherlei Berechtigungen (Jurisdiktion, Erbpferd, Geldbrüche, Abhaltung von Erbschichtungen u. s. w.), an einen sogen. Pensionarius für 1100 Thaler jährlich verpachtet gewesen, welchem die Bauern die genau bezeichneten Dienste zu leisten gehabt hätten. An die Stelle der früheren „Erbbriefe" der Bauern bezüglich ihrer Stellen seien später „Erbschichtungsbriefe" getreten.

Im Jahre 1787 habe das Kloster sich entschlossen, bei Beendigung des Hofkontrakts mit dem Pensionarius die gesammte Bauerschaft auf Ummanz „dienstfrei zu machen und auf Pacht zu setzen", und zwar zunächst versuchsweise auf 12 Jahre. Diese Kontrakte seien von Trinitatis 1789 bis dahin 1801 abgeschlossen, das Pachtgeld je nach der Größe der Stellen verschieden bestimmt und in den Kontrakten bemerkt worden, daß bei in der Entrichtung der Pacht zwei Jahre lang säumige Bauer sogleich „seines Pachtrechtes verlustig sein und dem Hof wiederum zu Dienst gelegt werden" solle. So sei das Verhältniß im Wesentlichen bis 1855 geblieben, obwohl im Jahre 1820 die Grundstücke u. s. w. anderweit eingetheilt und jedem Inhaber (Vollbauer, Halbbauer und Koßäthen) ein gleich großer Theil zugetheilt und an den Kontrakten mancherlei Modifikationen, namentlich auch Pachterhöhungen, vorgenommen worden seien.

Nachdem das Gesetz vom 2. März 1850 ergangen sei, hätten die 36 Ummanzer Bauern, gestützt auf ihr angeblich in Eigenthum übergegangenes erbliches dingliches Nutzungsrecht an ihren Stellen auf Ablösung der darauf ruhenden Reallasten angetragen, seien aber damit in erster und dritter Instanz zurückgewiesen, während die zweite Instanz, wie bereits oben hervorgehoben, zu ihren Gunsten erkannt habe. In Antwort auf dieses Verlangen der 36 Bauern habe das Kloster denselben zu Trinitatis 1855 gekündigt, da, wie der Klosterkamerarius Becker seinen Kündigungsvorschlag motivirt habe, „zu besorgen sei", daß der III. Abschnitt des Gesetzes vom 2. März 1850 in der nächsten Kammersession auch auf den Regierungsbezirk Stralsund ausgedehnt werde. Von den 36 Bauern hätten sich 2 gutwillig gefügt, ihre lassitischen Rechte aufgegeben und nur Kontrakte als Zeitpächter angenommen. Gegen die übrigen 34 sei die Exmissionsklage angestellt; in diesem Besitzprozeß sei das petitorische Recht eingewendet, die Ausführung desselben aber wegen Illiquidität zum besonderen Verfahren verwiesen und in dem Exekutionsinstanz unter Vermittelung einer Kommission des Kreisgerichts zu Bergen ein schriftlicher Vergleich dahin zu Stande gekommen, daß die Bauern unter Vorbehalt ihrer erblichen Nutzungsrechte geräumt hätten, aber vereinbart sei, daß diese Räumung rechtlich als eine Zwangsremission angesehen werden solle.

Nachdem hierauf die Diskussion über den Antrag zu Absatz 2 des § 3 der Vorlage eröffnet war, wurde zur Begründung desselben hervorgehoben, daß der jetzige Antrag in seinem ersten Theile mit dem vorgelegten Entwurfe wie auch mit dem Entwurfe von 1861 übereinstimme, abgesehen von den überflüssigen und deshalb zu streichenden Worten: „und zeitigen" und von dem ebenfalls zu streichenden, weil in dem dritten Theile des jetzigen Antrages präziser ausgedrückten Schlußsatze: „unbeschadet der Rechte" u. s. w. bis „succedirt". Freilich wurde nicht verkannt, daß es für die Betheiligten schwierig sein werde, die Regulirungsfähigkeit der betreffenden Stellen nachzuweisen, man war jedoch der Ansicht, daß dies Sache der Betheiligten sei und ihnen die Möglichkeit um so weniger verschränkt werden dürfe, die Frage, ob der III. Abschnitt des Gesetzes vom 2. März 1850 Anwendung leide, bei den zuständigen Behörden zur Entscheidung zu bringen.

Von dem Herrn Regierungskommissar wurde indeß der Annahme Ausdruck gegeben, daß schon vor der Räumung der Stellen das Verhältniß in Zeitpacht übergegangen sei.

In Betreff der Verfügungen u. s. w. der Gutsherren in der Zeit von der Räumung bis zum 15. März 1892 bezw. nach dem 15. März 1892 wurde geltend gemacht, daß in dieser Beziehung dasselbe wie zum ersten Absatze des § 3 zu gelten habe und wurde darauf Bezug genommen.

Der letzte Absatz des § 3 fand keinerlei Widerspruch.

Nachdem sodann die beiden Anträge unter A und B noch einmal vollständig verlesen waren, wurde zur Abstimmung geschritten, wobei der Antrag A in seinen einzelnen Theilen und im Ganzen mit 7 gegen 3 Stimmen bezw. 6 gegen 4 Stimmen abgelehnt, der Antrag B aber mit 8 gegen 2 Stimmen sowie der ganze Gesetzentwurf in der aus der angefügten Zusammenstellung ersichtlichen Form mit 9 Stimmen gegen 1 angenommen und damit zugleich der Antrag Nr. 118 der Drucksachen für erledigt erklärt wurde.

Die Justizkommission beantragt demgemäß:

Das Haus der Abgeordneten wolle beschließen:
1. den Antrag der Abgeordneten Neukirch und Drawe, Nr. 119 der Drucksachen, in der aus der Zusammenstellung ersichtlichen Form anzunehmen;
2. den Antrag derselben Abgeordneten, Nr. 118 der Drucksachen, durch die Beschlußfassung zu 1 für erledigt zu erklären.

Berlin, den 5. Mai 1892.

Die Justizkommission.

Simon v. Zastrow, Vorsitzender. Dr. Oetker, Berichterstatter. Dr. Avenarius. Bode. Biesenbach. Czwalina. Dr. v. Cuny. Eberhard. Graf (Hohenzollern). Korsch. Muhl. Radbyl. Schmidt (Warburg). Schumacher.

Zusammenstellung

des

Entwurfs eines Gesetzes, betreffend die Regulirung der gutsherrlichen und bäuerlichen Verhältnisse in Neu-Vorpommern und Rügen, — Nr. 119 der Drucksachen — mit den Beschlüssen der Kommission.

Antrag der Abgeordneten Neukirch und Drawe. | **Beschlüsse der Kommission.**

Entwurf eines Gesetzes,

betreffend

die Regulirung der gutsherrlichen und bäuerlichen Verhältnisse in Neu-Vorpommern und Rügen.

Entwurf eines Gesetzes,

betreffend

die Regulirung der gutsherrlichen und bäuerlichen Verhältnisse in Neu-Vorpommern und Rügen.

Wir **Wilhelm**, von Gottes Gnaden König von Preußen ꝛc.

verordnen mit Zustimmung der beiden Häuser des Landtages der Monarchie, was folgt:

§ 1.

Die wegen der Regulirung der gutsherrlichen und bäuerlichen Verhältnisse behufs der Eigenthumsverleihung in den §§ 74, 76, 77, 79 bis 90, 94 bis 98, 104 bis 106 des Gesetzes, betreffend die Ablösung der Reallasten ꝛc. vom 2. März 1850, enthaltenen Bestimmungen werden hierdurch mit folgenden Abänderungen auf Neu-Vorpommern und Rügen ausgedehnt.

§ 2.

Die zu regulirenden Stellen müssen bereits vor dem Erlasse des die Leibeigenschaft in Neu-Vorpommern und Rügen aufhebenden Gesetzes vom 4. Juli 1806 bestanden haben.

Wir **Wilhelm**, von Gottes Gnaden König von Preußen ꝛc.

verordnen mit Zustimmung der beiden Häuser des Landtages der Monarchie, was folgt:

§ 1.

Die wegen der Regulirung der gutsherrlichen und bäuerlichen Verhältnisse behufs der Eigenthumsverleihung in den §§ 74, 76, 77, 80 bis 90, 94 bis 98, 104 bis 106 des Gesetzes, betreffend die Ablösung der Reallasten ꝛc. vom 2. März 1850 (**Gesetzsamml. S. 77**), enthaltenen Bestimmungen werden hierdurch mit folgenden Abänderungen auf Neu-Vorpommern und Rügen ausgedehnt.

§ 2.

Unverändert.

Antrag der Abgeordneten Neukirch und Drawe.

§ 3.

Rücksichtlich der in den §§ 76 und 81 des Gesetzes vom 2. März 1850 erwähnten Besitz- und Rechtsverhältnisse gilt nicht die Verkündung des Gesetzes vom 9. Oktober 1848, sondern der 1. Januar 1892 als der entscheidende Zeitpunkt. Von demselben ab vererbt sich auch das im § 79 des Gesetzes vom 2. März 1850 bezeichnete Recht.

Wenn aber derjenige, welcher eine bäuerliche Stelle zur Zeit der Verkündung des Gesetzes vom 1. Mai 1854 (Gesetzsamml. S. 257) inne hatte, dieselbe vor dem 1. Januar 1892 geräumt und die daran behaupteten Eigenthums-, dinglichen oder erblichen Besitzrechte schriftlich vorbehalten oder in einem Rechtsstreite, ohne damit ein- für allemal zurückgewiesen zu sein, geltend gemacht hat, so soll sein oder seiner Erben Anspruch auf Eigenthumsverleihung den Vorzug vor demjenigen eines späteren und zeitigen, zu seiner Familie nicht gehörigen Inhabers erhalten, unbeschadet der Rechte des letzteren aus einem Vertrage mit der Gutsherrschaft, in welchen an Stelle derselben der erstere mit dem Eintritt der Regulirung succedirt.

An die Stelle der Bezugnahme auf das Gesetz vom 2. März 1850, welche sich in den §§ 77, 79 und 88 desselben vorfindet, tritt die Bezugnahme auf das gegenwärtige Gesetz.

§ 4.

Die im § 86 des Gesetzes vom 2. März 1850 angeordnete Zusammenlegung der Grundstücke erfolgt nicht nach den Vorschriften der Gemeinheitstheilungsordnung, sondern nach denen der Verordnung vom 18. November 1775.

§ 5.

Mit dem § 97 des Gesetzes vom 2. März 1850 findet zugleich der § 2 der Deklaration vom 24. Mai 1853 in Betreff derjenigen Willenserklärungen und Jubilate Anwendung, welche aus der Zeit vor Verkündung des gegenwärtigen Gesetzes herrühren.

Beschlüsse der Kommission.

§ 3.

Rücksichtlich der in den §§ 76 und 81 des Gesetzes vom 2. März 1850 erwähnten Besitz- und Rechtsverhältnisse gilt nicht die Verkündung des Gesetzes vom 9. Oktober 1848, sondern der 1. Januar 1892 als der entscheidende Zeitpunkt. Von demselben ab vererbt sich auch das im § 79 des Gesetzes vom 2. März 1850 bezeichnete Recht.

Wenn aber derjenige, welcher eine bäuerliche Stelle zur Zeit der Verkündung des Gesetzes vom 1. Mai 1854 (Gesetzsamml. S. 257) inne hatte, diese Stelle vor dem 1. Januar 1892 geräumt und die daran behaupteten Rechte bei oder vor der Räumung schriftlich vorbehalten oder in einem Rechtsstreite, ohne damit rechtskräftig zurückgewiesen zu sein, vor der Räumung geltend gemacht hat, so soll sein und seiner Erben Anspruch auf Eigenthumsverleihung den Vorzug vor demjenigen eines späteren, zu seiner Familie nicht gehörigen Inhabers erhalten.

Verfügungen, Verabredungen und Kündigungen, welche nach dem 15. März 1892 getroffen sind und mit den Vorschriften des ersten und zweiten Absatzes in Widerspruch stehen, sind dem die Regulirung verlangenden früheren Stelleninhaber gegenüber mit dem Eintritt der Regulirung rechtlich unwirksam.

Sind derartige Verfügungen, Verabredungen oder Kündigungen im Falle des ersten Absatzes in der Zeit vom 1. Januar 1892 bis 15. März 1892, oder im Falle des zweiten Absatzes in der Zeit von der Räumung der Stelle bis zum 15. März 1892 getroffen, so ist die Regulirung zu Gunsten des dieselbe verlangenden früheren Stelleninhabers nur mit der Maßgabe zulässig, daß Letzterer an Stelle des Gutsherrn in das zwischen diesem und dem Dritten begründete Rechtsverhältniß tritt.

An die Stelle der Bezugnahme auf das Gesetz vom 2. März 1850, welche sich in den §§ 77 und 88 desselben vorfindet, tritt die Bezugnahme auf das gegenwärtige Gesetz.

§ 3a.

Bei der im Absatz 2 des § 84 des Gesetzes vom 2. März 1850 gedachten Ablösung tritt die Vermittlung der Rentenbank nach den Vorschriften des § 64 a. a. O. mit der Maßgabe ein, daß der Rentenbank Rückstände nicht überwiesen werden.

§ 4.

Die im § 86 des Gesetzes vom 2. März 1850 angeordnete Zusammenlegung der Grundstücke erfolgt nach den Vorschriften der Verordnung vom 18. November 1775 und der Gemeinheitstheilungsordnung vom 19. Mai 1851 (Gesetzsamml. S. 371).

§ 5.

Unverändert.

Antrag der Abgeordneten Neukirch und Drawe. **Beschlüsse der Kommission.**

§ 5a.

Gehören die zu regulirenden Stellen zu einem Tertialgute, so steht die Wahrnehmung der gutsherrlichen Rechte bei der Regulirung sowie bei der im § 4 gedachten Zusammenlegung dem Fiskus und dem zeitigen Tertialisten in Gemeinschaft zu.

§ 6.

Ansprüche auf Regulirung der gutsherrlichen und bäuerlichen Verhältnisse an Stellen behufs der Eigenthumsverleihung, oder Entschädigungsansprüche wegen der Entziehung solcher Stellen müssen in dem Zeitraume vom Erlasse des gegenwärtigen Gesetzes ab bis spätestens am 31. Dezember 1892 bei der Generalkommission zu Frankfurt a./O. angemeldet werden oder anhängig sein, widrigenfalls dieselben präkludirt sein sollen.

§ 7.

Bei der Ausführung des gegenwärtigen Gesetzes kommen in Beziehung auf das Verfahren, das Kostenwesen und die Rechte dritter Personen die in dem Geschäftsbezirk der vorbezeichneten Behörde geltenden gesetzlichen Vorschriften in Anwendung. Es tritt auch die Vermittelung der Rentenbank ein, und es wird deshalb das Gesetz, betreffend die Wiederzulassung der Vermittelung der Rentenbanken zur Ablösung der Reallasten, vom 17. Januar 1881 (Gesetzsamml. S. 5) wiederum mit der Maßgabe in Kraft gesetzt, daß die in den §§ 4 und 6 desselben bestimmte Frist fortfällt.

§ 6.

Ansprüche auf Regulirung der gutsherrlichen und bäuerlichen Verhältnisse an Stellen behufs der Eigenthumsverleihung, oder Entschädigungsansprüche wegen der Entziehung solcher Stellen müssen in dem Zeitraume vom Erlasse des gegenwärtigen Gesetzes ab bis spätestens am 31. Dezember 1893 bei der Generalkommission zu Frankfurt a./O. angemeldet werden oder anhängig sein, widrigenfalls dieselben präkludirt sein sollen.

§ 7.

Die Ausführung des gegenwärtigen Gesetzes wird der Generalkommission zu Frankfurt a. O. übertragen.

Dabei finden in Ansehung der Rechte dritter Personen, der Zuständigkeit der Generalkommission, des Verfahrens und des Kostenwesens die im übrigen Theile der Provinz Pommern geltenden gesetzlichen Vorschriften Anwendung, das Gesetz über das Kostenwesen in Auseinandersetzungssachen vom 24. Juni 1875 (Gesetzsamml. S. 395) mit der Maßgabe, daß die zu erhebenden Pauschsätze zu berechnen sind:
 a) für die im § 80 des Gesetzes vom 2. März 1850 unter a Nr. 3 und b Nr. 4 gedachten Dienste und Leistungen nach § 2 Nr. 1 des Kostengesetzes,
 b) für die im vorbezeichneten § 80 unter a Nr. 4 und b Nr. 5 gedachten Berechtigungen und Verpflichtungen nach § 2 Nr. 2a des Kostengesetzes,
und daß im Falle des § 4 des gegenwärtigen Gesetzes außerdem noch die Pauschsätze des § 2 Nr. 3 des Kostengesetzes zu erheben sind.

Urkundlich ec.

Urkundlich ec.

№ 167.

Berlin, den 6. Mai 1892.

Auf Grund der beifolgenden Allerhöchsten Ermächtigung vom 4. Mai d. J. beehren wir uns, Ew. Excellenz anliegend den

Entwurf eines Gesetzes, betreffend die Geheimhaltung der Ergebnisse der Veranlagung zur Staatseinkommensteuer,

nebst Begründung mit dem Ersuchen ganz ergebenst zu übersenden, denselben der Beschlußfassung des Hauses der Abgeordneten gefälligst zu unterbreiten.

Der Minister des Innern. Der Finanzminister.

Herrfurth.   **Miquel.**

Der Minister der geistlichen, Unterrichts- und Medizinalangelegenheiten.

In Vertretung:
v. **Weyrauch.**

An
den Präsidenten des Hauses der Abgeordneten, Königlichen Wirklichen Geheimen Rath,
Herrn v. Köller
Excellenz.

M. d. J. I. A. 4444.
Fin. M. II. 5800.
M. d. g. A. G. III. 1171.

Wir Wilhelm, von Gottes Gnaden König von Preußen ꝛc.

ertheilen Unserem Minister des Innern, Unserem Finanzminister und Unserem Minister der geistlichen, Unterrichts- und Medizinalangelegenheiten hierdurch die Ermächtigung, den beifolgenden Entwurf eines Gesetzes, betreffend die Geheimhaltung der Ergebnisse der Veranlagung zur Staatseinkommensteuer, den beiden Häusern des Landtages zur verfassungsmäßigen Beschlußnahme vorzulegen.

Neues Palais, den 4. Mai 1892.

Wilhelm.

Herrfurth.   **Miquel.**   **Voße.**

Allerhöchste Ermächtigung.

Entwurf eines Gesetzes,

betreffend

die Geheimhaltung der Ergebnisse der Veranlagung zur Staatseinkommensteuer.

Wir Wilhelm, von Gottes Gnaden König von Preußen ꝛc.

verordnen mit Zustimmung beider Häuser des Landtages für den Umfang der Monarchie, was folgt:

§ 1.

Wo die Steuerlisten (Heberollen) über die ganz oder zum Theil nach dem Maßstabe der Staatseinkommensteuer vertheilten Steuern der kommunalen und sonstigen öffentlichen Verbände öffentlich ausgelegt werden, ist das Recht der Einsichtnahme für jeden Betheiligten auf die Befugniß beschränkt, von der eigenen Veranlagung Kenntniß zu nehmen.

§ 2.

In Wahllisten der kommunalen und sonstigen öffentlichen Verbände, welche unter Anderem nach Maßgabe der von den Wählern zu entrichtenden Einkommensteuer aufgestellt und öffentlich ausgelegt werden, darf, was die Angabe der steuerlichen Verhältnisse betrifft, nur der für die betreffende Wahl maßgebende Gesammtbetrag der von jedem Wähler zu entrichtenden Steuern eingetragen werden.

§ 3.

Das gegenwärtige Gesetz tritt mit dem Tage seiner Verkündigung in Kraft.

Der Minister des Innern, der Finanzminister und der Minister der geistlichen, Unterrichts- und Medizinalangelegenheiten werden mit der Ausführung desselben beauftragt.

Urkundlich ꝛc.

Beglaubigt.

Herrfurth.   **Miquel.**   **Voße.**

Begründung.

Gemäß dem § 39 des Einkommensteuergesetzes vom 24. Juni 1891 (Gesetzsamml. S. 175) hat der Vorsitzende der Veranlagungskommission das Ergebniß der Veranlagung dem Steuerpflichtigen mittelst einer Zuschrift bekannt zu machen. Nach Inhalt des § 75 des Einkommensteuergesetzes ist die Offenlegung der Steuerliste nur bezüglich derjenigen Steuerpflichtigen angeordnet, welche zu einem Jahreseinkommen bis einschließlich 900 Mark veranlagt sind. Die der Vorschrift des § 39 zu Grunde liegende Absicht geht unverkennbar dahin: das Ergebniß der Veranlagung und im Zusammenhange hiermit einen mehr oder weniger zuverlässigen Anhalt für die Beurtheilung der Vermögensverhältnisse der einzelnen Steuerpflichtigen der Oeffentlichkeit zu entziehen. Damit dieser Zweck in vollem Umfange erreicht werde, ist eine entsprechende Abänderung derjenigen Bestimmungen in Anregung gebracht worden, welche die Offenlegung der Steuerlisten der kommunalen und sonstigen öffentlichen Verbände, sowie der Wahllisten betreffen, die unter Zugrundelegung oder doch unter Mitberücksichtigung der staatlichen Besteuerung aufgestellt werden.

Der gegenwärtige Rechtszustand in beiden Beziehungen ist folgender:

Anlangend die Offenlegung der Steuerlisten, so ist dieselbe durch den § 1 in Verbindung mit dem § 14 des Gesetzes über die Reklamationen und Verjährungsfristen bei öffentlichen Abgaben vom 18. Juni 1840 (Gesetzsamml. S. 140) bezüglich aller öffentlichen Abgaben angeordnet, welche unter Anderem an Gemeinden und Korporationen zu entrichten oder als Provinzial-, Bezirks-, Kreis- oder Gemeindelasten oder zur Unterhaltung öffentlicher Anstalten aufzubringen sind. Durch das Gesetz, betreffend die Verjährungsfristen bei öffentlichen Abgaben in den Provinzen Schleswig-Holstein, Hannover und Hessen-Nassau, vom 12. April 1882 (Gesetzsamml. S. 297) ist das Gesetz vom 18. Juni 1840 hinsichtlich der im § 14 a. a. O. bezeichneten Abgaben auf die neu erworbenen Landestheile insoweit ausgedehnt worden, als dasselbe dort Geltung noch nicht gehabt hat. Ueberdies ist die öffentliche Auslegung der Gemeindesteuerlisten durch den § 56 Ziffer 9 der Städteordnung für die Provinz Westfalen vom 19. März 1856 (Gesetzsamml. S. 265), den § 43 Ziffer 9 der Städteordnung für die Rheinprovinz vom 15. Mai 1856 (Gesetzsamml. S. 406), den § 18 der Hannoverschen Städteordnung vom 24. Juni 1858 (Hannoversche Gesetzsamml. S. 141) und durch den § 34 der Landgemeindeordnung für die 7 östlichen Provinzen der Monarchie vom 3. Juli 1891 (Gesetzsamml. S. 233) angeordnet. Der Maßstab, nach welchem die Mitglieder der kommunalen und sonstigen öffentlichen Verbände zu den Lasten derselben herangezogen werden, ist in größerem oder geringerem Umfange derselbe, nach welchem diese Mitglieder zu den direkten Staatssteuern beizutragen haben. Die Heranziehung erfolgt meistens durch Zuschläge zu den direkten Staatssteuern, insbesondere auch zur Staatseinkommensteuer. Beispielsweise gilt dies von den Kreisabgaben, welche gemäß § 11 der Kreisordnung für die Ostprovinzen vom 13. Dezember 1872 (Gesetzsamml. 1881 S. 179) und der entsprechenden Vorschriften der Kreisordnungen für die übrigen Provinzen, von den Gemeindeabgaben, welche gemäß § 53 der Städteordnung vom 30. Mai 1853 (Gesetzsamml. S. 261) und gemäß §§ 11 und 12 der Landgemeindeordnung für die östlichen Provinzen vom 3. Juli 1891 (Gesetzsamml. S. 233), ferner von den Wegeverbandsumlagen, welche in der Provinz Hannover gemäß dem Gesetze vom 12. März 1868 (Gesetzsamml. S. 225), endlich von denjenigen Abgaben, welche zur Deckung des Bedarfs der Kirchen- und Schulgemeinden sowie der Kultuskosten der Synagogengemeinden erhoben werden.

Was die Offenlegung der Wahllisten betrifft, so sind behufs der Wahl der Mitglieder des Hauses der Abgeordneten gemäß § 15 der Verordnung vom 30. Mai 1849 (Gesetzsamml. S. 205) die Urwählerlisten, in welchen bei jedem einzelnen Namen der Steuerbetrag angegeben wird, den der Urwähler zu entrichten hat, und gemäß § 16 das. die Abtheilungslisten öffentlich auszulegen. In Gleichem ist eine Offenlegung der Wahllisten, welche nach Maßgabe der von den Wählern zu entrichtenden Steuern aufzustellen sind,

1. in den östlichen Provinzen durch den § 20 der Städteordnung vom 30. Mai 1853 (Gesetzsamml. S. 261) und den § 56 der Landgemeindeordnung vom 3. Juli 1891 (Gesetzsamml. S. 233),

2. in der Provinz Hessen-Nassau durch den § 38 der Gemeindeordnung für die Städte und Landgemeinden Kurhessens vom 23. Oktober 1834 (Kurhessische Gesetzsamml. Band 7 Jahrg. 1834 S. 181), den Artikel 24 des Großherzoglich Hessischen Gemeindegesetzes vom 8. Januar 1852 (Großherzoglich Hessisches Regierungsblatt S. 33), den Artikel 8 des Homburgischen, das Gemeindewesen betreffenden Gesetzes vom 6. Dezember 1852 (Landgräflich Hessisches Regierungsblatt S. 131), den § 4 der Wahlordnung für die Nassauischen Gemeinden (Verordnungsblatt Jahrg. 1854 S. 193) und den § 20 der Städteordnung für den Regierungsbezirk Wiesbaden vom 8. Juni 1891 (Gesetzsamml. S. 107),

3. in der Provinz Westfalen durch den § 20 der dortigen Städteordnung vom 19. März 1856 (Gesetzsamml. S. 237) und den § 28 der dortigen Landgemeindeordnung vom 19. März 1856 (Gesetzsamml. S. 265),

4. in der Rheinprovinz durch den § 19 der dortigen Städteordnung vom 15. Mai 1856 (Gesetzsamml. S. 406) und den § 57 der dortigen Landgemeindeordnung vom 23. Juli 1845 (Gesetzsamml. S. 523)

vorgeschrieben. Außerdem ist in vielen Gemeinden der Provinz Schleswig-Holstein auf Grund der §§ 8 und 9 der dortigen Landgemeindeordnung vom 22. September 1867 (Gesetzsamml. S. 1603) ein Wahlsystem nach Klassen eingeführt, welches die Auslegung von Wahllisten unter Angabe der Staatssteuersätze jedes Wahlberechtigten zur Folge hat. Aehnlich haben sich die Verhältnisse in zahlreichen Landgemeinden der Provinz Hannover auf der Grundlage des § 17 der dortigen Landgemeindeordnung vom 28. April 1859 (Hannoversche Gesetzsamml. S. 393) entwickelt.

Dies die Lage der Gesetzgebung.

Es leuchtet ein, daß durch die Offenlegung von Steuer- und Wahllisten, aus welchen das Ergebniß der Veranlagung der in die Listen Eingetragenen zur Staatseinkommensteuer unmittelbar oder mittelbar zu entnehmen ist, die Absicht, welche dem § 39 des Einkommensteuergesetzes vom 24. Juni 1891 zum Grunde liegt, mehr oder weniger vereitelt wird. Ueber diesen in der Gesetzgebung bestehenden inneren Widerspruch lediglich hinwegzugehen, kann sich nicht empfehlen. Zwar ist auch schon bisher gemäß dem § 23 Abf. 3 des Gesetzes, betreffend die Einführung einer Klassen- und klassifizirten Einkommensteuer, vom $\frac{1851}{1873}$. Mai (Gesetzsamml. 1873 S. 213) jedem zur klassifizirten Einkommensteuer Veranlagten die Steuerstufe, in welche er eingeschätzt worden, sowie der Betrag der von ihm zu entrichtenden Steuer durch eine verschlossene Zuschrift bekannt zu machen gewesen und es hat die Eintragung dieser Steuerpflichtigen mit ihren Steuersätzen in die offen ausgelegten Steuerlisten und Wahllisten nach den gemachten Erfahrungen zu besonderen Mißständen nicht geführt. Es bleibt indessen zu beachten, daß die Offenlegung der Steuer- und Wahllisten für zahlreiche, in diese Listen eingetragene Personen nach Erlaß des Einkommensteuergesetzes vom 24. Juni 1891 eine wesentlich verschärfte Bedeutung gewinnt.

Denn gemäß der §§ 24 ff. dieses Gesetzes erfolgt die Veranlagung der Steuerpflichtigen mit einem Einkommen von mehr als 3 000 Mark im Allgemeinen und unbeschadet der Befugniß der Veranlagungsbehörde, anderweitige Ermittelungen eintreten zu lassen, auf der Grundlage der von dem Steuerpflichtigen abzugebenden Steuererklärung, welche die verschiedenen Einkommensquellen desselben zu enthalten hat. Zur Abgabe einer Steuererklärung sind auch andere Steuerpflichtige verpflichtet, sobald eine besondere Aufforderung des Vorsitzenden der Veranlagungskommission an sie ergangen ist. Es bedarf keiner weiteren Darlegung, daß seit Erlaß des Einkommensteuergesetzes vom 24. Juni 1891 die Offenlegung der bereiten Steuer- und Wahllisten für die Beurtheilung der Einkommens- und damit mehr oder minder der gesammten Vermögensverhältnisse aller Derjenigen, deren Veranlagung auf der Grundlage einer Steuererklärung erfolgt ist, eine erheblich größere Bedeutung gewonnen hat, als derselben bisher beizulegen war.

Vom Standpunkte der Steuerverwaltung muß Werth darauf gelegt werden, daß der Schutz, welchen der § 39 des Einkommensteuergesetzes jedem Steuerpflichtigen und insbesondere Demjenigen, welcher eine Steuererklärung abgegeben hat, zu Theil werden lassen will, in vollem Umfange zur Geltung gelangt, soweit dies überhaupt im Rahmen der öffentlichen Rechtsordnung der Staatsverwaltung angängig ist.

Auf dieser Anschauung beruht der vorliegende Gesetzentwurf.

Im Einzelnen findet sich zu den Bestimmungen desselben Folgendes zu bemerken:

Zu § 1.

Die Gesetzgebung ist schon bisher davon ausgegangen, daß die Offenlegung der Steuerlisten nur den Zweck verfolge, jedem Betheiligten die Prüfung seiner eigenen steuerlichen Belastung oder seiner Freilassung, nicht aber auch die Beurtheilung der Heranziehung oder Nichtheranziehung der übrigen Betheiligten zu ermöglichen. Es ergiebt sich hieraus, daß die Gesetzgebung jedem Betheiligten zwar ein Beschwerderecht wegen seiner eigenen Heranziehung, nicht aber auch ein solches Recht mit den sich daran anschließenden Rechtsmitteln wegen der Heranziehung oder Nichtheranziehung der übrigen Betheiligten zugestanden hat. Es entspricht daher diesem Stande der Gesetzgebung, wenn der § 1 des Entwurfs es zum Ausdruck bringt, daß das Recht der Einsichtnahme der Steuerliste für jeden Betheiligten auf die Befugniß beschränkt ist, von der eigenen Veranlagung Kenntniß zu nehmen. Um so unbedenklicher erscheint eine Anordnung in diesem Sinne, als bisher von dem Rechte der Einsichtnahme nur in sehr geringem Umfange Gebrauch gemacht worden ist. Die Durchführung der Anordnung verhindert in vollem Umfange, daß die Bestimmung im § 39 des Einkommensteuergesetzes durch die Offenlegung von Steuerlisten durchkreuzt werde. Insbesondere wird hierdurch auch mittelbar verhindert werden, daß eine Drucklegung der Steuerlisten und eine öffentliche Verbreitung derselben, wie solche bisher an einzelnen Orten erfolgt ist, fernerhin stattfinde. — Ein direktes Verbot einer solchen Drucklegung von Steuerlisten wird dagegen im Hinblick auf die Bestimmungen des Reichsgesetzes über die Presse vom 7. Mai 1874 (Reichsgesetzblatt S. 65) im Wege der Landesgesetzgebung nicht erlassen werden können.

Im Uebrigen wird die Fassung des Gesetzes keinen Zweifel darüber aufkommen lassen, daß es auch in Zukunft dem Nichtsteuerpflichtigen unbenommen ist, sich davon Ueberzeugung zu verschaffen, daß seine Heranziehung unterblieben ist.

Zu § 2.

Gemäß der Anweisung I zur Ausführung der Landgemeindeordnung für die östlichen Provinzen der Monarchie vom 3. Juli 1891 hat die Wählerliste für die Wahlen zur Gemeindevertretung die in Betracht zu ziehenden Steuerbeträge jedes Wählers nicht im Einzelnen, sondern im Ganzen anzugeben. Es kann keinem Bedenken unterliegen, diese Bestimmung auf die Wahllisten der kommunalen und sonstigen öffentlichen Verbände überhaupt auszudehnen.

Geschieht dies, so wird die Erreichung des Zweckes, welcher der Vorschrift im § 39 des Einkommensteuergesetzes zum Grunde liegt, auch nach dieser Richtung hin wesentlich gesichert, da bei den hier in Betracht kommenden Wahlen nirgends die Staatseinkommensteuer für sich allein zu Grunde gelegt wird. Vielmehr sind bei diesen Wahlen entweder, wie bei den Wahlen zum Abgeordnetenhause und zu den kommunalen Vertretungen in der Rheinprovinz die sämmtlichen direkten Staatssteuern (Grund-, Gebäude-, Einkommen- und Gewerbesteuer) oder neben den Letzteren noch, wie bei den Wahlen nach Maßgabe der Städte- und Landgemeindeordnung für die Provinz Westfalen vom 19. März 1856 die Gemeindesteuern, oder endlich, wie in den östlichen Provinzen nach der Städteordnung vom 30. Mai 1853 und der Landgemeindeordnung vom 3. Juli 1891 neben den direkten Staatssteuern auch die Gemeinde-, Kreis-, Bezirks- und Provinzialabgaben für die Ausübung des Wahlrechts und die Bildung der Wahlabtheilungen entscheidend. Wird aber in den Wahllisten bei jedem Wahlberechtigten nur der Gesammtbetrag der betreffenden von demselben zu entrichtenden Staats- und bezw. Korporationsabgaben angegeben, so ist ein sicherer Rückschluß auf die Höhe der von ihm zu zahlenden Staatseinkommensteuer nicht thunlich. Noch weiter zu gehen und in den offen zu legenden Wahllisten von der Angabe der von den Wählern zu entrichtenden Steuern gänzlich abzusehen, würde erheblichen Bedenken unterliegen.

Daß in den, behufs der Wahl der Mitglieder des Hauses der Abgeordneten aufzustellenden Urwähler- und Abtheilungslisten die von den Wählern zu entrichtenden Steuern im Einzeln angegeben werden, beruht nicht auf einer Bestimmung der Verordnung vom 30. Mai 1849, sondern auf dem von dem Königlichen Staatsministerium zu dieser Verordnung erlassenen Reglement vom 4. September 1882 (Ministerialblatt S. 183). Die Abänderung dieses Reglements im Sinne des § 2 des Entwurfs bleibt vorbehalten.

Zu § 3.

In den nach § 3 zur Ausführung dieses Gesetzes zu erlassenden Anweisungen wird insbesondere Anordnung dahin zu treffen sein, daß zur Sicherung der Erreichung der Absicht des Gesetzes die Offenlegung der Steuerlisten und die Gestattung der Einsichtnahme derselben nach § 1 nur unter Kontrole eines Beamten des betreffenden kommunalen Verbandes und unter Feststellung der Identität des Einsicht Begehrenden erfolge und daß die Beanstandung etwaiger Beschlüsse der Vertretungen dieser Verbände wegen Veröffentlichung der Steuerlisten von den Aufsichtsbehörden rechtzeitig veranlaßt werde.

№ 168.

Antrag

zu der

zweiten Berathung des Entwurfs eines Gesetzes, betreffend die Erweiterung, Vervollständigung und bessere Ausrüstung des Staatseisenbahnnetzes. — Nr. 115 der Drucksachen. —

Das Haus der Abgeordneten wolle beschließen:

Zu § 1 Nr. III 10:

Die Königliche Staatsregierung zu ersuchen, bei Ausführung des Bauplans im Einzelnen eine Unterbrechung der bestehenden Verkehrswege, sowie die Erschwerung der Herstellung neuer, speziell die Gemeinde Gaarden mit der Stadt Kiel verbindenden Straßenanlagen möglichst zu vermeiden.

Berlin, den 6. Mai 1892.

Dr. Seelig. Muhl. Peters. v. Bülow (Eckernförde).

№ 169.

Bericht

der

XV. Kommission zur Vorberathung des Gesetzentwurfs, betreffend die Aufhebung von Stolgebühren für Taufen, Trauungen und kirchliche Aufgebote in der evangelischen Landeskirche der älteren Provinzen der Monarchie und des Gesetzentwurfs, betreffend die Aufhebung von Stolgebühren für Taufen und Trauungen in der evangelisch-lutherischen Kirche der Provinz Schleswig-Holstein. — Nr. 84 der Drucksachen. —

Berichterstatter: Abgeordneter v. Boß.

Die XV. Kommission hat in zwei Sitzungen die Vorlage der Königlichen Staatsregierung in Verbindung mit zwei dazu eingegangenen Petitionen — II 219 und II 811 — in Anwesenheit

des Geheimen Regierungsraths Hegel,
des Regierungsraths Schwartzkopff, vom Ministerium der geistlichen Angelegenheiten,
des Geheimen Finanzraths Havenstein, vom Finanzministerium

berathen.

Referent berichtet zunächst über die Sachlage und hebt hervor, daß — während es sich bei Staatsgesetzen, durch welche Kirchengesetze sanktionirt werden, regelmäßig nur um die Beseitigung hinderlicher staatsgesetzlicher Bestimmungen handle, die zum Eingehen auf den materiellen Inhalt der Kirchengesetze keinen Anlaß geben — die Sache bei den vorliegenden Fällen anders liege, da hier in den §§ 11 resp. 10 der in Rede stehenden Kirchengesetze landeskirchliche Fonds gebildet werden sollen, denen nach Artikel 3 der bezüglichen Staatsgesetze dauernde Renten im Betrage von 1 250 000 und 70 000 Mark überwiesen werden, die zwar im diesjährigen Staatshaushaltsetat mit Zustimmung der Landesvertretung vorgesehen worden, indeß erst durch die Annahme der Vorlage zur Bewilligung gelangen.

Da unter diesen Umständen eine Erörterung der Bedürfnißfrage und der Grundlagen der Kirchengesetze nicht abzuweisen, stellt Referent das in dieser Beziehung sowohl bei der Berathung des Staatshaushalts wie in den ersten Lesung der vorliegenden Gesetze zur Sprache gebrachte Für und Wider zusammen und giebt sein eignes Votum dahin ab, daß ein Bedürfniß sowohl zur Regelung des Stolgebührenwesens in dem in den Kirchengesetzen festgehaltenen beschränkten Umfange als auch in Betreff der zur Beihülfe für die Kirchengemeinden zu gewährenden Staatsmittel voll anzuerkennen sei.

Von einem Mitgliede der Kommission wird dies in aller Weise bestritten und entsprechend den schon bei den vorangegangenen Berathungen im Hause erhobenen Einwendungen wiederholt, daß die Fortführung der Aufbesserung von Beamtengehältern viel dringlicher sei wie die Ablösung der Stolgebühren für Taufen und Trauungen in einfachster Form, die weit weniger als andere fortbestehende Gebühren drückten; nur eine durchgreifende Regelung des Stolgebührenwesens, wie es schon vieler Orten vorgenommen worden, könne befriedigende Zustände schaffen, eine solche Regelung sei aber den Kirchengemeinden zu überlassen und es nicht zu rechtfertigen, wenn einzelnen Kirchengemeinschaften Beihülfen aus Staatsmitteln, d. h. aus den Steuern bewilligt würden. Auf die Beschlüsse der Synoden sei bei deren Zusammensetzung nicht zu viel zu geben und zu einer besonderen Entschädigung der Geistlichen für die jetzt abzulösenden Gebühren in Hinblick auf die zur Aufbesserung ihrer Stellen in den letzten Jahren bewilligten Summen wenig Veranlassung; die in § 54 Absatz 1 des Gesetzes vom 9. März 1874 gemachte Zusage sei bereits vollauf erfüllt.

Ein anderes Mitglied der Kommission hob hervor, daß er in Uebereinstimmung mit seinen Provinzialgenossen in der vorjährigen Generalsynode, die ihren Widerspruch gegen das Kirchengesetz für die älteren Provinzen bei den Berathungen und theilweise auch bei der Schlußabstimmung geltend gemacht hätten — einen Mißstand in Betreff der in Rede stehenden Stolgebühren für seine Heimath nicht anerkennen könne —, daß dagegen die Einführung einer Besteuerung nur Unzufriedenheit in den Gemeinden erregen werde.

Beide Mitglieder erklärten, daß sie gegen die Vorlage stimmen müßten.

Aus der Kommission erfuhren die erhobenen Einwendungen lebhaften Widerspruch von den verschiedensten Seiten. Von den Synoden, der Staatsregierung wie der Landesvertretung sei es wiederholt als ein dringendes, nicht früh genug zu befriedigendes Bedürfniß und eine Maßregel sozialpolitischer und ethischer Natur anerkannt, der durch die Civilstandseinrichtungen und deren Kostenlosigkeit von dem inneren kirchlichen Zusammenhang und kirchlichen Gemeindeleben gelösten Volksmasse die Möglichkeit zu schaffen, diesen Zusammenhang ohne die jetzt in den Stolgebühren liegenden finanziellen Opfer noch ferner zu bewahren oder wieder zu gewinnen. Habe der Staat durch seine Gesetzgebung Schädigungen in den auf kirchlichem Gebiete bestandenen Zuständen hervorgerufen, so sei es auch seine und aller Staatsangehörigen Pflicht, zur Behebung der hervorgetretenen Mißstände auch mit Staatsmitteln beizutragen und am wenigsten könne es Seitens der Landesvertretung bemängelt werden, wenn der Staat jetzt mit der Erfüllung dessen vorgehe, was durch die Beschlüsse derselben wiederholt und dringend von ihm erfordert sei. Gerade die Stolgebühren, deren Beseitigung jetzt in Aussicht genommen werde, seien durch die Civilstandsgesetzgebung beeinflußt und es sei deshalb in aller Weise zu billigen, daß die zu bewilligenden Staatsmittel nach ihrem Durchschnittsbetrage bemessen und an die Bedingung geknüpft worden, daß sie auf die Ablösung dieser Gebühren und zwar unter Berücksichtigung der Leistungsfähigkeit der durch die Ablösung belasteten Kirchengemeinden verwendet würden. Bei diesen Stolgebühren, nicht aber bei den sonst noch bestehenden sei eine sofortige landeskirchliche Regelung möglich, wenn auch die einzelnen Landestheile davon nicht überall gleichmäßig betroffen werden möchten und eine Ueberlastung der Kirchengemeinden trete nicht ein, wenn ihnen bei Umwandlung der in den Stolgebühren bestehenden indirekten Besteuerung in eine direkte nur die Tragung der Kosten angesonnen werde, die in ihrer Mitte jetzt schon durchschnittlich aufgebracht würden. Allerdings sei die geplante Ablösung der in Rede stehenden Stolgebühren nur der erste Schritt zu einer umfassenden Regelung des Stolgebührenwesens, der aber unzweifelhaft die Gemeinden veranlassen und in den Stand setzen werde, damit weiter nach dem Vorgange vieler Orte vorzugehen, die in diesen gemachten Erfahrungen hätten aber genugsam erwiesen, daß die Unentgeltlichkeit der Taufen und Trauungen in einfacher Form auf das kirchliche Leben förderlich eingewirkt habe.

Seitens des Vertreters des Finanzministerii wurde hierbei folgende Erklärung abgegeben:

Die vorliegenden Gesetzentwürfe hätten nicht eine Entschädigung der geistlichen Stellen für den durch die Civilstandsgesetzgebung herbeigeführten Ausfall an ihrem Einkommen und insbesondere keine Ausführung des § 54 Absatz 1 des Gesetzes vom 9. März 1874 zum Zwecke. Für die dort in Aussicht gestellte Entschädigung der Stellen sei durch die in den Jahren 1888/89 erfolgte Erhöhung des Fonds Kapitel 124 Titel 2 des Staatshaushaltsetats um rund 2¼ Millionen Mark bereits ein endgültiger Ersatz beabsichtigt und gewährt worden, und dieser Ersatz gehe auch finanziell weit über diejenigen Ausfälle hinaus, für welche auf Grund des § 54 Absatz 1 von den geistlichen Stellen eine Entschädigung hätte beansprucht werden können. Denn die gesammten Entschädigungen, die an die damaligen Stelleninhaber auf Grund des § 54 Absatz 2 gezahlt worden, hätten selbst im ersten Jahre nur etwa 600 000 Mark betragen. — Die vorliegenden Gesetzentwürfe ständen mit der Civilstandsgesetzgebung nur insofern in Verbindung, als durch diese den Zwang zur Taufe und Trauung beseitigt worden sei und damit für die Kirche sich das Bedürfniß herausgestellt habe, die Zahlung der Stolgebühren für diese kirchlichen Akte in Aussicht zu nehmen, um die in ihnen liegende Erschwerung der Nachsuchung dieser kirchlichen Handlungen hinwegzuräumen, und der Staat erkenne es als seine Aufgabe an, bei der im Interesse des kirchlichen Gemeindelebens und der unbemittelten Gemeindemitglieder liegenden Beseitigung dieser Folgen der staatlichen Gesetzgebung auch finanziell mitzuwirken, soweit die zunächst dazu berufenen Kirchengemeinden hierfür nicht leistungsfähig seien.

Seitens des Vertreters des Kultusministerii wird Folgendes erklärt:

Der Anweisung des Bedürfnisses gegenüber sei auf die bedenkliche Lage der Kirche hinzuweisen, in welcher sich dieselbe vielfach, namentlich in den mittleren und kleinen Städten, wo die nöthigen Mittel zur Ablösung der Stolgebühren aus eigenen Kräften fehlen, seit der Einführung des Civilstandsgesetzes befindet. Die Kirche müsse von ihren Gliedern verlangen, daß sie ihre Ehe einsegnen und ihre Kinder taufen lassen. Wenn sie nun zugleich dafür selbst von den Unbemittelteren Gebühren erhebt, so kommt sie sammt ihren Dienern bei der mannigfach von kirchenfeindlichen Elementen beeinflußten Menge nur zu leicht in den Verdacht, eigennützige Zwecke zu verfolgen. Wenn aber unter solchen Verhältnissen der Geistliche lieber auf die Gebühren verzichtet, so bedeutet dies einen Ausfall an seinem Diensteinkommen, auf welches er angewiesen ist. Dieser Zustand ist für die Geistlichen unerträglich, für die Kirche unwürdig. Die Aufhebung müsse allgemein stattfinden, auch da wo das Bedürfniß noch nicht hervorgetreten ist. Denn eine verschiedene Behandlung der einzelnen Gemeinden oder Ortschaften fordert je länger besto mehr den Vergleich heraus: je mehr das Bewußtsein des ursächlichen Zusammenhangs der Verschiedenheit schwindet, desto lebhafter wird die Unzufriedenheit, daß man Gebühren entrichten müsse, welche im Nachbarort längst aufgehoben sind.

Die Bewegung für die Ablösung der Stolgebühren habe nicht nur ihre Stätte bei den Kirchenregierungen und den von ihnen beeinflußten Synodalvertretungen höherer Ordnung; sie wurzele vielmehr allerdings in den Gemeinden. Den Beweis dafür bilden Berlin und andere größere Städte, wo die Ablösung durch Kirchensteuern von den nur aus allgemeinen und direkten Wahlen hervorgehenden Gemeindeorganen bezw. von den ausschließlich von diesen gewählten Kreissynoden einhellig beschlossen, und mit großem Erfolge durchgeführt sei. Wie sehr sich dort die Maßregel bewährt habe, ergebe beispielsweise die Thatsache, daß in Berlin die Zahl der Taufen im Jahre 1875 nur 65,79 Prozent, jetzt 86,09 Prozent der Geburten, die Zahl der Trauungen damals nur 24,61 Prozent, jetzt 64,26 Prozent der Eheschließungen ausmacht.

Wenn man die Kirche auf ihre eigene Steuerkraft verweise, so übersehe man einmal, daß diese gesetzlich limitirt sei, und zweitens, daß sie in der Hauptsache doch nur durch Zuschläge zur Personalsteuer ausgeübt werden kann. Letztere versagen aber gerade da, wo die höchsten Stolgebühren bestehen, weil dort zumeist auch gerade die Zuschläge zur Personalsteuer das höchste zulässige Maß erreicht haben. Aus ähnlicher Rücksicht überweise der Staat auch andern öffentlichen Verbänden mit eigner Steuerkraft dennoch Staatsmittel z. B. den Kreisen und Schulverbänden. Hierzu komme, daß zur Beseitigung der durch die Civilstandsgesetzgebung geschaffenen Nothlage der Kirche mitzuhelfen der Staat immerhin eine gewisse moralische Verpflichtung habe.

Die Möglichkeit, die ortsüblich einfachste Form der Handlungen gesetzlich näher zu bestimmen, wurde von dem Regierungskommissar in Abrede gestellt. Schon die große örtliche Verschiedenheit auf diesem Gebiete stehe im Wege, und lasse einen verhängnisvollen Eingriff in die örtliche Gewohnheit, an welcher die Leute namentlich in kirchlichen Dingen zäh festhalten, besorgen. Es kommen z. B. Gegenden vor, wo die Haustaufe die ortsüblich einfachste Form bilde. Selbst die gesetzliche Feststellung nur eines Minimums der Erfordernisse einer einfachsten Handlung sei nicht zweckmäßig, da sie aus gleichen Gründen nur dürftig ausfallen müßte und dabei die Gefahr enthalte, daß die Gemeinden sich um so eher mit der dürftigen Form abfinden würden. Auch könne nicht anerkannt werden, daß die Fassung des Hannoverschen Kirchengesetzes vom 16. Juni 1875 so sehr den Vorzug verdiene: denn der dortige § 3 unterliege ziemlich den gleichen Dehnbarkeit. Die Entscheidung sei aber dort wie hier mit Recht in erster Linie in die Hände der Gemeindeorgane gelegt, welche auch nach der Kirchengemeinde und Synodalordnung (§ 31 Nr. 7) die Feststellung der Stolgebühren tagen obliege: gegen etwaige Mißgriffe derselben sei in der Mitwirkung des Kreissynodalvorstandes und der abschließenden Genehmigung des Konsistoriums genügender Schutz gegeben. Denn die Tendenz, aus welcher die Kirche die ganze Maßregel wünscht, sei ja doch nicht finanzieller Natur, sondern beruhe in der Erkenntniß, daß es für die Landeskirche eine Lebensfrage ist, ihren Einfluß bei den breiten Massen des Volkes wiederzugewinnen. Deshalb werde sie bei der Ausführung in ihrem eigensten Interesse schon von selbst für eine möglichst weite Ausdehnung der Maßregel Sorge tragen.

Von anderer Seite wurde bemerkt, daß die katholischen Mitglieder entsprechend der auch früher angenommenen Haltung sich gegen die für evangelische Kirchengemeinschaften ergangenen Kirchengesetze enthalten würden, aber anerkennen, daß dieselben in der für diese Kirchen geordneten Form legal zu Stande gekommen seien; demgemäß solle das von diesen behauptete Bedürfniß nicht angefochten und zugestanden werden, daß dafür Mittel des Staates innerhalb der durch die Finanzlage gebotenen Grenzen hergegeben werden und eine Regelung des Stolgebührenwesens im Interesse beider christlichen Bekenntnisse wünschenswerth erscheine.

Nach diesen allgemeinen Erörterungen ward in die Spezialdiskussion der einzelnen Artikel der vorliegenden Staatsgesetze eingetreten, nachdem vom Referenten noch darauf aufmerksam gemacht worden, daß in Artikel 4 Absatz 2 derselben eine gewiß zu billigende Ergänzung der Kirchengesetze in Betreff der Zulassung des Rechtsweges in bestimmten Grenzen vorgenommen, die einzige in Artikel 1 des Gesetzes für Schleswig-Holstein enthaltene Abweichung von dem Staatsgesetze für die älteren Provinzen aber in den dort bestehenden besonderen Verhältnissen seine Begründung finde.

Bei der Abstimmung wurden, und zwar zunächst in dem Staatsgesetz für die älteren Provinzen
Artikel 1 mit allen gegen 2 Stimmen,
Artikel 2 einhellig,
Artikel 3 mit allen gegen 2 Stimmen,
Artikel 4 mit allen gegen 1 Stimme
und demnächst in dem Staatsgesetze für Schleswig-Holstein die 4 Artikel ohne weitere Debatte angenommen.

Inzwischen war der Antrag eingegangen, dem vorliegenden Gesetze einen Artikel 5 des Inhalts beizufügen:
Dies Gesetz tritt gleichzeitig mit der in Gemäßheit der Resolution des Hauses der Abgeordneten vom 6. Juni 1890 für die Provinzen Hannover und Hessen-Nassau, sowie die katholische Kirche noch zu erlassenden Gesetze in Kraft.

Zur Begründung dieses Antrags ward ausgeführt, daß, wenn auch anerkannt werden müsse, daß die Staatsregierung bei den einleitenden Schritten zur Ausführung der im Antrage gedachten Resolution durchaus loyal verfahren sei, wenn sie auch im Abgeordnetenhause bei bestimmtesten Zusicherungen gegeben habe, daß jede differentielle Behandlung der evangelischen und katholischen Kirche ausgeschlossen sein solle, und wenn auch beim im Hause von keiner Seite widersprochen worden, so doch die Befürchtung nicht ausgeschlossen sei, daß eine nachträgliche, selbstständige Regelung der Stolgebührenfrage für die katholische Kirche und einzelne evangelische Landesstriche seitens der Regierung oder des Landtags aus finanziellen Rücksichten abgelehnt werden könne, und immer sei durch keine Resolutionen, vielmehr nur durch eine in die betreffenden Gesetze aufgenommene Bestimmung eine wirkliche Garantie für die katholische Kirche zu schaffen, voraussichtlich aber werde dadurch auch nur ein kurzer Verzug von höchstens einem Jahre für die Durchführung der vorliegenden Gesetze für die evangelische Kirche herbeigeführt werden.

Diesem Antrage ward von anderer Seite der bestimmteste Widerspruch entgegengesetzt und darauf hingewiesen, daß er in Gegensatze zu den von Freunden des Antragstellers bei der ersten Lesung erklärten Bereitwilligkeit stehe, das Zustandekommen der vorliegenden Gesetzgebung nicht deshalb beanstanden zu wollen, weil eine gleichzeitige Regelung für die evangelische wie katholische Kirche zur Zeit nicht erfolgen könne; daß durch den beantragten Artikel 5 nur eine kurze Verzögerung in der beabsichtigten Regulierung eintreten werde, dafür fehle jegliche Bürgschaft, gewiß aber sei, daß der Widerspruch auch nur einer der im Antrage bezeichneten Kirchengemeinschaften die Stolgebührenablösung für alle Kirchen zum allgemeinen Schaden des Landes vereiteln würde.

Von dem Vertreter des Finanzministerii ward dabei ausgesprochen:

Daß er gegenüber dem Antrage, dem vorliegenden Staatsgesetze den vorgeschlagenen Artikel 5 einzufügen und gegenüber der von einer Seite ausgesprochenen Befürchtung, eine spätere selbstständige Regelung der Stolgebührenfrage für die katholische Kirche könne Seitens der Staatsregierung oder des Landtags schon aus finanziellen

Gründen abgelehnt werden, darauf glaube hinweisen zu müssen, daß die beiden Häuser des Landtages die Regelung jener Frage als eine dringliche anerkannt haben, das Haus der Abgeordneten in der Resolution vom 6. Juli 1890 sich ausdrücklich für die gleichmäßige Regelung und die alsbaldige Bereitstellung der dazu erforderlichen Mittel für die evangelische wie für die katholische Kirche erklärt, die Staatsregierung wiederholt in der bestimmtesten Weise ihre Bereitwilligkeit, die beiden christlichen Kirchen in dieser Frage mit gleichem Maße zu messen, ausgesprochen und diese Absicht in dem ganzen bisherigen Verlauf der Angelegenheit, insbesondere auch bei Anstellung der statistischen Ermittelungen loyal bethätigt habe, und daß endlich der finanziell bedeutungsvollste Theil dieser Aufgabe doch bereits durch die vorliegenden Gesetzentwürfe und den laufenden Staatshaushaltsetat seine Erledigung finden soll. Allen diesen Vorgängen gegenüber dürfte ein innerer Grund weder für das Verlangen einer weiteren Garantie, wie sie der vorgeschlagene Artikel 5 vorsieht, noch für die Befürchtung vorliegen, daß einer gleichmäßigen Durchführung der Stolgebührenablösung auch für die katholische Kirche und die noch ausstehenden evangelischen Landeskirchen und einer Bereitstellung der für sie noch erforderlichen Mittel finanzielle Bedenken entgegengestellt werden möchten.

Von einem Mitgliede der Kommission ward dann in der Absicht, eine Ausgleichung der verschiedenen Standpunkte herbeizuführen, der Antrag eingebracht, beim Hause die Zustimmung zu einer Resolution dahin zu beantragen,

das Haus der Abgeordneten wolle beschließen, bei Annahme der vorliegenden Gesetzentwürfe die Erwartung auszusprechen, daß die Königliche Staatsregierung entsprechende Gesetzentwürfe über die Ablösung der Stolgebühren auch für die übrigen evangelischen Landeskirchen der Monarchie und für die katholische Kirche vorlegen werde, sobald darüber die erforderliche Verständigung mit den zuständigen kirchlichen Organen erzielt ist.

Zu dieser Resolution ward alsbald eventuell bei Ablehnung des beantragten Artikels 5 der Zusatz am Schlusse beantragt:

oder aber, wenn und soweit eine Verständigung nicht herbeizuführen sein sollte, über eine anderweitere Erleichterung der betreffenden Kirchengemeinden aus Staatsmitteln.

Zur Motivirung dieses Unterantrages ward bemerkt, wie schon bei der ersten Lesung hervorgehoben sei, daß die Katholiken für sich nicht die Berechtigung haben, eine Veränderung in den Stolgebühren eintreten zu lassen, sofern nicht ihre kirchlichen Organe und Oberen, die Bischöfe, sich darüber mit der Staatsregierung vereinbart hätten. Stolgebühren für gewisse Funktionen zu erheben, sei ein kanonisch-rechtlich begründetes kirchliches Recht. Werde Seitens der Bischöfe in die Aufhebung dieses Rechts auf dem vom Staate eingeschlagenen Wege nicht gewilligt, so erhelche die Gerechtigkeit, daß ein anderes Aequivalent, das in ähnlicher Weise, wie dies bei den evangelischen Kirchen geschehen solle, die Kirchengemeinden erleichtere, gefunden und den Katholiken dafür geboten werde. Man würde auf katholischer Seite nicht zu einer so vorsichtigen Haltung sich bewogen sehen und besondere Garantien fordern, wenn das Staatsregierung nun seit Langem geforderten und durch eine Resolution des Hauses von 1890 auch gebilligten Gesetzentwurf über den Vorsitz im Kirchenvorstande der linksrheinischen katholischen Gemeinden in der laufenden Session vorgelegt hätte.

Der Fraktion des Antragstellers müsse die Stellungnahme zu den vorliegenden Gesetzentwürfen vorbehalten

werden, wenn nicht der Aufnahme des Artikels 5 bezw. des beantragten Zusatzes zur Resolution entsprochen werde.

In der Kommission wurde von den verschiedensten Seiten Widerspruch gegen die Zusatzbestimmung erhoben. Habe die katholische Kirche Stolgebühren der in Frage stehenden Art und wolle sie deren Aufhebung auf dem in den vorliegenden Gesetzen eingeschlagenem Wege, so sei im Hinblick auf die Resolution vom 6. Juni 1890 es selbstverständlich, daß die dieserhalb vorzulegenden Gesetze für diese Kirche wie für die anderen genannten Kirchengemeinschaften auf keinen anderen Grundlagen ruhen könnten, als in den vorliegenden Gesetzen zur Geltung gebracht worden. Habe die katholische Kirche aber solche Stolgebühren nicht oder wollten ihre Bischöfe allesammt oder theilweise deren Aufhebung nicht, so könne unmöglich im Rahmen der vorliegenden Gesetzgebung im Voraus eine Zusicherung so allgemeiner Art ausgesprochen werden, wie dies in dem beantragten Zusatz zu der zwar als überflüssig zu betrachtenden aber um des Friedens Willen eventuell zu beschließenden Resolution gefordert werde. Bei aller Bereitwilligkeit, die im Abgeordnetenhause zu finden sein würde, wenn für gleich dringliche Bedürfnisse der katholischen Kirche, wie hier vorliegen, eine staatliche Beihülfe mit Grund gefordert werden sollte, werde es doch der besonderen Geltendmachung und Begründung solcher, zur Zeit unbekannter Bedürfnisse und einer eingehenden Prüfung derselben bedürfen und eine Bewilligung dafür aus Staatsmitteln nur im Staatshaushaltsetat oder durch ein besonderes Gesetz erfolgen können.

Vom Kommissar des Kultusministers wurde folgende Erklärung abgegeben:

Die Königliche Staatsregierung glaubt, indem sie die Gesetzvorlage nicht für alle von der Resolution umfaßten Kirchengemeinschaften gleichzeitig einbrachte, weder gegen die Billigkeit noch gegen den Grundsatz der Parität verstoßen zu haben.

Der Wunsch nach Ablösung der Stolgebühren ist in der evangelischen Kirche schon bei Erlaß des Civilstandsgesetzes entstanden und wurde von ihren geordneten Organen seitdem ununterbrochen geltend gemacht. Auch im Landtage hat er schon lange von dem Jahre 1890 im Interesse der evangelischen Kirche wiederholt Ausdruck gefunden. Gerade deshalb wurde er in dem Jahre bei Gelegenheit der Berathung der ersten Sperrgeldervorlage als eine alte, noch immer nicht erfüllte, aber sehr dringliche Forderung der evangelischen Kirche wieder vorgebracht.

Von Seiten der katholischen Kirche dagegen ist ein gleicher Wunsch offiziell bisher überhaupt noch nicht, im Landtage aber zum ersten Mal bei dem jener Gelegenheit durch den bekannten Antrag des Abgeordneten Windthorst, wonach in der Resolution des Hauses vom 6. Juni 1890 „christliche Kirchen" statt „evangelische Landeskirchen" gesetzt wurde, laut geworden.

Schon damals aber haben verschiedene Redner ihre Zustimmung zu der Ausdehnung der Maßregel auf die katholische Kirche ausdrücklich davon abhängig gemacht, daß dadurch nicht etwa eine Verzögerung derselben für die evangelische Kirche eintrete, für welche die Sache längst spruchreif sei. Hierin ist ihnen nicht widersprochen worden. Denn der einzige Redner von der andern Seite, welcher diesen Punkt berührte, verlangte doch nur ein möglichst gleichzeitiges Vorgehen für beide Kirchen.

Die Königliche Staatsregierung hat nun, was bereits in der Sitzung des Hauses vom 16. März b. Js. vom Regierungstische aus hervorgehoben ist, in Folge jener Resolution die Aufforderung zur Beschaffung der statistischen Unterlagen an demselben Tage an die evangelischen wie an die katholischen Kirchenbehörden ergehen lassen. Die Wirkung aber war verschieden; während die evangelischen Kirchenbehörden ihr sofort Folge leisteten und die Unterlagen innerhalb der gestellten Frist beschafften, wurden Seitens mehrerer Bischöfe prinzipielle Bedenken erhoben, welche von ihnen erst nach gepflogener Berathung unter einander zurückgestellt wurden. Hierdurch entstand aber ein so erheblicher Zeitverlust, daß die statistischen Unterlagen für die katholische Kirche erst mehrere Monate später zur Stelle waren, und ihre Prüfung und Zusammenstellung noch nicht vollendet werden konnte.

Unter diesen Umständen wäre es vielmehr unbillig gewesen, die evangelische Kirche warten zu lassen, zumal die größere Dringlichkeit des Bedürfnisses offenbar auf ihrer Seite vorhanden ist.

Für die evangelisch-lutherische Kirche der Provinz Hannover wird dem Hause voraussichtlich in den nächsten Tagen eine entsprechende Gesetzvorlage zugehen. Für die anderen, noch ausstehenden evangelischen Landeskirchen der neuen Provinzen konnten die Verhandlungen dagegen noch nicht zum Abschluß gelangen, da ihre Synodalvertretungen dazu noch nicht Stellung genommen haben.

Unannehmbar erscheint die Ergänzung der Gesetzvorlage durch den beantragten Artikel 5 schon deshalb, weil danach die Ablehnung Seitens einer betheiligten Kirche das Zustandekommen für alle übrigen vereiteln würde.

Dagegen steht die vorgeschlagene Resolution mit den Absichten der Königlichen Staatsregierung im Einklang. Ob dies jedoch von den im Fall der Ablehnung des Artikels 5 von anderer Seite beantragten Zusatze gleichfalls gilt, muß, ohne der Entschließung der Königlichen Staatsregierung vorzugreifen, doch bezweifelt werden.

Selbstverständlich wird die Königliche Staatsregierung den etwa in Zukunft hervortretenden Wünschen der katholischen Kirche mit demselben Wohlwollen gegenüber stehen, wie jetzt dem der evangelischen Kirche auf Ablösung der Stolgebühren. Wenn anscheinend des Gegentheils auf die Behandlung der Frage wegen des Vorsitzes im Kirchenvorstande auf der linken Rheinseite hingewiesen ist, so ist zu bemerken, daß die Königliche Staatsregierung noch heute Willens ist, eine mit dem Beschlossen des Hauses übereinstimmende Vorlage zu machen; ihre Zurückstellung für jetzt hat rein geschäftliche Gründe; sie wird unter den Vorlagen der nächsten Session nicht fehlen.

Der Gesichtspunkt der Kompensation ist von der Königlichen Staatsregierung noch niemals als berechtigt anerkannt. Insoweit für beide Kirchen das gleiche Bedürfniß obwaltet, lassen sich Gründe der Parität dafür anführen, daß beide in gleichem Maße vom Staate berücksichtigt werden. Wenn aber etwa von ihm bei der einen Kirche ein Bedürfniß befriedigt würde, welches bei der andern nicht besteht, so folgt daraus doch nicht, daß er deshalb allein der andern Kirche eine Zuwendung zu anderen Zwecken machen müßte. Die anderweitigen Bedürfnisse, welche die katholischen Kirchengemeinden zur Befriedigung aus Staatsmitteln etwa namhaft machen könnten, werden übrigens voraussichtlich auch bei den evangelischen Gemeinden bestehen; das Prinzip der Kompensation würde also eine Kette ohne Ende sein und nicht zum Ziele führen.

Auch ist zu befürchten, daß gerade die Aussicht auf eine Kompensation auf anderen Gebieten einzelne Kirchenkörperschaften zur Ablehnung der Stolgebührenablösung bestimmen und die Absicht der Königlichen Staatsregierung die nachtheiligen Folgen der Civilstandsgesetzgebung für die Kirchen möglichst zu beseitigen, vereiteln könnte.

Schließlich darf das Interesse der katholischen Kirche an der Aufhebung der Stolgebühren auch nicht unterschätzt werden.

Es ist keineswegs wahrscheinlich, daß die Bischöfe die dargebotene Hülfe des Staats zur Aufhebung der Stolgebühren zurückweisen werden; im Gegentheil ist vorauszusehen, daß ebenso wie auf evangelischer Seite, auch auf katholischer die Maßregel besonders im Interesse der ärmeren Landestheile willkommen geheißen werden wird. Alle Vorschläge, welche die Möglichkeit der Ablehnung seitens der Bischöfe ins Auge fassen und jetzt die Sache erschweren, werden sich als überflüssig erweisen.

Bei der hiernächst vorgenommenen Abstimmung wurde der Antrag auf Einschiebung eines Artikels 5 in die vorliegenden Gesetzentwürfe mit 9 gegen 5 Stimmen abgelehnt, nicht minder der eventuelle Zusatz zu der beantragten Resolution mit 10 gegen 4 Stimmen, dagegen diese Resolution selbst mit 12 gegen 2 Stimmen beschlossen.

Bei der schließlichen Gesammtabstimmung wurde unter Genehmigung von Ueberschrift und Einleitung sowohl der Gesetzentwurf für die evangelische Landeskirche der älteren Provinzen wie der für die evangelisch-lutherische Kirche von Schleswig-Holstein mit allen gegen 2 Stimmen angenommen.

An Petitionen sind zwei eingegangen, von denen die unter Nr. II 219 die Ablösung sämmtlicher Stolgebühren und zwar unter Uebernahme der dafür zu gewährenden Entschädigungen Seitens des Staates ohne Heranziehung der Gemeinden fordert und durch die gefaßten Beschlüsse ihre Erledigung findet, die andere unter Nr. II 811 auf ein nach der Gebührenordnung für die evangelischen Gemeinden in Schlesien vom 28. Dezember 1870 neben dem taxmäßigen Gebühren bestehendes sogenanntes Offertorium mit dem Bemerken hinweist, daß dasselbe in der erforderten Nachweisung der auszugebenden Gebühren bereits mit aufgenommen sei — ein Umstand, der nach § 7 des betreffenden Gesetzes nur bei der Feststellung der Entschädigungsrenten durch das Provinzialkonsistorium resp. den evangelischen Oberkirchenrath zu berücksichtigen sein wird.

Die Kommission beantragt demgemäß, das Haus der Abgeordneten wolle beschließen:

1. den unter Nr. 84 der Drucksachen vorgelegten Gesetzentwürfen, betreffend die Aufhebung von Stolgebühren für Taufen, Trauungen und kirchliche Aufgebote in der evangelischen Landeskirche der älteren Provinzen der Monarchie und betreffend die Aufhebung von Stolgebühren für Taufen und Trauungen in der evangelisch-lutherischen Kirche der Provinz Schleswig-Holstein unverändert die verfassungsmäßige Zustimmung zu ertheilen;
2. die Petition II Nr. 811 der Königlichen Staatsregierung zur Kenntnißnahme und weiteren Veranlassung zu überweisen;
3. die Petition II Nr. 219 durch den Beschluß zu 1 für erledigt zu erklären;
4. der nachstehenden Resolution zuzustimmen:

   Bei Annahme der vorstehenden Gesetzentwürfe wird die Erwartung ausgesprochen, daß die Königliche Staatsregierung entsprechende Gesetzentwürfe über die Ablösung der Stolgebühren auch für die übrigen evangelischen Landeskirchen der Monarchie und für die katholische Kirche vorlegen wird, sobald darüber die erforderliche Verständigung mit den zuständigen kirchlichen Organen erzielt ist.

Berlin, den 6. Mai 1892.

Die XV. Kommission.

Graf Clairon d'Haussonville, Vorsitzender. v. Voß, Berichterstatter. Dr. Bachem. Dr. Dürre. vom Heede. Dr. Langerhans. Lehmann. Dr. Lieber. Freiherr v. Lilieneron. Olzem. Roeren. Simon v. Zastrow. Südmeyer. Wettich.

№ 170.

Betr. Anträge der Vereinigung der Steuer- und Wirthschaftsreformer.

Siebenter Bericht
der
Kommission für die Petitionen.

Berichterstatter: Abgeordneter Jürgensen.

Journal II Nr. 644.

In der Petition II 644 hat der Graf v. Mirbach-Sorquitten im Auftrage des Vorstandes der Vereinigung der Steuer- und Wirthschaftsreformer dem Abgeordnetenhause die in der XVII. Generalversammlung der gedachten Vereinigung am 24. Februar d. J. gefaßten Beschlüsse über das Thema

die Forderungen der deutschen Landwirthschaft in Konsequenz der jüngsten wirthschaftspolitischen Maßnahmen

mit der Bitte überreicht:

das Hohe Haus der Abgeordneten wolle dieselben einer Prüfung unterziehen und die darin niedergelegten Wünsche hochgeneigtest berücksichtigen.

Die überreichten Beschlüsse lauten:

„Mit Rücksicht auf die am 1. Februar d. J. in Kraft getretenen Handelsverträge und die dadurch der deutschen Landwirthschaft auf lange Jahre hinaus auferlegten neuen Opfer wird dieselbe neben unbedingter Erhaltung ihres Sollschutzes in der jetzigen Höhe auf eine beschleunigte Durchführung der nachstehenden Forderungen bringen:

1. Initiative des Deutschen Reiches zur internationalen Wiederherstellung des Silbers zum Münzmetall;
2. Besserung der ländlichen Arbeiterverhältnisse durch
    a) Revision des Gesetzes über den Unterstützungswohnsitz vom 6. Juni 1870 und des Gesetzes über die Freizügigkeit vom 1. November 1867;
    b) Seßhaftmachung ländlicher Arbeiter — speziell in Preußen — durch Begünstigung der Errichtung kleiner Rentengüter von Seiten der Generalkommissionen auf Grund der Gesetze vom 27. Juni 1890 und 7. Juli 1891;
    c) unbeschränkte Zulassung von Arbeitern aus Nachbarstaaten;
    d) Stellung des Kontraktbruches unter das Strafgesetzbuch;
3. Erleichterung des Verkehrs durch
    a) Ermäßigung der Frachtsätze auf den bestehenden Staatsbahnen für Massentransporte auf weite Entfernung;
    b) Ausbau des Eisenbahn- und Straßennetzes — besonders in den vorwiegend ackerbautreibenden bisher vernachlässigten Landestheilen;
    c) Erleichterung des Grunderwerbs und der Konzessionserlangung für öffentliche Tertiärbahnen;
4. Beseitigung der Doppelbesteuerung in Preußen durch Suspension der Grund- und Gebäudesteuer;
5. Möglichste Beschränkung des zum Verderben der Landwirthschaft immer mehr überhandnehmenden Börsendifferenzspiels in den Erzeugnissen der Landwirthschaft, unter gleichzeitiger Anerkennung des wirthschaftlich berechtigten Terminhandels."

Die Petition kam in der Sitzung der Petitionskommission am 1. April 1892, in welcher als Kommissare
1. des Ministers der öffentlichen Arbeiten:
    die Geheimen Ober-Regierungsräthe Freiherr v. Seblitz und Neukirch und Dr. Micke sowie der Geheime Regierungsrath Mellhausen.
2. des Ministers für Landwirthschaft, Domänen und Forsten:
    der Geheime Oberregierungsrath Sterneberg und
    der Geheime Regierungsrath Dr. Wentzel,
3. des Ministers des Innern:
    der Geheime Oberregierungsrath Höpker und der Regierungsassessor Frid
anwesend waren, zur Verhandlung.

Der Referent trug den Inhalt der Petition vor, hob hervor, daß die oben unter Nr. 1, Nr. 2a und d und Nr. 5 aufgeführten Forderungen zur Kompetenz des Reiches gehörten, daß der Reichstag bis dahin versammelt und es daher möglich gewesen sei, die Forderungen dort geltend zu machen, und beantragte, aus dem Grunde hinsichtlich derselben von einer materiellen Prüfung abzusehen und den Uebergang zur Tagesordnung zu beschließen.

Ohne weitere Diskussion wurde dieser Antrag von der Kommission angenommen.

Sodann wurde in die Erörterung der übrigen Forderungen eingetreten.

Hinsichtlich der Forderung 2b — Seßhaftmachung ländlicher Arbeiter, speziell in Preußen, durch Begünstigung der Errichtung kleiner Rentengüter von Seiten der Generalkommissionen auf Grund der Gesetze vom 27. Juni 1890 und 7. Juli 1891 — wies der Referent darauf hin, daß durch die gedachten Gesetze für Errichtung auch von kleinen Rentengütern genügend gesorgt sei, indem in diesen Gesetzen eine Grenze für die Größe der Rentengüter nicht bestimmt sei. Es sei jetzt Sache der Grundbesitzer, von den Gesetzen zur Errichtung von Rentengütern hinreichenden Gebrauch zu machen. Referent beantragt daher auch für diesen Punkt Uebergang zur Tagesordnung, welchem Antrage die Kommission ohne Widerspruch zustimmte.

In Betreff der Forderung 2c — unbeschränkte Zulassung von Arbeitern aus Nachbarstaaten — war die Kommission übereinstimmend der Ansicht, daß von einer unbeschränkten Zulassung nicht die Rede sein könne, bevor indessen ein Antrag gestellt wurde, wurde der Regierungskommissar veranlaßt, sich zur Sache zu äußern. Derselbe, Herr Regierungsassessor Frick, gab folgende Erklärung ab:

Im Auftrage des Herrn Ministers des Innern habe er zu erklären, daß dem Antrage „auf unbeschränkte Zulassung ausländischer Arbeiter" nicht stattgegeben werden könne. Nachdem im Jahre 1885 die Schließung der östlichen Grenze gegen den Zuzug russisch-polnischer Arbeiter bewirkt und diese Maßnahme durch den Beschluß des Hauses der Abgeordneten vom 30. Januar 1886 gebilligt sei, habe die Königliche Staatsregierung im November 1890, um dem in den östlichen Provinzen hervorgetretenen Arbeitermangel thunlichst abzuhelfen, zunächst probeweise für drei Jahre den Oberpräsidenten die Ermächtigung ertheilt, die Zulassung ausländischer Arbeiter mit der Maßgabe zu gestatten, daß in der Regel nur einzelnstehenden Arbeitern, im Gegensatze zu ganzen Arbeiterfamilien, der Uebertritt in das Staatsgebiet zu erlauben, und daß ihre Rückkehr in die Heimath bei Beginn der eine regelmäßige Arbeit ausschließenden Jahreszeit möglichst [sicher zu stellen sei. Anläßlich mannigfacher Klagen darüber, daß hierdurch der Arbeitermangel nicht in der wünschenswerthen Weise gemildert werde, hätte sodann der Herr Minister des Innern im Juni 1891 die Oberpräsidenten nochmals ausdrücklich angewiesen, von dieser Ermächtigung einen solchen Gebrauch zu machen, daß dadurch den berechtigten Klagen, soweit es das Staatsinteresse gestattete, abgeholfen werde. Nach den jetzt vorliegenden Berichten über die Ausführung der Maßregel im Jahre 1891 sei dies auch zweifellos geschehen. Strenge Anforderungen, die anfänglich theilweise an die Legitimation der ausländischen Arbeiter gestellt worden wären, seien aufgegeben, und in gleicher Weise hätten die sonstigen Wünsche der Arbeitgeber in jeder Weise die weitgehendste Berücksichtigung erfahren. Nur in ganz vereinzelten Fällen — wenn überhaupt — sei es vorgekommen, daß Gesuche um Erlaubniß zur Beschäftigung ausländischer Arbeiter abgelehnt worden wären. Auch die Regel, daß im Allgemeinen nur einzelstehende Arbeiter zugelassen werden sollten, und ihre Zulassung auf die eigentliche Arbeitszeit mit Ausnahme des Winters zu beschränken sei, wäre keineswegs mit rücksichtsloser Strenge durchgeführt worden, sondern, soweit das Staatsinteresse erlaubte und Ausnahmen erforderlich erschienen, hätten die Oberpräsidenten solche gestattet. Bei dieser Lage der Dinge erscheine es dringend empfehlenswerth, zunächst den Ablauf der dreijährigen Probezeit abzuwarten und nicht, ehe noch ein abschließendes Urtheil über die jetzigen Maßnahmen möglich geworden, schon an ihnen zu ändern.

Von dem Referenten wurde nunmehr der Antrag gestellt, mit Rücksicht auf die Erklärung des Regierungskommissars Uebergang zur Tagesordnung zu beschließen. Dagegen wurde von anderer Seite beantragt, die Petition für diesen Punkt der Königlichen Staatsregierung als Material zu überweisen. Nachdem der Vertreter der Regierung bemerkt hatte, daß die Petition kein Material enthalte, und beide Anträge von anderen Mitgliedern der Kommission unterstützt worden waren, beschloß dieselbe dem Antrage des Referenten gemäß.

Hinsichtlich der Forderung 3 a — Ermäßigung der Frachtsätze auf den bestehenden Staatsbahnen für Massentransporte auf weite Entfernung — erklärte der Regierungskommissar, Herr Geheimer Regierungsrath Mollhausen, daß er bei der Unbestimmtheit und mangelnden Begründung der Petition eine Erklärung Namens der Staatsregierung nicht abgeben könne. Für einzelne wichtige landwirthschaftliche Artikel beständen für die östlichen Provinzen bereits Frachtermäßigungen.

Der Referent war der Meinung, daß die Eisenbahnverwaltung fortwährend Ermäßigung der Frachtsätze eintreten lasse, daß die östlichen Provinzen in gewisser Beziehung, namentlich für den Viehtransport, durch Ausnahmetarife vor den anderen Provinzen begünstigt seien und daß Tarifermäßigungen immerhin nur insofern befürwortet werden könnten, als der Staatshaushalt einen Ausfall in den Einnahmen aus den Eisenbahnen ertragen könne. Er beantragte, wegen der zu allgemeinen Fassung und der Unbestimmtheit der Forderung Uebergang zur Tagesordnung zu beschließen. Von anderer Seite wurde die Ueberweisung zur Erwägung beantragt und dieser Antrag wurde nach kurzer Diskussion von der Kommission angenommen.

Was die Forderungen Nr. 3 h und c — Ausbau des Eisenbahn- und Straßennetzes, besonders in den vorwiegend ackerbautreibenden — bisher vernachlässigten Landestheilen — und — Erleichterung des Grunderwerbs und der Konzessionserlangung für öffentliche Tertiärbahnen — betrifft, so wurde von der Kommission nicht anerkannt, daß die vorwiegend ackerbautreibenden Landestheile in Bezug auf den Bau von Eisenbahnen vernachlässigt seien. Selbstverständlich könnten gering bevölkerte ackerbautreibende Gegenden mit verhältnißmäßig wenigen Frachtgütern nicht in dem Maße von Eisenbahnen durchzogen werden wie starkbevölkerte Industriegegenden mit großen Mengen von Industrieerzeugnissen und Bedürfnissen. Von dem Referenten wurde hervorgehoben, daß der Bau von Straßen nicht Sache des Staates, sondern der Provinzen, Kreise und Gemeinden sei, und daß zur Zeit ein Tertiärbahngesetz dem Landtage vorliege.

Von dem Geheimen Oberregierungsrath Dr. Micke wurde erklärt, daß die Behauptung, die ackerbautreibenden Landestheile seien bei dem Ausbau des Eisenbahnnetzes bisher vernachlässigt worden, nicht zutreffe, da man bei dem seit dem Jahre 1880 für Rechnung des Staates gesetzlich genehmigten Meliorationsbahnen stets auch die Interessen der Landwirthschaft Berücksichtigung gefunden hätten. Diese Rücksichten würden auch bei weiteren Erwägungen wegen Ausgestaltung des vaterländischen Eisenbahnnetzes nicht außer Acht gelassen werden. Sodann gab der Geheime Oberregierungsrath Freiherr v. Zedlitz und Neukirch die folgende Erklärung ab:

Der dem Landtage vorliegende Entwurf eines Gesetzes über die Bahnen unterster Ordnung bezwecke, die Entwicklung dieses wichtigen Zweiges unseres Verkehrssystems thunlichst zu fördern und die Betheiligung des Privatkapitals und des privaten Unternehmungsgeistes zu erleichtern und zu beleben. Dabei sei nun Erleichterung der Benutzung der Straßenkörper für Kleinbahnen vorgesehen, nicht aber die Beilegung des Enteignungsrechts, weil das Enteignungsgesetz die Handhabe biete, dasselbe in allen Fällen zu erwirken, in denen es nach Artikel 9 der Verfassung zulässig sei.

Der Straßen- und Wegebau sei seit dem Dotationsgesetz nicht mehr Sache des Staates. Provinzen und Kreise hätten das durch die Gesetzgebung in sie gesetzte Vertrauen voll gerechtfertigt und den Kunststraßenbau thunlichst gefördert.

Die Neuordnung des Wegerechts in einer den Bedürfnissen der Zeit entsprechenden Weise sei im vorigen Jahre mit der Wegeordnung für Sachsen in Angriff genommen; die Fortführung des gesetzgeberischen Planes für die übrigen älteren Provinzen solle thunlichst gefördert werden.

Es sei daher auf dem hier in Rede stehenden Gebiete Alles, was die Petenten wünschen, theils geschehen, theils im Werke.

Der Referent beantragte Uebergang zur Tagesordnung mit Rücksicht auf die Erklärungen der Vertreter der Staatsregierung und beschloß die Kommission diesem Antrage gemäß.

Was endlich die Forderung Nr. 4 — Beseitigung der Doppelbesteuerung in Preußen durch Suspension der Grund- und Gebäudesteuer — anbelangt, so beschloß die Kommission ohne Debatte dem Antrage des Referenten gemäß Uebergang zur Tagesordnung mit Rücksicht darauf, daß die Steuerreform in Fluß begriffen sei.

Die Kommission beantragt demnach:

Das Haus der Abgeordneten wolle beschließen:

1. die Petition II Nr. 644 hinsichtlich der Forderung derselben unter 3a — Ermäßigung der Frachtsätze auf den bestehenden Staatsbahnen für Massentransporte auf weite Entfernung — der Königlichen Staatsregierung zur Erwägung zu überweisen;
2. im Uebrigen über die Petition zur Tagesordnung überzugehen, und zwar hinsichtlich der Forderungen Nr. 2c — unbeschränkte Zulassung von Arbeitern aus Nachbarstaaten — Nr. 3b — Ausbau des Eisenbahn- und Straßennetzes, besonders in den vorwiegend ackerbautreibenden, bisher vernachlässigten Landestheilen — und Nr. 3c — Erleichterung des Grunderwerbs und der Konzessionserlangung für öffentliche Tertiärbahnen — mit Rücksicht auf die Erklärung der Vertreter der Königlichen Staatsregierung und

hinsichtlich der Forderung Nr. 4 — Beseitigung der Doppelbesteuerung in Preußen durch Suspension der Grund- und Gebäudesteuer — mit Rücksicht darauf, daß die Steuerreform noch in Fluß begriffen ist.

Berlin, den 5. Mai 1892.

Die Kommission für Petitionen.

Lehmann, Vorsitzender. Jürgensen, Berichterstatter. v. Bismarck. v. Borcke-Nienow. v. Bredow. Bunzen. Conrad (Graudenz). Czwalina. Dr. Dürre. Engels. Freiherr v. Eynatten. Friederichs (Gummersbach). Dr. Graf (Elberfeld). Halberstadt. Jacobs. Jerusalem. Dr. Krause. Lückhoff. Ries. Ofer. Pleß. v. Puttkamer-Treblin. Nadziejewski. Schmidt (Warburg). v. Veltheim. Freiherr v. Wackerbarth-Linderode. Weber (Genthin). v. Werdeck.

№ 171.

Bericht

der

XVI. Kommission zur Vorberathung des Entwurfes eines Gesetzes, betreffend die Einführung der Landgemeindeordnung für die sieben östlichen Provinzen der Monarchie vom 3. Juli 1891 in der Provinz Schleswig-Holstein. — Nr. 120 der Drucksachen. —

Berichterstatter:
Abgeordneter Jürgensen.

Die zur Vorberathung des Entwurfs eines Gesetzes, betreffend die Einführung der Landgemeindeordnung für die sieben östlichen Provinzen der Monarchie vom 3. Juli 1891 in der Provinz Schleswig-Holstein, gewählte Kommission hat den ihr ertheilten Auftrag in einer, am 30. April 1892 stattgehabten Sitzung, an welcher als Vertreter der Königlichen Staatsregierung die Herren:

Minister des Innern Herrfurth,
Geheimer Oberregierungsrath Haase,
Regierungsassessor Frid,

theilgenommen haben, erledigt.

Es wurde beschlossen, von einer allgemeinen Besprechung des Gesetzentwurfs abzusehen und sofort in die Einzelberathung einzutreten, diese Berathung jedoch in zwei Lesungen stattfinden zu lassen.

Artikel I.

Von einem Mitgliede der Kommission wurde der Antrag gestellt, den Artikel I abzulehnen. Zur Begründung des Antrages wurde folgendes angeführt: Allerdings sei der Provinziallandtag gehört worden, derselbe habe sich aber dem Gesetz gegenüber in keiner andern Lage befunden, als der Landtag der Monarchie im vorigen Jahre, nämlich vor einer völlig neuen und nicht erprobten Sache, da die Landgemeindeordnung für die sieben östlichen Provinzen erst mit dem 1. April d. J. in Kraft getreten sei. Während im vorigen Jahre nach wochenlangen Debatten die ganze konservative Fraktion zu dem Resultat gelangt sei, die Landgemeindeordnung abzulehnen, habe der Provinziallandtag die Vorlage in der Kommission und im Plenum binnen acht Tagen erledigt. Bei aller Hochachtung vor der Einsicht des Provinziallandtages glaube er doch nicht, daß derselbe die Folgen eines so tief einschneidenden Gesetzes besser habe übersehen können. — Bei den in den sieben östlichen Provinzen jetzt stattgehabten Wahlen zu den Gemeindevertretungen sollen in den Vororten der großen Städte und auch sonst hier und da auf dem Lande in der dritten Abtheilung die Sozialdemokraten gesiegt haben. Es sei nun eine offene Streitfrage, ob es günstig sei, die Sozialdemokraten zur Mitarbeit in Kommunalangelegenheiten heranzuziehen, in den Landgemeinden halte er dies aber für sehr bedenklich, weil die Sozialdemokratie durch die größere Gewandtheit ihrer Mitglieder leicht die Herrschaft in den Gemeindevertretungen erlangen könnte und auf diese Weise ihre Grundsätze immer mehr auf das Land bringen würde. — Es seien in den letzten Jahren viele große Gesetze eingeführt worden, und daher sei das Volk geradezu gesetzesmüde. Die Gemeindevorsteher seien mit Schreibarbeit überlastet und daher werde das Amt derselben nicht mehr wie ein Ehrenamt sondern wie eine Last betrachtet, deren sich Jeder zu entziehen suchen werde. Deshalb werden wir schließlich dahin kommen, daß wir nur besoldete Gemeindebeamte haben werden, was nicht wünschenswerth sei. — In Schleswig-Holstein bestehe eine gute Landgemeindeordnung, und der Herr Minister habe bei der ersten Berathung selbst anerkannt, daß es mit der Einführung dieser Landgemeindeordnung in Schleswig-Holstein eine solche Eile nicht habe. Nach dem Ausgeführten halte er die Ausdehnung der Landgemeindeordnung für die sieben östlichen Provinzen auf Schleswig-Holstein für verfrüht und komme daher zu dem Antrage, die Vorlage abzulehnen. Ein Antrag auf spätere Einführung der Landgemeindeordnung sei in der Provinzialkommission deshalb nicht gestellt worden, weil dort, wie ihm, dem Antragsteller, mitgetheilt sei, von autoritativer Seite erklärt wäre, daß ein solcher Antrag nicht die Zustimmung des Staatsministeriums finden werde.

Der Herr Minister gab hierauf folgende Erklärung ab:

Wenn der Herr Abgeordnete seine prinzipiell ablehnende Haltung gegen den vorliegenden Gesetzentwurf mit dem Hinweise auf die Ablehnung der Landgemeindeordnung für die sieben östlichen Provinzen durch die konservative Fraktion in der Schlußabstimmung begründe, so bemerke er, daß die damalige Abstimmung nicht die Ablehnung des vorjährigen Gesetzentwurfes durch die konservative Partei Preußens überhaupt bedeute; dies ergebe sich aus der zustimmenden Haltung, die bei seiner Berathung die Mehrheit der konservativen Partei des Herrenhauses in zweimaliger Abstimmung eingenommen habe. Wenn es sich jetzt darum handele, das im Vorjahre für die sieben östlichen Provinzen erlassene Gesetz auf die Provinz Schleswig-Holstein zu übertragen, so sei die Zustimmung, die der Provinziallandtag dieser Absicht entgegengebracht habe, für ihn von hoher Bedeutung; denn er erblicke in dem Beschlusse des Provinziallandtages den Ausdruck des Willens der gesetzmäßigen Vertretung der Provinz. Wenn über den vorjährigen Gesetzentwurf eine Aeußerung des Provinziallandtages nicht erfordert sei, so liege darin keine Geringschätzung ihrer Bedeutung, sondern es finde dies seine Begründung darin, daß es sich damals nicht um ein Provinzialgesetz, sondern um ein Gesetz für die größere Hälfte des Staates gehandelt habe, und daß für Gesetze der letzteren Art allgemein eine Anhörung der sämmtlichen Provinziallandtage der betreffenden Landestheile vor der Beschlußfassung des Abgeordnetenhauses nicht angezeigt erschienen sei.

Wenn der Herr Vorredner sodann Bedenken gegen die Annahme des vorliegenden Gesetzentwurfes aus dem Umstande schöpfe, daß kürzlich in einzelne Gemeindevertretungen Sozialdemokraten gewählt seien, so halte er es nicht für gerechtfertigt. Denn derartige Wahlen von Sozialdemokraten seien nur in verhältnißmäßig wenig zahlreichen Fällen, hauptsächlich in den Vororten großer Städte, vorgekommen und beschränkten sich auf einen Theil der Gemeindeverordneten der dritten Klasse. Sie erschienen einerseits unvermeidlich in den Vororten größerer Städte, in denen die große Mehrheit der Bevölkerung aus Sozialdemokraten bestehe, andererseits nicht gefährlich, weil durch die Wahlen der ersten und zweiten Klasse die Gewähr dafür gegeben sei, daß die Sozialdemokraten niemals die Herrschaft in der Gemeindevertretung erhalten könnten.

Der Umstand endlich, daß durch die Annahme des vorliegenden Gesetzentwurfes die Geschäftslast der Gemeindevorsteher gesteigert werden würde, lasse sich ebenfalls begründeter Weise nicht gegen denselben geltend machen. Denn eine solche Geschäftsvermehrung finde nur in der Uebergangszeit und auch in dieser, wie die Erfahrung in den 7 östlichen Provinzen zeige, keineswegs in übermäßigem Grade statt. Sobald die Uebergangszeit verstrichen sein werde, stelle dagegen gerade die neue Landgemeindeordnung dem Gemeindevorsteher eine Geschäftserleichterung in Aussicht, indem sie ihm ein klares, übersichtliches, zusammengefaßtes Recht in die Hand gebe an Stelle der jetzt geltenden zahlreichen, lückenhaften und vielfach unklaren Bestimmungen der verschiedenen Gesetze, Statuten und Observanzen.

Dem gegenüber könne er nur die schon im Plenum des Abgeordnetenhauses angeführten Gründe, die eine alsbaldige Einführung der Landgemeindeordnung vom 3. Juli 1891 in Schleswig-Holstein erheischen, hier wiederholen. Diese Gründe habe auch der Provinziallandtag anerkannt, indem er den früher in der Provinz mehrfach ausgesprochenen Wunsch, von dieser Einführung abzusehen oder sie wenigstens hinauszuschieben, sich nicht zu eigen gemacht, sondern den Gesetzentwurf mit allen gegen zwei Stimmen angenommen habe, nachdem ein Antrag, seine Einführung bis zum 1. April 1894 hinauszuschieben, als aussichtslos zurückgezogen war.

Er bitte demgemäß, den Artikel I unverändert anzunehmen.

Ein anderes Mitglied der Kommission, welches als Mitglied des Schleswig-Holsteinischen Provinziallandtags an den Verhandlungen desselben über die Landgemeindeordnung theilgenommen hatte, äußerte sich dahin, daß allerdings anfänglich auch in der Provinz so auch im Provinziallandtag eine gewisse Abneigung gegen den Entwurf vorhanden gewesen sei, dieselbe habe aber bei näherer Kenntniß des Gesetzes im Provinziallandtag nachgelassen. Man habe die großen Verbesserungen, die es hinsichtlich der Regulirung des Stimmrechts und durch Einführung der Gemeindevertretung enthalte, anerkannt. Die Gemeindevertretungen würden eine Schranke gegen die Sozialdemokratie bilden. Der Provinziallandtag habe freilich in gewisser Weise mit gebundener Marschroute marschirt, indem er darauf beschränkt gewesen sei, lediglich ein Gutachten abzugeben. Er habe aber insofern die Befugniß gehabt, sich frei zu äußern und frei zu stimmen. Er, der Redner, halte mit dem Provinziallandtage die baldmöglichste Einführung der Landgemeindeordnung in der Provinz, aus den in dem Beschlusse des Provinziallandtages angeführten Gründen für wünschenswerth.

Ein fernerer Kommissionsmitglied legte besonderen Werth darauf, daß der Provinziallandtag gehört worden sei, das sei für ihn bestimmend gewesen, für die Einführung der Landgemeindeordnung zu stimmen. Die Sozialdemokratie fürchte er nicht und er wünsche die Einführung zu dem im Entwurfe vorgesehenen Termine.

Nachdem noch weitere Mitglieder der Kommission sich für die Annahme des Gesetzentwurfs ausgesprochen hatten, wurde der Artikel I mit allen gegen eine Stimme angenommen.

Artikel II.

Von einem Kommissionsmitgliede wurde beantragt, den Eingang zu fassen, wie folgt:
„An Stelle der §§ 1 Absatz 1" u. s. w.
und demgemäß einzuschieben:

„§ 1 Absatz 1.

Die gegenwärtige Landgemeindeordnung findet in der Provinz Schleswig-Holstein hinsichtlich der Landgemeinden und selbstständigen Gutsbezirke Anwendung."

Die Einschiebung sei nothwendig, weil die im Artikel V dem Minister des Innern ertheilte Ermächtigung, demnächst den Text „als Landgemeindeordnung für die Provinz Schleswig-Holstein" bekannt zu machen, sich genau genommen nur auf die Ueberschrift und die Einleitung beziehe; um daher den Wortlaut des § 1 Absatz 1 richtig zu gestalten, bedürfe es noch im Artikel II der vorgeschlagenen besonderen Vorschrift.

Die Anträge fanden die Zustimmung des Ministers und der Kommission.

Es wurde nun auf Antrag beschlossen, die weitere Berathung nach den Paragraphen der Landgemeindeordnung vom 3. Juli 1891 stattfinden zu lassen.

Zu § 2 Nr. 5a

erklärte der Herr Minister auf gegebene Veranlassung:
Die im Provinziallandtage abgegebene Erklärung des Regierungsvertreters, „daß ein öffentliches Interesse im Sinne der Nummern 3 und 4 des § 2 nicht schon in der geringen Größe einer Gemeinde- oder Gutsbezirks allein zu finden sei, sondern daß dieser Umstand nur den ersten und wichtigsten Anhalt für die Beurtheilung der Leistungsunfähigkeit zu geben im Stande sei", billige er vollkommen. Diese Erklärung decke sich durchaus mit den Darlegungen, die er selbst bei der vorjährigen Berathung verschiedentlich gegeben habe.

Zu § 2 Nr. 5b

erklärte der Herr Geheime Oberregierungsrath Haase, daß unter Kolonie eine größere Anzahl von Ansiedelungen in räumlichem Zusammenhange und in abgesonderter Lage zu verstehen sei.

Bei § 2 Nr. 6

wurde darauf aufmerksam gemacht, daß sowohl diese Bestimmung, als auch diejenige im § 1 Absatz 1 gleiche Gegenstände behandelten, die §§ 3 bezw. 96—98 der Städteordnung für Schleswig-Holstein vom 14. April 1869, und daß die §§ 3 und 97 des letzteren Gesetzes ausdrücklich auf Vorschriften der aufzuhebenden Landgemeindeordnung von 1867 Bezug nähmen; es sei daher zu erwägen, ob nicht die §§ 3 und 97 der Städteordnung durch den § 146 des Entwurfes aufzuheben seien.

Der Herr Minister erklärte: Durch die Bestimmung des § 2 Nr. 6 der Landgemeindeordnung vom 3. Juli 1891 sei ebenfalls eine Abänderung der Vorschriften der Städteordnung vom 30. Mai 1853 herbeigeführt. Man habe jedoch nicht für nöthig gehalten, deshalb im § 146 Absatz 2 des vorjährigen Gesetzes jenen beide Bestimmungen der Städteordnung ausdrücklich aufzuheben. Er halte dies auch gegenwärtig nicht für erforderlich. § 97 der Schleswig-Holsteinischen Städteordnung vom 14. April 1867 verliere von selbst dadurch seine Bedeutung, daß

der dort angeführte § 30 der Landgemeindeordnung vom 22. September 1867 durch § 146 des vorliegenden Gesetzes aufgehoben werde. Eine ausdrückliche Aufhebung der Städteordnung sei daneben nicht erforderlich.

Mit Rücksicht auf diese Erklärung wurde ein Antrag nicht gestellt.

Zu § 10

wurde gefragt, ob die Landgemeinden in Schleswig-Holstein auf Grund der Landgemeindeordnung die Befugniß erhalten würden, die Hundesteuer einzuführen. Bisher sei eine solche Steuer in den Landgemeinden für unzulässig erachtet worden.

Der Herr Minister gab folgende Antwort:
„Wie die Anweisung III zur Ausführung der Landgemeindeordnung vom 29. Dezember 1891 unter K im Absatz 2 ausdrücklich ausführe, werde in Geltungsgebiete des Gesetzes vom 3. Juli 1891 die Forterhebung der Hundesteuer als einer indirekten Steuer für zulässig erachtet. Für die Provinz Schleswig-Holstein dagegen werde durch § 15 den Landgemeinden die Befugniß gewährt, in der in §§ 16 Absatz 2 und 19 Absatz 2 vorgesehenen Weise die Hundesteuer als indirekte Steuer neu einzuführen.

Während in den 7 östlichen Provinzen die Landgemeinden die Befugniß zur Einführung einer Hundesteuer bereits früher auf Grund der A. K. O. vom 18. Oktober 1834 besessen hätten, sei ihnen durch die §§ 10 und 15 das Recht zur Einführung indirekter Steuern, das man früher den Landgemeinden grundsätzlich vorenthalten habe, allgemein gewährt worden. Demgemäß hätten die Landgemeinden der 7 östlichen Provinzen die Befugniß behalten, nach wie vor Hundesteuer fortzuerheben und neu einzuführen. Den Schleswig-Holsteinischen Landgemeinden dagegen werde durch die Bestimmung der §§ 10 und 15 das Recht, indirekte Steuern, und so auch Hundesteuern, einzuführen, neu beigelegt. Der ihm vorliegende Abdruck des Patents vom 20. März 1807 wegen der Haltung von Hunden in den Städten und Flecken ergebe, daß sich dasselbe nicht auf Landgemeinden beziehe, und daß seine ausdrückliche Aufhebung daher nicht erforderlich sei, um für die Landgemeinden das Recht zur Einführung der Hundesteuer sicher zu stellen, während seine Beibehaltung im Interesse der Städte und Flecken nothwendig erscheine."

Zu § 11

wurde aus der Kommission gefragt, ob es in Zukunft gestattet sein werde, besondere Lasten auf den Grundbesitz zu legen und diese nicht ausschließlich als Zuschlag zu der Staatsgrundsteuer zu erheben, z. B. die Hälfte nach Grundsteuer, die andere Hälfte nach Areal zu vertheilen. Die Grundsteuer biete nicht immer den richtigen Vertheilungsmaßstab, da durch Anwendung der künstlichen Düngemittel vielfach der schlechtere, niedriger eingeschätzte Boden häufig viel erträgere Erträge gebe als das bessere, höher eingeschätzte Land.

Der Herr Minister erwiderte hierauf: Die Landgemeinden sollten nach § 11 berechtigt sein, besondere Abgaben vom Grundbesitze entweder als Zuschläge zur staatlichen Grundsteuer oder als besondere Abgaben vom Grundbesitze zu erheben. Letzteren Falles möchte der Vertheilungsmaßstab den besonderen Verhältnissen der einzelnen Gemeinde, wie ihn einführen wollte, angepaßt werden. Daß dies geschehe, werde von den Aufsichtsbehörden gemäß §§ 16 Nr. 2 und 19 Absatz 2 überwacht. Sei diesem Grundsatze Rechnung getragen, so bestehe kein Bedenken, dem Gemeindebeschlusse, durch den eine solche besondere Abgabe vom Grundbesitze eingeführt werde, die Genehmigung zu ertheilen.

Zu § 41 Nr. 6

stellte ein Mitglied der Kommission zur Erwägung, ob es für die wohlhabende Provinz Schleswig-Holstein nicht richtig sei, unter b statt 3 Mark zu setzen 6 Mark und unter c den Betrag des Jahreseinkommens zu erhöhen.

Der Herr Minister erklärte: Den Ausführungen des Herrn Abgeordneten gegenüber weise er darauf hin, daß große Theile von Sachsen, Schlesien und Neuvorpommern ebenso wohlhabend seien, wie die besten Bezirke Schleswig-Holsteins. Gleichwohl habe man für jene Gebiete die Bestimmungen des § 41 Nr. 6 zu b und c ohne Einschränkung eingeführt, und eine ihm vorliegende Nachweisung aus einem wohlhabenden Kreise der Provinz Sachsen zeige auch, daß in jenen Gegenden diese Bestimmungen zu keinem unerfreulichen Ergebniß führten. Diese Nachweisung beweise im Gegentheile, daß die Bestimmung der Nr. 6 b wenig zur Anwendung komme, und daß eine Majorisirung der Angesessenen durch die Nichtangesessenen nicht zu befürchten stehe. Eine Gefahr, daß jemals die Gemeindeglieder, deren Gemeinderecht sich auf Nr. 6 b oder c gründe, ein Uebergewicht in der Gemeindeversammlung oder Gemeindevertretung erlangen könnten, halte er auch für die Provinz Schleswig-Holstein für ausgeschlossen. Außerdem sei zu beachten, daß die Gemeindeversammlung berechtigt sei, die Personen mit einem Einkommen von 660 bis 900 Mark von den Gemeindeabgaben frei zu lassen und sie damit vom Gemeinderechte auszuschließen. Er bitte daher, den § 41 unverändert anzunehmen.

Hierzu bemerkte ein anderes Kommissionsmitglied: Nicht alle Theile der Provinz Schleswig-Holstein könnten als wohlhabend angesehen werden, namentlich befänden sich mitten im Lande große Distrikte mit wenig ertragreichem Boden. Hinsichtlich des Gemeindestimmrechts würde das Gesetz in dem Kreise Eiderstedt die größten Veränderungen hervorbringen. Bis dahin sei das Stimmrecht sehr beschränkt gewesen, aber innerhalb des Kreises der Stimmberechtigten ein gleiches gewesen. Jetzt werde das Stimmrecht sei ausgedehnt und zugleich auf die einzelnen Stimmberechtigten ungleich vertheilt. Allerdings sei das Stimmrecht in Eiderstedt reformbedürftig gewesen, die jetzige Ausdehnung desselben erscheine den Eiderstedtern aber vielfach bedenklich. Mit Rücksicht jedoch darauf, daß eine Ausnahme für Eiderstedt sich nicht ermöglichen lasse und die Ausdehnung des Stimmrechts nach der Erklärung des Herrn Ministers zu Nr. 6 c unbedenklich sei, wolle er keine Anträge stellen.

Zu § 45 Absatz 2

erklärt der Herr Minister auf die Anfrage, ob die juristische Persönlichkeit der adligen Klöster anerkannt werde, daß seines Wissens die adligen Klöster sämmtlich juristische Personen und daher auf Grund des § 45 Absatz 2 zweifellos stimmberechtigt seien.

Zu § 49

wurde zunächst von einem Kommissionsmitgliede gefragt, ob es zulässig sei, in Gemeinden mit mehr als 40 Stimmberechtigten mit Zustimmung des Kreisausschusses die Einführung einer Gemeindevertretung unterbleiben zu lassen. Der Herr Minister erwiderte, daß dies nach der Landgemeindeordnung vom 3. Juli 1891 unzulässig sei, und daß er bitte, an dieser Bestimmung nichts zu ändern.

Sodann wurden folgende Anträge gestellt:

Im Einführungsgesetze
die Absätze 1 und 2 zu streichen, und den Absatz 3 zu fassen, wie folgt:
„Die Gemeindevertretung besteht aus dem Gemeindevorsteher, dessen Stellvertreter — wenn mehrere Stellvertreter vorhanden sind,

dem ersten Stellvertreter — und gewählten Gemeindeverordneten, deren Zahl mindestens 6 betragen muß, durch Ortsstatut aber auf 9, 12, 15, 18, 21 oder höchstens 24 erhöht werden kann."

Ferner im Falle der Annahme der Streichungsanträge im Eingang des Artikels II statt „49" zu setzen: „49 Absatz 3" u. s. w.

Zur Begründung der Anträge wurde angeführt: Die Aufnahme der Absätze 1 und 2 in das Einführungsgesetz sei unnöthig, da sie mit den betreffenden Absätzen der Landgemeindeordnung für die östlichen Provinzen wörtlich übereinstimmten.

Die vorgeschlagene andere Fassung für den Absatz 3 empfehle sich als eine redaktionelle Verbesserung, insbesondere sei es vorzuziehen, die Worte „das Dreifache der zuerstgenannten" durch die Zahl „6" zu ersetzen, weil in Schleswig-Holstein, wo dem Gemeindevorsteher keine Schöffen zur Seite stehen, die vorgeschriebene Rechnung niemals eine andere Zahl als 6 ergeben könne.

Die Anträge wurden von dem Herrn Minister gebilligt und von der Kommission angenommen.

Zu § 52

wird aus der Kommission bemerkt, daß in dem Absatz 2 anstatt: „kann" zu setzen wäre: „hat". Der Herr Minister giebt zu, daß dies richtiger wäre, er fürchte aber durch eine Aenderung des Wortlautes in der Landgemeindeordnung für Schleswig-Holstein unnöthig einen Zweifel über die Bedeutung der Landgemeindeordnung für die sieben östlichen Provinzen zu erregen, und bitte, von einer Aenderung abzusehen. Ein Antrag wurde nicht gestellt.

Zu §§ 60 und 77

wurde der Antrag gestellt:
die Worte „oder seinem Stellvertreter" bezw. „oder dessen Stellvertreter" zu streichen.

Zur Begründung des Antrages wurde angeführt: Die Streichung sei begründet, weil in § 74 Absatz 2 allgemein bestimmt werde, daß der Gemeindevorsteher in Behinderungsfällen durch den Stellvertreter vertreten wird. Wenn man die Worte hier stehen lassen wollte, so müßte man folgerichtig sie auch überall da hinzufügen, wo in dem Entwurf das Wort Gemeindevorsteher vorkommt, so z. B. im § 88 Absatz 2, wo doch mit demselben Rechte, wie bei den §§ 60 und 77 die Frage aufgeworfen werden könnte, ob auch das Stimmrecht des Gemeindevorstehers in der Gemeindeversammlung (Gemeindevertretung) auf den Stellvertreter übergehen könne.

Mit der Erwähnung des Stellvertreters in den §§ 60 und 77 sei auch wohl materiell kein besonderer Zweck verfolgt worden, sondern offenbar seien die Worte nur unbeabsichtigt aus der altländischen Landgemeindeordnung übertragen worden. Es sei aber zu beachten, daß dort wegen der Schöffen nöthig seien, während sie für Schleswig-Holstein mit Rücksicht auf die vollkommen genügenden Bestimmungen des § 74 überflüssig wären.

Nachdem der Minister gebeten hatte, die §§ 60 unverändert anzunehmen, und mehrere Kommissionsmitglieder sich gegen den Antrag erklärt hatten, wurde derselbe zurückgezogen.

Zu § 74 Absatz 1

wurde der Antrag gestellt:
das Wort „Lehnsmann)" zu streichen, eventuell:
vorher das Wort „Bauervogt" einzuschieben.

In den verschiedenen Gegenden Schleswig-Holsteins seien noch verschiedene Benennungen für das Amt des Gemeindevorstehers gebräuchlich, so namentlich die Bezeichnung „Bauervogt". Prinzipiell sei es aber richtig, in die Gesetzesbestimmung, die nicht mißverständlich sei, eine Aufzählung solcher herkömmlichen Bezeichnungen nicht aufzunehmen. Wolle man dies aber thun, so müsse die Aufzählung mindestens durch das Wort „Bauervogt" vervollständigt werden.

Der Herr Minister hatte gegen die Aufnahme der Bezeichnung „Bauervogt" nichts einzuwenden, die Bezeichnung „Gehnsmann" sei auf ausdrückliche Wünsche aus dem Kreise Eiderstedt in die Vorlage aufgenommen.

Ein Kommissionsmitglied hob hervor, daß der Gemeindevorsteher in Eiderstedt von jeher die Bezeichnung „Gehnsmann" geführt habe, daß diese Bezeichnung bei Einführung der Landgemeindeordnung von 1867 beibehalten worden sei, und daß die fernere Beibehaltung wünschenswerth sei.

Der Prinzipalantrag, sowie der eventuelle Antrag wurden abgelehnt.

Zu § 74 Absatz 2

stellte ein Kommissionsmitglied den Antrag,

die Worte „in den Amtsgeschäften zu unterstützen und"

zu streichen, und führte zur Begründung an:

Es sei anzunehmen, daß die Worte ohne besondere Absicht aus der Landgemeindeordnung für die östlichen Provinzen, wo sie für die Schöffen eine besondere Bedeutung hätten, mit übernommen seien. Es sei im allgemeinen nicht üblich, von dem Stellvertreter zu verlangen, daß er den Hauptbeamten auch noch in anderen als Behinderungsfällen unterstützen müsse.

Der Antrag wurde von verschiedenen Seiten bekämpft, wobei hervorgehoben wurde, daß der Stellvertreter an und für sich allerdings verpflichtet sei, den Gemeindevorsteher zu unterstützen, wo derselbe allein nicht fertig werden könne, z. B. bei Aufnahme der Personenstandsregister für die Steuerveranlagung, bei der Volkszählung u. s. w. Würden die Worte „zu unterstützen" gestrichen, so könnte der Stellvertreter möglicherweise seine durchaus nöthige Hülfe versagen mit dem Hinweis darauf, daß der Gemeindevorsteher allein die Sache erledigen müsse. Selbstverständlich könne die Hülfe nur in geeigneten Fällen und wenn sie wirklich nöthig sei, verlangt werden. Auch der Minister erklärte sich gegen den Antrag, der demnächst abgelehnt wurde.

Zu § 75

stellte ein Mitglied der Kommission den Antrag, den Absatz 3 zu streichen,

und führte zur Begründung aus: ihm seien mehrere Fälle bekannt, wo Vater und Sohn nicht nur als Gemeindevorsteher und Stellvertreter, sondern auch als Amtsvorsteher und Stellvertreter besonders gut wirkten. Ein Verhältniß, welches für das Amtsvorsteheramt zulässig sei, müsse ebensowohl für das Gemeindevorsteheramt erlaubt werden. Es stelle auch eine passende Geschäftstheilung dar: der Vater habe den Verstand, die Erfahrung und das Ansehen und der Sohn sei geübter im Schreibwert. Wenn die Bestimmung in den alten Provinzen wegen der Schöffen nothwendig sei, so folge daraus noch nicht ihre Nothwendigkeit für Schleswig-Holstein in dem Verhältniß zwischen dem Gemeindevorsteher und seinem Stellvertreter. Dort könne der Gemeindevorsteher (Vater) mit dem einen Schöffen (Sohn) den anderen Schöffen überstimmen, in Schleswig-Holstein könne aber eine solche kollegiale Uebermacht nicht entstehen, da es dort auf ein Abstimmen überhaupt nicht ankomme, vielmehr der Eine nur die Aufgabe habe, dem Anderen gelegentlich auszuhelfen.

Der Herr Minister bat, den Absatz 3 nicht zu streichen, da seine etwaigen Nachtheile von seinen Vortheilen überwogen würden, er sich in fast allen ähnlichen Gesetzen fände und er für den Fall des § 74 Absatz 5 unentbehrlich sei.

Dem Antrage wurde auch aus der Kommission widersprochen, wobei hervorgehoben wurde, daß der Absatz 3 nöthig sei, um der Familienwirthschaft zu steuern.

Gegen eine Stimme wurde der Antrag abgelehnt.

Zu § 84

wurde von einem Mitgliede der Kommission angefragt, ob in dem Falle, wenn der Kreisausschuß die Bestätigung eines Gemeindevorstehers aussprechen wolle, der Landrath sie versagen könne, oder ob nicht die Bestätigung des Landraths erfolgen müsse, und ob der Landrath den Beschluß des Kreisausschusses im Wege der Beschwerde anfechten könne.

Der Herr Minister wies darauf hin, daß im Brauchitsch'schen Kommentar zu § 84 L. G. O. die Auslegung wiedergegeben sei, die diese aus der Kreisordnung übernommene Bestimmung bisher stets gefunden habe. Demgemäß könne der Beschluß des Kreisausschusses, durch den dieser ablehne, der Verfügung der Bestätigung zuzustimmen, nicht nach § 121 L. V. G. mit der Beschwerde, sondern höchstens gemäß § 126 L. V. G. innerhalb der dort gezogenen engen Grenzen mittelst Klage angefochten werden.

Der Geheime Oberregierungsrath Haase erklärte: § 22 Absatz 6 der Kreisordnung für Schleswig-Holstein habe die Bestimmung enthalten, daß in den Fällen, wo der Kreisausschuß die vom Landrathe beantragte Zustimmung zur Nichtbestätigung eines Gemeindevorstehers oder Stellvertreters versage, diese Zustimmung auf Antrag des Landraths durch Beschluß des Bezirksausschusses ersetzt werden könne. Diese Bestimmung habe eine Abweichung von dem Rechte der sieben östlichen Provinzen enthalten und solle nunmehr durch vorliegenden Gesetzentwurf beseitigt werden.

Zu § 84 Absatz 6

wurde gefragt, auf welche Gemeindebeamten dieser Absatz Anwendung finde.

Der Herr Minister erwiderte, daß ex lege der Bestätigung bedürften die Polizeibeamten; überdies könne durch Orts- (Gemeinde-) Statut bestimmt werden, welche sonstige Beamte, z. B. Kirchspielschreiber, zu bestätigen seien.

Zu § 88 Absatz 4 Nr. 5

erklärt der Herr Minister auf eine aus der Kommission gemachte Vorfrage:

Wie die Anweisung III zur Ausführung der L. G. O. vom 29. Dezember 1891 unter A III b ausdrücklich hervorhebe, habe die Gemeindevorsteherwahl (Gemeindevertretung) nach § 88 Nr. 5 nur darüber zu beschließen, ob und unter welchen Bedingungen Gemeindebeamte angestellt werden sollten; Sache des Gemeindevorstehers sei es sodann, eine einzelne Persönlichkeit für das Amt zu ernennen.

Das vorfragende Kommissionsmitglied hält dies Recht des Gemeindevorstehers für zu weitgehend. Es kommen Fälle vor, wo Gemeindebeamte anzustellen seien, die eine Einnahme von 2000 Mark und darüber beziehen. Da sei es doch bedenklich, die Wahl der Person dem Gemeindevorsteher allein zu überlassen.

Der Herr Minister erklärte, die hervorgehobenen Bedenken nicht zu theilen. Auch in den größten Städten der Rheinprovinz sei die Ernennung der besoldeten Gemeindebeamten Sache des Bürgermeisters, ohne daß sich daraus Mißstände ergeben hätten. Er könne solche daher auch für die großen Landgemeinden Schleswig-Holsteins nicht befürchten, die doch immerhin den rheinischen Städten an Umfang und Bedeutung erheblich nachständen.

Nachdem indessen zu § 117 ein zweiter Absatz angenommen worden war, wurde hier der Zusatz
„unbeschadet der Bestimmungen des § 117 Absatz 2"
beantragt und angenommen.

Zu § 88 Absatz 4 Nr. 6

wurde beantragt und angenommen, am Schlusse hinzuzusetzen:

„soweit hiermit nicht ein besonderer Beamter beauftragt ist".

Zu § 88 Absatz 4 Nr. 7

wurde der Antrag gestellt, als vorletzten Satz hinzuzufügen:

„Urkunden und Vollmachten, welche auf Grund des Beschlusses eines kollegialischen Gemeindevorstandes ausgestellt werden, müssen auch von einem Stellvertreter des Gemeindevorstehers unterschrieben werden."

Der Herr Minister hatte kein Bedenken gegen den Antrag. Derselbe wurde indessen aus der Kommission bekämpft, wobei hervorgehoben wurde, daß Urkunden und Vollmachten nicht auf Grund eines Beschlusses eines kollegialischen Gemeindevorstandes, sondern auf Grund des Beschlusses der Gemeindeversammlung oder Vertretung ausgestellt würden.

Der Antrag wurde abgelehnt.

Zu § 117

wird beantragt und einstimmig angenommen, als Absatz 2 hinzuzufügen:

Wo die Anstellung von Gemeindebeamten bisher auf Grund einer Wahl der Gemeindeversammlung (Gemeindevertretung) erfolgt ist, kann durch Ortsstatut dieses Verfahren auch ferner beibehalten werden.

Bei § 128

wurde gewünscht, festgestellt zu sehen, daß die bestehenden Zweckverbände, namentlich Deich-, Entwässerungs-, Schulverbände, wenn dieselben auch örtlich mit den kommunalen Verbänden zusammenfallen, mit diesen doch nicht identisch seien.

Der Herr Minister erklärte:

Zu den Gemeindeverbänden im Sinne des Gesetzes gehörten nicht Verbände, die gebildet seien zu Zwecken, deren Regelung sich in besonderer Gesetzgebung finde, wie z. B. Deichverbände, Entwässerungsverbände. Auch wo ein Deichverband oder eine Entwässerungsgenossenschaft räumlich mit dem Gemeindebezirke zusammen falle, seien die Deich- und Entwässerungsangelegenheiten keine eigentlichen Gemeindeangelegenheiten.

Zu § 146

wird der Antrag gestellt, statt „1. April 1893" zu setzen „1. April 1894".

Der Herr Minister bittet, von einer Abänderung des Termins für das Inkrafttreten des Gesetzes abzusehen, und wird der Antrag gegen drei Stimmen abgelehnt.

Zu § 149 Absatz 4

wurde zunächst die Berichtigung der Druckfehler „diejenigen" in „denjenigen" „600 Mark" in „660 Mark"
beschlossen.

Sodann wurde der Antrag gestellt, das Wort „Gemeindelasten" durch „Gemeindeabgaben" zu ersetzen.

Der Antragsteller führte aus: Statt „Gemeindelasten" sei es richtiger zu sagen „Gemeindeabgaben"; denn der Ausdruck „Gemeindelasten" sei der allgemeinere und umfasse neben den Geldabgaben auch alle Gemeindeleistungen als Handdienste und andere. Der § 13 wolle aber nur eine Freilassung von Geldabgaben, nicht aber von Diensten oder anderen Leistungen vorsehen.

Die Kommission, in welcher darüber kein Zweifel obwaltete, daß unter „Gemeindelasten" „Gemeindeabgaben" zu verstehen sei, lehnte den Antrag ab.

Sodann wurde beschlossen, in Uebereinstimmung mit den gefaßten Beschlüssen in Artikel II im Eingange hinter § 88 Absatz 4 „Nr. 5 und 6" und hinter § 91 Nr. 3 und Nr. 4 „§ 117" einzuschalten.

Zu Artikel IV wurde in der Kommission allseitig anerkannt, daß unter den besonderen Verhältnissen der drei Kreise Husum, Norder- und Süderdithmarschen durch die für dieselben vorgeschlagenen besonderen Bestimmungen ausreichende Berücksichtigung gefunden hätten.

Schließlich wurde die Vorlage in der von der Kommission beschlossenen Fassung gegen eine Stimme angenommen.

Die Kommission beantragt demgemäß:

Das Haus der Abgeordneten wolle beschließen:

Dem Entwurf eines Gesetzes, betreffend die Einführung der Landgemeindeordnung für die sieben östlichen Provinzen der Monarchie vom 3. Juli 1891 in der Provinz Schleswig-Holstein, in der aus der anliegenden Zusammenstellung sich ergebenden Fassung der Kommissionsbeschlüsse die Zustimmung zu ertheilen.

Berlin, den 7. Mai 1892.

Die XVI. Kommission.

Hansen, Vorsitzender. Jürgensen, Berichterstatter. Dr. Beckmann. Berling. v. Bülow (Eckernförde). v. Bülow (Bandsbek). Christopohersen. Conrad (Hatow). Frentz. v. Glisczynski (Tost-Gleiwitz). Hollesen. Klose. Knebel. v. Manteuffel. Dr. Meyer (Berlin). Mooren. Oster. Ottens. Freiherr v. Plettenberg-Mehrum. v. Strombeck. Wenders.

265*

Zusammenstellung

des

Entwurfs eines Gesetzes, betreffend die Einführung der Landgemeindeordnung für die sieben östlichen Provinzen der Monarchie vom 3. Juli 1891 in der Provinz Schleswig-Holstein, — Nr. 120 der Drucksachen — mit den Beschlüssen der Kommission.

Regierungsvorlage.   **Beschlüsse der Kommission.**

Regierungsvorlage.	Beschlüsse der Kommission.
Entwurf eines Gesetzes, betreffend die Einführung der Landgemeindeordnung für die sieben östlichen Provinzen der Monarchie vom 3. Juli 1891 in der Provinz Schleswig-Holstein.	**Entwurf eines Gesetzes,** betreffend die Einführung der Landgemeindeordnung für die sieben östlichen Provinzen der Monarchie vom 3. Juli 1891 in der Provinz Schleswig-Holstein.
Wir **Wilhelm,** von Gottes Gnaden König von Preußen ꝛc. verordnen, unter Zustimmung der beiden Häuser des Landtages, für die Provinz Schleswig-Holstein, was folgt:	Wir **Wilhelm,** von Gottes Gnaden König von Preußen ꝛc. verordnen, unter Zustimmung der beiden Häuser des Landtages, für die Provinz Schleswig-Holstein, was folgt:
Artikel I. Die Landgemeindeordnung für die sieben östlichen Provinzen der Monarchie vom 3. Juli 1891 (Gesetzsamml. S. 233) tritt für die Provinz Schleswig-Holstein am 1. April 1893 mit den sich aus Artikel II bis IV ergebenden Maßgaben in Kraft.	**Artikel I.** Unverändert.
Artikel II. An Stelle der §§ 26 Satz 2, 30 Abs. 1, 49, 54 Abs. 1, 58, 60, 69 Abs. 2, 74, 75, 77, 84 Abs. 7, 87, 88 Abs. 4 Nr. 3, 88 Abs. 4 Nr. 7 Satz 2, 91 Nr. 3 und 4, 125 Abs. 2, 137 Abs. 4, 143 Eingang, 146 und 149 Abs. 3 und 4 treten folgende Bestimmungen:	**Artikel II.** An Stelle der §§ 1 Abs. 1, 26 Satz 2, 30 Abs. 1, 49 **Abs. 3,** 54 Abs. 1, 58, 60, 69 Abs. 2, 74, 75, 77, 84 Abs. 1 und 2, 85, 86 Abs. 7, 87, 88 Abs. 4 Nr. 3, **Nr. 5, Nr. 6,** Nr. 7 Satz 2, 91 Nr. 3 und 4, **117,** 125 Abs. 2, 137 Abs. 4, 143 Eingang, 146 und 149 Abs. 3 und 4 treten folgende Bestimmungen:

Regierungsvorlage.   **Beschlüsse der Kommission.**

§ 1 Abf. 1.

Die gegenwärtige Landgemeindeordnung findet in der Provinz Schleswig-Holstein hinsichtlich der Landgemeinden und selbständigen Gutsbezirke Anwendung.

§ 26 Satz 2.

Die Dienstgrundstücke der Geistlichen, Kirchendiener und Volksschullehrer sind von den Gemeindeauflagen befreit, soweit nicht die Dienstgrundstücke der Geistlichen observanzmäßig bisher zu denselben herangezogen worden sind.

§ 26 Satz 2.

Unverändert.

§ 30 Abf. 1.

Hinsichtlich der Heranziehung der im Dienste befindlichen, der in den einstweiligen Ruhestand versetzten und der pensionirten Reichsbeamten, der unmittelbaren und mittelbaren Staatsbeamten, der hinterbliebenen Wittwen und Waisen dieser Beamten zu den Gemeindeabgaben, sowie hinsichtlich der neben dem Gesetze vom 29. Juni 1886 stattfindenden Gemeindebesteuerung von Militärpersonen, kommen die bezüglichen Vorschriften der Verordnung vom 23. September 1867 (Gesetzsamml. S. 1648) zur Anwendung. Im Uebrigen bewendet es wegen der Heranziehung von Militärpersonen zu Abgaben für Gemeindezwecke bei den Bestimmungen des Gesetzes vom 29. Juni 1886 (Gesetzsamml. S. 181).

§ 30 Abf. 1.

Unverändert.

§ 49.

In denjenigen Landgemeinden, in welchen die Zahl der Stimmberechtigten mehr als 40 beträgt, tritt mit dem Zeitpunkte, wo die Liste der Stimmberechtigten diese Zahl nachweist (§ 39 Abf. 2), an die Stelle der Gemeindeversammlung eine Gemeindevertretung.

Die Landgemeinden sind berechtigt und, falls der Kreisausschuß auf Antrag Betheiligter oder im öffentlichen Interesse dies beschließt, verpflichtet, auch bei einer geringeren Anzahl von Stimmberechtigten eine Gemeindevertretung im Wege ortsstatutarischer Anordnung einzuführen.

Die Gemeindevertretung besteht aus dem Gemeindevorsteher, dem Stellvertreter — wenn mehrere Stellvertreter vorhanden sind, dem ersten Stellvertreter — desselben und den gewählten Gemeindeverordneten, deren Zahl mindestens das Dreifache der Zuerstgenannten betragen muß. Diese Zahl kann durch Ortsstatut auf 9, 12, 15, 18, 21 oder höchstens 24 erhöht werden.

§ 49 Abf. 3.

Die Gemeindevertretung besteht aus dem Gemeindevorsteher, dessen Stellvertreter — wenn mehrere Stellvertreter vorhanden sind, dem ersten Stellvertreter — und gewählten Gemeindeverordneten, deren Zahl mindestens 6 betragen muß, durch Ortsstatut aber auf 9, 12, 15, 18, 21 oder höchstens 24 erhöht werden kann.

§ 54 Abf. 1.

Die Gemeindeverordneten werden auf sechs Jahre gewählt. Es scheidet, wenn die Zahl der Gemeindeverordneten sechs beträgt, alle drei Jahre aus jeder Klasse die Hälfte, wenn die Zahl der Gemeindeverordneten größer ist, alle zwei Jahre aus jeder Klasse ein Drittel der Gemeindeverordneten aus und wird die Gemeindevertretung durch neue Wahlen ergänzt. Ist die Zahl der Ausscheidenden nicht durch drei theilbar, so wird die Reihenfolge der Klassen, in welcher die Ausscheidung je eines der Uebrigbleibenden erfolgt, durch das Loos bestimmt. Die das erste Mal Ausscheidenden werden für jede Klasse durch das Loos bestimmt. In gleicher Weise ist, wenn die Zahl der Gemeindeverordneten mehr als sechs beträgt, hinsichtlich

§ 54 Abf. 1.

Unverändert.

Regierungsvorlage.   **Beschlüsse der Kommission.**

der das zweite Mal Ausscheidenden zu verfahren. Die Ausschelbenden sind wieder wählbar.

§ 58.

Die Wahlen zur regelmäßigen Ergänzung der Gemeindevertretung finden, gemäß § 54, alle zwei oder alle drei Jahre im März statt. Alle Ergänzungs- und Ersatzwahlen werden, unbeschadet der Vorschrift in § 51, von denselben Klassen vorgenommen, von welchen der Ausgeschiedene gewählt war.

§ 60.

Der Wahlvorstand besteht aus dem Gemeindevorsteher oder seinem Stellvertreter und zwei von der Wahlversammlung gewählten Beisitzern.

§ 69 Abs. 2.

Hinsichtlich der Verwaltung der Gemeindewaldungen bewendet es bei den bestehenden Bestimmungen.

§ 74.

An der Spitze der Verwaltung der Landgemeinde steht der Gemeindevorsteher (Lehnsmann).

Dem Gemeindevorsteher steht ein Stellvertreter zur Seite, welcher ihn in den Amtsgeschäften zu unterstützen und in Behinderungsfällen zu vertreten hat.

Durch Ortsstatut kann die Zahl der Stellvertreter auf höchstens sechs vermehrt werden.

Wo die Zahl der Stellvertreter nach der bisherigen Ortsverfassung zwei oder mehr, aber nicht mehr als sechs betragen hat, verbleibt es hierbei bis zu anderweiter ortsstatutarischer Festsetzung.

In größeren Gemeinden kann durch Ortsstatut ein aus dem Gemeindevorsteher und den Stellvertretern bestehender kollegialischer Gemeindevorstand eingeführt werden.

§ 75.

Der Gemeindevorsteher und die Stellvertreter werden von der Gemeindeversammlung (Gemeindevertretung) aus der Zahl der Gemeindeglieder auf sechs Jahre gewählt. Nach dreijähriger Amtsdauer kann der Gemeindevorsteher auf weitere neun Jahre gewählt werden.

In Gemeinden mit mehr als 2000 Einwohnern und in den Kooggemeinden des Kreises Tondern kann die Gemeindevertretung die Anstellung eines besoldeten Gemeindevorstehers beschließen. Die Wahl desselben erfolgt auf die Dauer von zwölf Jahren und ist nicht beschränkt auf die Gemeindeglieder.

Vater und Sohn, sowie Brüder dürfen nicht gleichzeitig Gemeindevorsteher und Stellvertreter sein.

§ 77.

Der Wahlvorstand besteht aus dem Gemeindevorsteher oder dessen Stellvertreter, als Vorsitzenden, und aus zwei von der Gemeindeversammlung (Gemeindevertretung) zu wählenden Beisitzern. Der Vorsitzende ernennt einen der Beisitzenden zum Protokollführer. Erforderlichen Falles kann jedoch auch eine nicht zur Wahlversammlung gehörige Person zum Protokollführer ernannt werden.

§ 58.

Unverändert.

§ 60.

Unverändert.

§ 69 Abs. 2.

Unverändert.

§ 74.

Unverändert.

§ 75.

Unverändert.

§ 77.

Unverändert.

Regierungsvorlage.   **Beschlüsse der Kommission.**

§ 84 Abs. 1 und 2.

Die gewählten Gemeindevorsteher und Stellvertreter bedürfen der Bestätigung durch den Landrath.
Vor der Bestätigung ist der Amtsvorsteher mit seinem Gutachten zu hören.

§ 84 Abs. 1 und 2.

Unverändert.

§ 85.

Die Gemeindevorsteher und die Stellvertreter werden vor ihrem Amtsantritte von dem Landrathe oder in seinem Auftrage von dem Amtsvorsteher vereidigt.

§ 85.

Unverändert.

§ 86 Abs. 7.

Die Stellvertreter haben ihr Amt in der Regel unentgeltlich zu verwalten und nur den Ersatz baarer Auslagen zu beanspruchen.

§ 86 Abs. 7.

Unverändert.

§ 87.

Ueber die Festsetzung der baaren Auslagen und der Entschädigung der Gemeindevorsteher und der kommissarischen Gemeindevorsteher, sowie über die baaren Auslagen der Stellvertreter beschließt der Kreisausschuß auf Antrag der Betheiligten.

§ 87.

Unverändert.

§ 88 Abs. 4 Nr. 3.

3. Die Beschlüsse der Gemeindeversammlung (Gemeindevertretung), sofern er dieselben nicht beanstandet (§ 140) oder deren Ausführung aussetzt (Abs. 3), zur Ausführung zu bringen und demgemäß die laufende Verwaltung bezüglich des Vermögens und der Einkünfte der Gemeinde, sowie der Gemeindeanstalten, für welche eine besondere Verwaltung nicht besteht, zu führen, und diejenigen Gemeindeanstalten, für welche besondere Verwaltungen eingesetzt sind, zu beaufsichtigen.

§ 88 Abs. 4 Nr. 3.

Unverändert.

§ 88 Abs. 4 Nr. 5.

5. Die Gemeindebeamten, nachdem die Gemeindeversammlung (Gemeindevertretung) darüber beschlossen hat, anzustellen und zu beaufsichtigen, unbeschadet der Bestimmungen des § 117 Abs. 2.

§ 88 Abs. 4 Nr. 6.

6. Die Urkunden und Akten der Gemeinde aufzubewahren, soweit hiermit nicht ein besonderer Beamter beauftragt ist.

§ 88 Abs. 4 Nr. 7 Satz 2.

Urkunden über Rechtsgeschäfte, welche die Gemeinde gegen Dritte verbinden sollen, ingleichen Vollmachten, müssen unter Anführung des betreffenden Gemeindebeschlusses und der dazu etwa erforderlichen Genehmigung oder Entschließung der zuständigen Aufsichtsbehörde im Namen der Gemeinde von dem Gemeindevorsteher unterschrieben und mit dem Gemeindesiegel versehen sein. Eine der vorstehenden Bestimmung gemäß ausgestellte Vollmacht ist auch dann ausreichend, wenn die Gesetze sonst eine gerichtliche oder Notariatsvollmacht erfordern.

§ 88 Abs. 4 Nr. 7 Satz 2.

Unverändert.

Regierungsvorlage.	Beschlüsse des Hauses der Abgeordneten.
§ 91 Nr. 3 und 4. 3. Die ihm von dem Amtsvorsteher, der Staats- oder Amtsanwaltschaft aufgetragenen polizeilichen Maßregeln auszuführen und Verhandlungen aufzunehmen. 4. Die vorgeschriebenen Meldungen über neu anziehende Personen entgegenzunehmen.	**§ 91 Nr. 3 und 4.** Unverändert. **§ 117.** Die Landgemeinden sind befugt, die Anstellung besoldeter Gemeindebeamten für einzelne Dienstzweige oder Dienstverrichtungen zu beschließen. Wo die Anstellung von Gemeindebeamten bisher auf Grund der Wahl der Gemeindeversammlung (Gemeindevertretung) erfolgt ist, kann durch Ortsstatut (Gemeindestatut) dieses Verfahren auch ferner beibehalten werden.
§ 125 Abs. 2. Der Gutsvorsteher wird vor seinem Amtsantritte von dem Landrathe oder in dessen Auftrage von dem Amtsvorsteher vereidigt.	**§ 125 Abs. 2.** Unverändert.
§ 137 Abs. 4. Die Vertretung der Landgemeinden in dem Verbandsausschusse erfolgt durch den Gemeindevorsteher, die Stellvertreter und, wenn deren Zahl nicht ausreichen sollte, durch andere von der Gemeinde zu wählende Abgeordnete.	**§ 137 Abs. 4.** Unverändert.
§ 143 Eingang. Bezüglich der Dienstvergehen der Gemeindevorsteher und deren Stellvertreter, der Gutsvorsteher und der Verbandsvorsteher, sowie der sonstigen Beamten der Landgemeinden, Gutsbezirke und Gemeindeverbände kommen die Bestimmungen des Gesetzes vom 21. Juli 1852 (Gesetzsamml. S. 463) mit folgenden Maßgaben zur Anwendung.	**§ 143 Eingang.** Unverändert.
§ 146. Das gegenwärtige Gesetz tritt mit dem 1. April 1893 in Kraft. Mit diesem Zeitpunkte treten alle entgegenstehenden Bestimmungen, insbesondere — unbeschadet der Vorschriften in Tit. II Abschn. 11 dieses Gesetzes — die Verordnung vom 22. September 1867, betreffend die Landgemeindeverfassungen im Gebiete der Herzogthümer Schleswig und Holstein (Gesetzsamml. S. 1603), das Lauenburgische Gesetz vom 2. November 1874, betreffend die Verfassung der Landgemeinden im Kreise Herzogthum Lauenburg (Offiz. Wochenbl. S. 279), die §§ 22 bis 31 sowie der § 41 der Kreisordnung vom 26. Mai 1888 (Gesetzsamml. S. 139), die Kreisstatuten für die Fortbildung der Kirchspielsverfassungen in den Kreisen Norderdithmarschen und Süderdithmarschen vom 21. September 1883 / 9. Mai 1884, beziehungsweise vom 1. August 1887 / 25. März 1888 und die §§ 24 bis 37 des Gesetzes über die Zuständigkeit der Verwaltungs- und Verwaltungsgerichtsbehörden vom 1. August 1883 für die Provinz Schleswig-Holstein außer Kraft. Die Bestimmungen der §§ 38, 39 und 45 Abs. 2 der Kreisordnung bleiben auch fernerhin in Kraft.	**§ 146.** Unverändert.

Regierungsvorlage.

Rechte und Pflichten, welche auf besonderen Titeln des öffentlichen Rechtes beruhen, bleiben insoweit in Kraft, als diese Titel von den bisherigen allgemeinen oder besonderen gesetzlichen Vorschriften, Ordnungen, Gewohnheitsrechten und Observanzen abweichende Bestimmungen enthalten. Eine solche Abweichung wird nicht vermuthet.

§ 149 Abs. 3 und 4.

Die zur Zeit des Inkrafttretens des Gesetzes im Amte befindlichen Gemeindevorsteher, Stellvertreter und sonstigen gewählten Gemeindebeamten verbleiben in demselben bis zum Ablauf ihrer Wahlperiode, soweit sie aber auf Lebenszeit gewählt sind, für die nächsten sechs Jahre. Ingleichen verbleiben im Amte die besoldeten Gemeindebeamten nach Maßgabe ihres Anstellungsvertrages.

Denjenigen Gemeindeangehörigen, welche zur Zeit des Inkrafttretens dieses Gesetzes nach einem Jahreseinkommen von mehr als 600 Mark bis einschließlich 900 Mark zu den Gemeindeabgaben herangezogen sind, steht in derjenigen Gemeindeversammlung, welche erstmalig über die Freilassung der im § 13 erwähnten Personen von den Gemeindelasten zu beschließen hat, ein Stimmrecht nach Maßgabe des § 48 Nr. 1 zu.

Artikel III.

Nicht in Kraft treten § 12 Abs. 5, § 15 Abs. 2, § 68 Abs. 2, § 86 Abs. 4, 5 und 6, § 90 Abs. 2, §§ 92 bis 101.

Artikel IV.

Im Titel II werden hinter § 121 als Elfter Abschnitt unter der Ueberschrift:

„Besondere Bestimmungen für die Kreise Husum, Norderdithmarschen und Süderdithmarschen"

folgende Bestimmungen eingeschaltet:

§ 121a.

Die in den Kirchspielslandgemeinden der Kreise Husum, Norderdithmarschen und Süderdithmarschen bestehenden Dorfschaften und Bauerschaften bleiben als öffentliche Körperschaften für diejenigen kommunalen Zwecke bestehen, welchen sie bisher gedient haben, oder welche von ihnen, unter Zustimmung der Kirchspielslandgemeinde und unter Bestätigung des Bezirksausschusses, werden übernommen werden.

Die bisherige Verfassung dieser Körperschaften erleidet nur dahin eine Abänderung und Ergänzung, daß die §§ 7, 8, 9, 10, 13, 39 bis einschließlich 67 der Landgemeindeordnung auch auf die Dorfschaften und Bauerschaften mit der Maßgabe sinngemäß Anwendung finden, daß der Beschluß der Kirchspielslandgemeinde über die Heranziehung von Gemeindeabgabepflichtigen mit einem Einkommen von nicht mehr als 900 Mark zu den Gemeindeabgaben auch für die Heranziehung dieser Personen von ihrem Einkommen zu den Dorfschafts- und Bauerschaftsabgaben ohne Weiteres rechtsverbindlich ist.

Der Dorfschafts- und der Bauerschaftsvorsteher ist für die in den §§ 90 und 91 der Landgemeindeordnung bezeichneten polizeilichen Geschäfte Hülfsbeamter des Gemeindevorstehers der Kirchspielslandgemeinde.

Beschlüsse des Hauses der Abgeordneten.

§ 149 Abs. 3 und 4.

Unverändert.

Denjenigen Gemeindeangehörigen, welche zur Zeit des Inkrafttretens dieses Gesetzes nach einem Jahreseinkommen von mehr als 660 Mark bis einschließlich 900 Mark zu den Gemeindeabgaben herangezogen sind, steht in derjenigen Gemeindeversammlung, welche erstmalig über die Freilassung der im § 13 erwähnten Personen von den Gemeindelasten zu beschließen hat, ein Stimmrecht nach Maßgabe des § 48 Nr. 1 zu.

Artikel III.

Unverändert.

Artikel IV.

Unverändert.

§ 121a.

Unverändert.

Regierungsvorlage.	Beschlüsse des Hauses der Abgeordneten.
§ 121 b. In den Kirchspielslandgemeinden der Kreise Husum, Norderdithmarschen und Süderdithmarschen tritt an die Stelle der Gemeindeversammlung eine Gemeindevertretung.	**§ 121 b.** Unverändert.
§ 121 c. Die Gemeindevertretung der Kirchspielslandgemeinden im Kreise Süderdithmarschen besteht aus dem Gemeindevorsteher, dem Stellvertreter — wenn mehrere Stellvertreter vorhanden sind, dem ersten Stellvertreter — desselben und aus den Vorstehern der Bauerschaften. Außerdem kann durch Gemeindestatut der Kirchspielslandgemeinde Bauerschaften, welche in der Einwohnerzahl und in der Steuerkraft hervorragen, eine weitere Vertretung in der Gemeindevertretung der Kirchspielslandgemeinde durch die Wahl eines oder mehrerer Gemeindeverordneten gewährt werden. Die Höchstzahl der Mitglieder der Gemeindevertretung unterliegt nicht der im § 49 Abs. 3 der Landgemeindeordnung vorgeschriebenen Beschränkung. Auf die Wahl der Gemeindeverordneten finden die für die Wahl der Gemeindevorsteher in den §§ 75 bis 83 der Landgemeindeordnung getroffenen Bestimmungen sinngemäß Anwendung. Die Wahl erfolgt auf sechs Jahre. Außergewöhnliche Wahlen zum Ersatze innerhalb der Wahlperiode ausgeschiedener Gemeindeverordneten müssen angeordnet werden, wenn die Gemeindevertretung oder der Gemeindevorsteher es für erforderlich erachtet, oder wenn der Kreisausschuß dies beschließt. Der Ersatzmann bleibt nur bis zum Ende der Wahlperiode des Ausgeschiedenen in Wirksamkeit.	**§ 121 c.** Unverändert.
§ 121 d. In den Kreisen Norderdithmarschen und Husum kann jede Kirchspielslaubgemeinde durch Statut die Bestimmung treffen, daß die Gemeindeverordneten, sämmtlich oder zum Theil, von den Dorfschaften zu wählen sind. In diesem Falle gelten die Bestimmungen des § 121 c Abs. 3 und 4. Auch ist jede Kirchspielsgemeinde dieser beiden Kreise befugt, die Bildung der Gemeindevertretung nach den im § 121 c für die Kirchspielslaubgemeinden des Kreises Süderdithmarschen getroffenen Bestimmungen durch Statut zu beschließen.	**§ 121 d.** Unverändert.
§ 121 e. Für die Fortbildung der einstweilen ungeändert bleibenden Verfassung der im Kreise Husum innerhalb der Kirchspielslaubgemeinden neben den Dorfschaften bestehenden selbstständigen Köge sind durch Kreisstatut Normativbestimmungen zu erlassen. Der Koogsvorsteher (Deichvogt) ist als solcher Mitglied der Kirchspielslandgemeindevertretung und Hülfsbeamter des Gemeindevorstehers der Kirchspielslandgemeinde für die in den §§ 90 und 91 bezeichneten polizeilichen Geschäfte.	**§ 121 e.** Unverändert.

Regierungsvorlage.	Beschlüsse des Hauses der Abgeordneten.
§ 121f.	§ 121f.
Für die Gemeinde Helgoland, Kreises Süderdithmarschen, bleibt es bis auf Weiteres bei der gegenwärtigen Gemeindeverfassung. Der Zeitpunkt des Inkrafttretens der Landgemeindeordnung für Helgoland wird durch Königliche Verordnung bestimmt.	Unverändert.
Artikel V.	Artikel V.
Der Minister des Innern wird ermächtigt, den Text der Landgemeindeordnung, wie er sich aus den Artikeln I bis IV ergiebt, als Landgemeindeordnung für die Provinz Schleswig-Holstein durch die Gesetzsammlung bekannt zu machen.	Unverändert.
Urkundlich u. s. w.	

Berlin, den 12. Mai 1892.

Beglaubigt:

Der Präsident
v. Köller.

Die Schriftführer
des Hauses der Abgeordneten.
Barth. Eberhard. Dr. Hartmann (Lübben). Im Walle.
Kolisch. Oltzem. Sperlich. Vopelius.

№ 180.

Antrag

zu der

dritten Berathung des Entwurfs eines Gesetzes, betreffend die Abänderung einzelner Bestimmungen des Allgemeinen Berggesetzes vom 24. Juni 1865. — Nr. 163 der Drucksachen. —

Das Haus der Abgeordneten wolle beschließen:

Für den Fall der Annahme des Antrages des Abgeordneten Engels zu § 80d (Nr. 173 der Drucksachen zu 4) folgenden Satz hinzuzufügen:

Soweit die Strafgelder der Knappschaftskasse überwiesen werden, — sind die von den Arbeitern zur Knappschaftskasse zu leistenden Beiträge entsprechend herabzusetzen.

Berlin, den 12. Mai 1892.

Hitze. Dasbach. Letocha. Sperlich. Stötzel.

№ 172.

Antrag.

Das Haus der Abgeordneten wolle beschließen, die Königliche Staatsregierung um Auskunft darüber zu ersuchen, ob dieselbe beabsichtigt, in der nächsten Session Gesetzentwürfe vorzulegen
1. über Abänderungen des Landtagswahlrechts aus Anlaß der neuen Steuergesetze,
2. über eine den seit 1860 veränderten Bevölkerungsverhältnissen entsprechende Neueintheilung der Wahlkreise.

Berlin, den 7. Mai 1892.

Richter.

Berling. Broemel. Czwalina. Drawe. Eberty. Goldschmidt. Halberstadt. Hugo Hermes. Dr. Otto Hermes. Klotz. Knörcke. Kolisch. Lange. Dr. Langerhans. Lerche. Dr. Meyer (Berlin). Neukirch. Parisius. Rickert. Schmieder. Dr. Seelig. Steffens.

№ 173.

Anträge

zu der

dritten Berathung des Entwurfs eines Gesetzes, betreffend die Abänderung einzelner Bestimmungen des Allgemeinen Berggesetzes vom 24. Juni 1865. — Nr. 163 der Drucksachen. —

Das Haus der Abgeordneten wolle beschließen:
1. Im § 80b, Ziffer 2 statt der Worte:
„über die Beurkundung oder Bekanntmachung des abgeschlossenen Gedinges und über...."
zu sagen:
„über die Beurkundung des abgeschlossenen Gedinges und die Bekanntmachung an die Betheiligten, über....";

2. im § 80b, Ziffer 3 für: „aus dem Grunde" zu sagen: „wegen";

3. im §.80b Ziffer 3 für: „Abzüge gemacht werden müssen" zu sagen: „Abzüge gemacht werden dürfen";

4.*) im § 80d Absatz 2 hinter „müssen" einzuschalten: „der Knappschaftskasse oder";

5. im Falle der Ablehnung des Antrages zu 4, an der bezeichneten Stelle einzuschalten:
„der knappschaftlichen Krankenkasse oder";

6. den Schluß der Ziffer 1 des § 207c wie folgt zu fassen: ...... „oder wer Strafgelder, Lohnabzüge oder die im § 80b, Ziffer 6 bezeichneten Beiträge in einer dem Gesetze oder der Arbeitsordnung widersprechenden Weise verwendet".

Berlin, den 7. Mai 1892.

Engels.

Unterstützt durch:

Dr. Arendt. Barth. Barthold. Bunzen. v. Bülow (Wandsbek). v. Christen. Christophersen. Conrad (Graudenz). Graf Douglas. Dr. Gerlich. Habeband. Krah. v. Langendorff. Lohren. Lucius (Erfurt). Lüdhoff. Muhl. Riesch. Dr. Ritter. Schlabitz. Schreiber. Schumacher. Stengel. Stephann. v. Tiedemann (Labischin). v. Tzschoppe (Oldenstadt). Vopelius. v. Voß. Wessel. Wettich. Weyerbusch.

---

*) Bemerkung zu 4:

Nach der amtlichen Knappschaftsstatistik für 1890 (Berlin bei Wilhelm Ernst & Sohn 1891) bestanden am Jahresschlusse in Preußen für 2 036 Werke 75 Knappschaftsvereine mit 404 215 Mitgliedern. Im Kalenderjahre 1890 betrugen

die laufenden Beiträge der Mitglieder   12 838 170,81 ℳ
der Werksbesitzer   11 059 743,60 „
die Geldstrafen   88 967,80 „

Im Laufe des Jahres 1890 wurden gewährt:

an 39 905 Invaliden 7 822 709,81 Mark Invalidenpension,
„ 37 270 Wittwen   3 890 006,88 „   Wittwenpension,
„ 63 784 Waisen   1 924 925,80 „   Waisengeld.

An außerordentlichen Unterstützungen sind 155 770,81 Mark gezahlt. Für 318 Werke bestehen 85 knappschaftliche Krankenkassen.

№ 174.

Anträge

zu der

dritten Berathung des Entwurfs eines Gesetzes, betreffend die Abänderung einzelner Bestimmungen des Allgemeinen Berggesetzes vom 24. Juni 1865. — Nr. 163 der Drucksachen. —

A. Das Haus der Abgeordneten wolle beschließen:

1. Im Falle der Annahme des Antrages des Abgeordneten Engels zu § 80b, Ziffer 2 — Nr. 173 der Drucksachen — nach den Worten: „**und** die Bekanntmachung an die Betheiligten" beizufügen:

   „, welch letztere bei längerem, als 14tägigem Gedinge durch Aushang oder durch Abschrift an die betheiligte Kamerabschaft erfolgen muß, ..."

2. § 80d Abs. 2 zu fassen, wie folgt: „Alle Strafgelder müssen einer zu Gunsten der Arbeiter des Bergwerks bestehenden oder zu errichtenden Unterstützungskasse überwiesen werden. Dasselbe gilt auch von den wegen ungenügender oder vorschriftswidriger Beladung der Fördergefäße den Arbeitern in Abzug gebrachten Lohnbeträgen, falls dieselben nicht bei der Auslöhnung zur Vertheilung an die gesammte Belegschaft der Grube gelangen.

3. Zu § 80k:

   a) Nr. 1 so zu fassen: „Soweit die Leistung aus dem Rauminhalte der Fördergefäße ermittelt wird, dürfen auf einer und derselben Grube (Grubenabtheilung) zur Förderung des gewonnenen Minerals nur Fördergefäße von gleichem Rauminhalt benutzt werden. Der Rauminhalt muß vor dem Beginn des Gebrauchs festgestellt werden."

   b) Nr. 2 wie in der Regierungsvorlage zu fassen.

   c) Nr. 3 so zu fassen: „Aus besonderen Gründen erforderliche Ausnahmen von diesen Vorschriften 2c." wie in der Regierungsvorlage.

II. Das Haus der Abgeordneten wolle beschließen:

Die Königliche Staatsregierung zu ersuchen, dem Landtage thunlichst bald einen Gesetzentwurf, betreffend die Abänderung der Bestimmungen des Titels VII des Allgemeinen Berggesetzes vom 14. Juni 1865, („Ueber die Knappschaftsvereine") speziell nach der Richtung hin vorzulegen, daß

1. die Knappschaftsältesten und die von diesen zu wählenden Vorstandsmitglieder aus der Mitte der Arbeiter und Berginvaliden in geheimer Wahl gewählt werden;

2. gegen die Entscheidung des Vorstandes, betreffend die Invalidisirung, ein Rekurs an ein Schiedsgericht zugelassen wird, welches je zu gleichen Theilen aus gewählten Vertretern der Werksbesitzer bezw. Repräsentanten und der Knappschaftsmitglieder unter dem Vorsitze eines obrigkeitlichen Kommissars gebildet wird;

3. den Mitgliedern die bereits erworbenen Ansprüche für den Fall des Ausscheidens aus ihrer Beschäftigung gegen Zahlung einer Rekognitionsgebühr erhalten bleiben.

Hitze. Dasbach. Jerusalem. Letocha. Sperlich. Stötzel.

C. Das Haus der Abgeordneten wolle beschließen:

Zu § 80k, Absatz 1 unter Nr. 1, Zeile 2, hinter das Wort: „dieser" einzuschalten die Worte: „, sofern nicht überhaupt Fördergefäße von gleichem Rauminhalt benutzt werden und letzteres vor dem Beginn des Gebrauches bekannt gemacht wird,".

Graf Douglas.

Unterstützt durch:

Dr. Arendt. v. Balan. Barth. Barthold. v. Benda. v. Bodelberg. v. Bülow (Wandsbek). Bunzen. v. Christen. Christophersen. Conrad (Granden). Eberhard. Engels. Dr. Gerlich. Habeband. v. Jtzenplitz. Graf Kanitz. v. Korborff. Kletschke. Krah. v. Langendorff. Graf zu Limburg-Stirum. Cohren. Lucius (Erfurt). Lückhoff. Muhl. Riesch. Schlabitz. Schmieding. Schreiber. Dr. Schultz (Bochum). Schumacher. Stengel. Stephann. v. Tiedemann (Cadischin). v. Tschoppe (Oldenstadt). Vopelius. v. Voß. Wessel. Wettich. Beyerbusch.

Berlin, den 10. Mai 1892.

Nº 175.

Zusammenstellung

des

Entwurfs eines Gesetzes, betreffend die Regulirung der gutsherrlichen und bäuerlichen Verhältnisse in Neu-Vorpommern und Rügen, — Nr. 118, Nr. 119 und Nr. 166 der Drucksachen — mit den in der **zweiten Berathung** im Plenum des Hauses der Abgeordneten über denselben gefaßten Beschlüssen.

(§ 17 der Geschäftsordnung.)

Antrag der Abgeordneten Neukirch und Drawe.	Beschlüsse des Hauses der Abgeordneten.
Entwurf eines Gesetzes, betreffend die Regulirung der gutsherrlichen und bäuerlichen Verhältnisse in Neu-Vorpommern und Rügen.	**Entwurf eines Gesetzes,** betreffend die Regulirung der gutsherrlichen und bäuerlichen Verhältnisse in Neu-Vorpommern und Rügen.
Wir **Wilhelm,** von Gottes Gnaden König von Preußen 2c. verordnen mit Zustimmung der beiden Häuser des Landtages der Monarchie, was folgt:	Wir **Wilhelm,** von Gottes Gnaden König von Preußen 2c. verordnen mit Zustimmung der beiden Häuser des Landtages der Monarchie, was folgt:
§ 1. Die wegen der Regulirung der gutsherrlichen und bäuerlichen Verhältnisse behufs der Eigenthumsverleihung in den §§ 74, 76, 77, 79 bis 90, 94 bis 98, 104 bis 106 des Gesetzes, betreffend die Ablösung der Reallasten 2c. vom 2. März 1850, enthaltenen Bestimmungen werden hierdurch mit folgenden Abänderungen auf Neu-Vorpommern und Rügen ausgedehnt.	§ 1. Die wegen der Regulirung der gutsherrlichen und bäuerlichen Verhältnisse behufs der Eigenthumsverleihung in den §§ 74, 76, 77, **80** bis 90, 94 bis 98, 104 bis 106 des Gesetzes, betreffend die Ablösung der Reallasten 2c. vom 2. März 1850 (**Gesetzsamml. S. 77**), enthaltenen Bestimmungen werden hierdurch mit folgenden Abänderungen auf Neu-Vorpommern und Rügen ausgedehnt.
§ 2. Die zu regulirenden Stellen müssen bereits vor dem Erlasse des die Leibeigenschaft in Neu-Vorpommern und Rügen aufhebenden Gesetzes vom 4. Juli 1806 bestanden haben.	§ 2. Unverändert.

Haus der Abgeordneten. Aktenstück № 175.

Antrag der Abgeordneten Neukirch und Drawe.	Beschlüsse des Hauses der Abgeordneten.
§ 3.	**§ 3.**
Rücksichtlich der in den §§ 76 und 81 des Gesetzes vom 2. März 1850 erwähnten Besitz- und Rechtsverhältnisse gilt nicht die Verkündung des Gesetzes vom 9. Oktober 1848, sondern der 1. Januar 1892 als der entscheidende Zeitpunkt. Von demselben ab vererbt sich auch das im § 79 des Gesetzes vom 2. März 1850 bezeichnete Recht. Wenn aber derjenige, welcher eine bäuerliche Stelle zur Zeit der Verkündung des Gesetzes vom 1. Mai 1854 (Gesetzsamml. S. 257) inne hatte, dieselbe vor dem 1. Januar 1892 geräumt und die daran behaupteten Eigenthums-, dinglichen oder erblichen Besitzrechte schriftlich vorbehalten oder in einem Rechtsstreite, ohne damit ein- für allemal zurückgewiesen zu sein, geltend gemacht hat, so soll sein oder seiner Erben Anspruch auf Eigenthumsverleihung den Vorzug vor demjenigen eines späteren und zeitigen, zu seiner Familie nicht gehörigen Inhabers erhalten, unbeschadet des Rechte des letzteren aus einem Vertrage mit der Gutsherrschaft, in welchen an Stelle derselben der erstere mit dem Eintritt der Regulirung succedirt.	Rücksichtlich der in den §§ 76 und 81 des Gesetzes vom 2. März 1850 erwähnten Besitz- und Rechtsverhältnisse gilt nicht die Verkündung des Gesetzes vom 9. Oktober 1848, sondern der 1. Januar 1892 als der entscheidende Zeitpunkt. Von demselben ab vererbt sich auch das im § 79 des Gesetzes vom 2. März 1850 bezeichnete Recht. Wenn aber derjenige, welcher eine bäuerliche Stelle zur Zeit der Verkündung des Gesetzes vom 1. Mai 1854 (Gesetzsamml. S. 257) inne hatte, diese Stelle vor dem 1. Januar 1892 geräumt und die daran behaupteten Rechte bei oder vor der Räumung schriftlich vorbehalten oder in einem Rechtsstreite, ohne damit rechtskräftig zurückgewiesen zu sein, vor der Räumung geltend gemacht hat, so soll sein und seiner Erben Anspruch auf **Regulirung** der gutsherrlichen und bäuerlichen Verhältnisse den Vorzug vor demjenigen eines späteren, zu seiner Familie nicht gehörigen Inhabers erhalten.
	Verfügungen, Verabredungen und Kündigungen, welche nach dem 15. März 1892 getroffen sind und mit den Vorschriften des ersten und zweiten Absatzes in Widerspruch stehen, sind den die Regulirung verlangenden früheren Stelleninhabern gegenüber mit dem Eintritt der Regulirung rechtlich unwirksam.
	Sind derartige Verfügungen, Verabredungen oder Kündigungen im Falle des ersten Absatzes in der Zeit vom 1. Januar 1892 bis 15. März 1892, oder im Falle des zweiten Absatzes in der Zeit vor der Räumung der Stelle bis zum 15. März 1892 getroffen, so ist die Regulirung zu Gunsten des dieselbe verlangenden früheren Stelleninhabers nur mit der Maßgabe zulässig, daß Letzterer an Stelle des Gutsherrn in das zwischen diesem und dem Dritten begründete Rechtsverhältniß tritt.
An die Stelle der Bezugnahme auf das Gesetz vom 2. März 1850, welche sich in den §§ 77, 79 und 88 desselben vorfindet, tritt die Bezugnahme auf das gegenwärtige Gesetz.	An die Stelle der Bezugnahme auf das Gesetz vom 2. März 1850, welche sich in den §§ 77 und 88 desselben vorfindet, tritt die Bezugnahme auf das gegenwärtige Gesetz.
	§ 4.
	Bei der im Absatz 2 des § 84 des Gesetzes vom 2. März 1850 gedachten Ablösung tritt die Vermittelung der Rentenbank nach den Vorschriften des § 64 a. a. O. mit der Maßgabe ein, daß der Rentenbank Rückstände nicht überwiesen werden.
§ 4.	**§ 5.**
Die im § 86 des Gesetzes vom 2. März 1850 angeordnete Zusammenlegung der Grundstücke erfolgt nicht nach den Vorschriften der Gemeinheitstheilungsordnung, sondern nach denen der Verordnung vom 18. November 1775.	Die im § 86 des Gesetzes vom 2. März 1850 angeordnete Zusammenlegung der Grundstücke erfolgt nach den Vorschriften der Verordnung vom 18. November 1775 **und der Gemeinheitstheilungsordnung vom 19. Mai 1851 (Gesetzsamml. S. 371).**
§ 5.	**§ 6.**
Mit dem § 97 des Gesetzes vom 2. März 1850 findet zugleich der § 2 der Deklaration vom 24. Mai 1853 in Betreff derjenigen Willenserklärungen und Jubilate Anwendung, welche aus der Zeit vor Verkündung des gegenwärtigen Gesetzes herrühren.	Unverändert wie nebenstehender § 5.

Antrag der Abgeordneten Neukirch und Drawe.

§ 6.

Ansprüche auf Regulirung der gutsherrlichen und bäuerlichen Verhältnisse an Stellen behufs der Eigenthumsverleihung, oder Entschädigungsansprüche wegen der Entziehung solcher Stellen müssen in dem Zeitraume vom Erlasse des gegenwärtigen Gesetzes ab bis spätestens am 31. Dezember 1892 bei der Generalkommission zu Frankfurt a./O. angemeldet werden oder anhängig sein, widrigenfalls dieselben präkludirt sein sollen.

§ 7.

Bei der Ausführung des gegenwärtigen Gesetzes kommen in Beziehung auf das Verfahren, das Kostenwesen und die Rechte dritter Personen die in dem Geschäftsbezirk der vorbezeichneten Behörde geltenden gesetzlichen Vorschriften in Anwendung. Es tritt auch die Vermittelung der Rentenbank ein, und es wird deshalb das Gesetz, betreffend die Wiederzulassung der Vermittelung der Rentenbanken zur Ablösung der Reallasten, vom 17. Januar 1881 (Gesetzsamml. S. 5) wiederum mit der Maßgabe in Kraft gesetzt, daß die in den §§ 4 und 6 desselben bestimmte Frist fortfällt.

Urkundlich etc.

Berlin, den 10. Mai 1892.

Der Präsident
des Hauses der Abgeordneten.

v. Köller.

Beschlüsse des Hauses der Abgeordneten.

§ 7.

Gehören die zu regulirenden Stellen zu einem Tertialgute, so steht die Wahrnehmung der gutsherrlichen Rechte bei der Regulirung sowie bei der im § 5 gedachten Zusammenlegung dem Fiskus und dem zeitigen Tertialisten in Gemeinschaft zu.

§ 8.

Ansprüche auf Regulirung der gutsherrlichen und bäuerlichen Verhältnisse an Stellen behufs der Eigenthumsverleihung, oder Entschädigungsansprüche wegen der Entziehung solcher Stellen müssen in dem Zeitraume vom Erlasse des gegenwärtigen Gesetzes ab bis spätestens am 31. Dezember 1893 bei der Generalkommission zu Frankfurt a./O. angemeldet werden oder anhängig sein, widrigenfalls dieselben präkludirt sein sollen.

§ 9.

Die Ausführung des gegenwärtigen Gesetzes wird der Generalkommission zu Frankfurt a. O. übertragen.

Dabei finden in Ansehung der Rechte dritter Personen, der Zuständigkeit der Generalkommission, des Verfahrens und des Kostenwesens die im übrigen Theile der Provinz Pommern geltenden gesetzlichen Vorschriften Anwendung, das Gesetz über das Kostenwesen in Auseinandersetzungssachen vom 24. Juni 1875 (Gesetzsamml. S. 395) mit der Maßgabe, daß die zu erhebenden Pauschsätze zu berechnen sind:
a) für die im § 80 des Gesetzes vom 2. März 1850 unter a Nr. 3 und b Nr. 4 gedachten Dienste und Leistungen nach § 2 Nr. 1 des Kostengesetzes,
b) für die im vorbezeichneten § 80 unter a Nr. 4 und b Nr. 3 und 5 gedachten Berechtigungen und Verpflichtungen nach § 2 Nr. 2a des Kostengesetzes,
und daß im Falle des § 5 des gegenwärtigen Gesetzes außerdem noch die Pauschsätze des § 2 Nr. 3 des Kostengesetzes zu erheben sind.

Urkundlich etc.

Beglaubigt:

Die Schriftführer

Barth. Eberhard. Dr. Hartmann (Lübben). Im Walle.
Kolisch. Oljem. Sperlich. Vopelius.

№ 176.

Bericht

der

Budgetkommission über den Entwurf eines Gesetzes, betreffend die Aufhebung der Befreiung von ordentlichen Personalsteuern gegen Entschädigung. — Nr. 107 der Drucksachen. —

Berichterstatter:
Abgeordneter
Dr. Hartmann (Lübben).

Die Budgetkommission hat die Vorberathung des Entwurfs eines Gesetzes, betreffend die Aufhebung der Befreiung von ordentlichen Personalsteuern gegen Entschädigung, in zwei Sitzungen erledigt.

Den Berathungen wohnten bei der Finanzminister Dr. Miquel und der Geheime Oberfinanzrath Wallach.

Es hat unter Verzicht auf eine allgemeine Besprechung des Entwurfs nur eine Lesung desselben stattgefunden.

Der Entwurf stellt sich dar als die Ausführung des § 4 des Einkommensteuergesetzes vom 24. Juni 1891. Dieser bestimmt, daß die Häupter und Mitglieder der Familien vormals unmittelbarer Deutscher Reichsstände, welchen das Recht der Befreiung von ordentlichen Personalsteuern zusteht, zur Einkommensteuer von dem Zeitpunkte ab herangezogen werden sollen, in welchem durch besonderes Gesetz die Entschädigung für die aufzuhebende Befreiung von der Einkommensteuer geregelt sein wird.

In der Kommission herrschte vollkommenes Einverständniß darüber, daß das hiernach zu erlassende Gesetz nicht nur den Kreis der Berechtigten und die Art des Verfahrens bei Ermittelung des Betrags ihrer Entschädigung, sondern auch den Betrag der zu gewährenden Entschädigung selbst gesetzlich feststellen und damit die Entscheidung hierüber dem Rechtswege entziehen solle.

Bei der Berathung des

§ 1,

der die gegen Entschädigung aufzuhebenden Rechte bezeichnet, wurde vom Berichterstatter darauf hingewiesen, daß nach der Begründung des Entwurfs die bestehenden Vorrechte in ihrem ganzen Umfange aufgehoben würden, daß also die zu Entschädigenden nicht nur von den zur Zeit bestehenden, sondern auch von allen etwa künftig

einzuführenden anderen Personalsteuern (Vermögenssteuer, Steuer auf fundirtes Einkommen u. a.) in Zukunft betraffen werden würden, diese Aufhebung auch ferner auf die zur Zeit noch mehrfach bestehenden Kommunalsteuerfreiheit der zu Entschädigenden eine Wirkung ausüben werde.

Der Herr Finanzminister erklärte, die Kommunalsteuerpflicht der in Betracht kommenden reichsunmittelbaren Familien sei ja nach der historischen Entwickelung eine sehr verschiedene, die mannichfach vorhandenen Kommunalsteuerprivilegien beruhten vielfach auf anderen Titeln, als die durch die Verordnung vom 21. Juni 1815 und die Instruktion vom 30. Mai 1820 eingeräumte Freiheit von den staatlichen Personalsteuern und würden deshalb durch den vorliegenden Gesetzentwurf nicht berührt, die Frage der Kommunalsteuerbefreiung werde vielmehr erst bei Gelegenheit der Reform der Kommunalsteuergesetzgebung zu lösen sein. Eine Wirkung auf die Kommunalsteuerpflicht der zu Entschädigenden trete durch den gegenwärtigen Entwurf nur insoweit ein, als die Kommunalsteuerpflicht eine Konsequenz der Verpflichtung zur Zahlung der Staatssteuern in sich begreife.

Der Bemerkung eines Kommissionsmitgliedes gegenüber, das darauf aufmerksam machte, daß die Heranziehung der Mediatisirten zu den Kommunalsteuern bereits durch das Nothkommunalsteuergesetz ermöglicht worden sei, erklärte der Herr Finanzminister, daß von dem in diesem Gesetz gegebenen Mittel die Gemeinden einen sehr verschiedenen Gebrauch gemacht hätten.

Zu Absatz 2 bemerkte der Berichterstatter, daß die Bestimmung des Entwurfs, die Heranziehung der bisher Befreiten und Bevorzugten zur Einkommensteuer solle bereits vom 1. April 1892 ab erfolgen, den Vorschriften des § 4 des Einkommensteuergesetzes vom 24. Juni 1891 nicht entspreche, für die Heranziehung vielmehr ein späterer, nach dem Erlaß des gegenwärtig zu berathenden Gesetzes liegender Zeitpunkt gewählt werden müsse.

Hiergegen führte der Herr Regierungskommissar aus, daß der Termin vom 1. April 1892 deshalb in den Entwurf eingestellt worden sei, weil bei Bearbeitung desselben die Möglichkeit des Zustandekommens des Gesetzes vor dem 1. April 1892 nicht ausgeschlossen gewesen sei.

Von verschiedenen Kommissionsmitgliedern wurde den Ausführungen des Berichterstatters beigetreten und von einer Seite beantragt, die Worte „vom 1. April 1892 ab" umzuändern in „1. Juli 1892 ab", von anderer Seite dagegen zu setzen „vom 1. April 1893 ab".

Für den Termin vom 1. April 1893 wurde noch besonders geltend gemacht, daß, selbst wenn ein baldiger Erlaß des gegenwärtigen Gesetzes zu erwarten sei, doch die Verhandlungen mit den einzelnen bisher bevorrechteten Familien noch einige Zeit kosten würden und ferner es sich auch aus praktischen Gründen empfehle, die Steuerpflicht nicht mitten im Steuerjahr eintreten zu lassen.

Der Herr Finanzminister erklärte im Laufe der Diskussion, daß die Frage des Zeitpunkts der Heranziehung der zu Entschädigenden zu der Einkommensteuer für ihn von nicht durchgreifender Bedeutung sei, weshalb er sie der Entscheidung der Kommission anheimstelle.

Schließlich wurde der Antrag auf Abänderung des Termins auf den 1. April 1893 angenommen.

In Konsequenz dieses Beschlusses sind sodann in § 3 unter Nr. 13 die Worte „am 1. April 1892" in „am 1. April 1893", im § 4 unter 1 gleichfalls die Worte „vom 1. April 1892" in „vom 1. April 1893" und die Worte „für das Steuerjahr 1892/93" in „für das Steuerjahr 1893/94", unter 2 die Worte „vor dem 1. April 1892" in „vor dem 1. April 1893", unter 3 die Worte „für das Jahr 1892/93" in „für das Jahr 1893/94" und in § 5 Absatz 2 die Worte „für das Jahr 1892/93" in „für das Jahr 1893/94" abgeändert worden.

In § 2 wurde mit Zustimmung des Herrn Finanzministers beschlossen, statt der Worte „den berechtigten Familien" zu setzen: „den Berechtigten", da das aufzuhebende Recht ein höchst persönliches Recht der einzelnen zu den hochadligen Familien gehörigen Personen sei, demnach auch die Entschädigung den einzelnen Berechtigten zustehe.

Einer vom Berichterstatter als wünschenswerth bezeichneten Streichung der Worte „durch einmalige Kapitalsabfindung" widerspricht der Herr Finanzminister, da durch diese Worte zum Ausdruck gebracht werden solle, daß die Entschädigung durch eine einmalige Abfindung in Kapital erfolgen solle.

Der Berichterstatter regte ferner an, ob in diesem Paragraphen nicht eine Bestimmung einzufügen sei, dahingehend, daß die zu zahlenden Abfindungssummen nicht zur freien Disposition der die Entschädigung erhaltenden Häupter und Mitglieder der Familien bleiben dürften, sondern nach den Vorschriften der Hausgesetze der einzelnen Familien bezw. der Preußischen Fideikommißgesetzgebung als stammgüterliche bezw. fideikommissarische Substanz festgelegt werden müßten.

Der Herr Finanzminister hält die Aufnahme einer solchen Bestimmung in das Gesetz für unthunlich. Die Steuerfreiheit von persönlichen Staatssteuern sei ein jus personalissimum. Wo bei den betreffenden Familien hausgesetzliche Bestimmungen vorhanden seien, nach welchen die den Haupte und den einzelnen Mitgliedern der zu entschädigenden Familien zu zahlenden Abfindungen zum Stammguts beziehentlich Fideikommißvermögen zu schlagen seien, da würden die Entschädigten diesen Bestimmungen entsprechend das Abfindungskapital zu verwenden haben, wo aber solche hausrechtliche Bestimmungen nicht vorhanden seien, liege eine Veranlassung nicht vor, in die Hausgesetze der Familien durch eine gesetzliche Bestimmung einzugreifen.

Mit Rücksicht auf diese Erklärung wurde von Stellung eines Antrags auf Aufnahme eines entsprechenden Zusatzes abgesehen.

§ 3
führt die Personen auf, welche durch das Gesetz als entschädigungsberechtigt anerkannt werden sollen.

Nach § 4 des Einkommensteuergesetzes sollen eine Entschädigung für die aufzuhebende Befreiung von der Einkommensteuer nur diejenigen erhalten, welchen das Recht der Befreiung von ordentlichen Personalsteuern zusteht. Hiernach ist für den Umstand, ob die betreffenden Häupter und Mitglieder der bevorrechteten Familien thatsächlich Steuerfreiheit genießen, ohne Belang, da nur der rechtliche Zustand zur Zeit des Erlasses des Einkommensteuergesetzes in Betracht kommt.

Mit Rücksicht hierauf und darauf, daß sich der rechtliche Anspruch der einzelnen Familien und deren Mitglieder sehr verschiedenartig gestaltet hat, erscheint es erforderlich, ein Bild der geschichtlichen Entwickelung des aufzuhebenden Vorrechts bei den einzelnen Familien zu geben.

Den im Jahre 1806 bis 1815 mittelbar gewordenen ehemaligen Reichsständen wurden in Artikel VI und XIV der Deutschen Bundesakte mit Rücksicht auf ihre frühere Stellung im und zum Reiche eine Reihe Vorrechte belassen, beziehungsweise von den Bundesstaaten gewährleistet.

Zu diesen Vorrechten zählt auch eine Bevorrechtung hinsichtlich der Besteuerung, da der Artikel XIV in dieser Beziehung erklärt:

Sie und ihre Familien bilden die privilegirteste Klasse in dem Staate, zu dem sie gehören, insbesondere in Ansehung der Besteuerung.

Ob und in welchem Umfange durch diese Bestimmung den Standesherren eine Befreiung von Personalsteuern hat gewährleistet werden sollen, ist, wie dies bei der Unbestimmtheit des Ausdrucks nicht anders zu erwarten, von jeher streitig gewesen. Die einzelnen Bundesstaaten haben denn auch diesem Vorrechte der Mediatisirten gegenüber eine verschiedene Stellung eingenommen.

Die Preußische Gesetzgebung hat im Gegensatz zu vielen kleineren Bundesstaaten diese Bestimmung in dem Bevorrechteten günstigsten Sinne ausgelegt.

Es erging am 21. Juni 1815 für den Umfang des damaligen Preußischen Staatsgebiets die Verordnung, betreffend die Verhältnisse der vormals unmittelbaren Deutschen Reichsstände in den Preußischen Staaten, welche ausdrücklich ausspricht, daß die ehemals Reichsunmittelbaren für ihre Person und ihre Familien die Steuerfreiheit von gewöhnlichen Personalsteuern genießen sollen, eine Bestimmung, welche in der Instruktion wegen Ausführung des Edikts vom 21. Juni 1815, die Verhältnisse der vormals unmittelbaren Deutschen Reichsstände in der Preußischen Monarchie betreffend, vom 30. Mai 1820 unter besonderer Aufführung der einzelnen in Betracht kommenden Familien im § 13 dahin wiederholt wird, daß diese Familien die Befreiung von ordentlichen Personalsteuern jeder Art haben sollen.

Die mediatisirten Häuser haben denn auch von diesem Zeitpunkt ab in Preußen volle Freiheit von Personalsteuern bis zum Jahre 1850 genossen. Am 7. Dezember 1849 wurde das Gesetz wegen Aufhebung der Klassensteuerbefreiungen erlassen, welches im § 3 die nach dem Klassensteuergesetz vom 30. Mai 1820 für die ehemals Reichsunmittelbaren 2c. eingeführten Befreiungen von der Klassensteuer aufhob. Hierzu trat die Verfassung, welche im Artikel 4 generell alle Standesvorrechte aufhob und im Artikel 101 verordnete:

In Betreff der Steuern können Bevorzugungen nicht eingeführt werden. Die bestehende Gesetzgebung wird einer Revision unterworfen und dabei jede Bevorzugung abgeschafft.

Diesen Bestimmungen entsprechend erwähnt auch das Klassen- und Einkommensteuergesetz vom 1. Mai 1851 die Personalsteuerprivilegien der Standesherren nicht, sondern erklärt in § 16 ausdrücklich alle Einwohner des Staats mit Ausnahme der Mitglieder des Königlichen Hauses und der beiden Hohenzollern'schen Fürstenhäuser, für einkommensteuerpflichtig.

Demgemäß wurden nun die bisher bevorrechteten Mediatisirten zur Einkommensteuer herangezogen. Von den hiergegen protestirenden Standesherren beschritt der Graf zu Stolberg-Wernigerode den Rechtsweg und erstritt bei dem mit dem Kammergericht verbundenen Geheimen Justizrath am 3. November 1853 ein obsiegendes Erkenntniß, in welchem die von dem Kläger behauptete Steuerfreiheit trotz des Gesetzes vom 7. Dezember 1849 und der Bestimmungen der Verfassungsurkunde für zu Recht bestehend anerkannt wurde.

Diese richterliche Entscheidung in Verbindung mit einer Anregung des Mitglieds der ersten Kammer Stahl gab Anlaß zu dem Gesetz vom 10. Juni 1854, das sich als eine Deklaration der Verfassung bezeichnet und vorschreibt, daß die Bestimmungen der Verfassungsurkunde einer Wiederherstellung derjenigen durch die Gesetzgebung seit dem 1. Januar 1848 verletzten Rechte und Vorzüge nicht entgegenstehen, welche den unmittelbar gewordenen Reichsfürsten und Grafen, deren Besitzungen in den Jahren 1815 und 1850 der Preußischen Monarchie einverleibt oder wieder einverleibt worden, auf Grund ihrer früheren staatsrechtlichen Stellung im Reiche und von ihnen besessenen Landeshoheit zustehen und namentlich durch den Artikel XIV der Deutschen Bundesakte vom 8. Juni 1815 und durch die Artikel 23 und 43 der Wiener Kongreßakte vom 9. Juni 1815, sowie durch die spätere Bundesgesetzgebung zugesichert worden sind, sofern die Betheiligten sie nicht ausdrücklich durch rechtsbeständige Verträge aufgegeben haben. Das Gesetz fügt hinzu, daß die Wiederherstellung durch Königliche Verordnung erfolgen solle. Diese Verordnung erging am 12. November 1855 und verfügte im § 1 ganz allgemein die Wiederherstellung der gedachten Rechte.

Behufs Feststellung des Umfangs der hiernach und nach den über die Stellung der einzelnen Häuser zwischen der Staatsregierung und den Mediatisirten in den zwanziger Jahren geschlossenen Verträgen jedem zustehenden Rechte und Vorzüge, sowie behufs Regelung der zur Herstellung des verletzten Rechtszustandes erforderlichen Maßregeln und der etwa in Anspruch genommenen Entschädigungen sollte nach § 2 ein Königlicher Kommissarius die nöthigen Verhandlungen führen.

Mit der Mehrzahl der Betheiligten kamen nunmehr neue Rezesse zu Stande, in denen einzeln die Rechte und Vorzüge, darunter auch die Befreiung von Personalsteuern aufgeführt sind, welche die Staatsregierung als unberührt fortbestehend anerkannte.

Noch vor dem Zustandebekommen dieser einzelnen Rezesse erging aber eine, indeß in der Gesetzsammlung nicht veröffentlichte, Allerhöchste Verordnung vom 16. März 1857, welche den Mediatisirten für ihre Personen und Familien zugesicherte Steuerfreiheit von gewöhnlichen Personalsteuern vom 1. Juni 1857 ab wieder herstellte, soweit die Betheiligten ihr dießfälliges Recht nicht durch rechtsbeständige Verträge aufgegeben haben.

Während der Konfliktszeit vom Jahre 1862 ab erhob das Haus der Abgeordneten hiergegen lebhaften Einspruch.

Eine unter dem 9. Mai 1865 von demselben gefaßte Entschließung erklärte, daß die Wiederherstellung zu Unrecht statt durch Königliche Verordnung in Form von Rezessen erfolgt sei, daß ferner die Rezesse auch solche Rechte, welche nicht auf dem Bundesrecht, sondern auf der Preußischen Gesetzgebung beruhten, darunter die Befreiung von ordentlichen Personalsteuern wieder hergestellt habe, und daß in den Kreis der Deklaration vom 10. Juni 1854 auch das Stolberg'sche Haus gezogen worden sei, obwohl dieses zur Zeit der Bundesakte nicht zu den reichsunmittelbaren Häusern gehört habe.

Diesen Versuchen des Abgeordnetenhauses, die Wiederherstellung der Vorrechte der Reichsunmittelbaren anzufechten, trat die Königliche Staatsregierung scharf entgegen.

Sie behauptete, daß sie bei der Ausführung des ihr in der Deklaration vom 10. Juni 1854 übertragenen Mandats weder formell noch materiell ihre Befugnisse überschritten habe, formell nicht, weil die Wiederherstellung in der im Gesetz von 1854 vorgeschriebenen Art durch Königliche Verordnung erfolgt sei, materiell nicht, weil, wenn auch bei Ausführung der Deklaration lediglich die Bundes- bezw. völkerrechtlichen Zusicherungen maßgebend sein sollten, doch bei Beurtheilung dessen, was bundesmäßiges Recht sei, nicht der Buchstabe, sondern der Inhalt des Artikels XIV der Bundesakte und demnächst gleichfalls die mit den Standesherren früher geschlossenen Verträge zu Grunde gelegt werden müßten, und die Königliche Staatsregierung beim Abschluß der neuerdings geschlossenen Verträge durch eine Ueberwachung der Landesvertretung nicht beschränkt werden könne.

Eine Einigung zwischen der Staatsregierung und dem Landtage wurde nicht erzielt, dagegen kam am 15. März 1869 das Gesetz „betreffend die Ordnung der Rechtsverhältnisse der mittelbar gewordenen Deutschen Reichsfürsten und Grafen" zu Stande, welches zwar die seit 1854 abgeschlossenen Rezesse nicht ausdrücklich genehmigte, aber die Landesvertretung verpflichtete, die aus den gedachten

Verträgen zu leistenden Entschädigungen nicht weiter zu beanstanden.

Es hob ferner den Absatz 2 des § 1 sowie die §§ 2 und 3 der Verordnung vom 12. November 1855, welche die Art der Ausführung der Wiederherstellung der den Mediatisirten zustehenden Rechte regelte, auf, und ordnete im Gegensatz dazu an, daß die in § 1 Absatz 1 ausgesprochene Wiederherstellung der durch die Gesetzgebung seit dem Jahre 1848 verletzten Rechte und Vorzüge der mediatisirten Familien fortan im Wege besonderer Gesetze erfolgen muß.

Solcher Gesetze sind nun, abgesehen von dem noch zu erwähnenden über den Rechtszustand des Arenberg'schen Hauses hinsichtlich Meppens, zwei unter dem Datum vom 25. Oktober 1878 ergangen, welche den Rechtszustand des Sayn-Wittgenstein-Berleburg'schen Hauses und des Bentheim-Tecklenburg'schen Hauses ordnen. In diesen Gesetzen ist die Personalsteuerfreiheit dieser Häuser, welche in der Regierungsvorlage aufrecht erhalten worden war, dadurch, daß der Landtag die hierauf bezüglichen Bestimmungen strich und diese Gesetze darauf in der so abgeänderten Fassung in Kraft getreten sind, ohne Entschädigung aufgehoben worden.

Auf Grund dieser geschichtlichen Entwicklung des den Mediatisirten in Preußen zustehenden Rechts bezüglich ihrer Steuervorrechte könne es, so führte der Berichterstatter aus, zunächst einem Zweifel nicht unterliegen, daß denjenigen früher reichsunmittelbaren Fürsten und Grafen, welche in dem Jahre 1855 Rezesse mit der Königlichen Staatsregierung auf Grund der Verordnung vom 12. November 1855 abgeschlossen hätten, die in diesen Rezessen anerkannte Freiheit von persönlichen Steuern zur Zeit noch zu Recht zuständen.

Zu diesen gehörten den im § 3 aufgeführten:
1. die fürstliche Familie zu Salm-Salm (Rezeß vom 26. Oktober 1866 / 27. November 1867),
2. die fürstliche Familie zu Sayn-Wittgenstein-Hohenstein (Rezeß vom 5. Mai 1865 / 24. Juni 1867),
3. die fürstliche Familie zu Solms-Braunfels (Rezeß vom 22. November 1861 / 22. April 1862),
4. die fürstliche Familie zu Solms-Hohensolms-Lich (Rezeß vom 22. Juli / 1. Dezember 1862) und
5. die fürstliche Familie zu Wied (Rezeß vom 25./26. Juni / 5. Oktober 1880).

Denn auch das Abgeordnetenhaus habe dem Gesetze vom 15. März 1869 zugestimmt, dieses Gesetz aber den § 1 der Verordnung vom 10. Juni 1854 aufrecht erhalten und bestimmt habe, daß fortan eine Wiederherstellung der verletzten Rechte im Wege besonderer Gesetze erfolgen müsse, habe auch das Abgeordnetenhaus implicite anerkannt, daß die seit 1855 geschlossenen Rezesse zu Stande gekommen seien, also auch das Recht der Freiheit von Personalsteuern bezüglich der betreffenden Familien wiederhergestellt worden sei.

Von einem Kommissionsmitgliede wurde demgegenüber ausgeführt, daß zwar das Recht dieser Familien auf Steuerfreiheit nicht bestritten werden solle, wohl aber bestritten, daß das Abgeordnetenhaus durch seine Zustimmung zu dem Gesetze vom 15. März 1869 in irgend welcher Weise seinen in der Entschließung vom 9. Mai 1865 zum Ausdruck gebrachten Standpunkt aufgegeben habe.

Mit der Rechtslage dieser Familien stimmt die der 3 Stolberg'schen Häuser, der zu 7, 8 und 13 aufgeführten Grafen zu Stolberg-Stolberg, Grafen zu Stolberg-Roßla und des Fürsten zu Stolberg-Wernigerode im Wesentlichen überein.

Zwar besaßen die 3 gräflich Stolberg'schen Häuser auf Grund einer reichsunmittelbaren Herrschaft im Jahre 1806 Reichsstandschaft, waren aber damals nicht mehr reichsunmittelbar, da sich Kurhessen, Kurbrandenburg und Kurbraunschweig die oberste Landeshoheit über die 3 Harzgrafschaften Stolberg, Wernigerode und Hohenstein angeeignet hatten. Nichtsdestoweniger sind sie von den Landeshoheiten, denen sie subjicirt waren, stets den übrigen Mediatisirten gleichgestellt worden und haben, wenngleich sie nicht besonders mit in der Instruktion aufgeführt worden sind, doch ihre auf Grund älterer Verträge bewahrten Vorrechte, darunter auch die Personalsteuerfreiheit, durch die Rezesse vom 13. August 1822 / 17. September 1822 und die Konzessionsurkunde vom 28. März 1836 zugebilligt erhalten.

Ihre Rechte sind nach 1849 durch die Rezesse vom 6. Januar / 26. August 1862 (Fürst zu Stolberg-Wernigerode) und durch die Allerhöchste Verordnung vom 31. Dezember 1864, betreffend die Abänderung und Erläuterung der Konzessionsurkunde vom 28. März 1836 für die Grafen zu Stolberg-Stolberg und Stolberg-Roßla wieder hergestellt worden.

Die gegen die Wiederherstellung der Vorrechte dieser 3 Häuser Seitens des Abgeordnetenhauses in der Entschließung vom 9. Mai 1865 geltend gemachten Einwände erscheinen, so führte der Berichterstatter ferner aus, unbegründet, wenn der oben erwähnten Auffassung der Königlichen Staatsregierung beigetreten wird, daß sich die Wiederherstellung nicht blos auf die dem Wortlaut des Artikels XIV der Bundesakte entsprechenden Vorrechte, sondern auf die Vorrechte in dem Umfange bezieht, wie sie sich durch die Preußische Gesetzgebung geschichtlich entwickelt haben.

Auch in der Kommission wurde gegen den Rechtsanspruch der Stolberg'schen Häuser auf Personalsteuerfreiheit ein Widerspruch nicht laut.

Bezüglich des Hauses des Fürsten zu Stolberg-Wernigerode gilt das Besondere, daß nach dem von diesem Hause mit der Preußischen Staatsregierung geschlossenen Rezesse nicht sämmtliche Mitglieder des Hauses, sondern nur die in der Grafschaft Stolberg-Wernigerode wohnenden die Personalsteuerfreiheit beanspruchen können.

Die fürstlich Bentheim-Steinfurt'sche Familie gehört zu denen, welche seit 1854 mit der Königlichen Staatsregierung einen Rezeß nicht geschlossen haben, und es hängt bezüglich ihrer die Frage, ob ihrem Haupte und ihren Mitgliedern noch jetzt die Personalsteuerfreiheit zu Recht zustehe, von der Interpretation der Verordnung vom 12. November 1866 ab.

In dieser Verordnung wird nämlich außer der prinzipiellen Wiederherstellung der durch die Gesetzgebung seit 1848 verletzten Sonderrechte der mediatisirten Familien noch in den §§ 2 und 3 eine Ausführung dieser Wiederherstellung angeordnet, und zwar „behufs Feststellung des Umfanges der Rechte, behufs Regulirung der Ausübungsregeln und Feststellung der etwaigen Entschädigungen."

Hieraus wird nun von Einigen gefolgert, und namentlich hat dies das Reichsgericht in den Gründen des Urtheils vom 20. September 1888 in Sachen des Prinzen Croy contra Fiskum gethan, daß diese Verordnung dem mediatisirten Familien nicht ein aktuelles Recht gegeben, sondern die Wiederherstellung ihrer Rechte von einer vorgängigen Prüfung und Festsetzung aber ihren Umfang abhängig gemacht habe.

Andere verwerfen diese Ansicht. Bei der vom Reichsgericht acceptirten Interpretation bleibe unverständlich, welche Rechtswirkung dann der § 1 Abs. 1 der Verordnung überhaupt haben solle. Diese Interpretation widerspreche zudem direkt dem Wortlaute dieses § 1 Abs. 1,

wonach die Wiederherstellung „hierdurch" erfolgen solle. Die Bestimmungen der §§ 2 und 3 der Verordnung verfolgten nur den Zweck, solche Rechte, welche ihrer Natur nach nicht sofort wieder ins Leben treten konnten, sondern einer anderweiten vorgängigen Regelung bedurften, dieser Regelung noch zu unterziehen, nicht aber diejenigen Rechte, welche einer besonderen Regelung nicht bedurften, wie die Steuerfreiheit, von einer solchen abhängig zu machen.

Der Berichterstatter schloß sich in seinen Ausführungen der letztgedachten Ansicht, die auch in der Begründung des Entwurfs S. 15 die Königliche Staatsregierung vertritt, an, und fand bei der Mehrheit der Kommission Zustimmung, während eine Minderheit sich der Ansicht des Reichsgerichts anschloß.

In einer besonderen Rechtslage befinden sich die Familien der Fürsten

Isenburg-Birstein,
Isenburg-Büdingen in Wächtersbach,
Isenburg-Büdingen in Meerholz
und der Grafen zu Solms-Rödelheim.

Diese Familien gehörten mit ihren Standesherrschaften, wie S. 16 der Begründung im Einzelnen dargestellt wird, zum Kurfürstenthum Hessen, der Graf Solms-Rödelheim außerdem mit Rödelheim zum Großherzogthum Hessen.

In Kurhessen erging am 29. Mai 1833 ein nach Verständigung mit den Standesherren verkündetes Edikt, welches im Anschluß an die Deutsche Bundesakte erklärt, daß die Standesherren hinsichtlich der Besteuerung die privilegirteste Klasse im Staate bilden sollen. Gleichzeitig schloß die Kurhessische Staatsregierung mit den Standesherrn ihres Gebiets einen Vertrag, in welchem ausdrücklich festgesetzt wurde, daß die Standesherren für immer von Personal- und direkten Steuern jeder anderen Art befreit sein sollten.

Dieser Vertrag fand allerdings die verfassungsmäßig erforderliche Zustimmung der Ständeversammlung nicht.

Nichtsdestoweniger wurden den Kurhessischen Standesherren durch Beschluß des Kurhessischen Finanzministeriums vom 8. März 1837 volle Freiheit von Personalsteuern zugestanden, die sie dann auch bis zur Annexion im Jahre 1866 ungestört genossen haben.

Nach derselben und vor der am 1. Oktober 1867 erfolgten Einführung der Preußischen Verfassung in Kurhessen erging eine nicht publizirte Allerhöchste Kabinetsordre vom 15. September 1867, in welcher der Finanzminister ermächtigt wurde, die in den neuen Landestheilen ansässigen vormals reichsunmittelbaren Fürsten und Grafen, insofern dieselben nicht auf Freiheit von persönlichen direkten Steuern ausdrücklich in rechtsverbindlichen Verträgen verzichtet haben, für ihre Personen und ihre Familien von der Entrichtung der auf dem in den neuen Landestheilen eingeführten Gesetze vom 1. Mai 1851 beruhenden Klassen- und Classifizirten Einkommensteuer freizulassen. Dementsprechend sind die obengedachten Kurhessischen Standesherren auch seit 1867 von der Entrichtung von Personalsteuern thatsächlich befreit geblieben.

Der Berichterstatter sprach sich dahin aus, daß auf Grund dieser Sach- und Rechtslage auch bezüglich dieser mediatisirten Familien anzunehmen sei, daß ihnen ein Recht auf Personalsteuerfreiheit noch jetzt zustehe. Wenn auch das Edikt vom 29. Mai 1833 die Standesherren nur für die privilegirteste Klasse in Bezug auf die Besteuerung erkläre, so könne diese Besteuerung doch nur dahin verstanden werden, daß darunter die Personalsteuerfreiheit zu verstehen sei. Dafür spreche der in der Begründung zum Entwurf erwähnte Vertrag, der ausdrückliche Steuerfreiheit gewähre, die authentische Interpretation des Kurhessischen Staatsministeriums im Beschlusse vom 8. März 1837 und die stillschweigende Zustimmung des

Haus der Abgeordneten. Aktenstück № 176. 2133

Kurhessischen Landtags zu der den Standesherren thatsächlich gewährten Steuerfreiheit.

Durch die Einführung der Verfassung und des Einkommensteuergesetzes vom 1. Mai 1851 in Kurhessen sei die Steuerfreiheit dieser Standesherren nicht aufgehoben worden, weil einmal mit der Verfassung auch die Deklaration vom 10. Juni 1854 eingeführt sei, welche erklärt, daß die Verfassung einer Wiederherstellung der den früheren Reichsunmittelbaren zustehenden Rechte nicht entgegensteht, andererseits weil die vor Einführung der Verfassung erlassene Allerhöchste Kabinetsordre vom 15. September 1867 das Recht der Personalsteuerfreiheit ausdrücklich aufrecht erhalten habe.

Aus der Kommission wurde dieser Auffassung widersprochen und geltend gemacht, daß die Allerhöchste Kabinetsordre vom 15. September 1867 nicht publizirt sei und deshalb nicht Gesetzeskraft habe, sondern als ein einfacher Verwaltungsakt anzusehen sei. Die Deklaration von 1854 aber beziehe sich einzig und allein auf die damals mit ihren Standesherrschaften in Preußen ansässigen Standesherren und könne nicht ohne Weiteres auf die erst im Jahre 1866 zu Preußen gekommenen Landestheile ausgedehnt werden. Den früher Kurhessischen Standesherren stehe also zur Zeit ein Rechtsanspruch auf Personalsteuerfreiheit nicht zu, mithin auch kein Anspruch auf Entschädigung.

Der Herr Finanzminister erläuterte die von der Königlichen Staatsregierung in der Begründung zum Entwurf geltend gemachte Auffassung dahin:

Das Kurfürstliche Edikt vom 29. Mai 1833, das auch der Bundestag autorisirt habe, in Verbindung mit den mit den Kurhessischen Standesherren gepflogenen Verhandlungen verleihe ihnen die persönliche Steuerfreiheit, welche dieselben auch bis 1866 unbestritten genossen hätten.

Nun sei zwar richtig, daß am 1. Oktober 1867 die Preußische Verfassung und das Einkommensteuergesetz von 1851 in Kurhessen eingeführt worden und damit nach formellem Rechte allerdings auch die Steuerfreiheit dieser Standesherren aufgehoben worden sei; durch die vor dem Inkrafttreten der Verfassung erlassene Allerhöchste Kabinetsordre vom 15. September 1867 sei aber der Wille des Gesetzgebers dahin klar gelegt worden, daß eine Heranziehung derselben zur Einkommensteuer nicht beabsichtigt sei; das formale Recht widerspreche also der Tendenz des Gesetzgebers und es würde deshalb eine große Unbilligkeit sein, wenn man die früher Kurhessischen Standesherren der Absicht des Gesetzgebers zuwider anders behandeln wolle als die schon früher in Preußen ansässigen mediatisirten Familien, zumal die Kurhessischen Standesherren schon seit 1837 bis jetzt unangefochten thatsächlich die Steuerfreiheit genossen hätten.

Die Kommission trat in ihrer Mehrheit den Ausführungen des Herrn Finanzministers bei und beschloß, auch die obengedachten 4 früher Kurhessischen Standesherren unter die Entschädigungsberechtigten aufzunehmen.

Wie schon erwähnt, kommt der Graf zu Solms-Rödelheim außer wegen seiner Kurhessischen Standesherrschaft Praunheim auch noch wegen seiner früher im Großherzogthum Hessen belegenen Herrschaft Rödelheim in Betracht.

Im Großherzogthum Hessen ist die Freiheit der Standesherren von Personalsteuern durch Gesetz vom 7. August 1848 aufgehoben und thatsächlich auch die Heranziehung der Standesherren und deren Familienmitglieder zur Hessischen Personalsteuer vom 1. September 1848 ab erfolgt.

Hinsichtlich ihres standesherrlichen Besitzes im Großherzogthum Hessen befindet sich also die Gräflich Solms-Rödelheim'sche Familie in einer anderen Rechtslage als hinsichtlich des Kurhessischen. Bezüglich des ersteren kommt die Allerhöchste Kabinetsordre vom 15. September 1867 nicht in Betracht und ist dem zu Folge auch diese Familie seit dem Jahre 1884 aus ihrem standesherrlichen Besitz im Großherzogthum Hessen zur Einkommensteuer herangezogen worden; eine Entschädigung hat also diese Familie aus einer etwaigen Steuerfreiheit bezüglich ihres früher großherzoglich Hessischen Besitzes nicht zu beanspruchen, wie allseitig anerkannt wurde.

Einer besonderen Betrachtung bedürfen auch diejenigen Familien, welche im Hinblick auf ihre im Gebiete der Preußischen Monarchie, im Umfange vor 1866 befindlichen Standesherrschaften schon vor 1866 in Preußen Steuerfreiheit genossen und deren anderweitige in andern Staaten belegenen Standesherrschaften mit diesen Staaten der Preußischen Monarchie im Jahre 1866 einverleibt worden sind. Dahin gehört der Fürst zu Wied, mit dessen in Hessen belegenen Aemtern Selters und Runkel; der Fürst zu Stolberg-Wernigerode und der Graf zu Stolberg-Stolberg mit der in Hannover belegenen Grafschaft Hohenstein und der Fürst zu Bentheim-Steinfurt mit der gleichfalls in Hannover belegenen Herrschaft Bentheim.

Bezüglich ihrer hat, wie die Begründung des Entwurfs angiebt, die Königliche Staatsregierung angenommen, daß das in Preußen ihnen vor 1866 mit Rücksicht auf ihre altpreußischen Standesherrschaften gewährte Personalsteuerprivilegium sich auch auf das Einkommen aus den 1866 hinzugekommenen Standesherrschaften in den neuen Provinzen erstreckt.

Der Herr Finanzminister erläuterte den bereits in der Begründung zum Entwurf motivirten Standpunkt der Staatsregierung in der Kommission noch näher dahin:

Die Königliche Staatsregierung habe die in der Begründung aufgeführte Auffassung von jeher festgehalten und sei dazu durch folgende Erwägungen gekommen: Das Recht auf Befreiung von den persönlichen Steuern sei ein persönliches Recht der einzelnen Häupter und Mitglieder der standesherrlichen Familien, erstrecke sich also auch auf das gesammte Einkommen der Privilegirten, möge es aus der Standesherrschaft oder anderen Einkommensquellen derivirn. Es basire zwar auf dem Besitze an den Standesherrschaften, sei aber ein jus personalissimum, ein generelles Privileg, das die Steuer aus allem Einkommen umfaßt. Demgemäß mußte die Steuerfreiheit auch auf dasjenige Einkommen ausgedehnt werden, das aus Standesherrschaften in Staaten herrührt, in welchen die Mediatisirten früher die Steuerfreiheit nicht genossen, wie z. B. beim Fürsten zu Wied, der hinsichtlich seiner Aemter Selters und Runkel in Nassau ein Recht auf Steuerfreiheit nicht besessen hatte; ebenso wie beim Fürsten zu Bentheim-Steinfurt, der auf sein Vorrecht bezüglich seiner in Hannover belegenen Standesherrschaft verzichtet hatte.

Die Kommission schloß sich der Auffassung der Königlichen Staatsregierung in dieser Hinsicht an.

Was nun diejenigen früher reichsunmittelbaren in Preußen ansässigen Familien betrifft, welche im Entwurf nicht als entschädigungsberechtigt aufgeführt sind, so wurde hervorgehoben, daß wenn auch voraussichtlich keine einzige dieser Familien im Stande sein würde, den Nachweis zu führen, daß ihr noch zur Zeit des Erlasses des Einkommensteuergesetzes vom 24. Juni 1891 das Recht auf Personalsteuerfreiheit zugestanden habe, doch immerhin denselben die Möglichkeit nicht verschränkt werden dürfe, einen Anspruch auf Entschädigung zu erheben, wenn sie diesen Nachweis führen würden.

Mit Rücksicht hierauf wurde der Antrag gestellt:

Zu § 3 hinter dem Absatz Nr. 13 als Nr. 14 hinzuzufügen:

außerdem 14. diejenigen Häupter und Mitglieder der in § 1 bezeichneten Familien, welche die dort genannten Rechte als ihnen zur Zeit des Erlasses des Einkommensteuergesetzes vom 24. Juni 1891 zustehend im gerichtlichen Verfahren zur Anerkennung gebracht haben oder noch bringen werden.

Aus der Kommission heraus wurde dem Antrage entgegengehalten, daß er überflüssig sei, weil die Annahme allgemein dahin gehe, daß außer den im gegenwärtigen Gesetzentwurf aufgeführten Familien und Personen andere Entschädigungsberechtigte nicht vorhanden seien, daß er aber auch insofern bedenklich erscheine, als in ihm eine Provokation an die nicht entschädigten Familien liege, Rechtsansprüche zu erheben.

Der Herr Finanzminister giebt der Ueberzeugung Ausdruck, daß wohl kein Mitglied einer mediatisirten Familie, noch eine solche selbst in der Lage sein werde, einen Rechtsanspruch auf gerichtlichem Wege nach der gedachten Richtung zu erstreiten, er hält deshalb den Antrag für unnöthig, glaubte aber ihm nicht entgegentreten zu sollen, da nach § 1 des gegenwärtigen Gesetzes vom 1. April 1893 ab alle Einwohner des Staats zur Einkommensteuer herangezogen werden würden und es als eine unbillige Härte erscheinen könnte, solchen Personen, welche nachträglich etwa noch die Anerkennung ihres Rechts auf Steuerfreiheit zur Zeit des Erlasses des Einkommensteuergesetzes erstreiten würden, die Möglichkeit einer Entschädigung abzuschneiden.

Von einem Kommissionsmitgliede wurde noch hervorgehoben, daß nach § 4 des Einkommensteuergesetzes Jedem, dem zur Zeit des Erlasses dieses Gesetzes ein Recht auf Personalsteuerfreiheit zustand, die Entschädigung gebühre, hiernach der Antrag nothwendig sei, um den Bestimmungen des § 4 des Einkommensteuergesetzes nachzukommen.

Von Seiten des Berichterstatters wurde bei dieser Gelegenheit zur Sprache gebracht, daß Seitens der Vormünder des Herzogs von Arenberg eine Eingabe an das Haus der Abgeordneten eingegangen sei, in welcher diese beantragen:

Das Haus der Abgeordneten wolle in das Gesetz eine Bestimmung aufnehmen, durch welche dem Herzoglich Arenberg'schen Hause der Anspruch auf die Entschädigung aus § 4 des Einkommensteuergesetzes vom 24. Juni 1891 vorbehalten wird.

In den beigefügten 2 Denkschriften werde des Näheren auseinandergesetzt, daß die in der Begründung zum Gesetzentwurf von der Staatsregierung aufgestellte Behauptung, es sei Seitens der Herzoglich Arenberg'schen Familie durch den Rezeß vom 29. November 1824 auf die Personalsteuerfreiheit verzichtet, unzutreffend sei, ebenso wie die weitere Annahme der Königlichen Staatsregierung, daß dem Herzoglichen Hause Arenberg durch das Gesetz vom 27. Juni 1875 die Personalsteuerfreiheit auch bezüglich des 1866 der Preußischen Monarchie einverleibten Herzogthums Meppen entzogen worden sei. Die Vormünder des Herzogs von Arenberg hätten deshalb bereits Klage auf Anerkennung ihres Rechts gegen den Fiskus erhoben, die beim Landgericht zu Münster schwebe.

Der Berichterstatter führte aus, daß durch den in § 3 gestellten Antrag den Wünschen der Vormünder des Herzogs von Arenberg entsprochen werden würde, so daß die Eingabe derselben durch den über diesen Antrag gefaßten Beschluß für erledigt zu erklären sei. Die Kommission trat dieser Ausführung bei.

Der Berichterstatter erwähnte ferner einer Eingabe der Prinzessin Emma v. Croy, welche Verwahrung dagegen einlegt, daß ihr Mann in die Reihe der zu entschädigenden Mitglieder vormals reichsunmittelbarer Deutscher Reichsstände nicht eingestellt sei.

Die Prinzessin Emma v. Croy hat, wie die ihrer Eingabe im Original beigefügten gerichtlichen Erkenntnisse ergeben, durch die Urtheile des Kreisgerichts zu Münster vom 12. Februar 1873, des Appellationsgerichts daselbst vom 13. September 1873 und des Königlichen Obertribunals vom 16. März 1874 für sich erstritten, daß sie von persönlichen Steuern jeglicher Art für befreit zu erachten und der beklagte Fiskus nicht berechtigt sei, dieselbe zur Einkommensteuer heranzuziehen.

Durch den Vertrag vom 20. Februar 1827 hatte das Haupt des Herzoglich Croy-Dülmen'schen Hauses, der Herzog Alfred v. Croy, sowohl für sich, als seine sämmtlichen Rechtsnachfolger auf die Befreiung von der Personalsteuer verzichtet, diesen Verzicht auch in dem mit ihm am 30. August 1864 / 20. Januar 1865 abgeschlossenen Rezesse aufrecht erhalten. Dem letzteren Vertrage waren auch die Agnaten unter dem 1/23. Februar 1865 beigetreten.

Die gerichtliche Entscheidung führt nun aus, daß das die Rezesse abschließende Haupt und die Agnaten der Familie nur für ihre Person auf das höchstpersönliche Recht der Steuerbefreiung hätten verzichten können, daß also dieser Verzicht die Klägerin nicht binde. Es erkennt ihr deshalb für ihre Person die Steuerbefreiung zu.

Der Berichterstatter machte in Anschluß hieran darauf aufmerksam, daß das Reichsgericht auf eine von einem Mitgliede derselben Familie angestellte Klage auf Anerkennung der persönlichen Steuerfreiheit im Urtheile vom 20. September 1888 (Entscheidungen des Reichsgerichts Band 22 Seite 247) den Kläger abgewiesen und in der Begründung ausgeführt habe, daß der Verzicht des Hauptes der Familie alle übrigen Familienmitglieder binde.

Hiernach sei nicht zu erwarten, daß irgend ein anderes Mitglied der Familie Croy-Dülmen noch ein Recht auf Personalsteuerfreiheit erstreiten werde.

Der Antragsteller erklärte: Der von ihm gestellte Antrag solle z. B. neben dem Herzog von Arenberg auch diejenigen Familien, bezw. deren Mitglieder treffen, welche vor dem 24. Juni 1891 bereits ein ihnen günstiges Urtheil erstritten hätten, wie es bei der Prinzessin Emma v. Croy der Fall sei; denn auch sie habe in Folge des rechtskräftig erstrittenen Urtheils zur Zeit des Erlasses des Einkommensteuergesetzes das Recht auf Personalsteuerfreiheit gehabt.

Der Herr Finanzminister erklärt sich mit dieser Auslegung des Antrags einverstanden.

Hierauf wurde der Antrag mit großer Majorität angenommen.

Von einem Kommissionsmitgliede war ferner ein Antrag gestellt worden:

Dem § 3 folgenden Absatz hinzuzufügen:

In gleicher Weise wie die vorstehend genannten Häupter und Mitglieder vormals unmittelbarer Deutscher Reichsstände sind die Fürsten v. Bentheim-Tecklenburg-Rheda und v. Sayn-Wittgenstein-Berleburg für die Aufhebung der ihnen vormals zustehenden Rechte auf Befreiung von ordentlichen Personalsteuern, oder auf Bevorzugung hinsichtlich derselben zu entschädigen.

Wie bereits oben hervorgehoben worden ist, haben die im Antrage genannten beiden Familien und deren Mitglieder die persönliche Steuerfreiheit, die ihnen bis 1878 in demselben Maße wie den anderen mediatisirten Familien zustand, durch das Gesetz vom 25. Oktober 1878 verloren.

Der Antragsteller wies darauf hin, daß eine Unbilligkeit darin liege, diese beiden Familien, welche bis 1878 mit den andern früher reichsunmittelbaren in ganz gleichem Rechte gestanden hätten, ohne jede Entschädigung zu lassen. Das Abgeordnetenhaus, welches damals die von der Regierung vorgeschlagene Aufrechterhaltung der persönlichen Steuerfreiheit ohne Zubilligung einer Entschädigung gestrichen habe, sei von einer ganz anderen Auffassung ausgegangen, als der Landtag im Jahre 1891, der anerkannt habe, daß eine Aufhebung dieses Rechts nur gegen Entschädigung zulässig sein solle. Es erscheine deshalb gerechtfertigt, diese beiden Familien, nachdem nunmehr durch das Einkommensteuergesetz der Grundsatz ausgesprochen sei, daß die Aufhebung der Personalsteuerfreiheit nur gegen Entschädigung erfolgen könne, gleichfalls nachträglich zu entschädigen.

Von mehreren Kommissionsmitgliedern wurde gegen diese Ausführung lebhaft Widerspruch erhoben. Einerseits wurde erklärt, daß die Auffassung des Landtages im Jahre 1878 eine vollständig gerechtfertigte gewesen und zu bedauern sei, daß der Landtag im Jahre 1891 von dieser Anschauung abgewichen sei. Denn bei dem den mediatisirten Familien zustehenden Vorrechte in Bezug auf die Besteuerung könne von einem vollständig titulirten Rechtsanspruch, der abgelöst werden müsse, gar nicht die Rede sein. Andererseits wurde geltend gemacht, daß schon der § 4 des Einkommensteuergesetzes die Aufnahme der beiden Familien als Entschädigungsberechtigter in die gegenwärtige Vorlage ausschließe, weil eben beide Familien zur Zeit des Erlasses des Einkommensteuergesetzes nicht mehr die Personalsteuerfreiheit zu Recht besessen hätten, da diese ihnen durch das Gesetz von 1878 definitiv entzogen worden sei.

Auch der Herr Finanzminister sprach sich gegen den Antrag aus. Die Staatsregierung habe mit Rücksicht auf den § 4 des Einkommensteuergesetzes diese beiden Familien in den Entwurf gar nicht aufnehmen wollen. Es sei aber auch bedenklich, Rechte, welche thatsächlich nicht mehr existiren und durch die Gesetzgebung beseitigt seien, wiederherzustellen, zumal zu fürchten sei, daß eine solche Wiederherstellung die Konsequenz haben könnte, daß nunmehr auch die Familien mit Ansprüchen hervortreten würden, welche, weil sie auf die Personalsteuerfreiheit seiner Zeit verzichtet hätten, im Entwurfe Berücksichtigung nicht hätten finden können.

Von einigen Kommissionsmitgliedern wurde nicht verkannt, daß die beiden im Antrag gedachten Familien seiner Zeit ungerecht behandelt worden seien und sie eigentlich nur durch den zufälligen Umstand, daß damals eine liberale Majorität im Abgeordnetenhause vorhanden gewesen sei, ohne jede Entschädigung ihre Personalsteuerfreiheit verloren hätten, es wurde aber für ungerechtfertigt erachtet, den gegenwärtigen Entwurf nicht auch noch mit diesem Gegenstande zu belasten und darüber der Gefahr der Ablehnung auszusetzen, vielmehr dem Antragsteller anheimgegeben, in einem außerhalb des Rahmens dieses Gesetzes zu stellenden Antrage den beiden Familien gerecht zu werden.

Der Antragsteller zog hierauf seinen Antrag zurück.

Bei der Berathung des Absatzes 2 des § 3 wies der Berichterstatter darauf hin, daß in der von den durch den Entwurf betroffenen Familien eingereichten Denkschrift es als ungerechtfertigt hingestellt worden sei, daß als zu entschädigende Mitglieder nur die unverheiratheten weiblichen ebenbürtigen Descendenten vom Stifter der Familie, sowie die durch Ehen zur rechten Hand mit ebenbürtigen Agnaten in der Familie verbliebenen oder in dieselbe eingetretenen Frauen bezeichnet würden. Die Uebergehung derjenigen verheiratheten Frauen, welche in eine andere ebenbürtige, aber zur Personalsteuerfreiheit nicht berechtigte Familie eingeheirathet hätten, sei eine Verletzung des Deutschen Privatfürstenrechts, nach welchem erlauchte Frauen durch Verheirathung zwar die Standesrechte ihres Gemahls erwerben, daneben aber noch ihr angeerbtes Standesrecht beibehalten.

Er erwähnte ferner einer von dem Prinzen Philipp von Croy Namens seiner Ehefrau, der Prinzessin Adelheid Croy geb. Prinzessin zu Salm-Salm an das Königliche Staatsministerium gerichteten und dem Abgeordnetenhause in Abschrift überreichten Eingabe, in welcher gebeten wird, den Entwurf dahin zu ergänzen, daß auch die Agnatinnen einer standesherrlichen Familie, welche aus derselben durch eine ebenbürtige Heirath ausgeschieden sind, für das ihrer Familie entzogene Privileg der Steuerfreiheit entschädigt werden.

Der Anspruch dieser Agnatinnen, so führte der Berichterstatter aus, erscheine ihm nicht ungerechtfertigt, da sie ja bis jetzt Personalsteuerfreiheit gehabt und deshalb auch nach § 4 des Einkommensteuergesetzes entschädigungsberechtigt seien. Um ihnen gerecht zu werden, stellte er den Antrag, den Absatz 2 des § 3 zu fassen wie folgt:

Als Mitglieder der Familie (Absatz 1) gelten die ebenbürtigen Descendenten vom Stifter der Familie und die in dieselbe eingetretenen Frauen, soweit dieselben nicht auf ihre Standesvorrechte verzichtet haben.

Der Herr Finanzminister hält den Antrag für rechtlich nicht zulässig. Das den mediatisirten Familien zustehende Vorrecht hinsichtlich der Besteuerung sei von der Königlichen Staatsregierung nie als ein Standesvorrecht, sondern als ein von der Angehörigkeit zur Familie abhängiges, persönliches Privilegium angesehen worden; wäre ersteres der Fall gewesen, so würde sich eine Wiederherstellung ihrer Rechte gemäß der Declaration von 1854 nicht haben rechtfertigen lassen; es komme also auch für dieses Privilegium nicht das Privatfürstenrecht, sondern das bürgerliche Recht zur Anwendung, wonach die Frau, welche aus der Familie herausheirathet, nicht mehr zur Familie gehört.

Hierauf wurde der Antrag des Berichterstatters von der Kommission abgelehnt und darauf der § 3 in der durch den zu Absatz 1 angenommenen Antrag veränderten Fassung mit großer Majorität angenommen.

Der § 4

handelt von der Höhe des zu gewährenden Entschädigungskapitals.

Der Berichterstatter führte hier folgendes aus:

Die Königliche Staatsregierung gehe, wie die Begründung S. 24 ergebe, davon aus, daß bei den Bevorrechteten zu gewährende Entschädigung gemäß § 70 Einleitung zum Allgemeinen Landrecht eine hinlängliche sein solle, ferner davon, daß der zu gewährenden Abfindung der Jahreswerth des aufzuhebenden Privilegs zur Zeit der Aufhebung zu Grunde gelegt werden solle.

In beiden Beziehungen könne man der Ansicht der Königlichen Staatsregierung in der Begründung nur beitreten.

Die Königliche Staatsregierung erkläre daselbst aber ferner, daß dieser Jahreswerth in den Einkommensteuerbeträgen für jede betheiligte Familie voll zum Ausdruck komme.

Dies könne nicht für vollkommen zutreffend erachtet werden und zwar deshalb, weil einmal die zur Zeit in einem fremden Bundesstaate beziehungsweise im Auslande lebenden Mitglieder der bevorrechteten Familien mit ihrer Steuer nicht berücksichtigt werden, obwohl auch sie, wenn sie später einmal wieder der Preußischen Besteuerung unterworfen werden, zur Steuer werden herangezogen werden, ferner deshalb, weil bei der Berechnung des der Abfindung zu Grunde zu legenden Steuersatzes die Einkommen aus Gehalt 2c. nicht mit eingerechnet werden sollen, endlich weil die Steuerfreiheit nicht blos die Freiheit von der

Einkommensteuer umfasse, sondern die von allen ordentlichen Personalsteuern, also auch die Freiheit von den kommunalen Zuschlägen zur Einkommensteuer und von etwa später einzuführenden Steuern, auf das fundirte Einkommen oder das Vermögen.

Aber auch wenn die von der Königlichen Staatsregierung vorgeschlagene Berechnung des Jahreswerths des Steuerprivilegs als zutreffend erachtet werden könnte, erscheine die Abfindung im 13½ fachen Betrage, wie sie der Entwurf vorschlage, nicht als eine hinlängliche Entschädigung.

Eine volle Entschädigung nach dem derzeitigen Zinsfuße würde eine 29fache sein.

Eine solche zuzubilligen, sei nun zwar deshalb nicht gerechtfertigt, weil der Vermögenswerth des Privilegs ein veränderlicher sei, sowohl nach seiner Dauer als nach seinem Umfange. Immerhin sei zu erwägen, daß, was das Schwanken in Bezug auf den Umfang angelangt, die Wahrscheinlichkeit dafür spreche, daß das Einkommen der betroffenen Familien in Zukunft nicht abnehmen, sondern steigen werde, und was die Dauer desselben betrifft, mit Rücksicht auf die Gebundenheit der Familie an den standesherrlichen Besitz beinahe ausgeschlossen erscheine, daß die entschädigten Familien und ihre Mitglieder sich dauernd der Preußischen Steuerpflicht entziehen würden.

Die in der Begründung herangezogene Analogie auf § 4 des Gesetzes vom 21. Mai 1861 treffe nicht vollständig zu, da dort auch in ihrem rechtlichen Bestande zweifelhafte Rechte abgelöst worden seien und der damalige Zinsfuß bedeutend höher gewesen sei, als der derzeitige.

Auf Grund dieser Erwägungen beantragt der Berichterstatter, im letzten Absatz zu setzen statt
„dreizehn und ein drittelfache"
„zwanzigfache".

Aus der Kommission wurde von mehreren Seiten diesen Ausführungen beigetreten, die Bevortheilung der zu Entschädigenden aber wesentlich in der Richtung gefunden, daß das Einkommen aus vorübergehenden persönlichen Einnahmen, wie Gehalt, Pension ꝛc., der Berechnung der Abfindung nicht mit zu Grunde gelegt werden solle.

Es wurde ausgeführt, daß doch auch in Zukunft unter den Mitgliedern der entschädigten Familien eine große Anzahl persönliches Einkommen aus Gehalt, Pensionen ꝛc. haben würden und daß, wenn man dieses Einkommen jetzt nicht berücksichtige, ein Theil des Bevorrechteten zustehenden Privilegs nicht mit zur Abfindung komme. Demgemäß wurde beantragt:
Im § 4 Nr. 2
den Buchstaben a)
die Nr. b) und die Klammer (a und b)
zu streichen.

Von anderer Seite wurde dem entgegengehalten, daß ein so veränderliches Einkommen wie das aus persönlichem Gehalt ꝛc. doch unmöglich einen Maßstab für die Berechnung der zu gewährenden Entschädigung abgeben könne.

Eine dritte Meinung ging dahin, daß selbst die von der Königlichen Staatsregierung vorgeschlagene Entschädigung noch bei weitem zu hoch sei. Das Steuervorrecht der mediatisirten Familien hätte ohne jede Entschädigung aufgehoben werden sollen, da es auf öffentlich rechtlichen Titeln beruhe, die mit den Begriffen des modernen Staatswesens sich nicht mehr vereinen ließen; da aber nun einmal durch § 4 des Einkommensteuergesetzes eine Entschädigung beschlossen worden sei, müsse in Bemessung derselben zu niedrig als möglich gegriffen werden. Es erscheine deshalb eine Entschädigung in Höhe des 9,067 fachen, wie sie bei Aufhebung der Grundsteuerfreiheit in den neuen Provinzen festgesetzt worden sei, als ausreichend. Zum mindesten müsse unterschieden werden zwischen den Familien, denen ein besseres Recht zustehe und denen, deren Rechtsanspruch zweifelhaft sei.

Aus diesen Erwägungen heraus wurde der Antrag gestellt,
principaliter
in § 4 Nr. 3 an Stelle der Worte „der 13½ fache Betrag zu setzen „der 9,067 fache Betrag"
und für den Fall der Ablehnung dieses Antrags:
In § 4 Nr. 3 hinter den Worten „als Entschädigung" hinzuzufügen „an die Häupter und Mitglieder der unter Nr. 2—8 und 13 des § 3 aufgeführten Familien gewährt, der 9,067 fache Betrag an die Häupter und Mitglieder der unter Nr. 1 und 9—12 daselbst aufgeführten Familien."

Die große Mehrzahl der Kommissionsmitglieder sprach sich für die Regierungsvorlage aus.

Eine ziffermäßige Grundlage für den Betrag der Entschädigung zu finden, sei äußerst schwer und erscheine deshalb der bereits bei Vorrechten aus öffentlichen Titeln in dem Grundsteuerablösungsgesetze angewandte Betrag des 13½ fachen als der geeignetste. Eine Scheidung zwischen den einzelnen Familien je nach der Güte ihres Rechts zu machen, empfehle sich nicht, da die verschiedene Rechtslage durch Zufälligkeiten in der geschichtlichen Entwickelung geschaffen worden sei.

Der Herr Finanzminister führte die in der Begründung des Entwurfs gekennzeichnete Stellung der Königlichen Staatsregierung in dieser Frage dahin weiter aus:

Auch er erkenne an, daß es eine logisch begründete Rechnung über die Höhe der Entschädigung nicht gebe, man müsse zu einem arbiträren Griff thun und dabei sich an Analogien halten.

Der Satz des 13½ fachen müsse als eine hinlängliche Entschädigung angesehen werden. Gegenüber dem Grundsteuerablösungsgesetze, das für die auf öffentlich-rechtlichen Titeln beruhende Grundsteuerfreiheit gleichfalls den 13½ fachen Betrag zugebilligt habe, erscheine dieser Betrag für den vorliegenden Fall noch hoch. Denn die Befreiung der Grundstücke von der Grundsteuer sei eine ewige gewesen, während es sich hier um ein persönliches Recht handele, das mit dem Aussterben der Familie, eintretender Verschuldung der einzelnen Entschädigten und Verlust der Standesherrschaft seine Kraft und seinen Werth verliere.

Das Recht sei also veränderlich. Wenn jetzt hervorgehoben werde, daß möglicherweise in Zukunft die Personalsteuern eine Erhöhung und Vermehrung erfahren dürften, so müsse dem entgegengehalten werden, daß das Privilegium zur Zeit seiner Entstehung einen viel geringeren Werth gehabt habe, als jetzt zur Zeit seiner Ablösung.

Was den Antrag betreffe, die Nr. b zu streichen, so sei in Rücksicht zu ziehen, daß das Recht der Familie auf Steuerfreiheit entschädigt werden sollte; hierbei könne aber nur das Einkommen herangezogen werden, das aus Vermögen resulvire, alles andere Einkommen sei nicht Familieneinkommen und deshalb als Unterlage für die Entschädigung nicht in Betracht zu ziehen.

Zudem sei zu beachten, daß rechtlich keineswegs unzweifelhaft feststehe, ob auch das Einkommen, das nicht aus dem standesherrlichen Besitz herrühre, an dem Privileg theilnehme.

Allerdings habe die Königliche Staatsregierung von jeher die persönliche Steuerfreiheit der mediatisirten Familien zu Gunsten so interpretirt, nichtsdestoweniger müsse diesem Zweifel an dem vollen Umfange der Steuerfreiheit bei Bemessung der Entschädigung Rechnung getragen werden.

Hierauf werden sämmtliche zum § 4 gestellte Anträge mit großer Majorität abgelehnt und der § 4 in der Fassung der Regierungsvorlage mit den auf S. 2 erwähnten Aenderungen einstimmig angenommen.

Bei § 5

erwähnt der Berichterstatter, daß Seitens der in Betracht kommenden Entschädigungsberechtigten gewünscht werde, daß die Frist, innerhalb welcher die zu entschädigenden Familienmitglieder dem Finanzminister zu bezeichnen seien, gesetzlich fixirt werde.

Nachdem der Herr Finanzminister erklärt, daß die Frist dem Ermessen des Finanzministers gerade im Interesse der zu entschädigenden Familien überlassen worden sei, wird der Paragraph ohne jede weitere Debatte in der Fassung der Regierungsvorlage mit der auf S. 2 erwähnten Aenderung angenommen.

Dasselbe gilt von den §§ 6, 7 und 8.

Schließlich nahm die Kommission den ganzen Gesetzentwurf nebst Ueberschrift und Einleitung nach den im Einzelnen gefaßten Beschlüssen einstimmig an.

Die Kommission beantragt also:

Das Haus der Abgeordneten wolle beschließen:
1. Dem Entwurf eines Gesetzes, betreffend die Aufhebung der Befreiung von ordentlichen Personalsteuern gegen Entschädigung, in der aus der anliegenden Zusammenstellung sich ergebenden Fassung der Kommissionsbeschlüsse die Zustimmung zu ertheilen.
2. Die zu dem Gesetzentwurf eingegangene Petition II Nr. 806 durch die gefaßten Beschlüsse für erledigt zu erklären.

Berlin, den 10. Mai 1892.

Die Budgetkommission.

Francke (Tondern), Vorsitzender. Dr. Hartmann (Lübben), Berichterstatter. Böbiker. v. Buch. v. Czarlinski. Dr. Dürre. Dr. Hammacher. Hoeppner. Freiherr v. Huene. Krebs. v. Kröcher. Dr. Lieber. Graf zu Limburg-Stirum. Lohren. Dr. Meyer (Berlin). v. Neumann. Dr. Sattler. Sperlich. Stengel. v. Tiedemann (Bomst). Dr. Birchow.

Zusammenstellung

des

Entwurfs eines Gesetzes, betreffend die Aufhebung der Befreiung von ordentlichen Personalsteuern gegen Entschädigung, — Nr. 107 und Nr. 176 der Drucksachen — mit den in der **zweiten Berathung** im Plenum des Hauses der Abgeordneten über denselben gefaßten Beschlüssen.

(§ 17 der Geschäftsordnung.)

Regierungsvorlage.	Beschlüsse des Hauses der Abgeordneten.
Entwurf eines Gesetzes, betreffend die Aufhebung der Befreiung von ordentlichen Personalsteuern gegen Entschädigung.	**Entwurf eines Gesetzes,** betreffend die Aufhebung der Befreiung von ordentlichen Personalsteuern gegen Entschädigung.
Wir Wilhelm, von Gottes Gnaden König von Preußen ꝛc. verordnen mit Zustimmung beider Häuser des Landtages Unserer Monarchie was folgt:	**Wir Wilhelm,** von Gottes Gnaden König von Preußen ꝛc. verordnen mit Zustimmung beider Häuser des Landtages Unserer Monarchie was folgt:
§ 1. Die den Häuptern und Mitgliedern der Familien vormals unmittelbarer Deutscher Reichsstände sowie der gleichgestellten Familien noch zustehenden Rechte auf Befreiung von ordentlichen Personalsteuern oder auf Bevorzugung hinsichtlich derselben werden hierdurch aufgehoben. Die im § 4 des Einkommensteuergesetzes vom 24. Juni 1891 (Gesetzsamml. S. 175) vorgesehene Heranziehung der bisher Befreiten und Bevorzugten zur Einkommensteuer erfolgt vom 1. April 1892 ab nach den Vorschriften des angeführten Gesetzes.	§ 1. Die den Häuptern und Mitgliedern der Familien vormals unmittelbarer Deutscher Reichsstände sowie der gleichgestellten Familien noch zustehenden Rechte auf Befreiung von ordentlichen Personalsteuern oder auf Bevorzugung hinsichtlich derselben werden hierdurch aufgehoben. Die im § 4 des Einkommensteuergesetzes vom 24. Juni 1891 (Gesetzsamml. S. 175) vorgesehene Heranziehung der bisher Befreiten und Bevorzugten zur Einkommensteuer erfolgt vom 1. April **1893** ab nach den Vorschriften des angeführten Gesetzes.
§ 2. Für die Aufhebung des Rechts auf Befreiung oder Bevorzugung (§ 1 Abs. 1) wird den berechtigten Familien eine Entschädigung aus der Staatskasse durch einmalige Kapitalsabfindung nach Maßgabe der in den §§ 3 bis 6 folgenden Bestimmungen gewährt.	§ 2. Für die Aufhebung des Rechts auf Befreiung oder Bevorzugung (§ 1 Abs. 1) wird den **Berechtigten** eine Entschädigung aus der Staatskasse durch einmalige Kapitalsabfindung nach Maßgabe der in den §§ 3 bis 6 folgenden Bestimmungen gewährt.

Regierungsvorlage.

§ 3.
Entschädigungsberechtigt sind:
1. der Fürst zu Bentheim-Steinfurt,
2. der Fürst zu Salm-Salm,
3. der Fürst zu Sayn-Wittgenstein-Hohenstein,
4. der Fürst zu Solms-Braunfels,
5. der Fürst zu Solms-Hohensolms-Lich,
6. der Fürst zu Wied,
7. der Graf zu Stolberg-Stolberg,
8. der Graf zu Stolberg-Roßla,
9. der Fürst zu Isenburg-Birstein,
10. der Fürst zu Isenburg-Büdingen in Wächtersbach,
11. der Graf zu Isenburg-Büdingen in Meerholz,
12. der Graf zu Solms-Rödelheim,
  zu 1 bis 12 für ihre Personen und die Mitglieder ihrer Familien,
13. der Fürst zu Stolberg-Wernigerode für seine Person und die am 1. April 1892 in der Grafschaft Wernigerode lebenden Mitglieder seiner Familie.

Als Mitglieder der Familie (Abs. 1) gelten die männlichen und die unverheiratheten weiblichen ebenbürtigen Deszendenten vom Stifter der Familie, soweit dieselben nicht auf ihre Standesvorrechte verzichtet haben, sowie die durch Ehen zur rechten Hand mit ebenbürtigen Agnaten in der Familie verbliebenen oder in dieselbe eingetretenen Frauen.

§ 4.
Die Entschädigung wird für jedes der im § 3 bezeichneten fürstlichen und gräflichen Häuser wie folgt berechnet:
1. Der Berechnung werden zu Grunde gelegt die auf das Familienhaupt sowie auf die bisher befreiten, aber in Gemäßheit der Bestimmung § 1 Abs. 2 vom 1. April 1892 ab zur Einkommensteuer heranzuziehenden Familienmitglieder (§ 3) für das Steuerjahr 1892/93 rechtskräftig veranlagten Einkommensteuersätze.
2. Von den veranlagten Einkommensteuersätzen (zu 1) werden in Abzug gebracht diejenigen Beträge, welche
   a) auf die bereits vor dem 1. April 1892 zur Einkommensteuer herangezogenen Einkommenstheile,
   b) auf das an Gehalt, Pension und ähnlichen Bezügen aus persönlichen Dienstverhältnissen veranlagte Einkommen
nach dem Verhältnisse dieser Einkommenstheile (a und b) zu dem veranlagten Gesammteinkommen des betreffenden Steuerpflichtigen entfallen.
3. Der dreizehn- und ein drittelfache Betrag des nach diesen Abzügen (zu 2) verbleibenden Theiles der für das Jahr 1892/93 rechtskräftig veranlagten Einkommensteuer (zu 1) wird als Entschädigung gewährt.

Beschlüsse des Hauses der Abgeordneten.

§ 3.
Entschädigungsberechtigt sind:
1. der Fürst zu Bentheim-Steinfurt,
2. der Fürst zu Salm-Salm,
3. der Fürst zu Sayn-Wittgenstein-Hohenstein,
4. der Fürst zu Solms-Braunfels,
5. der Fürst zu Solms-Hohensolms-Lich,
6. der Fürst zu Wied,
7. der Graf zu Stolberg-Stolberg,
8. der Graf zu Stolberg-Roßla,
9. der Fürst zu Isenburg-Birstein,
10. der Fürst zu Isenburg-Büdingen in Wächtersbach,
11. der Graf zu Isenburg-Büdingen in Meerholz,
12. der Graf zu Solms-Rödelheim,
  zu 1 bis 12 für ihre Personen und die Mitglieder ihrer Familien,
13. der Fürst zu Stolberg-Wernigerode für seine Person und die am 1. April 1893 in der Grafschaft Wernigerode lebenden Mitglieder seiner Familie; außerdem
14. **diejenigen Häupter und Mitglieder der im § 1 bezeichneten Familien, welche die dort genannten Rechte als ihnen zur Zeit des Erlasses des Einkommensteuergesetzes vom 24. Juni 1891 zustehend im gerichtlichen Verfahren zur Anerkennung gebracht haben oder noch bringen werden.**

Als Mitglieder der Familie (Abs. 1) gelten die männlichen und die unverheiratheten weiblichen ebenbürtigen Deszendenten vom Stifter der Familie, soweit dieselben nicht auf ihre Standesvorrechte verzichtet haben, sowie die durch Ehen zur rechten Hand mit ebenbürtigen Agnaten in der Familie verbliebenen oder in dieselbe eingetretenen Frauen.

§ 4.
Die Entschädigung wird für jedes der im § 3 bezeichneten fürstlichen und gräflichen Häuser wie folgt berechnet:
1. Der Berechnung werden zu Grunde gelegt die auf das Familienhaupt sowie auf die bisher befreiten, aber in Gemäßheit der Bestimmung § 1 Abs. 2 vom 1. April **1893** ab zur Einkommensteuer heranzuziehenden Familienmitglieder (§ 3) für das Steuerjahr **1893/94** rechtskräftig veranlagten Einkommensteuersätze.
2. Von den veranlagten Einkommensteuersätzen (zu 1) werden in Abzug gebracht diejenigen Beträge, welche
   a) auf die bereits vor dem 1. April **1893** zur Einkommensteuer herangezogenen Einkommenstheile,
   b) auf das an Gehalt, Pension und ähnlichen Bezügen aus persönlichen Dienstverhältnissen veranlagte Einkommen
nach dem Verhältnisse dieser Einkommenstheile (a und b) zu dem veranlagten Gesammteinkommen des betreffenden Steuerpflichtigen entfallen.
3. Der dreizehn- und ein drittelfache Betrag des nach diesen Abzügen (zu 2) verbleibenden Theiles der für das Jahr **1893/94** rechtskräftig veranlagten Einkommensteuer (zu 1) wird als Entschädigung gewährt.

Regierungsvorlage.

Beschlüsse des Hauses der Abgeordneten.

§ 5.

Innerhalb der vom Finanzminister zu bestimmenden Frist sind demselben von Seiten der im § 3 genannten Familienhäupter diejenigen Familienmitglieder unter Angabe des Wohnortes zu bezeichnen, deren Einkommensteuersätze gemäß § 4 Nr. 1 bei Berechnung der Entschädigung zu Grunde gelegt werden sollen. Die innerhalb der bestimmten Frist nicht bezeichneten Familienmitglieder bleiben bei der Berechnung außer Betracht.

Für jedes entschädigungsberechtigte Haus (§ 3) wird, nachdem die Veranlagung des Familienhauptes und der bei Berechnung der Entschädigung zu berücksichtigenden Familienmitglieder zur Einkommensteuer für das Jahr 1892/93 rechtskräftig erfolgt ist, die Entschädigung nach den im § 4 angegebenen Grundsätzen durch den Finanzminister in einer Summe festgesetzt.

Auf Antrag eines Familienhauptes ist jedoch die Entschädigung für das Haupt sowie für jedes einzelne gemäß Abs. 1 bezeichnete Mitglied der Familie nach den im § 4 angegebenen Grundsätzen besonders festzusetzen.

Gegen jede Entscheidung des Finanzministers, durch welche ein für ein Familienmitglied erhobener Entschädigungsanspruch (Abs. 3) zurückgewiesen wird, nicht aber wegen des Betrages der festgesetzten oder festzusetzenden Entschädigung findet der Rechtsweg statt. Die Klage ist von dem betheiligten Familienmitgliede binnen einer Frist von drei Monaten, von der Zustellung der abweisenden Entscheidung des Finanzministers an gerechnet, bei dem zuständigen Gerichte einzureichen.

§ 6.

Die Auszahlung der festgesetzten Entschädigung erfolgt im Falle des § 5 Abs. 2 an das Familienhaupt, im Falle des § 5 Abs. 3 an die einzelnen Familienmitglieder, welche an der Entschädigung Theil nehmen.

Im Uebrigen erläßt der Finanzminister die wegen der Auszahlung erforderlichen Bestimmungen.

§ 7.

Der Finanzminister wird ermächtigt, zur Deckung des durch die Auszahlung der Entschädigungen (§ 6) entstehenden Bedürfnisses Staatsschuldverschreibungen auszugeben.

Wann, durch welche Stelle und in welchen Beträgen, zu welchen Zinsfüßen, zu welchen Bedingungen und zu welchen Kursen die Schuldverschreibungen verausgabt werden sollen, bestimmt der Finanzminister.

Im Uebrigen kommen wegen Verwaltung und Tilgung der Anleihe, wegen Annahme derselben als pupillen- und depositalmäßige Sicherheit und wegen Verzinsung der Zinsen die Vorschriften des Gesetzes vom 19. Dezember 1869 (Gesetzsamml. S. 1197) zur Anwendung.

§ 8.

Der Finanzminister wird mit der Ausführung dieses Gesetzes beauftragt.

Urkundlich ꝛc.

Berlin, den 14. Mai 1892.

Der Präsident
v. Köller.

§ 5.

Innerhalb der vom Finanzminister zu bestimmenden Frist sind demselben von Seiten der im § 3 genannten Familienhäupter diejenigen Familienmitglieder unter Angabe des Wohnortes zu bezeichnen, deren Einkommensteuersätze gemäß § 4 Nr. 1 bei Berechnung der Entschädigung zu Grunde gelegt werden sollen. Die innerhalb der bestimmten Frist nicht bezeichneten Familienmitglieder bleiben bei der Berechnung außer Betracht.

Für jedes entschädigungsberechtigte Haus (§ 3) wird, nachdem die Veranlagung des Familienhauptes und der bei Berechnung der Entschädigung zu berücksichtigenden Familienmitglieder zur Einkommensteuer für das Jahr **1893/94** rechtskräftig erfolgt ist, die Entschädigung nach den im § 4 angegebenen Grundsätzen durch den Finanzminister in einer Summe festgesetzt.

Auf Antrag eines Familienhauptes ist jedoch die Entschädigung für das Haupt sowie für jedes einzelne gemäß Abs. 1 bezeichnete Mitglied der Familie nach den im § 4 angegebenen Grundsätzen besonders festzusetzen.

Gegen jede Entscheidung des Finanzministers, durch welche ein für ein Familienmitglied erhobener Entschädigungsanspruch (Abs. 3) zurückgewiesen wird, nicht aber wegen des Betrages der festgesetzten oder festzusetzenden Entschädigung findet der Rechtsweg statt. Die Klage ist von dem betheiligten Familienmitgliede binnen einer Frist von drei Monaten, von der Zustellung der abweisenden Entscheidung des Finanzministers an gerechnet, bei dem zuständigen Gerichte einzureichen.

§ 6.

Unverändert.

§ 7.

Unverändert.

§ 8.

Unverändert.

Beglaubigt:

Die Schriftführer
des Hauses der Abgeordneten.

Barth. Eberhard. Dr. Hartmann (Lübben). Im Walle.
Kolisch. Oljem. Sperlich. Bopellus.

№ 187.

A. Betr. eine Wittwenpension.
B. Betr. Regelung des Gehalts eines Lehrers.

Vierter Bericht

der

Kommission für das Unterrichtswesen über Petitionen.

A.

Berichterstatter:
Abgeordneter Dr. Kropatsched.

Journal II Nr. 264.

Die Wittwe des am 22. Mai 1886 verstorbenen Dr. phil. Paulsen, pensionirten Direktors des Taubstummen-Instituts zu Schleswig, hat sich im Februar d. J. durch die Hand ihrer Tochter mit der Bitte an das Abgeordnetenhaus gewendet, die beigefügten Gesuche um eine Pension, die vom Oberpräsidenten v. Steinmann sowohl wie vom Minister der geistlichen, Unterrichts- und Medizinalangelegenheiten Dr. v. Goßler abschlägig beschieden sind, „einer wohlwollenden Prüfung zu unterziehen und mehr nach dem Gefühle des moralischen, wie des streng juristischen Rechtes" urtheilend bei der Regierung zu befürworten, daß ihr die Wittwenpension vom Tode ihres Mannes an nachgezahlt werde. Bei Feststellung der Pension ihres verstorbenen Mannes sei ferner der Miethswerth der Dienstwohnung nicht berücksichtigt worden. Petentin bittet um Nachzahlung des ihrem Manne vorenthaltenen Theiles seiner Pension.

Ueber diese Petition ward am 1. April b. J. in der Unterrichtskommission verhandelt. Als Vertreter des Ministers der geistlichen, Unterrichts- und Medizinalangelegenheiten war zugegen der Geheime Oberregierungsrath Graf v. Bernstorff.

Aus den zahlreichen, der Petition beigefügten Aktenstücken trug der Referent, Abgeordneter Dr. Kropatsched, Nachstehendes vor.

Der verstorbene Dr. phil. Paulsen ward am 26. April 1833 am Taubstummen-Institut zu Schleswig als Lehrer angestellt, nach zwei Jahren zum „adjungirten" und 1847 zum wirklichen „Vorsteher" der Anstalt ernannt. Er bezog als Gehalt 1600 Rthlr. dänisch = 3600 Mark und befand sich im Genuß einer Dienstwohnung. Wegen seiner Deutschen Gesinnung politisch verdächtig, ward er 1850 auf ein Vierteljahr in der Festung Rendsburg internirt, im April 1863 aber mit Pension entlassen.

Die Kaiserlich Oesterreichische und Königlich Preußische oberste Civilbehörde stellte ihn am 25. März 1865 unter denselben Bedingungen, wie früher, wieder an. Im Juni 1874 ward Dr. Paulsen auf sein Gesuch unter „Anerkennung seiner langen und verdienstlichen Wirksamkeit" pensionirt und zwar wird er in dem Schreiben der Regierung ausdrücklich als „Königlicher Direktor bezeichnet. Die Pension ward auf 800 Thaler = 2400 Mark bemessen.

Am 22. Mai 1886 starb Dr. Paulsen. Seine Wittwe wandte sich mit einem Gesuch um Wittwenpension auf Grund des Dänischen Pensionsgesetzes vom 24. Februar 1858 an die Königliche Regierung zu Schleswig. Diese weist sie nach Benehmen mit dem Landesdirektor — die Taubstummenanstalt war inzwischen provinzial geworden — an das Provinzialschulkollegium und dies beschreibt sie abschlägig, da das Dänische Gesetz auf sie keine Anwendung finden könne. Das mußte Petentin anerkennen, da ihr verstorbener Mann nicht „zu den unter dem Ministerium für die gemeinschaftlichen Angelegenheiten der Dänischen Monarchie fortirenden Beamten", für die jenes Gesetz erlassen ist, gehört habe. Die Frau Dr. Paulsen wandte sich nun an den Oberpräsidenten mit dem Gesuch auf Grund der Allerhöchsten Kabinetsordre vom 6. November 1872 um eine „Gnadenpension". Diese Kabinetsordre ermächtigte die Minister, den Wittwen ehemaliger Schleswig-Holsteinscher Beamten, die „nicht wohlhabend sind", Pensionen nach Maßgabe des genannten Dänischen Gesetzes von 1858 zu bewilligen und zwar sollen bei Prüfung der „Wohlhabenheit" etwaige Kompetenzen aus Leibrenten und Lebensversicherungen außer Berücksichtigung bleiben.

Der Oberpräsident aber wie der Minister v. Goßler haben dieses Gesuch zurückgewiesen, denn wie es in jener Antwort vom 2. April 1887, worauf sich auch der Minister unter dem 6. März 1889 bezieht, heißt, auf die Petentin träfe die Bedingung, an die jene Kabinetsordre vom 1872 die Gnadenpension knüpfe, das nicht wohlhabend" sein, nicht zu, da sie „abgesehen von den außer Berücksichtigung zu lassenden Wittwenpensionen ein baares Kapitalvermögen eine jährliche Zinseinnahme von 1343 Mark beziehe und zugleich ein eigenes Haus mit einem auf 450 Mark veranschlagten Nutzwerth besitze."

Die Petentin giebt über ihre Einkommenverhältnisse Folgendes an:

Zinsen	1343 ℳ
aus einer Copenhagener Wittwenkasse	450 "
aus der Lehrerwittwenkasse des Taubstummeninstituts	120 "
aus der Wittwenkasse des Pestalozzivereins	60 "
Summa....	1973 ℳ

Außerdem „habe" sie ein von ihr selbst bewohntes Haus, für das „einmal 6000 Mark bezahlt worden sind." Diesen Einnahmen stünden aber als Ausgaben gegenüber

Steuern an den Staat	110,70 ℳ
Steuern an die Stadt	195,76 "
Landesbrandkasse	6,41 "
Aachen-Münchener Feuer-Versicherung	7,80 "
Für ihren Enkel, der Steuersupernumerar ist, monatlich 75 ℳ...	900 "
Summa....	1220,07 ℳ

272*

Von ihren Kindern leben 4 Töchter am Leben. Zwei davon sind verheirathet, eine lebt bei ihr, eine als Gesellschafterin außerhalb des Hauses.

Auf Grund dieser Darlegungen rechnet sich Petentin im Gegensatz zur Entscheidung des Oberpräsidenten und des Ministers nicht zu den „wohlhabenden" Wittwen im Sinne der Kabinetsordre von 1872. Sie weist unter Nennung von Namen darauf hin, wie andere Schleswig-Holsteinische Beamtenwittwen, die zum Theil in wesentlich besseren Verhältnissen als sie lebten, auf Grund jener Kabinetsordre „Gnadenpensionen" erhalten hätten.

Was den zweiten Punkt, die wegen Außerachtlassung des Miethswerthes der Dienstwohnung zu gering bemessene Pension ihres verstorbenen Mannes angeht, so schätzt Petentin den Miethswerth auf ⅕ des Gehaltes, also auf 750 Mark und wünscht Nachzahlung für die Jahre von der Pensionirung ihres Mannes (1874) bis zu seinem Tode (1886).

Der Referent bemerkte seinerseits: Von einem rechtlichen Anspruch der Petentin auf Wittwenpension könne nicht die Rede sein. Das Dänische Gesetz von 1858 finde auf sie keine Anwendung, ebenso wenig das Preußische Gesetz vom 20. Mai 1882. Als dies in Kraft trat, war der Dr. Paulsen bereits pensionirt. Nach § 1 dieses Gesetzes wäre er, soweit Referent dies zu übersehen vermag, zwar verpflichtet gewesen, die Wittwen- und Waisengeldbeiträge zur Staatskasse zu entrichten. Es ist dies aber nicht geschehen, und die Wittwe erkennt selbst rückhaltlos an, daß sie keine Rechtsansprüche auf eine staatliche Wittwenpension erheben kann.

Die Entscheidung liege einfach darin, ob Petentin im Sinne der Kabinetsordre von 1872 als „wohlhabend" anzusehen sei, oder nicht.

Nun ist es dem Referenten zwar nicht klar, wie Petentin aus einer Dänischen Wittwenkasse Pension beziehen könne, doch sei dies für die Entscheidung irrelevant, da der Oberpräsident diese und die anderen „Wittwenpensionen" mit Rücksicht auf die Bestimmungen der Kabinetsordre von 1872 unberücksichtigt gelassen hat und nur annimmt, eine Wittwe mit eigenem Haus und 1 343 Mark Kapitalzinsen könne nicht zu den „nicht wohlhabenden" im Sinne jener Kabinetsordre gerechnet werden.

Der Referent ist geneigt, in Hinblick auf die Lage der meisten Beamtenwittwen ähnlicher Kategorie, ihm darin beizupflichten. Die von der Petentin als Gegenrechnung aufgeführten „Ausgaben" könnten für die Entscheidung nicht ins Gewicht fallen. Er nehme aus an, daß der Oberpräsident, bei dem, wie aus den Anlagen hervorgeht, auch von anderer Seite die Bitte der Petentin unterstützt sei, diese gewiß in wohlwollendem Sinne geprüft habe. Sei er trotzdem bei seiner Kenntniß der Verhältnisse zur Ablehnung gekommen, so könne er, der Referent, eine gegentheilige Beurtheilung des Falles nicht begründen. Er sei daher geneigt, für das Hauptpetitum den Uebergang zur Tagesordnung zu empfehlen, doch sei es für ihn von Interesse zu erfahren, ob die Behauptung der Petentin, daß besser situirte Wittwen auf Grund der Kabinetsordre von 1872 Pensionen bezögen, zutreffend sei.

Was die zweite Frage, die der zu gering bemessenen Pension betrifft, so ist es dem Referenten allerdings nicht verständlich, weshalb die Dienstwohnung bei Festsetzung der Pension des Dr. Paulsen im Jahre 1874 außer Acht gelassen ist. Im Pensionsgesetz vom 27. März 1872, das nach § 6 ausdrücklich auf die Lehrer an Taubstummenanstalten Anwendung findet, heißt es zwar im § 10, daß

„feststehende Dienstemolumente, namentlich freie Dienstwohnung — nur in so weit (bei der Pensionirung) zur Anrechnung kommen, als ihr Werth in den Besoldungsetats auf die Geldbesoldung des Beamten in Rechnung gestellt, oder zu einem bestimmten Geldbetrage anrechnungsfähig bezeichnet ist."

Ob und wie weit dies für den verstorbenen Dr. Paulsen zutrifft, stehe dahin, denn das spätere Gesetz vom 12. Mai 1873 betreffend die Gewährung von Wohnungsgeldzuschüssen, setzte im § 6 fest, daß der durchschnittliche Wohnungsgeldzuschuß für die Servisklassen I bis V bei der Pensionirung auch für diejenigen Beamten in Anrechnung gebracht werden soll, die eine Dienstwohnung haben. Referent wünschte, ehe er einen Antrag stellt, erst Aufklärung darüber, aus welchen Gründen dem Dr. Paulsen die Dienstwohnung nicht bei der Pensionirung mitberechnet sei. Er bemerkte aber schon jetzt, daß die Annahme der Petentin, diese hätte mit 750 Mark geschehen müssen, ganz willkürlich ist.

Der Regierungskommissar beruft sich zur Entscheidung der Frage, ob die Wittwe Paulsen im Sinne der Kabinetsordre von 1872 als „wohlhabend" anzusehen sei, auf die Feststellungen des Oberpräsidenten, deren Richtigkeit Petentin anerkannt habe.

Im Vergleich mit der Lage anderer Beamtenwittwen sei Petentin garnicht als „nicht wohlhabend" zu erachten.

Was die Klage betr. Feststellung der Pension angehe, so sei dem Unterrichtsministerium darüber nichts bekannt, Petentin habe in Bezug hierauf noch nicht sich beklagt, der Instanzenzug sei daher nicht erschöpft; der Dr. Paulsen selbst habe während der 12 Jahre, die er nach seiner Pensionirung noch gelebt habe, keinen Einwand gegen deren Festsetzung erhoben. Der Regierungskommissar bittet daher über beide Petita zur Tagesordnung überzugehen.

Diesem gegenüber tritt der auf seinen Wunsch zu den Verhandlungen zugezogene Abgeordnete Christophersen entschieden für die Petition ein: Sehe man von den Einnahmen ab, die anerkanntermaßen nach der Kabinetsordre von 1872 nicht berücksichtigt werden sollten, so hätte sie nur die rechtseitige Einnahmen von 1 343 Mark und könne daher unmöglich als „wohlhabend" angesehen werden, um so weniger, als das Haus, in dem sie wohne, nicht ihr, sondern den Töchtern gehöre. Da könne auch er bestätigen, daß andere, mindestens ebenso gut situirte Beamtenwittwen die Gnadenpension erhielten.

Von einem Mitgliede der Kommission wurde beantragt, die Petition der Königlichen Staatsregierung zur Berücksichtigung zu überweisen, und zur Begründung dieses Antrages Folgendes angeführt:

Das Dänische Gesetz vom 24. Februar 1858 gewährte den Beamtenwittwen eine Pension, deren Höhe sich nach der Dienstzeit des verstorbenen Mannes bestimmte, von dem festen Gehalt desselben erhielt die Wittwe den achten Theil. Das Gesetz war nur erlassen für die unter den sogenannten gemeinschaftlichen Ministerien stehenden Beamten (Finanzen einschließlich Zoll und Post, Kriegs- und auswärtiges Ministerium); es wurde aber auf die anderen Ressorts (Inneres, Justiz, Kultus ꝛc.), die zusammen für Schleswig und für Holstein-Lauenburg je einem besonderen Ministerium unterstellt waren, thatsächlich angewendet, und zwar, soviel bekannt, ohne Ausnahme. Bei der Vereinigung Schleswig-Holsteins mit Preußen erging zu Gunsten derjenigen Beamtenwittwen, deren Ehen unter jener Gesetzgebung geschlossen waren, die allerhöchste Resolution vom 6. November 1872, durch welche die fernere Anwendung des Gesetzes vom 24. Februar 1858 zugesagt wurde; wohlhabende Wittwen wurden ausgenommen, jedoch wurde bestimmt, daß bei Prüfung der Frage, ob eine Wittwe wohlhabend sei, die Bezüge aus Lebensversicherungen nicht mit in Betracht zu ziehen seien.

Hiernach müssen bei der Prüfung des vorliegenden Falles die 450 Mark, welche die Bittstellerin jährlich aus der Kopenhagener Anstalt bezieht, außer Betracht bleiben. Zur Dänischen Zeit wurden die Beamten zum Theil angehalten, sich in derartige Anstalten einzukaufen; gerade dieser Fall, der bei den in jener Zeit geschlossenen Ehen der regelmäßige war, hat die allerhöchste Resolution vom 6. November 1872 mit dem Ausdruck „Lebensversicherung" vorzugsweise treffen wollen.

Aber selbst mit Hinzurechnung dieser 450 Mark kann die Wittwe Paulsen nicht als eine solche angesehen werden, auf welche die Bezeichnung „wohlhabend" in dem Sinne Anwendung findet, wie die allerhöchste Resolution sie gemeint hat. Es haben damit keineswegs alle die Wittwen ausgeschlossen werden sollen, von denen man sagen kann, daß sie „nicht arm" sind, sondern nur diejenigen, die sich ohnehin eines reichlichen Einkommens erfreuen. So ist die Resolution bisher angewendet worden, und es würde nicht schwer sein, dies an mehreren Beispielen, namentlich von Beamtenwittwen aus dem Justizressort, dem der Antragsteller angehört, zu zeigen. Eines kann sogleich angeführt werden; noch in diesem Jahre hat die Wittwe des Kreisgerichtsdirektors a. D. Geheimen Justizraths Bong-Schmidt in Flensburg eine jährliche Pension auf Grund des Erlasses vom 6. November 1872 erhalten, obwohl ihre Einnahmen denen der Wittwe Paulsen mindestens nicht nachstehen. Sollte Letztere jetzt leer ausgehen, so würde nicht verschiedenem Maße gemessen.

Beiläufig wird noch bemerkt, daß wenigstens für das Justizressort nach Erlaß des Reliktengesetzes von 1882 die fortdauernde Geltung der Resolution vom 6. November 1872 ausgesprochen worden ist, mit der Maßgabe, daß die nach jenem Gesetze den Wittwen zufließenden Einnahmen zwar für die Frage der Wohlhabenheit nicht außer Betracht zu lassen sind, diese Frage aber in jedem einzelnen Falle wohlwollend geprüft werden soll.

Anlangend die Höhe der dem verstorbenen Direktor Paulsen zustehenden Pension, so ist dieselbe offenbar auf Grund der bis zur Vereinigung Schleswig-Holsteins mit Preußen in Geltung gewesenen Bestimmungen pensionirt worden, deren Anwendung bei Einführung der Preußischen Vorschriften für diejenigen Beamten freigelassen wurde, welche damals schon eine höhere Pension, als die ihnen nach diesen Vorschriften zukommende, erdient hatten. Paulsen zählte damals bereits mehr als 30 Dienstjahre und hatte damit das Maximum des Pensionsanspruch nach jenen früheren Bestimmungen (zwei Drittel) erreicht. Bei Berechnung dieser zwei Drittel hätte aber der Werth der Dienstwohnung mit berücksichtigt werden sollen, was nicht geschehen ist. Der Antrag der Bittstellerin erscheint daher auch in diesem Theile begründet.

Der Referent hält zwar daran fest, daß die Lage der verwittweten Frau Dr. Paulsen thatsächlich eine immerhin erträgliche sei, wenn man sie mit der zahlreicher Beamtenwittwen ähnlicher Art vergleicht. Es scheine aber nach den eben gehörten Ausführungen, daß in der That die verschiedenen Ressorts bei der Auslegung der Kabinetsordre von 1872 sehr ungleich verfahren. Das müsse allerdings zu Klagen führen. Die Angelegenheit der unzureichenden Pensionsfeststellung der Dr. Paulsen sei noch garnicht aufgeklärt. Beide Wünsche ihren Weiterres der Staatsregierung zur Berücksichtigung zu überweisen, scheine ihm zu weitgehend, während eine erneute und zwar wohlwollende Prüfung der Verhältnisse ihm am Platze zu sein scheine. Er beantrage daher, die Petition der Staatsregierung zur Erwägung zu überweisen.

Dieser Antrag ward, nachdem der weitergehende, die Petition zur Berücksichtigung zu überweisen, abgelehnt war, — angenommen.

Die Kommission beantragt daher:

Das Haus der Abgeordneten wolle beschließen:
Die Petition II Nr. 254 der Königlichen Staatsregierung zur Erwägung zu überweisen.

B.

Berichterstatter
Abgeordneter Krah.

Journal II Nr. 122.

Der erste Lehrer und Organist Claussen in Krummendiek bittet um Gehaltsregelung resp. um Aus- und Nachzahlung der entzogenen Dienstlandsentschädigung; er beantragt,

das Hohe Haus wolle dahin wirken, daß er sowohl für die Zukunft als für die Vergangenheit entschädigt werde mit der Summe, um die er mindestens geschädigt sei.

Der Bittsteller ist seit Januar 1875 in Krummendiek (Kreis Steinburg, Provinz Schleswig-Holstein) als erster Lehrer, Organist und Küster angestellt. Bei seiner Anstellung war ihm vom Schulkollegium mitgetheilt, das Dienstland sei mit Genehmigung der Regierung von der Schulgemeinde verpachtet, wofür diese dem Lehrer jährlich 451,60 Mark zu zahlen habe. Im Jahre 1876 erfuhr er, daß die Gemeinde der Regierung den Werth des Landes auf 384 Mark jährlich angegeben und dasselbe für 525 Mark jährlich verpachtet habe; einschließlich dessen, was die Bearbeitung kosten würde – diese hat nämlich dort, wenn der Lehrer selbst das Dienstland nutzt, die Gemeinde zu leisten – schätzt der Petent den Nutzen der Verpachtung für die Gemeinde auf jährlich mindestens 646 Mark. Er wandte sich nun an die Regierung, welche unter dem 16. Februar 1875 die Verpachtung genehmigt und angeordnet hatte, daß dem Lehrer die Hälfte dessen zu zahlen sei, was die Gemeinde mehr als 384 Mark jährlich durch die Verpachtung erziele. Die Regierung gewährte ihm aber nicht die ganze ihm hiernach zukommende Summe, setzte auch die gewährte hernach (7. Februar 1877) noch weiter herab, sodaß er außer jenen 451,60 Mark nur noch 37,75 Mark erhielt. Auch diese 37,75 Mark wurden ihm seit 1887, obgleich von der Regierung für pensionsfähig erklärt, entzogen.

Im Jahre 1887 stellte sich heraus, daß das fragliche Dienstland nicht der Schule, sondern der Kirche gehöre, der Bittsteller also in seiner Eigenschaft als Organist und Küster Nutznießer desselben sei. Ohne ihn zu fragen, einigten sich die Kirchen- und die Schulgemeinde dahin, daß erstere Eigenthümerin bleiben, letztere Nutznießerin sein sollte. Er protestirte hiergegen bei der Regierung, aber erfolglos, indem diese irriger Weise annahm, die Sache sei schon vor seiner Anstellung geregelt, sie sei unwiderruflich geregelt — während doch, wie oben bemerkt, drei Mal daran geändert war —, und das Kirchenamt sei mit dem Schulamt organisch verbunden, während er doch zwei Bestallungen habe, von zwei verschiedenen Behörden. Er beschwerte sich beim Kultusministerium, welches ihn zurückwies, aber aus einem ganz anderen Grunde, nämlich, weil die betreffende Balanzanzeige die Einnahme nur auf 1335 Mark jährlich angegeben habe und er daher ein Mehr nicht beanspruchen könne.

Da die Balanzanzeige des Küsteramts nicht erwähnt hatte, so bat er nun um Entschädigung für dieses, resp. Entlastung von demselben. Hierauf beschied ihn das Kultusministerium abschläglich mit Hinweis auf seine Bestallung.

Die Bescheide liegen vor.

Schon einmal hat sich der Bittsteller an das Abgeordnetenhaus gewandt, das aber am 10. Juni 1890 Uebergang zur Tagesordnung beschlossen hat. Er weist dem gegenüber jetzt noch darauf hin:

1. die Verfügungen der Bezirksregierung seien erfolgt auf Ansuchen einer nicht berechtigten Vertretung, des Schulkollegiums, und auf Grund von Angaben derselben, welche nicht der Wirklichkeit entsprachen;
2. die Verfügungen seien nach seiner Wahl, ja sogar nach seiner Anstellung erfolgt;
3. er sei als Nutznießer eingesetzt durch Bestallung und Kircheninventar, und doch habe man ihn nicht bei den Abänderungen befragt.

Insbesondere gegen die damaligen Anführungen des Regierungskommissars macht der Bittsteller folgendes geltend:

Der Kommissar habe erwähnt, daß 3 ha des schwersten Marschbodens den Lehrer in seinem Berufe stören könnten, habe aber nicht gesagt, daß das Land nur zur Grasung und Heugewinnung verwendet werde, daß also, da der Gemeinde die süße Bearbeitung obliege, der Lehrer nur die Milch und das Heu zu verwerthen habe. Der Kommissar habe ferner erwähnt, daß in der mutzgebenden Balanzanzeige aus Versehen des Küsteramtes nicht gedacht, in einer früheren Anzeige dies geschehen sei; er habe aber nicht gesagt, daß die erste Anzeige keine genügenden Bewerber angelockt habe, sondern erst die zweite mit jenem Versehen erlassene. Uebrigens seien in westlichen Theile Schleswig-Holsteins, wenn mehrere Lehrer am Ort, die Kirchenämter meistens getrennt. — Der Kommissar habe endlich erwähnt, daß für diese Stelle, die außer Wohnung und Feuerung jährlich 1335 Mark eintrage, eine gut dotirte sei. Aber in Schleswig-Holstein solle der erste Lehrer einer dreiklassigen Schule mindestens 1200 Mark, und für die Mitverwaltung eines Kirchenamts 150 Mark haben; jene Einnahme bleibe also noch um 15 Mark unter dem Minimum.

Er sei durch die Entziehung des wirklichen Werthes seines Dienstlandes bisher um 3064 Mark geschädigt, und werde noch jährlich um mindestens 200 Mark geschädigt. Dabei lege er einen Werth des Dienstlandes zu Grunde, den es für ihn bei eigener Nutzung haben würde; er könnte dann 3 Milchkühe halten, deren Ertrag nach den dortigen Verhältnissen sich auf je 300 Mark jährlich belaufen würde.

Die Petition wurde von der Unterrichtskommission in der Sitzung vom 5. Mai 1892 verhandelt. Als Kommissar des Unterrichtsministeriums war der Geheime Oberregierungsrath v. Bremen zugegen.

Der Berichterstatter trug den oben referirten Sachverhalt vor und führte im Anschluß daran aus, daß er die Beschwerden des Bittstellers im Wesentlichen als begründet anerkennen müsse. Die Richtigkeit der vorgebrachten Thatsachen stehe außer Zweifel, um so mehr, als bereits in der gleichen Petition vom Jahre 1890 der Hauptsache nach dasselbe vorgetragen und auch regierungsseitig nicht bestritten worden sei. Dornach aber liege klar zu Tage, daß der Ertrag des Dienstlandes nicht zu voll dem Bittsteller, sondern zu einem Theil der Schulgemeinde zu Gute gekommen sei; das sei nicht in der Ordnung und lasse sich namentlich nicht dadurch rechtfertigen, daß der Bittsteller auch so auf diejenige Gesammteinnahme komme, welche die Balanzanzeige angegeben habe; wenn Dienstland zu einer Lehrer- oder Organistenstelle gehöre, so müsse der Inhaber auch den vollen Ertrag davon bekommen, und es mache kein Unterschied, ob etwa bei der Balanzanzeige ein geringerer Ertrag als der wirkliche angenommen sei. Die Anordnung der Regierung, daß von dem, was das Dienstland mehr als 384 Mark einbringe, der Bittsteller nur die Hälfte erhalten solle, sei erst nach seinem Amtsantritt ergangen. Aber auch, wenn man diese Anordnung als maßgebend ansehen wollte, sei dem Bittsteller nicht das zu Theil geworden, was er darnach hätte beanspruchen können.

Der Regierungskommissar bemerkte dagegen:

Der Anspruch des Petenten sei weder billig noch rechtlich begründet. Vor der Berufung desselben 1874 habe die Schulgemeinde unter Billigung der Aufsichtsbehörde beschlossen, das Schulland selbst zu übernehmen und dem Lehrer dafür eine Vergütung von 451 Mark 50 Pf. zu zahlen. Wenn auch im allgemeinen den Lehrern die Nutznießung des zur Stelle gehörigen Landes überlassen werde, so können sich doch nach den persönlichen oder örtlichen Verhältnissen Gründe für eine anderweitige Regelung denken. Welche Gründe hier vorgelegen haben, könne dahingestellt bleiben, denn der Lehrer habe seiner Zeit trotz der Kenntniß von dieser Maßregel die Stelle angenommen; in der Balanzanzeige werde der Einkommensposition jener Betrag als Entschädigung für das Dienstland angegeben. Dieser Betrag ist angemessen normirt. Er war vor dem Amtsantritt des Lehrers nur auf 384 Mark berechnet. Verpachtet ist das Land von 1875—1887 um 525 Mark, von 1887—1890 um 460 Mark. Die Gemeinde hat sich beim Dienstantritt des Petenten sogar noch bereit erklärt, dem Petenten von dem Pachterlös die Hälfte des Ueberschusses über jene 451,50 Mark zu zahlen. Dies ist 1876 nach mehrfachen Verhandlungen festgestellt und erschien angemessen, um einerseits die Gemeinde für ihr Risiko zu entschädigen, falls die Verpachtung hinter jener Summe bleibt, andererseits den Lehrer an einem besonders günstigen Pachtsumme zu betheiligen. Nach diesem Abkommen ist seitdem verfahren und länger als zwölf Jahre ohne Widerspruch gelebt. Der Lehrer hat stets die Hälfte des Ueberschusses über jene 451,50 Mark, also mehr erhalten als er nach der Balanzanzeige hoffen konnte. Es liegt kein Grund vor, jetzt nachträglich die Rechtsgültigkeit oder Billigkeit dieser Regelung anzufechten.

Von dem Berichterstatter wurde dann beantragt, die Petition der Königlichen Staatsregierung zur Erwägung zu überweisen. Derselbe erklärte, prinzipiell an der Auffassung festhalten zu müssen, welcher er bereits in der Plenarsitzung des Hauses vom 10. Juni 1890 Ausdruck gegeben hatte, daß nämlich das Dienstland in der Regel dem Stelleninhaber zur eigenen Nutzung zu überlassen sei. Warum dies im vorliegenden Falle nicht geschehen, sei nicht klargestellt worden. Das Dienstland sei ein sehr wichtiges Emolument solcher Aemter, zumal auf dem Lande in Schleswig-Holstein, wo es mit der Bearbeitung durch die Gemeinde vielfach gerade den Theil der Bezüge liefere, welcher die Stelle zu einer guten mache. Von einer Störung in der Berufsthätigkeit des Lehrers könne schon jener freien Bearbeitung wegen kaum die Rede sein, am wenigsten, wenn es sich, wie hier, lediglich um Gras- und Weideland handele. Schon aus diesem Gesichtspunkt empfehle sich die Ueberweisung zur Erwägung, nämlich dahin, ob nicht baldmöglichst, bezw. nach Ablauf der jetzigen Pacht, die eigene Nutzung des Bittstellers einzutreten habe. So lange aber das Dienstland verpachtet bleibe, sollte doch dem Stelleninhaber der volle Ertrag zufließen; dasselbe der Gemeinde zu überlassen, damit diese einen antheiligen Gewinn ziehe oder eine Spekulation mache, sei mindestens sehr unbillig. Und wollte man dies für zulässig halten, so sei die Berechnung der Antheile nicht richtig nach der Norm erfolgt, welche die Bezirksregierung festgesetzt habe. Denn zweifellos müsse dabei auch der Werth der zu Gunsten der Gemeinde ersparten freien Bearbeitung in Betracht gezogen werden.

Die heutige Angabe des Regierungskommissars, daß der Pachtpreis seit 1887 ein niedrigerer sei (460 Mark), bringe allerdings thatsächlich etwas Neues, rechtfertige aber auch nicht die geschehene Festsetzung der Zuschußsumme, bezw. deren gänzliche Entziehung seit 1887, — und zwar schon darum nicht, weil eben die freie Bearbeitung außer Acht gelassen sei. Das Gleiche gelte hinsichtlich der Bemerkung des Kommissars, nach welcher die Hälfte des Ueberschusses über 451,80 Mark — nicht, wie Petent behauptet, über 384 Mark — zu gewähren sei. Auch mit Rücksicht auf diese Unklarheiten sei der Antrag auf Erwägung am Platze.

Von einem Mitgliede der Kommission wurde dagegen im wesentlichen Anschluß an das von dem Regierungskommissar Gesagte der Uebergang zur Tagesordnung empfohlen. Aus der Mitte der Kommission wurde dieser Antrag von einer Seite unterstützt, während von anderer Seite der Antrag auf Erwägung aus Billigkeitsgründen befürwortet wurde.

Der Antrag auf Tagesordnung, welcher als der weitestgehende zuerst zur Abstimmung gelangte, wurde mit 8 gegen 4 Stimmen angenommen, womit der Antrag des Referenten gefallen war.

Die Kommission empfiehlt demgemäß dem Hause der Abgeordneten:

über die Petition II Nr. 122 zur Tagesordnung überzugehen.

Berlin, den 9. Mai 1892.

Die Kommission für das Unterrichtswesen.

Freiherr v. Plettenberg-Mehrum, Vorsitzender. Dr. Arendt. Dr. Bachem. v. Baumbach. Dr. Gerlich. Grimm (Wiesbaden). Hasse. Dr. Otto Hermes. Dr. Köhler (Trier). v. Köllichen. Kreb. Krebs. Dr. Kropatschek. Dr. Langerhans. v. Schenckendorff. Schmelzer. Schröder. v. d. Schulenburg. Seyffardt (Magdeburg). Wörmbcke. Zaruba.

№ 188.

Auf die Tagesordnung einer der nächsten Plenarsitzungen werden gesetzt werden:

I.

Mündlicher Bericht der Kommission für Petitionen über die Petition des Eisenbahnbüreaublatts Kimmeyer in Witten — II Nr. 603 —, in welcher beantragt wird, dem Allerhöchsten Erlaß vom 19. Dezember 1891, betreffend Anrechnung der Militärdienstzeit auf die Civildienstzeit, rückwirkende Kraft bezüglich aller jetzigen außeretatsmäßigen Beamten beizulegen.

Berichterstatter: Abgeordneter v. Veltheim.

Antrag der Petitionskommission:

Das Haus der Abgeordneten wolle beschließen:
Ueber die Petition II Nr. 563 zur Tagesordnung überzugehen.

II.

Mündlicher Bericht der Kommission für Petitionen über die Petition der Gemeindevertretung von Broich-Speldorf — II Nr. 759 — um Errichtung einer Apotheke daselbst.

Berichterstatter: Abgeordneter Jerusalem.

Antrag der Petitionskommission:

Das Haus der Abgeordneten wolle beschließen:
Die Petition II Nr. 759 der Königlichen Staatsregierung zur Berücksichtigung zu überweisen.

III.

Mündlicher Bericht der Kommission für Petitionen über die Petition von Hölzermann in Neubrück — II Nr. 798 — um Entschädigung dafür, daß sein Mastenkrahn am Werchensee durch Erbauung des Oder-Spreekanals entwerthet ist.

Berichterstatter: Abgeordneter Jürgensen.

Antrag der Petitionskommission:

Das Haus der Abgeordneten wolle beschließen:
Ueber die Petition II Nr. 798 zur Tagesordnung überzugehen.

IV.

Mündlicher Bericht der Kommission für die Agrarverhältnisse über die Petition der Grundbesitzer Hansen und Genossen in Neiß und anderen Orten des Kreises Sonderburg — II Nr. 85 — um Uebernahme eines Theils der von ihnen an verschiedene kirchliche Stellen zu entrichtenden Haferabgaben auf die Staatskasse.

Berichterstatter: Abgeordneter Brandenburg.

Antrag der Agrarkommission:
> Das Haus der Abgeordneten wolle beschließen:
> Ueber die Petition II Nr. 85 zur Tagesordnung überzugehen.

V.

Mündlicher Bericht der Kommission für die Agrarverhältnisse über die Petition von Rohloff und Gen. in Lobbe — II Nr. 757 —, in welcher beantragt wird, das Domänenvorwerk Lobbe oder 30 Hektar Acker und Wiesen desselben als Rentengutsbesitzungen zu vergeben.

Berichterstatter: Abgeordneter Rasch.

Antrag der Agrarkommission:
> Das Haus der Abgeordneten wolle beschließen:
> Ueber die Petition II. Nr. 757 zur Tagesordnung überzugehen.

VI.

Mündlicher Bericht der Kommission für das Unterrichtswesen über die Petition von Schlick und Genossen in Hülinghausen und Umgegend — II Nr. 429 — um Einrichtung einer Volksschule im Dorfe Hülinghausen und nicht in Abe.

Berichterstatter: Abgeordneter v. Kölichen.

Antrag der Unterrichtskommission:
> Das Haus der Abgeordneten wolle beschließen:
> Ueber die Petition II Nr. 429 zur Tagesordnung überzugehen.

VII.

Mündlicher Bericht der Kommission für das Unterrichtswesen über die Petition der Lehrer Namislo und Genossen in Beuthen u. a. O. — II. Nr. 748 — um Abänderung des Gesetzes vom 6. Juli 1885, betreffend die Pensionirung der Lehrer und Lehrerinnen an den öffentlichen Volksschulen.

Berichterstatter: Abgeordneter Dr. Langerhans.

Antrag der Unterrichtskommission:
> Das Haus der Abgeordneten wolle beschließen:
> Ueber die Petition II Nr. 748 zur Tagesordnung überzugehen.

VIII.

Mündlicher Bericht der Budgetkommission über die Petition des Landgerichtssekretärs Bernards in Köln — II Nr. 69 — um Bewilligung einer Theuerungszulage für die in Köln wohnenden Staatsbeamten.

Berichterstatter: Abgeordneter Dr. Dürre.

Antrag der Budgetkommission:
> Das Haus der Abgeordneten wolle beschließen:
> Die Petition II Nr. 69 der Königlichen Staatsregierung als Material zu überweisen.

IX.

Mündlicher Bericht der Budgetkommission über die Petition des Bergmannes Kelter in Altenkessel — II Nr. 270 —, in welcher beantragt wird, die jetzigen Regeln für Gewährung staatlicher Prämien an Berg- und Hüttenleute, welche in der Nähe von Staatswerken sich Wohnhäuser bauen, in näher angegebener Weise abzuändern.

Berichterstatter: Abgeordneter Stengel.

Antrag der Budgetkommission:
> Das Haus der Abgeordneten wolle beschließen:
> Die Petition II Nr. 270 der Königlichen Staatsregierung zur Erwägung zu überweisen, ob die Verloosung der Bauprämien und zu Bauzwecken bewilligten unverzinslichen Darlehen nicht anstatt im Frühjahr bereits im vorhergehenden Herbst vorgenommen werden kann.

X.

Mündlicher Bericht der Budgetkommission über die Petition des Direktors der Handwerker- und Kunstgewerbeschule Lachner in Hannover — II Nr. 406 — um Erhöhung der Ausgabesummen des Etats für gewerbliches Schulwesen; über die Petitionen von Götsche und Genossen, des Vorstandes der Innung „Bauhütte" und des Vorstandes der Malerinnung in Itzehoe — II Nr. 6691—3 um Erhöhung des Staatszuschusses für Fortbildungsschulen.

Berichterstatter: Abgeordneter v. Neumann.

Antrag der Budgetkommission:
> Das Haus der Abgeordneten wolle beschließen:
> Die Petitionen II Nr. 406 und 6691—3 der Königlichen Staatsregierung als Material zu überweisen.

XI.

Mündlicher Bericht der Budgetkommission über die Petition des Forstamtssekretärs Haus in Kullick — II Nr. 796 — um Verleihung der Anstellungsberechtigung an die forstlichen Privatsekretäre nach 10- bis 12 jähriger Beschäftigung im Königlichen Forstdienste.

Berichterstatter: Abgeordneter v. Kröcher.

Antrag der Budgetkommission:
> Das Haus der Abgeordneten wolle beschließen:
> Ueber die Petition II Nr. 796 zur Tagesordnung überzugehen.

XII.

Mündlicher Bericht der Budgetkommission über die Petition des Pfarrers Hülsmann in Niederhabamar — II Nr. 873 — um Nachzahlung des ihm vom 1. April 1890 bewilligten Staatszuschusses zu seinem Gehalt auf die vorherigen drei Jahre.

Berichterstatter: Abgeordneter Hoeppner.

Antrag der Budgetkommission:

Das Haus der Abgeordneten wolle beschließen: Ueber die Petition II Nr. 873 zur Tagesordnung überzugehen.

Berlin, den 14. Mai 1892.

Der Präsident des Hauses der Abgeordneten.

v. Köller.

№ 189.

Auf die Tagesordnung einer der nächsten Plenarsitzungen werden gesetzt werden:

die unten näher bezeichneten Petitionen, welche von den Kommissionen als zur Erörterung im Plenum nicht geeignet erachtet, zur Einsicht im Büreau niedergelegt sind.

Berlin, den 16. Mai 1892.

Der Präsident des Hauses der Abgeordneten.

v. Köller.

Verzeichniß.

A. Kommission für Petitionen.

II. 80. **Gehrdt** und Genossen in Missunde, beantragen, ihnen für im Jahre 1864 erlittene Kriegsschäden Vergütigung zu gewähren.

114. **Schakowski**, Eisenbahnschaffner in Berlin, beantragt zu erwirken, daß er in eine Heilanstalt aufgenommen, daß seine Pension erhöht und ihm eine Unterstützung gewährt werde.

II. 200. **Penkalla**, früherer Streckenarbeiter in Mokrau, beantragt zu erwirken, daß die Unfallrente, welche er aus Eisenbahnfonds bezieht, erhöht werde.

265. **Rietz**, Kreisthierarzt a. D. in Frankenberg, beantragt seine Wiederanstellung als Kreisthierarzt des Kreises Frankenberg herbeizuführen.

695. **Scheel**, Büdner und Händler in Damerow, beantragt Ermäßigung der ihm auferlegten Gewerbesteuer.

726. **Blabi**, Fährbesitzer und Genossen in Mummark auf Alsen, beantragen Anlage eines Hafens bei Mummark.

758. **Otte** in Buchelsdorf, beantragt, ihm Militärinvalidenpension zu bewilligen.

771. **Fischer** in Gefell, beantragt, die richtige Größe einer ihm gehörigen Waldparzelle festzustellen zu lassen.

773. **Schimmelpfennig**, Kirchenältester in Heringen, beschwert sich über Einführung eines neuen Gesangbuchs in dortiger Gemeinde.

781. **Glotstein** in Bremen, beantragt, zu veranlassen, daß ihm seine frühere Stelle als Stationsvorsteher der Unter-Elbeschen Eisenbahn wieder verliehen werde.

799. **Gutsche**, unverehelichte in Königsberg, beantragt zu veranlassen, daß ihr die Gnadenkompetenzen, welche ihrem Bruder, einem Beamten, zuständig gewesen wären, falls er eine Wittwe hinterlassen hätte, gezahlt werden.

808. **Schmidt** in Liegnitz, beantragt, zu veranlassen, daß ihm Vergütigung gewährt werde für den Schaden, welchen er dadurch erlitten, daß Frachtgut, welches er der Eisenbahn übergeben, angeblich nicht rechtzeitig umgeladen worden.

810. **Gerecke**, pens. Büreaudiener in Stendal beantragt Gewährung eines Pensionszuschusses.

812. **Reimers** in Süderbrich beantragt die Versetzung seines Sohnes, eines Steueraufsehers, zu veranlassen.

826. **Leurs**, Brennereibesitzer in Pölitz beantragt zu erwirken, daß die von ihm im Jahre 1887 angeblich zu viel gezahlte Maischsteuer erstattet werde.

B. Kommission für die Agrarverhältnisse.

II. 1061-2. **Oldenburg** und Genossen, Interessenten des Morsumkoogs auf Nordstrand, beantragen Rückzahlung von Abgaben, welche sie haben bezahlen müssen, trotzdem ihnen Abgabefreiheit zustand, und Nachbewilligung einer Grundsteuerentschädigung.

782. **Steinberg**, Destillateur, und Genossen in Luckenwalde beantragen zu veranlassen, daß die Beiträge, welche sie jetzt von ihren Grundstücken zum Nutheverband zu leisten haben, ermäßigt werden.

II. 787. **Hoffmann**, Ackerwirth in Gogolewo,
beantragt Bewilligung einer Unterstützung in Folge der Schäden, welche er durch Ueberschwemmung seiner Besitzung im Jahre 1891 erlitten.

821. **Strobol**, Halbbauer in Mischczow
beantragt zu vermitteln, daß die Rente, welche von einer ihm gehörigen Ackerparzelle zu entrichten ist, ermäßigt werde.

870. **Magistrat der Stadt Nebra**
beantragt zu veranlassen, daß die Staatsmittel bereit gestellt werden, welche erforderlich sind, um die Regulirung der Unstrut bis zur Ausmündung in die Saale fortzusetzen.

C. **Kommission für das Justizwesen.**

II. 10. **Simon**, Schneidermeister in Berlin,
beantragt zu vermitteln, daß ihm aus Staatsfonds der ihm als Erbe zuständige Theil an den 3500 Thalern, welche aus dem Nachlasse seines Großvaters bei einem Gerichte in Verwahrung genommen und dort unterschlagen worden sind, erstattet werde.

65. **Miebach**, Briefträger a. D. in Neuzittau,
führt Beschwerde in verschiedenen gerichtlichen Angelegenheiten, bei welchen er interessirt.

136. **Haade**, Gerichtsvollzieher in Garbing,
beantragt Rückzahlung eines Theiles des Wohnungsgeldzuschusses, welcher ihm während seiner Amtsführung in Norburg von seinem Gehalt in Abzug gebracht worden.

205. Dr. **Sternberg**, Stabsarzt a. D. in Charlottenburg,
Beschwerde über Justizbehörden.

662. **Paasch** in Berlin,
führt Beschwerde in der Untersuchungssache, welche gegen ihn schwebt.

780. **Pochziol**, Häusler in Henriettendorf,
beantragt die Niederschlagung von Gerichtskosten, deren Zahlung ihm obliegt, zu veranlassen.

786. **Sebastiani** in Straßburg,
führt Beschwerde in verschiedenen Rechtssachen, bei denen er betheiligt.

804. **Herzog**, Bergmann in Ober-Rybultau,
beantragt ein gerichtliches Urtheil, welches in einer Streitsache ergangen, bei welcher er interessirt, zu revidiren.

809. **Wilsdorf**, Bohrmeister in Teuchern,
führt Beschwerde über Zurückweisung von Strafanträgen, welche er gestellt.

813. **Jureczko** in Sorau,
beantragt die Revision eines Erkenntnisses, welches in einer Strafsache gegen ihn ergangen ist.

814. **Bahlo**, Lehrer a. D. in Erdmannen,
beantragt die Revision der gegen ihn in verschiedenen Strafsachen ergangenen Erkenntnisse.

II. 816. **Ehlert**, Landwirth in Grabow,
wünscht Wiederaufnahme eines gegen ihn anhängig gewesenen Verfahrens.

841. **Benthin und Genossen** in Buchholz,
beantragen Verleihung des Eigenthumsrechtes bezüglich der Höfe, welche sie jetzt inne haben.

D. **Kommission für das Gemeindewesen.**

II. 28. **Siemens und Genossen**, Mitglieder des Stadtverordnetenkollegiums in Garbing,
beantragen zu erwirken, daß die Versagung der Bestätigung eines zum Beigeordneten der Stadt Gewählten aufgehoben werde.

E. **Kommission für das Unterrichtswesen.**

II. 14. **Iversen**, Lehrer in Kamtrup,
beantragt Bewilligung einer Entschädigung aus Staatsfonds für einen Fehlbetrag an seinem matrikelmäßigen Einkommen.

708. **Schoenrod** in München
beantragt das Wiederaufnahmeverfahren in der Disziplaruntersuchungssache gegen seinen Vater, einen Lehrer, zuzulassen.

723. **Bornholdt**, Lehrer a. D., in Rendsburg
beantragt Wiederanstellung im Schuldienste.

772. **Nutsch**, Tischler in Niederherrnsdorf,
wünscht Entlassung seines Sohnes aus der Schule.

F. **Kommission zur Prüfung des Staatshaushaltsetats.**

II. 259. **Abaschkiewiz und Genossen**, Gerichtsassistenten in Beuthen O./Schl.,
beantragen darauf hinzuwirken, daß den Gerichtsassistenten eine Theuerungszulage für das Jahr 1891/92 nachträglich bewilligt und in Zukunft bis zur demnächstigen Gehaltsaufbesserung gewährt werde.

460. **Wedding**, früherer Rittergutsbesitzer, jetzt in Rosenberg, Westpr.,
beantragt zu vermitteln, daß ihm die Ansiedelungskommission in Posen das ihrerseits in der Subhastation erworbene ihm zugehörig gewesene Gut Guldien zurücküberlasse oder ihm eine Entschädigung von 60 000 Mark zahle.

820. **Koseztky und Genossen**, Hilfsweichensteller in Dirschau,
beantragen ihre definitive Anstellung herbeizuführen.

829. **Dunker**, Telegraphist in Magdeburg,
beantragt anderweite Festsetzung seines Dienstalters.

№ 190.

A. Betr. Erlaß oder Ermäßigung der Schuld des Dannenberger Deichverbandes.
B. Betr. Erstattung zu viel gezahlter Pacht für eine Domäne.
C. Betr. die Fischerei in der Tiefe der Ostsee.
D. Betr. Schadensansprüche an den Fiskus, wegen einer mangelhaften Brückenanlage in Reinfeld L. H.

Sechster Bericht

der

Kommission für die Agrarverhältnisse über Petitionen.

A.

Berichterstatter:
Abgeordneter Thies.

Journal II Nr. 225.

Nachdem in einer Vorberathung der Agrarkommission die Frage, ob bei der Petition des Dannenberger Deichverbandes der Instanzenzug als innegehalten anzusehen sei, bejahend beantwortet war, trat die Kommission in ihrer Sitzung vom 6. Mai in die Berathung der Petition selbst ein.

Als Kommissarien der Staatsregierung wohnten dieser Sitzung bei
1. Für das Ministerium der öffentlichen Arbeiten:
   Herr Geheimer Oberbaurath Kozlowski,
2. für das Ministerium der Finanzen:
   Herr Geheimer Oberfinanzrath Freiherr von Rheinbaben,
3. für das Ministerium der Landwirthschaft:
   Herr Geheimer Oberregierungsrath Freiherr von Wilmowski.

Der Dannenberger Deichverband richtet an das Haus der Abgeordneten die Bitte:

„Hohes Haus wolle bei Königlicher Staatsregierung befürworten, daß die aus den Deicharbeiten des Jahres 1888 dem Dannenberger Deichverbande auferlegte Schuld von 120 000 Mark demselben erlassen oder erheblich abgemindert werde."

Die Petenten führen aus, daß die wirthschaftliche Lage vieler Verbandsinteressenten eine höchst ungünstige sei. Die Abtragung dieser ihnen auferlegten Schuld würde selbst bei der angerechneten, anerkannt niedrigen Verzinsung den wirthschaftlichen Ruin vieler Interessenten herbeiführen. Es komme diese Last einem Zuschlage von 60 Prozent zur Grundsteuer gleich, die ja bekanntlich in den Marschen eine sehr hohe sei. Diese Last würde den Verbandsmitgliedern um so schwerer werden, als dieselbe ihnen — nach ihrer Ueberzeugung — nur im öffentlichen Interesse, gegen ihr eigenes, aufgebürdet sei.

Es wird weiter ausgeführt, daß die bedürftige Lage der Interessenten in der ungünstigen Belegenheit ihres eingedeichten Grundbesitzes ihren Grund finde. In Form eines Keils, mit einem scharfen Winkel gegen die Elbe, delne sich die Niederung in einer Größe von ca. 3 900 ha dem Strome entlang aus, und bedürfe zu ihrem Schutze der unverhältnißmäßig großen Deichlänge von über 30 000 Meter. Die Erhaltung dieses Deichs erfordere große Mittel. Dazu bringe seine Lage große Gefahren für die Niederung. Seit 110 Jahren sei sie dreimal von den Hochfluthen durchbrochen worden und unendliche Verwüstungen seien die Folge gewesen. Es ist allbekannt, daß von den vielen überfluthenden Gegenden keine schlimmer gelitten als der Dannenberger Deichverband. Das Wasser habe sich durch 8 verschiedene Grund- und 2 Kappenbrüche in die Niederung ergossen, die Häuser bis zur Deichhöhe unter Wasser gesetzt und die kulturfähige Ackererde theils fortgespült, theils meterhoch mit Sand bedeckt. — Nach der Ueberzeugung der Petenten würde auch die 1888 vorgenommene theilweise Rückverlegung der Deiche nicht vor ähnlichen Katastrophen schützen, wenn der Aufbruch des Eises auf der Elbe wieder ein ungünstiger werden sollte.

Neben diesen Schädigungen durch Deichbrüche litten die eingedeichten Marschen bei jedem Hochwasser an dem durch den Untergrund der Deiche dringenden Qualm- oder Kuperwasser. Dieses werde durch die Bodenfiltration aller befruchtenden Sinkstoffe beraubt und nehme dagegen schädigende Säuren des Untergrundes auf. Mit diesem, dem Pflanzenbau so sehr schädlichen Wasser sei die Marsch oft bis zu ⅔ ihres Areals bedeckt. — In 10 Jahren seien dadurch die Wintersaaten zweimal fast ganz, zweimal zur Hälfte, und zweimal zum vierten Theile vernichtet worden. Der lohnendere Kornbau, der in dortiger Marsch auch mit schwieriger Bestellung zu kämpfen habe, indem z. B. jede Saatfurche vierspännig gezogen werden müsse, habe demnach in der tiefer gelegenen Hälfte der Marsch einem kümmerlichen Grasbau Platz gemacht, der sicher den vierbis fünffachen Ertrag liefern würde, wenn das befruchtende Ebbwasser die Marsch im Winter überfluthe.

Als daher innerhalb der Wirren der Ueberschwemmung die Gemüther sich einigermaßen beruhigt, hätte der größte Theil der Interessenten, in der Ueberzeugung, daß in bisheriger Weise nicht weiter gewirthschaftet werden dürfe, und daß, angesichts der gebrochenen Deiche, die Frage eine offene sei, der Königlichen Regierung unter dem 23. Mai 1888 ein generelles Projekt unterbreitet, nach welchem die Rückverlegung der Winterdeiche auf die höhere südliche Hälfte der Niederung beabsichtigt, und der nördliche tiefer gelegene Theil der Niederung dem befruchtenden Winterwasser zur Ueberfluthung freigegeben werden sollte.

Der Einlaß des Winterwassers sollte durch den Landsather Bruch, sowie durch einige oberhalb anzulegende Ueberschleusen erfolgen.

Der Abfluß des Wassers sollte am unteren Ende der Marsch über die bis auf Sommerdeichhöhe abzutragenden Deiche, dann durch die vorhandene und vielleicht eine noch zu erbauende Schleuse erfolgen. Der untere Theil des zurückverlegten Winterdeichs sollte zugleich das Flußthal der Elbe von dem Jeetzel trennen.

Die Petenten hatten daher die Königliche Staatsregierung gebeten,

diese Anlage mit Staatsmitteln thunlichst, mindestens aber in der Höhe der für die etwa anzuordnende Deichverlegung aufzuwendenden Kosten

273*

unterstützen, die etwa entgegenstehenden gesetzlichen Bestimmungen der Lüneburger Deichordnung beseitigen und den nöthigen Nothschluß des Landsaatzer Bruches aus Staatsmitteln herstellen lassen zu wollen.

Die Petenten haben um so zuversichtlicher auf die Erfüllung ihrer Bitte gerechnet, als sich der damalige Landwirthschaftsminister Herr v. Lucius in hohem Grade beifällig und ermunternd über diese Anlage geäußert — wie dieselbe auch verschiedentlich im Ministerium für Landwirthschaft die freundlichste Aufnahme gefunden habe.

Trotzdem sei dem Verbande Seitens des Ministeriums für Landwirthschaft ein Schreiben vom 5. Juli 1888 zugegangen des Inhalts, daß

nach den in Gemeinschaft mit dem Herrn Finanzminister getroffenen Vereinbarungen über Rückverlegung und Wiederherstellung der Deiche, dem Antrage des Grafen Bernstorff und Genossen nicht näher getreten werden könne.

Weil durch das Projekt ein breiteres Profil für die Hochwasserführung freigelegt werde als nützlich und zulässig erscheine, so könne mit Rücksicht auf das Deich- wie das Schiffahrts- und Vorfluthsinteresse demselben nicht näher getreten werden.

Die Petenten glauben sich durch diese Bescheid zu der Annahme berechtigt, daß ihr früher im Ministerium für Landwirthschaft so beifällig aufgenommenes Projekt zurückgewiesen wurde, weil die technische Behörde die Anlage als für nicht im öffentlichen Interesse liegend hielt.

Sie seien dabei der Ueberzeugung, daß auch neben der Durchführung ihres Projektes das öffentliche Interesse sehr wohl hätte gewahrt werden können.

Der Herr Geheime Oberbaurath Kozlowski führte danach aus:

Die vorliegende Petition des Dannenberger Deichverbandes enthält in einer durchaus falschen Darstellung über die in dem Jahre 1888 vorgenommene Ergänzung und Verlegung des gebrochenen Dannenberger Deiches eine so schwere Beschuldigung gegen die Königliche Staatsregierung, insbesondere gegen die „höchste technische Instanz", daß dieselbe nicht mit Stillschweigen übergangen werden darf, zur Berichtigung derselben vielmehr Folgendes zu bemerken ist:

Nicht aus Rücksicht auf die Interessen der Schiffahrt, sondern lediglich aus Rücksicht auf diejenigen der Landeskultur ist damals der Hauptbanddeich des Dannenberger Deichverbandes zur Verbesserung der Hochwasserführung und Eisleitung so, wie geschehen, zurückgelegt worden.

Die frühere Lage dieses Deiches war wegen der durch sie gebildeten schroffen Uebergänge aus bedrohlichen Deichungen zu übermäßigen Deichweiten und wegen ihrer vielen Krümmungen mit scharfen, weit vorspringenden Ecken der Eis- und Hochwasserführung überaus ungünstig und es mußte daher im Jahre 1888 danach geeifert werden, die damals eingetretene Katastrophe zur thunlichsten Verbesserung dieser Lage auszunutzen, soweit der Nothstandsfonds die Mittel dazu bot.

Es wurden deshalb die dazu erforderlichen Vorbereitungen von der Staatsregierung getroffen, aber noch ehe dieselben zum Abschlusse gediehen, trat der Führer der jetzigen Petenten mit einem Plane hervor, der auf nichts weniger als eine völlige Umwandlung des bisher durch Winterschutzdeiche hochwasserfrei geschützten Niederung in eine solche mit periodischer Ueberfluthung hinauslief. Dieser Plan war angeblich Seitens des landwirthschaftlichen Ressorts überall gebilligt worden und auch Seitens des darum angegangenen technischen Referenten im Ministerium der öffentlichen Arbeiten konnte dem darin ausgesprochenen Gedanken eine warme Unterstützung zugesichert werden, es mußte aber zugleich auf die Schwierigkeit seiner Durchführbarkeit wegen der hohen Kosten hingewiesen werden, welche aus der starken Bebauung dieser Niederung mit tief gelegenen Ortschaften und einzelnen Gebäulichkeiten erwachsen mußten.

Darauf wurde erwidert, daß gerade diese Schwierigkeiten durch das Entgegenkommen der „höchsten technischen Instanz" beseitigt werden sollten und zugleich wurde eine Karte vorgelegt, auf welcher eine viel weiter gehende Deichzurücklegung eingetragen war, als wie sie jetzt zur Ausführung gekommen ist und überhaupt mit den Vorfluthsinteressen rc. verträglich sein würde. Die Kosten dieser Zurücklegung waren überschläglich zu einem so hohen Betrage ermittelt, daß dafür — an Stelle der Deichzurücklegung selbst — auch die Durchführung des oben angedeuteten Plans mit allen Dislocationen, Häuserhebungen rc. möglich geworden wäre.

Als die so geplante Deichzurücklegung von der „höchsten technischen Instanz" als zu weitgehend und nachtheilig, daher unzulässig, dafür aber die jetzt thatsächlich ausgeführte als die angemessene bezeichnet wurde, erwiderte man, es werde ja darauf berücksichtigt, in einer Linie wirklich auszubauen, man wünsche nur das für dieselbe veranschlagte Geld zur Ausführung des Eingangs erwähnten Meliorationsplans und dem Nothstandsfonds zu erhalten, — was ja nach der Zweckbestimmung desselben überhaupt unzulässig war — und nun dazu bedürfe man der Genehmigung oder einer Zweckmäßigkeitserklärung für jene Linie, welche gegen ihre vorher ausdrücklich ausgesprochene Ueberzeugung auszustellen, der „höchsten technischen Instanz" nun zugemuthet wurde. „Selbstverständlich mußte diese Zumuthung mit Entrüstung zurückgewiesen werden, es wurde aber der Erklärung gegenüber, daß damit überhaupt die Ausführung des Planes bereitelt sein würde, jede andere Förderung des Planes bereitwilligst zugesichert.

Wenn die Interessenten weiterhin auf den bezüglichen Meliorationsplan nicht wieder zurückgekommen sind, sondern sich nach den Weisungen ihrer Führer überall nur ablehnend den fürsorglichen Bemühungen und Handlungen der Königlichen Staatsregierung gegenüber verhalten haben, so liegt das wohl in der überaus hohen Kostspieligkeit jenes Plans, sowie darin, daß sie selbst Opfer dafür zu bringen nicht bereit sind, die volle Kostenübernahme durch den Staat aber nicht erhoffen dürfen.

In jedem Falle ist es eine durchaus falsche Anschuldigung, wenn in der Petition zum Ausdrucke gebracht ist, daß die Unwilligkeit der „höchsten technischen Instanz" die Ausführung eines allerseits als zweckmäßig anerkannten Meliorationswerkes verhindert habe.

Der Herr Geheime Oberregierungsrath Freiherr v. Wilmowski machte danach folgende Mittheilungen:

Durch § 1 des Gesetzes vom 13. Mai 1888 (Gesetzsamml. S. 108) ist der Staatsregierung die Summe von 34 Millionen Mark zur Verfügung gestellt worden, um neben anderen Zwecken daraus Beihülfen „zur Wiederherstellung und nothwendigen Verbesserung" der durch das Frühjahrshochwasser von 1888 beschädigten Deiche zu gewähren.

Auf Grund dieser Bestimmung hat nach der Katastrophe vom Frühjahr 1888 der Hochwasserschutz der Dannenberger Marsch in erheblicher Weise verbessert werden können. Abgesehen davon, daß es der Staatsregierung gelungen ist, auf dem gegenüberliegenden Mecklenburgischen Ufer die Umwandlung von Winterdeichen in Sommerdeiche und die Abtreibung der gefährlichen Ecke am sogenannten Glambeck zu erreichen, hat das Deichsystem des Dannenberger Deichverbandes selbst durch mehrfache bedeutende Zurücklegungen vorspringender Deichecken eine umfangreiche Verbesserung erfahren, wodurch der unschädliche Abfluß des Hochwassers und damit der durch den Deichschutz erstrebte Zweck in erheblicher Weise gefördert worden ist.

Zur Ausführung der Deich-Wiederherstellungs- und Verbesserungsarbeiten im Dannenberger Deichverbande sind auf Grund des erwähnten Gesetzes aus der Staatskasse im Ganzen rund 674 000 Mark vorgeschossen worden. Von diesem Betrage übernahm der Staat in Folge von Verabredungen, die wegen Verbesserung des Hochwasserschutzes in der betreffenden Elbstrecke mit Mecklenburg-Schwerin getroffen waren, von vornherein die Summe von rund 317 000 Mark, so daß die für den Dannenberger Deichverband vorschußweise angewiesene Beihülfe sich auf rund 357 000 Mark verringerte.

Da nach § 1 (letzter Absatz) des erwähnten Nothstandsgesetzes die Beihülfen ohne die Auflage der Rückgewähr bewilligt werden konnten, so gewährte die Staatsregierung auch von diesem Restbetrage noch rund ⅔ mit 237 000 Mark dem Deichverbande à fonds perdu, während nur ⅓ mit 120 000 Mark dem Verbande als Darlehn unter erleichterten Bedingungen (2 Prozent Zinsen und nach Ablauf von 5 Freijahren 2 Prozent Amortisation) zur Last gelegt wurde, so daß der Verband vom 1. April 1890 ab zunächst 2 400 Mark Zinsen und nach Ablauf von 5 Jahren im Ganzen 4 800 Mark Zins- und Tilgungsbeträge aufzubringen hat. Daß diese Darlehnsschuld den Deichverband übermäßig bedrücke, kann nicht zugegeben werden. Eine anderweite Schuldenlast hat der Verband nicht. Er umfaßt 3 900 Hektar und bringt an Grund- und Gebäudesteuer 14 000 Mark auf. Die nach Ablauf von 5 Freijahren im Ganzen zu zahlenden Zins- und Tilgungsbeträge von jährlich 4 800 Mark werden somit den Hektar durchschnittlich nur mit 1 Mark 23 Pf. belasten und stellen nur 34 Prozent der Grund- und Gebäudesteuer dar. Der Antrag der Petenten auf Ermäßigung oder gar auf Erlaß dieses Darlehns ist hiernach um so weniger begründet, als zahlreiche andere, auf Grund desselben Nothstandsgesetzes aus der Staatskasse subventionirte Deichverbände erheblich höhere Beiträge übernommen haben, ganz abgesehen davon, daß den durch die letztjährigen Ueberschwemmungen heimgesuchten Deichverbänden, insbesondere auch an der Elbe, zur Schließung und Verbesserung ihrer gebrochenen Deiche aus Staatsfonds überall keine Beihülfen gewährt worden sind.

Das von den Petenten angeregte Meliorationsprojekt des Einlassens von Elbwasser in die Dannenberger Marsch konnte, so wünschenswerth dessen Ausführung im Landeskulturinteresse auch erscheinen mußte, mit den durch das erwähnte Nothstandsgesetz vom 13. Mai 1888 zur Verfügung gestellten Staatsmitteln nicht gefördert werden, da dieselben nach der oben angeführten ausdrücklichen Vorschrift des Gesetzes nur zur Wiederherstellung und nothwendigen Verbesserung der beschädigten Deiche bestimmt waren.

Der Herr Kommissar des Finanzministeriums trat den obigen Ausführungen bei und ergänzte sie in Einzelnheiten.

In den nun folgenden Erörterungen wurde aus der Kommission an der Hand der von den Herren Regierungsvertretern gehörten Aeußerungen auf die ungewöhnlich hohe Beihülfe verwiesen, die dem Dannenberger Deichverbande zugeflossen sei.

Referent führte dagegen an, daß die dem Dannenberger Deichverbande verbleibende Belastung demnach eine sehr hohe sein würde, da die Abtragung dieser Schuld, nach der Petition 60 Prozent der Grundsteuer betrage.

Dazu komme, daß die wirthschaftliche Lage der vielen kleinen Verbandsmitglieder eine sehr ärmliche sei.

Die Herren Regierungskommissare treten dem entgegen. Die wirthschaftliche Lage der Bewohner der Dannenberger Niederung sei keine auffallend schlechte und gedrückte.

Nach den vorliegenden Nachweisen würde die Abtragung der Schuld annähernd ¼ der Grund- und Gebäudesteuer, etwa 30 Pf. pro Morgen Marsch, betragen, und würden die Interessenten sehr wohl in der Lage sein, diese Last zu tragen.

In der Kommission führte man aus, daß die Provinz bei ähnlichen Nothständen verpflichtet sei, aus den ihr seiner Zeit zu Meliorationszwecken überwiesenen Fonds helfend einzutreten.

Dem danach gestellten Antrage des Referenten, die Petition der Königlichen Staatsregierung zur Erwägung zu überweisen, entgegen faßte die Kommission mit 6 gegen 3 Stimmen den Beschluß, den Antrag zu stellen:

Das Haus der Abgeordneten wolle beschließen:
über die Petition II Nr. 225 zur Tagesordnung überzugehen.

B.

Berichterstatter:
Abgeordneter Claeffen.

Journ. II Nr. 239.

Der Oberamtmann Humburg in Wildungen beantragt zu veranlassen, daß ihm von der für die Domäne in Wabern pro 1879 bis 1890 bezahlten Pacht ein Theil zurückerstattet werde.

Die Agrarkommission hat über die vorliegende Petition in den beiden Sitzungen vom 23. März und 4. Mai in Gegenwart des Geheimen Oberregierungsraths Herrn Jaeger als Vertreter der Königlichen Staatsregierung verhandelt.

Der Inhalt derselben ist folgender:

Petent war vom 22. Februar 1847 bis zum 4. Juni 1890 Pächter der Staatsdomäne in Wabern, Provinz Hessen-Nassau.

Im Jahre 1871 hatte eine Neuverpachtung der Domäne auf achtzehn Jahre stattgefunden, und sagt Petent, daß nach § 1 des Pachtkontrakts unter den Pachtbedingungen ausdrücklich als Pachtobjekt aufgeführt und mit verpachtet wurde die bisher hergebrachte und ausgeübte Hutegerechtigkeit in den Wabernschen, 400 Morgen großen, Halbengebrauchswalde für 200 Stück Schafe, sämmtliches Rindvieh und sämmtliche Schweine, welche auf der Domäne gehalten wurden.

Diese Hutegerechtsame sei ihm nach der Neuverpachtung laut Ueberlieferungsprotokoll vom 26. Februar 1872 von der damaligen Ueberlieferungskommission der Königlichen Regierung zu Cassel auch ausdrücklich als Pachtobjekt zur Ausübung überliefert worden.

Als nun in demselben Jahre 1872 mit der Separation und Huteablösung der Gemeinde Wabern begonnen wurde, machten die Waldberechtigten in Wabern dem Fiskus dieses Huterecht streitig.

Den darüber angestrengten Prozeß verlor der Fiskus durch ein im Mai 1879 rechtskräftig gewordenes Urtheil und wurde in Folge dessen dem Petenten die Hütung untersagt.

Deshalb habe er, wie er behauptet, seine Schäferei verkaufen und seinen sonstigen Viehbestand einschränken müssen.

Seine Gesuche um Entschädigung für das entzogene Pachtobjekt an die Königliche Regierung zu Cassel und an den Minister Herrn v. Lucius seien abschläglich beschieden und dafür der Grund angeführt worden:

Weil dem Fiskus das Huterecht abgesprochen worden, so könne ihm, dem Pächter, keine Entschädigung gewährt werden.

Er habe sonach also auch für die Folge den ganzen Pachtbetrag bezahlen müssen.

Nach Ablauf der Pachtzeit sei er nochmals bei dem jetzigen Minister für die Landwirthschaft, Herrn v. Heyden, am 30. Dezember vorstellig geworden mit der Bitte, daß ihm das Pachtgeld, welches er vom Mai 1879 bis zum Juli 1890, also 11 Jahre lang, für das ihm entzogene Pachtobjekt habe entrichten müssen, zurückerstattet werde. Er veranschlage die ihm zukommende Entschädigung auf einen Geldwerth von 450 bis 500 Mark jährlich.

Darauf habe ihm der Herr Minister geantwortet: „daß er nicht in der Lage sei, seinem Antrage zu entsprechen, indem der frühere Minister für Landwirthschaft ihn schon ablehnend beschieden habe".

Bei dieser Sachlage wende er sich an das Hohe Haus der Abgeordneten mit der Bitte, der Königlichen Staatsregierung diese seine Petition zur Berücksichtigung zu empfehlen, da seine Forderung nicht nur dem strengen Recht, sondern auch der Billigkeit entspreche.

Nach dieser Darlegung äußerte sich der Regierungskommissar, Herr Geheimer Oberregierungsrath Jaeger, zur Sache folgendermaßen:

Die im Kreise Fritzlar des Regierungsbezirkes Cassel belegene Domäne Wabern ist an den Oberamtmann Humburg zuletzt durch Vertrag vom 8. Juli / 19. Oktober 1871 auf die Zeit von Petri bis Johannis 1872 und demnächst auf 18 Jahre, mithin bis Johannis 1890 verpachtet worden. Im § 1 dieses Vertrages sei neben den Grundstücken und Gebäuden auch „die bei diesem Vorwerke hergebrachte Huteberechtigung auf nicht fiskalischen Grundstücken" als Pachtobjekt bezeichnet, und gehörte zu diesen Berechtigungen namentlich auch eine Koppelhuteberechtigung auf der Gemarkung Wabern. In dem in den siebziger Jahren stattgehabten Verfahren über die Separation und Huteablösung in der Gemarkung Wabern ist dann aber dem Domänenfiskus die Berechtigung zur Koppelhute auf einem Theile der Gemarkung, dem sogenannten Halbengebrauchswalde bestritten und durch rechtskräftig gewordene Entscheidung des Revisionskollegiums für Landeskultursachen vom 9. Mai 1879 dahin erkannt worden, daß der Domäne Wabern eine Huteberechtigung auf dem bezeichneten Gemarkungstheile nicht zustehe. In Folge dieser Entscheidung ist dem Pächter die fernere Ausübung der Hute im Halbengebrauchswalde, welche er thatsächlich seit dem Jahre 1847 unbeanstandet ausgeübt hatte, sofort untersagt und das Guthaben des Domänenfiskus in der schwebenden Separationssache um den Betrag von 15,91 Mark gekürzt worden.

Als nun der Pächter im Jahre 1881 um die Gewährung einer sehr erheblichen Entschädigung wegen des Fortfalls der Huteberechtigung hat, ist er auf Grund der §§ 6 und 3 der dem Pachtvertrage zu Grunde liegenden allgemeinen Verpachtungsbedingungen vom 30. Januar 1869 mit seinem Antrage vom Ministerium abgewiesen worden. Diese Bestimmungen lauten wörtlich:

§ 6.

„Expropriationen und Separationen verpachteter Grundstücke, Aufhebung von Gemeinheiten, sowie Ablösung von Aktiv- und Passivservituten und Reallasten, mögen sie im Wege des geordneten Verfahrens oder des Vergleichs regulirt werden, hat sich der Pächter auch in der Art gefallen zu lassen, daß seine Rechte und Pflichten auf das bezüglich des Fiskus festgesetzte Aequivalent und, wenn Letzteres ein Kapital ist, auf die davon mit jährlich 5 Prozent zu berechnenden Zinsen übergehen. Auf eine weitere Entschädigung, auf die Befugniß, die Errichtung neuer oder die Vergrößerung vorhandener Gebäude oder anderer Anlagen, sowie die Vermehrung des Gutsinventariums auf fiskalische Kosten zu verlangen oder die Pacht zu kündigen, leistet Pächter Verzicht.

§ 3.

Die Verpachtung geschieht in Pausch und Bogen. Es wird so wenig bei der Uebergabe wie während der Pachtzeit für das Maaß, den Ertrag, die Güte oder die sonstige Beschaffenheit der Pachtobjekte, wenn auch darauf bezügliche Angaben in dem besonderen Vertrage enthalten sind, Gewähr geleistet."

Die Domänenverwaltung ist bei der ablehnenden Verfügung von der Erwägung ausgegangen, daß das Ablösungsverfahren sich auf die Ablösung der als ein Pachtobjekt anzusehenden Koppelhuteberechtigung auf der gesammten Feldmark Wabern erstreckt und die dabei entstandene Rechtsstreit mit den übrigen Betheiligten das Maaß und den Umfang dieser fiskalischen Berechtigung zum Gegenstand gehabt habe. Nachdem der Rechtsstreit ohne Verschulden des Fiskus in so fern zum Nachtheil des Fiskus entschieden worden sei, als ihm die Huteberechtigung auf einem Theile der Gemarkung Wabern aberkannt und demgemäß auch die Abfindung in einem geringeren als dem beanspruchten Umfange gewährt worden sei, habe auch der Pächter sich mit der ferneren Benutzung der dem Fiskus gewährten Abfindung lediglich zu begnügen und keinen Anspruch auf die Gewährung einer weiteren Entschädigung. Der Pächter selbst mache auch zur Begründung seines damaligen Anspruchs hauptsächlich geltend, daß der erwähnte Rechtsstreit nur aus dem Grunde zum Nachtheil des Fiskus entschieden sei, weil die fiskalischen Vertreter die Rechte des Fiskus nicht gehörig wahrgenommen und namentlich die Benennung von Zeugen unterlassen hätten, daß mithin ein vertretbares Versehen des Fiskus vorliege. Indessen auch diese Behauptung hat nach näherer Untersuchung für zutreffend nicht erachtet werden können.

Als dann der Pächter nach Ablauf der Pachtzeit seinen Antrag auf Gewährung einer Entschädigung wiederholte, wurde er im Januar 1891 nochmals ablehnend beschieden, zumal er inzwischen auch durch die übereinstimmenden Urtheile des Königlichen Landgerichts zu Cassel vom 13. Dezember 1889 und des Oberlandesgerichts daselbst vom 18. April 1890 mit seiner gegen den Fiskus angestellten Entschädigungsklage abgewiesen worden war. Nach Einsicht dieser in Folge der vorliegenden Petition eingeforderten Erkenntnisse muß allerdings zugegeben werden, daß damit über die Frage, ob dem Pächter ein Entschädigungsanspruch auf Grund seines Pachtvertrages zustehe, im Rechtswege noch nicht entschieden sei, da in dem erwähnten Prozesse die Entschädigung allein aus dem Grunde gefordert sei, weil bei dem über die Huteberechtigung seiner Zeit geführten Rechtsstreite das oben erwähnte Versehen begangen sei.

Hierauf einigte sich die Kommission zu folgender Anschauung der Sache:

Es steht fest, daß die fragliche Hutgerechtsame in dem Wabern'schen Halbengebrauchswalde dem Petenten von dem Königlichen Domänenfiskus verpachtet ist. — Verpächter hat in Beziehung hierauf deshalb dem Pächter Gewähr zu leisten.

Daneben steht fest, daß diese Hutegerechtsame dem Verpächter gerichtlich abgesprochen ist und dem zu Folge dem Pächter vom Mai 1879 bis Juli 1890 nicht mehr pachtweise gewährt ist.

Nach allgemeinen Rechtsgrundsätzen hat der Verpächter dem Pächter hierfür aufzukommen.

Der § 3 des Pachtvertrages, welcher vorstehend in der Erklärung des Herrn Regierungskommissars mitgetheilt ist, hat diese gesetzliche Verpflichtung kontraktlich nicht beseitigt. Wenn der Verpächter unter Berufung auf diesen § 3 für ein Minus an dem Maß, dem Ertrag, der Güte u. s. w. der Pachtobjekte nicht aufkommen will, so kann das doch hier, wo es sich um ein selbstständiges Pachtobjekt im Ganzen handelt, keine Anwendung finden.

Der an derselben Stelle mitgetheilte § 6 des Pachtvertrages, welcher bestimmt, daß im Falle einer Ablösung das an dem abgelösten Pachtobjekte bestehende Pachtrecht auf das Ablösungsäquivalent übergehen soll, kann hier um deswillen keine Anwendung finden, weil für die gänzlich abgesprochene Hutegerechtsame in dem Halbengebrauchswalde überhaupt kein Aequivalent an die Stelle getreten ist.

Wenn der Petent dagegen den Werth des entbehrten Pachtobjektes auf jährlich 450—500 Mark veranschlagt, so hat die Kommission sich hierüber, mangels der nöthigen Unterlagen für die Schadenberechnung eine Ansicht nicht bilden können.

Die von dem Herrn Regierungskommissar erwähnten Urtheile bestätigen die Auffassung der Kommission in den hervorgehobenen Punkten und sind im Uebrigen, was ihre, über eine andere Rechtsfrage formaler Natur getroffene Entscheidung anlangt, hier ohne Bedeutung.

Auf Vorschlag des Berichterstatters entschied sich die Kommission einstimmig für die Ueberweisung der Petition zur Berücksichtigung, ohne sich jedoch für die von dem Petenten geforderte Summe aussprechen zu wollen. Diesem nach beantragt dieselbe:

das Haus der Abgeordneten wolle beschließen: die Petition II Nr. 239, abgesehen von der Höhe der in derselben verlangten Entschädigungssumme der Königlichen Staatsregierung zur Berücksichtigung zu überweisen.

C.

Berichterstatter:
Abgeordneter Brandenburg.

Journal II Nr. 551.

Die Agrarkommission hat über die Petition II Nr. 551 in ihrer Sitzung vom 1. April 1892, in welcher als Kommissarius aus dem landwirthschaftlichen Ministerium der Geheime Oberregierungsrath Jaeger theilnahm, und vom 10. Mai verhandelt.

Die Petition geht von dem „Vorsitzenden des Centralvereins Preußischer Berufsfischer" aus und enthält das Petitum „der Hohe Landtag wolle im Wege der Gesetzgebung thunlichst beschleunigt veranlassen, daß die Fischerei in der Tiefe der Ostsee nach wie vor allen Fischern und Fischerei treibenden Bewohnern der betreffenden Küstengebiete ohne Pachtzahlung und Entgelt freistehe". Dabei ist „die Tiefe der Ostsee" von da an gerechnet, wo das Wasser aufhört respektive wo das Wasser eine Tiefe von 1½ Meter hat und unter der Freiheit von „Pachtzahlung und Entgelt" namentlich auch die Freiheit von der Verpflichtung zur Lösung eines Fischereilegitimationsscheines verstanden.

Der Petent hat behauptet, daß diese freie Fischerei immer bestanden habe und sich dafür berufen auf die Erkenntnisse des Kreisgerichts Bergen vom 5. November 1878 und des Appellationsgerichts Greifswald vom 4. Februar 1879. Diese Erkenntnisse sollen den Grundsatz aussprechen: „daß die Fischerei auf der Tiefe der Ostsee für Inländer frei sei; und daß es auch dem Revier des freien Fischfangs eines Fischereilegitimationsscheines nicht bedürfe". Die Erkenntnisse sind nicht beigebracht und hier auf ihren Inhalt nicht näher zu prüfen. Für die Begründung der Petition ist besonderes Gewicht darauf gelegt, daß den freie Fischfang ein Lebensbedürfniß der ganzen Fischereibevölkerung darstellt.

Die Veranlassung zu der Petition hat das Vorgehen des Oberfischmeisters Jeserich in Stralsund geboten, der bei der Verpachtung der Fischerei am Strande von Rügen angeblich die Fischerei auf der Tiefe der See mit verpachtet hat. Der Fischereiverein hat sich deshalb an den landwirthschaftlichen Minister gewandt; hat von diesem aber durch die Regierung in Stralsund unter dem 18. Dezember 1891 einen abschlägigen Bescheid erhalten, aus dem Grunde, „weil in Bereich des Neuvorpommerschen Provinzialrechts die Berechtigung zur Fischerei auf offener See dem Staate zustehe." Auch hier sind die Akten nicht beigebracht; und ist hierüber Näheres nicht mitzutheilen.

Bei der Berathung in der Kommission ist der bezügliche Inhalt der gegenwärtigen Gesetzgebung dargelegt.

Auf privatrechtlichem Gebiete sind es die §§ 1704 und 1705 des Neuvorpommerschen Provinzialrechts nach der Ausgabe des Justizministeriums, welche besagen, im § 1704:

Die Fischerei auf offener See in der Tiefe und auf den Strömen in den Binnengewässern der See gehört zu den Regalien und darf von denen, welche mit der Stromfischerei oder dem Rechte, mit Besetznetzen zu fischen, nicht bewidmet sind, nicht betrieben werden.

und § 1705:

Dagegen steht das Recht zur Fischerei im salzen Wasser auf dem Schaar den Besitzern der anliegenden Güter, soweit sie daran grenzen, ausschließlich, und soweit nicht andere besondere Rechte zur Benutzung des Schaars erworben haben sollten, zu.

Selbstverständlich haben diese Bestimmungen, ebenso wie die nochzuerwähnenden, nur Geltung für die Ostsee, soweit sich die Preußische Staatsgewalt darüber erstreckt.

Auf polizeilichem Rechtsgebiete kommen in Betracht das Fischereigesetz für die preußischen Staaten vom 30. Mai 1874 und die Fischereiverordnung für den Regierungsbezirk Stralsund vom 30. August 1865. Das Fischereigesetz soll Anwendung finden auf die der Preußischen Hoheit unterworfenen Theile der Ostsee; die Fischereiverordnung auf alle Anhstände der Ostsee.

Die Verordnung soll neben dem Gesetz aufrechterhalten werden. Beide statuiren aber gleichzeitig die Verpflichtung zur Lösung eines Fischereilegitimationsscheines für ihren Bereich.

Der Referent hob hervor, daß die Sache hiernach nicht ganz so liege, wie sie in der Petition dargestellt ist. Es handelt sich hier nicht sowohl um die gesetzliche Anerkennung eines bereits bestehenden Rechtszustandes sondern um eine neue gesetzliche Ordnung.

Die Kommission war mit dem Referenten einstimmig der Ansicht, daß sie hierfür auf Grundlage dessen, was ihr dafür in der Petition geboten sei, nicht eintreten könne. Zunächst würde die gewünschte Neuordnung einen Eingriff in wohlerworbene Rechte enthalten; ein Nothstand oder ein zwingender Grund des allgemeinen Wohls, der einen solchen Eingriff rechtfertigte, ist der Kommission aber nicht nachgewiesen. Sodann erseht dieselbe in dem Fischereilegitimationsschein eine allgemein nützliche Maßregel zur Aufrechterhaltung der Ordnung bei der Fischerei, deren Aufhebung ebensowenig wünschenswerth ist. Aus diesen Gründen beantragt die Kommission,

das Haus der Abgeordneten wolle beschließen:
über die Petition II Nr. 551 zur Tagesordnung überzugehen.

D.

Berichterstatter:
Abgeordneter Herold.

Journal II Nr. 116.

Der Klempnermeister Boß in Reinfeld i/H. bittet zu vermitteln, daß ihm von Seiten des Domänenfiskus die Kosten ersetzt werden, welche ihm dadurch erwachsen, daß eine vom Fiskus hergestellte Anlage Wasserschäden an seinem Wohnhause angerichtet hat.

Ueber die Petition wurde Seitens der Kommission für Agrarverhältnisse in der Sitzung vom 23. März 1892 verhandelt.

Seitens des Herrn Ministers für Landwirthschaft, Domänen und Forsten waren als Kommissare entsandt der Geheime Oberregierungsrath Kunisch und Geheime Regierungsrath Semper.

Der Petent, welcher Eigenthümer eines neben der fiskalischen Mühlenanlage belegenen Wohnhauses ist, führt aus:

Der fiskalische sogenannte Herrenteich habe seinen Abfluß durch den Mühlengraben, der durch eine ebenfalls fiskalische Brücke unmittelbar vor dem Herrenteiche überbrückt sei. Die Brücke wäre aber mangelhaft, so daß das Wasser neben derselben herlaufe und das Wohnhaus unterspült habe. Durch eine unterhalb des Teiches angelegte Spundwand sei der Zustand noch verschlimmert worden. Schon im Jahre 1881 sei dem Petenten für die damals erlittenen Schäden von Seiten des Fiskus im Wege des Vergleichs eine Entschädigung von 600 Mark gewährt.

Troß verschiedener Reparaturen an der Brücke sei der alte Zustand bestehen geblieben und im Juli 1889 das Wasser unter der Futtermauer des Wohnhauses hervorgequollen, so daß am 10. August sich in dem Grundstück ein großes Loch gezeigt und die über den Mühlengraben führende öffentliche Brücke habe abgesperrt werden müssen. Am 20. August seien die Beschädigungen am Wohnhause so stark geworden, daß Petent polizeilich zum Verlassen seiner Wohnung aufgefordert worden. Da die Beschädigungen nur durch die mangelhafte Wasserleitung aus dem Herrenteich in den Mühlengraben herbeigeführt seien, habe er am 15. Oktober 1889 bei der Königlichen Regierung zu Schleswig seinen Schaden mit 1 995 Mark liquidirt, sei aber abschläglich beschieden. Ein gleicher Bescheid sei ihm auf seine Eingabe an den Herrn Minister für Landwirthschaft ꝛc. vom 30. Dezember 1889 durch die Königliche Regierung zu Schleswig am 15. Februar 1890 zugegangen, mit der Begründung, daß das Wohnhaus nicht den bautechnischen Bestimmungen entsprechend angelegt wäre. Dieser Einwand sei aber hinfällig, weil die baupolizeiliche Abnahme des Gebäudes erfolgt und dasselbe für bewohnbar erklärt sei. Außerdem habe dasselbe 10 Jahre dem starken Wasserandrange widerstanden. Durch Verfügung vom 24. Juni 1891 habe die Königliche Regierung sich bereit erklärt, die zur nothwendigsten Abstützung Seitens der Königlichen Bauverwaltung aufgewandten Kosten im Betrage von 147,16 Mark auf den fiskalischen Fonds zu übernehmen, wenn Petent auf jeden ferneren Schadenersatz Verzicht leiste, was er selbstredend nicht habe thun können.

Als der Fiskus vorstehende Kosten von dem Reinfelder Fleckenvorstande als Polizeikosten habe einziehen wollen, sei Petent von diesem auf Auszahlung des Betrages beim zuständigen Amtsgericht eingeklagt worden. Es habe jedoch in dem Termin eine Einigung dahin stattgefunden, daß Petent dem Flecken Reinfeld 31,13 Mark auszahle, vorbehaltlich seiner Ansprüche an den Fiskus. Petent beansprucht nun vom Königlichen Domänenfiskus Ersatz des ihm zugefügten Schadens von 1 995 Mark und des an dem Flecken Reinfeld gezahlten Betrages von 31,13 Mark, in Summa 2 026 Mark 13 Pfennige.

Der Kommissar des Ministers für Landwirthschaft, Geheimer Oberregierungsrath Kunisch führte aus, daß das Wohngebäude des Klempner Boß von vornherein so mangelhaft fundirt gewesen sei, daß dasselbe in seiner Lage, nur 3,30 Meter von dem Freigerinne der Mühle entfernt, bei jeder eintretenden Undichtigkeit der Gerinnwände in höchsten Grade gefährdet werden mußte. Die Sohle der Fundamente lag 3 Meter über der Sohle des nahen Gerinnes und stand auf Schliefsandschichten, welche bei Massenandrang des Unterspülen des Gemäuers begünstigen.

Aus diesem Grunde zeigten sich schon vor dem 1879 ausgeführten Umbau der Mühlenarche starke Risse in dem Mauerwerke, welche den Besitzer nöthigten, das Gebäude durch lange eiserne Anker einigermaßen zu sichern.

Bei dem erwähnten Umbau der Mühlenarche ist die größte Vorsicht beobachtet worden; trotzdem zeigten sich bald nachher Durchquellungen aus dem Oberwasser, welches bis zu 6,5 Meter Höhe aufgestaut, einen starken Druck auf die alten Brückenstirnwände ausübte und sich einen Weg durch die unter den Fundamenten anstehenden Schliefsandschichten bohrte. Ob dieses Wasser durch die alten Brückenwände oder in der Anschlußfläche der erneuerten Mühlenarche an die Brücke eingedrungen ist, läßt sich selbstredend nicht ermitteln, ba sich die Wege, welche das unter hohem Drucke stehende Oberwasser wählt, nicht auffinden lassen. Jedenfalls war, wie bereits bemerkt, die seichte Fundamentirung des Gebäudes auf Schliefsandschichten die Ursache der Unterspülung, welche bei jeder Undichtigkeit der Brücken- und Archenwände folgerichtig eintreten mußte oder mindestens wahrscheinlich war.

Der als Ueberreicher der Petition anwesende Abgeordnete Herr v. Bülow (Wandsbek), welcher zugleich Landrath des betreffenden Kreises Stormarn ist, führte aus:

Von dem Herrn Regierungskommissar sei dem Petenten vorgeworfen, daß er sein Haus in einer unverantwortlichen Weise leicht und mit ganz ungenügenden Fundamenten errichtet habe. — In dieser Richtung müsse es aber doch als eine Entschuldigung für Voß gelten, daß er sich eines besonders tüchtigen Baumeisters bedient habe, nämlich des neuerdings in Wandsbek verstorbenen Maurermeisters Siemers; derselbe habe so sehr den Ruf der Zuverlässigkeit genossen, daß er beispielsweise auch von der Königlichen Bauverwaltung vorzugsweise dazu benutzt worden sei, um die Reparaturarbeiten an dem Königlichen Landrathsamte auszuführen.

Daß auch nicht einem quelligen, aus Schliefsandschichten bestehenden Untergrunde die Beschädigungen zuzuschreiben seien, ergebe sich aus einem Berichte des damaligen Landraths vom 21. September 1881, worin derselbe seine Ueberzeugung dahin ausspricht,

„daß der Kreisbauinspektor (Greve) sich bei der Abgabe seines Gutachtens völlig geirrt habe und von unrichtigen Voraussetzungen und Annahmen ausgegangen sei. Die von den Vertretern des Fiskus abgegebenen Behauptungen, das Terrain zwischen der Freigathe und dem Voß'schen Hause sei quellig, hätten sich als unzutreffend herausgestellt. Es sei jetzt von jedem klar und unwiderlegbar zu erkennen, daß die Unterspülung des Voß'schen Hauses nur die Folge von dem schadhaften Zustande der fiskalischen Mühlenwerke sei. Zu sorgfältigen Ermittelungen habe um so mehr Veranlassung vorgelegen, als der Straßenbaumin vor der fiskalischen Brücke und dem Voß'schen Hause wiederholt sich gesenkt habe und aufgeschüttet worden sei. Auch mit der Instandsetzung der Wasserwerke dürfte die Sache nicht erledigt sein, denn dem Fiskus liege nicht nur die moralische, sondern auch die rechtliche Pflicht ob, den Voß für die ihm zugefügten Verluste zu entschädigen".

Dieser Bericht des Landraths stützte sich theils auf dessen eigene Wahrnehmungen, theils auf ein dem Bericht beigefügtes eingehendes Gutachten zweier Bauunternehmer. Es sei auffallend, daß sich im Jahre 1889 von Neuem Unterspülungen an dem Hause des Petenten gezeigt hätten, von den Königlichen Bautechnikern wiederum behauptet worden sei, dieselben rührten von der natürlichen Quelligkeit des Untergrundes her. Ueberhaupt ziehe sich durch die Gutachten der Baubeamten wie ein rother Faden die Behauptung hindurch, daß die Wasserschäden an dem Voß'schen Hause in keinem ursächlichen Zusammenhange mit dem Zustande des fiskalischen Brückenwerkes ständen. Nun stütze sich auch bei dem jetzt vorliegenden Schadensersatzanspruch die ablehnende Haltung der Königlichen Domänenverwaltung auf diese Gutachten. Der Neubau der Mühlenbrücke im Jahre 1889 habe aber zur Folge gehabt, daß nunmehr die angeblichen Quellen versiegt seien, vielmehr das Terrain unterhalb der Brücke durchaus trocken sei.

In dieser Beziehung habe unter dem 16. Juni 1890 der Königliche Landrath unter Anderem Folgendes an den Königlichen Regierungspräsidenten in Schleswig berichtet:

Daß die Unterspülungen und Beschädigungen des Voß'schen Hauses ausschließlich durch die frühere Undichtigkeit der Brücke verursacht worden sind und daher dem Fiskus allein zur Last fallen, geht zur Evidenz daraus hervor, daß jetzt, nachdem die Brücke von Grund auf neu aufgeführt ist,

sich in dem Erdreich unterhalb derselben nirgends mehr eine Spur von Quellen oder Wasseradern zeigt. Die im Interesse der Domänenverwaltung bisher festgehaltene Annahme, daß die Wasserschäden an dem Hause des Klempners Voß weder durch die Undichtigkeit der alten Brückenfundamente, noch auch durch die bei dem Neubau nothwendig gewordenen Aufgrabungen verursacht worden seien, läßt sich daher gegenüber den klar vorliegenden Thatsachen fernerhin nicht aufrecht erhalten u. s. w.

Damit sei aber zugleich der Grund für die ablehnende Haltung der Domänenverwaltung weggefallen, und es müsse daher Wunder nehmen, daß bisher dennoch an derselben festgehalten worden sei.

Wie leicht es auch einem Sachverständigen widerfahren könne, sich zu irren, gehe hervor aus einem Schreiben, welches der zuständige Königliche Baubeamte noch kurz vor der Katastrophe an den Klempner Voß gerichtet habe; es heiße da: „Das Hervordringen des Wassers durch die Futtermauer erscheint mir zur Zeit nicht so bedenklich, daß der Bestand der Mauer oder Ihres Wohnhauses gefährdet und die Ergreifung dagegen gerichteter Maßregeln nicht bis zum September verschoben werden könnte." Dies Schreiben sei datirt vom 27. Juli 1889, und noch nach 14 Tagen habe sich in dem Grundstück des Voß ein großes mit Wasser gefülltes Loch gezeigt und sei der Verkehr über die Brücke gesperrt worden. Zehn Tage später, am 20. August, sei dann auch der mit Ziegelsteinen belegte Fußboden der Küche eingestürzt; es habe ausgesehen wie ein nebertes Fuß tiefes brunnenartiges Loch. Nun sei der Klempner Voß mit seiner Familie polizeilicherseits aus seinem Hause ausgewiesen worden, und die Königliche Bauverwaltung habe sich bereit, das gefährdete Haus aufzustützen, um es vor dem völligen Zusammenbruch zu retten. Offenbar sei dies in der wohlbegründeten Vorsorge geschehen, weiteren Schaden, der naturgemäß der Domänenverwaltung zur Last fallen mußte, abzuwenden. Bei alledem sei nach der Angabe der Königlichen Beamten bezw. deren Beauftragten gerade so geschaltet worden, als ob er gar nicht mehr Herr und Eigenthümer seines eigenen Hauses wäre. Inzwischen habe er, der als kleiner Handwerker von der Hand in den Mund lebe, zur Fortführung seines Geschäftes sich anderweit eine Werkstätte und für Frau und eine ganze Reihe kleiner Kinder eine Wohnung beschaffen müssen. Dies sei nicht anders möglich gewesen, als daß er die nöthigen Räume für die ganze Zeit vom August 1889 bis zum Mai 1890 ermiethete, wofür ihm allein eine Ausgabe von 300 Mark erwachsen sei. Nun hätte man erwarten sollen, daß die Königliche Regierung dem Geschädigten eine Abfindung anbieten werde; sie weigerte sich aber nicht nur, dies zu thun, sondern verlangte noch obendrein, daß die Kosten für die Abstützung des Hauses von dem Flecken Reinfeld als Polizeikosten getragen würden. Bei der Durchführung dieser Maßregel mitzuwirken, erklärte der Landrath für unvereinbar mit seinem Rechtsgefühl und daraufhin habe sich die Königliche Regierung schließlich entschlossen, eine Entschädigungssumme von 147,16 Mark anzubieten, jedoch nur unter der Bedingung, daß Voß auf alle weiteren Ersatzansprüche, die in runder Summe auf etwa 2 000 Mark hinausliefen, verzichtete. Auf diesen Vergleich habe derselbe natürlich nicht eingehen können und sich daher zuletzt an das Hohe Haus der Abgeordneten gewandt.

Wenn die Königliche Domänenverwaltung endlich darauf hinweise, daß der Petent sein angebliches Recht ja im Wege der Klage verfolgen könne, so wisse Jedermann, daß bei solchen Rechtsstreitigkeiten der Privatmann,

274

sich gegenüber dem Fiskus stets im Nachtheil befinde, und daß es für einen einfachen Handwerker auch ein schwieriges Unternehmen sei, gegen den Fiskus, der an einem entfernten Orte seinen Gerichtsstand habe, mit Hülfe von Rechtsanwälten einen langwierigen Prozeß anzufangen.

Von dem ferner als Kommissar des Ministers für Landwirthschaft ꝛc. bei der Kommissionsberathung betheiligten Geheimen Regierungsrath Semper wurde unter Erläuterung der verschiedenen Beschwerden, welche der Klempner Voß in den Jahren 1880, 1887, 1889 und 1891 bei der Regierung in Schleswig und bei dem genannten Minister wegen der ihm durch beiläufiges Wasser der Mühle zugefügten Schäden zur Geltung gebracht hat, näher ausgeführt, daß nach der seitherigen Auffassung der Domänenverwaltung von dem Petenten wegen der mangelhaften Lage und Beschaffenheit seines erst vor etwa 30 Jahren in der gefährlichen Nähe des Mühlenteiches und des Gerinnes neuerbauten Gebäudes Ansprüche auf Ersatz des ihm gelegentlich erwachsenen Schadens nicht zu erheben seien, und daß ihm lediglich aus Billigkeitsrücksichten im Jahre 1881 eine Vergütung von 600 Mark gewährt und 1891 eine weitere Zahlung in Aussicht gestellt sei.

Mit Rücksicht auf den im Ministerium bisher nicht bekannten Umstand, daß seit dem im Jahre 1889 zur Ausführung gelangten vollständigen Neubau der Brücke bei der Reinfelder Wassermühle, nach den Mittheilungen des bei der Berathung der Petition betheiligten Landraths des Kreises Stormarn, des Abgeordneten v. Bülow, überhaupt das Hervortreten von Wasser auf den Grundstück des Klempners Voß vollständig aufgehört hat, und daß es dadurch wahrscheinlich gemacht wird, daß die früher eingetretenen Schädigungen in der That mit dem damaligen Zustande der Brücke und der Mühlenwerke in einem Zusammenhange stehen können, wurde indessen von beiden Kommissarien die Vornahme weiterer Ermittelungen über die Richtigkeit der zuletzt erwähnten Angaben zugesagt und zugleich in Aussicht gestellt, daß eventuell, falls in Folge davon in der That die Beschaffenheit der früheren Brücke und der Mühlenwerke als Ursache der Schäden angesehen werden könne, dem Klempner Voß eine Entschädigung für die im Jahre 1889 erlittenen Nachtheile aus Mitteln der Domänenverwaltung zugebilligt werden solle. Es werden in dieser Hinsicht die näheren Nachweise über den Umfang des erlittenen Schadens zu erbringen sein.

Als Voraussetzung einer derartigen Regelung der Angelegenheit muß aber betrachtet werden, daß der Klempner Voß gleichzeitig erklärt, damit für alle Zeiten abgefunden zu sein, also allen ferneren Entschädigungsansprüchen, welche aus der mangelhaften Fundamentirung des Gebäudes in unmittelbarer Nähe des Mühlengerinnes und des Mühlenteiches erwachsen können, dem Domänenfiskus gegenüber entsagen zu wollen.

Der Abgeordnete Landrath Herr v. Bülow erwiderte, der Herr Regierungskommissar habe dem Klempner Voß gewissermaßen einen Vorwurf daraus gemacht, daß er sein Haus in den sechziger Jahren, also jedenfalls lange nachdem das Mühlenwerk bereits bestand, unvorsichtigerweise auf einen so gefährlichen Punkt hingebaut habe; die Folgen dieser Unvorsichtigkeit habe er sich selbst zuzuschreiben. — Dagegen sei zu bemerken, daß das Haus des Voß im Volksmunde die Brennkathe genannt werde und daß diese Bezeichnung darauf zurückzuführen sei, daß im vorigen Jahrhundert auf derselben eine Brenngerechtigkeit geruht habe. Wenn also gesagt sei, das Haus sei etwa vor 30 Jahren gebaut, so müsse das dahin richtig gestellt werden, daß es sich damals nur um den Erneuerungsbau eines längst vorhandenen Hauses gehandelt habe. Uebrigens sei aus dem größeren Entgegenkommen,

welches die Herren Regierungskommissare heute gezeigt hätten, die Hoffnung zu schöpfen, daß man sich nunmehr auch auf der Regierungsseite der Ansicht zuneige, daß dem Petenten eine angemessene Entschädigung für die erlittenen Verluste nicht wohl vorenthalten werden könne.

Die Kommission kam zu der Ueberzeugung, daß die Schäden an dem Voß'schen Hause durch die mangelhafte Brückenanlage herbeigeführt seien, und beantragt einstimmig:

Das Haus der Abgeordneten wolle beschließen:

Die Petition II Nr. 116 der Königlichen Staatsregierung zur Berücksichtigung zu überweisen.

Berlin, den 10. Mai 1892.

Die Kommission für die Agrarverhältnisse.

Frhr. v. Huene, Vorsitzender. Brandenburg. Frhr. v. Buddenbrock. Christophersen. Claessen. Daniel. Drawe. Dr. Dünkelberg. Grandke. Herold. Rasch. Knobel. Seer. Thies.

№ 191.

A. Betr. Vermehrung der etatsmäßigen Kanzlistenstellen bei den Justizbehörden,
B. Betr. die Verbesserung der Lage der Kanzleigehülfen bei den Justizbehörden,
C. Betr. die Verbesserung der Verhältnisse der Hülfsgerichtsdiener.

Dritter Bericht
der
Kommission für das Justizwesen über Petitionen.

A.

Berichterstatter:
Abgeordneter Schmidt (Warburg).

Journal II Nr. 45.

Neunzehn Kanzleiblätter und drei Kanzleigehülfen (sämmtlich Militäranwärter) im Bezirke des Königlichen Oberlandesgerichts zu Köln bitten das Haus der Abgeordneten,

die Königliche Staatsregierung zu ersuchen, bei den Amtsgerichten mit 3 oder 4 Richtern je eine etatsmäßige Kanzlistenstelle einzurichten und, wenn diesem Gesuche nicht entsprochen werden könne, doch eine erhebliche Vermehrung der jetzt bestehenden etatsmäßigen Kanzlistenstellen bei den Justizbehörden herbeizuführen.

Ueber diese Petition ist in der Sitzung der Justizkommission unter Zuziehung des Herrn Geheimen Justizraths Bierhaus, als Vertreters des Herrn Justizministers, am 24. März 1892 verhandelt.

Die Petenten begründen ihr Gesuch wie folgt: Die etatsmäßigen Kanzlistenstellen würden mit Militäranwärtern besetzt, welche den Civilversorgungsschein in der Regel erst nach 12- und mehrjährigem Militärdienste erhielten. Nach bestandener Prüfung würden sie mit 7—9 Pfennig Schreiblohn 8—10 Jahre als Kanzleigehülfen und dann gegen 100 Mark, 112,50 Mark und 125 Mark Monatsdiäten unter Möglichkeit einmonatlicher Kündigung als Diätare beschäftigt. Festangestellt würden sie erst im Alter von 50 Jahren, theilweise noch später, und erhielten erst dann Anspruch auf Pension und Reliktenversorgung, nachdem sie dem Staate beinahe 30 Jahre gedient hätten. Bei ihrem hohen Lebensalter sei ihnen kaum möglich, ihr tägliches Pensum zu erledigen, geschweige denn einen Ueberverdienst zu erzielen, Zulagen, welche allen meist unverheiratheten und ganz jungen Büreaudiätaren gewährt würden, erhielten sie nicht. Wenn bei früheren Berathungen im Abgeordnetenhause das Bedenken geäußert sei, die Staatskasse würde, falls ihrem Wunsche entsprechend 287 Kanzlistenstellen geschaffen würden, mit 334 000 Mark neu belastet, so sei bei dieser Geldbetrag in Rücksicht auf das schon gegenwärtig den betreffenden Anwärtern zu zahlenden Gebühren über die Hälfte zu hoch gegriffen. Die Petenten sprechen die Hoffnung aus, daß den Kanzleidiätaren in der Rheinprovinz im kommenden Jahre eine gleiche Vermehrung der etatsmäßigen Stellen, wie dies in Berlin geschehen, zu Theil werden möge, zumal alle übrigen Beamtenklassen im Justizdienste etwa zur Hälfte etatsmäßige Stellen hätten, während auf circa 500 Kanzleiarbeiter nur etwa 30 etatsmäßige Kanzlisten zu rechnen seien. Als etatsmäßige Unteroffiziere hätten sie neben Kleidung und Sold in Krankheitsfällen Arzt und Medizin für die Familie, ferner Schulgeld für die Kinder gehabt; auch in dieser Beziehung verschlechterten sie sich als nicht etatsmäßige Kanzleiarbeiter. Die Militäranwärter würden meistens an Landgerichten mit Glattschriften beschäftigt und verdienten dann weniger als die Lohnschreiber an den Amtsgerichten, welche viel Formulare benutzten und 7—10 Pf. Schreiblohn hätten.

Der Referent verwies auf den auch von den Petenten angezogenen Beschluß der Justizkommission vom vorigen Jahre, welcher dem Prinzipalantrage der Petenten entsprach. Es sei zwar dieser Beschluß in der Plenarverhandlung aufgehoben, aber gleichwohl müsse er (Referent) doch an dem Prinzip jenes Kommissionsbeschlusses festhalten, indem er der Ansicht sei, daß Seitens des Finanzministeriums der Justizverwaltung die Gelder zu knapp bemessen würden. Es sei ein Mißstand, daß die Kanzleigehülfen, welche wie im vorliegenden Falle Militäranwärter und zweifellos als Beamte anzusehen seien, erst mit einem Alter von über 50 Jahren zur definitiven Anstellung gelangten, zumal sie von den Vortheilen des Invaliditäts- und Altersversicherungsgesetzes, welche allen Arbeitern zu Statten kämen, als Beamte ausgeschlossen würden. Doch wolle er im Hinblick auf die gegenwärtige nicht günstige Finanzlage nicht den früheren Antrag des Hauses vom vorigen Jahre nicht den früheren Antrag wiederholen, sondern demselben eine abschwächende Form geben, indem er beantrage,

die Petition der Königlichen Staatsregierung dahin zur Erwägung zu überweisen, ob nicht allmählich an den Amtsgerichten mit drei oder vier Richtern ein etatsmäßiger Kanzlist angestellt werden könne.

Ein Mitglied der Kommission fand die Belastung des Etats durch den Betrag von jährlich 334 000 Mark, welche die von den Petenten in Aussicht genommene Beamtenanstellung kosten würde, zu hoch. Bei den Amtsgerichten werde auch viel mit Formularen gearbeitet und sei die Kanzleiarbeit daher leichter wie bei den Landgerichten und der Staatsanwaltschaft. Deßhalb werde der Antrag auf Uebergang zur Tagesordnung gestellt.

Ein anderes Mitglied widersprach den Ausführungen des Vorredners und befürwortete den Antrag des Referenten, da gerade bei den Amtsgerichten in Grundbuchsachen die Kanzleiarbeit besonders wichtig sei und Formulare hierbei wenig zu brauchen seien. Das Austaxiren der Einzelarbeit führe zu Unzuträglichkeiten und veranlasse die Schreiber zu ungehörigem Schnellschreiben.

Der Vertreter des Herrn Justizministers erklärte: Die Justizverwaltung werde nach wie vor eine Vermehrung der etatsmäßigen Kanzlistenstellen erstreben. Wenn diese Verwaltung im Etat für 1892/93 sich auf 5 Stellen in Berlin, 5 bei anderen großen Landgerichten und 1 bei dem neuen Landgerichte in Bochum beschränkt, so hätten die weiter gehenden Wünsche der Justizverwaltung in der ungünstigen Finanzlage ihre Schranken gefunden. Einen auf Vermehrung der Kanzlistenstellen im Allgemeinen gerichteten Beschluß der Kommission und des Abgeordnetenhauses werde die Justizverwaltung gern in sorgfältigste Erwägung ziehen.

Dagegen müsse er dem Antrage, bei allen Amtsgerichten mit drei oder vier Richtern etatsmäßige Kanzlistenstellen zu schaffen, widersprechen. Seine Durchführung würde eine gänzliche Aufgabe des schon lange bestehenden altbewährten Systems bedeuten, bei den kleinen Amtsgerichten — zur Zeit denen mit weniger als 15 Richtern — das Schreibwerk ausschließlich durch Lohnschreiber, also nach einem Stücklohnsystem, beschaffen zu lassen. Die Aufgabe dieses Systems würde zunächst sehr erhebliche finanzielle Wirkungen haben. Er (der Regierungskommissar) habe dieselben im vorigen Jahre schon auf 334 000 Mark beziffert, wobei der in der Petition verlangte Abzug der ersparten Schreiblöhne, wie bei jenen Angaben ausdrücklich erklärt sei, schon erfolgt sei. Aber es sind nicht nur finanzielle, sondern auch allgemeine Verwaltungsrücksichten, welche die Schaffung einer erheblichen Zahl etatsmäßiger Stellen an Stelle des jetzigen, gegenüber dem wechselnden Bedürfnisse elastischen Systems der Lohnschreiber als ungeeignet erscheinen ließen.

Das Erforderniß etatsmäßiger Stellen bei großen Gerichten beruhe nicht allein auf der Annahme, daß dort, insbesondere bei den Kollegialgerichten, bessere Schreibkräfte erforderlich seien, sondern vor Allem auf der Nothwendigkeit, bei den größeren Massen des Schreibwerks bei jenen Gerichten einen fest angestellten Beamten zur Leitung der Kanzlei, insbesondere zur Vertheilung der Schreibarbeit u. dergl. zur Verfügung zu haben. Wenn auf die Grundbuchausfertigungen hingewiesen werde, so sei bezüglich dieser eine besondere Kontrole der Schreiber in der richterlichen Kollationirung gegeben. Es sei nicht ausgemacht, daß eine Etatisirung der Kanzlisten die Gewinnung besserer Kräfte gewährleisten würde; man werde im Großen und Ganzen die bisherigen Kräfte behalten und ihnen nur einen sachlichen Vortheil in der Beamtenstellung zuwenden. Die von einem Vorredner abfällig beurtheilte Auszählung und Austaxirung der Schreibarbeit müsse auch gegenüber etatsmäßigen Kanzlisten bestehen bleiben, wenn man ihnen nicht einen Ueberverdienst nehmen wolle.

Daß Militäranwärter dauernd in Lohnschreiberstellen sich befänden, sei eine Ausnahme. Im Allgemeinen rückten civilversorgungsberechtigte Lohnschreiber schnell in Diätarienstellen, Diätare rasch in etatsmäßige Kanzlistenstellen ein. Es sei auffällig und müsse auf besonderen Gründen beruhen, wenn in dem der Petition II Nr. 45 beiliegenden Verzeichnisse eine Anzahl von Kanzleidiätaren aufgeführt seien, welche anßerordentlich lange als Kanzleigehülfen beschäftigt gewesen seien, ehe sie als Kanzleidiätare Verwendung gefunden hätten. Es werde der betreffenden Angabe näher nachgeforscht werden.

Demnach könnten die Beschwerden der Kanzleidiätare im Allgemeinen als begründet nicht anerkannt werden.

Ein Mitglied der Kommission wies nun noch darauf hin, daß nicht allein in Grundbuchsachen, sondern auch in den Akten der freiwilligen Gerichtsbarkeit, namentlich bei Erbrezessen, Testamentssachen, die Formularbenutzung vielfach bei den Amtsgerichten ausgeschlossen sei.

Wieder ein anderes Mitglied trat dem Antrage des Referenten bei, indem dieser Antrag geeignet sei, der Justizverwaltung dem Herrn Finanzminister gegenüber Nachdruck für ihre Wünsche auf Verbesserung der Lage der Kanzleibeamten zu geben.

Endlich stellte ein Mitglied den Antrag, da der Antrag des Referenten zu weit gehe,

die Petition der Königlichen Staatsregierung zur fortbauernden Erwägung zu überweisen.

Der Referent bemerkte noch, daß selbst der von der Regierung berechnete Betrag von 334 000 Mark Mehrkosten doch immer nur verhältnißmäßig gering sei, wenn man erwäge, daß 287 Stellen in Frage ständen. Bisher sei man mit der Vermehrung der Stellen doch zu langsam vorgegangen. Es wurde aber der Antrag des Referenten mit 5 gegen 4 Stimmen abgelehnt, und, nachdem der Antrag auf Tagesordnung zurückgezogen war, der am Schluß gestellte Antrag einstimmig zum Beschluß der Kommission erhoben.

Die Justizkommission beantragt deshalb,

das Haus der Abgeordneten wolle beschließen:
die Petition II Nr. 45 der Königlichen Staatsregierung zur fortbauernden Erwägung zu überweisen.

B.

Berichterstatter:
Abgeordneter Schmidt (Warburg).

Journal II Nr. 46 und 47 1—41.

In 62 Petitionen ersuchen 241 Justizkanzleigehülfen das Abgeordnetenhaus um Verbesserung ihrer Lage. Im Einzelnen sind die Wünsche der Petenten nicht völlig übereinstimmend.

1. Die meisten Petitionen gehen dahin, die Königliche Staatsregierung zu veranlassen, daß dieselbe
   a) die älteren Kanzleigehülfen nach einer bestimmten Dienstzeit, gleich den Kanzlisten bei den Landgerichten etatsmäßig anstellen,
   b) die Lage der jüngeren Kanzleigehülfen durch Gewährung der höheren Schreiblohnsätze aufbessern möge.

In einer Petition (II 46) wird das Verlangen zu a hinsichtlich der Anstellung noch dahin präcisirt, daß nach einer bestimmten Reihe von Dienstjahren und nach erwiesener Brauchbarkeit den Kanzleigehülfen die Anstellungsberechtigung zugesprochen werden solle.

Eine andere Petition (II, 47 5b) fügt jenem generellen Petitum zu a und b das eventuelle hinzu, falls die etatsmäßige Anstellung durchaus nicht zu ermöglichen sein sollte, dafür eintreten zu wollen, daß wenigstens das Mindesteinkommen der Kanzleigehülfen bei einer zehnjährigen tadellosen Führung auf 100 Mark monatlich und demnächst in zu bestimmenden Zeitabschnitten erhöht werde.

2. 5 Petitionen (II 47 1—4, 47 32) verlangen,
   a) das Mindesteinkommen der Kanzleigehülfen den jetzigen Lebensverhältnissen entsprechend zu erhöhen und dasselbe unwiderruflich allen Kanzleigehülfen zu gewähren, welche zur Abhülfe eines dauernden Arbeitsbedürfnisses und mit der Aussicht auf dauernde Beschäftigung angenommen sind,
   b) das Mindesteinkommen nicht reglementarisch, sondern durch gesetzliche Bestimmungen in Altersklassen zu regeln,
   c) den Kanzleigehülfen nach einer bestimmten Reihe von Dienstjahren die Anstellungsberechtigung zuzusprechen,
   d) den Bundesrath um eine Modifikation der auf Grund des Militärpensionsgesetzes vom 27. Juni 1871 unter dem 7./21. März 1882 aufgestellten Grundsätze § 3 Nr. 1 zu ersuchen.

Hierzu fügt eine Petition (II 47 5) noch zu c und d als eventuelles Petitum hinzu, die Pensionsberechtigung der Kanzleigehülfen nach zehnjähriger Dienstzeit, mit Rücksicht auf die Pensionsfähigkeit derselben nach gleicher Dienstzeit auszusprechen.

Die große Mehrzahl der Petitionen, deren Anträge oben unter Nr. 1 zu a und b angegeben sind, führt aus, daß seit Jahren das Bestreben der berufenen staatlichen Organe dahin gehe, die Sorgen der wirthschaftlich Schwächeren für die Zukunft möglichst zu verringern. Während die Gesetzgebung den Lohnarbeitern aller Betriebe in der Unfalls-, Invaliditäts- und Altersversicherung ꝛc. Besserungen gebracht habe, seien die Kanzleigehülfen von den Wohlthaten dieser Gesetze ausgeschlossen. Ihre Stellung erfordere im Gegensatz zu vielen anderen Berufsarten einen gewissen Bildungsgrad und Selbstständigkeit, gleichwohl sei der Anfangslohn geringer als für lediglich mechanische Thätigkeit. Militäranwärter meldeten sich daher auch fast gar nicht zu den Stellen der Kanzleigehülfen und zögen die Stellen etatsmäßiger Unterbeamten, welche nicht in gleichem Maße geistige Befähigung erforderten, auch für den Staat nicht mehr Dienste leisteten, aber mit Wohnungsgeld- und Pensionsanspruch verbunden seien, vor. Die Höhe des Einkommens der Kanzleigehülfen unterliege zufälligen Verschiebungen, sei abhängig von der Menge der Arbeit, vom Fleiß und von der Fähigkeit und sinke beim Fehlen eines dieser Erfordernisse. Einen auskömmlichen Verdienst hätten sie in erster Linie durch eine angestrengte Arbeit von durchschnittlich 14 Stunden täglich erlangt. Für Krankheit und Invalidität sei bei den jüngeren Kanzleigehülfen auf 100 Mark seitens ihrer Kollegen in beschränkter Weise dadurch gesorgt, daß ihnen für die Dauer eines Vierteljahrs 42—48 Mark pro Monat zugebilligt würden. Der Schreiblohn betrage anfangs 5 Pf. für die Seite, und von der Entscheidung des Vorgesetzten hänge es ab, ob sie mehr erhalten sollten. Den Invaliden könne ebenfalls eine Kompetenz gewährt werden.

Alle diese Vortheile seien in den letzten Jahren für sie geschaffen. Indessen fehle die gesicherte Regelung ihrer Verhältnisse, da ihre Stellen jeden Tag nach Belieben der Vorgesetzten gekündigt werden könnten, während sie doch wie andere Beamte gestellt sein müßten, wenn sie im Dienste des Staates die Kräfte verbrauchten. Namentlich beunruhige sie das Schicksal ihrer Frauen und Kinder. Ersparnisse könnten sie kaum machen und eventuell würden sie von den Hinterbliebenen alsbald verbraucht.

In einer Petition (47 59), welche im Allgemeinen mit den vorstehend gedachten übereinstimmt, wird bemerkt, daß ein auskömmlicher Verdienst nur bei durchschnittlich 12 Stunden Arbeit einschließlich der Sonn- und Feiertage zu erzielen sei. In Oppeln beziehe kein Kanzleigehülfe mehr als 74 Mark und könne eine Familie bei den theuren Verhältnissen mit 42—82 Mark monatlich nur sehr eingeschränkt leben. Ein Kanzleigehülfe, welcher den Satz von 74 Mark erreiche, sei dann arbeitsunfähig bezw. krank und müsse dann noch außer den gewöhnlichen Bedürfnissen Kur- und andere Kosten bestreiten. Aeltere Kanzleigehülfen seien seit dem Erlaß vom Dezember 1890 noch insofern geschädigt, als für den Ueberverdienst nur 8 Pf. pro Seite bezahlt werde.

Wieder in einer anderen Petition (47 3) — aus Kiel — wird, um das im Anfang gedachte Petitum zu 2 zu motiviren, ausgeführt, nach § 77 des Militärpensionsgesetzes vom 27. Juni 1871 seien die Stellen im Kanzleidienst nur ausschließlich mit Militäranwärtern zu besetzen. Bei den Kollegialgerichten würden größtentheils nur etatsmäßige Kanzlisten angestellt, welche täglich 32 Seiten Schreibwerk und bei vorwiegender Glattschrift auch wohl nur 28 Seiten zu liefern hätten. Beim Lebensalter von 45 Jahren und nach 15 Dienstjahren könne eine Ermäßigung um 4—8 Seiten bewilligt werden. Das feste Gehalt betrage 1 600 bis 2 200 Mark, bei den Oberlandesgerichten und im Justizministerium nicht unerheblich mehr. Dazu hätten die Kanzlisten Anspruch auf Wohnungsgeldzuschuß, Pension sowie Wittwen- und Waisenversorgung. Bei Ueberverdienst erhielten sie 8 Pf. pro Seite. Bei den Amtsgerichten dagegen seien keine etatsmäßigen Stellen vorhanden und würden nur Kanzleigehülfen nach Bedürfniß angenommen, welche vereidigt und hinsichtlich der Verantwortlichkeit, nicht aber in ihren Verhältnissen zur Justizverwaltung als Beamte angesehen würden, keine Anstellungs- und Pensionsberechtigung hätten und mit oder ohne einmonatliche Kündigung bei Ueberfluß an Arbeitskräften entlassen werden könnten. Auch diese Stellen seien ausschließlich den Militäranwärtern vorbehalten, falls sich solche binnen 6 Wochen nach Veröffentlichung der vakanten Stelle meldeten. Die Kanzleigehülfen erhielten 5—10 Pf. für die Seite Schreibwerks bezahlt. Ausnahmsweise könnten mit Bewilligung des Justizministers 11 oder 12 Pf. bewilligt werden. Nach fünfjähriger Beschäftigung könnte solchen Gehülfen, welche das 25. Lebensjahr zurückgelegt und sich als zuverlässig erwiesen hätten, ein monatliches Mindesteinkommen zugebilligt werden, welches nach dem Kopialiensatze von 5—12 Pf., 42—98 Mark betrage und je nach dem Kopialiensatze auch erhöht oder ermäßigt werde. Die Bewilligung werde an die Voraussetzung geknüpft, wenn in der Zeit außerhalb der Gerichtsferien mindestens so viel Arbeit, als zur Leistung des Pensums erforderlich sei, zugetheilt werden könne, sie geschehe widerruflich durch den Oberlandesgerichtspräsidenten bezw. in Gemeinschaft mit dem Oberstaatsanwalt. Bei einem Amtsgerichte mit nur einem Kanzleigehülfen könne auch bei geringerem Schreibwerk die Bewilligung eintreten, aber nicht nach dem Kopialiensatze, sondern nach freiem Ermessen mit Rücksicht auf den durchschnittlichen Monats-

verdienst, unter dem Mindesteinkommen der anderen Kanzleigehülfen, und könne monatlich erhöht oder herabgesetzt werden. Einem 45 jährigen Kanzleigehülfen könne nach 15 jährigem ununterbrochenen Dienste ein Zuschlag von ⅓ bis ½, jedoch nur bis zur Vergütung von 1 200 Seiten monatlich bewilligt werden. Den Kanzleigehülfen, welche ein Mindesteinkommen bezögen, werde bei Krankheit oder Beurlaubung zur Erholung das Mindesteinkommen nur für den laufenden Monat und drei weitere Monate fortgewährt, die anderen Kanzleigehülfen erhielten in solchen Fällen Nichts und hätten auch in den Gerichtsferien erhebliche Ausfälle. In Todesfällen stellten sich die Bezüge der Hinterbliebenen beim Mindesteinkommen ähnlich, während die Hinterbliebenen anderer Kanzleigehülfen wiederum Nichts erhielten. Hinsichtlich der Invaliditäts- und Altersversicherung würden die mit Aussicht auf dauernde Beschäftigung angenommenen Kanzleigehülfen als Staatsbeamte angesehen. Während jeder Staatsbeamte nach 10jähriger Dienstzeit pensionsberechtigt sei und nach erwiesener Brauchbarkeit die Garantie etatsmäßiger Anstellung habe, sei durch Verfügung des Justizministeriums vom 26. Mai 1891 den Kanzleigehülfen nach 10jähriger ununterbrochener Dienstzeit nur die Pensionsfähigkeit zugesprochen, so daß sie gleichwohl jederzeit ohne Pension entlassen werden könnten. Die Gefahr der Entlassung drohe aber um so mehr, als bei der aufreibenden Thätigkeit schon frühzeitig sich eine Abnahme der Leistungsfähigkeit zeige. Die etatsmäßigen Kanzlisten hätten eine nicht unerhebliche Gehaltsaufbesserung erhalten, die Kanzleigehülfen hätten hierbei keine Berücksichtigung gefunden. An einem Orte wie Kiel sei es wegen der Theuerungsverhältnisse nicht möglich, bei normalem Arbeitspensum einer Familie den nothwendigsten Unterhalt zu beschaffen. Da jede Nebenbeschäftigung vom Justizminister unter Androhung sofortiger Entlassung untersagt sei, müßten sie bis tief in die Nacht arbeiten, auch an Sonn- und Festtagen könnten sie nicht ruhen. Aber selbst bei Nachtarbeit betrage das Einkommen noch nicht annähernd so viel, als selbst den jüngsten Kanzlisten, obwohl das doppelte Pensum an Schreibwerk geliefert werde. Wegen Mangels an Arbeit eine so aufreibende Thätigkeit nicht ausführen könnten, verdienten nicht mehr als ein Tagelöhner, wenn sie auch noch mehr leisteten als ein Kanzlist. In ihrer Aufopferung der Gesundheit finden sie frühzeitigen Tod ohne die Wohlthaten der Invaliditäts- und Altersversicherung und ohne Pension für die Wittwe. Ihren Kindern könnten sie sich in der Erziehung nicht widmen und auch bessere Schulbildung, wie andere Staatsbeamte, ihnen nicht gewähren, sondern seien bei zahlreicher Familie auf die Freischule allein angewiesen, da sie das Schulgeld für eine höhere oder Mittelschule nicht erschwingen könnten. Die Lohnsätze seien ungeachtet der hohen Lebensmittelpreise bei einer großen Anzahl der Kanzleigehülfen nicht unerheblich herabgesetzt. Durch Ministerialverfügung vom 18. Dezember 1890 sei bei dem Mindesteinkommen beziehenden den Lohn für die Seite, welche über das Pensum geliefert werde, auf 8 Pf. festgesetzt, wodurch die ältesten Kanzleigehülfen hart betroffen würden, und zwar mit rückwirkender Kraft, so daß für diese die wohlwollende Absicht der Verfügung vom 4. Februar 1889 vereitelt sei. Alle Kanzleigehülfen ohne Mindesteinkommen seien weit besser gestellt, als sie für sämmtliches Schreibwerk den bewilligten Kopialsatz erhielten. Die Mehrzahl der beim Gerichte zu Kiel beschäftigten Kanzleigehülfen erhielten 9 und 10 Pf. für die Seite, 11 und 12 Pf. seien nicht bewilligt, obwohl die Vorbedingungen hierzu vorlägen und auch in einem Falle der aufsichtführende Amtsrichter solche Erhöhung beantragt habe. Von den dortigen Kanzleigehülfen bezögen 2 das

Mindesteinkommen und bei derselben Leistung einen weit geringeren Verdienst als wie im Lebens- und Dienstalter jüngere Kollegen. Eine Beseitigung dieses Mißverhältnisses sei dringend geboten. Die Zurückerstattung (soll wohl heißen Nachzahlung) der Beträge, welche die betreffenden Kanzleigehülfen durch die Verfügung vom 16. Dezember 1890 eingebüßt hätten, sei sehr erwünscht. Während Subaltern- und Unterbeamte Unterstützungen von 300 Mark pro Jahr aus Unterstützungsfonds, und während die etatsmäßigen Kanzlisten 18 Mark Schreibmaterialvergütung erhielten, müßten die Kanzleigehülfen solche Bezüge entbehren. Die Kanzleigehülfen bei den Kollegialgerichten müßten dieselben Arbeiten wie die etatsmäßigen Kanzlisten anfertigen. Bei den Amtsgerichten sei aber eine größere Selbständigkeit erforderlich, da die Arbeit keineswegs rein mechanisch sei, sondern gründliche Geschäftskenntniß voraussetze und Formulare weniger zur Anwendung kommen, wie namentlich bei Reinschriften von Hypotheken- und Grundschuldbriefen, von Testamenten, Erbtheilungsverträgen und sonstigen Akten freiwilliger Gerichtsbarkeit. Wenn auch im Falle besonderen Anwachsens des Schreibwerks vorübergehend Hülfskräfte angenommen werden müßten, und deshalb nicht ohne Weiteres eine Gleichstellung mit den etatsmäßigen Kanzlisten erfolgen könne, so sei es doch billig, daß nach Ablauf einer Reihe von Dienstjahren, während welcher die Brauchbarkeit genügend nachgewiesen sein werde, die Anstellungsberechtigung erlangt werde. Das Kanzleireglement vom 23. März 1885 sei mehrfach Abänderungen beziehungsweise abändernden Kommentaren unterzogen und weiteren Maßnahmen ständen noch in bedrohlicher Aussicht. Da das Mindesteinkommen so knapp bemessen sei, daß in mehreren Monaten nicht einmal der wirklich verdiente Schreiblohn verdient sei, habe der Herr Justizminister am 20. August 1891 angeordnet, daß eventuell der verdiente Schreiblohn gezahlt werden solle. Bei Festsetzung des Schreiblohns werde der Verdienst berücksichtigt und komme es vor, daß ältere Kanzleigehülfen einen geringeren Schreiblohn bezögen, weil sie durch besonderen Fleiß etwas mehr verdienten als ihre jüngeren Kollegen. Auf die größere Bedürftigkeit wegen Heirath und Kinderzahl werde hierbei keine Rücksicht genommen, es komme sogar vor, daß vorübergehend beschäftigte Kanzleigehülfen einen höheren Seitensatz erhielten, als auf dauernde Beschäftigung angenommene. Das Mindesteinkommen müsse daher, wie bei anderen Beamten, gesetzlich in Altersstufen geregelt und allen ständigen Kanzleigehülfen gewährt werden, und die Lage der ständigen so gestaltet werden nach dem Billigkeitsgrundsatz: „für gleiche Dienste den gleichen Lohn", daß im Falle der Eheschließung sie in der Lage seien, die Kosten eines Familienhausstands zu bestreiten und ohne Gefahr für Leben und Gesundheit ihr Familienleben einzurichten. Den Kanzleigehülfen, welche nicht Militäranwärter seien, sei jede Aussicht auf etatsmäßige Anstellung von vorne herein abgeschnitten, es sei daher ihr Wunsch, nach erwiesener Brauchbarkeit sicher gestellt zu werden.

Mit der zuletzt erwähnten Petition stimmen noch vier andere Petitionen nach dem zum Theil im Wesentlichen überein (II 47 1, 2, 4, 5). Ein Petent aus Hadersleben (47 6) schildert noch des Näheren, wie er durch Ueberanstrengung im Dienste in einen traurigen Gesundheitsverfall gerathen sei, nachdem er im Jahre 1880 frisch und gesund laut ärztlicher Bescheinigung den Kanzleidienst übernommen habe. Nachdem er erfahren habe, daß während der Büreaustunden von Morgens 8 bis Abends 6 Uhr sich nicht zu viel verdienen ließe, wie ein gewöhnlicher Tagelöhner erhalte, habe er, wie auch dem Vernehmen nach an anderen Amtsgerichten geschehen, die Nacht hinzugenommen und bis Nachts 1 bis 3 Uhr ge-

arbeitet, ohne die Zeit, sich mit seiner Familie zu unterhalten. Kaum habe er Zeit gefunden, die nothwendigen Mahlzeiten einzunehmen, und auch keine Ruhe an Sonn- und Festtagen gehabt. Nach Verlauf von wenigen Jahren habe er wegen Ueberanstrengung zu kränkeln begonnen und einen Lungenblutsturz bekommen. Die Krankheit habe mehrere Monate gedauert und da die Familie von 7 Personen keinen Ernährer gehabt habe, so sei ihm aus dem Unterstützungsfonds für Subaltern- und Unterbeamte eine einmalige Unterstützung von 80 Mark gewährt. Wohlwollende Freunde und Bekannte hätten eingreifen müssen, seine Noth zu lindern. Nachdem er die Arbeit habe wieder aufnehmen dürfen, sei dies in Folge ärztlicher Verwarnung nicht mehrmonatlichen Aufenthalt in einem Seebade angeordnet. Da ihm das Leben wegen seiner Familie noch lieb gewesen, so sei er der Anordnung gefolgt. Aus dem vorerwähnten Unterstützungsfonds seien ihm 80 Mark bewilligt mit dem Bemerken, daß er auf eine fernere Unterstützung für die Wiederherstellung an Badeorte nicht zu rechnen habe. Da der größte Theil der Unterstützung aber als Reisekosten verwendet sei, so habe er wieder fremde Hülfe in Anspruch nehmen müssen, und da diese zur völligen Wiederherstellung nicht ausgereicht habe, so habe er nach Verlauf von etlichen Wochen die Heimreise antreten müssen, und sehe nun der Zukunft mit größter Sorge entgegen, da das Kanzleireglement keine „Erstattung" (?) gewähre für die Krankheit, welche in Staatsdienste durch Ueberanstrengung zugezogen habe.

Endlich weist noch ein Petent beim Amtsgerichte zu Reinbek (II 46) darauf hin, daß er 34 Jahre alt, unverheirathet, und 17 Jahre ununterbrochen im Dienste sei, ein Mindesteinkommen zwar beziehe, auch durch eine weit über die Büreaustunden hinaus anstrengende Thätigkeit die zum Unterhalte erforderliche Einnahme sich verschafft habe, aber wegen der Möglichkeit der Entlassung in Sorgen für die Zukunft sei, wenn einmal seine Kräfte erlahmen sollten. Die mit einem Richter besetzten Amtsgerichte erforderten die beste Ausbildung, weil in allen den Amtsgerichten zugewiesenen Geschäften der Kanzleigehülfe funktionire, gleichwohl würden gerade bei den Amtsgerichten feste Stellen nicht begründet. Vielfach sei die Einnahme der Kanzleigehülfen so gering, ja häufig geringer wie die eines gewöhnlichen Arbeiters, daß sie gezwungen würden, ihre Stellung zu verlassen und bei Rechtsanwälten, Kommunalverwaltungen, Fabriken u. s. w. bei günstigerer Gelegenheit Beschäftigung zu nehmen.

Ueber diese Petitionen ist am 9. Mai 1892 in der Justizkommission im Beisein des Herrn Geheimen Justizraths Bierhaus, als Vertreters des Herrn Justizministers, verhandelt.

Der Referent erklärte, daß er aus der Masse des beigebrachten Stoffes einige der Wünsche der Petenten heraushebe, denen vielleicht von der Königlichen Staatsregierung entsprochen werden könne. Er wolle daher mehrere Anträge mit sowohl zur Berücksichtigung, als zur Erwägung stellen, damit die Königliche Regierung prüfe, ob sie die Lage der Petenten, sei es nun in allen diesen Fragen, sei es in einem Theil derselben, verbessern könne. Es bestehe nun einmal der Mißstand, daß die Kanzleigehülfen wenig Aussicht auf feste Anstellung und somit auch auf Pension und Reliktenversorgung hätten: während die Alters- und Invalidenversorgung den gewöhnlichen Arbeitern doch immer in den Tagen des Alters und der Krankheit gewisse Unterstützungen zukommen ließe, seien die Kanzleigehülfen, als Beamte, auch von diesen Wohlthaten ausgeschlossen. Ob ein Beamter zuverlässig sei oder nicht, lasse sich doch nach einer Reihe von Jahren mit Sicherheit erkennen. Die Bedürfnisse der Beamten nähmen beim Anwachsen der Familie mit den Jahren zu. Es empfehle sich daher, den Kanzleigehülfen nach Möglichkeit feste Aussicht auf fortschreitende Verbesserung ihrer Lage zu gewähren, wenn auch nicht verkannt werden könne, daß, sobald die Lage der Kanzleigehülfen erheblich verbessert werde, der Zudrang von Militäranwärtern den im Civilstande aufgewachsenen Kanzleigehülfen die errungenen Vortheile entreißen werde. Das Reichsgesetz zu ändern läge nicht in der unmittelbaren Befugniß des Preußischen Staates. Der erwähnte § 77 des Gesetzes vom 27. Juni 1871 besage:

„Die Subaltern- und Unterbeamtenstellen bei den Reichs- und Staatsbehörden, jedoch ausschließlich des Forstdienstes, werden nach Maßgabe der darüber von dem Bundesrathe festzustellenden allgemeinen Grundsätze vorzugsweise mit Invaliden besetzt, welche den Civilversorgungsschein besitzen."

Daß Angesichts der neuen Vorlage über die Militäranwärter die Preußische Regierung ihre Bundesbevollmächtigten zu einschränkenden Bestimmungen zu instruiren geneigt sein werde, sei doch wohl kaum anzunehmen. Er, Referent, finde keinen Anlaß, daß das Abgeordnetenhaus in dieser Hinsicht Wünsche an die Staatsregierung richte und müsse den Petenten überlassen, sich direkt mit solchen Wünschen an das Reich zu wenden.

Im weiteren Verlaufe der Debatte formulirte der Referent folgende Anträge,

die Petitionen II 46 und 47 der Königlichen Staatsregierung mit der Maßgabe zur Erwägung zu überweisen, daß
1. in den einzelnen Oberlandesgerichtsbezirken ein vom Justizminister zu genehmigender Plan aufgestellt werde, nach welchem nach verschiedenen Altersstufen die Schreiblöhne erhöht werden,
2. nach einer bestimmten Zahl von Jahren das Mindesteinkommen fest bewilligt werde,
3. nach einer Zahl von 3 Jahren eine dreimonatliche Kündigungsfrist festgesetzt werde,
4. eine Gesetzesänderung angestrebt werde, nach welcher
 a) die Pensionsbewilligung auch den Anspruch auf Wittwen- und Waisengelder in sich schließt,
 b) die Pensionsberechtigung — nach einer gewissen Zahl von Dienstjahren (auch abgesehen von der noch nicht erfolgten etatsmäßigen Anstellung) — eintritt,
5. daß in den Einzelfällen, in welchen thatsächlich die Verfügung vom Dezember 1890 Kanzleigehülfen Verkürzungen ihrer Einnahmen erhalten haben, ausnahmsweise und vorübergehend diesen Kanzleigehülfen das alte Einkommen zu bewilligen sei.

Von einer anderen Seite wurde beantragt den Antrag gestellt,
die Petitionen II 46, 47 der Königlichen Staatsregierung insofern zur Erwägung zu überweisen, ob bezw. durch welche Maßregeln den Wünschen der Petenten bezüglich der Versorgung im Falle der Dienstunfähigkeit, sowie der Versorgung ihrer Hinterbliebenen Rechnung getragen werden könne, im übrigen aber über die Anträge der Petenten mit Rücksicht auf die von der Königlichen Staatsregierung abgegebenen Erklärungen zur Tagesordnung überzugehen.

Zu der inzwischen eingetretenen Debatte über die gestellten Anträge erklärte der Herr Vertreter der Königlichen Staatsregierung:

Bei der schwer übersehbaren Masse von Einzelbehauptungen, wie sie von dem Berichterstatter aus den Petitionen vorgetragen seien, sei es unmöglich, auf jede derselben eine Erklärung abzugeben. Vielfach seien an sich richtige Thatumstände in unrichtigem Zusammenhang benutzt und zu unrichtigen Folgerungen benutzt. Zum Theil seien auch nicht richtige Behauptungen aufgestellt.

Zu ersterer Kategorie gehörten vor Allem die Deduktionen aus der Beamteneigenschaft der Kanzleigehülfen. Es sei richtig, daß dieselben, soweit sie zur Befriedigung eines bäuerlichen Bedürfnisses angenommen und deshalb nach den Vorschriften des Kanzleireglements mit dem Staatsdienereide belegt würden, als Beamte anzusehen seien. Diese den Kanzleigehülfen in wichtigen Beziehungen überaus vortheilhafte Rechtsauffassung sei jüngst vom Oberverwaltungsgericht anerkannt worden. Sie führe aber nicht mit Nothwendigkeit zu der Folgerung, daß nur deshalb festes Einkommen, Einkommenssteigerung nach dem Dienstalter, Pension, Reliktenversorgung u. dergl. gewährt werden müsse.

Unrichtig seien die Anführungen, nach welchen ein niedrigster Schreiblohn von 5 Pf. als regelmäßiger Anfangslohn jedes Kanzleigehülfen vorausgesetzt werde; nach welchen dem Kanzleigehülfen jede Nebenbeschäftigung untersagt werde; nach welchen ihnen Unterstützungen aus dem für Beamte bestehenden Fonds nicht gewährt würden; nach denen weitere Aenderungen des Kanzleireglements in bedrohlicher Aussicht ständen, u. dgl. m.

Die Darstellungen über besondere Nothstände in einzelnen Fällen entzögen sich jeder Kontrole; es sei nicht festzustellen, ob die übertrieben langen Arbeitszeiten wirklich aufgewendet worden seien, ob ein trotz größter Anstrengung angeblich nur zu minimalem Einkommen gelangender Kanzleigehülfe nicht etwa ein besonders wenig gewandter oder besonders langsamer Arbeiter gewesen sei.

Im Allgemeinen könne man sich gegenüber den Petitionen des Eindrucks nicht erwehren, als ob die Kanzleigehülfen durch die zahlreichen wohlwollenden Maßnahmen zu ihrem Besten nur zu weitergehenden Wünschen angeregt seien. Die einzelnen Maßnahmen jener Art seien in dem Bericht der Justizkommission vom 20. April 1891 (Drucksachen Nr. 297 des Abgeordnetenhauses 17. Legislaturperiode III. Session) Seite 7 eingehend dargelegt.

Der in Anschluß an diesen Bericht ergangene Beschluß des Abgeordnetenhauses vom 10. Juni 1891,
die (damals vorliegenden) Petitionen der Königlichen Staatsregierung insoweit zur Erwägung zu überweisen, daß bei den Schreiblöhnen mehr die höheren Sätze des Kanzleireglements zur Anwendung gelangen,

habe dem Justizminister Anlaß geboten, durch Cirkularverfügung vom 16. Juli 1891 über die Verhältnisse der Kanzleigehülfen Bericht von den Vorstandsbeamten sämmtlicher Oberlandesgerichte zu erfordern. Diese Berichte hätten ergeben, und dem im Abgeordnetenhause gewünschte bevorzugte Anwendung der höheren Schreiblohnsätze schon jetzt Platz greife. Soweit in den Berichten genaue Angaben über die Zahl der einzelnen Schreiblohnsätze bezüglich der Kanzleigehülfen enthalten seien, sei — mit Weglassung der nur hin und wieder sich findenden Lehrlingslöhne von 4 Pf. und der übrigens in zunehmender Anwendung begriffenen Sätze von 11 und 12 Pf. — Folgendes mitzutheilen:

Im Bezirk	sind Kanzleigehülfen vorhanden, welche erhalten einen Schreiblohn von					
	5 ℳ	6 ℳ	7 ℳ	8 ℳ	9 ℳ	10 ℳ
Stadt Berlin	—	19	72	92	58	119
Kammergericht im Uebrigen	22	50	69	102	95	39
Oberlandesgericht Cassel	17	10	26	47	57	38
Oberlandesgericht Celle	11	17	32	95	118	38
Oberlandesgericht Frankfurt a/M.	—	3	13	57	51	46
Oberlandesgericht Kiel	2	3	17	17	26	65
Oberlandesgericht Posen	17	35	44	80	29	3
Oberlandesgericht Stettin	25	29	26	56	42	49

Dabei werde noch vielfach hervorgehoben, daß die niedrigsten Sätze nur bei Anfängern zur Anwendung gelangten.

Hieraus erhelle schon, daß der Schwerpunkt der Schreiblöhne in den höheren Lohnklassen liege.

Ueber die Einkommensverhältnisse der Kanzleigehülfen seien in den Berichten noch folgende allgemeine Mittheilungen enthalten gewesen:

Cassel: auch an den kleineren Orten betrage das Einkommen der Kanzleigehülfen 900—1000 Mark.

Köln: meist seien 8 Pf. bewilligt; das Monatseinkommen betrage 150—200 Mark; nur wenige Kanzleigehülfen bezögen ein geringeres Einkommen als 100 Mark.

Kiel: in Altona seien 5 Kanzleigehülfen mit einem 1000 Mark übersteigenden Einkommen vorhanden, einer beziehe bei 8 Pf. Schreiblohn 1447 Mark.

Königsberg: das Monatseinkommen betrage in Allenstein 140—160 Mark, in Soldau 130 Mark, in Insterburg ebensoviel, in Lyck 150 und 158 Mark.

Marienwerder: das Einkommen betrage 900 bis 1800 Mark.

Als Gesichtspunkte für die Bestimmung der Höhe der Schreiblöhne werden angeführt: Güte der Leistungen, Theuerungsverhältnisse, persönliche Verhältnisse; namentlich werde vielfach der Schreiblohnsatz mit steigendem Alter erhöht. Nähere Darlegungen in letzterer Hinsicht wurden von dem Regierungsvertreter aus dem Berichte der Vorstandsbeamten des Oberlandesgerichts Hamm mitgetheilt.

Es ergebe sich ferner aus den Erhebungen, daß man im Wesentlichen drei Kategorien von Kanzleigehülfen zu unterscheiden habe: junge Leute, welche als Schreiblehrlinge auf den Gerichtskanzleien in der Zeit zwischen Schulentlassung und Militärdienst Beschäftigung suchen, und für welche die niedrigsten Schreiblohnsätze ein durchaus angemessenes Einkommen bilden; — vorübergehend bei steigendem Bedürfniß angenommene Kräfte, aus den verschiedensten Elementen zusammengesetzt, deren Schreiblöhne sich nach den Umständen des Einzelfalles, nach Angebot und Nachfrage richten müsse; — endlich den Stamm dauernder Kanzleigehülfen, welche aus der Schreibthätigkeit ihren Lebensberuf gemacht haben. Die Wünsche nach Aufbesserung der Kanzleigehülfen gingen in der Regel von den letzteren aus und er (der Kommissar) glaube voraussetzen zu dürfen, daß bei dem vom Berichterstatter gegebenen Anregungen nur die letzterwähnte Kategorie im Auge hätten.

Bezüglich dieser aber vermöge die Justizverwaltung ein Bedürfniß zur durchgreifenden Aenderung der geltenden Einrichtungen nicht anzuerkennen. Der einzige generelle Mißstand, der aus den erwähnten Berichten noch hervortrete, sei, daß der Berechnungssatz für Formularausfüllungen bei gewandten und intelligenten Arbeitern zu Ergebnissen führe, welche die bei den wichtigeren und schwierigeren Glattschriften beschäftigten Kanzleigehülfen als benachtheiligt erscheinen lasse. In dieser Hinsicht schwebten zur Zeit weitere probeweise Erhebungen, von deren Ergebniß es abhänge, ob unbeschadet der Aufrechthaltung der Gesammthöhe der Schreiblöhne nicht besondere Maßnahmen zur Ausgleichung jener Unterschiede zu treffen seien.

Was nun die einzelnen Anträge des Berichterstatters betreffe, so sei

1. Der Vorschlag, die Schreiblöhne nach Jahresklassen abzustufen, ganz undurchführbar. Zwar werde, wie erwähnt, thatsächlich fast überall so verfahren, daß das steigende Dienstalter als Grund zur Erhöhung der Schreiblöhne betrachtet werde. Allein eine feste, bindende Norm in dieser Richtung aufzustellen, könne nur als unangemessen bezeichnet werden. Denn, ganz abgesehen von den großen provinziellen und örtlichen Verschiedenheiten, hänge die Höhe der Schreiblöhne von individuellen Verhältnissen ab, welche eine schablonenhafte Anwendung eines Systems von Alterszulage ausschließe. Vor allem aber müsse die Möglichkeit gewahrt werden, mit der Höhe des Schreiblohnsatzes wechseln zu können, je nachdem der Kanzleigehülfe mit Formulararbeiten oder mit Glattschriften beschäftigt sei. Sonst werde aus den oben dargelegten Gründen gerade die beabsichtigte regelmäßige Einkommensverbesserung der Kanzleigehülfen vereitelt.

2. Den Kanzleigehülfen einen festen Anspruch auf das Mindesteinkommen zu verleihen, sei ein Vorschlag, welcher der Natur des Mindesteinkommens nicht gerecht werde. Dies sei kein Gehalt, vielmehr erhalte der Kanzleigehülfe nach wie vor nur den Lohn für bestimmte Arbeiten. Es sei ihm nun garantirt, daß er ein gewisses Maß von Arbeit zur Erledigung erhalten werde, oder, wenn solche fehle, daß er Schreiblohn empfange, gerade als wenn er den vollen Betrag geschrieben hätte. Da nun das Schreibwerk bei den Amtsgerichten großen Schwankungen unterliege, müsse die Möglichkeit gewahrt bleiben, im Falle einer Minderung desselben einem nicht mehr voll zu beschäftigenden, aber doch auch nicht ganz nichtbeschäftigten Kanzleigehülfen den Lohn für Arbeiten zu entziehen, welche ihm voraussichtlich garnicht werden übertragen werden können.

3. Die neben der Möglichkeit sofortiger Entlassung vorgeschriebene, thatsächlich fast immer eingehaltene einmonatige Kündigungsfrist für ältere Kanzleigehülfen auf 3 Monate zu verlängern, sei nicht ohne Bedenken. Das Schwanken des Schreibwerks bei den Amtsgerichten, das oft dringende Bedürfniß, ungeeignete Elemente aus den Kanzleien baldigst zu entfernen, lasse eine große Beweglichkeit der Verwaltung als dringend wünschenswerth erscheinen. Auch sei zu beachten, daß die einmonatige Kündigungsfrist im Allgemeinen für Diätarien und sonstige kündbare Beamte vorgeschrieben sei.

4. Die Umwandlung der Möglichkeit einer Pensionsgewährung an Kanzleigehülfen auf Grund des § 2 Abs. 2 des Pensionsgesetzes in ein festes Recht auf Pension und die Ausdehnung der Reliktenversorgung an die Hinterbliebenen von Kanzleigehülfen, seien Maßnahmen, welche nur im Wege einer Abänderung der Gesetzgebung zu erreichen seien. Wenn auch im Falle der Annahme eines dahin zielenden Antrags die Regierung sich einer eingehenden Erwägung der Frage nicht entziehen werde, so glaube er (der Kommissar) doch jetzt schon auf die Gründe

hinweisen zu müssen, aus welchen einer derartigen Gesetzesänderung große Schwierigkeiten entgegenständen. Man könne kaum Sonderbestimmungen für die Kanzleigehülfen der Justizverwaltung allein in Aussicht nehmen, vielmehr müsse die Maßnahme dann generell in Angriff genommen werden. Dann aber gewinne sie eine finanzielle Tragweite, zu der die Zustimmung des Herrn Finanzministers kaum zu erlangen sein werde.

Thatsächlich werde jetzt dienstunfähigen Kanzleigehülfen nach 10 jähriger Dienstzeit im Falle der Dienstunfähigkeit stets eine Pension gewährt, ein Bedürfniß zur Aenderung sei hier kaum anzuerkennen. Eine Gewährung von Wittwen- und Waisengeldern sei nach dem Wortlaut des Gesetzes vom 20. Mai 1882 (Gesetzsamml. S. 298) § 7 verbunden mit § 1 ausgeschlossen. Während der ersten zehn Jahre stehe der Kanzleigehülfe nicht anders als ein anderer Beamter. Der Hinweis auf die Invaliditäts- und Altersversicherung passe nicht. Die Kanzleigehülfen erhielten als Pension in der Regel viel mehr, als sie aus jener Versicherung zu erwarten berechtigt seien, und seien nicht zu eigenen Beiträgen verpflichtet.

5. Daß die Verleihung der Anstellungsberechtigung an ältere Kanzleigehülfen Reichsangelegenheit sein werde, habe der Herr Berichterstatter schon hervorgehoben. Durch Bundesrathsbeschluß seien sämmtliche Stellen im Kanzleidienst den Militäranwärtern ausschließlich vorbehalten. Eine Aenderung dieses Grundsatzes könne preußischerseits nur auf Grund eines Staatsministerialbeschlusses beim Bundesrathe beantragt werden. Bei den hohen Werthe, welchen die Militärverwaltung mit vollem Recht auf die Civilversorgung zur Befreitigung des Unteroffiziermangels lege, sei auch Zustimmung des Staatsministeriums zu einem solchen Vorgehen kaum zu erwarten. Uebrigens sei hierbei noch darauf hinzuweisen, daß eine in einigen Petitionen angeregte Vermehrung der Kanzlistenstellen den nicht versorgungsberechtigten Kanzleigehülfen kaum nützen werde, indem für jene Stellen dann stets Militäranwärter sich melden würden.

6. Die Aenderung der Verfügung vom 16. Dezember 1890 (Justizministerialblatt S. 348) könne nicht in Aussicht gestellt werden. Der Herabsetzung des Schreiblohns für die Ueberverdienst stehe die günstigere Berechnung des letzteren gegenüber, wie dies schon im vorigen Jahre dargelegt sei (vergl. Drucksachen Nr. 297 S. 6). Gewährung der letzteren Vergünstigung unter gleichzeitiger Belassung von 9 und 10 Pf. für den Ueberverdienst könne leicht zu garnicht gewollten Bevorzugungen der vor jener Verfügung angenommenen Kanzleigehülfen führen. Was unter einer vorübergehenden Belassung des höheren Schreiblohns für die angeblich in ihren Einnahmen geschädigten Kanzleigehülfen zu verstehen sei, erhelle nicht. Solle der Kanzleigehülfe etwa ständig die 9 oder 10 Pf. für die ganze Dauer seiner Dienstzeit behalten? Wie solle sich die Sache bei einer Aenderung des Schreiblohns gestalten? Uebrigens werde nochmals daran erinnert, daß die jetzt angefochtene Bestimmung durch ausdrückliches Verlangen der Oberrechnungskammer veranlaßt worden sei; es handle sich um Anwendung allgemeiner Grundsätze, an welchen die oberste Rechnungsbehörde kaum eine Ausnahme zulassen werde.

Es gelangten nun die einzelnen Anträge des Referenten und der Gegenantrag zur besonderen Erörterung, bei welcher der Referent den Antrag zu 4 mit Rücksicht auf den über diese Frage gestellten Gegenantrag zurückzog.

Der Antrag des Referenten zu Nr. 1 wurde von einer Seite bekämpft, indem davon überall ein bestimmte Grundsätze aufgestellt seien, von denen nur im äußersten Nothfalle abgegangen werde. An einzelnen Orten seien geeignete Personen nicht zu finden und müßte man sich dann auch zeitweise selbst mit wenig geeigneten Leuten

Anl. z. d. Verhandl. d. Hauses d. Abg. 17. Legisl. IV. Session 1892.

behelfen. Solchen Personen gegenüber sei es nicht angemessen, wenn ihre Lohnsätze fortgesetzt erhöht würden. Nach einer Erfahrung aus 25 Jahren sei kein Stand so viel berücksichtigt mit Verbesserungen, wie der der Petenten.

Ein anderes Mitglied trat dagegen für den Antrag zu Nr. 1 ein mit dem Bemerken, daß die Normativbestimmungen für den Oberlandesgerichtsbezirk verschiedenen Verhältnissen Rechnung tragen könnten, namentlich auch hinsichtlich der Sätze für Blattschriften gegenüber denen für Formularausfüllungen. Gegenüber ungeeigneten Persönlichkeiten habe man eine Correctiv in dem Rechte der Kündigung und eventuellen freien anderweiten Vereinbarung.

Der Antrag zu 3 wurde von einer Seite mit Hinweis auf die Anstellungsverhältnisse der Handlungsgehülfen befürwortet, während von anderer Seite geäußert wurde, daß es unerträglich sei, etwaigen Excedenten gegenüber eine so lange Kündigungsfrist einhalten zu müssen.

Der Referent trat der letzteren Aeußerung mit der Bemerkung entgegen, daß die Entlassung im Disziplinarwege unbenommen sei, und daß auch bei geringeren Excessen dem mit längerer Frist gekündigten Kanzleigehülfen Gelegenheit gegeben werde, durch anbauernde Beweise von der Besserung seines Lebenswandels die Zurücknahme der Kündigung zu erstreben.

Bei der Abstimmung wurden die Anträge des Referenten bei 1 mit 4 gegen 6 Stimmen, zu 2 mit 7 gegen 3 Stimmen, zu 5 mit allen gegen 1 Stimme abgelehnt, dagegen der Antrag zu 3 mit 7 gegen 2 Stimmen und der Gegenantrag sodann einstimmig angenommen.

Die Kommission empfiehlt daher,

das Haus der Abgeordneten wolle beschließen:

die Petitionen II Nr. 46 und 471—91 der Königlichen Staatsregierung mit der Maßgabe zur Erwägung zu überweisen,

a) ob nach einer Beschäftigung von 3 Jahren für die Kanzleigehülfen eine dreimonatliche Kündigungsfrist festgesetzt werden soll und

b) ob, bezw. durch welche Maßregeln den Wünschen der Petenten bezüglich der Versorgung im Falle der Dienstunfähigkeit, sowie der Versorgung ihrer Hinterbliebenen Rechnung getragen werden kann,

im Uebrigen über die Anträge der Petenten mit Rücksicht auf die von der Königlichen Staatsregierung abgegebenen Erklärungen zur Tagesordnung überzugehen.

C.

Berichterstatter:
Abgeordneter Dr. v. Cuny.

Journal II Nr. 48u.a.

Die Justizkommission hat über zwei ihr überwiesene Petitionen von Hülfsgerichtsdienern in Gegenwart des Herrn Geheimen Justizraths Vierhaus als Kommissars des Königlichen Justizministeriums verhandelt. Die eine

Petition, Journal II 48¹, geht von 8 Hülfsgerichtsdienern beim Landgerichte und Amtsgerichte in Köln (Karl Leidig und Genossen), die andere, II 48², von einem Hülfsgerichtsdiener Th. Jörste beim Königlichen Landgerichte in Berlin I aus. Beide gründen sich auf die Unzulänglichkeit des dienstlichen Einkommens der Hülfsgerichtsdiener, welches in der Kölner Petition auf 62 Mark 50 Pfennige bis 75 Mark, in der Berliner auf 68 Mark 75 Pfennige bis 81 Mark monatlich angegeben wird. Davon könne in den theuren Städten Berlin und Köln eine Familie nicht leben. Das Aufsteigen von den niederen auf die höheren Einkommensstufen sei überdies ein äußerst langsames; die Berliner Petition giebt an, der Hülfsgerichtsdiener steige, nachdem er mit 68 Mark 75 Pfennige begonnen, erst in 6—7 Jahren auf 75 Mark und erst in weiteren 3—4 Jahren auf 81 Mark; bis zur definitiven Anstellung als Gerichtsdiener vergingen 9 bis 10 Jahre. Die Zahl der etatmäßigen Stellen sei eine zu geringe. Ferner behauptet die Kölner Petition, nach den bestehenden Vorschriften sollten die Hülfsgerichtsdiener — sämmtlich Militäranwärter — nur auf sechs Monate probeweise angenommen, nach Verlauf dieser sechsmonatlichen Probedienstzeit aber, wenn sie nicht entlassen würden, fest angestellt werden. Diese Vorschrift werde aber nicht beobachtet; unter den Petenten seien mehrere, welche schon drei bis vier Jahre als Hülfsgerichtsdiener beschäftigt worden, ohne daß sie noch Aussicht auf baldige etatmäßige Anstellung hätten.

Das ohnehin spärliche Diensteinkommen wird, nach Behauptung der Kölner Petition, den einzelnen Hülfsgerichtsdienern noch dadurch geschmälert, daß sie angeblich angehalten werden, Kaution zu stellen. Gelinge es ihnen, die hierzu erforderlichen Geldmittel aufzutreiben, so müßten sie dieselben zu mindestens 5%, verzinsen, während sie von den zur Kaution gestellten Werthpapieren nur 3¼% Zinsen bezögen.

Die Petenten beschweren sich ferner darüber, daß den Militäranwärtern, welche als Hülfsgerichtsdiener beschäftigt würden, schon nach sechs Monaten die Militärpension entzogen würde, so daß sie fortan lediglich auf ihr spärliches, unzureichendes Einkommen als Hülfsgerichtsdiener gewiesen seien.

Auf Grund dieser Ausführungen wird in beiden Petitionen beantragt:
1. die Zahl der etatmäßigen Gerichtsdienerstellen zu vermehren;
2. die Gehälter der Hülfsgerichtsdiener zu erhöhen.

Die Kölner Petition bittet außerdem um Erlaß eines Gesetzes, durch welches bestimmt werde, daß den Hülfsgerichtsdienern ihre Militärpension bis zu ihrer festen Anstellung als Gerichtsdiener verbleibe.

Die Kommission ging zunächst davon aus, daß die letztere Frage unter die Zuständigkeit des Reiches falle und demnach hier ausscheide.

Sodann erklärte der Regierungskommissar:

Die Justizverwaltung sei bestrebt, die Zahl der etatsmäßigen Gerichtsdienerstellen nach Maßgabe des Bedürfnisses zu vermehren. Wenn in dem Etat für 1892/93 im Ganzen nur 9 neue Gerichtsdienerstellen liquidirt seien, so habe dies seinen Grund eben in der besonderen ungünstigen, zu äußerster Sparsamkeit nöthigenden Finanzlage. Zugegeben werde, daß die Anzahl der Hülfsgerichtsdiener in Berlin und in Köln eine im Verhältniß zur Zahl der etatsmäßigen Stellen ungewöhnlich große sei, es habe dies aber besondere lokale Gründe; dort das fortwährende rasche Anwachsen der gerichtlichen Geschäfte, welches, wie in allen Zweigen des Justizdienstes, so auch bei den Unterbeamten eine starke Verwendung von Hülfspersonal nöthig mache; in Köln aber sei eine endgültige Regelung der Gerichtsdienerstellen für den Zeitpunkt in Aussicht genommen, daß das Justizgebäude vollendet und alle Abtheilungen des Amtsgerichts in demselben vereinigt sein werden, vorher lasse sich das Bedürfniß nicht genau ermitteln und man behelfe sich daher so lange mit Hülfsbeamten.

Die Verhältnisse der Hülfsgerichtsdiener seien in den Petitionen nicht durchweg richtig dargestellt. Vor allem sei nirgends vorgeschrieben, daß ein Hülfsgerichtsdiener nach 6 Monaten etatsmäßig angestellt werden solle. Im Gegentheil stelle die Gerichtsdienerordnung die auf Lebenszeit angestellten und die gegen Diäten auf Kündigung beschäftigten Gerichtsdiener ausdrücklich neben einander.

Die Hülfsgerichtsdiener seien entweder
a) sogenannte ständige, diese bezögen an Diäten
   in Berlin 825—975 Mark;
   außerhalb 800—900 Mark (bis ¼ 1890 nur 750—898 Mark);
b) sogenannte nicht ständige, welche den Minimalsatz der Diäten der ständigen Hülfsgerichtsdiener bezögen. Diese letztere Normirung, sowie die Bestimmung der Maximaldiäten der ständigen Hülfsgerichtsdiener auf den Mindestbetrag des Gehalts der etatsmäßigen Gerichtsdiener entspreche allgemeinen Etatsgrundsätzen für alle Verwaltungen. Auch die Höhe der Diäten sei dieselbe wie für ähnliche Beamtenkategorien in anderen Dienstzweigen.

Die Frage der Pensionskürzung liege, wie schon vom Berichterstatter bemerkt sei, auf dem Gebiete der Reichsgesetzgebung.

Wenn den Hülfsgerichtsdienern eine Kautionsstellung angesonnen werde, weil sie zu Hülfsgerichtsvollziehern bestellt würden, so bezögen sie dafür auch die ihnen als solche zustehende Vergütung bis zum Höchstbetrage von 300 Mark.

Die Justizverwaltung sei gern bereit, mit der Vermehrung der etatsmäßigen Gerichtsdienerstellen nach Möglichkeit weiter vorzugehen. Vor allem würde die geplante Umgestaltung und Beschränkung des Diätarienwesens bei ihrer Durchführung den Hülfsgerichtsdienern zu gute kommen. Eine weiter gehende Berücksichtigung der Wünsche der Petenten könne nicht in Aussicht gestellt werden.

Im Hinblick auf diese Erklärungen des Regierungskommissars beschloß die Kommission einstimmig, zu beantragen:

das Haus der Abgeordneten wolle beschließen:
über die Petitionen II Nr. 48 1.² zur Tagesordnung überzugehen.

Berlin, den 12. Mai 1892.

Die Kommission für das Justizwesen.

Simon v. Zastrow, Vorsitzender. Dr. Avenarius. Biesenbach. Bode. Dr. v. Cuny. Eberhard. Graf (Hohenzollern). Korsch. Lerche. Mühl. Nadbyl. Dr. Oetker. Schmidt (Warburg). Schumacher.

No 192.

A. Betr. Gewährung einer Entschädigung an den Neulander Deichverband.
B. Betr. Gewährung eines Darlehns an die Wester- und Einteler-
marscher Deichacht.

Siebenter Bericht

der

Kommission für die Agrarverhältnisse über
Petitionen.

A.

Berichterstatter:
Abgeordneter Knebel.

Journal II Nr. 288.

Seit dem Jahre 1885 ist das Abgeordnetenhaus wiederholt mit einer Petition des Neulander Deichverbandes wegen Schadenersatzes aus Staatsmitteln für einen angeblich durch staatliche Bauten veranlaßten Deichbruch befaßt gewesen. Ueber die Vorgeschichte der auch jetzt wieder vorliegenden Petition ergeben die Berichte der Agrarkommission Folgendes:

Nach längeren Vorverhandlungen ist im Jahre 1869 Seitens des Königlichen Ministerii für Landwirthschaft ec. bei der Ortschaft Laßrönne-Hane (Landrostei Lüneburg) an der Mündung der Ilmenau in die Elbe die Erbauung eines Deichs, welcher den Namen Haue-Flügeldeich führt, wesentlich auf Staatskosten, und nur zum geringen Theil mittelst freiwilliger Beisteuer interessirter Gemeinden und Grundbesitzer zur Ausführung gelangt. Dieser Deich sollte dem zweifachen Zwecke dienen, einmal um als Leitdamm an der Elbe das Hochwasser derselben im Interesse der Stromkorrektion zusammen zu halten, und zweitens um im Interesse der Entwässerung der oberen Marschen das Einströmen des Abwassers in die Ilmenau zu beschränken und bei fallendem Wasserstande den Abfluß der Wasser der Ilmenau in die Elbe zu erleichtern.

Gegen die Anlage des genannten Flügeldeichs haben die Deputirten des Neulander Deichverbandes, deren Deiche dem Ersteren gegenüberliegen, sofort und wiederholt Einsprache erhoben, unter der Behauptung, daß durch die Herstellung des Haue-Flügeldeichs der Strom dem Fuße ihrer Deiche zu nahe gebracht, ihr Deichkörper zu sehr der Unterspülung ausgesetzt werden würde, und daß in Folge der projektirten Länge des Flügeldeichs eine solche Einengung des Inundationsgebiets an der Ilmenau herbeigeführt werden würde, welches das bisherige Reservoir zur Aufnahme der Hochwasser in einer Weise beschränke, daß nothwendiger Weise die dadurch entstehende größere Stromgeschwindigkeit zu einer für ihre Deiche gefahrbringenden sich gestalten müsse.

Das Königliche Ministerium für Landwirthschaft ec. hat die erhobenen Einwände und Proteste nicht berücksichtigt und als unbegründet zurückgewiesen.

Nach Herstellung des Haue-Flügeldeichs bewahrheiteten sich die Befürchtungen der Interessenten des Neulander Verbands. In den Tagen des 24. und 25. Dezember 1875 fand eine Eisstopfung in der Elbe statt, in Folge welcher bei gleichzeitigem anhaltenden Regen- und Thauwetter die Elbe in einer so raschen Weise, größtentheils im Abfließen durch den Haue-Flügeldeich gehemmt, stieg, daß nachweislich aktenmäßiger Aufzeichnungen die Stromgeschwindigkeit in sonst nur bei Gebirgswässern vorkommendem Maß von 3—5 m pro Sekunde erreichte, und sich unter Mitführung von Eisblöcken in die Ilmenau ergießend, zu einer verheerenden gestaltete. Aus den amtlichen Peilungen des Hamburgischen Wasserbaubureaus ergiebt sich, daß damals eine Vertiefung des Ilmenaubettes um 3—5 m erfolgte. Die Neulander Deiche erfuhren eine Absenkung und Unterspülung und sind nur vor gänzlicher Zerstörung nur dadurch bewahrt geblieben, daß noch rechtzeitig die Hochfluth den Haue-Flügeldeich durchbrochen hat. Die aus diesen Vorkommnissen für den Neulander Deichverband erwachsenen Kosten behufs Wiederherstellung ihrer Deiche waren um so erheblicher, als derselbe auch die Wiederausfüllung des Durchstichs des Haue-Flügeldeichs zu bestreiten hatte. Die unter Aufsicht der verordneten Behörde ausgeführten Herstellungsarbeiten erforderten bei der vorhandenen Prästationsunfähigkeit der Neulander Deichinteressenten die Aufnahme einer Anleihe und soll durch dieselbe deren Schuld für jene Arbeiten etwa 75 000 Mark betragen haben.

Ueber die sonstigen Lasten und die Leistungsfähigkeit des Neulander Deichverbandes sagt der Bericht von 1885 Folgendes:

Neuland hat   800 ha guten Marschboden,
      1 023 · geringerer Güte,
      593 · noch weniger ertragreich,
      48 · unbrauchbar.

Zusammen 2 464 ha sammt und sonders umschlossen durch eine Deichstrecke von 22 992 m.

Die tiefe Lage des Landes gegenüber dem gewöhnlichen Niveau der Elbe erfordert behufs Abschöpfung des Grundwassers die Verwendung von Schöpfwerken durch Dampfkraft, wodurch selbstverständlich sich die Kosten für die Interessenten erheblich über das Maß gewöhnlicher Deichkosten hinaus steigern.

Der Deichverband hat gegenwärtig an effektiven Schulden:

   ℳ 87 000. Anleihe von 1855 in Folge eines damaligen Deichbruchs.
   · 310 000. Anleihe aus den 70er Jahren behufs Anlage der Schöpfwerke.
   · 10 000. Anleihe 1889 zur Herstellung beschädigter Maschinentheile.

Zusammen ℳ 407 000. wovon durch Amortisationen und Reservefonds ad Mark 3 200 abgehen
   · 30 177.

Mithin verbleiben .. ℳ 376 823.

Dieselben erfordern an Zinsen und Amortisation jährlich 20 640 Mark und werden nach den Anleihebedingungen erst in etwa 25 Jahren getilgt sein.

Die ordentlichen Deichlasten sind auf 80 Pfennig pro Meter verlangt, beziffern sich mithin jährlich auf 22 992 Mark + 80 = 18 393 Mark.

Die außerordentlichen Lasten betragen, insofern erhebliche Defensionen nicht hinzutreten, jährlich 4 500 Mark.

Die Wasserschöpfwerke bedingen einschließlich Unterhaltung der Gebäude und Maschinen jährlich Betriebskosten im Betrage von 15 000 Mark.

Wenn in dem Vorstehenden die sich jeder Vorausberechnung entziehenden außerordentlichen Defensionen nicht mit in Rechnung gezogen sind, so giebt sich eine jährlich aufzubringende Ausgabe von 58 633 Mark und stellt sich das Schuldsoll eines jeden Hektars auf 156 Mark und die Ausgabe auf 24 Mark.

Die Höhe dieser Belastung springt unmittelbar in die Augen, wenn der effektive Werth der Grundstücke bemessen wird nach ihrer Veranlagung zur Grundsteuer, welche letztere auf 6 400 Mark festgestellt ist.

Nachdem staatlicherseits jeder Schadenersatz abgelehnt worden war, ist der Neulander Deichverband bei dem ehemaligen Großen Senat des Obergerichts Lüneburg gegen das landwirthschaftliche Ministerium klagbar geworden und hat genanntes Gericht, nachdem Kläger die durch ein früheres Erkenntniß ihm auferlegten Beweise, namentlich auch den, daß beklagtisches Ministerium unter Benutzung gesammelter Beiträge die fragliches Flügeldeich für eigne Rechnung angelegt habe, geführt hatte, unterm 8. Oktober 1881 dahin erkannt:

„verklagtes Ministerium wird verurtheilt:

dem klagenden Deichverbande diejenigen Beträge zu erstatten, welche zur Herstellung der durch die Anlegung des verlängerten Haue-Flügeldeichs beschädigten Grundbetten und Schutzwerke des Elbdeichs bei Hoopte aufgewendet sind, sowie diejenigen Kosten, welche dem Kläger durch den bei dem Hochwasser erforderlichen außerordentlichen Deichschutz erwachsen sind,

soweit diese Schäden und Kosten durch die Verlängerung des Haue-Flügeldeichs verursacht worden sind.

Die Liquidation des Schadens bleibt einem besonderen Verfahren vorbehalten."

Gegen dies dem Neulander Deichverband günstige Erkenntniß hat das Königliche landwirthschaftliche Ministerium den Kompetenzkonflikt erhoben, und ist durch Erkenntniß des Gerichtshofes zur Beseitigung von Kompetenzkonflikten vom 14. Oktober 1882, wonach die Kompetenz des ordentlichen Richters in dem vorliegenden Rechtsstreit als unzulässig erkannt wird, das fragliche Ministerium in die günstige Lage versetzt worden, über die Verpflichtung zum Schadenersatze selbst die Entscheidung zu treffen.

Dem Vorstande des Neulander Deichverbandes blieb hiernach nichts übrig, als einen Schadensanspruch bei dem Herrn Minister zu stellen und ist demselben hierauf von dem Herrn Minister laut Reskript vom 27. Mai 1884 eröffnet, daß er

„aus Mangel an verfügbaren zu dem in Rede stehenden Zwecke verwendbaren Geldmitteln zu seinem Bedauern nicht in der Lage sei, dem Verbande die für die Vertheidigung und Wiederherstellung in dem Dezember 1875 beschädigten Hoopter Deiche aufgewendeten Kosten aus Staatsfonds zu ersetzen."

Es ist auch an dieser Stelle noch zu erwähnen, daß die Königliche Landdrostei zu Lüneburg mit dem vorstehenden Ministerialresolute unterm 16. Juni 1884 zugleich zu erkennen gab:

daß der Herr Minister sich hinsichtlich der ferneren Anträge der Vertreter des Neulander Deichverbandes weitere Verfügung vorbehalten habe.

Der Verband wendete sich nun an das Haus der Abgeordneten zum ersten Male in dessen Session von 1885. Da damals keine Ermittelungen stattgehabt hatten, ob und in wie weit der Verlängerung des Hauer Flügeldeichs die Schuld der Beschädigung des Neulander Verbandes zuzuschreiben sei, so wurde auf Antrag der Agrarkommission vom Abgeordnetenhause beschlossen, der Königlichen Staatsregierung zur Erwägung zu verstellen:

ob und zu welchem Betrage der Neulander Deichverband für die durch die Verlängerung des Hauer Flügeldeichs in Folge des Hochwassers des Jahres 1875 erwachsenen Schäden und Kosten zu entschädigen sei."

Als in der Session 1886 der Neulander Verband mit einer wiederholten Petition eingekommen war, begründet dadurch, daß das Anliegen bisher keine Berücksichtigung gefunden habe, und außerdem die Königliche Staatsregierung in der alljährlich gegebenen Uebersicht über die von ihr auf Anträge und gefaßten Entschließungen die Erklärung abgegeben hatte, daß

„eine Verpflichtung des Staates zur Erstattung der durch die Vertheidigung der Hoopterdeiche im Jahre 1875 erwachsenen Kosten nicht bestehe, und daß zur Verlängerung unabsehbarer Berufungen anderer durch außerordentliche Hochwasser geschädigten Deichverbände es nicht rathsam erscheine, eine extraordinäre Geldbewilligung zu diesem Zwecke nachzusuchen,"

wurde auf Antrag der Agrarkommission Seitens des Abgeordnetenhauses der Beschluß gefaßt, die vorliegende Petition

der Königlichen Staatsregierung zur Berücksichtigung dahin zu überweisen, ermitteln zu lassen, ob und in wie weit der Verlängerung des Hauer Flügeldeichs von den in Folge des Hochwassers im Jahre 1875 dem Neulander Deichverbande erwachsenen Schädigungen ein Antheil beizumessen sei, und den thatsächlich ermittelten Antheil dem Verbande zu ersetzen.

Dieser Beschluß begründete sich auf die Erwägung, daß dem Neulander Deichverbande durch die Erhebung des Kompetenzkonflikts Seitens des landwirthschaftlichen Ministeri die gerichtliche Weiterverfolgung des oben zitirten ihm günstigen Erkenntnisses des ehemaligen Obergerichts Lüneburg von den 8. Oktober 1881, abgeschnitten worden sei, und daß, wenn wirklich die Verlängerung des Hauer Flügeldeichs Schuld an den stattgehabten Schädigungen trage, billiger Weise dem Neulander Verbande eine entsprechende Entschädigung gewährt werden müsse.

Die Entschließung, daß die zum dritten Male in der Session 1887 eingereichte Neulander Petition kommt für die Beurtheilung der gegenwärtig vorliegenden Petition nicht in Betracht, in so fern als Uebergang zur Tagesordnung beliebt werden mußte, weil nach den Erklärungen der Kommission durch den landwirthschaftlichen Ministerio die eingeleiteten Ermittelungen noch nicht zum Abschluß gediehen waren.

Obgleich nun nach Ansicht der Königlichen Staatsregierung die angestellten Ermittelungen ergeben, daß die gegen den Widerspruch des Neulander Deichverbandes hergestellte Verlängerung des Hauer Flügeldeiches die Beschädigung der Hoopter Deiche im Dezember 1875 nicht veranlaßt hätten, wurde aus Billigkeitsrücksichten, um dem Neulander Deichverband bei dessen starker Verschuldung entgegenzukommen, eine Beihülfe von 40 000 Mark für denselben in das Extraordinarium der landwirthschaftlichen Verwaltung für das Jahr 1888/89 eingestellt und von der Landesvertretung genehmigt.

In der Session von 1889 kam der Neulander Deichverband beim Abgeordnetenhause darum ein, daß ihm der gesammte, durch die Hochfluth von 1875 verursachte Schaden aus Staatsmitteln ersetzt werden möchte. Zwar beantragte die Agrarkommission, über diese Petition zur Tagesordnung überzugehen — Drucksache Nr. 105 A —, aber das Abgeordnetenhaus beschloß, an die Königliche Staatsregierung das Ersuchen um nochmalige Erwägung derselben zu richten.

Als hierauf nichts geschah, erneuerte der Neulander Deichverband in der Session 1890/91 seinen Antrag und unterstützte denselben durch das Gutachten eines angeblich bei den Ereignissen des Jahres 1875 persönlich zugegen gewesenen Hamburger Wasserbaubeamten, welcher den Nachweis zu liefern versucht, daß die Beschädigungen der Neulander Deiche ausschließlich auf den Hauer Flügeldeich zurückzuführen sind.

Das Gutachten, dessen Anlagen auf der Registratur des Hauses eingesehen werden können, lautet folgendermaßen.

Technischer Beweis dafür, daß die im Jahre 1860 ausgeführte Verlängerung des Hauer Flügeldeiches durch Einschränkung der Ilmenaumündung ganz allein die erhebliche Beschädigung des Hoopter Elbdeiches neben jener Mündung im Dezember 1875 herbeigeführt hat.*

Vorbemerkung.

Zur besseren Klarstellung und Uebersicht sind die betreffenden Beweismomente in der Anlage 3 niedergelegt; es bedarf daher hier nur einer zweckmäßigen Zusammenstellung derselben.

Diese Momente sind mit alleiniger Ausnahme der neben dem Dorfe Stöckte — d. i. ca. 1 500 m oberhalb der Ilmenau-Mündung und zugleich) ca. 4 300 m unterhalb Tönnhausen, also etwa auf ¼ der ganzen Strecke eingeschalteten Wasserstände (cf. Anlage 2) lediglich aus Thatsachen und nach allgemein gültigen Regeln rc. hergeleitet. Die Einschaltung aber ist in der Anlage 3 gehörig begründet und dabei zugleich nachgewiesen worden, daß auch bei geringer Abweichung der eingeschalteten von den wirklichen Wasserständen die gewonnenen Hauptresultate bezüglich der für die Ilmenau-Mündung berechneten Einströmungsgeschwindigkeiten nicht wesentlich beeinflußt werden können. Rücksichtlich der vorgenannten Thatsachen ist diese Ausarbeitung als „Technischer Beweis" bezeichnet.

*) Anlagen:
1. Lageplan von der unteren Ilmenau-Niederung (Stöckte bis Hoopte) 1 : 10 000;
2. Längenprofil von den Wasserspiegeln:
   a) an der Elbe vom sog. Zollenspieker bis Hoopte (Pahle Ort);
   b) in der unteren Ilmenau-Niederung von Tönnhausen bis zur Mündung der Ilmenau;
3. Berechnungen;
4. ein Heft Pegelbeobachtungen vom Dezember 1875;
5. Meßtischblätter (Bl. 1214 und 1215) von der unteren Ilmenau-Niederung in 1 : 25 000);
6. ein Exemplar des 1887 veröffentlichten Gutachtens von Baurath Heß, die Entwässerung qu. Niederung betreffend.

Als

Einleitung

dürfte hier eine chronologische Erwähnung der bei der Beschädigung des Hoopter Deiches in Frage kommenden Verhältnisse am Platze sein.

Schon längere Zeit vor dem 22. Dezember 1875 hatte die betreffende Elbstrecke eine feste Eisdecke und zwar — im Einklang mit den oberen Elbstrecken — bei einem nur mittleren, sich durchweg gleichbleibenden Elbstande von + 2,70 m am Hoopter Pegel (+ 3,10 N. N.).

Während derselben Zeit war der Wasserstand in der unteren Ilmenauniederung ebenfalls ein mittlerer, indem am Pegel bei Tönnhausen fast durchweg + 1,85 m (+ 3,90 N. N.) notirt worden ist. — In Folge der gegen den 22. Dezember unterhalb Hoopte eingetretenen Eisrückung machte sich jedoch schon eine geringe Störung im Abfluß der Elbe bemerkbar, so zwar, daß bereits den 22. Dezember Mittags sowohl in der Elbe unmittelbar vor der Ilmenaumündung als in der Ilmenauniederung der Wasserspiegel auf rund + 3,50 m N. N. stand. Das Wasser stieg daselbst auch allmählich weiter und erreichte den 23. Dezember 10 Uhr Abends bei Hoopte die Höhe von + 3,74 m über N. N. Dieses langsame Steigen der Elbe und der unteren Ilmenau ging aber sofort nach Eintritt der Vormittags, den 24. Dezember bei Fliegenberg bezw. Warwisch entstandenen Eisstopfung in ein rascheres über, so daß schon Abends 9 Uhr die Elbe bei Hoopte auf + 5,47 über N. N. stand. Abgesehen von mehreren geringen Schwankungen im Wasserstande wurde den 25. Dezember 4 Uhr Nachmittags bei Hoopte der enorme Stand von + 5,93 über N. N. notirt, welchem vor der Ilmenaumündung + 6,18 N. N. entspricht. Für die Ilmenauniederung selbst — bei Tönnhausen bezw. Stöckte — berechnen sich Pegelstände von + 4,44 bezw. + 4,64 N. N., demgemäß war der Wasserstand der Elbe zur Zeit jenes Höchststandes bei Hoopte um rund 1,8 m höher als der Wasserstand der Ilmenau bei Tönnhausen. Da am letztgenannten Orte vom 23. Dezember Mittags ab in den nächsten 24 Stunden ein Steigen von durchschnittlich 1 cm pro Stunde stattgefunden hat, der Wasserstand daselbst für den 23. Dezember 10 Uhr Abends also zu + 3,60 über N. N. anzunehmen ist, so hat an dieser Stelle in der Zeit vom 23. Dezember 10 Uhr Abends bis zum 25. Dezember 4 Uhr Nachmittags, das heißt in 42 Stunden, ein Steigen von rund 4,44—3,60 = 0,84 m stattgefunden, denn für die Elbe 5,93—3,74 = 2,19 m bei Hoopte gegenüberstehen. Hierbei war der Zufluß in der Elbe nur rund 1400 cbm, welches Quantum nur ein mäßiges zu nennen ist.

Unter solch' bedenklichen Verhältnissen entstand im verlängerten Hauer Flügeldeiche ein Bruch von rund 170 m Weite, wodurch die Ilmenauniederung sowohl direkt als auch indirekt durch Senkung des Elbspiegels in dem Maße entlastet wurde, daß der Hoopter Deich „als in den letzten Augenblicke gerettet" angesehen werden konnte, nachdem derselbe auf 125 m Länge dem Kopfe des Flügeldeiches gegenüber bereits einen frischen Bruch erlitten hatte. Zwar blieb die Elbe bis zum 27. Dezember Morgens 6 Uhr noch auf dem hohen Stande von rund + 5,40 N. N. stehen, jedoch gewann die Elbe bis dahin die genügende Zeit, um unter der feststehenden Eisdecke soweit aufzuräumen, daß schließlich das Eis sich löste, und damit jede weitere Gefahr schwand.

Ursache der derzeitigen Beschädigungen am Hoopter Deiche.

In der Anlage 3 ist nachgewiesen, daß die Ilmenaumündung kurz vor Entstehung des Bruches im Hauer Flügeldeiche mit einer Geschwindigkeit von 4,4 m pro Setinde burchströmt worden, ebenso auch, daß schon 26 Stunden vorher den 24. Dezember Mittags 2 Uhr die Durchströmungsgeschwindigkeit rund 2,8 m betragen haben muß. Daß aber solcher Strömung selbst der zäheste Klaiboden nicht lange Stand halten kann, bedarf keines weiteren Nachweises, es ist vielmehr im höchsten Grade zu bewundern, daß der Hoopter Deich so lange widerstanden hat; und zwar solches um so mehr, als die Einströmungen gerade an jenem Deiche entlang von den heftigsten Wirbelbewegungen (Strudeln) begleitet gewesen sind.

Zur Erklärung der Entstehung und Wirkung dieser Wirbelbewegungen (Strudel) möge unter Berücksichtigung der untengezeichneten Skizze Folgendes dienen:

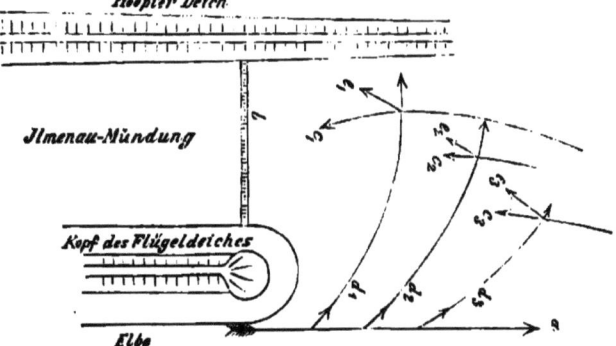

Beim Höchststande hatte die Elbe, wie eine Vergleichung der Pegelstände neben dem Zollenspieker und Hoopte ergiebt, ein relatives Gefälle von 1 : 3 600 (auf 3 600 m Länge 1 m) statt des gewöhnlichen von rund 1 : 10 000. Darnach mußte das Wasser, welches noch Abfluß nach abwärts unter dem Eise hinweg fand, mit einer großen Geschwindigkeit in der Richtung des Pfeiles a sich fortbewegen. Denkt man sich nun die Mündung der Ilmenau durch ein Werk b vollständig geschlossen, so wird erfahrungsmäßig die Strömung bei a einen um so stärkeren Widerstrom bei c_1 erzeugen, je bedeutender die Strömung in der Richtung von a selbst ist. Demnach muß sich auch nach Beseitigung des Werkes b die stärkste Einströmung am Ufer entlang einstellen, im fraglichen Falle also am Hoopter Deiche entlang geführt sein. Weil nun aber das Wasser auch seitlich aus der Elbe von allen möglichen Punkten, bezw. in den Richtungen d_1, d_2, d_3 zuströmen wird und zwar am heftigsten das mit größtem Seitengefälle versehene — mit d_1 bezeichnete —, so werden die d-Strömungen die c-Strömungen ableiten bezw. sich mit selbigen zu Mittelkräften (e_1, e_2) verbinden, wie die Pfeilrichtungen andeuten. Auf solche Weise müssen sich mehr oder weniger heftige Strudel bilden, die sich gegenseitig zwar beeinträchtigen, aber auch verstärken, alle aber mit ihrem Wege gegen den Deich gerichtet sind. Der letztere wird mithin auf die heftigste Weise angegriffen.

Aus dem Vorgetragenen erklärt sich auch zur Genüge, daß der Kopf des Hauer Flügeldeiches selbst nicht so leicht beschädigt werden konnte, wie der Hoopter Deich, zumal dieser außerdem noch durch Eis beschädigt wurde, welches in einer für denselben höchst ungünstigen Richtung von den erwähnten Strömungen mit eingeführt worden ist.

Nach den Berechnungen in Anlage 3 sind auf die Dauer von 26 Stunden mindestens 1030 cbm sekundlich durch die Ilmenaumündung eingeführt worden mit Geschwindigkeiten in der Sohle, welche von 2,8 auf 4,4 m stiegen. Diesen Angriffen, welche namentlich in der letzten Zeit dieser Einströmung von heftigen Rudeln begleitet wurden, bot der Deich nur Klai als widerstehendes Material dar, während in Flüssen mit ähnlichen Wassergeschwindigkeiten die Sohle aus schweren Steinen gebildet wird.

Nachdem aber die oberste Klaidecke einmal gelockert worden war, ist der Abbruch mit größerer Geschwindigkeit vor sich gegangen, so zwar, daß zur Zeit des Bruches im Hauer Flügeldeich ein Kolk von ungefähr 5 m Tiefe sich gebildet hatte. Die Deichkrone war gleichzeitig bereits auf 1½ m Breite verkleinert worden und bot also weiteren Angriffen nur noch geringen Widerstand. Es war somit die allerhöchste Gefahr für die Marsch entstanden.

Mit dem Bruch im Hauer Flügeldeich auf 170 m Weite aber senkte sich der Wasserspiegel, — wenn auch nur allmählich — um rund 0,50 m, Beweis genug, daß die vor der Verlängerung dieses Deiches bestandene 360 m weite Durchflußöffnung der Ilmenaumündung weitaus genügt haben würde, um den Wasserstand dauernd niedriger zu halten, als derselbe sich während der ganzen Dauer der fraglichen Eisstopfung bei Fliegenberg gezeigt hat. Jene 170 m weite Oeffnung hat nicht allein die sekundlich zuströmenden 1 030 cbm abgeführt, sondern auch noch das durch das Ansteigen des Wassers gebildete Reservoir allmählich entleert; eine doppelt so weite Oeffnung aber würde im Stande gewesen sein, dasselbe Wasserquantum bei geringeren Geschwindigkeiten, — also geringeren Druckhöhen — abzuführen und somit das außergewöhnliche Steigen des Elbwasserstandes verhindert haben. An der Bruchstelle im Hauer Flügeldeich, welche etwa 1100 m oberhalb der Ilmenaumündung liegt, war der Pegelstand der Elbe bei einem Gefälle von etwa 1:3000 — vergl. Anlage 2 — rund 30 cm höher als an der Ilmenaumündung, mithin auf etwa + (6,18 + 0,30) = + 6,48 N. N. Dies bedeutet ebenfalls ein Gefälle in dem unteren Lauf der Ilmenau nach der Mündung. Wenn man nun auch annimmt, daß dieses Gefälle sofort durch die in die Mündung eintretenden Wassermengen aufgezehrt worden ist, und daß, nachdem eine Horizontale in der Ilmenau in einiger Entfernung von der Bruchstelle und dem Kopfe des Flügeldeiches sich herausgebildet habe (nämlich: + 6,18 N. N.), so hat der Einfluß in die Mündung nach dem Bruche im Hauer Flügeldeich aufgehört und damit auch ein weiterer Angriff des Hoopter Deiches.

Nach dem Bruche im Hauer Flügeldeiche waren also die Einströmungsverhältnisse nicht mehr so sehr verschieden von denen, welche vor der Verlängerung des qu. Deiches im Jahre 1869 stattgefunden haben, und welche trotz der ungünstigen Eisverhältnisse in den Jahren 1855 und 1861 an dem Hoopter Deiche 1 500 m unterhalb der früheren Einströmungsstelle keine nennenswerthen Beschädigungen hervorrufen konnten und auch nicht hervorgerufen haben. Nach jenem Deichbruche im Jahre 1875 ist die Bruchstelle in dem verlängerten Hauer Flügeldeiche nicht wieder geschlossen worden; es bestehen bis heute somit noch dieselben Verhältnisse bezüglich der Entlastung der Ilmenaumündung durch die Bruchstelle, wie beim Eintritt des Bruches, und seither ist von einer weiteren Beschädigung des Hoopter Deiches dem Kopf des Flügeldeiches gegenüber nichts mehr bekannt geworden.

Zusammenstellung der Beweisgründe.

Aus den angeführten Thatsachen und Berechnungen gehen folgende Schlußfolgerungen hervor:
1. daß in der engen Mündungsstelle der Ilmenau ein gefährlicher Stau erzeugt worden ist,
2. daß durch diesen Stau außergewöhnliche Geschwindigkeiten des Wassers bis zu 4,4 m entstanden sind,
3. daß diese Geschwindigkeiten in Verbindung mit den heftigen Wirbelbewegungen einen starken Angriff auf die Bruchstelle des Hoopter Deiches gegenüber dem Kopfe des verlängerten Hauer Flügeldeiches ausüben mußten,
4. daß der Klaiboden des Hoopter Deiches diesen Angriffen nicht zu widerstehen vermochte und daher ein Kolk unvermeidlich war,
5. daß durch den Bruch im Hauer Flügeldeiche eine Entlastung der Ilmenaumündung eintrat und dadurch weitere Angriffe auf den Hoopter Deich beseitigt wurden,
6. daß die Bruchstelle zur vollständigen Abführung des Elbwassers genügendes Profil hatte, ebenso wie die Einströmungsstelle der Ilmenau vor der Verlängerung des Hauer Flügeldeiches,
7. daß durch die Offenhaltung der Bruchstelle im Hauer Flügeldeich bezüglich der Füllung des Ilmenauthales an der Elbe die früheren Verhältnisse annähernd wieder hergestellt worden sind,
8. daß seitdem keine Beschädigungen an dem Hoopter Deiche mehr vorgekommen sind,
9. daß somit ganz allein die Verlängerung des Hauer Flügeldeiches die Beschädigung am Hoopter Elbdeiche veranlaßt hat.

Schluß.

Nachzufügen bleibt noch, daß der Gefahrzustand für den Hoopter Deich durch die Offenhaltung der Bruchstelle im verlängerten Hauer Flügeldeiche gemildert worden ist, ebenfalls durch die Anlage eines Winterdeiches in der Ilmenaumündung, durch welchen die Ueberstauung eines großen Theils derselben verhindert, die Füllung der Mündung nicht mit eingedeichten Niederung erleichtert wird. Wenn darnach ein so verhängnißvoller Stau, wie im Jahre 1875 nicht leicht wieder eintreten kann, so bleibt denn noch auch der jetzige Zustand einer besonderen Beobachtung und der Verbesserung werth.

Lüneburg, den 28. Januar 1891

Magens,
Regierungs-Baumeister.

Seitens der Königlichen Staatsregierung wurde schon in voriger Session dieses Gutachten als unzutreffend bezeichnet und Folgendes dagegen eingewendet.

Der thatsächliche Vorgang bei der bezüglichen Katastrophe ist in jenem „technischen Beweise" ganz anders angenommen, als er sich wirklich vollzogen hat. Nur der Eisversetzung in der Warwischer Bucht wird darin gedacht, nicht aber derjenigen in der Ilmenaumündung selbst, die bisher stets und mit vollem Rechte als die nächste Ursache zu den großen Schäden an der Hoopter Deichseite betrachtet worden ist; sie findet in dem „technischen Beweise" keine Erwähnung, obschon sie eine so wichtige Rolle bei der ganzen Katastrophe gespielt hat. Diese Eisversetzung ist aber in keiner Weise durch den Hauer Flügeldeich veranlaßt oder begünstigt worden. Denn wenn auch das Mündungsprofil der Ilmenau seiner Breite nach durch den Hauer Flügeldeich und die Stromkorrektionswerke eingeschränkt worden ist, so hat sich dasselbe doch nach der Tiefe hin entsprechend erweitern müssen und auch wirklich erweitert, und die früher auf der Mündungsbarre sich regelmäßig bildenden Eisversetzungen sind unzweifelhaft dadurch vermindert worden, so daß der Wassereiu- und Auslauf durch die Mündung sich seit Errichtung dieser Werke viel vollständiger hat vollziehen können als vorher.

Wenn nun trotzdem im Jahre 1875 die Ilmenaumündung sich dennoch wiederum durch eine Eisversetzung absperrte, nachdem vorher durch die Warwisch entstandene Eisversetzung das Stauwasser und das Eis eine rückläufige Bewegung angenommen hatte, so hat das doch erst zu einer Zeit geschehen können, wo die Niederung durch die vertiefte Mündung der Ilmenau sich schon viel höher angefüllt hatte, als bei dem früheren Zustande möglich gewesen sein würde. Die Differenz zwischen dem Wasserstaube in der Niederung und im Elbstrom, welche ja Veranlassung zu der großen, die Schäden verursachenden Einströmungsgeschwindigkeit gewesen ist, und welche daher, auch mit Recht, bisher stets als die Ursache der Schäden betrachtet worden ist, ist daher durch den Hauer Flügeldeich und den Ausbau der Ilmenaumündung nicht vermehrt, sondern vermindert, also zu Gunsten der Beschädigten verändert worden.

Nun hat aber das „Hauer Feld", auf welchem der Hauer Flügeldeich errichtet ist, eine solche Gestaltung gehabt, daß bei wachsendem Wasser sich die Eisschollen stets in großen Massen auf den flachen Strand aufschoben und dann zu einem natürlichen Eisdamm mit nahezu denselben Wirkungen über einander aufthürmten, welche jetzt, allerdings vollkommener, durch den Hauer Flügeldeich hervorgebracht werden. Wäre der Hauer Flügeldeich damals nicht durchstochen, sondern energisch vertheidigt worden, dann würde, da die Eisversetzung in der Ilmenaumündung zur Zeit der Durchstechung noch stand, und erst durch das von rückwärts kommende Durchstichs- bezw. Bruchwasser zum Aufschwimmen gebracht wurde, die Warwischer Eisversetzung, welche kurz nach der hier in Rede stehenden wich, unter dem vermehrten Drucke schon gewichen sein, bevor noch die Ilmenauversetzung zum Abgange kam. Die Beschädigungen wären demnach bei weitem nicht so groß geworden.

Der Staatsregierung hat hiernach der Beweis nicht erbracht werden können, daß dem Hauer Flügeldeiche die Schäden an der Hoopter Deichede beizumessen seien.

Die Kommissarien der Königlichen Staatsregierung machten damals weiter noch geltend, daß ein voller Ersatz der Beschädigungen schon um deswillen nicht gerechtfertigt sein würde, weil der gegenwärtige Zustand des Deiches nach dessen Wiederherstellung ein sehr viel besserer sei, als der frühere.

Diesen Einwendungen beitretend, stellte die Agrarkommission mittels Berichts Nr. 427 den Antrag, über die Petition zur Tagesordnung überzugehen. Zur Beschlußfassung im Abgeordnetenhause ist aber die Angelegenheit in der vorigen Session nicht mehr gelangt.

Die Petenten haben ihren Antrag in der laufenden Session erneuert und wollen nicht anerkennen, daß das von ihnen vorgelegte Gutachten entkräftet sei. Nach ihren Ausführungen konnte der Hauer Flügeldeich von dem Neulander Deichverbande (abgesehen davon, daß doch auch der Eigenthümer des fraglichen Deiches, also der Staat, dazu verpflichtet gewesen wäre) überhaupt nicht vertheidigt werden, da doch die derzeit unpassirbare Ilmenau dazwischen lag. Ferner ist die Lösung der Eisversetzung in der Ilmenau vor dem Bruch (nicht Durchstich!) ein solcher ist erst viel später vorgenommen) des Hauer Flügeldeichs am 24. Dezember erfolgt, und nicht erst durch das von rückwärts kommende Wasser zum Aufschwimmen gebracht; und endlich ist nicht kurz (!) nachher die Warwischer Eisstopfung gewichen, sondern ca. 48 Stunden nachher, am 26. Dezember!

Was endlich die Wiederherstellungskosten anbetrifft, so kann durch die betreffenden Akten des Deichamts Winsen a/L. nachgewiesen werden, daß sämmtliche Arbeiten und „Verbesserungen" auf Anweisung des Königlichen Deichamts gemacht sind.

Der Behauptung, daß der Deich unter allen Umständen Schaden hätte leiden müssen, fehlt jeglicher Beweis; derselben steht aber die Thatsache entgegen, daß sämmtliche Deiche in der Nähe, sowohl diesseits wie jenseits im Hamburgischen keinen Schaden erlitten haben.

Die Ansicht, daß die früheren Deiche ungenügend gewesen seien, ist ebenfalls unzutreffend, denn seit langen Jahren vor Verlängerung des Hauer Flügeldeichs ist gerade die fragliche Strecke des Neulander Deiches als eine der sichersten im ganzen Verbande angesehen worden, was dadurch genügend dokumentirt worden, daß bei Deichbrüchen (wie 1838) diese Strecke als sicherer Zufluchtsort benutzt ist und Hausgeräthe, gerettetes Vieh u. s. w. dort hingebracht sind.

Daß die Wiederherstellung der beschädigten Deichstrecke in sehr viel besserer Weise erfolgt sei und die Kosten für die „Verbesserungen" staatsseitig nicht bewilligt werden könnten, trifft endlich auch nicht zu. Zum vorläufigen Schutz des noch nicht wiederhergestellten Deiches mußte auf Anweisung des Königlichen Deichamts eine sogenannte Klappylage (eine mit Steinen beschwerte Lage Busch) vor den Deich gelegt werden und sind zu derselben am 24. Februar 1876 für 496 Mark (!) Steine angekauft. (Dies ist jedenfalls die bis in große Tiefen reichende schwere Steindecke!!)

Ferner ist später bei Wiederherstellung des Deiches als besonderes Material für 7062 Mark Steinschutt verwandt. Dieser hat aber nur den andernfalls nöthig gewesenen Boden ersetzt und sind die Gesamtkosten dadurch nicht oder doch sehr unwesentlich erhöht.

Uebrigens scheint auch ein Mißverständniß insofern vorzuliegen, als immer vom „Deiche" gesprochen wird, hier aber nur das sog. Maifeld, der Grund und Boden, auf dem der Deich steht, in Frage kommt. Die am Deiche selbst entstandenen Schäden stehen außerhalb der erhobenen Ansprüche des Verbandes und vertheilen sich auf die auch im vorigen Jahre leider ohne Erfolg petitionirenden einzelnen Kabelinhaber.

Als in der Sitzung der Agrarkommission vom 4. d. Mts. die Petition zum Vortrag kam, äußerte der Vertreter des Herrn Ministers der öffentlichen Arbeiten, Geheimer Oberbaurath Koslowsky, sich folgendermaßen:

„In technischer Beziehung kann überall nur wiederholt werden, was im 9. Berichte der Agrarkommission Nr. 427 vom 16. Juni 1891 auf Seite 3 und 4 als Erklärung der Regierungskommissarien aufgeführt ist.

Den in der letzten Petition dagegen erhobenen Einwendungen gegenüber muß daran festgehalten werden, daß in erster Linie die Eisversetzung in der Ilmenaumündung Ursache zu dem großen Umfange der Deichbeschädigungen gegeben hat, da sie die rechtzeitige Füllung der Niederung, die durch die Maßnahmen der Regierung für alle Wasserstände bis herauf zur Krone des Hauer Feldes nicht ungünstiger, sondern günstiger gestaltet worden ist, hinderte und auf diese Weise die Wasserstandsdifferenz zwischen Elbe und Ilmenau und damit die noch Abgang dieser Eisversetzung eintretende Einströmungsgeschwindigkeit in die Niederung sehr nachtheilig vermehrte.

Falsch ist die Angabe, daß die Regulirungswerke in der Ilmenaumündung nur für den Niedrigwasserstand auf die Einströmung des Wassers Bedeutung hätten, sie bleiben vielmehr bedeutungsvoll für alle Wasserstände, auch für diejenigen, welche das Hauer Feld überlaufen, wenn auch für diese relativ abnehmend.

Ebenso falsch ist die Ansicht, daß die sich auf einander schiebenden Eisschollen einen dichten Eisdamm auf dem Hauer Felde nicht hätten bilden können, weil sie bei wachsendem Wasser hätten auf- und abschwimmen müssen. Schieben sich denn nicht sogar im offenen Strombette die Schollen zu dichten Eisversetzungen zusammen, ohne bei steigendem Wasser in jedem Falle auf- und ab- zu schwimmen? und lag nicht zu solcher Bildung eines Eisdammes das schräg ansteigende Hauer Feld sehr viel günstiger als jedes Flußbett?

Daß der Hauer Flügeldeich nicht hätte ebenso gut vertheidigt werden können wie jeder andere Deich, insbesondere wie die Deichstrecke zwischen Hoopte und der Warwischer Bucht, kann auch nicht zugegeben werden. Die thatsächlich von den Betheiligten ausgeführte Durchstechung des Hauer Flügeldeiches war viel gefährlicher als es eine verständige Vertheidigung je hätte werden können. Es muß daher an der Ansicht festgehalten werden, daß, wenn der Deich nicht durchstochen und damit die Eisversetzung in der Ilmenaumündung — indem sie nun von rückwärts her Wasser bekam — zum Abschwimmen gebracht worden wäre, jede größere Beschädigung des Neulander Deiches ausgeblieben wäre, um so mehr, als ja kurz nach dem Abgange dieser Eisversetzung auch die Eisversetzung in der Warwischer Bucht zum Abtreiben kam.

Daß nicht schon früher ähnliche Unglücksfälle — wenn auch vielleicht in milderem Maße — eingetreten wären, wird zwar behauptet, aber nicht erwiesen. Notorisch ist die Hoopter Deichecke, also die Stelle der stattgehabten Beschädigungen, von jeher überaus bedroht und kostspielig zu vertheidigen gewesen, umsomehr als sie trotz alledem nur sehr mangelhaft befestigt und gesichert war. Die durch ihre bermalige Lage und Beschaffenheit erlangten Vortheile und der vermehrte Schutz, den auch die Ilmenau aufwärts sich anschließende Deichstrecke gegen den Windschlag von der Elbe aus Nord bis West genommen haben, sind von der allergrößten Bedeutung für die Erleichterung der Deichvertheidigungslast. Im Uebrigen muß der Umfang des entstandenen Schadens, der mehr oder minder bei jedem Eisgange eintritt, auf die besondere Ungunst der Umstände zurückgeführt werden.

Ganz irrig ist die Ansicht, daß die Beurtheilung der Sachlage Seitens des Vertreters des Herrn Ministers der öffentlichen Arbeiten deshalb keine unparteiische sei, weil er der Urheber der inkulpirten Deichanlage sei. Anregung, Entwurf und Ausführung der bezüglichen Anlage rührten von dem ehemaligen Generaldirektion des Wasserbaues zu Hannover, beziehungsweise der vormaligen Landdrostei zu Lüneburg und der Wasserbauinspektion zu Winsen a. Luhe her aus einer Zeit, zu der der jetzige Kommissar des Herrn Ministers der öffentlichen Arbeiten Elbstrombaudirektor zu Magdeburg war. Es muß hiernach dabei beharrt werden, daß ein technischer Beweis dafür, daß lediglich dem Hauer Flügeldeiche die Schuld an dem im Jahre 1875 bei Hoopte entstandenen Schäden des Neulander Deiches beizumessen sei, nicht erbracht worden ist."

Diesen Ausführungen schloß der Vertreter des Herrn Ministers für Landwirthschaft rc., Geheimer Oberregierungsrath v. Wilmowsky, folgende Erklärung an:

„Der Standpunkt der Staatsregierung zu den vorliegenden Anträgen der Petenten ist auch nach nochmaliger Prüfung der Angelegenheit unverändert derselbe, wie er bei früheren Gelegenheiten bereits wiederholt dargelegt worden ist.

Anl. z. d. Verhandl. d. Hauses d. Abg. 17. Legisl. IV. Session 1892.

Die Niederung der Ilmenau litt seit jeher an mangelhafter Entwässerung. Das in der Ilmenau herabkommende Wasser konnte wegen des Rückstaues der Elbe häufig nicht rechtzeitig abgeführt werden, und der Rückstau der Elbe überschwemmte oft weit hinauf die Ländereien zu beiden Seiten der Ilmenau. Die landwirthschaftliche Verwaltung nahm daher im Jahre 1868 die Verhandlungen wegen Melioration der Ilmenauniederung wieder auf, um eine Genossenschaft zur Beseitigung der angedeuteten Uebelstände zu begründen. Da die Aufstellung des sehr umfangreichen Meliorationsprojektes und die Bildung einer Genossenschaft zur Ausführung desselben voraussichtlich mehrere Jahre in Anspruch nehmen mußte, wurde in Erwägung genommen, ob nicht schon in der Zwischenzeit die vorhandenen Uebelstände wenigstens theilweise durch eine Anlage beseitigt werden könnten, welche der späteren Ausführung eines umfassenden Meliorationsprojekts nicht hinderlich wäre. Nach mehrfachen Verhandlungen mit den betheiligten Grundbesitzern wurde dem landwirthschaftlichen Minister Seitens der Landdrostei zu Lüneburg die Anlage des sogenannten Hauer Flügeldeiches vorgeschlagen, welche sich als eine Verlängerung des Elbdeiches von Houe bis zur Mündung der Ilmenau gegenüber Hoopte darstellt. Dieser Flügeldeich sollte das Einströmen des Elbrückstaues in die Ilmenauniederung verhindern, mit dem Abschluß der Ilmenau in die Elbe fördern, indem das Gefälle der ersteren um die Länge des Flügeldeichs vermehrt würde. Zahlreiche Grundbesitzer der Ilmenauniederung nahmen der projektirten Anlage des Hauer Flügeldeichs ein lebhaftes Interesse zu und bethätigten dasselbe in unzweideutiger Weise durch freiwillige Beiträge, welche sie bis zur Höhe von 15 000 Thalern sammelten und für den Bau zur Verfügung stellten. Nur der Neulander Deichverband protestirte gegen die Anlage des Flügeldeichs, weil er befürchtete, daß in dem selben im Falle eines oberhalb eintretenden Elbdeichbruchs die Abführung des in die Ilmenauniederung eingetretenen Elbwassers durch die Ilmenaumündung erschwert und die Deiche des Verbandes an der Ilmenau bei Stöckte mehr als bisher in Angriff genommen werden würden.

Unter diesen Umständen trug der landwirthschaftliche Minister Bedenken, die von der Landdrostei zu Lüneburg vorgeschlagene sofortige Anlage des Flügeldeichs zu genehmigen, sondern ersuchte zunächst die höchste technische Instanz, die Bauabtheilung des damaligen Ministeriums für Handel, Gewerbe und öffentliche Arbeiten, um eine Prüfung des Bauprojekts und des dagegen von dem Neulander Deichverbande erhobenen Protestes. Nachdem diese Prüfung stattgefunden, äußerte sich die Bauabtheilung dahin, daß zwar in dem unwahrscheinlichen Falle eines Durchbruchs der oberhalb liegenden Elbdeiche das Ausströmen des Elbwassers durch das verengerte, aber vertiefte Abflußprofil des Neulander Deiche an einzelnen Stellen mehr als bisher angreifen könne, daß jedoch nicht übersehen werden dürfe, wie andererseits durch die Anlage des Hauer Flügeldeichs die näher der Ilmenaumündung belegenen Deichstrecken mehr als bisher gegen Beschädigungen durch Hochwasser und Eisgang in der Elbe geschützt werden würden.

Erst nach Eingang dieses Gutachtens der höchsten technischen Instanz erklärte der landwirthschaftliche Minister den Protest des Neulander Deichverbandes für unbegründet, bewilligte zur Bestreitung der auf rund 32 000 Thaler veranschlagten Baukosten eine Beihülfe von 17 000 Thalern aus Staatsmitteln, jedoch unter ausdrücklicher Ablehnung jedes Zuschusses zu den Unterhaltungskosten, und ermächtigte die Landdrostei, den Flügeldeich nunmehr für die Interessenten ausführen zu lassen, da die letzteren zu jener Zeit einer Organisation ermangelten und daher

276

nicht im Stande waren, den Bau mit den von ihnen aufgebrachten 15 000 Thalern und der bewilligten staatlichen Beihülfe selbst auszuführen. Auf diese Weise wurde der Flügeldeich im Jahre 1869 hergestellt.

Als später das starke Hochwasser der Elbe vom 24. und 25. Dezember 1875, das vor dem Hauer Flügeldeiche eine ganz außerordentliche Höhe erreichte, an den Deichen des Neulander Deichverbandes erhebliche Schäden angerichtet hatte, wünschten die Vertreter des Verbandes, die beträchtlichen Reparaturkosten aus der Staatskasse ersetzt zu erhalten, und beschritten zu dem Zwecke den Rechtsweg, nachdem das landwirthschaftliche Ministerium ihre bezüglichen Anträge abgelehnt hatte. Die Ablehnung der erhobenen Ansprüche mußte erfolgen, weil eine entsprechende Verpflichtung der Staatskasse oder der landwirthschaftlichen Verwaltung nicht vorlag. Der Bau des Flügeldeiches war nicht im Interesse des Fiskus, sondern lediglich im Interesse der besseren Entwässerung der Ilmenauniederung nach vorgängiger technischer Prüfung des Projekts erfolgt. Die landespolizeilich genehmigte Aufführung des Flügeldeiches war die Ausübung eines Rechts, aus welcher an sich von Dritten kein Entschädigungsanspruch gegen die Staatsregierung, deren Organe den Bau für die betheiligten Grundbesitzer ausgeführt hatten, hergeleitet werden konnte. Außerdem muß aber auch bestritten werden, daß die Beschädigung der Hooptcr Deiche eine Folge der Anlage des Flügeldeiches ist. Die außerordentlichen Umstände, welche am 24. und 25. Dezember 1875 den hohen Wasserstand der Elbe herbeiführten, insbesondere die in der Ilmenaumündung und unterhalb derselben in der Elbe eingetretene doppelte Eisstopfung, würden auch ohne die Existenz des Flügeldeiches eine starke Strömung gegen die Neulander Deiche bei Hoopte herbeigeführt haben. Selbst wenn erwiesen wäre, daß die Verengung der Ilmenaumündung durch den Flügeldeich die Geschwindigkeit der Einströmung des Elbwassers vergrößert hätte, so würde niemals nachgewiesen werden können, daß die Beschädigung der Deiche nicht erfolgt wäre, wenn damals der Flügeldeich nicht vorhanden gewesen. Bei der doppelten Eisversetzung, welche sich gebildet hatte, wären vielmehr schwere Beschädigungen an dem Neulander Deich auch ohne die Existenz des Hauer Flügeldeiches unter keinen Umständen zu vermeiden gewesen.

Als darauf auf die Schadensersatzklage des Neulander Deichverbandes das Landgericht zu Lüneburg unter dem 8. Oktober 1881 das landwirthschaftliche Ministerium verurtheilte,

dem Kläger die Beträge zu ersetzen, welche zur Herstellung der durch Anlage des Flügeldeiches beschädigten Deichanlagen, sowie durch den bei dem Hochwasser erforderlich gewordenen außerordentlichen Deichschutz erwachsen sind, — soweit diese Schäden und Kosten durch die Verlängerung des Hauer Flügeldeiches verursacht sind,

sah sich die landwirthschaftliche Verwaltung veranlaßt, gegen dieses Urtheil den Kompetenzkonflikt erheben zu lassen, weil sie in dieser Angelegenheit nicht als Bauunternehmer aufgetreten ist, sondern nur in Ausübung des dem Staate zustehenden Hoheits- und Aufsichtsrechts gehandelt hat, auch der Ausbau des Deiches nicht für den Fiskus, sondern für eine des Schutzes durch den Deich bedürftige Niederung erfolgt ist. Der Gerichtshof zur Entscheidung der Kompetenzkonflikte erklärte durch Entscheidung vom 14. Oktober 1882 den Rechtsweg in dieser Sache gegen den Fiskus für unzulässig und den erhobenen Kompetenzkonflikt daher für unbegründet.

Als hierauf die Deputirten des Neulander Deichverbandes unter Berufung auf das obige Urtheil des Landgerichts zu Lüneburg ihre Anträge auf Ersatz des erlittenen Schadens erneuerten, mußte der Minister für

Landwirthschaft, Domänen und Forsten diese Anträge zunächst grundsätzlich ablehnen, weil eine entsprechende Verpflichtung der Staatskasse nicht besteht und das von der Bauabtheilung im Ministerium der öffentlichen Arbeiten eingeholte Gutachten über den etwaigen Antheil, welchen man dem Hauer Flügeldeiche an den entstandenen Beschädigungen beimessen könne, zu einem negativen Resultat geführt hatte.

Auf die, dem Gesuche der Petenten Seitens des Landtages wiederholt zu Theil gewordene Befürwortung entschloß sich demnächst die Staatsregierung, zur endgültigen Beilegung der langjährigen Differenzen aus Billigkeitsrücksichten, — ohne Anerkennung einer rechtlichen Verpflichtung — als Beihülfe für den Neulander Deichverband durch das Extraordinarium des Etats für die landwirthschaftlichen Verwaltung für 1888/89, da es im Ordinarium an Fonds hierfür fehlt, die Einstellung eines Betrages von 40 000 Mark beim Landtage zu beantragen, eine Summe, welche reichlich die Hälfte der ursprünglich auf rund 74 800 Mark angegebenen Deichvertheidigungs- und Reparaturkosten darstellte. Dieser Betrag ist, ohne daß eine Erhöhung der Summe beantragt wäre, vom Landtage bewilligt und demnächst dem Deichverbande überwiesen worden.

Eine weitere Zuwendung von Staatsmitteln an Letzteren würde nicht zu rechtfertigen sein. Dem Deichverbande, welcher in Folge der Eisversetzung unter allen Umständen an seinen Deichen Schäden erleiden mußte, die ihm allein zur Last fallen, würde — selbst wenn der Rechtsstandpunkt der Staatsregierung unbegründet wäre — höchstens die Kosten der Wiederherstellung des alten Zustandes der Deiche zugebilligt werden können, welche durch den überwiesenen hohen Betrag mehr als gedeckt erscheinen. Es wäre aber unzulässig, dem Verbande auch die Kosten für die Herstellung jener Deichede in ihrem gegenwärtigen Zustand zu gewähren, da dieser ein sehr viel besserer ist als der frühere. Die früher relativ ziemlich steile und durch ungulänglichen Grundblatten und Buhnenanlagen mangelhaft gesicherte Böschung ist nunmehr erheblich abgeflacht und bis in große Tiefen hinunter mit schwerer Steindecke versehen, abgesehen von dem Schutze, den ihr die inzwischen davor errichteten stromfiskalischen Werke gewähren."

Der Berichterstatter hatte ein abschließendes Urtheil über die vorwiegend technische Frage sich nicht anmaßen wollen, ob nämlich die Beschädigung des Neulander Deiches ihren vollen Umfange nach auf die Errichtung des Hauer Flügeldeiches zurückgeführt werden müsse, verhehlte aber nicht, daß dies in steigendem Maße ihm wahrscheinlich wurde, je länger er sich mit dieser Frage und den von den Sachverständigen für und wider vorgebrachten Gründen beschäftigte. Um so mehr bedauert er, daß der Kompetenzkonflikt erhoben worden sei gerade gegen dasjenige gerichtliche Erkenntniß, welches die Feststellung des Hauer Betheiligung des Hauer Flügeldeiches an den entstandenen Schäden anordnete. Für den Neulander Deichverband, welcher von Anfang an gegen die Errichtung des Hauer Flügeldeiches Widerspruch erhoben habe, sei dadurch die Möglichkeit abgeschnitten worden, den Beweis für seine Behauptung zu erbringen, während andrerseits die Entscheidung über den Anspruch auf Schadenersatz derselben Behörde anheimgestellt sei, welche die Errichtung des Hauer Flügeldeiches gegen den Einspruch der Neulander Deichverbandes veranlaßt und durchgeführt habe. Nachdem aber der Rechtsweg dem Deichverbande verschlossen worden war, hätte diesem die ausgedehnteste Gelegenheit gegeben werden müssen, die Gründe, aus welchen er den Fiskus für haftbar hielt, zur Erörterung zu bringen. Einer der wesentlichsten Beschwerdepunkte richtet sich nun aber gerade dagegen, daß bisher der Antrag auf örtliche Ermittelung der Beschädigungsursachen unter Zuziehung der Betheiligten von der staatlichen Behörde stets abgelehnt worden sei. Der Berichterstatter hielt diesen Antrag bei der Lage der Sache nicht allein für durchaus berechtigt, sondern empfahl denselben schon deshalb, weil es keineswegs ausgeschlossen sei, daß aus der Zuziehung der Betheiligten an Ort und Stelle neue zu festerer Beurtheilung der Streitfrage dienliche Gesichtspunkte sich ergeben würden.

Der Vertreter des Herrn Ministers für Landwirthschaft ec. glaubte von einer solchen kontradiktorischen Verhandlung mit den Petenten über deren Ansprüche ein Ergebniß nicht erwarten zu können.

Dieser Ansicht beitretend, stellte ein Mitglied der Kommission den Antrag, über die Petition zur Tagesordnung überzugehen. Hierfür wurde von verschiedenen Seiten geltend gemacht, daß der Deichverband bereits eine Entschädigung erhalten habe. Daß diese mit 40 000 Mark den Gesammtbetrag des Schadens nicht erreiche, sei durchaus gerechtfertigt, da nach dem eigenen Zugeständniß der Betheiligten der Deich bei seiner Wiederherstellung haltbarer zur Ausführung gekommen sei, als er vorher war. In der besseren Beschaffenheit und dem höheren Werth des Deiches, sowie in der größeren Sicherheit, welche derselbe gewähre, liege ein Gegenwerth, der wahrscheinlich den unersetzt gebliebenen Theil der Wiederherstellungskosten decke und ausgleiche. Die rechtliche Verpflichtung des Staates zur Leistung eines Schadenersatzes sei ohnehin zweifelhaft, da der Hauer Flügeldeich nicht im Interesse des Staates, sondern im Interesse der Grundbesitzer der Ilmenauniederung zur Ausführung gekommen sei. Allerdings könne nicht übersehen werden, ob die unersetzt bleibende Summe von 35 000 Mark genau dem Mehrwerthe entspreche, welchen der neue Deich den Betheiligten böte. Andererseits dürfe aber auch das Interesse der Steuerzahler nicht außer Acht bleiben und wenn der Staat, ohne auch nur Bauherr zu sein, bereits eine Entschädigung von mehr als der Hälfte des Schadensbetrages gewährt haben, müsse der Deichverband als ausreichend befriedigt erachtet werden.

Hiergegen machte der als Ueberreicher der Petition zu der Verhandlung zugezogene Abgeordnete Ludowieg nachstehende Angaben:

„Die Anlage des Hauer Flügeldeichs sei allerdings im Interesse der Grundbesitzer der Ilmenauniederung erfolgt zum Zweck der besseren Entwässerung der diesen gehörenden Ländereien, indessen dies sei nicht der alleinige Beweggrund gewesen, die Anlage habe zugleich im Interesse der Strombauverwaltung gelegen; es habe dadurch das Fahrwasser der Elbe vor der Ilmenaumündung verbessert werden sollen, und dieser Erfolg sei auch in der That eingetreten. Der Neulander Deichverband, dessen Gebiet auch gegen die Ilmenau durch Eindeichung geschützt sei, habe nicht einmal, sondern wiederholt gegen den Hauer Flügeldeichbau protestirt und möge dabei wohl nur auf die von außerhalb her seinen drohende Gefahr aufmerksam gemacht haben. Letzterer Umstand dürfte indessen für die Bedeutung des Protestes nicht in Betracht kommen. Es war gewiß nicht Sache der Protesterheber, alle möglichen Gefahren hervorzuheben, es war vielmehr die Aufgabe der Sachverständigen der Regierung, nach allen Richtungen hin die Folgen für die Sicherheit des Neulander Deiches, welche durch die in seiner unmittelbaren Nähe projektirte Veränderung im Flußbett der Elbe entstehen könnten, einer sorgfältigen Prüfung zu unterziehen. Wenn der Herr Vertreter des landwirthschaftlichen Ministeriums jetzt dem Entschädigungsanspruche

gegenüber anscheinend die Passivlegitimation in Abrede stellen wolle, so sei dieser Standpunkt nicht zu rechtfertigen, wie denn auch eine derartige Einrede seinerzeit in dem vor dem vormaligen Obergerichte Lüneburg geführten Rechtsstreit nicht geltend gemacht worden sei. Der Bau sei nicht namens der betreffenden Grundbesitzer der Ilmenauniederung, die keine Genossenschaft, überhaupt keine juristische Person bilden, vorgenommen, sondern als eine Landesmelioration von dem Fiskus durch dessen Beamten ausgeführt. Unzweifelhaft habe der Fiskus ein Recht dazu gehabt, aber unzweifelhaft sei er auch privatrechtlich haftbar, insoweit einem Dritten durch die Anlage ein Schaden erwuchs. Auf diese Auffassung stütze sich auch das Erkenntniß des vormaligen Obergerichts Lüneburg. Daß der Neulander Deich in Folge der unterhalb stattgefundenen Eisstopfung auch ohne die Existenz des Hauer Flügeldeiches Beschädigungen erlitten haben würde, sei eine durch nichts bewiesene Behauptung. Dagegen sei es nicht zweifelhaft, daß die Petenten den ihnen vom Gerichte auferlegten Beweis würden erbracht haben, da sie sich auf das eidliche Zeugniß des Hamburgischen Wasserbaubeamten Weyrich, der vom anderen Elbufer die Katastrophe beobachtet und deren Eintritt eine Stunde vorher in einer Meldung an seine Behörde vorausgesagt hat, sowie auf eidlich erhärtete Gutachten Preußischer Wasserbaubeamten, denen die Zustände an der betreffenden Stelle der Elbe genau bekannt sind, im gerichtlichen Verfahren hätten berufen können. Es sei wohl richtig, daß die beschädigte Deichstrecke bei der Wiederherstellung eine Verbesserung gegen den früheren Zustand erhalten habe, indessen dazu sei der geschädigte Verband eben durch den Umstand genöthigt gewesen, weil jene Strecke in Folge des Hauer Flügeldeiches in höherem Grade als früher einer Bedrohung ausgesetzt sei. Der Behauptung des Herrn Vertreters des Ministeriums der öffentlichen Arbeiten, durch bessere Vertheidigung des Hauer Flügeldeiches hätte der Schaden abgewandt werden können, steht einerseits der Umstand entgegen, daß die Petenten weder berechtigt noch verpflichtet waren, jenen Deich zu vertheidigen, und daß die in der eingetretenen Ueberschwemmung sie auch thatsächlich dazu überall nicht im Stande waren, andrerseits die Thatsache, daß die Gefährdung des Neulander Deiches sofort sich verringerte, als der Hauer Flügeldeich in einer weiten Ausdehnung durchbrochen war."

Der ebenfalls zu den Verhandlungen zugezogene Abgeordnete Friedrich (Lüneburg) bezeugte, daß die Wiederherstellungskosten des Neulander Deiches auf die Summe von 78 000 Mark thatsächlich sich belaufen haben, in welcher Summe die Zinsen nicht enthalten seien, die der Verband verausgabt habe, weil er genöthigt gewesen, jene Summe aufzuleihen, und ebenso nicht die Ausgaben, welche die einzelnen Interessenten des Verbandes für Wiederinstandsetzung ihrer beschädigten Privatgrundstücke hätten machen müssen.

Der Berichterstatter war der Ansicht, daß auch die diesmaligen Verhandlungen in der Kommission noch nicht die genügenden Anhaltspunkte böten, um eine Entscheidung darauf zu begründen. Durch den Uebergang zur Tagesordnung würde die Petition für unbegründet erklärt werden, während die stattgehabten Erörterungen keineswegs die Ueberzeugung von der Grundlosigkeit des Anspruches gewährten. Die Kommission könne aber auch nicht die ausschließliche Zurückführung der Beschädigungen des Deiches auf das Bestehen des Hauer Flügeldeiches als unwiderleglich festgestellt erachten. Diese Frage sei noch nicht spruchreif und erheische weitere Aufklärung. Eine solche dürfe erwartet werden, wenn man den Betheiligten die bisher vorenthaltene Gelegenheit gewähre, an Ort und Stelle gegenüber der von den Staatsbehörden vertretenen Ansicht die Gründe für ihre Behauptungen zur

276*

Geltung zu bringen. In diesem Sinne stellte er seinen Antrag, welcher mit 9 gegen 2 Stimmen von der Kommission angenommen wurde.

Die Agrarkommission hat demgemäß beschlossen, dem Hause der Abgeordneten vorzuschlagen, die Petition II Nr. 288 der Königlichen Staatsregierung zur Berücksichtigung dahin zu überweisen, daß unter Zuziehung der Betheiligten nochmals geprüft wird, ob nicht die dem Neulander Deichverbande im Jahre 1875 erwachsenen Hochwasserbeschädigungen in vollem Umfange auf die Verlängerung des Hauer Flügeldeiches zurückzuführen sind.

B.

Berichterstatter:
Abgeordneter Rasch.

Journal II Nr. 484.

Die Wester- und Lintelermarscher Deichacht im Kreise Norden in der Provinz Hannover bittet das Abgeordnetenhaus: die Staatsregierung zu veranlassen, ihnen aus Staatsmitteln eine Anleihe von 1 161 000 Mark zu 2½ Prozent Zinsen und 1 Prozent zur Tilgung zu gewähren, um eine Besteinung ihres Seedeichs vornehmen zu können.

Schon im Jahre 1877 lag eine ähnliche Petition der damaligen Agrarkommission zur Prüfung vor; die Kommission beschloß, dieselbe „wegen nicht innegehaltenen Instanzenzuges als zur Verhandlung ungeeignet" zu erklären. Nachdem der Instanzenzug ohne Erfolg nachgeholt war, kam im Jahre 1880 eine neue Petition an das Abgeordnetenhaus. Die Agrarkommission beantragte damals: Die Petition der Staatsregierung zur Berücksichtigung dahin zu überweisen, bald thunlichst ermitteln zu wollen, ob überhaupt mit Rücksicht auf die Präftationsfähigkeit der Deichpflichtungen und unter Rücksicht der verminderten Deichlast, und das aus dem eintretenden Fortfall des Strohbestreuens erwachsenden wirthschaftlichen Vortheile, eventuell bis zu welcher Höhe und in welcher zweckmäßigsten Weise eine Staatsbeihülfe zur Besteinung des Wester- und Lintelermarschdeichs zu gewähren sei.

Dieser Antrag wurde von dem Hause angenommen. Auf Grund dieses Beschlusses haben dann weitläufige Ermittelungen stattgehabt, die Angelegenheit ist aber doch wieder ins Stocken gerathen, bis die Deichacht im Jahre 1890 eine Eingabe mit der Bitte um Hülfe an den Herrn Minister für Landwirthschaft richtete, worauf am 4. Januar 1891 eine Antwort des Oberpräsidenten der Provinz Hannover erfolgte des Inhalts: daß allerdings für diese Zwecke keine Fonds zur Verfügung ständen, daß aber mit Rücksicht auf die besonderen Verhältnisse des Falles, die Beschaffung von Mitteln zur Gewährung eines Darlehns durch das Extraordinarium des Staatshaushaltsetats in Erwägung genommen werden

solle, wenn der Provinzialverband die Hälfte des gewünschten Darlehns der Deichacht zu denselben günstigen Bedingungen gewähren wolle." Auf Verhandlung mit der Provinzialverwaltung hat der Landesdirektor in einem Schreiben vom 2. Februar 1891 erwidert: „daß die Provinz Hannover eine Rente zum Zweck der Beförderung von Meliorationen gleich den anderen Provinzen nicht erhalten habe, dagegen sei allerdings die durch das Gesetz vom 7. März 1868 der Provinz überwiesenen Rente von 500 000 Thalern mit zur Bildung von Fonds zu Landesmeliorationen bestimmt gewesen, aber der dazu gesammelte Fond von 1 Million Mark sei bis auf 40 000 Mark festgelegt in Darlehen für andere Meliorationen, deshalb könne die Provinzialverwaltung nicht helfen, hielte dies aber auch bei der weit über das provinzielle Interesse hinausgehenden Bedeutung der Angelegenheit nicht für Aufgabe der Provinzialverwaltung."

Jetzt haben sich die Deichgenossen gleichzeitig an das Herrenhaus und das Abgeordnetenhaus gewendet. Im Herrenhause ist die Petition in der Sitzung vom 29. März dieses Jahres verhandelt worden, und auf Antrag beschlossen, über die Petition zur Tagesordnung überzugehen. Grund für den Beschluß war einestheils die Ansicht, daß die Provinz unter allen Umständen zuerst zur Abhülfe verpflichtet sei, anderntheils die Erklärung des Herrn Finanzministers, daß die Staatsregierung nach wie vor die Absicht habe, demnächst die Grund- und Gebäudesteuer ganz oder zum Theil den Gemeinden zu überweisen, wodurch der Verband wieder präftationsfähig werde.

In der Agrarkommission des Abgeordnetenhauses kam die Petition zur Verhandlung in der Sitzung vom 6. Mai 1892, in Anwesenheit des Herren Regierungskommissare Geheimer Oberregierungsrath Beyer für das Ministerium der Landwirthschaft, und Geheimer Oberfinanzrath Freiher v. Rheinbaben für das Finanzministerium. Hinzugezogen war auch der Abgeordnete Fegter, welcher die Petition eingereicht hatte.

Der Petition ist zur Klarstellung und Beurtheilung der ganzen Angelegenheit folgendes zu entnehmen:

Die Deichgenossenschaft hat eine Größe von 3 788 ha, welche einen Deich in der Länge von 17 787 m zum Schutz gegen die Fluthen der Nordsee zu unterhalten hat. Dieser Deich ist einer der exponirtesten an der ganzen Küste der Nordsee, denn 5 159 m sind mit Vorland versehen oder durch davorliegende Polder geschützt, während der übrige Theil an der offenen See liegt, zwischen den Inseln Borkum einerseits und den Inseln Norderney und Just andererseits. Die Bildung von Vorland ist wegen des direkten Anpralls der Meeresfluthen gänzlich ausgeschlossen, deshalb sind ganz besondere Schutzmaßregeln erforderlich zum Schutze des Deiches, welche hier in einer sogenannten Strohbekleidung desselben bestehen. Trotzdem hat im Jahre 1825 ein Deichbruch stattgehabt, der wiederhergestellte Deich würde aber ohne den Schutz der Inseln Just und Norderney auch jetzt schwerlich zu halten sein. Erdrückend schwer ist die Unterhaltung dieses Deiches, weil die Unterhaltungspflicht auf einer verhältnißmäßig kleinen Fläche ruht, während ebenfalls geschützte fiskalische und andere Ländereien, sowie die Stadt Norden zur Unterhaltung nichts beitragen. Erschwerend wirkt noch, daß nur ein kleiner Theil des Deiches gemeinschaftlich unterhalten wird, während für den übrigen Theil jeder Eigenthümer eines Grundstücks einen bestimmten Theil des Deiches zu unterhalten hat, wobei noch hinzukommt, daß in vielen Fällen Besitzer von kleinen Grundstücken eine viel größere Strecke zu unterhalten haben, als Besitzer von weit größeren Grundstücken. Die Strohbestickung hat nun verschiedene Nachtheile. Dieselbe muß zweimal im Jahre erneuert werden, ebenfalls nach jeder stärkeren Fluth; dabei ist nie zu vermeiden, daß von der Erdmasse des Deiches kleinere oder größere Theile weggeschwemmt werden, welche nicht allemal gleich zu ersetzen sind. Dadurch wird die Stärke des Deiches nach und nach vermindert, auch die Fläche der Böschung eine unebene, den Angriffen des Meeres mehr ausgesetzte. Dies hat sich bei der Sturmfluth am 30. und 31. Januar 1877 erwiesen, wo es nur den größten Anstrengungen gelungen ist, einen Deichbruch zu verhüten, was aber wahrscheinlich nicht der Fall gewesen wäre, wenn der Sturm über 2 Gezeiten angehalten hätte. Die Nothwendigkeit der Besteinung des Deichfußes hat sich als unabweisbar herausgestellt.

Durch die Strohbestickung wird aber auch den Deichgenossen ein großer wirthschaftlicher Nachtheil verursacht. Zu der Bestickung sind erforderlich jährlich rund 37 500 Centner Roggenstroh, welches mit dem Flegel gedroschen und aus welchem alle nicht glatten Halme ausgeschüttelt sein müssen, es macht das auf jeden Hektar der Deichacht 12½ Centner. In früherer Zeit konnte ein großer Theil dieses Strohes zu angemessenen Preisen an andere Gegenden angekauft werden; seitdem aber die Landleute vom Handdrusch zum Maschinendrusch haben übergehen müssen, das letztere Stroh aber zur Bestickung untauglich ist, so muß diese ungeheure Menge von Stroh auf den Aeckern der Interessenten hervorgebracht werden, und muß zu dem Ende circa 30 bis 40 Prozent des gesammten Areals mit Roggen bestellt werden. Der Boden ist tiefgelegener Marschboden, durchaus ungeeignet zum Anbau von Roggen, vielmehr würde der Anbau von Weizen, Wintergerste, Bohnen und Klee, sowie die Anlage von Viehweiden außerordentlich viel vortheilhafter sein. Rechnet man nun noch hinzu, daß diese große Menge von Stroh gänzlich der Wirthschaft entzogen wird, so ist dieser Anbau von Roggen als ein Raubbau schlimmster Art zu bezeichnen, welcher früher oder später den wirthschaftlichen Ruin der Besitzer herbeiführen muß. Es ist weiter noch zu bemerken, daß zu der schwierigen und gesundheitsschädigenden Arbeit des Bestickens kaum noch geübte Arbeiter zu bekommen sind.

Nach den Angaben der Petition ruhen auf der Deichacht an Staatssteuern die Summe von 27 126 Mark, an Gemeinde-, Armen-, Kirchen-, Schul- und sonstigen Abgaben 37 194 Mark, Zinsen für Schulden (1980 623 Mark), welche bei Wiederherstellung des Deiches nach dem Deichbruch gemacht werden mußten, rund 80 000 Mark, Kosten der Strohbestickung mit 94 132 Mark ergiebt eine Gesammtbelastung der Deichacht mit jährlich 238 455 Mark oder 117 Prozent des Grundsteuerreinertrages. Diese ungeheure Belastung würde sich noch erhöhen wenn die Behauptung richtig wäre, daß der Grundsteuerreinertrag überall in der Provinz Hannover, besonders aber in den Marschen, höher angesetzt wäre als in den übrigen Provinzen der Monarchie.

Zu der Herstellung eines Steindeichs ist nun die Eingangs genannte und erbetene Summe erforderlich. Die Bittsteller behaupten, daß es ihnen unmöglich sei selbst diese Summe aufzubringen, und behaupten ferner, alle Versuche eine Anleihe zu machen seien gescheitert daran, daß die Deichacht wegen ihrer anerkannt schlechten pekuniairen Lage überhaupt keinen Kredit mehr habe.

Referent glaubt als nicht zu bezweifeln, annehmen zu dürfen, daß die Deichacht in einer wirthschaftlichen Lage sich befinde, wo Selbsthülfe nicht mehr möglich, dies sei von der Staatsregierung in dem Schreiben des Oberpräsidenten auch anerkannt. Es sei ferner baldige Hülfe nothwendig, damit nicht die ungenügende Sicherheit des Deiches von Jahr zu Jahr größer, und die Gefahr eines Deichbruches wahrscheinlicher werde. Zur Hülfe sei seines Erachtens in erster Linie die Provinzialverwaltung mit den zu Meliorationen bestimmten Mitteln verpflichtet, da indeß die Provinzialverwaltung erklärt, daß die betreffenden Mittel anderweitig schon festgelegt seien, sie aber auch nicht im Stande sei, sonstige Mittel flüssig zu machen, so müsse der Staat eintreten, weil hier doch nicht allein die Deichacht in Betracht käme, sondern auch weitere Kreise vor großem Unglück zu behüten seien. Er stelle deshalb den Antrag: „die Petition der Königlichen Staatsregierung zur Berücksichtigung dahin zu überweisen, daß dieselbe ihren Einfluß einsetze, um die Provinzialverwaltung von Hannover zur pflichtigen Beihülfe zu veranlassen, wenn dies sich aber als unmöglich erweisen solle, selbst die nöthigen Mittel herzugeben."

Von den Vertretern der Königlichen Staatsregierung wurden folgende Erklärungen abgegeben und zwar:

1. Von dem Geheimen Oberregierungsrath Beyer als Kommissar des Ministers für Landwirthschaft, Domänen und Forsten:

„Die landwirthschaftliche Verwaltung hat die bisherigen Gesuche der Wester- und Lintelermarschdeichacht um eine Unterstützung aus Staatsmitteln zur Umwandlung ihrer strohbestickten Deichstrecken in bestiente Deiche abgelehnt und glaubt auch der gegenwärtig vorliegenden Petition gegenüber, welche zu dem Zwecke die Gewährung eines staatlichen Darlehns von 1 161 000 Mark unter der Bedingung einer 2½ prozentigen Verzinsung und 1 Prozent Tilgung erbittet, sich ablehnend verhalten zu müssen.

Der in Betracht kommende Seedeich ist vor länger als 50 Jahren in seiner gegenwärtigen Stärke ausgebaut und wird auf den Angriffe der Fluthen ausgesetzten Strecken alljährlich durchschnittlich zweimal mit Stroh bestickt. In dieser Verfassung hat der Deich bisher allen Hochfluthen erfolgreich widerstanden und somit seinem Zwecke, das hinterliegende Land vor dem Einbrechen der See zu schützen, vollständig genügt. Es hat daher die ehemalige Landdrostei zu Aurich im Jahre 1883 sich unter Hinweis auf die Geschichte oder fluthabgeschwächte Lage der vorliegenden Inseln Norderney und Juist dahin ausgesprochen, daß die in Frage stehende Bestienung des Deiches keine nothwendige Schutzmaßregel ist.

Demgemäß erscheint die Bestienung im deichpolizeilichen Interesse nicht erforderlich, wenngleich anzuerkennen ist, daß bestiente Deiche noch widerstandsfähiger gegen Fluthangriffe sein können als strohbestickte.

Unter diesen Umständen fehlt es an einer ausreichenden deichpolizeilichen Veranlassung, der Deichacht zur Ausführung der Bestienung eine Unterstützung aus Staatsmitteln zu gewähren. Denn mit gleichem Rechte könnten viele andere Deichverbände an der See und an Strömen solche Unterstützungen in Anspruch nehmen, um ihre Deiche zu bestienen und dadurch für die Zukunft die Deichunterhaltung sich billiger zu machen.

Die Strohbestickung des Seedeichs ist eine verhältnißmäßig theuere; sie erfordert durchschnittlich einen jährlichen Aufwand von 25 Mark für die laufende Ruthe. Außerdem zwingt diese Art der Deichunterhaltung die Unterhaltungspflichtigen, auf ihren Aeckern viel Roggen zu bauen, um das für die Bestickung erforderliche Stroh zu gewinnen, während die Ausnutzung des Bodens als Weideland nach den örtlichen Verhältnissen erheblich größeren Gewinn bringen würde. Es stellt sich daher die Strohbestickung als ein Hinderniß für die rationale Ausnutzung der deichpflichtigen Grundstücke dar. Unter diesem Gesichtspunkte erscheint die Umwandlung der strohbestickten Deiche in bestimmte als eine nachhaltige Verbesserung der wirthschaftlichen Verhältnisse der Deichpflichtigen, deren Unterhaltungslast sich überdies noch Ausführung der Besteinung um etwa 22 Mark für die laufende Ruthe jährlich vermindern dürfte, da die Unterhaltung von Steindeichen durchschnittlich nicht mehr als 3 Mark für die laufende Ruthe und Jahr erfordert.

Durch diese Vortheile würde die Deichlast der Deichpflicht in kurzer Zeit wesentlich vermindert werden, selbst wenn sie die zur Besteinung erforderlichen Geldmittel darlehnsweise von einem Kreditinstitute beschafft. Die zur Verzinsung und Amortisation des Darlehns erforderlichen Beiträge könnten von den Deichpflichtigen im Hinblick auf die zu erwartende Verminderung der jährlichen Deichlasten wohl noch ohne Gefährdung ihres Besitzes aufgebracht werden, wenn sie sich dazu entschlössen, an Stelle der bisherigen Kabelunterhaltung die Deichunterhaltung in Kommunion einzuführen. — Nachdem die Provinz Hannover es abgelehnt hat, der Deichacht zu der Besteinung ein Darlehn zu billigen Bedingungen zu bewilligen, kann nach der erfolgten Dotirung der Provinzen mit Fonds zur Unterstützung von Landesmeliorationen nicht vom Staate beansprucht werden, daß er für die Ausführung dieses — nur einen kleinen Theil der Provinz Hannover betreffenden — Unternehmens Mittel aus der Staatskasse gewährt.

2. Von dem Geheimen Oberfinanzrath Freiherrn v. Rheinbaben als Kommissar des Finanzministers:

„Dem Antrage, dem Deichverbande die Mittel zur Herstellung einer Steinbedeckung aus der Staatskasse zu gewähren, könne nicht entsprochen werden. Nach den zweifellosen Grundsätzen unseres öffentlichen Rechtes sei die Deichlast Sache der Interessenten und nicht des Staates. Diesen Grundsatz im vorliegenden Falle zu durchbrechen, würde nicht nur eine Unbilligkeit gegenüber den zahlreichen Deichverbänden enthalten, welche aus eigenen Kräften und oft unter erheblicher Belastung der Verbandsangehörigen ihre Deiche in den gehörigen Stand gesetzt hätten, sondern würde auch zu vielfachen und die Staatskasse in hohem Maße belastenden Berufungen Seitens derjenigen Verbände führen, welche ebenfalls noch einer Steinbossirung oder sonstigen Verbesserung ihrer Deiche bedürfen.

Auch könne nicht anerkannt werden, daß der in Rede stehende Verband nicht im Stande sein sollte, sich die zur Ausführung der Steinbedeckung benöthigten Mittel, ebenso wie dies andere Deichverbände gethan haben, im Wege des Kredites zu beschaffen. Die Unterhaltung der gegenwärtig vorhandenen Strohbestickung koste jährlich 25 Mark pro Ruthe und erfordere insgesammt 94 000 Mark jährlich. Werde dagegen eine Steinbedeckung hergestellt, so würden sich die jährlichen Unterhaltungskosten auf 3 Mark pro Ruthe, also auf noch nicht mal $^1/_8$ des gegenwärtigen Satzes ermäßigen. Dadurch werde der Verband in den Stand gesetzt werden, die auf etwa 58 000 Mark jährlich (3½ Prozent Zinsen, 1½ Prozent Amortisation) zu veranschlagenden Beträge für Verzinsung und Amortisation der Kosten der Steinbossirung (1 161 000 Mark) ohne neue Belastung aufzubringen.

Endlich aber seien vorliegenden Falles Meliorationsinteressen in noch höherem Maße als Deichinteressen betheiligt. Die Aufgabe der Strohbestickung und Herstellung einer Steinbedeckung werde hauptsächlich deshalb erstrebt, um der Nothwendigkeit, für die Strohbestickung Roggen zu bauen, überhoben zu werden und zu dem vortheilhafteren und bei der guten Beschaffenheit des Bodens im Verbandsgebiete gebotenen Anbau von Weizen beziehentlich zur Weidewirthschaft übergehen zu können. Soweit daher überhaupt ein helfendes Eintreten nothwendig sein sollte,

werde dies Sache der Provinz sein, auf die nach dem Dotationsgesetz von 1875 unter Gewährung entsprechender Mittel aus der Staatskasse die Verpflichtung der Fürsorge für die über eine provinzielle Bedeutung — wie dies hier der Fall sei — nicht hinausgehenden Landesmeliorationen übergegangen sei."

Von einem Mitgliede der Kommission wurde die Meinung vertreten, daß die Provinz weder verpflichtet noch im Stande sei, eine Beihülfe zu leisten, sondern daß in solchen Fällen immer der Staat einzutreten habe und in verschiedenen Fällen auch eingetreten sei; er stelle deshalb den Antrag: „die Petition der Königlichen Staatsregierung zur Berücksichtigung zu überweisen."

Dieser Ansicht wurde nicht allein von den Vertretern der Staatsregierung widersprochen, sondern auch von Mitgliedern der Kommission. Es wurde hervorgehoben, daß hier allerdings außergewöhnliche Verhältnisse vorlägen, daß rasche Hülfe nothwendig sei, daß aber nicht zugegeben werden könne, daß der Staat in erster Linie zur Hülfe verpflichtet sei. Diese Pflicht treffe zuerst die Genossenschaft selbst, welche verpflichtet sei, auf dem Wege einer Anleihe sich selbst zu helfen; im Falle der nachgewiesenen Unmöglichkeit habe gesetzlich die Provinz einzutreten, dann erst der Staat.

Der Abgeordnete Fegter, welchem das Wort verstattet wurde, wies in längerer Rede nochmals auf die große Gefahr des Zögerns und die Unmöglichkeit, für die Deichacht die nöthigen Mittel aus eigenen Kräften zu beschaffen, hin und bestätigte noch besonders ausdrücklich, daß Versuche der Staatsbank, Anleihen zu beschaffen, vergeblich gewesen seien; dieselbe sei kreditlos.

Von einem Mitgliede der Kommission wurde dann folgender Antrag gestellt:

In Erwägung, daß es zunächst Aufgabe der Provinz ist, in dem vorliegenden Falle die erforderliche Unterstützung eintreten zu lassen, über die Petition zur Tagesordnung überzugehen.

Nach kurzer Debatte, und nachdem der Referent seinen Antrag zurückgezogen hatte, wurde der letztgestellte Antrag mit 7 gegen 5 Stimmen angenommen, der Antrag auf Berücksichtigung abgelehnt.

Die Agrarkommission beantragt demnach:

das Haus der Abgeordneten wolle beschließen:

In Erwägung, daß es zunächst Aufgabe der Provinz ist, in dem vorliegenden Falle die erforderliche Unterstützung eintreten zu lassen, über die Petition II Nr. 484 zur Tagesordnung überzugehen.

Berlin, den 13. Mai 1892.

Die Kommission für die Agrarverhältnisse.

Freiherr v. Huene, Vorsitzender. **Brandenburg.**
**Freiherr v. Buddenbrock. Christophersen. Claessen.
Dawinh. Drewe. Grunkbe. Herold. Rasch.
Knebel. Knobel. Seer. Thies.**

№ 193.

Betr. Entschädigung kommunaler Behörden für die Arbeiten in Folge der sozialreformatorischen Gesetze.

Erster Bericht

der

Kommission für das Gemeindewesen über Petitionen.

Berichterstatter:
Abgeordneter Ludowieg.

Journal II Nr. 60¹—¹⁷. Nr. 161¹—⁶¹ Nr. 747¹—².

Die Stadt Erfurt und, ihr sich anschließend, 132 andere Städte mit mehr als 10 000 Einwohnern haben in gleichlautenden Petitionen an das Haus der Abgeordneten die Bitte gerichtet:

diesen Stadtgemeinden sowie allen anderen Städten mit mehr als 10 000 Einwohnern zur Deckung der ihnen in Folge der sozialreformatorischen Gesetze erwachsenden Ausgaben einen Zuschuß aus Staatsmitteln zu gewähren, welcher dem auf den Kopf der Bevölkerung entfallenden, durch diese Gesetze veranlaßten Kostenaufwande entspricht.

Zur Begründung der Bitte wird im wesentlichen das Folgende vorgetragen.

Durch die sogenannten sozialreformatorischen Gesetze, das Krankenversicherungsgesetz, die Unfallversicherungsgesetze und das Gesetz, betreffend die Invaliditäts- und Altersversicherung, seien den Vorständen der Stadtgemeinden von 10 000 Einwohnern und darüber neue Aufgaben umfangreichster Art zugewiesen worden. Nach dem Krankenversicherungsgesetz liege ihnen ob:

die fortgesetzte Aufsicht über die organisirten Krankenkassen, die Sammlung statistischen Materials, die periodische Revision der Krankenkassen, die Prüfung aller Anträge auf Statutenänderung, die Entscheidung zahlreicher Streitigkeiten, die Beitreibung rückständiger Beiträge.

Nach den Unfallversicherungsgesetzen, insbesondere den landwirthschaftlichen, haben sie

die Beitreibung von Beiträgen, die Aufstellung und Fortführung des Katasters, die Aufstellung von Hebelisten;

und nach dem Invaliditäts- und Altersversicherungsgesetz

die Entgegennahme und Begutachtung der Rentenanträge, die Entscheidung verschiedenartigster Streitigkeiten

zu erledigen.

In Stadtgemeinden ohne Königliche Polizeiverwaltung komme noch hinzu:

die Entgegennahme und Bearbeitung der Unfallanzeigen, die Führung der überaus zahlreichen Unfalluntersuchungsverhandlungen, sowie vor allem die Ausstellung, der Umtausch und die Berichtigung der Quittungskarten für die Invaliditäts- und Altersversicherung.

In Stadtkreisen sei außerdem vom Stadtausschuß noch vielfach die Funktion eines Sektionsvorstandes der zuständigen landwirthschaftlichen Berufsgenossenschaft wahrzunehmen.

Der Umfang der hinzugekommenen Geschäfte sei so erheblich, daß in allen den Städten die Vermehrung der Büreaubeamten, in vielen sogar die Neuanstellung eines besonderen juristischen Beamten nothwendig geworden, und die hierdurch wie durch die Beschaffung von Büreauräumen, Büreauutensilien, Portoausgaben ic. den Städten dauernd erwachsenen Mehraufwendungen seien sehr bedeutend. Ganz besonders fühlbar sei die finanzielle Mehrbelastung in Folge des Invaliditäts- und Altersversicherungsgesetzes. So seien z. B. in Erfurt die Ausgaben für Durchführung der sozialpolitischen Gesetze, welche bis 1891 durchschnittlich auf rund 3 700 Mark sich belaufen haben, durch die zur Durchführung jenes Gesetzes gebotenen Einrichtungen und Leistungen um jährlich 5 800 Mark gestiegen.

Die Erstattung der durch die genannten Gesetze den Städten erwachsenen erheblichen Kosten aus Staatsmitteln erscheine im Gebot ausgleichender Gerechtigkeit, denn abgesehen davon, daß die den Stadtgemeinden obliegenden verschiedenartigsten rein kommunalen Aufgaben deren Mittel vollständig in Anspruch nehmen, entbehren die Geschäfte zur Ausführung der sozialpolitischen Gesetze eines unmittelbaren kommunalen Interesses vollkommen, würden vielmehr von den Gemeindevorständen an Stelle des Staates als dessen Hülfsbehörden erledigt.

Auch habe die Königliche Staatsregierung und der Landtag bereits für die weitaus meisten unteren Verwaltungsbehörden ausdrücklich anerkannt, daß die Kosten derjenigen Arbeiten, welche nach den sozialreformatorischen Gesetzen von diesen unteren Verwaltungsbehörden zu erledigen sind, aus Staatsmitteln gedeckt werden müssen. Denn in allen Landkreisen, wo mit Ausschluß der Städte mit mehr als 10 000 Einwohnern die Königlichen Landräthe diese Arbeiten zu besorgen haben, seien die Kosten, insbesondere durch das Invaliditäts- und Altersversicherungsgesetz, verursachten Mehrkosten nicht etwa den Landräthen auferlegt worden, sondern das Pauschquantum der Landräthe für Dienstaufwand sei aus Staatsmitteln um 350 000 Mark erhöht und die Kosten für 100 neue Stellen von Hülfsarbeitern der Landräthe seien aus Staatsmitteln zur Verfügung gestellt worden. Genau dieselben Arbeiten wie den Landräthen seien in Städten mit über 10 000 Einwohnern den Gemeindevorständen als unteren Verwaltungsbehörden übertragen worden. Gewiß könne dafür, daß die den Stadtgemeinden verursachten Mehrkosten nicht gleichfalls aus Staatsmitteln gedeckt, sondern im Gegensatz zu dem platten Lande von den Städten selbst getragen werden sollen, ein stichhaltiger Grund nicht angeführt worden. Diese Bevorzugung, welche den Landkreisen damit zu Theil werde, daß die gedachten Mehrkosten dort aus den Taschen der Steuerzahler — also auch der Steuerzahler in den Städten mit mehr als 10 000 Einwohnern — bestritten würden, müsse von den Stadtgemeinden als Härte besonders auch deshalb empfunden werden, weil den Stadtgemeinden ungleich verschiedenartigere und größere rein kommunale Aufgaben zufielen, als den Landkreisen.

2208   Haus der Abgeordneten. Aktenstück № 193.

Von 77 Städten ist angegeben, wie hoch sich die neu erwachsenen Verwaltungskosten für Durchführung der sozialreformatorischen Gesetze bei ihnen pro Kopf der Bevölkerung belaufen. Die Angaben hierüber sind in nachstehender Uebersicht zusammengestellt.

Die Kosten betragen:

Laufende Nummer	in	auf den Kopf der Bevölkerung ℳ	bei einer Einwohnerzahl von	im Ganzen ca. ℳ
1	Krefeld	0,12	105 000	12 600
2	Halle a. S.	0,17	101 277	17 300
3	Dortmund	0,13	90 000	12 000
4	Erfurt	0,12	72 414	9 000
5	Kiel	0,07	69 172	4 952
6	München-Gladbach	0,12	49 628	6 000
7	Münster	0,10	50 000	5 000
8	Bochum	0,16	47 618	7 200
9	Liegnitz	0,13	47 000	6 200
10	Spandau	0,14	45 364	6 550
11	Bromberg	0,12	36 748	4 450
12	Osnabrück	0,14	40 000	5 500
13	Brandenburg	0,14	37 817	5 240
14	Solingen	0,14	37 000	5 000
15	Flensburg	0,16	37 000	6 000
16	Königshütte	0,05	36 500	1 950
17	Harburg	0,13	35 000	4 500
18	Trier	0,12	31 886	4 000
19	Beuthen	0,13	36 905	4 548
20	Gelsenkirchen	0,17	28 057	4 700
21	Mühlhausen i. Th.	0,13	26 973	3 550
22	Nordhausen	0,09	26 000	2 350
23	Oberhausen (Rheinl.)	0,19	25 256	4 820
24	Eisleben	0,12	24 000	3 000
25	Weißenfels	0,113	23 868	2 700
26	Stargard	0,14	22 000	3 000
27	Aschersleben	0,12	23 000	2 769
28	Neuß	0,10	22 635	2 200
29	Neiße	0,09	22 447	2 000
30	Düren	0,14	21 702	3 000
31	Zeitz	0,157	21 680	3 400
32	Greifswald	0,08	21 633	2 000
33	Quedlinburg	0,14	20 761	2 962
34	Graudenz	0,15	21 300	3 375
35	Naumburg (Saale)	0,16	19 807	3 000
36	Gleiwitz	0,31	19 667	6 000
37	Meinel	0,16	19 282	3 200
38	Allenstein	0,22	19 375	5 333
39	Staßfurt	0,19	19 000	3 650
40	Stendal	0,10	19 000	1 970
41	Luckenwalde	0,11	18 399	2 000
42	Kreuznach	0,31	18 158	5 500
43	Burg	0,10	17 500	1 800
44	Kolberg	0,10	17 000	1 700
45	Inowrazlaw	0,11	16 500	1 800
46	Hörde	0,27	16 313	4 500
47	Hirschberg i. Schl.	0,07	16 200	1 100
48	Eberswalde	0,10	16 497	1 800
	zu übertragen	—	1 610 339	217 169

Laufende Nummer	in	auf den Kopf der Bevölkerung ℳ	bei einer Einwohnerzahl von	im Ganzen ca. ℳ
	Uebertrag	—	1 610 339	217 169
49	Grabow a. O.	0,06	15 701	1 220
50	Ohligs	0,20	16 000	3 350
51	Köpenick	0,08	14 622	1 300
52	Neu-Ruppin	0,18	14 620	2 710
53	Sorau	0,10½	14 454	1 519
54	Schönebeck	0,22	14 200	3 175
55	Saarbrücken	0,10	11 000	1 100
56	Kalk	0,12	13 548	1 600
57	Schwelm	0,20	13 534	2 700
58	Lissa	0,12	13 132	1 575
59	Rendsburg	0,12	13 194	1 583
60	Fulda	0,11	13 124	1 500
61	Fürstenwalde	0,10	13 000	1 300
62	Wittenberge	0,13	12 000	1 535
63	Döbschütz	0,15	12 586	1 900
64	Itzehoe	0,10	12 500	1 250
65	Lauban	0,17	11 958	2 020
66	Dirschau	0,17	11 903	2 100
67	Obenkirchen	0,15	11 666	1 800
68	Langensalza	0,12	11 500	1 450
69	Altena	0,18	11 140	2 000
70	Unna i. W.	0,12	11 000	1 300
71	Torgau	0,12	10 824	1 299
72	Sangerhausen	0,12	10 676	1 300
73	Krotoschin	0,17	10 700	1 850
74	Radevormwald	0,12	10 167	1 200
75	Peine	0,25	10 104	2 500
76	Konitz	0,12	10 101	1 200
77	Eschweiler	0,14	18 070	2 600
	für alle 77 Städte	durchschnittlich 0,14 ℳ	bei zusammen 1 977 363 Einwohnern	im Ganzen 269 105 ℳ

Von den übrigen petitionirenden 56 Städten sind spezielle Angaben über die Mehrkosten nicht gemacht. Es sind dies die Städte: Görlitz, Duisburg, Elbing, Remscheid, Bielefeld, Halberstadt, Kottbus, Guben, Landsberg a. W., Witten, Naumm, Schweidnitz, Tilsit, Stolp, Göttingen, Forst i. L., Iserlohn, Wesel, Ratibor, Wandsbek, Brieg, Lüdenscheid, Herford, Malstadt-Burbach, Siegen, Prenzlau, Paderborn, Merseburg, Küstrin, Rattowitz, Rathenow, Grünberg, St. Johann a. Saar, Schneidemühl, Emden, Glatz, Waldenburg i. Schl., Burtscheid, Reichenbach i. Schl., Anklam, Bunzlau, Stolberg Rheinl., Sagan, Eilenburg, Rawitsch, Striegau, Wald, Jauer, Sommerfeld, Leer, Viebrich-Mosbach, Spremberg, Lennep, Oels, Gummersbach.

Neben den vorbezeichneten Petitionen liegen unter einander gleichlautende Petitionen von 63 Städten mit nicht mehr als 10 000 Einwohnern vor, nämlich von Rauis, B. Gladbach, Schleusingen, Oranienburg, Pritz-

Haus der Abgeordneten. Aktenstück N? 193.

wald, Bitterfeld, Müllrose, Regierungsbezirk Frankfurt a. O., Lauenburg i. P., Gommern, Jastrow, Sömmerda, Weißensee i. Th., Gerbstadt, Jüterbog, Genthin, Artern, Kelbra, Lauchstädt, Cölleda, Arneburg, Jerichow, Aisleben a. S., Kroffen a. O., Droffen, Havelberg, Laucha a. U., Dahme i. M., Bernau i. M., Oebisfelde, Egeln, Gollnow, Alt-Damm, Berlinchen, Muskau, Friedeberg, Eschwege, Meseritz, Heldrungen, Könnern, Triebel, Rinteln, Bad Köfen, Reppen, Ruhland, Bismarck, Nebra, Fehrbellin, Nanen, Fürstenberg, Angermünde, Bernstadt i. Schl., Cobejün, Ermsleben, Lüben, Berlitz, Groß-Salze, Freienwalde a. O., Belzig, Regierungsbezirk Potsdam, Neuhaldensleben, Aken, Bernstein.

In diesen Petitionen wird an das Abgeordnetenhaus die Bitte gerichtet:

den Antrag der oben genannten Städte mit mehr als 10000 Einwohnern in der gestellten Form abzulehnen und die erbetene Beihülfe aus Staatsmitteln den Stadt- und Landkreisen — den letzteren zwecks Vertheilung unter die einzelnen Gemeinden — überweisen zu wollen.

Die Petenten führen aus, für diesen erweiterten Antrag sprächen Gründe der Gerechtigkeit und Billigkeit, denn die in den Petitionen der Stadt Erfurt und der übrigen Städte mit mehr als 10000 Einwohnern gekennzeichneten Arbeiten, als Führung der Verhandlungen, Ausstellung der Quittungskarten, Umtausch und Berichtigung der Letzteren, Führung der erforderlichen Kontrollen u. s. w. seien nach den gesetzlichen Bestimmungen nicht nur von den Polizeibehörden der Städte mit mehr als 10000 Einwohnern, sondern von allen Gemeinden, ohne Rücksicht auf die Seelenzahl, zu leisten, so daß nicht abzugehen sei, weshalb die kleineren Gemeinden völlig leer ausgehen sollten. Letztere befänden sich ohnehin in weit bedrängteren Verhältnissen als die Städte mit mehr als 10000 Einwohnern, da in dem Maße, wie der Wohlstand in den Städten durch das Steigen der Bevölkerungsziffer wachse, sich die Leistungsfähigkeit in den kleineren Gemeinden durch den Wegzug mittelst treuer Leute und tüchtiger Arbeiter vermindere, so daß das Gleichgewicht in Haushalte nur durch verschärften steuerlichen Druck hergestellt werden könne. In erhöhtem Maße gelte das von den kleinen Industriestädten mit großem Proletariat, deren Kräfte durch die großen Aufwendungen für den Straßen- und Wegebau, das Schul- und Armenwesen erschöpft seien.

Der zweiten Serie von Städtepetitionen schließt sich die Petition der Amtsvorsteher in Burgwall bei Zehdenick, Mildenberg, Zehdenick, Hammelspring, Liebenberg, Lüdersdorf an, in der das Abgeordnetenhaus gebeten wird:

in Erwägung zu nehmen, ob nicht den Amtsvorstehern und Gemeindevorstehern oder den Amtsbezirken und ländlichen Gemeinden für die Aufwendungen an Kraft und Kosten bei Ausführung der sozialpolitischen und anderer Gesetze Beihülfen aus Staatsmitteln zu gewähren seien.

Und endlich liegt noch eine von dem Amtsvorsteher v. Benniwien in Linow bei Rheinsberg und neun anderen Amtsvorstehern unterzeichnete Petition vor, in der das Abgeordnetenhaus ersucht wird:

beschließen zu wollen, daß den Petenten aus Staatsmitteln für die durch die Ausführung der sozialpolitischen Gesetze entstandenen Mehrkosten Unterstützungen gewährt werden.

In der Sitzung der Kommission für das Gemeindewesen vom 6. Mai dieses Jahres sind alle diese Petitionen der Berathung unterzogen.

Der Berichterstatter verkannte nicht, daß allen Lokalinstanzen, welche bei der Durchführung der sozialpolitischen Gesetzgebung mitzuwirken haben, sowohl den Staats- als den Selbstverwaltungsbehörden, durch jene Aufgabe eine

Anl. z. d. Verhandl. d. Hauses d. Abg. 17. Legisl. IV. Session 1892.

neue Geschäftslast auferlegt sei, deren Bewältigung eine verhältnißmäßig ganz erhebliche Vermehrung der Verwaltungsausgaben herbeiführe. Da es sich hier nicht sowohl um Verwaltung von Landesangelegenheiten, als vielmehr um die Durchführung von Reichsgesetzen handle, so liege, wie ferner zugegeben werden müsse, in dem Umstande, daß die Mittel für die Verwaltung der Königlichen Landrathsämter in Rücksicht auf die hinzugekommenen Geschäfte auf Kosten des Staates erhöht werden, während die in diesen Verwaltungssachen mit den Landrathsämtern auf gleicher Linie stehenden städtischen Behörden eine solche Berücksichtigung nicht gefunden haben, eine gewisse Unbilligkeit. Bei den Petitionen derjenigen Städte, die ihrer Verfassung nach oder nach besonderen Gesetzen verpflichtet seien, Landesangelegenheiten durch ihre Organe verwalten zu lassen, komme in Betracht, daß der Umfang dieser Geschäfte im Laufe der letzten Dezennien sich übermäßig gehäuft habe, und die in Folge hiervon angewachsenen Verwaltungskosten, zu denen der Staat gar keine oder doch nur ganz unzureichende Beihülfen gewähre, schwere Belastung der Städte herbeiführe. Wenn auch das Verhältniß der Städte unter 10000 Einwohnern sich etwas anders stelle, als das der größeren, so dürfte auch die Beachtung der von dieser Seite vorgetragenen Wünsche der Billigkeit entsprechen. Auch die kleineren Städte seien durch nothwendige Aufwendungen für Verwaltung von Landes- und Reichsangelegenheiten übermäßig beschwert. Ebenso werde man anerkennen müssen, daß bei den Amtsvorstehern aus dem Kreiskommunalfonds gewährten Dienstaufwandsgelder, gegenüber den gestiegenen Anforderungen an diese Beamte, in den neuesten Fällen als unzulänglich sich darstellen. Allein wenn man auch den Bestrebungen der Petenten wohlwollend gegenüberstehe, so sei es doch nicht angängig, dem Weg zu betreten, auf den von den Petenten hingewiesen werde, nämlich einen besonderen Akt der Gesetzgebung zur Abhülfe der Beschwerde zu veranlassen. Zur Rechtfertigung eines solchen Beschlusses sei ausreichendes Material nicht beigebracht worden. Indessen werde die Prüfung dieser Frage wegen Belastung der Städte, der Gemeinden überhaupt und der Kreiskommunalverbände durch die Verwaltung von Landes- und Reichsangelegenheiten bei der bevorstehenden weiteren Steuerreform und der beabsichtigten Ueberweisung gewisser Staatssteuern an die Kommunen nicht abgewiesen werden können, und bei dieser Gelegenheit werde zu erwägen sein, in welchem Umfange den Kommunen für die Verwaltung jener Angelegenheiten eine besondere Entschädigung zu Theil werden müsse.

Der Berichterstatter beantragte demgemäß:

Die sämmtlichen Petitionen der Königlichen Staatsregierung als Material für die in Vorbereitung befindliche weitere Reform der Landes- und der Kommunalsteuern zu überweisen.

Von anderer Seite wurde die Angelegenheit für überhaupt noch nicht spruchreif erklärt, weil in längerer Zeit noch nicht zu übersehen sein werde, in welchem Maße der Haushalt der Kommunen in Folge der Wirkung der sozialpolitischen Gesetze auf die Armenlasten eine Entlastung erfahren werde, welcher Umstand aber in Mitberücksichtigung zu ziehen sei. Es wurde von dieser Seite Uebergang zur Tagesordnung, weil eine definitive Beschlußfassung zur Zeit noch nicht möglich sei, beantragt.

Ein anderes Mitglied der Kommission vermochte den für die größeren Städte angeführten Billigkeitsgrund als zutreffend nicht anzuerkennen. Die den Landräthen gewährten höheren Dienstaufwandsgelder, die immer noch als unzureichend sich herausstellten, seien zur Deckung der Mehrausgaben bestimmt, den den Landräthen aus der Vermehrung ihrer Geschäfte als Aufsichtsinstanz erwachsen

277

seien, also für Leistungen, welche bei den Städten überall nicht vorkämen. Auch dieses Mitglied war daneben der Ansicht, daß der Mehrbelastung der Gemeinden durch die Verwaltungskosten für die Durchführung der sozialpolitischen Gesetze eine Entlastung derselben durch die auf jene Gesetze zurückzuführende Verminderung der Kosten der Armenverwaltung gegenüberstehe.

Es bezeichnete
einfache Tagesordnung
als den angemessenen Beschluß.

Bei der Abstimmung fand der Antrag des Berichterstatters mit fünf gegen drei Stimmen Annahme.

Die Kommission beantragt demgemäß:

das Haus der Abgeordneten wolle beschließen:
die Petitionen II Nr. 604—17, II 1611—61 und II 7471 u. 2 der Königlichen Staatsregierung als Material für die in Vorbereitung befindliche weitere Reform der Landes- und der Kommunalsteuern zu überweisen.

Berlin, den 17. Mai 1892.

Die Kommission für das Gemeindewesen.

Weffel, Vorsitzender. **Ludowieg**, Berichterstatter. **Conrad** (Flatow). **Eberty. Frentz. vom Heede. Lamprecht.** Dr. **Ostrop. Schlabitz. Schnatsmeier. v. Schoening. Theissing. Tschocke** (Breslau). **Wenders.**

№ 194.

A.

Mit Nr. 181 der Drucksachen zugleich wird auf die Tagesordnung des Plenums gesetzt worden:

Mündlicher Bericht der Unterrichtskommission über die Petition der Lehrer der Stadt Burg Lüders und Genossen — II Nr. 868 — um Bewilligung der staatlichen Altersszulagen.

Berichterstatter: Abgeordneter v. Schenckendorff.

Antrag der Unterrichtskommission:

Das Haus der Abgeordneten wolle beschließen:
Die Petition II Nr. 868 ist durch den über den dritten Petitionsbericht der Unterrichtskommission (Nr. 181 der Drucksachen) gefaßten Beschluß erledigt.

B.

Auf die Tagesordnung einer der nächsten Plenarsitzungen werden gesetzt werden:

I.

Mündlicher Bericht der Unterrichtskommission über die Petition der Lehrer Dr. Kaiser und Genossen in Wiesbaden, Biebrich u. a. O. — II Nr. 439 —, in welcher beantragt wird, den wissenschaftlichen Lehrern an den Realanstalten des vormaligen Herzogthums Nassau das Anrecht auf Versorgung ihrer Hinterbliebenen aus dem vormals Nassauischen Centralfonds zur Unterstützung der Wittwen und Waisen der Real- und Elementarlehrer wiederum zuzuerkennen.

Berichterstatter: Abgeordneter Dr. Kropatschek.

Antrag der Unterrichtskommission:

Das Haus der Abgeordneten wolle beschließen:
Ueber die Petition II Nr. 439 zur Tagesordnung überzugehen.

II

Mündlicher Bericht der Unterrichtskommission über die Petition des ordentlichen Lehrers Remmes in Saarlouis — II Nr. 819 — um Anerkennung seines Rechts als vollberechtigter Lehrer des Progymnasiums zu Saarlouis und Gewährung von Wohnungsgeldzuschuß.

Berichterstatter: Abgeordneter Schmelzer.

Antrag der Unterrichtskommission:

Das Haus der Abgeordneten wolle beschließen:
Ueber die Petition II Nr. 819 zur Tagesordnung überzugehen.

Berlin, den 18. Mai 1892.

Der Präsident des Hauses der Abgeordneten.

v. Köller.

№ 193.

Betr. den Stiftsfonds Keppel.

Achter Bericht
der
Kommission für Petitionen.

Berichterstatter:
Abgeordneter Schmidt (Warburg).

Journal II Nr. 840.

Der Kirchenvorstand der katholischen Gemeinde Keppel (Kreis Siegen) bittet das Abgeordnetenhaus, dahin wirken zu wollen,

daß die Beträge aus dem Stiftsfonds Keppel an den dortigen katholischen Pfarrfonds, wie es vom Jahre 1817 bis zum Jahre 1875 geschehen, wieder gezahlt werden.

Ueber diese Petition ist in der Petitionskommission am 13. Mai 1892 unter Zuziehung des Herrn Geheimen Oberregierungsraths Harber, als Vertreters des Herrn Ministers des Innern, und des Herrn Geheimen Regierungsraths Dr. Förster, als Vertreters des Herrn Ministers der geistlichen, Unterrichts- und Medizinal-Angelegenheiten, verhandelt.

Der Thatbestand ist nach Angaben der Petenten folgender:

Das im Jahre 1239 von einem Herrn v. Hayne gestiftete Prämonstratenser Kloster zu Keppel sei während der Reformationszeit in ein weltliches Damenstift umgewandelt und während des dreißigjährigen Krieges bald in katholischen, bald in evangelischen Händen gewesen. Als Graf Johann von Nassau-Siegen zur Regentschaft gelangt sei, habe er die Güter des Stifts Keppel zu katholischen Zwecken wieder einziehen lassen und katholische Nonnen eingesetzt. Nach Abschluß des westfälischen Friedens habe man noch katholische Konventualinnen aufgenommen und wieder eine katholische Aebtissin von der Rees gewählt. Im Jahre 1654 sei das Stift durch Vertrag zu einem Simultaneum erklärt und bestimmt, daß die eine Hälfte der Stiftsdamen katholisch und die andere protestantisch sein sollte. Beide Theile sollten auch ihre auf Stiftskosten zu unterhaltenden Geistlichen wählen. Die Gleichberechtigung habe bis zum Jahre 1811 fortbestanden, als das Stift von der Herzoglich Bergischen Regierung säkularisirt sei. Durch den Wiener Frieden sei das Stift mit dem Fürstenthum Siegen an die Krone Preußen gefallen. Der König von Preußen habe die durch den Gottesdienst der beiden Konfessionen verursachten Kosten zusammenstellen und die so aufgestellten Ausgaben als katholische und evangelische Pfarrfonds gesondert verwalten lassen.

Zu den Einnahmen der beiden Pfarrfonds habe unter Anderem eine Zulage aus den Stiftsfonds von 231 Thlr. 22 Sgr. 6 Pf. „an Besoldung und Kultuskosten überhaupt" gehört, welche eine Entschädigung sein sollte für frei zu gewährende Wohnung, Brand, Licht, Wäsche und Schreibmaterialien der beiden Geistlichen. Bis zum Jahre 1875 seien auch diese Beträge unbeanstandet aus dem Stiftsfonds an die beiden Pfarrfonds gezahlt, von da ab aber in Folge des Sperrgesetzes dem katholischen Pfarrfonds einbehalten. Auf Verfügung des Ministers sei im Jahre 1877 als Kultuskosten ein Betrag, der ursprünglich auf 347 Mark 9 Pf. berechnet, sodann aber auf 115 Mark 18 Pf. reduzirt war, alljährlich ausgezahlt, seit dem Jahre 1883 aber auch wieder zurückgehalten. Die Petenten sind nun der Ansicht, daß die Vorenthaltung jedenfalls jetzt nach Aufhebung des Sperrgesetzes wieder aufgehoben werden müsse.

Es seien nun von der Bischöflichen Behörde zu Paderborn und von dem Kirchenvorstande mit der Königlichen Regierung zu Arnsberg und dem Herrn Minister des Innern, welchem der Stiftsfonds Keppel unterstehe, Verhandlungen auf Wiedererlangung des Zuschusses geführt, jedoch ohne Erfolg, indem die Königliche Regierung der irrigen Ansicht sei, die Zulage sei nur gnadenweise und widerruflich gewährt.

Die Petenten treten dieser Ansicht entgegen, indem sie ausführen:

1. Die Zulage sei stets, — selbst in den Jahren der Stellenvakanz 1817—1848 — zum Pfarrfonds abgeliefert. Nach den vorhandenen Etats und Rechnungen von 1826—1875 sei niemals der Vermerk: „gnadenweise und widerruflich" gemacht worden. Nur im Jahre 1875 habe solchen Vermerk der verstorbene Stiftsrentmeister in eine Zwischenlinie geschrieben.
2. Die Ansicht der Regierung rühre wohl daher, daß während der Stellenvakanz an benachbarte Geistliche bestimmte Geldzulagen „gnadenweise und widerruflich" bewilligt seien.
3. Daß doch auch die Königliche Regierung zu Arnsberg im Zweifel über den Anspruch sich befunden habe, erhelle aus der Korrespondenz mit der Bischöflichen Behörde, in welcher die Wiederzahlung der Zulage in Aussicht gestellt sei, wenn keine rechtliche Ansprüche auf dieselbe erhoben würden. Der Herr Bischof habe dann auch eine entsprechende Erklärung abgegeben, aber gleichwohl sei das Gehalt nicht bewilligt. Durch die Erklärung sei das Klagerecht der Gemeinde nicht beseitigt.
4. Anerkenntnisse des rechtlichen Anspruchs seien auch in zwei Verfügungen der fraglichen Regierung vom 8. Juni 1837 und 18. März 1870 zu finden. In den letzteren sei die Einnahme des Keppel'schen Pfarr- und Anniversarienfonds auf 489 Thlr. angegeben, was nur dann sich herausrechne, wenn der streitige Betrag mit einbegriffen wird.

Der evangelische Pfarrfonds beziehe diese Zulage vor wie nach, obgleich der evangelische Pfarrer nur die Bewohner des Stifts zu pastoriren habe, wogegen der katholische über 36 Ortschaften, die theilweise über zwei Stunden von Keppel entfernt seien, die Seelsorge ausübe und dabei nach Abzug der streitigen Gelder ein Gehalt von 991 Mark beziehe.

Seitens des Herrn Geheimrath Dr. Förster wurde bemerkt, daß das Ministerium für geistliche, Unterrichts- und Medizinalangelegenheiten bei der Frage nicht interessirt, da der Stiftsfonds dem Herrn Minister des Innern unterstehe.

Der Herr Geheime Oberregierungsrath Harder erklärte:

Die Petition des katholischen Kirchenvorstandes zu Keppel vom 3. Februar d. J. geht von der unrichtigen Voraussetzung aus, daß das Stift Keppel nach seiner Säkularisation ein simultanes gewesen sei. Dasselbe ist vielmehr, da es sich im Normaljahre in evangelischen Händen befunden hat, als evangelisches Damenstift anerkannt worden. Wenngleich später sich auch katholische Damen im Stifte befunden haben, so beruht dies nicht auf einem Vertrage, vielmehr lediglich auf Duldung. Insbesondere ist die Stiftskirche ausschließlich dem evangelischen Gottesdienste gewidmet gewesen, und erst später auch katholischer Gottesdienst dort widerruflich gebildet worden. Es kommt hierauf aber weniger an, da das Stift von der Bergischen Regierung 1810 aufgehoben und demnächst von der Regierung von Nassau-Oranischen Erblande, und in weiterer Folge von der Krone Preußen auf ganz neuen Grundlagen wiederhergestellt worden ist, so daß ein Zusammenhang zwischen dem alten Stifte und dem jetzigen Ueberschuß- und Pensionsfonds der vereinigten Stifte Gesete-Keppel nicht besteht, und rechtliche Ansprüche an die letzteren und Verpflichtungen des ersteren daher nicht ohne Weiteres hergeleitet werden können. Ein Konvent ist in dem neuen Stifte nicht wieder errichtet worden, vielmehr werden die alten Gebäude von Keppel seit 1872 von einer evangelischen Schule und Erziehungsanstalt benutzt. Ein rechtlicher Anspruch der katholischen Kirchenmissionsgemeinde in Keppel mit neuem Stiftsfonds auf Zahlung von Kultus- und Besoldungskosten ist nun nicht vorhanden. Diese in den Etat von Keppel im Gesamtbetrage von 695,26 Mark aufgenommenen Kosten erscheinen vielmehr seit langer Zeit, wenigstens seit dem Jahre 1853, als „widerruflich und gnadenweise bewilligt". Die Zahlung derselben ist bis zum Jahre 1875 regelmäßig erfolgt und wurde nach Erlaß des Gesetzes vom 22. April 1875 eingestellt. Als nach Aufhebung dieses Gesetzes die Wiederaufnahme der Zahlungen Seitens des Herrn Bischofs zu Paderborn in Antrag gebracht worden war, wurde an die Genehmigung desselben die Bedingung der Anerkennung der widerruflichen und gnadenweisen Bewilligung geknüpft. Solche Anerkennung wurde erst später versagt, demnächst aber in der wenn auch nicht vollständig genügenden Erklärung des Herrn Bischofs vom 4. Dezember 1884 gegeben, und sollte in Folge derselben ein Theil der 680,07 Mark betragenden Besoldungskosten von Neuem gewährt werden. Dies erwies sich aber gegenüber den damaligen ungünstigen finanziellen Verhältnissen des Stiftsfonds als unausführbar, und wurden auch die inzwischen weiter gezahlten Kultuskosten im Betrage von 115,18 Mark vom Etat abgesetzt.

Wenn jetzt, nachdem die Verhältnisse dieses Fonds sich verbessert haben, in der vorliegenden Petition von Neuem ein rechtlicher Anspruch auf die Zahlung der fraglichen Kompetenzen erhoben wird, so wird es einer erneuten bindenden Erklärung des Herrn Bischofs bedürfen, und wenn solche ergeht, in Erwägung genommen werden, ob und inwieweit die Kultus- und die Besoldungskosten wieder in den Etat des Stiftsfonds einzustellen seien.

Ich kann daher nur anheimgeben, daß beschlossen werde, im Plenum des Abgeordnetenhauses zu empfehlen, die Petition der Staatsregierung zur „Erwägung" zu überweisen. Dem Antrage auf Ueberweisung zur „Berücksichtigung" muß ich widersprechen, da solche, in Anbetracht der wiederum erhobenen Rechtsansprüche, nicht ohne Weiteres eintreten kann.

Der Referent stellt den Antrag,

die Petition der Königlichen Staatsregierung zur Berücksichtigung zu überweisen.

Die Bischöfliche Behörde habe klar und deutlich erklärt, daß sie einen Rechtsanspruch nicht erhebe, auch solchen durch die Gemeinde nicht erheben lassen werde. Es heiße in dem Schreiben vom 4. Dezember 1884:

„Inzwischen habe ich die in Betracht kommenden Rechtsverhältnisse einer nochmaligen, eingehenden Prüfung unterzogen. Auf Grund derselben begehre ich mich nunmehr die ergebenste Erklärung abzugeben, daß ich außer Staude bin, für die Gewährung der aus dem Stiftsfonds Keppel vor dem Jahre 1875 an den katholischen Kirchenpfarr- und Annibersarienfonds gezahlten Beträge bis zum Maximalsatze von Mark 695,26 eine rechtliche Verpflichtung nachzuweisen.

Die Bischöfliche Behörde habe klar erklärt, daß sie keinerlei Rechtsansprüche auf diese Beträge geltend zu machen, oder durch die Vertretung der Missionspfarrgemeinde Keppel erheben zu lassen. Nach dieser Erklärung glaube ich die Königliche Regierung ergebenst ersuchen zu dürfen, hochgeneigtest bei dem Herrn Minister des Innern die Wiederaufnahme der gedachten Zahlung beantragen zu wollen."

Mit diesem Schreiben sei aber einer Aufforderung der Königlichen Regierung vom 20. Januar 1882 folgenden Wortlauts voll genügt:

„Das von Euer Hochwürden uns gegenüber ausgedrückte bloße Anerkenntniß, daß die früher aus dem Stiftsfonds Keppel gewährte Summe von Mark 695,26 nicht auf einer nachweisbaren rechtlichen Verpflichtung des Stiftes beruhe, obwohl der für Kultuszwecke bestimmte Theil dieses Betrages von Mark 115,18 wegen dieser seiner Bestimmung als auf rechtlicher Verpflichtung beruhend dortseits angesehen sei, ist in dieser Beziehung leider nicht geeignet, den Voraussetzungen zu entsprechen, unter denen allein wir in unserem ergebensten Schreiben vom 23. Juli 1881 uns bereit erklären durften, die Wiedergewährung der gedachten Geldbewilligungen ins Auge zu fassen, und zu diesem Zwecke unsererseits die nöthigen Schritte zu thun."

Die Regierung habe in diesem Schreiben vom 20. Januar 1882 die Bewilligung der Zulage in Aussicht gestellt, wenn das bedingungslose Anerkenntniß abgegeben werde. Nachdem die Bischöfliche Behörde dieser Aufforderung nachgekommen sei, nehme es sich doch bedenklich aus, wenn nunmehr bei einem so geringen Betrage, welcher in Frage komme, die Ungulängligkeit des Fonds als Grund der Verweigerung angeführt werde. Daß die Gemeinde nunmehr wieder von Rechtsansprüchen spreche, könne ihr nicht verübelt werden. Die Genehmigung zur Klage sei nach der Erklärung vom 4. Dezember 1884 ausgeschlossen. Lediglich wegen des Sperrgesetzes sei doch nach etwa 60 Jahren die Zahlung eingestellt: nunmehr, nachdem das Gesetz aufgehoben sei, läge doch kein Anlaß vor, die Gelder fernerhin vorzuenthalten. Der evangelische Pfarrer beziehe vor wie nach die Zuschüsse von gleicher Höhe und habe doch nach den Ausführungen des Herrn Regierungskommissars ebenfalls keinen Rechtsanspruch. Doch solle auch diesem Pfarrer die Zulage nicht entzogen werden: eine Theilung des Zuschusses unter beide Pfarrer würde wieder hart für den evangelischen Pfarrer sein, der bisher den vollen Zuschuß erhalten habe. Dem gegenwärtigen Herrn Bischof nochmals ein neues Anerkenntniß abzuverlangen, liege kein Grund vor, da die Erklärung seines Vorgängers ganz klar und deutlich sei, zumal der in Frage stehende Betrag nur sehr gering sei.

Von anderer Seite wurde geltend gemacht, daß eine Ueberweisung zur Berücksichtigung dem Vorwurf der Rechtsverletzung enthalten würde: ein Rechtsanspruch existire aber nach den Erklärungen der Bischöflichen Behörde nicht. Ein drittes Mitglied stellt anheim, den Zuschußbetrag zwischen den beiden Pfarren zu theilen.

Auch wurde der Gegenantrag gestellt,
 die Petition der Königlichen Staatsregierung zur
 Erwägung zu überweisen.
Letzterer Antrag wurde auch einstimmig angenommen,
nachdem der Antrag des Referenten gegen fünf Stimmen
abgelehnt war.

Die Kommission empfiehlt daher,
 das Haus der Abgeordneten wolle beschließen,
 die Petition II Nr. 260 der Königlichen
 Staatsregierung zur Erwägung zu
 überweisen.

Berlin, den 19. Mai 1892.

Die Kommission für Petitionen.

Lehmann, Vorsitzender. Schmidt (Warburg), Berichterstatter. v. Bismarck. v. Borcke-Rienow. v. Bredow. Bunsen. Conrad (Graudenz). Czwalina. Dr. Dürre. Engels. Freiherr v. Eynatten. Friederichs (Gumnnersbach). Dr. Graf (Elberfeld). Halberstadt. Jacobs. Jerusalem. Jürgensen. Dr. Krause. Lückhoff. Mies. Oster. Pleß. v. Puttkamer-Treblin. Radziwill. v. Veltheim. Frhr. v. Wackerbarth-Linderode. Weber (Genthin). v. Werdeck.

№ 196.

Zweiter Bericht

der

Kommission für die Wahlprüfungen.

Berichterstatter:
Abgeordneter
Dr. Graf Baſſewitz-Levetzow.

11. Wiesbaden.

Nachdem die Wahl 11 Wiesbaden vom Plenum des Abgeordnetenhauses nochmals in die Kommission zurückverwiesen, beschäftigte sich dieselbe in ihrer Sitzung vom 17. Mai 1892 nochmals mit derselben. Bei Beginn der Sitzung gab der Herr Regierungskommissar Geheimer Oberregierungsrath Freiherr v. Senfft-Pilsach folgende Erklärung ab:

Die Bestimmung im zweiten Absatze des § 14 des Wahlreglements vom 4. September 1882 hat bis zum Jahre 1870 nicht in Geltung gestanden, sie ist zum ersten Male in das zu Zwecken der Wahlen für die XI. Legislaturperiode des Hauses der Abgeordneten vom Königlichen Staatsministerium erlassene Reglement vom 10. Juli 1870 in § 15 Abſ. 2 aufgenommen worden. Die Absicht, welche mit der Aufnahme dieser Bestimmung in das Wahlreglement verfolgt wurde, ging nach den im Ministerium des Innern und im Staatsministerium stattgehabten Erörterungen dahin, daß dem Uebelstande begegnet werden sollte, daß bei Wahlmännerersatzwahlen ein gültiger Wahlvorstand nicht gebildet werden und die Wahl nicht zu Stande kommen konnte, wenn nicht mindestens vier Urwähler der betreffenden Abtheilung erschienen waren.

Die Bestimmung des § 20 der Wahlverordnung vom 30. Mai 1849, wonach der Wahlvorsteher aus der Zahl der Urwähler des Urwahlbezirks einen Protokollführer sowie drei bis sechs Beisitzer zu ernennen hatte, hatte sich hiernach für Nachwahlen als unzureichend erwiesen, denn wenn bei solchen für eine und eventuell zwei Abtheilungen bei Eröffnung des Wahlaktes Seitens des obrigkeitlich bestellten Wahlvorstehers weniger als vier Urwähler erschienen, so war die gesetzmäßige Bildung des Wahlvorstandes ausgeschlossen, und es mußte von der Vornahme der betreffenden Ersatzwahl Abstand genommen werden.

Der Natur der Sache nach kann der Wahlvorsteher die Beisitzer und den Protokollführer nur aus den zur Theilnahme an der Wahl berufenen und erschienenen Urwählern ernennen. Dem entspricht es, daß die in Rede stehende Reglementsbestimmung für den Fall des Erscheinens von weniger als vier Urwählern vorschreibt, daß die Zahl der Beisitzer aus den Urwählern einer anderen Abtheilung desselben Wahlbezirks ergänzt werden kann.

Betreffs derjenigen Urwähler, welche bei Beginn des Wahlaktes vorhanden sind, wird von einer Ergänzung nicht die Rede sein können, es entspricht vielmehr dieser Bestimmung, daß nur soweit Urwähler für die Nachwahl bei Beginn des Wahlaktes nicht vorhanden sind, die fehlende Zahl aus der bezw. den an der Nachwahl nicht theilnehmenden Abtheilungen des Urwahlbezirks herangezogen wird.

Die Bedeutung, welche hiernach die Bestimmung des Abſ. 2 des § 14 des jetzt in Geltung stehenden Wahlreglements vom 4. September 1882 für Nachwahlen in Verbindung mit den dem Protokollführer und den Beisitzern obliegenden Funktionen hat, giebt dieser Bestimmung den Charakter einer essentiellen. Die Folge davon wird sein, daß, wenn eine Verletzung dieser Vorschrift stattfindet, die betreffende Wahlmännerersatzwahl für ungültig zu erachten ist.

Gegenüber der im ersten Berichte (Nr. 159 der Drucksachen) zum Ausdruck gebrachten Auffassung der Mehrheit der Kommission, wurde von einzelnen Mitgliedern die Auffassung verfochten, daß die Abtheilung der ursprüngliche Wahlkörper sei und nur bei der Urwahl die drei Abtheilungen zu einem einheitlichen Wahlkörper vereinigt werden mit einem gemeinsamen Wahlvorstande, während von anderer Seite an der früheren Auffassung festgehalten wurde, daß der Urwahlbezirk die Einheit bilde und daß zwar die Regierung nach der obigen Erklärung geglaubt habe, die Bestimmung des zweiten Absatzes des § 14 des Reglements geben zu müssen, um der Unmöglichkeit einer Vorstandsbildung vorzubeugen, eine entschieden zulässige Interpretation der gesetzlichen Bestimmung, daß hieraus aber nicht die Konsequenz gezogen werden dürfe, daß umgekehrt kein Beisitzer aus einer anderen Abtheilung zugezogen werden dürfe, wenn 4 oder mehr Wähler der wählenden Abtheilung vorhanden, da hierin eine unzulässige Abänderung der gesetzlichen Bestimmung des § 20 der Verordnung liegen würde. Von einer Seite wurde folgende Interpretation abgegeben: Bei der Ersatzwahl einer einzelnen Abtheilung hat der Wahlvorsteher nach § 20 des Reglements nur die Urwähler dieser Abtheilung zusammen zu berufen. Nach § 13 Abs. 3 des Reglements müssen alle nicht stimmberechtigten Anwesenden zum Abtreten veranlaßt werden. Erst nach ihrem Abtreten wird nach § 14 des Reglements zur Ernennung der Beisitzer geschritten. Da die Wähler anderer Abtheilungen dann schon entfernt sind, so können sie an sich nicht als Beisitzer bestellt werden, auch abgesehen davon, daß nur Stimmberechtigte zu dieser Funktion berufen werden können. Sind aber weniger als 4 Urwähler erschienen, so ist zur Ermöglichung einer Wahl die Herbeiholung von Urwählern anderer Abtheilungen unerläßlich. Hierauf wurde von anderer Seite erwidert, daß allerdings die unbetheiligten Anwesenden zum Abtreten veranlaßt würden, daß dahin aber nicht solche Personen zu rechnen seien, die der Wahlvorsteher aus der Gesammtheit des Urwahlbezirks vorher als Beisitzer ernannt habe. Nach längerer Debatte, worin verschiedene Fragen erörtert wurden, so die, ob nach Analogie der Auffassung, daß nur Wähler der wählenden Abtheilung als Beisitzer fungiren sollen, nicht auch der Wahlvorsteher aus ihr ernannt werden müsse, so ferner die, ob bei einer Nachwahl von 2 Abtheilungen die Prinzipien des Absatzes 2 des § 14 in Geltung treten oder das Prinzip der Einheitlichkeit des Urwahlbezirks, einigte sich die Kommission dahin, über folgende Frage abzustimmen:

Ist es zulässig, daß bei Nachwahlen, bei welchen nur eine einzelne Abtheilung zu wählen hatte, die Beisitzer des Wahlvorstandes und der Protokollführer auch den Urwählern der nicht wählenden Abtheilungen desselben Bezirks entnommen werden, wiewohl bei Beginn der Verhandlung 4 oder mehr Urwähler der wählenden Abtheilung vorhanden waren.

Dieselbe wurde mit 8 gegen 5 Stimmen mit ja beantwortet.

Der Umstand, daß ein Mitglied erklärte, er halte zwar die Zuziehung von Beisitzern aus anderen Abtheilung für einen Verstoß, wenn 4 oder mehr Wähler der wählenden Abtheilung vorhanden, aber nicht für einen so erheblichen, daß er die Ungültigkeit der Wahl bedinge, führte zu der Anregung, auch über diese Frage abzustimmen, die aber verworfen wurde, da dieselbe durch die erste Abstimmung gegenstandslos sei und die Kommission keinen Antrag stellen zu sollen glaubte für den Fall, wo das Haus ihrer Auffassung nicht beiträte. Aus demselben Grunde wurde davon Abstand genommen, die in der Kommission schon bei der ersten Berathung angestellte Berechnung darüber vorzulegen, wie sich das Resultat stellen würde, wenn man diejenigen Wahlmänner kassirte, bei denen von einer einzelnen Abtheilung vorgenommenen Wahl Beisitzer aus andern Abtheilungen mitgewirkt haben. Schließlich beschloß die Kommission bei ihrem im ersten Bericht niedergelegten Anträge stehen zu bleiben:

Das Haus der Abgeordneten wolle beschließen:
1. Die Wahl des Stadtraths Grimm in Frankfurt a. M. für ungültig zu erklären,
2. die hier hintenaufgeführten Wahlmänner für richtig gewählt zu erklären:

Schaefer, 3. Abtheil., 61. Urwahlbezirks
Collischow, 3. " 80. "
Helfrich, 2. " 79. "
Loewenthal, 3. " 2. "
Outheim, 1. " 4. "
Klauer, 2. " 14. "
Link, 1. " 27. "
Gobel, 2. " 30. "
Böhler, 1. " 33. "
Hammerau, 2. " 33. "
Reutlinger, 2. " 40. "

Wertheim, 1. Abtheil., 46. Urwahlbezirks
Bauer, 3. " 46. "
Spengler, 3. " 47. "
Müller-Scherlevsky, 1. Abth., 51. Urwahlbz.
Rumpf, 3. Abtheil., 51. Urwahlbezirks
Wedel, 1. " 59. "
Theobold, 1. " 86. "
Hoffmann, 3. " 86. "
Nagel, 1. " 94. "
Dauth, 2. " 94. "
Schlepp, 2. " 94. "
Reiß, 1. " 5. "
Haurand, 1. " 36. "
Schmidt, 2. " 55. "
Schubert, 1. " 78. "
Tamm, 1. " 78. "
Schreiber, 3. " 80. "
Nohlstadt, 3. " 80. "
Abt Sprenger, 1. " 95. "

Berlin, den 20. Mai 1892.

Die Kommission für die Wahlprüfungen.

v. Liebermann, Vorsitzender. Dr. Graf Baffewitz-Levezow, Berichterstatter. Francke (Tondern). Fritzen (Rees). Jürgensen. Kolisch. Licht. v. Neumann. v. Rebbiger. v. Schalscha. Schumacher. v. Sczaniecki. Sperlich. Struz.

№ 197.

Bericht

der

XX. Kommission zur Vorberathung des Gesetzentwurfs, betreffend die Geheimhaltung der Ergebnisse der Veranlagung zur Staatseinkommensteuer. — Nr. 167 der Drucksachen. —

Berichterstatter:
Abgeordneter Olzem.

Der Entwurf beschäftigte die Kommission in zwei Sitzungen, von denen eine auf die Berathung, die andere auf die Feststellung des Berichtes entfielen. Seitens der Königlichen Staatsregierung nahmen an den Verhandlungen Theil:
1. der Finanzminister Dr. Miquel, als dessen Kommissar,
2. Geheimer Oberfinanzrath Wallach,

als Kommissar des Ministers des Innern:
3. Geheimer Oberregierungsrath Roell, als Kommissar des Ministers der geistlichen, Unterrichts- und Medizinal-Angelegenheiten:
4. Geheimer Regierungsrath Hegel.

Auf Vorschlag des Vorsitzenden wurde beschlossen, von einer besonderen allgemeinen Erörterung Abstand zu nehmen, die Paragraphen der Vorlage zusammen zu erörtern und nur eine Lesung vorzunehmen.

Es wurden folgende Anträge gestellt:
1. A. Prinzipalantrag. An Stelle der §§ 1 und 2 des Gesetzentwurfs folgenden § 1 zu setzen:

„In Wahllisten und Steuerlisten (Heberollen) der kommunalen und sonstigen öffentlichen Verbände darf, wenn diese Listen unter anderem nach Maßgabe der staatlichen Einkommensteuer aufgestellt und öffentlich ausgelegt werden, nur der Gesammtbetrag der in Betracht kommenden Steuerquote eines jeden Wählers bezw. Steuerpflichtigen eingetragen werden."

B. Eventualantrag (falls der Antrag sub A abgelehnt wird). Dem § 1 des Gesetzentwurfs folgende Fassung zu geben:

Wo die Steuerlisten (Heberollen) über die ganz oder zum Theil nach dem Maßstabe der Staatseinkommensteuer vertheilten Steuern der kommunalen und sonstigen öffentlichen Verbände bisher öffentlich ausgelegt worden sind, tritt an Stelle des Rechts auf Einsichtnahme das Recht des Steuerpflichtigen auf Mittheilung ihrer eigenen Veranlagung. Wird schriftliche Mittheilung verlangt, so kann hierfür eine Gebühr erhoben werden. Die eventuelle Höhe und Verwendung dieser Gebühr wird durch Beschluß des betreffenden Verbandes festgesetzt. Der Beschluß bedarf der Genehmigung der Aufsichtsbehörde.

2. Im § 1 in der vorletzten Zeile hinter dem Worte „Veranlagung" hinzuzusetzen:
und der Veranlagung derjenigen Personen, welche dazu schriftliche Vollmacht ertheilt haben.

3. Hinter § 2 als § 2 a einzuschieben:
Behörden, welche von dem Ergebniß der Veranlagung zur Einkommensteuer Kenntniß erhalten, dürfen von dieser lediglich zu amtlichen Zwecken Gebrauch machen.

4. Hinter dem vorgeschlagenen § 2 a als § 2 b einzuschieben:
Steuerzettel müssen den Steuerpflichtigen persönlich übergeben oder verschlossen mitgetheilt werden.

Die Verhandlung erstreckte sich zunächst im Anschluß an die §§ 1 und 2 der Vorlage und an den Antrag 1 A auf die Erörterung der Gründe, welche für und gegen die Absicht sprechen, das Ergebniß der Veranlagung der einzelnen Steuerpflichtigen der Oeffentlichkeit zu entziehen. Von der einen Seite wurde betont, daß die Forderung möglichster Oeffentlichkeit eine Folge der Selbsteinschätzung, daß die Oeffentlichkeit ein erwünschtes Mittel sei, auf gewissenhafte Selbsteinschätzung hinzuwirken, daß deshalb die Beschränkung der Oeffentlichkeit nicht zu billigen sei. Geheimhaltung des Ergebnisses der Veranlagung der einzelnen Steuerpflichtigen sei nicht gut möglich. Auch das Einkommensteuergesetz beabsichtige nicht das Ergebniß der Veranlagung so geheim zu halten, wie die Deklarationen und die auf diese bezüglichen amtlichen Ermittelungen. Die Beschränkung des Rechtes der Einsichtnahme der Steuerlisten auf die Befugniß jedes Betheiligten, von der eigenen Veranlagung Kenntniß zu nehmen, sei sehr bedenklich, da die Kenntnißnahme der Veranlagung Anderer zum Vergleichen nöthig sei und die Kenntnißnahme sehr wenig Werth habe, wenn sie auf die eigene Veranlagung beschränkt bleibe. Wenn das Recht der Kenntnißnahme der Veranlagung Anderer entzogen werde und damit die Möglichkeit der Vergleichung wegfalle, werde bei Vielen Mißtrauen entstehen, besonders in den niederen Volksschichten. Gerade die Prüfung der Veranlagung Anderer habe für die Selbsteinschätzung großen Werth. Gegenüber diesen Ausführungen wurde bemerkt, daß wir durch den § 39 des Einkommensteuergesetzes vom 24. Juni 1891 gebunden seien, da derselbe zweifellos die Absicht verfolge, das Ergebniß der Steuerveranlagung der einzelnen Steuerpflichtigen der Oeffentlichkeit zu entziehen. Deshalb sei ein solches Gesetz wie das vorliegende nöthig, sonst müsse eine Aenderung des § 39 des Einkommensteuergesetzes vorgenommen werden. Das Versprechen des Einkommensteuergesetzes bezüglich der Geheimhaltung zu erfüllen, sei eine moralische Pflicht. Die Vorlage sei ein dringendes Bedürfniß und befriedige dasselbe soweit als möglich. Zwar sei ein schärferes Gesetz wünschenswerth, es müsse aber anerkannt werden, daß ein solches nicht möglich sei. Völlige Geheimhaltung sei nicht zu erreichen, durch die Vorlage fielen aber wenigstens die größten Mißbräuche weg.

Der Finanzminister Dr. Miquel führte aus, daß vollständige Geheimhaltung nicht möglich sei und auch nicht erreicht werden solle. Die Vorlage wolle aber offizielle Veröffentlichungen durch die Gemeinden und ähnliche Veröffentlichungen verhindern. Die Staatsregierung habe zwar die Frage erwogen, ob sie nicht weiter gehen solle, als in der Vorlage geschehen, diese Frage aber verneinen zu müssen geglaubt. Die Staatsregierung glaubt, daß die Vorlage genüge, daß dieselbe aber keinesfalls schaden könne, da sie keine berechtigten Interessen verletze, und dem ziemlich allgemein im Lande getheilten Wunsche, die Steuerergebnisse thunlichst geheim zu halten, entgegenkomme. Durch die Vorlage fielen wenigstens die Bestände der Veröffentlichungen der gesammten Steuerlisten durch den Druck und zu gewerblichen Zwecken weg. Zwar sei nicht zu leugnen, daß solche Veröffentlichungen immer noch einen gewissen Werth hätten, dabei aber auch in Betracht zu ziehen, daß durch dieselben Gewerbetreibende leicht zu unrichtigen Angaben verleitet würden, auch sonstige persönliche und Familieninteressen verletzt werden könnten. Es sei auch bei solchen Veröffentlichungen nicht nur die fiskalische Seite in Betracht zu ziehen, welche daran ein Interesse habe, sondern es sei auch zu berücksichtigen, daß die Steuerpflichtigen sich nicht ohne Noth belästigt und unbehaglich fühlen sollten. In keinem Falle sei es zu billigen, daß Bertraulichkeiten vor die öffentlichen Markt getragen würden. Gegen den Antrag ad 1 A wäre einzuwenden, daß derselbe schon deshalb nicht gehe, weil der Steuerpflichtige wissen wolle, welche einzelnen Steuern er zahlen müsse und die einzelnen Steuern eingetragen werden müßten.

Zur Begründung des Antrages ad 1 B wurde ausgeführt, daß derselbe bezwecke, die Einsichtnahme zu ersetzen durch Kenntnißnahme vermittels mündlicher oder schriftlicher Mittheilung. Der Gemeindevorsteher könne bei der Einsichtnahme der Steuerlisten nicht immer dabei stehen, es sei daher angebracht, neben der mündlichen Mittheilung auch die schriftliche zu berücksichtigen. Ein Kommissionsmitglied war der Ansicht, daß der Zweck des Antrages sich im Wege des Reglements erreichen lasse. Der Finanzminister Dr. Miquel äußerte sich dahin, daß es nicht viel schaden könne, wenn der Einsichtnehmende auch einige Namen Anderer sehe, daß übrigens die Praxis sich so gestalten werde, daß der Vorzeigende die betreffende Stelle aufschlagen und alsdann Mittheilung machen werde.

Zu § 2 der Vorlage wurde der Antrag gestellt, nicht nur über die Wahllisten der kommunalen und sonstigen öffentlichen Verbände, sondern auch über die Wahllisten für das Haus der Abgeordneten Bestimmungen zu treffen, da bei diesen Wahlen dieselben Verhältnisse vorlägen und keine Veranlassung vorliege, bei Wahlen für das Haus der Abgeordneten einen Unterschied zu machen. Der Antrag wurde aber, nachdem der Finanzminister Dr. Miquel erklärt, daß er den Antrag für bedenklich halte, daß auch die Gefahr nicht so groß sei, da nur alle fünf Jahre die Wahllisten aufgelegt würden, zurückgezogen.

Bezüglich des Antrages ad 3 wurde von verschiedenen Seiten ausgeführt, daß die Mitglieder der Kirchenvorstände, denen das Ergebniß der Steuerveranlagung mitgetheilt werden müsse, zur Geheimhaltung nicht verpflichtet seien und daß deshalb eine Bestimmung wie die vorgeschlagene nöthig sei. — Ein Kommissionsmitglied machte, ohne Antrag zu stellen, den Vorschlag, daß in Zukunft der Bedarf an Kirchensteuern von den Kirchenvorständen nur im Ganzen angegeben und die Vertheilung der Steuern dann durch die Staats- bezw. Gemeindebehörden erfolgen solle. — Der Finanzminister erklärte, daß die Mitglieder der Kirchenvorstände durch Instruktion des Kultusministers zu Stillschweigen verpflichtet werden könnten. — Regierungskommissar Geheimer Regierungsrath Hegel hielt auch eine solche Instruktion und eventuelle Disziplinirung eines zuwiderhandelnden Mitgliedes des Kirchenvorstandes für möglich, bat aber, die betreffende Bestimmung nicht nur auf Mitglieder der Kirchenvorstände zu beschränken, sondern allgemeiner zu fassen. — Nach längerer Erörterung erklärte auch der Finanzminister Dr. Miquel seine Zustimmung zu dem gestellten Antrage.

Zur Begründung des Antrages ad 4 wurde auf die Uebelstände, welche die Abgabe unverschlossener Steuerzettel namentlich für Gewerbetreibende und auch für andere Personen, z. B. Familienangehörigen, Angestellten, Bediensteten gegenüber nach sich ziehen kann, und auf bisherige Klagen darüber hingewiesen. — Der Finanzminister Dr. Miquel erkannte den Antrag als begründet an, da verkehrtes Verhalten mit den Steuerzetteln alle Vorschriften über Geheimhaltung illusorisch machen könne. Es wurde aus der Kommission heraus, ohne Widerspruch zu finden, noch hervorgehoben, daß unter Steuerzetteln nur die Benachrichtigung der Veranlagung und Aufforderung zur Zahlung, nicht aber Steuerquittungen zu verstehen seien. — Auf die Anregung eines Kommissionsmitgliedes,

vorzuschreiben, daß die Steuerzettel nur verschlossen übergeben werden dürften, erklärte der Finanzminister, die Fassung des vorgeschlagenen Antrages vorzuziehen, da dadurch die Möglichkeit gewahrt werde, nur in den nothwendigen Fällen den Verschluß vornehmen zu brauchen.

Auf die Anfrage eines Kommissionsmitgliedes, ob die Steuererheber über die Steuerlisten sprechen dürften, erklärte der Finanzminister Dr. Miquel, die Steuererheber seien eidesverpflichtete Beamte und könne denselben Stillschweigen auferlegt werden.

Die Abstimmung über den Gesetzentwurf und die gestellten Anträge ergab, daß der Antrag ad 1 A und B abgelehnt, der Antrag ad 2 und darauf der also abgeänderte § 1 der Vorlage angenommen, § 2 unverändert angenommen, Anträge ad 3 und 4 als §§ 2a und 2b angenommen und der § 3 der Vorlage unverändert angenommen wurden.

Einleitung und Ueberschrift wurden ebenfalls angenommen.

Eingegangene Petitionen, Journal II Nr. 21, 22 und 132 wurden durch die stattgehabten Verhandlungen und Beschlüsse für erledigt erklärt.

Die XX. Kommission beantragt daher:

Das Haus der Abgeordneten wolle beschließen:
1. dem Entwurf eines Gesetzes, betreffend die Geheimhaltung der Ergebnisse der Veranlagung zur Staatseinkommensteuer — Nr. 167 der Drucksachen, mit den sich aus der nachfolgenden Zusammenstellung der Kommissionsbeschlüsse ergebenden Abänderungen die verfassungsmäßige Zustimmung zu ertheilen;
2. die zu diesem Gesetzentwurf eingegangenen Petitionen II Nr. 21, 22 und 132 durch die vorstehend gefaßten Beschlüsse für erledigt zu erklären.

Berlin, den 20. Mai 1892.

Die XX. Kommission.

Sperlich, Vorsitzender. Oljem, Berichterstatter. Dr. Graf Baffewitz-Levetzow. Dr. Beckmann. v. Eynern. Dr. Graf (Elberfeld). Hansen. Herold. v. Kleist-Retzow. Kolisch. v. Liebermann. Ries. v. Tschoppe (Oldenstadt). v. Veltheim.

Zusammenstellung

des

Entwurfs eines Gesetzes, betreffend die Geheimhaltung der Ergebnisse der Veranlagung zur Staatseinkommensteuer, — Nr. 167 der Drucksachen — mit den Beschlüssen der Kommission.

Regierungsvorlage.	Beschlüsse der Kommission.
Entwurf eines Gesetzes, betreffend die Geheimhaltung der Ergebnisse der Veranlagung zur Staatseinkommensteuer.	**Entwurf eines Gesetzes,** betreffend die Geheimhaltung der Ergebnisse der Veranlagung zur Staatseinkommensteuer.
Wir **Wilhelm**, von Gottes Gnaden König von Preußen ɾc. verordnen mit Zustimmung beider Häuser des Landtages für den Umfang der Monarchie, was folgt:	Wir **Wilhelm**, von Gottes Gnaden König von Preußen ɾc. verordnen mit Zustimmung beider Häuser des Landtages für den Umfang der Monarchie, was folgt:
§ 1. Wo die Steuerlisten (Heberollen) über die ganz oder zum Theil nach dem Maßstabe der Staatseinkommensteuer vertheilten Steuern der kommunalen und sonstigen öffentlichen Verbände öffentlich ausgelegt werden, ist das Recht der Einsichtnahme für jeden Betheiligten auf die Befugniß beschränkt, von der eigenen Veranlagung Kenntniß zu nehmen.	**§ 1.** Wo die Steuerlisten (Heberollen) über die ganz oder zum Theil nach dem Maßstabe der Staatseinkommensteuer vertheilten Steuern der kommunalen und sonstigen öffentlichen Verbände öffentlich ausgelegt werden, ist das Recht der Einsichtnahme für jeden Betheiligten auf die Befugniß beschränkt, von der eigenen Veranlagung **und der Veranlagung derjenigen Personen, welche dazu schriftliche Vollmacht ertheilt haben,** Kenntniß zu nehmen.

Regierungsvorlage. **Beschlüsse der Kommission.**

§ 2.

In Wahllisten der kommunalen und sonstigen öffentlichen Verbände, welche unter Anderem nach Maßgabe der von den Wählern zu entrichtenden Einkommensteuer aufgestellt und öffentlich ausgelegt werden, darf, was die Angabe der steuerlichen Verhältnisse betrifft, nur der für die betreffende Wahl maßgebende Gesammtbetrag der von jedem Wähler zu entrichtenden Steuern eingetragen werden.

§ 2.

Unverändert.

§ 2a.

Behörden, welche von dem Ergebniß der Veranlagung zur Einkommensteuer Kenntniß erhalten, dürfen von dieser lediglich zu amtlichen Zwecken Gebrauch machen.

§ 2b.

Steuerzettel müssen den Steuerpflichtigen persönlich übergeben oder verschlossen mitgetheilt werden.

§ 3.

Das gegenwärtige Gesetz tritt mit dem Tage seiner Verkündigung in Kraft.

Der Minister des Innern, der Finanzminister und der Minister der geistlichen, Unterrichts- und Medizinalangelegenheiten werden mit der Ausführung desselben beauftragt.

Urkundlich ꝛc.

§ 3.

Unverändert.

№ 198.

Berlin, den 19. Mai 1892.

Eurer Excellenz beehren wir uns beifolgend die uns ertheilte Allerhöchste Ermächtigung vom 17. Mai d. Js. und den darin erwähnten

Entwurf eines Gesetzes, betreffend die Kosten für die in Folge des Reichsgesetzes vom 20. April 1892 bei der Führung des Handelsregisters vorkommenden Geschäfte,

nebst Begründung zur weiteren geneigten Veranlassung ergebenst zu übersenden.

Der Justizminister. Der Finanzminister.
v. Schelling.   Miquel.

An
den Präsidenten des Hauses der Abgeordneten, Wirklichen Geheimen Rath
Herrn v. Köller
Excellenz.

J. M. I. 2457.
F. M. I. 7079.

Wir **Wilhelm,** von Gottes Gnaden König von Preußen ꝛc.

ertheilen hierdurch Unserem Justizminister die Ermächtigung, den beiliegenden Entwurf eines Gesetzes, betreffend die Kosten für die in Folge des Reichsgesetzes vom 20. April 1892 bei der Führung des Handelsregisters vorkommenden Geschäfte den beiden Häusern des Landtags der Monarchie zur verfassungsmäßigen Beschlußnahme vorzulegen.

Gegeben Danzig, den 17. Mai 1892.

Wilhelm.

v. Schelling.

Allerhöchste Ermächtigung.

Entwurf eines Gesetzes,

betreffend

die Kosten für die in Folge des Reichsgesetzes vom 20. April 1892 bei der Führung des Handelsregisters vorkommenden Geschäfte.

Wir **Wilhelm,** von Gottes Gnaden König von Preußen ꝛc.

verordnen, unter Zustimmung der beiden Häuser des Landtages Unserer Monarchie, was folgt:

§ 1.

Für die in Folge des Reichsgesetzes, betreffend die Gesellschaften mit beschränkter Haftung vom 20. April 1892 (R. G. Bl. S. 477), bei der Führung des Handelsregisters vorkommenden Geschäfte werden Gebühren und Auslagen unter entsprechender Anwendung der für Aktiengesellschaften geltenden Vorschriften erhoben. Hierbei sind die den Vorstand der Aktiengesellschaft betreffenden Bestimmungen auf die für die Gesellschaft mit beschränkter Haftung bestellten Geschäftsführer zu beziehen.

§ 2.

Dieses Gesetz tritt mit der Verkündigung in Kraft.

Urkundlich unter Unserer Höchsteigenhändigen Unterschrift und beigedrucktem Königlichen Insiegel.

Gegeben   , den

Beglaubigt:

Der Justizminister. Der Finanzminister.
v. Schelling.   Miquel.

Begründung.

Die Reichsgesetzgebung hat von der Festsetzung von Gebühren für die auf die Führung des Handelsregisters sich beziehenden Geschäfte abgesehen, die Regelung dieser Frage vielmehr den einzelnen Bundesstaaten überlassen. In Preußen kommt in dieser Beziehung neben dem Ausführungsgesetze zum Deutschen Gerichtskostengesetze vom 10. März 1879 (Gesetzsamml. S. 145) und dem Gesetze vom 21. März 1882 (Gesetzsamml. S. 129) die in Gemäßheit des Art. 74 des Einführungsgesetzes zum Handelsgesetzbuche vom 24. Juni 1861 erlassene Verordnung vom 27. Januar 1862 (Gesetzsamml. S. 33) in Betracht. Es erscheint zweifelhaft, ob und inwieweit die Vorschriften dieser Verordnung ohne Weiteres auf die durch das Reichsgesetz vom 20. April 1892 eingeführten Gesellschaften mit beschränkter Haftung Anwendung finden; jedenfalls fehlt es zur Zeit an einer bestimmten Gebühr für die auf die Führung des Handelsregisters bezüglichen Akte dieser Gesellschaften, da die im § 2 der erwähnten Verordnung fixirten Gebühren nur die dort im Einzelnen aufgeführten Geschäfte betreffen. Bei der demnach nothwendigen Ergänzung dieser Bestimmungen empfiehlt es sich, die für Aktiengesellschaften geltenden Vorschriften auf die Gesellschaften mit beschränkter Haftung für anwendbar zu erklären, wobei an Stelle des Vorstandes der Aktiengesellschaft die Geschäftsführer der Gesellschaft mit beschränkter Haftung zu treten haben.

№ 199.

Berlin, den 19. Mai 1892.

Auf Grund der anliegenden Allerhöchsten Ermächtigung vom 16. d. Mts. beehre ich mich, Ew. Excellenz einen **Gesetzentwurf, betreffend die Feststellung eines Nachtrags zum Staatshaushalts-etat für 1892/93** nebst Anlage mit dem ganz ergebensten Ersuchen zu überfenden, diese Vorlage der Beschlußfassung des Hauses der Abgeordneten gefälligst unterbreiten zu wollen.

Der Finanzminister.
Miquel.

An
den Präsidenten des Hauses der Abgeordneten,
Wirklichen Geheimen Rath,
Herrn v. Köller
Excellenz.

J. 7222.

Wir Wilhelm, von Gottes Gnaden König von Preußen ꝛc.

ertheilen Unserem Finanzminister hierdurch den Auftrag, den beiliegenden Gesetzentwurf, betreffend die Feststellung eines Nachtrags zum Staatshaushaltsetat für das Jahr vom 1. April 1892/93, den beiden Häusern des Landtags der Monarchie zur verfassungsmäßigen Beschlußnahme vorzulegen.

Gegeben An Bord M. P. „Hohenzollern",
Danzig, den 16. Mai 1892.

Wilhelm.

Miquel.

Allerhöchste Ermächtigung.

Entwurf eines Gesetzes,

betreffend

die Feststellung eines Nachtrags zum Staatshaushaltsetat für das Jahr vom 1. April 1892/93.

Wir Wilhelm, von Gottes Gnaden König von Preußen ꝛc.

verordnen, mit Zustimmung der beiden Häuser des Landtags der Monarchie, was folgt:

§ 1.

Der diesem Gesetze als Anlage beigefügte Nachtrag zum Staatshaushaltsetat für das Jahr vom 1. April 1892/93 wird in Ausgabe (Ab- und Zugang) auf 286 500 Mark festgestellt und tritt dem Staatshaushaltsetat für das Jahr vom 1. April 1892/93 hinzu.

§ 2.

Der Finanzminister ist mit der Ausführung dieses Gesetzes beauftragt.

Urkundlich unter Unserer Höchsteigenhändigen Unterschrift und beigedrucktem Königlichen Insiegel.

Gegeben ꝛc.

Beglaubigt:

Der Finanzminister.
Miquel.

Nachtrag

zum

Staatshaushaltsetat für das Jahr vom 1. April 1892/93.

Kap.	Tit.	Ausgabe	Gegen den Etat für 1. April 1892/93	
			Zugang ℳ	Abgang ℳ
		Dauernde Ausgaben.		
		A. IV. Ministerium der öffentlichen Arbeiten.		
		Verwaltung der Eisenbahnangelegenheiten.		
		B. I. Dotationen.		
37a	1	Nach Maßgabe des § 4 Absatz 3 Nr. 2 des Gesetzes vom 27. März 1882 ⁊c.	—	286 500
		Summe für sich.		
		Einmalige und außerordentliche Ausgaben.		
		IV. Ministerium für Handel und Gewerbe.		
6		Verwaltung für Berg-, Hütten- und Salinenwesen.		
	5	Zur Herstellung einer Wasserleitung für den westlichen Theil des Oberschlesischen Industriegebiets, 1. Rate	286 500	—
		Summe für sich.		

Beglaubigt.

Der Finanzminister.
Miquel.

Bemerkungen

In dem Vermerk am Schlusse der dauernden Ausgaben des Etats der Eisenbahnverwaltung für 1892/93 treten folgende Aenderungen ein:

Unter 2b tritt an Stelle des Betrages von 136 033 996 Mark 2 Pf. ein solcher von 136 452 496 Mark 2 Pf., dagegen fällt der unter 2c angesetzte Betrag von 418 500 Mark weg.

Im westlichen Theile des Oberschlesischen Industriebezirks, den Kreisen Beuthen und Zabrze, hat sich ein empfindlicher Wassermangel geltend gemacht. Ebenso bedarf die fiskalische Königin Luise Grube der Zuführung brauchbaren Wassers zur Kesselspeisung, da das bisher benutzte Grubenwasser wegen des Anhauens von Salzquellen unbrauchbar geworden ist. In gleicher Weise fehlt es an geeignetem Speisewasser für einzelne Lokomotivstationen in dem genannten Bezirke. Zur Befriedigung dieser Bedürfnisse ist die Anlage einer Wasserleitung vom Zawada'er Tiefbrunnen oder einer andern geeigneten Entnahmestelle nach Zabrze in Aussicht genommen, zu deren auf 1 700 000 Mark veranschlagten Kosten die betheiligten Kommunalverbände entsprechend beizutragen haben werden. Da in letzter Zeit die Zuführung geeigneten Wassers, auch in gesundheitlicher Beziehung, besonders dringlich geworden ist, kann die Inangriffnahme der Arbeiten nicht länger ausgesetzt werden. Hierzu ist eine erste Rate von 286 500 Mark erforderlich, in welcher Höhe die Deckungsmittel bei Kapitel 37a Titel 1 zur Verfügung stehen.

№ 200.

Berlin, den 20. Mai 1892.

Ew. Excellenz beehren wir uns auf Grund der anliegenden Allerhöchsten Ermächtigung vom 14. d. Mts. hierbei den

Entwurf eines Gesetzes, betreffend die Ablösung der auf Grund des § 46 der Wegeordnung für die Provinz Sachsen vom 11. Juli 1891 (Gesetzsamml. S. 316 ff.) Seitens des Staates an die genannte Provinz zu zahlenden Rente,

nebst der dazu gehörigen Begründung mit dem ergebensten Ersuchen zu übersenden, diese Vorlage der Beschlußfassung des Hauses der Abgeordneten gefälligst unterbreiten zu wollen.

Der Finanzminister.   Der Minister der öffentlichen Arbeiten.

Miquel.   **Thielen.**

An
den Präsidenten des Hauses der Abgeordneten,
Wirklichen Geheimen Rath
Herrn v. Köller
Excellenz.
F. M. I. 7221.
M. d. ö. A. III. 10400.

Wir Wilhelm, von Gottes Gnaden König von Preußen ꝛc.

ertheilen Unseren Ministern der Finanzen und der öffentlichen Arbeiten hiermit die Ermächtigung, den anliegenden Entwurf eines Gesetzes, betreffend die Ablösung der auf Grund des § 46 der Wegeordnung für die Provinz Sachsen vom 11. Juli 1891 (Gesetzsamml. S. 316 ff.) Seitens des Staates an die genannte Provinz zu zahlenden Rente, den beiden Häusern des Landtages Unserer Monarchie zur verfassungsmäßigen Beschlußnahme vorzulegen.

Gegeben Stettin, den 14. Mai 1892.

Wilhelm.

Miquel.   Thielen.

Allerhöchste Ermächtigung.

Entwurf eines Gesetzes,

betreffend

die Ablösung der auf Grund des § 46 der Wegeordnung für die Provinz Sachsen vom 11. Juli 1891 (Gesetzsamml. S. 316 ff.) Seitens des Staates an die genannte Provinz zu zahlenden Rente.

Wir Wilhelm, von Gottes Gnaden König von Preußen ꝛc.

verordnen mit Zustimmung beider Häuser des Landtages der Monarchie, was folgt:

§ 1.

Behufs Ablösung der auf Grund des § 46 der Wegeordnung für die Provinz Sachsen vom 11. Juli 1891 (Gesetzsamml. S. 316 ff.) Seitens des Staates an die genannte Provinz zu zahlenden Rente wird die Staatsregierung ermächtigt, eine Summe bis zu 13 190 643 Mark durch Verausgabung eines entsprechenden Betrages von Schuldverschreibungen flüssig zu machen.

§ 2.

Wann, durch welche Stelle und in welchen Beträgen, zu welchem Zinsfuße, zu welchen Bedingungen der Kündigung und zu welchen Kursen die Schuldverschreibungen verausgabt werden sollen, bestimmt der Finanzminister.

Im Uebrigen kommen wegen Verwaltung und Tilgung der Anleihe und wegen Verjährung der Zinsen die Vorschriften des Gesetzes vom 19. Dezember 1869 (Gesetzsamml. S. 1197) zur Anwendung.

Urkundlich unter Unserer Höchsteigenhändigen Unterschrift und beigedrucktem Königlichen Insiegel.

Gegeben,   den

Beglaubigt:

Der Finanzminister.   Der Minister der öffentlichen Arbeiten.

Miquel.   **Thielen.**

Begründung.

Nach § 46 Abs. 1 der Wegeordnung für die Provinz Sachsen vom 11. Juli 1891 (Gesetzsamml. S. 316 ff.) erhält die genannte Provinz für die Uebernahme der Verwaltung und Unterhaltung der im § 44 bezeichneten fiskalischen Landstraßen und Landwege nebst Zubehörungen vom Staate eine Jahresrente, deren Feststellung nach Abs. 2 des § 46 durch Königliche Verordnung zu erfolgen hat. Durch die Allerhöchste Verordnung vom 28. März 1892 (Gesetzsamml. S. 75 ff.) ist diese Rente auf 619 862 Mark 53 Pf. festgestellt worden. Der Staat hat ferner nach Abs. 3 des § 46 eit. für die Uebernahme der Unterhaltung derjenigen Brücken über nicht schiffbare Gewässer, deren Kosten bisher aus Wasserbaufonds bestritten worden sind, eine Jahresrente von 7 763 Mark 19 Pf., insgesammt mithin jährlich 527 625 Mark 72 Pf. an die Provinz Sachsen zu zahlen.

In den genannten Paragraphen ist dem Staate das Recht beigelegt, die Rente durch einmalige Zahlung des fünfundzwanzigfachen Betrages abzulösen. Um von diesem Rechte Gebrauch machen zu können, bedarf es sonach einer Summe von 13 190 643 Mark, zu deren Flüssigmachung die Ermächtigung zur Veransgabung eines entsprechenden Betrages von Schuldverschreibungen im § 1 des Gesetzentwurfes nachgesucht ist.

Der § 2 enthält die üblichen Bestimmungen hinsichtlich der Art der Verausgabung der Schuldverschreibungen.

№ 201.

Bericht

der

XIX. Kommission zur Vorberathung des Gesetzentwurfs, betreffend das Diensteinkommen der Lehrer an den nichtstaatlichen öffentlichen höheren Lehranstalten, — Nr. 149 der Drucksachen. —

Berichterstatter:
Abgeordneter Dr. Arendt.

Der von der Königlichen Staatsregierung am 28. April 1892 dem Abgeordnetenhause vorgelegte Entwurf eines Gesetzes, betreffend das Diensteinkommen der Lehrer an den nichtstaatlichen höheren Schulen, stand am 2. Mai d. J. in erster Lesung und wurde vom Abgeordnetenhause einer besonderen Kommission von 21 Mitgliedern überwiesen.

Diese Kommission hat in zwei Lesungen und acht Sitzungen über den Entwurf berathen. Als Vertreter der Staatsregierung nahmen an den Verhandlungen Theil

A. Von Seiten des Kultusministeriums Herr Kultusminister Dr. Bosse, Herr Geheimer Oberregierungsrath Bobb, Herr Wirklicher Geheimer Oberregierungsrath Dr. Stauder.
B. Von Seiten des Finanzministeriums Herr Finanzminister Dr. Miquel, Herr Geheimer Oberfinanzrath Germar.
C. Von Seiten des Ministeriums des Innern Herr Geheimer Regierungsrath Dr. Krule.
D. Von Seiten des landwirthschaftlichen Ministeriums Herr Geheimer Oberregierungsrath Dr. Thiel.

Die Kommission beschloß zunächst von einer Generaldiskussion abzusehen und sogleich in die Berathung des § 1 und der zu diesem gestellten Anträge einzutreten. Da aber in der ersten Sitzung nur das Kultusministerium vertreten war, so wurden zunächst alle Anträge zurückgestellt, welche eine finanzielle Tragweite hatten oder eine Erweiterung des Geltungsbereiches des Gesetzes über den Amtskreis des Kultusministeriums hinaus bezweckten.

Hierher gehört zunächst der nachfolgende Antrag A.:

1. Vor § 1 folgenden Paragraphen einzuschieben:

§

Das gegenwärtige Gesetz findet auf alle nichtstaatlichen öffentlichen höheren Schulen Anwendung, mögen dieselben bisher schon Unterhaltungszuschüsse aus unmittelbaren oder mittelbaren Staatsfonds bezogen haben oder nicht, sowie ohne Unterschied, ob sie von Gemeinden, Korporationen, aus eigenem Vermögen oder aus anderen dazu bestimmten Fonds unterhalten werden.

2. Unter Streichung der Absätze 2 und 3 dem § 1 die folgende Fassung zu geben:

§ 1.

Die für das Diensteinkommen der Leiter, der wissenschaftlichen Lehrer einschließlich der Hülfslehrer, der Zeichenlehrer und der sonstigen technischen Elementar- und Vorschullehrer an den staatlichen höheren Schulen jeweilig geltenden Bestimmungen finden in gleichem Maße bei den im § — (eingeschoben vor § 1) bezeichneten Schulen Anwendung.

Der zweite Theil dieses Antrages wird zu Gunsten des inhaltlich gleichen Antrages B zurückgezogen, der erste Theil damit begründet, daß es nicht ohne Weiteres klar sei, ob der Gesetzentwurf sich thatsächlich auf alle nichtstaatlichen Schulen beziehen solle. Es wäre die Deutung möglich, als solle das Gesetz nur die vom Staate nicht unterstützten Anstalten betreffen, während für die bisher schon unterstützten Anstalten der § 9 des Normaletats von 1892 in Geltung bleiben solle. Die in dieser Beziehung möglichen Zweifel wolle der Antrag beseitigen; außerdem gewähre er redaktionell den Vorzug, daß die in den §§ 4 und 8 enthaltenen Begriffsbestimmungen in einer Eingangsbestimmung übersichtlich zusammengestellt werden könnten.

Auf Wunsch des Vertreters des Unterrichtsministers wird die weitere Berathung über diesen Antrag bis zum Erscheinen der Vertreter des Ministers des Innern und des Finanzministers vertagt. Auch dieser Theil des Antrages wird indessen im Verlauf der weiteren Verhandlungen von dem Antragsteller zurückgezogen, nachdem er festgestellt hatte, daß nach einer Erklärung des Vertreters des Unterrichtsministers der Gesetzentwurf auch die im § 9 des Normaletats behandelten Anstalten mitumfaßt.

Es lagen nunmehr folgende Anträge vor:

Antrag B.

1. § 1 Absatz 1 hinter „Hülfslehrer" einzuschieben „der Zeichenlehrer und der sonstigen technischen Elementar- und Vorschullehrer an den staatlichen höheren Schulen jeweilig geltenden Bestimmungen."
2. § 1 Absatz 2 zu streichen.
3. § 1 Absatz 3 wie folgt zu fassen:

„Bei der Versetzung eines seminarisch gebildeten Lehrers an eine Schule, welche nicht zu den öffentlichen höheren Schulen gehört, wird eine etwa eintretende Verminderung des Diensteinkommens" (unverändert bis zum Schluß).

Antrag C.

In § 1 Absatz 1 Zeile 4 hinter „geltenden" die Worte folgen zu lassen: „oder zur Geltung kommenden"; Absatz 2 Zeile 4 nach „ertheilen" die Worte hinzuzufügen: „sowie der übrigen technischen Elementar- und Vorschullehrer."

Auch bei diesen Anträgen wurde die Beschlußfassung über die Einschiebung der Worte „jeweilig" beziehentlich „zur Geltung kommenden" wegen ihrer finanziellen Tragweite ausgesetzt.

Die beiden Anträge B und C verfolgen denselben Zweck, beide beabsichtigen die Zeichen- sowie die übrigen Elementar- und Vorschullehrer der nichtstaatlichen höheren Lehranstalten den gleichartigen staatlichen Lehrern ebenso gleichzustellen, wie das bezüglich der akademisch gebildeten Lehrer durch den Gesetzentwurf geschehen soll. Im Verlauf der Verhandlungen wird der Antrag C zu Gunsten des Antrags B zurückgezogen.

Zur Begründung der Anträge wurde zunächst ausgeführt:

Es läge kein Grund vor, die Elementarlehrer anders zu behandeln, als die wissenschaftlich gebildeten Lehrer. Für die höheren Schulen würden die vorzüglichsten Kräfte der Volksschullehrer ausgewählt, die sich theilweise schweren Prüfungen unterzögen, um diese Stellen zu erhalten. Die soziale Stellung dieser Lehrer käme in Betracht, die darunter leiden müßte, wenn auch sonst keiner Ausnahmebestimmungen für sie getroffen würden. Nach dem Entwurf würden diese Lehrer schlechter gestellt als die Volksschullehrer, denn die 150 Mark Mehreinkommen, die der Entwurf diesen bewilligen wolle, würden aufgewogen durch die Heranziehung zu den Kommunalsteuern und die Unterschiede bezüglich der Wittwen- und Waisenversorgung. Das Prinzip des ganzen Gesetzentwurfs sei, die Gleichheit der Leistungen der höheren Schulen herbeizuführen, das erfordere auch gleichtüchtige Lehrkräfte für die Elementar- und die technischen Fächer. Das Gesetz solle außerdem die Unzufriedenheit der Lehrerkreise beenden, die hier in Betracht kommenden Lehrer würden aber sich benachtheiligt fühlen und nur um so unzufriedener werden. Das Bedürfniß einer Aufbesserung gerade für diese Lehrer sei nicht zu bestreiten.

Hiergegen wurde zunächst geltend gemacht: Die Unzufriedenheit würde doch nicht aufhören, die Petitionen kein Ende finden. Ein Redner legte namentlich Nachdruck darauf, daß durch diese Anträge die Gemeinden noch schwerer belastet werden, er könne aber keiner Mehrbelastung zustimmen, so lange nicht feststehe, daß der Staat dieselbe auf sich nehme. Namentlich die kleineren Kommunen würden schwer betroffen.

Der Vertreter des Unterrichtsministers erklärt:

Die Bestimmung über die Gehälter der Elementarlehrer in Absatz 3 des § 1 entspricht der Nr. 6 des § 9 des Normaletats von 1892. Der letztere, der inzwischen an Allerhöchster Stelle vollzogen ist, bildet für einen absehbaren Zeitraum die Grundlage für die Besoldungsverhältnisse der Lehrer höherer Schulen. Die von mehreren Seiten beantragte Streichung des Absatzes 3 würde die nichtstaatlichen Elementarlehrer mit denen an staatlichen Anstalten völlig gleichstellen, mithin die Bestimmungen des Normaletats bezüglich der nichtstaatlichen Anstalten in einem grundlegenden Punkt ändern. Nachdem der Normaletat erst vor kurzem die Zustimmung der Landesvertretung gefunden hat, würde jene Aenderung verursachen, daß derselbe in jenem Punkte nicht zur Ausführung käme. Der Vorschlag der Staatsregierung entspricht dem jetzt geltenden Recht, namentlich der Cirkularverfügung vom 2. Mai 1874 (Centralblatt für die gesammte Unterrichtsverwaltung S. 482 ff.). Die Höherbemessung der Gehälter der seminarisch gebildeten Lehrer erschwert die wünschenswerthe Errichtung lateinloser Anstalten, namentlich sechsklassiger, und macht sie in manchen Fällen aus dienstlichen Rücksichten wünschenswerthe Rückversetzung solcher Lehrer in den Volksschuldienst in der Regel unmöglich.

Hiergegen wurde aus der Mitte der Kommission bemerkt:

Auch wenn die Zurückversetzung der Elementarlehrer als nützlich anerkannt würde, könne man doch nicht wegen einzelner Vorkommnisse und einzelner Mißgriffe bei der Personenauswahl eine ganze Lehrerklasse empfindlich schädigen. Die Zurückversetzung sei aber eine empfindliche Strafe, sie ohne weiteres der Verwaltung anheimzustellen, hieße eine Disziplinirung ohne Disziplinarverfahren zulassen. Es handle sich auch nicht nur um Volksschullehrer, es kämen Mittelschullehrer in Betracht, die namentlich in den nicht seltenen Fällen, daß Mittelschulen in höhere Schulen umgewandelt würden, durch diese Umwandlung ohnehin schwer geschädigt seien. Der Staat habe bei seinen eigenen höheren Lehranstalten den Normaletat für diese Lehrerklassen durchgeführt und nicht die Möglichkeit einer Rückversetzung offen gelassen. Die Vermehrung lateinloser höherer Bürgerschulen mag sehr wünschenswerth sein, aber nicht auf Kosten der Lehrerbesoldungen, wie das kaum geschieht, wenn an den Lehrergehältern unberechtigt gespart würde.

Von einem Mitgliede der Kommission wurde das Gesetz überhaupt als überflüssig bezeichnet, weil der § 19 des Zuständigkeitsgesetzes der Regierung das Recht der Zwangsetatisirung gebe. Als Gemeindebeamten unterliegen auch die höheren Lehrer dem § 19. Seitens des Regierungsvertreters wird diese Auffassung als unzutreffend bezeichnet, für die höheren Schulen bestehe ein Recht auf Zwangsetatisirung den Gemeinden gegenüber nicht. Auf eine Anfrage, warum die Regierung bereits für das Jahr 1892/93 900 000 Mark in den Etat für die Zwecke dieses Entwurfs eingestellt habe, obwohl das Gesetz erst am 1. April 1893 in Kraft treten solle, erklärt der Vertreter des Unterrichtsministers, daß die Regierung annehme, daß viele Kommunen schon auf einen Antrag den Normaletat vor dem 1. April 1893 für ihre höheren Schulen einführen würden und daß die Regierung in der Lage sein wolle, hier sogleich Zuschüsse oder Erhöhung der Beihülfen eintreten zu lassen.

Ein Mitglied, welches sich zwar mit den Zielen des Gesetzes einverstanden erklärte, aber ernste Bedenken gegen den Eingriff in die Selbständigkeit der Gemeinden hatte, welcher nach seiner Auffassung in dem Gesetz enthalten ist, wollte einen grundsätzlichen Unterschied zwischen den bestehenden und neu zu gründenden nichtstaatlichen höheren Lehranstalten gemacht wissen. Für neue Anstalten sei der Staat wohl berechtigt, diese gerechten Anforderungen zu stellen, nicht aber für die nach seiner Bewilligung unter anderen Bedingungen errichteten Anstalten. Hier werde auch eine schwere Belastung der Gemeinden herbeigeführt. Der Staat könne die Gemeinden nur dann zwingen, den Normaletat einzuführen, wenn er die rechtliche Verpflichtung übernehme zur Gewährung von entsprechenden Zuschüssen. So lange das nicht geschieht, müsse er sich gegen jede Erweiterung des Gesetzes, also auch gegen die volle Gleichstellung der Elementarlehrer mit den staatlichen aussprechen. Man scheine zu sehr die Verhältnisse der Großstädte zu berücksichtigen, er könne nicht anerkennen, daß nichtstaatliche Anstalten, weil ihre Lehrer schlechter gestellt, hinter staatlichen zurückblieben.

Demgegenüber wurde bemerkt: Einzelbeispiele bewiesen hier nichts. Auf die Dauer müßten die tüchtigsten Lehrer dahin gehen, wo sie besser bezahlt würden und so würden höhere Lehranstalten von verschiedener Leistungsfähigkeit entstehen, denen der Staat die gleiche Berechtigungen giebt. Diese staatlichen Berechtigungen geben dem Staat das Recht und die Pflicht, dafür zu sorgen, daß die Leistungen der Schulen gleichwerthig seien, dazu gehöre aber, daß die Lehrkräfte gleich blieben, und das sei unmöglich ohne Gleichstellung der Lehrer im Einkommen. Die Finanzfrage komme hier zunächst nicht in Betracht, vielmehr nur die Frage, ob, wenn die wissenschaftlichen Lehrer gleichständen, ein Unterschied zwischen seminaristisch gebildeten Lehrern bestehen bleiben sollte. Die übrigen Standpunkte kämen erst bei den späteren Paragraphen zum Austrag.

Bei der Abstimmung wurde der Antrag B, nachdem die Beschlußfassung über das Wort „jeweilig" ausgesetzt, mit 14 gegen 5 Stimmen und hierauf der Abs. 1 des § 1 in der so geordneten Fassung angenommen. Abs. 2 war dadurch gegenstandslos geworden und wurde gestrichen.

Zu Abs. 3 lag der Antrag B vor. Von verschiedenen Seiten wurde hierzu bemerkt, daß, wie bereits in den bisherigen Erörterungen hervorgehoben, die Rückversetzung eine Härte darstelle. Der Vertreter des Unterrichtsministers erklärt, daß das Gesetz vom 21. Juli 1852, § 87 Nr. 1, ausdrücklich bestimme, daß bei Versetzungen von Beamten im Interesse des Dienstes Diensteinkommen und Rangverhältnisse der Beamten nicht gewinnert werden dürften. Bei der von der Kommission beschlossenen Fassung des Abs. 1 sei der Abs. 3 gegenstandslos geworden. Hierauf wird der Antrag B zurückgezogen und Abs. 3 gestrichen.

§ 2.

Verschiedene Mitglieder hatten die Streichung des § 2 beantragt. Die Kommission verhandelte in zwei Sitzungen über diesen Paragraphen.

Für die Streichung des § 2 wurde zunächst geltend gemacht:

Gerade die Dienstalterszulagen bildeten den wichtigsten Punkt in den Besoldungsverbesserungen. Die Gemeinden würden herausrechnen, daß sie bei dem Stellensystem billiger fortkämen und so würden die Lehrer zum großen Theil um die wesentlichsten Vortheile dieses Gesetzes gebracht. Namentlich die kleineren Gemeinden würden beim Stellensystem beharren und dadurch bliebe die Gefahr, der das Gesetz vorbeugen solle, daß Anstalten mit minderwerthigen Lehrern und mithin mit minderwerthigen Leistungen sich herausbildeten. Grade bei diesen kleineren Gemeinden solle das Gesetz einwirken, der Vorlage aber helfe, wenn der § 2 bleibt, da, wo Hülfe am wenigsten nöthig, in den größeren Orten, aber grade da nicht, wo Hülfe am dringendsten Noth thut, in den kleineren Gemeinden, deren Widerstand gegen Besserstellung ihrer höheren Lehrer diese ganze Gesetzgebung erst nöthig machte. Mit dem § 2 sei das Gesetz halbe Arbeit, die Forderung der grundsätzlichen Gleichstellung sei hier völlig aus den

Augen verloren. Ein Mitglied erklärte, daß bei Aufrechterhaltung des § 2 das ganze Gesetz für ihn nahezu unannehmbar wird.

Andererseits wurde zu Gunsten des § 2 folgendes ausgeführt:

Jede Aenderung des Gesetzes zu Gunsten der Lehrer vermehrt die finanziellen Lasten der Gemeinden und erschwert mithin das Zustandekommen des Gesetzes. Wer das Zustandekommen wünsche, müsse das sicher Erreichbare nicht durch vielleicht an sich berechtigte, weitergehende Wünsche gefährden. Daß die nichtstaatlichen Schulen, deren Lehrer schlechter gestellt als die Staatslehrer, deshalb weniger leisteten, sei eine durch nichts bewiesene Behauptung. Vielleicht könnten Besoldungsverbände helfen, allein ohne Zwang wären dieselben kaum durchzuführen, da oft gerade benachbarte Gemeinden mit ihren höheren Lehranstalten sich Konkurrenz machen. So lange nicht feststände, wie die Mittel aufzubringen und ob der Staat diese bewillige, müßten die Alterszulagen, auch wenn man dieselben grundsätzlich vorziehe, hier abgelehnt werden.

Seitens der Herren Regierungsvertreter wurden zunächst folgende Erklärungen abgegeben:

Der Vertreter des Unterrichtsministers bemerkte:

Von der Regierung wird auf die Beibehaltung des § 2 der Vorlage entscheidendes Gewicht gelegt. Durch den Gesetzentwurf ist gesichert, daß die nichtstaatlichen Anstaltsleiter, die wissenschaftlichen Lehrer und die vollbeschäftigten Zeichenlehrer materiell den staatlichen Lehrern völlig gleich stehen, sowohl in Bezug auf das erhöhte Gehalt als auch den Wohnungsgeldzuschuß und die Miethsentschädigung für die Anstaltsleiter ohne Dienstwohnung u. s. w. Der einzige Unterschied betrifft lediglich die Art des Aufrückens im Gehalt (nach festen Zeitabschnitten und Gehaltsstufen oder nach Maßgabe des Eintretens von Stellenerledigungen). Wenn auch zugegeben ist, daß die erstere Art dem Interesse der Lehrer in der Regel mehr entspricht, so hat doch neben demselben auch das Interesse der Gemeinden rc. berücksichtigt werden müssen. Die Aufrechthaltung der Ordnung im Stadthaushalt verlangt, daß thunlichst fest bestimmte, von den Gesammtdurchschnittsgehältern berechnete Zuschüsse statt zeitweise veränderlicher aus der Gemeindekasse gezahlt werden. Der Unterschied kann z. B. bezüglich der Gehälter der wissenschaftlichen Lehrer mit dem Durchschnitt von 3300 Mark gegenüber dem Höchstbetrage von 4500 Mark (also von 1200 Mark für eine Stelle) bei einer Anstalt mittleren Umfanges mit etwa 10 Lehrern sehr wohl 10000 Mark und mehr betragen, sobald die Mehrzahl der Lehrer den ältesten Jahrgängen angehört.

Diese Möglichkeit hat den Ausgleich zwischen beiden Interessen nahe gelegt und zu den Vorschlage im Gesetzentwurfe geführt, der überdies dem im Normaletat § 9 Nr. 4 und 5 enthaltenen, von der Landesvertretung genehmigten Bestimmungen entspricht. Die Ablehnung des § 2 wird die Verabschiedung des Gesetzentwurfes gefährden. Es muß daher die Beibehaltung des § 2 im eigenen Interesse der nichtstaatlichen Lehrer dringend empfohlen werden.

Der Vertreter des Finanzministers gab folgende Erklärungen ab:

Auf Grund einer sehr eingehenden Berathung in der Budgetkommission und in dem Plenum des Abgeordnetenhauses sei es vor wenigen Wochen eine Verständigung zwischen der Staatsregierung und der Landesvertretung darüber herbeigeführt worden, mit welchen Maßgaben die Vorschriften des Normaletats von 1892 für die Lehrer an den staatlichen höheren Unterrichtsanstalten auf die Lehrer an den nichtstaatlichen Schulen Anwendung finden sollten. Zur Durchführung des demgemäß gestalteten § 9 des Normaletats seien die erforderlichen Staatsmittel durch den Staatshaushaltsetat für 1892/93 unter Kap. 120 Tit. 5 bereit gestellt. Gegenwärtig könne es sich daher im Wesentlichen nur um die Verwirklichung der bereits bei der gedachten Berathung ausgesprochenen Absicht handeln, die Ausführung des feststehenden materiellen Inhalts des Normaletats auch für diejenigen Anstalten sicher zu stellen, deren Patronate sich hierzu etwa nicht freiwillig entschließen möchten. Denn es könne nicht wohl angenommen werden, daß alle bei der Bereitstellung des gedachten Etatsfonds betheiligten Faktoren bereit sein würden, ohne jede inzwischen eingetretene Aenderung der maßgebenden Voraussetzungen binnen kürzester Frist ihre auf allseitiger Prüfung der entscheidenden Thatsachen gefaßte Entschließung zu ändern und damit überdies für das laufende Etatsjahr die Ausführung des soeben festgestellten Normaletats unmöglich zu machen.

Dieser allgemein gegen die Anträge zu den §§ 1 und 2 sprechenden Erwägung trete hinzu, daß die Anträge dahin gerichtet seien, einen weiter gehenden Zwang gegenüber den Patronaten der nichtstaatlichen Schulen auszuüben, als die Staatsregierung für gerechtfertigt erachte. Nun sei der Normaletat nur zur Regelung der Angelegenheit für diejenigen Anstalten bestimmt, welche Unterstützungen aus Staatsfonds erhielten; der vorliegende Gesetzentwurf dagegen treffe vornämlich diejenigen Schulen, bei denen der Normaletat ohne Staatsunterstützung in Kraft gesetzt werden solle; die schwer wiegenden Bedenken mithin, welche gegen die Ausübung eines weiter gehenden Zwanges zur Uebernahme finanzieller Lasten gegenüber den Patronaten der ersteren Anstalten als durchgreifend erachtet seien, müßten hier um so mehr als entscheidend erachtet werden.

Von Mitgliedern der Kommission wurde von einer Seite dem Regierungsvertreter darin zugestimmt, daß auch der Landtag an den Normaletat gebunden sei, von anderer Seite wird das bestritten. Wenn man an dem Gesetze so wenig ändern dürfte, habe es gar keinen Zweck, dasselbe in einer besonderen Kommission zu berathen. Ein Mitglied, welches zugleich der Budgetkommission angehörte, bestritt, daß diese Kommission bei Beschlußfassung über § 9 des Normaletats bereits eine endgültige Gestaltung habe schaffen wollen. Von einem anderen Kommissionsmitgliede wurde hervorgehoben, daß der § 9 des Normaletats eben deshalb nöthig war, weil dieses Gesetz noch fehlte, mit diesem Gesetze höre seine Existenzberechtigung auf und es fehle deshalb jeder Grund, vom Standpunkte des Etats die Beibehaltung des § 2 zu fordern. Was aber das Finanzinteresse betrifft, so stehe das Interesse der Schule höher, das die Gleichstellung fordert, die bei Beibehaltung des § 2 thatsächlich unterrückt bleibe, eben deshalb und weil mit § 2 das Gesetz seinen Zweck nicht erfüllen könne, rechtfertigt sich auch der Zwang gegen die Gemeinden.

Der Vertreter des Ministers des Innern erklärte namens des von ihm vertretenen Ministeriums, daß er sich den Ausführungen der übrigen Vertreter der Staatsregierung anschließe und auch seinerseits vor einer Ueberlastung der Gemeinden warnen müsse.

Im weiteren Verlauf der Erörterung wurde von einem Mitgliede der Kommission nachstehender Antrag (A) eingebracht:

Am Schluß des § 2 hinzuzusetzen:
„Am 1. Januar 1900 muß jedoch überall die Einführung der Dienstalterszulagen durchgeführt sein."

Dieser Antrag wird damit begründet, daß möglichst jede Härte gegen die Gemeinden zu vermeiden sei, es solle ihnen deshalb wenigstens eine Uebergangszeit gewährt werden, während welcher sie sich auf die neuen Lasten einrichten könnten. Die Bedenken, daß das Gesetz in das Selbstbestimmungsrecht der Gemeinden eingreife, würden durch solche Uebergangsfrist wesentlich vermindert.

Seitens derjenigen Mitglieder, welche den § 2 beizubehalten wünschten, wurde auch dieser Vermittlungsvorschlag als zu weitgehend abgelehnt, er schaffe nur eine Trostfrist, dagegen wurde von den Gegnern des § 2 betont, daß der Antrag A grundsätzlich die Gleichstellung herbeiführe und deshalb annehmbar sei, daß aber die Anforderungen an die Gemeinden überhaupt nicht so übermäßige wären, daß sich eine derartige Hinausschiebung empfehlen würde. Sollte § 2 angenommen werden, so sei der Antrag A immerhin eine wesentliche Verbesserung. Der Antrag wurde schließlich durch die Ablehnung des § 2 erledigt.

Gegen die in der Debatte geäußerte Idee der Herstellung von Besoldungsgenossenschaften wurde geltend gemacht, daß diese ohne Zwang nicht zu schaffen seien. Gegen die Empfehlung des Zwanges zur Bildung solcher Genossenschaften durch ein Mitglied wurde von einem anderen Mitgliede lebhafter Widerspruch erhoben, das hieße die Ungerechtigkeit gegen die Gemeinden aufs äußerste treiben.

Der Finanzminister äußerte sich etwa wie folgt: Die Zustimmung zu dem Gesetz sei ihm schwer geworden. Auch für ihn sei das Gesetz ein an sich bedenklicher Eingriff in die Selbständigkeit der Gemeinden, man nicht zu viel uniformiren. Die höheren Schulen seien historisch geworden und hätten der Schablonisirung des Schulwesens entgegengewirkt. Die Dienstalterszulagen seien noch allgemein durchgeführt, große Theile der Beamtenschaft haben dieselbe noch nicht, die Lehrer seien also thatsächlich im Vorsprung. Für den Staat aber sei die Durchführung der Dienstalterszulage viel leichter als für eine einzelne Gemeinde, da im ganzen Staate die Ausgleichung eine bessere. Im Wesentlichen werde die Gleichstellung der Gehälter für die nichtstaatlichen Lehrer noch erreicht, dazu käme, daß diese insofern einen Vortheil vor den staatlichen Lehrern hätten, als sie nicht wo anders hin versetzt würden. Bei Streichung des § 2 würde die Last für viele Gemeinden zu schwer, das Streben nach Verstaatlichung der höheren Lehranstalten würde dadurch vermehrt und er warne davor, nach dieser Richtung zu weit zu gehen. Die schwierigste Aufgabe für einen Finanzminister sei es, bei knapper Zeit die Mittel des Staates richtig zu vertheilen und ausgleichende Gerechtigkeit zu üben. Er könne nicht Alles an einer Stelle geben. Die direkten Staatsbeamten könnten sich beschweren, daß der Staat für Gemeindebeamte Mittel aufbringt, ehe die von der Regierung und dem Landtag als nothwendig anerkannte Gehaltsaufbesserung so vieler Beamtenklassen durchgeführt sei. Man müsse der Finanzlage Rechnung tragen. Es sei ihm zweifelhaft, ob die Regierung bei Streichung des § 2 noch Gewicht auf das Zustandekommen dieses Gesetzes lege. Wenn er übrigens Bedenken gegen das Gesetz überhaupt geäußert und gesagt habe, daß er seine Unterschrift schwer gegeben hätte, so hätte er damit nicht sagen wollen, daß seine Bedenken überwiegen, denn dann würde er sich nicht für das Gesetz ausgesprochen haben. Er schätze das Selbständigkeits- und Selbstbestimmungsrecht der Gemeinden, man solle sie nicht weiter zwingen als unbedingt nöthig. Nur soweit ein überwiegendes Staatsinteresse vorhanden, sei Zwang durch Normativbestimmungen zulässig. Das sei aber bei dem vorliegenden Gegenstand der Fall.

Aus der Mitte der Kommission wurde dem Herrn Finanzminister geantwortet, daß die Schablonisirung und Uniformirung des Schulwesens auf der Einheitlichkeit des Lehrplans beruhe, die Verschiedenheit der Lehrergehälter bedeute hier nichts, eine größere Freiheit der Gemeinden in der Gestaltung der Lehrpläne würde der Schablonisirung entgegenwirken, aber nicht die Freiheit, die Lehrer schlecht zu bezahlen, eine solche Freiheit müsse abgewiesen werden. Wenn Gemeinden an der Grenze ihrer Leistungsfähigkeit seien und ihre höheren Lehranstalten keine genügenden Staatszuschüsse erhielten, weil die Aufrechterhaltung derselben nicht im öffentlichen Interesse liege, so sei es kein Unglück, wenn solche Anstalten geschlossen würden. Es sei nicht zu leugnen, so wurde von einer Seite bemerkt, daß namentlich am Anfang der siebziger Jahre geradezu Unfug mit der Begründung höherer Lehranstalten getrieben sei, die dann wegen des Berechtigungsmonopols der Gymnasien meist zu Gymnasien geworden und an der sozialgefährlichen Ueberfluthung der Universitäten wesentlichen Antheil gehabt hätten. Es sei kein Schaden, wenn hier einige Anstalten eingingen oder in höhere Bürgerschulen verändert würden. Das sei besser, als man wegen dieser wenigen Anstalten der ganze Stand der nichtstaatlichen höheren Lehrer geschädigt würde. Wo Gemeinden zufällig viel ältere Lehrer haben, müsse die ausgleichende Hand des Staats eintreten. Was um so mehr zu fordern sei, als der Staat selbst durch den Normaletat von 1872 die Entwicklung herbeigeführt, die zu dem jetzigen Gesetz führen mußte. Die Analogie mit den übrigen Staatsbeamten trifft nicht zu. Die Gleichstellung der Lehrer werde nicht so in ihrem Interesse als im öffentlichen Interesse gefordert, weil der Staat verlangen müsse, daß die von ihm gewährten Berechtigungen von gleichwerthigen Schulen ertheilt würden. Deshalb müßten die Lehrkräfte gleichwerthig bleiben und darum müssen deren Einkommensverhältnisse gleichartig sein. Die Frage sei entschieden, als den staatlichen höheren Lehrern durchgängig Dienstalterszulagen bewilligt seien, hier würde mit Streichung des § 2 nur die nothwendige, logische Folgerung gezogen.

Von anderer Seite wurde lebhaft widersprochen, daß die kleinen Gemeinden zur Auflösung ihrer höheren Lehranstalten gezwungen werden sollten. Es sei gerade wünschenswerth, daß in kleineren Orten, wo die Jugend weniger der Verführung ausgesetzt, solche Anstalten bestehen — ein Mitglied hob besonders hervor, daß die Möglichkeit, daß die Gemeinden ihre Anstalten auflösten, für ihn von großer Tragweite sei, denn angesichts dieser Möglichkeit könne man von einem Zwang auf die Gemeinden überhaupt nicht sprechen. Der Staat ordne gesetzlich, daß diejenigen höheren Lehranstalten, denen er staatlich anerkannte Berechtigungen gäbe, ihre Lehrer ebenso bezahlen, wie die Lehrer an Staatsschulen bezahlt würden. Die Gemeinden, die das nicht wollten, hätten die Freiheit, ihre Schulen zu schließen, er frage ausdrücklich, ob die Regierung diese Freiheit auch anerkenne. Der Vertreter des Unterrichtsministers erwiderte hierauf, daß es den Gemeinden freistehe, ihre Anstalten mit Genehmigung der Unterrichtsverwaltung aufzuheben, sobald den zu berücksichtigenden allgemeinen Schulinteressen und dem Interesse der Schüler Rechnung getragen sei, daß aber eine solche Auflösung immerhin schwer durchzuführen. Er verwahrt sich zugleich dagegen, daß ein Unfug mit Schulgründungen begangen sei, allerdings seien nach 1870 Schulgründungen in einem ziemlich weiten Umfang vorgenommen. Solche Anstalten bieten den kleinen Städten auch große Vortheile in materieller und erziehlicher Beziehung.

Bei der Abstimmung wird § 2 mit 11 gegen 9 Stimmen abgelehnt.

Nach Erledigung des § 2 greift die Kommission nochmals auf den § 1 zurück, um über die noch auszusetzenden Anträge zu berathen, welche das Gesetz nicht auf die „Inkrafttreten dieses Gesetzes", sondern auf die „jeweilig" geltenden Bestimmungen über das Einkommen der staatlichen Lehrer angewandt wissen wollten.

Zur Begründung wurde angeführt, daß Zweck des Gesetzes die grundsätzliche Gleichstellung der beiden Lehrerklassen sei. Durch den Entwurf werde diese nur für den Augenblick hergestellt.

Jede Veränderung im Normaletat der staatlichen Lehrer würde zu einer neuen Ungleichheit und damit zu der Nothwendigkeit künftiger gesetzgeberischer Arbeit führen. Auch in dem früher vom Hause angenommenen Antrag Kropatschek sei der Ausdruck „jeweilig" enthalten gewesen.

Dagegen wurde geltend gemacht: Der Antrag belaste die Gemeinden ungemessen, jede Erweiterung des Gesetzes erschwere dessen Zustandekommen. Im Jahre 1886 habe die Kommission für den Antrag Kropatschek allerdings die Bestimmung „jeweilig" hineingenommen, 1888 sei sie aber wegen des lebhaften Widerstandes des Herrenhauses gerade hiergegen nicht wiederholt. Die Bestimmung würde jede neue Veränderung des Etats den Gemeinden aufzwingen. Von welchem Zeitpunkt ab sollten diese Veränderungen des staatlichen Etats in den Gemeindeetat eingestellt werden? Der Antrag sei gegen das Interesse der Lehrer, denn der Staat würde künftig doppelt vorsichtig an jede Aufbesserung derselben herantreten, wenn er außer an die staatlichen Lehrer hierbei auch an sämmtliche nichtstaatlichen Lehrer zu denken habe. Nachdem der Finanzminister und die Vertreter des Unterrichts- und des Finanzministers in diesem Sinne gegen den Antrag gesprochen, wurde er mit allen gegen 6 Stimmen abgelehnt.

Die bezügliche Erklärung des Vertreters des Finanzministers lautete:

Der Entwurf der Inkonsequenz gegenüber der Regierungsvorlage, indem sie die Patronate der nichtstaatlichen Schulen nur zur Durchführung des Normaletats von 1892, nicht aber dazu zwingen wolle, allen Erhöhungen des Diensteinkommens der Lehrer an den Staatsanstalten, welche in Zukunft etwa bei der Berathung des Staatshaushaltsetats beschlossen werden möchten, unbedingt und alsbald zu folgen, sei unbegründet. Es handle sich überhaupt nicht um die Durchführung eines absoluten Prinzips der Gleichstellung der Lehrer an allen Anstalten, sondern nur um die Verminderung der Nachtheile, welche erwartet werden müßten, wenn in Folge mangelnder Durchführung des gedachten Normaletats eine Verschiedenheit des Diensteinkommens der Lehrer an den einzelnen Anstalten in sehr bedeutendem Maße eintreten sollte. Geringere Abweichungen könnten überhaupt als bedenklich nicht erachtet werden, keinenfalls aber einen nur bei besonders bringender Veranlassung zulässigen Eingriff in die freie Entschließung der Patronate rechtfertigen. Dem hier gestellten Antrage, diese Freiheit auf dem in Frage stehenden Gebiete vollständig zu beseitigen, müsse daher bestimmt widersprochen werden.

Die Erklärung des Vertreters des Unterrichtsministers hatte folgenden Inhalt:

Die Beschränkung des Gesetzentwurfes auf die beim Inkrafttreten desselben geltenden Bestimmungen über die Besoldungen der staatlichen Lehrer, d. h. auf den neuen Normaletat von 1892 gründet sich auf die Erwägung, daß durch diesen eine genau umschriebene Grundlage gegeben ist, welche sehr wohl Gegenstand einer den Patronaten nichtstaatlicher Anstalten aufzuerlegenden Gesetzespflicht sein kann. Bedenklich ist es dagegen, die Worte: „beim Inkrafttreten dieses Gesetzes" (Bestimmungen) durch das Wort: „jeweiligen" zu ersetzen und dadurch die Verpflichtung der Patronate auszudehnen auf alle künftigen, einseitig von der Staatsregierung bezw. durch die Landesvertretung zu fassenden Beschlüsse über Aenderungen im

Besoldungswesen der Lehrer staatlicher Anstalten, deren Tragweite und deren Einfluß auf den Haushalt der Kommunen sich zur Zeit gar nicht übersehen läßt.

Sodann wird der Staatsverwaltung die künftige Erhöhung der Besoldungen ihrer Lehrer wesentlich erschwert, wenn nothwendige Folge einer solchen auch die Erhöhung der Besoldungen für die Lehrer aller nichtstaatlichen höheren Schulen ist; nicht allein, daß nach der jetzt angestellten Berechnung etwa das Doppelte der für die staatlichen Lehrer erforderlichen Summe aus staatlichen Mitteln bereitgestellt werden müßten, kommt auch die nothwendige Rücksicht auf die Mitbelastung der Kommunen u. s. w. in Betracht, die zu äußerster Vorsicht bei Maßregeln dieser Art mahnen würde.

Endlich würde ein Zwang gegen die nichtstaatlichen Patronate gesetzlich bestimmt werden, der in den meisten Fällen unausführbar ist, indem die Patronate die erforderlichen Mittel zu demselben Zeitpunkte bereit zu stellen hätten, der für die staatlichen Anstalten in Aussicht genommen wird, ohne daß sie auch nur in der Lage wären, den Einfluß der Beschlüsse des Staats auf die finanziellen Verhältnisse der städtischen Anstalt und des Stadthaushalts in ausreichende Erwägung zu ziehen. Bekanntlich pflegt der Staatshaushaltsetat nur wenige Tage vor seinem Inkrafttreten veröffentlicht zu werden; auch die Berathungen der Landesvertretung über denselben finden in der Regel nur wenige Wochen zuvor statt. Aus dieser Rücksicht ist in dem vorliegenden Gesetzentwurf der Zeitpunkt für das Inkrafttreten auf den 1. April 1893 bestimmt, also um ein Jahr später als die Besoldungserhöhung der staatlichen Lehrer eintreten soll. Eine ähnliche Fristbestimmung würde auch für die künftigen Gehaltsverbesserungen nicht entbehrt werden können.

Diese Erwägungen haben es veranlaßt, daß in dem Gesetzentwurfe des Abgeordnetenhauses vom Jahre 1888 das im Gesetzentwurfe von 1886 enthaltene Wort „jeweilig" nicht aufgenommen worden ist, und haben auch heute noch Geltung.

§ 3.

Zum § 3 lagen zunächst folgende redaktionelle Anträge vor:

A. statt „zur Erfüllung der §§ 1 und 2" zu setzen: „zur Durchführung dieses Gesetzes";

B. statt der Worte „der §§ 1 und 2" zu setzen: „des § 1";

C. die Worte „und 2" zu streichen;

D. statt „Bestimmungen" zu setzen „Bestimmung".

Die Anträge B und D werden vorbehaltlich der Beschlußfassung über den ganzen Paragraphen angenommen und beschlossen, mit der Erörterung über diesen zugleich die nachfolgenden Anträge zu verbinden.

Antrag E.

Den § 3 zu fassen wie folgt:

Die Gemeinden (Korporationen u. s. w.) sind verpflichtet, die zur Durchführung dieses Gesetzes erforderlichen Mittel bereit zu stellen, soweit diese nicht aus den eigenen Einnahmen der Anstalt, aus anderen dazu bestimmten Fonds oder durch Staatszuschüsse gedeckt werden.

Hinter § 3 einzuschieben:

§ 3 a.

Den leistungsschwachen Gemeinden (Korporationen u. s. w.) wird zur Erfüllung der ihnen aus diesem Gesetze erwachsenden neuen Verpflichtungen aus Staatsmitteln Ersatz oder ein Zuschuß gewährt, dessen Höhe durch den Staatshaushaltsetat bestimmt wird.

Antrag F.

Nach § 3 einen § 3 a folgen zu lassen, lautend:
Für diejenigen Gemeinden und Korporationen, welche bei dem Inkrafttreten dieses Gesetzes zur Erhaltung ihrer höheren Schulen eine staatliche Unterstützung empfangen, wird dieselbe entsprechend den aus den Vorschriften dieses Gesetzes erwachsenden Mehrausgaben für die Dauer ihrer Leistungsunfähigkeit erhöht.

Im Zusammenhang hiermit folgende Resolution anzunehmen:

Die Königliche Staatsregierung aufzufordern: in Fällen, wo die eigenen Einnahmen bisher nicht subventionirter Lehranstalten und die Mittel der Schulunterhaltungspflichtigen zur Erhaltung dieser Anstalten nach Maßgabe des § 1 dieses Gesetzes nachweisbar nicht ausreichen, in möglichst ausgiebiger Weise Subventionen aus staatlichen Fonds zu gewähren, später aber diese Subventionen nur solchen Gemeinden weiter zuzuwenden, für deren höhere Lehranstalten ein öffentliches Interesse vorhanden ist, oder welche beschließen, dieselben in andere höhere Lehranstalten, für welche diese Vorbedingung zutrifft, umzuwandeln.

Antrag G.

Den § 3 zu fassen wie folgt:
Die zur Erfüllung der Bestimmung des § 1 erforderlichen Mittel werden für die beim Inkrafttreten dieses Gesetzes bestehenden höheren Schulen aus der Staatskasse gedeckt und den einzelnen Gemeinden als Zuschuß aus Staatsmitteln gewährt.

Den Gemeinden steht frei, auf diesen Zuschuß ganz oder theilweise zu verzichten.

Der Antragsteller zu E begründet seine Anträge, betreffend die Gewährung von Staatszuschüssen. Er gehe nicht so weit, die Fürsorge für die Lehrer auf Kosten der Gemeinden, insbesondere nicht der schwachen Gemeinden treiben zu wollen, sondern er erwarte hierfür in ausgiebigem Maße Staatszuschüsse. Das Prinzip der Regierungsvorlage, daß die Gemeinden die erforderlichen Mittel bereit zu stellen haben, erkenne er zwar als richtig an; er wolle es aber praktisch nur bei den wirklich finanzkräftigen Gemeinden zur Anwendung kommen lassen, während den schwächeren Gemeinden aus Staatsmitteln geholfen werden müsse. Hierzu sei auch schon nach der Begründung zu den §§ 3 und 4 im Ganzen die Summe von 1 400 000 Mark ausgeworfen. Er wolle aber, daß die Absicht der Regierung nicht nur aus der Begründung, sondern auch aus dem Gesetze selbst ersichtlich werde, das sei klarer und würde zur Beruhigung der kleineren Gemeinden dienen.

Das Wort „leistungsschwach" im § 3 a habe er absichtlich gewählt, da das sonst übliche Wort „leistungsunfähig" eine Unwahrheit enthalte. Der Gegensatz sei nicht „leistungsfähig und leistungsunfähig", sondern „leistungskräftig und leistungsschwach". Die Behörden, die hierüber Bescheinigungen auszustellen hätten, würden ein besseres Gewissen behalten, wenn sie nur über den letzteren Gegensatz zu urtheilen brauchten. Das Wort „neuen Verpflichtungen" solle andeuten, daß der Staat in keinem Falle gezwungen werden solle, über das Maß derjenigen Leistungen hinaus verpflichtet zu werden, welche durch die Gesetzesvorlage neu entstehen werden.

Die alljährliche Bewilligung der Staatszuschüsse durch den Staatshaushaltsetat gewähre den Vorzug, daß der

Landtag fortgesetzt die Möglichkeit behalte, von der Höhe der gewährten Zuschüsse Kenntniß zu erlangen und auf dieselbe bei der Etatsberathung Einfluß zu gewinnen.

Mit den Worten „Ersatz oder ein Zuschuß" solle gesagt sein, daß das Maß des Zuschusses sich in jedem Falle nach der Bedürftigkeit der betreffenden Gemeinde zu richten habe.

Der Antragsteller zu F erklärt, daß es ihm an sich gleich sei, ob sein Antrag oder der Antrag E angenommen werde, daß sein Antrag nur den formellen Vorzug habe, daß er den Wortlaut der früheren Kommissionsbeschlüsse bei Gelegenheit des Antrags Kropatschek enthalte.

Der Vertreter des Finanzministers giebt gegenüber dem Antrag E folgende Erklärung ab:
Die Bewilligung im Etat müsse eventuell jedenfalls in einer Summe geschehen, da die spezialisirte Bewilligung, wie der Antrag E sie mit sich bringen würde, zu so vielen Weiterungen führen müßte, daß dadurch die Zahlung der Staatszuschüsse nur erschwert würde.

Der Antragsteller des Antrages E zieht in Folge dieser Erklärung die Worte „dessen Höhe durch den Staatshaushaltsetat bestimmt wird" zurück.

Der Antragsteller des Antrages G gab für seinen Antrag folgende Begründung:
Bei den Anträgen E und F haben die Gemeinden den Nachweis ihrer Leistungsschwäche zu führen. Er wolle für die Interessen der Schule wirken, aber auch die Gemeinden seien zu berücksichtigen, er verlange deshalb eine Verpflichtung des Staats ohne Rücksicht auf die Leistungsfähigkeit der Gemeinden, all' das aus dem Mitteln zu decken, was dieses Gesetz im Interesse der Schulen an Mehrausgaben für die Gemeinden herbeiführe. Bei gesetzlichen Bestimmungen wolle er aber auch gesetzliche Gewähr, die Minister und Räthe sind vergänglich, die wohlmeinendsten Erklärungen genügen ihm nicht. Es muß den Gemeinden ein Rechtsanspruch gegenüber dem Staat gegeben werden. Zu zwei Drittel übernehme der Staat die Lasten so wie so. Er könne nur dann für das Gesetz stimmen, wenn sein Antrag angenommen werde. Der Vertreter des Finanzministers gab folgende Erklärungen ab:
Die höheren Unterrichtsanstalten besäßen besondere Rechtspersönlichkeit. Danach hätten dieselben beziehungsweise deren Patronate grundsätzlich für die Befriedigung der Bedürfnisse der Schulen zu sorgen. Mit dieser Grundlage des Rechtszustandes auf dem Gebiete des höheren Unterrichtswesens stehe der Antrag G in Widerspruch, insofern derselbe dem Staate die Verpflichtung zur Bestreitung der aus der Durchführung des Normaletats sich ergebenden Kosten allgemein, also auch für die zweifellos leistungsfähigen Städte, auferlegen wolle.

Diesem Antrage, sowie den Anträgen E und F, den Staat gesetzlich zu verpflichten, den gegenwärtig aus Staatsmitteln subventionirten Anstalten für die Dauer der Leistungsunfähigkeit um den Betrag der aus den Vorschriften des Gesetzes erwachsenden Mehrausgaben erhöhte Unterstützungen zu gewähren, stehe ferner allgemein entgegen, daß keine thatsächliche Veranlassung vorliege, den ohne Vorgang bestehenden Weg der Verpflichtung des Staates zur Leistung von Zuschüssen an höhere nichtstaatliche Unterrichtsanstalten im Wege des Gesetzes zu beschreiten. Denn die zur Gewährung von Bedürfnißzuschüssen in denjenigen Fällen, welche nach der übereinstimmenden Ansicht der Staatsregierung und der Landesvertretung zur Durchführung des Normaletats genüge, erforderlichen Mittel seien schon durch den diesjährigen Staatshaushaltsetat im Anschluß an folgende Berechnung, welche auf Ermittelungen des Unterrichtsministeriums beruhe, bereit gestellt worden.

Der Gesamtaufwand in Folge der Durchführung des Normaletats werde sich etwa belaufen auf jährlich rund .... 4 000 000 ℳ,
davon würden gedeckt durch Schulgeld rund 2 167 000 .
mithin Zuschuß erforderlich .... 1 833 000 ℳ,
bereit gestellt durch den Etat .... 1 400 000 .
blieben aufzubringen .... 433 000 ℳ,
und zwar einschließlich des Aufwandes in denjenigen städtischen Gemeinden, deren Patronate zweifellos leistungsfähig seien. Ueberdies sei dabei nicht berücksichtigt, daß immerhin einzelne Anstalten eigene Mittel zur Deckung eines Theiles des Mehraufwandes besitzen würden und Hülfsfonds herangezogen werden könnten, während allerdings andererseits dem Zuschuß noch der seiner Höhe nach nicht genau bekannte Mehraufwand zur Deckung des in manchen Orten bisher den Lehrern nicht oder nicht voll gewährten Wohnungsgeldzuschusses hinzutrete. Da nicht behauptet werde und behauptet werden könne, daß der hiernach für die Patronate nichtstaatlicher Anstalten zur Last fallende Aufwand ein besonders drückender, oder es unbillig sei, daß dieselben in dem in Aussicht genommenen Maße zu der beschlossenen bedeutenden Verbesserung des Diensteinkommens der Lehrer ihrer Schulen beitrügen, so fehle es an jeder ausreichenden Veranlassung des gestellten Antrages.

Dem gegenüber wird aus der Mitte der Kommission bemerkt, daß man sich materiell mit ihm in Uebereinstimmung befinde, aber formell nicht. Es sei selbstverständlich, daß, wenn eine Aenderung der Leistungsfähigkeit der Gemeinden eintritt, die Regierung das zu prüfen und danach zu verfahren hat. An die Zuschüsse sei die Regierung nur gebunden, so lange die Leistungsunfähigkeit andauert. Bei bisher nicht unterstützten Anstalten sei die Gewährung von Zuschüssen überdies von der Feststellung eines öffentlichen Interesses durch die Regierung abhängig gemacht. Das, was der Antrag F wolle, sei thatsächlich von der Regierung in vollem Umfang in Aussicht genommen. Es kann doch nur zur Beruhigung der Gemeinden und vieler Gegner des Gesetzes dienen, wenn das, was übereinstimmend gewollt sei, auch ausdrücklich im Gesetz zum Ausdruck gelangt.

Der Vertreter des Unterrichtsministers bestätigt, daß es die Absicht der Staatsregierung sei, aus den bewilligten Mitteln leistungsschwachen Gemeinden zu helfen.

Die von den Anträgen E und F gewünschte Verpflichtung des Staates, an den bereits jetzt subventionirten Anstalten, den gesammten aus der Gehaltsaufbesserung sich ergebenden Mehrbedarf zu decken, ist wegen des Umfanges der Zuschußleistung und der in dem Antrage liegenden rechtlichen Verpflichtung des Staats äußerst bedenklich.

Die gleichfalls beantragte Resolution bezüglich der bisher nicht subventionirten Anstalten erscheint unnöthig, da die Staatsregierung in dem Antrage entsprechenden Weise zu verfahren beabsichtigt, überdies schon bisher bei Festsetzung der Anstaltsetats das Bedürfniß für die Existenz und den Umfang (ob 9 oder 6 klassig) der Anstalt prüft und geeigneten Falls auf eine entsprechende Umgestaltung der Schule hinwirkt; ungeachtet der Schwierigkeit, die Lehrer anderweitig unterzubringen, ist die Aufhebung oder Reduktion höherer Schulen in einzelnen Fällen bereits früher erreicht worden.

In noch höherem Grade bedenklich und geradezu unannehmbar ist der Antrag G, das Gesammtmehrerforderniß bei allen zur Zeit bestehenden Schulen auf die Staatskasse zu übernehmen. Abgesehen davon, daß auch dieser Antrag den Staat zur Zuschußleistung rechtlich verpflichten würde, daß er ferner auf die Schulgelderhöhung keine

Rücksicht nimmt, muß es auch als ganz ausgeschlossen bezeichnet werden, daß die Staatskasse für die leistungsfähigen Gemeinden eintritt. Eine auch nur moralische Verpflichtung des Staates, alle jetzt bestehenden Anstalten zu unterstützen, liegt nicht vor, da die Gemeinden bei Errichtung der Anstalten sich nicht verhehlen konnten, daß im Laufe der Zeit eine Erhöhung der Ausgaben, namentlich der Lehrerbesoldungen unvermeidbar sein werde.

Ein Mitglied, welches zugleich die von dem Vertreter des Unterrichtsministers mit nein beantwortete Frage stellte, ob der Unterrichtsverwaltung ein Fall bekannt sei, in welchem die Regierung die beantragte Auflösung einer höheren Schule abgelehnt habe, kennzeichnete seinen Standpunkt dahin, daß der Staat die Gemeinden nicht zwingen könne, höhere Schulen zu unterhalten und für dieselben Mehrausgaben zu leisten, wohl aber sei der Staat berechtigt, bestimmte Anforderungen für höhere Schulen zu stellen, die Gemeinden, welche diesen Anforderungen nicht genügen wollten, hätten die Freiheit, ihre Schulen aufzulösen. So lange diese Freiheit bestehe, sei der vom Gesetz angeblich ausgeübte Zwang nicht beunruhigend.

Ein anderes Mitglied betonte, daß er Staatszuschüsse nur da gewährt sehen wolle, wo ein öffentliches Interesse für die Erhaltung der Schule vorliege, er könne deshalb dem Antrage E nicht zustimmen, der jeder leistungsschwachen Gemeinde Zuschuß gewähren will.

Bei der Abstimmung wird der Antrag G mit allen gegen 5, der Antrag E mit allen gegen 3 Stimmen abgelehnt, der Antrag F wird mit 18 Stimmen gegen eine Enthaltung und die Resolution einstimmig angenommen.

§ 4.

Der zweite Absatz dieses Paragraphen ist nach Ablehnung des § 2 gegenstandslos geworden und wird gestrichen, im ersten Absatz wird eine redaktionelle Aenderung beschlossen, indem statt „kommen zur Anwendung" „finden sinngemäße Anwendung" gesetzt wird. Von einem Mitgliede wird um Auskunft ersucht, über die Unterhaltungspflicht stiftungsmäßiger Gymnasien, wenn die Renten aus einem solchen Zweckvermögen nicht ausreichen, wer soll dann eintreten und das Defizit decken, der Staat oder die Gemeinde? Insbesondere wird um Auskunft über die Verhältnisse des stiftischen Realprogymnasiums zu Lauenburg a. d. E. ersucht.

Der Vertreter des Unterrichtsministers erklärt hierauf:
Der § 4 umfaßt alle nichtstaatlichen öffentlichen höheren Schulen außer den in § 1 bezeichneten Kommunalanstalten. Dieselben werden meist als stiftische Anstalten (im weiteren Sinne) bezeichnet und sind einem sehr verschiedenartig gestalteten Patronat unterworfen oder ganz patronatfrei.

Zu den ersteren gehören z. B. die im Kap. 120 Tit. 3 des Staatshaushaltsetats bezeichneten Anstalten, bezüglich deren der Staat und andere Korporationen (Städte, Domstifte) zur gemeinsamen Unterhaltung der Schulen sich vereinigt haben, ferner die von den Ritterschaften, Domstiftern, Kreisen (Gymnasium Ratzeburg), Reichsstiften (Gymnasium Wernigerode), Religionsgenossenschaften (die beiden jüdischen Realschulen in Frankfurt a. M.) u. s. w. unterhaltenen Schulen; zu den letzteren (patronatsfreien) Anstalten zählen diejenigen, bezüglich deren ein Patronat nicht besteht, welche vielmehr lediglich auf ihr eigenes Vermögen oder besondere Stiftungsfonds angewiesen sind, z. B. die höheren Schulen bei den Franckeschen Stiftungen in Halle a. S., das Pädagogium und Waisenhaus in Züllichau, Proggymnasium zu Rietberg u. A. Auch die sogenannten Anstalten

landesherrlichen Patronats gehören hierher, z. B. die Landesschule Pforta, des Kloster Unserer Lieben Frauen in Magdeburg; jedoch werden diese Anstalten meist von den Staatsbehörden direkt verwaltet und daher thunlichst den staatlichen Anstalten analog behandelt, wenn sie auch an den rein staatlichen, nur für die unmittelbaren Staatsbeamten bestimmten Einrichtungen, z. B. der Reliktenversorgung aus der Staatskasse, dem Staatspensionsfonds u. s. w. nicht theilnehmen. Diese sämmtlichen Anstalten, welche eines bestimmten Unterhaltungspflichtigen ermangeln, heißen stiftische Anstalten im engeren Sinne. Behufs Bestreitung des zur Besoldungserhöhung für die Lehrer dieser Anstalten erforderlichen Aufwandes werden, soweit nicht die eigenen bezw. die dazu bestimmten besonderen Fonds und die Schulgelderhöhung ausreichen, der Regel nach Mittel des Fonds Kap. 120 Tit. 5 des Staatshaushaltsetats zu verwenden sein.

Die erwähnte Albinusschule in Lauenburg a./E. gehört zu diesen letzteren stiftischen Anstalten; sie wird von der Albinusstiftung unterhalten, einer Vermögensmasse, die den Zwecken der gedachten Schule und der Sparund Leihkasse in Lauenburg zu dienen bestimmt ist. Die Schule bezieht bisher keinen Staatszuschuß, wohl aber Zuschüsse der Stadt und des Kreises Lauenburg. Es wird einstweilen davon auszugehen sein, daß letztere, namentlich die Stadt Lauenburg bereit sein werden, diese Zuschüsse, so weit erforderlich, zu erhöhen. Sollte dies abgelehnt werden und auch die sodann weiter zu erörternde Frage nach einer rechtlichen Verpflichtung der beiden Verbände zu dieser Erhöhung definitiv verneint werden müssen, so wird zwar einstweilen der Staat mit seinen Mitteln aushelfend eintreten; alsdann würde jedoch sofort der Frage näher getreten werden, ob ein ausreichendes allgemeines, nicht blos lokales, öffentliches Interesse die dauernde Erhaltung der Schule, und zwar gerade in der Stadt Lauenburg, erheischt.

§ 5.

Es liegt ein Antrag auf Streichung vor, der aber nur redaktionelle Bedeutung hat, indem er den § 5 mit dem § 9 zu einer gemeinschaftlichen Fassung verbindet, die folgenden Wortlaut hat:

§ 9 Absatz 2.

Die Gemeinden (Korporationen u. s. w.) können die Zahlung des erhöhten Diensteinkommens bereits von einem früheren Termine ab beschließen; auch sind sie nicht behindert, den Besoldungsplan für ihre Anstalten günstiger zu gestalten, als es durch dieses Gesetz gefordert wird.

Die Kommission beschließt, es bei der Fassung der Regierungsvorlage zu belassen.

§ 6.

Auch hier liegt ein Antrag auf Streichung vor, der damit begründet wird, daß der Inhalt des Paragraphen selbstverständlich sei und die besondere Hervorhebung im Gesetz überflüssig. Praktisch würde genau das gleiche herauskommen, ob der Paragraph hier stände oder gestrichen sei. Diese Bestimmungen gelten für die staatlichen Lehrer, mithin seien sie auch für die nicht staatlichen ohne weiteres anwendbar.

Der Vertreter des Unterrichtsministers erklärt hiergegen:
Der Absatz 1 ist aus dem Normaletat von 1892 zu § 6 Absatz 2 übernommen, mithin von der Landesvertretung bereits im Prinzip genehmigt und entspricht dem geltenden Verwaltungsrecht.

Der Absatz 2 sichert die Lehrer, wie aus der Begründung hervorgeht, gegen eine willkürliche Versagung der Alterszulagen Seitens der Patronate, indem er diese Versagung an die Voraussetzung einer unbefriedigenden Dienstführung, worunter auch außeramtliches, die Stellung des Lehrers beeinträchtigendes Verhalten zu verstehen ist, und an die Genehmigung der Aufsichtsbehörde knüpft. Diese Vorschrift stimmt mit der analogen Bestimmung des jüngsten Volksschulgesetzentwurfes überein.

Der Antrag auf Streichung wird hierauf zurückgezogen und § 6 genehmigt.

§ 7.

Hierzu lagen zunächst folgende Anträge vor:

Antrag A.

§ 7 wie folgt zu fassen:

Der Unterrichtsminister ist befugt, soweit staatliche Zuschüsse erfordert werden, (und wie die Vorlage bis zum Schluß).

Antrag B.

§ 7 Zeile 2 hinter „Unterrichtsanstalten" die Worte hinzuzufügen: „welche Staatsunterstützung beziehen."

Antrag C.

1. Hinter § 3a einzuschieben:

§ 3b.

Die Gewährung des Staatszuschusses kann an die Bedingung geknüpft werden, daß die zu unterstützende Gemeinde (Korporation u. s. w.) sich hinsichtlich des Schulgeldes den Bestimmungen des Unterrichtsministers unterwirft.

Bei der Festsetzung des Schulgeldes ist auf die örtlichen Verhältnisse besondere Rücksicht zu nehmen und müssen daher hierüber die örtliche Verwaltungsbehörde und das Provinzialschulkollegium vorher gehört werden.

In keinem Falle darf der Unterrichtsminister ohne Zustimmung der unterhaltungspflichtigen Gemeinde (Korporation u. s. w.) das Schulgeld höher als bei den gleichartigen staatlichen Anstalten festsetzen.

2. den § 7 zu streichen (vergl. § 3b).

Der Antragsteller des Antrages C läßt den ersten und dritten Absatz seines Antrages fallen. Der Antragsteller des Antrages A bemerkt, daß sein Antrag im Ziel mit dem Antrag B zusammenfalle, daß er aber formell vor diesem den Vorzug verdiene, weil Antrag B nur die Anstalten trifft, welche Staatsunterstützung beziehen, also nicht die, welche solche erst erfordern. Er wollte, daß die Staatsregierung auch eine Gemeinde, welche Zuschuß fordert, zur Erhöhung des Schulgeldes zwingen kann.

Seitens eines Mitgliedes wurde ein grundsätzliches Bedenken gegen Erhöhung des Schulgeldes überhaupt geäußert, weil dadurch den Söhnen von Handwerkern, Bauern, kleinen Beamten die Vorbereitung zum Studium erschwert oder unmöglich gemacht würde. Hiergegen wurde aber andererseits geltend gemacht, daß die Ueberfüllung der Universitäten bereits zu einer sozialen Gefahr geworden sei. Die Erhöhung sei aber nicht so bedeutend, daß sie, wo ein Studium beabsichtigt wird, wesentlich hindere, dagegen werde sie segensreich nach der Richtung wirken, daß den höheren Schulen, namentlich den Gymnasien, weniger Schüler zugeführt werden, welche nur den unteren Klassen behaftet sollen, die Schulen schwer belasten und mit ganz ungenügender Bildung ins Leben gehen.

Anl. z. d. Verhandl. d. Hauses d. Abg. 17. LegisI. IV. Session 1892.

Zu Gunsten des Antrages C wird angeführt, daß großer Werth auf Berücksichtigung der örtlichen Verhältnisse bei Festsetzung des Schulgeldes zu nehmen sei. Es kämen auch die Verschiedenheiten in Betracht, die bezüglich Freistellenwesen, erhöhtes Schulgeld für Nichteinheimische u. s. w. beständen und mit denen nicht rücksichtslos vorgegangen werden solle.

Der Vertreter des Unterrichtsministers erklärt:

Hier ist zur näheren Ausführung der Begründung nochmals darauf hinzuweisen, daß einer staatlichen Anstalt des Orts die Existenzfähigkeit dadurch entzogen werden kann, daß Seitens des Patronats der an demselben Orte befindlichen nichtstaatlichen Anstalten das Schulgeld auf einen unzureichenden Satz herabgesetzt und so der ersteren Anstalt die Schüler, mithin auch die Erleugungen derselben entzogen werden. Die vorgeschlagene Fassung läßt genügenden Spielraum zu der in dem Antrage gewünschten Berücksichtigung der örtlichen Verhältnisse.

Die von dem Antrag A empfohlene Beschränkung der Befugniß des Unterrichtsministers dahin, soweit staatliche Zuschüsse erfordert werden, ist unbestimmt und läßt namentlich nicht erkennen, auf welchen Zeitraum die Befugniß des Ministers sich erstrecken soll, insbesondere ob wenn einmal ein Zuschuß erfordert — d. h. wohl Seitens des Patrons (wenn auch fruchtlos) beantragt worden ist, der Minister für alle Zeiten jenes Recht erhält oder nur für den Moment des Antrages. Ueberdies liegt ein ausreichender Grund nicht vor, diejenigen Anstalten, für welche zwar ein Staatszuschuß beantragt, aber nicht bewilligt worden ist, anders zu behandeln, als diejenigen Anstalten, bezüglich deren ein solcher Antrag nicht gestellt worden ist.

Die von den Anträgen B und C beabsichtigte Beschränkung der Befugniß für den Fall der Gewährung oder des Bezuges eines Staatszuschusses macht den § 7 gegenstandslos, da der Minister schon jetzt in der Lage ist und naturgemäß sein muß, die Gewährung eines Zuschusses, die nur nach Maßgabe des thatsächlich vorhandenen Bedürfnisses eintreten hat, an die Bedingung einer angemessenen Steigerung des Schulgeldes zu knüpfen.

Der Vertreter des Finanzministers giebt folgende Erklärungen ab:

Solange die zulässige Maximalfrequenz der einzelnen Klassen höherer Lehranstalten nicht erreicht sei, könne es sehr wohl auch im finanziellen Interesse der Patronate liegen, das Schulgeld an den von ihnen zu unterhaltenden Schulen niedrig zu bestimmen. Ueberdies sei der Wunsch der Leiter schwach besuchter Anstalten, daß die Frequenz gesteigert werden möge, ein nahe liegender.

Im Uebrigen aber ständen Schulgeld und Kommunalabgaben fast allgemein dergestalt in nothwendiger Wechselwirkung, daß die Ermäßigung des ersteren die Erhöhung der letzteren nothwendig bedinge. Der Staatsverwaltung jede Einwirkung auf die Bestimmung der Höhe des Schulgeldes an nicht vom Staate unterstützten Anstalten zu entziehen, sei daher grundsätzlich unrichtig. Dies umsomehr, als es sich bei der Entscheidung nicht nur um die Höhe der Kommunalabgaben, sondern namentlich um die Vertheilung von Lasten auf die verschiedenen Klassen der Bevölkerung handle. In besonders unbilliger Weise die von einander abweichende Normirung des Schulgeldes an mehreren höheren Unterrichtsanstalten des nämlichen Ortes wirken. Denn hier müsse derjenige, welcher für seine Söhne das höhere Schulgeld für eine Anstalt zahle, daneben zu denjenigen Kommunalabgaben beitragen, welche zur Deckung des wegen niedrigerer Bestimmung des Schulgeldes an der anderen Anstalt eintretenden Unterhaltungszuschusses für die letzteren aufzubringen seien. Die in dem § 7 des Entwurfes in Anspruch genommene Befugniß der Staatsverwaltung sei in maßvollen Grenzen gehalten; insbesondere sei bei den Verhandlungen über den Normaletat anerkannt, daß die beabsichtigte Steigerung des Schulgeldes an den Staatsanstalten das Maß der Billigkeit nicht überschreite.

Von verschiedenen Kommissionsmitgliedern wird die Möglichkeit einer Konkurrenz gegen die Staatsschulen und die Schädlichkeit einer solchen bestritten. Die Gemeinden seien nicht geneigt, niedrigere, sondern umgekehrt eher höhere Schulgeldsätze festzusetzen. Solle der Staat, wo Städte ein höheres Schulgeld haben oder einführen, dies zwangsweise herabsetzen? Hier liege wirklich ein Eingriff in die Selbständigkeit der Gemeinden vor und zwar ein solcher, der sich weder durch das Interesse des Staats noch der Schule rechtfertigen lasse. Die Schule habe kein Interesse an der Schulgeldfrage, nicht Gleichheit der Schulen, sondern Gleichheit der Leistungen käme in Betracht. Dem Staat könne es nur erwünscht sein, wenn da, wo staatliche und nichtstaatliche Anstalten nebeneinander bestehen — also ausschließlich in größeren Städten —, die Gemeinden durch ein billigeres Schulgeld die Schüler an sich zögen und dadurch die Staatsanstalten vor Ueberfüllung und kostspieligen Erweiterungen der Klassenzahl u. s. w. schützten. Thatsächlich seien die Schulgeldunterschiede indessen so gering, daß sie praktisch nicht einwirkten und nicht zum Wechsel der Schule Anlaß bieten. Je niedriger das Schulgeld, um so mehr kostet die Schule, um so höher die Steuerlast; die Gemeindevertretungen würden schon dafür sorgen, daß die höheren Schulen, die ausschließlich den wohlhabenderen Klassen zu Gute kommen, nicht geringeres Schulgeld nehmen wie der Staat. Eine Schülervermehrung bringe zwar Mehreinnahmen, aber noch stärkere Mehrkosten durch Klassentheilungen. Daß eine Kommune ihre Steuern erhöhe, um dem Staat Schüler wegzunehmen, sei doch undenkbar. Wo der Staat nichts leiste, habe er auch nicht dreinzureden, deshalb solle er das Schulgeld nur da festsetzen, wo er Zuschüsse leiste. Der Vertreter des Unterrichtsministers erklärt noch, daß eine zwangsweise Herabsetzung des Schulgeldes nicht beabsichtigt sei.

Bei der Abstimmung wird der Antrag auf Streichung des § 7 mit allen gegen 7 Stimmen abgelehnt, der Antrag A mit 11 gegen 9 Stimmen angenommen, der Antrag B ist damit beseitigt, der Antrag C fällt mit 8 gegen 12 Stimmen. Der so umgestaltete § 7 wird sodann mit großer Mehrheit angenommen.

§ 8.

Zu diesem Paragraphen liegt der Antrag vor:

Den § 8 folgendermaßen zu fassen:

Höhere Schulen im Sinne dieses Gesetzes sind diejenigen, welche zur Ausstellung staatlich anerkannter Zeugnisse für das Universitätsstudium oder für den einjährig-freiwilligen Dienst berechtigt sind.

Der Antrag wird wie folgt begründet:

Der ganze Gesetzentwurf habe seinen Rechtsgrund in der Auffassung, daß die vom Staate den Schulen ertheilten Berechtigungen dem Staat verpflichten, Sorge zu tragen, daß die zu diesen staatlich anerkannten Berechtigungen führenden Leistungen gleichartige seien. Eben deshalb habe der Staat auch das Recht, von denen, welche diese Berechtigungen ausüben, zu fordern, daß sie sich den Vorschriften fügen, die der Staat zur Sicherung gleichartiger Leistungen für nöthig hält. Hiernach sei die beste Grundlage des Gesetzes die, daß es auf alle diejenigen Schulen Anwendung finde, welchen Berechtigungen verliehen sind. Hierbei sei die Berechtigung zum ein-

jährig-freiwilligen Dienst diejenige, welche das höhere Schulwesen abgrenze. Jede Schule, welche diese Berechtigung besitze, sei eine höhere Schule und solle mithin auch der Wohlthaten dieses Gesetzes theilhaftig werden. Es sei der Vorzug des Abänderungsantrages, daß er auch die höheren Schulen heranziehe, die nicht unter dem Unterrichtsministerium stünden und außerhalb des Gesetzes blieben. Hier kommen namentlich die landwirthschaftlichen Schulen in Betracht, für welche eine Aufbesserung der Lehrergehälter dringend geboten sei, wenn sie nicht ihr tüchtiges Lehrpersonal verlieren sollen. Diese Schulen verdienen besondere Berücksichtigung. Abgesehen von ihnen käme wohl nur eine Handelsschule in Flensburg in Betracht, die thatsächlich eine Oberrealschule sei, aber außerhalb des Gesetzes bliebe, weil sie dem Handelsministerium unterstellt ist.

Seitens der Königlichen Staatsregierung erklärt der Vertreter des landwirthschaftlichen Ministers:

Die landwirthschaftliche Verwaltung stehe vollständig auf dem Standpunkt, daß aus denselben Gründen, aus welchen eine Gleichstellung der Lehrer an Kommunalanstalten mit denen der Staatsanstalten auf Grundlage des vorliegenden Gesetzes erfolgen soll, auch eine Gleichstellung der Lehrer an den landwirthschaftlichen Schulen nothwendig erscheint. Sie ist trotzdem nicht in der Lage, eine Einfügung der betreffenden Schulen in das vorliegende Gesetz für räthlich zu halten. Ein eventueller hierdurch nöthig werdender direkter gesetzlicher Zwang gegen die Unternehmer der landwirthschaftlichen Schulen würde einmal mit den bei Errichtung dieser Schulen mit den betreffenden Unternehmern gerade über die Gehaltsfrage der Lehrer getroffenen besonderen Abmachungen sich schwer vereinbaren lassen, mehrfach sind auch die Schulunternehmer solche Korporationen, z. B. landwirthschaftliche Vereine, gegen welche eine Zwangsetatisirung nicht durchführbar ist, und schließlich stehen der landwirthschaftlichen Verwaltung zunächst keine Mittel zur Verfügung, welche es ihr möglich machen, den betreffenden Schulunternehmern schon jetzt eine Erhöhung des Staatszuschusses zu den erhöhten Leistungen für die betreffenden Schulen in sichere Aussicht zu stellen. Die landwirthschaftliche Verwaltung muß daher vorziehen, diese Angelegenheit für die 16 landwirthschaftsschulen anderweitig zu regeln, und zwar soll durch eine Erhöhung der betreffenden Dispositionsfonds in dem Etat pro 1893/94 unter gleichzeitiger Erhöhung der eigenen Einnahmen der betreffenden Schulen, sowie der Leistungen der betreffenden Schulunternehmer die Sache in Stand gesetzt zu werden, diese Regelung gleichzeitig mit dem Inkrafttreten des vorliegenden Gesetzes vom 1. April 1893 eintreten lassen zu können.

Die erforderlichen Vorbereitungen hierzu sind schon in Angriff genommen und werden eifrigst gefördert.

Der Vertreter des Unterrichtsministers führt aus: Der vorliegende Antrag mache das Gesetz von der Berechtigung zum Universitätsstudium oder zum einjährig-freiwilligen Dienst abhängig; Anstalten, welche das Universitätszeugniß ausstellen, besitzen auch die letztere Berechtigung, ihre Hervorhebung ist also unnöthig. Würde dieselbe gleichwohl beliebt, dann dürften auch diejenigen Anstalten, welche Zeugnisse für technische Hochschulen ausstellen, nicht fehlen. Die Berechtigung zum einjährig-freiwilligen Zeugnisse dem Gesetz zu Grunde zu legen, gienge aber nicht an, weil die Regelung der Berechtigung zum einjährigen Dienste Reichssache sei und man nicht wissen könne, welche Grundlagen etwa künftig Seitens des Reichs für diese Berechtigung gegeben werden. Dazu käme, daß neubegründete höhere Schulen, die noch bis zur Untersekunda reichen, nach diesem Antrag außerhalb des Gesetzes blieben.

Auch aus der Kommission wird der Antrag bekämpft. Nach den Erklärungen des landwirthschaftlichen Ministeriums sei bestimmt zu erwarten, daß die landwirthschaftlichen Schulen den staatlichen gleichgestellt würden. Der Antrag schädige namentlich im Hinblick auf Schulneugründungen die Lehrer, da eine Reihe von Jahren zu vergehen pflegen, bis neue Schulen die Sekunda einrichten und die Berechtigung erhalten.

Hierauf wird der Antrag gegen 3 Stimmen abgelehnt und § 8 genehmigt.

§ 9.

Aus der Mitte der Kommission wird die Frage gestellt, was mit den für die Zwecke dieses Gesetzes im laufenden Staatshaushalt bewilligten Geldern geschieht, da das Gesetz doch erst mit dem neuen Finanzjahr in Kraft tritt.

Der Vertreter des Unterrichtsministers erklärt, daß die Regierung beabsichtigt, mit den Gemeinden wegen Einführung des Normaletats demnächst zu verhandeln und, wo diese vor dem 1. April 1893 erfolgt, auch schon vorher Zuschüsse oder Zuschußerhöhungen zu gewähren. Die nicht verausgabten Beträge würden erspart.

Ein Vorschlag, § 9 mit § 5 zu verbinden, findet nicht die Zustimmung der Kommission, § 9 wird angenommen.

Resolutionen.

Außer der Resolution, welche bereits im Zusammenhang mit § 3 berathen und angenommen war, lagen der Kommission noch zwei Resolutionen vor:

Resolution A.

Das Haus der Abgeordneten wolle beschließen:

Der Königlichen Staatsregierung die Erwartung auszusprechen, daß sie nach erfolgter, von dem Herrn Unterrichtsminister in der Sitzung vom 2. Mai d. J. in Aussicht gestellten Regelung der Pensionsverhältnisse der Lehrer an den nichtstaatlichen höheren Lehranstalten, baldmöglichst auch die Reliktenverhältnisse dieser Lehrer, und zwar in analoger Weise ordnen werde, wie dies in den bezüglichen Gesetzen für die unmittelbaren Staatsbeamten geschehen ist.

Resolution B.

Das Haus der Abgeordneten wolle beschließen:

Die Königliche Staatsregierung aufzufordern, das Rang- und Titelwesen für die Leiter und Lehrer der höheren Schulen einheitlich zu regeln, und zwar ohne Unterschied hinsichtlich der staatlichen und der nichtstaatlichen Anstalten.

Die Resolution A wurde wie folgt begründet:

Es sei bedauerlich, daß die Königliche Staatsregierung, indem sie jetzt an eine gesetzliche Regelung dieser Angelegenheit herantrete, nicht auch die Hinterbliebenenversorgung, die in der Frage der Gleichstellung eine hervorragende Bedeutung habe, gesetzlich zu regeln suche. Sie wolle auch hier, indem sie 300 000 Mark in den Etat eingestellt habe, wieder den Weg der Vereinbarung mit den Gemeinden beschreiten, der sich doch aus lauter Erfahrung heraus als unfruchtbar erwiesen habe. Die

Resolution folge dem Gedankengange, den der Herr Unterrichtsminister bei der ersten Berathung dieses Entwurfs innegehalten habe, indem er ausgeführt habe, daß zunächst die Pensionsverhältnisse eine gesetzliche Regelung erfahren sollten. Die Verhältnisse liegen in der That bezüglich der Reliktenregelung recht traurig; nach den Antragsteller vorliegenden statistischen Nachweisungen der höheren Lehranstalten aus den einzelnen Provinzen wären im Durchschnitt nur etwa 3 bis 5 Orte, wo die Verhältnisse eine befriedigende Lösung gefunden hätten; in allen anderen Orten wären zureichende Fürsorgemaßregeln nicht getroffen. Die Frage sei bereits seit einem Jahrzehnt wiederholt im Abgeordnetenhause in dem Sinn des Antragstellers erwogen und entschieden.

Schon bei Berathung des Reliktengesetzes vom 20. Mai 1882 habe man allgemein die Nothwendigkeit anerkannt, dasselbe auch auf diejenigen Lehrer höherer Lehranstalten, welche als mittelbare Staatsbeamte von diesem Gesetz nicht betroffen würden, auszudehnen. Den Staatsbeamten, und darunter auch den Lehrern höherer Lehranstalten staatlichen Patronats sei dann im Jahre 1888 der Reliktenbeitrag ganz erlassen, und ein Gleiches sei später für die Elementarlehrer und Universitätsprofessoren geschehen. So blieben nur noch die Lehrer an den höheren nichtstaatlichen Lehranstalten unberücksichtigt, wiewohl es gerade hier doch gelte, eine Schuld vom Jahre 1882 einzulösen. Die Reliktenverhältnisse dieser Lehrer seien aber in der That recht dringend der Abänderung bedürftig, wenn jene nicht die Berufsfreudigkeit dieser Lehrer lähmen sollen. Der größere Theil sei mit dem vorschriftsmäßigen Fünftel in der Allgemeinen Wittwenverpflegungsanstalt versichert und zahle dafür sehr hohe Beiträge. Trete der Fall ein, daß die Wittwe stirbt, so seien die Waisen ganz unversorgt, da die Wittwenverpflegungsanstalt nur an die Wittwe zahlt. Der gleiche Fall liege im Hinblick auf die Waise vor, wenn erst die Frau und dann der Mann stürbe. In solchen Fällen seien die Beiträge an die Wittwenverpflegungsanstalt ganz vergeblich gezahlt. Wenn nun die Gemeinden hier auch vielfach helfend einträten, um zu große Noth zu lindern, so bleibe das doch immer nur ein Gnadenbeweis. Werde ein Lehrer an höheren Lehranstalten staatlichen Patronats aber an eine solche nicht staatlichen Patronats versetzt, übernähme er beispielsweise, was ja öfters vorkomme, die Leitung einer solchen Anstalt, so gingen ihm nicht nur die Vortheile des Staatsbeamtenreliktengesetzes gänzlich verloren, sondern es sei ihm, wenn er früher Mitglied der Wittwenverpflegungsanstalt war, auch nicht gestattet, nach den früheren Bedingungen wieder einzutreten. Er müsse vielmehr dann jetzt den dem höheren Alter entsprechenden Beitrag zahlen, und erlange auch erst nach drei Jahren den Anspruch auf die volle Versicherungssumme. So seien also auch die Lehrer an staatlichen höheren Lehranstalten hier in Mitleidenschaft gezogen. Unter diesen Umständen könne nur dringend die Annahme der Resolution empfohlen werden.

Der Vertreter des Unterrichtsministers erklärt:

Der Antrag, die Regierung zu einer gesetzlichen Regelung der Reliktenversorgung zu veranlassen, empfiehlt sich zur Annahme nicht, nachdem bei der Bewilligung von 300 000 Mark zu Kap. 120 Tit. 5a des laufenden Staatshaushaltsetats die statutarische Regelung der Sache für die einzelnen Anstalten in Aussicht genommen ist. Ueberdies wird nach dem Wortlaute des Antrages zunächst der Erlaß eines Gesetzes über die Berechnung der pensionsfähigen Dienstzeit der nichtstaatlichen Lehrer vorausgesetzt. Zunächst dürfte der Erlaß dieses Gesetzes abzuwarten sein, bevor auf dasselbe weitere Anträge begründet werden.

Verschiedene Kommissionsmitglieder halten es nach dieser Erklärung für besser, wenn die Resolution zurück-

280*

gezogen werde, andere, welche in der Sache für die Resolution sind, erklären sich gegen dieselbe, weil sie jetzt offene Thüren einstoße und die schwebenden Verhandlungen stören könne. Andererseits wird bestritten, daß die Resolution solche Verhandlungen störe, die Gemeinden würden willfähriger sein, wenn der gesetzliche Zwang in Aussicht stünde.

Ein Mitglied hatte auch deshalb Bedenken, weil auch die übrigen Gemeindebeamten dann eine gesetzliche Regelung anstreben würden, wodurch die Gemeindefreiheit schwer bedroht erscheine.

Bei der Abstimmung wurde die Resolution mit allen gegen 7 Stimmen abgelehnt.

Zur Begründung der Resolution B betonte der Antragsteller, daß der Wunsch nach einer Neuregelung der Rang- und Titelverhältnisse bei den betheiligten Lehrern ein sehr reger sei.

Man könne persönlich zu diesen Dingen stehen wie man wolle, es sei nicht zu verkennen, daß sie namentlich in kleineren Städten von einer gewissen Bedeutung sei. Die Regierung könne hier helfen, ohne daß die Finanzlage zu berücksichtigen sei.

Der Vertreter des Unterrichtsministers bemerkt hierzu:

Der Antrag wegen Regelung der Rang- und Titelverhältnisse erscheint überflüssig, da Seitens des früheren Kultusministers Herrn Grafen Zedlitz in den Plenarsitzungen des Abgeordnetenhauses vom 9. und 10. März 1892 (Stenogr. Ber. S. 786 und 806/7) mitgetheilt worden ist, daß innerhalb der Staatsregierung Erörterungen über diese Fragen schweben. Das Letztere ist noch jetzt der Fall; diese Erörterungen haben zum Abschluß noch nicht geführt werden können; doch steht ihre Beendigung in naher Aussicht, so daß voraussichtlich in einigen Wochen abschließende Mittheilungen darüber werden gemacht werden können.

Aus der Kommission wird noch bemerkt, daß die Angelegenheit durch Königliche Kabinetsordre geordnet werden soll, und daß es deshalb sich nicht empfiehlt, wenn die Gesetzgebung sich hineinmischt. Die Resolution wird mit allen gegen 4 Stimmen abgelehnt.

Zweite Lesung.

Zum § 1 lag ein Abänderungsantrag vor.

In § 1 Absatz 2 Zeile 6 nach den Worten „von einer bürgerlichen Gemeinde" noch die Worte hinzuzufügen: „mit mehr als 25 000 Einwohnern."

Außerdem wurde die Wiederherstellung der Regierungsvorlage beantragt.

Zur Begründung des ersten Antrages wird angeführt, es sei nur dazwischen zu wählen, ob die Lehrer in den kleineren Städten ein geringeres Gehalt bekommen, oder ob diese vor den Ruin gebracht werden. Das geringere Schulgeld und die geringere Schülerzahl in kleineren Städten mache die Aufbringung der Schulkosten besonders drückend. Städte mit mehr als 25 000 Einwohnern könnten über die Mehrbelastung leichter fortkommen, die Zahl 25 000 sei nicht willkürlich gewählt, sie entspricht der Kreisordnung, welche den Städten mit mehr als 25 000 Einwohnern das Recht des Ausscheidens aus dem Kreis giebt. Das Leben in den kleineren Städten sei erheblich billiger, der Antrag enthalte also keine Unbilligkeit gegen die Lehrer.

Hiergegen wurde bemerkt: Die Belastung der Gemeinden sei keine übermäßige. Wo eine Gemeinde durch die Mehrerforderniße schwer bedrückt werden würde, empfange dieselbe jetzt auch schon Staatszuschüsse und wird demnach auf Grund des § 8a eine Erhöhung dieser Staatszuschüsse fordern können. Wo bisher keine Staatszuschüsse geleistet seien, sorge die Resolution vor, und die Staatsregierung werde auch dort im Bedarfsfall helfen. Die Annahme des Antrages komme thatsächlich einer Ablehnung des Gesetzes gleich, denn dieses wolle grade die kleineren Gemeinden heranziehen, die größeren Städte thäten freiwillig für ihre Lehrer, was durch das Gesetz gefordert wird. Man könne deshalb eher die Städte über 25 000 als die unter 25 000 Einwohner von dem Gesetz ausschließen. Die Bestimmung einer solchen Bevölkerungszahl sei doch willkürlich. Es gäbe sehr leistungsfähige kleinere Städte, die auszuschließen gar kein Grund vorliege. Bei der Kreisordnung handle es sich um eine Berechtigung, von der die Städte Gebrauch machen könnten oder nicht, hier um eine Verpflichtung. Das Abgeordnetenhaus habe die Einführung einer Unterscheidung der Gemeinden mit mehr und mit weniger als 10 000 Einwohnern bei der Gewährung der Dienstalterszulagen der Volksschullehrer immer als ganz unpraktisch bekämpft. Alle hiergegen geltend gemachten Gründe gelten auch gegen diesen Antrag. Der Antrag wurde mit allen gegen 8 Stimmen abgelehnt.

Für die Wiederherstellung der Regierungsvorlage trat namentlich der Vertreter des Finanzministers mit folgenden Bemerkungen ein:

Dem Vorschlage, die Absätze 2 und 3 des § 1 des Gesetzentwurfs zu streichen und dadurch sowie durch eine Abänderung des Absatzes 1 die Patronate zu zwingen, den Elementarlehrern an den nichtstaatlichen Schulen die nämliche für den ganzen Staat gleichmäßig bemessene Besoldung in Höhe der Dienstmindestlöhne der Elementarlehrer an den Staatsanstalten zu gewähren, anstatt in Uebereinstimmung mit dem Gesetzentwurf den Patronaten die Freiheit zu lassen, bei Festsetzung dieser Besoldungen auf das Diensteinkommen der Volksschullehrer an dem betreffenden Orte Rücksicht zu nehmen, müsse schon aus dem bei der ersten Lesung betonten Grunde widersprochen werden, weil derselbe mit dem neuerdings beschlossenen Normaletat nicht vereinbar sei. Dem Vorschlag stehe aber auch mit der bisher festgehaltenen auf entscheidenden inneren Gründen beruhenden Praxis im Widerspruch. Die im Allgemeinen ziffermäßig gleichmäßige Normirung der Besoldung der unmittelbaren Staatsbeamten der nämlichen Kategorie in dem gesammten Staatsgebiete führe keineswegs immer zu dem an sich erwünschten Ergebniß, daß jeder dieser Beamten damit thatsächlich in eine gleiche finanzielle Lage gelange. Die Bedenken gegen eine solche Regelung der Angelegenheit steigerten sich, je mehr die Höhe der Besoldung sich derjenigen Grenze nähere, bei welcher die Möglichkeit der Befriedigung der nothwendigen Lebensbedürfnisse in Frage komme. Für die unmittelbaren Staatsbeamten müßten diese Bedenken zurücktreten, da im Allgemeinen die Wahl eines anderen als des bezeichneten Besoldungssystems mit anderweitigen verhältnißmäßig noch größeren Unzuträglichkeiten verbunden sein würde; sie könnten aber auch eher zurücktreten, als bei den mittelbaren Staatsbeamten, weil für erstere die leichtere Möglichkeit der Abhülfe im einzelnen Falle durch Versetzungen ic. geboten sei. Für diejenigen Lehrer dagegen, welche einer von einer Gemeinde zu unterhaltenden Anstalt angehörten, entspreche es an sich im Gegensatz zu der Lage der unmittelbaren Staatsdienste stehenden Lehrer der Natur der Sache, daß bei der Bemessung ihrer Besoldung die Verhältnisse des betreffenden Orts mitberücksichtigt würden. Die für eine anderweitige Anordnung in Betreff der wissenschaftlichen Lehrer als überwiegend erachteten Gründe seien für die Elementarlehrer jedenfalls von erheblich geringerer Bedeutung, während andererseits nach den obigen Ausführungen für sie eine Rücksichtnahme auf die örtlichen Verhältnisse in weit höherem Grade angezeigt sei. Es liege daher keinesfalls Veranlassung vor, auch kleine Städte mit sehr billigen Lebensverhältnissen und geringer Steuerkraft zu zwingen, diesen Lehrern ein gleich hohes Gehalt zu gewähren, wie dasselbe in den leistungsfähigsten Städten mit den theuersten Lebensverhältnissen zugestanden werden müsse.

Namentlich aber sei zu beachten, daß die Elementarlehrer an den höheren Unterrichtsanstalten nach ihrer Vorbildung zu den Volksschullehrern gehörten, aus dem Kreise dieser Lehrer also gewählt würden, und demgemäß vielfach mit den übrigen Volksschullehrern des betreffenden Orts in einer solchen Besoldungsgemeinschaft ständen, daß Versetzungen aus einer Stellung in die andere ohne Schwierigkeit ausführbar seien. Mit der Einführung gleichmäßiger Besoldungssätze für alle Anstalten würde vielfach das bestehende Verhältniß der Besoldung der Elementarlehrer an den einzelnen Orten zu einander in einem weitgehenden innerlich unberechtigten Maße verschoben, dadurch Anlaß zu sehr bedenklichen Berufungen gegeben, und die Möglichkeit der Aufrechthaltung einer Besoldungsgemeinschaft beseitigt werden. Auch nach dieser Richtung sei daher der Vorschlag der Staatsregierung entschieden den gestellten Anträgen vorzuziehen.

Endlich würde eine Annahme dieser Anträge der wohl allseitig als wünschenswerth erachteten Förderung der Realschulen in hohem Grade entgegenwirken. Als nothwendig im Interesse des Unterrichts habe anerkannt werden müssen, das Diensteinkommen der wissenschaftlichen Lehrer dieser Anstalten mit demjenigen der Lehrer an den Gymnasien gleichzustellen. Trete der damit verbundenen Steigerung der Kosten der Unterhaltung der Realschulen noch weiter eine Erhöhung des Diensteinkommens der an denselben in verhältnißmäßig großer Zahl beschäftigten Elementarlehrer in dem beantragten Maße hinzu, so werde die Hoffnung sehr gemindert werden, daß auch weniger leistungsfähige Gemeinden in größerer Zahl Realschulen errichten und denselben vor den gymnasialen Anstalten den Vorzug geben würden.

Die Anträge verletzten mithin nicht nur die berechtigten Interessen der Gemeinden, sondern auch des Unterrichtswesens. Finanzielle Mittel der Gemeinden und des Staats für den in Frage stehenden Mehraufwand in Anspruch zu nehmen, müsse danach als ungerechtfertigt erachtet werden.

Hiergegen wird von Mitgliedern der Kommission ausgeführt:

Es sprechen doch innere Gründe für die Hereinziehung auch der Elementar- und technischen Lehrer, diese seien in vieler Beziehung in einer ganz anderen Lage als die Volksschullehrer. Das Gesetz habe auch den sozialen Zweck, die Unzufriedenheit einzuschränken, würde aber die Regierungsvorlage wiederhergestellt, so würde diese Lehrerklasse sich zurückgesetzt fühlen und die Klagen und Petitionen würden kein Ende finden. Der finanzielle Standpunkt könne hier am wenigsten geltend gemacht werden, denn Vorschüsse seien größtentheils bei starkbesuchten Schulen, also in größeren Städten, wo die Gemeinden meist in der Lage und auch Willens sind, ihre Lehrer angemessen zu bezahlen. Die Gründe, welche für das ganze Gesetz sprechen, gelten auch für die Abänderung der Vorlage — die gleichen Leistungen setzen gleiche Bedingungen für die Lehrer voraus, auch die elementare Grundlage komme hier in Betracht, diese Lehrer unterrichten oft bis zur Quarta hinauf. Ein Mitglied, welches zugleich dem Siebenerausschuß der Schulkonferenz angehörte, berichtet, daß diese sich einstimmig für die Gleichstellung auch der Elementarlehrer mit den staatlichen ausgesprochen.

Wenn der Staat für seine Beamten keine andern lokalen Unterscheidungen im Gehalt kennt, als die durch die Servisklassen bedingten, und bei den wissenschaftlichen nichtstaatlichen Lehrern solche Unterscheidungen auch nicht aufrechthalte, dann sei nicht einzusehen, warum bezüglich der Elementarlehrer hier andere Grundsätze obwalten sollen. Die Einrichtung von Realschulen sei gewiß wünschenswerth, aber nicht auf Kosten des Lehrerstandes. Entsprechen solche Anstalten dem öffentlichen Bedürfniß, dann müssen auch die Mittel aufgebracht werden, ihre Lehrer so zu besolden, wie der Staat das im Normaletat als recht und billig anerkannt habe.

Von anderer Seite wurde davor gewarnt, die sicheren Vortheile des Gesetzes durch Erweiterungen zu gefährden. Bei dem Beschlusse zu § 1, der Streichung des § 2 und dem eingefügten § 8a macht man die Rechnung ohne den Finanzminister. Dieser würde die ausgleichende Gerechtigkeit verlieren, wenn er, so lange noch so viel Beamtenklassen mit der Besoldungserhöhung im Rückstand sind, alles dem Lehrerstand zuwendet. Der Staat würde schwerlich über den für das laufende Jahr bewilligten Zuschuß von 900 000 Mark hinausgehen können. Gerade durch diese Kommissionsbeschlüsse würden mithin die Gemeinden schwer belastet, denn für die so herbeigeführten Mehrausgaben seien keine Mittel in Ansatz gebracht.

Selbst der Staat hat den Normaletat nicht zur Zwangseinrichtung für sich gemacht und will nun die Gemeinden zwingen.

Bei der Abstimmung wird der Antrag auf Wiederherstellung der Regierungsvorlage mit 12 gegen 8 Stimmen abgelehnt und der § 1 nach den Beschlüssen der ersten Lesung unverändert genehmigt.

§ 2.

Auch hier wird die Wiederherstellung der Regierungsvorlage beantragt. Der Antragsteller bemerkt, die Regierung nehme mehr Rücksicht auf die Freiheit der Bürger als die Kommission, ein solcher Zwang sei überhaupt noch nicht auf die Gemeinden ausgeübt. Die Lehrer erhalten auch bei Aufrechterhaltung des Paragraphen eine erhebliche Besserstellung, während die Gemeinden wenigstens vor unerschwinglicher Mehrbelastung geschützt würden.

Der Vertreter des Finanzministers spricht sich wie folgt aus:

Die vorgeschlagene unbedingte Durchführung des Systems der Dienstalterszulagen könne die Ordnung des Haushalts kleiner Gemeinden durch die unit demselben nothwendig verbundenen Schwankungen des Aufwands für das Diensteinkommen der Lehrer in sehr bedenklicher Weise stören. Einen Zwang gegen die Gemeinden nach dieser Richtung auszuüben, unterliege um so mehr Bedenken, als gegenwärtig noch nicht einmal für diejenigen unmittelbaren Staatsbeamten, welche in einer ähnlichen amtlichen und sozialen Stellung wie die Lehrer ständen, das System der Dienstalterszulagen durchgeführt sei. Ueberdies sei es nicht außer Zweifel, ob dieses System bei nichtstaatlichen Anstalten dem Unterrichtsinteresse allgemein entspreche. Denn die Gefahr sei nicht ausgeschlossen, daß insbesondere leistungsschwache Patronate eventuell bei der Besetzung von Lehrerstellen jüngeren Bewerbern vor älteren auch dann den Vorzug geben möchten, wenn letztere für die vakante Stelle die geeigneteren seien, und daß in manchen Fällen erforderliche Berufung geeigneter älterer Lehrer an Orte, welche geringe Annehmlichkeiten des Lebens böten, voraussichtlich finden werde, wenn dieselben nicht mehr, wie dies jetzt möglich sei, durch Bewilligung eines höheren Stellengehaltes zur Annahme der Berufung veranlaßt werden könnten.

Hiergegen wird von Kommissionsmitgliedern für die Streichung des § 2 angeführt: Das Interesse der Schule ist ein höheres als die Freiheit der Gemeinde, Alters-

oder Stellenzulagen zu geben. Die ganze Frage werde zu sehr aufgebauscht, es handle sich lediglich um einen Ausgleich in der Zeit, in 10—15 Jahren wird mit und ohne § 2 der gleiche Stand vorhanden sein, der Staat gewähre hier eigentlich nur eine Aushülfe.

Die Befürchtungen, daß die Städte nun zu viel junge Lehrer anstellen, sei hinfällig, auch heut stelle man lieber jüngere Lehrer an wegen der Pensionirung, die Städte stellen aber nicht selbständig an, die Schulverwaltung hat mitzusprechen und wird Mißbrauch verhüten können. Gerade bei den kommunalen Anstalten seien die Dienstalterszulagen sehr wichtig, denn die Gemeinden unterhalten meist nur eine oder wenige Anstalten und könnten in diesem kleinen Rahmen nicht ausgleichende Gerechtigkeit durch Versetzung walten lassen wie der Staat. Nur der Zufall, Tod oder Abgang eines Kollegen bedinge beim Stellensystem das Vorwärtskommen. Bei der Anstellung würden jüngere Lehrer bevorzugt und bekämen zu viel, während ältere darbten. Nur die Alterszulagen entsprechen der Gerechtigkeit. Der Vergleich mit anderen Beamtenklassen treffe nicht zu, da es sich hier nicht so um Besserstellung der Lehrer als um Verhütung des Entstehens von Lehranstalten zweiter Klasse handle. Was die Gemeinden betrifft, so könne eine Störung ihres Haushalts durch die hier hervorgerufenen Mehrausgaben nur dann eintreten, wenn sie völlig leistungsunfähig sind, in diesem Fall aber trägt der Staat auf Grund des § 8a die Mehrlasten und damit entfallen alle Befürchtungen und alle Klagen über den harten Zwang gegenüber den Gemeinden, denn leistungsstarken Gemeinden gegenüber sei der Zwang nicht hart sondern gerechtfertigt und leistungsschwache müßten zufrieden sein, wenn ihre Lehrer durch Staatsmittel zu einem angemessenen Einkommen gelangen.

Der Unterrichtsminister bittet die Regierungsvorlage wiederherzustellen. Die Belastung der Kommunen könnte eine zu harte werden; es liegt die Möglichkeit vor, daß der Unterschied sich für eine Gemeinde bis auf 12 000 Mark belaufe, wenn eine Gemeinde gerade nur alte Lehrer im Dienst habe. Er habe ernste Zweifel, ob bei der Streichung des § 2 das Gesetz zur Verabschiedung komme. Das bedeute aber einen so erheblichen Fortschritt für die Lehrer und liege so sehr im Interesse des Schulwesens, daß sein Zustandekommen in der laufenden Tagung dringend zu wünschen sei.

Von einem Kommissionsmitglied wird noch gefragt, welches bei Wiederherstellung des § 2 das hier gemeinte Durchschnittsgehalt sei, ob 3 300 oder 3 750 Mark.

Der Vertreter des Unterrichtsministers antwortet:

Der Wortlaut des Gesetzentwurfes ist festgestellt worden, bevor der Normaletat seine endgültige Fassung erhalten hat. Dieser Umstand erklärt die scheinbare Differenz zwischen den Festsetzungen des letzteren und der Vorlage.

Der Gesetzentwurf sagt bei der Erwähnung des Stellenetats für die wissenschaftlichen Lehrer von der festen Zulage von 900 Mark nichts, während er die Bereitstellung des Durchschnittsgehalts verlangt.

Dies hat zu der Auffassung Anlaß gegeben, daß bei Nichteinführung des Alterszulagensystems nur das Durchschnittsgehalt von 3 300 Mark, nicht aber die erwähnte Zulage von 900 Mark zu gewähren ist. Diese Auffassung ist irrig, wie sich bei genauerer Erwägung des Wortlauts der Vorlage ergiebt.

Nach der letzteren ist nämlich für jede Stelle eines wissenschaftlichen Lehrers das für einen staatlichen Lehrer berechnete Durchschnittsgehalt voll in den Etat einzustellen, d. h. wie aus S. 10 der Begründung des Normaletats hervorgeht, der Betrag von 3 750 Mark für einen Lehrer an einer Vollanstalt und von 3 525 Mark für einen solchen an einer Nichtvollanstalt, in welchen Sätzen die Zulage von 900 Mark einbegriffen ist.

Nach § 1 des Gesetzentwurfes sollen ferner die für die staatlichen Lehrer geltenden Bestimmungen, also auch hinsichtlich der Zulage von 900 Mark, für die nichtstaatlichen Lehrer zur Anwendung kommen.

Nach dem 1. Satz des § 2 geht die Befugniß der Gemeinde nur dahin, das Aufrücken der wissenschaftlichen Lehrer statt nach dem Alterszulagensystem nach Maßgabe des Stellenetats stattfinden zu lassen. Da nun nach § 1 Nr. 3 Abs. 1 des Normaletats das Aufrücken der staatlichen Lehrer innerhalb der Sätze von 2 100 Mark bis 4 500 Mark, im Durchschnitt 3 300 Mark, stattfindet, so beschränkt sich die Befugniß der Gemeinde auch nur hierauf, so daß die feste Zulage von 900 Mark auch bei Einführung des Stellenetats zu gewähren ist.

Bei der Abstimmung wird der Antrag auf Wiederherstellung des § 2 mit 11 gegen 10 Stimmen abgelehnt, § 2 bleibt demnach gestrichen.

§ 3.

Hier lag der Antrag vor, folgenden Absatz dem Paragraphen hinzuzufügen:

Finden in einer Gemeinde unter 25 000 Civileinwohnern diese Aufwendungen statt für Anstalten, welche beim Inkrafttreten dieses Gesetzes bereits bestanden, so werden sie der Gemeinde auf deren Verlangen jährlich aus der Staatskasse ersetzt.

Zur Begründung dieses Antrages wird geltend gemacht, daß die Prüfung der Leistungsfähigkeit eine schwierige sei, es bestehe eine Verschiedenheit der Steuersysteme und der Zuschläge. Im Uebrigen wird auf die Gründe verwiesen, welche für den Antrag G zum § 3 bei der ersten Lesung und für den Abänderungsantrag zum § 1 bei der zweiten Lesung vorgebracht sind. Nur in Folge dieses Antrages sei die Bestimmung „unter 25 000 Civileinwohner" in den Antrag hineingenommen.

Hiergegen wird bemerkt, daß dieselben Gründe, welche zur Ablehnung der obenerwähnten Anträge führten, auch zur Ablehnung dieses Antrages führen müßten, da derselbe nur die Zusammenfassung der beiden abgelehnten Anträge enthalte. Der Antrag stehe in unvereinbarem Widerspruch mit der bestehenden Praxis und durchkreuze die Absichten des Gesetzes völlig.

Der Antrag wird mit allen gegen 4 Stimmen abgelehnt.

Die Kommission wendet sich nunmehr dem Antrage zu, der die Ersetzung einer Reihe von Fremdworten durch deutsche Ausdrücke vorschlägt. Bei § 3 wird für „Fonds" „Gelder" beantragt.

Der Antragsteller erklärt, daß er es für eine Pflicht halte, daß die Gesetzgebung sich, soweit es möglich ist, aller überflüssigen Fremdworte enthalte. Das Wort „Fonds" sei ein besonders häßliches Wort, er gebe zu, daß der Ausdruck „Gelder" vielleicht nicht ganz sich mit „Fonds" decke, aber er sei hinlänglich verständlich.

Ein Mitglied der Kommission erklärt, er stehe ganz auf demselben Standpunkt wie der Antragsteller. Er sei erst Sprachreiniger geworden, seit er sich im Auslande geschämt habe über die Art, wie wir unsere deutsche Muttersprache verunstalten. Er habe sich wiederholt bemüht, im Reichstag und im Landtage Fremdworte aus den Gesetzen herauszubringen; man habe ihm aber gesagt, daß dadurch eine ganze Kette von Zweifeln für findige Rechtsgelehrte entständen, vielleicht könne man die deutschen Ausdrücke zunächst in Klammern beifügen, um sie erst einzubürgern. Man müsse jedenfalls vorsichtig vorgehen und nur Ausdrücke wählen, deren Auslegung nicht zu Rechtszweifeln führen könne.

Der Unterrichtsminister erklärte, daß er ganz auf demselben Standpunkt stehe und bemüht sei, in seinem amtlichen Wirkungskreis denselben zur Geltung zu bringen. In der Gesetzgebungssprache werde erst das neue bürgerliche Gesetzbuch eine feste Grundlage bieten. Bei der Vorbereitung desselben werde der sprachlichen Seite auch in Richtung auf die möglichste Vermeidung von Fremdworten große Aufmerksamkeit geschenkt, doch sei man auch dort noch theilweise genöthigt, die Fremdworte in Klammern beizufügen.

Von anderer Seite wurde noch hervorgehoben, „Gelder" decke sich nicht mit „Fonds", es müsse dann „Zweckgelder" oder „Gülten" heißen.

Die Kommission war einstimmig der Ansicht, daß die Ersetzung überflüssiger Fremdworte durch gleichwerthige deutsche Ausdrücke wünschenswerth sei, daß aber mit Vorsicht vorgegangen werden müsse, soweit es sich um Ausdrücke handle, welche in der Gesetzgebungssprache hergebracht sind. Aus diesem Grunde wurde beschlossen, die Fremdworte „Fonds" und „Korporation" beizubehalten, dagegen wurden in den folgenden Paragraphen eine Reihe von Fremdworten einstimmig durch deutsche Ausdrücke ersetzt.

§§ 4—8.

Die §§ 4—6 wurden ohne Erörterung in der Fassung der ersten Lesung angenommen. Bei § 7 wurde zunächst die redaktionelle Aenderung vorgenommen, statt „von dem — Zeitpunkte ab" zu setzen „für den Zeitpunkt", dann war beantragt „Kategorie" durch „Gattung" zu ersetzen. Gegen den Einwurf, daß Gattung verschiedene Bedeutungen habe, wurde eingewandt, daß auch Kategorie verschiedene Begriffe umfasse, schließlich vereinigte man sich, „Art" zu setzen. Mit diesen Aenderungen gelangte § 7 zur Annahme, § 8 wird unverändert genehmigt.

§ 8a.

Der Vertreter des Finanzministers gab folgende Erklärung ab:

Der Sinn des § 8a sei unklar und unterliege derselbe bei jeder denkbaren Auslegung entschiedenen Bedenken.

Es sei zweifelhaft, ob die Antragsteller eine gesetzliche Vorschrift befürworteten, nach welcher zunächst ohne vorgängige Prüfung der Leistungsfähigkeit der Anstalten und der Patronate für alle zur Zeit des Inkrafttretens des Gesetzes unterstützten Schulen Staatsunterstützungen in Höhe des vollen Mehraufwandes zur Durchführung des Normaletats gewährt werden sollten, oder ob die Bewilligung von dem Ergebniß einer vorgängigen Prüfung der Leistungsfähigkeit abhängig sein solle. Letzteres entspreche der feststehenden Praxis, der Natur der Zuschüsse als Bedürfnißzuschüsse und der Verständigung mit der Landesvertretung bei der Bereitstellung der Mittel durch den Normaletat. Durch die Gewährung eines Zuschusses für eine Schule sei keineswegs anerkannt, daß die Patronate zu neuen Mehraufwendungen für diese Anstalt überhaupt nichts mehr beitragen könnten; eine wiederholte Prüfung der Leistungsfähigkeit der Gemeinden sei gegenwärtig um so weniger entbehrlich, als dieselbe bisher im Wesentlichen im Anschlusse an die bekanntlich in weitem Umfange unzutreffenden früheren Einschätzung zur Staatseinkommensteuer erfolgt, jetzt aber dafür eine mehr gesicherte Grundlage gegeben sei. Es würde daher jedenfalls eine diesen Sinn des Antrages vollständig klarstellende Fassung desselben erforderlich sein.

Nach dem Antrage solle der Staat bei dem Nachweise der Leistungsunfähigkeit der Gemeinden verpflichtet sein, denselben fortdauernd den vollen Betrag des Mehraufwandes als Zuschuß zu gewähren, während die Leistungsunfähigkeit fast allgemein keine absolute, sondern nur eine relative sei, für letzteren Fall aber habe man nicht beabsichtigt sein können, den Gemeinden Staatsunterstützungen in einer nicht erforderlichen Höhe zu zahlen, oder der entscheidenden Instanz nur die Wahl zwischen dieser Alternative und der Versagung jeder Unterstützung zu lassen. Ersichtlich sei auch nicht, aus welchen inneren Gründen die Antragsteller zwischen solchen Anstalten, welche bereits gegenwärtig Unterstützungen erhielten, und denjenigen, für welche dieselben zwar zur Zeit nicht gewährt würden, deren Patronate aber die zur Durchführung des Normaletats erforderlichen Mittel nicht besäßen, unterscheiden wollten.

Sodann fehle in dem Antrage eine eventuell noch erforderliche ausdrückliche Vorschrift über die Instanz, welche darüber zu entscheiden habe, ob die Patronate leistungsfähig seien. Nach der ohne Widerspruch gebliebenen Erklärung eines Mitantragstellers werde es als zweifelsfrei erachtet, daß für diese Entscheidung nur die Minister der geistlichen ꝛc. Angelegenheiten und der Finanzen zuständig sein könnten. Das Ergebniß der Annahme des entsprechend ergänzten Antrages würde hiernach darin bestehen, daß, während gegenwärtig die Staatsbehörde, wenn sie die Bewilligung eines Zuschusses für angezeigt erachte, denselben nur im Einverständniß mit dem Landrage gewähren dürfe, der Landtag für die Zukunft in dem hier in Frage kommenden Umfange auf sein Budgetrecht verzichten solle. In dieser Beziehung genüge für den Vertreter der Staatsregierung die Klarstellung der Bedeutung des Antrages.

Nach dem Antrage sei die gesetzliche Verpflichtung der dauernden Unterstützung gegenwärtig vom Staate unterstützter Anstalten nicht davon abhängig gemacht, daß die Erhaltung der Anstalten einem allgemeinen öffentlichen Bedürfnisse entspreche, während doch nur die Anerkennung solchen Bedürfnisses die Aufwendung von Staatsmitteln als gerechtfertigt erscheinen lasse.

Für die Patronate der in Frage kommenden Anstalten würde der Antrag selbst dann keinen irgendwie erheblichen Nutzen haben, wenn ihre ausreichende Unterstützung nicht schon gegenwärtig gesichert wäre. Denn dieselben würden danach einen Zuschuß beziehen, welcher zu einem Theil auf gesetzlicher Bestimmung beruhte, also bei Seitens der Staatsbehörde anerkannter Leistungsunfähigkeit dauernd angewiesen werden müsse, auch wenn die Landesvertretung hiermit nicht einverstanden sei, während die Entscheidung über die Fortbewilligung eines anderen Theiles des Zuschusses nicht ausschließlich von einer Prüfung der Leistungsfähigkeit der Patronate, sondern unter Berücksichtigung der Gesammtheit der zu erfüllenden Staatsaufgaben zu erfolgen habe und von der Beschlußnahme des Landtages abhängig sei. Die in letzterer Beziehung unbehinderte freie Entschließung aber nehme der vorgeschlagenen gesetzlichen Bestimmung alle wesentliche Bedeutung.

Endlich und hauptsächlich aber stehe dem Antrage entscheidend entgegen, daß durch denselben ein gesetzliches Vorzugsrecht der leistungsschwachen Patronate einer Anzahl nichtstaatlicher Anstalten auf Gewährung von Staatsunterstützung vor der Befriedigung aller übrigen Staatsbedürfnisse festgestellt werden solle. Nicht die freie Erwägung auf Grund der gesammten Lage des Staates, also der Gesammtheit der von ihm zu erfüllenden Aufgaben und der dazu bereiten Mittel, zur Zeit der Erneuerung der Etats der Anstalten, sondern ausschließlich die Leistungsfähigkeit einzelner Gemeinden solle für die Entscheidung über die Fortgewährung der Zuschüsse maßgebend sein. Die Erfüllung aller übrigen mit finanziellen Aufwendungen verbundenen Staatsaufgaben solle gesetzlich hinter diesem einzelnen Interesse zurücktreten. Einer solchen Vorschrift könne nicht zugestimmt werden.

Seitens des Antragstellers dieses Paragraphen in der ersten Lesung wurde hierauf bemerkt: Er habe sich an das Bestehende anschließen wollen. Wo Schulen Staatsunterstützung erhielten, sei das öffentliche Interesse bereits geprüft und brauche also hier nicht noch mal hervorgehoben zu werden, in der Resolution handle es sich um Anstalten, die noch keine Staatszuschüsse erhielten, dort sei das öffentliche Interesse demnach erst festzustellen, ehe der Staat sich zu Zahlungen verpflichte. Der § 8a binde die Regierung nur „für die Dauer der Leistungsunfähigkeit", die Leistungsunfähigkeit festzustellen, ist Sache der Regierung, ebendeshalb habe diese auch jeder Zeit das Recht, zu prüfen, ob und in welchem Umfang die Leistungsunfähigkeit bestehe. Dieses Prüfungsrecht könne durch dieses Gesetz nicht in Frage gestellt werden, ebensowenig, daß die Prüfung durch die Minister des Unterrichts und der Finanzen vorzunehmen sei. Auf Grund der Erklärungen des Vertreters des Finanzministers wolle er folgende Aenderung vorschlagen (Antrag A): „denjenigen leistungsunfähigen Gemeinden und Korporationen, welche bei Inkrafttreten dieses Gesetzes zur Erhaltung ihrer höheren Schulen eine staatliche Unterstützung empfangen, wird dieselbe entsprechend den aus den Vorschriften dieses Gesetzes erwachsenden Mehrausgaben erhöht".

Von anderer Seite wird beantragt (Antrag B) hinter „für die Dauer" einzuschieben „und für den Umfang" ihrer Leistungsunfähigkeit. Der Antrag wird aber als gleichwerthig mit dem ersteren zurückgezogen, um bei der Abstimmung eine Zersplitterung der Stimmen zu vermeiden.

Aus der Mitte der Kommission wird bemerkt, daß der Gedanke als selbstverständlich eigentlich gar nicht in das Gesetz aufgenommen zu werden brauche, namentlich in der jetzt vorgeschlagenen Fassung habe er wenig Bedeutung, deshalb könne man aber auch dafür stimmen, weil praktisch nichts geändert, die Gemeinden aber beruhigt würden.

Ein Mitglied hebt hervor, daß er in der ersten Lesung für den § 8a gestimmt habe, weil er denselben so verstanden habe, daß mit der Gewährung von Zuschüssen die Leistungsunfähigkeit erwiesen wäre, für die Dauer der Leistungsunfähigkeit solle nicht erst geprüft, sondern gezahlt werden, der jetzt vorliegende Antrag A verläßt diesen Boden, der Antrag B nicht. Der § 8a sei nicht überflüssig. Wenn die Regierung einen Zuschuß vermindern oder zurückziehen wolle, so müsse sie der Regierung das Aufhören der Leistungsunfähigkeit der Gemeinde nachweisen. Ohne den § 8a hätte die Gemeinde den Beweis der Leistungsunfähigkeit zu bringen. Er hätte gewünscht, daß auch der Gedanke der Resolution im Gesetz selbst zum Ausdruck gelangt wäre.

Der Unterrichtsminister bemerkte: Wie auch der § 8a gefaßt werde, es bleibe immer eine Unklarheit für die Auslegung übrig. Es empfehle sich daher die Streichung des Paragraphen, die um so weniger bedenklich sei, als die Regierung sich ohnehin verpflichtet habe, so zu handeln, wie der § 8a vorschreibt, auch die hierfür erforderlichen Mittel bereits vom Landtage gefordert und bewilligt erhalten habe.

Bei der Abstimmung wird der Antrag A gegen 7 Stimmen abgelehnt, § 8a mit 11 gegen 9 Stimmen angenommen.

Die Kommission wendet sich dann einem Antrage zu, hinter § 8a nachfolgenden § 8b einzuschieben:

Beschließt die Gemeinde, vor dem 1. April 1893 eine bestehende höhere Lehranstalt aufzugeben, oder in eine höhere Lehranstalt mit minderen Berechtigungen umzuwandeln, so findet das gegenwärtige Gesetz auf diese Anstalten nicht Anwendung, im letzteren Falle nicht, bis die Umwandlung durchgeführt ist. Für die Aufhebung und Umwandlung wird eine Frist bis zum 1. Januar 1899 gewährt. Leiter und Lehrer der Anstalt sind verpflichtet, an der veränderten höheren Schule zu wirken. Es steht ihnen jedoch das Recht zu, sofort vor der Umwandlung aus dem Dienst der Gemeinde auszuscheiden.

Nachdem der Vertreter des Unterrichtsministers erklärt hatte, der Antrag enthalte Bestimmungen von großer Tragweite, die nicht im Augenblick zu übersehen seien, die Staatsregierung müsse sich demnach ihre Stellung zu dem Antrag vorbehalten, sprach der Unterrichtsminister den Wunsch aus, über den Antrag erst mit seinen technischen Räthen zu berathen. Die Kommission vertagte hierauf Berathung und Beschlußfassung bis zu einer späteren Sitzung.

§ 9 und Resolutionen.

In § 9 wurde statt „Termin" „Zeitpunkt", in der Resolution statt „subventionirt" „vom Staate unterstützt" und statt „Subventionen" „Beihülfen" gesetzt. Diese Beschlüsse erfolgten einstimmig. Es liegt dann noch eine Resolution folgenden Inhalts vor:

Die Königliche Staatsregierung aufzufordern, baldthunlichst auch denjenigen Lehranstalten, welche wie Landwirthschafts- und Handelsschulen thatsächlich den höheren Schulen gleichzuachten sind, die staatliche Anerkennung im Sinne des § 8 dieses Gesetzes zu gewähren und sie dadurch den Bestimmungen dieses Gesetzes zu unterwerfen.

Zur Begründung dieser Resolution wird bemerkt, daß nach dem Wortlaut des § 8 es keinem Zweifel unterliegen könne, daß der Unterrichtsminister auch solche Lehranstalten, welche in dem § 8 nicht angeführt seien und auch nicht dem Unterrichtsministerium unterstehen, indem er sie als höhere Lehranstalten anerkennt, unter die Bestimmungen des Gesetzes bringen kann. Es wäre doch namentlich bezüglich der Landwirthschaftsschulen zu wünschen. Neben den beigegebenen Erklärungen des Vertreters des landwirthschaftlichen Ministeriums würde die Annahme der Resolution die Besorgnisse dieser Lehrerkreise, daß sie übergangen würden, zerstreuen.

Gegen die Resolution wurde bemerkt, daß sich nicht übersehen lasse, welche finanzielle Tragweite ihre Annahme für den Staat habe, zudem könne sie zu Kompetenzstreitigkeiten zwischen den Ministerien führen.

Der Unterrichtsminister tritt namentlich der letzteren Auffassung bei. Die Resolution wird hierauf mit allen gegen vier Stimmen abgelehnt.

Die letzte Aufgabe der Kommission war die vertagte Beschlußfassung über Einschiebung eines § 8b entsprechend dem auf S. 31 abgedruckten Antrag, in welchem nur vom Antragsteller hinter dem Wort „Schule" die Worte „unter Aufrechterhaltung ihrer bisherigen Besoldungsansprüche" eingeschaltet werden.

Der Antrag wird wie folgt begründet:

Die durch das Gesetz, insbesondere nach Streichung des § 2, den Gemeinden auferlegte Last kann einen für die Finanzen derselben bedrohlichen Charakter annehmen.

Die Gemeinde muß deshalb in der Lage sein können, ihrer Leistungsfähigkeit entsprechend sich einzurichten. Dazu sollen ihr die im § 8a vorgesehenen Uebergangsbestimmungen verhelfen. Die Letzteren sollen die beiden Eventualitäten betreffen, welche hierbei in's Auge gefaßt werden können: Schaffung einer billigeren Schule und gänzliche Aufhebung der bestehenden Anstalt.

Im ersteren Falle ist wesentlich, daß die an der vor der Umwandlung bestehenden Schule wirkenden Lehrer auch verpflichtet werden müssen unter Wahrung ihrer Gehalts- und Ranganspruche der neuen, wenn auch mindere Berechtigungen gewährenden, Schule ihre Thätigkeit zu widmen. Die Umwandlung wäre andernfalls unmöglich, weil die Gemeinde dann zwei Lehrerkollegien zu besolden hätte, das der alten höheren berechtigten Schule, und dieses ohne jede Gegenleistung, und das der neuen Schule mit minderer Berechtigung. Die finanzielle Lage der Gemeinde würde also noch verschlechtert werden.

Auch sei die Zumuthung an die Lehrer keine mit ihrer Stellung unverträgliche, da sie ja immer noch an einer höheren Lehranstalt wirkten, und stehe der etwaigen Benachtheiligung doch immer der große durch das Gesetz geschaffene pekuniäre Vortheil gegenüber.

Nicht blos die Gemeinden müßten die großen Opfer bringen, auch die Lehrer müßten sich zu kleinen, rein äußerlicher Natur, entschließen.

Auch solle ihnen die Möglichkeit offen bleiben, ohne die vertragsmäßige Kündigungsfrist einhalten zu dürfen, sofort eine sich ihnen etwa darbietende günstigere Anstellungsgelegenheit wahrzunehmen.

Der Gemeinde müßte aber auch das Recht zustehen, die neu ihr aufgelegte Last abzulehnen und die Auflösung der qu. Anstalt auch ohne staatliche Genehmigung zu erklären. Die Einholung dieser Genehmigung würde Weiterungen veranlassen, welche dazu führen müßten, daß auch die in der Zwischenzeit eintretende Erhöhung der Gehälter der Lehrer, der Zweck der Auflösung, die Entlastung der Gemeinde zum Theil vereitelt würde.

Deshalb sei die Zeit vor dem Inkrafttreten des Gesetzes den Gemeinden für ihre eventuelle Verfügung freizulassen.

Die Interessen der Lehrer würden nicht geschädigt, da sie ohne jede Gegenleistung ihre bisherigen Gehälter weiter bezögen.

Der § 8a gehöre nothwendig in das Gesetz, weil sonst jede Uebergangsbestimmung fehle.

Er negire dasselbe nicht, sondern versuche die durch den fast nicht zu ertragenden Zwang herbeigeführten Härten zu mildern.

Der Unterrichtsminister bemerkt hierzu:

Der Antrag steht in Widerspruch mit dem ganzen Gesetz und ist nicht annehmbar, er enthält nur einen beherzigenswerthen Gedanken, der aber nicht glücklich ausgedrückt ist. Das Leben einer Lehranstalt muß im Interesse der Eltern und der Kinder ordnungsmäßig abgewickelt werden, eine plötzliche Auflösung oder Umwandlung könnte wichtige Interessen verletzen. Richtig ist der Gedanke, die Lehrer zu verpflichten, daß sie für den Fall einer Umwandlung einer Anstalt auch an der umgeänderten Anstalt weiter unterrichten. Es seien Zweifel darüber erhoben worden, ob die Lehrer gegenwärtig hierzu verpflichtet seien und beanspruchen könnten, daß sie ihre Bezüge fort erhalten, während sie sich weigern an einer anderen Gattung von Schule zu unterrichten als die, zu der sie berufen waren. Es komme aber glücklicher Weise selten vor, daß Lehrer so verfahren, immerhin sei auch der Möglichkeit vorzubeugen. Andererseits müssen die Lehrer gegen Schädigungen bei Schulumwandlungen geschützt werden. Solche Umwandlungen und Schulauflösungen zu beschließen, muß

allerdings den Gemeinden ein gewisses Recht gegeben werden, doch muß der Staat das öffentliche Interesse dabei wahren. Auflösungen nur aus finanziellen Gründen könnten dem öffentlichen Interesse vielleicht widerstreiten. Es würde aber eine Gefahr sein, die das ganze höhere Unterrichtswesen gefährdet, wenn der Antrag durchginge und die Gemeinden so weitgehende Rechte erhalten. Man würde dann die Auflösung vielleicht beschließen, um den Staat zur Verstaatlichung zu zwingen, diese solle aber nur dann eintreten, wo die Gemeinde nicht in der Lage ist, die Anstalt weiterzuführen und im öffentlichen Interesse für das Bestehen der Anstalt vorhanden sei. Im Uebrigen müsse man versuchen, auf dem Wege der Verständigung durch Bewilligung von Zuschüssen die Gemeinden zur Fortführung der Anstalten zu bewegen. Den § 2 habe er nach bester Richtung als den besten Ausgleich zwischen den widerstreitenden Interessen gehalten.

Die Erörterung, die sich an diese Erklärung schloß, betraf hauptsächlich zwei Punkte, die Frage der Auflösung von Anstalten und die Frage der Verpflichtung der Lehrer, an umgewandelten Anstalten zu unterrichten. Bezüglich der ersten Frage standen sich zwei Auffassungen gegenüber. Die meisten Redner sprachen sich dahin aus, daß die Gemeinden, wie sie der Einrichtung einer höheren Schule zuzustimmen habe, so auch bei der Auflösung einer solchen mitsprechen müsse. Andererseits wurde geltend gemacht: der Gedanke lasse sich nicht abweisen, wie es mit den Gemeinden wird, die selbst mit Zuschuß die Lasten nicht mehr tragen können. Die allgemeine Verhältniß sei, daß der Staat 900 000, die Gemeinden 400 000 Mark aufzubringen hätten, dieses Verhältniß übertrage sich nicht auf jede Anstalt, auch beruhe der staatliche Anschlag auf der Vorlage, die aber von der Kommission in § 1 und 2 wesentlich umgestaltet ist. Um so dringender sei das Bedürfniß, den Gemeinden eine Auflösungsmöglichkeit zu geben. Die Gemeinden verdienten doch auch ein wenig Sorgfalt neben der Rücksicht für die Lehrer. Nach Streichung des § 2 fehle jede Uebergangsform, solche Härte gegen die Gemeinden sei noch nie von der Gesetzgebung ausgeübt.

Von anderer Seite wird widerstritten, daß man hier von Härten reden könne, da der Staat doch Mittel bereit gestellt habe, um helfend einzutreten. Alle Lehrer der nichtstaatlichen höheren Lehranstalten haben Billigkeitsanspruch auf Gleichstellung mit den staatlichen Lehrern, durch den Antrag sollen einige ausgenommen werden, nur weil es zweifelhaft ist, ob deren Anstalten in öffentlichen Interesse liegen. Für eine sechsklassige Schule tritt das Gesetz sofort in Kraft, für eine neunklassige, die in eine sechsklassige umgewandelt wird, nach dem Antrage nicht. In welche Lage kommen dadurch die Lehrer an solchen umzuwandelnden Anstalten?

Vollständige Uebereinstimmung wurde in der Kommission darüber erzielt, daß es wünschenswerth sei, die Lehrer gesetzlich zu verpflichten, unbeschadet ihrer Besoldungsansprüche auch an umgewandelten Anstalten weiter zu unterrichten. Von einer Seite wurde angeregt, die Vortheile dieses Gesetzes nur denjenigen Lehrern zuzuwenden, welche eine entsprechende Verpflichtung auf sich nehmen. Da jetzt die Etats der sechsklassigen und der neunklassigen Schulen gleich wären, so hätten die Lehrer kein finanzielles Interesse, sich gegen die Umwandlung zu sträuben.

Von mehreren Seiten wurde der Wunsch ausgesprochen, daß es gelingen möge, bis zur zweiten Lesung der Vorlage eine zwischen den Parteien und der Regierung vereinbarte Fassung für eine derartige Gesetzesbestimmung zu finden.

Im Hinblick hierauf wurde schließlich der Antrag zurückgezogen.

Nachdem hierauf Ueberschrift und Einleitung des Gesetzes genehmigt, erklärten vor der Schlußabstimmung zwei

Mitglieder, daß sie trotz erheblicher Bedenken im Einzelnen für das ganze Gesetz stimmen würden, weil sie bei der geringen Mehrheit, mit der einzelne Abänderungsbeschlüsse in der Kommission gefaßt seien, hofften, daß im Plenum die Regierungsvorlage wiederhergestellt würde.

Das ganze Gesetz wird mit 14 gegen 5 Stimmen angenommen.

Der Berichterstatter trug schließlich den Inhalt der eingegangenen Petitionen vor, soweit diese nicht bei den einzelnen Paragraphen bereits verlesen waren, und beantragt, sie durch die stattgehabten Verhandlungen für erledigt zu erklären. Die Kommission stimmte diesem Antrage zu.

Die Kommission beantragt demgemäß:

Das Haus der Abgeordneten wolle beschließen:

1. Dem Entwurf eines Gesetzes, betreffend das Diensteinkommen der Lehrer an den nichtstaatlichen öffentlichen höheren Schulen, in der aus der anliegenden Zusammenstellung sich ergebenden Fassung der Kommissionsbeschlüsse die Zustimmung zu ertheilen.

2. Die zu dem Gesetzentwurfe eingegangenen Petitionen II Nr. 860, 872, 874, 876, 881, 888 und 890 durch die gefaßten Beschlüsse für erledigt zu erklären.

3. Die Königliche Staatsregierung aufzufordern:

in Fällen, wo die eigenen Einnahmen bisher vom Staate nicht unterstützter Lehranstalten und die Mittel der Schulunterhaltungspflichtigen zur Erhaltung dieser Anstalten nach Maßgabe des § 1 dieses Gesetzes nachweisbar nicht ausreichen, in möglichst ausgiebiger Weise Beihülfen aus staatlichen Fonds zu gewähren, später aber diese Beihülfen nur solchen Gemeinden weiter zuzuwenden, für deren höhere Lehranstalten ein öffentliches Interesse vorhanden ist, oder welche beschließen, dieselben in andere höhere Lehranstalten, für welche diese Vorbedingung zutrifft, umzuwandeln.

Berlin, den 23. Mai 1892.

Die XIX. Kommission.

Dr. **Kropatschek**, Vorsitzender. Dr. **Arendt**, Berichterstatter. **Althaus. Bartels. Bode. v. Bülow** (Wandsbek). **Cahensly.** Dr. **Dürre. Eberhard. Lamprecht. Lange.** Dr. **Lieber. Lückhoff.** Freiherr v. **Lyncker.** Dr. **Meyer** (Berlin). **Rabbyi. Schaffner. v. Schenckendorff. Seyffardt** (Magdeburg). **Theissing. Wenders.**

Zusammenstellung
des

Entwurfs eines Gesetzes, betreffend das Diensteinkommen der Lehrer an den nichtstaatlichen höheren Schulen, — Nr 149 der Drucksachen — mit den Beschlüssen der Kommission.

Regierungsvorlage. | **Beschlüsse der Kommission.**

Entwurf eines Gesetzes,
betreffend

das Diensteinkommen der Lehrer an den nichtstaatlichen öffentlichen höheren Schulen.

Wir **Wilhelm**, von Gottes Gnaden König von Preußen ꝛc.

verordnen unter Zustimmung beider Häuser des Landtages für den Umfang der Monarchie was folgt:

§ 1.

Die für das Diensteinkommen der Leiter und der wissenschaftlichen Lehrer einschließlich der Hülfslehrer an den staatlichen höheren Schulen beim Inkrafttreten dieses Gesetzes geltenden Bestimmungen finden in gleichem Maße Anwendung bei denjenigen öffentlichen höheren Schulen, welche von einer bürgerlichen Gemeinde als eine Veranstaltung derselben unterhalten werden.

Dasselbe gilt bezüglich des Diensteinkommens derjenigen an diesen Schulen angestellten Zeichenlehrer, welche mindestens 14 Zeichenstunden und 10 Stunden anderen Unterrichts in der Woche ertheilen.

Entwurf eines Gesetzes,
betreffend

das Diensteinkommen der Lehrer an den nichtstaatlichen öffentlichen höheren Schulen.

Wir **Wilhelm**, von Gottes Gnaden König von Preußen ꝛc.

verordnen unter Zustimmung beider Häuser des Landtages für den Umfang der Monarchie was folgt:

§ 1.

Die für das Diensteinkommen der Leiter und der wissenschaftlichen Lehrer einschließlich der Hülfslehrer, **der Zeichenlehrer und der sonstigen technischen, Elementar- und Vorschullehrer** an den staatlichen höheren Schulen beim Inkrafttreten dieses Gesetzes geltenden Bestimmungen finden in gleichem Maße Anwendung bei denjenigen öffentlichen höheren Schulen, welche von einer bürgerlichen Gemeinde als eine Veranstaltung derselben unterhalten werden.

Regierungsvorlage.

Die Besoldung der übrigen technischen, Elementar- und Vorschullehrer ist innerhalb der für die entsprechenden Kategorien von Lehrern an den staatlichen höheren Schulen bestimmten Grenzen dergestalt festzustellen, daß dieselbe hinter derjenigen der Volksschullehrer in dem betreffenden Orte nicht zurückbleiben darf. Mit derselben Maßgabe ist außerdem jenen Lehrern eine nicht pensionsfähige Zulage von 150 Mark jährlich zu gewähren. Bei der Versetzung des Lehrers an eine Volksschule fällt diese Zulage weg; die hierdurch eintretende Verminderung des Diensteinkommens wird als eine Verkürzung des Diensteinkommens im Sinne des § 87 des Gesetzes, betreffend die Dienstvergehen der nichtrichterlichen Beamten, vom 21. Juli 1852 Gesetzsamml. S. 465 nicht angesehen.

§ 2.

Der bürgerlichen Gemeinde steht es frei, zu beschließen, daß das Aufrücken der wissenschaftlichen Lehrer im Gehalt statt nach dem System der Dienstalterszulagen nach Maßgabe des für die einzelne Anstalt oder für mehrere Anstalten zusammen aufzustellenden Besoldungsetats erfolgt. In diesem Falle ist für jede Stelle eines wissenschaftlichen Lehrers neben dem Wohnungsgeldzuschusse der Tarifklasse III das für einen staatlichen Lehrer dieser Kategorie berechnete Durchschnittsgehalt voll in den Etat einzustellen und auf die Gesammtzahl der Stellen innerhalb der Sätze für das Mindest- und das Höchstgehalt in angemessenen Abstufungen zu vertheilen.

Für die Leiter der Anstalten und die vollbeschäftigten Zeichenlehrer (§ 1 zweiter Absatz) kann die gleiche Ausnahme mit Genehmigung des Unterrichtsministers zugelassen werden, wenn nach seinem Ermessen Einrichtungen getroffen sind, welche ein allmähliches Aufrücken der Leiter und Lehrer zum Höchstgehalte in angemessenen Zwischenräumen gestatten.

§ 3.

Die bürgerliche Gemeinde ist verpflichtet, die zur Erfüllung der Bestimmungen der §§ 1 und 2 erforderlichen Mittel bereit zu stellen, soweit diese nicht aus den eigenen Einnahmen der Anstalt oder aus anderen dazu bestimmten Fonds gedeckt werden.

§ 4.

Die vorstehenden Bestimmungen der §§ 1 bis 3 kommen auch bei denjenigen öffentlichen höheren Schulen zur Anwendung, welche von anderen Korporationen oder aus eigenem Vermögen oder aus anderen dazu bestimmten Fonds zu unterhalten sind.

Die Beschlußfassung über die Art des Aufrückens der Lehrer im Gehalt steht der nach den örtlichen Bestimmungen hierzu berufenen Verwaltungsbehörde zu.

§ 5.

Die bürgerlichen Gemeinden und sonstigen Korporationen u. s. w. sind durch die Vorschriften des gegenwärtigen Gesetzes nicht behindert, das Diensteinkommen der Lehrer an den von ihnen zu unterhaltenden Anstalten in einer für die Lehrer günstigeren als der oben bestimmten Weise zu regeln.

Beschlüsse der Kommission.

§ 2.

Fällt fort.

§ 3.

Die bürgerliche Gemeinde ist verpflichtet, die zur Erfüllung der **Bestimmung des § 1** erforderlichen Mittel bereit zu stellen, soweit diese nicht aus den eigenen Einnahmen der Anstalt oder aus anderen dazu bestimmten Fonds gedeckt werden.

§ 4.

Die vorstehenden Bestimmungen der §§ 1 **und** 3 **finden** auch bei denjenigen öffentlichen höheren Schulen **sinngemäße** Anwendung, welche von anderen Korporationen oder aus eigenem Vermögen oder aus anderen dazu bestimmten Fonds zu unterhalten sind.

§ 5.

Unverändert.

Regierungsvorlage.

§ 6.

Den Lehrern steht ein Rechtsanspruch auf Bewilligung eines bestimmten Diensteinkommens, insbesondere auf Feststellung eines bestimmten Dienstalters oder auf ein Aufrücken im Gehalt nicht zu.

Die Versagung von Alterszulagen ist nur bei unbefriedigender Dienstführung zulässig und bedarf der Genehmigung des Provinzialschulkollegiums.

§ 7.

Der Unterrichtsminister ist befugt, das Schulgeld an den nichtstaatlichen höheren Unterrichtsanstalten in derselben Höhe und von dem von ihm zu bestimmenden Zeitpunkte ab festzusetzen und seine Erhebung anzuordnen, wie dasselbe bei den staatlichen Schulen der entsprechenden Kategorie zur Hebung gelangt.

§ 8.

Höhere Schulen im Sinne dieses Gesetzes sind die vom Unterrichtsminister als solche anerkannten oder anzuerkennenden Unterrichtsanstalten, zur Zeit: Gymnasien, Realgymnasien, Oberrealschulen, Progymnasien, Realprogymnasien und Realschulen.

Solange eine staatliche Oberrealschule nicht vorhanden ist, finden auf die Oberrealschulen die für die sonstigen staatlichen Vollanstalten geltenden Gehaltsbestimmungen Anwendung.

§ 9.

Dieses Gesetz tritt am 1. April 1893 in Kraft.
Die Gemeinden bezw. Korporationen u. s. w. können die Zahlung des erhöhten Diensteinkommens bereits von einem früheren Termine ab beschließen.

Gegeben ꝛc.
Urkundlich ꝛc.

Beschlüsse der Kommission.

§ 6.

Unverändert.

§ 7.

Der Unterrichtsminister ist befugt, **soweit staatliche Zuschüsse erfordert werden,** das Schulgeld an den nichtstaatlichen höheren Unterrichtsanstalten in derselben Höhe und **für den** von ihm zu bestimmenden **Zeitpunkt** festzusetzen und seine Erhebung anzuordnen, wie dasselbe bei den staatlichen Schulen der entsprechenden **Art** zur Hebung gelangt.

§ 8.

Unverändert.

§ 8a.

Für diejenigen Gemeinden und Korporationen, welche bei dem Inkrafttreten dieses Gesetzes zur Erhaltung ihrer höheren Schulen eine staatliche Unterstützung empfangen, wird dieselbe entsprechend den aus den Vorschriften dieses Gesetzes erwachsenden Mehrausgaben für die Dauer ihrer Leistungsunfähigkeit erhöht.

§ 9.

Dieses Gesetz tritt am 1. April 1893 in Kraft.
Die Gemeinden bezw. Korporationen u. s. w. können die Zahlung des erhöhten Diensteinkommens bereits von einem früheren **Zeitpunkt** ab beschließen.

Gegeben ꝛc.
Urkundlich ꝛc.

Zusammenstellung

des

Entwurfs eines Gesetzes, betreffend die Kosten für die in Folge des Reichsgesetzes vom 20. April 1892 bei der Führung des Handelsregisters vorkommenden Geschäfte, — Nr. 198 der Drucksachen — mit den in der **zweiten Berathung** im Plenum des Hauses der Abgeordneten über denselben gefaßten Beschlüssen.

(§ 17 der Geschäftsordnung.)

Regierungsvorlage. | **Beschlüsse des Hauses der Abgeordneten.**

Entwurf eines Gesetzes,

betreffend

die Kosten für die in Folge des Reichsgesetzes vom 20. April 1892 bei der Führung des Handelsregisters vorkommenden Geschäfte.

Wir Wilhelm, von Gottes Gnaden König von Preußen :c.

verordnen, unter Zustimmung der beiden Häuser des Landtages Unserer Monarchie, was folgt:

§ 1.

Für die in Folge des Reichsgesetzes, betreffend die Gesellschaften mit beschränkter Haftung vom 20. April 1892 (R. G. Bl. S. 477), bei der Führung des Handelsregisters vorkommenden Geschäfte werden Gebühren und Auslagen unter entsprechender Anwendung der für Aktiengesellschaften geltenden Vorschriften erhoben. Hierbei sind

Entwurf eines Gesetzes,

betreffend

die Kosten für die in Folge des Reichsgesetzes vom 20. April 1892 bei der Führung des Handelsregisters vorkommenden Geschäfte.

Wir Wilhelm, von Gottes Gnaden König von Preußen :c.

verordnen, unter Zustimmung der beiden Häuser des Landtages Unserer Monarchie, was folgt:

§ 1.

Für die in Folge des Reichsgesetzes, betreffend die Gesellschaften mit beschränkter Haftung vom 20. April 1892 (R. G. Bl. S. 477), bei der Führung des Handelsregisters vorkommenden Geschäfte werden Gebühren und Auslagen nach **Maßgabe der Verordnung vom**

Regierungsvorlage.

die den Vorstand der Aktiengesellschaft betreffenden Bestimmungen auf die für die Gesellschaft mit beschränkter Haftung bestellten Geschäftsführer zu beziehen.

§ 2.

Dieses Gesetz tritt mit der Verkündigung in Kraft.

Urkundlich unter Unserer Höchsteigenhändigen Unterschrift und beigedrucktem Königlichen Insiegel.

Gegeben   , den

Beschlüsse des Hauses der Abgeordneten.

27. Januar 1862 (Gesetzsamml. S. 83) beziehungsweise der Gesetze vom 10. März 1879 (Gesetzsamml. S. 145) und vom 21. März 1882 (Gesetzsamml. S. 129) geltenden Vorschriften erhoben. Hierbei sind die den Vorstand der Aktiengesellschaft betreffenden Bestimmungen auf die für die Gesellschaft mit beschränkter Haftung bestellten Geschäftsführer zu beziehen.

§ 2.

Unverändert.

Beglaubigt:

Berlin, den 23. Mai 1892.

Der Präsident   Die Schriftführer
                           des Hauses der Abgeordneten.

v. Köller.   Barth. Eberhard. Dr. Hartmann (Lübben). Im Walle.
                Kolisch. Oljem. Sperlich. Popellus.

№ 203.

A. Betr. Alterszulage, Versetzung u. s. w. der Gerichtsvollzieher.
B. Betr. Einkommens- und Anstellungsverhältnisse der Gerichts-Aktuare.
C. Betr. Zulegung der Ortschaft Hainichen zum Amtsgericht Camberg.

Vierter Bericht
der
Kommission für das Justizwesen über Petitionen.

A.

Berichterstatter:
Abgeordneter Korsch.

Journ. II Nr. 66.

Der Gerichtsvollzieher Krings zu Meinersen, Provinz Hannover, beantragt in seiner Petition vom 10. Januar 1892,

das Haus der Abgeordneten wolle herbeiführen, daß im Wege der Gesetzgebung bestimmt werde:

I. daß den länger gedienten Gerichtsvollziehern, welche das Mindesteinkommen nicht erreichen, je nach den Jahren ihrer Dienstzeit eine feste Alterszulage gewährt werden möge,
II. daß zur Ersparung der Ausgaben für Pensionirungen diejenigen Gerichtsvollzieher, welche in Folge mitgemachter Feldzüge doch größten Theils leidend sind, auf Antrag in eine Stadt und die jüngeren auf das Land versetzt würden,
III. daß in den größeren Städten Gerichtsvollzieherbezirke eingetheilt würden und daß die Aufträge nur von dem Gerichtsvollzieher des qu. Bezirks oder eventuell von dessen Vertreter auszuführen sind.

Ueber diese aus der Petition wörtlich übernommenen Anträge ist in der Sitzung der Justizkommission vom 12. Mai 1892 verhandelt worden. Ueber Inhalt und Ergebniß dieser Verhandlung wird Folgendes bemerkt:

I. Betreffend den Antrag zu I:

Der Petent erachtet es für wünschenswerth, daß das System der Dienstalterszulagen nach festen Dienstalterstufen auch für diejenigen Gerichtsvollzieher, deren Jahreseinnahme nicht über das ihnen vom Staate gewährleistete Mindesteinkommen hinausgehe, in Anwendung gebracht werde, weil sich unter diesen Gerichtsvollziehern auch schon viele alte Beamte, die ohne ihr Verschulden über das Mindesteinkommen nicht hinauskämen, befinden und eine Unterstützung den Gerichtsvollziehern nur selten zu Theil werde.

Der Petent bemerkt ferner, daß das thatsächliche Jahreseinkommen eines Gerichtsvollziehers, der nicht über das gewährleistete Mindesteinkommen von 1 800 Mark jährlich hinauskomme, was bei dem Petenten bisher stets der Fall gewesen sei, nur auf etwa 1 650 Mark zu veranschlagen sei, da etwa 150 Mark auf die Beschaffung des Geschäftslokals und dessen Heizung und Beleuchtung und auf die Anschaffung von Schreibmaterial und Formularen zu amtlichen Zustellungen zu rechnen seien. Im Anschlusse hieran sucht der Petent, welcher früher Gendarm gewesen ist, den Nachweis zu führen, daß er als Gendarm ein höheres Einkommen, als er es in seiner gegenwärtigen Stellung erreiche, beziehen würde. Das erachtet er für unbillig, da er gegenwärtig Subalternbeamter sei, seine Vorbereitungsdienst auf eigene Kosten ausgeführt und einen beschwerlicheren Dienst und größere Verantwortung habe.

Sodann führt der Petent aus, daß auch bei der Pensionirung der Gerichtsvollzieher der Vorsprung, welchen die Gerichtsvollzieher mit mehr als 3 000 Mark Jahreseinkommen hätten, zu groß sei und einer Ausgleichung bedürfe.

Schließlich trägt der Petent seine persönlichen und Familienverhältnisse vor, bemerkt, daß er in Folge der von ihm mitgemachten Feldzüge an Rheumatismus leide und bezeichnet die von ihm beantragte Maßregel als das geeignetste Mittel zur Beseitigung der von ihm hervorgehobenen Unzuträglichkeiten. —

Der Berichterstatter äußerte seine Ansicht dahin, daß das System der Dienstalterszulagen grundsätzlich nur auf Beamte Anwendung finden könne, welche ein bestimmtes Jahreseinkommen aus der Staatskasse bezögen, nicht aber auf Beamte, welche, wie die Gerichtsvollzieher, lediglich auf Gebühreneinnahmen angewiesen seien und denen der Staat nur ein bestimmtes Mindesteinkommen gewährleiste, welches, da die Gebühreneinnahmen ihrer Natur nach schwankend seien, bei dem nämlichen Gerichtsvollzieher stelle durch die thatsächliche Einnahme nicht erreicht, bald überschritten werden könne. In den Ausnahmefällen, in denen auf einer Gerichtsvollzieherstelle erfahrungsmäßig das Mindesteinkommen durch die thatsächliche Einnahme nie zu erreichen sei, stehe dem hinlänglich qualifizirten Stelleninhaber der Weg der Meldung zu besseren Stellen offen. Sei aber in solchen Fällen der Stelleninhaber, wie es vereinzelt bei der vormaligen Unterbeamten mit unzureichender Schulbildung vorkomme, so mangelhaft qualifizirt, daß er ein größeres Arbeitspensum, als das zeitig ihm obliegende, nicht zu bewältigen vermöge, so übersteige das gewährleistete Mindesteinkommen schon den Werth seiner Leistung. Auch in den Ausnahmefällen, die der Petent im Auge habe, liege daher ein Bedürfniß nicht vor, den Betrag des Mindesteinkommens in verschiedener Höhe nach Dienstalterstufen zu normiren.

Die Kommission trat diesen Ausführungen des Berichterstatters lediglich bei.

II. Betreffend den Antrag zu II.

Der Petent führt an, daß Gerichtsvollzieher, welche 10 bis 15 Jahre jünger, als er, seien und nicht, wie er, Feldzüge mitgemacht hätten, Stadtstellen inne hätten, wogegen er in einem Dorfe von 600 bis 700 Einwohnern leben müsse, wo nicht einmal ein Bedeckwagen zu Diensttouren zu haben sei.

Eine ausreichende Einnahme würden die Gerichtsvollzieher auf dem Lande nur erzielen können, wenn ihnen die freiwilligen Versteigerungen zufallen wollten. Dieselben würden indeß von den Bauern ausschließlich den Auktionatoren übertragen.

Da Petent sich keinen Schreiber halten könne, so habe er mehr Dienststunden, als ein Gerichtsschreiber. Bekäme er eine Stelle, auf der er sich einen Schreiber halten könne, so würde er noch einmal so viele Aufträge, als er sie jetzt erledige, bewältigen können.

Eine Bestimmung des von ihm vorgeschlagenen Inhalts würde auch die Pensionirungen vermindern.

Der Berichterstatter führte aus, daß die Justizverwaltung in der Besetzung der Gerichtsvollzieherstellen freie Hand behalten müsse und durch generelle Bestimmungen der vom Petenten gewünschten Art nicht beschränkt werden dürfe.

Diese Ausführung fand in der Kommission keinen Widerspruch.

III. Betreffend den Antrag zu III.

Der Petent behauptet, es werde mit Recht darüber Klage geführt, daß in den Städten diejenigen Gerichtsvollzieher, welche den Büreauvorstehern der Rechtsanwälte gute Weihnachtsgeschenke ꝛc. offeriren, im Laufe des Jahres die meisten oder alle Aufträge erhielten. Diesem Uebelstande würde durch die von dem Petenten vorgeschlagene Bildung von Gerichtsvollzieherbezirken abgeholfen werden.

Der Berichterstatter erklärte, daß er eine Aenderung der bestehenden Vorschriften über die örtliche Zuständigkeit der Gerichtsvollzieher im Sinne des Antrages des Petenten nicht zu befürworten vermöge, da den Parteien die Befugniß der freien Auswahl unter den an einem Orte angestellten mehreren Gerichtsvollziehern nicht entzogen werden dürfe. Der Partei müsse es freistehen, ihren Auftrag demjenigen Gerichtsvollzieher zu ertheilen, zu welchem sie das Vertrauen habe, daß er ihre Interessen am besten wahrnehmen werde. Gegen Durchstechereien der von dem Petenten bezeichneten Art sei im Disziplinarwege einzuschreiten.

Dieser Ausführung wurde von keiner Seite widersprochen.

Der Antrag des Berichterstatters,

dem Hause zu empfehlen, über die Petition des Gerichtsvollziehers Krings zur Tagesordnung überzugehen,

fand einstimmige Annahme. Die Justizkommission beantragt hiernach,

das Haus der Abgeordneten wolle beschließen,
über die Petition II Nr. 08 zur Tagesordnung überzugehen.

B.

Berichterstatter:
Abgeordneter Schmidt (Warburg).

Journ. II Nr. 164.

Von 197 Gerichtsaktuaren des Oberlandesgerichtsbezirks Breslau ist eine Petition an das Abgeordnetenhaus gerichtet, in welcher gebeten wird, die Königliche Staatsregierung zu ersuchen,

in Anbetracht der thatsächlich festgestellten Nothlage, ungesäumt Maßregeln dahin zu treffen, daß

1. die bei der Justizverwaltung vorhandenen Aktuare sofort nach bestandener Gerichtsschreiberprüfung angemessene Diäten beziehen, eventuell durch Verwendung des Remunerationsfonds, durch ausschließliche Zuwendung der Lokalgeschäfte, der Kalkulaturarbeiten, sowie der Wahrnehmung der Amtsanwaltsgeschäfte;

2. die Kategorie der Büreaugehülfen völlig beseitigt werde durch sofortige Umwandlung dieser Stellen in Diätarienstellen;
3. die zur Zeit im Etat vorgesehenen Diätarienstellen in etatsmäßige umgewandelt werden;
4. der Justizsubalternbeamte nach Ablauf von höchstens vier Jahren zur etatsmäßigen Anstellung gelangt;
5. durch einen von dem Hohen Hause zu bewilligenden Nachtragsetat für 1892/93 die Mittel zur Durchführung unserer Anträge unter Nr. 1 und 2 bereit gestellt werden.

Ueber diese Petition ist am 16. Mai 1892 in der Justizkommission unter Zuziehung des Herrn Geheimen Justizraths Bierhaus, als Vertreters des Herrn Justizministers, verhandelt.

Die Petenten nehmen zunächst Bezug auf ihre zur vorigen Session überreichte Petition und auf den damals in der Kommission und im Plenum gefaßten Beschluß, die Petition (II 331) der Königlichen Staatsregierung als Material für die künftige Gestaltung der Dienstkommenverhältnisse der Justizsubalternbeamten zu überweisen.

Die damals erweckten Hoffnungen seien durch den diesjährigen Etat nicht erfüllt. Die durch den Herrn Justizminister erlassenen Verfügungen — Schließung der Listen der Anwärter und Entschädigung der letzteren in Vertretungsfällen — kämen nur den späteren Generationen zu gute. Auch die dankbar anzuerkennende Erhöhung der Diäten auf 1 400 Mark hätte für den größten Theil der Aktuare, welche keine Diäten bezögen und für absehbare Zukunft keine Aussicht auf dauernde entgeltliche Beschäftigung gewönnen, keine wesentliche Erfüllung der Wünsche gebracht, indem noch fortgesetzt bei anderen Behörden oder Beamten unter theilweise recht drückenden Verhältnissen Beschäftigung gesucht werden müsse, welche auch nicht von langer Dauer sein werde, da namentlich bei der Eisenbahnverwaltung (bei welcher bereits in diesem Jahre seit der Gerichtsschreiberprüfung Aktuare arbeiteten), aber auch bei anderen Behörden, ein Bedarf von Hülfskräften nicht mehr vorliege, und daher eine Rückkehr zu unentgeltlicher Beschäftigung bei der Justizverwaltung bevorstehe. Zudem entstünden durch derartiges auswärtiges Entferntsein aus dem Justizdienste für die Beurlaubten und die Verwaltung Nachtheile.

Einem jungen Aktuare werde ohne eigenes Verschulden der Kampf ums Dasein in einer Art angeboten, daß zum Ertragen desselben die volle Charakterfestigkeit eines erprobten Mannes erfordert werde.

Den Büreaugehülfen, einer Beamtenklasse, die man bei keiner anderen Behörde wiederfinden werde, sei, abgesehen von der Diätenerhöhung, keine Verbesserung gewährt oder in nächste Aussicht gestellt. In Erkrankungsfällen, bei längerer Verhinderung und oft selbst bei Erfüllung von Pietätspflichten, wie Theilnahme an Begräbnissen nächster Angehöriger, verlören die Büreaugehülfen ihre Diäten. Durch die Steigerung der Preisverhältnisse werde geringes Einkommen vollständig absorbirt. Da meistens für Familie oder Angehörige zu sorgen sei, so müßten diese Beamten aufs kärglichste leben und sogar neue Schulden machen, und dann sollten sie noch, wenn sie endlich vor ihrer etatsmäßigen Anstellung zu stehen glauben, die Beweise der Schuldenfreiheit erbringen. Daß diese Büreaugehülfen eine Anomalie in dem Beamtensystem der Justizverwaltung darstellten, habe die Staatsregierung, die Justizkommission und das Abgeordnetenhaus anerkannt, indem der Regierungskommissar erklärt habe, eine Anordnung, betreffend Beschäftigung in nichtständigen Ämtern und sodann ständigen Diätarstellen bestehe nicht. Wenn derselbe aber weiter erklärt habe, der Mangel an Stellen bedinge von selbst das Durchlaufen dieser Beschäftigungsart, so sei doch zu bemerken, daß die Arbeitslast der Büreaugehülfen in nichts dem Pensum der etatsmäßigen Beamten nachstehe, vielmehr meistens größer sei. Hierin liege ein Grund mehr, die Stellen etatsmäßig zu machen.

Die Verhältnisse bei anderen Verwaltungen seien im Vergleiche zu denen der Justiz geradezu glänzend. Bei der Post- und Eisenbahnverwaltung erhielten schon im Ausbildungsstadium begriffene Anwärter eine Entschädigung und ebenso wie bei der Steuerbehörde sofort nach bestandenem Examen Anspruch auf Diäten. So würden diese Beamten der Sorge um das tägliche Brod enthoben und sei ihnen in bestimmter, absehbarer Zeit etatsmäßige Anstellung gesichert.

Wesentlich günstiger sei schon die Lage eines Diätars, welcher mit einer monatlichen Kündigungsfrist vor sofortiger Entlassung gesichert sei und bei Erkrankung, Beurlaubung, Militäreinziehung die Diäten nicht verliere. Doch habe die Staatsregierung die Ueberzeugung jüngst ausgesprochen, daß durch etatsmäßige Anstellung der Diätare (die auch vom Abgeordnetenhause mehrfach als dringend wünschenswerth empfohlen sei) viel Unsicherheit, Unruhe und Unzufriedenheit verschwinden werde. Um so mehr sei Beseitigung der Kategorie „Büreaugehülfen" geboten, als bei Umwandlung der letzteren in Diätare eine Mehrbelastung des Etats nicht folge.

Wenn auch dem Abgeordnetenhause und der Königlichen Staatsregierung für das Anerkenntniß der Reformbedürftigkeit zu danken sei, so werde doch trotz der Ausführung in der Justizkommission und im Abgeordnetenhause, und trotz der Etatsrede des Herrn Finanzministers vom 15. Januar cr. die Verwirklichung der von der Regierung gefaßten Beschlüsse „in jedem Falle eines dauernden Arbeitsbedürfnisses die Beamten zu etatisiren" vermißt.

Der Referent erklärte, er sehe die gegenwärtige Petition als eine Ergänzung zu der vorjährigen an: da bei Gelegenheit dieser vorigen Petition durchaus entgegenkommende Aeußerungen Seitens des damaligen Vertreters des Justizministeriums abgegeben seien, so wolle er zunächst hierauf verweisen. Damals sei laut Kommissionsbericht gesagt, „die Justizverwaltung werde unausgesetzt bestrebt sein, auf eine Verbesserung der Verhältnisse hinzuwirken, und wünsche, dieses Ziel möglichst bald erreichen zu können, da anerkannt werden müsse, daß namentlich die Lage der Aktuare in den meisten Provinzen der Monarchie eine ungünstige sei. Die Königliche Staatsregierung habe beabsichtigt, in Bezug auf die Gehälter der Subaltern- und Unterbeamten aller Verwaltungen zu dem System der Dienstaltersstufen überzugehen, auch die Zahl der etatsmäßigen Beamtenstellen zu vermehren. Ueber die Art und Weise, in welcher mit diesen Maßregeln Seitens der einzelnen Verwaltungen vorzugehen sei, schwebten gegenwärtig Verhandlungen, deren Ergebniß abgewartet werden müsse. Als leitender Gesichtspunkt sei aufgestellt worden, daß überall da, wo ein dauerndes Arbeitsbedürfniß vorhanden sei, etatsmäßige Stellen eingerichtet werden sollen. Als Diätare würden dann nur noch beschäftigt werden die vorübergehend augenommenen Hülfsarbeiter und ferner der Nachwuchs für die etatsmäßigen Beamten während des Vorbereitungsdienstes und während eines kürzeren Zeitraums nach zurückgelegter Prüfung."

Damals habe auch derselbe Herr Regierungsvertreter in Aussicht genommen, „daß künftig jeder Anwärter zu einer bestimmten Zeit und unabhängig von der Zahl seiner Konkurrenten zur Anstellung gelange."

Der Bericht besage weiter:

„In der Kommission herrschte vollständige Uebereinstimmung darüber, daß die Lage der Gerichtsaktuare und Büreaugehülfen eine keineswegs günstige sei, und daß die Petition, insofern sie eine Aenderung der gegenwärtigen Verhältnisse erstrebe, in manchen Punkten berücksichtigenswerthe Wünsche enthalte. Hier soll nur nochmals die von der Königlichen Staatsregierung bekundete Absicht hervorgehoben werden:

a) das System der Dienstaltersstufen einzuführen,
b) das Verhältniß der etatsmäßigen zu den nichtetatsmäßigen Stellen dadurch günstiger zu gestalten, daß das Institut der Hülfsarbeiter mehr schwinde,
c) feste Regeln zu bilden, daß nach einem bestimmt abgegrenzten Probedienst oder nach Ablegung des erforderlichen Examens in einer bestimmt gegebenen Zeit die definitive Anstellung bei dauernder Beschäftigung erfolgt."

Endlich habe der Herr Finanzminister „seinem tiefen Bedauern darüber Ausdruck geliehen, daß nicht schon der Etat für 1891/92 erhebliche Mittel zur Aufbesserung der Beamtengehälter in größerem Umfange bietet".

Der Referent stellte im Laufe der Verhandlung den Antrag:

1. die Petition II 164 der Königlichen Staatsregierung dahin zur Berücksichtigung zu überweisen, daß eine thunlichst baldige Verbesserung der Lage der Aktuare, entsprechend der schon im vorigen Jahre geäußerten Absicht der Königlichen Staatsregierung angestrebt werde und namentlich in dem nächsten Etat bereits höhere Mittel zur Vermehrung von Stellen der ständigen Diätare und der etatsmäßigen Büreaubeamten eingestellt werden,

2. im Uebrigen zur Tagesordnung überzugehen.

Der Antragsteller bemerkte, daß auf dem im Antrage gedachten Wege den begründeten Wünschen der Petenten genügend entgegen gekommen werde. Die Petenten dürften erwarten, daß ihnen die in der vorigen Session in Aussicht gestellten Verbesserungen auch gewährt würden, und es sei doch zu bedauern, daß der Herr Finanzminister auch diesmal - seiner obigen Erklärung ungeachtet - noch nicht die nöthigen Mittel in den Etat eingestellt habe. Aber für dieses Jahr sei allerdings bei der Geschäftslage des Hauses eine nachträgliche Etatisirung nicht zu bewirken. Wenn aber die von der Staatsregierung in Aussicht gestellte Verbesserung (Vermehrung der Stellen, Einrichtung von Altersstufen, Anstellung nach bestimmter Zeit) verwirklicht werde, so fei den Petenten ausreichend geholfen und liege daher kein Grund vor, noch die weiteren Anträge der Petenten zu befürworten. Sein Antrag bewege sich daher in dem Rahmen der vorjährigen Regierungserklärungen, indem er nur zu wünschen, daß die Reformen baldigst zur Ausführung kämen.

Ein Mitglied führte aus, der Nothstand der Aktuare im Oberlandesgerichtsbezirk Breslau sei schon im Vorjahre von der Königlichen Staatsregierung anerkannt worden und erheische dringend schleunige Abhülfe. Es entstehe sonst die gerade für die Justizverwaltung besonders bedrohliche Gefahr, daß ganze Jahrgänge von Subalternbeamten verschuldet seien, denn trotz der fast schrankenlosen Annahme von Anwärtern in früherer Zeit habe man es bei dem Nachweise der Sustentation auf nur 3 Jahre bewenden lassen. Sei es auch nicht thunlich, die Verhältnisse der mittleren Beamten einer einzelnen Verwaltung allein dauernd aufzubessern, so möge man sich bei der hoffentlich nunmehr im nächsten Jahre erfolgenden allgemeinen Regelung auch der Erwägung nicht verschließen, daß die Lage der jüngeren Justizsubalternbeamten schon jetzt ungünstiger sei, als die der jüngeren Beamten anderer Ressorts. Bis zu dieser allgemeinen Regelung möge man aber den Nothstand der Petenten, soweit dies nur irgend angängig, im Verwaltungswege zu lindern suchen. Vielleicht empfehle sich ein Cirkularerlaß des Herrn Justizministers, daß, wo nicht Bedenken im Einzelfalle entgegenständen, die Einnahmen aus Lokalterminen, Kalkulaturarbeiten und dergleichen grundsätzlich den unbesoldeten Beamten zugewendet werden möchten. Auch bei der Vertheilung des Remunerationsfonds sei wohl eine größere Berücksichtigung der unbesoldeten Beamten möglich. Die wohlwollenden Absichten des Herrn Justizministers beim Erlaß der Cirkularverfügung vom 19. Februar 1891 seien mit größtem Dank anzuerkennen, nur sei zu befürchten, daß sie hier und da aus Ersparnißrücksichten vereitelt würden, indem man die Geschäfte eines erkrankten oder beurlaubten besoldeten Beamten nicht einem Aktuar übertrage, sondern unter mehrere Aktuare und etatsmäßige Beamte vertheile. Oft gerathe ein gegen Diäten beschäftigter Aktuar dadurch in große Noth, daß ihm infolge von Krankheit, Einziehung zu militärischen Uebungen, unumgängliche Reisen u. s. w. das Beschäftigungsattest nicht ertheilt werden könne. Hier möge der Herr Minister, auch dem Stellvertretungskosten entstanden seien, nicht nur, wie bisher, die mildeste Praxis üben, sondern auch die Militairstangen anweisen, in Fällen, in welchen die Fortbewilligung der Diäten seiner Entschließung vorbehalten sei, auch von Amtswegen seinen Entschluß einzuholen. Für den Aktuar selbst sei es immerhin mißlich, sich an den Herrn Minister zu wenden, da seine Bitte leicht wie eine Beschwerde über seine Vorgesetzten scheine. Es sei dringend zu wünschen, daß während des hoffentlich bald überwundenen Nothstands der Aktuare die Justizverwaltung von der Einziehung von Diätariatstellen, auch wenn sie vielleicht zur Noth entbehrt werden könnten, zur Zeit absehe und erneut prüfe, welche bisher von Büreauhülfen besorgten Arbeiten die Kreirung einer dauernden Stelle zuließen. Als Zeichen, daß die Kommission den schweren Nothstand der schlesischen Aktuare voll anerkenne, bat Redner die Wünsche der Petenten, soweit sie auf schleunige Aufbesserung ihrer Lage gerichtet sind, der Königlichen Staatsregierung nicht nur zur Erwägung, sondern zur Berücksichtigung zu überweisen.

Der Regierungskommissar erklärte:

„Soweit er die wenig klaren Ausführungen in der Petition verstehe, handle es sich bei ihr um die Lage der nicht ständigen Büreaugehülfen und der noch unentgeltlich beschäftigten Aktuare. Die Justizverwaltung erkenne als berechtigt den Wunsch an, daß durch Einführung des Systems der Dienstalterszulagen, Vermehrung der etatsmäßigen und der ständigen Diätarienstellen in allen Fällen eines dauernden Bedürfnisses und durch Abkürzung der Diätenzeit die Lage der Petenten verbessert werde. In dieser Hinsicht könne aber nicht allein für die in Rede stehenden Beamten, sondern nur für die Beamten überhaupt in den durch die Finanzlage des Staates gebotenen Schranken Abhülfe geschaffen werden. Ueber die Absichten, welche die Staatsregierung in dieser Hinsicht hege, könne er nur auf die Rede des Herrn Finanzministers in der Sitzung des Abgeordnetenhauses vom 15. Januar 1892 (Sten. Ber. S. 14) verweisen. So viel ihm bekannt, bestehe im Finanzministerium nach wie vor die Absicht, im nächsten Etatsjahre, wenn irgend thunlich, die Ausdehnung des Dienstaltersstufensystems

auf die Gehälter der Subalternbeamten und die Verminderung der Diätarien zur Durchführung zu bringen. Im Bereiche der Justizverwaltung seien am 1. Dezember 1891 398 nicht ständige, aber doch dauernd beschäftigte Büreauhülfsarbeiter vorhanden gewesen. Die thunlichste Verminderung dieser Zahl durch Umwandlung in etatsmäßige Beamten oder in ständige Diätarien entspreche den eigenen Wünschen der Justizverwaltung.

Außerdem aber seien 660 Aktuare vorübergehend beschäftigt gewesen — darunter eine größere Zahl bei den Arbeiten zur Grundbuchanlegung in der Rheinprovinz. Eine Umwandlung dieser in ständige Beamte sei durch die Natur der Verhältnisse ausgeschlossen. Insoweit sei der Wunsch der Petenten nach „Beseitigung der Büreauhülfsarbeiter" ein unberechtigter. Vorübergehende Hülfskräfte zu Vertretungen bei zeitweiliger Geschäftsvermehrung könne seine Verwaltung nicht entbehren.

Der Hauptanlaß zu den Klagen der Petenten liege darin, daß in früherer Zeit in einigen Oberlandesgerichtsbezirken, namentlich im Oberlandesgerichtsbezirk Breslau, Anwärter zum Vorbereitungsdienste ohne alle Rücksicht auf das vorhandene Bedürfniß zugelassen seien. So sei es gekommen, daß am 1. Dezember 1891 vorhanden gewesen seien:

	in der Monarchie:	im Bezirk Breslau:
nicht als ständige Diätarien beschäftigte Aktuare	1 735	341
davon gegen nicht ständige Diäten beschäftigt	1 068	99
unentgeltlich beschäftigt oder beurlaubt	677	242

Diese Verhältnisse seien durch das vom Justizminister verfügte, mit großer Strenge durchgeführte Verbot der Annahme neuer Anwärter in steter Besserung begriffen. In dem Kammergerichtsbezirk sei kein unbesoldeter Aktuar mehr vorhanden, im Bezirk Naumburg nur noch vierzehn (darunter sieben bei anderen Behörden entgeltlich beschäftigte), in den Bezirken Kassel, Köln und Hamm sei Mangel vorhanden, der Heranziehung von Aktuaren aus anderen Bezirken nöthig gewesen. Es bestehe die Absicht, die Sperre des Vorbereitungsdienstes so lange aufrecht zu erhalten, bis die überzähligen Aktuare ganz oder doch größtentheils verschwunden seien. Dies Ziel hoffe man in etwa ein bis anderthalb Jahren zu erreichen. Von da ab würden nur so viel Zulassungen erfolgen, als der Bedarf erfordere, die diätenlose Zeit werde damit ganz beseitigt oder doch so viel als möglich eingeschränkt werden.

Bis dahin werde von der Beurlaubung der Aktuare zu anderen Behörden, zu Rechtsanwälten ꝛc. gerade aus dem Bezirk Breslau der umfassendste Gebrauch gemacht und bezüglichen Anträgen stets stattgegeben.

Unrichtig seien die Beschwerden über die Verkürzung der Diäten in Krankheitsfällen ꝛc. Nach den bestehenden Vorschriften würden auch die nicht ständigen Diäten in Krankheitsfällen fortgezahlt (mit einer lediglich praktisch werdenden Beschränkung), sobald Stellvertretungskosten nicht entstanden seien. Sei dies der Fall, oder sei ein Urlaub aus anderen beachtlichen Gründen nachgesucht, so müsse wegen Gewährung der Diäten an den Justizminister berichtet werden, welcher, wenn es sich um einen würdigen und bedürftigen Beamten handle, sehr wohlwollend bei Bewilligung solcher Anträge verfahre. Insbesondere sei bei Beurlaubungen in Fällen der Krankheit und des Todes naher Angehörigen, unter der Voraussetzung der Würdigkeit und Bedürftigkeit, die Fortzahlung der Diäten vom Justizminister stets bewilligt worden.

282*

Die Justizverwaltung glaube, bis auf die oben erwähnten allgemeinen für die Beamten aller Ressorts in
Aussicht genommenen Maßnahmen (Dienstalterszulagen,
Stellenvermehrung, Verminderung der Diätare) innerhalb
ihres eigenen Bereichs Alles gethan zu haben, was nach
Lage der Verhältnisse zu Gunsten der Aktuare möglich
sei. Die Schlußanträge der Petition seien in der vorgetragenen Form unerfüllbar. Eine sofortige Gewährung
von Diäten, ohne daß Bedürfniß und Möglichkeit einer
Verwendung der Aktuare vorliege, sei unthunlich. Eine
unentgeltliche Verwendung von Aktuaren zu Arbeiten, für
welche es an besoldeten Beamten fehle, würde ausdrücklichen Anordnungen des Justizministers, insbesondere einer
Cirkularverfügung vom 19. Februar 1891 widersprechen. —
Die Remunerationsfonds seien so knapp bemessen, daß
aus ihnen Mittel zur Abhülfe der allgemeinen Nothstände
bei den unbesoldeten Aktuaren, abgesehen von einzelnen
Unterstützungsfällen, nicht entnommen werden könnten.
Die Zuweisung der Lokalgeschäfte lasse sich nicht allgemein
regeln. Die Kalkulaturgeschäfte setzen in der Regel viel
größere Kenntniß und Erfahrung voraus, als sie den meisten
jüngeren Aktuaren eigen sein können. Aus ähnlichen
Gründen seien diese zur Wahrnehmung der Amtsanwaltsgeschäfte ungeeignet. Eine völlige Beseitigung der Büreauhülfsarbeiter, auch zu vorübergehenden Zwecke, sei unmöglich. Wenn ad 3 eine Umwandlung der ständigen
Diätarstellen in etatsmäßige verlangt werde, so erhelle
nicht, ob damit eine gänzliche Beseitigung der ständigen
Hülfsarbeiter erstrebt werden solle. Dies würde den
überall in der Preußischen Verwaltung bestehenden Einrichtungen widersprechen. An eine Einziehung bestehender
ständiger Diätarstellen denke die Justizverwaltung nicht,
vielmehr höchstens an Uebertragung von schwach beschäftigten auf stark belastete Gerichte. Die Zusicherung fester
Anstellung binnen einer bestimmten Frist von 4 Jahren
könne gleichfalls nicht gegeben werden, da ja die Zahl
der etatsmäßigen Stellen stets eine bestimmte bleiben
müsse.

Von mehreren Seiten der Kommission wurde dem
gestellten Antrage, welcher nicht über das Maß der bereits
früher von der Regierung in Aussicht gestellten, und für
erforderlich erachteten Verbesserungen hinausgehe, beigepflichtet.

Im Laufe der Debatte wurden zwei Anträge, der
eine auf Tagesordnung, der andere auf Ueberweisung zur
Erwägung (durch welche weitere Maßnahmen möglichst
bald eine Aufbesserung der Lage der Petenten herbeizuführen
ist) gestellt, aber wieder zurückgezogen und schließlich der
Antrag des Referenten einstimmig angenommen:

Die Kommission empfiehlt daher,

das Haus der Abgeordneten wolle beschließen:
1. Die Petition II Nr. 164 der Königl-
   lichen Staatsregierung dahin zur
   Berücksichtigung zu überweisen, daß
   eine thunlichst baldige Verbesserung
   der Lage der Aktuare, entsprechend
   der schon im vorigen Jahre geäußerten
   Absicht der Königlichen Staatsregierung angestrebt werde, und namentlich
   in dem nächsten Etat bereits höhere
   Mittel zur Vermehrung von Stellen
   der ständigen Diätare und der etatsmäßigen Büreaubeamten eingestellt
   werden,
2. im Uebrigen zur Tagesordnung überzugehen.

C.

Berichterstatter:
Abgeordneter Schumacher.

Journ. II Nr. 846.

Durch Reskript des Herrn Justizministers vom
7. Oktober 1890 waren mehrere Einwohner der Gemeinden
Haintchen und Hasselbach, welche wiederholt die Abtrennung beider Gemeinden von dem Bezirke des Amtsgerichts
zu Usingen und deren Zutheilung zu dem Bezirke des
Amtsgerichts zu Camberg beantragt hatten, dahin beschieden worden, daß auch nach erneuter Prüfung
der in Betracht kommenden Verhältnisse diesem
Antrage nicht stattgegeben werden könne.

In einer Eingabe vom 29. April d. J. wenden sich
nun 60 Einwohner von Haintchen mit der Bitte an das
Haus der Abgeordneten, dahin wirken zu wollen, daß
obigem Antrage, wenn nicht für beide Gemeinden, so doch
mindestens für Haintchen stattgegeben werden möge. Sie
beziehen sich dabei auf die vorerwähnte Eingabe an das
Justizministerium, fügen diese Eingabe selbst aber nicht
bei, während sie den abschlägigen Bescheid in Folge einer
besonderen Aufforderung des Büreaus des Abgeordnetenhauses nachträglich noch eingesandt haben.

Zur Begründung des Gesuchs wird zunächst angeführt, daß die Einwohner von Haintchen darum mehr
bei der gewünschten Aenderung interessirt seien, weil sie
noch 3,5 km weiter von Usingen entfernt wohnen, als die
Einwohner von Hasselbach. Die Verbindung mit Usingen
sei aber eine vollständig ungenügende und werde sich auch
nie bessern, weil die Bittsteller mit Usingen gar keine
geschäftlichen Beziehungen hätten, vielmehr ihre gesammten
Lebensbedürfnisse aus dem nahen Camberg bezögen.

Da die gerichtlichen Termine regelmäßig Vormittags
stattfänden, so müßten Bittsteller in sehr vielen Fällen,
um eine Verspätung oder gar Versäumung des Termines
zu vermeiden, sich schon am Tage vorher zum Gerichtssitze
begeben. Hierdurch entständen aber nicht unbedeutende
Mehrkosten, was von den Bittstellern um so schwerer
empfunden würde, als sie durchgängig in sehr geringen
Verhältnissen lebten.

Hieran würde auch nichts geändert werden, wenn
das noch sehr unsichere Projekt einer Eisenbahn zwischen
Usingen und dem Weilthale verwirklicht werden sollte,
denn die Entfernung Haintchens von der zu errichtenden
günstigsten Eisenbahnhaltestelle würde allein noch größer
sein als die zwischen Haintchen und Camberg, ganz abgesehen davon, daß durch die Eisenbahnfahrt noch besondere Kosten entständen, sowie daß die schlechten Feld-
und Waldwege das rechtzeitige Erreichen der Züge,
namentlich zur Winterszeit, sehr erschwerten.

Schon ein Blick auf die Karte zeige, daß Haintchen
seiner geographischen Lage nach durchaus nicht nach
Usingen, sondern nach Camberg gehöre, wie es denn
auch, so lange das Herzoglich Nassauische Amt Camberg
bestanden habe, nämlich bis zum Jahre 1812, diesem
Amte zugetheilt gewesen sei.

Dem Fiskus würden durch die gewünschte Aenderung keinerlei Nachtheile erwachsen, denn durch die Zutheilung der beiden Gemeinden Haintchen und Hasselbach,
und namentlich durch Zutheilung der nur 640 Einwohner
zählenden Gemeinde Haintchen allein, würde bei dem
Amtsgericht Camberg keine Geschäftsüberhäufung entstehen, geschweige denn die Vermehrung der dortigen Beamten nothwendig werden, zumal dort in den letzten
Jahren ein nicht unbeträchtlicher steter Rückgang der Geschäfte

(wenigstens in bügerlichen Rechtsstreitigkeiten) festzustellen sein dürfte. Dagegen sei das Amtsgericht Usingen mit Geschäften überlastet, und es habe deshalb der nunmehr in Wetzlar angestellte Amtsgerichtsrath Weber zur Zeit seiner Thätigkeit bei dem Amtsgericht Usingen, wie er einigen Bittstellern gegenüber sich geäußert habe, die Abzweigung der beiden Ortschaften Haintchen und Hasselbach von Usingen selbst beantragt.

Wenn nun aber durch die gewünschte Aenderung dem Fiskus keine Mehrkosten entständen, so würden auf der anderen Seite den Bittstellern dadurch die Kosten vermindert werden, wie sich aus Folgendem ergeben dürfte:

Die Entfernung von Haintchen nach Camberg beträgt hin und zurück nur 18 km; für eine Dienstreise von Usingen nach Haintchen berechne aber der Gerichtsvollzieher auf der kürzesten Fahrstraße 3,60 Mark (hin und zurück 36 km à 10 Pf.) und das Amtsgericht berechne bei Lokalterminen die Fahrt zu Wagen auf der Chaussee mit 42 Mark (42 km à 1 Mark). Die Kosten müßten sich also, falls ihrem Antrage stattgegeben würde, auf die Hälfte reduziren, und in gleichem Maße müßten sich dann die Zeugengebühren vermindern. —

Nachdem der Berichterstatter den Inhalt der Petition in der Sitzung der Kommission vom 14. Mai d. Js. vorgetragen hatte, gab der anwesende Regierungskommissar, Herr Geheimer Justizrath Planck folgende Erklärung ab:

Aus den Gemeinden Haintchen und Hasselbach ist wiederholt um Abtrennung beider Gemeinden von dem Bezirk des jetzt zuständigen Amtsgerichts in Usingen und Zulegung derselben zu dem Bezirk des Amtsgerichts in Camberg gebeten, zuletzt durch eine Eingabe vom 14. Juni 1890, welche eingehend geprüft worden ist.

Nach den damals erstatteten Berichten sind allerdings beide erwähnte Gemeinden etwas weiter von Usingen entfernt als von Camberg, indeß ist der Unterschied nicht sehr bedeutend, denn es beträgt die Entfernung:

von Haintchen nach Usingen 18, nach Camberg 14 km,
von Hasselbach nach Usingen 15, nach Camberg 10 km.

Sodann befinden sich nach den Berichten der Amtsgerichte die von beiden Orten nach Usingen führenden Wege in gutem Zustande und insbesondere ist eine chaussirte Straße, die Weilstraße, auch im Winter zu benutzen, während die Verbindung zwischen Hasselbach und Camberg auf dem direkten Wege bei ungünstiger Witterung erschwert ist. Ueberdies hat schon damals der Bau einer Eisenbahn von Homburg nach Usingen in Aussicht gestanden, an welchen sich der Bau einer Eisenbahn durch das Weilthal von Usingen nach Weilmünster anschließen würde. Nach Fertigstellung dieser Bahnen aber werden die Gemeinden Haintchen und Hasselbach die Eisenbahn nach Usingen benutzen können und bis zu der ihnen zunächst belegenen Station (Rod an der Weil) nur 6 beziehungsweise 3 km Entfernung haben, während die beiden Ortschaften eine bessere Verbindung mit Camberg voraussichtlich nie bekommen werden.

Endlich gehören Haintchen und Hasselbach zum Kreise Usingen, während Camberg im Kreise Limburg belegen ist.

Mit Rücksicht auf diese Verhältnisse ist angenommen, daß die gewünschte Abzweigung der vorerwähnten Gemeinden weder im öffentlichen, noch im Interesse der Antragsteller geboten oder wünschenswerth sei, und demgemäß ist der abschlägige Bescheid vom 7. Oktober 1890 erfolgt, welcher der jetzigen Petition angeschlossen ist.

Nach dieser, von den Angaben der Bittsteller in den wesentlichsten Punkten erheblich abweichenden, auf den ein-

geholten behördlichen Berichten beruhenden Erklärung des Herrn Regierungskommissars beantragte der Berichterstatter, dem Hause vorzuschlagen:

Das Haus der Abgeordneten wolle beschließen, über die Petition II Nr. 846 zur Tagesordnung überzugehen.

Dieser Antrag wurde von der Kommission einstimmig angenommen.

Berlin, den 20. Mai 1892.

Die Kommission für das Justizwesen.

Simon v. Jastrow, Vorsitzender. Dr. Avenarius. Diesenbach. Bode. Dr. v. Cuny. Eberhard. Graf (Hohenzollern). Korsch. Lerche. Muhl. Nadbyl. Dr. Oetker. Schmidt (Warburg). Schumacher.

№ 204.

Antrag

zu der

zweiten Berathung des Gesetzentwurfs, betreffend das Diensteinkommen der Lehrer an den nichtstaatlichen öffentlichen höheren Schulen. — Nr. 201 der Drucksachen. —

Das Haus der Abgeordneten wolle beschließen:

Hinter § 8a folgenden § 8b einzuschalten:

§ 8b.

Wandelt eine Gemeinde, Korporation u. s. w. eine höhere Schule in eine solche mit veränderten Berechtigungen um, so erlangen die Leiter und Lehrer der Schule nicht die Befugniß, aus dem von ihnen bekleideten Amte auszuscheiden. Jedoch ist ihnen dasjenige Diensteinkommen zu gewähren, welches ihnen zustehen würde, wenn die Umwandlung nicht erfolgt wäre.

Berlin, den 25. Mai 1892.

Dr. Kropatscheck.

Dr. Arendt. Eberhard. Nadbyl. Seyffardt (Magdeburg). Dr. Meyer (Berlin).

№ 205.

Bericht

der

XVII. Kommission zur Vorberathung des Gesetzentwurfs, betreffend die Besetzung der Subaltern- und Unterbeamtenstellen in der Verwaltung der Kommunalverbände mit Militäranwärtern. — Nr. 130 der Drucksachen.

Berichterstatter:
Abgeordneter Schlabitz.

Der vorliegende Gesetzentwurf beschäftigte die XVII. Kommission in 8 Sitzungen, von denen 5 auf die erste, zwei auf die zweite Lesung und eine auf die Feststellung des Berichts entfielen.

Seitens der Königlichen Staatsregierung nahmen an den Verhandlungen Theil:
1. der Herr Geheime Oberregierungsrath Noell als Kommissar des Herrn Ministers des Innern,
2. der Herr Major Freiherr v. Bock als Kommissar des Herrn Kriegsministers.

Kommission beschloß, eine allgemeine Erörterung und zwei Lesungen vorzunehmen.

Aus der allgemeinen Besprechung ist hervorzuheben, daß das Bestreben der Königlichen Staatsregierung, den Militäranwärtern im späteren Leben eine auskömmliche Existenz zu verschaffen, volle Anerkennung fand.

Von allen Seiten wurde betont, daß es geboten sei, der Armee einen ausreichenden Bestand an guten Unteroffizieren zu verschaffen und zu sichern und somit für die Wehrhaftigkeit und Sicherheit des Reiches Sorge zu tragen.

Während nun von einigen Rednern anerkannt wurde, daß der in diesem Gesetzentwurfe von der Königlichen Staatsregierung beschrittene Weg der richtige sei, da fortan die Last nicht mehr von den Städten allein, sondern, was ja nur der Gerechtigkeit entspreche, vom ganzen Lande getragen werden solle, waren Andere der Meinung, daß es nicht angängig sei, Städte und plattes Land mit demselben Maße zu messen, da die Verhältnisse in den Landgemeinden zu verschieden von den in den Städten seien.

Den Landgemeinden solle außerdem erst durch dieses Gesetz eine Last auferlegt werden, welche die Städte schon lange trügen, während umgekehrt die Städte erheblich entlastet werden sollten.

Wolle man als Grund, daß solches Vorgehen gerecht sei, anführen, daß ja kleine Städte die Last tragen müßten, während größere und reichere Landgemeinden nicht herangezogen würden, so sei dem entgegen zu halten, daß es sehr wenige solch großer und potenter Landgemeinden gäbe, daß die weitaus überwiegende Zahl klein und arm sei.

In diesen würden die gering dotirten Stellen der Nachtwächter, Gemeindeboten u. s. w. großentheils durch Leute verwaltet, welche so wie so von den Kommunen erhalten werden müßten.

Zu solch schlecht dotirten Stellen würden sich Militäranwärter nicht melden, wie dies ja aus der Statistik hervorgehe, aus welcher zu folgern sei, daß sich Militäranwärter um derartige Stellen nur in geringem Maße zu bewerben pflegen. Den Gemeindevorstehern würde überdies durch das Ausschreiben der Stellen eine weitere, große Last auferlegt werden.

Für die Gemeinden liege außerdem noch eine Gefahr darin, daß, nachdem durch die Landgemeindeordnung die Gemeindebeamtenstellen etatsmäßig geworden seien, der Oberpräsident dieselben als zur Besetzung mit Militäranwärtern geeignet erklären und das Gehalt für dieselben zwangsweise erhöhen würde.

Diesen Ausführungen gegenüber wurde bemerkt, daß die kleinen Stellengehälter den Gemeinden ein Schutz sein würden und daß man nicht annehmen könne, eine widergesetzliche Erhöhung der Gehälter werde durch den Oberpräsidenten verfügt werden.

Sollte, was nicht anzunehmen sei, die Absicht vorliegen, solche Wege einzuschlagen, dann seien die Gemeinden in der Lage, ihr Recht im Verwaltungsstreitverfahren zu suchen, eventuell auch den Landtag anzurufen. Von anderer Seite wurde der Vorschlag gemacht, nicht dem Oberpräsidenten, sondern einem Selbstverwaltungskörper, vielleicht dem Provinzialrathe die Vollmacht, die mit Militäranwärtern zu besetzenden Stellen zu bestimmen, zu übertragen. Dadurch würde erreicht, daß nicht nach einer Schablone gearbeitet, sondern lokalen und provinziellen Eigenthümlichkeiten Rechnung getragen würde.

Sodann wurde verlangt, daß die Feststellung der Qualifikation eines Militäranwärters einzig durch die Organe der Kommunen zu erfolgen habe und daß der Beschwerdeweg ausgeschlossen sei. Es sei dies durchaus nothwendig, da die Kommunen allein in der Lage seien, sich ein richtiges Urtheil über die Anzustellenden zu bilden.

Es müßten auch Uebergangsbestimmungen getroffen werden, welche verhinderten, daß nicht heute im Dienste befindliche Civilanwärter sofort oder in kurzer Zeit brodlos würden.

Diesen Ausführungen gegenüber erklärten die Herren Kommissare der Königlichen Staatsregierung, daß sie in Rücksicht auf die Unteroffiziere, denen nach zwölfjähriger Dienstzeit eine auskömmliche Existenz geschaffen werden solle, ernste Bedenken hätten, Aenderungen vorbezeichneter Art zuzustimmen. Da durch diesen Gesetzentwurf die Hälfte der guten, städtischen Stellen aufgegeben würde, müsse auf andere Weise Ersatz geschaffen werden. Dieser sei aber nur in der Heranziehung der Landgemeinden zu finden. Dabei einen Unterschied zwischen großen und kleinen Gemeinden zu machen, sei nicht möglich, da allgemein zutreffende Unterscheidungsmerkmale nicht vorhanden seien.

Irrthümlich sei angenommen worden, daß die Königliche Staatsregierung mit diesem Entwurfe nur die etatsmäßigen Stellen treffen, alle anderen aber frei lassen wolle. Wäre dies der Fall, dann wäre den Kommunen der Weg gezeigt, auf dem sie die gesetzlichen Bestimmungen leicht umgehen könnten. Nicht anders würde sich die

Sache gestalten, wenn die Feststellung der Qualifikation eines Militäranwärters ausschließlich durch die Kommunen zu erfolgen hätte.

Bei Beurtheilung des Entwurfs sei immer festzuhalten, daß die Königliche Staatsregierung sich in einer Nothlage befinde, da, im Durchschnitte der letzten vier Jahre, jährlich 5 000 Civilversorgungsscheine ausgegeben sind, während nur 1 700 Anwärter zur Anstellung gelangt seien.

Schließlich wurde eine Resolution betreffend Anrechnung der Militärdienstzeit bei der Pensionirung angekündigt.

In der Spezialdiskussion über § 1 wurde zunächst bemängelt, daß der Begriff „Stelle" nach keiner Richtung hin festgelegt sei. Eine präzise Definition desselben sei weder in der Begründung des Entwurfs noch auch in den von dem Herrn Minister des Innern im Herren- und Abgeordnetenhause abgegebenen Erklärungen zu finden. Es sei dies aber durchaus nothwendig, da man sonst unter diesen Begriff jede, auch die kleinste, nur wenige Tage andauernde Beschäftigung bringen könne. Wolle man so weit gehen, dann würde den Kommunen eine große Last aufgelegt und jede Bewegungsfreiheit genommen. Die Gemeinden hätten alsdann bei sehr erheblicher Vermehrung des Schreibwerks keine Möglichkeit mehr, bewährte, nicht mehr voll diensttaugliche Leute anzustellen und so zu unterstützen.

Ein weiterer Uebelstand müsse sich auch noch daraus ergeben, daß ein Militäranwärter, der vielleicht in der Noth eine dieser schlecht dotirten Stellen übernähme, sich, um in bessere Lage zu kommen, bald um eine andere Stelle bewerben würde. Vergegenwärtige man sich, daß diese Beamten Vertrauenspersonen der Gemeinde seien, so sei es wohl klar, daß ein häufiger Wechsel derselben der Gemeinde nicht zum Heile gereichen könne.

Den Landrathsämtern würde mehrfach eine große Arbeitslast aufgebürdet, der Regierungspräsident sich nicht, wie vielleicht angenommen werden könnte, mit der Anfrage, ob etwa in dem Kreise für Militäranwärter geeignete Stellen vorhanden seien, begnügen, sondern eine genaue Aufstellung verlangen würde. Bedenke man, daß in Preußen 37 000 Landgemeinden vorhanden seien, so könne man sich leicht eine Vorstellung von dem dickleibigen Opus, das sich ergeben würde, machen.

In den kleinen Stadtgemeinden, besonders am Rhein, in welchen dem Bürgermeister Seitens der Kommune bisher Pauschquanta für Schreibhülfe bewilligt wurden, müßten die Lohnschreiberstellen fortan auch mit Militäranwärtern besetzt werden, was zur Folge haben würde, daß das Schreibwerk erheblich vertheuert würde und junge Leute, die ihrer Ausbildung wegen gern für wenig Geld oder gar umsonst arbeiteten, nicht mehr eintreten würden. Aehnlich würden sich die Verhältnisse auch bei den Landrathsämtern gestalten.

Bedenke man nun, daß diese jungen Leute, welche gewöhnlich schon mit dem 18. Lebensjahre in die Armee einträten, derselben insofern von großem Werthe seien, als aus ihnen erfahrungsmäßig die besten Unteroffiziere genommen würden, so sei es wohl klar, daß eine Bestimmung, durch welche dieselben von der Meldung zu genannten Schreiberstellen abgehalten würden, der Armee nicht zum Vortheil gereichen könne.

Aus den angeführten Gründen sei es daher unerläßlich, den Begriff „Stelle" zu präzisiren.

Es würde dies erreicht, wenn man vor das Wort Stelle „etatsmäßig" setzte.

Demgemäß wurde beantragt:

In der ersten Zeile hinter dem Worte „die" — etatsmäßig einzuschalten.

Diesen Ausführungen trat der Kommissar des Herrn Ministers des Innern entgegen, indem er erklärte, daß die ausgesprochene Befürchtung, der Staat werde fortan

in das kommunale Leben mit rauher Hand eingreifen, grundlos sei. In die Hand des Oberpräsidenten solle es gelegt werden, zu bestimmen, welche Stellen mit Militäranwärtern zu besetzen seien und welche nicht.

Selbstverständlich werde derselbe, bevor er eine Entscheidung treffe, Bericht von den Regierungspräsidenten und Landräthen einfordern. In der Hand der Letzteren, die ja durch ihre Lokalkenntniß in erster Linie zur richtigen Beurtheilung der Sachlage qualifizirt seien, werde dann die Nennung derjenigen Stellen, welche den Militäranwärtern vorzubehalten seien, liegen. Ein übergroßes Schreibwerk werde auch nicht entstehen, da die Regierungspräsidenten sich wohl mit der Anfrage, wie viele und welche Stellen in dem Kreise zur Besetzung mit Militäranwärtern geeignet seien, begnügen würden. Sollte nun aber auch Bericht über alle vorhandenen Stellen eingefordert werden, dann wäre dies eine einmalige, nicht wiederkehrende Arbeit.

Den kleinen Stadt- und Landgemeinden sei in dem § 11 Abs. 3 genügender Schutz gegen die Gefahr gewährt, bei Besetzung unbedeutender Stellen in der Verwaltung durch unmotivirte Weiterungen beschwert zu werden. Denn es sei dort festgestellt, daß derartige Stellen nicht ausgeschrieben zu werden brauchten.

Was die Lohnschreiber der Bürgermeister und Landräthe anlange, für die von Seiten der Kommunalverbände Pauschquanten ausgeworfen seien, so fielen diese, als Privatbeamte, nicht unter das Gesetz. Wolle man hinter „die" das Wort „etatsmäßig" einschalten, dann würde den Militäranwärtern eine große Zahl von Stellen verloren gehen und den Kommunen der Weg, auf dem sie sich von den Verpflichtungen aus diesem Gesetze frei machen könnten, gezeigt. Der Staatsaufsichtsbehörde stehe in diesem Falle das Recht zu zwangsweisem Vorgehen gegen die Kommunen keineswegs in üblig gesicherten und ausreichendem Umfange zu. Nur dann, wenn das öffentliche Interesse es erfordere, könne ganz zweifellos von Seiten des Staats eingeschritten und Aufnahme einzelner Stellen in den Etat gefordert werden.

Hierauf erklärte der Kommissar des Herrn Kriegsministers, daß die Militärverwaltung ein großes Gewicht darauf lege, daß ihr auch die kleinen Stellen nicht entzogen würden.

Da sie durch dieses Gesetz eine erhebliche Anzahl guter, städtischer Stellen aufgebe, müsse sie auf andere Weise entschädigt werden.

Wolle man hinter „die" das Wort „etatsmäßig" einschieben, dann würde eine große Anzahl kleiner Stellen, die unter Umständen auch im Frieden von Militäranwärtern gern genommen würden, verloren gehen. Nach einem Kriege aber würde sich voraussichtlich eine Zahl von Invaliden, die, aus dem Stande der Gemeinen hervorgegangen, von ihrer Pension nicht leben könnten, auch zu den kleinsten Stellen melden.

Bei der Abstimmung wurde der Antrag abgelehnt.

Im weiteren Verlaufe der Diskussion wurde hervorgehoben, daß die kleinste Gemeinde nach dem vorliegenden Entwurfe ebenso behandelt werden solle, wie die größte Stadt. Es sei dies aber nicht angängig, da man in der Gesetzgebung bei inkommensurablen Größen nicht gleichmäßig vorgehen dürfe. Es müsse daher ein Unterschied zwischen großen und kleinen Gemeinden gemacht und eine Grenze gesucht werden. Diese könne aber, wie es ja auch in der Landgemeindeordnung der Fall sei, nur in der Einwohnerzahl gefunden werden. Nach § 75 des erwähnten Gesetzes seien Gemeinden mit über 3 000 Einwohnern zur Anstellung eines besoldeten Gemeindevorstehers befugt, während dies den kleineren Gemeinden nicht gestattet sei. Die so als Unterscheidungsmerkmal zwischen großen und kleinen Gemeinden festgelegte Zahl 3000 müsse auch für dieses Gesetz maßgebend sein.

Lasse man auch die Gemeinden mit einer Einwohnerzahl bis zu 3000 aus diesem Gesetze heraus, so würde die Militärverwaltung eine Einbuße an Stellen doch nicht erleiden, da sich in diesen kleinen großentheils armen Gemeinden selten einmal eine für Militäranwärter geeignete Stelle finden würde.

Wolle man aber behaupten, daß die Weglassung der kleinen Gemeinden eine Ungerechtigkeit gegen kleine Städte, die voll unter dieses Gesetz fielen, sei, so müsse dieser Anschauung entgegengehalten werden, daß die letzteren sich mit Wissen der Regierung durch Auswerfen von Pauschquanten zur Remunerirung von Büreaukräften geholfen und dadurch die für sie harten, gesetzlichen Bestimmungen umgangen hätten. Diesen Weg seien aber auch größere Städte von 10—15000 Einwohnern gegangen. Setze die Königliche Staatsregierung bei diesen den Hebel an und schiebe sie gegen solches Vorgehen einen Riegel vor, dann würde der Militärverwaltung eine große Zahl guter Stellen erschlossen werden.

Es sei außerdem nicht zu verstehen, warum leistungsfähige Gutsbezirke mit über 3000 Einwohnern nicht unter dieses Gesetz fallen sollten.

Aus diesen Gründen wurde der Antrag gestellt:

Im § 1 Abs. 1 Zeile 2 hinter dem Worte „ausschließlich" einzuschalten:
der Landgemeinden und ländlichen Kommunalbezirke mit weniger als 3000 Seelen.

Von anderer Seite wurde den Ausführungen zwar zugestimmt, der in dem Antrage vorgezeichnete Weg aber nicht für gangbar gehalten, da die Einwohnerzahl sich durch Auswanderung, Sachsengängerei u. s. w. leicht ändern könnte. Als Unterscheidungsmerkmal müsse entweder das Stellengehalt oder die Steuerkraft der Gemeinde dienen. Der demgemäß eingebrachte Antrag lautet:

Kommission wolle beschließen, im § 1 Abs. 1 hinter dem Worte „Forstverwaltung" einzuschalten „und der Kommunalverbände mit einem Staatssteuersoll von weniger als 3000 Mark."

Begründend wurde ausgeführt, daß eine Gemeinde, welche ein Staatssteuersoll von höchstens 3000 Mark aufbringe, nicht in der Lage sein könne, für Militäranwärter begehrenswerthe Stellen zu vergeben. Für Wegebau, zur Bestreitung der Armenlast wären so große Summen erforderlich, daß die wenigen vorhandenen Stellen nur minimal dotirt sein könnten. Dagegen wurde bemerkt, daß die Schwankungen in der Steuerkraft eventuell viel erheblicher seien, als die in der Einwohnerzahl, so z. B. der An- oder Wegzug eines reichen Mannes die Situation gänzlich verändern würde.

Von Seiten der Königlichen Staatsregierung wurde um Ablehnung beider Anträge ersucht und ausgeführt, daß die Absicht der Regierung, den Militäranwärtern mehr Stellen zu verschaffen, durch Annahme jedes dieser Anträge durchkreuzt würde. Das Gesetz bezwecke, der Armee einen ausreichenden Bestand an tüchtigen Unteroffizieren zu sichern. Es sei nicht abzusehen, wie sich diesem Zwecke gegenüber eine Sonderung der Gemeinden in Stadt- und Landgemeinden und der letzteren in größere und kleinere begründen lasse. Fänden sich in kleinen Landgemeinden nur wenige oder gar keine Stellen, bei deren Verwaltung auf Militäranwärter reflektirt werden könne, so sei dasselbe auch in einzelnen kleinen Stadtgemeinden der Fall. Jeder Versuch einer Sonderung der Gemeinden in dieser Beziehung nach dem einen oder anderen Unterscheidungsmerkmal, Bevölkerungszahl, Steuersoll u. s. w., sei unhaltbar. Das Gesetz verlange nur, daß unter gegebenen gleichen Voraussetzungen die

für den bezeichneten Zweck erforderlichen Bestimmungen ohne Unterschied der Gemeinden nach deren Verfassung und Seelenzahl zur Anwendung gelangen sollten. Dieses Verlangen trage seine Rechtfertigung in sich.

Gegen die Städte nach den für sie augenblicklich maßgebenden Bestimmungen, die heute, bei milder Handhabung, schon zahlreiche Beschwerden herbeiführten, noch schärfer vorzugehen, würde drückend empfunden werden. Man könne den Städten auf die Dauer keine schärferen Bedingungen als der allgemeinen Staatsverwaltung auferlegen. Wende man aber die „Grundsätze für die Besetzung der Subaltern- und Unterbeamtenstellen bei den Reichs- und Staatsbehörden mit Militäranwärtern" auch auf die Städte an, dann würde den Militäranwärtern selbstverständlich eine große Zahl guter Stellen verloren gehen, für die in anderer Weise Ersatz geschaffen werden müsse.

Um der Armee gute Unteroffiziere zu verschaffen, bezw. zu erhalten, sei es daher geboten, sämmtliche Kommunalverbände der Monarchie heranzuziehen.

Bei der Abstimmung wurde der erste Antrag angenommen, der zweite abgelehnt.

Ein weiterer Antrag, das Wort „vorzugsweise" im ersten Absatze zu streichen, wurde ebenso wie der Antrag, den ersten Satz des zweiten Absatzes anders zu fassen, ohne Debatte angenommen.

Der erste Satz des 2. Absatzes lautet demnach:
Militäranwärter im Sinne dieses Gesetzes ist jeder dem Preußischen Staate angehörige und aus dem Preußischen Reichs=Militärkontingente hervorgegangene Inhaber des Civilversorgungsscheins.

Darauf wurde der § 1 angenommen.

In der zweiten Lesung wurde nach kurzer einleitender Debatte beschlossen, die Berathung über § 1 mit der über die beiden ersten Sätze des § 13, da zwischen denselben ein innerer Zusammenhang besteht, zu verbinden.

Hierzu wurden folgende Anträge gestellt:
1. im § 1 Zeile 1 das Wort „etatsmäßigen" zu streichen,
2. die Worte des § 1 „und der Landgemeinden und der ländlichen Kommunalbezirke mit weniger als 3000 Seelen" zu streichen,
3. zwischen Abs. 1 und 2 des § 1 folgenden Absatz einzuschieben:
Vorstehende Verpflichtung kann durch Königliche Verordnung bezüglich der Kriegseinvaliden auf die Landgemeinden und ländlichen Kommunalbezirke mit weniger als 3000 Seelen ausgedehnt werden; dem Landtage ist hiervon bei seinem nächsten Zusammentritt Mittheilung zu machen.
4. in dem Antrage 3 die Worte „bezüglich der Kriegsinvaliden" zu streichen,
5. anstatt „und" vor „der Landgemeinden" „sowie" zu setzen.

Zu Antrag 1 wurde ausgeführt, daß eine Definition des eingeschobenen Wortes „etatsmäßigen" im ersten Satze des § 13 wohl versucht, aber nicht gelungen sei. Es habe sich bei der Berathung immer wieder herausgestellt, daß das Wort „etatsmäßig" ohne Bedeutung sei, wenn den Aufsichtsbehörden nicht das Recht der Zwangsetatisirung gegeben werde. Geschähe dies aber, dann würde damit in das höchste Recht der Kommunen, das Etatsrecht, eingegriffen und die finanzielle Selbstständigkeit der Kommunen aufgehoben.

Von anderer Seite wurde dagegen bemerkt, daß man nach Weglassung des Wortes „etatsmäßig" vollständig im Dunkeln darüber sein würde, was unter den begriffen Subaltern- und Unterbeamtenstellen zu verstehen sei.

Die Bedeutung des Wortes sei ja auch durch Stehenlassen der Worte „auf Kündigung und Widerruf" im Absatz 1 des § 11 erheblich abgeschwächt. Wolle man den Militäranwärtern zu guten Stellen verhelfen, dann müsse auch ein gewisser Zwang Platz greifen.

Nachdem der Kommissar des Herrn Ministers des Innern erklärt hatte, daß das Gesetz mit dem Worte: „etatsmäßig" für die Königliche Staatsregierung unannehmbar sein würde,
wurde der Antrag 1 angenommen.

Bezüglich des Antrages 2 wurde ausgeführt, daß die Regierungsvorlage wiederhergestellt werden müsse, da es unbillig sei, die Landgemeinden, welche doch dem Staate gegenüber die gleichen Verpflichtungen hätten wie die Städte, mit anderem Maße zu messen, als diese.

Dem gegenüber wurde bemerkt, daß die Verhältnisse in den kleinen Gemeinden doch so wesentlich verschieden von denen der Städte seien, daß man gegen sie nicht in gleicher Weise verfahren könne. Die Verpflichtung, im Falle der Noth einzutreten, müsse allerdings anerkannt werden.

Aus diesem Grunde wurde der Antrag 3 gestellt.

Bei der Abstimmung wurde Antrag 3 und 5 angenommen, Antrag 4 abgelehnt.

Die schließlich an den Kommissar des Herrn Ministers des Innern gerichtete Frage, ob die Unfallversicherungsgewerkschaften und die Versicherungsanstalten Kommunalverbände im Sinne dieses Gesetzes seien, wurde von demselben verneint.

Zu dem ersten Satze des § 13 wurden sodann folgende Anträge gestellt:
1. Die Worte „als etatsmäßige bis einzureichen" zu streichen und an Stelle derselben die Worte der Regierungsvorlage „und gegebenen Falls bis Generalkommando festzustellen" wiederherzustellen.
2. Die Regierungsvorlage mit der Maßgabe wiederherzustellen, daß nach den Worten „vorzubehalten sind" die Worte treten
hat die Kommunalaufsichtsbehörde festzustellen. Gegen diese Feststellung ist die Beschwerde zulässig.
3. Den ersten Satz zu fassen:
Welche Subaltern- und Unterbeamtenstellen und gegebenen Falls, in welcher Anzahl dieselben gemäß den vorstehenden Bestimmungen den Militäranwärtern vorzubehalten sind, bestimmt die Kommunalaufsichtsbehörde u. s. w.

Auch bei der zweiten Lesung wurde daran festgehalten, daß die Ausführung des Gesetzes nicht dem Oberpräsidenten, der den Verhältnissen zu fern stehe, sondern der Kommunalaufsichtsbehörde, die über die Sachlage stets genau informirt sei, übertragen werden müsse.

Ebenso blieb die Kommission bei der Ansicht, daß den Kommunen durch Einfügung der Worte „gegen die Feststellung ist die Beschwerde zulässig" ein Schutz gewährt werden müsse und daß es nicht angängig sei, dem Generalkommando in einem Verwaltungsgesetze bestimmte Rechte zu verleihen.

Diesen Ausführungen gegenüber erklärte der Kommissar des Herrn Ministers des Innern, wie folgt:
„Wenn die Ausführung des Gesetzes nicht dem Oberpräsidenten im Einvernehmen mit dem Generalkommando, sondern der Kommunalaufsichtsbehörde übertragen werden soll, so gebe ich davon aus: einerseits, daß die Bestimmung im § 50 Abs. 3 des Landesverwaltungsgesetzes vom 30. Juli 1883, wonach die Befugnisse der staatlichen Aufsichtsbehörden, innerhalb ihrer gesetzlichen Zuständigkeit Verfügungen und Anordnungen der nachgeordneten Be-

hörden außer Kraft zu setzen und diese Behörden mit Anweisungen zu versehen, in Kraft erhalten ist, unberührt bleibt und also auch bei Ausführung des vorliegenden Gesetzentwurfs nach dessen Verabschiedung geeignetenfalls zur Anwendung zu gelangen hat; andererseits, daß es der Militärverwaltung unbenommen bleibt, sich von der Ausführung des Gesetzes durch Kommunikation mit den betheiligten Behörden Kenntniß zu verschaffen und bei fehlerhafter Ausführung des Gesetzes auf Remedur hinzuwirken."

Bei der Abstimmung wurde
der Antrag 1 abgelehnt,
der Antrag 2 angenommen.
Der dritte Antrag war dadurch erledigt.
Darauf wurde § 1 angenommen.
Zu § 2 und 3 lag ein Antrag vor, welcher die beiden Paragraphen folgendermaßen gestalten wollte:

§ 2.

Zur Hälfte mit Militäranwärtern sind zu besetzen:
1. die Stellen im Kanzleidienst,
2. die Stellen der Subalternbeamten im Büreaudienst, jedoch mit Ausnahme
   a) derjenigen Stellen, für welche eine besondere wissenschaftliche oder technische Vorbildung erfordert wird,
   b) der Stellen derjenigen Kassenvorsteher und Beamten, welche eigene Rechnung zu legen oder welche Kassengelder zu verwahren oder abzuliefern, einzunehmen oder auszugeben haben.

§ 3.

Ausschließlich mit Militäranwärtern sind zu besetzen:
die Stellen, deren Obliegenheiten im Wesentlichen in mechanischen Dienstleistungen bestehen.

Aus diesem Grunde wurde beschlossen, die Diskussion über § 2 und über § 3 zu verbinden.

Von dem Herrn Antragsteller und anderen Rednern wurde begründend ausgeführt, daß die im § 2 der Vorlage enthaltenen Bestimmungen, nach denen im Kanzleidienste nur noch Militäranwärter Beschäftigung finden sollten, den Kommunen und dem im Dienste befindlichen Civilanwärtern gegenüber zu großen Härten führen müßten.

Es sei daher geboten, diese Bestimmungen abzuschwächen, was mit dem vorstehenden Antrage bezweckt werde. Nach demselben sollen fortan nur diejenigen Stellen, deren Obliegenheiten im Wesentlichen in mechanischen Dienstleistungen bestehen, ausschließlich mit Militäranwärtern, alle anderen aber nur zur Hälfte mit solchen besetzt werden.

Wolle man den § 2 der Regierungsvorlage unverändert stehen lassen, dann würde das zur Folge haben, daß ein großer Theil der im Dienste befindlichen Civilanwärter entlassen und so brodlos werden müßte. Unter solchen Verhältnissen würden sich naturgemäß geeignete junge Leute dieser Berufsart überhaupt nicht mehr zuwenden.

Dazu komme noch, daß es dem Militäranwärter gestattet sei, sich die für eine höhere Stellung nöthigen Kenntnisse während einer Probezeit anzueignen, während man von dem Civilanwärter den Dienst von der Pike auf verlange, demselben aber durch die Bestimmungen des § 2 die Möglichkeit, sich genügende Kenntnisse anzueignen, verschließe.

Würde so vorgegangen, wie der Antrag es wünsche, dann würde die Vertheilung der Stellen zwischen Militär-

und Civilanwärtern eine gerechte sein, der Militärverwaltung aber ein Schaden nicht erwachsen, da von dem Herrn Regierungskommissar selbst zugegeben sei, daß sich Militäranwärter zu diesen kleinen Stellen bisher nicht gemeldet hätten.

Durch die Statistik sei dies ja auch nachgewiesen. Von den jährlich zur Ausschreibung kommenden 11 000 Stellen seien in den letzten Jahren durchschnittlich nur 1 700 mit Militäranwärtern besetzt worden, während doch jährlich 5 000 Militäranwärter zur Entlassung kämen.

Die Grundsätze, welche bei Anstellung von Militäranwärtern für die allgemeine Staatsverwaltung maßgebend seien, auch auf die Kommunen anzuwenden, sei außerdem äußerst bedenklich, da man den letzteren zu ihrer gedeihlichen Entwicklung Bewegungsfreiheit lassen müsse.

Von anderer Seite wurde darauf entgegnet, daß eine größere Beschränkung, als sie der neu formulirte § 1 der Militärverwaltung auferlege, nicht mehr zulässig sei, wolle man dieselbe nicht in erheblichster Weise schädigen. Nachdem durch die vorstehenden gesetzlichen Bestimmungen den Städten, gegenüber den jetzigen Verpflichtungen, erhebliche Erleichterungen zu Theil geworden seien, solle nun auch noch die Hälfte aller Stellen im Kanzleidienste verloren gehen. Der hierdurch erzielte Effekt würde ein großer, die Militärverwaltung außerordentlich schädigender sein.

Es müsse auch berücksichtigt werden, daß dieses Gesetz gegenüber den jetzt geltenden Bestimmungen, nach welchen die Kanzlistenstellen ohne Ausnahme mit Militäranwärtern zu besetzen seien, insofern erhebliche Erleichterungen schaffe, als solche Stellen nach § 10 Abs. 2 mit Civilanwärtern besetzt werden könnten, sofern sich in der gesetzlichen Frist kein Militäranwärter gemeldet hätte.

Wäre solche Stelle, wenn auch nur kommissarisch, durch einen Civilanwärter besetzt, dann hätte die Militärverwaltung für diesmal auf dieselbe keinen Anspruch mehr.

Denn zu diesen Paragraphen gestellten Anträgen traten die Vertreter der Königlichen Staatsregierung entgegen. Der Kommissar des Herrn Kriegsministers führte aus, daß es doch in der Tendenz dieses Gesetzentwurfs liege und liegen müsse, die Militäranwärtern die Anstellungsaussichten möglichst zu verbessern, nicht aber, wie dies der Antrag anstrebe, zu verkümmern. Die Absicht der Königlichen Staatsregierung, den Kapitulanten und Invaliden bessere Aussicht auf Entschädigung für treu geleistete Dienste zu eröffnen, werde durch Annahme des Antrages vollständig vereitelt. Gehe man aber den von der Staatsregierung vorgeschlagenen Weg, dann werde dies zur Wirkung haben, daß mehr Unteroffiziere kapitulirten und dadurch die 2 000 Manquements, welche in der Armee heute noch vorhanden seien, erheblich herabgemindert würden. Jetzt seien Hauptleute und Eskadronschefs häufig gezwungen, mit Leuten zu kapituliren, von deren Verläßlichkeit sie nicht immer in dem wünschenswerthen Maß überzeugt sind. Da aber keine Auswahl da ist, und der Dienst gethan werden muß, so greifen die Hauptleute schließlich auch wohl mal auf einen Gefreiten zurück, der schon vorher bestraft ist.

Würden die Anstellungsaussichten verbessert, so würde naturgemäß der Andrang zum kapituliren steigen, und es fiele mit der größeren Auswahl die Unliebsamen fort, daß Unteroffiziere, die vielleicht sogar wegen Mißhandlung vorbestraft sind, bei einem anderen Truppentheile, bei dem große Manquements wären, wieder angenommen würden. Diesen Zuständen ein Ende zu machen, strebe die Militärverwaltung mit allen Kräften an.

Es befinde sich auch der Herr Antragsteller im Irrthume, wenn er annähme, daß jährlich 11 000 Stellen ausgeschrieben und nur 1 700 mit Militäranwärtern besetzt würden. Statistisch sei nachgewiesen, daß im Durchschnitte der letzten 4 Jahre jährlich nur 7 000 Stellen vorhanden gewesen seien.

Darauf erklärte der Kommissar des Herrn Ministers des Innern, daß es ihm unersichtlich sei, warum bei §§ 2 und 3 verschmolzen werden sollen.

Die Regierungsvorlage schließe sich den Grundsätzen, die logisch aufgebaut seien, an. Bei Aufstellung derselben sei das Interesse der Civil- und Militärverwaltung sorgfältig abgewogen und gleichmäßig gewahrt worden. Es liege doch in der Natur der Sache, daß man vorweg diejenigen Stellen, welche ausschließlich der Militärverwaltung zufallen sollen, nenne. Die Lohnschreiber aus diesem Gesetze gänzlich wegzulassen, wie der Antrag wolle, sei unmöglich, da dadurch den Militäranwärtern eine sehr große Zahl von Stellen verloren gehen würde. Meldeten sich, wie angenommen werde, Militäranwärter zu solchen Stellen überhaupt nicht, so sei es für die Kommunen um so ungefährlicher, wenn diese Beamtenkategorien mit in das Gesetz aufgenommen würden.

Wenn in der Debatte von einer Seite behauptet worden sei, die Vertreter der Königlichen Staatsregierung hätten die Erklärung abgegeben, daß derartige Stellen von Militäranwärtern überhaupt nicht gesucht würden, so beruhe dies auf einem Irrthum. Den jungen Leuten, welche in Schreiberstellen eintreten wollten, werde, wie dies ja aus den Erklärungen des Herrn Ministers des Innern im Herrenhause hervorgehe, jederzeit ein ausreichender Schutz gewährt.

Bei der Abstimmung wurde der Antrag abgelehnt und die Regierungsvorlage angenommen.

In der zweiten Lesung wurden zu § 2 folgende Anträge eingebracht:

a) den § 2 wie folgt zu fassen:
   Ausschließlich mit Militäranwärtern sind zu besetzen:
   1. die Stellen der Vollziehungsbeamten,
   2. sämmtliche Stellen, deren Obliegenheiten im Wesentlichen in mechanischen Dienstleistungen bestehen;

b) den § 3 wie folgt zu fassen:
   Mindestens zur Hälfte mit Militäranwärtern sind zu besetzen alle übrigen Stellen, jedoch mit Ausnahme:
   1. ......
   2. wie in der Vorlage;

c) den § 4 zu streichen;

d) im § 2 im Falle der Annahme des § 2 noch als dritte Nummer einzusetzen:
   3. die Stellen der Vollziehungsbeamten.

Der Herr Antragsteller begründete diese Anträge, indem er ausführte, daß es in der Billigkeit läge, die Hälfte der Stellen im Kanzleidienste kränklichen und gebrechlichen Civilpersonen, die sich auf andere Art schwer ernähren könnten, vorzubehalten.

Bei der Abstimmung wurden die Anträge abgelehnt, der § 2 angenommen.

§ 3 wurde in zweiter Lesung ebenfalls unverändert angenommen, nachdem der bei § 2 gestellte Antrag zurückgezogen war.

Zu § 4 wurde der Antrag eingebracht,
   den Paragraphen zu streichen.

Der Antragsteller war der Meinung, daß, nachdem das Prinzip im § 1 festgelegt sei, die Regierung durch § 4 nur vinculirt würde.

Dieser Ansicht widersprach der Kommissar des Herrn Ministers des Innern, indem er ausführte, daß die Militärverwaltung durch Streichung dieses Paragraphen eine große Zahl von Stellen verloren gehen würde. Nachdem der § 1 im Allgemeinen ausgesprochen habe, daß Subaltern- und Unterbeamtenstellen mit Militäranwärtern zu besetzen seien, seien im § 2 diejenigen Stellen, welche ausschließlich mit Militäranwärtern, im § 3 aber die, welche mindestens zur Hälfte mit Anwärtern zu besetzen seien, nämlich diejenigen der Subalternbeamten im Bureaudienst, genannt. Außer diesen Stellen gäbe es aber in den Kommunalverwaltungen noch eine große Zahl, wie z. B. die der Lagerhalter, Wiegemeister, Armenhausinspektoren u. a. m., welche sich sehr wohl zur Besetzung mit Militäranwärtern eigneten. Den Kommunen sei durch Einfügung der Worte „unter Berücksichtigung der Anforderungen des Dienstes" voller Schutz gegen eine Anstellung von Leuten, die für die betreffenden Stellen nicht qualifizirt seien, gewährt.

In der Debatte wurde bemängelt, daß eine bestimmte Definition der Begriffe Subaltern- und Unterbeamte nirgends gegeben sei, obgleich dies in anderen Gesetzen, wie z. B. im Disziplinargesetze geschehen sei.

Ferner wurde die Frage aufgeworfen, welche Behörde die Entscheidung darüber habe, ob ein Anwärter den Anforderungen des Dienstes gewachsen sei oder nicht. Es müsse dies, solle wirklich eine Berücksichtigung der Kommunen, wie der Herr Regierungskommissar sage, stattfinden, den Kommunalverwaltungen allein überlassen bleiben. Diese seien allein in der Lage, beurtheilen zu können, ob das Interesse des Dienstes die Anstellung eines Militäranwärters gestatte oder nicht. Den Kommunen werde auch keine Erleichterung dadurch geschaffen, daß im § 4 kein bestimmter Prozentsatz der anzustellenden Militäranwärter genannt sei. Die in den Paragraphen enthaltene Bestimmung werde im Gegentheil für die Kommunen sehr drückend wirken, besonders wenn die Beurtheilung, ob eine Stelle geeignet sei oder nicht, dem Oberpräsidenten übertragen werden sollte.

Es wäre dies um so bedenklicher, wenn diese Entscheidung unter Ausschluß des Beschwerdeweges, also endgültig getroffen werden könnte. Es müsse daher im Gesetze ausgesprochen werden, daß die Beschwerde an den Herrn Minister des Innern zulässig sei.

Die Staatsverwaltung habe sich durch das den „Grundsätzen" angehängte „Verzeichniß der Militäranwärtern im Preußischen Staatsdienste vorbehaltenen Stellen" wohlweislich geschützt. Nach diesem werden die im § 4 bezeichneten Stellen bei der allgemeinen Staatsverwaltung höchstens zur Hälfte mit Militäranwärtern besetzt.

Um nun eine Gleichstellung der Kommunalverwaltungen mit der allgemeinen Staatsverwaltung herbeizuführen, wurde der Antrag eingebracht:

dem § 4 am Schlusse den Zusatz zu geben:
in sinngemäßer Anwendung der Grundsätze der Kabinetsordre vom 30. Juni 1885.

Dieser Antrag wurde sodann zu Gunsten des nachstehenden zurückgezogen.

Dieser lautet:

zu sagen statt „unter Berücksichtigung der Anforderungen des Dienstes",
zu sagen „unter sinngemäßer Anwendung des durch die Allerhöchste Kabinetsordre vom 30. Juni 1885 festgestellten Verzeichnisses der Militäranwärtern im Staatsdienste vorbehaltenen Stellen."

Diesem Antrage gegenüber führte der Kommissar des Herrn Ministers des Innern aus, daß es nicht in der Absicht des § 4 liege, soweit zu gehen, wie der Antragsteller voraussetze, nämlich den Militäranwärtern unter allen Umständen die Hälfte der in Rede stehenden Stellen

vorzubehalten. Durch Annahme des Antrags würden die Interessen der Kommunalverbände nicht gefördert, sondern geradezu verletzt oder doch gefährdet. Man könne bei Besetzung solcher Stellen nicht schematisch vorgehen, sondern müsse von Fall zu Fall entscheiden, da die Anforderungen des Dienstes in den Kommunen mitunter in denselben Dienstzweige durchaus verschieden seien.

Was die Beschwerde anlange, so stehe diese nach allgemeinen Grundsätzen offen, wenn nicht das Gegentheil im Gesetze nicht ausgesprochen sei. Im Uebrigen sei es doch wohl selbstredend, daß die Oberpräsidenten, als Kommunalaufsichtsbehörden, die vornehmlich zur Ausführung des Gesetzes berufen seien, diese Ausführung nicht in einer Weise bewirken würden, die für die Kommunalverwaltungen nachtheilig sei.

Bei der Abstimmung wurde der Antrag angenommen.

Zu § 4 waren in zweiter Lesung folgende Anträge eingebracht:

1. in der dritten Zeile hinter dem Worte „unter" einzuschalten „Berücksichtigung der Anforderungen des Dienstes",
2. hinter den Worten Kabinetsordre vom 30. Juni 1885 in Klammern einzurücken die Worte: „Ministerialblatt für innere Verwaltung 1885 S. 165",
3. zu setzen in § 4 an Stelle der gesperrt gedruckten Worte:
„Unter sinngemäßer Zugrundelegung der für die Reichs- und Staatsbehörden jeweilig geltenden Verzeichnisse über die den Militäranwärtern vorbehaltenen Stellen",
4. den § 4 der Regierungsvorlage wieder herzustellen,
5. im § 4 anstatt der festgedruckten Worte zu sagen: „unter sinngemäßer Uebertragung der Bestimmungen in den Verzeichnissen der Militäranwärtern im Reichs- und Staatsdienste vorbehaltenen Stellen".

Der bei § 2 für § 4 gestellte Antrag wurde zurückgezogen.

Begründend wurde ausgeführt, daß die in der ersten Lesung gestrichenen Worte „unter Berücksichtigung des Dienstes" in Verbindung mit den in der zweiten Lesung eingefügten, den Kommunen einen großen Schutz gewähren würden.

Hierzu erklärte der Kommissar des Herrn Ministers des Innern, daß die Staatsregierung sachlich gegen den Zusatz im § 4 nach der Fassung der ersten Lesung nichts einzuwenden habe; der Zusatz sei jedoch verwirrend, da bei der Ausführung nicht nur das §§ 4, sondern auch der §§ 2 und 3 des vorgelegten Gesetzes das durch die Kabinetsordre vom 30. Juni 1885 genehmigte Stellenverzeichniß und dessen Nachträge im Allgemeinen als Anhalt zu dienen hätten.

Bei der Abstimmung wurden die Anträge 4 und 5 abgelehnt, 1, 2 und 3 ebenso wie der so geänderte Paragraph angenommen.

Zu § 5 wurde der Antrag eingebracht, „den Paragraphen zu streichen."

Der Herr Antragsteller führte aus, daß, da durch die vorhergehenden Paragraphen festgestellt sei, welche Stellen den Militäranwärtern vorzubehalten, ein weiterer Ausschluß unnöthig sei und nur Unzuträglichkeiten herbeiführen würde.

Von anderer Seite wurde darauf hingewiesen, die Fassung des ersten Absatzes keine klare sei, da das Wort „derartige" zu Mißverständnissen Anlaß geben könne. Man müsse das Wort entweder ganz streichen oder durch „Subaltern- und Unterbeamten" ersetzen oder aber im ersten Satze hinter § 3 in Klammer 1 und 2 einschieben.

Die Anträge lauteten:
1. In der 5. Zeile das Wort „derartig" zu streichen.
2. In Zeile 5 anstatt „derartige Stellen" zu setzen „Subaltern- und Unterbeamtenstellen".
3. Hinter der Zahl 3 Zeile 1 einzuschieben (Nr. 1 und 2).

Im weiteren Verlaufe wurde 4. beantragt, den ersten Absatz im § 6, wie folgt, zu fassen:

Insoweit in Ausführung der §§ 3 und 4 die Stellen einzelner Verwaltungszweige den Militäranwärtern nicht mindestens zur Hälfte vorbehalten werden können, hat nach Möglichkeit ein Ausgleich in der Weise stattzufinden, daß die Stellen anderer Verwaltungszweige desselben Kommunalverbandes in entsprechender Zahl und Besoldung vorbehalten werden.

Diesen Anträgen trat der Kommissar des Herrn Ministers des Innern entgegen, indem er ausführte, daß der erste Absatz des § 5 den „Grundsätzen" wörtlich entnommen sei. Bei der Ausführung desselben hätten sich im Reiche und Staate bisher Schwierigkeiten nicht ergeben. Es sei daher auch nicht anzunehmen, daß dies bei der Anwendung auf Kommunalverwaltungen der Fall sein würde. Das Wort „derartige" beziehe sich auf Subaltern- und Unterbeamtenstellen. Wollte man eine Streichung desselben vornehmen, dann würde man die Interessen der Kommunalverbände gefährden, da dann auch andere als Subaltern- und Unterbeamtenstellen herangezogen werden könnten. Den ganzen Paragraphen zu streichen, sei nicht möglich, da man sonst den berechtigten Ansprüchen der Militärverwaltung zu nahe treten würde. Es müsse derselben durch diesen Paragraphen ein Ersatz für die durch § 3 (1 und 2) und § 4 verloren gegangenen Stellen geboten werden.

In der Praxis würde die Sache sich folgendermaßen gestalten:

Hätte eine Kommune z. B. in Einer Klasse 10 Stellen zu vergeben, von denen 6 unter § 3 (1 und 2) oder eventuell unter § 4 fielen, dann verblieben noch 4 Stellen, auf welche nach § 3 Militäranwärter und Civilpersonen gleiches Recht hätten. Von den sämmtlichen 10 Stellen erhielten die Militäranwärter danach nur 2. Diese Härte zu mildern, solle durch § 5 die Möglichkeit eines Ausgleichs geschaffen werden, so zwar, daß den Militäranwärtern von den verbleibenden 4 Stellen möglichst 3 oder auch sonstige geeignete Stellen in anderen Klassen überlassen würden.

Von anderer Seite wurde das Worte „ihrer Natur nach" im Wesentlichen bemängelt und ausgeführt, daß solch vage Begriffe in ein Gesetz nicht gehörten. Eine Definition des Begriffes „Klassen" oder „Klassen im Sinne dieses Gesetzes" sei auch nirgends gegeben. Es sei dies aber nöthig, da man den Kassenbuchhalter zu derselben Klasse rechnen könne, wie den Registraturbeamten, da die Beschäftigung derselben wesentlich die gleiche sei.

Dem gegenüber wurde gesagt, daß es ganz unmöglich sei, den Begriff „Klasse" anders, als im Gesetz geschehen, zu fixiren, da die stetige Entwickelung der Kommunen die Schaffung immer neuer Beamtenklassen erfordern werde.

Schließlich wurde an den Kommissar des Herrn Ministers des Innern die Frage gerichtet, wie der Absatz 3 zu verstehen sei, ob nämlich nach Maßgabe der in demselben enthaltenen Bestimmung eine Stelle ein für alle Mal für ungeeignet zur Besetzung mit Militäranwärtern erklärt würde oder ob eine das erste Mal für nicht geeignet erachtete Stelle bei eintretender Vakanz wieder ausgeschrieben und von Neuem auf ihre Qualität geprüft werden müsse.

Darauf entgegnete der Kommissar des Herrn Ministers des Innern, daß die im Absatz 3 bezeichneten Stellen von der Aufsichtsbehörde ein für alle Mal als geeignet oder ungeeignet zur Besetzung mit Militäranwärtern zu erklären seien. Selbstredend nur bis auf Weiteres; also unbeschadet der Befugniß und Pflicht der Aufsichtsbehörde, je nach den gemachten Erfahrungen oder aus anderen Gründen in eine erneute Prüfung einzutreten.

Was den Absatz 2 anlange, so sei derselbe in den Gesetzentwurf aufgenommen, damit den größeren Verwaltungen, namentlich denjenigen der Provinzen, eine gewisse Freiheit der Bewegung bei der Vertheilung der Militäranwärter in den einzelnen Dienstzweigen eingeräumt werde.

Habe eine solche Behörde z. B. in Einer Klasse 20 Stellen mit Militäranwärtern zu besetzen, dann solle ihr durch Absatz 2 die Freiheit gegeben werden, in der einen Anstalt 15, in der anderen aber nur 5 anzustellen.

Ein Verzeichniß der einzelnen Beamtenkategorien aufzustellen, wonach bei der Ausführung nicht in das Gesetz übernommenen Grundsätze schlechthin zu verfahren sei, sei wohl beim Reiche und Staate, nicht aber bei den Kommunen möglich. Bei ersteren hätten die denselben Titel führenden Beamten in der Regel auch die gleiche Funktion, was bei den letzteren durchaus nicht immer der Fall sei.

Was die im Absatz 3 bezeichneten Stellen anlange, so werde von der Aufsichtsbehörde ein für alle Mal festgestellt werden, ob dieselben den Militäranwärtern vorzubehalten seien oder nicht. Sei die Entscheidung in negativem Sinne ausgefallen, dann brauche eine solche Stelle bei einer Neubesetzung nicht wieder ausgeschrieben zu werden.

Nachdem der Antrag auf Streichung des Paragraphen, ebenso die Anträge 1 und 4 zurückgezogen waren, wurden bei der Abstimmung 2 und 3 abgelehnt und der Paragraph in der Fassung der Regierungsvorlage angenommen.

§ 5 wurde in zweiter Lesung unverändert angenommen.

Zu § 6

fand sich nichts zu bemerken.

§ 6 wurde in zweiter Lesung unverändert angenommen.

Zu § 7

lag ein Antrag vor, in der zweiten Zeile die eingeklammerten Worte zu streichen. Der Herr Antragsteller war der Meinung, daß diese Worte überflüssig und daher zu streichen seien.

Gegen diese Auffassung wendete sich der Kommissar des Herrn Ministers, indem er erklärte, daß diese Worte den „Grundsätzen" entnommen und durchaus unentbehrlich seien. Durch dieselben solle in Verbindung mit dem ersten Absatze festgelegt werden, wie zu verfahren sei, wenn die Zahl der in einer Kommune vorhandenen Stellen sich bei der vorgeschriebenen Vertheilung zwischen Militäranwärtern und Civilpersonen nicht ohne Rest theilen ließe. Seien z. B. in einer Kommune im Ganzen 7 Stellen vorhanden, von denen nach den vorhergehenden Paragraphen die Hälfte den Militäranwärtern vorzubehalten sei, so könnten, da sich 7 durch 2 nicht ohne Rest theilen läßt, Zweifel darüber entstehen, ob den Anwärtern 3 oder 4 Stellen zufallen sollen. In einem solchen Falle habe die Besetzung der Stellen lediglich in einer dem Antheilsverhältnisse entsprechenden Reihenfolge mit Militäranwärtern und Civilpersonen zu erfolgen.

Bei der Abstimmung wurde § 7 angenommen.

§ 7 wurde in zweiter Lesung unverändert angenommen.

Haus der Abgeordneten. Aktenstück № 203. 2261

Zu § 8 und § 9
fand sich Nichts zu bemerken.
§§ 8 und 9 wurden in zweiter Lesung unverändert angenommen.

Zu § 10
lag ein Antrag vor,
in der ersten Zeile des Absatzes 2 statt „6 Wochen" „4 Wochen" zu setzen.

Zur Begründung führte der Herr Antragsteller aus, daß eine vierwöchentliche Frist völlig ausreichend sei, eine längere aber, besonders kleinen Kommunen, große Unbequemlichkeiten bereiten könne.

Von anderer Seite wurde noch bemerkt, daß für die Staatsverwaltung gemäß § 17 der „Grundsätze" bei Berechnung der Frist der Tag der Absendung maßgebend sei, während in diesem Entwurfe der Tag der Bekanntmachung entscheide. Dadurch könne die Frist nach Belieben der Militärverwaltung verlängert werden.

Von den Herren Vertretern der Königlichen Staatsregierung wurde darauf erwidert, daß der Zusatz zu § 17 der „Grundsätze" genau dieselben Bestimmungen enthalte, wie der vorliegende Paragraph und daß die Frist zwischen Absendung und Bekanntmachung überhaupt nur 3 Tage betrage. Eine Verkürzung der Frist von 6 auf 4 Wochen sei für die Militärverwaltung nicht wünschenswerth. Einmal werde diese Zeit bei der Anstellung in der Staatsverwaltung festgehalten, eine Aenderung könne also nur Verwirrungen herbeiführen, dann seien aber auch 6 Wochen zur Herbeischaffung von Papieren, zur etwaigen Beschaffung einer Kaution rc. nothwendig.

Bei der Abstimmung wurde der Paragraph unverändert angenommen.

Zu § 10 lag in zweiter Lesung ein Antrag vor:
in der vorletzten Zeile hinter „Stellenbesetzung" die Worte „bis zur definitiven Besetzung" zu setzen.

Der Antragsteller begründete den Antrag, indem er ausführte, es müsse im Gesetz klar ausgesprochen werden, daß die Kommunen auch dann freie Hand behielten, wenn die betreffende Stelle nur provisorisch besetzt würde, so sonach die nächste Stelle wieder mit einer Civilperson zu besetzen sei.

Hierzu erklärte der Kommissar des Herrn Kriegsministers, daß die Auffassung des Antragstellers richtig sei. Meldeten sich zu einer den Militäranwärtern vorbehaltenen Stelle keine Militärpersonen und würde dieselbe deswegen mit einer Civilperson besetzt, so falle trotzdem, wenn die Stellen alternirend besetzt würden, die nächste Stelle einer Civilperson zu.

Der Kommissar des Herrn Ministers des Innern erklärte, auch in der Fassung des § 10 nach der Regierungsvorlage die Deutung beilege, daß bei ergebnißloser Bekanntmachung der für einen Militäranwärter vorbehaltenen Stelle die Anstellungsbehörde freie Hand bei der Besetzung habe, ohne daß sie gerade für verpflichtet zu trachten wäre, diese Besetzung sofort definitiv zu vollziehen.

Hierauf wurde der Antrag zurückgezogen und der Paragraph angenommen.

Zu § 11
lag ein Antrag vor,
den zweiten Satz in Absatz 1 zu streichen, ebenso Absatz 2 und 3.

Von anderer Seite wurde während der Debatte beantragt, nur die Worte:
„ob die Stellen dauernd — verbunden ist"
und im Absatz 2 die Worte:
„falls geeignet — werden kann"
zu streichen, den Absatz aber stehen zu lassen.

Begründend wurde ausgeführt, daß in Konsequenz der Einfügung des Wortes „etatsmäßig" im § 1 die Worte von „ob" bis „verbunden ist" gestrichen werden müßten. Aus demselben Grunde müßten aber die anderen Stellen stehen bleiben, da es eine Menge von etatsmäßigen Stellen gäbe, deren Inhaber nur auf Widerruf oder auf Kündigung angestellt seien. Absatz 2 würde bei der Ausführung große Schwierigkeiten bereiten, in vielen Fällen aber überhaupt nicht auszuführen sein. Durch Streichung der Worte von „falls" bis „kann" würde dem Militäranwärter kein Schaden geschehen, da es doch wohl selbstverständlich sei, daß ein sich meldender Militäranwärter, sofern er tauglich sei, ebenso gut angenommen würde, wie eine Civilperson.

Diesen Ausführungen widersprach der Kommissar des Herrn Ministers des Innern, indem er bemerkte, daß die Streichung der Worte „ob die Stellen" bis „verbunden ist" durchaus nicht in der Konsequenz des eingeschobenen Wortes „etatsmäßig" liege, da es ja auch Stellen gäbe, die, obgleich etatsmäßig, nur vorübergehend besetzt würden. Würden die Worte „falls geeignet" bis „werden kann" im Absatz 2 gestrichen, dann würde den Militäranwärtern das Recht auf alle Stellen, bei denen die Beschäftigung eine nur vorübergehende sei, genommen. Erfahrungsmäßig würden aber gerade solche Stellen, wie sie z. B. die Diener des Abgeordnetenhauses einnähmen, von Anwärtern gesucht. Eine Ausschließung solcher Stellen werde ja gar nicht verlangt. Nur dann, wenn ein Militäranwärter sich zur rechten Zeit gemeldet habe, solle er den Vorzug haben. Wolle man den Abs. 3 streichen, dann würde Militäranwärtern und Invaliden, die nicht mehr voll diensttauglich seien, die Möglichkeit, sich einen Nebenverdienst zu verschaffen, genommen.

Nachdem der Antrag zu Abs. 3 zurückgezogen worden war, wurde der erste Antrag abgelehnt.

Der zweite Antrag, im Abs. 1 die Worte „ob" bis „ist" zu streichen, wurde angenommen,
ebenso der dritte Antrag, im Abs. 2 die Worte „falls" bis „kann" zu streichen.

Sodann wurde der Paragraph angenommen.

Zu § 11 wurde in zweiter Lesung der Antrag gestellt, im Abs. 1 die Worte der Regierungsvorlage „ob die Stellen dauernd ic. ic. bis Remuneration verbunden ist" wiederherzustellen.

Hierzu wurde ausgeführt, daß die Regierungsvorlage wiederhergestellt werden müsse, da im § 1 das Wort „etatsmäßig" gestrichen sei.

Bei der Abstimmung wurde der Paragraph in der Fassung der ersten Lesung mit den in dem Antrage enthaltenen Worten angenommen.

Zu § 12 lag ein Antrag vor, im Abs. 3 Zeile 9 das Wort bezw. die Silben „oder Kassen" zu streichen.

Der Antragsteller führte aus, daß diese Worte, da der Kassendienst zum Büreaudienst gehöre, überflüssig seien. Ließe man sie stehen, dann könnte man zu der irrthümlichen Auffassung kommen, daß den Militäranwärtern mit demselben ein Recht auf die im § 3 unter Ziffer 2 ausgenommenen Stellen eingeräumt werden sollte.

Von anderer Seite wurde darauf hingewiesen, daß man diese Worte lassen müsse, da es doch nicht ausgeschlossen sei, daß ein qualifizirter Militäranwärter auch einmal zu einer solchen Kassenstelle einberufen werden könne.

Der Kommissar des Ministers des Innern führte aus, daß allerdings der Kassendienst im Allgemeinen unter den Büreaudienst falle und somit der Antrag an sich nicht unbegründet sei. Die in Rede stehende Bestimmung des Entwurfs beruhe auf einem Zusatze des Herrenhauses. Streiche man nun jetzt die Worte „oder Kassen", dann sei es wohl möglich, daß man in späterer Zeit annähme, dieser Passus beziehe sich nicht auch auf Anstellungen im Kassendienst. Deshalb empfehle es sich, nunmehr den Entwurf zu belassen.

Darauf wurde der Antrag zurückgezogen.

Im weiteren Verlauf der Debatte wurde die Frage aufgeworfen, welche Behörde über die Qualifikation eines Anwärters zu entscheiden habe und ausgeführt, daß diese Befugniß doch allein der Anstellungsbehörde zustehen dürfe, da diese allein in der Lage sei, sich ein richtiges Urtheil über die Befähigung des Militäranwärters zu bilden. Wohl sei es gleichgültig, wer über die im Artikel 1 verlangte allgemeine Qualifikation zu entscheiden habe, anders aber gestalte sich die Sache bei den in Absatz 3 genannten Stellen, für die eine höhere Bildung und längere Probezeit, die ihren Abschluß eventuell in einem abzulegenden Examen zu finden habe, nothwendig sei. Der Ausfall dieses Examens müsse dann unter allen Umständen über die Anstellungsfähigkeit des Anwärters entscheiden.

Die Probezeit von 6 Monaten unter Umständen zu erhöhen, liege im Interesse der Militäranwärter selbst, da dieselben sich in der kurzen Zeit von 6 Monaten die genügenden Kenntnisse nicht immer aneignen könnten.

Diesen Ausführungen gegenüber bemerkte der Kommissar des Herrn Ministers des Innern, daß zwar die Anstellungsbehörde primo loco über die Qualifikation zu entscheiden habe, daß aber der Beschwerdeweg zulässig sein müsse, um bei unbilligen Anforderungen an die Militäranwärter Remedur eintreten lassen zu können. Ueber das Ergebniß einer geordneten Prüfung habe selbstredend nur das pflichtmäßige Ermessen der Prüfungsbehörde zu entscheiden. Die nach dem Entwurfe zugelassene Verlängerung der Probezeit berücksichtige hauptsächlich zwar das Interesse der Militäranwärter, dann aber auch dasjenige der Kommunalverwaltungen.

Weiter wurde beantragt, die Worte:

oder von einer Probedienstleistung abhängig gemacht werden

zu streichen.

Hierzu wurde ausgeführt, daß das, was dieser Satz ausdrücken solle, schon in dem vorhergehenden enthalten sei, da sich die Begriffe Probe und Probedienstzeit deckten. Man könne neben der Probeanstellung wohl noch von einer informatorischen Beschäftigung, nicht aber von einer Probedienstleistung sprechen.

Von anderer Seite wurde darauf entgegnet, der Annahme, daß die Begriffe „Probe und Probedienstzeit" sich voll deckten, sei eine irrige, da es wohl vorkommen könne, daß ein Militäranwärter zu einer Probedienstleistung für eine Stelle, deren Inhaber zwar noch im Dienste sei, aber wegen Krankheit, Alter u. s. w. bald abginge, einberufen würde.

Von dem Kommissar des Herrn Kriegsministers wurde ausgeführt, daß der Unterschied zwischen Probeanstellung, Probedienstleistung und informatorische Beschäftigung auch in finanzieller Hinsicht ein großer sei. Während dem Militäranwärter bei einer Probeanstellung das ganze Stellengehalt zufließe, habe er bei einer Probedienstleistung nur den Anspruch auf ⁴/₅ des Stelleneinkommens. Bei informatorischer Beschäftigung dagegen, zu welcher jeder Zeit eine Abkommandirung erfolgen könne, haben die Kommunen nichts zu leisten.

Nachdem noch von anderer Seite gefragt worden war, ob sich das Wort „Probezeit" sowohl auf Probe als auf Probedienstleistung beziehe und hie Antwort in bejahendem Sinne ertheilt war, wurde der Antrag bei der Abstimmung abgelehnt,

der Paragraph angenommen.

§ 12 wurde in zweiter Lesung unverändert angenommen.

Darauf wurde der Antrag eingebracht, hinter § 12 einen § 12a einzufügen.

Derselbe lautet:

Bei Meldungen von Militäranwärtern sollen solche Militäranwärter, welche in der Provinz der Aufstellung ihre Heimath haben, thunlichst bevorzugt werden.

Der Antragsteller führte aus, daß es im dienstlichen Interesse liege, möglichst Leute, welche mit den Landeseigenthümlichkeiten vertraut seien, anzustellen, da diese bei gleicher Qualifikation, unterstützt durch ihre Kenntniß des Landestheils, unter allen Umständen mehr leisten würden, als aus weiter Ferne gesandte. Es sei auch nicht zu verkennen, daß durch solche Bestimmung die Liebe zur Heimath erhöht und die Seßhaftigkeit der Bevölkerung gefördert würde.

Von anderer Seite wurde darauf hingewiesen, daß der Antrag bei aller Anerkennung der in ihm enthaltenen Tendenz doch unannehmbar sei, da sich der Begriff Heimath im Sinne des Antrags nicht fixiren lasse, derselbe auch in Uebrigen in Preußen gesetzlich nicht festgelegt sei.

Der Ausführung dieser Bestimmung würden sich außerdem unüberwindliche Schwierigkeiten entgegenstellen. In welcher Provinz z. B. ein Brandenburger, der schon als Kind nach Schlesien gekommen sei, dort auch gedient habe, bevorzugt werden solle, sei garnicht zu entscheiden.

Eine derartige Bestimmung sei aber auch deswegen garnicht nöthig, weil den Kommunen bei der Auswahl unter den Militäranwärtern vollständig freie Hand gelassen sei.

Nachdem sich der Kommissar des Herrn Ministers des Innern mit diesen Ausführungen einverstanden erklärt hatte, wurde der Antrag abgelehnt.

Sodann wurde in der zweiten Lesung ein Antrag eingebracht, hinter § 12 einen § 12a einzuschalten, mit folgendem Wortlaute:

Bei Meldungen sollen solche Militäranwärter, welche in der Provinz der zu besetzenden Stelle ihren Unterstützungswohnsitz haben, thunlichst bevorzugt werden.

Nachdem der Antragsteller den Antrag wie in erster Lesung begründet hatte, wurde derselbe bei der Abstimmung abgelehnt.

Zu Abs. 1 § 13 wurde der Antrag gestellt, den ersten Satz zu fassen:

Welche Subaltern- und Unterbeamtenstellen als etatsmäßige im Sinne dieses Gesetzes anzusehen sind, bestimmt die Kommunalaufsichtsbehörde. Gegen diese Bestimmung ist die Beschwerde zulässig.

Die Kommunalaufsichtsbehörden haben alljährlich die Liste der etatsmäßigen Stellen dem Oberpräsidenten einzureichen.

Der Antragsteller führte aus, daß, nachdem im § 1 das Wort „etatsmäßig" eingeschoben sei, eine Instanz geschaffen werden müsse, durch welche diejenigen Stellen, welche fortan als etatsmäßig anzusehen seien, bestimmt würden. Es sei dies schon aus dem Grunde dringend nöthig, weil sonst den Kommunen bezüglich der Pauschquanten weiter freie Hand gelassen würde. Eine Aenderung der Bestimmungen des Zuständigkeitsgesetzes werde damit nicht vorgenommen, da ja nur im Rahmen der Etats der Kommunen die Zahl der etatsmäßigen Stellen festgestellt werden solle, somit ein Eingriff in den Etat selbst nicht erfolge. Den Oberpräsidenten mit dieser Funktion zu betrauen, gehe nicht an, da dieser den Verhältnissen fernstehende Beamte nur auf den Bericht seiner Unterbehörden hin eine Entscheidung treffen könne. Man müsse also diejenige Behörde wählen, die sich aus eigenster Kenntniß der Verhältnisse ein sicheres Urtheil, nach dem sie ihre Entscheidung einrichte, bilden könne. Dies sei aber naturgemäß die Kommunalaufsichtsbehörde. Die Worte „im Einvernehmen mit dem Generalkommando" müßten gestrichen werden, da durch Einfügung derselben ein ganz neuer Rechtszustand geschaffen würde. In keinem Verwaltungsgesetze sei eine Bestimmung enthalten, durch welche einer Militärbehörde ein Einspruchsrecht in Verwaltungssachen zugestanden werde.

Von anderer Seite wurde dem gegenüber bemerkt, daß erst durch das in den § 1 eingeschobene Wort „etatsmäßig" derartige Bestimmungen im § 13 nöthig geworden seien. Es sei daher besser, in zweiter Lesung auf die Streichung dieses Wortes Bedacht zu nehmen und die Regelung der Verhältnisse in anderer Weise anzubahnen.

Gegen den Antrag wendete sich der Kommissar des Herrn Ministers des Innern, indem er ausführte, daß derselbe nicht ausdrücke, was er wolle. Da der Begriff „etatsmäßig" im Staats- und Verwaltungsrecht feststehe, würden die an die Stelle des Oberpräsidenten gesetzten Kommunalaufsichtsbehörden ihre Entscheidungen in keinem anderen Sinne treffen können, als in diesem. Sollten die Worte „etatsmäßig im Sinne dieses Gesetzes" anders aufgefaßt werden und zwar so, wie der Herr Antragsteller es als in seiner Absicht liegend zu erkennen gegeben habe, dann müßte die in Vorschlag gebrachte Bestimmung etwa lauten, „als etatsmäßige Stellen im Sinne dieses Gesetzes gelten alle Stellen, welche die Kommunalaufsichtsbehörde nach bestem Ermessen für solche erklärt und soweit als erforderlich mit den diesen Stellen zu gewährenden Gehältern in die Etats der Kommunalverbände eintragen läßt. Die Vorschriften der §§ 19 u. s. w. des Zuständigkeitsgesetzes finden auf Fälle dieser Art keine Anwendung."

Das Ziel, welches nach dem Antrage erreicht werden solle, nämlich die Kommunen zur Aufstellung etatsmäßiger Stellen zu zwingen, könne im Falle eines Widerspruchs der Kommunen doch nur im Wege der Zwangsetatisirung erreicht werden. Dadurch, daß in einem Etat neben einem für Büreaukosten ausgeworfenen Pauschquantum in Folge Bemerkung eingetragen werde: aus dem Pauschquantum seien 10 Kanzlisten zu besolden, würden deren Stellen noch nicht, wie der Antragsteller glaube, zu etatsmäßigen, denn es fehle an der Angabe des Gehalts der Stellen. Werde aber so, wie zur Erreichung der Absicht des Antragstellers erforderlich sei, verfahren, so stoße man auf das Bedenken, die in §§ 19 u. s. w. des Zuständigkeitsgesetzes ausgesprochenen Grundsätze bei diesem Gesetze außer Anwendung zu setzen.

Von anderer Seite wurde diesen Ausführungen gegenüber bemerkt, daß Worte, wie „nach bestem Ermessen" nicht eingefügt zu werden brauchten, da es sich von selbst verstehe, daß eine Behörde nur in diesem Sinne handeln könne.

Bei der Abstimmung wurde der Antrag angenommen. Bei der zweiten Lesung wurde der Absatz 1 des § 13 zusammen mit § 1 berathen.

In beiden Lesungen herrschte in der Kommission darüber Einigkeit, daß eine Aenderung der weiteren Absätze des Paragraphen der in ihnen enthaltenen Härten wegen herbeigeführt werden müsse. Allseitig wurde betont, daß es durchaus nothwendig sei, den durch dieselben

in ihrer Existenz bedrohten Beamten einen Schutz zu verschaffen. Durch Ausführung der in dem Paragraphen enthaltenen Bestimmungen müßte nothwendigerweise eine erhebliche Zahl von Stelleninhabern, sofern bei ihrer Anstellung nicht nach den gesetzlichen Vorschriften verfahren worden sei, brodlos werden. Bedenke man dabei, daß ein großer Theil dieser Beamten, denen vielleicht erst durch dieses Gesetz die Unrechtmäßigkeit ihrer Anstellung zum Bewußtsein gebracht würde, Weib und Kind zu ernähren habe, so erscheine es wohl gerechtfertigt, ja geboten, Ausnahmebestimmungen in das Gesetz aufzunehmen, durch welche ihnen ein Schutz gewährt würde. Nähme man aber auch an, daß diese Beamten sämmtlich gewußt hätten, ihrer Anstellung fehle der gesetzliche Boden, so sei doch zu bedenken, daß die Hauptschuld nicht sie, sondern in erster Reihe die Kommunalverwaltung, in zweiter die Kommunalaufsichtsbehörde, der diese Verhältnisse nicht unbekannt sein konnten, treffe.

Sehr zu berücksichtigen sei es aber auch, daß derartige Bestimmungen große Mißstimmung im Lande hervorrufen würden, was weder in dem Interesse der Königlichen Regierung noch in dem der Militärverwaltung liegen könne.

Um das vorbezeichnete Ziel zu erreichen, wurde in erster Lesung folgender Antrag eingebracht:

Den dritten Satz des § 13 „die Anstellungsverhältnisse bis hierdurch unberührt" dahin zu fassen:

Die Bestimmungen dieses Gesetzes finden auf die Anstellungsverhältnisse der Inhaber einer nach den vorstehenden Bestimmungen den Militäranwärtern vorzubehaltenden Stelle, sowie auf die Anstellung und fernere Beschäftigung derjenigen Civilanwärter, welche bereits am 1. April 1892 kommissarisch beschäftigt waren, keine Anwendung.

Der Antragsteller führte aus, daß es nicht nur nothwendig sei, die festangestellten und kommissarisch beschäftigten Civilpersonen zu schützen, sondern daß der ertheilte Schutz den diktatorisch beschäftigten jungen Leuten, die sich ohne Kenntniß der gesetzlichen Bestimmungen in der Hoffnung auf künftige Anstellung dieser Laufbahn zugewendet hätten, zu Theil werden müsse. Derartige gesetzliche Bestimmungen zu treffen, rechtfertige sich um so mehr, als der Kreis der Militärpersonen, denen durch dieses Gesetz ein Anstellungsrecht verliehen werde, erheblich erweitert sei, da jetzt nicht nur Militärinvaliden, sondern auch Militäranwärter berücksichtigt werden müßten. In der angegebenen Weise vorzugehen, sei um so unbedenklicher, als durch den vorgeschlagenen Satz ja nur eine Uebergangsbestimmung getroffen werden solle.

Gegen diese Ausführungen wendete sich der Kommissar des Ministers des Innern, indem er bemerkte, daß es doch sehr bedenklich sei, ein begangenes Unrecht aus dem Grunde, weil eventuell einige Angestellte ihre Stellung verlieren könnten, zu sanktioniren. Würden ältere Beamte durch die Ausführung dieses Gesetzes hart betroffen, dann könnten sie die Königliche Gnade, der ihnen, sofern sie Berücksichtigung verdienten, nicht versagt werden würde, anrufen.

Jungen Leuten aber, die vielleicht eben erst aus der Schule entlassen seien, im Sinne des Antrags ein Schutz in der ihnen im Widerspruch mit den bestehenden Bestimmungen ertheilten Anstellung zu verleihen, müsse für unberechtigt erklärt werden. Die Behauptung, daß diesen, ebenso wie allen zu Unrecht Angestellten, die schon lange Jahre in Kraft stehenden Bestimmungen, nach welchen Stellen von Subaltern- und Unterbeamten in den städtischen ꝛc. Verwaltungen nur mit Militäranwärtern besetzt werden dürfen, unbekannt geblieben seien, sei nicht haltbar. Es kümmere sich doch jeder Mensch, bevor er eine Laufbahn einschlage, um die Verhältnisse und um die sich ihm bietenden Aussichten. Gehe man so vor, wie der Antrag es wolle, dann würde den Militäranwärtern gegenüber vielfach und mit Bewußtsein begangenes Unrecht legalisirt.

Wenn angenommen werde, daß durch dieses Gesetz die jetzt bestehenden Bestimmungen verschärft würden, so sei dies ein Irrthum. Nach jetzt geltendem Rechte sei die Regierung in der Lage, gegen sämmtliche zu Unrecht angestellte Civilpersonen vorzugehen. Mit diesem Gesetze gäbe sie einen Theil ihres Rechts auf, da durch dasselbe den Kommunen bei der Besetzung einer großen Zahl von Stellen freie Hand gelassen würde. Durch den Antrag werde aber auch das Ziel, welches er aus Schonung gegen lang hergebrachte Verhältnisse im Auge habe, nicht immer erreicht, da nach demselben alle Beamte ihres Amtes verlustig gehen könnten, sobald sich ein berechtigter Militärinvalide melde.

Darauf wurde noch ein Antrag eingebracht:

Im § 13 Satz 3 vor dem Worte „übertragen" folgende Worte einzuschieben:

„definitiv oder bis zum 1. April 1891 kommissarisch".

Bei der Abstimmung wurde der erste Antrag angenommen, wodurch sich die Abstimmung über den zweiten erledigte.

Bei der zweiten Berathung wurde ein Antrag eingebracht, statt der Worte

1. April 1892 kommissarisch beschäftigt zu setzen:

am 1. Januar 1892 kommissarisch versehen haben, ein Antrag:

statt 1. April 1892 zu sagen 1. April 1889 und ein dritter Antrag, welcher lautet:

Kommission wolle beschließen, den vorletzten Satz im Absatz 1 des § 13 also zu fassen:

Sind bei dem Inkrafttreten dieses Gesetzes Civilpersonen seit mindestens 3 Jahren in Stellen, welche nach dem bisherigen Rechte ohne landesherrliche Verleihung der Berechtigung zu einer Anstellung nicht haben übertragen werden können und gemäß der Vorschriften des gegenwärtigen Gesetzes den Militäranwärtern nur theilweise vorbehalten sind, so können die Civilpersonen in diesen Stellen mit der Maßgabe belassen bleiben, daß solcut werdende Stellen den Militäranwärtern insolange und in ununterbrochener Reihenfolge übertragen werden, bis der den Militäranwärtern vorbehaltene Theil erfüllt ist.

Sodann wurde ein Antrag eingebracht,

A) den vorletzten Satz im § 13 zu streichen und unter der Ueberschrift „Uebergangs- und Schlußbestimmungen" folgenden § 13a einzuschalten:

„Sind bei dem Inkrafttreten dieses Gesetzes Civilpersonen seit mindestens drei Jahren in Stellen, welche nach dem bisherigen Rechte ohne landesherrliche Verleihung der Berechtigung zu einer Anstellung nicht haben übertragen werden können, so dürfen die Civilpersonen in diesen Stellen belassen werden.

Gehören diese Stellen zu denjenigen, welche gemäß den Vorschriften des gegenwärtigen Gesetzes den Militäranwärtern theilweise vorbehalten sind, so müssen frei werdende Stellen den Militäranwärtern in so lange und in ununterbrochener Reihenfolge übertragen werden, bis der den Militäranwärtern vorbehaltene Theil erfüllt ist."

B) Den Absatz 2 des § 13 an den Schluß des § 14 in der Fassung zu setzen:

Der Minister des Innern und der Kriegsminister sind mit der Ausführung dieses Gesetzes beauftragt und erlassen die hierzu erforderlichen Anordnungen und Instruktionen.

Für den Fall der Annahme des 3. oder 4. Antrages wurde beantragt:

die Regierungsvorlage durch Wiederaufnahme des Satzes „die Anstellungsverhältnisse bis unberührt" wiederherzustellen.

Wie schon in den einleitenden Worten angedeutet, ging das Bestreben sämmtlicher Redner und Antragsteller dahin, den im Amte befindlichen Civilpersonen einen ausreichenden Schutz zu gewähren.

Die Regierungskommissare erklärten sich außer Stande, im Namen der Königlichen Staatsregierung eine bestimmte Erklärung über deren Stellung zu diesen Anträgen abzugeben, sie seien dagegen in der Lage, namens ihrer Herren Chefs die Zustimmung zu dem Antrage 3 auszusprechen, wenn in demselben anstatt „3 Jahre" „5 Jahre" gesagt würde.

Nachdem die Anträge 1, 2 und 3 zu Gunsten des Antrages 4 zurückgezogen worden waren, wurde bei der Abstimmung der Antrag 4 und darauf auch der Antrag 5 angenommen.

Zu § 14

wurde in zweiter Lesung der Antrag gestellt, den Zeitpunkt des Inkrafttretens dieses Gesetzes auf den 1. Januar 1893 hinauszuschieben. Nachdem demselben von Seiten des Kommissars des Herrn Ministers des Innern widersprochen war, wurde er abgelehnt.

Darauf wurde der Gesetzentwurf, wie er sich nach den Beschlüssen der Kommission gestaltet hatte, einstimmig angenommen.

Der Kommission war erstens eine Petition von Subaltern- und Unterbeamten der Städte Elbing, Königsberg, Potsdam, Görlitz, Krefeld, Bochum, Bielefeld, Aschersleben, Insterburg, Mühlhausen i. Th., Stargard i. P., Hamm i. W., Neiße, Münster, Liegnitz, Landsberg a. W., Flensburg, Guben, Altenstein und Tilsit überwiesen worden, in welcher gebeten wird,

in den vorliegenden Gesetzentwurf die Bestimmung aufzunehmen, daß den auf Lebenszeit angestellten Gemeindebeamten ebenso wie den unwiderruflichen Staatsbeamten und Elementarlehrern die Militärdienstzeit bei der Pensionirung anzurechnen ist, zweitens eine solche des Hauptmanns a. D. Hugo Zahn, in welcher gebeten wird,

bei Berathung des Gesetzes auch der verabschiedeten Offiziere zu gedenken.

Unter der Erwägung, daß diese Petitionen durch die Beschlußfassung über diesen Gesetzentwurf nicht erledigt sind, mit demselben jedoch in einem gewissen Zusammenhange stehen, wurde beschlossen,

dieselben der Königlichen Staatsregierung als Material zu überweisen.

Schließlich wurde noch folgende Resolution beantragt: Die Königliche Staatsregierung zu ersuchen, dahin zu wirken, daß den Beamten im Kommunaldienst bei ihrer Pensionirung die Militärdienstzeit angerechnet wird und der auf diese Weise entstehende Pensionsmehrbetrag aus Reichs- und Staatsmitteln getragen werde.

Zur Begründung derselben wurde ausgeführt, daß, nachdem durch dieses Gesetz die Anstellung der Militäranwärter geregelt und der Kreis der zur Anstellung verpflichteten Kommunen erheblich erweitert worden sei, die Frage der Pensionirung dieser Beamten eine immer brennendere, zur Entscheidung drängende werde. In der Billigkeit liege es, daß denselben bei ihrer Pensionirung die Militärdienstzeit angerechnet und der sich dabei etwa ergebende Pensionsmehrbetrag vom Staate, dem ja die Dienste geleistet worden seien, bezahlt werde. Den Kommunen diese Last, die besonders für die kleinen eine außerordentlich drückende werden könnte, aufzubürden, wäre hart. Die Vertreter der Königlichen Staatsregierung lehnten es ab, namens derselben zu dem Antrage Stellung zu nehmen, da derselbe in keinem direkten Zusammenhange mit dem Gesetze stehe.

Bei der Abstimmung wurde die Resolution einstimmig angenommen.

Die Kommission beantragt demgemäß:

das Haus der Abgeordneten wolle beschließen:

1. Dem Entwurfe eines Gesetzes, betreffend die Besetzung der Subaltern- und Unterbeamtenstellen in der Verwaltung der Kommunalverbände mit Militäranwärtern, in der aus der anliegenden Zusammenstellung sich ergebenden Fassung der Kommissionsbeschlüsse die Zustimmung zu ertheilen,
2. Die zu dem Gesetzentwurfe eingegangenen Petitionen II Nr. 785 und 891 der Königlichen Staatsregierung als Material zu überweisen.
3. Folgende Resolution anzunehmen:
Die Königliche Staatsregierung zu ersuchen, dahin zu wirken, daß den Beamten im Kommunaldienst bei ihrer Pensionirung die Militärdienstzeit angerechnet und der auf diese Weise entstehende Pensionsmehrbetrag aus Reichs- und Staatsmitteln getragen werde.

Berlin, den 25. Mai 1892.

Die XVII. Kommission.

Sperlich, Vorsitzender. **Schlabitz**, Berichterstatter. **Conrad** (Graudenz). **Eberhard. Ebertz. Greiff. Hartmann** (Glatz). **v. Hasselbach. v. Jtzenplitz. v. Kardorff. Kletschke. Knebel. Licht. v. Manteuffel. v. Rauchhaupt. Roeren. Schmidt** (Warburg). **Schroeder. Seßfardt** (Magdeburg). **Steinmann. v. Tschoppe** (Oldenstadt).

Zusammenstellung

des

Entwurfs eines Gesetzes, betreffend die Besetzung der Subaltern- und Unterbeamtenstellen in der Verwaltung der Kommunalverbände mit Militäranwärtern — Nr. 130 der Drucksachen — mit den Beschlüssen der Kommission.

Beschlüsse des Herrenhauses.	Beschlüsse der Kommission.
Entwurf eines Gesetzes, betreffend die Besetzung der Subaltern- und Unterbeamtenstellen in der Verwaltung der Kommunalverbände mit Militäranwärtern.	**Entwurf eines Gesetzes,** betreffend die Besetzung der Subaltern- und Unterbeamtenstellen in der Verwaltung der Kommunalverbände mit Militäranwärtern.
Wir **Wilhelm**, von Gottes Gnaden König von Preußen 2c. verordnen mit Zustimmung beider Häuser des Landtages für den gesammten Umfang der Monarchie, was folgt:	Wir **Wilhelm**, von Gottes Gnaden König von Preußen 2c. verordnen mit Zustimmung beider Häuser des Landtages für den gesammten Umfang der Monarchie, was folgt:
§ 1.	§ 1.
Die Subaltern- und Unterbeamtenstellen in der Verwaltung der Kommunalverbände, jedoch ausschließlich der Forstverwaltung, sind gemäß der nachstehenden Bestimmungen vorzugsweise mit Militäranwärtern zu besetzen.	Die Subaltern- und Unterbeamtenstellen in der Verwaltung der Kommunalverbände, jedoch ausschließlich der Forstverwaltung, sowie der Landgemeinden und ländlichen Kommunalbezirke mit weniger als 3 000 Seelen, sind gemäß der nachstehenden Bestimmungen mit Militäranwärtern zu besetzen. Vorstehende Verpflichtung kann durch Königliche Verordnung bezüglich der Kriegsinvaliden auf die Landgemeinden und ländlichen Kommunalbezirke mit weniger als 3 000 Seelen ausgedehnt werden. Dem Landtage ist hiervon bei seinem nächsten Zusammentritt Mittheilung zu machen.
Militäranwärter im Sinne dieses Gesetzes ist jeder Inhaber des Civilversorgungsscheins, welcher dem Preußischen Staate angehört und aus dem	Militäranwärter im Sinne dieses Gesetzes ist jeder dem Preußischen Staate angehörige und aus dem Preußischen Reichsmilitärkontingente her-

Beschlüsse des Herrenhauses.

Preußischen Reichsmilitärkontingente hervorgegangen ist. Die unter Preußischer Verwaltung stehenden außerpreußischen Kontingente und die Kaiserliche Marine sind in dieser Beziehung dem Preußischen Kontingente gleichgestellt.

§ 2.

Ausschließlich mit Militäranwärtern sind zu besetzen:
1. die Stellen im Kanzleidienst, einschließlich derjenigen der Lohnschreiber, soweit deren Inhabern die Besorgung des Schreibwerks und der damit zusammenhängenden Dienstverrichtungen obliegt;
2. sämmtliche Stellen, deren Obliegenheiten im Wesentlichen in mechanischen Dienstleistungen bestehen.

§ 3.

Mindestens zur Hälfte mit Militäranwärtern sind zu besetzen die Stellen der Subalternbeamten im Büreaudienst, jedoch mit Ausnahme
1. derjenigen Stellen, für welche eine besondere wissenschaftliche oder technische Vorbildung erfordert wird,
2. der Stellen derjenigen Kassenvorsteher, welche eigene Rechnung zu legen haben, sowie derjenigen Kassenbeamten, welche Kassengelder einzunehmen, zu verwahren oder auszugeben haben.

§ 4.

In welchem Umfange die nicht unter die §§ 2 und 3 fallenden Subaltern- und Unterbeamtenstellen mit Militäranwärtern zu besetzen sind, ist unter Berücksichtigung der Anforderungen des Dienstes zu bestimmen.

§ 5.

Insoweit in Ausführung der §§ 3 und 4 einzelne Klassen von Subaltern- und Unterbeamtenstellen den Militäranwärtern nicht mindestens zur Hälfte vorbehalten werden können, hat nach Möglichkeit ein Ausgleich in der Weise stattzufinden, daß andere derartige Stellen desselben Kommunalverbandes in entsprechender Zahl und Besoldung vorbehalten werden.

Unter einer Klasse im Sinne dieses Gesetzes ist die Gesammtheit der bei einem kommunalen Verbande beschäftigten Beamten zu verstehen, deren dienstliche Obliegenheiten ihrer Natur nach im Wesentlichen dieselben sind.

Enthält eine Klasse nur eine Stelle, so bleibt dieselbe den Militäranwärtern vorbehalten oder versagt, je nachdem sie unter Berücksichtigung der Anforderungen des Dienstes zur Besetzung mit einem Militäranwärter geeignet oder nicht geeignet ist.

§ 6.

Die den Militäranwärtern vorbehaltenen Stellen können verliehen werden
1. an Offiziere und Deckoffiziere, welchen beim Ausscheiden aus dem aktiven Dienste die Aussicht auf Anstellung im Civildienste verliehen worden ist;

Beschlüsse der Kommission.

vorgegangene Inhaber des Civilversorgungsscheins. Die unter Preußischer Verwaltung stehenden außerpreußischen Kontingente und die Kaiserliche Marine sind in dieser Beziehung dem Preußischen Kontingente gleichgestellt.

§ 2.

Unverändert.

§ 3.

Unverändert.

§ 4.

In welchem Umfange die nicht unter die §§ 2 und 3 fallenden Subaltern- und Unterbeamtenstellen mit Militäranwärtern zu besetzen sind, ist unter Berücksichtigung der Anforderungen des Dienstes **und unter sinngemäßer Zugrundelegung der für die Reichs- und Staatsbehörden jeweilig geltenden Verzeichnisse über die den Militäranwärtern vorbehaltenen Stellen** zu bestimmen.

§ 5.

Unverändert.

§ 6.

Unverändert.

Beschlüsse des Herrenhauses.   **Beschlüsse der Kommission.**

2. ehemaligen Militäranwärtern, welche sich in einer auf Grund ihrer Versorgungsansprüche erworbenen etatsmäßigen Anstellung befinden oder in Folge eingetretener Dienstunfähigkeit in den Ruhestand versetzt worden sind;
3. ehemaligen Militärpersonen, welchen der Civilversorgungsschein lediglich um deswillen versagt worden ist, weil sie sich nicht fortgesetzt gut geführt haben, und welchen gemäß einer von der zuständigen Militärbehörde ihnen später ertheilten Bescheinigung eine den Militäranwärtern im Reichs- oder Staatsdienste vorbehaltene Stelle übertragen werden darf;
4. sonstigen Personen, denen die Berechtigung zu einer Anstellung landesherrlich verliehen worden ist;
5. solchen Beamten und Bediensteten des betreffenden Kommunalverbandes, welche für ihren Dienst unbrauchbar oder entbehrlich geworden sind und einstweilig oder dauernd in den Ruhestand versetzt werden müßten, wenn ihnen nicht eine den Militäranwärtern vorbehaltene Stelle verliehen würde.

§ 7.   § 7.

Stellen, welche den Militäranwärtern nur theilweise (zur Hälfte, zu einem Drittheil u. s. w.) vorbehalten sind, werden bei eintretenden Vakanzen in einer dem Antheilsverhältniß entsprechenden Reihenfolge mit Militäranwärtern oder Civilpersonen besetzt, und zwar ohne Rücksicht auf die Zahl der zur Zeit der Besetzung thatsächlich mit Militäranwärtern und Civilpersonen besetzten Stellen.

Wird die Reihenfolge auf Grund des § 6 unterbrochen oder wird in Folge des § 6 Nr. 5 eine ausschließlich mit Militäranwärtern zu besetzende Stelle mit einem Bediensteten des Kommunalverbandes besetzt, so ist eine Ausgleichung herbeizuführen. Dabei sind Personen, deren Anstellung auf Grund des § 6 Nr. 4 und 5 erfolgt, als Civilpersonen, Personen, deren Anstellung auf Grund des § 6 Nr. 1—3 erfolgt, als Militäranwärter in Anrechnung zu bringen.

In der Versetzung oder Beförderung eines besoldeten Subaltern- oder Unterbeamten auf eine andere nicht ausschließlich mit Militäranwärtern zu besetzende besoldete Subaltern- oder Unterbeamtenstelle desselben Kommunalverbandes sind die Kommunalverbände nicht beschränkt. Wäre die auf solche Weise mit einer Civilperson besetzte Stelle der bestehenden Reihenfolge nach mit einem Militäranwärter zu besetzen gewesen, so ist eine Ausgleichung herbeizuführen.

§ 8.   § 8.

Die Militäranwärter haben sich um die von ihnen begehrten Stellen bei den Anstellungsbehörden zu bewerben.   Unverändert.

Sie sind zu Bewerbungen vor oder nach der Stellenerledigung insolange berechtigt, als sie noch nicht eine etatsmäßige Stelle erlangt und angetreten haben, mit welcher ein pensionsfähiges Diensteinkommen von mindestens 900 Mark verbunden ist. Bewerbungen um Stellen, welche nur im Wege des Aufrückens zu erlangen sind, werden jedoch hierdurch nicht ausgeschlossen.

§ 9.   § 9.

Bewerbungen um noch nicht frei gewordene Stellen sind alljährlich zum 1. Dezember zu erneuern, widrigenfalls dieselben als erloschen gelten.   Unverändert.

Beschlüsse des Herrenhauses. **Beschlüsse der Kommission.**

§ 10.

Stellen, welche mit Militäranwärtern zu besetzen sind, müssen im Falle der Erledigung und wenn keine Bewerbungen von Militäranwärtern für dieselben vorliegen, Seitens der Anstellungsbehörde der zuständigen Militärbehörde behufs der Bekanntmachung mittelst Einreichung einer Nachweisung bezeichnet werden.

Ist innerhalb 6 Wochen nach der Bekanntmachung eine Bewerbung bei der Anstellungsbehörde nicht eingegangen, so hat dieselbe in der Stellenbesetzung freie Hand.

§ 11.

Die den Militäranwärtern vorbehaltenen Stellen dürfen, außer in dem Falle des § 6, mit anderen Personen nicht besetzt werden, sofern sich Militäranwärter finden, welche zur Uebernahme der Stellen befähigt und bereit sind. Es macht dabei keinen Unterschied, ob die Stellen dauernd oder nur zeitweise bestehen, ob mit denselben ein etatsmäßiges Gehalt oder nur eine diätarische oder andere Remuneration verbunden ist, ob die Anstellung auf Lebenszeit, auf Kündigung oder auf Widerruf geschieht.

Zu vorübergehender Beschäftigung als Hülfsarbeiter oder Vertreter können jedoch auch Nichtversorgungsberechtigte angenommen werden, falls geeignete Militäranwärter nicht vorhanden sind, deren Eintritt ohne unverhältnißmäßigen Zeitverlust oder Kostenaufwand herbeigeführt werden kann.

In Ansehung derjenigen dienstlichen Verrichtungen, für welche wegen ihres geringen, die volle Zeit und Thätigkeit eines Beamten nicht in Anspruch nehmenden Umfanges und der Geringfügigkeit der damit verbundenen Remuneration besondere Beamte nicht angenommen, welche vielmehr an Privatpersonen, an andere Beamte als Nebenbeschäftigung oder an verabschiedete Beamte übertragen zu werden pflegen, behält es hierbei sein Bewenden. Wenn sich jedoch Militäranwärter ohne Aufforderung zu solchen dienstlichen Verrichtungen melden, so sind dieselben vorzugsweise zu berücksichtigen.

§ 12.

Die Anstellungsbehörden sind zur Berücksichtigung von Bewerbungen nur dann verpflichtet, wenn die Bewerber eine genügende Befähigung für die fragliche Stelle bezw. den fraglichen Dienstzweig nachweisen. Darüber, ob der Bewerber genügende Befähigung besitzt, entscheidet auf Beschwerde die staatliche Aufsichtsbehörde.

Sind für gewisse Dienststellen oder für gewisse Gattungen von Dienststellen besondere Prüfungen (Vorprüfungen) vorgeschrieben, so hat der Militäranwärter auch diese Prüfungen abzulegen. Auch kann, wenn die Eigenthümlichkeit des Dienstzweiges dies erheischt, die Zulassung zu dieser Prüfung oder die Annahme der Bewerbung überhaupt von einer vorgängigen informatorischen Beschäftigung in dem betreffenden Dienstzweige abhängig gemacht werden, welche in der Regel nicht über drei Monate auszudehnen ist. Ueber die Zulässigkeit einer informatorischen Beschäftigung entscheidet die staatliche Aufsichtsbehörde.

Die Anstellung eines einberufenen Militäranwärters kann zunächst auf Probe erfolgen oder von einer Probedienstleistung abhängig gemacht werden. Die Probezeit darf vorbehaltlich der Abkürzung bei früher nachgewiesener Befähigung in der Regel höchstens sechs Monate, für den

§ 10.

Unverändert.

§ 11.

Die den Militäranwärtern vorbehaltenen Stellen dürfen, außer in dem Falle des § 6, mit anderen Personen nicht besetzt werden, sofern sich Militäranwärter finden, welche zur Uebernahme der Stellen befähigt und bereit sind. Es macht dabei keinen Unterschied, ob die Stellen dauernd oder nur zeitweise bestehen, ob mit denselben ein etatsmäßiges Gehalt oder nur eine diätarische oder andere Remuneration verbunden ist, ob die Anstellung auf Lebenszeit, auf Kündigung oder auf Widerruf geschieht.

Zu vorübergehender Beschäftigung als Hülfsarbeiter oder Vertreter können jedoch auch Nichtversorgungsberechtigte angenommen werden.

In Ansehung derjenigen dienstlichen Verrichtungen, für welche wegen ihres geringen, die volle Zeit und Thätigkeit eines Beamten nicht in Anspruch nehmenden Umfanges und der Geringfügigkeit der damit verbundenen Remuneration besondere Beamte nicht angenommen, welche vielmehr an Privatpersonen, an andere Beamte als Nebenbeschäftigung oder an verabschiedete Beamte übertragen zu werden pflegen, behält es hierbei sein Bewenden. Wenn sich jedoch Militäranwärter ohne Aufforderung zu solchen dienstlichen Verrichtungen melden, so sind dieselben vorzugsweise zu berücksichtigen.

§ 12.

Unverändert.

Beschlüsse des Herrenhauses.   **Beschlüsse der Kommission.**

Dienst der Straßen- und Wasserbauverwaltung, mit Ausschluß der im § 2 bezeichneten Stellen, ein Jahr betragen. Handelt es sich um Anstellungen im Büreau- oder Kassendienst, so kann die Probezeit mit Genehmigung der staatlichen Aufsichtsbehörde unter Zustimmung der zuständigen Militärbehörde ausnahmsweise bis auf die Dauer eines Jahres verlängert werden. Während der Anstellung auf Probe ist dem Anwärter das volle Stelleneinkommen, während der Probedienstleistung eine fortlaufende Remuneration von nicht weniger als Dreiviertheil des Stelleneinkommens zu gewähren.

§ 13.

Welche Subaltern- und Unterbeamtenstellen und gegebenen Falls in welcher Anzahl dieselben gemäß der vorstehenden Bestimmungen den Militäranwärtern vorzubehalten sind, hat für jeden kommunalen Verband der Oberpräsident, in den Hohenzollernschen Landen der Regierungspräsident, im Einvernehmen mit dem Generalkommando festzustellen. Stellen, wegen deren eine solche Feststellung noch nicht stattgefunden hat, dürfen, insofern nicht Militäranwärter zur Anstellung gelangen, oder das in diesem Gesetze bezüglich der Besetzung der Stellen mit Militäranwärtern vorgeschriebene Verfahren erledigt ist, bis zu der erfolgten Feststellung nur widerruflich besetzt werden. Die Anstellungsverhältnisse der Inhaber von solchen Stellen, welche gemäß der vorstehenden Bestimmungen den Militäranwärtern vorzubehalten, dagegen ohne Verletzung der bisherigen Bestimmungen an Nichtanwärtern vorzubehalten, dagegen ohne Verletzung der bisherigen Bestimmungen an Nichtversorgungsberechtigte übertragen worden sind, bleiben hierdurch unberührt. Gleichfalls unberührt bleiben bereits erworbene Ansprüche von Militäranwärtern.

Im Uebrigen sind der Minister des Innern und der Kriegsminister mit der Ausführung dieses Gesetzes beauftragt und erlassen die hierzu erforderlichen Anordnungen und Instruktionen.

§ 13.

Welche Subaltern- und Unterbeamtenstellen und gegebenen Falls in welcher Anzahl dieselben gemäß der vorstehenden Bestimmungen den Militäranwärtern vorzubehalten sind, hat **die Kommunalaufsichtsbehörde festzustellen. Gegen diese Feststellung ist die Be**schwerde zulässig. Stellen, wegen deren eine solche Feststellung noch nicht stattgefunden hat, dürfen, insofern nicht Militäranwärter zur Anstellung gelangen, oder das in diesem Gesetze bezüglich der Besetzung der Stellen mit Militäranwärtern vorgeschriebene Verfahren erledigt ist, bis zu der erfolgten Feststellung nur widerruflich besetzt werden. Die Anstellungsverhältnisse der Inhaber von solchen Stellen, welche gemäß der vorstehenden Bestimmungen den Militäranwärtern vorzubehalten, dagegen ohne Verletzung der bisherigen Bestimmungen an Nichtversorgungsberechtigte übertragen worden sind, bleiben hierdurch unberührt. Gleichfalls unberührt bleiben bereits erworbene Ansprüche von Militäranwärtern.

Uebergangs- und Schlußbestimmungen.

§ 13a.

Sind bei dem Inkrafttreten dieses Gesetzes Civilpersonen seit **mindestens 3 Jahren** in Stellen, welche nach dem bisherigen Rechte ohne landesherrliche Verleihung der Berechtigung zu einer Anstellung nicht haben übertragen werden können, so dürfen die Civilpersonen in diesen Stellen belassen werden. Gehören diese Stellen zu denjenigen, welche gemäß den Vorschriften des gegenwärtigen Gesetzes den Militäranwärtern theilweise vorbehalten sind, so müssen frei werdende Stellen den Militäranwärtern insolange in ununterbrochener Reihenfolge übertragen werden, bis der den Militäranwärtern vorbehaltene Theil erfüllt ist.

§ 14.

Das gegenwärtige Gesetz tritt am 1. Oktober 1892 in Kraft.

Mit diesem Zeitpunkte treten alle entgegenstehenden Bestimmungen, insbesondere die Deklaration wegen Berücksichtigung invalider Militärpersonen bei Besetzung städtischer

§ 14.

Das gegenwärtige Gesetz tritt am 1. Oktober 1892 in Kraft.

Mit diesem Zeitpunkte treten alle entgegenstehenden Bestimmungen, insbesondere die Deklaration wegen Berücksichtigung invalider Militärpersonen bei Besetzung städtischer

Beschlüsse des Herrenhauses.

Posten vom 29. Mai 1820 (Gesetzsamml. S. 79), die Kabinetsordre, betreffend die Besetzung der Kämmereirendanten- und Kommunalkassenrendantenstellen, vom 1. August 1835 (Gesetzsamml. S. 179) und der Allerhöchste Erlaß, betreffend die Verpflichtung der Stadtgemeinden in den neu erworbenen Landestheilen zur Besetzung der besoldeten städtischen Unterbedientenstellen mit versorgungsberechtigten Militärinvaliden, vom 22. September 1867 (Gesetzsamml. S. 1667) außer Kraft.

Urkundlich ꝛc.

Beschlüsse der Kommission.

Posten vom 29. Mai 1820 (Gesetzsamml. S. 79), die Kabinetsordre, betreffend die Besetzung der Kämmereirendanten- und Kommunalkassenrendantenstellen, vom 1. August 1835 (Gesetzsamml. S. 179) und der Allerhöchste Erlaß, betreffend die Verpflichtung der Stadtgemeinden in den neu erworbenen Landestheilen zur Besetzung der besoldeten städtischen Unterbedientenstellen mit versorgungsberechtigten Militärinvaliden, vom 22. September 1867 (Gesetzsamml. S. 1667) außer Kraft.

Der Minister des Innern und der Kriegsminister sind mit der Ausführung dieses Gesetzes beauftragt und erlassen die hierzu erforderlichen Anordnungen und Instruktionen.

Urkundlich ꝛc.

№ 206.

Bericht

der

XVIII. Kommission zur Vorberathung des Gesetzentwurfs über die Bahnen unterster Ordnung. — Nr. 138 der Drucksachen.

Berichterstatter:
Abgeordneter v. Bismarck.

Die durch Beschluß des Hauses der Abgeordneten vom 26. April d. J. eingesetzte Kommission von 21 Mitgliedern hat den vorliegenden Entwurf eines Gesetzes über die Bahnen unterster Ordnung in 9 Sitzungen durchberathen. Außerdem wurden noch 3 Sitzungen einer von der Kommission gewählten Redaktionskommission abgehalten. Den Sitzungen wohnten von Seiten der Regierung bei:
1. der Minister der öffentlichen Arbeiten Herr Staatsminister Thielen,
2. Herr Ministerialdirektor Wirklicher Geheimer Rath Brefeld,
3. Herr Ministerialdirektor Wirklicher Geheimer Rath Schultz,
4. Herr Geheimer Oberregierungsrath Freiherr v. Zedlitz und Neukirch,
5. Herr Geheimer Oberregierungsrath Gleim,
6. Herr Geheimer Oberregierungsrath Höpfer als Kommissarius des Herrn Ministers des Innern,
7. Herr Geheimer Oberpostrath Sydow,
8. Herr Geheimer Postrath Kobelt,
9. Herr Major Freiherr v. Bock,
10. Herr Major Krebs,
11. Herr Oberlandesgerichtsrath Supper als Kommissarius des Herrn Justizministers.

Der vorliegende Gesetzentwurf ist bestimmt, die Rechtsverhältnisse der Bahnen unterster Ordnung einer umfassenden gesetzlichen Regelung, welcher dieselben bisher entbehrten, zu unterziehen.

Als die wesentlichsten Bestimmungen desselben stellen sich folgende dar:
1. der Begriff der Lokalbahnen wird in dem Entwurf neu aufgestellt,

2. es wird in demselben Bestimmung getroffen über die zur Genehmigung sowie zur Beaufsichtigung des Betriebes zuständigen Behörden und deren Befugnisse hierbei,
3. es werden Bestimmungen getroffen über die Möglichkeit der Benutzung öffentlicher Wege und die hierbei Platz greifenden Rechte der Unterhaltungspflichtigen derselben,
4. werden Bestimmungen getroffen über die an die Bahnen Seitens der Reichspost- und Telegraphenverwaltung zu stellenden Anforderungen,
5. werden die bei der Genehmigung an den Fahrplan und die Beförderungspreise Seitens der Behörden zu stellenden Anforderungen festgesetzt,
6. werden die für den Beginn des Baues und Betriebes zu stellenden Anforderungen festgestellt,
7. trifft der Entwurf Bestimmungen für den Fall des Erlöschens oder der Zurücknahme der ertheilten Genehmigung speziell auch für die in solchem Fall eintretenden Rechte des Wegebaupflichtigen,
8. trifft der Entwurf Bestimmungen über die Verpflichtung der Gestattung des Anschlusses anderer Bahnen,
9. werden die Bedingungen für ein etwaiges Erwerbsrecht der betreffenden Bahnen Seitens des Staates und die Grundsätze über die alsdann zu gewährende Entschädigung festgestellt,
10. wird die Besteuerung der Lokalbahnen geregelt,
11. es werden die Bedingungen festgestellt, unter denen auch Privatanschlußbahnen der polizeilichen Genehmigung bedürfen und für diesen Fall ein großer Theil der für die Lokalbahnen getroffenen Bestimmungen auch auf diese Bahnen zur Anwendung gebracht,
12. der Entwurf trifft Bestimmungen über die Rechtsverhältnisse der bereits vor Inkrafttreten dieses Gesetzes genehmigten Lokalbahnen und Privatanschlußbahnen.

Die Kommission nahm auf Vorschlag des Vorsitzenden davon Abstand, eine Generaldiskussion innerhalb derselben eintreten zu lassen mit Rücksicht darauf, daß die prinzipiellen Gedanken der Vorlage bereits erschöpfend im Plenum behandelt worden wären, beschloß indessen eine zweimalige Lesung zu halten, und wurde demnächst von dem Vorsitzenden unter Zustimmung der Kommission der Abgeordnete v. Bismarck zum Referenten und der Abgeordnete Dr. Krause zum Korreferenten ernannt.

Bei der hierauf eröffneten Diskussion über den § 1 wurde zunächst die Frage einer eingehenden Erörterung unterzogen, ob das vorliegende Gesetz dadurch, daß es auch die nicht mit Lokomotiven betriebenen Bahnen zu den Eisenbahnen rechne und demnach über dieselben in diesem Gesetz Bestimmungen treffe, sich in Widerspruch mit § 6 der Reichsgewerbeordnung setze, welche überhaupt die Eisenbahnen von den Bestimmungen derselben ausnehme.

Ein Mitglied bemerkte hierbei, daß zwar der bisherige rechtliche Zustand der gewesen sei, daß die nicht mit Lokomotiven betriebenen Bahnen als unter die Exemtion des § 6 der Reichsgewerbeordnung fallend bisher nicht angesehen, vielmehr als gewerbliche Unternehmungen behandelt worden seien. Es sei indessen in dem Paragraph der Reichsgewerbeordnung eine Definition des Begriffs der Eisenbahnen nicht getroffen und somit der Landesgesetzgebung freier Spielraum gelassen worden, eine solche zu treffen.

Jedenfalls lede sich der Begriff der Eisenbahnen, wie er aus dem § 6 der Reichsgewerbeordnung zu fassen sei, nicht mit dem, wie er aus Art. 4 ad 8 der Reichsverfassung herzuleiten sei. Denn dann würden auch mit Lokomotiven betriebene Eisenbahnen lokaler Natur nicht unter die Exemtion des § 6, sondern unter die sonstigen Bestimmungen der Reichsgewerbeordnung fallen.

Von einem Mitgliede der Kommission wurde dem gegenüber ausgeführt, daß, so durchaus wünschenswerth und wichtig auch die Regelung der Verhältnisse der Eisenbahnen sei, doch der Rechtsboden, auf welchem die Vorlage stehe, ein durchaus schwankender und unsicherer sei, weil die Zuständigkeit des Reiches in Frage komme. Zwar stände die Bestimmung der Reichsverfassung dem beabsichtigten Gesetze nicht entgegen, wohl aber in einem gewissen Sinne der Reichsgewerbeordnung. Es frage sich nämlich, ob die im § 6 der Reichsgewerbeordnung von den Bestimmungen derselben ausgenommenen Eisenbahnunternehmungen alle Beförderungsmittel auf metallener Bahn betreffen oder etwa nur die mit Dampfkraft oder doch mittelst elementarer Naturkräfte betriebenen Eisenbahnen. In Frage kämen namentlich die Pferdebahnen. Das Reichsgericht habe zwar die letzteren im Sinne des Haftpflichtgesetzes zu den Eisenbahnen gerechnet; dem gegenüber seien aber nach der Rechtsprechung des Reichsgerichts die Pferdebahnen weder zu den Eisenbahnen im Sinne des Strafrechts (§ 315 Strafgesetzbuch), noch der Reichsverfassung (Artikel IV Nr. 8 zu 8, 41 ff.), noch auch des § 6 der Reichsgewerbeordnung zu rechnen. Es sei namentlich auf eine Entscheidung des Reichsgerichts vom 19. Mai 1885 (Entscheidungen für Strafsachen Band XII S. 205 ff.) hinzuweisen, in welcher ausgeführt würde, daß die Reichsverfassung nur Eisenbahnen mit Dampfbetrieb im Auge habe und daß dasselbe von vielen anderen Gesetzen, namentlich dem § 6 der Reichsgewerbeordnung gelte. Das Haftpflichtgesetz gehöre ausschließlich dem Gebiete des Civilrechts an und sei aus der Unterstellung der Pferdebahnen unter letzteres für die vorliegende Frage nichts zu folgern.

Endlich seien auch in der Verwaltung Pferdebahnen bisher stets nicht zu den Eisenbahnunternehmungen des § 6 der Reichsgewerbeordnung gezählt worden. In einem Ministerialreskript vom 14. Juni 1872 werde ausdrücklich gesagt, daß § 6 der Reichsgewerbeordnung Lokomotivbahnen zur Voraussetzung habe. Bei dieser Sachlage müsse es zum mindesten für zweifelhaft erklärt werden, ob Pferdebahnen und selbst andere Bahnen, welche nicht mit Dampfkraft, sondern mit anderen elementaren Kräften betrieben werden, nicht der Reichsgewerbeordnung unterliegen und damit der Preußischen Gesetzgebung entzogen seien. Bestünden aber solche Zweifel, so dann könnten dieselben nur durch die Reichsgesetzgebung beseitigt werden.

Dem gegenüber wurde von Seiten des Regierungskommissars bemerkt: Die Preußische Verwaltung habe allerdings die Pferdebahnen, aber nicht diese allein, sondern auch zum Theil mit Maschinenkraft betriebene Bahnen nicht als Eisenbahnunternehmungen im Sinne des § 6 der Gewerbeordnung angesehen. Allein der für diese Auffassung grundlegende Ministerialerlaß vom 14. Juni 1872 (Ministerialblatt S. 172) könne als eine authentische oder auch nur zutreffende Auslegung der bezeichneten Gesetzesstelle nicht angesehen werden, weil es damals außer den Lokomotivbahnen im Sinne des Gesetzes vom 3. November 1838 nur Pferdebahnen rein örtlicher Natur gegeben habe, es für diese an besonderen Vorschriften fehlte und daher deren Unterstellung unter die Gewerbeordnung als ein aus Zweckmäßigkeitsgründen gebotener Nothbehelf erschienen sei. Inzwischen sei der Zwischenraum zwischen den städtischen Pferdebahnen und der Eisenbahn im Sinne des Eisenbahngesetzes durch zahlreiche und vielgestaltige Zwischenglieder ausgefüllt, und der Lokomotivbetrieb könne weder als das entscheidende Merkmal für die Unterstellung unter das Eisenbahngesetz vom 3. November 1838, noch für die Anwendung des

§ 6 der Gewerbeordnung gelten. Vielmehr gehe die Auffassung der Staatsregierung in völliger Uebereinstimmung mit dem Reichsamt des Innern, mit welchem dieserhalb wiederholt verhandelt worden sei, dahin: es laufe weder dem Wortlaut, noch der Entstehungsgeschichte, noch der logischen Auslegung des § 6 der Reichsgewerbeordnung zuwider, wenn der Begriff der daselbst erwähnten Eisenbahnunternehmungen auch auf die hier in Rede stehenden Pferdebahnen und sonstigen Bahnen ohne Lokomotivbetrieb erstreckt wird. Daß der Ausdruck „Eisenbahnen" seiner grammatischen Bedeutung nach auf die erwähnten, von Eisen hergestellten Bahnen nicht anwendbar sei, wird nicht behauptet werden können. Es könne zugegeben werden, daß bei Emanation des Gesetzes vom 21. Juni 1869 der Gesetzgeber vermuthlich nur solche Eisenbahnen im Auge hatte, wie sie den Gegenstand des Preußischen Gesetzes über die Eisenbahnunternehmungen vom 3. November 1838 bildeten. Hierdurch werde indessen nicht ausgeschlossen, daß auch eine in Folge des Fortschreitens der Technik und des Verkehrs sich bildende neue Art von Verkehrsanstalten unter die ältere Gesetzesnorm falle, sofern nur die grammatische und die logische Auslegung der letzteren dem nicht entgegenstehe.

Uebrigens wäre zur Zeit der Vorbereitung der Gewerbeordnung für den Norddeutschen Bund das Institut der Straßenbahnen in heutigen Sinne in einem gewissen, wenn auch nicht beträchtlichen Umfange bereits zur Entwickelung gelangt, ohne daß der Gesetzgeber es für angezeigt erachtet habe, beim § 6 der Gewerbeordnung eine die grammatische Bedeutung des Ausdrucks „Eisenbahnen" einschränkende Fassung zu geben.

Daß derjenige Sinn, in welchem der Abschnitt 7 der Reichsverfassung die Eisenbahnen im Interesse der Landesvertheidigung und des allgemeinen Verkehrs der Reichsaufsicht unterstellt, sich mit dem Sinne nicht decke, in welchem der § 6 der Gewerbeordnung von Eisenbahnunternehmungen spreche, sei nicht zweifelhaft. Wohl aber erscheine es beachtenswerth, daß dasjenige Reichsspezialgesetz, welches nach dem Erlaß der Gewerbeordnung zuerst Veranlassung gehabt habe, sich mit der Begriffsbestimmung des Betriebsunternehmens einer Eisenbahn zu befassen, nämlich das Haftpflichtgesetz vom 7. Juni 1871 in den Motiven zu § 1 (Reichstagsdrucksachen Nr. 16 von 1871) den Unternehmer von Pferdebahnen ausdrücklich den übrigen Eisenbahnunternehmern gleichstellte, ein Grundsatz, der demnächst im Einzelnen durch die Judikatur des Reichsoberhandelsgerichts (Entscheidungen Band XX S. 151; Band XXI S. 237; Band XXV S. 203) und des Reichsgerichts (Entscheidungen Band I S. 247; Band II S. 9 und 38) seine weitere Ausgestaltung erfahren habe; daß dagegen die Pferdebahnen nach Entscheidung des Reichsgerichts und des Kammergerichts nicht als Eisenbahnanlagen im Sinne des § 315 des Strafgesetzbuches angesehen werden sollten, könne für die hier in Rede stehende Frage außer Betracht bleiben, weil bei der Auslegung der erwähnten strafrechtlichen Bestimmung der Begriff der Eisenbahnunternehmung und überhaupt das Gebiet der Gewerbepolizei völlig ausscheide. Der innere Grund, welcher in gewerbepolizeilicher Hinsicht die Subsumtion der Straßenbahnen unter den Begriff der Eisenbahnunternehmungen und die Exemtion derselben von den übrigen Transportanstalten rechtfertige, werde, wenn auch zunächst nur im Hinblick auf das Haftpflichtgesetz, doch in einer auch für das vorliegende Verhältniß zutreffenden Weise in dem Erkenntniß des Reichsgerichts vom 17. März 1880 (Entscheidungen I S. 247) dahin angegeben:

Sprachlich bedeute Eisenbahn ganz allgemein eine Bahn von Eisen zwecks Bewegung von Gegenständen auf derselben. Verknüpft man

diesen Wortlaut mit dem Gesetzeszweck, so gelangt man im Geiste des Gesetzes zu keiner engeren Bestimmung jener sprachlichen Bedeutung des Wortes „Eisenbahn", um den Begriff eines Eisenbahnunternehmens im Sinne des Gesetzes zu gewinnen, als derjenigen: ein Unternehmen, gerichtet auf wiederholte Fortbewegung von Personen oder Sachen über nicht ganz unbedeutende Raumstrecken auf metallener Grundlage, welche durch ihre Konsistenz, Konstruktion und Glätte den Transport großer Gewichtsmassen beziehungsweise die Erzielung einer verhältnißmäßig bedeutenden Schnelligkeit der Transportbewegung zu ermöglichen bestimmt ist und hierzu eine Eigenart, in Verbindung mit den außerdem zur Erzeugung der Transportbewegung benutzten Naturkräften (Dampf, Elektrizität, thierischer oder menschlicher Muskelthätigkeit) bei dem Betriebe des Unternehmens auf derselben eine verhältnißmäßig gewaltige Wirkung zu erzeugen fähig ist.

Hiernach erscheine es gerechtfertigt, die Straßenbahnunternehmungen, gleichviel, ob der Betrieb mit Pferde- oder Maschinenkraft stattfinde, als Eisenbahnunternehmungen im Sinne des § 6 der Gewerbeordnung anzusehen, wenn sie als öffentliche Verkehrsanstalten dienten.

Dieser Auffassung wurde auch von einem weiteren Mitgliede der Kommission beigetreten und dabei ausgeführt, daß die Preußische Regierung zwar bisher stets Straßenbahnen sowohl mit animalischem Betriebe, wie mit Betriebsmaschinen, als Eisenbahnunternehmungen im Sinne des § 6 der Reichsgewerbeordnung erachtet habe, indessen sei dies wohl weniger die eigentliche Rechtsansicht der Regierung gewesen, vielmehr sei sie zu der Subsumtion dieser Bahnen unter die Reichsgewerbeordnung wohl nur aus Verlegenheit Mangels anderweitiger zutreffender Bestimmungen, sowie aus Zweckmäßigkeitsgründen gekommen.

Dieser letzteren Ansicht schloß sich auch der Herr Minister an.

Von mehreren Mitgliedern der Kommission wurde zwar die Möglichkeit der Auffassung des Herrn Regierungskommissars zugegeben, zu gleicher Zeit aber betont, daß die Auslegung der gesetzlichen Bestimmungen immerhin eine zweifelhafte sei und eine Declaration der Reichsgewerbeordnung von Seiten der Reichsgesetzgebung, daß dieselbe einer Regelung des Eisenbahnwesens im Sinne der vorliegenden Gesetzes nicht im Wege stände, für wünschenswerth erklärt. Die betreffenden Mitglieder erklärten indessen, daß sie zwar eine Verantwortung für die Richtigkeit der Declaration der Gesetzgebung im Sinne der Regierung nicht übernehmen könnten, aber ihre Bedenken für den vorliegenden Gesetzentwurf zurückzustellen bereit wären. Ein Antrag wurde auf diese Bemerkungen in der Kommission nicht geknüpft.

Die in der Regierungsvorlage aufgestellte Definition des Begriffs der Bahnen unterster Ordnung gab einigen Mitgliedern zu der Bemerkung Veranlassung, daß dieselbe nur negativ und wenig bestimmt gefaßt sei. Um dieselbe etwas positiver zu formulieren, wurde von einem Mitgliede der folgende Antrag gestellt:

„An Stelle des § 1 des Entwurfs zu setzen:

§ 1.

Eisenbahnen, welche dem öffentlichen Verkehre dienen, jedoch nicht im Interesse der Vertheidigung Deutschlands oder im Interesse des gemeinsamen Verkehrs für nothwendig erachtet werden (Artikel 41 der Verfassung des Deutschen Reiches), unterliegen der Regel nach nicht dem Gesetze über die Eisenbahnunternehmungen vom 3. November 1838 (Gesetz-sammL S. 606). Sie sind dem letzteren Gesetze nur dann zu unterwerfen, wenn nach Entscheidung des Staatsministeriums ihnen eine solche Bedeutung für den öffentlichen Verkehr beizumessen ist, daß sie als Theil des allgemeinen Eisenbahnnetzes zu behandeln sind.

§ 1a.

Eisenbahnen, welche gemäß § 1 dem Gesetze vom 3. November 1838 nicht unterliegen — Lokalbahnen —, bedürfen zur baulichen Herstellung und zum Betriebe, sowie bei wesentlichen Veränderungen des Unternehmens, der Anlage oder des Betriebes polizeilicher Genehmigung."

Von dem Antragsteller wurde dabei darauf hingewiesen, daß nach den Motiven zu § 1 der Gesetzesvorlage diejenigen Bahnen, welche dem Gesetze vom 3. November 1838 unterstellt seien, in der Regel mit denjenigen, welche auf Grund des Artikels 41 der Verfassung des Deutschen Reiches angelegt seien, sich decken, er habe daher nur geglaubt, zwei Klassen von Bahnen unterscheiden zu müssen, und damit allerdings auch den Kreis der bei diesem Gesetze zu unterstellenden Bahnen erweitern wollen.

Der Herr Minister erklärte hierauf, daß er die Fassung der Regierungsvorlage diesem Antrage vorziehen müsse, da der letztere die in der Regierungsvorlage enthaltene Bezeichnung der beiden Kategorien von Bahnen, welche in der Regel dem Gesetze vom 3. November 1838 nicht zu unterstellen seien, nicht enthalte, eine solche erscheine aber als Anleitung für die Behandlung der Angelegenheiten, namentlich auch im Interesse der Sicherstellung der Unternehmungslustigen vor höheren Belastungen, unentbehrlich. Ferner sei die in den Motiven angeführte Bemerkung, daß in der Regel diejenigen Bahnen, welche dem Gesetze vom 3. November 1838 unterstellt wären, sich mit denen der Reichsverfassung unterstellten Bahnen decken, dahin zu verstehen, daß in der Regel die auf Grund des Artikels 41 der Reichsverfassung gebauten Bahnen unter die dem Gesetz vom 3. November 1838 unterstellten Bahnen fielen, aber doch nicht umgekehrt, im Gegentheil sei der Kreis der nach Artikel 41 der Reichsverfassung gebauten Bahnen sehr viel enger, im Allgemeinen hätte dieser Artikel nur die gegen den Widerspruch eines Bundesstaates gebauten Bahnen im Auge gehabt und unter gemeinsamen Verkehr nur den Verkehr zwischen zweien oder mehreren Bundesstaaten verstanden.

Der Antragsteller änderte nach dieser Erklärung seinen Antrag dahin, daß er statt des Wortes „gemeinsamen" das Wort „allgemeinen" setzte und die Worte: „(Artikel 41 der Verfassung des Deutschen Reichs)" aus demselben strich. Die Kommission lehnte indessen den Antrag in der ersten Lesung aus den vom Herrn Minister angeführten Gründen ab.

Ein anderes Mitglied wollte dem § 1 eine bestimmtere Fassung in der Weise geben, daß es beantragte, in erster Reihe zu setzen vor Eisenbahnen: „diejenigen", ferner hinter den Worten „unterwerfen sind" (6. Zeile) zu setzen: „insbesondere schmalspurige und nicht mit Maschinenkraft betriebene" und endlich dann dem Alinea 2 und 3 folgende Fassung zu geben:

„Ueber die Frage, ob beabsichtigten Eisenbahnen dieser Art eine solche Bedeutung für den öffentlichen Verkehr beizumessen ist, daß sie als Theil des allgemeinen Eisenbahnnetzes zu behandeln und daher dem Gesetze über die Eisenbahnunternehmungen vom 3. November 1838 zu unterwerfen sind, entscheidet auf Anrufen Betheiligter das Staatsministerium."

Der Antragsteller motivirte diesen Antrag dahin, daß nach der Regierungsvorlage außer den ad 1 und 2 erwähnten Bahnen noch andere Bahnen denkbar wären, welche ebenfalls in die Kategorie der Bahnen unterster Ordnung einzureihen wären. Der Regierungsentwurf stelle dies nicht klar, habe aber jedenfalls den Nachtheil, daß nach demselben eine Duplicität der hierüber entscheidenden Behörde eintrete, indem über die Frage, ob beim Vorhandensein der ad 1 und 2 vorausgesetzten Bedingungen eine zu erbauende Bahn unter dieses Gesetz falle, den Staatsministerium zur Entscheidung obliege, falls aber betreffs einer Bahn, welche nicht unter die Bedingungen ad 1 und 2 falle, die Frage, ob sie unter dieses Gesetz fallen würde, entschieden werden müsse, so sei, obgleich diese Bahnen meist die wichtigeren sein würden, der Minister allein zuständig.

Von Seiten des Herrn Ministers wurde hierauf zunächst erwidert, daß die Schmalspur kein Kriterium für eine Bahn unterster Ordnung sein könnte, es beständen schon jetzt mehrere Bahnen, besonders in Gebirgsgegenden, wie z. B. im Harz und am Rhein, welche entschieden als Theile des allgemeinen Eisenbahnnetzes gelten müßten, und könne dies in Zukunft auch mehrfach sich wiederholen. Es würde solchen Bahnen auch kein Vortheil damit geboten, sie nicht unter das Gesetz von 1838 zu stellen, da den erhöhten Verpflichtungen dieser Bahnen auch erhebliche Vortheile gegenüber ständen, wie die Möglichkeit des direkten Verkehrs mit den anderen Bahnen u. a. Auch Pferdebahnen allgemein auszuschließen, sei nicht rathsam, da sich außerordentliche Fälle denken ließen, bei denen deren Unterordnung unter das Gesetz von 1838 in Frage kommen könne.

Trotzdem der Antrag nach dieser Richtung hin noch von einem anderen Mitgliede unterstützt wurde, zog ihn indessen der Antragsteller nach den Erklärungen des Herrn Ministers zurück.

In Bezug auf den übrigen Theil des Antrags bemerkte der Herr Minister, daß er auch diesem gegenüber der Fassung der Regierungsvorlage den Vorzug geben müsse, da der erstere ebenso wie der vorher erwähnte Antrag durch die Auslassung der in der Regierungsvorlage hervorgehobenen und den Begriff der Lokalbahnen fast erschöpfenden Kategorien ihm unbestimmter als diese letztere erscheine. Es sei ja allerdings denkbar, daß auch in einzelnen Fällen bei Bahnen, welche nicht unter die sub 1 und 2 bezeichneten Arten fielen, Zweifel darüber entstehen könnten, ob sie dem Gesetz von 1838 zu unterstellen seien oder nicht. Wenn indessen in einem solchen Falle der Minister dahin entscheide, daß die Bahn dem Gesetze von 1838 zu unterstellen sei, so habe sich nach diesem Gesetze das Staatsministerium wieder mit der Sache bei der Ertheilung der Konzession zu beschäftigen, ein praktischer Nachtheil wäre also auch der Fassung der Regierungsvorlage für die Interessenten kaum zu befürchten.

Der oben erwähnte Antrag wurde nach diesen Erklärungen von der Kommission gegen 6 Stimmen abgelehnt.

Ein anderes Mitglied fragte ferner an, ob die den vorliegenden Gesetze nach den §§ 1 und 50 zu unterwerfenden Bahnen theilweise auch den Bestimmungen des Eisenbahngesetzes von 1838 unterliegen sollen. Es sei für die ganze Rechtsstellung dieser Bahnen von größter Wichtigkeit, daß in dieser Beziehung volle Klarheit geschaffen werde.

Hierauf erwiderte der Herr Minister:

„Nach dem Zustandekommen des vorliegenden Gesetzes werden nur 2 Klassen von Bahnen in Betracht kommen, einmal diejenigen, welche den Bestimmungen des Eisenbahngesetzes unterliegen und ferner die Bahnen unterster Ordnung im Sinne des vorliegenden Entwurfs.

Die ersteren werden in keiner Beziehung dem Gesetze über die Bahnen unterster Ordnung, die letzteren in keiner Beziehung dem Eisenbahngesetze unterstehen. Der § 50 des Entwurfs bezieht sich nur auf bereits bestehende Tertiärbahnen, auf welche das Eisenbahngesetz keinerlei Anwendung findet. Unter den zur Zeit dem Eisenbahngesetz unterstehenden Bahnen befinden sich auch einzelne, welche nach ihrer Bedeutung und Bestimmung zweckmäßiger dem Gesetze über die Bahnen unterster Ordnung zu unterwerfen sein würden. Die Möglichkeit einer derartigen Deklassifirung unter Zustimmung des Konzessionärs ist im Verwaltungswege auch ohne eine diesbezügliche gesetzliche Bestimmung gegeben. Diese Maßnahme erfordert aber eine eingehende Prüfung der in Betracht kommenden Verhältnisse im einzelnen Falle. Durch eine gesetzliche Bestimmung, welche die Deklassifirung nur in ganz allgemeiner Weise ordnen könnte und jene Prüfung sowie den Verzicht auf die Konzession nicht erübrigen würde, würde eine Erleichterung kaum zu erzielen sein. Soweit Deklassifirung erfolgt, reiht dieselbe die betreffende Bahn vollständig unter die Bahnen unterster Ordnung ein dergestalt, daß sie nun den Anwendung des Eisenbahngesetzes völlig entzogen wird."

Dasselbe Mitglied führte ferner aus, daß der Ausdruck, daß Bahnen, welche dem Eisenbahngesetz von 1838 „unterworfen" sind, zur baulichen Herstellung und zum Betriebe polizeilicher Genehmigung bedürften, unrichtig sei. Denn Bahnen, welche dem Gesetz von 1838 bereits „unterworfen", also konzessionirt seien, bedürften keiner polizeilichen Genehmigung zur baulichen Herstellung und zum Betriebe mehr. Er beantrage daher, die Worte „unterworfen oder" zu streichen.

Der Herr Minister erwiderte dem gegenüber, daß das Wort „unterworfen" nicht entbehrlich sei, weil nach § 50 des Gesetzes möglicherweise Bahnen, welche heute schon bestehen und dem Gesetze von 1838 unterliegen, nach Verabschiedung dieses Gesetzes demselben — natürlich nur unter Zustimmung des Konzessionärs — unterworfen werden könnten. Er gebe indessen anheim, statt der Worte „unterworfen oder zu unterwerfen sind", zu setzen: „unterliegen". Diese Aenderung wurde, nachdem das genannte Mitglied unter Zurückziehung seines ersten Antrages dieselbe aufzunehmen beantragt hatte, mit großer Majorität angenommen.

Dasselbe Mitglied hob ferner hervor, es sei nicht klar, wie eine Eisenbahn zu behandeln sei, die innerhalb einer oder mehrerer Gemeinden einen Berg hinaufführe, etwa auf den Niederwald, Drachenfels rc. In dem Gesetzentwurf würden Bahnen, welche hauptsächlich den örtlichen Verkehr innerhalb einer Gemeinde oder zwischen benachbarten Gemeinden vermitteln, in der Regel als Tertiärbahnen behandelt. Sei in diesen Gesetzesworten unter „Gemeinden" deren ganzer territorialer Umfang, also der Gemeindebezirk zu verstehen, so reiche das aus. Seien aber unter „Gemeinden" nur die eigentlichen Ortschaften zu verstehen, so sei zu bemängeln, daß Bahnen wie die genannten oder ferner z. B. lokale Anschlußbahnen an Dampfschifffahrtsstationen, welche doch in vielen Fällen sicher als Tertiärbahnen betrachtet werden müßten, nicht unter die Definition des § 1 Ziffer 1 fielen.

Es wurde vom Herrn Minister darauf festgestellt, daß unter dem Wort „Gemeinde" der Gemeindebezirk zu verstehen sei.

Ein Mitglied der Kommission hob hervor, daß es zur bestimmteren Hervorhebung des Unterschiedes der Konzessionirung der dem vorliegenden Gesetze zu unterwerfenden Bahnen von den dem Gesetze von 1838 unterliegenden Eisenbahnen sich empfehle, vor dem Worte „polizeilicher" in Zeile 6 das Wort „lediglich" einzuschalten.

Die Kommission stimmte dem zu und nahm einen dahin gestellten Antrag mit großer Majorität an.

Ein anderes Mitglied gab der Ansicht Ausdruck, daß in der vorletzten Zeile die Worte „und 2" wegfallen könnten, weil darüber, ob eine Bahn mit Lokomotiven betrieben werde, ein Zweifel nicht gut denkbar sei.

Nachdem indessen der Herr Minister erklärt hatte, daß im einzelnen Falle allerdings Zweifel möglich und auch schon entstanden seien, ob z. B. ein mit Maschinenkraft getriebenes Gefährt, welches zugleich Plätze für Passagiere enthalte, zu den Lokomotiven zu rechnen sei oder nicht, wurde ein weiterer Antrag hieran nicht geknüpft.

Der § 1 wurde sodann in erster Lesung nach Annahme der beiden oben erwähnten Amendements in der so veränderten Fassung der Regierungsvorlage angenommen.

In der zweiten Lesung wurde betreffs der Ueberschrift: „Gesetzentwurf über die Bahnen unterster Ordnung" die Frage erörtert, ob statt des Ausdrucks: „Bahnen unterster Ordnung" nicht ein einziger hierfür passender Ausdruck zu wählen sei. Es wurde allgemein anerkannt, daß ein einzelnes hierfür passendes Wort gefunden werden müsse, welches bei der Konstruktion des die Bahnen in zwei Kategorien theilenden Gesetzes die erstere Kategorie von der letzteren scheide. Als solcher Ausdruck wurde hier der „Lokalbahnen" am passendsten und bezeichnendsten erachtet. Von mehreren Mitgliedern wurde dieses Wort zwar als Fremdwort verworfen und beantragt, dafür „Kleinbahnen" zu setzen. Die Majorität war indessen dagegen, da das Wort fremdartig klinge und das Wort „Lokal" sehr eingebürgert im Deutschen sei.

Darauf wurde von demselben Mitgliede, welches den in erster Lesung abgelehnten, oben gestellten ersten Antrag gestellt hatte, ein diesem ähnlicher Antrag, wie er jetzt in der Fassung der Kommissionsbeschlüsse vorliegt, neu gestellt.

Der Antrag wurde damit begründet, daß es redaktionell richtiger erscheine, den allerdings nur negativ gefaßten Begriff der Lokalbahnen, daß sie keinen Theil des allgemeinen Eisenbahnnetzes bildeten, voranzustellen, und daß im Uebrigen die von dem Herrn Minister in erster Lesung gerügten Mißstände in der jetzigen Fassung durch die ausdrückliche Erwähnung der beiden Hauptkategorien dieser Art vermieden worden seien. Außerdem enthalte die jetzige Fassung materiell den Vorzug vor der Regierungsvorlage, daß das Staatsministerium nicht allein für die Entscheidung über diese beiden Kategorien, sondern in jedem Falle für die Entscheidung über die Anwendbarkeit des Gesetzes vom 3. November 1838 zuständig sein solle.

Die Königliche Staatsregierung erklärte sich mit der Fassung dieses Antrages einverstanden, indem dabei von ihrem Vertreter ausdrücklich betont wurde, daß der Begriff des allgemeinen Eisenbahnnetzes nicht nothwendig eine unmittelbare Schienenverbindung jeder einzelnen Bahn mit demselben voraussetze, sondern daß auch z. B. Bahnen auf Inseln, welche nur durch Trajekt oder Fähre mit andern Schienen verbunden wären, als Theile des allgemeinen Eisenbahnnetzes angesehen werden könnten. — Von Seiten der Kommission wurde der gestellte Antrag allgemein als eine Verbesserung angesehen und darauf einstimmig angenommen.

Durch die nur die Definition des Begriffes der Lokalbahnen enthaltende Fassung des § 1 war es nothwendig geworden, die in der früheren Fassung des § 1 mit enthaltene Bedingung der behördlichen Genehmigung in einem besonderen § 1a auszusprechen. Es wurde hierbei vermieden, die Genehmigung lediglich als eine polizeiliche zu bezeichnen, da bei dem Antrage auf Genehmigung nicht allein die nach § 3 erforderliche polizeiliche Prüfung, sondern auch die Prüfung der nach § 4 hierbei einzureichenden Unterlagen erforderlich ist.

Der zweite Satz des § 1a war von der Kommission in erster Lesung dem § 11 unter Streichung der drei letzten Zeilen desselben hinzugefügt worden. Bei der Erörterung über diesen Zusatz wurde innerhalb der Kommission hervorgehoben und Seitens der Königlichen Staatsregierung zugegeben, daß es zweckmäßiger sei, auch für wesentliche Veränderungen den Schwerpunkt in die vorgängige Genehmigung der zuständigen Behörde zu legen und es angemessen erscheine, dies hier zum Ausdruck zu bringen. Die Konstituirung der Möglichkeit des Widerrufs bedinge eine solche Genehmigung noch nicht, da bei dieser Fassung nicht einmal eine formelle Benachrichtigung der zuständigen Behörde über vorgenommene wesentliche Aenderungen erfolgt zu sein brauche. Die Kommission erkannte dies als richtig an und nahm in Folge dessen den Seitens eines Mitgliedes gestellten Antrag, wie er jetzt als zweiter Satz des § 1a vorliegt, als Zusatz zum § 11 an.

Dabei war Seitens eines Mitgliedes hervorgehoben worden, daß aus der Fassung nicht hervorgehe, ob der Fall des Wechsels des Unternehmers eine wesentliche Aenderung des Unternehmens darstelle. Jedenfalls sei dies zweifelhaft, er beantrage daher, in dem § 11 (der Regierungsvorlage) hinter „Fall" die Worte „eine Aenderung der Person des Unternehmers" hinzuzufügen. Er wolle hiermit besonders den Handel mit Konzessionen verhindern. Der Minister erwiderte hierauf, daß, wenn die Genehmigung nicht einer Gesellschaft ertheilt werde, dieselbe stets einer Person ertheilt werde, sobald diese nicht von der Genehmigung Gebrauch mache, müsse dieselbe eigentlich neu ertheilt werden, jedenfalls stelle ein Wechsel des Unternehmers eine wesentliche Aenderung des Unternehmens dar, eine Einfügung im Sinne des gestellten Antrages sei daher unnöthig. Die Kommission lehnte nach diesen Ausführungen den Antrag als unnöthig ab.

Von demselben Mitglied wurde dabei die Frage aufgeworfen, ob die Fusion eines Unternehmens mit einem anderen jedesmal als eine wesentliche Veränderung desselben aufzufassen sei. Der Regierungskommissar erwiderte darauf, daß dies jedenfalls der Fall sei, daß sogar in einem solchen Falle die Möglichkeit nicht ausgeschlossen sei, daß die betreffenden Bahnstrecken durch diese Fusion ihren Charakter als Lokalbahnen verlören. Die Möglichkeit, ob ein Unternehmen durch eine wesentliche Erweiterung oder Aenderung aufhöre, eine Lokalbahn zu sein und fernerhin dem Gesetz von 1838 zu unterstellen sei, könne überhaupt bei solchen Aenderungen jedesmal neu geprüft werden.

Diese letztere Ansicht wurde als richtig anerkannt, und nahm die Kommission, um dem einen entsprechenden Ausdruck im Gesetz zu geben, auf Antrag eines Mitgliedes den dritten Satz des § 1a in der vorliegenden Fassung an. Nach der so festgestellten Konstruktion des Paragraphen stellte in der 2. Lesung ein Mitglied noch den Antrag, dem § 1a redaktionell eine andere Fassung in folgender Form zu geben:

„Zur Herstellung und zum Betriebe einer Lokalbahn bedarf es der Genehmigung der zuständigen Behörde. Dasselbe gilt für wesentliche Erweiterungen oder sonstige wesentliche Aenderungen des Unternehmens, der Anlage oder des Betriebes. Diese Genehmigung ist zu versagen, wenn die Erweiterung oder Aenderung die Unterordnung des Unternehmens unter das Gesetz vom 3. November 1838 bedingt."

Die Kommission lehnte indessen den gestellten Antrag ab, indem sie sich in ihrer Majorität den von einem Mitgliede gemachten Ausführungen anschloß, daß in dem Antrage eine wesentliche Verbesserung gegenüber der anderen Fassung des Paragraphen nicht liege.

§ 2.

Der § 2 regelt die Kompetenz der für die Genehmigung zuständigen Behörden. Im Allgemeinen war man in der Kommission der Ansicht, daß dieselbe in der Regierungsvorlage zweckentsprechend geordnet sei, indessen wurden doch mehrere einzelne Bedenken hervorgehoben.

Ein Mitglied der Kommission war der Ansicht, daß in erster Linie die Selbstverwaltungskörper zur Wahrnehmung dieser Funktionen geeignet seien, da ihnen auch sonst in der Gesetzgebung polizeiliche Befugnisse eingeräumt werden und sie im Uebrigen am besten in der Lage wären, die einzelnen Fälle praktisch prüfen zu können.

Der Regierungskommissar erwiderte hierauf, daß die Genehmigung doch wesentlich eine polizeiliche sein solle und man deshalb in erster Linie die Inhaber der Polizeigewalt als Genehmigungsbehörden aufgestellt habe, wenngleich es ja richtig sei, daß auch den Selbstverwaltungsbehörden einzelne polizeiliche Befugnisse übertragen worden seien. Es wurde weiterhin auch von Seiten des Herrn Ministers angeführt, daß bei einer solchen Regelung der Kompetenz in den oberen Instanzen, wie dem Bezirksausschuß, möglicherweise eine nicht unerhebliche Verschleppung der Genehmigung eintreten könne, da diese Behörde nicht so häufig zusammentrete. Ein Antrag war an diese Erörterung innerhalb der Kommission nicht geknüpft worden.

Der Antrag eines Mitgliedes, welcher nach der Richtung hin, die Genehmigung zum Zwecke der Centralisirung möglichst in die oberen Instanzen zu verlegen, sich am weitesten von der Regierungsvorlage entfernte, wollte dem § 2 folgende Fassung geben:

„Zur Ertheilung der Genehmigung sind zuständig der Regierungspräsident, für den Stadtkreis Berlin der Polizeipräsident und der Minister der öffentlichen Arbeiten.

Handelt es sich jedoch nur um einen örtlichen Verkehr innerhalb eines Landkreises oder um eine Bahn mit Betrieb ohne Maschinenkraft, so bezeichnet der Minister der öffentlichen Arbeiten diejenige Eisenbahnbehörde, welche mit dem Regierungspräsidenten die Genehmigung zu ertheilen hat. In allen Fällen sind vorher die Lokalpolizeibehörden, d. i. Landrath und Ortspolizei eines jeden von der Bahn berührten Orts, gutachtlich zu hören."

Der Antrag wurde von dem betreffenden Mitgliede hauptsächlich damit begründet, daß die oberen Behörden die Genehmigung einheitlicher und unparteilicher handhaben würden, auch würden die unteren Behörden die Befugniß zu derselben vielfach als eine Last empfinden.

Der Regierungskommissar führte dem gegenüber aus, daß bei der Einfachheit von über einen Gemeindebezirk nicht hinausgehenden Pferdebahnen unbedenklich und im Interesse der Einfachheit und Schnelligkeit überaus zweckmäßig sei, die Zuständigkeit der Ortspolizeibehörde zur Genehmigung aufrecht zu erhalten. Jedenfalls passe es nicht in den Rahmen des Gesetzes, gleich in erster Instanz den Minister als Genehmigungsbehörde einzuführen; besonders auch, weil er nach § 49 des vorliegenden Gesetzes für alle Beschlüsse und Verfügungen, für welche die Landespolizeibehörden in Verbindung mit den Regierungspräsidenten zuständig seien, und gegen die Beschlüsse und Verfügungen der eisenbahntechnischen Aufsichtsbehörde als Beschwerdeinstanz aufgestellt sei.

Nach diesen Erklärungen zog der Antragsteller im Laufe der Diskussion den von ihm gestellten Antrag zurück.

Ein anderes Mitglied der Kommission beantragte, den Schluß der Nr. 1 des § 2 folgendermaßen zu fassen: „in Verbindung mit dem Königlichen Eisenbahnkommissariat oder einer von dem Minister der öffentlichen Arbeiten bezeichneten anderen Eisenbahnbehörde".

Dieses Mitglied begründete seinen Antrag damit, daß die in der Regierungsvorlage zur Genehmigung vorgesehene Eisenbahnbehörde, wenn man nicht das Eisenbahnkommissariat nehme, in der Regel eine Eisenbahndirektion oder ein Betriebsamt sein werde. Beide Behörden würden indessen in der Regel Konkurrenten der neu zu erbauenden Bahnen sein, außerdem auch durch die Mannigfaltigkeit der entscheidenden Behörden eine große Verschiedenheit in der Aufstellung der für die Genehmigung maßgebenden Grundsätze Platz greifen. Er wolle deshalb das Eisenbahnkommissariat in erster Linie als Genehmigungsbehörde aufgestellt wissen und durch die von ihm vorgeschlagene Fassung der Gesetzgebung diese Direktive geben. Da er im Uebrigen aber anerkennen müsse, daß es auch in einzelnen Fällen richtiger sein könne, dem Minister der öffentlichen Arbeiten die Bezeichnung einer andern Eisenbahnbehörde zu überlassen, so habe er mit der von ihm gewählten Fassung denselben auch diese Möglichkeit lassen wollen.

Der Herr Minister erwiderte hierauf, daß das Eisenbahnkommissariat in seiner jetzigen Zusammensetzung jedenfalls nicht geeignet sei, um die von dem Antragsteller geforderten Funktionen ausüben zu können. Wenn dasselbe solchen Aufgaben genügen solle, so bedürfe es einer erheblichen Umformung und Vermehrung, besonders in seinen technischen Kräften. Wenn es im einzelnen Falle als genehmigende Behörde geeignet sei, so könne und werde er es ja als solche ernennen; er glaube aber auch nicht, daß die einheitliche Handhabung der Genehmigung bei einer durchgängigen Mitwirkung des Eisenbahnkommissariats besser werden würde. Bei einer Tertiärbahn würden die lokalen Verhältnisse immer sehr mitsprechen; eine solche Bahn würde immer am besten fahren unter Zuhülfenahme des Raths und Gutachtens der nächstbetheiligten Eisenbahndirektion. Diese müsse nicht als Konkurrentin, sondern als wohlwollende Beratherin gelten. Er sei überzeugt, daß alle Eisenbahnbehörden es für ihre Pflicht halten würden, den Bau der Bahnen unterster Ordnung nach Möglichkeit zu fördern.

Nach dieser Erklärung zog der Antragsteller seinen Antrag zurück.

Von einem Mitgliede wurde die Frage angeregt, ob unter „Kunststraßen" auch die gepflasterten Straßen innerhalb einer Kommune zu verstehen seien. Sei dies der Fall, so werde für jede Lokalbahn, also auch für jede Pferdebahn, welche auf städtischen Straßen angelegt würde, die Genehmigung des Regierungspräsidenten nothwendig. — Der Regierungskommissar erwiderte hierauf, daß Kunststraßen ein feststehender Begriff sei, und daß man darunter die städtischen Straßen bisher nicht einbegriffen habe und dies auch hier nicht habe thun wollen. In den älteren Provinzen existire sogar ein vollständig geführtes Register der Kunststraßen, wodurch schon allein die Anwendbarkeit des Begriffes „Kunststraßen" auf gepflasterte städtische Straßen an sich ausgeschlossen sei.

Ein anderes Mitglied stellte den Antrag, die Nr. 2 des § 2 dahin zu fassen:

„sofern die Voraussetzung der Nr. 1 nicht vorliegt:
a) der Regierungspräsident, falls Kunststraßen benutzt oder von der Bahn mehrere Kreise

oder nicht Preußische Landestheile berührt werden sollen, oder ein Kreis oder höherer Kommunalverband Unternehmer ist,
b) der Landrath, falls mehrere Ortspolizeibezirke desselben Landkreises berührt werden oder eine Gemeinde Unternehmer ist,
c) die Ortspolizeibehörde, soweit die Vorschriften zu a und b nicht zutreffen.

Liegen die im Falle der Nr. 1 von der Bahn berührten Landestheile im Bezirke mehrerer Landespolizeibehörden oder im Falle der Nr. 2 a die mehreren Kreise nicht in denselben Regierungsbezirke, so bezeichnet u. s. w. (wie in der Vorlage)."

Dieses Mitglied begründete seinen Antrag damit, abgesehen von der ihm besser erscheinenden redaktionellen Fassung seines Antrages, er es für richtiger hielte, die Genehmigung, wenn ein niederer Kommunalverband Unternehmer sei, nicht in die Hände der demselben direkt vorgesetzten Polizeibehörde zu legen, an deren Spitze häufig dieselbe Person stehe, welche auch die betreffende Kommune als erster Beamter derselben vertrete.

Dem gestellten Antrage stimmte ein anderes Mitglied mit dem Bemerken zu, daß die ländlichen Amtsvorsteher in der Regel nicht in der Lage sein würden, die für die Genehmigung eines solchen Unternehmens in Betracht kommenden Verhältnisse nach allen Richtungen hin zu übersehen, besonders daß ihnen keine technischen Kräfte zur Verfügung ständen, daß auch die Amtsvorsteher schon jetzt überlastet seien und es wünschenswerth erscheine, ihnen durch diese Bestimmungen nicht noch neue Pflichten aufzuerlegen.

Dieses Mitglied beantragte, statt der Fassung 2 b und c zu setzen:
2 b. Sofern nur ein Landkreis berührt wird, der Landrath dieses Kreises.

Auf die letzteren Ausführungen erwiederte der Regierungskommissar zunächst, daß es sehr selten vorkommen werde, daß ein Amtsvorsteher die Genehmigung zu einer Lokalbahn zu ertheilen haben würde, eintretenden Falls würden aber die Fälle voraussichtlich sehr einfach liegen und erscheine es nicht nöthig, die Kompetenz der Ortspolizeibehörden hier auszuschließen.

In Betreff des ersteren Antrages erklärte er es für unbedenklich, in dem Fall der Nachsuchung der Genehmigung für ein Unternehmen Seitens eines Kommunalverbandes die diesem vorgesetzte Polizeibehörde dieselbe zu ertheilen, denn in anderen Beziehungen der Inhaber der Polizeigewalt in einer Kommune, trotzdem er erster Kommunalbeamter derselben sei, sehr häufig polizeiliche Genehmigungen für Anlagen des Kommunalverbandes zu ertheilen habe, ohne daß aus dieser doppelten Stellung der betreffenden Persönlichkeit Mißstände sich ergeben hätten.

Allgemein wurde in der Kommission anerkannt und hervorgehoben, daß es nothwendig sei, darüber Bestimmungen zu treffen, welche Behörde zur Genehmigung zuständig sein solle, wenn ein bereits bestehendes Unternehmen erheblich erweitere, sei es durch Neuanlagen, sei es durch Fusion mit einem bereits bestehenden Unternehmen oder durch Uebergang zum Maschinenbetriebe. Man war darüber einig, daß in einem solchen Falle die Genehmigung nur von derjenigen Behörde ertheilt werden könne, welche bei einer neuen Konzessionirung des veränderten Unternehmens zur Genehmigung zuständig gewesen wäre. Wenn auch im Allgemeinen bei Einschränkungen des Unternehmens eine entsprechende Aenderung der Zuständigkeit der Behörden eingetreten haben würde, so wurde doch zugleich anerkannt, daß, wenn im Fall der Nr. 1 des Paragraphen nach diesem Grundsatz eine niedere Polizeibehörde als diejenige, welche die

Genehmigung ertheilt hatte, zuständig werden würde, die zunächst zu ertheilende Genehmigung der geplanten Veränderung des Unternehmens noch von derjenigen Behörde zu ertheilen sei, von welcher die ursprüngliche Genehmigung gegeben worden sei. Es wurde dabei zur Begründung angeführt, daß das öffentliche Interesse durch den Umstand, ob ein Unternehmen in der bisherigen Art weiter betrieben oder dieses letztere in irgend welcher Weise beschränkt werde, speziell ob der bisherige Betrieb mit Maschinenkraft als solcher aufgegeben werde, erheblich berührt werde, und daß das sachgemäße Urtheil, ob dieses Interesse durch eine solche Einschränkung des Unternehmens nicht geschädigt werde, nur derjenigen Behörde zustehen könne, welche bisher die Aufsicht über dasselbe geführt habe. Es bestand innerhalb der Kommission auch darüber Uebereinstimmung, daß, nachdem diese Genehmigung ertheilt sei, für das Unternehmen weiterhin diejenige Behörde zuständig sein müsse, welche die Genehmigung desselben zu ertheilen gehabt haben würde, wenn dieses von vornherein in seiner nunmehrigen Betriebsart genehmigt worden wäre.

Diesem Gedanken war von einem Mitgliede durch folgenden Antrag Ausdruck gegeben:

Hinter § 2 folgenden neuen § 2a einzuschalten:
„Wird ein Bahnunternehmen durch Anlage neuer Bahnen, welche unmittelbaren Anschluß an die vorhandenen Linien (Stammbahn) haben und mit diesen zusammen als ein einheitliches Bahnunternehmen betrieben werden sollen, von dem nämlichen Unternehmer erweitert, so wird zur Ertheilung der Genehmigung der neuen Bahn zuständige Behörde gemäß § 2, aber in der Weise bestimmt, als wenn die Stammbahn mit der neuen Bahn zusammen als eine einheitliche Bahn zu genehmigen wäre.

Wird in Folge dessen eine andere Behörde als diejenige, welche das Stammunternehmen genehmigt hat, zuständig, so gehen durch die Genehmigung der neuen Bahn alle Rechte und Pflichten der letzteren Behörde auf die erstere über."

In der zweiten Lesung wurde jedoch beschlossen, dem Paragraphen die aus der Kommissionsvorlage ersichtliche Fassung zu geben.

Auf Anfrage eines Mitgliedes stellte der Regierungskommissar fest, daß als Zeitpunkt des Uebergangs der Kompetenz zur Aufsicht von der einen auf die andere Behörde die Uebergabe der für diese Kompetenzveränderung zur Folge habenden Genehmigungsverfügung anzunehmen sei, welcher Ausführung die Kommission zustimmte.

Dasselbe Mitglied richtete an die Königliche Staatsregierung die Frage, ob von demselben Unternehmer neu zu erbauende Bahn, wenn sie von dem bisherigen Unternehmen örtlich getrennt sei, auch als Erweiterung des alten Unternehmens aufgefaßt werden könne oder ob in solchem Falle stets die Errichtung eines besonderen neuen Unternehmens anzunehmen sei.

Der Regierungskommissar antwortete darauf, daß es sich in einem solchen Falle stets um zwei besondere Unternehmungen handeln würde, und wurde dieser Ansicht von keiner Seite in der Kommission widersprochen.

Auf die Anfrage eines Mitgliedes, ob für den Fall, daß für die Genehmigung der Regierungspräsident respektive Polizeipräsident in Verbindung mit der von dem Minister der öffentlichen Arbeiten bezeichneten Behörde zuständig sei, diese letztere nur gutachtlich zu hören oder ob die Genehmigung auch von deren Zustimmung abhängig sei, erwiderte der Herr Minister, daß nach Außen hin nur der Regierungspräsident die Genehmigung zu ertheilen

habe, es sei aber beabsichtigt, denselben dahin anzuweisen, daß er sich vorher der Genehmigung der bezeichneten Eisenbahnbehörde zu versichern habe und daß, wenn sich hierbei eine Einigung beider Behörden nicht erzielen lasse, die Entscheidung durch die Ministerialinstanz zu treffen sei. Indessen stelle die Regelung einer solchen Differenz ja lediglich ein Internum der Verwaltung dar. Der Herr Minister erklärte sich mit dem hiernach gestellten Antrage, die Worte unter Nr. 1: „in Verbindung" durch die Worte „im Einvernehmen" zu ersetzen, einverstanden, und wurde der hierhin gestellte Antrag von der Kommission angenommen.

Ein Mitglied regte die Frage an, ob in dem Fall, wenn der Betrieb nur theilweise mit Maschinenkraft beabsichtigt sei, auch durchgängig der Regierungspräsident in Verbindung mit der betreffenden Eisenbahnbehörde zuständig sein solle. Der Vertreter der Königlichen Staatsregierung erwiderte hierauf, daß allerdings beabsichtigt sei, in jedem Falle, wo überhaupt Maschinenkraft zur Anwendung käme, die Genehmigung dem Regierungspräsidenten in Verbindung mit der betreffenden Eisenbahnbehörde zu übertragen; einerseits sei es nicht möglich, ein einheitlich betriebenes Unternehmen zu trennen, andererseits mache jede Verwendung von Maschinenkraft im öffentlichen Interesse die Betheiligung der auch 1 bezeichneten Genehmigungsbehörde und besonders die Mitwirkung der betreffenden Eisenbahnbehörde unumgänglich nothwendig. Hiernach wurde von einem Mitgliede der Antrag gestellt, hinter dem Worte „Betrieb" die Worte „ganz oder theilweise" einzufügen, sowie das Wort „sofern" unter Nr. 1 durch zu keinem Mißverständnisse ausgesetzte Wort „wenn" zu ersetzen, und wurde dieser Antrag von der Kommission angenommen.

Aus dem gleichen Grunde wurden nach Annahme dieser Anträge auf Antrag eines Mitgliedes die Worte sub 2 „soweit nicht Betrieb mit Maschinenkraft beabsichtigt ist", durch die Worte ersetzt: „in allen übrigen Fällen", sowie ferner das Wort „eingerichtete" durch das Wort „einzurichtende" ersetzt, da die Kommission sich der Begründung des Mitgliedes, welches diesen Antrag gestellt hatte, anschloß, daß vor der Genehmigung noch nicht von einer eingerichteten Bahn gesprochen werden könne.

Ein anderes Mitglied beantragte hinter dem Worte „Betrieb" das Wort „dauernd" einzufügen und begründete diesen Antrag damit, daß es für eine Bahn, welche ohne Maschinenkraft betrieben worden sei, sehr umständlich und für den Betrieb störend sei, wenn sie lediglich in der Absicht, um Versuche anzustellen, einen theilweisen Betrieb mit Maschinenkraft zeitweise auf ihrer Strecke einführen wolle, und in diesem Falle eine andere Behörde zur Genehmigung zuständig würde. Der Regierungskommissar erwiderte hierauf:

Die Einschaltung des Wortes „dauernd" widerrathe sich. Sie rege nur Zweifel an und sei bedenklich, wenn damit der von dem beantragten Fall getroffen werden solle. Denn, wenn ein Unternehmer den Uebergang zum Maschinenbetriebe beabsichtige, entsprechende Einrichtungen treffe, vorläufig aber noch Versuche über die zweckmäßigste Art dieses Betriebes anstelle, so würde schon aus Rücksichten technischer Sachkunde die Genehmigung nach Nr. 1 unter Mitwirkung der Eisenbahnbehörde zu ertheilen sein. Wenn es sich aber lediglich um Betrieb mit Maschinenbetrieb handle, welche ohne Aenderung der Einrichtungen zu dem Zwecke stattfänden, um der Beschlußfassung darüber vorzubeugen, ob der Betrieb mit Maschinenkraft in Aussicht zu nehmen sei, so liege die Voraussetzung der Nr. 1 nicht vor und es bleibe daher die Zuständigkeit nach Nr. 2 bestehen.

Hiernach lehnte die Kommission den gestellten Antrag auf Einfügung des Wortes „dauernd" mit großer Majorität ab.

Von demselben Mitgliede wurde an die Königliche Staatsregierung die Anfrage gestellt, welche Behörde zur Genehmigung eines Unternehmens in Städten mit königlicher Polizeiverwaltung zuständig sein würde, wenn demnächst in Folge des Polizeikostengesetzes gewisse Theile der Verkehrspolizei auf die Stadtverwaltungen übertragen würden. Der Regierungskommissar erklärte darauf, daß sich diese Frage zur Zeit noch nicht beantworten lasse, für Berlin nehme er persönlich als wahrscheinlich an, daß die Zuständigkeit des Polizeipräsidenten aufrecht erhalten bleiben werde. Der Vertreter des Ministeriums des Innern erwiderte ebenfalls, daß die Regierung bisher keine Veranlassung gehabt habe, zu dieser Frage Stellung zu nehmen; gelange der vorliegende Gesetzentwurf zur Verabschiedung, so werde die Regierung in jedem Einzelfalle bei den Verhandlungen mit den in Betracht kommenden Gemeinden wegen Uebertragung einzelner Zweige der Polizeiverwaltung Stellung zur Frage zu nehmen haben.

Der § 2 wurde hierauf von der Kommission angenommen.

§ 3.

Hier wurde auf Antrag eines Mitgliedes die Hinzufügung der Eingangsworte: „die Genehmigung wird auf Grund vorgängiger polizeilicher Prüfung ertheilt", ohne Widerspruch Seitens der Kommission angenommen. Es erschien nothwendig, eine solche Einleitung zu treffen, um dem Ausdruck zu geben, daß die polizeiliche Prüfung nur zum Zwecke der Genehmigung stattzufinden habe. Von einem Mitgliede der Kommission wurde hervorgehoben, daß das Wort „erstreckt" nicht klar ausdrücke, daß weitere Gegenstände der polizeilichen Prüfung nicht unterliegen sollten. Dasselbe Mitglied beantragte daher, statt des Wortes „erstreckt" das Wort „beschränkt" einzustellen und wurde dieser Antrag von der Kommission mit großer Majorität angenommen. Ein anderes Mitglied gab der Ansicht Ausdruck, daß die Bestimmungen des § 3 auf Pferdebahnen überhaupt nicht anwendbar seien. Man könne in Bezug auf die betriebssichere Beschaffenheit der Bahn und der Betriebsmittel, auf die technische Befähigung und die Zuverlässigkeit der Bediensteten nicht wesentlich andere Anforderungen stellen, als an andere öffentliche Fuhrwerke. Dieser Ausführung wurde von einem Mitgliede insbesondere in Bezug auf die Nr. 3 des Paragraphen beigetreten und von demselben die Streichung dieser Nummer beantragt. Dem wurde von Seiten des Regierungskommissars erwidert, daß auch bei Pferdebahnen, in erhöhtem Maße aber bei den mit Maschinenkraft betriebenen Bahnen eine Prüfung der Betriebsmittel und ebenso der Zuverlässigkeit der Bediensteten nicht zu entbehren sei. Naturgemäß werde von Seiten der Behörden diese Prüfung nicht über das im öffentlichen Interesse nothwendige Maß ausgedehnt werden. Von einem andern Mitgliede wurde hierzu bemerkt, daß, wenn auch die Prüfung der Zuverlässigkeit der Bediensteten im öffentlichen Interesse, speziell in dem der Sicherheit des Publikums nothwendig sei, sich diese Prüfung doch dann nur auf die im äußern Betriebsdienste ausgestellenden Bediensteten zu erstrecken brauche, weil durch die Prüfung derselben dem öffentlichen Interesse genügt werde. Derselbe stellte den Antrag, vor den Worte „Bediensteten" die Worte „in dem äußern Betriebsdienste anzustellenden" einzufügen. — Die Regierung erklärte sich mit diesem Antrage einverstanden und wurde der Antrag auf Streichung hierauf zurückgezogen, der Antrag auf Einschaltung der eben erwähnten Worte angenommen.

Ein Mitglied führte aus, daß die Fassung der Nr. 4 des Paragraphen allen möglichen Auslegungen Raum biete, was unter „Wahrung der Interessen des öffentlichen Verkehrs" zu verstehen sei. Dieses Mitglied beantragte, um die hieraus resultirenden Befugnisse der Behörde wenigstens etwas näher zu präzisiren, der Nr. 4 des Paragraphen in Uebereinstimmung mit einer der Kommission vorliegenden Petition den Satz hinzuzufügen: „ohne jedoch den Unternehmer zur Ausdehnung der Anlage und des Betriebes über den von ihm geplanten Umfang zwingen zu dürfen." — Ein anderes Mitglied wollte diese Einschränkung allgemeiner gefaßt wissen und beantragte, dem § 3 folgenden zweiten Absatz zuzufügen: „Die polizeiliche Prüfung darf sich nicht weiter erstrecken, als dies zur Wahrung der betheiligten öffentlichen Interessen nothwendig ist." — Hierauf erwiderte der Regierungskommissar, daß in der That mit der Nr. 4 des § 3 nicht mehr gemeint sei, als wie in dem letzten Antrage ausdrücklich ausgesprochen worden sei. Es sei daran festzuhalten, daß die Prüfung eben nur eine polizeiliche sei. Eine solche könne naturgemäß nur solche Anforderungen stellen, welche aus der Pflicht der Polizei, die öffentlichen Interessen zu wahren, hervorgingen. Es werde durch die Vorlage nichts anderes gefordert, als was heute schon bestehe, und selbst dieses nicht einmal alles, denn jetzt würden z. B. häufig Forderungen über die Anstrich der Pferdebahnwagen, für Pferdedecken u. s. w. gestellt, was alles außerhalb des Rahmens der jetzigen Vorlage liege. Allerdings könne das, was unter Wahrung der Interessen des öffentlichen Verkehrs gefordert werden müsse, nicht näher präzisirt werden, da das Bedürfniß dieser Interessen in jedem einzelnen Falle besonders geprüft werden müsse.

Ueber diese polizeilichen Interessen könne indessen die Behörde aus dem eben angeführten Grunde nicht hinausgehen. Er erachte hiernach die beiden gestellten Anträge für überflüssig und bitte um deren Ablehnung. — Der größte Theil der Kommission schloß sich dem an, und wurde darauf der erstere Antrag gegen 4, der zweite gegen 5 Stimmen abgelehnt.

Dasselbe Mitglied, welches den ersteren Antrag gestellt hatte, richtete auch an den Vertreter der Staatsregierung die Frage, ob besondere Züge für Kinder, Arbeiter u. s. w. auf Grund der Nr. 4 des Paragraphen vorgeschrieben werden könnten. — Der Regierungskommissar erwiderte hierauf:

Die Frage, ob besondere Züge für Kinder, Arbeiter u. s. w. vorgeschrieben werden könnten, lasse sich in dieser Allgemeinheit nicht beantworten. Es werde im Einzelfalle zu prüfen sein, ob verkehrspolizeiliche oder sonstige polizeiliche Gründe die Einlegung derartiger Sonderzüge bedingen oder nicht. Jedenfalls erstrecke sich die Befugniß aus Nr. 4 aber nicht auf die Einführung von solchen Sonderzügen zu ermäßigten Beförderungspreisen.

Schließlich wurde der so veränderte § 3 von der Kommission mit großer Majorität angenommen.

§ 4.

Zu § 4 wurde von einem Mitgliede bemerkt, daß zwar die Motive auf Seite 16 sich dahin aussprächen, daß von einer staatlichen Prüfung der finanziellen Sicherheit des Unternehmens im Einzelnen abzusehen sein würde, daß aber die hierin ausgesprochene Absicht der Königlichen Staatsregierung im Gesetze selbst keinen Ausdruck fände. Es sei wünschenswerth, dies besonders auszudrücken, um dem Unternehmer schon in dem Gesetz selbst die Sicherheit zu geben, daß eine solche Prüfung im Einzelnen nicht eintreten werde. Dieses Mitglied beantragte hiernach, dem § 4 den Schlußsatz hinzuzufügen: „Von der Prüfung der finanziellen Sicherheit des Unternehmens im Einzelnen ist abzusehen." — Von anderer Seite wurde dem in der Kommission widersprochen mit dem Hinweis darauf, daß es zur Vermeidung aller schwindelhaften Unternehmungen durchaus erforderlich sei, die Prüfung der finanziellen Seite des Unternehmens möglichst eingehend stattfinden zu lassen, und daß es sogar absolut nothwendig sei, um allem Schwindel vorzubeugen, daß ein Kostenanschlag über das ganze Unternehmen mit eingereicht werde. — Ein Mitglied, das dieser Anschauung beitrat, gab derselben in dem Antrage Ausdruck, in § 4 statt „ein Bauplan" zu sagen „der Bauplan" und hinter diesen Worten einzuschieben „und der Kostenanschlag." — Von Seiten der Regierung wurde darauf erwidert, daß durch die in Bezug genommene Stelle in der Begründung des Gesetzentwurfs nur habe ausgedrückt werden sollen, es solle sich die Prüfung der finanziellen Unterlagen des Unternehmens auf die Sicherstellung der vollständigen und gesetzmäßigen Aufbringung der zur anschlagmäßigen Ausführung erforderlichen Geldmittel beschränken. Eine solche Sicherstellung erscheine nothwendig, um dem dabei vorhandenen öffentlichen Interesse Genüge zu thun, daß ein Unternehmen, an dessen Durchführung dieses Interesse in lebhaftem Maße betheiligt sei, nicht vor Fertigstellung aus Mangel an Mitteln unvollendet stehen bleibe. Es solle indessen nach Absicht der Königlichen Staatsregierung die Finanzirung des Unternehmens im Uebrigen, soweit die Erreichung dieser Sicherstellung zweifellos sei, dem Ermessen des Unternehmers überlassen bleiben. — Nach dieser Erklärung wurde der Antrag von dem Antragsteller zurückgezogen, der zweite Antrag, nachdem sich mehrere Stimmen in der Kommission gegen denselben als überflüssig ausgesprochen hatten, abgelehnt, und der Paragraph darauf unverändert angenommen.

Von einem andern Mitgliede der Kommission wurde hierauf beantragt, hinter § 4 folgenden § 4a einzuschieben:

Das dem Unternehmer behufs Herstellung und Betriebs der Eisenbahn, sei es ohne, sei es gegen Entgelt, eingeräumte zeitlich beschränkte oder unbeschränkte Recht der Benutzung einer Grundfläche bedarf zur Wirksamkeit gegen Dritte der Eintragung im Grundbuche nicht, und geht bei der Zwangsversteigerung des belasteten Grundstückes von selbst auf den Ersteher über."

Der Antrag wurde damit begründet, daß bei Erbauung kleinerer Bahnen von einem Unternehmer häufig von dem Enteignungsrecht kein Gebrauch gemacht werde, dieser es vielmehr vorziehe, sich das Recht zur Benutzung einer Grundfläche von dem Eigenthümer derselben zu sichern zu lassen. Werde in einem solchen Falle der Eigenthümer insolvent, so ginge das dem Unternehmer eingeräumte Nutzungsrecht mit in den Konkurs, stände in einem solchen den eingetragenen Forderungen der Hypothekengläubiger nach und fiele möglicherweise bei der Zwangsversteigerung aus, wodurch das ganze Unternehmen zerstört würde. Der vorliegende Antrag bezwecke, sowohl dieses Nutzungsrecht den Rechten der Hypothekengläubiger vorgehen zu lassen, als auch bei Zwangsversteigerung von selbst auf den Ersteher übergehen zu lassen. — Dem wurde von Seiten des Herrn Regierungsvertreters erwidert, daß eine definitive Stellungnahme ohne Mitwirkung des Justizministeriums nicht möglich sei. Es sei aber darauf hinzuweisen, daß der Zusatz außerhalb des Rahmens des Gesetzes falle. Das Privatrecht sei in dem Entwurf absolut nicht berührt. Die Möglichkeit sei ja nicht ausgeschlossen, die privatrechtliche Seite des Gesetzes später zu regeln, der Entwurf und die ganze Materie sei aber zu neu, daß ein solches Vorgehen nicht möglich sei.

Jedenfalls würde die Regelung der privatrechtlichen Verhältnisse der Bahnen in diesem Gesetze, dessen Zustandekommen gefährden oder doch erheblich verzögern. Das Herausgreifen einer einzelnen privatrechtlichen Bestimmung, wie dies mit dem Antrage beabsichtigt werde, empfehle sich nicht, umsoweniger, als das dem selben zu Grunde liegende Interesse thatsächlich ein minimales sei. Soweit Bahnen öffentliche Wege als Bahnkörper benutzen, können privatrechtliche Benutzungsrechte überhaupt nicht in Frage; im Uebrigen werde selbst von Bahnen, welche nur auf Zeit konzessionirt seien, in der Regel der erforderliche Grund und Boden eigenthümlich erworben. Es verblieben deshalb nur die seltenen Fälle, in welchen die Möglichkeit des Baues auf fremdem Grund und Boden durch Erwerb eines privaten Nutzungsrechts herbeigeführt werde. Bei diesen minimalen Interessen empfehle es sich, den Antrag nicht aufzunehmen.

Vom Herrn Minister wurde dem noch hinzugefügt, daß auch er den Antrag aus den bereits angeführten Gründen für bedenklich erachte. Der Bahnunternehmer werde in den seltenen Fällen, in denen die Umstände es zweckmäßig erscheinen ließen, sich mit dem Erwerbe eines bloßen Nutzungsrechtes an dem Grundstück zu begnügen, sich in anderer Weise vertraglich sichern können. — Von anderer Seite wurde auch gegen den Antrag in der Kommission ausgeführt, daß die Rechte der Hypothekengläubiger durch die Annahme desselben benachtheiligt werden könnten. Jedenfalls geschehe dies durch den vorgeschlagenen Uebergang des Rechts auf den Ersteher im Subhastationsverfahren, da das Grundstück zu Ungunsten der älteren Hypothekengläubiger der Last entfernenden im Werthe verringert werde. Um diese älteren Rechte bei Gründung der Bahn anderweit gegenüber den nachtheiligen Folgen des gestellten Antrages zu sichern, werde man eines komplizirten Verfahrens bedürfen und dadurch die Sache nicht eben vereinfachen. — Dem wurde von anderer Seite beigetreten mit dem Hinzufügen, daß eventuell sogar weite Strecken Privateigenthums für die Anlage solcher Bahnen in Anspruch genommen werden könnten. Der Antrag wurde darauf von dem Antragsteller in erster Lesung zurückgezogen und in der zweiten nicht wieder aufgenommen.

§ 5.

In § 5 wurde zunächst das Eingangswort „sofern" auf Antrag eines Mitgliedes durch das Wort „soweit" ersetzt, um die hierdurch ausgesprochene räumliche Beschränkung auszudrücken, und aus gleichem Grunde statt des Wortes „Weges" im zweiten Satze das Wort „Wegetheiles" gesetzt. — Ein anderer Antrag eines Mitgliedes ging dahin, an ersten Satz so zu fassen: „Sofern ein öffentlicher Weg benutzt werden soll, ist die Zustimmung derjenigen Gemeinden (Stadt-, Landgemeinde, Gutsbezirk), welche von diesem Wege berührt werden, sowie, falls die Unterhaltung des Weges nicht der Gemeinde, sondern einem Dritten obliegt, ebenfalls die Zustimmung dieses letzteren beizubringen." Der Antrag wurde damit begründet, daß möglicherweise der Unterhaltungspflichtige eines Weges gar kein Interesse daran haben könne, ob durch die von ihm zu gebende Zustimmung zur Benutzung des Weges die Interessen des dortigen Verkehrs auch genügend gewahrt würden oder nicht. Es sei deshalb erwünscht, in einem solchen Falle, wenn der Unterhaltungspflichtige nicht die Kommune sei, durch deren Bezirk der betreffende Weg führe, auch dieser letzteren die Befugniß zur Ertheilung der Zustimmung zur Benutzung des Weges zu geben, da sie am besten in der Lage sein würde, beurtheilen zu können, ob durch die Benutzung des Weges seitens des Unternehmers der Verkehr geschädigt werde oder nicht. — Der Regierungskommissar erklärte diesen Antrag aus dem Grunde für überflüssig, weil in jedem Falle für Inanspruchnahme der Benutzung des Weges für das Unternehmen die Wegepolizeibehörde gehört werden müsse und hierbei etwaige Bedenken der betroffenen Kommunen rechtzeitig geltend gemacht werden könnten. Bei den sinngemäßen Anwendungen des Planfeststellungsverfahrens nach § 13 seien alle Garantien für die Sicherheit des Straßenverkehrs gegeben. Bei Annahme des Antrages würde aber das Unternehmen in vielen Fällen vollständig in Frage gestellt werden, wenn man außer dem Unterhaltungspflichtigen hier noch eine zweite Person aufstelle, deren Zustimmung beigebracht werden müsse. Dem wurde auch von mehreren Seiten in der Kommission beigetreten und schließlich der von dem Antragsteller gestellte Antrag zurückgezogen.

Der von einem Mitgliede gestellte Antrag, statt „Unterhaltungspflichtigen" die Worte „aus Gründen des öffentlichen Rechts zur Unterhaltung des Weges Verpflichteten" einzufügen, wurde, nachdem von Seiten der Regierung die Erklärung abgegeben war, daß der Annahme dieses Antrages Seitens derselben nichts entgegenstehe, von der Kommission mit großer Majorität angenommen. Der Antrag war auch besonders damit begründet und dies innerhalb der Kommission anerkannt worden, daß der aus privatrechtlichem Titel zur Unterhaltung eines Weges Verpflichtete sehr leicht wechseln könne. Es erschien ferner der Kommission angemessen, schon hier die in der Regierungsvorlage in § 6 erwähnte Sicherstellung der Unterhaltung und Wiederherstellung des Weges zum Ausdruck zu bringen. Es wurde indessen anerkannt, daß diese Verpflichtung nur mangels anderweitiger Vereinbarung einzutreten habe, daß aber, wenn sie eintrete, die Verpflichtung zur Bestellung der Sicherheit hierfür von der Behörde auszusprechen sei, um die Interessen des öffentlichen Verkehrs bezüglich der Unterhaltung des Weges sicher zu stellen. In Folge dieser Erwägungen wurde ein denselben nach Ansicht der Kommission mehr als der Regierungsvorlage Rechnung tragender Antrag angenommen:

„§ 5.

Soweit ein öffentlicher Weg benutzt werden soll, ist der Unternehmer zur Unterhaltung und Wiederherstellung des benutzten Wegetheils verpflichtet und hat er für diese Verpflichtung Sicherheit zu bestellen.

Der Unternehmer hat ferner die Zustimmung des aus Gründen des öffentlichen Rechtes zur Unterhaltung des Weges Verpflichteten beizubringen. Letzterer ist berechtigt, für die Benutzung des Weges ein angemessenes Entgelt zu beanspruchen, ingleichen sich den Erwerb der Bahn nach Ablauf einer bestimmten Frist gegen angemessene Schadloshaltung des Unternehmers vorzubehalten."

Ein Mitglied stellte den Antrag, den Schluß des § 5 folgendermaßen zu fassen: „Ingleichen sich den Heimfall einer auf Zeit genehmigten (§ 11) nach Ablauf dieser Zeit gegen angemessene Schadloshaltung des Unternehmers vorzubehalten." Zur Begründung wurde von dem Antragsteller ausgeführt, daß in den Fällen, wo Konzessionen auf unbeschränkte Zeitdauer ertheilt würden, nach der Fassung des Entwurfs im § 5 der Heimfallsberechtigte die Konzession für immerwährende Zeit verhindern oder illusorisch machen könne, denn er habe nach § 5 ein gesetzliches Recht, den Heimfall nach Ablauf einer bestimmten Frist zu fordern. — Von dem Regierungskommissar wurde darauf erwidert, daß der Vertrag mit dem Unterhaltungspflichtigen der auf beschränkte oder

unbeschränkte Zeit zu ertheilenden Genehmigung vorausgehen müsse und der vorliegende Antrag daher zeitlich nicht in den Rahmen des Gesetzes passe. Die Ausbedingung eines Heimfallsrechts würde auch keineswegs mit der Ertheilung der Genehmigung ohne Zeitbeschränkung unvereinbar sein. Im Uebrigen werde über alle von den Unterhaltungspflichtigen zu stellenden Bedingungen, also auch über die Frist nach § 6 entschieden. — Der Antrag wurde darauf vom Antragsteller zurückgezogen.

Das Wort „Hergabe" wurde hierauf unter Zustimmung der Kommission auf Antrag eines Mitgliedes durch das Wort „Benutzung" und ebenso das Wort „Heimfall" durch „Erwerb" ersetzt.

Auf eine Anfrage eines Mitgliedes, wie es für den Fall zu halten sei, daß die hergestellte Bahn die Wegetheile verschiedener Unterhaltungspflichtigen berühre, erwiderte der Vertreter der Königlichen Staatsregierung:

Indem § 5 das Heimfallsrecht an die Unterhaltungspflicht knüpft und es für die Bahn, nicht für Theile derselben giebt, beschränkt er einerseits das Recht des Unterhaltungspflichtigen auf die räumlichen Grenzen seiner Unterhaltungspflicht und gewährt andererseits ein solches Recht nur bezüglich eines Bahnunternehmens im Ganzen. Eine einzelne Gemeinde oder ein höherer Kommunalverband kann daher nur den Heimfall eines solchen Unternehmens beanspruchen, welches andere als die von der Gemeinde oder dem Kommunalverband zu unterhaltenden Straßen und öffentlichen Wege nicht benutzt.

Sind mehrere Gemeinden u. s. w. an der Unterhaltung der von einem Bahnunternehmen benutzten Wege betheiligt, so steht daher keiner derselben für sich ein Heimfallsrecht zu, wohl aber ihrer Gesammtheit gegenüber dem ganzen Unternehmen.

Gegen diese Auffassung wurde in der Kommission kein Widerspruch erhoben. Ein Mitglied stellte dabei fest, daß es dem Wegeunterhaltungspflichtigen freistehen müsse, sich den Erwerb einer Bahn, welche auf dem von ihm zu unterhaltenden Wege laufe, auch dann zu sichern, wenn diese Bahn nicht auf dem Wege allein, sondern auch auf dem dem Unterhaltungspflichtigen gehörigen anderweiten Territorium sich befinde, sofern nur das ganze Unternehmen innerhalb dieses Weges bezw. des Territoriums sich bewege.

Ein Mitglied regte die Frage an, ob in dem Falle, in welchem der Unterhaltungspflichtige eines Weges nicht Eigenthümer desselben sei, das Gesetz sich nicht in Widerspruch mit Art. IX der Verfassung setze, da eventuell, wenn auch in diesem Falle die Zustimmung des Eigenthümers zur Beschränkung des Eigenthums durch einen Beschluß der Behörde ergänzt werden könne, ihm eine verfassungswidrige, durch Gesetz nicht vorgesehene Beschränkung des Eigenthums vorzuliegen scheine. Der Regierungskommissar erwiderte hierauf:

Die Ausnahmefälle, in welchen Eigenthums- oder sonstige Privatrechte an dem öffentlichen Wege einem Anderen als dem Unterhaltungspflichtigen zustehen, berühre die Vorlage nicht. Bezüglich dieser greife § 6 nicht Platz, der Unternehmer bleibe auf gütliche Vereinbarung angewiesen.

Anders liege die Sache bezüglich der Wege, welche im Eigenthume des Unterhaltungspflichtigen stehen. Hier trete angesichts der Natur des öffentlichen Weges als eines dem öffentlichen Dienste gewidmeten Grundstückes die privatrechtliche Seite des Eigenthums an dem Wege ganz zurück und es sei daher zulässig, die Zustimmung zur Beschränkung dieses Eigenthums im öffentlichen Interesse ergänzen zu lassen.

Ein anderes Mitglied fragte an, ob es beabsichtigt sei, dem Wegeunterhaltungspflichtigen das Recht zur Stellung von Bedingungen über den Fahrplan und die Beförderungspreise zu entziehen, indem der § 11 das Recht zur Festsetzung des Fahrplans der Behörde zuerkenne oder ob dies Recht dem Straßenbesitzer in dem Umfange, wie er es bisher ausgeübt habe, gewahrt werden solle. — Der Regierungskommissar erwiderte hierauf:

Durch die Bestimmungen des § 11a seien Vereinbarungen der Wegunterhaltungspflichtigen mit dem Unternehmer über Fahrplan und Beförderungspreise nicht ausgeschlossen.

Vereinbarungen dieser Art könnten nur nicht den nach § 11a im öffentlichen Interesse von der Behörde zu treffenden Festsetzungen derogiren, vielmehr nur innerhalb der durch diese gezogenen Schranken Platz greifen.

Bezüglich der Beförderungspreise, für welche nur Maximalsätze festzustellen sind, werde daher insbesondere für eine vertragliche Einwirkung der Straßenbesitzer ein weiter Spielraum gegeben sein.

Der § 5 wurde schließlich nach redaktioneller Umstellung in der jetzt vorliegenden Fassung von der Kommission angenommen.

§ 6.

Der § 6 wurde in seinen ersten beiden Absätzen redaktionell verändert durch Ersetzung des Wortes „des" durch „der" in der ersten Zeile, sowie Voranstellung der weiteren Organe und Einfügung des Absatzes 3 in den zweiten Absatz. Die Worte in Abs. 3: „Angemessenheit etwa" wurden gestrichen, das Wort „gestellter" in „gestellten" geändert und ebenso der letzte Absatz in Konsequenz der bereits in § 5 aufgenommenen Bestimmung über eine etwaige Sicherheitsbestellung ebenfalls entsprechend redaktionell geändert.

§ 7.

In § 7 war von einem Mitgliede beantragt worden, in dem zweiten Absatze hinter dem Wort „Reichstelegraphenanlage" die Fassung so zu nehmen, daß sie lauten würde: „derart nähern, daß dieselbe dadurch gefährdet wird", und dieser Antrag damit begründet worden, daß der Antragsteller mit dieser Fassung eine nach dem Wortlaut der Regierungsvorlage sonst mögliche Vexation seitens der Telegraphenbehörde vermeiden wolle. — Der Regierungskommissar erwiderte darauf, die Bestimmung, daß die Telegraphenverwaltung in dem Falle des Absatzes 2 des § 7 vor der Genehmigung gehört werden solle, sei getroffen worden, um dem Unternehmer nicht nachträglich noch Schwierigkeiten zu bereiten, da die schädliche Einwirkung auf eine Telegraphenanlage besonders, wo es sich um unterirdische Leitungen handle, häufig von dem Unternehmer nicht im Voraus übersehen werden und nur von den technischen Kräften der Telegraphenbehörde richtig erwogen werden könnte. — Nach diesen Erklärungen des Vertreters der Königlichen Staatsregierung zog das betr. Mitglied seinen Antrag zurück. Auf die Anfrage eines Mitgliedes, ob unter dem Worte „Kreuzung" in Abs. 3 des Paragraphen nur die Niveaukreuzungen oder auch andere zu verstehen seien, erwiderte der Herr Minister:

Die Kreuzung im Sinne dieser Bestimmung umfaßt sowohl den Fall der Kreuzung einer bestehenden Eisenbahn durch eine Bahn unterster Ordnung in ihrem Niveau, wie auch die Fälle der Ueberführung oder Unterführung der letzteren mittelst einer Brücke oder eines Tunnels. Die Beschränkung der Gesetzesbestimmung auf den Fall der Niveaukreuzung würde den Anforderungen der Bahnpolizei widersprechen, welche die Prüfung, ob eine Brücke das Normalprofil des lichten Raumes frei läßt und ob eine Tunnelanlage die Konsistenz des Bahnkörpers nicht gefährdet, unbedingt erheischt.

Der § 7 wurde hierauf unverändert angenommen.

§ 8.

Zu § 8 war von einem Mitgliede der Antrag gestellt worden: „Die der Reichspost- und Telegraphenverwaltung gegenüber zu übernehmenden Verpflichtungen können nicht über das durch die Reichsgesetzgebung in den §§ 38 dieses Gesetzes vorgesehene Maß hinaus festgesetzt werden." Der Antrag wurde damit begründet, daß nach den Bestimmungen des § 8 es so schiene, als ob die Reichspost- und Telegraphenverwaltung dem Unternehmen noch weitergehende Verpflichtungen als wie die in § 38 bezeichneten auferlegen könne; es empfehle sich, es klar zum Ausdruck zu bringen, daß dies nicht der Fall sei. — Der Herr Minister erwiderte darauf, daß die §§ 2 bis 12 der Vorlage nur den allgemeinen Theil derselben darstellten und demgemäß nur die allgemeinen Bestimmungen über die Genehmigung und die vor derselben erforderliche Regelung der durch die Bahnanlage berührten öffentlichen Interessen enthalten solle. Der § 38 setze erst die eigentlichen Anforderungen der Post fest und zwar im Höchstbetrage. Es werde in der jedesmaligen Konzessionsurkunde enthalten sein müssen, wieviel die Postverwaltung in einem jeden Falle fordert. — Der Vertreter der Reichspost- und Telegraphenverwaltung sprach sich dahin aus, daß für die Telegraphenverwaltung weitergehende Rechte, als zur Sicherung des Telegraphenbetriebes und der Telegraphenanlagen erforderlich seien und für welche die genehmigende Behörde schon auf Grund der Nr. 2 des § 8 Sorge zu tragen habe, nicht in Anspruch genommen werden solle; er erklärte sich im Uebrigen in Uebereinstimmung mit dem vom Herrn Minister dargelegten Ansicht. Die reichsgesetzlichen Bestimmungen über die der Post gegenüber bestehenden Verpflichtungen bezögen sich nur auf die Voll- und Sekundärbahnen und seien infolge dessen hier von selbst nicht anwendbar. Mit dem von einem Mitgliede gestellten Antrage, zur Klarstellung der in diesem Paragraphen beabsichtigten Forderungen in der letzten Zeile des § 8 die Worte „und Telegraphen" zu streichen und hinter dem Worte „Verwaltung" die Worte „in Gemäßheit des § 38" einzuschalten, erklärte er sich einverstanden, da hierdurch sachlich keine Aenderung eintrete; es wurde nach Annahme dieser Veränderungen der so umgestaltete § 8 von der Kommission angenommen.

§ 9.

Zu § 9 waren aus der Kommission zwei Anträge gestellt worden, die beide darauf hinausgingen, die in der Regierungsvorlage gegebene Möglichkeit, den Unternehmer zur Gestattung von Anschlußgleisen für den Privatverkehr anzuhalten, obligatorisch festzulegen. Der erstere Antrag ging dahin, in § 9 Absatz 1 den ersten Satz wie folgt zu fassen:

„Die Unternehmer von Bahnen, auf welchen die Beförderung von Gütern stattfinden soll, ist zur Gestattung der Einführung von Anschlußbahnen für den Privatverkehr verpflichtet, soweit dadurch nach der Entscheidung der eisenbahntechnischen Aufsichtsbehörde der Betriebssicherheit nicht in außergewöhnlichem Maße gefährdet wird."

Der Antragsteller begründete seinen Antrag damit, daß, wenn durch den Anschluß nicht die Betriebssicherheit in außergewöhnlichem Maße gefährdet werde, es ordentlich sei, ja sogar wünschenswerth, den Anschluß einer jeden Privatbahn zu gestatten. Ob eine solche Gefährdung der Betriebssicherheit vorliege, könne aber im gegebenen Falle nur die technische Aufsichtsbehörde entscheiden. — Der andere Antrag eines andern Mitgliedes lautete folgendermaßen:

Den § 9 wie folgt zu fassen:
„Der Unternehmer von Bahnen, auf welchen die Beförderung von Gütern stattfinden soll, ist jederzeit verpflichtet, sich die Einführung von Anschlußgeleisen für den Privatverkehr gefallen zu lassen, sofern die Behörde, welche die Genehmigung für die Bahn ertheilt hat, an welche der Anschluß erfolgen soll, mit Rücksicht auf ihre Konstruktion und ihren Betrieb den Anschluß für möglich und zulässig erachtet. Dieselbe Behörde entscheidet auch darüber, wo und in welcher Weise der Anschluß erfolgen soll, regelt in Ermangelung einer gütlichen Vereinbarung die Verhältnisse des Bahnunternehmers und des den Anschluß Beantragenden zu einander und setzt endlich die dem Ersteren für die Benutzung oder Veränderung seiner Anlagen zu leistende Vergütung vorbehaltlich des Rechtsweges über diese Vergütung fest."

Auch dieser Antrag wurde damit begründet, daß es im Interesse des Verkehrs richtiger sei, konform den §§ 24 und 25 die Pflicht des Bahnunternehmers, den Anschluß in jedem Falle zu gestatten, festzustellen und nur im einzelnen Falle die Möglichkeit desselben einer Prüfung zu unterziehen. — Der Herr Minister erwiderte, daß zwar die Anträge im Wesentlichen beide sich nicht erheblich von der Regierungsvorlage entfernten; indessen halte er diese doch für besser, da es im Interesse eines genehmigten Unternehmens entschieden wünschenswerth sei, dasselbe gegen unbefugte Konkurrenz zu schützen, was bei den eingebrachten anderen Anträgen nicht möglich sei. Auch das Gesetz von 1838 habe Bestimmungen im Interesse der Konkurrenz festsetzen wollen, die aber fast nie zur Anwendung gekommen seien. Immerhin müßten es die Behörden in der Hand behalten, solche Konkurrenz regeln zu können.

Auf die Erwiderung eines Kommissionsmitgliedes, daß von Privatanschlußgeleisen keine Konkurrenz zu befürchten sei, erklärte der Minister, daß es sich hierbei nicht allein um die Konkurrenz im Eisenbahnverkehr, sondern auch um die durch dieselbe bedingte Konkurrenz des geschäftlichen Verkehrs handle, und auch hierfür bedürfe derjenige, welcher im Interesse desselben zuerst ein Unternehmen ins Leben gerufen habe, eines gewissen Schutzes.

Die Kommission lehnte hierauf beide Anträge ab und nahm die Regierungsvorlage nach Einfügung zweier redaktionellen Aenderungen, indem sie das Eingangswort in durch „bei" ersetzte und in der ersten Zeile des zweiten Absatzes hinter dem Worte „Behörde" das Citat: „(§ 2)" einfügte, in unveränderter Fassung an.

Zu § 10

wurde zunächst das Eingangswort „in" auf Antrag eines Mitgliedes durch das Wort „bei" ersetzt, welches redaktionell richtiger erschien.

Von einem Mitgliede war der Antrag gestellt worden, den ersten Absatz des Paragraphen zu streichen und zur Begründung angeführt worden, daß nach den Bestimmungen des § 6 und § 12 der erste Absatz unnöthig erscheine.

Der Regierungskommissar erwiderte darauf, daß es doch nothwendig erscheine, den Absatz 1 aufrecht zu erhalten; es fehle sonst die Bezeichnung einer Behörde, welche die Höhe der Summe zu bestimmen habe. Der gestellte Antrag wurde darauf zurückgezogen.

Indessen wird der von demselben Mitglied nach diesen Erklärungen gestellte Antrag:

hinter den Worten in der ersten Zeile „ist die" die Worte „Art und Höhe der" einzufügen, mit der von dem Antragsteller hervorgehobenen Begründung angenommen, daß nach der Erklärung des Herrn Regierungskommissars diese Fassung dem Zwecke mehr als die Regierungsvorlage zu entsprechen scheine.

Von einem anderen Mitgliede war der Antrag gestellt worden, dem § 10 folgenden vierten Absatz zuzufügen:

die Geldstrafen können nur gefordert werden, wenn den Unternehmer ein Verschulden trifft.

Derselbe wurde von dem Antragsteller damit begründet, daß ein gewisser Rechtsschutz den Unternehmern gewährt werden müsse; es verstoße aber gegen das Rechtsgefühl, Geldstrafen aufzuerlegen in Fällen, wo ein Verschulden Seitens des dadurch Betroffenen nicht vorliege.

Demgegenüber führte der Regierungskommissar aus, daß die Geldstrafen nicht Strafen rechtlicher Natur seien, sondern nur ein Korrelat der Betriebspflicht, also nur da vorzubehalten seien, wo ein erheblicheres Verkehrsinteresse den rechtzeitigen Beginn des Betriebes und dessen ununterbrochene Fortsetzung bedinge. Für den öffentlichen Verkehr sei es gleichgültig, ob im Falle der Nichtinnehaltung der in Bezug hierauf an den Unternehmer zu stellenden Forderung ein Verschulden desselben vorliege oder nicht. In der Regel bestimme der Regierungspräsident, der Landrath oder die Ortspolizeibehörde die Geldstrafen und fänden gegen diese Bestimmung alle gegen polizeiliche Verfügungen zulässigen Rechtsmittel, insbesondere das Verwaltungsstreitverfahren statt, sodaß der Unternehmer hierdurch hinlänglich rechtlich geschützt erscheine. In dem später zu erwähnenden Falle des § 23, wo es sich um den Verfall der Kaution handle, entscheide ausnahmsweise der Minister. Hier sei aber eigentlich die Strafe schon verfallen, und sollte dem Minister nur das Recht vorbehalten bleiben, sie in einzelnen Fällen aus Billigkeitsgründen erlassen zu dürfen.

Nach diesen Erklärungen wurde der gestellte Antrag mit großer Majorität abgelehnt. Es wurden dann noch ferner in dem Paragraphen Seitens der Kommission zwei redaktionelle Aenderungen angenommen, indem der Eingang des Absatzes 2 dahin gefaßt wurde, daß derselbe statt der ursprünglichen Vorlage nunmehr lautete:

für die Ausführung der Bahnen und für den Beginn des Betriebes kann eine Frist u. s. w.
— und in dritten Absatz die Worte „das Gleiche" durch die Worte „auch können Geldstrafen und Sicherheitsstellung" ersetzt wurden, um hiermit den möglichen Mißverständnissen zu begegnen, daß die Worte „das Gleiche" sich nur auf das zuletzt vorher Erwähnte, auf die Erlegung der Geldstrafen beziehen könnten.

Mit diesen Aenderungen wurde der § 10 mit großer Majorität angenommen.

Da in diesem Paragraphen über die erforderliche Sicherheitsstellung Bestimmungen getroffen werden, so erschien es Kommissionsmitgliedern, in § 48 der Regierungsvorlage, welcher Staat und Kommunalverbände von dem Erfordernisse derselben ausschließt, hier als § 10a anzufügen. Es wurde dabei von einem Mitgliede die Frage angeregt, ob es nicht richtiger sei, wenn eine einzelne Kommune Unternehmer sei, auch von dieser eine Sicherstellung zu erfordern. Der Herr Minister erklärte dies für unnöthig, die vorgesetzte Behörde das Aufsichtsrecht über die Finanzverwaltung der Kommune habe und daher etwaige über ihre Kräfte aufgenommene finanzielle Verpflichtungen einer Kommune nicht zu angenehmen brauche. Ein anderes Mitglied fragte an, wie es mit dieser Bestimmung gehalten werden solle, wenn eine Kommune bei einer Bahn betheiligt sei. Der Minister erwiderte hierauf, daß dies davon abhänge, ob sie Trägerin der Verpflichtung nach außen sei oder nicht. Im ersteren Falle fände die Bestimmung des § 10a auf sie Anwendung, während im letzteren Falle nur ein von der Behörde nicht weiter zu beachtendes privatrechtliches Verhältniß vorliege.

In § 11 wurde der letzte Absatz, wie schon bei § 1a bemerkt worden, als inhaltlich dahin gehörend in den letzteren Paragraphen übertragen, der erste Absatz des § 11 hingegen unverändert angenommen. Im Uebrigen war von einem Mitgliede beantragt worden, dem § 11 folgende §§ 11a und 11b beizufügen:

§ 11a.

Von der Feststellung eines Fahrplanes kann für einen bei Ertheilung der Genehmigung festzusetzenden Zeitraum abgesehen werden. Der Zeitraum kann erstreckt werden. Im Uebrigen unterliegt der Fahrplan erneuter Prüfung in Zeiträumen, welche bei der Genehmigung festzusetzen sind, durch die Behörde. (§ 2).

§ 11b.

Dem Unternehmer steht innerhalb eines bei der Genehmigung festzusetzenden Zeitraumes von mindestens 5 Jahren nach der Eröffnung der Bahn die Feststellung der Beförderungspreise zu.

Nach Ablauf dieses Zeitraumes unterliegen die Beförderungspreise in bei der Genehmigung zu bestimmenden Zeiträumen der Prüfung und Festsetzung durch die Behörde. (§ 2).

Die Beförderungspreise sind nur dem Höchstbetrage nach festzustellen. Bei Feststellung derselben ist die finanzielle Lage des Unternehmens zu berücksichtigen und auf eine angemessene Verzinsung und Tilgung des Anlagekapitals Bedacht zu nehmen.

Der Antrag wurde von dem Antragsteller damit begründet, daß für die Lebensfähigkeit der Bahnen die Gestaltung des Fahrplans und Festsetzung der Beförderungspreise von besonderer Wichtigkeit sei, und daß, um dem Unternehmer die Sicherheit zu geben, daß nicht durch zu starke Eingriffe in dieselben Seitens der Behörde die Möglichkeit der Fortführung des Unternehmens in finanzieller Hinsicht gefährdet werde, es einer positiven gesetzlichen Bestimmung bedürfe, welche die einem Unternehmer solcher Art zu gewährenden Erleichterungen speziellerer feststelle. Bezüglich der Feststellung eines Fahrplans könne natürlich die Verzichtleistung einer Einwirkung auf denselben Seitens der Behörde nur fakultativ ausgesprochen werden, da es nicht in allen Fällen möglich sein werde, auf die Feststellung eines solchen zu verzichten. In Bezug auf die Höhe der Beförderungspreise erschiene es angemessen, dem Unternehmer behufs Feststellung der Frage, mit welcher Höhe derselben das Unternehmen finanziell gesichert sei, eine bestimmte und so weit zu bemessende Frist zu gewähren, daß aus derselben mit einiger Sicherheit gefolgert werden könne, wie hohe Beförderungspreise das Unternehmen zwecks Sicherstellung seiner finanziellen Existenz bedürfe. Als ein solcher Zeitraum erschiene 5 Jahre angemessen. Im Uebrigen liege ein öffentliches Interesse nicht vor, die Befugnis der Behörde zur Feststellung der Beförderungspreise über die Feststellung des Maximalbetrages derselben auszudehnen. Der Herr Minister gab die Erklärung ab, daß die Staatsregierung, um ihr Interesse an der möglichsten Förderung des Baues von Lokalbahnen zu beweisen, gegen den gestellten Antrag keinen Widerspruch erheben werde.

Auf Anfrage eines Mitgliedes erklärte der Regierungskommissar, daß mit der Feststellung der Fahrpläne nicht die Feststellung eines genauen Fahrplantableaus gemeint sei, sondern nur die Grundzüge desselben.

Ein Mitglied widersprach zwar dem Antrage insofern, als es die Frist von fünf Jahren für die Freiheit der Feststellung der Beförderungspreise Seitens des Unternehmers für im öffentlichen Interesse zu hoch gegriffen hielt und dafür drei Jahre als ausreichend bezeichnete; indessen wurde der gestellte Antrag in der ersten Lesung in unveränderter Form als Kommissionsvorlage angenommen. Auf Anfrage eines anderen Mitgliedes stellte der Regierungskommissar weiterhin fest, daß naturgemäß dem Unternehmer auf Antrag auch innerhalb der zur Prüfung festgesetzten Zeiträume die Aenderung des Fahrplans gestattet werden könne.

In der zweiten Lesung stellte ein Mitglied der Kommission den Antrag, dem Paragraphen aus redaktionellen Gründen eine andere Fassung in der Form zu geben, wie er in der jetzigen Kommissionsvorlage vorliegt. Dieselbe wurde von der Kommission als eine Verbesserung anerkannt und angenommen. Es wurde darauf von der Kommission die im Abs. 2 des § 12 getroffene Bestimmung, als § 11b, weil materiell nicht zu dem § 12 gehörig, hier eingefügt; es war indessen für richtiger befunden worden, diese Bestimmung redaktionell so zu ändern, wie dieselbe jetzt in der Fassung der Kommissionsbeschlüsse vorliegt.

Im § 12

wurde von einem Mitgliede hervorgehoben, daß nach der Fassung dieses Paragraphen in der Regierungsvorlage die Genehmigung für ein Unternehmen, welches von einer Aktiengesellschaft oder von einer Kommanditgesellschaft auf Aktien ausgeführt werden solle, erst ausgehändigt werden dürfe, wenn der Nachweis der Eintragung in das Handelsregister geführt sei. Andererseits fordere aber das Handelsgesetzbuch, daß vor der Eintragung in das Handelsregister dem Handelsrichter der Nachweis der behördlichen Genehmigung beigebracht werde. Hierdurch käme der Unternehmer in eine schwierige Lage, da von beiden Behörden gefordert werde, daß der von der anderen Behörde zu bescheinigende Nachweis ihr vorher erbracht werden müsse.

Der Regierungskommissar erwiderte darauf:

Ein Widerspruch mit dem Art. 210 des Handelsgesetzbuchs in der Fassung des Reichsgesetzes vom 18. Juli 1884 sei in der Bestimmung des Entwurfs in dem Sinne, wie sie von der Staatsregierung aufgefaßt werde, nicht enthalten.

Die Reichsgesetzgebung habe ein Interesse zu verhindern, daß eine für ein bestimmtes Unternehmen gegründete Gesellschaft die Rechtsfähigkeit erlange, bevor feststehe, daß dem Unternehmen keine rechtlichen Hindernisse entgegenstehen. Deshalb sei für diejenigen Fälle, in welchen der Gegenstand des Unternehmens der staatlichen Genehmigung bedürfe, der Eintrag der Gesellschaft in das Handelsregister von der Vorlage der staatlichen Genehmigungsurkunde abhängig gemacht.

Vom Standpunkt des hier zu berathenden Gesetzes müsse vermieden werden, die Genehmigung für eine Tertiärbahn einer Person zu ertheilen, welche noch gar keine rechtliche Existenz habe und möglicher Weise solche überhaupt nicht erwerbe. Der Umlauf von Konzessionen für Personen, welchen gar keine Rechtsfähigkeit zukomme, begründe die Gefahr, daß damit zum Schaden Anderer Mißbrauch getrieben werde.

Es komme nun darauf an, einen Weg zu finden, auf welchem auch diesem Interesse Rechnung getragen werde. Dies geschehe nur in sehr unvollkommener Weise, wenn die Genehmigung einer erst noch zu gründenden Aktiengesellschaft mit der Maßgabe ertheilt werde, daß dieselbe erlösche, falls der Eintrag in das Handelsregister nicht binnen einer bestimmten Frist nachgewiesen werde, weil die Genehmigungsurkunden nach Ablauf der Frist, auch wenn der Eintrag in das Handelsregister nicht erfolgt sei, in den Händen der Konzessionsnehmer verblieben und daher mißbräuchlich benutzt werden könnten. Vollständig werde jede Gefahr vermieden, wenn auf Antrag des Unternehmers die Genehmigungsbehörde dem Handelsregisterrichter die Genehmigungsurkunde mit dem Bemerken mittheile, daß nach dem Eintrage der Gesellschaft in das Handelsregister der Aushändigung derselben an den Unternehmer nichts im Wege stehe. Der Handelsregisterrichter würde der Genehmigungsbehörde von der erfolgten Aushändigung Nachricht zu geben haben. Um ein derartiges Verfahren zu ermöglichen, bedürfe es nur der Aufnahme des allgemeinen Satzes in das Gesetz, daß die Aushändigung der Genehmigung an den Unternehmer erst nach dem Eintragen der Aktiengesellschaft in das Handelsregister geschehen dürfe, wie dieser im Art. 12 Abs. 1 Ausdruck gefunden habe. Sache der zur Ausführung des Gesetzes zu erlassenden Anweisung werde es alsdann sein, den Genehmigungsbehörden und den Handelsregisterrichtern die zur Sicherung des bezeichneten Verfahrens erforderlichen Weisungen zu ertheilen.

In diesem Sinne und in dieser Absicht sei der § 12 Abs. 1 in den Gesetzentwurf aufgenommen worden.

Von einem Mitgliede der Kommission wurde, indem nach den Ausführungen des ersten Mitgliedes möglicherweise Platz greifenden Bedenken bezüglich dieses Paragraphen in der Fassung der Regierungsvorlage zu begegnen, der Antrag gestellt, dem Paragraphen die Fassung zu geben, wie derselbe jetzt in den Kommissionsvorlage vorliegt. Der Regierungskommissar erklärte sich damit einverstanden, damit auch der Schein eines Widerspruchs mit dem Handelsgesetzbuch vermieden werde, wenngleich ein solcher nach seinen Ausführungen nicht bestehe.

Die Kommission nahm darauf den § 12 in der Fassung des letzten Antrages mit großer Majorität an.

Im § 13

war von mehreren Mitgliedern zu dem ersten Absatz der Antrag gestellt worden, hinter dem Worte „Bauplan" dem ersten Absatz folgende Fassung zu geben:

Mit dem Bau von Bahnen, welche für den Betrieb mit Maschinenkraft bestimmt sind, darf erst begonnen werden, nachdem der Bauplan in folgender Weise festgestellt worden ist:

1. Der Planaufstellung werden die Seitens der Behörde, welche die Genehmigung ertheilt hat, vorläufig getroffenen Festsetzungen zu Grunde gelegt.
2. Plan nebst Beilagen sind in dem betreffenden Gemeinde- oder Gutsbezirke während vierzehn Tagen zu Jedermanns Einsicht offenzulegen.
   Die Zeit der Offenlegung ist ortsüblich bekannt zu machen.
   Während dieser Zeit kann jeder Betheiligte im Umfange seines Interesses Einwendungen gegen den Plan erheben. Auch der Vorstand des Gemeinde- oder Gutsbezirks hat das Recht Einwendungen zu erheben, welche sich auf die Richtung des Unternehmens, oder auf Anlagen der im § 14 dieses Gesetzes gedachten Art beziehen.
   Die Behörde, welche die Genehmigung ertheilt hat, hat diejenige Stelle zu be-

zeichnen, bei welcher solche Einwendungen schriftlich einzureichen oder mündlich zu Protokoll zu geben sind.
3. Nach Ablauf der Frist (Nr. 2 Abs. 1) prüft der Bezirksausschuß die gegen den Plan erhobenen Einwendungen und erörtert dieselben nöthigenfalls in einem an Ort und Stelle durch einen Beauftragten abzuhaltenden Termin zu dem der Unternehmer und die Betheiligten (Nr. 2 Abs. 3) vorgeladen werden müssen und Sachverständige zugezogen werden können.
4. Nach Beendigung der Verhandlungen beschließt der Bezirksausschuß über die erhobenen Einwendungen und stellt danach
   1. den Plan,
   2. die Anlagen, zu deren Errichtung und Unterhaltung der Unternehmer verpflichtet ist (§ 14) fest.
   Der Beschluß wird dem Unternehmer und den Betheiligten zugestellt.

Der Antrag wurde damit begründet, daß die Art und Weise, in welcher die sinngemäße Anwendung der §§ 19—21 des Gesetzes vom 11. Juni 1874 zu erfolgen habe, nach der Fassung der Regierungsvorlage Zweifeln unterworfen sein könne. Es habe daher in dem vorliegendem Antrage das stattzufindende Verfahren seinen besonderen Ausdruck gefunden. Der Regierungskommissar erwiderte hierauf, daß die Regierungsvorlage sich zur Vermeidung von Weitläufigkeiten auf die Citirung des Paragraphen beschränkt habe, weil eine solche üblich sei. Zweifel, wie dieselbe hier anzunehmen, könnten auch der Fassung der Vorlage kaum entstehen. Im Uebrigen enthalte der Antrag eine materielle Aenderung der Regierungsvorlage insofern, als am Schlusse des ganzen Verfahrens unter Nr. 4 des Antrages nach dem Enteignungsgesetz der Bezirksausschuß gesetzt und auch in den Antrag übernommen sei, in der Fassung der Regierungsvorlage aber sinngemäß hier die genehmigende Behörde einzutreten haben würde, und daß in dem Falle der Nr. 3 sub 2 des Antrages statt des Bezirksausschusses der Regierungspräsident einzutreten habe.

Der Antragsteller ersetzte hierauf die Worte unter Nr. 3 „der Bezirksausschuß" durch die Worte „der Regierungspräsident" und die Worte sub 4 des Antrages „der Bezirksausschuß" durch die Worte „die genehmigende Behörde."

Der Antrag wurde in dieser Fassung in erster Lesung von der Kommission angenommen, in zweiter Lesung jedoch auf den Antrag eines Mitgliedes die Kompetenz der Behörde bei der Planfeststellung in der Weise ausgesprochen, daß in der dritten Zeile des Paragraphen hinter „Bauplan" die Worte „durch die genehmigende Behörde" eingefügt wurden, und die Angabe der einzelnen Behörden in den verschiedenen Nummern des Antrags dadurch ausgeschlossen wurde.

In dem zweiten Absatz des Paragraphen wurde hinter dem Worte „Feststellung" das Citat „Absatz 1" eingefügt, um zu bezeichnen, daß das Wort Feststellung auf den ganzen vorherigen Absatz bezogen solle. Die Worte in dem zweiten Absatz „nach Maßgabe der bezeichneten Bestimmung" wurden als unnöthig gestrichen und hiernach der ganze Paragraph in der so veränderten Form angenommen.

Die §§ 14, 15 und 16 wurden ohne Debatte angenommen.

Haus der Abgeordneten. Aktenstück № 206.

Zu § 17

wurde der von einem Mitgliede gestellte Antrag, in der zweiten Zeile hinter dem Worte „sind" die Worte „vor ihrer Einführung" einzufügen, angenommen, um der Absicht über den Zweck der öffentlichen Bekanntmachung, das Publikum vor Einführung des Fahrplans und der Beförderungspreise zu orientiren, Ausdruck zu geben.

Auf die Frage eines Mitgliedes, ob es gestattet sein solle, für einzelne besonders große Transporte billigere als die angesetzten Beförderungspreise Seitens der Bahnverwaltung in Ansatz zu bringen, wurde von der großen Majorität der Kommission festgestellt, daß ein solches Verfahren nicht erlaubt sein solle, und auf Antrag eines Mitgliedes wurde zu dem § 17 der Zusatz gemacht:

Die angesetzten Beförderungspreise haben gleichmäßig für alle Personen oder Güter Anwendung zu finden.

Es wurde dabei als selbstverständlich anerkannt, daß das Wort „gleichmäßig" nicht für alle Wagen- und Güterklassen Anwendung zu finden habe, sondern nur eine gleichmäßige Anwendung aller durch dieselbe Klasse der Beförderungspreise betroffenen Personen oder Güter auszusprechen solle.

Im § 18

erschien es redaktionell richtiger, die Kompetenz der betreffenden Behörde zur Aufsicht über die mit ihrer Genehmigung gebauten Lokalbahn voranzustellen. Der zweite Satz des Paragraphen wurde durch eine entsprechende redaktionelle Aenderung dahin gefaßt, daß statt der Worte „die eisenbahntechnische Aufsicht steht" die Worte eingesetzt wurden „bei den für den Betrieb mit Maschinenkraft eingerichteten Bahnen steht die eisenbahntechnische Aufsicht u. s. w.", um mit dieser Fassung sicherer auszudrücken, daß nur in diesem Falle überhaupt eine eisenbahntechnische Aufsicht stattzufinden habe.

Auf Anfrage eines Mitgliedes erklärte hierbei der Vertreter der Staatsregierung, daß diese eisenbahntechnische Aufsicht sich auch auf die elektrischen Bahnen beziehen solle, da auch für diese eine solche im öffentlichen Interesse durchaus nothwendig erscheine. Auf die von demselben Mitgliede hervorgehobenen Zweifel, ob die Eisenbahnbehörde im Besitz genügend ausgebildeter elektrotechnischer Kräfte sei, erwiderte der Herr Minister, daß dies allerdings der Fall sei, da von Seiten der Eisenbahnbehörde jetzt darauf gehalten werde, daß die Prüfung der Maschinentechniker sich auch hierauf erstrecke.

§ 19 und § 20

wurde in der Kommission zusammen diskutirt. Es war dazu von einem Mitgliede der Antrag gestellt worden:

Den § 19 zu streichen und dagegen den § 20 wie folgt zu fassen:

Die Genehmigung kann, abgesehen von dem Falle des Widerrufs (§ 11) zurückgenommen werden, wenn die Ausführung der Bahn oder die Eröffnung des Betriebes nicht innerhalb der in der Genehmigung bestimmten oder nachträglich gestellten Frist erfolgt, oder wenn der Bau oder Betrieb ohne genügenden Grund unterbrochen oder wiederholt gegen die Bedingungen der Genehmigung oder dem Unternehmer nach diesem Gesetz obliegenden Verpflichtungen in wesentlicher Beziehung verstoßen wird,

und dieser Antrag damit begründet worden, daß es als eine ungerechtfertigte Härte erscheine, wenn wegen vielleicht ganz unverschuldeter Verzögerungen bei Fertigstellung der Bahn die Genehmigung von selbst erlösche. Es müsse der Behörde hier jedenfalls die Freiheit gewahrt bleiben, dieses Erlöschen zu erklären oder nicht. Geringe Versehen des Unternehmers könnten seiner Ansicht nach ein Recht der Behörde, die Genehmigung für erloschen zu erklären, nicht begründen und halte er es für richtig, wenn dies nur dann erfolgen könne, wenn der Unternehmer gegen die ihm obliegende Verpflichtung in wesentlicher Beziehung verstoßen habe. Nach der Fassung der Regierungsvorlage würde das Oberverwaltungsgericht gar nicht anders entscheiden können, als auch bei minimalen Versehen die Genehmigung für erloschen zu erklären.

Es empfehle sich, den § 19 fallen zu lassen, um bei so schwerer Entscheidung dieselbe nicht der Verwaltungsbehörde, sondern dem Oberverwaltungsgericht zu übertragen.

Von einem anderen Mitgliede wurde der Antrag gestellt:

In der Zeile 1 hinter das Wort — wenn — „durch ein Verschulden" zu setzen und in der letzten Zeile „oder verlängerten" vor Frist zu setzen;

von einem weiteren Mitgliede der Antrag:

Im § 19 anstatt der Worte: „die Genehmigung erlischt ꝛc." zu sagen: „Die Genehmigung kann durch die Genehmigung ertheilende Behörde für erloschen erklärt werden, wenn...."

ferner von einem anderen Mitgliede der Antrag:

Den § 19 wie folgt im Anfang zu fassen:

„die Genehmigung kann durch Beschluß der die Genehmigung ertheilenden Behörde für erloschen erklärt werden, wenn....." und am Schlusse hinzuzusetzen: „Gegen diesen Beschluß steht das Recht der Beschwerde nach § 49 zu."

Von dem Regierungsvertreter wurde zu dem ersten Antrag ausgeführt, daß der § 19 sich von dem § 20 insofern wesentlich unterscheide, als § 20 die Fälle in sich schließe, in welchen die Genehmigung bereits verwirkt sei.

Hierüber könne eine blos richterliche Entscheidung nicht zugelassen werden, vielmehr unterliege eine solche Beurtheilung überwiegend nur dem administrativen Ermessen. Im übrigen solle die Bedingung einer Frist für die Eröffnung des Betriebes überhaupt nur gestellt werden, wenn der öffentliche Verkehr dies erheische. Die Bestimmung des Verfalls der Genehmigung nach bestimmter Frist sei im Baurecht üblich, auch könne der Unternehmer wohl immer die Frist verlängern lassen. Indessen stehe dem nichts entgegen, daß die Behörde es fakultativ in der Hand behalten solle, zu erklären, ob die Genehmigung in der That erloschen solle oder nicht.

Nach diesen Erklärungen wurde von der Kommission die Streichung des § 19 abgelehnt, ebenso die gestellten 3 ersten Anträge, hingegen der erste Theil des letzterwähnten Antrags mit der Maßgabe, daß die Worte: „der die Genehmigung ertheilenden Behörde" durch die Worte: „der Aufsichtsbehörde" ersetzt wurden, von der Kommission angenommen. Der zweite Theil des Antrags wurde als selbstverständlich abgelehnt, da das Beschwerderecht, wie von Seiten des Regierungskommissars ausgeführt wurde, auch ohne diesen Zusatz nach § 49 gewahrt sei.

Zu § 20 wurde der von einem Mitgliede gestellte Antrag, hinter „Verpflichtungen" die Worte einzuschalten „in wesentlicher Beziehung", von der Kommission abgelehnt, nachdem von dem Herrn Regierungsvertreter ausgeführt worden war, daß der Konzessionär durch das Rechtsmittel der Klage gegen eine unbillige Auslegung, als welche sich die Konzessionsentziehung bei minimalen

Verstößen darstelle, hinlänglich gedeckt sei. Die Worte „abgesehen von dem Falle des Widerrufs" wurden in Konsequenz der Streichung der 3 letzten Zeilen des ersten Absatzes des § 11 auch hier gestrichen.

Der so veränderte § 20 wurde von der Kommission angenommen.

Zu § 21

stellte ein Mitglied folgenden Antrag:

hinter dem Worte „Zurücknahme" die Worte „und über den Verfall von Geldstrafen" einzufügen,

indem es zur Begründung anführte, daß ihm auch hierbei, wo es sich um wesentliche materielle Interessen handle, die Zuständigkeit des Oberverwaltungsgerichts angebracht erscheine. Der Antrag wurde in erster Lesung angenommen, in zweiter Lesung aber von der Kommission verworfen und die ursprüngliche Fassung wieder hergestellt, weil die Kommission annahm, daß durch die in dem Entwurf in § 49 dem Konzessionar verliehenen Rechtsmittel dessen Rechte auch ohnedem genügend gewahrt seien.

Ein Mitglied der Kommission führte aus: In dem Gesetze sei nicht zum Ausdruck gebracht, wie die Verhältnisse sich regelten, wenn die Genehmigung des ursprünglichen Unternehmers für erloschen erklärt oder zurückgenommen worden sei und ein anderer Konzessionar das Unternehmen übernehmen wolle. In § 22 der Vorlage wäre für den Fall des Erlöschens oder der Zurücknahme der Genehmigung nur gesagt, daß die Wegeunterhaltungspflichtige nach jenem Zeitpunkte die Wahl zwischen der Wiederherstellung des früheren Zustandes und der Uebernahme der eingebauten Theile der Bahnanlage habe. Es wäre hiernach nicht ausgeschlossen, daß beispielsweise die Wegeunterhaltungspflichtigen darauf bestehen könnten, daß alle Bestandtheile der Bahnanlage wieder weggeräumt würden, auch wenn ein neuer Unternehmer das Unternehmen wieder aufnehmen wolle. Nothwendig sei es daher, dem Staate, namentlich wenn ein öffentliches Interesse an der Fortsetzung des Baues oder Betriebes vorliege, das Recht einzuräumen, das Unternehmen mit der demselben mittelbar oder unmittelbar gewidmeten Sachen und Rechten für Rechnung des bisherigen Unternehmers zu veräußern und ihm ferner nach Einleitung des Verfahrens auf Erlöschen und Zurücknahme der Genehmigung bei der gleichen Voraussetzung für den Fall, daß der Betrieb eingestellt worden sei, die Fortsetzung desselben eventuell auch durch einen im schleunigen Verfahren zu ernennenden Sequester zu gestatten. Dieses Mitglied stellte den Antrag:

Zum § 21 folgenden Absatz zuzusetzen:

„Während des schwebenden Rechtsstreites kann durch einen Beschluß des Gerichts die Fortsetzung des Betriebes durch einen Sequester auf Antrag der Parteien angeordnet werden."

Der Regierungskommissar erwiderte hierauf, daß die mit der Staatsaufsicht über die hier in Rede stehenden Bahnen betrauten Behörden auch ohne Einsetzung eines Sequesters in der Lage wären, die Fortführung des Betriebes für die Dauer des Verfahrens vor dem Oberverwaltungsgericht zu sichern, denn diesen stehe neben der Befugniß, Geldstrafen zu verhängen, nach dem Landesverwaltungsgesetze auch das Recht zu, ihre Anordnungen bezüglich Fortführung des Betriebes durch einen Dritten auf Kosten des Unternehmers durchführen zu lassen. Sonach lasse sich das, was durch die Einsetzung eines Sequesters bezweckt werde, bereits auf Grund allgemeiner Gesetzesvorschriften erreichen, da hierzu das bestehende Recht ausreiche. Im übrigen könne in diesem Gesetze das Verfahren, wie es mit einem Unternehmen, wenn dasselbe in Konkurs gerathen, gehalten werden soll, nicht vollständig geordnet werden, dazu bedürfe es eines besonderen Gesetzes. Schon das Gesetz vom Jahre 1838 habe für einen solchen Fall allgemeine Bestimmungen getroffen; dieselben seien aber nie zur Ausführung gekommen, weil es an den betreffenden Ausführungsbestimmungen gemangelt habe.

Von anderer Seite wurde auch angeführt, daß für die Lokalbahnen ein so großes öffentliches Interesse nicht vorliege, wie bei den auf Grund des Gesetzes vom 3. November 1838 erbauten Bahnen. Wenn eine Bahn in der Subhastation verkauft werden solle, so müsse der Käufer immer die Sicherheit haben, daß er hinterher auch die Genehmigung zum Betriebe derselben erhalte. Allerdings würde praktisch sich die Sache nicht so schwierig stellen, denn eines Theils habe der Unternehmer ein Interesse daran, daß das Unternehmen geschlossen zum Verkauf komme; anderseits werde der Käufer sich die Garantien, daß ihm die Genehmigung nachher ertheilt werde, nöthigen Falls vorher zu verschaffen wissen.

Die Kommission lehnte schließlich, den von Seiten der Regierung angegebenen Gründen folgend, den von dem betreffenden Mitgliede gestellten oben erwähnten Antrag gegen 7 Stimmen ab.

In der zweiten Lesung kamen auch die nachstehenden Anträge, welche die Ausbildung der Vorlage nach dieser Richtung hin bezweckten, zur Verlesung:

Hinter den § 21 folgende Zusatzparagraphen einzurücken:

§ 21a.

Der Minister der öffentlichen Arbeiten ist, sobald gegen einen Unternehmer das Verfahren auf Zurücknahme oder Erlöschen der Genehmigung eingeleitet ist, beim Vorhandensein erheblichen öffentlichen Interesses besonders wenn der Bau oder Bauangriff unter der Gewährung von Beihülfen Seitens der interessirten Kommunalverbände stattgefunden hat, berechtigt, den Bau oder Betrieb für Rechnung des bisherigen Unternehmers fortzusetzen oder einem Dritten für Rechnung des Letzteren zu übertragen und zwar nur solange, als ein neuer Unternehmer definitiv in das Unternehmen eingesetzt ist.

§ 21b.

Ist das Verfahren auf Zurücknahme oder Erlöschen der Genehmigung rechtskräftig zu Ungunsten des bisherigen Unternehmers beendigt, so ist der Minister der öffentlichen Arbeiten bei der gleichen Voraussetzung wie in § 21a berechtigt, daß gesammte Unternehmen mit allen demselben mittelbar und unmittelbar gewidmeten Sachen und Rechten meistbietend für Rechnung des bisherigen Unternehmers unter sinngemäßer Anwendung der zur gerichtlichen Verkäufe geltenden Bestimmungen öffentlich versteigern zu lassen.

Die Ertheilung des Zuschlages erfolgt unter der Bedingung, daß dem Käufer nachher die landespolizeiliche Genehmigung zum Betriebe der Bahn ertheilt wird.

§ 21c.

Der Ankäufer tritt dem Staate, den Kommunalverbänden, den Wegeunterhaltungspflichtigen und überhaupt allen bei dem Unternehmen betheiligten Personen gegenüber in dieselben Rechte und Pflichten ein, welche der bisherige Unternehmer diesen gegenüber hatte, sofern und sobald dem Ankäufer die polizeiliche Genehmigung für das Unternehmen ertheilt wird.

Ist die Genehmigung nicht binnen 6 Monaten nach Ertheilung des Zuschlages erfolgt, so erlischt die Wirkung des Zuschlags.

Den § 22 wie folgt zu fassen:

Sind zwei Jahre verflossen, nachdem die Genehmigung rechtskräftig für erloschen erklärt oder zurückgenommen worden ist, ohne daß einem Dritten die Genehmigung zur Fortführung des Baues oder Betriebes übertragen worden ist, wird die für die Unterhaltung und Wiederherstellung öffentlicher Wege bestellte Sicherheit, soweit sie für den bezeichneten Zweck nicht in Anspruch zu nehmen ist, herausgegeben.

Der Unterhaltungspflichtige hat mit diesem Zeitpunkte die Wahl, die Wiederherstellung des früheren Zustandes, nöthigenfalls unter Beseitigung in den Weg eingebauter Theile der Bahnanlage oder gegen angemessene Entschädigung den Uebergang der letzteren in sein Eigenthum zu verlangen.

Von der Berathung dieser Anträge wurde aber Abstand genommen, nachdem Seitens der Regierungskommissare die Erklärung abgegeben war, daß die gesetzliche Regelung der privatrechtlichen Verhältnisse dieser Bahnen, und anderer schwieriger, mit den Anträgen in Verbindung stehender Fragen bereits der Erwägung unterliege.

Danach wurde der § 21 in der unveränderten Form der Regierungsvorlage angenommen.

In § 22

wurde zunächst auf Antrag eines Mitgliedes das Wort „Widerruf" in der ersten Zeile im Verfolg der zu § 11 und § 20 gefaßten Beschlüsse gestrichen. Zu diesem Paragraphen war außerdem von einem Mitgliede der Antrag gestellt worden, den zweiten Satz wie folgt zu fassen:

Wenn nicht innerhalb eines Jahres nach dem Erlöschen oder der Zurücknahme der Genehmigung einem anderen Unternehmer die Genehmigung ertheilt ist, so hat Mangels u. s. w.

Der Antrag wurde damit begründet, daß es sowohl im Interesse des Unternehmers wie im öffentlichen Interesse wünschenswerth sei, daß eine Frist gestellt werde, innerhalb deren dem Unternehmer Zeit gelassen werde, sich anderweitig zu rekonstruiren.

In der Kommission wurde dem gestellten Antrag im Wesentlichen zugestimmt, indessen wurde von mehreren Mitgliedern ausgeführt, daß die Frist eines Jahres ziemlich lang bemessen sei, und während dieser Zeit der Wegeunterhaltungspflichtige in die Lage kommt, den durch den Unternehmer vielleicht in einen unpassirbaren Zustand gesetzten Weg im Interesse des öffentlichen Verkehrs wieder herstellen zu müssen; von anderer Seite indessen wurde dem entgegengehalten, daß hierfür in erster Reihe die von dem Unternehmer gestellte Sicherheit zu haften habe.

Der Antrag wurde schließlich in der ersten Lesung angenommen, in der zweiten Lesung aber an dieser Stelle wieder herausgenommen und in etwas anderer Form mit dem letzten Satz der Regierungsvorlage dem § 22 als besonderer Absatz angefügt.

Die Fassung dieses Antrags war aus der in der Kommission ausgesprochenen Ansicht hervorgegangen, daß sowohl der Unterhaltungspflichtige sich nicht auf Kosten des Unternehmers an den im Wege zurückgebliebenen Theilen der Bahnanlage bereichern dürfe, sowie auch sein Interesse, durch die Anlage seine Unterhaltungspflicht nicht vergrößert zu sehen, gewahrt werden müsse. Es wurde hervorgehoben, daß es zu diesem Zweck nothwendig sei, auszudrücken, daß nur die von dem Unternehmer zurückgelassenen Theile der Bahnanlage auf den Unterhaltungspflichtigen unentgeltlich übergingen. Das letztere sei deswegen überhaupt nothwendig, um im öffentlichen Interesse die Schädigung des Weges durch spätere Herausnahme einzelner noch zurückgebliebener Theile der Bahnanlage zu verhindern, was andernfalls, wenn diese Theile nicht in das Eigenthum des Unterhaltungspflichtigen übergingen, nicht gesichert erscheine. Andererseits sei es im Interesse des Unternehmens, mit welchem auch das öffentliche Interesse in erheblichem Maße verknüpft sei, nothwendig, daß der Aufsichtsbehörde das Recht verbleibe, eine Frist fest zu setzen, vor deren Ablauf der Unterhaltungspflichtige nicht berechtigt sei, die Wiederherstellung des früheren Zustandes zu verlangen, damit während dem der Unternehmer Zeit behalte, das ganze Unternehmen auf einen Andern zu übertragen und so seine Rechte und das öffentliche Interesse mit der Aufrechterhaltung des Unternehmens zu wahren.

Diesen Erwägungen entsprechend wurde es für richtig gefunden, die im allgemeinen kaum zutreffend zu bestimmende Zeitdauer, binnen welcher der Unterhaltungspflichtige von seinem Rechte nicht Gebrauch machen dürfe, der Bestimmung der Aufsichtsbehörde zu überlassen, und wurden sonach die in der vorliegenden Form der Kommissionsvorlage enthaltenen beiden Sätze des Paragraphen von der Kommission angenommen.

In § 23

wurden zunächst die von einem Mitgliede gestellten beiden redaktionellen Anträge, dem Eingang des Paragraphen zu fassen: „Ob und inwieweit", und statt des Wortes „frühzeitigen" das Wort „fristgemäßen" zu setzen, von der Kommission angenommen.

Im Uebrigen wurde in der Kommission hervorgehoben, daß doch dadurch, daß die Geldstrafen den Gemeinden verfielen, der Zweck der Bestimmung, hierdurch eine Förderung des betreffenden Unternehmens zu bewirken, nicht mit Sicherheit erreicht werde; denn man wolle doch die Gemeinden als solche nicht bereichern, sondern nur das Unternehmen fördern. Dementsprechend wurde in der ersten Lesung von einem Mitgliede der Antrag gestellt, hinter den Worte „Geldstrafen" die Worte einzufügen: „im Interesse der Fortbildung des Baues oder des Betriebes der Bahn verwendet werden sollen oder".

Von anderer Seite wurde dem entgegengehalten, daß auch in diesem Falle, wenn eine Verwendung der Strafe für das einzelne in Frage stehende Unternehmen nicht mehr möglich sei, die Geldstrafen dem allgemeinen Zweck, zur Förderung des Baues von Lokalbahnen in der betreffenden Gegend verwandt zu werden, entzogen würden.

Ein anderes Mitglied stellte den Antrag, die Regierungsvorlage wieder herzustellen. Der Regierungskommissar schloß sich diesem Antrag an und führte aus, es sei keineswegs die Absicht der Regierung, die Geldstrafen zur Staatskasse einzuziehen, vielmehr wolle sie dieselben zur Förderung gleicher Interessen, wie die des geplanten Unternehmens, verwenden.

Von anderer Seite wurde dagegen hervorgehoben, daß diese wohlwollende Absicht der Regierung in der Vorlage keinen Ausdruck finde, und es sich empfehle, dies in derselben ausdrücklich auszusprechen. Hierbei führte ein anderes Mitglied aus, daß über die betreffende Geldstrafe, wenn sie in die Staatskasse geflossen sei, nur im Wege des Etatsgesetzes verfügt werden könne. Von anderen Seite wurde dem entgegengehalten, daß die betreffende Geldstrafe sehr wohl in einen von dem Minister der öffentlichen Arbeiten zu verwaltenden Fonds fließen könnte, aus welchem der Herr Minister geeigneten Falls die Geldstrafe zu Gunsten des einzelnen beabsichtigten Unternehmens oder ähnlicher Unternehmungen in dem betreffenden Landestheile verwenden könne. Ein Mitglied gab dabei der Zuversicht Ausdruck, daß eintretenden Falls der Minister kein Bedenken tragen werde, die Geldstrafen nicht allein zur Förderung des Unternehmens selbst, sondern auch im Interesse derjenigen Arbeiter und Lieferanten zu verwenden, welche wegen Insufflzienz des Vermögens des Unternehmers von diesem keine Zahlung für ihre Arbeiten oder gelieferten Materialien erhalten hätten.

Seitens der Königlichen Staatsregierung wurde dagegen erklärt, daß die Geldstrafen den Charakter von Konventionalstrafen zur Sicherung des öffentlichen Interesses hätten. Diesem Zweck entspreche die Verwendung der verfallenen Geldstrafen zu Gunsten der Wiederherstellung der früheren Unternehmens oder ähnlicher Unternehmen in den betreffenden Landestheilen. Die Kommission trat diesen Ausführungen bei.

Hiernach nahm die Kommission die letzten beiden Sätze des Paragraphen in der vorliegenden Fassung an.

In § 24

wurden die Eingangsworte: „Jede Bahnunternehmung der im § 1 bezeichneten Art ist" in die Worte verändert: „Unternehmer von Lokalbahnen sind". Diese Veränderung wurde theils als redaktionell richtiger, theils als Konsequenz der in § 1 aufgenommenen anderen Bezeichnung dieser Bahnen für angemessener erachtet. Die Worte „dieser Art" in Zeile 3 wurden auf Antrag eines Mitgliedes gestrichen, indem sich die Kommission der Begründung des Antragstellers anschloß, daß auch nützlicherweise Bahnen anderer Art den Anschluß an eine Lokalbahn suchen könnten.

Der Antrag eines Mitgliedes auf Einfügung der Worte „in letzterer Beziehung" wurde damit motivirt, daß nur die Festsetzung der Vergütung dem Rechtswege unterliegen solle. Die Kommission nahm indessen einen anderen denselben Zweck verfolgenden Antrag an, die Worte „vorbehaltlich des Rechtsweges" gleich hinter dem Worte „setzt" in der viertletzten Zeile einzufügen, indem nach ihrer Ansicht der beabsichtigte Zweck durch diesen Antrag in besserer Form erreicht würde.

Aus redaktionellen Gründen wurden dann die Worte in der 5. und 6. Zeile „ihre Konstruktion und ihren Betrieb" in die Worte „die Konstruktion und den Betrieb der Bahn" umgeändert.

Auf die Anfrage eines Mitgliedes, ob unter der Gestattung des Anschlusses die Benutzung des Geleises der Bahnen, welche sich den Anschluß gefallen lassen müssen, zu verstehen sei, erklärte der Herr Minister, daß dies nicht der Fall sei, es sei vielmehr nur die Zulassung der direkten Schienenverbindung gemeint, sodaß Personen oder Güter von dort aus auf der den Anschluß gestattenden Linie direkt weiter geführt werden können.

§ 24 wurde hierauf mit großer Majorität angenommen.

Der § 25

wurde nach Einfügung zweier, aus dem Text der Kommissionsvorlage ersichtlichen redaktionellen Aenderung unverändert angenommen.

Bei § 26

wurde von Seiten eines Mitgliedes hervorgehoben, daß es hart schiene, für Bahnen, welche möglicher Weise mit

großem Risiko erbaut worden wären, in dem Falle, wenn sie sich nun günstig entwickelt hätten, dem Staate das sofortige Recht des Erwerbes zuzusprechen, ohne den Bahnen eine sichere Frist zu geben, binnen welcher dieses Recht vom Staate nicht beansprucht werden könne. Er sei der Ansicht, daß die Bahn bei ihrer Genehmigung gegen einen solchen Erwerb Seitens des Staates mindestens auf 10 bis 15 Jahre sicher gestellt werden, und außerdem eine auf ein Jahr vor dem Erwerb festzusetzende Kündigungsfrist platzgreifen müsse.

Von Seiten der Regierung wurde darauf erwidert, daß der Fall nicht gerade häufig eintreten werde, da er nur dann platzgreife, wenn die betreffenden Lokalbahnen Theile des allgemeinen Eisenbahnnetzes werden. Das Erwerbsrecht des Staates sei aber schon deshalb nothwendig, weil ihm in dem Gesetzentwurfe nicht das Recht vorbehalten sei, zu verlangen, daß das Unternehmen dem Gesetze vom 3. November 1838 unterworfen und Bau und Betrieb dementsprechend nöthigenfalls umgeändert würden. Namentlich ließen sich Fälle denken, besonders wenn militärische Interessen mitsprächen, in welchen der Staat die Bahn entweder überhaupt erwerben oder andernfalls eine Konkurrenzbahn bauen müsse.

Das erstermähnte Mitglied erwiderte darauf, daß man nach diesen Ausführungen das Recht des Staates nur dann platzgreifen lassen müsse, wenn der Unternehmer die Umwandlung seiner Bahn in eine solche, welche dem Gesetz von 1838 zu unterwerfen sei, nicht vornehmen wolle. Dieses Mitglied stellte hiernach den Antrag, in der 4. Zeile vor dem Worte „kann" dem Paragraphen die Fassung zu geben, wie sie hier in der Kommissionsvorlage vorliegt.

Der Regierungsvertreter erwiderte hierauf, daß die Staatsregierung erhebliche Bedenken gegen eine solche Aenderung des Paragraphen habe. Die Rechte des Unternehmers seien durch die reichlich bemessene Art der Entschädigung in einem solchen Falle des Erwerbes durch den Staat hinlänglich gewahrt. Die Annahme des Antrages würde wesentlich die Folge haben, daß der Staat in der Ertheilung der Konzession zur Herstellung von Lokalbahnen sehr vorsichtig sein werde, wenn es ihm nicht gesichert sei, die betreffenden Bahnstrecken, wenn sie Theile des allgemeinen Eisenbahnnetzes und zugleich Zwischenglieder von Staatsbahnlinien bildeten, später für sich erwerben zu können; eventuell würde er dadurch auf die Erbauung von Konkurrenzlinien gedrängt werden, wenn man annehme, daß die Annahme des Antrags einen großen praktischen Werth für die Unternehmer haben werde. Es sei dies zwar im allgemeinen nicht anzunehmen, da die Bahnen im Falle des Angebotes eines Ankaufs durch den Staat zu den im Gesetze vorgesehenen günstigen Bedingungen dieses in der Regel annehmen würden; sei dies aber nicht der Fall, so würde der Staat eben in eine schwierige Lage gebracht.

Ein Theil der Kommissionsmitglieder trat diesen Ausführungen bei, von anderer Seite wurde dem entgegengetreten, von einem Mitgliede insbesondere noch bemerkt, daß es für den Konzessionär in einzelnen Fällen, in denen die Ausführung für das Unternehmen durch neuerdings eingetretene besondere Umstände, z. B. Errichtung von Fabriken oder von Bergwerksbetrieben in der Nähe des Unternehmens, sich verspätet hätten, besonders hart erscheine, sich bei den hier festgelegten Bedingungen unterwerfen zu müssen, da bei ihm in einem solchen Falle die nach diesem Gesetze festzulegende pekuniäre Entschädigung kaum ein genügendes Aequivalent biete.

Hiernach wurde der gestellte Antrag mit 9 gegen 8 Stimmen angenommen.

Nach Einfügung zweier, aus dem Text der Kommissionsvorlage ersichtlichen redaktionellen Aenderungen in der 1. und 3. Zeile derselben wurde sodann der § 26 von der Kommission angenommen.

§ 27.

Es wurde von einem Mitgliede das Bedenken angeregt, daß nach der Fassung der Vorlage der Berechnung der Entschädigung nur der Reingewinn nach den Bestimmungen des Einkommensteuergesetzes vom 24. Juni 1891 zu Grunde zu legen sei. Hierdurch würde bei Berechnung der Entschädigung das Einkommen einer Bahn, welche zum Theil auf nichtpreußischem Gebiete läge, nur nach dem aus der Anlage auf Preußischem Gebiete fließenden Einkommen berechnet werden können, da der § 6 ad 1 des Einkommensteuergesetzes das Einkommen aus den in anderen Deutschen Bundesstaaten belegenen Grundstücken von der Besteuerung ausschließe. Es erschiene daher nothwendig, eine dahingehende Bestimmung in diesem Paragraphen zu treffen, daß bei Berechnung der Entschädigung auch das Einkommen aus dem in einem andern Deutschen Bundesstaate gelegenen Theile der Bahn mit herangezogen werde. In der Kommission wurde diese Nothwendigkeit anerkannt und dabei von der Voraussetzung ausgegangen, daß in einem solchen Falle die Berechnung des Einkommens aus dem nicht auf Preußischem Gebiete gelegenen Theile der Bahn so erfolgen müßte, als wenn dasselbe nach den Grundsätzen des Preußischen Einkommensteuergesetzes in Preußen unter spezieller Berücksichtigung des § 16 dieses Gesetzes zu berechnen gewesen wäre. Von Seiten der Königlichen Staatsregierung wurde gegen die Einfügung einer solchen Bestimmung kein Bedenken geltend gemacht, und erfolgte dieselbe durch Einfügung des jetzt in der Kommissionsvorlage befindlichen zweiten Satzes des Paragraphen.

Im Uebrigen wurde der Paragraph aus redaktionellen Gründen in mehrere Sätze zerlegt und in dem ersten derselben ausdrücklich das Fortfallen des Abzuges von 3½ Prozent des eingezahlten Aktienkapitals bei Berechnung des steuerpflichtigen Einkommens von Aktiengesellschaften oder Kommanditgesellschaften auf Aktien zum Ausdruck gebracht, da die Fassung der Regierungsvorlage es formell zweifelhaft lasse, ob diese Abzüge außer Ansatz zu lassen seien, indem der § 16 das steuerpflichtige Einkommen solcher Gesellschaften gerade nach Abzug von 3½ Prozent des eingezahlten Kapitals festsetze. Aus diesen Gründen fand die vorliegende von einem Mitgliede beantragte Fassung dieses Paragraphen in der Kommission allseitige Zustimmung und wurde wie vorliegend angenommen.

Im § 28

wurde von einem Mitgliede mit Rücksicht auf eine vorliegende Petition die Frage angeregt, ob es denn nöthig erscheine, für alle Fälle eine getrennte Rechnungsführung zu verlangen, wenn ein Unternehmer mehrere zusammenhängende konzessionirte Unternehmungen leite. In manchen Fällen würde das kaum ausführbar sein, wenn z. B. Pferdebahnlinien nachträglich gebaut worden seien, und besonders, wenn mehrere derselben denselben Schienenweg benutzen.

Der Regierungsvertreter erwiderte darauf, daß die Bestimmung des § 28 hauptsächlich deshalb getroffen sei, um dem Staate, falls er in den Fall komme, eine Bahn erwerben zu müssen, eine genaue Feststellung des Reinertrags der betreffenden Strecke zu ermöglichen. Bei Pferdebahnen würde die Sache ja fast nie praktisch werden, da der Staat fast nie in die Lage kommen würde, solche zu erwerben. In Betreff anderer Bahnen sei die Beschränkung der Verpflichtung aber materiell bedenklich. Der Staat habe auf das Recht verzichtet für den Fall, daß eine Lokalbahn eine solche Bedeutung gewinne,

daß sie als Theil des allgemeinen Eisenbahnnetzes zu behandeln sei, den Unternehmer zur nachträglichen Anbringung der alsdann nöthigen Umgestaltung zu nöthigen, habe sich dann aber die allerdings jetzt durch die Fassung der Kommissionsvorlage beschränkte Möglichkeit des Ankaufs vorbehalten. Die Entschädigung hierfür sei aber nicht zu berechnen, wenn der Reinertrag der Strecke nicht rechnungsmäßig festgestellt werden könne. Die Bestimmung beruhe wesentlich mit auf den Erfahrungen, welche gemacht worden seien, als von dem § 42 des Gesetzes vom 3. November 1838 Gebrauch gemacht werden sollte. Der Regierungskommissar gab indessen zu, daß in einzelnen Fällen für die Staatsregierung kein Interesse vorliege, besonders auch bei Pferdebahnen, den Unternehmer zu einer besonderen Buchführung nach Maßgabe dieses Paragraphen zu nöthigen, und erklärte sich mit dem von einem Mitgliede gestellten Antrage, die Worte in der ersten Zeile „ist verpflichtet" durch die Worte „kann verpflichtet werden" zu ersetzen, einverstanden.

Mit dieser Aenderung wurde der § 28 von der Kommission angenommen.

Der § 29

wurde von der Kommission ohne Diskussion angenommen.

Bei § 30

wurde zwar von einem Mitgliede bezweifelt, ob die Entschädigung in allen Fällen eine hinlängliche sei. Es könnten möglicherweise auch sogar die Hypothekengläubiger Schaden leiden. Im Allgemeinen wurde indessen in der Kommission der Erklärung des Regierungskommissars zugestimmt, daß dies Gefahr wohl nur der Fall sein könne, wenn die Hypothekengläubiger außerordentlich leichtsinnig geborgt hätten.

Bei dem zweiten Satze des ersten Absatzes des Paragraphen wurde von einem Mitgliede die Frage angeregt, ob nach dieser Bestimmung eintretenden Falls auch die Pensionsfonds in den Staat übergehen würden. Der Regierungskommissar erwiderte hierauf, daß sich die Frage in diesem Gesetz generell nicht regeln lassen würde; sie sei vielmehr nach den speziell vorliegenden rechtlichen Erwägungen in jedem Falle zu bestimmen. Im Allgemeinen würden Pensionsfonds, welche als Zubehör des Unternehmens zu gelten hätten, also solche, zu denen der Unternehmer einen vertragsmäßigen Zuschuß leiste, und auf welche die Beamten ein Recht hätten, bei einer Verstaatlichung des Unternehmens auf den Staat mit übergehen. Es sei dies jedenfalls der bei Weitem häufigere Fall. Sollten indessen Pensionsfonds in Frage kommen, welche als eine Privateinrichtung der Beamten des Unternehmens anzusehen wären, so würden solche nicht mit übergehen. Dieser Ansicht wurde in der Kommission von mehreren Seiten zugestimmt.

Im Uebrigen wurde der zweite Satz redaktionell geändert.

Im Anregung eines Mitgliedes, statt des Wortes „Verträge" in der viertletzten Zeile das Wort „Rechtsverhältnisse" zu setzen, da ihm das Wort „Verträge" den hier beabsichtigten Begriff nicht vollständig zu decken scheine, wurde von der Kommission keine Folge gegeben, da die Aenderung dieser nicht von inhaltlichen Folgen erschien. Auf die Anfrage eines Mitgliedes, wie das Wort „Bestandtheile" im letzten Absatz zu verstehen sei, wurde von Seiten des Regierungskommissars erwidert, daß der Anlagewerth abzüglich der Abnutzung damit gemeint sei, und fand diese Ausführung in der Kommission keinen Widerspruch.

Der § 31 der Vorlage wurde in der Fassung der Regierungsvorlage unverändert angenommen.

Ebenso wurde der

§ 32

nach Einfügung einer geringen redaktionellen Aenderung (des Citats) unverändert angenommen.

Bei § 33

stellte auf Anfrage eines Mitgliedes der Regierungskommissar fest, daß dem Hypothekengläubiger statt der Grundstücke die gezahlte Entschädigung in erster Linie hafte. Es wurde danach auch dieser Paragraph ohne Diskussion mit der alleinigen redaktionellen Aenderung, daß in der drittletzten Zeile das Wort „hinaus" eingefügt wurde, von der Kommission unverändert angenommen.

Ebenso wurde

§ 34

mit der in Konsequenz der gewählten Fassung des § 5 gemachten redaktionellen Abänderung, daß das Wort „Heimfallsberechtigte" in das Wort „Erwerbsberechtigte" (§ 5) und das Wort „Heimfallsrecht" in „Erwerbsrecht" umgeändert wurde, von der Kommission ohne Diskussion angenommen.

Bei § 35

wurde von einem Mitgliede angefragt, ob die Bestimmung desselben schon jetzt geltendes Recht sei. Der Regierungskommissar erwiderte darauf, daß die Einholung der Königlichen Genehmigung zur Anlage von Pferdebahnen in den eleganteren Theilen Berlins und Potsdams auch jetzt schon geltendes Recht sei. Im Uebrigen hätten sich die in der Begründung erwähnten Verhältnisse in Berlin folgendermaßen entwickelt:

Anfänglich wurde in Uebereinstimmung mit dem Königlichen Genehmigungsrechte bezüglich der Gestaltung der Straßen und Plätze der Residenzstadt, wie es von der Gesetzgebung im § 10 des Straßenfluchtgesetzes vom 2. Juli 1875 anerkannt und bestätigt ist, die Königliche Genehmigung für alle Straßenbahnen in Berlin eingeholt. Als die Pferdebahnen sich mehrten, regten die betheiligten Minister 1874 ein Einholung der allerhöchsten Genehmigung zu einem Netze von Straßenbahnen im Interesse der Entlastung des Landesherrn und der Vereinfachung des Verfahrens eine Einschränkung des Erfordernisses Königlicher Genehmigung an. Darauf erging unter dem 9. December 1874 ein Königlicher Erlaß, welcher die Einholung der allerhöchsten Willensmeinung auf die Anlegung von Pferdebahnen in den eleganteren Stadttheilen Berlins beschränkte, im Uebrigen aber die Prüfung der Pferdebahnanlagen den zuständigen Behörden überließ. Es war dies also eine Einschränkung des an sich rechtlich allgemein bestehenden Erfordernisses Königlicher Genehmigung für die Anlegung von Pferdebahnen durch Delegation derselben für die minder eleganten Stadttheile Berlins an die im Uebrigen zuständigen Behörden. Nichts anderes, als was demnach in Berlin Rechtens sei, werde durch § 35 gefordert; denn eine entsprechende Delegation des Genehmigungsrechts sei auch bei Annahme desselben rechtlich zulässig und wohl zu erwarten.

Den § 35 zu streichen empfehle sich nicht, weil alsdann die Fortdauer des Erfordernisses Königlicher Genehmigung mindestens zweifelhaft sei. Auch der Vorschlag, zu sagen, es solle bei dem Rechte Königlicher Genehmigung in dem bisherigen Umfange bewenden, empfehle sich nicht zur Annahme, weil es im Interesse der Unternehmer und des Publikums liege, daß aus dem Gesetze selbst klar ersichtlich werde, was bezüglich des Erfordernisses Königlicher Genehmigung Rechtens sei. Uebrigens sei § 35 ein Punkt, dessen vorsichtige Behandlung im Interesse eines positiven Ergebnisses sich empfehle.

Unter Anlegung von Bahnen seien endlich keineswegs alle nach § 3 genehmigungspflichtigen Anlagen zu verstehen, sondern nur die Neuanlagen von Bahnen und die Erweiterung bestehender Bahnen durch neue Linien. Andere Aenderungen bestehender Bahnen und Linien aber seien nicht unter der gedachten Bezeichnung inbegriffen und bedürfen daher auch bei Annahme des § 35 der Königlichen Genehmigung nicht.

Ein Mitglied erwiderte darauf, daß er die Person des Königs nicht mit diesen Forderungen in Verbindung gebracht zu sehen wünsche, und weiß darauf hin, daß bei der Genehmigung der Bahnanlagen die Interessen des Verkehrs gemäß § 3 zu wahren seien. Dazu gehörten auch die Ansprüche, welche für die Hoflager des Königs in seinen Residenzen Berlin und Potsdam in Betreff des Verkehrs geltend zu machen seien. Die genehmigenden Behörden für Berlin und Potsdam seien so hoch gestellt, daß ihnen die Wahrung dieser Interessen ohne Weiteres überlassen werden könne, da sie dieselben keinen oder gegebenen Falls sich über dieselben zu informiren in der Lage seien. Er stellte deshalb anheim, zu erwägen, ob man den in Frage kommenden wirthschaftlichen Interessen gegenüber die Person des Königs nicht lieber ausschließen lassen wolle. Sollte das aber nicht möglich sein, ohne die Zwecke des Paragraphen und die Interessen des Königs an der Gestaltung seiner Residenzen zu gefährden, so werde er für den Paragraphen stimmen.

Ein anderes Mitglied führte aus, daß die Forderung dem bisher geübten Rechte gegenüber doch insofern eine neue sei, als sie über die eleganteren Stadttheile von Berlin hinausgehe.

Die Erklärung des Herrn Regierungsvertreters in Betreff der Entwickelung dieses Königlichen Rechts sei ihm überraschend gewesen, da in den Motiven dies nicht in der Art entwickelt worden sei. Es könne demnach die Frage aufgeworfen werden, ob es nicht richtig sei, in Anbetracht der Entwickelung Berlins zur Weltstadt die Königliche Genehmigung im Sinne der Motive zu beschränken; jedenfalls halte er die ausdrückliche Einfügung einer Bestimmung, wonach die Königliche Genehmigung in den Straßen Berlins stets erforderlich sein solle, in Anbetracht der Verhältnisse nicht für zweckmäßig.

Von einem anderen Mitgliede der Kommission wurde der Antrag eingebracht, dem § 35 folgende Fassung zu geben:

An dem Erforderniß der Königlichen Genehmigung für die Anlegung von Bahnen in den Straßen Berlins und Potsdams wird durch das gegenwärtige Gesetz nichts geändert.

Von dem Antragsteller wurde zur Begründung ausgeführt, daß man trotz der Ausführung des Regierungskommissars nicht absehen könne, ob eine Erweiterung des bestehenden Rechts, welche in diesem Falle den bestehenden Verhältnissen wenig Rechnung trüge, durch die Bestimmung des Paragraphen getroffen würde. Es erscheine daher am richtigsten, auszusprechen, daß man durch das gegenwärtige Gesetz das bestehende Recht in dieser Beziehung nicht habe verändern wollen.

Der Regierungskommissar erwiderte hierauf noch einmal, daß es vor Allem doch wünschlich sein müsse, daß vollkommene Rechtsklarheit geschaffen werde. Es sei bei der Beschlußfassung über das Gesetz, betreffend die Feststellung der Baufluchtlinien in den Städten, gerade aus diesem Grunde unbedenklich eine ähnliche Bestimmung wie hier, daß es für Berlin generell der Ertheilung der Königlichen Genehmigung bedürfe, getroffen worden.

Einige Mitglieder traten diesen Ausführungen bei. In der schließlichen Abstimmung wurde indessen der oben erwähnte Antrag gegen 4 Stimmen angenommen.

Bei § 36

war von einem Mitgliede der Kommission die Streichung beantragt und dies damit begründet worden, daß die Aufrechterhaltung dieses Paragraphen für den Betrieb der Bahnen große Erschwernisse ergeben werde. In der Regel würde man andere Beamte oder auch Privatleute kontraktlich damit betrauen, die sonst nur den Beamten zufallenden Funktionen im Nebenamt zu besorgen. Vielfach würden auch die Bahnen, besonders ganz kleine Betriebe garnicht in der Lage sein, ungeübte Militäranwärter zu gebrauchen, da sie darauf angewiesen seien, bei ihrem geringen Personal nur geübte Kräfte verwenden zu können, aber wegen der geringen Stellenzahl ihrer Beamten, ungeübte Personen auszubilden, nicht in der Lage seien.

Der Herr Minister gab zu, daß für viele Funktionen, sofern dieselben nebenamtlich ausgeübt würden, die Anstellung von Militäranwärtern unthunlich sei. Dieselben würden selbst nicht auf eine solche Anstellung reflektiren wollen. Außerdem entfielen aus der Kategorie der anzustellenden Beamten die mit technischen Funktionen Beauftragten, wie Lokomotivführer, Bahnmeister; hingegen sei für Schaffner, Wärter und andere ein hinreichender Raum der Unterbringung von Militäranwärtern immer noch gegeben. Auch würden den Bahnen selbst häufig solche willkommen sein, da der Militäranwärter daneben seine Pension beziehe und darum der Gesellschaft vielleicht billiger als ein sonst anzustellender Beamter sein werde.

Der Vertreter des Kriegsministeriums betonte, daß es die Vergrößerung der Armee erheische, daß man den Militäranwärtern solche Stellen offen halte; denn die Unteroffiziere hätten immer das Bestreben, nach Absolvirung ihrer Dienstzeit eine Anstellung im Civildienst zu erlangen. Mit Rücksicht auf das Interesse der Armee bäte er um Beibehaltung des Paragraphen, welcher den Bahnen ja keine erheblichen Schwierigkeiten bereiten werde, da dieselben den Militäranwärter, wenn er für die von ihm auszufüllende Stellung nicht geeignet sei, nach den bestehenden Bestimmungen nicht zu nehmen brauchten.

Dem gegenüber wurde von anderer Seite in der Kommission hervorgehoben, daß, auch wenn das letztere zugegeben werden müsse, für die Bahnen doch eine große Erschwerung und Verzögerung in der Besetzung ihrer Beamtenstellen aus dem Paragraphen hervorgehe. Denn die Stellen müßten nöthigenfalls ausgeschrieben werden und erst nach Erledigung der Frage, ob Militäranwärter im einzelnen Falle angestellt werden könnten, könne im letzteren Falle zu der Anstellung von Nicht-Militäranwärtern als Beamten geschritten werden.

Ein Mitglied erklärte sich damit einverstanden, wenn bei den mit Maschinenkraft betriebenen Bahnen die Anstellung von Militäranwärtern vorgeschrieben, dieselbe aber bei den anderen Bahnen nicht verlangt würde.

Indessen fand auch diese Ansicht in der Kommission keinen Anklang. Es wurde vielmehr im Allgemeinen der Paragraph in wirthschaftlicher Beziehung als schädlich, in militärischer als nicht nothwendig bezeichnet, und schließlich derselbe in beiden Lesungen einstimmig gestrichen.

In § 37

wurde von einem Mitgliede beantragt, die Worte in der viertletzten Zeile „so weit ausgängig" zu streichen und dies damit begründet, daß es selbstverständlich sei, daß die Bahnen, wenn die Bestimmungen des Kommunalnothsteuergesetzes nicht auf sie zuträfen, auch nicht zu den Kommunalabgaben herangezogen werden könnten. Es bedürfe daher dieses in der Gesetzgebung ungewöhnlichen Zusatzes nicht, welcher nur zu Zweifeln und Bedenken Anlaß gäbe.

Nach der Erklärung des Regierungskommissars, daß mit diesen Worten nur hätte ausgedrückt werden sollen, daß die Bahnen zu den Kommunalabgaben nur so weit heranzuziehen seien, als nach § 1 des erwähnten Gesetzes dies überhaupt zulässig sei, daß aber im Übrigen unter der selbstverständlichen Voraussetzung, daß die Lokalbahnen dem Gesetze vom 27. Juli 1885, soweit sie nach § 1 des citirten Gesetzes überhaupt herangezogen werden könnten, nicht entzogen werden sollten, gegen die Streichung der Worte ein Bedenken nicht vorliege. Unter derselben Voraussetzung erklärte sich auch der Regierungskommissar mit der redaktionell geänderten Fassung des letzten Satzes des Paragraphen einverstanden, welcher so wie der ganze hiernach geänderte Paragraph hierauf von der Kommission angenommen wurde.

Zu § 38

wurde von einer Seite bemängelt, daß nur 50 Pfennig für die Beförderung der in demselben erwähnten Postsendungen gewährt werden sollen. Es scheine dies, wenn die Fahrten sich durch eine Strecke von vielen Meilen hinzögen und auch in den Zwischenstationen Postsachen zur Aufgabe gebracht würden, eine zu geringe Entschädigung zu sein.

Von Seiten des Vertreters der Postverwaltung wurde hierauf erwidert, daß 50 Pfennig der doppelte Betrag dessen seien, welcher jetzt den Sekundärbahnen gezahlt würde. Es sei dies eine gern gesehene Nebeneinnahme, und es würden an die zur Zeit bereits bestehenden Lokalbahnen erheblich geringere Beträge, 10 bis 12½ Pfennig pro Fahrt, gezahlt. Er bitte, es daher bei der Bestimmung des Paragraphen zu belassen.

Ein Mitglied der Kommission äußerte sich dahin, daß es gegen den Paragraphen nichts einzuwenden habe, wenn festgestellt würde, daß die kleinen Bahnen nicht verpflichtet seien, der Post wegen besonderer Einrichtungen zu treffen.

Der Vertreter der Postverwaltung erklärte darauf, daß gemäß der in dem Gesetzentwurf angezogenen Bestimmungen des Artikel III des Reichsgesetzes vom 20. Dezember 1875 (Reichsgesetzblatt S. 318) die Herstellung und Wiederbeseitigung der für die Zwecke der Postverwaltung in Eisenbahnwagen erforderlichen Einrichtungen einer besonderen Postabtheilung auf Kosten der Postkasse erfolge und daß diese Bestimmung auch hier Platz greifen würde.

Ein anderes Mitglied fragte ferner an, ob die Pferdebahnen auch zur Beförderung von Packeten benutzt werden sollten. Der Herr Minister erwiderte, daß dies Beförderung durch begleitende Bedienstete der Post für viele Pferdebahnen eine ganz lästige Einnahme darstelle und dieselben sich gern bereit erklärt hätten, in solchen Fällen für die Postbediensteten und die von ihnen zu transportirenden Packete eine Ermäßigung eintreten zu lassen. Eine besondere Einrichtung würde den Pferdebahnen jedenfalls zur Beförderung von Packeten nicht zugemuthet werden.

Dasselbe Mitglied wendete sich in seinen Ausführungen gegen die Bestimmung der Nummer 3 des Paragraphen ebenfalls in ihrer Ausführung auf Pferdebahnen und betonte, daß das denselben besonders mögliche Fahrpläne bereiten könne, wenn sie gezwungen wären, der Leerung der Briefkasten wegen besonders halten zu lassen.

Der Vertreter der Postverwaltung erwiderte, daß eine Belästigung der Pferdebahnen durch Anbringung der Briefkasten nicht beabsichtigt sei und die Pferdebahnen durch die Auswechselung und Leerung der Briefkasten in ihrem Betriebe nicht beeinflußt, speziell auch nicht genöthigt werden sollten, öfter oder länger als wie sie sonst thun würden, zu halten. Die beabsichtigte Einrichtung werde nur im Interesse des Publikums getroffen.

Nach diesen Erklärungen wurde der § 38 in der Kommission mit allen gegen eine Stimme angenommen.

II. Sonstige Eisenbahnen.

Demnächst wurde die Ueberschrift des zweiten Theiles geändert. Man war in der Kommission in Verfolg der schon bei Fassung der Ueberschrift des ersten Theiles ausgesprochenen Ansicht darin einig, daß auch für diesen Theil ein bestimmtes, die unter denselben fallenden Bahnen begreifendes Wort gesetzt werden müsse. Ein ursprünglich gestellter Antrag, hierfür das Wort „Privatanschlußgeleise" zu wählen, wurde fallen gelassen, weil dasselbe zu sehr an die nur in Folge des Anschlusses nothwendig werdenden Einrichtungen sich anknüpfe, und es wurde schließlich der von einer Seite gestellte Antrag, das Wort „Privatanschlußbahnen" hier einzustellen, von der Kommission mit großer Majorität angenommen.

Zu § 39

war von einem Mitgliede der Antrag gestellt worden, den Paragraphen wie folgt zu fassen:

Eisenbahnen, welche dem öffentlichen Verkehre nicht dienen, aber mit Bahnen, welche den Bestimmungen der Verfassung des Deutschen Reiches oder des Gesetzes über Eisenbahnunternehmungen vom 3. November 1838 unterliegen, oder nach § 1 dieses Gesetzes genehmigt sind, in Verbindung stehen, bedürfen, wenn sie für den Betrieb mit Maschinen eingerichtet werden sollen, zur baulichen Herstellung und zum Betriebe polizeilicher Genehmigung.

Der Antragsteller begründete seinen Antrag damit, daß er es nicht für einen Nachtheil, sondern für einen Vortheil für die betreffenden Privatbahnen halte, daß sie unter dieses Gesetz gestellt würden, da eben den Verpflichtungen auch Rechte gegenüber ständen, welche sie sonst nicht haben würden.

Der Regierungskommissar erwiderte hierauf:

Ein Bedürfniß für die Regelung der rechtlichen Verhältnisse der dem öffentlichen Verkehr nicht dienenden Bahnen bestehe, auch wenn dieselben mit Maschinenkraft betrieben werden, nur insoweit, als solche mit öffentlichen Eisenbahnen zum Zwecke des Uebergehens der Betriebsmittel durch Gleisanschluß verbunden sind. Für diese Bahnen sei die staatliche Genehmigung der Anlage und die Beaufsichtigung des Betriebes aus eisenbahnpolizeilichen Rücksichten geboten, um zu verhüten, daß durch Beschädigungen der Betriebsmittel auf der Anschlußbahn der Betrieb auf der Hauptbahn gefährdet werde. Für die übrigen Privatgleise sei der Genehmigungszwang und eine besondere Aufsicht nicht erforderlich. Diese bedürften der Genehmigung nur soweit, als solche für einzelne Anlagen und Einrichtungen, wie z. B. für die Inbetriebnahme von Dampfkesseln allgemein vorgeschrieben sei, und unterständen nur der allgemeinen Aufsicht der Polizeibehörden.

Von anderer Seite wurde dem beigetreten und darauf der gestellte Antrag zurückgezogen.

Der § 39 wurde darauf nach Einfügung einiger redaktionell aus den bisherigen Bezeichnungen sich ergebender Aenderungen einstimmig angenommen.

Ebenso der § 40 nach Abänderung der Worte „in Verbindung" in der dritten Zeile in die Worte „im Einvernehmen".

Zu § 41

wurden ebenso in Konsequenz der in § 3 beschlossenen Aenderungen das Wort „erstreckt" in der ersten Zeile in „beschränkt" umgeändert und unter der Nr. 2 die Worte „in dem äußeren Betriebsdienste anzustellenden" eingefügt und mit diesen Aenderungen der Paragraph einstimmig angenommen.

§ 42

wurde von der Kommission unverändert angenommen.

Zu § 43

war von einem Mitgliede der Kommission der Antrag gestellt worden:

folgenden § 43a hinter dem § 43 einzuschieben:

„Das Vorhandensein von Gründen des öffentlichen Wohles im Sinne des Enteignungsgesetzes vom 11. Juni 1874 (Gesetzsamml. S. 221) ist bei diesen Bahnen (§ 30) anzunehmen, wenn durch dieselben in dem industriellen, land- oder forstwirthschaftlichen Betriebe des Unternehmers voraussichtlich eine wesentliche Vermehrung des Arbeiterverdienstes und der Arbeitsgelegenheit erreicht wird."

Von dem Antragsteller wurde zur Begründung hervorgehoben, daß ohne Gewährung des Enteignungsrechts für die Privatanschlußbahnen sehr selten eine Herstellung solcher Bahnen würde erfolgen können. Es müsse ähnlich wie im Berggesetz auch hier als richtig gelten, daß das Enteignungsrecht gewährt werden könne; denn ein großer Besitzer oder eine Gemeinde müsse doch dasselbe Recht haben wie ein Bergwerksbesitzer. Er wolle die Verleihung des Enteignungsrechts nach seinem Antrage auch nur ausgesprochen wissen, wenn ein öffentliches Interesse vorliege, und diesem entspreche sein Antrag. Er lege auf eine solche Bestimmung besonders deshalb Werth, weil in Wirklichkeit die Einigung viel leichter erfolge, wenn das Enteignungsrecht im Hintergrunde stehe. Es würde dasselbe in den wenigsten Fällen bei Aufnahme einer solchen Bestimmung praktische Anwendung zu finden brauchen.

Der Regierungskommissar erwiderte darauf, daß das Enteignungsgesetz in Uebereinstimmung mit der Verfassung das öffentliche Wohl als einziges Kriterium für die Möglichkeit der Enteignung konstruirt habe. Es sei bei Erlaß dieses Gesetzes die Frage erwogen worden, ob man verschiedene Kategorien von Unternehmungen als im öffentlichen Interesse liegend anerkennen wolle. Damals sei diese Frage verneint bis auf einige hervorragende Fälle. In der Regel werde für den öffentlichen Verkehr auch ein öffentliches Interesse als vorhanden anzunehmen sein. Bei reinen Privatunternehmungen aber das öffentliche Interesse zu konstruiren und daraus eine Verleihung des Enteignungsrechtes herzuleiten, stehe im Widerspruch mit dem gesetzlichen Bestimmungen. Allerdings sei das öffentliche Interesse beim Bergbau anerkannt worden. Die Enteignung sei aber auch dort an mehr Bedingungen gebunden und stände bei diesem Recht der Enteignung, respektive der Beschränkung fremden Grundeigenthums Seitens des Bergwerksbesitzers auch erhöhte Verpflichtungen desselbe gegenüber. So könne derselbe z. B. zur Fortsetzung seines Betriebes eventuell gegen seine Interessen angehalten werden. Ausgeschlossen sei es auch nach der bisherigen Gesetzgebung nicht, auch bei Privatanschlußbahnen unter Umständen ein öffentliches Interesse anzuerkennen, und sei in der That schon eine Enteignung auch in solchen Fällen bereits mehrere Male vorgenommen worden. Aus diesem Grunde sei der Antrag einestheils überflüssig, da durch denselben die Erwägung, ob ein öffentliches Interesse vorliege, nicht überflüssig werde, andererseits sei derselbe aus den angeführten Gründen zunächst materiell bedenklich, dann aber auch formell, da er der in jedem einzelnen Falle durch Königliche Ordre zu erfolgenden Verleihung des Enteignungsrechts eine bestimmte Direktive geben wolle, was durch einen Paragraphen dieses Gesetzes zu thun entschieden unzulässig erscheine.

Ein anderes Mitglied trat den Ausführungen des Antragstellers insofern bei, als auch er der Ueberzeugung Ausdruck gab, daß ohne eine erleichterte Anwendung der Enteignung die Privatanschlußbahnen überhaupt schwer ins Leben zu rufen sein würden. Er hob dies besonders hervor für große Waldungen, wo das Bedürfniß an einzelnen Theilen des Landes in eminentem Maße vorläge, aber wegen des Widerspruchs einzelner, zum Theil sehr kleiner Besitzer nicht befriedigt werden könne.

Der Herr Minister bemerkte dem gegenüber, daß die Eisenbahnverwaltung die entgegengesetzte Erfahrung in sofern gemacht habe, als von derselben viele Anschlußgeleise auch ohne Anwendung des Enteignungsgesetzes zu Stande gebracht seien.

Von anderer Seite wurde den Ausführungen der Vertreter der Königlichen Staatsregierung beigetreten und dabei darauf hingewiesen, daß der gestellte Antrag zwar formell den Begriff „öffentliches Wohl" nur interpretire, in Wirklichkeit aber an dessen Stelle einen anderen Begriff setzen wolle, was der Verfassung und dem Enteignungsgesetz widerstreite.

Der Antrag wurde nach diesen Erklärungen von dem Antragsteller in erster Lesung zurückgezogen, in der zweiten Lesung aber ein anderer Antrag gestellt, dahingehend:

Hinter § 43 folgenden § 43a einzuschalten:

§ 43a.

Wird den Unternehmern von Bahnen der im § 39 bezeichneten Art das Enteignungsrecht auf Grund des Gesetzes vom 11. Juni 1874 verliehen, so kann das mit den Einschränkungen geschehen, daß

1. zur Abtretung des mit Wohn-, Wirthschafts- oder Fabrikgebäuden bebauten Grund und Bodens und der damit in Verbindung stehenden eingefriedigten Hofräume der Grundbesitzer gegen seinen Willen nicht angehalten werden darf;

2. eine derartige Durchschneidung eines Grundstückes, welche die Güte und Ertragsfähigkeit desselben beeinträchtigt, gegen den Willen des Grundbesitzers nur dann stattfinden darf, wenn ohnedem der Zweck des Bahnunternehmens nicht in geeigneter Weise zu erreichen ist, und die Schädigung des Grundstückes mit der Bedeutung des Unternehmens im Einklange steht.

Von dem Antragsteller wurde auch dieser Antrag dahin erläutert, daß er mit demselben die Anwendung des Enteignungsrechts durch Beschränkung desselben erleichtern wolle. Er nehme an, daß dasselbe wohl bisher mit Einschränkungen nicht habe verliehen werden können, und habe er die Bestimmung aus dem Berggesetz entsprechend hierher übernommen.

Der Regierungskommissar erwiderte hierauf, daß das Enteignungsrecht nicht blos zur Enteignung sämmtlicher Grundstücke für ein Unternehmen, sondern auch für einzelne Grundstücke verliehen werden könnte. Wenn in der Praxis die Verleihung des Enteignungsrechts mit den beantragten Einschränkungen schwerlich vorgekommen sei, so scheine ihm dies doch rechtlich nicht unmöglich. Er glaube vielmehr, daß das Gesetz dieses Recht auch schon jetzt, und zwar auch nach der formellen Seite hin gewähre. Der vorliegende Antrag gäbe aber, weil in diesem Falle überflüssig, der Vermuthung Raum, daß in anderen Fällen, wo dies nicht besonders ausgesprochen wäre, eine solche Einschränkung dieses Rechts nicht möglich sei.

Aus der Kommission wurde von einer Seite dieser Erklärung zugestimmt und ausgeführt, daß es jedenfalls in der Konsequenz des Gesetzes liege, daß das Enteignungsrecht auch ohne diese Bestimmungen mit Einschränkungen verliehen werden könne, da im majus auch das minus liege. Allerdings müsse anerkannt werden, daß, wo das Enteignungsrecht nicht nothwendig, sondern nur nützlich für ein Unternehmen sei, es ungerecht sei, den Leuten ihr Eigenthum zu nehmen. Indessen sei eine weitere Ausbildung dieses Rechts entschieden wünschenswerth, besonders auch dahin, daß das Enteignungsrecht in eingeschränkter Weise von der Behörde verliehen werde.

Ein anderes Mitglied bezweifelte, ob dies letztere möglich sei, da ihm die Berechtigung einer solchen Bestimmung nach der Verfassung zweifelhaft erscheine.

Ein Mitglied sprach den Wunsch einer weiteren Ausbildung der Gesetzgebung nach dieser Richtung hin ebenfalls aus, meinte aber, daß ein entsprechender Antrag in dem vorliegenden Gesetze jetzt als verfrüht erscheinen müsse. Falls sich in der Praxis zeige, daß bei der gegenwärtigen Enteignungsgesetzgebung der Bau von Lokalbahnen sich nicht in dem gewünschten Umfange entwickeln könne, so werde man später noch Gelegenheit nehmen können, das Gesetz nach dieser Richtung hin in nothwendiger Weise zu erweitern.

Im übrigen wurden auch von mehreren Seiten in der Kommission dieselben Bedenken gegen die Wirksamkeit dieses Antrages geltend gemacht, wie bereits gegen den in erster Lesung Seitens desselben Mitgliedes gestellten Antrag. Es wurde auch hier hervorgehoben, daß auch bei Annahme dieses Antrages die Prüfung der Frage, ob ein Interesse des öffentlichen Wohles vorliege, füglich nicht unterbleiben könne, und daß bei Bejahung derselben das Enteignungsrecht in diesem Falle, beschränkt oder unbeschränkt, aber ohne Zutreffen dieser Bedingung überhaupt nicht verliehen werden könne.

Der Antragsteller zog hierauf auch diesen Antrag zurück mit der Erklärung, daß es ihm genüge, von Seiten des Herrn Regierungskommissars die Möglichkeit einer eingeschränkten Ertheilung des Enteignungsrechts anerkannt zu sehen.

Der § 43 wurde im übrigen unverändert angenommen.

§ 44

wurde von der Kommission ohne Diskussion unverändert angenommen.

Zu § 45

war von demselben Mitgliede, welches bereits einen ähnlichen Antrag zu § 21 gestellt hatte, auch hier beantragt worden, in dem ersten Absatz in der zweiten Zeile hinter dem Worte „derselben" die Worte „in wesentlicher Beziehung" einzustellen.

Der Antrag wurde indeſſen auch hier in Anbetracht der bereits zu § 21 von dem Regierungskommiſſarius gegebenen Begründung als unnöthig abgelehnt. Im Übrigen wurde der Paragraph unverändert angenommen.

Die §§ 46 und 47 wurden ohne Diskuſſion unverändert angenommen.

Der § 48 entfällt an dieſer Stelle, weil der zweite Satz nach den Aenderungen des § 11 gegenſtandslos geworden und deſſen verbliebener erſter Satz der Vorlage als § 10a eingefügt worden iſt.

Der § 49 wurde von der Kommiſſion unverändert angenommen.

Im Anſchluß hieran wurde, nachdem die Diskuſſion auch auf den § 50 ausgedehnt war, in der erſten Leſung von einem Mitgliede der Antrag geſtellt:

1. Hinter § 49 folgende neue Paragraphen einzuſchalten:

„§ 49a. Die auf Grund des Geſetzes über die Eiſenbahnunternehmungen vom 3. November 1838 (Geſetzſamml. S. 505) und die auf Grund der Gewerbeordnung für das Deutſche Reich genehmigten Bahnen können, wenn ſie nach ihrer Bedeutung für den öffentlichen Verkehr nicht als Theil des allgemeinen Eiſenbahnnetzes zu behandeln ſind, durch den Miniſter der öffentlichen Arbeiten dieſem Geſetze mit der Wirkung unterſtellt werden, daß die auf Grund des Geſetzes vom 3. November 1838 genehmigten Bahnen künftig nicht mehr deſſen Beſtimmungen unterliegen und daß die auf Grund der Gewerbeordnung für das Deutſche Reich genehmigten Bahnen künftig als Eiſenbahnunternehmungen im Sinne des § 6 der Gewerbeordnung anzuſehen ſind.

Die Unterſtellung unter das gegenwärtige Geſetz erfolgt unbeſchadet der privatrechtlichen Anſprüche Dritter. Dieſelbe kann hinſichtlich der nicht im Staatsbeſitz befindlichen Bahnen nur im Einverſtändniß mit den Unternehmern derſelben erfolgen.

§ 49b. Sollen nicht im Staatsbeſitz befindliche Bahnen, welche nach § 48a Abſ. 1 ihrer Beſchaffenheit nach dieſem Geſetze hätten unterworfen werden können, aber dem Geſetze über die Eiſenbahnunternehmungen vom 3. November 1838 oder der Gewerbeordnung für das Deutſche Reich unterſtellt geblieben ſind, auf Grund dieſes Geſetzes in der Weiſe erweitert werden, daß die älteren Linien (Stammbahn) zuſammen mit der neuen Bahn als einheitliches Bahnunternehmen betrieben werden ſollen, ſo iſt der Unternehmer vom Zeitpunkt der Genehmigung der neuen Bahn an auch hinſichtlich der Stammbahn unbeſchadet privatrechtlicher Anſprüche Dritter, dieſem Geſetze gleichmäßig unterworfen. Die Genehmigung der neuen Bahn erfolgt gemäß § 2a und hat das Einverſtändniß des Miniſters der öffentlichen Arbeiten mit der Unterſtellung der Stammbahn unter dieſes Geſetz zur Vorausſetzung.

§ 49c. Der Zeitpunkt der Unterſtellung der in den §§ 48a und 48b bezeichneten Bahnen unter dieſes Geſetz iſt durch den Miniſter der öffentlichen Arbeiten öffentlich bekannt zu machen."

2. Im Falle der Annahme des Antrages unter Ziffer 1 den § 50 zu ſtreichen.

Der Antragſteller führte zur Begründung an, daß er gegen den § 50 der Regierungsvorlage folgende Bedenken habe: Unter Nummer II ſeien die Bahnen, welche reine Anſchlußbahnen ſind, begriffen; daher ſeien die Beſtimmungen über Fahrpläne, Verſtaatlichung und verſchiedene andere Punkte wohl nicht zutreffend. Die Nummer II ſei daher wohl zu ſtreichen.

Zweitens ſei es wünſchenswerth, daß die älteren Bahnen nicht gegen ihren Willen dem gegenwärtigen Geſetze unterworfen würden; die Wortfaſſung des § 50 der Regierungsvorlage ſchließe aber eine Veränderung der Rechtsſtellung, nämlich die Unterſtellung unter das gegenwärtige Geſetz ſtatt der bisherigen des Eiſenbahngeſetzes vom 3. November 1838 oder unter die Gewerbeordnung gegen den Willen des Unternehmers nicht aus. Außerdem ſei nicht klar ausgedrückt, durch welche Behörden und in welchem Verfahren die Umwandlung von bisherigen Sekundärbahnen in Lokalbahnen, alſo die Umänderung der geſetzlichen Rechtsſtellung erfolgen ſolle. Es müßten doch ſelbſtverſtändlich durch irgend eine Behörde unter den bisherigen Sekundärbahnen diejenigen ausgeſucht und bekannt gegeben werden, welche künftig dem § 50 unterliegen ſollten. Ganz von ſich mache ſich das nicht, da es ſichere erkennbare Unterſcheidungsmerkmale zwiſchen Sekundär- und Lokalbahnen nicht gäbe. Solle die Auswahl derjenigen Sekundärbahnen, welche dieſem Geſetz als Lokalbahnen unterſtellt werden ſollten, gemäß den §§ 1 und 2 erfolgen, ſo ſei dies in mancher Beziehung unbedenklich. Uebrigens autoriſire der Wortlaut der §§ 1 und 2 die dort bezeichneten Behörden auch nur zur Konzeſſionirung von Bahnen, nicht aber zur Umänderung der Rechtsſtellung von längſt konzeſſionirten und im Betriebe befindlichen Bahnen, welche einer polizeilichen Genehmigung von dieſer ſpreche § 2 ausſchließlich, gar nicht mehr bedürften. Ohne ausdrückliche, geſetzliche Ermächtigung ſei ſeiner Anſicht nach zur Umänderung der geſammten Rechtsſtellung von Bahnen keine Behörde, ſelbſt nicht das Geſammtminiſterium zuſtändig, denn dieſe Rechtsſtellung beruhe auf geſetzlichen Vorſchriften. Dieſe Bedenken hätten ihn veranlaßt, die im § 49a ſeines Antrages gegebenen Vorſchriften zu beantragen. Mit § 49b habe der Antragſteller, wie er namentlich bemerkte, eine Lücke ausfüllen wollen; denn es ſei die Rechtsſtellung der bezüglichen Bahnen nicht einheitlich zum Ausdruck gebracht. Es ſei die Bekanntmachung der Veränderung der Rechtsverhältniſſe daher öffentlich zu bewirken.

Der Regierungskommiſſare bemerkte hierzu:

Zunächſt beruhe es auf Irrthum, wenn der Antragſteller angenommen habe, daß es Bahnen gebe, welche theils unter das Geſetz vom 3. November 1838, theils unter andere Rechtsnormen fallen. Entweder falle eine Bahn ganz unter die Beſtimmungen des bezeichneten Geſetzes oder gar nicht.

Der Antrag ſelbſt enthalte in ſeinen beiden Theilen einen beachtenswerthen Kern, welcher richtig gefaßt auch die Gedanken der Vorlage zu klarem Ausdruck bringe. Das ſei der Gedanke, daß zwar die konzeſſionsmäßigen Rechte und Pflichten der beſtehenden Bahnen aufrecht zu erhalten ſeien, aber ſowohl die freiwillige Unterwerfung unter die Beſtimmungen der Berathung liegenden Geſetzes, als die Unterſtellung unter daſſelbe von Geſetzeswegen bei weſentlicher Erweiterung der Anlage oder des Betriebes vorzuſehen ſei.

Allein die gesetzgeberische Ausgestaltung des Gedankens errege die erheblichsten Bedenken. Die Hereinziehung der Bahnen nach dem Gesetze vom 3. November 1838 widerrathe sich entschieden, weil diese nur im Wege der Dessasirung mittelst Königlicher Ordre und unter Verzicht auf das Privileg dem vorliegenden Gesetze unterstellt werden könnten, hierzu aber das bestehende Recht ausreiche.

Dagegen lasse der Antrag diejenigen Bahnen, welche weder unter das Gesetz vom 3. November 1838 fallen, noch nach der Gewerbeordnung genehmigt seien, wie z. B. die Bergbahnen, ins Freie fallen. Gesetzpolitisch sei es sodann äußerst bedenklich, in einem Gesetz, welches auf der rechtlichen Annahme beruhe, daß die Lokalbahnen als Eisenbahnen im Sinne des § 6 a. a. O. anzusehen seien, in Widerspruch damit die Gewerbeordnung auf die bestehenden Bahnen für anwendbar zu erklären.

Sachlich endlich sei es geboten, sowohl die Zuständigkeitsbestimmungen, als auch die materiellen Bestimmungen der §§ 16—18, 20, 21, 37 und 38 neben den Bestimmungen der Konzession für alle Lokalbahnen Platz greifen zu lassen.

Ebenso genüge auch § 49b aus dem Grunde nicht, weil er nur den Fall der Erweiterung der Anlage durch Neulinien, nicht aber die Fälle der Fusionirung und der Erweiterung des Betriebes treffe.

Nach diesen Erklärungen des Regierungskommissars wurde von Seiten eines Mitgliedes der Antrag eingebracht:

Folgenden § 49a anzunehmen:

"Für die unter I und II bezeichneten Bahnen, welche bereits vor Inkrafttreten dieses Gesetzes bestanden, ist diejenige Behörde zuständig, welche nach § 2 die Genehmigung zu ertheilen haben würde, wenn die bauliche Herstellung oder der Betrieb solcher Bahnen nach Inkrafttreten dieses Gesetzes erfolgen würde. Im Uebrigen finden auf diese Bahnen neben den §§ 16 bis 21, 37 und 38 dieses Gesetzes die Bedingungen und Vorbehalte, welche bei ihrer Genehmigung vorgesehen sind, unveränderte Anwendung.

Die Unternehmer sind jedoch berechtigt, sich durch eine an die zuständige Aufsichtsbehörde zu richtende und von derselben öffentlich bekannt zu machende Erklärung den Bestimmungen dieses Gesetzes zu unterwerfen. In diesem Falle finden die letzteren vorbehaltlich der wohlerworbenen Rechte Dritter Anwendung,"

sowie ferner an Stelle der von dem ersten Antragsteller beantragten §§ 49b und 49c die folgende Bestimmung als § 51a aufzunehmen:

"Bahnen der im § 49a bezeichneten Art bedürfen zu wesentlichen Veränderungen des Unternehmens, der Anlage oder des Betriebes der Genehmigung nach den Bestimmungen dieses Gesetzes.

Mit der Ertheilung der Genehmigung finden auf das Unternehmen im Ganzen die Bestimmungen dieses Gesetzes vorbehaltlich der Rechte Dritter Anwendung.

Der Zeitpunkt der Unterstellung unter dieses Gesetz ist öffentlich bekannt zu machen."

Von dem Regierungskommissar wurde hierauf die Erklärung abgegeben, daß die eingebrachten Anträge den von ihm gegen den ersten Antrag erhobenen Bedenken abzuhelfen geeignet erschienen.

Nach diesen Erklärungen des Regierungskommissars wurden die letzten Anträge in der ersten Lesung der Kommission angenommen.

In der zweiten Lesung wurden alsdann der erste Satz des § 49a in Konsequenz der Aenderung des § 1 und der Ueberschriften dahin geändert, wie er in der jetzigen Fassung der Kommissionsvorlage vorliegt. Es wurde dabei anerkannt, daß durch diese Fassung dem eventuell sonst möglichen Mißverständniß, welches bei Aufnahme der Worte „die unter I und II bezeichneten Bahnen" hätte bestehen können, daß hier nicht allein die als Lokalbahnen und Privatanschlußbahnen genehmigten Bahnen, sondern auch diejenigen gemeint seien, welche zwar begrifflich unter diese Kategorie fallen würden, aber nach dem Gesetz vom 3. November 1838 genehmigt worden seien, am besten begegnet würde, indem diese Fassung jetzt keinen Zweifel ließe, daß die nach dem Gesetz von 1838 genehmigten Bahnen aus dem Rahmen dieser Bestimmung gänzlich herausfielen.

Ferner wurde in der zweiten Lesung der zweite Satz auf Antrag eines Mitgliedes in der jetzigen Fassung angenommen. Es war dabei Seitens der Kommission von der Ansicht ausgegangen worden, daß diejenigen Paragraphen, ohne welche eine Unterstellung der betreffenden Bahnen, nachdem sie der Gewerbeordnung entzogen, unter dieses Gesetz nicht möglich sei, unter allen Umständen auf dieselben Anwendung finden müßten, daß außerdem aber die bei ihrer Genehmigung getroffenen besonderen Bedingungen und Vorbehalte in Kraft bleiben müßten, daß dieselben aber, wenn sie mit den erstererwähnten Paragraphen in Widerspruch treten, denen nachstehen müßten.

Hierbei war von einem Mitgliede beantragt worden, in die Zahl der Paragraphen dieses Absatzes, welchen die Lokalbahnen auch ohne ihre besondere Zustimmung nach Emanation dieses Gesetzes unterworfen werden sollen, auch die §§ 24, 25 und 49 aufzunehmen. Der Regierungskommissar erklärte hierauf, daß es mit Rücksicht darauf, daß einzelne Bahnen durch die Aufnahme der §§ 24 und 25 erheblich geschädigt werden könnten, da eine Verpflichtung der Art bisher für sie nicht bestanden habe, und sie sogar gegen die Anlage von Anschlußgeleisen zur Verhütung der dadurch für sie entstehenden Konkurrenz durch die Konzession ausdrücklich geschützt sein könnten, es sich empfehle, diese Paragraphen nicht mit aufzunehmen. Hingegen sei gegen die Aufnahme des § 49 kein Bedenken zu erheben, wenngleich dieselbe überflüssig erscheine.

Der Antragsteller zog hierauf seinen Antrag zurück, soweit er sich auf die Einfügungen der §§ 24 und 25 bezog, der Rest des Antrages auf Einfügung des § 49 an dieser Stelle wurde von der Kommission angenommen.

Folgerichtig wurden an den Ausdruck dieses Gedankens die Fälle angereiht, in welchen die Unternehmer sowohl durch freiwillige Erklärung an die Aufsichtsbehörden sich den sämmtlichen Bestimmungen dieses Gesetzes unterwürfen, als auch diejenigen Fälle, in welchen ihnen bei Gelegenheit der Genehmigung von wesentlichen Veränderungen des Unternehmens die Unterwerfung unter die Bestimmungen dieses Gesetzes von der Aufsichtsbehörde als Bedingung gemacht worden.

Ebenso reihte sich an diese beiden Bestimmungen konsequenter Weise die bisher in der ersten Lesung in § 51a aufgenommene Bestimmung über die öffentliche Bekanntmachung des Zeitpunktes der Unterstellung unter dieses Gesetz an.

Endlich wurde als Schlußbestimmung des Paragraphen die ebenfalls in der ersten Lesung in § 51a eingefügte Bestimmung, daß wohlerworbene Rechte Dritter durch diese Unterwerfung nicht berührt würden, wieder aufgenommen.

Der erste Satz des § 51a, wie er nach der ersten Lesung lautete, war inzwischen, wie oben bemerkt, materiell in ähnlicher Form in den § 1a eingefügt worden, so daß hiermit der § 51a aus dem Gesetze entfiel.

In § 50 erschien es wünschenswerth, das Gesetz schon vor dem 1. April 1893 in Kraft treten zu lassen in Anbetracht der Erwartungen, welche sowohl von Kommunen wie Privaten an die Emanation dieses Gesetzes geknüpft würden. Dagegen erschien es selbstverständlich, den § 37, betreffend die Besteuerung der in diesem Gesetze bezeichneten Bahnen, erst am 1. April 1893 in Kraft treten zu lassen, weil erst mit diesem Zeitpunkt das neue Gewerbesteuergesetz von 1891 in Kraft tritt, bis dahin aber die jetzt für die Besteuerung der Bahnen bestehenden Bestimmungen in Kraft bleiben müßten.

Der § 51 war durch die anderweitige Uebernahme seines materiellen Inhalts in § 1a gegenstandslos geworden.

Der § 52 wurde von der Kommission unverändert angenommen.

Schließlich wurde von der Kommission das ganze Gesetz in der so beschlossenen Fassung einstimmig angenommen.

Von einem Mitgliede der Kommission war außerdem beantragt worden, dem Hause der Abgeordneten zu empfehlen, folgenden Beschluß zu fassen:
Die Königliche Staatsregierung zu ersuchen, auf eine Erläuterung des Begriffes „Eisenbahnunternehmungen" in § 6 der Reichsgewerbeordnung im Wege der Reichsgesetzgebung behufs Klarstellung darüber hinzuwirken, ob von der Anwendbarkeit der Reichsgewerbeordnung alle Transportunternehmungen, deren Gefährte auf metallener Grundlage befördert werden, namentlich auch die Pferdebahnen, ausgeschlossen sind.

Von dem Antragsteller wurde zur Begründung hervorgehoben, daß zwar die Kommission über die Bedenken, welche gegen die Kompetenz der Landesgesetzgebung zur Unterordnung der Pferdebahnen unter dieses Gesetz im Widerspruch mit der bisher geübten Praxis und der auch theilweise gerichtlich festgestellten Erklärung der Reichsgewerbeordnung hinweggegangen sei, daß aber ein ganz unzweifelhafter Rechtsboden zur Unterordnung der betreffenden Bahnen unter dieses Gesetz doch nicht vorhanden sei, bevor nicht die Reichsgesetzgebung selbst eine Erläuterung des Begriffes der Eisenbahnunternehmungen in § 6 der Reichsgewerbeordnung herbeigeführt habe. Um die Kommission von der Verantwortung, diesen Rechtsboden für einen sichern anzusehen, zu entlasten und um der Staatsregierung einen Impuls zu geben, diese ihm nothwendig erscheinende Declaration der Reichsgewerbeordnung auf dem Wege der Reichsgesetzgebung herbei zu führen, habe er den vorliegenden Antrag gestellt.

Von einem Mitgliede wurde hierauf erwidert, daß es ihm doch nicht angängig erschiene, dem Hause der Abgeordneten einen so umfangreichen Gesetzentwurf, der als solcher schließlich einstimmig angenommen worden, zur Annahme Seitens des Hauses vorzuschlagen und dann zugleich in der feierlichen Form einer Resolution auszusprechen, daß der Rechtsboden, auf welchem wesentliche Bestimmungen des Gesetzes beruhen, ein schwankender sei.

Außerdem halte er materiell an der Ansicht fest, daß dies letztere thatsächlich nicht der Fall sei, aus dem zu § 1 von den Vertretern der Königlichen Staatsregierung entwickelten Gründen.

Der Regierungskommissar bemerkte ebenfalls hierzu, daß die Königliche Staatsregierung die Thatsache, daß ein schwankender Rechtsboden für das Gesetz in Betreff der Kompetenz der Landesgesetzgebung zur Regelung der bezeichneten Frage vorliege, nicht anerkennen könne; sie müßte sich dieserhalb auf die von ihr zu § 1 gegebenen Erklärungen berufen, nach welcher der Rechtsboden, auf dem die Vorlage beruhe, für einen schwankenden nicht angesehen werden könne. Von anderer Seite wurde in der Kommission hervorgehoben, daß, falls durch die Judikatur des Reichsgerichts die Kompetenz der Landesgesetzgebung zur Regelung der beregten Frage in Zweifel gestellt würde, in der That ganz unhaltbare Zustände geschaffen werden würden, indessen gab auch dieses Mitglied der Ansicht Ausdruck, daß es an und für sich die Pflicht der Staatsregierung sei, dafür zu sorgen, daß das vorliegende Gesetz nicht auf einem unsichern Rechtsboden aufgebaut werde, daß aber die Kommission, indem sie theils die Bedenken über die Zuständigkeit der Landesgesetzgebung zur Regelung der betreffenden Frage nicht theilte, theils dieselben nicht für erheblich genug erachtete, um einen Aufbau dieses Gesetzes auf dieser Rechtsgrundlage zu unterlassen, eine Resolution in der angegebenen Richtung nicht wohl fassen könne. Der Antragsteller erklärte darauf, aus praktischen Gründen seinen Antrag für jetzt zurückziehen zu wollen.

Es war ferner von einem Mitgliede der folgende Antrag gestellt worden:
Der Königlichen Staatsregierung zur Erwägung anheimzugeben, ob die Erweiterung der Verwendungszwecke in § 4 des Dotationsgesetzes vom 8. Juli 1875 auf die
Fürsorge für den Bau von Lokalbahnen und die Unterstützung von Gemeinde- und Kreislokalbahnen
im Wege der Gesetzgebung herbeizuführen sei.

sowie von einem anderen Mitgliede der folgende Antrag:
Die Erwartung auszusprechen, daß der Staat sich an solchen Bahnen, wie sie unter I. des Gesetzes über die Bahnen unterster Ordnung bezeichnet sind, mit Geldmitteln betheiligen werde, wenn

1. es sich um Aufschließung wirthschaftlich schwächerer Gegenden handelt;
2. der Staat als Besitzer der Haupteisenbahnen an der Herstellung solcher Verkehrszubringer ein finanzielles Interesse hat.

Für beide Anträge war zur Begründung hervorgehoben worden, daß es wünschenswerth sei, die Anwendung des vorliegenden Gesetzes durch Betheiligung, sei es des Staates, sei es der Kommunen, zu erleichtern. Es werde der Umfang, in welchem der Bau von Lokalbahnen künftig stattfinden werde, vielleicht nur ein geringer sein, wenn nicht das Privatkapital hierbei durch Betheiligung des Staates oder der Kommunen unterstützt werde. Zur Begründung des ersteren Antrages wurde besonders geltend gemacht, daß es zweifelhaft erscheine, ob der Staat bei dem gegenwärtigen Stande seiner Finanzen in der Lage sein werde, erhebliche Mittel zur Förderung des Baues von Lokalbahnen herzugeben. Der Antrag habe daher den Schwerpunkt der Unterstützung dieses Baues in die Verwaltungen der einzelnen Provinzen legen wollen, welche als größere kommunale Verbände die Richtigkeit der einzelnen Linien und die Nothwendigkeit ihrer Unterstützung im öffentlichen Interesse beurtheilen zu können am besten in der Lage wären. Nach den vorliegenden Bestimmungen des Dotationsgesetzes erscheine aber die Möglichkeit, die Dotationsfonds der einzelnen Provinzen zu diesem Zwecke zu verwenden, ausgeschlossen, da das Dotationsgesetz die Verwendung dieser Fonds nur zu bestimmten in demselben erwähnten Zwecken zulasse. Von Seiten des Regierungskommissars wurde hierzu bemerkt, daß zwar gegen den Antrag keine Bedenken zu erheben seien, daß aber die Dotationsfonds in den Provinzen bereits so belastet seien, daß aus der Annahme des Antrages ein praktischer Erfolg jedenfalls nur in sehr geringem Maße zu erwarten sei. Von anderer Seite wurde dem beigetreten, indessen von einem weiteren Mitgliede doch bemerkt, daß auch, wenn der Erfolg der Annahme dieses Antrages in Bezug auf die Dotationsfonds nicht von erheblichen praktischen Folgen begleitet sein werde, der Antrag doch einen werthvollen Fingerzeig enthalte, von welcher Instanz nach Ansicht der Landesvertretung die Förderung des Baues von Lokalbahnen hauptsächlich zu erfolgen habe. Es sei wahrscheinlich, daß Einkünfte aus dem Dotationsfonds zu dem beregten Zwecke in Zukunft verfügbar würden, jedenfalls werde aber die Provinz die etwa von ihr sonst erhobenen Kommunalabgaben zu Zwecken der Unterstützung des Baues von Lokalbahnen verwenden können. Dieser letzteren Ansicht stimmte der Vertreter des Ministeriums des Innern ausdrücklich zu und wurde die beantragte Resolution von der Kommission angenommen.

Zur Begründung des zweiten Antrages wurde von dem Antragsteller angeführt, daß derselbe nicht eine allgemeine Verwendung von Staatsgeldern zum Zwecke des Baues von Lokalbahnen fordern wolle, es seien indessen zwei Fälle, in welchen nach seiner Ansicht der Staat mit seinen Mitteln zur Förderung solcher Unternehmungen einzutreten verpflichtet sei. Dies seien die beiden von ihm in seinem Antrage hervorgehobenen Fälle. Bei dem ersteren Falle liege zweifellos ein öffentliches Interesse vor, welchem nur durch Hinzutreten des Staates genügt werden könne, da sonst die betreffende Bahn, welche gerade in den wirthschaftlich schwächeren Landestheilen zur Hebung derselben vielleicht sehr wünschenswerth sei, doch nicht gebaut werden würde. Der andere Fall, in welchem seiner Ansicht nach der Staat einzutreten habe, sei der, wenn für denselben rücksichtlich des Baues der Lokalbahn ein eigenes finanzielles Interesse vorläge. Nach der Erklärung des Regierungskommissars, daß für den Fall sub 2 des Antrages manchmal das Bedürfniß des Eintretens des Staates überhaupt nicht vorliegen werde, wenn die Bahn durch so reiche Gegenden ginge, daß eine Unterstützung des Bahnbaues Seitens des Staates nicht nothwendig erscheine, zog der Antragsteller den zweiten Theil seines Antrages zurück. Zu dem ersteren Theil des Antrages äußerten zwar einige Mitglieder Bedenken, indem sie ausführten, daß es doch bedenklich sei, von dem Staate zu verlangen, jedes Mal mit seinen Geldmitteln einzutreten, wenn es sich um Aufschließung wirthschaftlich schwächerer Gegenden handele. Dem wurde indessen von anderer Seite entgegengetreten mit dem Bemerken, es solle durch diese Bestimmung dem Staat auch nur eine Direktive gegeben werden, dieselbe sei aber im Interesse der wirthschaftlich schwächeren Gegenden

nothwendig, denn sonst würde der Staat bei der Hergabe von Geldmitteln nur sein finanzielles Interesse maßgebend sein lassen und das so wichtige Mittel der Hebung dieser ärmeren Gegenden durch den Bau von Lokalbahnen vielfach nicht in Anwendung gebracht werden können. Hiernach wurde auch diese letztere Resolution von der Kommission, nachdem dieselbe mit der ersteren redaktionell vereinigt worden war, mit großer Majorität angenommen.

Die der Kommission vorliegenden Petitionen wurden darauf, da sie inhaltlich sämmtlich durch die gefaßten Beschlüsse gedeckt waren, für erledigt erklärt.

Die Kommission beantragt:

Das Haus der Abgeordneten wolle beschließen:

1. Dem Entwurf eines Gesetzes über die Bahnen unterster Ordnung in der aus den anliegenden Zusammenstellung sich ergebenden Fassung der Kommissionsbeschlüsse die Zustimmung zu ertheilen.

2. Folgende Resolution anzunehmen:
    a) Der Königlichen Staatsregierung zur Erwägung anheimzugeben, ob die Erweiterung der Verwendungszwecke in § 4 des Dotationsgesetzes vom 8. Juli 1875 auf die
    Fürsorge für den Bau von Lokalbahnen und die Unterstützung von Gemeinde- und Kreislokalbahnen
    im Wege der Gesetzgebung herbeizuführen sei.
    b) Die Erwartung auszusprechen, daß der Staat sich an Lokalbahnen mit Geldmitteln betheiligen werde, wenn es sich um Aufschließung wirthschaftlich schwächerer Gegenden handelt.

3. Die zu dem Gesetzentwurfe eingegangenen Petitionen durch die gefaßten Beschlüsse für erledigt zu erklären.

Berlin, den 25. Mai 1892.

Die XVIII. Kommission.

Dr. **Hammacher**, Vorsitzender. **v. Bismarck**, Berichterstatter. **Bohn. Broemel. Burghardt** (Lauban). **Frentz. von Heeede. v. Helldorff-Zingst. Jansen. Jerusalem. Im Walle.** Dr. **Krause. Krebs. v. Pilgrim. v. Quast. Rokahski. v. Stierneberg. v. Strombeck. Struß. v. Tiedemann** (Bomst). **Weber** (Genthin).

Zusammenstellung
des

Entwurfs eines Gesetzes über die Bahnen unterster Ordnung — Nr. 138 der Drucksachen — mit den Beschlüssen der Kommission.

Beschlüsse des Herrenhauses.   **Beschlüsse der Kommission.**

Entwurf eines Gesetzes	Entwurf eines Gesetzes
über	über
die Bahnen unterster Ordnung.	Lokalbahnen und Privatanschlußbahnen.

Wir **Wilhelm**, von Gottes Gnaden König von Preußen 2c.   Wir **Wilhelm**, von Gottes Gnaden König von Preußen 2c.

verordnen unter Zustimmung beider Häuser des Landtags der Monarchie, was folgt: verordnen unter Zustimmung beider Häuser des Landtags der Monarchie, was folgt:

I. Eisenbahnen, welche dem öffentlichen Verkehre dienen.   **I. Lokalbahnen.**

§ 1.   **§ 1.**

Eisenbahnen, welche dem öffentlichen Verkehre dienen, jedoch weder auf Grund des Art. 41 Abs. 1 der Verfassung des Deutschen Reiches angelegt und betrieben werden, noch auch dem Gesetze über die Eisenbahnunternehmungen vom 3. November 1838 (Gesetzsamml. S. 505) unterworfen oder zu unterwerfen sind, bedürfen zur baulichen Herstellung und zum Betriebe polizeilicher Genehmigung.

Lokalbahnen sind die dem öffentlichen Verkehre dienenden Eisenbahnen, welche wegen ihrer geringen Bedeutung für den allgemeinen Eisenbahnverkehr dem Gesetze über die Eisenbahnunternehmungen vom 3. November 1838 (Gesetzsamml. S. 505) nicht unterliegen.

Insbesondere sind Lokalbahnen der Regel nach solche Bahnen, welche hauptsächlich den örtlichen Verkehr innerhalb eines Gemeinde-

Beschlüsse des Herrenhauses.

Bahnen, welche
1. hauptsächlich den örtlichen Verkehr innerhalb einer Gemeinde oder zwischen benachbarten Gemeinden vermitteln oder
2. nicht mit Lokomotiven betrieben werden, sind dem Gesetze über die Eisenbahnunternehmungen vom 3. November 1838 nur dann zu unterwerfen, wenn nach Entscheidung des Staatsministeriums ihnen eine solche Bedeutung für den öffentlichen Verkehr beizumessen ist, daß sie als Theil des allgemeinen Eisenbahnnetzes zu behandeln sind.

Zweifel darüber, ob für eine Bahn die Voraussetzungen zu 1 und 2 vorliegen, entscheidet auf Anrufen Betheiligter das Staatsministerium.

§ 2.

Zur Ertheilung der Genehmigung ist zuständig:
1. sofern der Betrieb mit Maschinenkraft beabsichtigt wird: der Regierungspräsident, für den Stadtkreis Berlin der Polizeipräsident, in Verbindung mit der von dem Minister der öffentlichen Arbeiten bezeichneten Eisenbahnbehörde;
2. soweit nicht Betrieb mit Maschinenkraft beabsichtigt ist, und zwar
   a) sofern Kunststraßen benutzt oder von der Bahn mehrere Kreise oder nicht preußische Landestheile berührt werden sollen: der Regierungspräsident, für den Stadtkreis Berlin der Polizeipräsident,
   b) sofern mehrere Polizeibezirke desselben Landkreises berührt werden: der Landrath,
   c) sofern das Unternehmen innerhalb eines Polizeibezirks verbleibt: die Ortspolizeibehörde.

Wenn die zum Betriebe mit Maschinenkraft eingerichtete Bahn die Bezirke mehrerer Landespolizeibehörden berührt, oder in dem Falle der Nr. 2a die betreffenden Kreise nicht in demselben Regierungsbezirke liegen, bezeichnet der Oberpräsident — falls jedoch die Landespolizeibezirke bezw. Kreise verschiedenen Provinzen angehören oder Berlin dabei betheiligt ist — der Minister der öffentlichen Arbeiten im Einvernehmen mit dem Minister des Innern die zuständige Behörde.

Beschlüsse der Kommission.

bezirkes oder benachbarter Gemeindebezirke vermitteln, sowie Bahnen, welche nicht mit Lokomotiven betrieben werden.

Ob die Voraussetzung für die Anwendbarkeit des Gesetzes vom 3. November 1838 vorliegt, entscheidet auf Anrufen der Betheiligten das Staatsministerium.

§ 1a.

Die Befugniß zur Herstellung und zum Betriebe einer Lokalbahn wird durch die Genehmigung der zuständigen Behörde ertheilt. Wesentliche Erweiterungen oder sonstige wesentliche Aenderungen des Unternehmens, der Anlage oder des Betriebes bedürfen der gleichen Genehmigung. Diese ist nicht zu ertheilen, wenn die Aenderung die Unterordnung des Unternehmens unter das Gesetz vom 3. November 1838 bedingt.

§ 2.

Zur Ertheilung der Genehmigung ist zuständig:
1. wenn der Betrieb ganz oder theilweise mit Maschinenkraft beabsichtigt wird: der Regierungspräsident, für den Stadtkreis Berlin der Polizeipräsident, im Einvernehmen mit der von dem Minister der öffentlichen Arbeiten bezeichneten Eisenbahnbehörde;
2. in allen übrigen Fällen, und zwar
   a) sofern Kunststraßen benutzt oder von der Bahn mehrere Kreise oder nicht preußische Landestheile berührt werden sollen: der Regierungspräsident, für den Stadtkreis Berlin der Polizeipräsident,
   b) sofern mehrere Polizeibezirke desselben Landkreises berührt werden: der Landrath,
   c) sofern das Unternehmen innerhalb eines Polizeibezirks verbleibt: die Ortspolizeibehörde.

Wenn die zum Betriebe mit Maschinenkraft einzurichtende Bahn die Bezirke mehrerer Landespolizeibehörden berührt, oder in dem Falle der Nr. 2a die betreffenden Kreise nicht in demselben Regierungsbezirke liegen, bezeichnet der Oberpräsident, falls jedoch die Landespolizeibezirke bezw. Kreise verschiedenen Provinzen angehören, oder Berlin betheiligt ist, der Minister der öffentlichen Arbeiten im Einvernehmen mit dem Minister des Innern die zuständige Behörde.

Die Zuständigkeit zur Genehmigung von wesentlichen Erweiterungen oder sonstigen wesentlichen Aenderungen des Unternehmens, der Anlage und des Betriebes regelt sich so, als ob das Unternehmen in der nunmehr geplanten Art neu zu genehmigen wäre. Jedoch bleibt zur Genehmigung von Aenderungen des Betriebes der in Absatz 1 Nr. 1 erwähnten Unternehmungen diejenige Behörde zuständig, welche die Genehmigung zum Bau und Betriebe ertheilt hat.

Beschlüsse des Herrenhauses. **Beschlüsse der Kommission.**

§ 3.

Die polizeiliche Prüfung erstreckt sich auf:

1. die betriebssichere Beschaffenheit der Bahn und der Betriebsmittel,
2. den Schutz gegen schädliche Einwirkungen der Anlage und des Betriebes,
3. die technische Befähigung und die Zuverlässigkeit der Bediensteten,
4. die Wahrung der Interessen des öffentlichen Verkehrs.

§ 4.

Dem Antrage auf Ertheilung der Genehmigung sind die zur Beurtheilung des Unternehmens in technischer und finanzieller Hinsicht erforderlichen Unterlagen, insbesondere ein Bauplan, beizufügen.

§ 5.

Sofern ein öffentlicher Weg benutzt werden soll, ist die Zustimmung des Unterhaltungspflichtigen beizubringen. Der Unterhaltungspflichtige ist berechtigt, für die Hergabe des Weges ein angemessenes Entgelt zu beanspruchen, ingleichen sich den Heimfall der Bahn nach Ablauf einer bestimmten Frist gegen angemessene Schadloshaltung des Unternehmers vorzubehalten.

§ 6.

Die Zustimmung des Unterhaltungspflichtigen kann ergänzt werden:

soweit es sich um Landgemeinden und Gutsbezirke sowie um Private handelt, durch Beschluß des Kreisausschusses —, soweit eine Stadtgemeinde oder ein Kreis betheiligt ist, oder es sich um einen von Privaten zu unterhaltenden, mehrere Kreise berührenden Weg handelt, durch Beschluß des Bezirksausschusses —, soweit eine Provinz oder ein den Provinzen gleichstehender Kommunalverband betheiligt ist, durch Beschluß des Provinzialrathes.

Gegen den Beschluß des letzteren ergeht die Beschwerde an den Minister der öffentlichen Arbeiten.

Durch den Ergänzungsbeschluß wird unter Ausschluß des Rechtsweges zugleich über die Angemessenheit der etwa nach § 5 an den Unternehmer gestellter Ansprüche entschieden.

Bei dem Antrage auf Ergänzung der Zustimmung ist der Nachweis der erfolgten Sicherstellung der Unterhaltung und Wiederherstellung des Weges beizubringen.

§ 3.

Die Genehmigung wird auf Grund vorgängiger polizeilicher Prüfung ertheilt. Diese Prüfung beschränkt sich auf:

1. die betriebssichere Beschaffenheit der Bahn und der Betriebsmittel,
2. den Schutz gegen schädliche Einwirkungen der Anlage und des Betriebes,
3. die technische Befähigung und die Zuverlässigkeit der in dem äußeren Betriebsdienste anzustellenden Bediensteten,
4. die Wahrung der Interessen des öffentlichen Verkehrs.

§ 4.

Unverändert.

§ 5.

Soweit ein öffentlicher Weg benutzt werden soll, hat der Unternehmer die Zustimmung der aus Gründen des öffentlichen Rechtes zur Unterhaltung des Weges Verpflichteten beizubringen.

Der Unternehmer ist Mangels anderweitiger Vereinbarung zur Unterhaltung und Wiederherstellung des benutzten Wegetheiles verpflichtet und hat für diese Verpflichtung Sicherheit zu bestellen.

Die Unterhaltungspflichtigen (Absatz 1) können für die Benutzung des Weges ein angemessenes Entgelt beanspruchen, ingleichen sich den Erwerb der Bahn im Ganzen nach Ablauf einer bestimmten Frist gegen angemessene Schadloshaltung des Unternehmers vorbehalten.

§ 6.

Die Zustimmung der Unterhaltungspflichtigen kann ergänzt werden:

soweit eine Provinz oder ein den Provinzen gleichstehender Kommunalverband betheiligt ist, durch Beschluß des Provinzialrathes, wogegen die Beschwerde an den Minister der öffentlichen Arbeiten zulässig ist;

soweit eine Stadtgemeinde oder ein Kreis betheiligt ist oder es sich um einen mehrere Kreise berührenden Weg handelt, durch Beschluß des Bezirksausschusses, im Uebrigen durch Beschluß des Kreisausschusses.

Durch den Ergänzungsbeschluß wird unter Ausschluß des Rechtsweges zugleich über die nach § 5 an den Unternehmer gestellten Ansprüche entschieden.

Bei dem Antrage auf Ergänzung der Zustimmung ist der Nachweis der nach § 5 Absatz 2 erforderlichen Sicherheitsbestellung beizubringen.

Beschlüsse des Herrenhauses. **Beschlüsse der Kommission.**

§ 7.
Vor Ertheilung der Genehmigung ist die zuständige Wegepolizeibehörde und, wenn die Eisenbahnanlage sich dem Bereiche einer Festung nähert, die zuständige Festungsbehörde zu hören. In diesem Falle darf die Zustimmung nur im Einverständniß mit der Festungsbehörde ertheilt werden.

Wenn die Bahn sich dem Bereiche einer Reichstelegraphenanlage nähert, so ist die zuständige Telegraphenbehörde vor der Genehmigung zu hören.

Soll das Gleis einer dem Gesetze über die Eisenbahnunternehmungen vom 3. November 1838 unterworfenen Eisenbahn gekreuzt werden, so darf auch in den Fällen, in denen die Eisenbahnbehörde im Uebrigen nicht mitwirkt (§ 2), die Genehmigung nur im Einverständniß mit der letzteren ertheilt werden.

§ 7.
Unverändert.

§ 8.
Außer den durch die polizeilichen Rücksichten (§ 3) gebotenen Verpflichtungen sind in der Genehmigung zugleich diejenigen zu bestimmen, welchen der Unternehmer im Interesse der Landesvertheidigung und der Reichspost- und Telegraphenverwaltung zu genügen hat.

§ 8.
Außer den durch die polizeilichen Rücksichten (§ 3) gebotenen Verpflichtungen sind in der Genehmigung zugleich diejenigen zu bestimmen, welchen der Unternehmer im Interesse der Landesvertheidigung und der Reichspostverwaltung **in Gemäßheit des § 38** zu genügen hat.

§ 9.
In der Genehmigung von Bahnen, auf welchen die Beförderung von Gütern stattfinden soll, kann vorbehalten werden, den Unternehmer jederzeit zur Einführung von Anschlußgleisen für den Privatverkehr anzuhalten. Art und Ort der Einführung unterliegt der Genehmigung der eisenbahntechnischen Aufsichtsbehörde.

Die Behörde, welche die Genehmigung ertheilte, hat mangels gütlicher Vereinbarung der Interessenten auch die Verhältnisse des Bahnunternehmers und des den Anschluß Beantragenden zu einander zu regeln, insbesondere die dem Ersteren für die Benutzung oder Veränderung seiner Anlagen zu leistende Vergütung vorbehaltlich des Rechtsweges festzusetzen.

§ 9.
Bei der Genehmigung von Bahnen, auf welchen die Beförderung von Gütern stattfinden soll, kann vorbehalten werden, den Unternehmer jederzeit zur **Gestaltung** der Einführung von Anschlußgleisen für den Privatverkehr anzuhalten. Art und Ort der Einführung unterliegt der Genehmigung der eisenbahntechnischen Aufsichtsbehörde.

Die Behörde **(§ 2)** hat mangels gütlicher Vereinbarung der Interessenten auch die Verhältnisse des Bahnunternehmens und des den Anschluß Beantragenden zu einander zu regeln, insbesondere die dem Ersteren für die Benutzung oder Veränderung seiner Anlagen zu leistende Vergütung vorbehaltlich des Rechtsweges festzusetzen.

§ 10.
In der Genehmigung ist die Sicherstellung für die Unterhaltung und Wiederherstellung öffentlicher Wege, soweit diese nicht bereits erfolgt ist (§ 6), vorzuschreiben.

Auch kann eine Frist für die Ausführung der Bahn und für den Beginn des Betriebes festgesetzt und die Erlegung von Geldstrafen für den Fall der Nichteinhaltung derselben, sowie Sicherheitsstellung hierfür gefordert werden.

Das Gleiche kann zur Sicherung der Aufrechterhaltung des ordnungsmäßigen Betriebes während der Dauer der Genehmigung geschehen.

§ 10.
Bei der Genehmigung ist die **Art und Höhe der** Sicherstellung für die Unterhaltung und Wiederherstellung öffentlicher Wege, soweit diese nicht bereits erfolgt ist, (§ 6), vorzuschreiben.

Für die Ausführung der Bahn und für den Beginn des Betriebes kann eine Frist festgesetzt und die Erlegung von Geldstrafen für den Fall der Nichteinhaltung derselben, sowie Sicherheitsstellung hierfür gefordert werden.

Auch können Geldstrafen und Sicherheitsstellung zur Sicherung der Aufrechterhaltung des ordnungsmäßigen Betriebes während der Dauer der Genehmigung **vorgesehen werden**.

§ 10a.
Der nach den Bestimmungen dieses Gesetzes erforderlichen Sicherstellung bedarf es nicht, wenn das Reich, der Staat oder ein Kommunalverband Unternehmer ist.

§ 11.
Die Genehmigung kann auf Zeit ertheilt werden. Sie erfolgt unter dem Vorbehalte der Rechte Dritter, der Ergänzung und Abänderung durch Feststellung des Bauplanes (§§ 13 und 14) sowie des Widerrufs für den Fall wesentlicher Aenderungen des Unternehmens, der Anlage oder des Betriebes.

§ 11.
Die Genehmigung kann **dauernd oder** auf Zeit ertheilt werden. Sie erfolgt unter dem Vorbehalte der Rechte Dritter, der Ergänzung und Abänderung durch Feststellung des Bauplanes (§§ 13 und 14).

Beschlüsse des Herrenhauses.

Fahrplan und Beförderungspreise unterliegen in Zeiträumen, welche bei der Genehmigung festzusetzen sind, erneuter Prüfung durch die nach § 2 zuständige Behörde.

§ 12.

Die Genehmigung für ein Unternehmen, welches von einer Aktiengesellschaft oder von einer Kommanditgesellschaft auf Aktien ausgeführt werden soll, darf erst ausgehändigt werden, wenn der Nachweis der Eintragung in das Handelsregister geführt ist.

Ist dem Unternehmer Sicherstellung für die Wegeunterhaltung und Wiederherstellung, für Ausführung der Bahn, für den Beginn oder die Aufrechterhaltung des Betriebes zur Pflicht gemacht (§§ 6 und 10), so muß diese der Aushändigung der Genehmigung ebenfalls vorausgehen.

§ 13.

Mit dem Bau von Bahnen, welche für den Betrieb mit Maschinenkraft bestimmt sind, darf erst begonnen werden, nachdem der Bauplan unter Zugrundelegung der in der Genehmigung vorläufig getroffenen Festsetzungen von derjenigen Behörde, welche die Genehmigung ertheilt hat, unter sinngemäßer Anwendung der §§ 19 bis 21 des Gesetzes über die Enteignung von Grundeigenthum vom 11. Juni 1874 (Gesetzsamml. S. 221) festgestellt worden ist.

Beschlüsse der Kommission.

§ 11a.

Im Interesse des öffentlichen Verkehrs ist bei der Genehmigung (§ 1 a) durch die zuständige Behörde über den Fahrplan und die Beförderungspreise das Erforderliche festzustellen; zugleich sind die Zeiträume zu bezeichnen, nach deren Ablauf diese Feststellungen geprüft und wiederholt werden müssen.

Von der Feststellung über den Fahrplan kann für einen bei der Genehmigung festzusetzenden Zeitraum abgesehen werden. Dieser Zeitraum kann verlängert werden.

Die Feststellung der Beförderungspreise steht innerhalb eines bei der Genehmigung festzusetzenden Zeitraumes von mindestens 5 Jahren nach der Eröffnung des Bahnbetriebes dem Unternehmer frei. Das alsdann der Behörde zustehende Recht der Genehmigung der Beförderungspreise erstreckt sich lediglich auf den Höchstbetrag derselben. Hierbei ist auf die finanzielle Lage des Unternehmens und auf eine angemessene Verzinsung und Tilgung des Anlagekapitals Rücksicht zu nehmen.

§ 11b.

Der Aushändigung der Genehmigungsurkunde müssen die nach § 10 geforderten Sicherstellungen vorausgehen.

§ 12.

Die Genehmigung, welche einer Aktiengesellschaft oder Kommanditgesellschaft auf Aktien behufs Eintragung in das Handelsregister (Art. 210 Abs. 2 Nr. 4 und Art. 176 Abs. 2 Nr. 4 Deutsches Handelsgesetzbuch) ausgehändigt worden ist, tritt erst in Wirksamkeit, wenn der Nachweis der Eintragung in das Handelsregister geführt ist.

§ 13.

Mit dem Bau von Bahnen, welche für den Betrieb mit Maschinenkraft bestimmt sind, darf erst begonnen werden, nachdem der Bauplan durch die genehmigende Behörde in folgender Weise festgestellt worden ist:
1. Der Planfeststellung werden die bei der Genehmigung vorläufig getroffenen Festsetzungen zu Grunde gelegt.
2) Plan nebst Beilagen sind in dem betreffenden Gemeinde- oder Gutsbezirke während vierzehn Tagen zu Jedermanns Einsicht offenzulegen. Zeit und Ort der Offenlegung ist ortsüblich bekannt zu machen.

Beschlüsse des Herrenhauses.

Beschlüsse der Kommission.

Während dieser Zeit kann jeder Betheiligte im Umfange seines Interesses Einwendungen gegen den Plan erheben. Auch der Vorstand des Gemeinde- oder Gutsbezirkes hat das Recht, Einwendungen zu erheben, welche sich auf die Richtung des Unternehmens oder auf Anlagen der in § 14 dieses Gesetzes gedachten Art beziehen.

Diejenige Stelle, bei welcher solche Einwendungen schriftlich einzureichen oder mündlich zu Protokoll zu geben sind, ist zu bezeichnen.

3. Nach Ablauf der Frist (Nr. 2 Abs. 1) sind die gegen den Plan erhobenen Einwendungen in einem nöthigenfalls an Ort und Stelle durch einen Beauftragten abzuhaltenden Termine, zu dem der Unternehmer und die Betheiligten (Nr. 2 Abs. 2) vorgeladen werden müssen und Sachverständige zugezogen werden können, zu erörtern.

4. Nach Beendigung der Verhandlungen wird über die erhobenen Einwendungen beschlossen und erfolgt darnach die Feststellung

des Planes sowie
der Anlagen, zu deren Errichtung und Unterhaltung der Unternehmer verpflichtet ist (§ 14).

Der Beschluß wird dem Unternehmer und den Betheiligten zugestellt.

Der Feststellung (Abs. 1) bedarf es nicht, wenn eine Planfeststellung zum Zwecke der Enteignung stattfindet.

Dieser Feststellung bedarf es nicht, wenn eine Planfeststellung nach Maßgabe der bezeichneten Bestimmungen zum Zwecke der Enteignung stattfindet.

Wenn aus der beabsichtigten Bahnanlage Nachtheile oder erhebliche Belästigungen der benachbarten Grundbesitzer und des öffentlichen Verkehrs nicht zu erwarten sind, kann der Minister der öffentlichen Arbeiten den Beginn des Baues ohne vorgängige Planfeststellung gestatten.

Wenn aus der beabsichtigten Bahnanlage Nachtheile oder erhebliche Belästigungen der benachbarten Grundbesitzer und des öffentlichen Verkehrs nicht zu erwarten sind, kann der Minister der öffentlichen Arbeiten den Beginn des Baues ohne vorgängige Planfeststellung gestatten.

§ 14.

Dem Unternehmer ist bei der Planfeststellung (§ 13) die Herstellung derjenigen Anlagen aufzuerlegen, welche die den Bauplan feststellende Behörde zur Sicherung der benachbarten Grundstücke gegen Gefahren und Nachtheile oder im öffentlichen Interesse für erforderlich erachtet, desgleichen die Unterhaltung dieser Anlagen, soweit dieselbe über den Umfang der bestehenden Verpflichtungen zur Unterhaltung vorhandener demselben Zwecke dienenden Anlagen hinausgeht.

§ 14.

Unverändert.

§ 15.

Zum Beginn des Betriebes bedarf es der Erlaubniß der zur Ertheilung der Genehmigung zuständigen Behörde (§ 2). Die Erlaubniß ist zu versagen, sofern wesentliche in der Bau- und Betriebsgenehmigung (§ 3) gestellte Bedingungen nicht erfüllt sind.

§ 15.

Zum Beginn des Betriebes bedarf es der Erlaubniß der zur Ertheilung der Genehmigung zuständigen Behörde. Die Erlaubniß ist zu versagen, sofern wesentliche in der Bau- und Betriebsgenehmigung gestellte Bedingungen nicht erfüllt sind.

§ 16.

Die Betriebsmaschinen sind vor ihrer Einstellung in den Betrieb und nach Vornahme erheblicher Aenderungen, außerdem aber zeitweilig der Prüfung durch die zur eisenbahntechnischen Aufsicht über die Bahn zuständige Behörde (§ 18) zu unterwerfen.

§ 16.

Unverändert.

Beschlüsse des Herrenhauses.

Beschlüsse der Kommission.

§ 17.

Der Fahrplan und die Beförderungspreise sowie die Aenderungen derselben sind öffentlich bekannt zu machen.

§ 17.

Der Fahrplan und die Beförderungspreise sowie die Aenderungen derselben sind vor ihrer Einführung öffentlich bekannt zu machen.

Die angesetzten Beförderungspreise haben gleichmäßig für alle Personen oder Güter Anwendung zu finden.

§ 18.

Für die Angelegenheiten einer für den Betrieb mit Maschinenkraft eingerichteten Bahn, insbesondere für die Aufsicht über die Erfüllung der Bedingungen der Genehmigung ist diejenige Landespolizeibehörde zuständig, welche bei der Genehmigung mitgewirkt hat. Die eisenbahntechnische Aufsicht steht der zur Mitwirkung bei der Genehmigung berufenen Eisenbahnbehörde (§ 2) zu, sofern nicht der Minister der öffentlichen Arbeiten die Aufsicht einer anderen Eisenbahnbehörde überträgt.

§ 18.

Rücksichtlich der Erfüllung der Genehmigungsbedingungen und der Vorschriften dieses Gesetzes ist jede Lokalbahn der Aufsicht der für ihre Genehmigung jeweilig zuständigen Behörde unterworfen. Bei den für den Betrieb mit Maschinenkraft eingerichteten Bahnen steht die eisenbahntechnische Aufsicht der zur Mitwirkung bei der Genehmigung berufenen Eisenbahnbehörde zu, sofern nicht der Minister der öffentlichen Arbeiten die Aufsicht einer anderen Eisenbahnbehörde überträgt.

§ 19.

Die Genehmigung erlischt, wenn die Ausführung der Bahn oder die Eröffnung des Betriebes nicht innerhalb der in der Genehmigung bestimmten oder nachträglich gestellten Frist erfolgt.

§ 19.

Die Genehmigung kann durch Beschluß der Aufsichtsbehörde für erloschen erklärt werden, wenn die Ausführung der Bahn oder die Eröffnung des Betriebes nicht innerhalb der in der Genehmigung bestimmten oder nachträglich gestellten Frist erfolgt.

§ 20.

Die Genehmigung kann, abgesehen von dem Falle des Widerrufs (§ 11), zurückgenommen werden, wenn der Bau oder Betrieb ohne genügenden Grund unterbrochen oder wiederholt gegen die Bedingungen der Genehmigung oder die dem Unternehmer nach diesem Gesetze obliegenden Verpflichtungen verstoßen wird.

§ 20.

Die Genehmigung kann zurückgenommen werden, wenn der Bau oder Betrieb ohne genügenden Grund unterbrochen oder wiederholt gegen die Bedingungen der Genehmigung oder die dem Unternehmer nach diesem Gesetze obliegenden Verpflichtungen verstoßen wird.

§ 21.

Ueber die Zurücknahme entscheidet auf Klage der zur Ertheilung der Genehmigung zuständigen Behörde (§ 2) das Oberverwaltungsgericht.

§ 21.

Ueber die Zurücknahme entscheidet auf Klage der zur Ertheilung der Genehmigung zuständigen Behörde das Oberverwaltungsgericht.

§ 22.

Bei Erlöschen, Widerruf oder Zurücknahme der Genehmigung wird die für die Unterhaltung und Wiederherstellung öffentlicher Wege bestellte Sicherheit, soweit sie für den bezeichneten Zweck nicht in Anspruch zu nehmen ist, herausgegeben. Mangels anderweiter Vereinbarung hat der Wegeunterhaltungspflichtige die Wahl, die Wiederherstellung des früheren Zustandes, nöthigenfalls unter Beseitigung der in den Weg eingebauten Theile der Bahnanlage oder gegen angemessene Entschädigung den Uebergang der letzteren in sein Eigenthum zu verlangen. Abgesehen von dem letzteren Falle gehen solche Theile der Bahnanlage, wenn sie in dem Wege verbleiben, unentgeltlich in das Eigenthum des Wegeunterhaltungspflichtigen über.

§ 22.

Bei Erlöschen oder Zurücknahme der Genehmigung wird die für die Unterhaltung und Wiederherstellung öffentlicher Wege bestellte Sicherheit, soweit sie für den bezeichneten Zweck nicht in Anspruch zu nehmen ist, herausgegeben. Mangels anderweiter Vereinbarung hat der Wegeunterhaltungspflichtige die Wahl, die Wiederherstellung des früheren Zustandes, nöthigenfalls unter Beseitigung der in den Weg eingebauter Theile der Bahnanlage, oder gegen angemessene Entschädigung den Uebergang der letzteren in sein Eigenthum zu verlangen.

Macht der Unterhaltungspflichtige von dem ersteren Rechte Gebrauch, so geht das Eigenthum der zurückgelassenen Theile der Bahnanlage auf den Unterhaltungspflichtigen unentgeltlich über. Im öffentlichen Interesse kann die Aufsichtsbehörde eine Frist festsetzen, vor deren Ablauf der Unterhaltungspflichtige nicht berechtigt ist, die Wiederherstellung des früheren Zustandes zu verlangen.

Beschlüsse des Herrenhauses. **Beschlüsse der Kommission.**

§ 23.

Inwieweit bei Erlöschen (§ 19) oder Zurücknahme der Genehmigung wegen Unterbrechung des Baues oder Betriebes (§ 20) die für den fristzeitigen Beginn oder die regelmäßige Fortführung des Baues oder Betriebes bestimmten Geldstrafen den betheiligten Gemeinden verfallen, entscheidet unter Ausschluß des Rechtsweges der Minister der öffentlichen Arbeiten.

Darüber, welche Gemeinden als am Verkehre (der fraglichen Bahn) betheiligt anzusehen sind und nach welchem Maßstabe die verfallenen Beträge auf die Betheiligten vertheilt werden, beschließt Mangels gütlicher Einigung der Bezirksausschuß.

§ 24.

Jede Bahnunternehmung der im § 1 bezeichneten Art ist verpflichtet, sich den Anschluß anderer Bahnen dieser Art gefallen zu lassen, sofern die Behörde, welche die Genehmigung für die Bahn, an welche der Anschluß erfolgen soll, ertheilt hat, mit Rücksicht auf ihre Konstruktion und ihren Betrieb den Anschluß für zulässig erachtet. Dieselbe Behörde entscheidet auch darüber, wo und in welcher Weise der Anschluß erfolgen soll, regelt in Ermangelung einer gütlichen Vereinbarung die Verhältnisse beider Unternehmer zu einander und setzt die dem erstgedachten Bahnunternehmer für die Benutzung oder Veränderung seiner Anlagen zu leistende Vergütung vorbehaltlich des Rechtsweges fest.

§ 25.

Die Unternehmer von Bahnen der im § 1 bezeichneten Art können die Gestattung des Anschlusses ihrer Bahnen an Eisenbahnen im Sinne des Gesetzes über die Eisenbahnunternehmungen vom 3. November 1838 verlangen, sofern der Minister der öffentlichen Arbeiten mit Rücksicht auf die Konstruktion und den Betrieb der letzteren den Anschluß für zulässig erachtet. Darüber, wo und in welcher Weise der Anschluß herzustellen ist, und über die Verhältnisse beider Unternehmer zu einander, insbesondere über die dem Eisenbahnunternehmer für die Benutzung oder Veränderung seiner Anlagen zu leistende Vergütung entscheidet, in letzterer Beziehung unter Vorbehalt des Rechtsweges, der Minister der öffentlichen Arbeiten.

§ 26.

Wenn eine Bahn unterster Ordnung nach Entscheidung des Staatsministeriums eine solche Bedeutung für den öffentlichen Verkehr gewinnt, daß sie als Theil des allgemeinen Eisenbahnnetzes zu behandeln ist, kann der Staat den eigenthümlichen Erwerb derselben gegen Entschädigung des vollen Werthes beanspruchen.

§ 27.

Der Erwerb erfolgt unter sinngemäßer Anwendung der Bestimmungen des § 42 Nr. 4a bis d des Gesetzes über die Eisenbahnunternehmungen vom 3. November 1838, mit der Maßgabe, daß bei Unternehmungen, welche

§ 23.

Ob und inwieweit bei Erlöschen (§ 19) oder Zurücknahme der Genehmigung wegen Unterbrechung des Baues oder Betriebes (§ 20) die für den fristgemäßen Beginn oder die regelmäßige Fortführung des Baues oder Betriebes bestimmten Geldstrafen verfallen, entscheidet unter Ausschluß des Rechtsweges der Minister der öffentlichen Arbeiten. Dieser beschließt über die Verwendung solcher Geldstrafen. Letztere sind zu Gunsten des früheren Unternehmens, anderenfalls ähnlicher Unternehmungen in dem betreffenden Landestheile zu verwenden.

§ 24.

Unternehmer von Lokalbahnen sind verpflichtet, sich den Anschluß anderer Bahnen gefallen zu lassen, sofern die Behörde, welche die Genehmigung für die Bahn, an welche der Anschluß erfolgen soll, ertheilt hat, mit Rücksicht auf die Konstruktion und den Betrieb der Bahn den Anschluß für zulässig erachtet. Dieselbe Behörde entscheidet auch darüber, wo und in welcher Weise der Anschluß erfolgen soll, regelt in Ermangelung einer gütlichen Vereinbarung die Verhältnisse beider Unternehmer zu einander und setzt vorbehaltlich des Rechtsweges die dem erstgedachten Bahnunternehmer für die Benutzung oder Veränderung seiner Anlagen zu leistende Vergütung fest.

§ 25.

Unternehmer von Lokalbahnen können die Gestattung des Anschlusses ihrer Bahnen an Eisenbahnen verlangen, welche dem Gesetze über die Eisenbahnunternehmungen vom 3. November 1838 unterliegen, sofern der Minister der öffentlichen Arbeiten mit Rücksicht auf die Konstruktion und den Betrieb der letzteren den Anschluß für zulässig erachtet. Darüber, wo und in welcher Weise der Anschluß herzustellen ist, und über die Verhältnisse beider Unternehmer zu einander, insbesondere über die dem Eisenbahnunternehmer für die Benutzung oder Veränderung seiner Anlagen zu leistende Vergütung entscheidet, in letzterer Beziehung unter Vorbehalt des Rechtsweges, der Minister der öffentlichen Arbeiten.

§ 26.

Haben Lokalbahnen nach Entscheidung des Staatsministeriums eine solche Bedeutung für den öffentlichen Verkehr gewonnen, daß sie als Theil des allgemeinen Eisenbahnnetzes zu behandeln sind, und hat sich der Unternehmer dem Gesetze über die Eisenbahnunternehmungen vom 3. November 1838 und einer auf Grund desselben ertheilten Konzession nicht unterworfen, so kann der Staat den eigenthümlichen Erwerb solcher Bahnen gegen Entschädigung des vollen Werthes nach einer mit einjähriger Frist vorangegangenen Ankündigung beanspruchen.

§ 27.

Der Erwerb (§ 26) erfolgt unter sinngemäßer Anwendung der Bestimmungen des § 42 Nr. 4a bis d des Gesetzes über die Eisenbahnunternehmungen vom 3. November 1838, mit der Maßgabe, daß der Berechnung des

Beschlüsse des Herrenhauses.

nicht im Besitze von Aktiengesellschaften oder Kommanditgesellschaften auf Aktien sind, der Berechnung der Entschädigung der Reingewinn nach den Bestimmungen des Einkommensteuergesetzes vom 24. Juni 1891 (Gesetzsamml. S. 175), dagegen bei Aktiengesellschaften und Kommanditgesellschaften auf Aktien nicht nur die als Aktienzinsen oder Dividenden zur Vertheilung gelangenden, sondern auch diejenigen Beträge, welche als Ueberschüsse im Sinne des § 16 des Einkommensteuergesetzes zu erachten sind, der Berechnung des 25fachen Betrages nach § 42 Nr. 4a des Eisenbahngesetzes zu Grunde zu legen, und daß, falls das Unternehmen noch nicht 5 Jahre im Betriebe war, für die Berechnung der Entschädigung der Jahresdurchschnitt des bisher erzielten Reingewinnes maßgebend ist, sowie daß es, wenn eine Aktiengesellschaft Unternehmer ist, nicht der Einlösung der Aktien von den einzelnen Aktionären, sondern nur der Zahlung der Gesammtentschädigung an die Gesellschaft bedarf.

§ 28.

Der Unternehmer ist verpflichtet, über jede Bahn, für welche ihm eine besondere Genehmigung ertheilt worden ist, dergestalt Rechnung zu führen, daß der Reinertrag derselben, und wenn der Unternehmer eine Aktiengesellschaft ist, die von derselben gezahlte Dividende daraus mit Sicherheit entnommen werden kann.

Die Vernachlässigung dieser Verpflichtung begründet für den Staat das Recht, die Berechnung der Entschädigung nach dem Sachwerthe (§§ 29 bis 31) zu verlangen.

§ 29.

Der Unternehmer kann Entschädigung nach dem Sachwerthe verlangen, wenn das Unternehmen noch nicht länger als fünfzehn Jahre im Betriebe ist. Erfolgt die Erwerbung durch den Staat in den ersten fünf Jahren des Betriebes, so werden dem Sachwerth 20 Prozent, erfolgt sie in den nachfolgenden zehn Jahren, so werden demselben 10 Prozent zugeschlagen.

§ 30.

Im Falle der Entschädigung nach dem Sachwerthe bilden den Gegenstand des Erwerbes alle dem Unternehmen unmittelbar oder mittelbar gewidmeten Sachen und Rechte des Unternehmers, die Forderungen und Schulden jedoch nur insoweit, als dieselben nach beiderseitigem Einverständnisse auf den Staat übergehen sollen. In die zur Beschaffung des für das Unternehmen erforderlichen Personals und Materials geschlossenen Verträge tritt der Staat jedoch insoweit ein, als dieselben noch nicht erfüllt sind.

Für alle Bestandtheile ist der volle Werth zu vergüten.

§ 31.

Die Abschätzung und die Festsetzung der Entschädigung für die Bestandtheile des Unternehmens (§ 30) erfolgt nach einem von dem Unternehmer aufzustellenden Inventar, über dessen Richtigkeit und Vollständigkeit erforderlichenfalls zu verhandeln und von dem Bezirksausschusse zu entscheiden ist.

Beschlüsse der Kommission.

25fachen Betrages nach § 42 Nr. 4a des vorerwähnten Gesetzes das steuerpflichtige Einkommen nach den Bestimmungen des Einkommensteuergesetzes vom 24. Juni 1891 (Gesetzsamml. S. 175) zu Grunde zu legen ist, jedoch bei den Aktiengesellschaften und Kommanditgesellschaften auf Aktien der Abzug von 3½ Prozent des eingezahlten Aktienkapitals (§ 16 Einkommensteuergesetz) fortfällt. Erstreckt sich die Lokalbahn über das Gebiet des Preußischen Staates hinaus in andere Deutsche Bundesstaaten, so ist gleichwohl das Einkommen aus dem gesammten Betriebe der Berechnung der Entschädigung zu Grunde zu legen. War das zu erwerbende Unternehmen noch nicht 5 Jahre im Betriebe, so ist für die Berechnung der Entschädigung der Jahresdurchschnitt des bisher erzielten Reingewinnes maßgebend. — Ist eine Aktiengesellschaft Unternehmer der zu erwerbenden Bahn, so bedarf es nicht der Einlösung der Aktien von den einzelnen Aktionären, sondern nur der Zahlung der Gesammtentschädigung an die Gesellschaft.

§ 28.

Der Unternehmer kann verpflichtet werden, über jede Bahn, für welche ihm eine besondere Genehmigung ertheilt worden ist, dergestalt Rechnung zu führen, daß der Reinertrag derselben, und wenn der Unternehmer eine Aktiengesellschaft ist, die von derselben gezahlte Dividende daraus mit Sicherheit entnommen werden kann.

Die Vernachlässigung dieser Verpflichtung begründet für den Staat das Recht, die Berechnung der Entschädigung nach dem Sachwerthe (§§ 29 bis 31) zu verlangen.

§ 29.

Unverändert.

§ 30.

Im Falle der Entschädigung nach dem Sachwerthe bilden den Gegenstand des Erwerbes alle dem Unternehmen unmittelbar oder mittelbar gewidmeten Sachen und Rechte des Unternehmers, die Forderungen und Schulden jedoch nur insoweit, als dieselben nach beiderseitigem Einverständnisse auf den Staat übergehen sollen. In die mit den Beamten und Arbeitern bestehenden Verträge tritt der Staat ein, ebenso in solche Verträge, welche zur Beschaffung des für das Unternehmen erforderlichen Materials abgeschlossen sind.

Für alle Bestandtheile ist der volle Werth zu vergüten.

§ 31.

Unverändert.

Beschlüsse des Herrenhauses.

Beschlüsse der Kommission.

§ 32.

Die Festsetzung der Entschädigung (§§ 27 und 29) erfolgt, vorbehaltlich des beiden Theilen zustehenden, innerhalb sechs Monaten nach Zustellung des Festsetzungsbeschlusses zu beschreitenden Rechtsweges, durch den Bezirksausschuß unter sinngemäßer Anwendung der §§ 24 bis 29 des Enteignungsgesetzes vom 11. Juni 1874.

Der Bezirksausschuß ist auch für das Vollziehungsverfahren zuständig.

§ 33.

Auf die Ermittelung der Entschädigung finden die §§ 24 bis 28, auf die Vollziehung der Enteignung die §§ 32 bis 37, auf das Verfahren vor dem Bezirksausschuffe und auf die Wirkungen der Enteignung die §§ 39 bis 46 des Enteignungsgesetzes vom 11. Juni 1874 sinngemäße Anwendung.

Die Entschädigung für Bestandtheile des Unternehmens, welche im Inventar verzeichnet und bei Feststellung der Gesammtentschädigung berücksichtigt, bei der Vollziehung der Enteignung aber nicht mehr vorhanden sind, ist von dem Unternehmer zurückzuerstatten. Für Bestandtheile, welche bei Vollziehung der Enteignung über das Inventar vorhanden sind, ist auf Antrag des Unternehmers von dem Bezirksausschusse nachträglich die vom Staate zu gewährende Entschädigung festzusetzen.

§ 34.

Heimfallsberechtigten gegenüber greift das Erwerbungsrecht des Staates gleichfalls Platz. Ihnen ist der volle Werth des Heimfallrechts zu erstatten.

§ 35.

Zur Anlegung von Bahnen in den Straßen Berlins und Potsdams bedarf es Königlicher Genehmigung.

§ 36.

Die Bahnen sind verpflichtet, hinsichtlich der Besetzung der Subaltern- und Unterbeamtenstellen mit Militäranwärtern, insoweit dieselben das 40. Lebensjahr noch nicht zurückgelegt haben, die für den Staatseisenbahndienst in dieser Beziehung und insbesondere bezüglich der Ermittelung der Militäranwärter bestehenden und noch zu erlassenden Vorschriften zur Anwendung zu bringen.

§ 37.

Die Eisenbahnunternehmungen der im § 1 bezeichneten Art werden der Gewerbesteuer auf Grund des Gewerbesteuergesetzes vom 24. Juni 1891 (Gesetzsamml. S. 205) unterworfen. Auf sie finden die Bestimmungen des Gesetzes vom 27. Juli 1885, betreffend Ergänzung und Abänderung einiger Bestimmungen über Erhebung der auf das Einkommen gelegten direkten Kommunalabgaben (Gesetzsamml. S. 327), soweit angängig und mit der Maßgabe Anwendung, daß solche Eisenbahnunternehmungen für Privateisenbahnunternehmen im Sinne des § 4 a. a. O. nicht zu erachten sind.

§ 32.

Die Festsetzung der Entschädigung (§§ 27 und 29 bis 31) erfolgt, vorbehaltlich des beiden Theilen zustehenden, innerhalb sechs Monaten nach Zustellung des Festsetzungsbeschlusses zu beschreitenden Rechtsweges, durch den Bezirksausschuß unter sinngemäßer Anwendung der §§ 24 bis 29 des Enteignungsgesetzes vom 11. Juni 1874.

Der Bezirksausschuß ist auch für das Vollziehungsverfahren zuständig.

§ 33.

Auf die Ermittelung der Entschädigung finden die §§ 24 bis 28, auf die Vollziehung der Enteignung die §§ 32 bis 37, auf das Verfahren vor dem Bezirksausschuffe und auf die Wirkungen der Enteignung die §§ 39 bis 46 des Enteignungsgesetzes vom 11. Juni 1874 sinngemäße Anwendung.

Die Entschädigung für Bestandtheile des Unternehmens, welche im Inventar verzeichnet und bei Feststellung der Gesammtentschädigung berücksichtigt, bei der Vollziehung der Enteignung aber nicht mehr vorhanden sind, ist von dem Unternehmer zurückzuerstatten. Für Bestandtheile, welche bei Vollziehung der Enteignung hinaus vorhanden sind, ist auf Antrag des Unternehmers von dem Bezirksausschusse nachträglich die vom Staate zu gewährende Entschädigung festzusetzen.

§ 34.

Erwerbsberechtigten (§ 5) gegenüber greift das Erwerbungsrecht des Staates gleichfalls Platz. Ihnen ist der volle Werth des **Erwerbsrechtes** zu erstatten.

§ 35.

An dem Erforderniß der Königlichen Genehmigung für die Anlegung von Bahnen in den Straßen Berlins und Potsdams wird durch das gegenwärtige Gesetz nichts geändert.

§ 36.

Fällt fort.

§ 37.

Die Lokalbahnen werden der Gewerbesteuer auf Grund des Gewerbesteuergesetzes vom 24. Juni 1891 (Gesetzsamml. S. 205) unterworfen.

Bezüglich der **Kommunalbesteuerung** sind **Lokalbahnen als Privateisenbahnunternehmungen im Sinne des § 4 des Gesetzes vom 27. Juli 1885**, betreffend Ergänzung und Abänderung einiger Bestimmungen über Erhebung der auf das Einkommen gelegten direkten Kommunalabgaben (Gesetzsamml. S. 327), **nicht zu erachten**.

Beschlüsse des Herrenhauses.

§ 38.

Die Eisenbahnen der im § 1 bezeichneten Art unterliegen nachfolgenden Verpflichtungen gegenüber der Postverwaltung:

1. Die Unternehmer haben auf Verlangen der Postverwaltung mit jeder für den regelmäßigen Beförderungsdienst bestimmten Fahrt einen Postunterbeamten mit einem Briefsack und, soweit der Platz reicht, auch andere zur Mitfahrt erscheinende Unterbeamte im Dienst gegen Zahlung der Abonnementsgebühr oder, falls solche nicht besteht, der Hälfte des tarifmäßigen Personengeldes zu befördern.
2. Die Unternehmer solcher Bahnen, welche sich nicht ausschließlich mit der Personenbeförderung befassen, sind außerdem verpflichtet, auf Verlangen der Postverwaltung mit jeder für den regelmäßigen Beförderungsdienst bestimmten Fahrt:
   a) Postsendungen jeder Art durch Vermittelung des Zugpersonals zu befördern, und zwar Briefbeutel, Brief- und Zeitungspackete gegen eine Vergütung von 50 Pfennig für jede Fahrt, die anderen Sendungen gegen Zahlung des Stückguttarifsatzes der betreffenden Bahn oder, sofern dieser Betrag höher ist, gegen eine Vergütung von zwei Pfennig für je 50 Kilogramm und das Kilometer der Beförderungsstrecke nach dem monatlichen Gesammtgewicht der von Station zu Station beförderten Poststücke;
   b) in Zügen, mit welchen in der Regel mehr als ein Wagen befördert wird, eine Abtheilung eines Wagens für die Postsendungen, das Begleitpersonal und die erforderlichen Postdienstgeräthe, gegen Zahlung der in den Artikeln 3 und 6 des Reichsgesetzes vom 20. Dezember 1875 (Reichsgesetzbl. S. 318) und den dazu gehörigen Vollzugsbestimmungen festgesetzten Vergütung, sowie gegen Entrichtung des halben Stückguttarifsatzes der betreffenden Bahn einzuräumen.
3. Die Postverwaltung ist berechtigt, auf ihre Kosten an den Bahnwagen einen Briefkasten anbringen und dessen Auswechselung oder Leerung an bestimmten Haltestellen bewirken zu lassen.

II. Sonstige Eisenbahnen.

§ 39.

Eisenbahnen, welche dem öffentlichen Verkehre nicht dienen, aber mit Bahnen, welche den Bestimmungen der Verfassung des Deutschen Reiches oder des Gesetzes über die Eisenbahnunternehmungen vom 3. November 1838 unterliegen, oder nach § 1 dieses Gesetzes genehmigt sind, derart in unmittelbarer Gleisverbindung stehen, daß ein Uebergang der Betriebsmittel stattfinden kann, bedürfen, wenn sie für den Betrieb mit Maschinen eingerichtet werden sollen, zur baulichen Herstellung und zum Betriebe polizeilicher Genehmigung.

§ 40.

Zur Ertheilung der Genehmigung (§ 39) ist der Regierungspräsident, für den Stadtkreis Berlin der Polizei-

Beschlüsse der Kommission.

§ 38.

Die **Lokalbahnen** unterliegen nachfolgenden Verpflichtungen gegenüber der Postverwaltung:

1. Die Unternehmer haben auf Verlangen der Postverwaltung mit jeder für den regelmäßigen Beförderungsdienst bestimmten Fahrt einen Postunterbeamten mit einem Briefsack und, soweit der Platz reicht, auch andere zur Mitfahrt erscheinende Unterbeamte im Dienst gegen Zahlung der Abonnementsgebühr oder, falls solche nicht besteht, der Hälfte des tarifmäßigen Personengeldes zu befördern.
2. Die Unternehmer solcher Bahnen, welche sich nicht ausschließlich mit der Personenbeförderung befassen, sind außerdem verpflichtet, auf Verlangen der Postverwaltung mit jeder für den regelmäßigen Beförderungsdienst bestimmten Fahrt:
   a) Postsendungen jeder Art durch Vermittelung des Zugpersonals zu befördern, und zwar Briefbeutel, Brief- und Zeitungspackete gegen eine Vergütung von 50 Pfennig für jede Fahrt, die anderen Sendungen gegen Zahlung des Stückguttarifsatzes der betreffenden Bahn oder, sofern dieser Betrag höher ist, gegen eine Vergütung von zwei Pfennig für je 50 Kilogramm und das Kilometer der Beförderungsstrecke nach dem monatlichen Gesammtgewicht der von Station zu Station beförderten Poststücke;
   b) in Zügen, mit welchen in der Regel mehr als ein Wagen befördert wird, eine Abtheilung eines Wagens für die Postsendungen, das Begleitpersonal und die erforderlichen Postdienstgeräthe, gegen Zahlung der in den Artikeln 3 und 6 des Reichsgesetzes vom 20. Dezember 1875 (Reichsgesetzbl. S. 318) und den dazu gehörigen Vollzugsbestimmungen festgesetzten Vergütung, sowie gegen Entrichtung des halben Stückguttarifsatzes der betreffenden Bahn einzuräumen.
3. Die Postverwaltung ist berechtigt, auf ihre Kosten an den Bahnwagen einen Briefkasten anbringen und dessen Auswechselung oder Leerung an bestimmten Haltestellen bewirken zu lassen.

II. Privatanschlußbahnen.

§ 39.

Bahnen, welche dem öffentlichen Verkehre nicht dienen, aber mit **Eisenbahnen**, welche den Bestimmungen des Gesetzes über die Eisenbahnunternehmungen vom 3. November 1838 unterliegen, oder **mit Lokalbahnen** derart in unmittelbarer Gleisverbindung stehen, daß ein Uebergang der Betriebsmittel stattfinden kann, bedürfen, wenn sie für den Betrieb mit Maschinen eingerichtet werden sollen, zur baulichen Herstellung und zum Betriebe polizeilicher Genehmigung.

§ 40.

Zur Ertheilung der Genehmigung (§ 39) ist der Regierungspräsident, für den Stadtkreis Berlin der Polizei-

Beschlüsse des Herrenhauses.

präsident, in Verbindung mit der von dem Minister der öffentlichen Arbeiten bezeichneten Eisenbahnbehörde zuständig.

Berührt die Bahn mehrere Landespolizeibezirke, so bestimmt, wenn sie derselben Provinz angehören, der Oberpräsident, falls sie verschiedenen Provinzen angehören oder Berlin dabei betheiligt ist, der Minister der öffentlichen Arbeiten im Einvernehmen mit dem Minister des Innern die zuständige Landespolizeibehörde.

§ 41.

Die polizeiliche Prüfung erstreckt sich
1. auf die betriebssichere Beschaffenheit der Bahn und der Betriebsmittel,
2. auf die technische Befähigung und Zuverlässigkeit der Bediensteten,
3. auf den Schutz gegen schädliche Einwirkungen der Anlage und des Betriebes.

Soll eine Bahn, welche an eine dem Gesetze über die Eisenbahnunternehmungen vom 3. November 1838 unterliegende Eisenbahn Anschluß hat, von dem Unternehmer der letzteren angelegt und betrieben werden, so beschränkt sich die Prüfung auf den Schutz gegen schädliche Einwirkungen der Anlage und des Betriebes.

§ 42.

Zur Benutzung öffentlicher Wege bedarf es der Zustimmung der Unterhaltungspflichtigen und der Genehmigung der Wegepolizeibehörde.

§ 43.

Die Bestimmungen der §§ 7 und 13 bis 16 einschließlich finden auf diese Bahnen gleichmäßige Anwendung.

§ 44.

Polizeiliche Bestimmungen über den Betrieb auf solchen Bahnen können nur im Einverständniß mit der Eisenbahnbehörde (§ 40) erlassen werden.

§ 45.

Die Genehmigung kann zurückgenommen werden, wenn wiederholt gegen die Bedingungen derselben verstoßen wird.

Ueber die Zurücknahme der Genehmigung entscheidet auf Klage der Behörde (§ 40) das Oberverwaltungsgericht.

§ 46.

Die eisenbahntechnische Aufsicht und Ueberwachung der Anschlußgleise erfolgt durch diejenige Behörde, welcher diese Aufgaben bezüglich der dem öffentlichen Verkehre dienenden Bahn, an welche sie anschließen, obliegen.

§ 47.

Die Bestimmungen der §§ 39 bis 45 finden auf diejenigen Bahnen, welche Zubehör eines Bergwerks im Sinne des allgemeinen Berggesetzes vom 24. Juni 1865 (Gesetzsamml. S. 705) bilden, keine Anwendung.

Durch die Bestimmung in § 46 wird das auf dem allgemeinen Berggesetze vom 24. Juni 1865 (Gesetzsamml. S. 705) beruhende Aufsichtsrecht der Bergbehörden gegenüber diesen Bahnen nicht berührt.

Beschlüsse der Kommission.

präsident, im **Einvernehmen** mit der von dem Minister der öffentlichen Arbeiten bezeichneten Eisenbahnbehörde zuständig.

Berührt die Bahn mehrere Landespolizeibezirke, so bestimmt, wenn sie derselben Provinz angehören, der Oberpräsident, falls sie verschiedenen Provinzen angehören oder Berlin dabei betheiligt ist, der Minister der öffentlichen Arbeiten im Einvernehmen mit dem Minister des Innern die zuständige Landespolizeibehörde.

§ 41.

Die polizeiliche Prüfung **beschränkt** sich
1. auf die betriebssichere Beschaffenheit der Bahn und der Betriebsmittel,
2. auf die technische Befähigung und Zuverlässigkeit der **in dem äußeren Betriebsdienste anzustellenden** Bediensteten,
3. auf den Schutz gegen schädliche Einwirkungen der Anlage und des Betriebes.

Soll eine Bahn, welche an eine dem Gesetze über die Eisenbahnunternehmungen vom 3. November 1838 unterliegende Eisenbahn Anschluß hat, von dem Unternehmer der letzteren angelegt und betrieben werden, so beschränkt sich die Prüfung auf den Schutz gegen schädliche Einwirkungen der Anlage und des Betriebes.

§ 42.

Unverändert.

§ 43.

Unverändert.

§ 44.

Unverändert.

§ 45.

Unverändert.

§ 46.

Die eisenbahntechnische Aufsicht und Ueberwachung der **Privatanschlußbahnen** erfolgt durch diejenige Behörde, welcher diese Aufgaben bezüglich der dem öffentlichen Verkehre dienenden Bahn, an welche sie anschließen, obliegen.

§ 47.

Unverändert.

Beschlüsse des Herrenhauses.

Gemeinsame und Uebergangsbestimmungen.

§ 48.

Der nach den Bestimmungen dieses Gesetzes erforderlichen Sicherstellung bedarf es nicht, wenn das Reich, der Staat oder ein Kommunalverband Unternehmer ist. Inwieweit in solchen Fällen von den Bestimmungen des § 11 abgesehen werden kann, wird durch Anweisung des Ministers der öffentlichen Arbeiten bestimmt.

§ 49.

Gegen die Beschlüsse und Verfügungen, für welche die Landespolizeibehörden in Verbindung mit den Eisenbahnbehörden zuständig sind, und gegen die Beschlüsse und Verfügungen der eisenbahntechnischen Aufsichtsbehörden findet die Beschwerde an den Minister der öffentlichen Arbeiten statt. Im Uebrigen greifen die nach den Bestimmungen der §§ 127 bis 130 des Gesetzes über die allgemeine Landesverwaltung vom 30. Juli 1883 (Gesetzsamml. S. 195) zulässigen Rechtsmittel Platz.

§ 50.

Dieses Gesetz tritt am 1. April 1893 in Kraft.

Die Bestimmungen des § 11 Abs. 2, der §§ 16 bis 18, 20 bis 38 und 44 bis 46 finden, vorbehaltlich wohlerworbener Rechte, auf diejenigen der unter I und II bezeichneten Bahnen Anwendung, welche bereits vor dem Inkrafttreten dieses Gesetzes bestanden.

Beschlüsse der Kommission.

Gemeinsame und Uebergangsbestimmungen.

§ 48.

Fällt hier fort; vergl. § 10a der Kommissionsbeschlüsse.

§ 49.

Unverändert.

§ 49a.

Für die bereits vor Inkrafttreten dieses Gesetzes genehmigten Lokalbahnen und Privatanschlußbahnen ist diejenige Behörde zuständig, welcher die Genehmigung nach Inkrafttreten dieses Gesetzes gemäß §§ 2 und 40 obgelegen hätte.

Auf diese Bahnen finden die §§ 1a, 16—18, 20, 21, 37, 38 und 49, beziehungsweise 44—46 des gegenwärtigen Gesetzes sowie die Bedingungen und Vorbehalte, welche bei ihrer Genehmigung vorgesehen sind, Anwendung.

Die Unternehmer sind jedoch berechtigt, sich durch eine an die zuständige Aufsichtsbehörde zu richtende Erklärung den sämmtlichen Bestimmungen dieses Gesetzes zu unterwerfen.

Die Genehmigung von wesentlichen Erweiterungen oder wesentlichen Aenderungen des Unternehmens, der Anlage oder des Betriebes kann von der Unterwerfung des Unternehmens unter sämmtliche Bestimmungen dieses Gesetzes abhängig gemacht werden.

Der Zeitpunkt der Unterstellung unter dieses Gesetz ist öffentlich bekannt zu machen.

Wohlerworbene Rechte Dritter werden durch die Unterwerfung nicht berührt.

§ 50.

Dieses Gesetz tritt bezüglich des § 37 am 1. April 1893, bezüglich aller anderen Bestimmungen am 1. Oktober 1892 in Kraft.

Beschlüsse des Herrenhauses.

§ 51.

Eisenbahnunternehmungen der im § 1 bezeichneten Art bedürfen bei wesentlichen Veränderungen des Unternehmens, der Anlage oder des Betriebes einer Genehmigung nach den Vorschriften dieses Gesetzes.

§ 52.

Mit der Ausführung dieses Gesetzes werden der Minister der öffentlichen Arbeiten und der Minister des Innern betraut.

Urkundlich ꝛc.

Beschlüsse der Kommission.

§ 51.

Fällt fort.

§ 52.

Unverändert.

№ 207.

Auf die Tagesordnung einer der nächsten Plenarsitzungen wird gesetzt werden:

Mündlicher Bericht der Budgetkommission über den Gesetzentwurf, betreffend die Feststellung eines Nachtrags zum Staatshaushaltsetat für das Jahr vom 1. April 1892/93, Nr. 199 der Drucksachen.

Berichterstatter: Abgeordneter Graf zu Limburg-Stirum.

Antrag der Budgetkommission:

Das Haus der Abgeordneten wolle beschließen:
1. Dem Gesetzentwurfe, betreffend die Feststellung eines Nachtrags zum Staatshaushaltsetat für das Jahr vom 1. April 1892/93, Nr. 199 der Drucksachen, unverändert die Zustimmung zu ertheilen;
2. In dem Nachtragsetat dem Tit. 5 des Kap. 6 der einmaligen und außerordentlichen Ausgaben folgende Fassung zu geben:
   Zur Herstellung einer Wasserleitung für den westlichen Theil des Oberschlesischen Industriegebiets, 1. Rate zum Bau der Leitung Karf — Jabrze und der Anschlußleitung zwischen Karf und Beuthen an die Adolf-Schacht-Königshütter Leitung 286 500 Mark, im Uebrigen den Nachtragsetat unverändert zu genehmigen.

Berlin, den 25. Mai 1892.

Der Präsident des Hauses der Abgeordneten.
v. Köller.

№ 208.

Antrag

zu der

zweiten Berathung des Gesetzentwurfes, betr. das Diensteinkommen der Lehrer an den nichtstaatlichen öffentlichen höheren Schulen. — Nr. 149 der Drucksachen.

Das Haus der Abgeordneten wolle beschließen,

dem § 1 folgenden Abs. 2 hinzuzufügen:

„Die Ermittelung, welchen definitiv angestellten wissenschaftlichen Lehrern neben dem Gehalt eine feste pensionsfähige Zulage von 900 Mark jährlich zu gewähren ist (§ 1 Nr. 3 des Normaletats vom 4. Mai 1892), findet nicht orts- oder anstaltsweise, sondern für den Amtsbereich eines jeden Provinzialschulkollegiums nach der Gesammtzahl der innerhalb desselben in Betracht kommenden Lehrer statt."

Berlin, den 25. Mai 1892.

v. Bülow (Wandsbek).

№ 209.

Anträge

zu der

zweiten Berathung des Gesetzes, betreffend das Diensteinkommen der Lehrer an den nichtstaatlichen höheren Schulen. — Nr. 149 und Nr. 201 der Drucksachen.

I. Das Haus der Abgeordneten wolle beschließen:
den folgenden § 2 in den Entwurf einzustellen:

§ 2.

Das Aufrücken der im § 1 bezeichneten Lehrer im Gehalt findet auch bei den kommunalen höheren Schulen nach dem System der Dienstalterszulagen statt. Die betreffenden Gemeinden werden zu diesem Zwecke zu einer Besoldungsgemeinschaft vereinigt, für welche die folgenden Bestimmungen gelten.

Der Unterrichtsminister hat am Schlusse jedes Etatsjahres für die hiernach gezahlten Gehälter, getrennt nach den einzelnen Lehrerkategorien, die Mittelsätze zu berechnen und nach denselben festzustellen, in wieweit die einzelne Gemeinde gegenüber den thatsächlich gemachten Leistungen ein Mehr oder Minder verausgabt hat. Das Minder der Ausgabe ist an eine von dem Unterrichtsminister zu bestimmende Kasse abzuführen, das Mehr der Ausgabe wird der Gemeinde von dieser Kasse ersetzt.

v. Schenckendorff. Dr. Kropatscheck.

(Bezüglich der Bildung von Besoldungsgemeinschaften bezw. von größern Verbänden dieser Art wird auf folgende Vorgänge, bezw. Gesetze hingewiesen:

1. Rede des Herrn Ministers Dr. Bosse vom 2. Mai d. J., stenographische Verhandlungen Seite 1452.
2. Rede des Herrn Ministers Grafen v. Zedlitz vom 10. März d. J., stenographische Verhandlungen Seite 806.
3. § 179 des Entwurfes zu einem Volksschulgesetz, betreffend die Bildung eines Kassenverbandes der Gemeinden innerhalb der einzelnen Regierungsbezirke für die in den Ruhestand versetzten Lehrer.
4. § 28 der Kreisordnung für die Provinz Westfalen vom 31. Juli 1886, Gesetzsamml. S. 217, betreffend die Bildung eines Kassenverbandes der Amtsverbände und Landgemeinden der Provinz für die in den Ruhestand versetzten besoldeten Beamten dieser Korporationen.
5. § 27 der Kreisordnung für die Rheinprovinz vom 30. Mai 1887, Gesetzsamml. S. 209, betreffend die Bildung eines Kassenverbandes der Landbürgermeistereien und Landgemeinden der Provinz für die in den Ruhestand versetzten besoldeten Beamten dieser Korporationen.)

II. Das Haus der Abgeordneten wolle beschließen:
an Stelle des § 8a und der Resolution den folgenden § 8a zu setzen:

§ 8a.

Diejenigen Gemeinden und Korporationen, bei welchen durch die Forderungen dieses Gesetzes das Maß ihrer Leistungsfähigkeit überschritten wird, erhalten, sofern ein öffentliches Interesse für die Aufrechterhaltung der betreffenden Schulen vorliegt, für den Umfang und die Dauer ihrer Leistungsunfähigkeit eine staatliche Unterstützung, erforderlichen Falls bis zur Höhe der durch dies Gesetz bedingten Mehraufwendungen. Die Entscheidung über die Gewährung des Staatszuschusses fällt im gemeinsamen Bestimmung des Unterrichts- und des Finanzministers zu. Im Falle einer ganz oder theilweise ablehnenden Entscheidung, sind die für die Ablehnung maßgebenden Gründe anzugeben.

v. Schenckendorff.

Berlin, den 25. Mai 1892.

№ 210.

Antrag

zu der

zweiten Berathung des Gesetzentwurfs, betreffend die Ablösung der auf Grund des § 46 der Wegeordnung für die Provinz Sachsen vom 11. Juli 1891 (Gesetzsamml. S. 316 ff.) Seitens des Staates an die genannte Provinz zu zahlenden Rente. — Nr. 200 der Drucksachen.

Das Haus der Abgeordneten wolle beschließen:
Hinter § 1 folgenden § 1a einzuschalten:

§ 1a.

Falls nicht zwischen der Staatsregierung und der Provinz Sachsen ein anderweites Uebereinkommen getroffen wird, bleibt die Rente mindestens noch drei Monate, nachdem der Tag der Zahlung des Ablösungskapitals dem Landesdirektor der Provinz Sachsen durch die Staatsregierung bekannt gegeben ist, zahlbar.

Berlin, den 27. Mai 1892.

v. Strombeck.

№ 211.

Anträge

zu der **zweiten Berathung** des Gesetzentwurfes, betreffend das Diensteinkommen der Lehrer an den nichtstaatlichen öffentlichen höheren Schulen. — Nr. 201 der Drucksachen. —

Das Haus der Abgeordneten wolle beschließen:
a) Den § 1 in der Fassung der Regierungsvorlage wiederherzustellen.
b) Den § 2 der Regierungsvorlage anzunehmen.
c) Den § 3 in der Fassung der Regierungsvorlage wiederherzustellen.
d) Dem § 3 als Absatz hinzuzufügen:
  Finden in einer Gemeinde von weniger als 25 000 Civileinwohnern diese Aufwendungen statt für Anstalten, welche beim Inkrafttreten dieses Gesetzes bereits bestanden, so werden sie der Gemeinde auf deren Verlangen jährlich aus der Staatskasse ersetzt.
e) Hinter § 8a als neuen Paragraphen hinzuzufügen:
  Läßt die Gemeinde, Korporation ꝛc. auf Grund eines vor dem 1. April 1893 gefaßten Beschlusses eine höhere Lehranstalt auf, so findet das Gesetz auf Leiter und Lehrer an derselben keine Anwendung. Für den allmählich mit dem 1. April 1893 beginnenden Vollzug der Aufhebung wird der Gemeinde eine Frist bis zum 1. April 1899 gewährt.

Berlin, den 27. Mai 1892.

Nadbyl.

Dr. Lieber.   Wenders.   Theissing.   Cahensly.

№ 212.

Betr. Beschwerderecht der Stadtverordnetenversammlung in Merseburg.

Zweiter Bericht

der

Kommission für das Gemeindewesen über Petitionen.

Berichterstatter:
Abgeordneter Eberth.

Journal II Nr. 692.

Nach dem mit Gesetzeskraft erlassenen Reglement, die Einrichtung des Sparkassenwesens betreffend (Gesetzsamml. 1839 S. 5 ff.), können (§. 7 a. a. O.) Ueberschüsse von Zinsen, welche nicht erforderlich sind, um etwaige Verluste des Fonds zu decken und die Verpflichtungen gegen die Einleger, ohne in Anspruchnahme der allgemeinen Vertretung des Kommunalverbandes, zu erfüllen, zu anderen öffentlichen Zwecken Verwendung finden. Hierfür ist die Genehmigung der Kommunalaufsichtsinstanz erforderlich, welche nur dann, wenn nach Abzug der zu verwendenden Summe ein angemessener Reservefonds übrig bleibt, zu ertheilen ist. Die Versagung der Genehmigung darf gemäß § 53 des Zuständigkeitsgesetzes vom 1. August 1883 nur unter Zustimmung des Bezirksausschusses erfolgen.

Die Stadtgemeinde Merseburg hat eine Sparkasse errichtet, aus deren Ueberschüssen im Rahmen der angeführten Gesetzesvorschriften zu gemeinnützige, der Förderung des Wohls der ärmeren Bevölkerung dienende, außer innerhalb der obligatorischen Ausgaben der Gemeinde liegende Zwecke seit dem Jahre 1876 bis Ende 1890 nach und nach der Betrag von 562 335 Mark 85 Pf. Verwendung gefunden hat.

Der Regierungspräsident zu Merseburg hatte bereits in einer unter dem 19. November 1877 erlassenen Cirkularverfügung unter Hinweis auf den nicht ungünstigen Stand der gedachten städtischen Sparkasse, deren Reservefonds damals bereits die vorgeschriebenen 10 Prozent der Einlagen überschritten hatte, deren Sparer andererseits zum größeren Theil der ärmeren dienenden und arbeitenden Klassen angehörten, bei dem Magistrat zu Merseburg darauf hingewiesen, daß bei Verwendung von Sparkassenüberschüssen in Zukunft in erster Reihe das Augenmerk auf solche Zwecke zu richten sein werde, welche den ärmeren Klassen vorzugsweise zu Gute kommen. Als solche bezeichnete der Regierungspräsident:

1. Die Einrichtung und Unterstützung von Kleinkinderbewahranstalten,
2. die Errichtung und Unterstützung von Rettungshäusern für die verwahrloste Jugend,
3. die Unterhaltung von Gemeindediakonissinnen im Dienste der Kranken- und Armenpflege,
4. die Unterhaltung von Suppenanstalten für die Armen, insbesondere im Winter,
5. die Prämiirung von Dienstboten für lange treue Dienste bei derselben Herrschaft,
6. die Einrichtung von Badeanstalten, welche im Sommer wie im Winter den ärmeren Klassen zugänglich zu machen sind,
7. die Verbesserung der Krankenanstalten u. s. w.

Theilweise genau für die bezeichneten, zum anderen Theil für hiermit nahe verwandte, im Uebrigen für andere dem gemeinen Besten dienende Zwecke sind demnächst im Laufe der Jahre 1876—1890 die gedachten Ueberschüsse verbraucht worden.

Eine Meinungsverschiedenheit entstand dagegen zwischen dem Regierungspräsidenten und der städtischen Vertretung zu Merseburg bezüglich einer Aufwendung aus den hiergedachten Mitteln für den Zweck der Errichtung einer „Herberge zur Heimath" für die Stadt Merseburg.

In dieser Beziehung erging unter dem 4. Juni 1890 an den Magistrat zu Merseburg ein Reskript des Herrn Regierungspräsidenten, welches im Wesentlichen folgenden Wortlaut hatte:

„Hierbei muß ich aber, insbesondere mit Rücksicht auf „die nicht ungünstigen Betriebsergebnisse der Stadtsparkasse „in verflossenen und den voraussichtlich vortheilhaften Ab„schluß im laufenden Jahre, die bestimmte Erwartung aus„sprechen, daß der Magistrat nunmehr die Errichtung einer „Herberge zur Heimath für die hiesige Stadt fördern und „durch Zuwendung von Geldbeihülfen recht bald ermöglichen „werde."

"Nachdem in der hiesigen Provinz bereits alle Städte
"gleicher Größe wie Merseburg sich die Gründung einer
"solchen, für die brodlose und Beschäftigung suchende Ar-
"beiterbevölkerung so überaus segensreichen Heimstätte
"haben angelegen sein müssen, und nachdem die Mehrzahl
"dieser Herbergen zur Heimath mit Hülfe der öffentlichen
"Sparkassen ins Leben getreten ist, werden, wie ich ver-
"traue, die städtischen Behörden sich dem dringenden Be-
"dürfniß dieser Maßnahme christlicher Nächstenliebe nicht
"länger verschließen wollen.

"Dasselbe wird sich mit Hülfe der städtischen Spar-
"kasse, sei es durch Aufnahme eines Darlehns, sei es
"durch regelmäßige alljährliche Aufwendungen, welche aus
"den für kommunale Bedürfnisse im Sinne meiner Cirkular-
"verfügung vom 24. November 1877 — Nr. 18539 b I —
"disponiblen Zinsüberschüssen zu decken sein würden, sowie
"endlich durch freiwillige Gaben unschwer befriedigen lassen.

"Es ist hierbei besonders hervorzuheben, daß die Renta-
"bilität eines derartigen Unternehmens, wie die bisherigen
"Erfahrungen auf diesem Gebiete überall gezeigt haben,
"eine zweifellos günstige zu nennen ist, so daß Bedenken
"in finanzieller Beziehung von dem Vorgehen in der be-
"zeichneten Richtung keinesfalls abhalten dürfen."

"Den Magistrat ersuche ich hiernach ergebenst, ge-
"fälligst die Errichtung einer Herberge zur Heimath in
"hiesiger Stadt in wohlwollende Erwägung zu nehmen,
"und mir über das Ergebniß der in dieser Hinsicht ge-
"thanen Schritte bis zum 1. Oktober d. J. Bericht zu
"erstatten."

Fast gleichzeitig mit dieser Verfügung ist bei dem
Magistrate der Stadt Merseburg von einem kirchlichen
Verein ein Bittgesuch dahin eingegangen, ihm aus den
Sparkassenüberschüssen die Summe von 30 000 Mark
zur Errichtung einer Herberge zur Heimath als zinsfreies
Darlehn zu bewilligen. Der Magistrat hat den Antrag
an die Stadtverordnetenversammlung gegeben und vorgeschlagen, das Geld nicht zinsfrei zu gewähren, sondern
gegen Entrichtung von 3 Prozent jährlichen Zinsen und
vollständige Sicherstellung des Kapitales. Die Stadtverordnetenversammlung in Merseburg hat den Antrag
mit großer Mehrheit abgelehnt, und der Magistrat hat
von diesem ablehnenden Beschluß dem Regierungspräsidenten durch den Bericht vom 1. August 1890 Mittheilung
gemacht. In diesem Berichte ist hervorgehoben, daß die
Gründe, welche die Ablehnung bei der Stadtverordnetenversammlung herbeigeführt haben, durchaus billigen müsse. Einmal, weil das verlangte Kapital, von
dem 20 000 Mark allein auf Erwerb eines Bauplatzes
verwendet werden sollten, sehr hoch sei. Dann läge auch
ein Bedürfniß nicht vor, denn der Innungsausschuß habe
für wandernde Handwerksgesellen die Errichtung einer
Herberge beschlossen und ein Merseburger Bürger sich bereit erklärt, seine Herberge zu erweitern, wenn ihm eine
angemessene Subvention gewährt würde.

Auf Grund dieses Berichtes hat der Herr Regierungspräsident eine anderweite Verfügung an den Magistrat
ergehen lassen, die Gegenstand der Beschwerde ist, und uns
jetzt beschäftigt.

Diese Verfügung datirt vom 8. September 1890
und ist Anlage A im Wortlaut abgedruckt. In derselben
ist ausgesprochen, daß die Gründe, welche die Stadtverordnetenversammlung zu einem ablehnenden Beschlusse
geführt hätten, völlig belanglos seien und daß sie den
Ernst und Eifer vermissen ließen, welcher zur
Durchführung einer solchen für die brodlose und
Beschäftigung suchende, reisende und heimische
Arbeiterbevölkerung so überaus segensreichen
Maßregel allerdings unerläßlich erscheine, und
weiter gesagt, daß die Verwendung von Spar-

kassenüberschüssen zu anderen Zwecken nicht eher
genehmigt werden würde, als bis in Merseburg
eine Herberge zur Heimath errichtet sei. Am
Schlusse der Verfügung ist der Magistrat angewiesen, hiervon der Stadtverordnetenversammlung Kenntniß zu geben.

Die Stadtverordnetenversammlung wandte sich nun,
ohne Mitwirkung des Magistrats, beschwerend an den
Herrn Minister des Innern. Einmal, weil sie durch die
Aeußerung, daß sie Ernst und Eifer vermissen ließe, sich
beleidigt finde, und dann, weil der Regierungspräsident
erklärt hätte, er würde seine Zustimmung zu einer anderen
Verwendung der Sparkassenüberschüsse so lange verweigern,
bis eine Herberge zur Heimath hergestellt sei. Der Herr
Minister hat die Beschwerdeschrift zur weiteren Veranlassung an den Herrn Oberpräsidenten der Provinz
Sachsen abgegeben, und dieser in einer unter dem 15. Januar 1891 an den Magistrat zu Merseburg gerichteten
Verfügung es abgelehnt, einen auf die Sache eingehenden
Bescheid zu ertheilen, weil die Stadtverordnetenversammlung im Widerspruch gegen § 36 und § 56 Nr. 2 und
8 der Städteordnung vom 30. Mai 1853, ihre Vorstellung ohne Mitwirkung des Magistrats eingereicht hätte.
Im Uebrigen ist in demselben, Anlage B, abgedruckten Reskript des Oberpräsidenten bemerkt worden, daß er sich
in Verbindung gesetzt habe mit dem Merseburger Regierungspräsidenten, und dieser erklärt habe, er hätte der
Stadtverordnetenversammlung durch die erwähnten Ausdrücke keinen Vorwurf ertheilen, sondern nur eine erneute
dringende Ermahnung an sie richten wollen, er sei sich wohl
bewußt, daß ihm eine Disziplinargewalt über die Mitglieder der Stadtverordnetenversammlung nicht zustände.

Die Stadtverordnetenversammlung hat sich bei diesem
Reskript nicht beruhigt, sondern in einem weiteren Bericht
an den Herrn Oberpräsidenten die Gründe angegeben,
die für sie bestimmend gewesen seien, sich einseitig und
ohne Mitwirkung des Magistrats zu beschweren. Es ist
namentlich in diesem Berichte darauf hingewiesen, daß der
§ 36 der Städteordnung nicht maßgebend sein könne,
weil die darin enthaltene Bestimmung, daß die Stadtverordnetenversammlung ihre Beschlüsse in keinem Falle
selbst zur Ausführung bringen dürfe, sich selbstverständlich
nur auf solche Beschlüsse beziehen könnte, die Angelegenheiten betrüfen, welche durch Gesetz dem Magistrat überwiesen seien, wie dies der Vordersatz des betreffenden
Paragraphen deutlich erkennen lasse; davon könne aber
hier nicht die Rede sein. Die Stadtverordnetenversammlung fühle sich beleidigt und da müsse sie die Berechtigung
haben, allein vorzugehen; denn wenn der Magistrat sich
ablehnte, seine Zustimmung zu einer derartigen Beschwerde
zu geben, dann wäre ein Konflikt vorhanden, den eventuell
der Bezirksausschuß zu entscheiden haben würde und der
Bezirksausschuß könnte sehr wohl die Ueberzeugung
gewinnen, daß er über die Sache nicht zu entscheiden
habe, da sie sehr wohl auf sich beruhen bleiben könne,
wie dies im Zuständigkeitsgesetz nachgelassen ist. Sie
hätten den Weg der Beschwerde allein ein-
schlagen müssen und hielten sich dazu für vollständig
berechtigt.

Der Oberpräsident restribirte unter dem 6. April
1891 wieder an den Magistrat, daß dem Antrage der
Stadtverordnetenversammlung nichts entgegenstehen würden, wenn sie sich darauf beschränkt hätte,
darzulegen, daß und inwieweit die Ausführungen des
Berichtes vom 8. September 1890 in den inneren
Geschäftsgang der Stadtverordnetenversammlung unberechtigt eingriffe, da sie in ihrer Geschäftsführung
selbstständig und von der Mitwirkung des Magistrats
unabhängig sei. Die vorliegenden Anführungen griffen
indeß, wie die Beschwerde an den Herrn Minister

290*

des Innern, gleichzeitig in das Gebiet der städtischen Verwaltung ein, wo der Stadtverordnetenversammlung entsprechend den angezogenen Paragraphen eine von dem Magistrat unabhängige Beschlußfassung nicht zustehe. Am Schluß dieses Reskripts ist der Magistrat wiederum ersucht worden, von dem Inhalte desselben der Stadtverordnetenversammlung Kenntniß zu geben. Der Magistrat hat dies gethan und die Stadtverordnetenversammlung sich nunmehr weiter beschwerend an den Herrn Minister des Innern mit der Bitte gewandt, doch seinerseits sich dahin auszusprechen, daß der Herr Regierungspräsident zu der Verfügung nicht berechtigt gewesen sei. Der Minister des Innern führte in einem an den Magistrat zu Merseburg gerichteten Reskript vom 19. September 1891 aus, daß er die Beschwerde der Stadtverordnetenversammlung für nicht begründet halte:

denn soweit sie sich gegen den persönlichen Inhalt der Verfügung des Herrn Regierungspräsidenten vom 8. September 1890 richte, sei sie bereits durch den Herrn Oberpräsidenten mittelst Verfügung vom 15. Januar d. J. erledigt worden. Soweit dagegen der sachliche Inhalt der Verfügung vom 8. September v. J. zum Gegenstande der Beschwerde gemacht werden soll, könne auch er die Stadtverordnetenversammlung zur selbstständigen Beschwerdeführung gemäß § 36 Absatz 2 der Städteordnung nicht für berechtigt halten, abgesehen davon, daß, so lange nicht in einem Einzelfalle die von den städtischen Behörden erbetene Genehmigung zur Verwendung von Zinsüberschüssen versagt sei, ein unberechtigter Eingriff in die städtische Selbstverwaltung nicht vorliege.

Bei diesem Bescheide des Herrn Ministers des Innern, welchen wir Anlage C folgen lassen, hat sich die Stadtverordnetenversammlung zu Merseburg nicht beruhigt. In gleichlautenden Gesuchen hat sich deshalb an beide Häuser des Landtages gewendet und die Bitte ausgesprochen:

1. anerkennen zu wollen, daß der Stadtverordnetenversammlung in Merseburg im vorliegenden Falle das selbstständige und direkte Beschwerderecht zusteht, und demgemäß
2. den Herrn Minister des Innern zu ersuchen, der Stadtverordnetenversammlung einen sachlichen Bescheid auf die Beschwerde vom 24. Oktober 1890 zu ertheilen.

Das andere Haus hat hierauf, nach stattgehabter Kommissions- und Plenarberathung beschlossen:

in Erwägung, daß die Petition, soweit sie sich gegen den persönlichen Inhalt der Verfügung des Regierungspräsidenten vom 8. September 1890 richtet, durch die Verfügung des Herrn Oberpräsidenten vom 15. Januar 1891 und das Reskript des Herrn Ministers vom 19. September 1891 erledigt ist, soweit dagegen den sachlichen Inhalt der Verfügung vom 8. September 1890 zum Gegenstande der Beschwerde gemacht werden soll, die Stadtverordnetenversammlung zur selbstständigen Beschwerdeführung gemäß § 36 Absatz 2 der Städteordnung vom 30. Mai 1853 nicht für berechtigt gehalten werden kann, über dieselbe zur Tagesordnung überzugehen.

Diesem Antrage hat sich die Gemeindekommission angeschlossen. Sie ist hierbei von der Erwägung ausgegangen, daß es zunächst Angesichts des Artikel 32 der Verfassung, wonach

„das Petitionsrecht allen Preußen zusteht. Petitionen unter einem Gesammtnamen nur Behörden und Korporationen gestattet sind",

als unzweifelhaft zu erachten ist, daß die Stadtverordnetenversammlung zu Merseburg, als eine Behörde, wohl befugt war, sich über denjenigen Theil des Reskripts des Herrn Regierungspräsidenten vom 8. September 1890 zu beschweren, in welchem dieser der Stadtverordnetenversammlung in einer, nach allen vorangegangenen Beschlüssen derselben —, auch sachlich durchaus grundloser Weise vorwirft, daß die Gründe der Ablehnung einer Errichtung einer „Herberge zur Heimath" völlig belanglos seien und „den Ernst und Eifer vermissen lassen, welche zur Durchführung einer solchen für die brodlose und Beschäftigung suchende, reisende und heimische Arbeiterbevölkerung so überaus segensreichen Maßregel allerdings unerläßlich erscheinen."

Die Gemeindekommission war nicht im Zweifel darüber, daß der gegen die Stadtverordnetenversammlung in diesen Worten ausgesprochene herbe Tadel an sich schon ungerechtfertigt sei, weil dem Regierungspräsidenten überhaupt keine Befugniß zustehe, eine derartige Censur über die Stadtverordnetenversammlung zu üben, welche der Disziplinargewalt der Kommunalaufsichtsinstanz nicht unterliegt. Es brauchte bei dieser Sachlage nicht näher darauf eingegangen zu werden, daß die Stadtverordnetenversammlung überdem seit 15 Jahren bei Verwendung der verfügbaren Sparkassenüberschüsse im Einvernehmen mit dem Magistrat in überaus reichlichem Maße den ihr mitgetheilten Anregungen des Herrn Regierungspräsidenten entsprochen hat, dessen rein subjektive Meinung über den Nutzen oder die Nothwendigkeit einer Herberge zur Heimath für die Stadtverordnetenversammlung ohne entscheidende Bedeutung ist.

Sofern die Stadtverordnetenversammlung sich auf diesen gewissermaßen persönlichen Punkt beschränkt haben würde, hätte nach der einmüthigen Meinung der Gemeindekommission der Stadtverordnetenversammlung doch von ihr verlangte Genugthuung, und zwar ihr gegenüber direkt, gewährt werden müssen.

Dieselbe hat indeß in ihren an die vorgeordneten Instanzen gerichteten Vorstellungen auch noch den anderen Beschwerdepunkt: wonach der Herr Regierungspräsident erklärt,

er werde seine Genehmigung zur Verwendung von Zinsüberschüssen der Merseburger Sparkasse, soweit diese Genehmigung zu anderen Zwecken als sie in seiner (oben angezogenen) Cirkularverfügung vom 19. November 1877 genauer bezeichnet seien, in Frage kommen sollte, für die Folge lediglich davon abhängig machen, ob dem von ihm (dem Regierungspräsidenten) wiederholt dargelegten dringenden Bedürfniß durch erfolgreiche Schritte zur endlichen Errichtung einer Herberge zur Heimath Seitens der städtischen Behörden genügt worden ist.

Die Kommission hat zunächst im Hinblick auf § 53 des Zuständigkeitsgesetzes vom 1. August 1883 von einer näheren Erörterung dieser Eröffnung des Herrn Regierungspräsidenten abgesehen. Sie ist belanglos, da (§ 53 a. a. O.) nur mit Zustimmung des Bezirksausschusses eine Versagung der Genehmigung zur Verwendung verfügbarer Zinsüberschüsse der Merseburger Sparkasse erfolgen könnte oder erfolgen kann.

Die erwähnte Ankündigung einer nach den Gesetzen dem Herrn Regierungspräsidenten nicht zustehenden Amtshandlung entbehrt eines materiellen Inhaltes, da ein konkreter, der Entscheidung unterliegender Antrag überdem nicht vorlag.

Die Gemeindekommission hat aber gleichwohl in Betracht gezogen, daß die Beschlußfassung über Verwendung verfügbarer Zinsüberschüsse der Sparkasse eine Angelegenheit ist, welche nach den Gesetzen (das ist der Städteordnung für die sechs östlichen Provinzen vom 30. Mai 1853, in Verbindung mit dem Sparkassenreglement vom 14. Dezember 1838, und dem Zuständigkeitsgesetz vom 1. August 1883) der Beschlußfassung beider städtischen Körperschaften unterliegt, hier also die streng gebietende Vorschrift des § 36 der Städteordnung Platz greift. Eine Beschwerde über diesen Punkt des Regierungserlasses vom 8. September 1890 war sonach ohne Mitwirkung des Magistrats unzulässig. Sie ist gleichwohl mit der Beschwerde über den vorerwähnten „persönlichen" Punkt, bei welcher, wie erwähnt, die Stadtverordnetenversammlung zu einem Antrage ohne Mitwirkung der anderen städtischen Körperschaft, befugt war, ungetrennt verbunden worden.

Indem daher die Gemeindekommission anerkennen mußte, daß — wenn auch indirekt — der Oberpräsidialerlaß vom 15. Januar 1891 der Stadtverordnetenversammlung zu Merseburg die von ihr durchaus berechtigter Weise nachgesuchte Genugthuung bezüglich des oft erwähnten Regierungserlasses gewährt, hat dieselbe für angezeigt erachtet, sich dem von dem Herrenhause in der Sache gefaßten Beschluß anzuschließen und beantragt:

Das Haus der Abgeordneten wolle beschließen:
über die Petition II Nr. 622
in Erwägung, daß dieselbe, soweit sie sich gegen den persönlichen Inhalt der Verfügung des Regierungspräsidenten vom 8. September 1890 richtet, durch die Verfügung des Herrn Oberpräsidenten vom 15. Januar 1891 und das Reskript des Herrn Ministers vom 19. September 1891 erledigt ist, soweit dagegen der sachliche Inhalt der Verfügung vom 8. September 1890 zum Gegenstande der Beschwerde gemacht werden soll, die Stadtverordnetenversammlung zur selbstständigen Beschwerdeführung gemäß § 36 Absatz 2 der Städteordnung vom 30. Mai 1853 nicht für berechtigt gehalten werden kann, zur Tagesordnung überzugehen.

Berlin, den 25. Mai 1892.

Die Kommission für das Gemeindewesen.

Wessel, Vorsitzender. Oberty, Berichterstatter. v. Bülow (Eckernförde). Conrad (Flatow). Frenz. vom Heede. Lamprecht. Ludowieg. Dr. Ostrop. Schlabitz. Schmatzmeier. Theissing. Tschocke (Breslau). Wenders.

Anlagen.

Regierungspräsident zu Merseburg.

Merseburg, den 8. September 1890.

A.

Aus dem Berichte des Magistrates vom 1. v. Mts. — Nr. 3106 II habe ich mit Bedauern ersehen müssen, daß die Errichtung einer Herberge zur Heimath in der hiesigen Stadt in Folge der ablehnenden Haltung der Stadtverordnetenversammlung wiederum auf unbestimmte Zeit vertagt worden ist. Die für diese Haltung angeführten Gründe sind angesichts der Dringlichkeit der Angelegenheit und gegenüber den Darlegungen meiner Verfügung vom 4. Juni d. Js. Nr. 2916 Id als völlig belanglos zu bezeichnen und lassen den Ernst und Eifer vermissen, welcher zur Durchführung einer solchen für die brodlose und Beschäftigung suchende, reisende und heimische Arbeiterbevölkerung so überaus segensreichen Maßregel allerdings unerläßlich erscheint. Denn auch für die heimischen Arbeiter bedarf es einer Arbeitsstätte, auf welcher sie für die gewöhnlich nur kurze Zeit ihrer momentanen Arbeitslosigkeit Verdienst finden. Bei dieser Sachlage sehe ich mich veranlaßt, dem Magistrat hierdurch zu eröffnen, daß ich meine Genehmigung zur Verwendung von Zinsüberschüssen der hiesigen städtischen Sparkasse, soweit diese Verwendung zu anderen Zwecken, als sie in meiner Cirkularverfügung vom 19. November 1877 Nr. 18539 bI genauer bezeichnet sind, in Frage kommen sollte, für die Folge lediglich davon abhängig machen werde, ob dem von mir wiederholt dargelegten dringenden Bedürfniß durch erfolgreiche Schritte zur endlichen Errichtung einer Herberge zur Heimath hier Seitens der städtischen Behörden genügt worden ist.

Hierbei leitet mich insbesondere die Erwägung, daß alle Ausgaben, welche die Stadtgemeinde zu anderen als den in der angezogenen diesseitigen Cirkularverfügung genannten Zwecken zu leisten hat, wie z. B. für Pflasterung von Straßen u. s. w. in erster Linie durch die Kommunalsteuern Deckung zu finden haben, daß dagegen bei Verwendung von Sparkassenzinsüberschüssen vorwiegend solche Zwecke und Veranstaltungen zu berücksichtigen sind, welche den ärmeren, dienenden und arbeitenden Klassen, deren Betheiligung an den Spareinlagen jeder Sparkasse erfahrungsmäßig eine sehr erhebliche ist, zu gute kommen und welche nicht zu den etatsmäßig zu bestreitenden öffentlichen laufenden Ausgaben der Stadtgemeinden zu rechnen sind.

Der Magistrat wolle von Vorstehendem der Stadtverordnetenversammlung gefälligst Kenntniß geben.

Der Königliche Regierungspräsident
v. Dietz.

An
den Magistrat hier
p. C. des Königlichen Landraths Herrn Weidlich
Hochwohlgeboren
hier.

Nr. 4907 I d.

Der Oberpräsident der Provinz Sachsen.

Magdeburg, den 15. Januar 1891.

Darüber, daß eine Disziplinargewalt über die Mitglieder der Stadtverordnetenversammlung dem Herrn Regierungspräsidenten nicht zusteht, besteht auch bei diesem selbst kein Zweifel.

Der Oberpräsident der Provinz Sachsen
von Pommer Esche.

An
den Magistrat zu Merseburg.

B.

Die dortige Stadtverordnetenversammlung hat ohne Mitwirkung des Magistrats unterm 24. Oktober v. J. eine Vorstellung unmittelbar an den Herrn Minister des Innern gerichtet, in welcher sie wegen der von dem Herrn Regierungspräsidenten in Betreff der Verwendung der verfügbaren Zinsgewinnüberschüsse der dortigen städtischen Sparkasse getroffenen Anordnungen Beschwerde führt. Indem ich diese Beschwerdeschrift, welche von dem Herrn Minister an mich zur weiteren Veranlassung abgegeben worden ist, dem Magistrat mit einem dazu gehörigen Aktenhefte zur gefälligen Kenntnißnahme hierneben übersende, ersuche ich den Magistrat zugleich, der dortigen Stadtverordnetenversammlung in meinem Auftrage zu eröffnen, daß ich es ablehnen muß, einen auf die Sache eingehenden Bescheid zu ertheilen, weil die Stadtverordnetenversammlung im Widerspruch gegen § 36 und § 56 Nr. 2 und 8 der Städteordnung vom 30. Mai 1853 ihre Vorstellung ohne Mitwirkung des Magistrats eingereicht hat.

Im Uebrigen giebt mir die von mir vorgenommene Prüfung der Vorstellung Anlaß, dem Magistrate Folgendes zu bemerken:

Der Magistrat hat, wenn die vorliegende Darstellung richtig ist, am 18. Juli v. J. bei der Stadtverordnetenversammlung den Antrag eingebracht, sich mit der Darleihung eines Kapitalbetrages aus der städtischen Sparkasse zu einem Zinsfuß von 3 Prozent zum Zweck der Herstellung einer Herberge zur Heimath einverstanden zu erklären. Wie mache darauf aufmerksam, daß hierüber gemäß § 12 des Sparkassenstatuts vom 16. November 1874 4. Dezember das Sparkassenkuratorium ohne Mitwirkung der Stadtverordnetenversammlung zu befinden in der Lage gewesen wäre. Wenn Beschlüsse der städtischen Behörden über die Verwendung von Zinsüberschüssen der Sparkasse gefaßt werden, so muß es diesen Behörden überlassen bleiben, die Genehmigung der Beschlüsse beim Herrn Regierungspräsidenten in Antrag zu bringen und, wenn dieselbe gemäß § 53 des Zuständigkeitsgesetzes vom 6. August 1883 unter Zustimmung des Bezirksausschusses versagt wird, die Beschwerde an den Provinzialrath einzulegen. Für den Fall, daß die Stadtverordnetenversammlung auf die in der beiliegenden Vorstellung zum Ausdruck gebrachte Ansicht zurückkommen sollte, daß ihr durch den Bescheid des Herrn Regierungspräsidenten vom 8. September v. Js. Nr. 4907 I d, „thatsächlich ein Verweis ertheilt" werde, bemerke ich, daß nach dem von dem Herrn Regierungspräsidenten mir zur Sache erstatteten Berichte der Bescheid diese Bedeutung nicht hat haben sollen, vielmehr nur als eine erneute bringende Mahnung an die Stadtverordnetenversammlung aufzufassen ist, bei ihren Beschlüssen über die Verwendung der Sparkassenüberschüsse in einem höheren Maße, als dies bisher geschehen, auf Wohlfahrtseinrichtungen für die ärmeren Klassen Bedacht zu nehmen.

Ministerium des Innern.

Berlin, den 19. September 1891.

C.

Dem Magistrate lasse ich anbei eine von der dortigen Stadtverordnetenversammlung am 1. Juli d. J. an mich gerichtete Eingabe nebst Anlagen, in welcher über den Seitens des Herrn Oberpräsidenten der Provinz Sachsen in Sachen der dortigen Sparkassenverwaltung ergangenen Erlaß vom 6. April d. J. Beschwerde geführt wird, mit dem Bemerken zugehen, daß ich diese Beschwerde nicht für begründet zu erachten vermag.

Denn soweit sie sich gegen den persönlichen Inhalt der Verfügung des Herrn Regierungspräsidenten vom 8. September 1890 richtet, ist sie bereits durch den Herrn Oberpräsidenten mittelst Verfügung vom 15. Januar d. J. erledigt worden. Soweit dagegen der sachliche Inhalt der Verfügung vom 8. September v. J. zum Gegenstande der Beschwerde gemacht werden soll, kann auch ich die Stadtverordnetenversammlung zur selbständigen Beschwerdeführung gemäß § 36 Absatz 2 der Städteordnung nicht für berechtigt halten, abgesehen davon, daß, so lange nicht in einem Einzelfalle die von den städtischen Behörden erbetene Genehmigung zur Verwendung von Zinsüberschüssen versagt ist, ein unberechtigter Eingriff in die städtische Selbstverwaltung nicht vorliegt.

Gegenüber den sonstigen Ausführungen der Beschwerdeschrift will ich endlich noch bemerken, daß die Bestimmungen über die Anlegung von Sparkassenbeständen, welche jetzt im § 12 des Sparkassenstatuts vom 16. November 1874 finden, durch einfache Gemeindebeschlüsse 14. April 1882 weder ergänzt noch abgeändert werden können. Insbesondere ist es demgemäß ausgeschlossen, durch derartige Beschlüsse dem Sparkassenkuratorium Vorschriften zu geben über den Zinsfuß, zu welchem die Sparkassengelder ausgeliehen werden sollen.

Der Magistrat wolle die Stadtverordnetenversammlung gefälligst hiervon in Kenntniß setzen.

Der Minister des Innern.
Herrfurth.

An
den Magistrat zu Merseburg.
I. B. b. 997.

№ 213.

Auf die Tagesordnung einer der nächsten Plenarsitzungen werden gesetzt werden:

I.

Mündlicher Bericht der Kommission für Petitionen über die Petition des Vermessungsrevisors a. D. Antel in Görlitz — II Nr. 663 — um Erhöhung seiner Pension.

Berichterstatter: Abgeordneter Mies.

Antrag der Petitionskommission:
Das Haus der Abgeordneten wolle beschließen:
Ueber die Petition II Nr. 663 zur Tagesordnung überzugehen.

II.

Mündlicher Bericht der Kommission für Petitionen über die Petition des Bürgermeisters Schneider und Genossen in Maßenheim u. a. O. — II Nr. 784 — in welcher beantragt wird, das verläufliche Holz aus fiskalischen Forsten im Walde zu versteigern und den Erstehern aus dem Kleinbauernstande das Kaufgeld zu stunden.

Berichterstatter: Abgeordneter v. Bordelow.

Antrag der Petitionskommission:
Das Haus der Abgeordneten wolle beschließen:
Ueber die Petition II Nr. 784 zur Tagesordnung überzugehen.

III.

Mündlicher Bericht der Kommission für Petitionen über die Petition des pensionirten Eisenbahnbremsers Wolff und Genossen in Breslau — II Nr. 865 — um Erhöhung der Pensionen der in Folge von Körperbeschädigungen dienstunfähig gewordenen Beamten.

Berichterstatter: Abgeordneter Czwalina.

Antrag der Petitionskommission:
Das Haus der Abgeordneten wolle beschließen:
Die Petition II Nr. 865 der Königlichen Staatsregierung als Material für die Revision der einschlagenden Gesetzgebung zu überweisen.

IV.

Mündlicher Bericht der Kommission für das Gemeindewesen über die Petition von Bruns und Gen. zu Kroppenstedt — II Nr. 177 — um Abänderung des Normalreskripts vom 3. März 1778, betreffend die Theilung und Nutzung der dortigen Felterhufen.

Berichterstatter: Abgeordneter Eberty.

Antrag der Gemeindekommission:
Das Haus der Abgeordneten wolle beschließen:
Die Petition II Nr. 177 der Königlichen Staatsregierung zur Erwägung zu überweisen.

V.

Mündlicher Bericht der Budgetkommission über die Petition des Weichenstellers Rosenberg in Ottensen — II Nr. 824 — um Festsetzung seines Gehaltes nach seiner Gesammtdienstzeit.

Berichterstatter: Abgeordneter Dr. Sattler.

Antrag der Budgetkommission:
Das Haus der Abgeordneten wolle beschließen:
Ueber die Petition II Nr. 824 zur Tagesordnung überzugehen.

VI.

Mündlicher Bericht der Budgetkommission über die Petition der Vertretung der Stadt Hagen — II Nr. 892 — um Abänderung des Projekts für das daselbst zu erbauende Geschäftshaus für das Eisenbahnbetriebsamt.

Berichterstatter: Abgeordneter Dr. Lieber.

Antrag der Budgetkommission:
Das Haus der Abgeordneten wolle beschließen:
Ueber die Petition II Nr. 892 zur Tagesordnung überzugehen.

Berlin, den 27. Mai 1892.

Der Präsident des Hauses der Abgeordneten.
v. Köller.

№ 214.

Antrag.

Das Haus der Abgeordneten wolle beschließen:
Die Königliche Staatsregierung zu ersuchen, dem Landtage in der nächsten Session einen Gesetzentwurf, betreffend die Errichtung eines Amtsgerichts auf Helgoland, vorzulegen.

Berlin, den 27. Mai 1892.

Dr. Reich.

Unterstützt durch:

Dr. Arendt. Bartels. Boecker. Bunzen. Christophersen. Conrad (Filatow). Conrad (Grauden). v. Dziembowski. Engler. Dr. Friedberg. Dr. Gerlich. Günther. Habeband. Dr. Daniel. Graf Harrach. v. Jtzenplitz. Kleine. v. Klindowström. Licht. Lohren. Lüdhoff. Meister-Zehnit. Meister (Thorn). Reubarth. v. Oppen. v. Pilgrim. Freiherr v. Richthofen. Säbersdorf. Riesch. Rimpau. Dr. Ritter. Saffe. Dr. Graf v. Sauerma-Ruppersdorf. v. Schalscha. Schlabitz. Schreiber. Schumacher. Freiherr v. Seherr-Thoß. v. Selle. Stephann. Strutz. v. Tiedemann (Labischin). Tschocke (Breslau). v. Tschoppe (Oldenstadt). v. Veltheim. Weiß. Wessel. Wettig. Freiherr v. Zedlitz und Neukirch.

№ 215.

Anträge

zu der

zweiten Berathung des Entwurfs eines Gesetzes, betreffend die Besetzung der Subaltern- und Unterbeamtenstellen in der Verwaltung der Kommunalverbände mit Militäranwärtern. — Nr. 205 der Drucksachen.

A. Das Haus der Abgeordneten wolle beschließen:

Im § 1, Absatz 1 und 2 die Worte: „Landgemeinden und ländlichen Kommunalbezirke mit weniger als 3 000 Seelen" zu ersetzen durch die Worte: „Landgemeinden und ländlichen Kommunalverbände mit weniger als 2 000 Einwohnern".

v. Tschoppe (Oldenstadt).

Dr. Arendt. v. Bülow (Wandsbek). Bunzen. Conrad (Graudenz). v. Dziembowski. Engler. Habeband. v. Keudell. Kleine. Kratz. Meister-Zehnitz. Meister (Thorn). Riesch. Schlabitz. Schumacher. Freiherr v. Seherr-Thoß. v. Boß. Wettich. Freiherr v. Zedlitz und Neukirch.

B. Das Haus der Abgeordneten wolle beschließen:

1. In § 1, Satz 1 die Worte:
   „sowie den Landgemeinden und ländlichen Kommunalbezirke mit weniger als 3 000 Seelen",
2. ebenda, Satz 2
   zu streichen.
3. In § 4 die Worte: „und unter sinngemäßer Zugrundelegung der für die Reichs- und Staatsbehörden jeweilig geltenden Verzeichnisse über die den Militäranwärtern vorbehaltenen Stellen" zu streichen.

Eberty.

C. Das Haus der Abgeordneten wolle beschließen:

1. § 2 wie folgt zu fassen:
   Ausschließlich mit Militäranwärtern sind zu besetzen: sämmtliche Stellen, deren Obliegenheiten im Wesentlichen in mechanischen Dienstleistungen bestehen.

2. § 3 dahin zu fassen:
   Zur Hälfte mit Militäranwärtern sind zu besetzen:
   1. Die Stellen im Kanzleidienst, einschließlich der Lohnschreiber, soweit deren Inhabern die Besorgung des Schreibwerks und der damit zusammenhängenden Dienstverrichtungen obliegt;
   2. die Stellen der Subalternbeamten im Büreaudienst, jedoch mit Ausnahme:
      a) derjenigen Stellen, für welche eine besondere wissenschaftliche oder technische Vorbildung erfordert wird,
      b) der Stellen derjenigen Kassenvorsteher, welche eigene Rechnung zu legen haben, sowie derjenigen Kassenbeamten, welche, wenn auch nur vorübergehend, Kassengelder einzunehmen, zu verwahren oder auszugeben haben, einschließlich derjenigen Beamten, welche Kassenbücher zu führen oder Rechnungen zu prüfen haben,
      c) sämmtlicher Büreaubeamten der kommunalständischen Bankinstitute.

Bei Aufnahme von Büreaudiätarien ist nach gleichen Grundsätzen zu verfahren.

Greiß.   Schmidt (Warburg).

Berlin, den 28. Mai 1892.

№ 216.

Betr. die Schulabgaben der Besitzer von Privatgrundstücken im forstfiskalischen Gutsbezirke Czerst.

Fünfter Bericht

der

Kommission für das Unterrichtswesen über Petitionen.

Berichterstatter:
Abgeordneter Dr. Gerlich.

Journal II Nr. 793.

Zu dem forstfiskalischen Gutsbezirke Czerst (Kreis Konitz, Regierungsbezirk Marienwerder), welcher eine sehr große räumliche Ausdehnung hat, so daß die innerhalb des ganzen Gutsbezirks zerstreut liegenden Wohnplätze zu verschiedenen angrenzenden Schulverbänden zugelegt werden mußten, gehören außer dem forstfiskalischen Gebiete noch mehrere größere und kleinere Grundstücke in

Privatbesitze, u. A. das in dem Besitze des Petenten, Mühlenbesitzers Zietiug, befindliche Gut Schönwalde. Die Heranziehung dieser Anwohner in dem Gutsbezirke zu den Schulabgaben war bisher nach den Bestimmungen des § 56 und § 60 der Provinzialschulordnung für Ost- und Westpreußen geschehen, und zwar in der Weise, daß durch eine Festsetzung der Königlichen Regierung in Marienwerder vom 12. September 1884 die Grenze bestimmt war, bis zu welcher die Heranziehung der Anwohner (Hintersassen im Sinne des § 56 der Provinzialschulordnung) stattfinden durfte, während für den Rest der Schulabgaben der Besitzer des Gutes, d. i. der Königliche Forstfiskus, — aufzukommen hatte.

Nach der genauten Festsetzung vom 12. September 1884 war nun bestimmt, daß diejenigen Personen, welche wegen eines zu geringen Einkommens (unter 420 Mark) nicht zur Klassensteuer veranlagt sind, bis zu 100 Prozent des fingirten Satzes von 1 Mark 50 Pf., die zur I. und II. Klassensteuerstufe veranlagten Personen dagegen bis zu 150 Prozent und alle übrigen Personen bis zu 200 Prozent der vollen Jahressteuer herangezogen werden durften.

Der Petent empfand es nun schwer, daß, nachdem durch die Schulentlastungsgesetze vom 14. Juni 1888 und 31. März 1889 in allen Schulverbänden eine große Erleichterung hinsichtlich der von den einzelnen Hausvätern zu tragenden Schulabgaben herbeigeführt war, er und seine Genossen einer solchen Erleichterung nicht theilhaftig wurden, da sie auch jetzt noch nach wie vor bis zu der in der Festsetzung vom 12. September 1884 bestimmten Grenze herangezogen wurden. Sie hatten daher von den Wohlthaten der Schulentlastungsgesetze nur keinen Nutzen, während sie sich klar machten, daß die jetzt herbeigeführte erhebliche Entlastung lediglich dem Königlichen Forstfiskus, — als Gutsherrn des Gutsbezirks, — allein zu gute kam.

Dies erkennend, hatte der Petent bereits gleich nach dem 1. April 1889, — dem Zeitpunkte des Inkrafttretens des ersten Schulentlastungsgesetzes, — ein Gesuch an die Königliche Regierung in Marienwerder gerichtet, in welchem er um eine den nunmehrigen Umständen entsprechende Abänderung der Festsetzung vom 12. September 1884 bat.

Auf dieses Gesuch behauptet er eine Antwort nicht erhalten zu haben.

Er hat dann beim Kreisausschuß in Konitz eine Klage gegen den Gutsvorsteher in Czersk angestrengt in der Annahme, daß der Gutsvorsteher auch für das Interesse der Anwohner seines Forstgutsbezirks einzutreten hätte. Diese Klage wurde indeß rechtsträftig abgewiesen unter der Begründung, daß der Gutsvorsteher dem Gesuche und der Festsetzung der Königlichen Regierung entsprochen und die Beiträge demgemäß richtig einzuziehen gehabt habe.

Hierauf hat sich der Petent am 12. Oktober 1890 bei dem Herrn Minister über die Königliche Regierung beschwert, worauf er von der letzteren im Auftrage des Herrn Ministers unterm 30. Mai 1891 den Bescheid erhielt, daß, nachdem durch die Entscheidung des Kreisausschusses die Berechnung und Erhebung der Schulbeiträge als ordnungsmäßig und dem bestehenden Festsetzung vom 12. September 1884 entsprechend anerkannt sei, von einer Rückgewährung der von ihm vermeintlich zu viel gezahlten Schulbeiträge nicht die Rede sein könne, daß indeß die besonderen Verhältnisse des Forstgutsbezirks Czersk eine Abänderung der Festsetzung vom 12. September 1884 für die Zukunft als angezeigt erscheinen lasse und daß dieserhalb in eine erneute Prüfung dieser Angelegenheit eingetreten sei, ihm demnächst ein weiterer Bescheid ertheilt werden solle.

Da ein solcher indeß ausblieb, hat der Petent nochmals am 10. Januar d. J. die Königliche Regierung um baldige Abstellung des bestehenden Mißverhältnisses gebeten, aber am 28. Januar nur den Bescheid erhalten, daß die zur Zeit schwebenden Untersuchungen noch nicht abgeschlossen seien und er demnächst weiteren Bescheid erhalten werde.

Er hat nun gefürchtet, daß durch eine längere Hinausschiebung des Bescheides ihm insofern weitere Nachtheile erwachsen würden, als er fortgesetzt so hohe Schulbeiträge zahlen müßte, ohne die Aussicht zu gewinnen, die zu viel bezahlten Beiträge jemals wieder zurück zu erhalten, und er wendet sich an das Haus der Abgeordneten mit der Bitte:

das Hohe Haus der Abgeordneten wolle veranlassen, daß auch in dem Forstgutsbezirke Czersk die Schulentlastungsgesetze vom 14. Juni 1888 und 31. März 1889 zur Ausführung gebracht werden, sowie daß ihm die durch die Nichtbeachtung dieser Gesetze von ihm zu viel erhobenen Schulbeiträge von der Zeit des Inkrafttretens derselben ab erstattet werden.

Zur Motivirung dieser Bitte ist des Näheren ausgeführt, daß, da der aus vielen Wohnplätzen, Kolonien und Forstetablissements bestehende sehr große Gutsbezirk an 10 Schulen in der Umgegend betheiligt sei und daher ohnehin sehr hohe Schulbeiträge zu leisten habe, diese Last für die Gutsanwohner um so drückender geworden sei, als schon früher die von der Königlichen Regierung den einzelnen Schulverbänden gewährten Staatsunterstützungen nur den Gemeinden, nicht aber den Gutsbezirken zugebilligt worden seien. Nachdem nunmehr auf Grund der Gesetze von 1888 und 1889 in den einzelnen Schulen ihre Staatszuschüsse erhalten, sei dort allerdings für die Gemeinden eine wesentliche Erleichterung herbeigeführt worden derart, daß beispielsweise in den ihm benachbarten zum Schulverbande kurze gehörigen Gemeinden die Schulbeiträge nur circa 36 Prozent der Klassensteuer betragen, während er selbst, auch zu Kurtze eingezählt, nach wie vor 200 Prozent der Klassensteuer an Schulbeiträgen zu zahlen habe.

Dazu komme nur der Umstand hinzu, daß auch die Ortskommunalbeiträge im Gutsbezirke für die Privatgrundstücksbesitzer innerhalb desselben ausnehmend hoch seien, weil in dem Gutsbezirke wohnenden Königlichen Forst- und Baubeamten nach dem Gesetze vom 11. Juli 1822 mit nicht geringen Beiträgen herangezogen werden, während die übrigen Anwohner des Gutsbezirks die ganzen Lasten zu tragen haben. Es sei hierdurch so weit gekommen, daß er selbst jetzt an Schul-, Armen- und Ortslasten zusammen über 400 Prozent seiner Klassensteuer zahlen müsse. Dadurch werde aber er sowie alle übrigen Anwohner in dem Gutsbezirke überlastet, und wenn nicht bald Abhülfe erfolge, der Verarmung preisgegeben werden.

Diese Petition gelangte am 9. Mai cr. zur Berathung in der Unterrichtskommission. Als Vertreter der Königlichen Staatsregierung waren zugegen:

Seitens des Ministeriums für geistliche und Unterrichtsangelegenheiten: der Geheime Oberregierungsrath v. Bremen;

Seitens des Ministeriums für Landwirthschaft: der Königliche Geheime Regierungsrath Moebius.

Nachdem über die Petition durch den Abgeordneten Dr. Gerlich Bericht erstattet war, gelangte zunächst die Frage zur Erörterung, ob die Petition als zur Berathung geeignet angesehen werden könne, weil der Instanzenzug nicht erschöpft zu sein scheine. Diese Frage wurde indeß bejaht.

Demnächst äußerte sich der Herr Vertreter des Ministers für Landwirthschaft: In dem Ministerium für die landwirthschaftlichen Angelegenheiten sei der vorliegende Fall nicht bekannt geworden. Er könne daher eine bestimmte Stellung zu der Petition nicht nehmen. Er glaube indeß annehmen zu können, daß sein Herr Chef gegen eine den gegenwärtigen Verhältnissen mehr entsprechende Abänderung der Festsetzung vom 12. September 1884, welche der Königlichen Regierung in Marienwerder, Abtheilung für Kirchen- und Schulwesen, jederzeit zustehe, keine Einwendungen erheben würde.

Hierauf erklärte der Herr Vertreter des Ministers für die geistlichen und Unterrichtsangelegenheiten, daß, wie dies dem Petenten bereits von der Königlichen Regierung in Marienwerder mitgetheilt worden sei, von dem Herrn Minister die anderweitige Regelung dieser Angelegenheit durch eine entsprechende Abänderung der mehrgenannten Festsetzung vom 12. September 1884 für nöthig gehalten und auch angeordnet sei. Wenn dieser Anordnung bisher noch nicht habe entsprochen werden können, so liege dies in der Schwierigkeit der Aufgabe, eine möglichst gerechte und den Bedürfnissen und Wünschen der Betheiligten entsprechende Regelung auch in anderen ähnlichen Fällen im Regierungsbezirke zu finden. Die Erhebungen hierüber seien zeitraubend und noch nicht zum Abschluß gebracht. Es sei indeß zu erwarten, daß nunmehr baldigst eine Neuregelung in diesem Punkte eintreten werde. Im Uebrigen fordere die Petition, indem sie ihrem Wortlaute nach verlange, daß die Schulentlastungsgesetze vom 14. Juni 1888 / 31. März 1889 "zur Ausführung gebracht" und dem Petenten die „durch Nichtbeachtung dieser Gesetze" von ihm „zu viel erhobenen Schulbeiträge erstattet werden", etwas Unerfüllbares: die genannten Gesetze seien ausgeführt worden, von etwaigen Regreßansprüchen könne daher nicht die Rede sein, es handle sich auch nur darum, in einzelnen Fällen gewisse unbillige Wirkungen des Gesetzes nach Möglichkeit auszugleichen.

Auf diese Erklärungen hin glaubte der Referent annehmen zu dürfen, daß der Zweck der Petition: die Herbeiführung einer möglichst baldigen anderweitigen Regelung des jetzt bestehenden Verhältnisses, bereits als erreicht angesehen werden könne. Er schlug daher der Kommission vor, über die Petition zur Tagesordnung überzugehen.

Diesem Antrage wurde entsprochen. Die Unterrichtskommission beantragt daher:

Das Haus der Abgeordneten wolle beschließen, über die Petition II, Nr. 793 zur Tagesordnung überzugehen.

Berlin, den 27. Mai 1892.

Die Kommission für das Unterrichtswesen.

Freiherr v. **Plettenberg-Mehrum**, Vorsitzender.
Dr. **Gerlich**, Schriftführer. Dr. **Arendt**. Dr. **Bachem**.
v. **Baumbach**. Dr. **Grimm** (Wiesbaden). **Hasse**.
Dr. **Otto Hermes**. Dr. **Köhler** (Trier). v. **Köllichen**.
Krah. **Krebs**. Dr. **Kropatscheck**. Dr. **Langerhans**.
v. **Schenckendorff**. **Schweizer**. **Schroeder**.
v. d. **Schulenburg**. **Seyffardt** (Magdeburg).
Wörmcke. **Zaruba**.

№ 217.

Zusammenstellung

des

Entwurfs eines Gesetzes, betreffend die Feststellung eines Nachtrags zum Staatshaushaltsetat für das Jahr vom 1. April 1892/93, — Nr. 199 und Nr. 207 der Drucksachen — mit den in der **zweiten Berathung** im Plenum des Hauses der Abgeordneten über denselben gefaßten Beschlüssen.

(§ 17 der Geschäftsordnung.)

Regierungsvorlage.	Beschlüsse des Hauses der Abgeordneten.
Entwurf eines Gesetzes, betreffend die Feststellung eines Nachtrags zum Staatshaushaltsetat für das Jahr vom 1. April 1892/93.	**Entwurf eines Gesetzes,** betreffend die Feststellung eines Nachtrags zum Staatshaushaltsetat für das Jahr vom 1. April 1892/93.
Wir Wilhelm, von Gottes Gnaden König von Preußen ꝛc. verordnen, mit Zustimmung der beiden Häuser des Landtags der Monarchie, was folgt:	**Wir Wilhelm**, von Gottes Gnaden König von Preußen ꝛc. verordnen, mit Zustimmung der beiden Häuser des Landtags der Monarchie, was folgt:
§ 1. Der diesem Gesetze als Anlage beigefügte Nachtrag zum Staatshaushaltsetat für das Jahr vom 1. April 1892/93 wird in Ausgabe (Ab- und Zugang) auf 286 500 Mark festgestellt und tritt dem Staatshaushaltsetat für das Jahr vom 1. April 1892/93 hinzu.	§ 1. Unverändert.
§ 2. Der Finanzminister ist mit der Ausführung dieses Gesetzes beauftragt. Urkundlich unter Unserer Höchsteigenhändigen Unterschrift und beigedrucktem Königlichen Insiegel. Gegeben ꝛc.	§ 2. Unverändert.

Berlin, den 28. Mai 1892.

Beglaubigt:

Der Präsident   Die Schriftführer
des Hauses der Abgeordneten.

v. Köller.   Barth. Eberhard. Dr. Hartmann (Lübben). Im Walle. Kolisch. Olzem. Sperlich. Vopelius.

Regierungsvorlage.

Nachtrag
zum
Staatshaushaltsetat für das Jahr vom 1. April 1892/93.

Kap.	Tit.	Ausgabe	Gegen den Etat für 1. April 1892/93	
			Zugang ℳ	Abgang ℳ
		Dauernde Ausgaben.		
		A. IV. Ministerium der öffentlichen Arbeiten.		
		Verwaltung der Eisenbahnangelegenheiten.		
		B. I. Dotationen.		
37a	1	Nach Maßgabe des § 4 Absatz 3 Nr. 2 des Gesetzes vom 27. März 1882 ꝛc.	—	286 500
		Summe für sich.		
		Einmalige und außerordentliche Ausgaben.		
		IV. Ministerium für Handel und Gewerbe.		
6		Verwaltung für Berg-, Hütten- und Salinenwesen.		
	5	Zur Herstellung einer Wasserleitung für den westlichen Theil des Oberschlesischen Industriegebiets, 1. Rate	286 500	—
		Summe für sich.		

Beschlüsse des Hauses der Abgeordneten.

Nachtrag
zum Staatshaushaltsetat für das Jahr vom 1. April 1892/93.

Kap.	Tit.	Ausgabe	Gegen den Etat für 1. April 1892/93	
			Zugang ℳ	Abgang ℳ
		Dauernde Ausgaben.		
		A. IV. **Ministerium der öffentlichen Arbeiten.**		
		Verwaltung der Eisenbahnangelegenheiten.		
		B. I. Dotationen.		
37a	1	Unverändert.		
		Einmalige und außerordentliche Ausgaben.		
		IV. **Ministerium für Handel und Gewerbe.**		
6		Verwaltung für Berg-, Hütten- und Salinenwesen.		
	6	Zur Herstellung einer Wasserleitung für den westlichen Theil des Oberschlesischen Industriegebiets, 1. Rate zum Bau der Leitung Karf—Zabrze und der Anschlußleitung zwischen Karf und Beuthen, an die Adolph-Schacht-Königshütter Leitung	286 500	—
		Summe für sich.		

№ 218.

Zusammenstellung

des

Entwurfs eines Gesetzes, betreffend das Diensteinkommen der Lehrer an den nichtstaatlichen öffentlichen höheren Schulen, — Nr. 149 und Nr. 201 der Drucksachen — mit den in der **zweiten Berathung** im Plenum des Hauses der Abgeordneten über denselben gefaßten Beschlüssen.

(§ 17 der Geschäftsordnung.)

Regierungsvorlage.	Beschlüsse des Hauses der Abgeordneten.
Entwurf eines Gesetzes, betreffend das Diensteinkommen der Lehrer an den nichtstaatlichen öffentlichen höheren Schulen.	**Entwurf eines Gesetzes,** betreffend das Diensteinkommen der Lehrer an den nichtstaatlichen öffentlichen höheren Schulen.
Wir Wilhelm, von Gottes Gnaden König von Preußen ꝛc. verordnen unter Zustimmung beider Häuser des Landtages für den Umfang der Monarchie was folgt:	**Wir Wilhelm,** von Gottes Gnaden König von Preußen ꝛc. verordnen unter Zustimmung beider Häuser des Landtages für den Umfang der Monarchie was folgt:
§ 1. Die für das Diensteinkommen der Leiter und der wissenschaftlichen Lehrer einschließlich der Hülfslehrer an den staatlichen höheren Schulen beim Inkrafttreten dieses Gesetzes geltenden Bestimmungen finden in gleichem Maße Anwendung bei denjenigen öffentlichen höheren Schulen, welche von einer bürgerlichen Gemeinde als eine Veranstaltung derselben unterhalten werden. Dasselbe gilt bezüglich des Diensteinkommens derjenigen an diesen Schulen angestellten Zeichenlehrer, welche mindestens 14 Zeichenstunden und 10 Stunden anderen Unterrichts in der Woche ertheilen.	**§ 1.** Die für das Diensteinkommen der Leiter und der wissenschaftlichen Lehrer einschließlich der Hülfslehrer, der **Zeichenlehrer und der sonstigen technischen, Elementar- und Vorschullehrer** an den staatlichen höheren Schulen beim Inkrafttreten dieses Gesetzes geltenden Bestimmungen finden in gleichem Maße Anwendung bei denjenigen öffentlichen höheren Schulen, welche von einer bürgerlichen Gemeinde als eine Veranstaltung derselben unterhalten werden.

Haus der Abgeordneten. Aktenstück № 218.

Regierungsvorlage.

Die Besoldung der übrigen technischen, Elementar- und Vorschullehrer ist innerhalb der für die entsprechenden Kategorien von Lehrern an den staatlichen höheren Schulen bestimmten Grenzen dergestalt festzustellen, daß dieselbe hinter derjenigen der Volksschullehrer in dem betreffenden Orte nicht zurückbleiben darf. Mit derselben Maßgabe ist außerdem jenen Lehrern eine nicht pensionsfähige Zulage von 150 Mark jährlich zu gewähren. Bei der Versetzung des Lehrers an eine Volksschule fällt diese Zulage weg; die hierdurch eintretende Verminderung des Diensteinkommens wird als eine Verkürzung des Diensteinkommens im Sinne des § 87 des Gesetzes, betreffend die Dienstvergehen der nichtrichterlichen Beamten, vom 21. Juli 1852 Gesetzsamml. S. 465 nicht angesehen.

§ 2.

Der bürgerlichen Gemeinde steht es frei, zu beschließen, daß das Aufrücken der wissenschaftlichen Lehrer im Gehalt statt nach dem System der Dienstalterszulagen nach Maßgabe des für die einzelne Anstalt oder für mehrere Anstalten zusammen aufzustellenden Besoldungsetats erfolgt. In diesem Falle ist für jede Stelle eines wissenschaftlichen Lehrers neben dem Wohnungsgeldzuschusse der Tarifklasse III das für einen staatlichen Lehrer dieser Kategorie berechnete Durchschnittsgehalt voll in den Etat einzustellen und auf die Gesammtzahl der Stellen innerhalb der Sätze für das Mindest- und das Höchstgehalt in angemessenen Abstufungen zu vertheilen.

Für die Leiter der Anstalten und die vollbeschäftigten Zeichenlehrer (§ 1 zweiter Absatz) kann die gleiche Ausnahme mit Genehmigung des Unterrichtsministers zugelassen werden, wenn nach seinem Ermessen Einrichtungen getroffen sind, welche ein allmähliches Aufrücken der Leiter und Lehrer zum Höchstgehalte in angemessenen Zwischenräumen gestatten.

§ 3.

Die bürgerliche Gemeinde ist verpflichtet, die zur Erfüllung der Bestimmungen der §§ 1 und 2 erforderlichen Mittel bereit zu stellen, soweit diese nicht aus den eignen Einnahmen der Anstalt oder aus anderen dazu bestimmten Fonds gedeckt werden.

§ 4.

Die vorstehenden Bestimmungen der §§ 1 bis 3 kommen auch bei denjenigen öffentlichen höheren Schulen zur Anwendung, welche von anderen Korporationen oder aus eigenem Vermögen oder aus anderen dazu bestimmten Fonds zu unterhalten sind.

Die Beschlußfassung über die Art des Aufrückens der Lehrer im Gehalt steht der nach den örtlichen Bestimmungen hierzu berufenen Verwaltungsbehörde zu.

§ 5.

Die bürgerlichen Gemeinden und sonstigen Korporationen u. s. w. sind durch die Vorschriften des gegenwärtigen Gesetzes nicht behindert, das Diensteinkommen der Lehrer an den von ihnen zu unterhaltenden Anstalten in einer für die Lehrer günstigeren als der oben bestimmten Weise zu regeln.

Beschlüsse des Hauses der Abgeordneten.

§ 2.

Der bürgerlichen Gemeinde steht es frei, zu beschließen, daß das Aufrücken der wissenschaftlichen Lehrer im Gehalt statt nach dem System der Dienstalterszulagen nach Maßgabe des für die einzelne Anstalt oder für mehrere Anstalten zusammen aufzustellenden Besoldungsetats erfolgt. In diesem Falle ist für jede Stelle eines wissenschaftlichen Lehrers neben dem Wohnungsgeldzuschusse der Tarifklasse III das für einen staatlichen Lehrer dieser Kategorie berechnete Durchschnittsgehalt voll in den Etat einzustellen und auf die Gesammtzahl der Stellen innerhalb der Sätze für das Mindest- und das Höchstgehalt in angemessenen Abstufungen zu vertheilen.

Für die Leiter der Anstalten sowie die Zeichenlehrer und die sonstigen technischen, Elementar- und Vorschullehrer kann die gleiche Ausnahme mit Genehmigung des Unterrichtsministers zugelassen werden, wenn nach seinem Ermessen Einrichtungen getroffen sind, welche ein allmähliches Aufrücken der Leiter und Lehrer zum Höchstgehalte in angemessenen Zwischenräumen gestatten.

§ 3.

Unverändert.

§ 4.

Die vorstehenden Bestimmungen der §§ 1 bis 3 finden auch bei denjenigen öffentlichen höheren Schulen sinngemäße Anwendung, welche von anderen Korporationen oder aus eigenem Vermögen oder aus anderen dazu bestimmten Fonds zu unterhalten sind.

Die Beschlußfassung über die Art des Aufrückens der Lehrer im Gehalt steht der nach den örtlichen Bestimmungen hierzu berufenen Verwaltungsbehörde zu.

§ 5.

Unverändert.

Regierungsvorlage. **Beschlüsse des Hauses der Abgeordneten.**

§ 6.

Den Lehrern steht ein Rechtsanspruch auf Bewilligung eines bestimmten Diensteinkommens, insbesondere auf Feststellung eines bestimmten Dienstalters oder auf ein Aufrücken im Gehalt nicht zu.

Die Versagung von Alterszulagen ist nur bei unbefriedigender Dienstführung zulässig und bedarf der Genehmigung des Provinzialschulkollegiums.

§ 7.

Der Unterrichtsminister ist befugt, das Schulgeld an den nichtstaatlichen höheren Unterrichtsanstalten in derselben Höhe und von dem von ihm zu bestimmenden Zeitpunkte ab festzusetzen und seine Erhebung anzuordnen, wie dasselbe bei den staatlichen Schulen der entsprechenden Kategorie zur Hebung gelangt.

§ 8.

Höhere Schulen im Sinne dieses Gesetzes sind die vom Unterrichtsminister als solche anerkannten oder anzuerkennenden Unterrichtsanstalten, zur Zeit: Gymnasien, Realgymnasien, Oberrealschulen, Progymnasien, Realprogymnasien und Realschulen.

Solange eine staatliche Oberrealschule nicht vorhanden ist, finden auf die Oberrealschulen die für die sonstigen staatlichen Vollanstalten geltenden Gehaltsbestimmungen Anwendung.

§ 9.

Dieses Gesetz tritt am 1. April 1893 in Kraft.

Die Gemeinden bezw. Korporationen u. s. w. können die Zahlung des erhöhten Diensteinkommens bereits von einem früheren Termine ab beschließen.

Gegeben 2c.

Urkundlich 2c.

§ 6.

Unverändert.

§ 7.

Der Unterrichtsminister ist befugt, soweit staatliche Zuschüsse erfordert werden, das Schulgeld an den nichtstaatlichen höheren Unterrichtsanstalten in derselben Höhe und für den von ihm zu bestimmenden Zeitpunkt festzusetzen und seine Erhebung anzuordnen, wie dasselbe bei den staatlichen Schulen der entsprechenden Art zur Hebung gelangt.

§ 8.

Unverändert.

§ 9.

Wandelt eine Gemeinde, Korporation u. f. w. eine höhere Schule in eine solche mit veränderten Berechtigungen um, so erlangen die Leiter und Lehrer der Schule nicht die Befugniß, aus dem von ihnen bekleideten Amte auszuscheiden. Jedoch ist ihnen dasjenige Diensteinkommen zu gewähren, welches ihnen zustehen würde, wenn die Umwandlung nicht erfolgt wäre.

§ 10.

Dieses Gesetz tritt am 1. April 1893 in Kraft.

Die Gemeinden bezw. Korporationen u. s. w. können die Zahlung des erhöhten Diensteinkommens bereits von einem früheren Zeitpunkt ab beschließen.

Gegeben 2c.

Urkundlich 2c.

Berlin, den 28. Mai 1892.

Beglaubigt:

Der Präsident   Die Schriftführer

des Hauses der Abgeordneten.

v. Köller.   Barth. Eberhard. Dr. Hartmann (Lübben). Im Walle.
Kolisch. Olzem. Sperlich. Vopelius.

Nr 219.

Antrag
zu der **zweiten Berathung** des Entwurfs eines Gesetzes, betreffend die Besetzung der Subaltern- und Unterbeamtenstellen in der Verwaltung der Kommunalverbände mit Militäranwärtern. — Nr. 205 der Drucksachen.

Das Haus der Abgeordneten wolle beschließen:
Im § 13a zu setzen:
a) Zeile 3 hinter „welche" das Wort: „denselben";
b) Zeile 5 anstatt „haben" das Wort: „hätten";
c) Zeile 12 anstatt „insolange" das Wort: „solange".

Berlin, den 28. Mai 1892.

Eberhard.

Nr 220.

Zusammenstellung
des Entwurfs eines Gesetzes, betreffend die Besetzung der Subaltern- und Unterbeamtenstellen in der Verwaltung der Kommunalverbände mit Militäranwärtern, — Nr. 130 und Nr. 205 der Drucksachen — mit den in der **zweiten Berathung** im Plenum des Hauses der Abgeordneten über denselben gefaßten Beschlüssen.

(§ 17 der Geschäftsordnung.)

Beschlüsse des Herrenhauses.	Beschlüsse des Hauses der Abgeordneten.
Entwurf eines Gesetzes, betreffend die Besetzung der Subaltern- und Unterbeamtenstellen in der Verwaltung der Kommunalverbände mit Militäranwärtern.	**Entwurf eines Gesetzes,** betreffend die Besetzung der Subaltern- und Unterbeamtenstellen in der Verwaltung der Kommunalverbände mit Militäranwärtern.
Wir Wilhelm, von Gottes Gnaden König von Preußen ꝛc. verordnen mit Zustimmung beider Häuser des Landtages für den gesammten Umfang der Monarchie, was folgt:	**Wir Wilhelm,** von Gottes Gnaden König von Preußen ꝛc. verordnen mit Zustimmung beider Häuser des Landtages für den gesammten Umfang der Monarchie, was folgt:
§ 1. Die Subaltern- und Unterbeamtenstellen in der Verwaltung der Kommunalverbände, jedoch ausschließlich der Forstverwaltung, sind gemäß der nachstehenden Bestimmungen vorzugsweise mit Militäranwärtern zu besetzen.	§ 1. Die Subaltern- und Unterbeamtenstellen in der Verwaltung der Kommunalverbände, jedoch ausschließlich der Forstverwaltung, **sowie der Landgemeinden und ländlichen Kommunalbezirke mit weniger als 3000 Seelen**, sind gemäß der nachstehenden Bestimmungen mit Militäranwärtern zu besetzen.

Beschlüsse des Herrenhauses.

Militäranwärter im Sinne dieses Gesetzes ist jeder Inhaber des Civilversorgungsscheins, welcher dem Preußischen Staate angehört und aus dem Preußischen Reichsmilitärkontingente hervorgegangen ist. Die unter Preußischer Verwaltung stehenden außerpreußischen Kontingente und die Kaiserliche Marine sind in dieser Beziehung dem Preußischen Kontingente gleichgestellt.

§ 2.

Ausschließlich mit Militäranwärtern sind zu besetzen:
1. die Stellen im Kanzleidienst, einschließlich derjenigen der Lohnschreiber, soweit deren Inhabern die Besorgung des Schreibwerks und der damit zusammenhängenden Dienstverrichtungen obliegt;
2. sämmtliche Stellen, deren Obliegenheiten im Wesentlichen in mechanischen Dienstleistungen bestehen.

§ 3.

Mindestens zur Hälfte mit Militäranwärtern sind zu besetzen die Stellen der Subalternbeamten im Büreaudienst, jedoch mit Ausnahme
1. derjenigen Stellen, für welche eine besondere wissenschaftliche oder technische Vorbildung erfordert wird,
2. der Stellen derjenigen Kassenvorsteher, welche eigene Rechnung zu legen haben, sowie derjenigen Kassenbeamten, welche Kassengelder einzunehmen, zu verwahren oder auszugeben haben.

§ 4.

In welchem Umfange die nicht unter die §§ 2 und 3 fallenden Subaltern- und Unterbeamtenstellen mit Militäranwärtern zu besetzen sind, ist unter Berücksichtigung der Anforderungen des Dienstes zu bestimmen.

§ 5.

Insoweit in Ausführung der §§ 3 und 4 einzelne Klassen von Subaltern- und Unterbeamtenstellen den Militäranwärtern nicht mindestens zur Hälfte vorbehalten werden können, hat nach Möglichkeit ein Ausgleich in der Weise stattzufinden, daß andere derartige Stellen desselben Kommunalverbandes in entsprechender Zahl und Besoldung vorbehalten werden.

Unter einer Klasse im Sinne dieses Gesetzes ist die Gesammtheit der bei einem kommunalen Verbande beschäftigten Beamten zu verstehen, deren dienstliche Obliegenheiten ihrer Natur nach im Wesentlichen dieselben sind.

Beschlüsse des Hauses der Abgeordneten.

Vorstehende Verpflichtung kann durch Königliche Verordnung bezüglich der Kriegsinvaliden auf die Landgemeinden und ländlichen Kommunalbezirke mit weniger als 3 000 Seelen ausgedehnt werden. Dem Landtage ist hiervon bei seinem nächsten Zusammentritt Mittheilung zu machen.

Militäranwärter im Sinne dieses Gesetzes ist jeder dem Preußischen Staate angehörige und aus dem Preußischen Reichsmilitärkontingente hervorgegangene Inhaber des Civilversorgungsscheins Die unter Preußischer Verwaltung stehenden außerpreußischen Kontingente und die Kaiserliche Marine sind in dieser Beziehung dem Preußischen Kontingente gleichgestellt.

§ 2.

Unverändert.

§ 3.

Unverändert.

§ 4.

Zu welchem Umfange die nicht unter die §§ 2 und 3 fallenden Subaltern- und Unterbeamtenstellen mit Militäranwärtern zu besetzen sind, ist unter Berücksichtigung der Anforderungen des Dienstes und unter flaggemäßer Zugrundelegung der für die Reichs- und Staatsbehörden jeweilig geltenden Verzeichnisse über die den Militäranwärtern vorbehaltenen Stellen zu bestimmen.

§ 5.

Unverändert.

Beschlüsse des Herrenhauses.   **Beschlüsse des Hauses der Abgeordneten.**

Enthält eine Klasse nur eine Stelle, so bleibt dieselbe den Militäranwärtern vorbehalten oder versagt, je nachdem sie unter Berücksichtigung der Anforderungen des Dienstes zur Besetzung mit einem Militäranwärter geeignet oder nicht geeignet ist.

§ 6.

Die den Militäranwärtern vorbehaltenen Stellen können verliehen werden

1. an Offiziere und Deckoffiziere, welchen beim Ausscheiden aus dem aktiven Dienste die Aussicht auf Anstellung im Civildienste verliehen worden ist;
2. ehemaligen Militäranwärtern, welche sich in einer auf Grund ihrer Versorgungsansprüche erworbenen etatsmäßigen Anstellung befinden oder in Folge eingetretener Dienstunfähigkeit in den Ruhestand versetzt worden sind;
3. ehemaligen Militärpersonen, welchen der Civilversorgungsschein lediglich um deswillen versagt worden ist, weil sie sich nicht fortgesetzt gut geführt haben, und welchen gemäß einer von der zuständigen Militärbehörde ihnen später ertheilten Bescheinigung eine den Militäranwärtern im Reichs- oder Staatsdienste vorbehaltene Stelle übertragen werden darf;
4. sonstigen Personen, denen die Berechtigung zu einer Anstellung landesherrlich verliehen worden ist;
5. solchen Beamten und Bediensteten des betreffenden Kommunalverbandes, welche für ihren Dienst unbrauchbar oder entbehrlich geworden sind und einstweilig oder dauernd in den Ruhestand versetzt werden müßten, wenn ihnen nicht eine den Militäranwärtern vorbehaltene Stelle verliehen würde.

§ 7.

Stellen, welche den Militäranwärtern nur theilweise (zur Hälfte, zu einem Drittheil u. s. w.) vorbehalten sind, werden bei eintretenden Vakanzen in einer dem Antheilsverhältniß entsprechenden Reihenfolge mit Militäranwärtern oder Civilpersonen besetzt, und zwar ohne Rücksicht auf die Zahl der zur Zeit der Besetzung thatsächlich mit Militäranwärtern und Civilpersonen besetzten Stellen.

Wird die Reihenfolge auf Grund des § 6 unterbrochen oder wird in Folge des § 6 Nr. 5 eine ausschließlich mit Militäranwärtern zu besetzende Stelle mit einem Bediensteten des Kommunalverbandes besetzt, so ist eine Ausgleichung herbeizuführen. Dabei sind Personen, deren Anstellung auf Grund des § 6 Nr. 4 und 5 erfolgt, als Civilpersonen, Personen, deren Anstellung auf Grund des § 6 Nr. 1–3 erfolgt, als Militäranwärter in Anrechnung zu bringen.

In der Versetzung oder Beförderung eines besoldeten Subaltern- oder Unterbeamten auf eine andere nicht ausschließlich mit Militäranwärtern zu besetzende besoldete Subaltern- oder Unterbeamtenstelle desselben Kommunalverbandes sind die Kommunalverbände nicht beschränkt. Wäre die auf solche Weise mit einer Civilperson besetzte Stelle der bestehenden Reihenfolge nach mit einem Militäranwärter zu besetzen gewesen, so ist eine Ausgleichung herbeizuführen.

§ 6.

Unverändert.

§ 7.

Unverändert.

Beschlüsse des Herrenhauses.   **Beschlüsse des Hauses der Abgeordneten.**

§ 8.

Die Militäranwärter haben sich um die von ihnen begehrten Stellen bei den Anstellungsbehörden zu bewerben.

Sie sind zu Bewerbungen vor oder nach der Stellenerledigung insolange berechtigt, als sie noch nicht eine etatsmäßige Stelle erlangt und angetreten haben, mit welcher ein pensionsfähiges Diensteinkommen von mindestens 900 Mark verbunden ist. Bewerbungen um Stellen, welche nur im Wege des Aufrückens zu erlangen sind, werden jedoch hierdurch nicht ausgeschlossen.

§ 9.

Bewerbungen um noch nicht frei gewordene Stellen sind alljährlich zum 1. Dezember zu erneuern, widrigenfalls dieselben als erloschen gelten.

§ 10.

Stellen, welche mit Militäranwärtern zu besetzen sind, müssen im Falle der Erledigung und wenn keine Bewerbungen von Militäranwärtern für dieselben vorliegen, Seitens der Anstellungsbehörde der zuständigen Militärbehörde behufs der Bekanntmachung mittelst Einreichung einer Nachweisung bezeichnet werden.

Ist innerhalb 6 Wochen nach der Bekanntmachung eine Bewerbung bei der Anstellungsbehörde nicht eingegangen, so hat dieselbe in der Stellenbesetzung freie Hand.

§ 11.

Die den Militäranwärtern vorbehaltenen Stellen dürfen, außer in dem Falle des § 6, mit anderen Personen nicht besetzt werden, sofern sich Militäranwärter finden, welche zur Uebernahme der Stellen befähigt und bereit sind. Es macht dabei keinen Unterschied, ob die Stellen dauernd oder nur zeitweise bestehen, ob mit denselben ein etatsmäßiges Gehalt oder nur eine diätarische oder andere Remuneration verbunden ist, ob die Anstellung auf Lebenszeit, auf Kündigung oder auf Widerruf geschieht.

Zu vorübergehender Beschäftigung als Hülfsarbeiter oder Vertreter können jedoch auch Nichtversorgungsberechtigte angenommen werden, falls geeignete Militäranwärter nicht vorhanden sind, deren Eintritt ohne unverhältnißmäßigen Zeitverlust oder Kostenaufwand herbeigeführt werden kann.

In Ansehung derjenigen dienstlichen Verrichtungen, für welche wegen ihres geringen, die volle Zeit und Thätigkeit eines Beamten nicht in Anspruch nehmenden Umfanges und der Geringfügigkeit der damit verbundenen Remuneration besondere Beamte nicht angenommen, welche vielmehr an Privatpersonen, an andere Beamte als Nebenbeschäftigung oder an verabschiedete Beamte übertragen zu werden pflegen, behält es hierbei sein Bewenden. Wenn sich jedoch Militäranwärter ohne Aufforderung zu solchen dienstlichen Verrichtungen melden, so sind dieselben vorzugsweise zu berücksichtigen.

§ 12.

Die Anstellungsbehörden sind zur Berücksichtigung von Bewerbungen nur dann verpflichtet, wenn die Bewerber eine genügende Befähigung für die fragliche Stelle bezw. den fraglichen Dienstzweig nachweisen. Darüber, ob der Bewerber genügende Befähigung besitzt, entscheidet auf Beschwerde die staatliche Aufsichtsbehörde.

---

§ 8.
Unverändert.

§ 9.
Unverändert.

§ 10.
Unverändert.

§ 11.

Die den Militäranwärtern vorbehaltenen Stellen dürfen, außer in dem Falle des § 6, mit anderen Personen nicht besetzt werden, sofern sich Militäranwärter finden, welche zur Uebernahme der Stellen befähigt und bereit sind. Es macht dabei keinen Unterschied, ob die Stellen dauernd oder nur zeitweise bestehen, ob mit denselben ein etatsmäßiges Gehalt oder nur eine diätarische oder andere Remuneration verbunden ist, ob die Anstellung auf Lebenszeit, auf Kündigung oder auf Widerruf geschieht.

Zu vorübergehender Beschäftigung als Hülfsarbeiter oder Vertreter können jedoch auch Nichtversorgungsberechtigte angenommen werden.

In Ansehung derjenigen dienstlichen Verrichtungen, für welche wegen ihres geringen, die volle Zeit und Thätigkeit eines Beamten nicht in Anspruch nehmenden Umfanges und der Geringfügigkeit der damit verbundenen Remuneration besondere Beamte nicht angenommen, welche vielmehr an Privatpersonen, an andere Beamte als Nebenbeschäftigung oder an verabschiedete Beamte übertragen zu werden pflegen, behält es hierbei sein Bewenden. Wenn sich jedoch Militäranwärter ohne Aufforderung zu solchen dienstlichen Verrichtungen melden, so sind dieselben vorzugsweise zu berücksichtigen.

§ 12.
Unverändert.

Beschlüsse des Herrenhauses.   **Beschlüsse des Hauses der Abgeordneten.**

Sind für gewisse Dienststellen oder für gewisse Gattungen von Dienststellen besondere Prüfungen (Vorprüfungen) vorgeschrieben, so hat der Militäranwärter auch diese Prüfungen abzulegen. Auch kann, wenn die Eigenthümlichkeit des Dienstzweiges dies erheischt, die Zulassung zu dieser Prüfung oder die Annahme der Bewerbung überhaupt von einer vorgängigen informatorischen Beschäftigung in dem betreffenden Dienstzweige abhängig gemacht werden, welche in der Regel nicht über drei Monate auszudehnen ist. Ueber die Zulässigkeit einer informatorischen Beschäftigung entscheidet die staatliche Aufsichtsbehörde.

Die Anstellung eines einberufenen Militäranwärters kann zunächst auf Probe erfolgen oder von einer Probedienstleistung abhängig gemacht werden. Die Probezeit darf vorbehaltlich der Abkürzung bei früher nachgewiesener Befähigung in der Regel höchstens sechs Monate, für den Dienst der Straßen- und Wasserbauverwaltung, mit Ausschluß der im § 2 bezeichneten Stellen, ein Jahr betragen. Handelt es sich um Anstellungen im Büreau- oder Kassendienst, so kann die Probezeit mit Genehmigung der staatlichen Aufsichtsbehörde unter Zustimmung der zuständigen Militärbehörde ausnahmsweise bis auf die Dauer eines Jahres verlängert werden. Während der Anstellung auf Probe ist dem Anwärter das volle Stelleneinkommen, während der Probedienstleistung eine fortlaufende Remuneration von nicht weniger als Dreiviertheil des Stelleneinkommens zu gewähren.

§ 13.

Welche Subaltern- und Unterbeamtenstellen und gegebenen Falls in welcher Anzahl dieselben gemäß der vorstehenden Bestimmungen den Militäranwärtern vorzubehalten sind, hat für jeden kommunalen Verband der Oberpräsident, in den Hohenzollernschen Landen der Regierungspräsident, im Einvernehmen mit dem Generalkommando festzustellen. Stellen, wegen deren eine solche Feststellung noch nicht stattgefunden hat, dürfen, insofern nicht Militäranwärter zur Anstellung gelangen, oder das in diesem Gesetze bezüglich der Besetzung der Stellen mit Militäranwärtern vorgeschriebene Verfahren erledigt ist, bis zu der erfolgten Feststellung nur widerruflich besetzt werden. Die Anstellungsverhältnisse der Inhaber von solchen Stellen, welche gemäß der vorstehenden Bestimmungen der Militäranwärtern vorzubehalten, dagegen ohne Verletzung der bisherigen Bestimmungen an Nichtversorgungsberechtigte übertragen worden sind, bleiben hierdurch unberührt. Gleichfalls unberührt bleiben bereits erworbene Ansprüche von Militäranwärtern.

Im Uebrigen sind der Minister des Innern und der Kriegsminister mit der Ausführung dieses Gesetzes beauftragt und erlassen die hierzu erforderlichen Anordnungen und Instruktionen.

§ 13.

Welche Subaltern- und Unterbeamtenstellen und gegebenen Falls in welcher Anzahl dieselben gemäß der vorstehenden Bestimmungen den Militäranwärtern vorzubehalten sind, hat **die Kommunalaufsichtsbehörde festzustellen. Gegen diese Feststellung ist die Beschwerde zulässig.** Stellen, wegen deren eine solche Feststellung noch nicht stattgefunden hat, dürfen, insofern nicht Militäranwärter zur Anstellung gelangen, oder das in diesem Gesetze bezüglich der Besetzung der Stellen mit Militäranwärtern vorgeschriebene Verfahren erledigt ist, bis zu der erfolgten Feststellung nur widerruflich besetzt werden. Die Anstellungsverhältnisse der Inhaber von solchen Stellen, welche gemäß der vorstehenden Bestimmungen den Militäranwärtern vorzubehalten, dagegen ohne Verletzung der bisherigen Bestimmungen an Nichtversorgungsberechtigte übertragen worden sind, bleiben hierdurch unberührt. Gleichfalls unberührt bleiben bereits erworbene Ansprüche von Militäranwärtern.

Uebergangs- und Schlußbestimmungen.

§ 14.

Sind bei dem Inkrafttreten dieses Gesetzes Civilpersonen seit mindestens 3 Jahren in Stellen, welche denselben nach dem bisherigen Rechte ohne landesherrliche Verleihung der Berechtigung zu einer Anstellung nicht hätten über-

Beschlüsse des Herrenhauses.

§ 14.

Das gegenwärtige Gesetz tritt am 1. Oktober 1892 in Kraft.

Mit diesem Zeitpunkte treten alle entgegenstehenden Bestimmungen, insbesondere die Deklaration wegen Berücksichtigung invalider Militärpersonen bei Besetzung städtischer Posten vom 29. Mai 1820 (Gesetzsamml. S. 79), die Kabinetsordre, betreffend die Besetzung der Kämmereirendanten- und Kommunalkassenrendantenstellen, vom 1. August 1835 (Gesetzsamml. S. 179) und der Allerhöchste Erlaß, betreffend die Verpflichtung der Stadtgemeinden in den neu erworbenen Landestheilen zur Besetzung der besoldeten städtischen Unterbedientenstellen mit versorgungsberechtigten Militärinvaliden, vom 22. September 1867 (Gesetzsamml. S. 1667) außer Kraft.

Urkundlich 2c.

Beschlüsse des Hauses der Abgeordneten.

tragen werden dürfen, so können die Civilpersonen in diesen Stellen belassen werden. Gehören diese Stellen zu denjenigen, welche gemäß den Vorschriften des gegenwärtigen Gesetzes den Militäranwärtern theilweise vorbehalten sind, so müssen frei werdende Stellen den Militäranwärtern solange und in ununterbrochener Reihenfolge übertragen werden, bis der den Militäranwärtern vorbehaltene Theil erfüllt ist.

§ 15.

Das gegenwärtige Gesetz tritt am 1. Oktober 1892 in Kraft.

Mit diesem Zeitpunkte treten alle entgegenstehenden Bestimmungen, insbesondere die Deklaration wegen Berücksichtigung invalider Militärpersonen bei Besetzung städtischer Posten vom 29. Mai 1820 (Gesetzsamml. S. 79), die Kabinetsordre, betreffend die Besetzung der Kämmereirendanten- und Kommunalkassenrendantenstellen, vom 1. August 1835 (Gesetzsamml. S. 179) und der Allerhöchste Erlaß, betreffend die Verpflichtung der Stadtgemeinden in den neu erworbenen Landestheilen zur Besetzung der besoldeten städtischen Unterbedientenstellen mit versorgungsberechtigten Militärinvaliden, vom 22. September 1867 (Gesetzsamml. S. 1667) außer Kraft.

Der Minister des Innern und der Kriegsminister sind mit der Ausführung dieses Gesetzes beauftragt und erlassen die hierzu erforderlichen Anordnungen und Instruktionen.

Urkundlich 2c.

Berlin, den 30. Mai 1892.

Beglaubigt:

Der Präsident   Die Schriftführer
des Hauses der Abgeordneten.

v. Köller.   Barth. Oberhard. Dr. Hartmann (Lübben). Im Walle.
              Kollsch. Oljem. Sprrlich. Vopelius.

№ 221.

Auf die Tagesordnung einer der nächsten Plenarsitzungen werden gesetzt werden:

I.

Mündlicher Bericht der Kommission für die Geschäftsordnung über die Frage, ob das Mandat des Abgeordneten, Landraths v. Balan durch seine Ernennung zum Polizeidirektor in Potsdam erloschen sei.

Berichterstatter: Abgeordneter Maiß.

Antrag der Geschäftsordnungskommission:

Das Haus der Abgeordneten wolle beschließen:
zu erklären, daß der Abgeordnete, Landrath v. Balan durch seine Ernennung zum Polizeidirektor in Potsdam Sitz und Stimme im Hause der Abgeordneten verloren habe.

II.

Mündlicher Bericht der Kommission für die Geschäftsordnung über die Frage, ob das Mandat des Abgeordneten, Landrichters Jerusalem durch seine Ernennung zum Landgerichtsrath erloschen sei.

Berichterstatter: Abgeordneter Althaus.

Antrag der Geschäftsordnungskommission:

Das Haus der Abgeordneten wolle beschließen:
zu erklären, daß der Abgeordnete, Landrichter Jerusalem durch seine Ernennung zum Landgerichtsrath Sitz und Stimme im Hause der Abgeordneten nicht verloren habe.

Berlin, den 30. Mai 1892.

Der Präsident des Hauses der Abgeordneten.
v. Köller.

№ 222.

Antrag

zu der

dritten Berathung des Entwurfs eines Gesetzes, betreffend die Besetzung der Subaltern- und Unterbeamtenstellen in der Verwaltung der Kommunalverbände mit Militäranwärtern. — Nr. 220 der Drucksachen. —

Das Haus der Abgeordneten wolle beschließen:
Im § 3 der Nr. 2 den Zusatz zu machen:
„einschließlich der Kassenkontroleure (Gegenbuchführer) und der Kassen- und Rechnungsrevisoren."

Berlin, den 30. Mai 1892.

Dr. Ostrop.   Dr. Wuermeling.

№ 223.

Antrag

zu der

dritten Berathung des Gesetzes, betreffend das Diensteinkommen der Lehrer an den nichtstaatlichen höheren Schulen. — Nr. 218 der Drucksachen. —

Das Haus der Abgeordneten wolle beschließen:
Im § 2 dem Absatz 1 hinzuzufügen:
„Der Beschluß bedarf der Genehmigung der staatlichen Aufsichtsbehörde."

Berlin, den 31. Mai 1892.

v. Buch.   Graf zu Limburg-Stirum.
Dr. Kropatscheck.

№ 224.

Antrag
zu der
dritten Berathung des Gesetzentwurfs, betreffend das Diensteinkommen der Lehrer an den nichtstaatlichen öffentlichen höheren Schulen. — Nr. 218 der Drucksachen. —

Das Haus der Abgeordneten wolle beschließen:
Dem § 7 folgende Fassung zu geben:
Der Unterrichtsminister ist befugt, bei solchen nichtstaatlichen höheren Unterrichtsanstalten, für welche staatliche Zuschüsse erfordert werden, das Schulgeld in derselben Höhe, wie bei den staatlichen Schulen der entsprechenden Art festzusetzen und ebenso den Zeitpunkt zu bestimmen, von welchem ab das Schulgeld zur Hebung gelangt.

Berlin, den 31. Mai 1892.

Eberhard. v. Buch.

№ 225.

Antrag
zu der
dritten Berathung des Entwurfs eines Gesetzes, betreffend die Besetzung der Subaltern- und Unterbeamtenstellen in der Verwaltung der Kommunalverbände mit Militäranwärtern. — Nr. 220 der Drucksachen. —

Das Haus der Abgeordneten wolle beschließen:
In § 1 Abs. 1 und 2 die Worte: „Landgemeinden und ländlichen Kommunalbezirke mit weniger als 3 000 Seelen" zu ersetzen durch die Worte:
„Landgemeinden und ländlichen Kommunalverbände mit weniger als 2 000 Einwohnern."

Berlin, den 31. Mai 1892.

v. Tzschoppe (Oldenstadt).

Unterstützt durch:
Dr. Arendt. Barth. Barthold. Boeder. v. Dziembowski. Freiherr v. Eckardstein. Engels. Engler. Habenland. v. Paleu. Hansen. Hobrecht. v. Kardorff. Krah. v. Laugendorff. Lückhoff. Meister (Thorn). Neubarth. v. Pilgrim. Riesch. Dr. Ritter. Dr. Sattler. Schreiber. Schumacher. Freiherr v. Sehrr-Thoß. Stephann. Strutz. v. Tiedemann (Cabischin). Weffel. Wettich. Freiherr v. Zedlitz und Neukirch.

№ 226.

Antrag
zu der
dritten Berathung des Entwurfs eines Gesetzes, betreffend die Besetzung der Subaltern- und Unterbeamtenstellen in der Verwaltung der Kommunalverbände mit Militäranwärtern. — Nr. 220 der Drucksachen. —

Das Haus der Abgeordneten wolle beschließen:
An Stelle des § 1 anzunehmen:

§ 1.

Die Subaltern- und Unterbeamtenstellen in der Verwaltung der Kommunalverbände, jedoch ausschließlich der Forstverwaltung, sind gemäß der nachstehenden Bestimmungen mit Militäranwärtern zu besetzen:

Militäranwärter im Sinne dieses Gesetzes ist jeder dem Preußischen Staate angehörige und aus dem Preußischen Reichsmilitärkontingente hervorgegangene Inhaber des Civilversorgungsscheins. Die unter Preußischer Verwaltung stehenden außerpreußischen Kontingente und die Kaiserliche Marine sind in dieser Beziehung dem Preußischen Kontingente gleichgestellt.

§ 1a.

Die Subaltern- und Unterbeamtenstellen in denjenigen Landgemeinden und ländlichen Kommunalverbänden, welche weniger als 3 000 Seelen haben, unterliegen den Vorschriften dieses Gesetzes nicht. Es können jedoch bezüglich der Kriegsinvaliden durch Königliche Verordnung, von welcher dem Landtage bei seinem nächsten Zusammentritt Mittheilung zu machen ist, die Subaltern- und Unterbeamtenstellen in diesen Landgemeinden und Kommunalverbänden der Vorschrift des § 1 unterworfen werden.

Berlin, den 31. Mai 1892.

Eberhard.

№ 227.

Betr. Petition des Koogsbesitzers Nissen in Sophien-Magdalenen-Koog, betreffend die Abtrennung der vier oktroyirten Neußischen Köge vom Amtsbezirke Bordelum und Bildung eines besonderen Amtsbezirks aus denselben.

Dritter Bericht

der

Kommission für das Gemeindewesen über Petitionen.

Berichterstatter:
Abgeordneter Conrad (Flatow).

Journal II Nr. 104.

Bei Einführung der Kreisordnung für die Provinz Schleswig-Holstein vom 26. Mai 1888 sind die vier oktroyirten Neußischen Köge (Neußen-Köge): Sophien-Magdalenen-, Desmercies-, Neußen- und Luise-Neußen-Koog im Kreise Husum, Regierungsbezirk Schleswig, mit der Landgemeinde Bordelum zu einem Amtsbezirke vereinigt worden. Die Vertreter dieser vier Neußenköge wünschen nun vom Amtsbezirk Bordelum abgetrennt zu werden und für sich allein einen besonderen Amtsbezirk zu bilden, eventuell sind sie damit einverstanden, daß den vier Kögen noch die unmittelbar benachbarten fiskalischen Gutsbezirke Vorufer und Hamburger Hallig zugeteilt werden mögen. Mit diesem Gesuche haben sie sich bereits an die zuständigen Verwaltungsbehörden gewendet, sind aber überall, zuletzt durch Bescheid des Herrn Ministers des Innern vom 10. Juli 1890 abschlägig beschieden worden. Dieser Bescheid lautet:

Ministerium des Innern.

Berlin, den 10. Juli 1890.

Euer Wohlgeboren eröffne ich auf die Vorstellung vom 22. Januar d. J. bei Rückgabe der Anlagen, daß ich mich nicht veranlaßt finden kann, die geschehene Bildung des Amtsbezirkes Bordelum einer Abänderung zu unterziehen.

Die Gemeinde Neußenköge mit den beiden fiskalischen Gutsbezirken Vorufer und Hamburger Hallig bleibt in der Einwohnerzahl hinter der bei den Landtagsverhandlungen über die Bildung der Amtsbezirke nach der Kreisordnung vom 13. Dezember 1872 in Aussicht genommenen Minimaleinwohnerzahl, welche auch in der Provinz Schleswig-Holstein als Anhalt zu dienen hat, soweit zurück, daß es — in Ermangelung

eines in andern ähnlich liegenden Fällen maßgebend gewesenen zwingenden Grundes — nicht für angänglich zu erachten ist, aus jener Gemeinde und den genannten beiden Gutsbezirken einen besonderen Amtsbezirk zu bilden. Thatsächlich haben sich, zumal der Stellvertreter des Amtsvorstehers aus der Gemeinde Neußenköge entnommen worden ist, irgend welche Unzuträglichkeiten aus der geschehenen Bildung des Amtsbezirkes Bordelum nicht ergeben.

Der Minister des Innern

Herrfurth.

An
den Koogsbesitzer Herrn Cornelius Nissen
Wohlgeboren
zu Sophien Magdalenen Koog,
Kreis Husum.

I. B. 5365.

Nachdem der Instanzenzug durch diesen Bescheid erschöpft war, haben sie bereits in der vorigen Session eine bezügliche Petition an das Haus der Abgeordneten gerichtet. Dieselbe gelangte indessen wegen Schlusses der Session nicht mehr zur Berathung und Beschlußfassung in pleno. In Folge dessen hat der Koogsbesitzer Cornelius Nissen, im Auftrage der stimmberechtigten Vertreter der Neußenköge das Gesuch in dieser Session wiederholt. Er begründet dasselbe, wie folgt:

Die vier oktroyirten Neußischen Köge bildeten zusammen einen Gutsbezirk im Sinne des § 34 ad 3 der Kreisordnung für die Provinz Schleswig-Holstein vom 26. Mai 1888, welcher lautet:

Gutsbezirke von abgesonderter Lage, welche ohne wesentliche Unterbrechung ein zusammenhängendes Gebiet von erheblichem Flächeninhalt umfassen, können auf Antrag ohne Rücksicht auf ihre Einwohnerzahl unter den übrigen Voraussetzungen der Nummern 1 und 2 zu Amtsbezirken erklärt werden.

Schon vor Einführung der Kreisordnung hätten die vier oktroyirten Neußischen Köge, wie Gutsbezirke überhaupt, eigene Polizeiverwaltung laut Oktroi vom 29. Oktober 1708 und bis zum Jahre 1854 auch eigene Gerichtsbarkeit gehabt. Ihre Sonderstellung im Kreise sei auch stets anerkannt worden. Auch führe demgemäß das mit amtlicher Unterstützung herausgegebene Provinzialhandbuch adelige Güter und oktroyirte Köge auch gesondert von den Landgemeinden auf.

Sie seien auch durchaus leistungsfähig, einen besonderen Polizeibezirk zu bilden, da die vier Köge bei 217 Einwohnern ohne Unterbrechung ein zusammenhängendes Gebiet von 1906 ha mit einem Grundsteuerreinertrage von 121928 Mark umfaßten. Ebenso sei auch die Gemeinde Bordelum, wie ihr Gemeindevorstand ausdrücklich erklärt habe, nicht nur bereit, sondern auch im Stande, für sich einen eigenen Amtsbezirk zu bilden, da ihr 1448 Einwohner zähle und einen Flächeninhalt von 3357 ha mit einem Grundsteuerreinertrage von 63125 Mark bilde. Diese Trennung empfehle sich um so mehr, weil die Neußenköge und die Landgemeinde Bordelum durchaus verschiedenartige Interessen hätten, da erstere zur Marsch, letztere zur Geest gehöre. Die Berechtigung ihrer Wünsche sei auch von den lokalen Instanzen vollständig anerkannt worden, denn der Kreistag des Kreises Husum habe in seiner Sitzung vom 6. April 1889 bei Vorlage des Tableaus der neu zu bildenden Amtsbezirke mit bedeutender Stimmenmehrheit für die Bildung des von ihnen gewünschten Amtsbezirks sich ausgesprochen und auch der Königliche Landrath des Kreises Husum solle, wie sie gehört hätten, derzeit ihr Gesuch bei dem Oberpräsidium in Schleswig befürwortet haben.

Der ablehnende Bescheid des Herrn Ministers des Innern vom 10. Juli 1890 beruhe aber auf ihrer Ansicht nach nicht zutreffenden Gründen. Die Einwohnerzahl könne hier im Hinblick auf den § 34 ad 3 der Kreisordnung nicht in Betracht gezogen werden, weil deren Sonderstellung zu berücksichtigen bleibe und ferner stehe die Leistungsfähigkeit des eventuell aus den vier oktroyirten Kögen neu zu bildenden Amtsbezirks vermöge ihres hohen Grundsteuerreinertrages wohl außer Zweifel. Daß in anderen ähnlich liegenden Fällen zwingendere Gründe maßgebend gewesen seien, müßten sie auch bezweifeln, denn z. B. sei im Kreise Tondern der aus drei oktroyirten Kögen bestehende Rusebüller Koog mit 128 Einwohnern, 2 300 ha und 125 884 Mark Grundsteuerreinertrag zu einem besonderen Amtsbezirke erklärt worden. Ferner sei nur in dem gedachten Ministerialerlasse speziell hervorgehobene Nutzen, der Stellvertreter des Amtsvorstehers in den Kögen wohne, von nur sehr geringem Werthe für sie, da derselbe nur bei Behinderung des Amtsvorstehers in Funktion treten könne, sonst aber ganz außerhalb der Amtsführung stehe.

Die Vereinigung mit der Gemeinde Bordelum zu einem Amtsbezirke habe aber den Reußen Kögen bisher insofern Nachtheile gebracht, als die Kosten der örtlichen Polizeiverwaltung für sie nur größere geworden seien wie früher, da Polizei und kommunale Verwaltung noch in einer Hand lagen, denn bei dem hohen Steuerwerthe ihrer in der Marsch belegenen Ländereien müßten sie schon jetzt und würden künftig auch stets den Hauptantheil an diesen Kosten zu tragen haben, im Gegensatze zu dem viel niedriger eingeschätzten Geestlande der Gemeinde Bordelum, während die Erträge des Geestlandes unter Umständen ebenso hoch seien wie diejenigen bei nur einer sehr hohen Grundsteuer belasteten Marschländereien. Bei der geringen Einwohnerzahl hätten die vier Köge aber keine entsprechende Vertretung in der Verwaltung. Sie hätten z. B. bei Einführung des neuen Einkommensteuergesetzes die Bildung eines besonderen Voreinschätzungsbezirks aus den vier Kögen gewünscht, dieser Wunsch sei ihnen aber nicht gewährt, sondern ihnen unter den sieben Mitgliedern der zuständigen Voreinschätzungskommission nur ein Vertreter bewilligt worden.

Auch im Uebrigen habe sich der Schwerpunkt des Amtsbezirks naturgemäß schon jetzt nach der stärker bevölkerten großen Geestgemeinde Bordelum verlegt, und die Reußischen Köge seien trotz ihrer größeren Steuerkraft zu dem unbedeutendsten Bezirke im Kreise herabgesunken, ganz abgesehen davon, daß der zuständige Amtsvorsteher für den größten Theil der Koogsbewohner meilenweit entfernt wohne, und ihnen dadurch große Weiterungen und Unbequemlichkeiten bei Erledigung polizeilicher Angelegenheiten erwüchsen, zumal die Wegeverbindung mit Bordelum sehr ungünstig liege.

Aus diesen Gründen richten Petenten an das Haus der Abgeordneten die Bitte:

„die Berücksichtigung ihres Gesuches erwirken zu wollen."

Der Herr Regierungskommissar, Geheimer Oberregierungsrath Haase aus dem Ministerium des Innern führte Folgendes aus:

„Die im örtlichen Zusammenhange belegenen vier Reußenköge bilden nicht etwa einen Gutsbezirk oder mehrere Gutsbezirke, auch gehören sie nicht zu denjenigen, im § 121e des Entwurfes der Landgemeindeordnung für die Provinz Schleswig-Holstein und auf Seite 17 der Begründung des Entwurfes erwähnten Kögen, auf welche die Verordnung vom 22. September 1867, betreffend die Landgemeindeverfassungen in den Herzogthümern Schleswig und Holstein, nicht durchweg Anwendung gefunden habe. Es seien vielmehr die vier Reußenköge in ihrer Gesammtheit bei Ausführung der Verordnung vom 22. September 1867, als Landgemeinde anerkannt worden. Auch finde sich die Bezeichnung der Reußenköge als Landgemeinde in dem Gemeindelexikon des Statistischen Büreaus, sowie auf den Seiten 89 und 98/99 der Anlage E zur Begründung des Entwurfes der Landgemeindeordnung. Hiernach seien bei Bildung der Amtsbezirke die Reußenköge nicht nach den für Gutsbezirke, sondern nach den für Landgemeinden geltenden Vorschriften zu behandeln gewesen und es habe keinem Zweifel unterliegen können, daß die Landgemeinde Reußenköge allein für sich als Amtsbezirk nicht anzuerkennen sei, da sie nur 217 Einwohner zähle und für Landgemeinden der vom Hause der Abgeordneten empfohlene Grundsatz bestehe, daß sie nur dann, wenn wenigstens 500 Einwohner vorhanden sind, für sich einen Amtsbezirk bilden können, sofern nicht besondere Verhältnisse auch bei einer geringeren Einwohnerzahl die Erklärung zum Amtsbezirke im Sinne des Gesetzes rechtfertigen.

An derartigen besonderen Verhältnissen habe es in dem vorliegenden Falle gänzlich gefehlt. Die Vereinigung der Gemeinde Reußenköge mit der angrenzenden 1 448 Einwohner umfassenden Gemeinde Bordelum zu einem Amtsbezirke sei vielmehr nach der örtlichen Lage und den Wegeverbindungen sowie mit Rücksicht auf die Einwohnerzahl durchaus angemessen. Insbesondere aber sei aus dem Umstande, daß die Reußenköge früher einen eigenen Polizeibezirk gebildet haben und aus dem, für die Polizeiverwaltung bedeutungslosen Umstande, daß die Reußenköge zur Marsch, die Gemeinde Bordelum zur Geest gehöre, irgend welches Bedenken nicht herzunehmen. Das Interesse der Gemeinde Reußenköge habe endlich eine besondere Rücksicht darin gefunden, daß der Stellvertreter des Amtsvorstehers aus dieser Gemeinde entnommen sei, so daß in eilbedürftigen Fällen der Polizeibeamte leicht benachrichtigt werden könne. Auch haben sich seit der Bildung des Amtsbezirkes irgend welche Unzuträglichkeiten bei Handhabung der Landespolizei nicht herausgestellt. Endlich komme in Betracht, daß — wolle man sachlich urtheilen wie man wolle — eine Aenderung des Bestehenden zur Zeit schon aus dem Grunde abgelehnt werden müsse, daß die nach § 35 Abs. 3 der Kreisordnung vom 26. Mai 1888 vorzunehmende endgültige Feststellung der Amtsbezirke noch nicht stattgehabt habe und zur Konsolidirung der Verhältnisse auch noch einige Jahre hinauszuschieben sein werde. Vorab gegenwärtig in einem einzelnen Falle in den Amtsbezirken eine Abänderung vorzunehmen, könne sich nicht empfehlen. Er stelle hiernach der Kommission einen Beschluß auf Uebergang zur Tagesordnung ergebenst anheim.

Von einem Mitgliede der Kommission wurde darauf hervorgehoben:

Bereits in der vorigen Session habe dieselbe Petition der Kommission für das Gemeindewesen vorgelegen und es sei damals mit Stimmenmehrheit beschlossen worden:

dem Hause der Abgeordneten zu empfehlen, die Petition der Königlichen Staatsregierung zur Berücksichtigung zu überweisen.

Schon bei der damaligen Berathung dieser Petition habe er sich für den Uebergang zur Tagesordnung ausgesprochen, weil ihm die in derselben angeführten Gründe für die Abtrennung der vier Reußenköge von dem Amtsbezirke Bordelum sachlich durchaus nicht gerechtfertigt erschienen wären, und zwar um so weniger, als die Einführung der Kreisordnung in die Provinz Schleswig-Holstein erst im Jahre 1889 erfolgt sei und es nicht rathsam erscheine, so schnell schon an der einmal getroffenen Eintheilung der Amtsbezirke zu rütteln, wenn nicht ganz zwingende Gründe für ein solches Vorgehen vorlägen. Dies sei hier aber keineswegs der Fall, denn wenn auf die Verschiedenartigkeit der Interessen zwischen Marsch und Geest hingewiesen würde, so sei wohl anzuerkennen, daß es sich nicht empfehle, derartig verschiedene Gegenden in denselben Kommunalverband einzuzwängen, dagegen könne dieser Grund bei der Eintheilung der Amtsbezirke, die nicht nach kommunalen, sondern nur nach polizeilichen Gesichtspunkten gebildet würden, gar nicht in Betracht kommen. Auch dem Wunsche der Petenten, aus den vier oktroyirten Kögen einen besonderen Voreinschätzungsbezirk zu bilden, könne er keine Bedeutung beilegen. Denn einerseits sei nirgends vorgeschrieben, daß jeder Amtsbezirk für sich einen eigenen Voreinschätzungsbezirk bilden solle, andererseits liege es aber auch nicht im Sinne des neuen Einkommensteuergesetzes, aus einer Gemeinde von nur 217 Seelen, auch wenn sie einen besonderen Amtsbezirk bilden sollte, einen besonderen Voreinschätzungsbezirk zu machen.

Es käme heute aber für ihn noch ein neuer, besonderer und ganz zwingender Grund hinzu, noch um so mehr für den „Uebergang zur Tagesordnung" über diese Petition zu stimmen. Denn bei der Berathung im vorigen Jahre sei von ihm zwar bereits angeregt worden, in eine nähere Prüfung der kommunalen Eigenschaft der vier Neußenköge einzutreten, die sich in der Petition selbst als „Gutsbezirk von abgesonderter Lage" im Sinne des § 34 al 3 der Kreisordnung für die Provinz Schleswig-Holstein vom 26. Mai 1888 bezeichnet hätten, es sei aber damals diese Frage nicht genügend aufgeklärt worden, und man habe angenommen, daß die Neußenköge in der That einen „Gutsbezirk" gebildet hätten. Heute sei aber durch die Erklärung des Herrn Regierungskommissars der Nachweis geführt worden, daß die Neußenköge nicht einen „Gutsbezirk" sondern „eine Landgemeinde" bildeten. Durch § 34 der Kreisordnung für die Provinz Schleswig-Holstein und durch die zur Ausführung dieses Paragraphen von dem Herrn Minister des Innern erlassene Instruktion vom 19. Juni 1888 seien aber verschiedene Grundsätze für die Bildung der Amtsbezirke aufgestellt worden, je nachdem dabei Gemeinden oder Gutsbezirke in Betracht kämen. Denn, während einzelne Gemeinden, unter Erfüllung der sonstigen im Gesetze aufgestellten Bedingungen, nur dann zu Amtsbezirken erklärt werden sollten, wenn sie entweder mindestens 500 Einwohner zählen, oder wenn sie bei geringerer Einwohnerzahl den Nachweis führen, daß besondere Verhältnisse die Erklärung zum Amtsbezirke im Sinne des Gesetzes rechtfertigen", könnten nach der Bestimmung unter Nr. 3 des § 34 a. a. O. Gutsbezirke abgesonderter Lage, welche ohne wesentliche Unterbrechung ein räumlich zusammenhängendes Gebiet von erheblichen Flächeninhalte umfassen, auf Antrag ohne Rücksicht auf ihre Einwohnerzahl unter den übrigen Voraussetzungen der Nummer 1 u. 2 des § 34 zu Amtsbezirken erklärt werden. (cf. Haase, Verwaltungsgesetze für Schleswig-Holstein S. 236.) Diese Grundsätze für die Bildung der Amtsbezirke seien auch von dem Hause der Abgeordneten der Berathung des ihm auf Grund Allerhöchster Ermächtigung vom 20. Dezember 1871 vorgelegten Entwurfs einer Kreisordnung für die östlichen Provinzen der Monarchie gebildet worden, und bei in der Instruktion des Herrn Ministers des Innern vom 19. Juni 1888 zur Ausführung der Bestimmungen der Kreisordnung für die Provinz Schleswig-Holstein dieser dann als gefaßter Beschluß des Abgeordnetenhauses ausdrücklich als Fingerzeig für die Behörden bei Bildung der Amtsbezirke bezeichnet worden, welchem zu folgen sie sich soweit angelegen sein lassen sollten, als die lokalen Verhältnisse es gestatten. Man könne sich daher doch nicht ohne Weiteres über diese Grundsätze hinwegsetzen. Wenn die Neußenköge einen Gutsbezirk bildeten, so käme es allerdings auf die geringe Einwohnerzahl von 217 Seelen nicht an, sie seien aber eben „Landgemeinde", entbehrten der Normalzahl von mindestens 500 Einwohnern und könnten deshalb auch nicht im Widerspruche mit der Ministerialinstruktion zu einem besonderen Amtsbezirke konstituirt werden, und zwar um so weniger, als auf eben das Vorhandensein besonderer Verhältnisse, welche die Erklärung zum Amtsbezirke im Sinne des Gesetzes rechtfertigen würden, in keiner Weise anerkannt werden könne. Daher beantrage er auch dieses Mal:

dem Hause der Abgeordneten zu empfehlen, über die vorliegende Petition zur Tagesordnung überzugehen.

Diesem Antrage wurde von mehreren Mitgliedern der Kommission widersprochen. Es würde, und zwar mit Recht, auffallen, wenn die Kommission bei Berathung derselben Petition in diesem Jahre zu einem anderen Resultate komme, als im vergangenen, und sich auf diese Weise gewissermaßen mit sich selbst in Widerspruch setze. Zu einem, von dem vorjährigen abweichenden Beschlusse liege auch kein Grund vor. Denn, wenn auch heute allerdings klar gestellt sei, daß die vier Neußenköge keinen „Gutsbezirk", sondern eine „Landgemeinde" bildeten, so sei die verschiedene Behandlung dieser beiden Arten von kommunalen Bezirken bei Bildung von Amtsbezirken sachlich nicht gerechtfertigt. Es liege hier eine Bevorzugung der Gutsbezirke vor. Was aber dem einen recht sei, sei dem andern billig. Außerdem beruhe die hier wiederholt betonte Normalzahl von „mindestens 500 Einwohnern" doch nur auf ministerieller Instruktion, nicht auf Gesetz und sei daher nicht absolut bindend. Außerdem wären sie aber auch der Ansicht, daß im vorliegenden Falle der Gegensatz von Marsch und Geest, der entfernte Wohnsitz des Amtsvorstehers von den vier oktroyirten Kögen, die ausgewöhnliche Struktur der letzteren eben solche „besondere Verhältnisse" seien, welche die Erklärung, auch der Landgemeinde Neußenköge, zu einem besonderen Amtsbezirke rechtfertigen würden." Sie beantragten daher, an dem vorjährigen Beschlusse der damaligen Gemeindekommission festzuhalten und dem Abgeordnetenhause zu empfehlen, die vorliegende Petition der Königlichen Staatsregierung zur Berücksichtigung zu überweisen.

Dieser Antrag wurde auch von dem auf seinen Wunsch zugezogenen Abgeordneten Jürgensen warm befürwortet und insbesondere noch darauf hingewiesen, daß beide hier in Betracht kommende Theile, sowohl die Gemeinde Bordelum, als auch die vier Neußenköge ja mit der Trennung des Amtsbezirks vollständig einverstanden seien, auch in den letzteren trotz ihrer geringen Einwohnerzahl hinreichende Kräfte vorhanden seien, welche vermöge ihrer Bildung für eine stets ordnungsmäßige Führung der Amtsverwaltung durch den jeweiligen Vorsteher desselben eine ausreichende Gewähr darböten.

Von einem anderen Mitgliede der Kommission wurde hervorgehoben: Nachdem nunmehr zweifellos klargestellt sei, daß die Neußenköge keinen „Gutsbezirk von abgesonderter Lage" im Sinne des § 34 al 3 der Kreisordnung, sondern eine Landgemeinde bildeten, so sei hierdurch ein neuer Gesichtspunkt für die Beurtheilung der vorliegenden Petition geschaffen. Mit Rücksicht auf denselben könne man aber nicht, wie im vorigen Jahre dazu kommen, die Petition der Staatsregierung zur Berücksichtigung zu überweisen, denn die oben geschilderten, in der Ministerialinstruktion ausgesprochenen Grundsätze für die Bildung der Amtsbezirke seien von dem Herrn Minister des Innern unter Billigung des Abgeordnetenhauses erlassen worden, in denselben sei ausgesprochen worden, daß einzelne Landgemeinden nur dann zu Amtsbezirken erklärt werden sollten, wenn sie mindestens 600 Einwohner zählten, die Landgemeinde Neußenköge zähle aber nur 217 Seelen, also erheblich weniger als diejenige Zahl, welche das Abgeordnetenhaus, wenn nicht besondere Verhältnisse vorlägen, als geringste zulässige Einwohnerzahl für einen Amtsbezirk bezeichnet hätte.

Man könne daher jetzt nicht dem Abgeordnetenhause empfehlen, eine Petition der Staatsregierung zur Berücksichtigung zu überweisen, welche sich über einen Beschluß hinwegsehe, den dasselbe behufs einheitlicher und gleichmäßiger Durchführung der Organisation der Amtsbezirke einmal gefaßt hätte. Dagegen müsse er zugeben, wie ihm noch nicht genügend aufgeklärt scheine, ob nicht vielleicht doch im gegenwärtigen Falle besondere Verhältnisse vorlägen, welche die Erklärung der Landgemeinde Neußenköge trotz ihrer geringen Einwohnerzahl zu einem besonderen Amtsbezirke rechtfertigen würden. Der Herr Regierungskommissar habe zwar das Vorhandensein derartiger besonderer Verhältnisse in Abrede gestellt, indessen bleibe doch zu bedenken, daß die örtlichen Instanzen, der Kreistag des Kreises Husum und angeblich auch der zuständige Landrath, für die Bildung des von den Petenten gewünschten besonderen Amtsbezirks sich ausgesprochen hätten. Es empfehle sich daher, daß diese Frage nochmals von Seiten der zuständigen Behörden einer eingehenden Prüfung unterzogen werde. Nun habe der Herr Regierungskommissar erklärt, daß die nach § 35 Absatz 3 der Kreisordnung vom 26. Mai 1888 vorzunehmende endgültige Feststellung der Amtsbezirke für die Provinz Schleswig-Holstein noch nicht stattgehabt habe, indessen nach einigen Jahren vorgenommen werden werde. Er halte dann für die Regierung den richtigen Zeitpunkt für gekommen, bei jener Gelegenheit auch diese Frage einer wiederholten eingehenden und sorgfältigen Erwägung zu unterziehen und stelle er daher den Antrag, dem Hause der Abgeordneten zu empfehlen: die vorliegende Petition der Königlichen Staatsregierung als Material für die bevorstehende endgültige Feststellung der Amtsbezirke im Kreise Husum zu überweisen.

Dieser Vermittelungsantrag fand bei verschiedenen Kommissionsmitgliedern Beifall. Seine Annahme wurde auch deshalb befürwortet, weil es sich in der That empfehle, die Verhältnisse in der Provinz Schleswig-Holstein nach Einführung der Kreisordnung vom 26. Mai 1888 sich erst etwas konsolidiren zu lassen, und nicht gleich wieder an der erst seit dem 1. Juli 1889 bestehenden Eintheilung der Amtsbezirke Aenderungen vorzunehmen. Für die Prüfung derartiger Fragen, wie sie die Petition anrege, biete die schon im Gesetz vorgesehene Revision und endgültige Feststellung der Amtsbezirke eben die beste Gelegenheit, und dieses zum Ausdrucke zu bringen, bezwecke der vorliegende Antrag. Auch sei zu bedenken, daß, wenn die in Rede stehende Petition der Königlichen Staatsregierung zur Berücksichtigung überwiesen werden sollte, dann zweifellos noch eine große Anzahl ähnlicher Petitionen, namentlich von den nach möglichster Selbstständigkeit strebenden Koogsgemeinden Schleswig-Holsteins sowohl bei den Behörden, als auch bei dem Landtage eingehen würden, und dadurch beiden Faktoren nicht nur viele Arbeit, sondern häufig auch wohl Verlegenheiten entstehen würden. Daher sei es rathsam, in dieser Weise einen Präjudenzfall zu schaffen und dem Hause zu empfehlen, zu derartigen Petitionen durch diesen Beschluß ein für alle Mal Stellung zu nehmen.

Nachdem darauf zu Gunsten dieses Antrages der Antrag auf Uebergang zur Tagesordnung zurückgezogen worden war, fand dieser letztere Antrag mit 5 gegen 4 Stimmen Annahme.

Die Kommission beantragt demgemäß:

Das Haus der Abgeordneten wolle beschließen:
Die Petition II Nr. 104 der Königlichen Staatsregierung als Material für die bevorstehende endgültige Feststellung der Amtsbezirke in der Provinz Schleswig-Holstein zu überweisen.

Berlin, den 31. Mai 1892.

Die Kommission für das Gemeindewesen.

Wessel, Vorsitzender. Conrad (Slalom), Berichterstatter. v. Bülow (Eckernförde). Eberty. Frentzel. vom Heede. Lamprecht. Ludowieg. Dr. Ostrop. Schlabitz. Schnatsmeier. Thellßing. Tschocke (Breslau). Wenders.

№ 228.

Anträge

zu der

zweiten Berathung des Gesetzentwurfs über die Bahnen unterster Ordnung. — Nr. 206 der Drucksachen. —

A. Das Haus der Abgeordneten wolle beschließen:

I. Unter I statt „Lokalbahnen" zu setzen „Kleinbahnen"; und dementsprechend in § 1 Abs. 1 Zeile 1 und Abs. 2 Zeile 1 das Wort „Lokalbahnen" in „Kleinbahnen" umzuändern.

(Die entsprechenden Aenderungen für den weiteren Text des Gesetzes zu beantragen behalte ich mir vor.)

II. Den § 1a wie folgt zu fassen:

„Zur Herstellung und zum Betriebe einer Lokalbahn bedarf es der Genehmigung der zuständigen Behörde. Dasselbe gilt für wesentliche Erweiterungen oder sonstige wesentliche Aenderungen des Unternehmens, der Anlage oder des Betriebes. Diese Genehmigung ist zu versagen, wenn die Erweiterung oder Aenderung die Unterordnung des Unternehmens unter das Gesetz vom 3. November 1838 bedingt."

III. An Stelle der Absätze 2 und 3 des § 10 zu bestimmen:

„Auch können für den Beginn und die vorschriftsmäßige Vollendung des Bahnbaues, sowie für die vorschriftsmäßige Einrichtung des Betriebes und für die Nachsuchung der Eröffnungserlaubniß Fristen festgesetzt werden."

„Für den Fall, daß diese Fristen nicht innegehalten werden, oder daß der Bau nicht regelmäßig fortgesetzt oder daß der eröffnete Betrieb während der Dauer der Genehmigung nicht ordnungsmäßig aufrechterhalten wird, kann die Erlegung von Geldstrafen und Sicherstellung hierfür gefordert werden."

IV. Den § 15 wie folgt zu ändern:
  a) Im Eingang statt „Zum Beginn" zu setzen: „Zur Eröffnung";
  b) Als Absatz 2 hinzuzufügen:
    „In dieser Erlaubniß ist für die Eröffnung des Betriebes eine Frist zu bestimmen; auch kann für den Fall, daß diese Frist nicht innegehalten wird, die Erlegung von Geldstrafen und Sicherstellung hierfür gefordert werden."
  c) Als Absatz 3 hinzuzufügen:
    „Die Eröffnung des Betriebes ist der zuständigen Behörde anzuzeigen."

V. In § 19 Folgendes zu ändern:
  a) In Zeile 3—4 statt „die Ausführung der Bahn oder die Eröffnung des Betriebes" zu setzen: „die Vollendung des Bahnbaues oder der Betriebseinrichtung oder die Eröffnung des Betriebes";
  b) in Zeile 4—5 die Worte: „in der Genehmigung bestimmten oder nachträglich" zu streichen;
  c) in der letzten Zeile statt „Frist" zu setzen: „Fristen".

(Der § 19 lautet dann so:
„Die Genehmigung kann durch Beschluß der Aufsichtsbehörde für erloschen erklärt werden, wenn die Vollendung des Bahnbaues oder der Betriebseinrichtung oder die Eröffnung des Betriebes nicht innerhalb der gestellten Fristen erfolgt.")

VI. In § 20 in Zeile 2 hinter „wenn" einzuschalten: „der Bau nicht in der gestellten Frist begonnen oder".

VII. In § 23 Folgendes zu ändern:
  a) In Zeile 2—3 die Worte: „wegen Unterbrechung des Baues oder Betriebes" zu streichen;
  b) in Zeile 3, 4, 5 statt „die für den fristgemäßen Beginn oder die regelmäßige Fortführung des Baues oder Betriebes bestimmten Geldstrafen verfallen" — zu setzen:
    „die Geldstrafen verfallen, welche wegen Nichtinnehaltung der für den Beginn oder die Vollendung des Baues oder für die Einrichtung oder die Eröffnung des Betriebes gestellten Fristen oder wegen unregelmäßiger Fortführung des Baues oder Betriebes bestimmt sind"....

Jansen.

B. Das Haus der Abgeordneten wolle beschließen:
1. Zu § 1:
  a) In Zeile 1 das Wort „die" zu streichen und in Zeile 2 das Wort „dienenden" zu ersetzen durch „dienende".
  b) Im Alinea 3 statt „der Betheiligten" zu setzen: „der zuständigen Behörde (§§ 1a und 2)".
2. Zu § 2:
  Im letzten Alinea statt „als ob" zu setzen: „wie wenn".
3. Zu § 3:
  Die Nr. 4 an die Stelle von Nr. 3 als Nr. 3 zu setzen und dann fortzufahren:
    „und — sofern es sich um mit Maschinenkraft betriebene Bahnen handelt —
    4. auf die technische Befähigung u. s. w." (wie Nr. 3).
4. Zu § 5:
  Im Absatz 3 die Worte von „ingleichen" bis zu Ende zu streichen.
5. § 34 zu streichen.

Im Walle.

Berlin, den 10. Juni 1892.

№ 229.

Anträge

zu der

zweiten Berathung des Gesetzentwurfs über die Bahnen unterster Ordnung. — Nr. 206 der Drucksachen. —

A. Das Haus der Abgeordneten wolle beschließen:
1. Dem dritten Absatz des § 6 folgende Fassung zu geben:
  „Der Aushändigung des Ergänzungsbeschlusses muß die auf Grund des § 5 Absatz 2 angeordnete Sicherheitsstellung vorausgehen."
2. Dem § 11 folgenden zweiten Absatz zuzufügen:
  „Die Ertheilung der Genehmigung ist auf Kosten des Unternehmers von der Behörde sofort öffentlich bekannt zu machen."
3. Des ersten Satze des § 18 folgende Fassung zu geben:
  „Die Aufsicht über die Lokalbahnen rücksichtlich der Erfüllung der Genehmigungsbedingungen und der Vorschriften dieses Gesetzes steht derjenigen Behörde zu, welche die Genehmigung ertheilt hat (§ 2)."

4. Dem § 18 folgenden zweiten Absatz zuzufügen:
„Ein in Folge der Bestimmungen des § 2 Absatz 3 eintretender Wechsel der Aufsichtsbehörde ist auf Kosten des Unternehmers öffentlich bekannt zu machen."

5. Die Fassung des § 20 durch Hinzufügung der Worte „in wesentlicher Beziehung" folgendermaßen zu ändern:
„Die Genehmigung kann zurückgenommen werden, wenn der Bau oder Betrieb ohne genügenden Grund unterbrochen oder wiederholt gegen die Bedingungen der Genehmigung oder die dem Unternehmer nach diesem Gesetze obliegenden Verpflichtungen in wesentlicher Beziehung verstoßen wird."

6. Hinter § 21 folgenden neuen Paragraphen einzuschalten:
„§ 21a. Das Erlöschen oder die Zurücknahme der Genehmigung ist auf Kosten des Unternehmers durch die Aufsichtsbehörde sofort öffentlich bekannt zu machen."

v. Strombeck.

B. Das Haus der Abgeordneten wolle in § 2 hinter Nr. 2c folgenden Zusatz beschließen:
„In den Fällen der Nr. 2b und c ist der Kreisbaubeamte oder ein Beamter der Stadtgemeinde, beziehentlich des Kreisverbandes, welcher die gleiche Qualifikation besitzt, gutachtlich zu hören. Das Gutachten hat sich insbesondere auch auf die Benutzung öffentlicher Wege (§ 5 seq.) zu erstrecken. Die hierdurch erwachsenen Kosten fallen dem Unternehmer zur Last."

Barth.

Berlin, den 11. Juni 1892.

№ 230.

Anträge

zu der

zweiten Berathung des Gesetzentwurfs über die Bahnen unterster Ordnung. — Nr. 206 der Drucksachen. —

A. Das Haus der Abgeordneten wolle beschließen:
1. Dem § 18 folgenden zweiten Absatz zuzufügen:
„Der Zeitpunkt eines in Folge der Bestimmungen des § 2 Absatz 3 eintretenden Wechsels der Aufsichtsbehörde ist von dem Minister der öffentlichen Arbeiten zu bestimmen und von der bisherigen Aufsichtsbehörde auf Kosten des Unternehmers öffentlich bekannt zu machen."*)

2. Im § 27 Seite 65 Zeile 12 das Wort „gleichwohl" zu ersetzen durch „in gleicher Weise".

v. Strombeck.

B. Das Haus der Abgeordneten wolle beschließen:
1. Im § 2 Nr. 2a nach den Worten „der Regierungspräsident" einzuschalten „im ersten Falle".
2. Im § 6 statt der Worte „ergänzt" und „Ergänzung" zu setzen: „ersetzt" und „Ersetzung".
3. Im § 7 Zeile 4 anstatt „Zustimmung" zu sagen „Genehmigung".
4. Im § 13 den letzten Absatz zu streichen.

Hansen.

Berlin, den 12. Juni 1892.

---

*) Der Antrag auf Nr. 229 A 4 wird für den Fall der Annahme des obigen Antrags zu 1 zurückgenommen.

№ 231.

Antrag

zu der

zweiten Berathung des Gesetzentwurfs über die Bahnen unterster Ordnung. — Nr. 206 der Drucksachen. —

Das Haus der Abgeordneten wolle beschließen:

Im § 3 die Nr. 3 wie folgt zu fassen:
3. die technische Befähigung der in dem äußeren Betriebsdienste anzustellenden Bediensteten, soweit der Betrieb mit Maschinenkraft erfolgt.

Berlin, den 13. Juni 1892.

Rickert.

Broemel. Czwalina. Drawe. Goldschmidt. Hugo Hermes. Klotz. Dr. Langerhans. Lerche.

№ 232.

Unterantrag
zu dem

Antrage des Abgeordneten Hansen, Nr. 230 der Drucksachen zu B. 4 zu der **zweiten Berathung** des Gesetzentwurfs über die Bahnen unterster Ordnung. — Nr. 206 der Drucksachen. —

Das Haus der Abgeordneten wolle beschließen:
Im Falle der Ablehnung des Antrages auf Streichung des letzten Absatzes § 13, nach dem Worte „kann" in Zeile 4 dieses Absatzes die Worte einzuschalten:
„, sofern es sich nicht um die Benutzung öffentlicher Wege handelt,"

Berlin, den 13. Juni 1892.

Hansen.

№ 233.

Antrag
zur

zweiten Berathung über den Entwurf eines Gesetzes über die Bahnen unterster Ordnung. — Nr. 138 und 206 der Drucksachen. —

Das Haus der Abgeordneten wolle beschließen,
in § 23 Zeile 3, 4, 5 an Stelle der Worte:
„den fristgemäßen Beginn oder die regelmäßige Fortführung des Baues oder Betriebes"
zu setzen:
„die Ausführung der Bahn oder die fristgemäße Eröffnung oder die Aufrechthaltung des Betriebes".

Berlin, den 14. Juni 1892.

Hansen.

№ 234.

Antrag
zu der

zweiten Berathung des Gesetzentwurfs über die Bahnen unterster Ordnung. — Nr. 206 der Drucksachen. —

Das Haus der Abgeordneten wolle beschließen:
Hinter § 49a folgenden § 49b einzufügen:

§ 49b.
Die auf Grund der Nr. 1 des § 4 des Dotationsgesetzes vom 8. Juli 1875 (Gesetzsamml. S. 497) den Provinzen überwiesenen Dotationen können auch zur Förderung des Baues von Kleinbahnen verwendet werden.

Berlin, den 14. Juni 1892.

v. Tiedemann (Bomst).

№ 235.

Antrag
zu der

zweiten Berathung des Gesetzentwurfs über die Bahnen unterster Ordnung. — Nr. 206 der Drucksachen. —

Das Haus der Abgeordneten wolle beschließen:
In § 26 der Kommissionsbeschlüsse Zeile 4—8 die Worte:
„und hat sich" bis „unterworfen"
und Zeile 10 und 11 die Worte:
„nach einer" bis „Ankündigung"
zu streichen.

Berlin, den 14. Juni 1892.

Frentz. v. Quast. v. Stiernberg.

Nº 236.

Anträge

zu der

zweiten Berathung des Gesetzentwurfs über die Bahnen unterster Ordnung. — Nr. 206 der Drucksachen. —

Das Haus der Abgeordneten wolle beschließen:
1. Zu § 19:
   In der letzten Zeile statt der Worte „nachträglich gestellten" das Wort „verlängerten" zu setzen.
2. Zu § 22:
   Den Absatz 3 ganz zu streichen.
3. Zu § 23:
   Dem letzten Satze folgende Fassung zu geben: Letztere sind zu Gunsten der Gläubiger des Unternehmers in Beziehung auf das Unternehmen oder zu Gunsten des Unternehmens selbst oder endlich zu Gunsten ähnlicher Unternehmungen in dem betreffenden Landestheile zu verwenden.

Berlin, den 14. Juni 1892.

Jerusalem.

Nº 237.

Anträge

zu der

zweiten Berathung des Gesetzentwurfs über die Bahnen unterster Ordnung. — Nr. 206 der Drucksachen. —

Das Haus der Abgeordneten wolle beschließen:
1. Im § 47 Absatz 1 statt: „bis 45" zu sagen: „bis 46".
2. Den Absatz 2 des § 47 wie folgt zu fassen: Unbeschadet des auf dem Allgemeinen Berggesetze beruhenden Aufsichtsrechts gegenüber diesen Bahnen erfolgt die eisenbahntechnische Aufsicht und Ueberwachung der eigentlichen Anschlußgleise durch diejenige Behörde, welcher diese Aufgaben bezüglich der dem öffentlichen Verkehre dienenden Bahnen, an welche sie anschließen, obliegen.

Berlin, den 14. Juni 1892.

Engels.

Nº 238.

Antrag

zu der

zweiten Berathung des Gesetzentwurfs über die Bahnen unterster Ordnung. — Nr. 206 der Drucksachen. —

Das Haus der Abgeordneten wolle beschließen:
Im § 43 Zeile 1 anstatt „§§ 7 und 13 bis 16" zu setzen: „§§ 7, 13 bis 16 und 18 Satz 1".

Berlin, den 14. Juni 1892.

v. Strombeck.

Nº 239.

Antrag

zu der

zweiten Berathung des Gesetzentwurfs über die Bahnen unterster Ordnung. — Nr. 206 der Drucksachen. —

Das Haus der Abgeordneten wolle beschließen:
In dem Antrage v. Tiedemann (Bomst), Nr. 234 der Drucksachen, hinter den Worten „des Dotationsgesetzes vom 8. Juli 1875 (Gesetzsamml. S. 497)" die Worte einzuschalten: „und vom 7. März 1868 (Gesetzsamml. S. 223)".

Berlin, den 14. Juni 1892.

Ludowieg.

№ 240.

Interpellation.

An die Königliche Staatsregierung wird die Anfrage gerichtet:

1. Ist die Königliche Staatsregierung von dem Plane unterrichtet, den bisher von dem Kronfideikommißfonds für die Theater in Hannover, Cassel und Wiesbaden gezahlten Zuschuß einzuziehen?
2. Im Falle der Bejahung der ersten Frage, welche Schritte beabsichtigt sie zu thun, um die dadurch hervorgerufene Gefährdung der berühmten und mit der Geschichte der betreffenden Städte und Landestheile eng verbundenen Kunstinstitute zu verhüten?

Berlin, den 14. Juni 1892.

Dr. Sattler. Wallbrecht. Dr. Ennecerus.

Unterstützt durch:

Althaus. Bartmer. v. Baumbach. Born (Wiesbaden). Burghardt (Lauban). v. Christen. v. Dziembowski. Dr. Edels. Fegter. Fraude (Londern). Friederichs (Summersbad). Gleim. Dr. Grimm (Wiesbaden). v. Halem. Dr. Hammacher. vom Heede. Heineken. Heye (Nienburg). Dr. Heye (Stolzenau). Holtermann. Kleine. Kühne. Dr. Krause. Dr. Lotichius. Ludowieg. Dr. Oetker. Olzem. Ottens. Riedesel Freiherr zu Eisenbach. Sander. Schaffner. Schelm. Schmieding. Schumacher. Seer. Seyforth (Rotenburg). Seyffardt (Magdeburg). Simon (Waldenburg). Sombart. v. Stierberg. Thies. v. Tiedemann (Bomst). Tschocke (Breslau). v. Weber (Genthin). Dr. Weber (Halberstadt).

№ 241.

Antrag

zur

zweiten Berathung des Gesetzentwurfs über die Bahnen unterster Ordnung. — Nr. 206 der Drucksachen. —

Das Haus der Abgeordneten wolle beschließen:

Hinter § 37 folgenden § 37a einzufügen:

§ 37a.

Die auf Grund des Allerhöchsten Erlasses vom 16. September 1867 (Gesetzsamml. S. 1528), des Gesetzes vom 7. März 1868 (Gesetzsamml. S. 223), des Gesetzes vom 11. März 1872 (Gesetzsamml. S. 257) und der §§ 2 und 3 des Gesetzes vom 8. Juli 1875 (Gesetzsamml. S. 497) den dort genannten Provinzial- und Kommunalverbänden überwiesenen Kapitalien und Summen können auch zur Förderung des Baues von Kleinbahnen verwendet werden.

Berlin, den 14. Juni 1892.

v. Tiedemann (Bomst).

Nr. 234 wird zurückgezogen.

№ 242.

Auf die Tagesordnung einer der nächsten Plenarsitzungen werden gesetzt werden:

I.

Mündlicher Bericht der Kommission für Petitionen über die Petition des Steueraufsehers Moutag in Hannover — II Nr. 885 — in welcher er beantragt, zu veranlassen, daß ihm aus den Ueberschüssen der Uniformirungskasse für die Grenz- und Steueraufseher in Hannover der Betrag herausgezahlt werde, der den von ihm zu dieser Kasse eingezogenen Beiträgen entspricht.

Berichterstatter: Abgeordneter Weber (Genthin).

Antrag der Petitionskommission:

Das Haus der Abgeordneten wolle beschließen:
Ueber die Petition II Nr. 885 zur Tagesordnung überzugehen.

II.

Die unten näher bezeichneten Petitionen, welche von den Kommissionen als zur Erörterung im Plenum nicht geeignet erachtet, zur Einsicht im Büreau niedergelegt sind.

Berlin, den 14. Juni 1892.

Der Präsident des Hauses der Abgeordneten.

v. Köller.

Verzeichniß zu II.

A. Kommission für Petitionen.

II. 07. Hoeppner, Mühlenbesitzer in Cörbeliz beantragt, daß die zu einer Kirchhofsanlage daselbst ertheilte landespolizeiliche Erlaubniß aufgehoben werde.

II. 173. **Simpel**, Pensionär in Berlin
beantragt zu veranlassen, daß er wieder in den Besitz näher bezeichneter Schriftstücke gelange.

822. **Brinklies**, Wittwe in Drawöhnen
beantragt zu vermitteln, daß ihr eine Altersrente gezahlt werde.

823. **Meede**, Arbeiter in Neu-Passarge
beantragt herbeizuführen, daß ihm eine Unfallrente gezahlt werde.

827. **Zolbahn**, Stellmachermeister in Bütow
beantragt, ihm die Konzession zum Betriebe einer Schankstätte zu verschaffen.

864. **Schulze**, Förster a. D. in Laudnen
beantragt die Wittwenkassenbeiträge zu ermäßigen, welche er zu zahlen verpflichtet ist.

889. **Maack** und Genossen in Bardowick u. a. O.
beantragen Errichtung einer Apotheke in Bardowick.

E. **Kommission für das Unterrichtswesen.**

II 866. **Schröder**, Lehrer in Magdeburg,
beantragt, die staatlichen Dienstalterszulagen der Lehrer auf 600 Mark zu erhöhen und dieselben allen Gemeindelehrern zu gewähren.

F. **Kommission zur Prüfung des Staatshaushaltsetats.**

II 101. (3. Antrag) **Lonz**, Dechant, und Genossen in Burgen u. a. O.,

5973. **Hau**, Pfarrer in Hentern, und Genossen,
beantragen zu veranlassen, daß bei Berechnung der Alterszulagen der katholischen Pfarrer die Dienstjahre derselben vom Tage der Priesterweihe ab gerechnet werden.

893. **Dr. Fischer**, Schriftsteller in Berlin,
beantragt zu vermitteln, daß ihm die früher bezogene Pension wieder gewährt werde.

№ 243.

Auf die Tagesordnung einer der nächsten Plenarsitzungen wird gesetzt werden:

Mündlicher Bericht der Kommission für die Geschäftsordnung, betreffend die Ertheilung der Ermächtigung zur strafgerichtlichen Verfolgung der in Nr. 105 der Zeitung „Vorwärts, Berliner Volksblatt" vom 5. Mai 1892 in dem Aufsatze „Aus dem Abgeordnetenhause" enthaltenen Beleidigungen des Hauses.

Berichterstatter: Abgeordneter **Greiß**.

Antrag der Geschäftsordnungskommission:

Das Haus der Abgeordneten wolle beschließen:

Die Ermächtigung zur strafgerichtlichen Verfolgung der in Nr. 105 der Zeitung „Vorwärts, Berliner Volksblatt" vom 5. Mai 1892 in dem Aufsatze „Aus dem Abgeordnetenhause" enthaltenen Beleidigungen des Hauses nicht zu ertheilen.

Berlin, den 15. Juni 1892.

Der Präsident des Hauses der Abgeordneten.

v. **Köller**.

Nº 244.

Zusammenstellung

des

Entwurfs eines Gesetzes über die Bahnen unterster Ordnung — Nr. 138 und Nr. 206 der Drucksachen — mit den in der **zweiten Berathung** im Plenum des Hauses der Abgeordneten über denselben gefaßten Beschlüssen.

(§ 17 der Geschäftsordnung.)

Beschlüsse des Herrenhauses. **Beschlüsse des Hauses der Abgeordneten.**

Entwurf eines Gesetzes

über

die Bahnen unterster Ordnung.

Wir Wilhelm, von Gottes Gnaden König von Preußen 2c.

verordnen unter Zustimmung beider Häuser des Landtags der Monarchie, was folgt:

I. Eisenbahnen, welche dem öffentlichen Verkehre dienen.

§ 1.

Eisenbahnen, welche dem öffentlichen Verkehre dienen, jedoch weder auf Grund des Art. 41 Abs. 1 der Verfassung des Deutschen Reiches angelegt und betrieben werden, noch auch dem Gesetze über die Eisenbahnunternehmungen vom 3. November 1838 (Gesetzsamml. S. 505) unterworfen oder zu unterwerfen sind, bedürfen zur baulichen Herstellung und zum Betriebe polizeilicher Genehmigung.

Entwurf eines Gesetzes

über

Kleinbahnen und Privatanschlußbahnen.

Wir Wilhelm, von Gottes Gnaden König von Preußen 2c.

verordnen unter Zustimmung beider Häuser des Landtags der Monarchie, was folgt:

I. Kleinbahnen.

§ 1.

Kleinbahnen sind die dem öffentlichen Verkehre dienenden Eisenbahnen, welche wegen ihrer geringen Bedeutung für den allgemeinen Eisenbahnverkehr dem Gesetze über die Eisenbahnunternehmungen vom 3. November 1838 (Gesetzsamml. S. 505) nicht unterliegen.

Insbesondere sind Kleinbahnen der Regel nach solche Bahnen, welche hauptsächlich den örtlichen Verkehr innerhalb eines Gemeinde-

294*

Beschlüsse des Herrenhauses.

Bahnen, welche
1. hauptsächlich den örtlichen Verkehr innerhalb einer Gemeinde oder zwischen benachbarten Gemeinden vermitteln oder
2. nicht mit Lokomotiven betrieben werden,

sind dem Gesetze über die Eisenbahnunternehmungen vom 3. November 1838 nur dann zu unterwerfen, wenn nach Entscheidung des Staatsministeriums ihnen eine solche Bedeutung für den öffentlichen Verkehr beizumessen ist, daß sie als Theil des allgemeinen Eisenbahnnetzes zu behandeln sind.

Zweifel darüber, ob für eine Bahn die Voraussetzungen zu 1 und 2 vorliegen, entscheidet auf Anrufen Betheiligter das Staatsministerium.

§ 2.

Zur Ertheilung der Genehmigung ist zuständig:
1. sofern der Betrieb mit Maschinenkraft beabsichtigt wird: der Regierungspräsident, für den Stadtkreis Berlin der Polizeipräsident, in Verbindung mit der von dem Minister der öffentlichen Arbeiten bezeichneten Eisenbahnbehörde;
2. soweit nicht Betrieb mit Maschinenkraft beabsichtigt ist, und zwar
    a) sofern Kunststraßen benutzt oder von der Bahn mehrere Kreise oder nicht preußische Landestheile berührt werden sollen: der Regierungspräsident, für den Stadtkreis Berlin der Polizeipräsident,
    b) sofern mehrere Polizeibezirke desselben Landkreises berührt werden: der Landrath,
    c) sofern das Unternehmen innerhalb eines Polizeibezirks verbleibt: die Ortspolizeibehörde.

Wenn die zum Betriebe mit Maschinenkraft eingerichtete Bahn die Bezirke mehrerer Landespolizeibehörden berührt, oder in dem Falle der Nr. 2a die betreffenden Kreise nicht in demselben Regierungsbezirke liegen, bezeichnet der Oberpräsident — falls jedoch die Landespolizeibezirke bezw. Kreise verschiedenen Provinzen angehören oder Berlin dabei betheiligt ist — der Minister der öffentlichen Arbeiten im Einvernehmen mit dem Minister des Innern die zuständige Behörde.

Beschlüsse des Hauses der Abgeordneten.

bezirkes oder benachbarter Gemeindebezirke vermitteln, sowie Bahnen, welche nicht mit Lokomotiven betrieben werden.

Ob die Voraussetzung für die Anwendbarkeit des Gesetzes vom 3. November 1838 vorliegt, entscheidet auf Anrufen der Betheiligten das Staatsministerium.

§ 2.

Zur Herstellung und zum Betriebe einer Kleinbahn bedarf es der Genehmigung der zuständigen Behörde. Dasselbe gilt für wesentliche Erweiterungen oder sonstige wesentliche Aenderungen des Unternehmens, der Anlage oder des Betriebes. Diese Genehmigung ist zu versagen, wenn die Erweiterung oder Aenderung die Unterordnung des Unternehmens unter das Gesetz vom 3. November 1838 bedingt.

§ 3.

Zur Ertheilung der Genehmigung ist zuständig:
1. wenn der Betrieb ganz oder theilweise mit Maschinenkraft beabsichtigt wird: der Regierungspräsident, für den Stadtkreis Berlin der Polizeipräsident, im Einvernehmen mit der von dem Minister der öffentlichen Arbeiten bezeichneten Eisenbahnbehörde;
2. in allen übrigen Fällen, und zwar
    a) sofern Kunststraßen benutzt oder von der Bahn mehrere Kreise oder nicht preußische Landestheile berührt werden sollen: der Regierungspräsident, für den Stadtkreis Berlin der Polizeipräsident,
    b) sofern mehrere Polizeibezirke desselben Landkreises berührt werden: der Landrath,
    c) sofern das Unternehmen innerhalb eines Polizeibezirks verbleibt: die Ortspolizeibehörde.

Wenn die zum Betriebe mit Maschinenkraft einzurichtende Bahn die Bezirke mehrerer Landespolizeibehörden berührt, oder in dem Falle der Nr. 2a die betreffenden Kreise nicht in demselben Regierungsbezirke liegen, bezeichnet der Oberpräsident, falls jedoch die Landespolizeibezirke bezw. Kreise verschiedenen Provinzen angehören, oder Berlin betheiligt ist, der Minister der öffentlichen Arbeiten im Einvernehmen mit dem Minister des Innern die zuständige Behörde.

Die Zuständigkeit zur Genehmigung von wesentlichen Erweiterungen oder sonstigen wesentlichen Aenderungen des Unternehmens, der Anlage und des Betriebes regelt sich jo, als ob das Unternehmen in der nunmehr geplanten Art neu zu genehmigen wäre. Jedoch bleibt zur Genehmigung von Aenderungen des Betriebes der in Absatz 1 Nr. 1 erwähnten Unternehmungen diejenige Behörde zuständig, welche die Genehmigung zum Bau und Betriebe ertheilt hat.

Haus der Abgeordneten. Aktenstück № 244.

Beschlüsse des Herrenhauses.

§ 3.

Die polizeiliche Prüfung erstreckt sich auf:
1. die betriebsichere Beschaffenheit der Bahn und der Betriebsmittel,
2. den Schutz gegen schädliche Einwirkungen der Anlage und des Betriebes,
3. die technische Befähigung und die Zuverlässigkeit der Bediensteten,
4. die Wahrung der Interessen des öffentlichen Verkehrs.

§ 4.

Dem Antrage auf Ertheilung der Genehmigung sind die zur Beurtheilung des Unternehmens in technischer und finanzieller Hinsicht erforderlichen Unterlagen, insbesondere ein Bauplan, beizufügen.

§ 5.

Sofern ein öffentlicher Weg benutzt werden soll, ist die Zustimmung des Unterhaltungspflichtigen beizubringen. Der Unterhaltungspflichtige ist berechtigt, für die Hergabe des Weges ein angemessenes Entgelt zu beanspruchen, ingleichen sich den Heimfall der Bahn nach Ablauf einer bestimmten Frist gegen angemessene Schadloshaltung des Unternehmers vorzubehalten.

§ 6.

Die Zustimmung des Unterhaltungspflichtigen kann ergänzt werden:
   soweit es sich um Landgemeinden und Gutsbezirke sowie um Private handelt, durch Beschluß des Kreisausschusses —,
   soweit eine Stadtgemeinde oder ein Kreis betheiligt ist, oder es sich um einen von Privaten zu unterhaltenden, mehrere Kreise berührenden Weg handelt, durch Beschluß des Bezirksausschusses —,
   soweit eine Provinz oder ein den Provinzen gleichstehender Kommunalverband betheiligt ist, durch Beschluß des Provinzialrathes.

Gegen den Beschluß des letzteren ergiebt die Beschwerde an den Minister der öffentlichen Arbeiten.

Durch den Ergänzungsbeschluß wird unter Ausschluß des Rechtsweges zugleich über die Angemessenheit etwa nach § 5 an den Unternehmer gestellter Ansprüche entschieden.

Bei dem Antrage auf Ergänzung der Zustimmung ist der Nachweis der erfolgten Sicherstellung der Unterhaltung und Wiederherstellung des Weges beizubringen.

Beschlüsse des Hauses der Abgeordneten.

§ 4.

Die Genehmigung wird auf Grund vorgängiger polizeilicher Prüfung ertheilt. Diese Prüfung beschränkt sich auf:
1. die betriebsichere Beschaffenheit der Bahn und der Betriebsmittel,
2. den Schutz gegen schädliche Einwirkungen der Anlage und des Betriebes,
3. die technische Befähigung und Zuverlässigkeit der in dem äußeren Betriebsdienste anzustellenden Bediensteten,
4. die Wahrung der Interessen des öffentlichen Verkehrs.

§ 5.

Unverändert wie § 4 der Beschlüsse des Herrenhauses.

§ 6.

Soweit ein öffentlicher Weg benutzt werden soll, hat der Unternehmer die Zustimmung der aus Gründen des öffentlichen Rechtes zur Unterhaltung des Weges Verpflichteten beizubringen.

Der Unternehmer ist Mangels anderweitiger Vereinbarung zur Unterhaltung und Wiederherstellung des benutzten Wegetheiles verpflichtet und hat für diese Verpflichtung Sicherheit zu bestellen.

Die Unterhaltungspflichtigen (Absatz 1) können für die Benutzung des Weges ein angemessenes Entgelt beanspruchen, ingleichen sich den Erwerb der Bahn im Ganzen nach Ablauf einer bestimmten Frist gegen angemessene Schadloshaltung des Unternehmers vorbehalten.

§ 7.

Die Zustimmung der Unterhaltungspflichtigen kann ergänzt werden:
   soweit eine Provinz oder ein den Provinzen gleichstehender Kommunalverband betheiligt ist, durch Beschluß des Provinzialrathes, wogegen die Beschwerde an den Minister der öffentlichen Arbeiten zulässig ist;
   soweit eine Stadtgemeinde oder ein Kreis betheiligt ist oder es sich um einen mehrere Kreise berührenden Weg handelt, durch Beschluß des Bezirksausschusses, im Uebrigen durch Beschluß des Kreisausschusses.

Durch den Ergänzungsbeschluß wird unter Ausschluß des Rechtsweges zugleich über die nach § 6 an den Unternehmer gestellten Ansprüche entschieden.

Beschlüsse des Herrenhauses.

§ 7.

Vor Ertheilung der Genehmigung ist die zuständige Wegepolizeibehörde und, wenn die Eisenbahnanlage sich dem Bereiche einer Festung nähert, die zuständige Festungsbehörde zu hören. In diesem Falle darf die Zustimmung nur im Einverständniß mit der Festungsbehörde ertheilt werden.

Wenn die Bahn sich dem Bereiche einer Reichstelegraphenanlage nähert, so ist die zuständige Telegraphenbehörde vor der Genehmigung zu hören.

Soll das Gleis einer dem Gesetze über die Eisenbahnunternehmungen vom 3. November 1838 unterworfenen Eisenbahn gekreuzt werden, so darf auch in den Fällen, in denen die Eisenbahnbehörde im Uebrigen nicht mitwirkt (§ 2), die Genehmigung nur im Einverständniß mit der letzteren ertheilt werden.

§ 8.

Außer den durch die polizeilichen Rücksichten (§ 3) gebotenen Verpflichtungen sind in der Genehmigung zugleich diejenigen zu bestimmen, welchen der Unternehmer im Interesse der Landesvertheidigung und der Reichspost- und Telegraphenverwaltung zu genügen hat.

§ 9.

In der Genehmigung von Bahnen, auf welchen die Beförderung von Gütern stattfinden soll, kann vorbehalten werden, den Unternehmer jederzeit zur Gestattung der Einführung von Anschlußgleisen für den Privatverkehr anzuhalten. Art und Ort der Einführung unterliegt der Genehmigung der eisenbahntechnischen Aufsichtsbehörde.

Die Behörde, welche die Genehmigung ertheilte, hat mangels gütlicher Vereinbarung der Interessenten auch die Verhältnisse des Bahnunternehmers und des den Anschluß Beantragenden zu einander zu regeln, insbesondere dem Ersteren für die Benutzung oder Veränderung seiner Anlagen zu leistende Vergütung vorbehaltlich des Rechtsweges festzusetzen.

§ 10.

In der Genehmigung ist die Sicherstellung für die Unterhaltung und Wiederherstellung öffentlicher Wege, soweit diese nicht bereits erfolgt ist (§ 6), vorzuschreiben.

Auch kann eine Frist für die Ausführung der Bahn und für den Beginn des Betriebes festgesetzt und die Erlegung von Geldstrafen für den Fall der Nichteinhaltung derselben, sowie Sicherheitsstellung hierfür gefordert werden.

Das Gleiche kann zur Sicherung der Aufrechthaltung des ordnungsmäßigen Betriebes während der Dauer der Genehmigung geschehen.

§ 11.

Die Genehmigung kann auf Zeit ertheilt werden. Sie erfolgt unter dem Vorbehalte der Rechte Dritter, der Ergänzung und Abänderung durch Feststellung des Bauplanes (§§ 13 und 14) sowie des Widerrufs für den Fall wesentlicher Aenderungen des Unternehmens, der Anlage oder des Betriebes.

Beschlüsse des Hauses der Abgeordneten.

§ 8.

Unverändert wie § 7 der Beschlüsse des Herrenhauses, bis auf das Wort „Zustimmung" in Zeile 4, welches geändert ist in das Wort „Genehmigung" und bis auf den Hinweis „(§ 2)" in Abs. 3, welcher geändert ist in „(§ 3)".

§ 9.

Außer den durch die polizeilichen Rücksichten (§ 3) gebotenen Verpflichtungen sind in der Genehmigung zugleich diejenigen zu bestimmen, welchen der Unternehmer im Interesse der Landesvertheidigung und der Reichspostverwaltung in **Gemäßheit des § 42** zu genügen hat.

§ 10.

Bei der Genehmigung von Bahnen, auf welchen die Beförderung von Gütern stattfinden soll, kann vorbehalten werden, den Unternehmer jederzeit zur Gestattung der Einführung von Anschlußgleisen für den Privatverkehr anzuhalten. Art und Ort der Einführung unterliegt der Genehmigung der eisenbahntechnischen Aufsichtsbehörde.

Die Behörde (§ 3) hat mangels gütlicher Vereinbarung der Interessenten auch die Verhältnisse des Bahnunternehmens und des den Anschluß Beantragenden zu einander zu regeln, insbesondere die dem Ersteren für die Benutzung oder Veränderung seiner Anlagen zu leistende Vergütung vorbehaltlich des Rechtsweges festzusetzen.

§ 11.

Bei der Genehmigung ist die **Art und Höhe** der Sicherstellung für die Unterhaltung und Wiederherstellung öffentlicher Wege, soweit diese nicht bereits erfolgt ist, vorzuschreiben.

Für die **Ausführung der Bahn und für den Beginn des Betriebes kann eine Frist** festgesetzt und die Erlegung von Geldstrafen für den Fall der Nichteinhaltung derselben, sowie Sicherheitsstellung hierfür gefordert werden.

Auch können **Geldstrafen und Sicherheitsstellung** zur Sicherung der Aufrechterhaltung des ordnungsmäßigen Betriebes während der Dauer der Genehmigung **vorgesehen werden**.

§ 12.

Der nach den Bestimmungen dieses Gesetzes erforderlichen Sicherstellung bedarf es nicht, wenn das Reich, der Staat oder ein Kommunalverband Unternehmer ist.

§ 13.

Die Genehmigung kann **dauernd oder** auf Zeit ertheilt werden. Sie erfolgt unter dem Vorbehalte der Rechte Dritter, der Ergänzung und Abänderung durch Feststellung des Bauplanes (§§ 17 und 18).

Beschlüsse des Herrenhauses.

Beschlüsse des Hauses der Abgeordneten.

Fahrplan und Beförderungspreise unterliegen in Zeiträumen, welche bei der Genehmigung festzusetzen sind, erneuter Prüfung durch die nach § 2 zuständige Behörde.

§ 14.

Im Interesse des öffentlichen Verkehrs ist bei der Genehmigung (§ 2) durch die zuständige Behörde über den Fahrplan und die Beförderungspreise das Erforderliche festzustellen; zugleich sind die Zeiträume zu bezeichnen, nach deren Ablauf diese Feststellungen geprüft und wiederholt werden müssen.

Von der Feststellung über den Fahrplan kann für einen bei der Genehmigung festzusetzenden Zeitraum abgesehen werden. Dieser Zeitraum kann verlängert werden.

Die Feststellung der Beförderungspreise steht innerhalb eines bei der Genehmigung festzusetzenden Zeitraumes von mindestens 5 Jahren nach der Eröffnung des Bahnbetriebes dem Unternehmer frei. Das alsdann der Behörde zustehende Recht der Genehmigung der Beförderungspreise erstreckt sich lediglich auf den Höchstbetrag derselben. Hierbei ist auf die finanzielle Lage des Unternehmens und auf eine angemessene Verzinsung und Tilgung des Anlagekapitals Rücksicht zu nehmen.

§ 15.

Der Aushändigung der Genehmigungsurkunde müssen die nach § 11 geforderten Sicherstellungen vorausgehen.

§ 12.

Die Genehmigung für ein Unternehmen, welches von einer Aktiengesellschaft oder von einer Kommanditgesellschaft auf Aktien ausgeführt werden soll, darf erst ausgehändigt werden, wenn der Nachweis der Eintragung in das Handelsregister geführt ist.

Ist dem Unternehmer Sicherstellung für die Wegeunterhaltung und Wiederherstellung, für Ausführung der Bahn, für den Beginn oder die Aufrechterhaltung des Betriebes zur Pflicht gemacht (§§ 6 und 10), so muß diese der Aushändigung der Genehmigung ebenfalls vorausgehen.

§ 16.

Die Genehmigung, welche einer Aktiengesellschaft oder Kommanditgesellschaft auf Aktien behufs Eintragung in das Handelsregister (Art. 210 Abs. 2 Nr. 4 und Art. 176 Abs. 2 Nr. 4 Deutsches Handelsgesetzbuch) ausgehändigt worden ist, tritt erst in Wirksamkeit, wenn der Nachweis der Eintragung in das Handelsregister geführt ist.

§ 13.

Mit dem Bau von Bahnen, welche für den Betrieb mit Maschinenkraft bestimmt sind, darf erst begonnen werden, nachdem der Bauplan unter Zugrundelegung der in der Genehmigung vorläufig getroffenen Festsetzungen von derjenigen Behörde, welche die Genehmigung ertheilt hat, unter sinngemäßer Anwendung der §§ 19 bis 21 des Gesetzes über die Enteignung von Grundeigenthum vom 11. Juni 1874 (Gesetzsamml. S. 221) festgestellt worden ist.

§ 17.

Mit dem Bau von Bahnen, welche für den Betrieb mit Maschinenkraft bestimmt sind, darf erst begonnen werden, nachdem der Bauplan durch die genehmigende Behörde in folgender Weise festgestellt worden ist:
1. Der Planfeststellung werden die bei der Genehmigung vorläufig getroffenen Festsetzungen zu Grunde gelegt.
2) Plan nebst Beilagen sind in dem betreffenden Gemeinde- oder Gutsbezirke während vierzehn Tagen zu Jedermanns Einsicht offenzulegen. Zeit und Ort der Offenlegung ist ortsüblich bekannt zu machen.

Dieser Feststellung bedarf es nicht, wenn eine Planfestsetzung nach Maßgabe der bezeichneten Bestimmungen zum Zwecke der Enteignung stattfindet.

Wenn aus der beabsichtigten Bahnanlage Nachtheile oder erhebliche Belästigungen der benachbarten Grundbesitzer und des öffentlichen Verkehrs nicht zu erwarten sind, kann der Minister der öffentlichen Arbeiten den Beginn des Baues ohne vorgängige Planfestsetzung gestatten.

§ 14.

Dem Unternehmer ist bei der Planfeststellung (§ 13) die Herstellung derjenigen Anlagen aufzuerlegen, welche die den Bauplan feststellende Behörde zur Sicherung der benachbarten Grundstücke gegen Gefahren und Nachtheile oder im öffentlichen Interesse für erforderlich erachtet, desgleichen die Unterhaltung dieser Anlagen, soweit dieselbe über den Umfang der bestehenden Verpflichtungen zur Unterhaltung vorhandener demselben Zwecke dienenden Anlagen hinausgeht.

§ 15.

Zum Beginn des Betriebes bedarf es der Erlaubniß der zur Ertheilung der Genehmigung zuständigen Behörde (§ 2). Die Erlaubniß ist zu versagen, sofern wesentliche in der Bau- und Betriebsgenehmigung (§ 3) gestellte Bedingungen nicht erfüllt sind.

§ 16.

Die Betriebsmaschinen sind vor ihrer Einstellung in den Betrieb und nach Vornahme erheblicher Aenderungen, außerdem aber zeitweilig der Prüfung durch die zur eisenbahntechnischen Aufsicht über die Bahn zuständige Behörde (§ 18) zu unterwerfen.

Während dieser Zeit kann jeder Betheiligte im Umfange seines Interesses Einwendungen gegen den Plan erheben. Auch der Vorstand des Gemeinde- oder Gutsbezirkes hat das Recht, Einwendungen zu erheben, welche sich auf die Richtung des Unternehmens oder auf Anlagen der in § 18 dieses Gesetzes gedachten Art beziehen.

Diejenige Stelle, bei welcher solche Einwendungen schriftlich einzureichen oder mündlich zu Protokoll zu geben sind, ist zu bezeichnen.

3. Nach Ablauf der Frist (Nr. 2 Abf. 1) sind die gegen den Plan erhobenen Einwendungen in einem nöthigenfalls an Ort und Stelle durch einen Beauftragten abzuhaltenden Termine, zu dem der Unternehmer und die Betheiligten (Nr. 2 Abf. 2) vorgeladen werden müssen und Sachverständige zugezogen werden können, zu erörtern.

4. Nach Beendigung der Verhandlungen wird über die erhobenen Einwendungen beschlossen und erfolgt darnach die Feststellung

des Planes sowie
der Anlagen, zu deren Errichtung und Unterhaltung der Unternehmer verpflichtet ist (§ 18).

Der Beschluß wird dem Unternehmer und den Betheiligten zugestellt.

Der Feststellung (Abs. 1) bedarf es nicht, wenn eine Planfestsetzung zum Zwecke der Enteignung stattfindet.

Wenn aus der beabsichtigten Bahnanlage Nachtheile oder erhebliche Belästigungen der benachbarten Grundbesitzer und des öffentlichen Verkehrs nicht zu erwarten sind, kann, sofern es sich nicht um die Benutzung öffentlicher Wege handelt, der Minister der öffentlichen Arbeiten den Beginn des Baues ohne vorgängige Planfestsetzung gestatten.

§ 18.

Unverändert wie § 14 der Beschlüsse des Herrenhauses, bis auf den Hinweis „(§ 13)", welcher geändert ist in „(§ 17)".

§ 19.

Zur Eröffnung des Betriebes bedarf es der Erlaubniß der zur Ertheilung der Genehmigung zuständigen Behörde. Die Erlaubniß ist zu versagen, sofern wesentliche in der Bau- und Betriebsgenehmigung gestellte Bedingungen nicht erfüllt sind.

§ 20.

Unverändert wie § 16 der Beschlüsse des Herrenhauses, bis auf den Hinweis „(§ 18)", welcher geändert ist in „(§ 22)".

Beschlüsse des Herrenhauses.

§ 17.

Der Fahrplan und die Beförderungspreise sowie die Aenderungen derselben sind öffentlich bekannt zu machen.

§ 18.

Für die Angelegenheiten einer für den Betrieb mit Maschinenkraft eingerichteten Bahn, insbesondere für die Aufsicht über die Erfüllung der Bedingungen der Genehmigung ist diejenige Landespolizeibehörde zuständig, welche bei der Genehmigung mitgewirkt hat. Die eisenbahntechnische Aufsicht steht der zur Mitwirkung bei der Genehmigung berufenen Eisenbahnbehörde (§ 2) zu, sofern nicht der Minister der öffentlichen Arbeiten die Aufsicht einer anderen Eisenbahnbehörde überträgt.

§ 19.

Die Genehmigung erlischt, wenn die Ausführung der Bahn oder die Eröffnung des Betriebes nicht innerhalb der in der Genehmigung bestimmten oder nachträglich gestellten Frist erfolgt.

§ 20.

Die Genehmigung kann, abgesehen von dem Falle des Widerrufs (§ 11), zurückgenommen werden, wenn der Bau oder Betrieb ohne genügenden Grund unterbrochen oder wiederholt gegen die Bedingungen der Genehmigung oder die dem Unternehmer nach diesem Gesetze obliegenden Verpflichtungen verstoßen wird.

§ 21.

Ueber die Zurücknahme entscheidet auf Klage der zur Ertheilung der Genehmigung zuständigen Behörde (§ 2) das Oberverwaltungsgericht.

§ 22.

Bei Erlöschen, Widerruf oder Zurücknahme der Genehmigung wird die für die Unterhaltung und Wiederherstellung öffentlicher Wege bestellte Sicherheit, soweit sie für den bezeichneten Zweck nicht in Anspruch zu nehmen ist, herausgegeben. Mangels anderweiter Vereinbarung hat der Wegeunterhaltungspflichtige die Wahl, die Wiederherstellung des früheren Zustandes, nöthigenfalls unter Beseitigung der in dem Weg eingebauten Theile der Bahnanlage oder gegen angemessene Entschädigung den Uebergang der letzteren in sein Eigenthum zu verlangen. Abgesehen von dem letzteren Falle gehen solche Theile der Bahnanlage, wenn sie in dem Wege verbleiben, unentgeltlich in das Eigenthum des Wegeunterhaltungspflichtigen über.

Beschlüsse des Hauses der Abgeordneten.

§ 21.

Der Fahrplan und die Beförderungspreise sowie die Aenderungen derselben sind **vor ihrer Einführung** öffentlich bekannt zu machen.

Die angesetzten Beförderungspreise haben **gleichmäßig für alle Personen oder Güter Anwendung zu finden.**

§ 22.

Rücksichtlich der Erfüllung der Genehmigungsbedingungen und der Vorschriften dieses Gesetzes ist jede Kleinbahn der Aufsicht der für ihre Genehmigung jeweilig zuständigen Behörde unterworfen. Bei den für den Betrieb mit Maschinenkraft eingerichteten Bahnen steht die eisenbahntechnische Aufsicht der zur Mitwirkung bei der Genehmigung berufenen Eisenbahnbehörde zu, sofern nicht der Minister der öffentlichen Arbeiten die Aufsicht einer anderen Eisenbahnbehörde überträgt.

§ 23.

Die Genehmigung **kann durch Beschluß der Aufsichtsbehörde für erloschen erklärt werden,** wenn die Ausführung der Bahn oder die Eröffnung des Betriebes nicht innerhalb der in der Genehmigung bestimmten oder **der verlängerten** Frist erfolgt.

§ 24.

Die Genehmigung kann zurückgenommen werden, wenn der Bau oder Betrieb ohne genügenden Grund unterbrochen oder wiederholt gegen die Bedingungen der Genehmigung oder die dem Unternehmer nach diesem Gesetze obliegenden Verpflichtungen **in wesentlicher Beziehung** verstoßen wird.

§ 25.

Ueber die Zurücknahme entscheidet auf Klage der zur Ertheilung der Genehmigung zuständigen Behörde das Oberverwaltungsgericht.

§ 26.

Bei Erlöschen oder Zurücknahme der Genehmigung wird die für die Unterhaltung und Wiederherstellung öffentlicher Wege bestellte Sicherheit, soweit sie für den bezeichneten Zweck nicht in Anspruch zu nehmen ist, herausgegeben. Mangels anderweiter Vereinbarung hat der Wegeunterhaltungspflichtige die Wahl, die Wiederherstellung des früheren Zustandes, nöthigenfalls unter Beseitigung der in dem Weg eingebauten Theile der Bahnanlage, oder gegen angemessene Entschädigung den Uebergang der letzteren in sein Eigenthum zu verlangen.

Macht der Unterhaltungspflichtige von dem ersteren Rechte Gebrauch, so geht das Eigenthum der zurückgelassenen Theile der Bahnanlage auf den Unterhaltungspflichtigen unentgeltlich über.

Im öffentlichen Interesse kann die Aufsichtsbehörde eine Frist festsetzen, vor deren Ablauf der Unterhaltungspflichtige nicht berechtigt ist, die Wiederherstellung des früheren Zustandes zu verlangen.

Beschlüsse des Herrenhauses. **Beschlüsse des Hauses der Abgeordneten.**

§ 23.

Inwieweit bei Erlöschen (§ 19) oder Zurücknahme der Genehmigung wegen Unterbrechung des Baues oder Betriebes (§ 20) die für den fristzeitigen Beginn oder die regelmäßige Fortführung des Baues oder Betriebes bestimmten Geldstrafen den betheiligten Gemeinden verfallen, entscheidet unter Ausschluß des Rechtswegs der Minister der öffentlichen Arbeiten.

Darüber, welche Gemeinden als am Verkehre (der fraglichen Bahn) betheiligt anzusehen sind und nach welchem Maßstabe die verfallenen Beträge auf die Betheiligten vertheilt werden, beschließt Mangels gütlicher Einigung der Bezirksausschuß.

§ 24.

Jede Bahnunternehmung der im § 1 bezeichneten Art ist verpflichtet, sich den Anschluß anderer Bahnen dieser Art gefallen zu lassen, sofern die Behörde, welche die Genehmigung für die Bahn, an welche der Anschluß erfolgen soll, ertheilt hat, mit Rücksicht auf ihre Konstruktion und ihren Betrieb den Anschluß für zulässig erachtet. Dieselbe Behörde entscheidet auch darüber, wo und in welcher Weise der Anschluß erfolgen soll, regelt in Ermangelung einer gütlichen Vereinbarung die Verhältnisse beider Unternehmer zu einander und setzt die dem erstgedachten Bahnunternehmer für die Benutzung oder Veränderung seiner Anlagen zu leistende Vergütung vorbehaltlich des Rechtswegs fest.

§ 25.

Die Unternehmer von Bahnen der im § 1 bezeichneten Art können die Gestattung des Anschlusses ihrer Bahnen an Eisenbahnen im Sinne des Gesetzes über die Eisenbahnunternehmungen vom 3. November 1838 verlangen, sofern der Minister der öffentlichen Arbeiten mit Rücksicht auf die Konstruktion und den Betrieb der letzteren den Anschluß für zulässig erachtet. Darüber, wo und in welcher Weise der Anschluß herzustellen ist, und über die Verhältnisse beider Unternehmer zu einander, insbesondere über die dem Eisenbahnunternehmer für die Benutzung oder Veränderung seiner Anlagen zu leistende Vergütung entscheidet, in letzterer Beziehung unter Vorbehalt des Rechtswegs, der Minister der öffentlichen Arbeiten.

§ 26.

Wenn eine Bahn unterster Ordnung nach Entscheidung des Staatsministeriums eine solche Bedeutung für den öffentlichen Verkehr gewinnt, daß sie als Theil des allgemeinen Eisenbahnnetzes zu behandeln ist, kann der Staat den eigenthümlichen Erwerb derselben gegen Entschädigung des vollen Werthes beanspruchen.

§ 27.

Der Erwerb erfolgt unter sinngemäßer Anwendung der Bestimmungen des § 42 Nr. 4a bis d des Gesetzes über die Eisenbahnunternehmungen vom 3. November 1838, mit der Maßgabe, daß bei Unternehmungen, welche

§ 27.

Ob und inwieweit bei Erlöschen (§ 23) oder Zurücknahme der Genehmigung wegen Unterbrechung des Baues oder Betriebes (§ 24) die für die **Ausführung der Bahn oder die fristgemäße Eröffnung oder die Aufrechterhaltung des Betriebes** bestimmten Geldstrafen verfallen, entscheidet unter Ausschluß des Rechtswegs der Minister der öffentlichen Arbeiten. Dieser beschließt über die **Verwendung** solcher **Geldstrafen. Letztere sind zu Gunsten des früheren Unternehmens, anderenfalls ähnlicher Unternehmungen in dem betreffenden Landestheile zu verwenden.**

§ 28.

Unternehmer von Kleinbahnen sind verpflichtet, sich den Anschluß anderer Bahnen gefallen zu lassen, sofern die Behörde, welche die Genehmigung für die Bahn, an welche der Anschluß erfolgen soll, ertheilt hat, mit Rücksicht auf die Konstruktion und **den Betrieb der Bahn** den Anschluß für zulässig erachtet. Dieselbe Behörde entscheidet auch darüber, wo und in welcher Weise der Anschluß erfolgen soll, regelt in Ermangelung einer gütlichen Vereinbarung die Verhältnisse beider Unternehmer zu einander und setzt **vorbehaltlich des Rechtswegs** die dem erstgedachten Bahnunternehmer für die Benutzung oder Veränderung seiner Anlagen zu leistende Vergütung fest.

§ 29.

Unternehmer von **Kleinbahnen** können die Gestattung des Anschlusses ihrer Bahnen an Eisenbahnen **verlangen, welche dem Gesetze** über die Eisenbahnunternehmungen vom 3. November 1838 **unterliegen,** sofern der Minister der öffentlichen Arbeiten mit Rücksicht auf die Konstruktion und den Betrieb der letzteren den Anschluß für zulässig erachtet. Darüber, wo und in welcher Weise der Anschluß herzustellen ist, und über die Verhältnisse beider Unternehmer zu einander, insbesondere über die dem Eisenbahnunternehmer für die Benutzung oder Veränderung seiner Anlagen zu leistende Vergütung entscheidet, in letzterer Beziehung unter Vorbehalt des Rechtswegs, der Minister der öffentlichen Arbeiten.

§ 30.

Haben Kleinbahnen nach Entscheidung des Staatsministeriums eine solche Bedeutung für den öffentlichen Verkehr, daß sie als Theil des allgemeinen Eisenbahnnetzes zu behandeln sind, **und hat sich der Unternehmer dem Gesetze über die Eisenbahnunternehmungen vom 3. November 1838 und einer auf Grund desselben ertheilten Konzession nicht unterworfen,** so kann der Staat den eigenthümlichen Erwerb solcher **Bahnen** gegen Entschädigung des vollen Werthes **nach einer mit einjähriger Frist vorangegangenen Ankündigung** beanspruchen.

§ 31.

Der Erwerb (§ 30) erfolgt unter sinngemäßer Anwendung der Bestimmungen des § 42 Nr. 4a bis d des Gesetzes über die Eisenbahnunternehmungen vom 3. November 1838, mit der Maßgabe, daß der Berechnung des

Beschlüsse des Herrenhauses. **Beschlüsse des Hauses der Abgeordneten.**

nicht im Besitze von Aktiengesellschaften oder Kommanditgesellschaften auf Aktien sind, der Berechnung der Entschädigung der Reingewinn nach den Bestimmungen des Einkommensteuergesetzes vom 24. Juni 1891 (Gesetzsamml. S. 175), dagegen bei Aktiengesellschaften und Kommanditgesellschaften auf Aktien nicht nur die als Aktienzinsen oder Dividenden zur Vertheilung gelangenden, sondern auch diejenigen Beträge, welche als Ueberschüsse im Sinne des § 16 des Einkommensteuergesetzes zu erachten sind, der Berechnung des 25fachen Betrages nach § 42 Nr. 4a des Eisenbahngesetzes zu Grunde zu legen, und daß, falls das Unternehmen noch nicht 5 Jahre im Betriebe war, für die Berechnung der Entschädigung der Jahresdurchschnitt des bisher erzielten Reingewinnes maßgebend ist, sowie daß es, wenn eine Aktiengesellschaft Unternehmer ist, nicht der Einlösung der Aktien von den einzelnen Aktionären, sondern nur der Zahlung der Gesammtentschädigung an die Gesellschaft bedarf.

25fachen Betrages nach § 42 Nr. 4a des vorerwähnten Gesetzes das steuerpflichtige Einkommen nach den Bestimmungen des Einkommensteuergesetzes vom 24. Juni 1891 (Gesetzsamml. S. 175) zu Grunde zu legen ist, jedoch bei den Aktiengesellschaften und Kommanditgesellschaften auf Aktien der Abzug von 3½ Prozent des eingezahlten Aktienkapitals (§ 16 Einkommensteuergesetz) fortfällt. Erstreckt sich die Kleinbahn über das Gebiet des Preußischen Staates hinaus in andere Deutsche Bundesstaaten, so ist gleichwohl das Einkommen aus dem gesammten Betriebe der Berechnung der Entschädigung zu Grunde zu legen. War das zu erwerbende Unternehmen noch nicht 5 Jahre im Betriebe, so ist für die Berechnung der Entschädigung der Jahresdurchschnitt des bisher erzielten Reingewinnes maßgebend. — Ist eine Aktiengesellschaft Unternehmer der zu erwerbenden Bahn, so bedarf es nicht der Einlösung der Aktien von den einzelnen Aktionären, sondern nur der Zahlung der Gesammtentschädigung an die Gesellschaft.

§ 28.

Der Unternehmer ist verpflichtet, über jede Bahn, für welche ihm eine besondere Genehmigung ertheilt worden ist, dergestalt Rechnung zu führen, daß der Reinertrag derselben, und wenn der Unternehmer eine Aktiengesellschaft ist, die von derselben gezahlte Dividende daraus mit Sicherheit entnommen werden kann.

Die Vernachlässigung dieser Verpflichtung begründet für den Staat das Recht, die Berechnung der Entschädigung nach dem Sachwerthe (§§ 29 bis 31) zu verlangen.

§ 32.

Der Unternehmer kann verpflichtet werden, über jede Bahn, für welche ihm eine besondere Genehmigung ertheilt worden ist, dergestalt Rechnung zu führen, daß der Reinertrag derselben, und wenn der Unternehmer eine Aktiengesellschaft ist, die von derselben gezahlte Dividende daraus mit Sicherheit entnommen werden kann.

Die Vernachlässigung dieser Verpflichtung begründet für den Staat das Recht, die Berechnung der Entschädigung nach dem Sachwerthe (§§ 33 bis 35) zu verlangen.

§ 29.

Der Unternehmer kann Entschädigung nach dem Sachwerthe verlangen, wenn das Unternehmen noch nicht länger als fünfzehn Jahre im Betriebe ist. Erfolgt die Erwerbung durch den Staat in den ersten fünf Jahren des Betriebes, so werden dem Sachwerth 20 Prozent, erfolgt sie in den nachfolgenden zehn Jahren, so werden demselben 10 Prozent zugeschlagen.

§ 33.

Unverändert wie § 29 der Beschlüsse des Herrenhauses.

§ 30.

Im Falle der Entschädigung nach dem Sachwerthe bilden den Gegenstand des Erwerbes alle dem Unternehmen unmittelbar oder mittelbar gewidmeten Sachen und Rechte des Unternehmers, die Forderungen und Schulden jedoch nur insoweit, als dieselben nach beiderseitigem Einverständnisse auf den Staat übergehen sollen. In die zur Beschaffung des für das Unternehmen erforderlichen Personals und Materials geschlossenen Verträge tritt der Staat jedoch insoweit ein, als dieselben noch nicht erfüllt sind.

Für alle Bestandtheile ist der volle Werth zu vergüten.

§ 34.

Im Falle der Entschädigung nach dem Sachwerthe bilden den Gegenstand des Erwerbes alle dem Unternehmen unmittelbar oder mittelbar gewidmeten Sachen und Rechte des Unternehmers, die Forderungen und Schulden jedoch nur insoweit, als dieselben nach beiderseitigem Einverständnisse auf den Staat übergehen sollen. In die mit den Beamten und Arbeitern bestehenden Verträge tritt der Staat ein, ebenso in solche Verträge, welche zur Beschaffung des für das Unternehmen erforderlichen Materials abgeschlossen sind.

Für alle Bestandtheile ist der volle Werth zu vergüten.

§ 31.

Die Abschätzung und die Festsetzung der Entschädigung für die Bestandtheile des Unternehmens (§ 30) erfolgt nach einem von dem Unternehmer aufzustellenden Inventar, über dessen Richtigkeit und Vollständigkeit erforderlichenfalls zu verhandeln und von dem Bezirksausschusse zu entscheiden ist.

§ 35.

Unverändert wie § 31 der Beschlüsse des Herrenhauses, bis auf den Hinweis „(§ 30)", welcher geändert ist in „(§ 34)".

Beschlüsse des Herrenhauses.	Beschlüsse des Hauses der Abgeordneten.
§ 32. Die Festsetzung der Entschädigung (§§ 27 und 29) erfolgt, vorbehaltlich des beiden Theilen zustehenden, innerhalb sechs Monaten nach Zustellung des Festsetzungsbeschlusses zu beschreitenden Rechtsweges, durch den Bezirksausschuß unter sinngemäßer Anwendung der §§ 24 bis 29 des Enteignungsgesetzes vom 11. Juni 1874. Der Bezirksausschuß ist auch für das Vollziehungsverfahren zuständig.	**§ 36.** Die Festsetzung der Entschädigung (§§ 31 und 33 bis 35) erfolgt, vorbehaltlich des beiden Theilen zustehenden, innerhalb sechs Monaten nach Zustellung des Festsetzungsbeschlusses zu beschreitenden Rechtsweges, durch den Bezirksausschuß unter sinngemäßer Anwendung der §§ 24 bis 29 des Enteignungsgesetzes vom 11. Juni 1874. Der Bezirksausschuß ist auch für das Vollziehungsverfahren zuständig.
§ 33. Auf die Ermittelung der Entschädigung finden die §§ 24 bis 28, auf die Vollziehung der Enteignung die §§ 32 bis 37, auf das Verfahren vor dem Bezirksausschusse und auf die Wirkungen der Enteignung die §§ 39 bis 46 des Enteignungsgesetzes vom 11. Juni 1874 sinngemäße Anwendung. Die Entschädigung für Bestandtheile des Unternehmens, welche im Inventar verzeichnet und bei Feststellung der Gesammtentschädigung berücksichtigt, bei der Vollziehung der Enteignung aber nicht mehr vorhanden sind, ist von dem Unternehmer zurückzuerstatten. Für Bestandtheile, welche bei Vollziehung der Enteignung über das Inventar vorhanden sind, ist auf Antrag des Unternehmers von dem Bezirksausschusse nachträglich die vom Staate zu gewährende Entschädigung festzusetzen.	**§ 37.** Auf die Ermittelung der Entschädigung finden die §§ 24 bis 28, auf die Vollziehung der Enteignung die §§ 32 bis 37, auf das Verfahren vor dem Bezirksausschusse und auf die Wirkungen der Enteignung die §§ 39 bis 46 des Enteignungsgesetzes vom 11. Juni 1874 sinngemäße Anwendung. Die Entschädigung für Bestandtheile des Unternehmens, welche im Inventar verzeichnet und bei Feststellung der Gesammtentschädigung berücksichtigt, bei der Vollziehung der Enteignung aber nicht mehr vorhanden sind, ist von dem Unternehmer zurückzuerstatten. Für Bestandtheile, welche bei Vollziehung der Enteignung über das Inventar hinaus vorhanden sind, ist auf Antrag des Unternehmers von dem Bezirksausschusse nachträglich die vom Staate zu gewährende Entschädigung festzusetzen.
§ 34. Heimfallsberechtigten gegenüber greift das Erwerbungsrecht des Staates gleichfalls Platz. Ihnen ist der volle Werth des Heimfallrechts zu erstatten.	**§ 38.** **Erwerbsberechtigten (§ 6)** gegenüber greift das Erwerbungsrecht des Staates gleichfalls Platz. Ihnen ist der volle Werth des **Erwerbsrechtes** zu erstatten.
§ 35. Zur Anlegung von Bahnen in den Straßen Berlins und Potsdams bedarf es Königlicher Genehmigung.	**§ 39.** Unverändert wie § 35 der Beschlüsse des Herrenhauses.
§ 36. Die Bahnen sind verpflichtet, hinsichtlich der Besetzung der Subaltern- und Unterbeamtenstellen mit Militäranwärtern, insoweit dieselben das 40. Lebensjahr noch nicht zurückgelegt haben, die für den Staatseisenbahndienst in dieser Beziehung und insbesondere bezüglich der Ermittelung der Militäranwärter bestehenden und noch zu erlassenden Vorschriften zur Anwendung zu bringen.	Fällt fort.
§ 37. Die Eisenbahnunternehmungen der im § 1 bezeichneten Art werden der Gewerbesteuer auf Grund des Gewerbesteuergesetzes vom 24. Juni 1891 (Gesetzsamml. S. 205) unterworfen. Auf sie finden die Bestimmungen des Gesetzes vom 27. Juli 1885, betreffend Ergänzung und Abänderung einiger Bestimmungen über Erhebung der auf das Einkommen gelegten direkten Kommunalabgaben (Gesetzsamml. S. 327), soweit anwendbar und mit der Maßgabe Anwendung, daß solche Eisenbahnunternehmungen für Privateisenbahnunternehmungen im Sinne des § 4 a. a. O. nicht zu erachten sind.	**§ 40.** Die **Kleinbahnen** werden der Gewerbesteuer auf Grund des Gewerbesteuergesetzes vom 24. Juni 1891 (Gesetzsamml. S. 205) unterworfen. Bezüglich der **Kommunalbesteuerung** sind **Kleinbahnen als Privateisenbahnunternehmungen im Sinne des § 4 des Gesetzes vom 27. Juli 1885, betreffend Ergänzung und Abänderung einiger Bestimmungen über Erhebung der auf das Einkommen gelegten direkten Kommunalabgaben (Gesetzsamml. S. 327), nicht zu erachten.

Haus der Abgeordneten. Aktenstück № 244.   2357

Beschlüsse des Herrenhauses.

Beschlüsse des Hauses der Abgeordneten.

§ 41.

Die auf Grund des Allerhöchsten Erlasses vom 16. September 1867 (Gesetzsamml. S. 1528), des Gesetzes vom 7. März 1868 (Gesetzsamml. S. 223), des Gesetzes vom 11. März 1872 (Gesetzsamml. S. 257) und der §§ 2 und 3 des Gesetzes vom 8. Juli 1875 (Gesetzsamml. S. 497) den dort genannten Provinzial- und Kommunalverbänden überwiesenen Kapitalien und Summen können auch zur Förderung des Baues von Kleinbahnen verwendet werden.

§ 38.

Die Eisenbahnen der im § 1 bezeichneten Art unterliegen nachfolgenden Verpflichtungen gegenüber der Postverwaltung:

1. Die Unternehmer haben auf Verlangen der Postverwaltung mit jeder für den regelmäßigen Beförderungsdienst bestimmten Fahrt einen Postunterbeamten mit einem Briefsack und, soweit der Platz reicht, auch andere zur Mitfahrt erscheinende Unterbeamte im Dienst gegen Zahlung der Abonnementsgebühr oder, falls solche nicht besteht, der Hälfte des tarifmäßigen Personengeldes zu befördern.
2. Die Unternehmer solcher Bahnen, welche sich nicht ausschließlich mit der Personenbeförderung befassen, sind außerdem verpflichtet, auf Verlangen der Postverwaltung mit jeder für den regelmäßigen Beförderungsdienst bestimmten Fahrt:
   a) Postsendungen jeder Art durch Vermittelung des Zugpersonals zu befördern, und zwar Briefbeutel, Brief- und Zeitungspackete gegen eine Vergütung von 50 Pfennig für jede Fahrt, die anderen Sendungen gegen Zahlung des Stückguttarifsatzes der betreffenden Bahn oder, sofern dieser Betrag höher ist, gegen eine Vergütung von zwei Pfennig für je 50 Kilogramm und das Kilometer der Beförderungsstrecke nach dem monatlichen Gesammtgewicht der von Station zu Station beförderten Poststücke;
   b) in Zügen, mit welchen in der Regel mehr als ein Wagen befördert wird, eine Abtheilung eines Wagens für die Postsendungen, das Begleitpersonal und die erforderlichen Postdienstgeräthe, gegen Zahlung der in den Artikeln 3 und 6 des Reichsgesetzes vom 20. Dezember 1875 (Reichsgesetzbl. S. 318) und den dazu gehörigen Vollzugsbestimmungen festgesetzten Vergütung, sowie gegen Entrichtung des halben Stückguttarifsatzes der betreffenden Bahn einzuräumen.
3. Die Postverwaltung ist berechtigt, auf ihre Kosten an den Bahnwagen einen Briefkasten anbringen und dessen Auswechselung oder Leerung an bestimmten Haltestellen bewirken zu lassen.

II. Sonstige Eisenbahnen.

§ 39.

Eisenbahnen, welche dem öffentlichen Verkehre nicht dienen, aber mit Bahnen, welche den Bestimmungen der Verfassung des Deutschen Reiches oder des Gesetzes

§ 42.

Die Kleinbahnen unterliegen nachfolgenden Verpflichtungen gegenüber der Postverwaltung:

1. Die Unternehmer haben auf Verlangen der Postverwaltung mit jeder für den regelmäßigen Beförderungsdienst bestimmten Fahrt einen Postunterbeamten mit einem Briefsack und, soweit der Platz reicht, auch andere zur Mitfahrt erscheinende Unterbeamte im Dienst gegen Zahlung der Abonnementsgebühr oder, falls solche nicht besteht, der Hälfte des tarifmäßigen Personengeldes zu befördern.
2. Die Unternehmer solcher Bahnen, welche sich nicht ausschließlich mit der Personenbeförderung befassen, sind außerdem verpflichtet, auf Verlangen der Postverwaltung mit jeder für den regelmäßigen Beförderungsdienst bestimmten Fahrt:
   a) Postsendungen jeder Art durch Vermittelung des Zugpersonals zu befördern, und zwar Briefbeutel, Brief- und Zeitungspackete gegen eine Vergütung von 50 Pfennig für jede Fahrt, die anderen Sendungen gegen Zahlung des Stückguttarifsatzes der betreffenden Bahn oder, sofern dieser Betrag höher ist, gegen eine Vergütung von zwei Pfennig für je 50 Kilogramm und das Kilometer der Beförderungsstrecke nach dem monatlichen Gesammtgewicht der von Station zu Station beförderten Poststücke;
   b) in Zügen, mit welchen in der Regel mehr als ein Wagen befördert wird, eine Abtheilung eines Wagens für die Postsendungen, das Begleitpersonal und die erforderlichen Postdienstgeräthe, gegen Zahlung der in den Artikeln 3 und 6 des Reichsgesetzes vom 20. Dezember 1875 (Reichsgesetzbl. S. 318) und den dazu gehörigen Vollzugsbestimmungen festgesetzten Vergütung, sowie gegen Entrichtung des halben Stückguttarifsatzes der betreffenden Bahn einzuräumen.
3. Die Postverwaltung ist berechtigt, auf ihre Kosten an den Bahnwagen einen Briefkasten anbringen und dessen Auswechselung oder Leerung an bestimmten Haltestellen bewirken zu lassen.

II. Privatanschlußbahnen.

§ 43.

Bahnen, welche dem öffentlichen Verkehre nicht dienen, aber mit Eisenbahnen, welche den Bestimmungen des Gesetzes über die Eisenbahnunternehmungen

Beschlüsse des Herrenhauses.

Über die Eisenbahnunternehmungen vom 3. November 1838 unterliegen, oder nach § 1 dieses Gesetzes genehmigt sind, derart in unmittelbarer Gleisverbindung stehen, daß ein Uebergang der Betriebsmittel stattfinden kann, bedürfen, wenn sie für den Betrieb mit Maschinen eingerichtet werden sollen, zur baulichen Herstellung und zum Betriebe polizeilicher Genehmigung.

§ 40.

Zur Ertheilung der Genehmigung (§ 39) ist der Regierungspräsident, für den Stadtkreis Berlin der Polizeipräsident, in Verbindung mit der von dem Minister der öffentlichen Arbeiten bezeichneten Eisenbahnbehörde zuständig.

Berührt die Bahn mehrere Landespolizeibezirke, so bestimmt, wenn sie derselben Provinz angehören, der Oberpräsident, falls sie verschiedenen Provinzen angehören oder Berlin dabei betheiligt ist, der Minister der öffentlichen Arbeiten im Einvernehmen mit dem Minister des Innern die zuständige Landespolizeibehörde.

§ 41.

Die polizeiliche Prüfung erstreckt sich
1. auf die betriebssichere Beschaffenheit der Bahn und der Betriebsmittel,
2. auf die technische Befähigung und Zuverlässigkeit der Bediensteten,
3. auf den Schutz gegen schädliche Einwirkungen der Anlage und des Betriebes.

Soll eine Bahn, welche an eine dem Gesetze über die Eisenbahnunternehmungen vom 3. November 1838 unterliegende Eisenbahn Anschluß hat, von dem Unternehmer der letzteren angelegt und betrieben werden, so beschränkt sich die Prüfung auf den Schutz gegen schädliche Einwirkungen der Anlage und des Betriebes.

§ 42.

Zur Benutzung öffentlicher Wege bedarf es der Zustimmung der Unterhaltungspflichtigen und der Genehmigung der Wegepolizeibehörde.

§ 43.

Die Bestimmungen der §§ 7 und 13 bis 16 einschließlich finden auf diese Bahnen gleichmäßige Anwendung.

§ 44.

Polizeiliche Bestimmungen über den Betrieb auf solchen Bahnen können nur im Einverständniß mit der Eisenbahnbehörde (§ 40) erlassen werden.

§ 45.

Die Genehmigung kann zurückgenommen werden, wenn wiederholt gegen die Bedingungen derselben verstoßen wird.
Ueber die Zurücknahme der Genehmigung entscheidet auf Klage der Behörde (§ 40) das Oberverwaltungsgericht.

§ 46.

Die eisenbahntechnische Aufsicht und Ueberwachung der Anschlußgleise erfolgt durch diejenige Behörde, welcher diese Aufgaben bezüglich der dem öffentlichen Verkehre dienenden Bahn, an welche sie anschließen, obliegen.

Beschlüsse des Hauses der Abgeordneten.

vom 3. November 1838 unterliegen, oder **mit Kleinbahnen** derart in unmittelbarer Gleisverbindung stehen, daß ein Uebergang der Betriebsmittel stattfinden kann, bedürfen, wenn sie für den Betrieb mit Maschinen eingerichtet werden sollen, zur baulichen Herstellung und zum Betriebe polizeilicher Genehmigung.

§ 44.

Zur Ertheilung der Genehmigung (§ 43) ist der Regierungspräsident, für den Stadtkreis Berlin der Polizei, **im Einvernehmen** mit der von dem Minister der öffentlichen Arbeiten bezeichneten Eisenbahnbehörde zuständig.

Berührt die Bahn mehrere Landespolizeibezirke, so bestimmt, wenn sie derselben Provinz angehören, der Oberpräsident, falls sie verschiedenen Provinzen angehören oder Berlin dabei betheiligt ist, der Minister der öffentlichen Arbeiten im Einvernehmen mit dem Minister des Innern die zuständige Landespolizeibehörde.

§ 45.

Die polizeiliche Prüfung **beschränkt** sich
1. auf die betriebssichere Beschaffenheit der Bahn und der Betriebsmittel,
2. auf die technische Befähigung und Zuverlässigkeit der **in dem äußeren Betriebsdienste anzustellenden** Bediensteten,
3. auf den Schutz gegen schädliche Einwirkungen der Anlage und des Betriebes.

Soll eine Bahn, welche an eine dem Gesetze über die Eisenbahnunternehmungen vom 3. November 1838 unterliegende Eisenbahn Anschluß hat, von dem Unternehmer der letzteren angelegt und betrieben werden, so beschränkt sich die Prüfung auf den Schutz gegen schädliche Einwirkungen der Anlage und des Betriebes.

§ 46.

Unverändert wie § 42 der Beschlüsse des Herrenhauses.

§ 47.

Die Bestimmungen der §§ 8, 17 bis 20 und 22 Satz 1 finden auf diese Bahnen gleichmäßige Anwendung.

§ 48.

Polizeiliche Bestimmungen über den Betrieb auf solchen Bahnen können nur im Einverständniß mit der Eisenbahnbehörde (§ 44) erlassen worden.

§ 49.

Die Genehmigung kann zurückgenommen werden, wenn wiederholt gegen die Bedingungen derselben in **wesentlicher Beziehung** verstoßen wird.
Ueber die Zurücknahme der Genehmigung entscheidet auf Klage der Behörde (§ 44) das Oberverwaltungsgericht.

§ 50.

Die eisenbahntechnische Aufsicht und Ueberwachung der **Privatanschlußbahnen** erfolgt durch diejenige Behörde, welcher diese Aufgaben bezüglich der öffentlichen Verkehre dienenden Bahn, an welche sie anschließen, obliegen.

Beschlüsse des Herrenhauses.	Beschlüsse des Hauses der Abgeordneten.
§ 47. Die Bestimmungen der §§ 39 bis 45 finden auf diejenigen Bahnen, welche Zubehör eines Bergwerks im Sinne des allgemeinen Berggesetzes vom 24. Juni 1865 (Gesetzsamml. S. 705) bilden, keine Anwendung. Durch die Bestimmung in § 46 wird das auf dem allgemeinen Berggesetze vom 24. Juni 1865 (Gesetzsamml. S. 705) beruhende Aufsichtsrecht der Bergbehörden gegenüber diesen Bahnen nicht berührt.	**§ 51.** Unverändert wie § 47 der Beschlüsse des Herrenhauses, bis auf die Hinweise „§§ 39 bis 45" und „§ 46", welche geändert sind in „§§ 43 bis 49" und in „§ 50".
Gemeinsame und Uebergangsbestimmungen. **§ 48.** Der nach den Bestimmungen dieses Gesetzes erforderlichen Sicherstellung bedarf es nicht, wenn das Reich, der Staat oder ein Kommunalverband Unternehmer ist. Inwieweit in solchen Fällen von den Bestimmungen des § 11 abgesehen werden kann, wird durch Anweisung des Ministers der öffentlichen Arbeiten bestimmt.	**Gemeinsame und Uebergangsbestimmungen.** Fällt hier fort; vergl. § 12 der Kommissionsbeschlüsse.
§ 49. Gegen die Beschlüsse und Verfügungen, für welche die Landespolizeibehörden in Verbindung mit den Eisenbahnbehörden zuständig sind, und gegen die Beschlüsse und Verfügungen der eisenbahntechnischen Aufsichtsbehörden findet die Beschwerde an den Minister der öffentlichen Arbeiten statt. Im Uebrigen greifen die nach den Bestimmungen der §§ 127 bis 130 des Gesetzes über die allgemeine Landesverwaltung vom 30. Juli 1883 (Gesetzsamml. S. 195) zulässigen Rechtsmittel Platz.	**§ 52.** Unverändert wie § 49 der Beschlüsse des Herrenhauses.
	§ 53. Für die bereits vor Inkrafttreten dieses Gesetzes genehmigten Kleinbahnen und Privatanschlußbahnen ist diejenige Behörde zuständig, welcher die Genehmigung nach Inkrafttreten dieses Gesetzes gemäß §§ 3 und 44 obgelegen hätte. Auf diese Bahnen finden die §§ 2, 20—22, 24, 25, 40, 42 und 52, beziehungsweise 48—50 des gegenwärtigen Gesetzes sowie die Bedingungen und Vorbehalte, welche bei ihrer Genehmigung vorgesehen sind, Anwendung. Die Unternehmer sind jedoch berechtigt, sich durch eine an die zuständige Aufsichtsbehörde zu richtende Erklärung den sämmtlichen Bestimmungen dieses Gesetzes zu unterwerfen. Die Genehmigung von wesentlichen Erweiterungen oder wesentlichen Aenderungen des Unternehmens, der Anlage oder des Betriebes kann von der Unterwerfung des Unternehmens unter sämmtliche Bestimmungen dieses Gesetzes abhängig gemacht werden. Der Zeitpunkt der Unterstellung unter dieses Gesetz ist öffentlich bekannt zu machen. Wohlerworbene Rechte Dritter werden durch die Unterwerfung nicht berührt.

Beschlüsse des Herrenhauses.	Beschlüsse des Hauses der Abgeordneten.
§ 50. Dieses Gesetz tritt am 1. April 1893 in Kraft. Die Bestimmungen des § 11 Abf. 2, der §§ 16 bis 18, 20 bis 38 und 44 bis 48 finden, vorbehaltlich wohlerworbener Rechte, auf diejenigen der unter I und II bezeichneten Bahnen Anwendung, welche bereits vor dem Inkrafttreten dieses Gesetzes bestanden.	**§ 54.** Dieses Gesetz tritt bezüglich des § 40 am 1. April 1893, bezüglich aller anderen Bestimmungen am 1. Oktober 1892 in Kraft.
§ 51. Eisenbahnunternehmungen der im § 1 bezeichneten Art bedürfen bei wesentlichen Veränderungen des Unternehmens, der Anlage oder des Betriebes einer Genehmigung nach den Vorschriften dieses Gesetzes.	Fällt fort.
§ 52. Mit der Ausführung dieses Gesetzes werden der Minister der öffentlichen Arbeiten und der Minister des Innern betraut. Urkundlich ıc.	**§ 55.** Unverändert wie § 52 der Beschlüsse des Herrenhauses.

Beglaubigt:

Berlin, den 15. Juni 1892.

Der Präsident
des Hauses der Abgeordneten.

v. Köller.

Die Schriftführer

Barth. Eberhard. Dr. Hartmann (Lübben). Im Walle. Kulisch. Oljem. Sperlich. Popelius.

N° 243.

Betr. Feuerbestattung.

Neunter Bericht
der
Kommission für Petitionen.

Berichterstatter:
Abgeordneter Dr. Krause.

Journal II Nr. 668.

In einer von 14 911 Personen unterzeichneten Petition wird das Haus der Abgeordneten ersucht, seinen Einfluß geltend zu machen,

daß möglichst in ganz Deutschland, jedenfalls aber in Preußen neben der Beerdigung die Feuerbestattung erlaubt wird.

Die Petition gelangte in der Sitzung der Petitionskommission vom 25. Mai 1892 zur Erörterung.

Der Berichterstatter erwähnte zunächst, daß im Jahre 1875 über eine Petition, welche gleichfalls die Zulassung der Leichenverbrennung zum Gegenstande gehabt, in der Petitionskommission zur Tagesordnung übergegangen sei, und daß man damals den Petenten besonders eine mangelhafte Begründung ihres Gesuches zum Vorwurf gemacht habe. Die jetzigen Antragsteller hätten, im Wesentlichen allerdings durch Bezugnahme auf beigefügte Druckschriften, genügendes Material beigebracht. Aus demselben sei Folgendes hervorzuheben:

1. Gegen die zeitige Bestattung der Todten durch Begraben beständen hygienische Bedenken. Durch die Verwesung der Leichen werde unter Umständen das Grundwasser verschlechtert, und entständen in Folge dessen Krankheiten. So sei unter anderen in der Stadt Fridericia in Dänemark kurze Zeit nachdem im Jahre 1849 600 Leichen in einem Massengrabe beerdigt worden, einige Zeit darauf in den dem Friedhof benachbarten Häusern eine Epidemie von Abdominaltyphus ausgebrochen, welche solange angedauert hätte, bis der Friedhof tief drainirt und das Wasser fortgeleitet worden sei. Gegen die Feuerbestattung lasse sich in sanitätspolizeilicher Hinsicht nichts einwenden, und sei dieselbe daher dem Begraben vorzuziehen.

2. In wirthschaftlicher Beziehung sei darauf aufmerksam zu machen, daß bei der jetzt üblichen Art der Bestattung große Flächen sei es der landwirthschaftlichen Kultur, sei es der Bebauung mit Gebäuden entzogen würden, daß namentlich in den großen Städten die Anlegung neuer Friedhöfe mit außerordentlich hohen Kosten verknüpft sei. Die Auswahl neuer Begräbnißplätze werde auch dadurch erschwert, daß dieselben nach den geltenden Vorschriften mindestens 500 Meter von den nächsten Wohngebäuden entfernt bleiben müßten. In den Vororten der großen Städte weigere man sich endlich mehr und mehr, Grundstücke zu Beerdigungszwecken herzugeben.

Anl. z. d. Verhandl. d. Hauses d. Abg. 17. Legisl. IV. Session 1892.

Diese Mißstände drängten zur Einführung einer weniger unwirthschaftlichen Leichenbestattung, insbesondere in den großen Städten. Thatsächlich würden denn auch bereits z. B. in Paris auf dem Friedhofe Père Lachaise jährlich etwa 4 000 Leichen mittels Feuers bestattet. Und die Stadtgemeinde Berlin plane die Einrichtung eines Feuerbestattungsofens auf dem Gemeindefriedhofe zum Zwecke der Bestattung der sogenannten Armenleichen, das heißt derjenigen Verstorbenen, welche wegen Bedürftigkeit auf Rechnung der Stadtgemeinde beerdigt würden, und der von der Anatomie eingelieferten Leichen. Es handle sich hierbei etwa um 2 700 Leichen jährlich. Die Verbrennungskosten würden sich für die Leiche auf 10—8 Mark, und wenn sich an eine Bestattung baldigst eine zweite anschlösse, auf nur 3—2 Mark belaufen. Die Aufbewahrung der Brandreste erfordere auch keine erheblichen Aufwendungen. Die Kosten der Verbrennungsöfen mit Ausstattung seien nach den verschiedenen Systemen verschieden; der in Heidelberg habe 45 000 Mark, der in Ohlsdorf bei Hamburg 124 000 Mark gekostet, während die Gesammtkosten des Crematoriums in Offenbach nur etwa 25 000 Mark betrügen. — Wenn man den Aufwendungen für Grund und Boden der Friedhöfe sowie für das Begräbniß und die Beisetzung, die Kosten der Feuerbestattung gegenüberstelle, so ergebe sich für letztere eine große Ersparniß.

3. Das erheblichste Bedenken gegen die Feuerbestattung werde aus dem Gebiet der Strafrechtspflege entnommen. Man befürchte, daß nach erfolgter Verbrennung der Leichen die Entdeckung von Verbrechen gegen Leib und Leben, namentlich von Giftmorden in vielen Fällen unmöglich gemacht würde, während bei an wieder ausgegrabenen Leichen die gewaltsame Todesart bezw. das Vorhandensein von todtbringendem Gift festgestellt werden könne und häufig festgestellt sei. Dem sei jedoch gegenüberzustellen, daß derartige Fälle im Verhältniß zu der Zahl aller Leichen äußerst selten seien, daß aber auch bei der Feuerbestattung der Gefahr der Nichtentdeckung von Verbrechen durch geeignete Maßregeln vorgebeugt werden könne. Solche Maßregeln seien denn auch thatsächlich in denjenigen Staaten, welche die Feuerbestattung zugelassen sei, getroffen worden. So müsse in den Vereinigten Staaten von Nord-Amerika im Staate Massachusetts vor der Feuerbestattung ein Zeugniß des Medizinal Examinators des Distrikts darüber beigebracht werden, daß er eine Leichenschau vorgenommen, persönlich den Fall untersucht und sich dadurch über die Todesursache überzeugt habe, so daß weiter keine medizinische oder juristische Examination nöthig sei. In England müsse in dem Zeugniß von einer amtlich angestellten Medizinalperson ausgestellt werden, daß die Todesursache eine natürliche und welcher Art dieselbe gewesen. Ein zweites Zeugniß einer in nächster Nähe des Verstorbenen domizilirenden Medizinalperson müsse mit dem ersten übereinstimmen. Ist dem behandelnden Arzt zu erweisen, so sei eine Medizinalperson der Sektion vorzunehmen. In Dänemark müsse nach einem Gesetz vom 1. April 1892 sowohl der amtlich angestellte Arzt als derjenige, der den Verstorbenen in der letzten Krankheit behandelt hat, attestiren, daß ihnen nach Erachten und Wissen, das den Verdacht eines Verbrechens als Todesursache erregen könne. Demnächst trete noch eine Prüfung der Polizei ein, ob der Feuerbestattung ein Hinderniß entgegenstehe. In Paris werde das Zeugniß des behandelnden Arztes verlangt, daß der Tod auf natürliche Weise erfolgt sei, sowie der Bericht eines vereideten Arztes über die Todesursache. Fehle das erstere Zeugniß, so müsse der vereidete Arzt eine summarische Untersuchung über die Todesursache anstellen. In der Schweiz (Zürich) müsse eine vom Bezirksarzte in der Regel durch Sektion vor-

296

genommene Untersuchung der Leiche zu dem sicheren Ergebnisse geführt haben, daß der Todesfall nicht durch verbrecherische That einer anderen Person bewirkt sein könne. In Gotha müsse der Physikatsarzt auf Grund der von ihm ausgeführten vollständigen und genauen Besichtigung der Leiche schriftlich bescheinigt haben, daß auch nicht der entfernteste Verdacht dafür vorliege, daß der Tod durch verbrecherische Thätigkeit eines Dritten herbeigeführt sein könne, und müsse ferner die Seitens der Ortspolizeibehörde aktenmäßig stattzufindende Erörterung der Umstände, unter welchen die zu bestattende Person verstorben sei, dasselbe Resultat ergeben haben.

4. Was die Stellung der Feuerbestattung zur Religion betreffe, so werde nach keinem der christlichen Bekenntnisse die Bestattung durch Begraben als Dogma angesehen. Selbst Geistliche sehen die Feuerbestattung nicht als Verstoß gegen die christliche Lehre an, wie z. B. die Betheiligung des Pfarrers Bion an der Einweihung des Züricher Crematoriums beweise. In den ersten Jahrhunderten des Christenthums seien die Leichen theilweise auch verbrannt worden. Auch seien sowohl katholische als evangelische Geistliche auf Grund ihrer eigenen letztwilligen Anordnungen durch Feuer bestattet worden.

Jedes religiöse Bedenken müsse aber in Anbetracht des Umstandes fortfallen, daß die Antragsteller lediglich die Gestattung der Leichenverbrennung erbäten, und die Ueberzeugung und Gebräuche derjenigen, welchen diese Bestattung widerstrebe, nicht antasten wollten. Sie beanspruchten aber ihrerseits, daß man auch ihre Anschauungen und Gefühle achte. Die Anhänger des Begrabens mögen diese Form der Bestattung als die pietätvollere halten. Sie, die Bittsteller, ständen auf anderem Boden.

5. Sie hielten namentlich auch mit Rücksicht auf die Art der Auflösung der begrabenen Leichen das Verbrennen für die ästhetischere Form der Bestattung.

6. Sie weisen schließlich darauf hin, daß die Leichen Preußischer Staatsangehöriger auch zur Zeit verbrannt werden dürften, nur nicht in Preußen. Hieraus, in Verbindung mit dem Umstande, daß eine solche außerhalb Preußens erfolgende Feuerbestattung mit großen Kosten verknüpft sei, ergebe sich, daß diese Art der Bestattung ein Vorrecht der Wohlhabenden sei. Die Billigkeit aber erfordere, daß auch der Aermere das rechtliche und thatsächliche Möglichkeit habe, die Verbrennung seines Leichnams anzuordnen.

Der Berichterstatter hob demnächst hervor, daß bei der Berathung der erwähnten Petition im Jahre 1875 der Kommissar des Ministers des Innern erklärt habe, es bestehe ein Verbotsgesetz gegen die Leichenverbrennung nicht; unabhängig hiervon aber sei die Frage, ob die Polizeibehörde berechtigt sei, Leichenverbrennungen zu verhindern.

Von den Herren Vertretern der Minister wurden folgende Erklärungen abgegeben, und zwar zu 1 rücksichtlich der öffentlichen Gesundheitspflege und Sanitätspolizei von dem Herrn Vertreter des Ministers der u. s. w. Medizinalangelegenheiten:

„Der Standpunkt der Hygiene sei ein neutraler. Ohne Zweifel könne die menschliche Leiche in einem gut eingerichteten und gut betriebenen Crematorium schnell derart zersetzt werden, daß von ihr aus bei der Zersetzung selbst oder noch weiterhin eine Gesundheitsschädigung oder Belästigung für Menschen nicht ausgehen kann. Aber dazu sei eben eine gute Einrichtung des Feuerbestattungsofens erforderlich und diese sei mit großen Kosten verknüpft, sie werde daher günstigen Falls voraussichtlich nur an einzelnen wenigen Stellen im Lande stattfinden. Damit schrumpfe das von den Anhängern dieser Bestattungsart für letztere vorgeführte Motiv, daß dieselbe geeignet sei, in der Leiche vorhandene Krankheitskeime zu zerstören und die Ausbreitung ansteckender Krankheiten von den Leichen aus zu verhindern, stark zusammen. Es liege im sanitätspolizeilichen Interesse und sei auch durch das Allgemeine Landrecht und spätere Verordnungen festgesetzt worden, daß die Leichen von Personen, welche an einer ansteckenden Krankheit gestorben, nicht von einem Orte zum andern transportirt werden dürfen, so lange von ihnen eine weitere Ansteckung erfolgen könne, um der Erdbestattung nur eine Interesse daran, hierin etwas zu verändern, was übrigens nur im Wege der Gesetzgebung möglich wäre. Damit sei die erhoffte günstige Wirkung auf Leichen solcher Infektionskranken eingeschränkt, deren Tod sich an den wenigen mit einem Crematorium ausgerüsteten Orten ereignet habe. Aber die Gefahr, welche hier mit einem neuen Mittel bekämpft werden solle, sei auch bei der Erdbestattung nur eine sehr geringe. Neuere Untersuchungen hätten dargethan, daß die Keime der wichtigsten Infektionskrankheiten in der Leiche schnell abstürben und, wenn auch in der kurzen Zeit, während welcher sie noch lebensfähig seien, von der beerdigten Leiche aus keinen Schaden anrichten könnten, wenn nicht in der Einrichtung und dem Betriebe des Begräbnißplatzes ganz absonderliche Mängel beständen. Letztere ließen sich aber so gut wie überall ohne große Schwierigkeiten vermeiden und die Erfahrung habe thatsächlich — mit verschwindenden und wenig sicheren Ausnahmen — gelehrt, daß von den Begräbnißplätzen für die menschliche Gesundheit nicht ausgingen. Dementsprechend hätten in neuester Zeit die Bedingungen, unter denen die Anlage eines Begräbnißplatzes als statthaft erachtet werden dürfe, unbeschadet der Interessen der öffentlichen Gesundheitspflege, eine wesentliche Milderung erfahren dürfen, und es könne damit das Bedürfniß der Einführung der Feuerbestattung aus hygienischen Rücksichten in Wegfall.

Lägen sonach vom Standpunkte der Hygiene und Sanitätspolizei aus weder Gründe für noch Bedenken gegen die Zulassung der Feuerbestattung in irgendwie erheblichem Grade vor, so walteten letztere in nicht geringem Maße

zu 3) auf dem Gebiete der gerichtlichen Medizin ob. Die Erörterungen hierüber, welche an dieser selben Stelle und Anlaß einer zum Theil das gleiche Ziel gerichteten Petition im Jahre 1875 stattgefunden hätten, seien so erschöpfend und die damals gegen die Zulassung vorgebrachten Gründe seien auch heute noch so zutreffend, daß er glaube, dieselben hier nicht ausführlich wiederholen, sondern nur einzelne Hauptpunkte besonders betonen zu dürfen. Auch durch eine sorgfältige äußere Leichenbesichtigung durch einen Sachverständigen lasse sich in vielen Fällen die Todesursache nicht ermitteln und lasse sich insbesondere nicht etwa die Annahme einer verbrecherischen Veranlassung des Todes ausschließen; nicht blos Vergiftungen, sondern auch tödtliche Einwirkungen anderer Art, wie Ersticken, Erwürgen, selbst Schädelverletzungen, bei welchen äußere Spuren einer Gewalt fehlen, könnten dabei verborgen bleiben. Häufig entstehe aber der Verdacht einer verbrecherischen Veranlassung des Todes und damit das Bedürfniß der gerichtlichen Feststellung derselben erst längere Zeit nach dem Tode. Sei die Leiche verbrannt, so könne diese Feststellung, welche nur mit Hülfe der Obduktion möglich sei, nicht mehr vorgenommen werden und die Strafrechtspflege müsse eine schwere Einbuße erleiden. Es dürfte nicht außer Acht zu lassen sein, daß gerade die Möglichkeit, die Leiche alsbald nach dem Tode durch Feuerbestattung zu vernichten, für verbrecherische Naturen den Antrieb zum Mord würde verstärken können. Der Gefahr der mangelnden Aufdeckung eines Mordes würde aber selbst durch die gerichtliche Obduktion der zu verbrennenden Leiche nicht in allen Fällen wirksam begegnet werden können, namentlich wenn es sich um eine

Vergiftung mit einem der zahlreichen organischen Gifte handele und der Verdacht auf die stattgehabte Anwendung eines bestimmten Giftes zur Zeit der Obduktion nicht bestehe. Es müßte der Obduktion eine chemische Untersuchung von der Verbrennung auszuschließender Leichentheile folgen und dieselbe auf alle denkbaren Gifte zu richten sein, was mit sehr großen Kosten und Schwierigkeiten verbunden und in manchen Fällen unausführbar sein würde."

Der Herr Vertreter des Justizministers äußerte sich bei diesem Punkte folgendermaßen:

„Den Seitens des Kommissars des Ministers der geistlichen, Unterrichts- und Medizinalangelegenheiten vom Standpunkt der gerichtlichen Medizin geäußerten Bedenken müsse vom kriminalistischen Standpunkte aus beigetreten werden. Bei Gelegenheit der Berathung über die im Jahre 1875 bei dem Abgeordnetenhause eingegangenen Petition seien auf Grund einer kurzen Durchsicht der im Justizministerium vorhandenen Akten ohne Rückfrage bei den Justizbehörden des Landes aus den Jahren 1872 und 1873 14 Fälle festgestellt worden, in denen das Verbrechen der Tödtung und insbesondere der Vergiftung durch Wiederausgrabung und Sektion der beerdigten Leichen festgestellt worden sei. Eine aus Anlaß der gegenwärtigen Petition vorgenommene Durchsicht der Akten des Ministeriums aus der letzten Zeit habe zwei Fälle gleicher Art ergeben. Bemerkenswerth sei, daß in einer der in Frage stehenden Untersuchungssachen der Arzt, welcher die beiden dabei in Betracht kommenden vergifteten Personen vor ihrem Tode behandelt hatte, als Todesursache Unterleibsentzündung bezw. Magengeschwür angenommen hatte, während die sechs Wochen nach dem zweiten Todesfall vorgenommene Sektion der Leichen und die Untersuchung der Leichentheile bezüglich beider Arsenikvergiftung ergab. In einer zweiten Untersuchungssache sei die Leiche vor der Beerdigung von dem Richter besichtigt und die Beerdigung gestattet worden, weil äußere Verletzungen nicht entdeckt worden. Bei der 12 Tage später vorgenommenen Sektion habe sich als Todesursache Erstickung durch Erwürgen ergeben. Endlich sei in einem der Fälle aus der neuesten Zeit, in welchem sogar die gerichtliche Sektion einer im Wasser aufgefundenen Leiche stattgefunden und den Tod durch Ertrinken ergeben hatte, erst bei der drei Wochen später erfolgten Ausgrabung der Leiche deren Identität festgestellt und auf Grund dieser Feststellung in Verbindung mit dem Ergebniß der sonstigen Ermittelungen der Thatbestand des Mordes erwiesen worden. Es lasse sich hieraus entnehmen, daß auch aus anderen Gründen als zum Zweck der Sektion und chemischen Untersuchung der Leichentheile die spätere Wiederausgrabung und Besichtigung einer Leiche für den Anhang strafrechtlicher Untersuchungen von großer Wichtigkeit sein könne. Jedenfalls sei ersichtlich, daß auch dann, wenn man für die Fälle der Leichenverbrennung eine vorherige ärztliche oder richterliche Leichenschau oder sogar die Sektion obligatorisch mache, hierdurch die vom kriminalistischen Standpunkt aus zu erhebenden Bedenken nicht völlig entkräftet werden würden."

Zu 4) erklärte der Herr Vertreter des Ministers der geistlichen Angelegenheiten u. s. w.:

„Der Gebrauch der Bestattung der Leichen zur Erde stimme mit den Gesetzen und Vorschriften sämmtlicher Konfessionen überein und seien die Parochialsysteme dementsprechend allenthalben mit Kirchhöfen eingerichtet. Es handele sich hierbei um eine christliche Sitte, welche mit den religiösen Anschauungen im engsten Zusammenhange stehe. Die Bestattung zur Erde entspreche der Pietät, die das Christenthum für die irdischen Ueberreste der Verstorbenen hege; in eine solche Sitte ändernd einzugreifen, sei mindestens bedenklich. Die Annahme er-

scheine berechtigt, daß durch die Zulassung der Feuerbestattung eine Schädigung des christlichen Glaubens, auf welchem die Bestattung zur Erde beruhe, herbeigeführt werden würde."

Zu 6) hinsichtlich der Rechtslage betonte der Herr Vertreter des Ministers des Innern, daß die Staatsregierung auch jetzt noch — wie bei der Berathung der Petition im Jahre 1875 — der Ansicht sei, daß, wenn man auch nur die fakultative Leichenverbrennung zulassen wollte, die vorgängige gesetzliche Regelung der Sache nicht entbehrt werden könnte. Ein Bedürfniß, deshalb den Weg der Gesetzgebung zu betreten, habe sich jedoch bisher nicht geltend gemacht, auch in der vorliegenden Petition könne ein genügender Anlaß hierzu nicht gefunden werden. Sollte die gesetzliche Regelung der Sache näher ins Auge gefaßt werden, so würden zunächst die gegen die Zulassung der Leichenverbrennung zu erhebenden, gewichtigen Bedenken auf das Eingehendste erörtert werden müssen.

Ob Leichenverbrennungen polizeilich verhindert worden seien, sei ihm nicht bekannt geworden; eine allgemeine, diesen Gegenstand betreffende Anweisung habe der Herr Minister des Innern bisher nicht erlassen.

Der Berichterstatter beantragte nunmehr:
die Petition der Königlichen Staatsregierung zur Berücksichtigung zu überweisen.

Ein anderes Mitglied der Kommission stellte dagegen den Antrag
über die Petition zur Tagesordnung überzugehen.

Bei der Erörterung in der Kommission standen sich zwei Ansichten schroff gegenüber.

Der Berichterstatter und mehrere Mitglieder vertraten im Großen und Ganzen die Anschauungen der Bittsteller und führten im Wesentlichen noch Folgendes aus:

Es könne dahin gestellt bleiben, ob die Polizeibehörden berechtigt seien, gegen Feuerbestattungen einzuschreiten. Jedenfalls könne Niemandem zugemuthet werden, sich ein Crematorium zu erbauen und es darauf ankommen zu lassen, ob die Behörde gegen die Leichenverbrennung einschreite oder nicht. Es sei daher geboten, materiell sich über die Petition schlüssig zu machen. In hygienischer Beziehung müsse, und das gebe auch aus den Erklärungen des Vertreters des Ministers der Medizinalangelegenheiten hervor, die Feuerbestattung der Vorzug gegeben werden. Ob letztere in größerem oder kleinerem Umfange erfolgen werde, sei für die grundsätzliche Frage gleichgiltig.

In strafrechtlicher Hinsicht würde einmal der Werth der Feststellungen an einer wiederausgegrabenen Leiche sehr übertrieben. Vielfach sei z. B. der Schluß aus dem Vorfinden von Arsenik in der Leiche auf Giftmord ein irriger, da jenes Gift auch aus dem Erdreich, Metalltheilen des Sarges u. s. w. entstammen könne. Ein solcher Irrthum könne verhängnißvoll werden, und zu Justizmorden führen. Uebrigens führe auch die chemische Untersuchung der Leichen bei manchen Giften, besonders vegetabilischen zu keinem Ergebniß. Jedenfalls könne man mit Rücksicht auf die außerordentlich seltenen Fälle von Erhnuirungen und die noch selteneren Fälle von Erfolgen derselben in strafrechtlicher Hinsicht sich nicht gegen die Petition erklären, zumal es ja gestattet sei, Leichen außerhalb Preußens zu schaffen und verbrennen zu lassen. Es sei doch im höchsten Grade inkonsequent, hier noch den kriminalistischen Bedenken abzugeben, dasselbe aber gegen die Feuerbestattung in Preußen ins Feld zu führen. Was die von dem Herrn Vertreter des Justizministers berührte Frage der Identität der Leichen beträfe, so sei dem Bedenken doch leicht zu begegnen, wenn man die Feuerbestattung nur solcher

Leichen gestatte, deren Identität festgestellt sei. Endlich dürften Maßregeln, wie sie nach den Mittheilungen der Bittsteller in anderen Staaten im strafrechtlichen Interesse getroffen sind, genügend sein, um die aus letzterem entnommenen Bedenken zu beseitigen. Jene Staaten ständen uns in der Kultur und in der Fürsorge für die Sicherheit für Leib und Leben der Staatsbürger nicht nach. Die Einführung der obligatorischen Leichenschau, von der man die Feuerbestattung abhängig machen möge, würde in mancherlei Beziehung ein großer Gewinn sein.

Die Bedenken, welche vom religiösen Standpunkte aus gegen die Petition geltend gemacht würden, seien durchaus unzutreffend. Es handele sich lediglich um eine, wenn auch fast durch Jahrtausende geheiligte Sitte. Die Bittsteller träten dem, der auch heute noch an dieser Sitte festhalte, nicht entgegen. Sie verlangten nur für sich gleichfalls Duldung. Sitten änderten sich, der christliche Glaube aber stände fest und würde durch eine veränderte Form der Todtenbestattung nicht berührt. Auch sei geschichtlich dargethan, daß die ersten Christen ihre Leichen begraben und verbrannt hätten.

Das Wort „Von Erde bist Du genommen, zur Erde sollst Du werden" sei offenbar nur so zu verstehen, daß der Körper in seine Bestandtheile wieder zerfalle; das aber geschähe bei beiden Arten der Bestattung. Und die Lehre von der Auferstehung des Fleisches könne mit Fug doch nicht gegen die Feuerbestattung angeführt werden. An der Auferstehung der durch Feuer hingerichteten christlichen Märtyrer zweifle man gewiß nicht.

Als „heldnisch" könne die Feuerbestattung nicht bezeichnet werden, da bei den Heiden beide Arten der Bestattung gebräuchlich seien und gewesen wären. Wenn man von der christlichen Pietät gegen die Ueberreste der Verstorbenen spreche, so sei einmal nicht abzusehen, weshalb den Ueberresten der Leichen nach der Feuerbestattung nicht dieselbe Pietät sollte entgegengetragen werden als denjenigen der Begrabenen. Wie stehe es aber mit der hohen Schätzung der Reste der letzteren, mit der Ruhe des Friedhofes! Nach verhältnißmäßig kurzer Zeit würden die Gräber gleichgemacht, und je ärmer die Angehörigen des Verstorbenen, desto rascher verschwänden die sichtbaren Zeichen der Begräbnißstellen. In Urnen könnten die Brandreste dagegen auf sehr lange Zeiten aufbewahrt werden, und die der Aermsten ebenso wie die der Reichen.

Ein Bedürfniß, die Feuerbestattung zuzulassen, müsse man anerkennen. Dafür spräche die große Zahl der Bittsteller, die Einführung der Leichenverbrennung in fast allen Kulturstaaten, der immer größere Mangel an geeigneten Begräbnißplätzen, bezw. die großen Kosten derselben in großen Städten. Es sei auch nicht zu verkennen, daß die Bewegung für die Leichenverbrennung, für welche bedeutende Männer, wie Jakob Grimm eingetreten seien, von Jahr zu Jahr wachse.

Diesen Ausführungen gegenüber erklärten mehrere Mitglieder der Kommission die Petition für ungerechtfertigt, insbesondere vom strafrechtlichen und religiösen Gesichtspunkte aus. In ersterer Hinsicht traten in den Erklärungen der Herren Regierungsvertreter bei, die noch durch folgende Seitens des Herrn Kommissars des Ministers der geistlichen und Medizinalangelegenheiten ergänzt wurden:

Es seien zwar Fälle, in denen der Arsengehalt einer Leiche aus der Umgebung derselben, ihrem Schmuck, der Bekleidung, dem Sargbeschläge oder dem Boden und nicht von einer Einverleibung im Leben herstammte, vorgekommen. Aber es würde heute als ein grober technischer Fehler in der Untersuchung erkannt werden müssen, wenn solche Quellen für eine unrichtige Beurtheilung des Arsenbefundes in der Leiche nicht ausgeschlossen werden, was sehr wohl möglich ist. Es könnten noch andere Beispiele dafür gewählt werden, daß die chemische Untersuchung der in Fäulniß begriffenen Leichentheile zu irrigen Resultaten geführt habe, nämlich da, wo die große Aehnlichkeit mehrerer Leichenalkaloide, sogenannter Ptomaine, Produkte der Leichenzersetzung, mit gewissen Pflanzenalkaloidgiften nicht gehörig berücksichtigt worden sei. Dies seien aber doch nur einzelne Ausnahmen und ihnen gegenüber stehe eine Anzahl anderer Fälle, in welchen durch die Untersuchung schon lange begrabener Leichen einwandsfrei Vergiftung als Todesursache habe nachgewiesen werden können.

Was die religiöse Seite der Sache anlange, so müsse — das führten mehrere Mitglieder aus — den Angaben der Bittsteller gegenüber mit Nachdruck betont werden, daß nur die jetzt übliche Art der Bestattung dem christlichen Glauben und der christlichen Lehre entspreche. Es sei unrichtig, daß jemals die Feuerbestattung vom christlichen Standpunkte aus für zulässig erachtet worden oder gar Christen auf diese Art bestattet seien. Namentlich müsse bestritten werden, daß dies an den Leichen von Geistlichen mit Einwilligung der letzteren geschehen sei. Sowohl die katholische als die evangelische Kirche duldeten die Feuerbestattung nicht. Durch letztere würde die Pietät, mit welcher die Christen die letzte Ruhestätte ihrer Todten umgeben, zerstört und damit das Christenthum selbst gefährdet werden.

Zwei Mitglieder der Kommission behaupteten, daß, wer gegen die Erdbestattung sei, sich innerlich bereits vom Christenthum losgesagt habe, und daß man von ihm den Muth verlangen müsse, die Folgerung aus dieser seiner Anschauung auch äußerlich und öffentlich zu ziehen. Der entgegen der uralten christlichen Bestattungsart, so erklärte eines dieser Mitglieder, die Zulassung der Leichenverbrennung verlange, der überhebe sich und dünke sich eines Hauptes länger als die Anderen. Und das andere dieser Mitglieder stellte vom Standpunkte der christlichen Religion aus die Feuerbestattung für beschläßigung, falls sie ohne Mitwirkung der Diener der Kirche erfolge, gleich. Ein guter Christ könne weder für das Eine noch für das Andere sein.

Von einem anderen Mitgliede wurde bestritten, daß die Kosten der Feuerbestattung im Allgemeinen geringer wären als die des Begräbnisses. Auch die des Letzteren seien häufig sehr geringfügig. Ersparniß an den Aufwendungen für die Begräbnißplätze treten bei der Feuerbestattung der größeren Kosten für Feuerungsmaterial entgegen. Uebrigens könne, — so führte dieses Mitglied aus —, ein Bedürfniß zu einem Eingreifen der Staatsregierung im Wege der Verwaltung oder Gesetzgebung schon deshalb nicht anerkannt werden, weil ein Verbot der Bestattung eines Todten durch Feuer noch gar nicht erfolgt sei. Man möge den Versuch machen, an freier Stelle, wo eine Feuersgefahr ausgeschlossen sei, mittels Scheiterhaufens eine Leiche zu verbrennen.

Die Vertreter der angeheiligten Anschauung glaubten auf diesen letzteren Vorschlag nicht weiter eingehen zu sollen, verwahrten aber sowohl die Bittsteller als sich selbst mit Entschiedenheit gegen den Vorwurf, als ob man nicht ein guter Christ sein könne, wenn man der Zulassung der Feuerbestattung das Wort rede. In jenem Vorwurfe offenbare sich ein Uebermaß von Unduldsamkeit, die ihrerseits mit den Geboten des Christenthums nicht in Einklang stehe.

Zwei Mitglieder der Kommission erklärten, daß zwar ihre religiöse Anschauung der Feuerbestattung entgegenstehe, daß sie aber auch die abweichenden Anschauungen Anderer achten, und sich für die Zulassung jener Bestattungsart aussprechen würden, wenn derselben nicht ihrer Ansicht nach durchschlagenden strafrechtlichen Bedenken entgegenstehen würden.

Nach Schluß der Erörterung entschied sich die Kommission mit elf gegen fünf Stimmen dahin, den Antrag des Berichterstatters abzulehnen, und dem Hause der Abgeordneten zu empfehlen:

> über die Petition II Nr. 668 zur Tagesordnung überzugehen.

Berlin, den 14. Juni 1892.

Die Kommission für Petitionen.

Lehmann, Vorsitzender. Dr. Krause, Berichterstatter. v. Bismarck. v. Borcke-Nienow. v. Bredow. Bunzen. Conrad (Graudenz). Czwalina. Dr. Dürre. Engels. Freiherr v. Eynatten. Friederichs (Gummersbach). Dr. Graf (Elberfeld). Halberstadt. Jacobs. Jerusalem. Jürgensen. Lückhoff. Mies. Oster. Pleß. v. Puttkamer-Treblin. Radziejewski. Schmidt (Marburg). v. Veltheim. Frhr. v. Wackerbarth-Linderode. Weber (Genthin). v. Werdeck.

vor der Eintragung in das Handelsregister als solche besteht, zum Zwecke dieser Eintragung ausgehändigt, so tritt die Genehmigung erst in Wirksamkeit, wenn der Nachweis der Eintragung in das Handelsregister geführt ist.

Engels.

Unterstützt durch:

Barthold. v. Bülow (Wandsbek). Bunzen. Christophersen. Conrad (Graudenz). v. Dziembowski. Freiherr v. Eckardstein. Dr. Gerlich. Dr. Hammacher. Dr. Reich. Kleine. v. Langendorff. Lohren. Lückhoff. Muhl. Neubarth. Riesch. Dr. Ritter. Salle. Schlabitz. Schreiber. Schumacher. Freiherr v. Seherr-Thoß. Stephann. v. Tiedemann (Bomst). Vopelius. v. Boß. Wettich. Weyerbusch.

Berlin, den 15. Juni 1892.

№ 246.

Anträge

zu der

dritten Berathung des Gesetzentwurfs über Kleinbahnen und Privatanschlußbahnen. — Nr. 244 der Drucksachen. —

A. Das Haus der Abgeordneten wolle beschließen:

> Den § 16 dahin zu fassen:
> Die Genehmigung, welche einer Aktiengesellschaft, einer Kommanditgesellschaft auf Aktien oder einer Gesellschaft mit beschränkter Haftung behufs Eintragung in das Handelsregister (Art. 210 Abs. 2 Nr. 4, Art. 176 Abs. 2 Nr. 4 des Deutschen Handelsgesetzbuchs, § 8 Nr. 4 des Reichsgesetzes vom 20. April 1892 — Reichsgesetzblatt S. 477 —) ausgehändigt worden ist, tritt erst in Wirksamkeit, wenn der Nachweis der Eintragung in das Handelsregister geführt ist.

Bödiker.

Unterstützt durch:

v. d. Acht. Prinz von Arenberg. Dr. Bachem. v. Benda. Brandenburg. Broemel. Drawe. Francke (Tondern). v. Gliszczyński (Tost-Gleiwitz). Greiß. Halberstadt. Herold. Jansen. Klose. Dr. Köhler (Trier). Dr. Krause. Lerche. Letocha. Dr. Lieber. Ludowieg. Nels. Dr. Ostrop. Papendieck. Rickert. Dr. Sattler. Schmidt (Marburg). Schmieding. Schmieding. v. Strombeck. Dr. Virchow.

B. Das Haus der Abgeordneten wolle beschließen:

> Den § 16, wie folgt, zu fassen:
> Ist die Genehmigungsurkunde einer Gesellschaft, welche nach gesetzlicher Vorschrift nicht

---

№ 247.

Antrag

zu der

dritten Berathung des Gesetzentwurfs über Kleinbahnen und Privatanschlußbahnen. — Nr. 244 der Drucksachen. —

Das Haus der Abgeordneten wolle beschließen:

> Im § 3 unter Nr. 2a hinter dem Worte „Kunststraßen" folgende Worte einzufügen:
> „welche nicht als städtische Straßen in die Unterhaltung und Verwaltung von Stadtkreisen übergegangen sind,".

Berlin, den 15. Juni 1892.

Jerusalem.

Unterstützt durch:

v. d. Acht. Prinz von Arenberg. Dr. Bachem. Bödiker. Brandenburg. Freiherr v. Dalwigk-Lichtenfels. Francke (Glatz). Fuchs. Dr. Gerlich. Greiß. Dr. Hammacher. Hauptmann. vom Heede. Dr. Freiherr v. Heereman. Herold. Humann. Jansen. v. Kehler (Mülheim). Klose. Kochann. Lehmann. Letocha. Dr. Lieber. Lückhoff. Graf Matuschka. Olzem. Dr. Ostrop. v. Pilgrim. Pleß. Schmieding. Sperlich. v. Tiedemann (Bomst).

№ 248.

Berlin, den 15. Juni 1892.

Das Herrenhaus ist in seiner heutigen Sitzung bei wiederholter Berathung des Gesetzentwurfs, betreffend die Besetzung der Subaltern- und Unterbeamtenstellen in der Verwaltung der Kommunalverbände mit Militäranwärtern,

— Nr. 107 der diesseitigen Drucksachen — den hierüber gefaßten Beschlüssen des Hauses der Abgeordneten in dessen Sitzung vom 31. v. Mts. mit der Maßgabe beigetreten, daß im § 2 Zeile 2 statt der Worte: „3 000 Seelen" die Worte: „2 000 Einwohner" gesetzt werden.

Ew. Excellenz beehre ich mich hiervon in Erwiderung auf das gefällige Schreiben vom 31. v. Mts. mit dem Anheimstellen des Weiteren ganz ergebenst Mittheilung zu machen.

Der Präsident des Herrenhauses.

Herzog von Ratibor.

An
den Präsidenten des Hauses der Abgeordneten,
Königlichen Wirklichen Geheimen Rath,
Herrn v. Köller
Excellenz.

C. Nr. 696.

№ 249.

Betr. Einräumung eines Vorrechts für Forderungen, die aus Arbeiten oder Lieferungen zu Neubauten herrühren.

Fünfter Bericht
der
Kommission für das Justizwesen über Petitionen.

Berichterstatter:
Abgeordneter Lorsch.

Petition des Dr. Stolp.
Journal II Nr. 906.

Der Dr. Hermann Stolp zu Charlottenburg beantragt in seiner an das Haus der Abgeordneten gerichteten Petition vom 29. Januar 1892 die Einräumung eines gesetzlichen, unbedingt prioritätischen Pfandrechts an Grundstücken, auf welchen Neubauten errichtet werden, für die Forderungen der Unternehmer, Fabrikanten, Handwerker und Arbeiter, welche Materialien und Arbeiten zu dem Neubau geliefert haben. Der Wortlaut seiner Petition ist folgender:

„Die baulichen Verhältnisse von Berlin und Umgebung haben fortgesetzt einen bedrohlicheren Charakter angenommen, zu einer krankhaften Ueberproduktion von Wohngebäuden geführt, den soliden Grundbesitz immer mehr geschädigt, zu den größten Betrügereien namentlich gegenüber den kleineren Handwerkern ununterbrochen die Gelegenheit geboten, Bauarbeiter in Ueberzahl nach der Stadt gezogen und ebenso durch vorläufig billigere Miethspreise für die Trockenwohner zweifelhaften Existenzen im Innern und von außerhalb den Aufenthalt hierselbst künstlich erleichtert.

Die vorzüglichste Ursache des herrschenden Bauschwindels ist aber das bestehende liegenschaftliche Pfandrecht, welches namentlich dem Baustellenbesitze eine so ungebührliche wirthschaftliche Machtstellung verliehen hat.

Die meisten Häuser werden gegenwärtig von vermögenslosen Leuten gebaut, die von Baustellenbesitzern und deren Hintermännern, namentlich von sogenannten Bauhypotheken- und Realkreditbanken soviel Baugelder erhalten, um ein Haus im Rohbau aufführen zu können.

Nachdem sodann der Besitzer des bereits überschuldeten Rohbaues die erforderlichen Handwerker zum völligen Ausbau seines Hauses herangelockt hat, erklärt er sich für zahlungsunfähig, und das Haus wird dann, unter Wegfall der Forderungen der Ausbauhandwerker, billig im Wege der Zwangsversteigerung von den sogenannten Bauhypotheken- und Realkreditbanken oder deren Hintermännern, Gesinnungsgenossen und Geschäftsfreunden erworben.

Demnach bitte ich das Hohe Haus der Abgeordneten, im Interesse der baulichen und allgemeinen wirthschaftlichen Verhältnisse nicht nur von Berlin, sondern überhaupt und allgemein, bei der Königlichen Staatsregierung möglichst schleunigst den Erlaß eines Gesetzes vermitteln zu wollen,

wonach bei Neubauten alle Unternehmer, Fabrikanten, Handwerker und Arbeiter, welche die zu deren Herstellung thatsächlich erforderlich gewesenen und verwendeten Materialien und Arbeiten geliefert haben und unbefriedigt bleiben, falls sie die Forderungen für ihre Leistungen vier Wochen nach erfolgter polizeilicher Gebrauchsabnahme des Neubaues bei der Gerichtsbehörde anmelden, vor allen übrigen hypothekarischen Eintragungen, die vor oder nach Beginn des Neubaues auf das Baugrundstück erfolgten, ein Vorzugsrecht haben sollen. Jede angemeldete Forderung ist dann 14 Tage nach ihrer Vorbringung als berechtigt nachzuweisen und demnächst ihre hypothekarische Eintragung zu veranlassen. Erfolgt hierauf eine Zwangsversteigerung des Hauses, so sollen alle vorgedachten Forderungsberechtigten nach Verhältniß ihrer Forderung und nachgewiesenen Leistungen für das versteigerte Gebäude an dem Erlöse der Zwangsversteigerung participiren und insgesammt vorweg daraus befriedigt werden.

Aehnliche Vorschriften würden noch für den Fall zu treffen sein, daß schon vor erfolgter Gebrauchsabnahme ein Baugrundstück mit Zwangsversteigerung bedroht werden könnte.

Nur durch ein solches Gesetz kann dem zu einem großen Unheil angewachsenen Baustellenwucher und Bauschwindel wirksam gesteuert werden."

Ueberweisung der Stolp'schen Petition an die Petitionskommission und Beschluß der letzteren.

Die Petition des Dr. Stolp ging an die Petitionskommission, deren Berichterstatter bei Rückgabe der Sache an das Büreau den Vermerk machte, daß er beabsichtige, den Antrag zu stellen,
die Petition für ungeeignet zum Vortrage im Plenum zu erachten.

Verhandelt wurde über die Petition in der Sitzung der Petitionskommission vom 13. Februar 1892. Ausweislich des Protokolles über diese Sitzung hat die vorerwähnte Auffassung des Berichterstatters in der Kommission auch von anderer Seite Unterstützung gefunden. Ein entsprechender Antrag ist aber von Niemanden gestellt worden. Beschlossen wurde von der Petitionskommission, beim Hause zu beantragen,
die Petition der Königlichen Staatsregierung als Material für die Gesetzgebung zu überweisen.

Nach Inhalt des unterm 4. März erstatteten, auf Nummer 69 der Drucksachen vorliegenden Kommissionsberichts ist in der Kommissionsberathung von einer Seite ausgeführt worden, es liege kein ausreichender Grund vor, zur Aenderung der Gesetzgebung anzuregen; denn so bedauerlich auch die von dem Petenten geschilderten Uebelstände sein möchten, so biete doch, bei entsprechender Vorsichtigkeit, schon die heutige Rechtsordnung ausreichende Mittel, vor derartiger, durch betrügerische Handlungsweise des Bauherrn verursachter Benachtheiligung sich zu schützen. Werde dagegen bei der Gewährung von Krediten Seitens der Bauhandwerker die erforderliche Vorsicht, insbesondere die Prüfung der Kreditwürdigkeit des Bauherrn außer Acht gelassen, so dürften sie wegen solch selbstverschuldeten Schadens die Gesetzgebung nicht verantwortlich machen.

Der Bericht fährt fort: „Dieser Ausführung wurde entgegengehalten, die vorhandenen Uebelstände seien doch der Art bedeutungsvolle, daß eingehendste Prüfung der Sachlage wünschenswerth sei. In Verfolg dessen wurde der Antrag gestellt,
die Sache zu vertagen und zu erneuter Verhandlung derselben einen Königlichen Regierungskommissarius zuzuziehen.

Dieser Antrag wurde mit allen gegen drei Stimmen abgelehnt. Ein anderer Antrag, dahin lautend,
die Petition der Königlichen Staatsregierung als Material für die Gesetzgebung zu überweisen,
wurde einstimmig angenommen und wird dieser Beschluß dem Hause zur Annahme empfohlen."

Plenarberathung der Stolp'schen Petition und Beschluß des Hauses.

Die Berathung im Plenum hat am 30. März stattgefunden und das Ergebniß gehabt, daß die Angelegenheit für noch nicht spruchreif erachtet und ein Antrag,
die Petition des Dr. Stolp der Justizkommission zur Berichterstattung zu überweisen,
angenommen wurde.

Sitzung der Justizkommission zur Berathung der Stolp'schen Petition.

Zum Zwecke der Erledigung dieses Auftrages ist in der Sitzung der Justizkommission vom 27. Mai 1892 verhandelt worden.

Als Vertreter der Königlichen Staatsregierung haben an dieser Sitzung theilgenommen:
1. als Kommissar des Herrn Justizministers der Herr Geheime Oberjustizrath Eichholz,
2. als Kommissar des Herrn Ministers des Innern der Herr Geheime Oberregierungsrath Hoepfner,
3. als Kommissar des Herrn Ministers der öffentlichen Arbeiten der Herr Geheime Regierungsrath Francke.

Nachtrag zur Stolp'schen Petition mit Antrag auf Zuziehung des Petenten zur Kommissionsberathung.

Unterm 2. April d. Js. hat der Dr. Stolp einen Nachtrag zu seiner Petition eingebracht, in welchem er sagt:

„Da mir leider keine Möglichkeit gegeben ist, die Petition schriftlich so ausführlich zu begründen, als es erforderlich sein dürfte, um alle dagegen erhobenen Einwände genügend zurückzuweisen, so erlaube ich mir die Bitte an das Hohe Haus der Abgeordneten, veranlassen zu wollen, daß ich eventuell bei der Berathung meiner Petition, nachdem dieselbe der Justizkommission überwiesen ist, persönlich gehört werde. Falls dies für statthaft erachtet wird, würde ich gleichzeitig auch noch einige Bauhandwerker mit zur Stelle bringen.

Gleichzeitig möchte ich das Petitum meiner Petition noch dahin vervollständigen,
daß im Falle einer stattfindenden Zwangsversteigerung dem Besitzer der Baustelle ein Vorkaufsrecht zustehen soll.

Durch diesen Zusatz, glaube ich, werden alle Bedenken schwinden, die etwa noch gegen die Berechtigung meiner Petition erhoben werden könnten."

Bescheid des Büreaudirektors an Dr. Stolp.

Auf das in diesem Nachtrage enthaltene Gesuch um seine persönliche Zuziehung bei der Kommissionsberathung hat der Petent unterm 6. April folgenden Bescheid erhalten:

„Auf Ihr Gesuch vom 2. d. Mts. um Zuziehung bei der Berathung Ihrer Petition in der Justizkommission gereicht Ihnen zum Bescheide, daß es nicht üblich ist, Nichtmitglieder des Abgeordnetenhauses zu den Sitzungen der Kommissionen persönlich zuzuziehen. Es muß Ihnen vielmehr anheim gegeben werden, eine ausführliche, schriftliche Begründung Ihrer Petition nachträglich einzureichen.

Der Büreaudirektor des Hauses der Abgeordneten.
Kleinschmidt."

Gegenvorstellung des Dr. Stolp.

Diesen Bescheid hat der Petent unterm 30. April mit folgender Gegenvorstellung beantwortet:

„Der Wunsch, zu den Verhandlungen der Justizkommission persönlich zugezogen zu werden und dabei auch mehrere praktische Bauhandwerker mitbringen zu dürfen, ist nicht von mir, sondern von den Vertretern einer großen Bauhandwerkerversammlung von etwa 2000 Personen ausgegangen, die vor mehreren Wochen hier in Berlin stattfand und die sich, völlig unabhängig von meiner Petition, mit dem Gegenstande derselben gleichfalls beschäftigt hatte.

Auch mehrere andere Vereine und namentlich zahlreiche Privatpersonen haben nach dem allgemeinen Bekanntwerden meiner Petition durch die Verhandlungen im Abgeordnetenhause mit ihre unumwundene Zustimmung zu derselben kundgegeben und sich in der allererbittertsten Weise über den Widerstand geäußert, der ihr offenbar sowohl aus unlauterem Interesse wie aus Mangel an Sachkenntniß vielfach entgegengesetzt wird.

Da ich nun bestimmt glaube annehmen zu können, daß die lediglich aus berufsmäßigen Juristen bestehenden Herren Mitglieder der Justizkommission schwerlich über die mannigfaltigen und complicirten thatsächlichen Verhältnisse im Bauwesen so ausreichend unterrichtet sind, daß ihnen nicht die Mittheilungen praktischer und unmittelbar im Leben stehender Männer, zu denen auch ich mich rechne, noch von großen Nutzen sein können, da ich es ferner für ausgeschlossen erachte, daß ohne ausreichende Kenntniß aller thatsächlichen Verhältnisse und Voraussetzungen, welche zu meiner Petition die Veranlassung gegeben haben, deren rechtliche Beurtheilung überhaupt möglich ist, da es endlich doch namentlich auch im Justizwesen längst als ein allgemein anerkannter Geschäfts- und Verwaltungsgrundsatz gilt, daß das mündliche Verfahren zur ausreichenden Aufdeckung und Klarlegung aller schwierigen Sach- und Rechtsverhältnisse durchaus erforderlich ist, so erlaube ich mir, bei der durch dessen Zurückweisung erlangten prinzipiellen Wichtigkeit meiner Petition, an das Hohe Präsidium die Bitte zu richten, über die Frage der Zulässigkeit von Nichtmitgliedern des Hauses zu den Verhandlungen der Kommissionen eine allgemeine Beschlußfassung des Hohen Hauses der Abgeordneten oder, falls die Mittheilung des Herrn Büreaudirektors des Hauses an mich ohne Vorwissen der Justizkommission erfolgte, zunächst eine Beschlußfassung der letzteren über meine und mehrerer Bauverständigen Zulassung zu deren Verhandlungen geneigtest herbeiführen zu wollen.

Mit der Bemerkung des Nichtüblichen oder des Non possumus dürfte ein so wichtiger Gegenstand im Interesse der Wahrheit und des Rechts, wie der Würde des Hohen Hauses selbst nicht vollständig und für alle Zeiten erledigt werden können."

Geschäftliche Behandlung der Gegenvorstellung des Dr. Stolp und Entscheidung über die letztere.

Diese Eingabe ist ohne jede weitere Bemerkung von dem Herrn Präsidenten des Hauses an die Justizkommission und von deren Herrn Vorsitzenden an den Berichterstatter abgegeben worden.

Der letztere erklärte, er erachte es für geschäftsordnungsmäßig unzulässig, Privatpersonen, die nicht Mitglieder des Hauses seien, an Kommissionsberathungen theilnehmen zu lassen. Der § 30 der Geschäftsordnung räume das Recht, den Kommissionssitzungen mit berathender Stimme beizuwohnen, ausdrücklich nur den Ministern und den von ihnen beauftragten Staatsbeamten ein und der letzte Absatz des § 28 der Geschäftsordnung statuire eine beschränkte Oeffentlichkeit der Kommissionsverhandlungen nur für die Mitglieder des Hauses, welche nicht Mitglieder der betreffenden Kommission seien. Die von dem Petenten aufgeworfene Frage sei daher von der Geschäftsordnung bereits entschieden und sonach eine Befragung des Hauses nicht erforderlich. Durch Zulassung des Petenten und seiner Gehülfen würde auch ein sehr gefährliches Präjudiz gegeben werden; denn was einem Petenten gestattet würde, würde anderen Petenten nicht wohl verfagt werden können und es sei zu bezweifeln, daß die Geschäftsordnung es allgemein ermöglichen würde, die Berathungen eines solchen aus Abgeordneten und Interessenten gemischten Körpers sachgemäß zu leiten. Der Petent spreche von allererbittertsten Aeußerungen der Vereinsgenossen und diese Bemerkung eröffne eine wenig günstige Perspektive auf den Beirath so leidenschaftlich erregter Interessenten. In wie weit es einer Feststellung thatsächlicher Verhältnisse bedürfe, habe die Kommission selbst zu beurtheilen und die Auskunftsertheilung über die thatsächlichen Verhältnisse sei besser und zuverlässiger von der Königlichen Staatsregierung zu erlangen, als von dem Petenten und seinen Gehülfen. Die Resolutionen von Bauhandwerkervereinen und Versammlungen seien bedeutungslos und die Analogie der mündlichen Verhandlung im Prozesse nicht zutreffend.

Ein Mitglied der Kommission führte aus, daß die Zulassung des Petenten und seiner Gehülfen bei den Kommissionsberathungen auch verfassungsmäßig nicht zulässig sei.

Entsprechend dem Antrage des Berichterstatters beschloß die Kommission einstimmig,

das Verlangen der Zuziehung des Petenten und einiger Bauhandwerker zu den Kommissionsberathungen für unzulässig zu erachten und ohne Zuziehung des Petenten und seiner Gehülfen in die materielle Berathung einzutreten.

Petition des Vorstandes des deutschen Bundes für Bodenbesitzreform — Journal II Nr. 905 — und Beschluß über deren geschäftliche Behandlung.

Der Berichterstatter theilte zunächst mit, daß ihm am 26. Mai d. J. eine unter dem 19. desselben Monats datirte, an das Haus der Abgeordneten gerichtete Petition des Vorstandes des deutschen Bundes für Bodenbesitzreform zugegangen sei, welche auf die Petition des Dr. Stolp ausdrücklich Bezug nehme und den Antrag enthalte,

das Hohe Haus wolle bei der Königlichen Staatsregierung auf den baldigen Erlaß von Bestimmungen zum Schutze der Bauhandwerker, Baulieferanten, Konstrukteure und Arbeiter vorstellig werden.

Der Antrag des Berichterstatters,

die Verhandlung über diese Petition mit derjenigen über die Petition des Dr. Stolp zu verbinden,

fand einstimmige Annahme.

Vorbemerkung des Berichterstatters.

Der Berichterstatter bemerkte, ehe er es, bevor er auf die Petitionen des Dr. Stolp und des Bundes für Bodenbesitzreform selbst eingehe, mit Rücksicht auf die irrthümlichen Annahmen, von welchen man bei der Discussion im Plenum ausgegangen sei, sowie zur Orientirung überhaupt für erforderlich erachte, eine Darstellung des gegenwärtig bestehenden Rechtszustandes, soweit er einen besonderen Schutz des Bauübernehmers in Ansehung seiner Forderungen für Materialien und Arbeiten in der hier in Frage stehenden Richtung bezwecke, vorausgehen zu lassen. Im Zusammenhange damit werde er gleichzeitig den Standpunkt, welchen diesem Rechtszustande gegenüber der Entwurf eines bürgerlichen Gesetzbuches für das Deutsche Reich eingenommen habe, zu kennzeichnen und die gegen diesen Standpunkt erhobenen Einwendungen zu berühren. Dabei bemerke er, daß er den Ausdruck

„Bauübernehmer" im weiteren Sinne verstehe, also auch solche Bauhandwerker darunter begreife, welche nur die Herstellung einzelner Theile des Bauwerkes durch einen Vertrag mit dem Besteller selbständig übernommen hätten.
Dem entsprechend führte der Berichterstatter Folgendes an:

Gegenwärtiger Rechtszustand.

Die besonderen Vorschriften zum Schutze des Bauübernehmers bezüglich seiner Forderungen für zum Bau verwendete Materialien und Arbeiten waren dem gemeinen Recht fremd und sind partikularrechtlichen Ursprunges.

Das Preußische Allgemeine Landrecht enthält in den §§ 971 und 972 Theil I Titel 11 folgende Bestimmungen:

§ 971. Bei unbeweglichen Sachen hat der Werkmeister in Ansehung der verwendeten Materialien und Arbeiten ein in der Konkursordnung näher bestimmtes Vorrecht.

§ 972. Dieses Vorrecht kann er, so lange der Konkurs noch nicht eröffnet ist, auf die Sache auch ohne die besondere Einwilligung des Schuldners, eintragen lassen.

Das Vorrecht, von welchem hier die Rede ist und welches im § 424 Theil I Titel 50 der Allgemeinen Gerichtsordnung geordnet war, ist durch die Preußische Konkursordnung vom 8. Mai 1855 beseitigt und der Konkursordnung für das Deutsche Reich gleichfalls nicht bekannt. Der § 971 ist daher obsolet geworden.

Was dagegen den § 972 betrifft, so hat das vormalige Preußische Obertribunal in einem Urtheil vom 19. Juli 1859 (Entscheidungen Band 41 Seite 110, Striethorst Archiv Band 33 Seite 341) aus sachlichen Gründen beziehungsweise unter Bezugnahme auf die Motive zu Artikel XI des Einführungsgesetzes zur Preußischen Konkursordnung vom 8. Mai 1855 überzeugend nachgewiesen, daß dieser § 972 nach richtiger Auslegung dem Werkmeister das Recht gewähre, nicht das im

§ 971 bezeichnete Vorrecht, welches die rechtlichen Beziehungen des Gläubigers zum Mobiliarvermögen seines Schuldners betreffe und dessen Vermerk im Grundbuche deshalb keinen juristischen Sinn haben würde, sondern seine im § 971 erwähnten Forderungen selbst in das Grundbuch des Schuldners auch ohne dessen Einwilligung eintragen zu lassen und dadurch sicher zu stellen beziehungsweise daß dieses Recht nicht aufgehoben worden sei, sondern als gesetzlicher Titel zum Pfandrecht gemäß Artikel XI des Einführungsgesetzes vom 8. Mai 1855 fortbestehe.

Die konstante Praxis der Preußischen Gerichte ist dieser Entscheidung konform gewesen und da der Artikel XI des Einführungsgesetzes zur Preußischen Konkursordnung vom 8. Mai 1855 durch die Reichsgesetzgebung über den Konkurs nicht berührt worden ist (vergl. § 11 des Ausführungsgesetzes zur Deutschen Konkursordnung vom 8. März 1879), so ist zweifellos, daß im Geltungsgebiete des Allgemeinen Landrechts dem Bauübernehmer in Ansehung der zum Bau verwendeten Materialien und Arbeiten ein Titel zur Hypothek auf das Baugrundstück gewährt ist.

Die endgültige Verwirklichung dieses Pfandrechtstitels liegt zwar nach § 19 des Gesetzes über den Eigenthumserwerb und die dingliche Belastung der Grundstücke vom 5. Mai 1872 in Ermangelung der Einwilligung des Eigenthümers dessen rechtskräftige Verurtheilung zur Bestellung der Hypothek voraus, kann aber von dem Berechtigten nach § 22 des eben erwähnten Gesetzes durch

Eintragung einer Vormerkung unter der nach § 18 des Ausführungsgesetzes zur Deutschen Civilprozeßordnung vom 24. März 1879 als Ausführung einer einstweiligen Verfügung nach den Vorschriften der Civilprozeßordnung stattfindenden Vermittelung des Prozeßrichters schon vor Anstellung der Klage gesichert werden. Zur Erwirkung der Vormerkung bedarf es nur der Glaubhaftmachung des Rechts auf Eintragung der Hypothek.

Aus dem Preußischen Allgemeinen Landrecht ist dieser Pfandrechtstitel in etwas erweiterter Gestalt, d. h. unter Ausdehnung auf bloße Lieferanten von Materialien und andere Kategorien in das Bayerische Hypothekengesetz vom 1. Juni 1822 (§§ 12 Nr. 9, 30 und 108) und in ähnlicher Weise in das Württembergische Pfandgesetz vom 15. April 1825 (Artikel 42, 78, 195, 199 und 201) übernommen.

Im Geltungsgebiete des Rheinischen Rechts gilt der im Code Civil in dem Abschnitte „Von Privilegien auf unbewegliche Sachen" enthaltene Art. 2103 Nr. 4, welcher bestimmt:

Art. 2103 Nr. 4: Ein Vorzugsrecht auf unbewegliche Sachen haben folgende Gläubiger:
ꝛc.
4. Die Baumeister, Bauunternehmer, Maurer und andere Arbeiter, welche gebraucht worden sind, um Gebäude, Kanäle und andere Werke irgend einer Art zu errichten, wieder aufzubauen oder auszubessern, jedoch nur unter der Voraussetzung, daß nicht nur ein von dem Gerichte der ersten Instanz, in dessen Bezirke jene Gebäude gelegen sind, von Amtswegen ernannter Sachverständiger vorher ein Protokoll aufgenommen hat, um die örtliche Beschaffenheit die Beziehung auf die Arbeiten, welche der Eigenthümer vornehmen zu wollen erklärt, in Gewißheit zu setzen, sondern daß auch ein ebenfalls von Amtswegen ernannter Sachverständiger die gemachten Arbeiten spätestens in sechs Monaten nach deren Vollendung durch ein Protokoll beurkundet hat; der Gegenstand des Vorzugsrechts kann jedoch den durch das zweite Protokoll in Gewißheit gesetzten Werth nicht übersteigen und beschränkt sich auf die Summe, um welche der Werth des Grundstücks zur Zeit der Veräußerung sich durch die daran gemachten Arbeiten erhöht findet.

Die näheren Bestimmungen darüber, wie das Privileg gesichert wird, sind in den Art. 2106 und 2110 enthalten.

Diese Bestimmungen des Code Civil sind wegen der Kautelen, mit welchen das Privileg umgeben ist, wie allgemein anerkannt wird, wenig — manche behaupten fast gar nicht — in Uebung gekommen. Sie sollen durchaus unpraktisch geblieben sein. Immerhin ist dem Bauübernehmer im Gebiete des Rheinischen Rechts gesetzlich ein bedingtes Vorzugsrecht auf die unbewegliche Sache gewährt und angesichts des § 11 des Gesetzes über die Grundbuchwesen und die Zwangsvollstreckung in das unbewegliche Vermögen im Geltungsbereiche des Rheinischen Rechts vom 12. April 1888 und der in Rheinland geltenden Procedurvorschriften dürfte nicht zu bezweifeln sein, daß im Rheinischen Rechtsgebiete, soweit die im § 3 des erwähnten Gesetzes angegebenen Vorbedingungen erfüllt sind, eine Vormerkung mit der Rangordnung hinter den bereits eingetragenen Hypotheken von dem Bauübernehmer unter den nämlichen Voraussetzungen, wie im Geltungsgebiete des Allgemeinen Landrechts, erwirkt werden kann.

Den eben erwähnten Bestimmungen des Code Civil — zum großen Theile wörtlich — nachgebildet sind die Sätze 2103 Nr. 4, 2106 und 2110 des Badischen Landrechts vom 3. Februar 1809.

In den übrigen Deutschen Einzelstaaten bestehen besondere Bestimmungen zu Gunsten der Bauübernehmer nicht.

Abändernde Bestimmung in dem Entwurfe eines bürgerlichen Gesetzbuches für das Deutsche Reich.

Der Entwurf eines bürgerlichen Gesetzbuches für das Deutsche Reich beschränkt sich im § 574 im Anschlusse an den § 41 Nr. 6 der Deutschen Konkursordnung auf die Bestimmung:

§ 574: Der Uebernehmer hat wegen seiner Forderungen für Arbeit und Auslagen ein gesetzliches Pfandrecht an den von ihm gefertigten oder ausgebesserten, noch in seiner Innehabung befindlichen beweglichen Sachen des Bestellers.

Der Entwurf gewährt also dem Uebernehmer eines Werkes nur bei beweglichen Sachen ein Pfandrecht und beseitigt durch Uebergehung den in einem großen Theile des Deutschen Reiches gewährten und noch heutigen Titel zur Hypothek und damit den entsprechenden besonderen Schutz des Bauübernehmers bei unbeweglichen Sachen.

In den Motiven ist eine Motivirung dafür nicht enthalten.

Stellung der Deutschen Einzelstaaten zu der Bestimmung des Entwurfs.

Die Mehrzahl der Deutschen Einzelstaaten hat dem Entwurfe zugestimmt. Bayern, Sachsen, Württemberg, Mecklenburg, Hessen, Anhalt, Lippe, Coburg und Reuß ältere Linie haben sich mit der Beseitigung des Pfandrechtstitels, beziehungsweise des Vorrechts des Bauübernehmers bei unbeweglichen Sachen unter der Motivirung, daß nachtheilige Folgen von der Beseitigung beziehungsweise Nichteinführung der betreffenden Bestimmungen nicht zu gewärtigen seien, einverstanden erklärt.

Nur Preußen und Baden haben Einwendungen gegen den Entwurf erhoben und wollen dem Bauübernehmer das Recht einräumen, wegen seiner fälligen Forderungen für geleistete Arbeiten und Auslagen die Bestellung einer Sicherheitshypothek an dem Baugrundstücke des Bestellers zu verlangen.

Ein Beschluß der Justizgesetzkommission hierüber ist noch nicht bekannt geworden.

Der Preußische Herr Justizminister hat in seinen „Bemerkungen über die in dem Rundschreiben des Reichskanzlers vom 27. Juni 1889 hervorgehobenen Punkte" unter der Nummer 26b Seite 115 für den § 574 des Entwurfs folgende Fassung vorgeschlagen:

§ 574. Der Uebernehmer hat wegen seiner Forderungen für Arbeit und Auslagen ein gesetzliches Pfandrecht an den von ihm gefertigten oder ausgebesserten, noch in seinem Besitze befindlichen beweglichen Sachen des Bestellers.

Dem Uebernehmer eines Bauwerks steht das Recht zu, zur Sicherung seiner Forderungen für geleistete Arbeit, Auslagen und Hergabe von Stoffen die Eintragung einer Sicherungshypothek an dem dem Besteller gehörenden Baugrundstücke zu verlangen.

Der Ausdruck „Uebernehmer" ist auch in diesem Vorschlage in dem vorhin schon erwähnten weiteren Sinne gebraucht.

Zur Begründung seines Vorschlages hat der Preußische Herr Justizminister Folgendes bemerkt:

„Nach § 574 des Entwurfs hat der Uebernehmer wegen seiner Forderungen für Arbeit und Auslagen ein gesetzliches Pfandrecht an den von ihm ausgefertigten, noch in seiner Innehabung befindlichen beweglichen Sachen des Bestellers. Dem Uebernehmer eines Baues ist vom Entwurf ein gesetzliches Pfandrecht am Baugrundstücke nicht gewährt worden; ein solches konnte ihm auch nicht gewährt werden, weil die Einführung gesetzlicher, ohne Eintragung wirkender Pfandrechte an Grundstücken das ganze, auf dem öffentlichen Glauben des Grundbuchs beruhenden Grundbuchsystem über den Haufen werfen würde. Auch würde man Angesichts eines solchen Pfandrechts Bedenken tragen, Baugelder auf Hypothek herzugeben und es würde in Folge dessen die Bauthätigkeit eingeschränkt werden, worunter nicht nur die Miether, sondern auch die Bauübernehmer und Bauhandwerker zu leiden hätten. Dies ist von den Interessenten, welche Anträge auf Gewährung eines gesetzlichen, den Hypotheken vorgehenden Pfandrechts gestellt haben, verkannt worden.

Eine andere Frage ist es aber, ob der Entwurf darin Billigung verdient, daß er, in Abweichung vom preußischen, bayerischen, württembergischen und französischen Rechte, dem Bauübernehmer auch keinen Titel zum Pfandrechte giebt. Die zweite Abtheilung des 20. Deutschen Juristentages hat sich mit 21 gegen 20 Stimmen für den Entwurf entschieden. Im übrigen hat sich dagegen die Kritik mit Recht für Gewährung des Pfandrechtstitels erklärt.

Die gesetzgeberischen Gründe, welche das geltende Recht bei Einräumung des Pfandrechtstitels geleitet haben, sind offenbar folgende: Der Uebernehmer eines Baues erhöht den Werth des Baugrundstücks dadurch, daß er Arbeit und Material in dasselbe verwendet. Es erscheint durchaus billig, daß ihm der Mehrwerth für seinen Werklohn, für seine Auslagen und für die verwendeten Materialien vorzugsweise haftet. Von anderen Gläubigern des Bestellers kann an sich einen Anspruch auf eine ähnliche Berücksichtigung nur solche, welche durch Lieferung von Rohmaterialien ebenfalls zur Erhöhung des Werthes des Grundstücks beigetragen haben. Sie haben ebenso in rem vertirt, wie der Bauübernehmer. Allein es besteht zwischen ihnen und dem Letzteren doch ein wichtiger Unterschied, welcher die abweichende Behandlung im Gesetze rechtfertigt: Der Verkäufer von Rohmaterial braucht nämlich nur Zug um Zug zu liefern. Er hat nicht vorzuleisten; er kann also seine Leistung, wenn ihm der Kaufpreis nicht gegen die Uebergabe gezahlt wird, zurückhalten und sich so selbst vor Verlust schützen; so daß er der besonderen Fürsorge des Gesetzgebers nicht bedürftig erscheint. Der Uebernehmer eines Baues dagegen muß vorleisten (§ 573). Erst nach Ausführung der Arbeit hat er Anspruch auf die Gegenleistung. Er kann sich also durch Zurückhaltung seiner Leistung nicht sichern.

Der Bauübernehmer steht auch schlechter, als der Uebernehmer eines beweglichen Werkes; denn Letzterer hat nach § 233 das Recht, die noch in seiner Inhabung befindlichen Sachen des Bestellers zurückzubehalten, so daß die Nothwendigkeit, ihn noch weiter durch ein gesetzliches Pfandrecht zu schützen, nicht vorliegt; dem Uebernehmer eines Baues dagegen steht die Möglichkeit, das Bauwerk zu retiniren, nicht offen, da dasselbe mit seiner Entstehung Bestandtheil des Grundes und Bodens wird (§§ 781, 783, 891), der Bauübernehmer aber nicht Inhaber des Baugrundstücks ist.

Auch sonstige Schutzmittel stehen dem Bauübernehmer nicht zu Gebote; namentlich wird der Besteller sich nur sehr selten zur Bestellung einer Kautionshypothek bereit finden lassen.

So erscheint der Bauübernehmer in hohem Grade des Schutzes durch den Gesetzgeber bedürftig. Der Schutz muß ein schleuniger sein.

Er darf nicht davon abhängig gemacht werden, daß der Uebernehmer seine Forderung zunächst rechtskräftig ausklagt, weil sonst die Gefahr nahe liegt, daß ihm andere Gläubiger zuvorkommen und diesen der durch seine Thätigkeit und durch seine Verwendungen hervorgerufene Mehrwerth des Grundstücks zu Gute kommt, er aber leer ausgeht. Auch der Arrest reicht zu seinem Schutze nicht aus, zumal nach der herrschenden Rechtslehre und Rechtsprechung das Andrängen mehrerer Gläubiger und die Vermögensunzulänglichkeit des Schuldners für sich allein keinen Arrestgrund bilden.

Einen ausreichenden und zweckentsprechenden Schutz gewährt nur der Pfandrechtstitel und die durch einen solchen gegebene Möglichkeit, die Forderungen für geleistete Arbeit, Auslagen und Hergabe von Stoffen auch wider den Willen des Bestellers sofort zur vorläufigen Eintragung zu bringen.

Diesen Erwägungen gegenüber kann den gegen die Einführung des Pfandrechtstitels geltend gemachten Gründen, daß mit demselben Mißbrauch getrieben werden könne und daß dadurch dem Uebernehmer ein Mittel gegeben sei, auf den Besteller einen starken Druck auszuüben, ein erhebliches Gewicht zu weniger beigelegt werden, als die vorläufige Eintragung des Pfandrechtstitels nur durch Erwirkung einer einstweiligen Verfügung erreicht werden kann, welche Glaubhaftmachung der Forderung voraussetzt. Die Annahme aber, daß von dem Pfandrechtstitel selten Gebrauch gemacht werden würde, erscheint unzutreffend und wird durch die in Preußen gemachten Erfahrungen nicht bestätigt.

Darüber, unter welchen Voraussetzungen und in welcher Weise die Eintragung zu erfolgen hat, wird zu Nr. 37 dieses Gutachtens das weitere erörtert werden."

Verhandlungen des 20. Deutschen Juristentages und Resolution desselben.

Wie in diesem Gutachten des Preußischen Herrn Justizministers bemerkt worden ist, hat sich mit der Frage, welche den Gegenstand desselben bildet, auch der 20. Deutsche Juristentag beschäftigt. Für das zu Ungunsten des Pfandrechtstitels auf unbewegliche Sachen ausgefallene Votum der zweiten Abtheilung desselben hat die Stimme des Vorsitzenden den Ausschlag geben müssen, da von 40 Anwesenden 20 für und 20 gegen den Pfandrechtstitel gestimmt hatten.

Die beiden dem Juristentage unterbreiteten Gutachten des Kreisgerichtsraths Dr. Hilse und des Rechtsanwalts Dr. Staub zu Berlin hatten sich übereinstimmend für die Aufrechterhaltung des Pfandrechtstitels erklärt, differirten aber wesentlich in ihren Vorschlägen. Dr. Staub hatte vorgeschlagen,

dem Werkmeister einen Pfandrechtstitel in Gemäßheit der in den Preußischen Gesetzen vorhandenen Bestimmungen zu gewähren dergestalt, daß der Werkmeister nur für seine fälligen Ansprüche das Recht haben sollte, eine Sicherheitshypothek nach Glaubhaftmachung seines Anspruches unter Vermittelung des Prozeßrichters im Wege der einstweiligen Verfügung auf das Grundstück seines Schuldners eintragen zu lassen,

wogegen Dr. Hilse vorgeschlagen hatte,

diesen Pfandrechtstitel dem Werkmeister schon nach Inangriffnahme seiner Arbeiten, also schon vor der Fälligkeit seines Anspruches beziehungsweise vor Erfüllung des Vertrages von seiner Seite mit der Maßgabe zu verleihen, daß die Kautionshypothek auf bloße Anmeldung beim Grundbuchrichter zu Gunsten des Werkmeisters solle eingetragen werden können.

Als Kautel gegen diese weitgehenden Befugnisse hatte Dr. Hilse vorgeschlagen, zu bestimmen, daß der Antrag nur zulässig sein solle binnen sechs Monaten nach Fertigstellung der Arbeit, und daß der Grundbuchrichter verpflichtet sein solle, die Sicherheitshypothek zu löschen, wenn nicht innerhalb einer bestimmten Frist ein Ersuchen des Prozeßrichters um Aufrechterhaltung der Kautionshypothek oder ihre Umschreibung in eine definitive Hypothek eingehe.

Der Referent des Juristentages, Justizrath Levy aus Berlin, beantragte die Annahme folgender Resolution:

„Das durch § 574 des Entwurfs eines Bürgerlichen Gesetzbuches zugestandene Pfandrecht des Werkmeisters an beweglichen Sachen ist auf unbewegliche Sachen nicht auszudehnen."

Dieser Antrag wurde, wie schon erwähnt, angenommen.

Der Referent hatte seinen Antrag mit einer großen Zahl von Argumenten unterstützt und insbesondere hervorgehoben:

daß es sich um ein keineswegs in ganz Deutschland gesetzlich anerkanntes, verhältnißmäßig junges, erst aus der Initiative des Allgemeinen Landrechts im Anschlusse an das zur Zeit seiner Emanation herrschende System des Konkurses hervorgegangenes, mit dem Falle dieses Systems unzeitgemäß gewordenes Institut handle —

daß die Analogie des Pfandrechts an beweglichen Sachen bei unbeweglichen Sachen, wie sich aus den Bestimmungen des Entwurfes nachweisen lasse, nicht vollkommen zutreffe —

daß in der Praxis die Unterscheidung, ob ein bloßer Lieferungsvertrag oder ein Werkvertrag vorliege, oft schwierig sei —

daß die Vorleistung des Bauübernehmers nicht erzwungen werde, sondern es den Interessenten überlassen bleibe, Sicherheitsbestellung zu fordern beziehungsweise zu oder den Theilzahlungen zu verabreden, was in der Form,

daß von den Baugeldern, die der Bauherr auf Hypothek aufnehme, gewisse Raten an die Bauhandwerker cedirt würden,

auch durchaus in Uebung sei, da die Bauübernehmer meist gar nicht im Stande seien, die ganze Bausumme bis zum Abschluß des Baues zu creditiren — daß die Vorleistung des Bauübernehmers nichts Anderes sei, als was der thatsächliche Verkehr auf allen Gebieten erfordere und es daher nicht gerechtfertigt sei, eine privilegirte Stellung für den Bauübernehmer allein zu verlangen — daß auch die versio in rem die Privilegirung des Bauübernehmers nicht begründen könne, weil mit demselben Recht der Geldgeber, der Geld zum Bauen gebe, ohne sich eine Hypothek zu stipuliren, einen Pfandrechtstitel verlangen könnte —

daß der Pfandrechtstitel meist von sehr problematischem Werth sei, weil die Vormerkung wegen vorstehender Hypotheken in der Regel keine Sicherheit gewähre, er aber gleichwohl die Interessenten verleite, sich im Vertrauen auf die meist illusorische Wirksamkeit des Pfandrechtstitels nicht im Voraus hinlänglich zu sichern —

daß aber derjenige praktische Werth des Pfandrechtstitels, der den Bauübernehmer zu einer Pression befähige, welche dem Schuldner gegenüber ausgeübt werde, um denselben zu einer schnelleren Bezahlung oder bei Streitigkeiten zu Vergleichen im Interesse des Bauübernehmers zu veranlassen, zu reprobiren sei, weil diese Art von Pression zu großen Mißbräuchen verleite.

In letzterer Beziehung hatte der Referent Folgendes bemerkt:

„Es ist klar, daß die Eintragung von Vormerkungen, Sicherungshypotheken und dergleichen den Eigenthümer in den Operationen mit seinem Grundstücke geniren. Er wird häufig dadurch am Verkauf oder an den Aufnahme neuer Hypotheken beziehungsweise der Regulirung seiner gesammten Hypothekenverhältnisse gehindert. Er wird so gezwungen, sich mit dem Baumeister um jeden Preis zu verständigen, nur um die Vormerkung aus dem Grundbuchblatte herauszubringen. Dies führt natürlich zu großem Mißbrauch. Es sind mir Fälle vorgekommen, in denen gelungen ist, durch Glaubhaftmachung der Lieferung und Angemessenheit der Preise eine sehr hohe Vormerkung auf das Grundstück der Bauherrn eintragen zu lassen, obwohl eine Forderung gar nicht mehr existirte, weil der betreffende Unternehmer bereits durch das Pauschquantum abgefunden war, welches ihm im Vertrage zugesichert worden war. In anderen Fällen hatte der Mißbrauch in der Weise stattgefunden, daß die Vormerkung gegen einen Eigenthümer erlangt, beziehungsweise erschlichen wurde, mit welchem die Bauhandwerker gar nicht kontrahirt hatten, der vielmehr den Bau einem Anderen in Entreprise gegeben hatte, von welchem die Bauhandwerker ihrerseits angenommen waren. In allen solchen Fällen ist es für den Eigenthümer äußerst mißlich, sich eine solche Vormerkung auf seinem Grundstücke gefallen zu lassen, bis es ihm im Prozesse gelingt, nachzuweisen, daß der Kläger überhaupt nichts zu fordern habe. Man kann sich hiernach freilich nicht darüber wundern, wenn die Bauinteressenten selbst einen gewissen Werth auf diesen Pfandrechtstitel legen, da er ihnen dazu dienen kann, auf den Bauherrn einen Druck auszuüben, der bisweilen gegen säumige Schuldner recht wohlthätig wirken mag, oft aber auch die Lage des Bauherrn rechtswidrig beeinträchtigt. Für die Gesetzgebung ist aber in allen Fällen kein Grund, einem solchen Pressionsmittel Vorschub zu leisten. Hiezu kommt nun noch, daß der Pfandrechtstitel unter den Bauhandwerkern selbst eine gewisse Konkurrenz, einen Wettstreit hervorzuführen pflegt, bei dem der eine zu kurz kommt gegen den anderen und ganz mit Unrecht. Ich nehme an, es sei der

Bau soweit fortgeschritten, daß der Zimmermann seine Arbeiten schon geliefert hat, der Tischler aber nicht. Nun kommt der Zimmermann mit der Eintragung und nimmt alle Sicherheit fort, die etwa noch dem Tischler, Glaser und Maler hinterher gewährt werden könnte. Er nimmt das, was übrig bleibt von dem Grundstücke, ganz allein für sich in Anspruch und zwar nicht um deswillen, weil er der Fleißigste ist, sondern weil er zufällig der erste ist und der erste sein mußte, der sich ein solches Pfandrecht nach der Natur der Sache erwerben konnte."

Beurtheilung der Resolution des Juristentages.

Der Berichterstatter erklärte, daß er der schon wegen des Stimmenverhältnisses wenig bedeutungsvollen Resolution des Juristentages und der vorstehend erörterten Begründung derselben kein erhebliches Gewicht beizulegen vermöge. Der Pfandrechtstitel, dessen Beseitigung der Entwurf eines bürgerlichen Gesetzbuches intendire, sei, wie die tägliche Erfahrung lehre und von allen den Interessenten, zu deren Schutz er diene, bestätigt werde, für Bezirke von großem Werth. Es sei auch nichts Verwerfliches darin zu finden, daß der Bauübernehmer gegebenen Falles den Pfandrechtstitel benutze, um die auf Beiseiteschiebung seines Anspruches abzielenden Pläne des Bestellers zu durchkreuzen. Jedenfalls könne die Möglichkeit von Mißbräuchen eines Rechtsinstituts nicht dahin führen, das ganze Institut zu beseitigen, sondern nur Veranlassung geben, dem Mißbrauche, soweit dies möglich sei, einen Riegel vorzuschieben. Daß sich Fälle konstruiren ließen und vorkämen, in welchen die wohlthätige Absicht des Gesetzes nicht erreicht werde, das habe das Institut mit der Unvollkommenheit aller menschlichen Einrichtungen gemein. Das Entscheidende sei, daß es sich für uns in Preußen und für einen Theil des übrigen Reichsgebietes um bestehendes, nach dem Zeugniß der Nächstbetheiligten wohlthätig wirkendes Recht handle und daß dürfe bei der Kodifikation für das Reich nur beseitigt werden, wenn seine Beibehaltung durch Gründe von entscheidendem Gewicht ausgeschlossen sei. Dergleichen Gründe lägen nicht vor und es erscheine daher das Verlangen durchaus gerechtfertigt, daß der § 574 des Entwurfs eines bürgerlichen Gesetzbuches dem Gutachten des Preußischen Herrn Justizministers entsprechend ergänzt werde.

Legislativer Vorschlag des Dr. Stolp und ähnliche legislative Vorschläge.

Der Berichterstatter fuhr fort: Die Petition des Dr. Stolp ist insofern vollkommen mißverstanden worden, als sich bei der Plenarberathung am 30. März die Auffassung kundgegeben hat, daß sie in Uebereinstimmung mit dem Gutachten des Preußischen Herrn Justizministers die Defensive zum Zwecke der Aufrechthaltung des bestehenden Pfandrechtstitels bei unbeweglichen Sachen intendire. Das ist durchaus nicht der Fall. Der Vorschlag des Dr. Stolp steht im schärfsten Gegensatz zu dem Gutachten des Herrn Justizministers, geht auf eine radikale Aenderung des bestehenden Rechtszustandes aus und will — anscheinend auch ein schleunigst zu erlassendes Preußisches Spezialgesetz — bei Neubauten für die Bauforderungen aller Unternehmer, Fabrikanten, Handwerker und Arbeiter, falls diese Forderungen binnen 4 Wochen nach erfolgter polizeilicher Gebrauchsabnahme des Neubaues bei Gericht angemeldet werden, eine gesetzliche Hypothek mit der Wirkung gewähren, daß die in Rede stehenden Forderungen vor allen, vor und nach Beginn des Neubaues erfolgten hypothekarischen Eintragungen ein Vorzugsrecht haben sollen. Die Eintragung, welche der Petent nach näherer

Feststellung der Bauforderung noch veranlaßt sehen will, ist bedeutungslos und könnte ebenso gut unterbleiben, da das Vorzugsrecht unbedingt sein und unmittelbar aus dem Gesetze folgen solle.

Von den bekannt gewordenen sonstigen, eine über den gegenwärtigen Pfandrechtstitel hinausgehende Privilegirung des Bauübernehmers intendirenden legislativen Vorschlägen sind dem Stolp schen Vorschlage am meisten verwandt und gehören daher — wenn sie auch nicht die Tendenz auf Erlaß eines Preußischen Spezialgesetzes verfolgen — zu der nämlichen Gruppe die folgenden:

I. Der Reichsgerichtsrath a. D. Dr. Baehr in Kassel hat in seinem Gegenentwurfe zu dem Entwurfe eines bürgerlichen Gesetzbuches für das Deutsche Reich folgenden neuen § 620 vorgeschlagen:

§ 620. Der Bauführer hat wegen seiner Forderungen für Arbeit und Auslagen an dem Grundstück, auf welchem der Bau errichtet wird, ein gesetzliches, allen anderen Rechten an dem Grundstück vorgehendes Pfandrecht in dem Umfange der Wertherhöhung des Grundstücks durch den Bau. Das Pfandrecht bleibt jedoch gegenüber Anderen, die an dem Grundstück Rechte erworben haben oder erwerben, nur erhalten, wenn der Bauführer innerhalb von drei Monaten nach Vollendung seiner Bauarbeiten die Eintragung oder — falls der Eigenthümer in diese nicht einwilligt — die Vormerkung seines Rechtes in Grundbuche erwirkt. Die Vormerkung ist auf einseitigen Antrag des Bauführers einzutragen, wenn dieser seinen Anspruch glaubhaft macht, oder wenn er auf solchen Klage erhebt.

Mehrere bei demselben Bauwerk betheiligte Bauführer stehen, ohne Rücksicht auf die frühere Erwirkung des Eintrags, im Range ihrer Pfandrechte einander gleich.

Zu diesem Vorschlage hat Dr. Baehr folgende Anmerkung gemacht:

„Diese Bestimmung ist dem Preußischen Landrecht nachgebildet. Ich halte es für einen Anspruch der Gerechtigkeit, daß dem Bauführer für seine in rem versio in dem Umfange derselben ein Pfandrecht an dem Grundstück zugebilligt wird. Auch vom Standpunkt des Grundbuchrechtes ist diese Ausnahme von der Publizität ohne Gefahr, da der Bestand eines Neubaues auf einem Grundstück nicht zu verkennen ist. Wohl aber erheischt das Prinzip der Publizität gewisse beschränkende Bestimmungen für die Bewahrung dieses Rechtes. Die Rechtfertigung dafür, daß dieses Pfandrecht auch den bereits bestehenden Pfandrechten an dem Grundstück vorgehen soll, liegt eben darin, daß es nur im Umfange der Wertherhöhung des Grundstücks besteht. Läßt man die bereits bestehenden Pfandrechte vorgehen, so liegt die Gefahr nahe, daß in den auf die area gelegten Pfandrechten auch schon der Werth des darauf zu bauenden Hauses vorweg genommen und damit der Bauführer um sein Recht gebracht wird. — Selbstverständlich ist die Wertherhöhung immer nur im Verhältniß zu dem Werth des Grundstücks zu berechnen. Wenn also das Grundstück ohne Haus zu 10 000 Mark, das darauf gesetzte Haus zu 20 000 Mark geschätzt und nun aus dem ganzen Grundstück nur 24 000 Mark beim Zwangsverkauf gelöst würden, so würde die auf das Grundstück gelegte Hypothek mit 8 000 Mark, die Forderung des Bauführers mit 16 000 Mark zur Befriedigung kommen."

Die Erwähnung des Preußischen Landrechts im Eingange dieser Anmerkung muß auf einem lapsus calami beruhen, da der Gesetzesvorschlag des Dr. Baehr mit den Grundsätzen des Preußischen Landrechts im Widerspruche steht. Gemeint ist wohl das französische Recht.

II. Der Handwerkerverein für den Westen und Südwesten Berlins hat unterm 26. Februar d. Js. eine Eingabe an den Herrn Reichskanzler gerichtet, in welcher er beantragt, dem § 574 des Entwurfs eines bürgerlichen Gesetzbuches folgende Fassung zu geben:

§ 574. Der Uebernehmer hat wegen seiner Forderungen für Arbeit und Auslagen ein gesetzliches Pfandrecht an den von ihm gefertigten und ausgebesserten, noch in seiner Inhabung befindlichen beweglichen Sachen des Bestellers, sowie, wenn Arbeit und Auslagen in ein Grundstück verwendet sind, ein gesetzliches Pfandrecht an dem Grundstück.

Das Pfandrecht des Uebernehmers wegen seiner Forderungen für Arbeit und Auslagen zu einem Neubau geht, soweit das Grundstück durch das gelieferte Werk erhöht ist, allen anderen Rechten an dem Grundstück vor. Das Pfandrecht erlischt, wenn der Uebernehmer nicht spätestens drei Monate nach der baupolizeilichen Gebrauchsabnahme die Eintragung oder Vormerkung seiner Forderung im Grundbuch bewirkt hat. Die erfolgte baupolizeiliche Gebrauchsabnahme ist im Grundbuch von Amtswegen zu vermerken.

Eventuell bringt der Verein noch folgenden Absatz 3 in Vorschlag:

Die im Grundbuch eingetragene Kaufgelderforderung für die Baustelle und die derselben vorgehenden älteren Eintragungen werden durch das gesetzliche Pfandrecht des Werkmeisters nicht berührt.

In der Nummer 5 der Blätter für Rechtspflege im Bezirke des Kammergerichts vom 7. Mai d. Js. wird in einem Berichte über einen im Berliner Anwaltsverein von dem Rechtsanwalt Dr. Loewenfeld gehaltenen Vortrag behauptet, daß der eben erwähnte Vorschlag vielfache Zustimmung gefunden habe, daß insbesondere der Senatspräsident beim Reichsgericht Dr. Bingner den Vorschlag für sehr beachtungswerth erklärt und nur genauere Ausführungsvorschriften verlangt habe, daß der Reichsgerichtsrath a. D. Dr. Baehr und der Professor Ehrenberg in Göttingen ihre volle Zustimmung dazu ausgesprochen hätten und daß Letzterer ergänzend befürwortet habe,

daß das bevorzugte Pfandrecht des Werkmeisters als ein absolutes zu gestalten sei, so daß es durch Privatdispositionen (Verzicht) nicht wirksam beseitigt werden könne, weil sonst zu befürchten sei, daß die großen Unternehmer in die Verträge eine Klausel aufnehmen würden, wonach der Werkmeister auf seine gesetzliche Hypothek zu Gunsten des Bauunternehmers respektive Grundeigenthümers verzichte.

III. Für die Gewährung des in Rede stehenden Vorrechts durch Gesetz hat sich in der vom 1. November 1890 datirten Nummer 15 des „Genossenschaftlichen Wegweisers", Zeitschrift für ein sozialreformatorisches Genossenschaftswesen" in einer Beurtheilung des Entwurfs eines Gesetzes, betreffend die Zwangsvollstreckung in das unbewegliche Vermögen ferner der Geheime Justizrath Dr. Dernburg erklärt. Die Schlußsätze seiner Abhandlung lauten:

„Uebrigens verlangen wir das Vorrecht nicht schrankenlos, nicht unter Gefährdung anderer, wichtiger Interessen, nicht unter Verletzung erworbener Rechte.

Dem Bedürfniß entsprechend wollen wir es nur für Neubauten — nicht bloße Reparaturen — und zwar nur bezüglich derjenigen Grundstücke, die einem ortsstatutarisch festgestellten Bebauungsplan unterliegen. Ländliche Hypotheken blieben also unberührt.

Dem Vorrecht würden nicht unterliegen, die zur Zeit des Inkrafttretens des Gesetzes bereits bestehenden Hypotheken, ebensowenig Hypotheken an den Grundstücken, die erst später einem Bebauungsplan unterworfen werden, sofern die Hypothek bereits bei Inkrafttreten dieses Planes bestand. Im Verkehr spielen solche Hypotheken bei der Bebauung des Terrains keine Rolle. Durch die Wahrung der erworbenen Rechte würden also die Zwecke, die wir verfolgen, grobem Schwindel zu steuern, schweren sozialen Mißständen zu begegnen, redlicher Arbeit ihren Lohn zu sichern, nicht beeinträchtigt."

Der Vorschlag des Dr. Stolp und die zu I bis III erwähnten Vorschläge haben das miteinander gemein, daß sie ein Pfandrecht gewähren wollen, welches mit dem öffentlichen Glauben des Grundbuchs nicht vereinbar ist.

Wenn Dr. Dernburg diesem Einwande mit dem Hinweise darauf zu begegnen sucht,

daß es selbst nach dem Entwurfe eines Gesetzes, betreffend die Zwangsvollstreckung in das unbewegliche Vermögen bevorzugte Forderungen, welche den Hypotheken vorgingen, gäbe,

so wird übersehen, daß die von dem Entwurfe bevorzugten, für die Zwangsverwaltung erforderlich gewordenen Ausgaben und die laufenden und den letzten zwei Jahren rückständigen öffentlichen Abgaben und öffentlichen Lasten ihrem Betrage nach nicht geeignet sind, eine specielle Hypothek (vergl. §§ 188 und 189 Theil I Titel 14 des Allgemeinen Landrechts) zu gefährden, wogegen die beanspruchte Bevorrechtigung der Forderungen der Bauübernehmer unter Umständen zur Deckung auch der sichersten Hypotheken und der Pfandbriefe nichts übrig lassen würde.

In den Motiven zu dem Entwurfe eines Gesetzes, betreffend die Zwangsvollstreckung in das unbewegliche Vermögen ist auf Seite 95 ganz zutreffend bemerkt:

„In neuerer Zeit sind freilich Bestrebungen hervorgetreten, welche ein Vorzugsrecht für gewisse Verwendungsansprüche fordern, namentlich für die Ansprüche von Bauhandwerkern, welche Arbeiten und Materialien in einen Neubau verwendet haben, wegen dieser Verwendungen. Allein es wäre ein höchst bedenkliches Wagniß, diesen Bestrebungen nachzugeben. Das Reich mag immerhin die Aufgabe haben, den wirthschaftlich Schwachen gegen den wirthschaftlich Starken zu schützen. Ein solcher Schutz würde hier in wirksamer Weise nur dadurch ertheilt werden können, daß den fraglichen Ansprüchen ein Vorzugsrecht nicht allein vor anderen persönlichen Ansprüchen, sondern auch vor den Ansprüchen aus Hypotheken und Grundschulden zugestanden würde. Auf diesem Wege käme die Gesetzgebung, wenn auch nicht in der Form, aber doch der Sache nach, zu Hypotheken, welche, ohne selbst dem Eintragungsprinzip unterworfen zu sein, eingetragenen Hypotheken und Grundschulden vorgingen. Ein solcher Bruch in das Eintragungsprinzip aber würde, wie bereits früher (Motive zu dem Entwurfe eines bürgerlichen Gesetzbuchs für das Deutsche Reich, Band III Seite 18, 171, 172, 599 bis 601) dargelegt worden ist, die Grundlage des Realkredits erschüttern. Die Aufnahme von Hypotheken und Grundschulden auf Baustellen würde kaum zu ermöglichen oder nur unter den drückendsten Bedingungen ausführbar sein. Der Nachtheil hiervon aber träfe nicht allein die Grundbesitzer, welche das zur Bebauung des Grundstückes erforderliche Kapital nur im Wege des Realkredits beschaffen können, sondern auch die Bauhandwerker, für welche die Gelegenheit zu lohnender Beschäftigung erheblich sich vermindern würde."

Die Beschränkung des Vorzugsrechts auf die durch die Bauarbeiten bewirkte Werthserhöhung beziehungsweise die Beschränkung auf Grundstücke, die einem ortsstatutarisch festgestellten Bebauungsplan unterliegen, würden den Eingriff in das Grundbuchsystem nur seinem Umfange nach verringern, nicht aber beseitigen.

Der dem französischen Rechte nachgebildete Vorschlag der Beschränkung auf die Werthserhöhung würde übrigens Angesichts der im Gebiete des französischen Rechts gemachten ungünstigen Erfahrungen nur Beachtung beanspruchen können, wenn gezeigt würde, wie eine solche Bestimmung durchgeführt werden könnte, ohne unpraktisch zu bleiben.

Legislativer Vorschlag des Vorstandes des Deutschen Bundes für Bodenbesitzreform und sonstige legislative Vorschläge.

Eine andere Gruppe von legislativen Vorschlägen bilden diejenigen, welche — sei es ohne Weiteres, sei es unter gewissen nicht undurchführbaren Voraussetzungen — mit dem Grundbuchsystem nicht unvereinbar sein würden. In diese Gruppe gehört I, die durch Beschluß der Kommission in die Verhandlung eingezogene Petition des Vorstandes des nach Inhalt seiner mit vorgelegten Satzungen die Aufhebung des Privateigenthums an Grund und Boden und die Beseitigung des privaten Pfandrechts auf Grund und Boden anstrebenden Deutschen Bundes für Bodenbesitzreform vom 19. Mai d. J. In der Anlage II derselben wird die Ursache der vorhandenen Uebelstände in einer als Bodenwucher bezeichneten maßlosen Baustellenspekulation und einer der Rechte der Hypothekengläubiger allzusehr berücksichtigenden Gesetzgebung gefunden und der Erlaß folgender gesetzlicher Bestimmung vorgeschlagen:

„Sämmtliche beim Neubau eines Gebäudes betheiligten Handwerker, Lieferanten und Arbeiter haben nach 6 Monate nach der baupolizeilichen Gebrauchsabnahme des Gebäudes für ihre durch Lieferung von Materialien und Arbeiten entstandenen Forderungen ein Recht auf Eintragung in das Grundbuch.

Die so entstandenen Hypotheken genießen bei Gleichberechtigung unter sich ein Vorzugsrecht vor allen anderen dinglichen Belastungen, soweit solche nicht auf öffentlichen Titeln beruhen. Neubau im Sinne dieses Gesetzes ist jedes von Grund aus oder von der Erdoberfläche an errichtete Gebäude. Verträge, welche einen Verzicht auf dieses Recht ausdrücken, sind gesetzlich unwirksam.

Die Baupolizei hat von jedem von ihr genehmigten Neubau im Sinne dieses Gesetzes der Grundbuchbehörde Nachricht zu geben, welch' letztere ihrerseits den Hypothekengläubigern Anzeige zu machen hat. Den Hypothekengläubigern steht es nach Erhalt dieser Anzeige frei, binnen dreißig Tagen ihre Forderungen zur Rückzahlung mit dreimonatlicher Frist zu kündigen. Vor Sicherstellung oder Auszahlung der gekündigten Forderungen darf mit dem Neubau nicht begonnen werden."

In der Begründung dieses Vorschlages wird bemerkt, daß man sich aus praktischen Gründen nur „vorläufig" auf Neubauten beschränkt habe und prinzipiell auf den Standpunkt stehe, daß auch den geringsten Forderungen der Bauhandwerker aus zur Verbesserung des Grundstücks gemachten Aufwendungen ein besonderer Schutz gebühre.

Die Anlage I der Petition enthält Zeitungsausschnitte mit Berichten über die Ueberreichung einer Petition gleichen Inhalts an den Herrn Staatssekretär des Reichsjustizamts und den Empfang einer Deputation Seitens desselben (damals noch Herr Dr. Bosse). Daselbst wird behauptet, der Herr Staatssekretär habe geäußert, es werde sich fragen, ob es nicht zweckmäßig sein werde, im bürgerlichen Gesetzbuche die Regelung der fraglichen Materie der Landesgesetzgebung vorzubehalten. Mehrfache Anregungen der Deputation habe der Herr Staatssekretär für beachtenswerth erklärt, insbesondere die Forderung einer geordneten Buchführung Seitens der Bauunternehmer, welche heute zu keiner buchmäßigen Auskunft über den Verbleib der Baugelder verpflichtet seien, sowie den Vorschlag amtlicher Ermittelungen über die Ausfälle bei den stattgehabten Subhastationen. Im Anschlusse an diese Mittheilungen befürwortet die Petition ein selbstständiges Vorgehen der Preußischen Landesgesetzgebung durch Erlaß der beantragten Schutzbestimmungen für den Umfang der Preußischen Monarchie.

Die Anlage III der Petition enthält Zeitungsausschnitte mit Zustimmungserklärungen von Innungen und Vereinen, wobei zu bemerken ist, daß in der vorher veröffentlichten Anlage II eine Aufforderung an den Bauhandwerkerstand enthalten ist, dem Bunde im Kampfe um die Rechte des Bauhandwerkerstandes zur Seite zu stehen und ihn durch Beschlüsse und Zustimmungsadressen, durch Unterschrift und Beitrittserklärungen sowie durch Geldzuwendungen zu unterstützen.

Die Anlage IV der Petition enthält zwei Ausschnitte aus dem Organ des petitionirenden Bundes „Frei Land" mit Angaben über die den Schutz der Bauhandwerker betreffenden Bestimmungen der Nordamerikanischen Gesetzgebung. Diese Mittheilungen aber äußerst unkorrekt und enthalten völlig unverständliche Sätze, so daß von ihrer wörtlichen Wiedergabe beziehungsweise einer Angabe ihres Inhalts Abstand genommen werden muß.

Endlich ist in der Petition selbst noch angeführt, daß das Civilgesetzbuch des Papstes Gregors XVI. vom Jahre 1834 für den Bereich des vormaligen Kirchenstaates sehr wirksame Bestimmungen zum Schutze der Bauhandwerker enthalten habe, welche zum großen Schaden des Bauhandwerkerstandes im Jahre 1870 durch die italienische Gesetzgebung beseitigt worden seien.

Eine Bestimmung, wie sie die Petition vom 19. Mai befürwortet, würde in der praktischen Ausführung die äußersten Schwierigkeiten bieten, und die Unternehmung von Neubauten in ganz unerträglicher Art erschweren, womit dem Interesse der Bauübernehmer am allerwenigsten gedient werden würde. Sie würde aber auch den Realkredit in sehr empfindlicher Weise schädigen, weil die kleinen Kapitalisten, welche von den Zinsen ihres Kapitals ihren Lebensunterhalt bestreiten, auf möglichste Ausschließung der Kündigungsgefahr das größeste Gewicht zu legen genöthigt sind.

II. Der schon erwähnte Vorschlag des Dr. Hilse, wonach der bestehende Pfandrechtstitel des Bauübernehmers dahin zu erweitern sein würde, daß die Kautionshypothek für denselben schon nach Inangriffnahme seiner Arbeiten auf bloße Anmeldung beim Grundbuchrichter einzutragen sein würde, ist nicht annehmbar, weil der Bauherrn der Willkür des Bauübernehmers in ganz unstatthafter Weise preisgeben und, falls er nach dieser Richtung hin mit wirksamen Kautelen umgeben werden sollte, in der praktischen Ausführung auf unüberwindliche Schwierigkeiten stoßen würde.

III. In der Plenarberathung am 30. März ist nach Ausweis des stenographischen Berichts Seite 1190 Spalte 2 folgende Anregung gegeben worden:

„Wenn man eine Abhülfe finden will, so muß sie nach einer anderen Richtung gesucht werden; es muß die Befriedigung der Bauhandwerker erfolgen, ehe eine Hypothek aufgenommen werden soll. Es kann das z. B. in der Weise gemacht werden, daß derjenige Betrag, der für die erste Hypothek erhalten wird, reservirt bleibt zu dem Zwecke, daß er ein Pfandobjekt für die Bauhandwerker bildet, oder daß man, wenn man noch strenger sein will, die Aufnahme einer Hypothek nur gestattet, wenn nachgewiesen und im Grundbuch eingetragen wird, daß die Bauhandwerker befriedigt sind."

Zu Eingange des zweiten Satzes dieser Bemerkung scheint an eine Hinterlegung der Valuta für die Baugelderhypothek gedacht zu sein. Wie dieser Gedanke verwirklicht werden soll, ist nicht abzusehen. Die gesetzliche Ausschließung einer Baugelderhypothek aber würde die wohlberechtigten Interessen der Grundeigenthümer auf das Schwerste verletzen, die Bauunternehmungen in der Mehrzahl der Fälle unmöglich machen, und somit die Interessen der Bauübernehmer gleichfalls auf das Empfindlichste schädigen.

Unzulänglichkeit des von den vorliegenden legislativen Vorschlägen erwarteten Schutzes.

Es erscheint aber auch überhaupt fraglich, ob ein wirksamer Schutz gegen diejenigen Uebelstände, welche von den Petenten hervorgehoben werden und welche in beträglichen und wucherischen Manipulationen bestehen sollen, durch die vorerwähnten, lediglich auf dem Gebiet des Civilrechtes liegenden legislativen Vorschläge zu erreichen sein würde, denn die Wirksamkeit der vorgeschlagenen gesetzlichen Abhülfsmaßregeln beruht, sofern man nicht zu ganz exorbitanten, mit den grundlegendsten Rechtsanschauungen in Widerspruch tretenden Bestimmungen übergehen will, auf der Voraussetzung, daß der Grundstückseigenthümer, welcher zu Spekulationszwecken baut, mit den Personen, die ihm gegenüber geschützt werden sollen, in ein unmittelbares Vertragsverhältniß tritt. Das aber kann der auf wucherischen und betrügerischen Gewinn ausgehende Bauspekulant durch Einschiebung einer Mittelsperson vermeiden, indem er die Ausführung des Baues einem Generalübernehmer in Entreprise giebt, der seinerseits mit den Bauhandwerkern kontrahirt. In dieser Weise ließe sich der Zweck, welcher durch die bisher erörterten Vorschläge erstrebt werden soll, vereiteln. Es dürfte darnach überhaupt fraglich sein, ob gegen diejenigen Mißſtände, welche die Petenten rügen, die erforderliche Abhülfe auf dem Gebiete des Civilrechts und nicht vielmehr auf dem des Strafrechts zu ſuchen ſein möchte.

Bedürfniſfrage.

Abgeſehen davon intendiren die in Rede ſtehenden Vorſchläge ſämmtlich den Erlaß eines Ausnahmegeſetzes, welches in jedem Falle zu Gunſten der Bauübernehmer in die Sphäre anderer, bisher vom Geſetzgeber als berechtigt anerkannter und geſchützter Intereſſen äußerſt empfindlich eingreifen würde.

Das Bedürfniß eines ſolchen Ausnahmegeſetzes iſt nicht nachgewieſen.

In der Plenarberathung am 30. März iſt gegenüber der von einem Redner aufgeſtellten Behauptung, daß in Berlin und anderen großen Städten, wo die Bauſpekulation herrſche, eine wüſte, gemeine, betrügeriſche Spekulation mit der ehrlichen Arbeit im Konflikt liege und dieſe Arbeit beſtändig der betrogene Theil ſei, von anderer Seite darauf hingewieſen worden, daß an den vorhandenen Mißſtänden nicht bloß die Bauſpekulanten die Schuld trügen, ſondern auch die Bauhandwerker durch Leichtſinn und durch das Beſtreben, möglichſt viel und ſchnell zu gewinnen.

Aehnlich wie der letzterwähnte Redner, urtheilt ein Artikel der Norddeutſchen Allgemeinen Zeitung vom 11. April d. Js., in welchem ausgeführt wird, daß Uebel liege darin, daß eine wüſte und betrügeriſche Spekulation des Unternehmers ſich mit Leichtſinn und Gewiſſenloſigkeit des Uebernehmers paare. Der Schlußſatz dieſes Artikels lautet:

„Ob es nun wirklich nothwendig, hier zur Klinke der Geſetzgebung zu greifen, wird eine noch auf die thatſächlichen Verhältniſſe hin ſorgfältig zu prüfende Frage ſein. Wenn ſie zu bejahen iſt, dann wird der Hebel anzuſetzen ſein bei der doppelten Beſchränkung des Kreditgebens und des Kreditnehmens; nicht in dem Sinne, daß dadurch irgendwie ehrliche Arbeit und redliches Vorwärtsſtreben eine Schranke geſtellt wird, ſondern daß der Gedanke ſozialer Rettung der Arbeit und Verhütung unlauterer Spekulation geſetzlich zum Ausdruck kommt."

Im Speziellen hat ein Redner in der Plenarberathung fünf Berliner Fälle angeführt, in welchen Bauforderungen von erheblichem Betrage ausgefallen ſeien. Die auf dergleichen Ausfälle bezügliche, von Dr. Hilſe in einer Abhandlung im Archiv für bürgerliches Recht Band II Seite 78 aufgeſtellte Behauptung, die Statiſtik der Zwangsverſteigerungen liefere den ſchlagenden Beweis, daß in der Mehrzahl der Fälle die Anſprüche von Bauhandwerkern wegen ihres Werklohnes ausfielen, weil die Kaufgelder zu deren Befriedigung nicht mehr ausreichten, während hinter dem Reſtkaufgeld und dem Baugeldbarlehn noch Forderungen zur Eintragung gelangten, da die Grundeigner es verſtünden, mit ihren Schiebungen ſchneller zu Stande zu kommen, als der Werkmeiſter mit Geltendmachung ſeines Privilegs —
iſt inſofern nicht richtig, als eine Statiſtik der bezeichneten Art nicht vorhanden iſt, deren Aufſtellung auch mit unendlichen Schwierigkeiten verbunden ſein und ein zuverläſſiges Ergebniß ſchwerlich liefern würde.

Daß in Berlin und in anderen großen Städten mit ähnlich rapidem Wachsthum der Bevölkerungsziffer die Bauunternehmungen durch die kapitaliſtiſche Produktionsmethode in Verbindung mit der im modernen Erwerbsleben mehr und mehr hervortretenden Neigung, möglichſt mühelos und möglichſt ſchnell reich zu werden, ungünſtig beeinflußt worden ſind und in vielen Fällen den Charakter von Schwindelgeſchäften, durch welche Verluſte für die Bauübernehmer herbeigeführt werden, angenommen haben, iſt gewiß nicht zu bezweifeln; aber es wird anzuerkennen ſein, daß die Verſchuldung, welche dieſen großſtädtiſchen Schwindel erzeugt hat, auf beiden Seiten — bei Unternehmern und Uebernehmern — liegt. Bei dem Verlangen, daß der Bauübernehmer nicht ohne Prüfung der Perſonen und Verhältniſſe beziehungsweiſe nicht ohne alle Sicherheit Kredit gebe, wird man ſtehen bleiben müſſen und nicht vom Geſetzgeber Veranſtaltungen zu dem Zwecke fordern dürfen, um auch den Bauübernehmer unbedingt ſicher zu ſtellen, welcher ſich wiſſentlich mit einem unvermögenden und unzuverläſſigen Bauſpekulanten einläßt, in der trügeriſchen Hoffnung, daß das Unternehmen großes Glück haben und beide Theile über Nacht zu reichen Leuten machen werde. Verallgemeinert würden ſolche geſetzgeberiſchen Maßnahmen für die Folgen, in welchen über eine zum Nachtheil der Bevölkerung gereichende Abneigung gegen Bauunternehmungen geklagt wird, eine ſchwere crux bedeuten.

Ergebniß der Ausführungen des Berichterſtatters und Anfragen deſſelben an die Königliche Staatsregierung.

Im Anſchluſſe an dieſe ſeine Ausführungen erklärte der Berichterſtatter, daß er neben der Aufrechthaltung des landrechtlichen Pfandrechtstitels im Entwurfe eines bürgerlichen Geſetzbuches für das Deutſche Reich nur eine Prüfung dahin, ob und welche durch die beſtehenden Strafgeſetze nicht ausreichend vorgeſehene Repreſſion gegen den großſtädtiſchen, betrügeriſchen und wucheriſchen Bauſchwindel auf dem Gebiete des Strafrechts erzielt werden könne, für indicirt erachte, jedoch vor Stellung eines beſtimmten Antrages eine Auskunft der Königlichen Staatsregierung darüber erbitte:

1. ob und in welchem Umfange auf Grund des vorliegenden thatſächlichen Materiales ein legislatives Bedürfniß zu einem verſtärkten Schutze der Bauübernehmer wegen deren Bauforderungen Seitens der Königlichen Staatsregierung anerkannt werde — eventuell, ob thatſächliche Ermittelungen zum Zwecke einer näheren Prüfung des legislativen Bedürfniſſes angeordnet ſeien oder geplant würden,

2. ob für den Fall der Bejahung der Bedürfnißfrage legislative Maßnahmen auf dem Gebiete des Strafrechts oder des Civilrechts oder auf beiden Gebieten von der Königlichen Staatsregierung in Ausſicht genommen ſeien beziehungsweiſe hinfür die Reichsgeſetzgebung oder die Preußiſche Geſetzgebung oder ſowohl die eine als die andere in Anſpruch genommen werden ſolle,

3. ob die Königliche Staatsregierung der Reichsgeſetzgebung gegenüber auf dem Standpunkt beharre, daß der landrechtliche Pfandrechtstitel im bürgerlichen Geſetzbuch für das Deutſche Reich aufrecht zu erhalten ſei.

Mittheilung, betreffend die nordamerikaniſche Geſetzgebung.

Bevor die Vertreter der Königlichen Staatsregierung ſich hierüber äußerten, machte ein Mitglied der Kommiſſion zur Erwägung des Vortrages des Berichterſtatters über die Verhältniſſe in den Vereinigten Staaten von Nordamerika folgende Mittheilung:

Als in den zwanziger Jahren dieſes Jahrhunderts die Stadt New-York ſich bedeutend vergrößert habe, hätten die dortigen Bauhandwerker darüber geklagt, daß ſie um den Lohn für ihre Arbeiten betrogen würden und daß die Gesetze ihnen keinen ausreichenden Schutz böten. Ihre Petitionen seien von der Legislatur des Staates New-York unberücksichtigt gelassen worden. Darauf hätten sie um das Jahr 1828 eine besondere Handwerkerpartei (workingmen party) gebildet und nun erlangt, daß die Gesetzgebung des Staates eine besondere Sicherstellung für ihre Lohnforderungen gewährt habe.

Erklärungen der Regierungskommissare.

Hierauf erklärte der Kommissar des Herrn Justizministers, Herr Geheimer Oberjustizrath Eichholz, daß er eine Unterstützung der Petitionen von Seiten der Preußischen Justizverwaltung nicht in Aussicht stellen könne. Der Antrag der Bittsteller gehe weit über das vorhandene Bedürfniß hinaus und sei auch unausführbar, wenn man nicht die Sicherheit des Hypothekenverkehrs in äußerst bedenklicher Weise gefährden wolle. Ein privilegirtes Pfandrecht der Bauhandwerker, welches allen eingetragenen Hypotheken vorgehe, sei in keiner europäischen Gesetzgebung anerkannt. Schon dieser Umstand lasse es bedenklich erscheinen, auf dem von den Bittstellern vorgeschlagenen Wege vorzugehen. Auf die von dem Deutschen Bunde für Bodenbesitzreform in Bezug genommene amerikanische Gesetzgebung könne hier wegen der Ungleichartigkeit der in Betracht kommenden Verkehrs- und Gesetzgebungsverhältnisse kein erhebliches Gewicht gelegt werden. In einem großen Theile von Deutschland würden die Forderungen der Bauhandwerker ganz ebenso behandelt, wie die Forderungen aller übrigen Gläubiger. Die Schutzvorschriften, welche sich in einigen deutschen Rechten und auch in dem französischen Rechte zu Gunsten der Bauhandwerker vorfänden, hätten eine viel geringere Tragweite, als die jetzt gestellten Anträge. Der Herr Justizminister verkenne nicht, daß die rechtliche Lage der Bauhandwerker in mancher Beziehung eine eigenartige sei und eine gewisse Berücksichtigung durch die Gesetzgebung verdiene. Das Nähere hierüber sei in den Bemerkungen des Herrn Justizministers zum Entwurf eines bürgerlichen Gesetzbuchs unter Nr. 26b dargelegt. Der dort gemachte Vorschlag, den Unternehmern eines Bauwerks einen Titel zum Pfandrecht an dem Baugrundstück, also das Recht auf Eintragung einer Sicherungshypothek, zu gewähren, werde von der Preußischen Justizverwaltung auch ferner nachdrücklich befürwortet werden. Ob es aber gelingen werde, auch nur eine solche Vorschrift in das bürgerliche Gesetzbuch zur Aufnahme zu bringen, sei bei der Haltung der übrigen Bundesregierungen schon sehr zweifelhaft. Dagegen sei an die Einräumung einer gesetzlichen Hypothek in dem von den Bittstellern beantragten Umfange gar nicht zu denken; für eine derartige Regelung sei in der Kommission für die zweite Lesung des Entwurfs eines bürgerlichen Gesetzbuchs, welche jetzt in den nächsten Tagen mit der Frage zu beschäftigen haben werde, gar keine Stimmung vorhanden.

Mit Recht sei von dem Berichterstatter das Bedürfniß für gesetzgeberische Maßnahmen der in Rede stehenden Art in Abrede gestellt worden, wenngleich es richtig sei, daß die Bauunternehmer und Handwerker vielfach Verluste an ihren Forderungen erlitten hätten. Allgemeine statistische Erhebungen über den Gesammtumfang dieser Verluste seien bisher nicht angestellt worden und würden auch vorläufig nicht beabsichtigt, weil dieselben bei dem Mangel ausreichenden Unterlagen sehr schwierig und zeitraubend sein würden, auch zu einem auch nur einigermaßen zuverlässigen Ergebniß zu führen. Gegen eine betrügerische oder wucherische Ausbeutung der Bauhandwerker werde in den meisten Fällen der Schutz der bestehenden Strafgesetze genügen; überdies werde bereits von der Königlichen Staatsregierung eine Reform der Wuchergesetzgebung erwogen und es werde dabei insbesondere in Betracht gezogen werden, wie dem Grundstücks- und Baustellenwucher abzuhelfen sei. Also was die kriminalrechtliche Seite der Sache anlange, so sei die Aufmerksamkeit der Reichs- und Staatsbehörden bereits auf diese Angelegenheit gerichtet und eine weitere Anregung nicht erforderlich. Hier könne es sich demnach nur noch darum handeln, ob Veranlassung vorliege, civilrechtliche Bestimmungen zu erlassen, um die Bauhandwerker vor Verlusten zu schützen.

In dieser Beziehung müsse behauptet werden — und die Motivirung der Bittsteller stimme damit im wesentlichen überein — daß die in Betreff des Bauhandwerks hervorgehobenen Uebelstände bisher vorzugsweise nur in den großen Städten, namentlich in Berlin, und vorwiegend nur bei den von unvermögenden Personen unternommenen Spekulationsbauten hervorgetreten seien. Daß aber seien die Bauhandwerker selbst nicht von aller Schuld freizusprechen. Es bestehe bei ihnen ein förmliches Drängen, daß die meistens umfangreichen und einen erheblichen Gewinn versprechenden Arbeiten ihnen übertragen werden; ein Konkurrent wolle den anderen die Arbeit nicht gönnen und so komme es, daß die Bauhandwerker vielfach ohne die gehörige Vorsicht und ohne eine durch die Sachlage gebotene Sicherstellung in die Arbeitskontrakte eintreten. Ein großer Theil der auf diese Art entstehenden Verluste könne bei größerer Aufmerksamkeit und bei einer soliderem Konkurrenz ganz gewiß vermieden werden. Allerdings ist anzuerkennen, daß auch bei einer gesunden Konkurrenz und bei einer durchaus vorsichtigen Handhabung des Geschäfts in nicht wenigen Fällen Verluste bei den Bauhandwerkern vorkämen; allein insoweit theilen diesselben nur das Schicksal der übrigen Gewerbetreibenden, auch sei in nicht außer Betracht zu lassen, daß sie einen Theil ihrer Verluste wieder einbringen, indem sie ihre Preise unter Berücksichtigung beträchtlicher Verlustprämien bemessen. Auf dem platten Lande und in den kleinen Städten bestünden die beklagten Uebelstände nicht, wenigstens nicht in erheblichem Maße. Um aber wegen der vorzugsweise nur in den großen Städten bestehenden Verhältnisse und aus Rücksicht auf die bei den großstädtischen Spekulationsbauten vorkommenden — meistens vermeidbaren — Verluste der Bauhandwerker zu einer allgemeinen Maßregel zu schreiten, welche die Sicherheit des Hypothekenverkehrs erheblich beeinträchtige und weite Kreise anderer Interessenten empfindlich berühre, sei nicht die Aufgabe einer fürsorglichen Gesetzgebung.

Sodann legte der Herr Regierungskommissar näher dar, inwiefern die Anträge der Bittsteller der Billigkeit nicht entsprechen und den voreingetragenen Hypothekengläubigern zur ungerechtfertigten Benachtheiligung gereichen. Eine Unbilligkeit liege insbesondere darin, daß auch der Grund und Boden, auf welchem das Gebäude stehe, dem vorzugsweisen Pfandrecht der Bauhandwerker unterworfen sein solle, obwohl dieses Werthsobjekt durch ihre Thätigkeit nicht geschaffen sei. Eine Beschränkung des Vorzugsrechts auf den durch ihre Thätigkeit geschaffenen Mehrwerth des Grundstücks aber werde von den Bittstellern nicht verlangt, sei praktisch schwer ausführbar und empfehle sich, wie die in dem Gebiet des französischen Rechts gemachten Erfahrungen zeigen, auch deshalb nicht, weil die richtige Bemessung des Mehrwerths sehr schwierig sein würde und zu zahlreichen Prozessen zwischen den Hypothekengläubigern und den Bauhandwerkern führen müßte, daß zu Gunsten der Bauhandwerker geltend gemachte Argument der versio in rem dürfe nicht übertrieben werden, wenn man nicht zu unannehmbaren Konsequenzen gelangen wolle. — Daß die Hypothekengläubiger in eine sehr ungünstige Lage geriethen, wenn sie in gutem Glauben auf den Inhalt des Grundbuchs ihr Geld zu einer sicheren Stelle untergebracht hätten und ihnen demnächst eine gesetzlich privilegirte Forderung vorgehe, deren endgültige Höhe sich meistens im voraus nicht bestimmen lasse, bedürfe keiner näheren Ausführung. Namentlich in denjenigen Fällen, in welchen ein Neubau an Stelle eines bereits vorhandenen Gebäudes trete, sei die Sache sehr mißlich, indem hier vielfach der Werth des Grundstücks nicht in einem den Aufwendungen der Bauhandwerker entsprechenden Umfange erhöht werde. Die moderne Gesetzgebung verwerfe die privilegirten Hypotheken, welche die wunde Stelle des römischen Pfandrechts gebildet hätten. Die neueren Gesetzgebungen, und allen voran die preußische, seien aufs äußerste bestrebt gewesen, die privilegirten Hypotheken abzuschaffen. Der oberste Grundsatz des modernen Hypothekenrechts sei die Publizität und der gute Glauben des Grundbuchs. Jedermann müsse sich aus dem Grundbuch über die Verhältnisse des Grundstücks und über das Maß die durch dasselbe gewährten Sicherheit unterrichten können. Führe man in einem so wesentlichen Punkte die privilegirte Hypothek wieder ein — der Punkt sei wesentlich, weil eine Neubebauung bei jedem Grundstück vorkommen könne — so raube man der hypothekarischen Sicherheit ihren besten Halt. Man würde, sowiel sei gewiß, den legitimen Geldverkehr erheblich schädigen, während nicht zugleich die Gewißheit bestehe, daß man gegen die von den Bittstellern hervorgehobenen Mißstände eine wirklich wirksame Abhülfe schaffen werde. Die Kapitalisten müßten in der Hergabe von Geld auf Hypothek sehr vorsichtig werden und auch der Stand der Grundbesitzer würde unter der Schmälerung des Realkredits zu leiden haben. Mündelgelder oder Stiftungsgelder würden kaum noch auf Hypothek ausgeliehen werden dürfen; die bestehenden Vorschriften über die pupillarische Sicherheit müßten geändert werden. Hypotheken zur ersten Stelle, welche von vielen Geldgebern aus guten Gründen besonders bevorzugt werden, würden zum großen Theil die Vorzüge einbüßen, welche gerade die erste Hypothekenstelle gewähre. Zweifelhaft erscheine es sogar, ob nicht die hier vorgeschlagene Maßregel dem Bauhandwerk selbst zur Benachtheiligung gereichen werde, da die Bauthätigkeit in Folge der Schwierigkeit, auf Baugrundstücke Geld zu erlangen, aller Voraussicht nach eine erhebliche Einschränkung erleiden würde. Auf die große volkswirthschaftliche Bedeutung der Sache und auf die Gefahren und Uebelstände, welche eine Einschränkung der Bauthätigkeit namentlich für die großen Städte zur Folge haben könne, solle hier nicht näher eingegangen werden.

Um der aus dem Vorzugsrecht der Bauhandwerker sich ergebenden Benachtheiligung der Hypothekengläubiger entgegenzuwirken, habe der Deutsche Bund für Bodenbesitzreform vorgeschlagen, den Hypothekengläubigern im Falle einer Neubebauung des Grundstücks das Recht zu gewähren, ihre Forderungen mit kurzer Frist zu kündigen. Dieser Vorschlag habe etwas sehr Unbefriedigendes, und zwar sowohl für die Hypothekengläubiger als auch namentlich für die Grundbesitzer. Die Kapitalisten — unter diesem Ausdruck sei hier man vielfach auch minder wohlhabende Personen zu verstehen, welche auf den Zinsgenuß ihres Lebensunterhalt angewiesen seien — brächten ihr Geld auf Hypothek gewöhnlich zu dem Zweck unter, um eine sichere, dauernde und den Schwankungen des Geldmarkts nicht unterworfene Kapitalanlage zu haben. Welche Verlegenheiten müßten entstehen, wenn diese Personen plötzlich in die Lage gebracht würden, entweder einer Forderung von meistens beträchtlicher Höhe das Vorzugsrecht einzuräumen und dadurch die Sicherheit ihrer eigenen Forderung zu gefährden oder ihr Geld zurückzunehmen und eine anderweitige sichere Kapitalsanlage zu suchen, die häufig sehr schwer zu finden sei?

Dadurch müsse der Werth hypothekarischer Kapitalanlage erheblich herabgedrückt werden. Welcher Benachtheiligung aber die Grundbesitzer, ganz abgesehen von der allgemeinen Minderung des Realkredits, ausgesetzt seien, ergebe sich schon allein aus dem Hinweis darauf, daß ein Gutsbesitzer, welcher einen neuen Stall oder ein anderes Wirthschaftsgebäude erbauen wolle, sich dadurch der Gefahr aussetze, daß ihm sämmtliche Hypotheken, auch die noch auf lange Jahre feststehenden, gekündigt werden. Ueberdies aber sei die vorgeschlagene Mittheilung der Grundbuchbehörde an die Hypothekengläubiger über das Bevorstehen eines Neubaues praktisch nicht ausführbar, denn die zeitigen Inhaber der Hypotheken seien häufig aus dem Realtheil nicht ersichtlich und nicht selten auch dem Grundstückseigenthümer vorübergehend nicht bekannt. Wie solle es ferner gehalten werden, wenn die Hypothekendokumente verpfändet seien? Wer solle da von dem Bevorstehen des Neubaues benachrichtigt werden und wer habe so die Entscheidung zu treffen, ob das Kapital stehen bleiben solle oder nicht? Ohne vorherige Benachrichtigung der Hypothekengläubiger und Pfandgläubiger aber gegen dieselben den Rechtsnachtheil eintreten zu lassen, daß ihnen andere nacheingetragene Forderungen vorgehen, wäre eine offenbare Unbilligkeit und einschwenig könne daran gedacht werden, jenen Rechtsnachtheil etwa in Folge eines Aufgebotsverfahrens gegen diejenigen Gläubiger zu verwirklichen, welche sich in diesem Verfahren nicht melden. Wenn man den Verkehr nicht ganz und gar schädigen wolle, so müßte man mindestens dafür Sorge tragen, daß zunächst alle Hypothekendokumente auf das Grundakten gebracht würden, um auf denselben die Veränderung der hypothekarischen Sicherheit zu vermerken; sonst sei der Betrügerei Thür und Thor geöffnet.

Der Herr Regierungskommissar faßte sich dahin zusammen, daß aus allen diesen Gründen, welchen sich leicht noch weitere hinzufügen ließen, den Anträgen der Bittsteller nicht stattgegeben werden könne, wenn man nicht einen allgemeinen Schaden stiften wolle, welcher den für eine einzelne Interessentengruppe erhofften Nutzen bei weitem übersteige. Der Herr Justizminister habe nicht die Absicht, eine den Anträgen der Bittsteller entsprechende Gesetzesvorlage in Anregung zu bringen, indem er glaube, daß er bereits von ihm befürwortete Einräumung des Rechts zur Eintragung einer Sicherungshypothek nicht hinauszugehen zu können. Der Werth, welchen dieses Recht für die Bauhandwerker habe, sei von manchen Beurtheilern unterschätzt worden; dasselbe werde sich als ein sehr werthvolles und praktisch brauchbares erweisen, zumal wenn es so gestaltet werde, wie in den Bemerkungen des Herrn Justizministers zum Entwurf eines bürgerlichen Gesetzbuchs unter Nr. 37 (S. 184 ff.) vorgeschlagen sei.

Schließlich wies der Herr Regierungskommissar darauf hin, daß ein Vorgehen im Wege der Preußischen Landesgesetzgebung nicht angebracht erscheine, da es sich um eine Frage des Reichsrechts handele, welche in dem bürgerlichen Gesetzbuch ihre Erledigung finden müsse. Daß in dem Einführungsgesetze zu diesem Gesetzbuch die betreffende Materie der Landesgesetzgebung werde vorbehalten werden, bezeichnete der Herr Kommissar als nicht wahrscheinlich. Derselbe sagte noch hinzu, daß er von dem Berichterstatter an die Königliche Staatsregierung gerichteten Anfragen durch die vorstehenden Ausführungen bereits glaube beantwortet zu haben.

Die Kommissare der Herren Minister des Innern und der öffentlichen Arbeiten, Herr Geheimer Oberregierungsrath Doepler und Herr Geheimer Regierungsrath Francke, erklärten, daß sie Namens ihrer Ressorts nichts anzuführen hätten, was von der Erklärung des Kommissars des Herrn Justizministers in irgend einer Beziehung abweiche.

Antrag des Berichterstatters und Diskussion und Abstimmung über denselben.

Der Berichterstatter seinerseits erklärte, daß er mit den Ausführungen des Herrn Kommissars des Herrn Justizministers durchaus einverstanden sei, insbesondere den Weg einer Reform der Wuchergesetzgebung mit besonderer Berücksichtigung des Grundstücks- und Baustellenwuchers für den allein gangbaren und wirksamen erachte, durch die hierauf bezügliche Erklärung der Königlichen Staatsregierung befriedigt sei, es aber für wünschenswerth halte, daß das Haus der Abgeordneten ein entschiedenes Votum zu Gunsten der Aufnahme des landrechtlichen Pfandrechtstitels an unbewegliche Sachen in das bürgerliche Gesetzbuch für das Deutsche Reich abgebe. Demgemäß beantragte der Berichterstatter, dem Hause zu empfehlen:

I. die Erwartung auszusprechen, daß die Königliche Staatsregierung ihren Einfluß beim Reiche nachdrücklich dahin geltend machen werde, daß der Entwurf eines bürgerlichen Gesetzbuches für das Deutsche Reich in Gemäßheit des Vorschlages ergänzt werde, welchen der Königlich Preußische Herr Justizminister in seinen Bemerkungen über die in dem Rundschreiben des Herrn Reichskanzlers vom 27. Juni 1889 hervorgehobenen Punkte unter der Nummer 26b gemacht hat,

II. mit Rücksicht auf den Beschluß zu 1 sowie auf die Seitens der Königlichen Staatsregierung mit besonderer Berücksichtigung des Grundstücks- und Baustellenwuchers bereits gegebene Anregung zu einer Reform der Wuchergesetzgebung über die Petitionen
1. des Dr. Hermann Stolp zu Charlottenburg vom 29. Januar und 6. April 1892,
2. des Vorstandes des Deutschen Bundes für Bodenbesitzreform vom 19. Mai 1892
zur Tagesordnung überzugehen.

In der Diskussion über diesen Antrag äußerte ein Mitglied der Kommission, daß es dem Nr. II des Antrages nicht zustimmen könne, weil sich seiner Ansicht nach ein dem Vorschlage des Reichsgerichtsraths a. D. Dr. Baehr entsprechendes oder analoges legislatives Vorgehen empfehlen würde. Die übrigen anwesenden Mitglieder der Kommission hatten Einwendungen gegen den Antrag des Berichterstatters nicht zu erheben.

Bei der Abstimmung wurde der Antrag des Berichterstatters zu Nr. I einstimmig und zu Nr. II mit sechs gegen eine Stimme angenommen.

Antrag der Justizkommission.

Die Justizkommission beantragt hiernach:
das Haus der Abgeordneten wolle beschließen:

I. Die Erwartung auszusprechen, daß die Königliche Staatsregierung ihren Einfluß beim Reiche nachdrücklich dahin geltend machen werde, daß der Entwurf eines bürgerlichen Gesetzbuches für das Deutsche Reich in Gemäßheit des Vorschlages ergänzt werde, welchen der Königlich Preußische Herr Justizminister in seinen Bemerkungen über die in dem Rundschreiben des Herrn Reichskanzlers vom 27. Juni 1889 hervorgehobenen Punkte unter der Nr. 26b gemacht hat,

II. mit Rücksicht auf den Beschluß zu 1 sowie auf die Seitens der Königlichen Staatsregierung mit besonderer Berücksichtigung des Grundstücks- und Baustellenwuchers bereits gegebene Anregung zu einer Reform der Wuchergesetzgebung über die Petitionen
1. des Dr. Hermann Stolp zu Charlottenburg vom 29. Januar und 6. April 1892 II Nr. 206,
2. des Vorstandes des Deutschen Bundes für Bodenbesitzreform vom 19. Mai 1892 II Nr. 903
zur Tagesordnung überzugehen.

Berlin, den 16. Juni 1892.

Die Kommission für das Justizwesen.

Simon v. Jastrow, Vorsitzender. Korsch, Berichterstatter. Dr. Avenarius. Biesenbach. Bobr. Dr. v. Cuny. Eberhard. Graf (Hohenzollern). Lerche. Mahl. Rabbyl. Dr. Oetker. Schmidt (Warburg). Schumacher.

Nº 250.

Anträge

zu der

dritten Berathung des Gesetzentwurfs über die Kleinbahnen und Privatanschlußbahnen. — Nr. 244 der Drucksachen.

A. Das Haus der Abgeordneten wolle beschließen:

I. Die von dem Abgeordneten Jerusalem, Nr. 247 der Drucksachen, zu § 3 Nr. 2a beantragte Einschaltung folgendermaßen zu fassen:
„deren Unterhaltung und Verwaltung als städtischer Straßen nicht Stadtkreisen obliegt,";

II. a) Im § 3 Nr. 2a nach dem Worte „Regierungspräsident," einzuschalten: „im ersten Falle",
b) Im § 17, letzter Absatz:
nach den Worten „öffentlicher Wege" einzuschalten die Worte: „, mit Ausnahme städtischer Straßen,".

Hansen.

Unterstützt durch:

Dr. Arendt. Barth. Barthold. v. Bülow (Tzaudobel). Bunzen. v. Christen. Christopherseu. Conrad (Graudenz). v. Dziembowski. Graf Douglas. Engels. Dr. Gerlich. Dr. Keil. v. Keubell. v. Langendorff. Lohren. Bschoff. Meister-Jehnik. v. Pilgrim. Riesch. Dr. Ritter. Sasse. Schlabitz. Schreiber. Schumacher. Freiherr v. Seherr-Thoß. v. Selle. Stengel. v. Tiedemann (Bomst). v. Tschoppe (Oldenstädt). Bopelius. v. Voß. Weiß. Wettich.

298*

B. Das Haus der Abgeordneten wolle beschließen:
  Dem § 7 folgenden letzten Absatz hinzuzufügen:
    „Bei dem Antrage auf Ergänzung der Zustimmung ist der Nachweis der Leistungsfähigkeit für die nach § 6 Absatz 2 erforderliche Sicherheitsbestellung beizubringen."

v. Tiedemann (Bomst).

Unterstützt durch:
Dr. Arendt. Barth. Barthold. v. Bülow (Wandsbek). Bunzen. v. Christen. Christopherfen. Conrad (Graudenz). v. Dziembowski. Graf Douglas. Engels. Dr. Gerlich. Hansen. Dr. Keich. v. Keudell. v. Langendorff. Lohren. Lüdhoff. Melster-Jeßnitz. v. Pilgrim. Riefch. Dr. Ritter. Saffe. Schlabitz. Schreiber. Schumacher. Freiherr v. Scherr-Thoß. v. Selle. Stengel. v. Tschoppe (Oldenstadt). Bopelius. v. Voß. Weiß. Wettich.

Berlin, den 16. Juni 1892.

№ 251.

Antrag

zu der

dritten Berathung des Gesetzentwurfs über die Kleinbahnen und Privatanschlußbahnen. — Nr. 244 der Drucksachen.

Das Haus der Abgeordneten wolle beschließen:
  In § 30 (nach den Beschlüssen der zweiten Berathung des Hauses der Abgeordneten) Zeile 4 bis 8 die Worte: „und hat sich" bis „unterworfen"
  zu streichen.

Berlin, den 17. Juni 1892.

Graf zu Limburg-Stirum. v. Bismarck.

№ 252.

Antrag

zu der

dritten Berathung des Gesetzentwurfs über die Kleinbahnen und Privatanschlußbahnen. — Nr. 244 der Drucksachen.

Das Haus der Abgeordneten wolle beschließen:
  In § 16 der Beschlüsse oder des Antrages des Abgeordneten Böbiker, Nr. 246 der Drucksachen zu A:
    statt „einer Aktiengesellschaft"
    und im Antrage des Abgeordneten Engels, Nr. 246 der Drucksachen zu B:
    statt „einer Gesellschaft"
    zu setzen:
    „für eine Aktiengesellschaft" bezw. „für eine Gesellschaft".

Berlin, den 17. Juni 1892.

Dr. Krause.

№ 253.

Antrag

zu der

dritten Berathung des Gesetzentwurfs über die Kleinbahnen und Privatanschlußbahnen. — Nr. 244 der Drucksachen.

Das Haus der Abgeordneten wolle beschließen:
  Im § 3 unter Nr. 2a hinter dem Worte „Kunststraße" folgende Worte einzufügen:
    „, welche nicht als städtische Straßen in der Unterhaltung und Verwaltung von Stadtkreisen stehen,".

Mein Antrag unter Nr. 247 der Drucksachen wird zurückgezogen.

Berlin, den 17. Juni 1892.

Jerusalem.

Nr. 254.

Zusammenstellung

des

Entwurfs eines Gesetzes über die Bahnen unterster Ordnung — Nr. 138, Nr. 206 und Nr. 244 der Drucksachen — mit den in der **dritten Berathung** im Plenum des Hauses der Abgeordneten über denselben gefaßten Beschlüssen.

(§ 18 der Geschäftsordnung.)

Beschlüsse des Herrenhauses.	**Beschlüsse des Hauses der Abgeordneten.**
(Ueberschrift, Einleitung und § 1 der Beschlüsse übereinstimmend mit der Zusammenstellung in Nr. 244 der Drucksachen.)	
	§ 2. Zur Herstellung und zum Betriebe einer Kleinbahn bedarf es der Genehmigung der zuständigen Behörde. Dasselbe gilt für wesentliche Erweiterungen oder sonstige wesentliche Aenderungen des Unternehmens, der Anlage oder des Betriebes. Diese Genehmigung ist zu versagen, wenn die Erweiterung oder Aenderung die Unterordnung des Unternehmens unter das Gesetz vom 3. November 1838 bedingt.
§ 2. Zur Ertheilung der Genehmigung ist zuständig: 1. sofern der Betrieb mit Maschinenkraft beabsichtigt wird: der Regierungspräsident, für den Stadtkreis Berlin der Polizeipräsident, in Verbindung mit der von dem Minister der öffentlichen Arbeiten bezeichneten Eisenbahnbehörde; 2. soweit nicht Betrieb mit Maschinenkraft beabsichtigt ist, und zwar a) sofern Kunststraßen benutzt oder von der Bahn mehrere Kreise oder nicht preußische Landestheile berührt werden sollen: der Regierungspräsident, für den Stadtkreis Berlin der Polizeipräsident,	**§ 3.** Zur Ertheilung der Genehmigung ist zuständig: 1. wenn der Betrieb ganz oder theilweise mit Maschinenkraft beabsichtigt wird: der Regierungspräsident, für den Stadtkreis Berlin der Polizeipräsident, im Einvernehmen mit der von dem Minister der öffentlichen Arbeiten bezeichneten Eisenbahnbehörde; 2. in allen übrigen Fällen, und zwar a) sofern Kunststraßen, welche nicht als städtische Straßen in der Unterhaltung und Verwaltung von Stadtkreisen stehen, benutzt oder von der Bahn mehrere Kreise oder nicht preußische Landestheile berührt werden sollen: der Regierungspräsident, im ersten Falle für den Stadtkreis Berlin der Polizeipräsident,

Beschlüsse des Herrenhauses.	Beschlüsse des Hauses der Abgeordneten.
b) sofern mehrere Polizeibezirke desselben Landkreises berührt werden: der Landrath, c) sofern das Unternehmen innerhalb eines Polizeibezirks verbleibt: die Ortspolizeibehörde. Wenn die zum Betriebe mit Maschinenkraft eingerichtete Bahn die Bezirke mehrerer Landespolizeibehörden berührt, oder in dem Falle der Nr. 2a die betreffenden Kreise nicht in denselben Regierungsbezirke liegen, bezeichnet der Oberpräsident — falls jedoch die Landespolizeibezirke bezw. Kreise verschiedenen Provinzen angehören oder Berlin dabei betheiligt ist — der Minister der öffentlichen Arbeiten im Einvernehmen mit dem Minister des Innern die zuständige Behörde.	b) sofern mehrere Polizeibezirke desselben Landkreises berührt werden: der Landrath, c) sofern das Unternehmen innerhalb eines Polizeibezirks verbleibt: die Ortspolizeibehörde. Wenn die zum Betriebe mit Maschinenkraft einzurichtende Bahn die Bezirke mehrerer Landespolizeibehörden berührt, oder in dem Falle der Nr. 2a die betreffenden Kreise nicht in denselben Regierungsbezirke liegen, bezeichnet der Oberpräsident, falls jedoch die Landespolizeibezirke bezw. Kreise verschiedenen Provinzen angehören, oder Berlin betheiligt ist, der Minister der öffentlichen Arbeiten im Einvernehmen mit dem Minister des Innern die zuständige Behörde. **Die Zuständigkeit zur Genehmigung von wesentlichen Erweiterungen oder sonstigen wesentlichen Aenderungen des Unternehmens, der Anlage und des Betriebes regelt sich so, als ob das Unternehmen in der nunmehr geplanten Art neu zu genehmigen wäre. Jedoch bleibt zur Genehmigung von Aenderungen des Betriebes der in Absatz 1 Nr. 1 erwähnten Unternehmungen diejenige Behörde zuständig, welche die Genehmigung zum Bau und Betriebe ertheilt hat.**

(§§ 4 bis einschließlich 10 der Beschlüsse übereinstimmend mit der Zusammenstellung in Nr. 244 der Drucksachen.)

§ 10.	§ 11.
In der Genehmigung ist die Sicherstellung für die Unterhaltung und Wiederherstellung öffentlicher Wege, soweit diese nicht bereits erfolgt ist (§ 6), vorzuschreiben. Auch kann eine Frist für die Ausführung der Bahn und für den Beginn des Betriebes festgesetzt und die Erlegung von Geldstrafen für den Fall der Nichteinhaltung derselben, sowie Sicherheitsstellung hierfür gefordert werden. Das Gleiche kann zur Sicherung der Aufrechterhaltung des ordnungsmäßigen Betriebes während der Dauer der Genehmigung geschehen.	Bei der Genehmigung ist die **Art und Höhe der** Sicherstellung für die Unterhaltung und Wiederherstellung öffentlicher Wege, soweit diese nicht bereits erfolgt ist, vorzuschreiben. **Für die Ausführung der Bahn und für die Eröffnung des Betriebes kann eine Frist** festgesetzt und die Erlegung von Geldstrafen für den Fall der Nichteinhaltung derselben, sowie Sicherheitsstellung hierfür gefordert werden. **Auch können Geldstrafen und Sicherheitsstellung** zur Sicherung der Aufrechterhaltung des ordnungsmäßigen Betriebes während der Dauer der Genehmigung vorgesehen werden.

(§§ 12 bis einschließlich 15 der Beschlüsse übereinstimmend mit der Zusammenstellung in Nr. 244 der Drucksachen.)

§ 12.	§ 16.
Die Genehmigung für ein Unternehmen, welches von einer Aktiengesellschaft oder von einer Kommanditgesellschaft auf Aktien ausgeführt werden soll, darf erst ausgehändigt werden, wenn der Nachweis der Eintragung in das Handelsregister geführt ist. Ist dem Unternehmer Sicherstellung für die Wegeunterhaltung und Wiederherstellung, für Ausführung der Bahn, für den Beginn oder die Aufrechterhaltung des Betriebes zur Pflicht gemacht (§§ 6 und 10), so muß diese der Aushändigung der Genehmigung ebenfalls vorausgehen.	Die Genehmigung, welche für eine **Aktiengesellschaft, eine Kommanditgesellschaft auf Aktien oder eine Gesellschaft mit beschränkter Haftung behufs Eintragung in das Handelsregister** (Art. 210 Abs. 2 Abs. 4, Art. 176 Abs. 2 Nr. 4 des Deutschen Handelsgesetzbuchs, § 8 Nr. 4 des Reichsgesetzes vom 20. April 1892 — Reichsgesetzblatt S. 477 —) **ausgehändigt worden ist, tritt erst in Wirksamkeit,** wenn der Nachweis der Eintragung in das Handelsregister geführt ist.

Beschlüsse des Herrenhauses.

§ 13.

Mit dem Bau von Bahnen, welche für den Betrieb mit Maschinenkraft bestimmt sind, darf erst begonnen werden, nachdem der Bauplan unter Zugrundelegung der in der Genehmigung vorläufig getroffenen Festsetzungen von derjenigen Behörde, welche die Genehmigung ertheilt hat, unter sinngemäßer Anwendung der §§ 19 bis 21 des Gesetzes über die Enteignung von Grundeigenthum vom 11. Juni 1874 (Gesetzsamml. S. 221) festgestellt worden ist.

Dieser Feststellung bedarf es nicht, wenn eine Planfestsetzung nach Maßgabe der bezeichneten Bestimmungen zum Zwecke der Enteignung stattfindet.

Wenn aus der beabsichtigten Bahnanlage Nachtheile oder erhebliche Belästigungen der benachbarten Grundbesitzer und des öffentlichen Verkehrs nicht zu erwarten sind, kann der Minister der öffentlichen Arbeiten den Beginn des Baues ohne vorgängige Planfestsetzung gestatten.

Beschlüsse des Hauses der Abgeordneten.

§ 17.

Mit dem Bau von Bahnen, welche für den Betrieb mit Maschinenkraft bestimmt sind, darf erst begonnen werden, nachdem der Bauplan durch die genehmigende Behörde in folgender Weise festgestellt worden ist:

1. Der Planfeststellung werden die bei der Genehmigung vorläufig getroffenen Festsetzungen zu Grunde gelegt.

2) Plan nebst Beilagen sind in dem betreffenden Gemeinde- oder Gutsbezirke während vierzehn Tagen zu Jedermanns Einsicht offenzulegen. Zeit und Ort der Offenlegung ist ortsüblich bekannt zu machen.

Während dieser Zeit kann jeder Betheiligte im Umfange seines Interesses Einwendungen gegen den Plan erheben. Auch der Vorstand der Gemeinde- oder Gutsbezirkes hat das Recht, Einwendungen zu erheben, welche sich auf die Richtung des Unternehmens oder auf Anlagen der in § 18 dieses Gesetzes gedachten Art beziehen.

Diejenige Stelle, bei welcher solche Einwendungen schriftlich einzureichen oder mündlich zu Protokoll zu geben sind, ist zu bezeichnen.

3. Nach Ablauf der Frist (Nr. 2 Abs. 1) sind die gegen den Plan erhobenen Einwendungen in einem nöthigenfalls an Ort und Stelle durch einen Beauftragten abzuhaltenden Termine, zu dem der Unternehmer und die Betheiligten (Nr. 2 Abs. 2) vorgeladen werden müssen und Sachverständige zugezogen werden können, zu erörtern.

4. Nach Beendigung der Verhandlungen wird über die erhobenen Einwendungen beschlossen und erfolgt darnach die Feststellung des Planes sowie der Anlagen, zu deren Errichtung und Unterhaltung der Unternehmer verpflichtet ist (§ 18). Der Beschluß wird dem Unternehmer und den Betheiligten zugestellt.

Der Feststellung (Abs. 1) bedarf es nicht, wenn eine Planfestsetzung zum Zwecke der Enteignung stattfindet.

Wenn aus der beabsichtigten Bahnanlage Nachtheile oder erhebliche Belästigungen der benachbarten Grundbesitzer und des öffentlichen Verkehrs nicht zu erwarten sind, kann, sofern es sich nicht um die Benutzung öffentlicher Wege, mit Ausnahme städtischer Straßen, handelt, der Minister der öffentlichen Arbeiten den Beginn des Baues ohne vorgängige Planfestsetzung gestatten.

(§§ 18 bis einschließlich 55 der Beschlüsse übereinstimmend mit der Zusammenstellung in Nr. 244 der Drucksachen.)

Berlin, den 17. Juni 1892.

Der Präsident
des Hauses der Abgeordneten.

v. Köller.

Beglaubigt:

Die Schriftführer

Barth. Eberhard. Dr. Hartmann (Lübben). Im Walle. Kolisch. Oljem. Sperlich. Vopelius.

№ 255.

Berlin, den 17. Juni 1892.

Das Herrenhaus ist der Beschlußfassung des Hauses der Abgeordneten in Bezug auf den von der Königlichen Staatsregierung auf Grund Allerhöchster Ermächtigung vom 23. April d. Js. den beiden Häusern des Landtages vorgelegten

> Entwurf eines Gesetzes, betreffend das Diensteinkommen der Lehrer an den nichtstaatlichen öffentlichen höheren Schulen,

nicht überall beigetreten.

Vergl. Nr. 106 und 114 der Drucksachen des Herrenhauses.

Ew. Excellenz beehre ich mich in Erwiderung auf das gefällige Schreiben vom 31. v. Mts. hiervon Mittheilung zu machen und beifolgend beglaubigte Ausfertigung des gedachten Entwurfes in der von dem Herrenhause in heutiger Sitzung beschlossenen Fassung mit dem Anheimstellen der weiteren Veranlassung ganz ergebenst zu übersenden.

Der Präsident des Herrenhauses.

Herzog von Ratibor.

An
den Präsidenten des Hauses der Abgeordneten,
Königlichen Wirklichen Geheimen Rath,
Herrn v. Köller
Excellenz.

C. Nr. 895.

Entwurf eines Gesetzes,

betreffend

das Diensteinkommen der Lehrer an den nichtstaatlichen öffentlichen höheren Schulen.

Wir Wilhelm, von Gottes Gnaden König von Preußen ꝛc.

verordnen unter Zustimmung beider Häuser des Landtages für den Umfang der Monarchie was folgt:

§ 1.

Die für das Diensteinkommen der Leiter und der wissenschaftlichen Lehrer einschließlich der Hülfslehrer an den staatlichen höheren Schulen beim Inkrafttreten dieses Gesetzes geltenden Bestimmungen finden in gleichem Maße Anwendung bei denjenigen öffentlichen höheren Schulen, welche von einer bürgerlichen Gemeinde als eine Veranstaltung derselben unterhalten werden.

Dasselbe gilt bezüglich des Diensteinkommens derjenigen an diesen Schulen angestellten Zeichenlehrer, welche mindestens 14 Zeichenstunden und 10 Stunden anderen Unterrichts in der Woche ertheilen.

Die Besoldung der übrigen technischen Elementar- und Vorschullehrer ist innerhalb der für die entsprechenden Kategorien von Lehrern an den staatlichen höheren Schulen bestimmten Grenzen dergestalt festzustellen, daß dieselbe hinter derjenigen der Volksschullehrer in dem betreffenden Orte nicht zurückbleiben darf und ihnen außerdem eine nicht pensionsfähige Zulage von 150 Mark jährlich gewährt wird. Bei der Versetzung des Lehrers an eine Volksschule fällt diese Zulage weg; die hierdurch eintretende Verminderung des Diensteinkommens wird als eine Verkürzung des Diensteinkommens im Sinne des § 87 des Gesetzes, betreffend die Dienstvergehen der nichtrichterlichen Beamten, vom 21. Juli 1852 (Gesetzsamml. S. 465) nicht angesehen.

§ 2.

Der bürgerlichen Gemeinde steht es frei, zu beschließen, daß das Aufrücken der wissenschaftlichen Lehrer in Gehalt statt nach dem System der Dienstalterszulagen nach Maßgabe des für die einzelne Anstalt oder für mehrere Anstalten zusammen aufzustellenden Besoldungsetats erfolgt. In diesem Falle ist für jede Stelle eines

(§ 1 nach den Beschlüssen des Hauses der Abgeordneten:

Die für das Diensteinkommen der Leiter und der wissenschaftlichen Lehrer einschließlich der Hülfslehrer, **der Zeichenlehrer und der sonstigen technischen, sowie der Elementar- und Vorschullehrer** an den staatlichen höheren Schulen beim Inkrafttreten dieses Gesetzes geltenden Bestimmungen finden in gleichem Maße Anwendung bei denjenigen öffentlichen höheren Schulen, welche von einer bürgerlichen Gemeinde als eine Veranstaltung derselben unterhalten werden.)

(§ 2 nach den Beschlüssen des Hauses der Abgeordneten:

Der bürgerlichen Gemeinde steht es frei, zu beschließen, daß das Aufrücken der wissenschaftlichen Lehrer im Gehalt statt nach dem System der Dienstalterszulagen nach Maßgabe des für die einzelne Anstalt oder für mehrere Anstalten zusammen aufzustellenden Besoldungsetats erfolgt. In diesem Falle ist für jede Stelle eines wissenschaftlichen Lehrers neben dem Wohnungsgeldzuschusse der Tarifklasse III das für einen staatlichen Lehrer dieser Art berechnete Durchschnittsgehalt voll in den Etat einzustellen und auf die Gesammtzahl der Stellen innerhalb der Sätze für das Mindest- und das Höchstgehalt in angemessenen Abstufungen zu vertheilen.

Für die Leiter der Anstalten und die vollbeschäftigten Zeichenlehrer (§ 1 zweiter Absatz) kann die gleiche Ausnahme mit Genehmigung des Unterrichtsministers zugelassen werden, wenn nach seinem Ermessen Einrichtungen getroffen sind, welche ein allmähliches Aufrücken der Leiter und Lehrer zum Höchstgehalte in angemessenen Zwischenräumen gestatten.

§ 3.

Die bürgerliche Gemeinde ist verpflichtet, die zur Erfüllung der Bestimmungen der §§ 1 und 2 erforderlichen Mittel bereit zu stellen, soweit diese nicht aus den eigenen Einnahmen der Anstalt oder aus anderen dazu bestimmten Fonds gedeckt werden.
An den Befugnissen der Gemeinden, die Aufhebung der Anstalt zu beschließen, wird nichts geändert.

§ 4.

Die vorstehenden Bestimmungen der §§ 1 bis 3 finden auch bei denjenigen öffentlichen höheren Schulen sinngemäße Anwendung, welche von anderen Korporationen oder aus eigenem Vermögen oder aus anderen dazu bestimmten Fonds zu unterhalten sind.
Die Beschlußfassung über die Art des Aufrückens der Lehrer im Gehalt steht der nach den örtlichen Bestimmungen hierzu berufenen Verwaltungsbehörde zu.

§ 5.

Die bürgerlichen Gemeinden und sonstigen Korporationen u. s. w. sind durch die Vorschriften des gegenwärtigen Gesetzes nicht behindert, das Diensteinkommen der Lehrer an den von ihnen zu unterhaltenden Anstalten in einer für die Lehrer günstigeren als der oben bestimmten Weise zu regeln.

§ 6.

Den Lehrern steht ein Rechtsanspruch auf Bewilligung eines bestimmten Diensteinkommens, insbesondere auf Festellung eines bestimmten Dienstalters oder auf ein Aufrücken im Gehalt nicht zu.
Die Versagung von Alterszulagen ist nur bei unbefriedigender Dienstführung zulässig und bedarf der Genehmigung des Provinzialschulkollegiums.

wissenschaftlichen Lehrers neben dem Wohnungsgeldzuschusse der Tarifklasse III das für einen staatlichen Lehrer dieser Art berechnete Durchschnittsgehalt voll in den Etat einzustellen und auf die Gesammtzahl der Stellen innerhalb der Sätze für das Mindest- und das Höchstgehalt in angemessenen Abstufungen zu vertheilen. **Der Beschluß bedarf der Genehmigung der Ressortminister.**

Für die Leiter der Anstalten, sowie die Zeichenlehrer, die sonstigen technischen und die Elementar- und Vorschullehrer kann die gleiche Ausnahme mit Genehmigung des Unterrichtsministers zugelassen werden, wenn nach seinem Ermessen Einrichtungen getroffen sind, welche ein allmähliches Aufrücken der Leiter und Lehrer zum Höchstgehalte in angemessenen Zwischenräumen gestatten.)

(§ 3 nach den Beschlüssen des Hauses der Abgeordneten:

Die bürgerliche Gemeinde ist verpflichtet, die zur Erfüllung der Bestimmungen der §§ 1 und 2 erforderlichen Mittel bereit zu stellen, soweit diese nicht aus den eigenen Einnahmen der Anstalt oder aus anderen dazu bestimmten Fonds gedeckt werden.)

(§§ 4 bis einschließlich 6 übereinstimmend mit den Beschlüssen des Hauses der Abgeordneten.)

(§ 7 nach den Beschlüssen des Hauses der Abgeordneten:

Der Unterrichtsminister ist befugt, bei solchen nichtstaatlichen höheren Unterrichtsanstalten, für welche staatliche Zuschüsse erfordert werden, das Schulgeld in derselben Höhe wie bei den staatlichen Schulen der entsprechenden Art festzusetzen und ebenso den Zeitpunkt zu bestimmen, von welchem ab das Schulgeld zur Hebung gelangt.)

§ 7.

Höhere Schulen im Sinne dieses Gesetzes sind die vom Unterrichtsminister als solche anerkannten oder anzuerkennenden Unterrichtsanstalten, zur Zeit: Gymnasien, Realgymnasien, Oberrealschulen, Progymnasien, Realprogymnasien und Realschulen.

Solange eine staatliche Oberrealschule nicht vorhanden ist, finden auf die Oberrealschulen die für die sonstigen staatlichen Vollanstalten geltenden Gehaltsbestimmungen Anwendung.

(§ 7 übereinstimmend mit § 8 der Beschlüsse des Hauses der Abgeordneten.)

§ 8.

Wandelt eine Gemeinde, Korporation u. s. w. eine höhere Schule in eine solche mit veränderten Berechtigungen um, so erlangen die Leiter und Lehrer der Schule nicht die Befugniß, aus dem von ihnen bekleideten Amte auszuscheiden. Jedoch ist ihnen dasjenige Diensteinkommen zu gewähren, welches ihnen zustehen würde, wenn die Umwandlung nicht erfolgt wäre.

Unter Aufrechthaltung gleicher Besoldungsansprüche müssen sich die Lehrer an solchen von Gemeinden unterhaltenen höheren Schulen, deren Klassenbestand und Lehrkräfte verringert werden, die Versetzung an eine von derselben Gemeinde unterhaltene höhere Schule mit minderen Berechtigungen gefallen lassen.

(§ 9 nach den Beschlüssen des Hauses der Abgeordneten:

Wandelt eine Gemeinde, Korporation u. s. w. eine höhere Schule in eine solche mit veränderten Berechtigungen um, so erlangen die Leiter und Lehrer der Schule nicht die Befugniß, aus dem von ihnen bekleideten Amte auszuscheiden. Jedoch ist ihnen dasjenige Diensteinkommen zu gewähren, welches ihnen zustehen würde, wenn die Umwandlung nicht erfolgt wäre.)

§ 9.

Dieses Gesetz tritt am 1. April 1893 in Kraft. Die Gemeinden bezw. Korporationen u. s. w. können die Zahlung des erhöhten Diensteinkommens bereits von einem früheren Zeitpunkt ab beschließen.

(§ 9 übereinstimmend mit § 10 der Beschlüsse des Hauses der Abgeordneten.)

Gegeben ꝛc.

Urkundlich ꝛc.

Beglaubigt:

Der Präsident des Herrenhauses.

(L. S.)   Herzog von Ratibor.

Nr. 256.

Antrag

zu der

Berathung des vom Herrenhause zurückgelangten Gesetzentwurfs, betreffend das Diensteinkommen der Lehrer an den nichtstaatlichen öffentlichen höheren Schulen. — Nr. 255 der Drucksachen.

Das Haus der Abgeordneten wolle beschließen:
§ 1 in der Fassung des Abgeordnetenhauses wiederherzustellen.

Berlin, den 18. Juni 1892.

Dr. Arendt.

Unterstützt durch:

Barthold. Boecker. Bunzen. v. Christen. Christophersen. Conrad (Graudenz). Engels. Dr. Gerlich. v. Kardorff. Kleine. v. Langendorff. Lohren. Lückhoff. Meister-Jeßnitz. Muhl. Neubarth. Riesch. Dr. Ritter. Sasse. Schlabitz. Schmidt (Sangerhausen). Schreiber. Schumacher. Freiherr v. Seherr-Thoß. v. Selle. v. Tiedemann (Bomst). v. Tschoppe (Oldenstadt). v. Doß. Wettich. Freiherr v. Zedlitz und Neukirch.

Nr. 257.

Anträge

zu der

Berathung des vom Herrenhause zurückgelangten Gesetzentwurfs, betreffend das Diensteinkommen der Lehrer an den nichtstaatlichen öffentlichen höheren Schulen. — Nr. 255 der Drucksachen.

Das Haus der Abgeordneten wolle beschließen:

1. Den Absatz 3 des § 1 der Beschlüsse des Herrenhauses zu fassen, wie folgt:

„Die Besoldung der übrigen technischen Elementar- und Vorschullehrer ist innerhalb der für die entsprechenden Kategorien von Lehrern an den staatlichen höheren Schulen bestimmten Grenzen dergestalt festzustellen, daß dieselbe hinter der um eine nicht pensionsfähige Zulage von 150 Mark jährlich für sie vermehrten der Volksschullehrer in dem betreffenden Orte nicht zurückbleiben darf. Bei der Versetzung „u. s. w. wie in den Beschlüssen des Herrenhauses."

2. Den § 7 der Beschlüsse des Hauses der Abgeordneten wiederherzustellen.

Berlin, den 20. Juni 1892.

Dr. Lieber.

Unterstützt durch:

v. d. Asht. Prinz von Arenberg. Bender. v. Brodnicki. Cahensly. Franke (Glatz). v. Glisczyński (Pleß). v. Glisczyński (Tost-Gleiwitz). Gornig. Greiß. Hauptmann. Dr. Freiherr v. Heereman. Humann. Jansen. Klose. Dr. Köhler (Trier). Lehmann. Letocha. Graf Matuschka. Oster. Dr. Ostrop. Pellengahr. Pleß. Radziejewski. Karkowski. Dr. Rudolphi. v. Schalscha. Schmidt (Warburg). Sperlich. Graf v. Zieten.

Nr. 258.

Auf die Tagesordnung einer der nächsten Plenarsitzungen werden gesetzt werden:

I.

Mündlicher Bericht der Kommission für die Geschäftsordnung über die Frage, ob das Mandat des Abgeordneten, Landgerichtsraths Im Walle durch seine Ernennung zum Oberlandesgerichtsrath erloschen sei.

Berichterstatter: Abgeordneter Westerkamp.

Antrag der Geschäftsordnungskommission:

Das Haus der Abgeordneten wolle beschließen: zu erklären, daß der Abgeordnete, Landgerichtsrath Im Walle durch seine Ernennung zum Oberlandesgerichtsrath Sitz und Stimme im Haus der Abgeordneten verloren habe.

II.

Mündlicher Bericht der Kommission für die Geschäftsordnung über die Frage, ob das Mandat des Abgeordneten, Landgerichtsraths Spahn durch seine Ernennung zum Oberlandesgerichtsrath erloschen sei.

Berichterstatter: Abgeordneter Westerkamp.

Antrag der Geschäftsordnungskommission:

Das Haus der Abgeordneten wolle beschließen: zu erklären, daß der Abgeordnete, Landgerichtsrath Spahn durch seine Ernennung zum Oberlandesgerichtsrath Sitz und Stimme im Hause der Abgeordneten verloren habe.

Berlin, den 20. Juni 1892.

Der Präsident des Hauses der Abgeordneten.

v. Köller.

№ 259.

Berlin, den 22. Juni 1892.

Das Herrenhaus ist in seiner heutigen Sitzung bei wiederholter Berathung des auf Grund Allerhöchster Ermächtigung vom 6. März d. Js. den beiden Häusern des Landtages vorgelegten Entwurfs eines Gesetzes

über die Bahnen unterster Ordnung

— Nr. 116 der diesseitigen Drucksachen — den darüber gefaßten Beschlüssen des Hauses der Abgeordneten mit der Maßgabe beigetreten,

daß dem § 21 als Alinea 3 hinzugefügt wird:
„Ermäßigungen der Beförderungspreise, welche nicht unter Erfüllung der gleichen Bedingungen Jedermann zu gute kommen, sind unzulässig."

und

daß im § 30 in Zeile 4 bis 7 die Worte:
„und hat sich der Unternehmer dem Gesetze über die Eisenbahnunternehmungen vom 3. November 1838 und einer auf Grund desselben ertheilten Konzession nicht unterworfen,"
fortfallen.

Euer Excellenz beehre ich mich hiervon in Erwiderung auf das gefällige Schreiben vom 17. d. Mts. mit dem Anheimstellen des Weiteren ganz ergebenst Mittheilung zu machen.

Der Präsident des Herrenhauses.

Herzog von Ratibor.

An
den Präsidenten des Hauses der Abgeordneten,
Königlichen Wirklichen Geheimen Rath,
Herrn v. Köller
Excellenz.

C. Nr. 787.

№ 260.

Berlin, den 22. Juni 1892.

Ew. Excellenz beehre ich mich ganz ergebenst zu ersuchen, die Mitglieder des Hauses der Abgeordneten zu einer vereinigten Sitzung beider Häuser des Landtages behufs Entgegennahme einer Allerhöchsten Botschaft auf **Donnerstag, den 23. d. M., Nachmittags 3 Uhr** nach dem Sitzungssaale des Hauses der Abgeordneten gefälligst einladen zu wollen.

Der Präsident des Staatsministeriums.

Gr. zu Eulenburg.

An
den Präsidenten des Hauses der Abgeordneten,
Wirklichen Geheimen Rath,
Herrn v. Köller
Excellenz.

St. M. 2324 I.

In Folge vorstehender Mittheilung werden die Herren Mitglieder des Hauses der Abgeordneten zu der bezeichneten Sitzung hiermit eingeladen.

Berlin, den 22. Juni 1892.

Der Präsident des Hauses der Abgeordneten.

v. Köller.

Wir Wilhelm, von Gottes Gnaden
König von Preußen ꝛc.

haben auf Grund des Artikels 77 der Verfassungsurkunde vom 31. Januar 1850 den Präsidenten Unseres Staatsministeriums beauftragt, die gegenwärtige Session der beiden Häuser des Landtages der Monarchie am 23. Juni d. Js. in Unserem Namen zu schließen.

Gegeben Berlin im Schloß, den 18. Juni 1892.

Wilhelm.

Gr. zu Eulenburg.   v. Boetticher.   Herrfurth.
v. Schelling.   Frhr. v. Berlepsch.   Gr. v. Caprivi.
Miquel.   v. Kaltenborn.   v. Heyden.   Thielen.
Bosse.

Botschaft.

Sachregister

zu den

Anlagen der Stenographischen Berichte des Hauses der Abgeordneten.

1892.

(Band I Aktenstück Nr. 1 bis 5, Band II Aktenstück Nr. 6 bis 46, Band III Aktenstück Nr. 47 bis 141. Band IV Aktenstück Nr. 142 bis 261.)

Abgeordnetenhaus.

1) Verzeichniß des Gesammtvorstandes und der Mitglieder des Hauses der Abgeordneten: Nr. 1.
 Nachweisung der Mitglieder des Hauses der Abgeordneten nach Provinzen und Wahlbezirken geordnet: Zu Nr. 1.
2) Verzeichniß der Mitglieder der Abtheilungen: Nr. 2.
3) Nachweisung der Kommissionen und deren Mitglieder: Nr. 3.
4) Schriftliche Berichte der Wahlprüfungskommission.
 Erster Bericht (A. 11. Wiesbaden, — B. 4. Marienwerder): Nr. 159.
 Zweiter Bericht (11. Wiesbaden): Nr. 196.
5) Mündliche Berichte der Geschäftsordnungskommission:
 a) betreffend die Fortdauer der Mandate der Abgeordneten v. Balan und Jerusalem: Nr. 221, — Im Walle und Spahn: Nr. 258.
 b) betreffend die Ertheilung der Ermächtigung zur strafgerichtlichen Verfolgung der Zeitung „Vorwärts, Berliner Volksblatt" wegen Beleidigung des Hauses der Abgeordneten: Nr. 243.
6) Uebersicht der von der Staatsregierung gefaßten Entschließungen auf Anträge und Resolutionen des Hauses der Abgeordneten aus der Session von 1890/91: Nr. 26.
7) Antrag des Abgeordneten Dr. Porsch, betreffend die Einstellung des gegen den Abgeordneten Dasbach schwebenden Strafverfahrens: Nr. 80.
8) Antrag der Abgeordneten Richter und Genossen, betreffend die Vorlegung von Gesetzentwürfen über Abänderung des Landtagswahlrechts und über eine Neueintheilung der Wahlkreise: Nr. 172.
9) Schreiben des Präsidenten des Staatsministeriums, betreffend die Einladung zu einer vereinigten Sitzung beider Häuser des Landtages: Nr. 260.
10) Allerhöchste Botschaft, betreffend den Schluß der Landtagssession: Nr. 261.

Ablösung.

Gesetzentwurf, betreffend die Ablösung der auf Grund des § 46 der Wegeordnung für die Provinz Sachsen vom 11. Juli 1891 (Gesetzsamml. S. 316 ff.) Seitens des Staates an die genannte Provinz zu zahlenden Rente: Nr. 200.
 Antrag zur zweiten Berathung:
 v. Strombeck: Nr. 210.

Agrarwesen.

1) Antrag der Abgeordneten Neukirch und Drawe auf Annahme eines Gesetzentwurfs, betreffend eine vorläufige Bestimmung über die Regulirung der gutsherrlichen und bäuerlichen Verhältnisse behufs der Eigenthumsverleihung in Neuvorpommern und Rügen: Nr. 118.
2) Antrag der Abgeordneten Neukirch und Drawe auf Annahme eines Gesetzentwurfs, betreffend die Regulirung der gutsherrlichen und bäuerlichen Verhältnisse in Neuvorpommern und Rügen: Nr. 119.
 Bericht der Justizkommission: Nr. 166.
 Zusammenstellung der Beschlüsse zweiter Berathung: Nr. 175.

Ansiedelungswesen.

Denkschrift über die Ausführung des Gesetzes vom 26. April 1886, betreffend die Beförderung Deutscher Ansiedelungen in den Provinzen Westpreußen und Posen, für das Jahr 1891: Nr. 33.
 Mündlicher Bericht der Budgetkommission: Nr. 42.

Bergwesen.

1) Gesetzentwurf, betreffend die Abänderung einzelner Bestimmungen des Allgemeinen Berggesetzes vom 24. Juni 1865: Nr. 99.
 Bericht der XIV. Kommission: Nr. 146.

Anträge zur zweiten Berathung:
Eberhard: Nr. 156 A.
Eberty: Nr. 157.
Dr. Hammacher: Nr. 162.
Hihe: Nr. 156 B, — Nr. 160.
Zusammenstellung der Beschlüsse zweiter Berathung: Nr. 163.
Anträge zur dritten Berathung:
Graf Douglas: Nr. 174 C, — Nr. 182.
Engels: Nr. 173.
Hihe: Nr. 174 A und B, — Nr. 180, — Nr. 183.
Zusammenstellung der Beschlüsse dritter Berathung: Nr. 184.
2) Nachrichten von der Verwaltung der Preußischen Staatsbergwerke, -Hütten und -Salinen während des Etatsjahres 1890/91: Nr. 6.
Mündlicher Bericht der Budgetkommission: Nr. 29 II.

Beschlagnahmeverordnung.

Gesetzentwurf, betreffend die Aufhebung der durch Verordnung vom 2. März 1868 verhängten Beschlagnahme des Vermögens König Georgs: Nr. 89.
Mündlicher Bericht der XII. Kommission: Nr. 122.
Zusammenstellung der Beschlüsse zweiter Berathung: Nr. 126.

Buß- und Bettag.

Gesetzentwurf, betreffend die Verlegung der Landes-Buß- und Bettage: Nr. 150.

Domänen und Forsten.

1) Nachweisung über die Ergebnisse der anderweiten Verpachtung der im Jahre 1891 pachtlos gewordenen Domänenvorwerke: Nr. 16.
2) Nachweisungen, und zwar I. über die bei der Domänenverwaltung, und II. über die bei der Forstverwaltung im Etatsjahre 1. April 1890/91 durch Kauf und Tausch vorgekommenen Flächenzugänge, sowie über die durch Verkauf, Tausch und in Folge von Separationen und Ablösungen eingetretenen Flächenabgänge: Nr. 20.

Eisenbahnen.

1) Gesetzentwurf, betreffend die Erweiterung, Vervollständigung und bessere Ausrüstung des Staatseisenbahnnetzes: Nr. 115.
Mündlicher Bericht der Budgetkommission: Nr. 151, — schriftlicher Bericht: Nr. 158.
Antrag zur zweiten Berathung:
Dr. Seelig: Nr. 168.
2) Gesetzentwurf, betreffend die Erweiterung des Unternehmens der Stargard-Küstriner Eisenbahngesellschaft durch den käuflichen Erwerb der Eisenbahn von Glasow nach Berlinchen: Nr. 124.
3) Gesetzentwurf über die Bahnen unterster Ordnung: Nr. 139.
Bericht der XVIII. Kommission: Nr. 206.
Anträge zur zweiten Berathung:
Barth: Nr. 229 B.
Engels: Nr. 237.
Frenz: Nr. 235.

Hausen: Nr. 230 B, — Nr. 232.
Jansen: Nr. 228 A, — Nr. 233.
Jerusalem: Nr. 236.
Im Walle: Nr. 228 B.
Ludowieg: Nr. 239.
Rickert: Nr. 231.
v. Strombeck: Nr. 229 A, — Nr. 230 A, — Nr. 238.
v. Tiedemann (Bomst): Nr. 234, — Nr. 241.
Zusammenstellung der Beschlüsse zweiter Berathung: Nr. 244.
Anträge zur dritten Berathung:
Bödiker: Nr. 246 A.
Engels: Nr. 246 B.
Hansen: Nr. 250 A.
Jerusalem: Nr. 247, — Nr. 253.
Dr. Krause: Nr. 252.
Graf zu Limburg-Stirum: Nr. 251.
v. Tiedemann (Bomst): Nr. 250 B.
Zusammenstellung der Beschlüsse dritter Berathung: Nr. 254.
Beschlüsse des Herrenhauses: Nr. 259.
4) Drucksachen und Verhandlungen des Landeseisenbahnraths nebst Sachregister: Nr. 4, A zu Nr. 4, B zu Nr. 4.
Mündlicher Bericht der Budgetkommission: Nr. 35 II.
5) Bericht über die Ergebnisse des Betriebs der Preußischen Staatseisenbahnen im Betriebsjahre 1890/91: Nr. 5.
Mündlicher Bericht der Budgetkommission: Nr. 35 III.
6) Bericht über die Bauausführungen und Beschaffungen der Eisenbahnverwaltung während des Zeitraums vom 1. Oktober 1890 bis dahin 1891: Nr. 23.
Mündlicher Bericht der Budgetkommission: Nr. 35 IV.
7) Bericht über die Ausführung des § 6 des Gesetzes vom 9. Mai 1890, betreffend den weiteren Erwerb von Privateisenbahnen für den Staat (Gesetzsamml. G. 69): Nr. 25.
8) Nachweis über die Verwendung des in dem Etat der Eisenbahnverwaltung für 1. April 1890/91 unter Tit. 75 der einmaligen und außerordentlichen Ausgaben vorgesehenen Dispositionsfonds von 2 500 000 Mark: Nr. 18.
9) Nachweisung über die dienstfreien Zeiten, welche dem Betriebspersonal der Staatseisenbahnverwaltung zur Zeit gewährt werden: Nr. 30.
Mündlicher Bericht der Budgetkommission: Nr. 35 I.
10) Schreiben des Ministers der öffentlichen Arbeiten und des Finanzministers, betreffend den Erlös aus verkauften Berliner Stadtbahnparzellen: Nr. 37.

Gemeindewesen.

Gesetzentwurf, betreffend die Einführung der Landgemeindeordnung für die sieben östlichen Provinzen der Monarchie vom 3. Juli 1891 in der Provinz Schleswig-Holstein: Nr. 120.
Bericht der XVI. Kommission: Nr. 171.
Zusammenstellung der Beschlüsse zweiter Berathung: Nr. 179.

Gesetz. Siehe Beschlagnahmeverordnung.

Gestütwesen.

Nachweis über die im Kalenderjahre 1891 stattgehabte Anbrangirung und Einrangirung in den Landgestüten des Staates: Nr. 21.

Handelsregister.

Gesetzentwurf, betreffend die Kosten für die in Folge des Reichsgesetzes vom 20. April 1892 bei der Führung des Handelsregisters vorkommenden Geschäfte: Nr. 198.
 Zusammenstellung der Beschlüsse zweiter Berathung: Nr. 202.

Interpellation

1) des Abgeordneten v. Eynern, betreffend die Aufhebung der Bestimmungen, welche der im Einkommensteuergesetz vom 24. Juni 1891 vorgeschriebenen Geheimhaltung der Steuererklärung entgegenstehen: Nr. 7.
2) der Abgeordneten Dr. Sattler, Wallbrecht und Dr. Enneccerus, betreffend die Einziehung des bisher von dem Kronfideikommißfonds für die Theater in Hannover, Kassel und Wiesbaden gezahlten Zuschusses: Nr. 240.

Justizwesen.

1) Gesetzentwurf, betreffend die Führung der Aufsicht bei dem Amtsgericht I und dem Landgericht I in Berlin, sowie die Handhabung der Disziplinargewalt bei dem ersteren Gerichte: Nr. 19.
 Bericht der Justizkommission: Nr. 45.
 Anträge zur zweiten Berathung:
  Bödiker: Nr. 51.
  Brandenburg: Nr. 54.
  Schmidt (Warburg): Nr. 57.
 Zusammenstellung der Beschlüsse zweiter Berathung: Nr. 62.
2) Gesetzentwurf betreffend die Abänderung von Amtsgerichtsbezirken: Nr. 113.
3) Gesetzentwurf, betreffend die Errichtung eines Amtsgerichts in der Gemeinde Lechenich: Nr. 114.
4) Antrag des Abgeordneten Dr. Kelch auf Vorlegung eines Gesetzentwurfs, betreffend die Errichtung eines Amtsgerichts auf Helgoland: Nr. 214.

Kirche.

1) Gesetzentwurf, betreffend den Anschluß der Kirchengemeinde Helgoland an die evangelisch-lutherische Kirche der Provinz Schleswig-Holstein: Nr. 50.
2) Gesetzentwürfe betreffend 1) die Aufhebung von Stolgebühren für Taufen, Trauungen und kirchliche Aufgebote in der evangelischen Landeskirche der älteren Provinzen der Monarchie; 2) die Aufhebung von Stolgebühren für Taufen und Trauungen in der evangelisch-lutherischen Kirche der Provinz Schleswig-Holstein: Nr. 84.
 Bericht der XV. Kommission: Nr. 169.
3) Gesetzentwurf zur Ergänzung der Gesetze, betreffend das Ruhegehalt der emeritirten Geistlichen vom 15. März 1880 (Gesetzsamml. S. 216) und betreffend die Fürsorge für die Wittwen und Waisen der Geistlichen der evangelischen Landeskirche in den neun älteren Provinzen der Monarchie vom 15. Juli 1889 (Gesetzsamml. S. 139): Nr. 90.
 Antrag zur zweiten Berathung:
  Korsch: Nr. 105.
 Zusammenstellung der Beschlüsse zweiter Berathung: Nr. 110.

4) Gesetzentwurf, betreffend die Sterbe- und Gnadenzeit bei Pfarrstellen, sowie die kirchliche Aufsicht über die Vermögensverwaltung der Kirchengemeinden innerhalb der evangelischen Landeskirche der älteren Provinzen der Monarchie: Nr. 91.
5) Gesetzentwurf zur Ergänzung des Gesetzes vom 3. Juni 1876, betreffend die evangelische Kirchenverfassung in den acht älteren Provinzen der Monarchie (Gesetzsamml. S. 125): Nr. 127.
6) Gesetzentwurf, betreffend die Gewährung einer Staatsrente für Stolgebührenentschädigungen in der evangelisch-lutherischen Kirche der Provinz Hannover: Nr. 165.

Landesverwaltung. Siehe Schule 2.

Lotterie.

1) Antrag des Abgeordneten Richter, betreffend die Veranstaltung einer Lotterie behufs weiterer Niederlegung von Gebäuden in der Umgebung des Königlichen Schlosses: Nr. 148. (Zurückgezogen zu Gunsten des nachstehenden Antrages.)
2) Antrag des Abgeordneten Richter, betreffend die Niederlegung fiskalischer Gebäude bezw. die Abtretung fiskalischen Grund und Bodens in der Umgebung des Königlichen Schlosses in Berlin und betreffend die Veranstaltung einer neuen Lotterie zur Erwerbung bezw. Niederlegung von Privatgebäuden in der Umgebung dieses Schlosses: Nr. 153.

Militäranwärter.

Gesetzentwurf, betreffend die Besetzung der Subalternen- und Unterbeamtenstellen in der Verwaltung der Kommunalverbände mit Militäranwärtern: Nr. 130.
 Bericht der XVII. Kommission: Nr. 205.
 Anträge zur zweiten Berathung:
  Eberhard: Nr. 219.
  Eberty: Nr. 215B.
  Greif: Nr. 215C.
  v. Tzschoppe (Oldenstadt): Nr. 215A.
 Zusammenstellung der Beschlüsse zweiter Berathung: Nr. 220.
 Anträge zu dritten Berathung:
  Eberhard: Nr. 226.
  Dr. Ostrop: Nr. 222.
  v. Tzschoppe (Oldenstadt): Nr. 225.
 Beschlüsse des Herrenhauses: Nr. 248.

Milzbrand. Siehe Viehseuchen.

Oberrechnungskammer.

Rechnungen der Kasse der Oberrechnungskammer und des Rechnungshofes für das Deutsche Reich für das Jahr vom 1. April 1890/91: Nr. 97.
Mündlicher Bericht der Rechnungskommission: Nr. 102.

Petitionen.

1) Schriftliche Berichte der Agrarkommission:
 Erster Bericht: Nr. 71.
 Zweiter Bericht: Nr. 109.
 Dritter Bericht: Nr. 132.
 Vierter Bericht: Nr. 145.
 Fünfter Bericht: Nr. 178.
 Sechster Bericht: Nr. 190.
 Siebenter Bericht: Nr. 192.

Mündliche Berichte: Nr. 47 III, IV und V, — Nr. 66 III, — Nr. 139 I und II, — Nr. 161 IV, V und VI, — Nr. 188 IV und V.
2) Schriftliche Berichte der Budgetkommission:
Erster Bericht: Nr. 144.
Mündliche Berichte: Nr. 36, — Nr. 129, — Nr. 154, — Nr. 161 VII, VIII und IX, — Nr. 188 VIII bis XII, — Nr. 213 V und VI.
3) Schriftliche Berichte der Gemeindekommission:
Erster Bericht: Nr. 193.
Zweiter Bericht: Nr. 212.
Dritter Bericht: Nr. 227.
Mündliche Berichte: Nr. 47 VI, — Nr. 117 IV, V und VI, — Nr. 213 IV.
4) Schriftliche Berichte der Justizkommission:
Erster Bericht: Nr. 112.
Zweiter Bericht: Nr. 143.
Dritter Bericht: Nr. 191.
Vierter Bericht: Nr. 203.
Fünfter Bericht: Nr. 249.
Mündliche Berichte: Nr. 66 IV, — Nr. 95 IV und V.
5) Schriftliche Berichte der Petitionskommission:
Erster Bericht: Nr. 69.
Zweiter Bericht: Nr. 82.
Dritter Bericht: Nr. 88.
Vierter Bericht: Nr. 133.
Fünfter Bericht: Nr. 136.
Sechster Bericht: Nr. 155.
Siebenter Bericht: Nr. 170.
Achter Bericht: Nr. 195.
Neunter Bericht: Nr. 245.
Mündliche Berichte: Nr. 47 I und II, — Nr. 66 I und II, — Nr. 95 I, II und III, — Nr. 117 I, II und III, — Nr. 161 I, II und III, — Nr. 164, — Nr. 188 I, II und III, — Nr. 213 I, II und III, — Nr. 242 I.
6) Schriftliche Berichte der Unterrichtskommission:
Erster Bericht: Nr. 108.
Zweiter Bericht: Nr. 140.
Dritter Bericht: Nr. 181.
Vierter Bericht: Nr. 187.
Fünfter Bericht: Nr. 216.
Mündliche Berichte: Nr. 95 VI, — Nr. 117 VII und VIII, — Nr. 139 III und IV, — Nr. 188 VI und VII, — Nr. 194.
Antrag zu Nr. 117 VIII:
Seyffardt (Magdeburg): Nr. 135.
7) Verzeichnisse von Petitionen, welche von den Kommissionen als zur Erörterung im Plenum nicht geeignet erachtet sind: Nr. 67, — Nr. 134, — Nr. 189, — Nr. 242 II.

Polizei.

Gesetzentwurf, betreffend die Kosten Königlicher Polizeiverwaltungen in Stadtgemeinden: Nr. 8. Begründung und Tabelle: A zu Nr. 8, B zu Nr. 8.
Bericht der XI. Kommission: Nr. 46.
Anträge zur zweiten Berathung:
Eberty: Nr. 55, — Nr. 56.
Greiff: Nr. 58.
v. Jtzenplitz: Nr. 53.
Dr. Kelch: Nr. 48, — Nr. 49.
Dr. Krause: Nr. 52.
Zusammenstellung der Beschlüsse zweiter Berathung: Nr. 59.
Antrag zur dritten Berathung:
Bartmer: Nr. 60.

Provinzen.

Westpreußen. Siehe: Ansiedelungswesen.
Pommern. Siehe: Agrarwesen.
Posen. Siehe: Ansiedelungswesen.
Sachsen. Siehe: Ablösung.
Schleswig-Holstein. Siehe: Gemeindewesen, - Kirche 1) und 2), — Sonntagsheiligung, - Wegepolizei.
Hannover. Siehe: Kirche 6), — Sonntagsheiligung.
Hessen-Nassau. Siehe: Sonntagsheiligung, — Veterinärwesen.
Hohenzollern. Siehe: Sonntagsheiligung.

Schule. Siehe auch Staatshaushalt 2) und 3).

1) Entwurf eines Volksschulgesetzes nebst Begründung: Nr. 9 und zu Nr. 9.
2) Gesetzentwurf, betreffend die Abänderung der §§ 18, 19, 20, 22, 28, 31 des Gesetzes über die allgemeine Landesverwaltung vom 30. Juli 1883 (Gesetzsamml. S. 195): Nr. 11.
3) Gesetzentwurf, betreffend das Diensteinkommen der Lehrer an den nichtstaatlichen öffentlichen höheren Schulen: Nr. 149.
Bericht der XIX. Kommission: Nr. 201.
Anträge zur zweiten Berathung:
v. Bülow (Wandsbek): Nr. 208.
Dr. Kropatscheck: Nr. 204.
Naddyl: Nr. 211.
v. Schendendorff: Nr. 209.
Zusammenstellung der Beschlüsse zweiter Berathung: Nr. 218.
Anträge zur dritten Berathung:
v. Buch: Nr. 223.
Eberhard: Nr. 224.
Beschlüsse des Herrenhauses: Nr. 255.
Anträge dazu:
Dr. Arendt: Nr. 256.
Dr. Lieber: Nr. 257.

Sonntagsheiligung.

Gesetzentwurf, betreffend die äußere Heilighaltung der Sonn- und Festtage in den Provinzen Schleswig-Holstein, Hannover und Hessen-Nassau, sowie in den Hohenzollernschen Landen: Nr. 103.

Staatshaushalt.

1) Gesetzentwurf, betreffend die Feststellung des Staatshaushaltsetats für das Jahr vom 1. April 1892/93: Nr. 15.
Antrag der Abgeordneten Freiherrn v. Huene, Graf zu Limburg-Stirum, Dr. Mithoff, Rickert, Stengel auf Ueberweisung einzelner Theile des Staatshaushaltsetats an die Budgetkommission: Nr. 24.
Mündliche Berichte der Budgetkommission:
Domänen: Nr. 28 I.
Forsten: Nr. 29 I.
Direkte Steuern: Nr. 32.
Indirekte Steuern: Nr. 27 II.
Berg-, Hütten- und Salinenverwaltung: Nr. 29 II.
Eisenbahnverwaltung: Nr. 35 I.
Anträge zur zweiten Berathung:
Broemel: Nr. 40.
Hitze und Dr. Lieber: Nr. 41.
Haus der Abgeordneten: Nr. 28 II.

Staatsarchive: Nr. 28 III.
Ansiedelungskommission für West-
  preußen und Posen: Nr. 42.
Ministerium der auswärtigen An-
  gelegenheiten: Nr. 28 IV.
Finanzministerium: Nr. 27 I und
  Nr. 29 III.
Bauverwaltung: Nr. 39 I.
Handels- und Gewerbeverwaltung:
  Nr. 39 II.
Justizverwaltung: Nr. 31.
  Antrag zur zweiten Berathung:
    Berling: Nr. 34.
Ministerium des Innern: Nr. 28 V.
Landwirthschaftliche Verwaltung:
  Nr. 28 VI.
Gestütverwaltung: Nr. 28 VII.
Ministerium der geistlichen, Unter-
  richts- und Medizinalangelegen-
  heiten: Nr. 61 I, Nr. 79 und Nr. 83.
  Anträge zur zweiten Berathung:
    Dr. Dürre: Nr. 65.
    Freiherr v. Huene: Nr. 63.
    Graf v. Kanitz: Nr. 70. (Siehe
      auch: Sternwarten.)
    Korsch: Nr. 72, — Nr. 74.
    Dr. Kropatscheck: Nr. 73.
    Dr. Meyer (Berlin): Nr. 77.
    Dr. Reichensperger: Nr. 64.
    Rickert: Nr. 81.
    Sperlich: Nr. 68, — Nr. 75, —
      Nr. 76, — Nr. 85.
    v. Strombeck: Nr. 86.
  Allgemeine Bemerkungen: Nr. 61 II.
  Etatsgesetz: Nr. 61 III.
  Antrag zur zweiten Berathung:
    Rieschke: Nr. 87.
  Zusammenstellung der Beschlüsse zweiter Be-
    rathung: Nr. 92 und 93.
  Antrag zur dritten Berathung:
    Dr. Reichensperger: Nr. 94.

2) Entwurf zum Normaletat, betreffend die Besoldungen
  der Leiter und Lehrer der höheren Unterrichtsanstalten, nebst Begründung: Nr. 43. — Abdruck
  des Normaletats vom 20. April 1872: Zu Nr. 43.
  Mündlicher Bericht der Budgetkommission:
    Nr. 61 I B 4 b.
  Anträge zur zweiten Berathung:
    Dr. Dürre: Nr. 65.
    Korsch: Nr. 72, — Nr. 74.
    Dr. Kropatscheck: Nr. 73.
    Dr. Meyer (Berlin): Nr. 77.
    Rickert: Nr. 81.
    Sperlich: Nr. 75.
  Nochmaliger mündlicher Bericht der Budget-
    kommission: Nr. 83.

3) Erläuterungen zu Kap. 121 des Staatshaushalts-
  etats für 1892/93, betreffend die Regelung der
  Besoldungen der Direktoren und Lehrer rc. an
  den Schullehrer- und Lehrerinnenseminaren, der
  Lehrer an den Präparandenanstalten und der
  Kreisschulinspektoren: Nr. 38.
  Mündlicher Bericht der Budgetkommission:
    Nr. 61 I B 6.
  Anträge zur zweiten Berathung:
    Sperlich: Nr. 76, — Nr. 85.

4) Gesetzentwurf, betreffend die Feststellung eines Nachtrags zum Staatshaushaltsetat für das Jahr
  vom 1. April 1892/93: Nr. 128.
  Mündlicher Bericht der Budgetkommission:
    Nr. 152.

5) Gesetzentwurf, betreffend die Feststellung eines Nachtrags zum Staatshaushaltsetat für das Jahr
  vom 1. April 1892/93: Nr. 190.
  Mündlicher Bericht der Budgetkommission:
    Nr. 207.
  Zusammenstellung der Beschlüsse zweiter Be-
    rathung: Nr. 217.

6) Allerhöchste Ermächtigung an den Finanzminister zur
  Vorlegung der allgemeinen Rechnung über den
  Staatshaushalt des Jahres vom 1. April 1888/89
  nebst Anlagen: Nr. 13.
  Bericht der Rechnungskommission: Nr. 142.

7) Allerhöchste Ermächtigung an den Finanzminister zur
  Vorlegung der Uebersicht von den Staatsein-
  nahmen und Ausgaben des Jahres vom 1. April
  1890/91 nebst Anlagen und der dazu gehörigen
  Denkschrift: Nr. 14.
  Bericht der Rechnungskommission: Nr. 137.

Staatsministerium.

1) Schreiben des Vizepräsidenten des Staatsministeriums
  v. Boetticher, betreffend die Ernennung des
  Eisenbahndirektionspräsidenten Thielen zum
  Staatsminister und Minister der öffentlichen Arbeiten: Nr. 10.

2) Schreiben des Vizepräsidenten des Staatsministeriums
  v. Boetticher, betreffend die Ernennung des
  Oberpräsidenten der Provinz Hessen-Nassau,
  Staatsministers Grafen zu Eulenburg zum
  Präsidenten des Staatsministeriums, und des
  Staatssekretärs des Reichsjustizamts, Wirklichen
  Geheimen Raths Dr. Bosse zum Staatsminister
  und Minister der geistlichen, Unterrichts- und
  Medizinalangelegenheiten: Nr. 111.

Staatsschuldenwesen.

1) Rechenschaftsbericht über die weitere Ausführung des
  Gesetzes vom 19. Dezember 1869, betreffend die
  Konsolidation Preußischer Staatsanleihen: Nr. 12.

2) Dreiundvierzigster Bericht der Staatsschuldenkom-
  mission über die Verwaltung des Staatsschulden-
  wesens im Rechnungsjahre vom 1. April 1890/91:
  Nr. 141.

Sternwarten.

Antrag des Abgeordneten Grafen v. Kanitz auf
  Annahme einer Resolution, betreffend Anschaffung
  eines größeren, den jetzigen Anforderungen der
  astronomischen Wissenschaft entsprechenden Re-
  fraktors (Teleskops) für eine der vom Staate
  unterhaltenen Sternwarten: Nr. 70.
Mündlicher Bericht der Budgetkommission:
  Nr. 98.

Steuerwesen.

1) Gesetzentwurf, betreffend die Abänderung des Gesetzes
  vom 29. Juni 1886 über die Heranziehung von
  Militärpersonen zu Abgaben für Gemeindezwecke
  (Gesetzsamml. S. 181): Nr. 44.

300*

2) Gesetzentwurf, betreffend die Deklaration der Vorschriften § 72 Abs. 1 des Einkommensteuergesetzes vom 24. Juni 1891 (Gesetzsamml. S. 175) und § 51 Abs. 1 des Gewerbesteuergesetzes von demselben Tage (Gesetzsamml. S. 205), Aenderung oder Neubestimmung von Tagegeldern und Reisekostensätzen: Nr. 100.
Mündlicher Bericht der XIII. Kommission: Nr. 123.
3) Gesetzentwurf, betreffend die Aufhebung der Befreiung von ordentlichen Personalsteuern gegen Entschädigung: Nr. 107.
Bericht der Budgetkommission: Nr. 176.
Antrag zur zweiten Berathung:
Graf zu Limburg-Stirum: Nr. 185.
Zusammenstellung der Beschlüsse zweiter Berathung: Nr. 186.
4) Gesetzentwurf, betreffend die Beseitigung der kirchlichen Steuerfreiheit der Angehörigen der Kieler Universität: Nr. 125.
5) Gesetzentwurf, betreffend die Geheimhaltung der Ergebnisse der Veranlagung zur Staatseinkommensteuer: Nr. 167.
Bericht der XX. Kommission: Nr. 197.
6) Nachweisung über die Anzahl der für das Jahr vom 1. April 1891/92 A. zur Klassensteuer, B. zur klassifizirten Einkommensteuer veranlagten Personen und den Betrag der für dasselbe Jahr veranlagten Steuer: Nr. 17.
7) Antrag des Abgeordneten Richter, betreffend die Ergebnisse der Veranlagung der neuen Einkommensteuer: Nr. 147.
8) Antrag des Abgeordneten v. Schalscha wegen Vorlegung eines Gesetzentwurfs zur Ergänzung des Einkommensteuergesetzes vom 24. Juni 1891: Nr. 177.

Verträge.

Vertrag zwischen Preußen und Bremen wegen Erweiterung des Bremischen Staatsgebiets nördlich von Bremerhaven: Nr. 121.

Veterinärwesen.

Gesetzentwurf, betreffend die Aufhebung älterer in der Provinz Hessen-Nassau geltender gesetzlicher Bestimmungen über die Untersuchung des Schlachtviehs und die Ausstellung von Viehgesundheitsscheinen: Nr. 104.

Viehseuchen.

Gesetzentwurf, betreffend die Entschädigung für an Milzbrand gefallene Thiere: Nr. 106.
Antrag zur dritten Berathung:
Knebel: Nr. 116.

Wasserstraßen.

1) Denkschrift, betreffend die in der Zeit vom 1. April 1890 bis zum 31. März 1891 erfolgten Bauausführungen an denjenigen Wasserstraßen, über deren Regulirung dem Landtage besondere Vorlagen gemacht worden sind: Nr. 22.
2) Denkschrift, betreffend den Kanal von Dortmund nach den Emshäfen: Nr. 78.
Antrag dazu:
Graf v. Kanitz: Nr. 101.
3) Denkschrift, betreffend die Durchführung des Großschifffahrtsweges durch den Breslauer Stadtbezirk: Nr. 96.

Wegeordnung. Siehe Ablösung.

Wegepolizei.

Gesetzentwurf, betreffend Abänderung wegepolizeilicher Vorschriften für die Provinz Schleswig-Holstein, mit Ausnahme des Kreises Herzogthum Lauenburg: Nr. 131.

Es folgen: Verzeichnisse I bis VIII der bei dem Hause der Abgeordneten eingegangenen Petitionen.

Anhang

zu den Anlagen der Stenographischen Berichte über die Verhandlungen des Hauses der Abgeordneten.

17. Legislaturperiode IV. Session 1892.

I. Verzeichniß der bei dem Hause der Abgeordneten eingegangenen Petitionen.

Laufende Nummer	Journal-Nummer	Name und Wohnort	Inhalt
		A. Kommission für die Petitionen.	
1.	II. 2.	Hausfelder, Auktionskommissar in Breslau,	beantragt das Reglement für außergerichtliche Auktionskommissarien dahin zu ändern, daß denselben nur der Handel mit Spirituosen verboten sei.
2.	6.	Schulze, Wittwe in Ihlow,	beantragt zu vermitteln, daß ihr der für mehrere Jahre von ihrem Manne an den Fiskus für eine durch die Gewerbeordnung bereits aufgehobene gewesene Getränkzwangsgerechtigkeit gezahlte Kanon erstattet werde.
3.	9.	Kaspers und Genossen, Einwohner in den Eifelbürgermeistereien Kelberg und Birneburg,	beantragen zu veranlassen, daß in ihrem Heimathskreise Militärmanöver in längeren Zwischenräumen wie bisher abgehalten und daß die Servis- und Verpflegungsgelder erhöht werden.
4.	13.	Bonski, Militärinvalide in Neustadt W. Pr.,	beantragt Erhöhung seiner Pension zu erwirken.
5.	20.	Boewer in Welcherath und Genossen, Pfarrer des Dekanats Barweiler,	beantragen bei Abschätzung der Erträge der Pfarrländereien, behufs Feststellung des Pfarreinkommens den Grundsteuerreinertrag als maßgebend zu erklären.
6.	26.	Pochwadt, Fabrikant in Görlitz,	beantragt ihm Steuerfreiheit zu gewähren für denjenigen denaturirten Branntwein, den er zur Herstellung des von ihm erfundenen Haarwassers verwendet.
7.	27.	Burczyk, ehemaliger Füsilier in Deutsch-Probnitz,	beantragt Erwirkung einer Pension aus Invalidenfonds.
8.	63.	Apel, Ingenieur und Genossen in Berlin,	beantragen zu veranlassen, daß die von Polizeibeamten bewirkte zwangsweise Zuführung unmündiger Kinder zu einer Impfanstalt als eine ungesetzliche und strafbare Handlung erklärt werde.

Anhang z. d. Anl. d. stenogr. Berichte. 17. Legisl. IV. Session 1892.

Haus der Abgeordneten. Verzeichniß der eingegangenen Petitionen.

Laufende Nummer	Journal Nummer	Name und Wohnort	Inhalt
9.	67.	Hoeppner, Mühlenbesitzer in Cörbeliß,	beantragt, daß die zu einer Kirchhofsanlage daselbst ertheilte landespolizeiliche Erlaubniß aufgehoben werde.
10.	80.	Gehrdt und Genossen in Missunde (überreicht vom Abgeordneten von Bülow (Eckernförde])	beantragen, ihnen für im Jahre 1864 erlittene Kriegsschäden Vergütigung zu gewähren.
11.	82.	Lic. Weber für das Presbyterium der evangelischen Gemeinde M.-Gladbach,	beantragt zu veranlassen, daß der evangelischen Gemeinde M.-Gladbach die ministerielle Erlaubniß zur Erweiterung ihres Friedhofes ertheilt werde.
12.	86.	Kulnig und Genossen, Droschkenbesitzer und Droschkenkutscher in Berlin,	beantragen eine Abänderung des Gesetzes über die Polizeiverwaltung vom 11. März 1850 dahin, daß der Polizei- und der Verwaltungsrichter auch die Nothwendigkeit und Zweckmäßigkeit der Polizeivorschriften zu prüfen habe.
13.	87.	Krieg, Frau in Stralsund,	beantragt für sie eine Unfallpension zu erwirken.
14.	90.	Butterbrodt, Pensionär in Hildesheim,	beschwert sich über die Zwangsmaßregeln, welche gegen ihn und seine Kinder behufs Impfung der letzteren angewendet worden.
15.	93.	Jeder, Invalide in Liegnitz,	beantragt Erwirkung einer Pension aus Invalidenfonds.
16.	97.	Bauersack, Arbeiter in Barmberg,	beantragt, die Eisenbahnverwaltung zu veranlassen, an ihn Lohn für Erdarbeiten, welche er und andere Arbeiter an der Eisenbahn zwischen Börsum und Hedwigsburg ausgeführt haben, zu zahlen.
17.	98.	Nissel, Eisenbahntelegraphist a. D. in Ober-Salzbrunn,	beantragt seine Pension für die Dienstjahre mit zu berechnen, in denen er eine Provinzial-Chausseeaufseherstelle verwaltet hat.
18.	101.	Lonz, Dechant und Genossen, Pfarrer des Dekanates Obergondershausen, (überreicht vom Abgeordneten Stötzel)	beantragen, das Gesetz, betreffend die Vermögensverwaltung der katholischen Kirchengemeinden in näher angegebener Weise abzuändern und das Dienstalter der katholischen Geistlichen vom Tage der Priesterweihe an zu rechnen.
19.	102.	Der katholische Kirchenvorstand in Dt. Damerau, (überreicht vom Abgeordneten Krebs)	beantragt zu erwirken, daß der Fiskus den auf das fiskalische Patronat treffenden Kostenbeitrag für Herstellung eines Fußbodens in der Kirche zu Dt. Damerau leiste.
20.	103.	Hansen, Fährbesitzer in Schwabstedt, (überreicht vom Abgeordneten Jürgensen)	beantragt Entschädigungsleistung für eine Fährgerechtigkeit, welche ihm zugestanden und jetzt aufgehoben sei.
21.	105.	Schmidt und Genossen in Reisby, (überreicht vom Abgeordneten Johannsen)	beantragen Errichtung eines Haltepunktes an der Westbahn bei dem Dorfe Reisby.
22.	107.	Döring, Rangirmeister und Zugführer in M.-Gladbach,	beantragt Erhöhung seiner Pension.
23.	108.	Reich, früherer Förster in Magdeburg, (überreicht vom Abgeordneten Seyffardt (Magdeburg])	beantragt Gewährung einer Pension.
24.	114.	Schakowski, Eisenbahnschaffner in Berlin,	beantragt zu erwirken, daß er in eine Heilanstalt aufgenommen, daß seine Pension erhöht und ihm eine Unterstützung gewährt werde.
25.	115.	Bahr und Genossen in Landsberg a. W., (überreicht vom Abgeordneten Rickert)	beantragen Befreiung der Gebäude, welche von gemeinnützigen Baugesellschaften für Arbeiterwohnungen gebaut, vermiethet und besessen werden, von der Staatsgebäudesteuer.
26.	121.	Fürsen-Bachmann, Oberst a. D. und v. Zezla, Hauptmann z. D. in Schleswig und Flensburg, (überreicht vom Abgeordneten Kratz)	beantragen, den vormärzlichen Schleswig-Holsteinischen Offizieren die Pension für die Jahre 1851 bis 1864 nachzuzahlen.

Haus der Abgeordneten. Verzeichniß der eingegangenen Petitionen.

Laufende Nummer	Journal-Nummer	Name und Wohnort	Inhalt
27.	II. 128.	Rosier, Ladermeister a. D. in Bonnef,	beantragt die Erhöhung seiner Unfallsrente herbeizuführen.
28.	135.	Jacobsgaard in Oebbis (Dänemark),	beantragt zu erwirken, daß er in den Preußischen Unterthanenverband aufgenommen werde.
29.	142.	Preis, Stationsgehülfe in Berlin,	beantragt zu vermitteln, daß er im Eisenbahndienst wieder angestellt werde.
30.	149.	Zahnen, Mühlenbesitzer in Kyllburg,	beantragt, die Eisenbahnverwaltung anzuhalten, Vorrichtungen zu treffen, welche sein Besitzthum vor Hochwasser schützen.

Lehmann,
Vorsitzender der Kommission für Petitionen.

B. Kommission für die Agrarverhältnisse.

1.	II. 8.	Aubres, Häusler und Fischer in Breege,	beantragt zu veranlassen, daß der Fischereipachtvertrag, welchen er mit dem Fiskus geschlossen, vorzeitig aufgehoben werde.
2.	12.	Gemeinde Nitzow	beantragt Aufhebung einer Anordnung, nach welcher sie den durch die Nitzower Feldmark gehenden Elbdeich erhöhen und verstärken soll.
3.	29.	Pippis II., Fischerhäusler in Nibben,	beantragt zu vermitteln, daß es zum Betriebe der Keitelfischerei im Kurischen Haff gegen einen Pachtzins zugelassen werde.
4.	30.	Stubbies, Käthner in Unter-Schmelz,	beantragt zu vermitteln, daß er zum Betriebe der Pachtfischerei im Kurischen Haff zugelassen werde.
5.	31.	Ruppris, Käthner in Suwehnen,	beantragt dasselbe für sich.
6.	491—29.	Bliese und Genossen in Moorke und anderen Orten, frühere Bauern in den Dörfern der Insel Ummanz,	beantragt Einführung des III. Abschnitts des Ablösungsgesetzes vom 2. März 1850, betreffend die gutsherrlichen Verhältnisse in Neu-Vorpommern und Rügen, und zwar mit rückwirkender Kraft.
7.	70.	Freitag und Genossen, Eigenthümer in Groß-Dreusen und Groß-Kotten,	beschweren sich über ihre Heranziehung zu den Kosten für die Melioration des Kottenbruchs.
8.	79.	Hagge und Genossen, Landleute in Witzwort und anderen Orten,	beantragen Erlaß eines Gesetzes, auf Grund dessen sie für erfolgte Aufhebung der ihren Grundstücken zuständig gewesenen Grundsteuerbefreiung entschädigt werden.
9.	85.	Hansen und Genossen, Grundbesitzer in Reiß und anderen Orten des Kreises Sonderburg,	beantragen zu erwirken, daß die von ihnen an verschiedene kirchliche Stellen zu entrichtenden Haferabgaben zum Theil auf die Staatskasse übernommen werden.
10.	96.	Predwinkel, Gemeindevorsteher und Genossen, Grundeigenthümer der Gemeinde Westkilver,	beantragen zu veranlassen, daß der Beschluß, nach welchem die Zusammenlegung der Gemeindeflur Westkilvers ausgeführt werden soll, aufgehoben werde.
11.	106 1.	Oldenburg und Genossen, Interessenten des Morsumkoogs auf Nordstrand, (überreicht vom Abgeordneten Jürgensen)	beantragen Rückzahlung von Abgaben, welche sie haben bezahlen müssen, trotzdem ihnen Abgabenfreiheit zustand.
12.	106 2.	Oldenburg und Genossen, Eigenthümer der Ländereien des Morsumkoogs auf Nordstrand, (überreicht vom Abgeordneten Jürgensen)	beantragen Nachbewilligung einer ferneren Grundsteuerentschädigung.
13.	113.	Tornow, Landwirth in Neuschaumburg,	beantragt, ihm Entschädigung zu gewähren für durch Hochwasser erlittene Verluste, und näher bezeichnete Maßregeln zu treffen, welche seine Besitzung vor Hochwasser schützen.

Laufende Nummer	Journal-Nummer	Name und Wohnort	Inhalt
14.	II. 116.	Voß, Klempnermeister in Rheinfeld i. H., (überreicht vom Abgeordneten v. Bülow [Bandsbek])	beantragt zu vermitteln, daß ihm von Seiten des Domänenfiskus die Kosten ersetzt werden, welche ihm dadurch erwachsen, daß eine vom Fiskus hergestellte Anlage Wasserschäden auf seinem Grundstücke anrichtet.
15.	120.	Sierck und Genossen, Eigenthümer des Areals von Kleinhastedt, (überreicht vom Abgeordneten Krah)	beantragen Gewährung einer Grundsteuerentschädigung.
16.	125.	Pauleit, Wittwe des Grundbesitzers in Budwethen,	beantragt ihr Entschädigung zu gewähren für Verluste, welche sie an ihren Grundstücken durch die Eisgänge auf dem Gilgefluß erleidet, und zwar aus Anlaß der Erbauung der Pfeiler für die Brücke bei Skoepen.
17.	133.	Jörgensen und Genossen, Gemeindevorsteher der Kirchspiele Eken, Schwenstrup u. s. w.,	beantragen Aufhebung von den Grundbesitzern der von ihnen vertretenen Gemeinden zu entrichtenden sogenannten Jagdrekognition.

Freiherr v. Huene,
Vorsitzender der Kommission für die Agrarverhältnisse.

C. Kommission für das Justizwesen.

1.	II. 1.	Klein, Arbeiter in Lisettenhof,	beschwert sich über Zurückweisung der von ihm gestellten Anträge auf Einleitung einer Untersuchung gegen einen Polizeibeamten.
2.	4.	Weimann, Lehrer a. D. in Posen,	beantragt zu erwirken, daß das Wiederaufnahmeverfahren in der Untersuchungssache wider ihn eingeleitet werde.
3.	7.	Schulz, Wittwe des Gerichtskanzleigehülfen in Hamburg,	beantragt Erwirkung einer Pension.
4.	10.	Simon, Schneidermeister in Berlin,	beantragt zu vermitteln, daß ihm aus Staatsfonds der ihm als Erbe zuständige Theil an den 3500 Thalern, welche aus dem Nachlasse seines Großvaters bei einem Gerichte in Verwahrung genommen und dort unterschlagen worden sind, erstattet werde.
5.	17.	Jopp, Frau in Elbing,	beantragt ihr dazu zu verhelfen, daß sie wieder in den Besitz ihr früher zugehörig gewesener Grundstücke gelange.
6.	18.	Jolisch, Drehorgelspieler in Gr.-Glogau,	beantragt zu veranlassen, daß ihm in einer näher bezeichneten Rechtssache ein Rechtsbeistand bestellt werde.
7.	19.	Schauder, Häusler in Kiefertretscham,	beschwert sich über Zurückweisung von Strafanträgen, welche er bei den zuständigen Justizbehörden angebracht.
8.	421—22.	Boelcke und Genossen, Justizbüreauassistenten in Halle u. a. O.,	beantragen das Gehalt der Gerichtsassistenten zu erhöhen.
9.	43.	Wolff, Gerichtsassistent in Marburg	beantragt, sein Dienstalter als Gerichtsschreiber nach Maßgabe der dafür bis zum Jahre 1889 geltenden gewesenen Bestimmungen festzusetzen.
10.	44.	Seller, Gerichtsassistent in Borken,	beantragt dasselbe für sich.
11.	45.	Stahl und Genossen, Kanzleidiätare und Kanzleigehülfen (Militäranwärter) bei den Justizbehörden im Oberlandesgerichtsbezirk Köln,	beantragen, bei den Amtsgerichten mit 3 oder 4 Richtern je einen etatsmäßigen Kanzlisten anzustellen.
12.	46.	Scheefe, Kanzleigehülfe in Rheinbeck,	beantragt, den Kanzleigehülfen der Justiz nach einer bestimmten Reihe von Dienstjahren und nach erwiesener Brauchbarkeit die Anstellungsberechtigung zuzusprechen.
13.	471—46.	Pohl und Genossen, Kanzleigehülfen bei Justizbehörden in Sonderburg u. a. O.,	beantragen die Einkommens- und Anstellungsverhältnisse der Kanzleigehülfe bei den Justizbehörden in näher angegebener Weise zu verbessern.
14.	481—2.	Leibig und Genossen, Hülfsgerichtsdiener in Köln, Berlin,	beantragen, die Zahl der etatsmäßigen Gerichtsdienerstellen zu erhöhen und das Einkommen der Inhaber zu verbessern.

Laufende Nummer	Journal-Nummer	Name und Wohnort	Inhalt
15.	II. 65.	Miebach, Briefträger a. D. in Neuzittau,	führt Beschwerde in verschiedenen gerichtlichen Angelegenheiten, bei welchen er interessirt.
16.	68.	Krings, Gerichtsvollzieher in Meinersen,	beantragt, die Gehalts- und Dienstverhältnisse der Gerichtsvollzieher in näher angegebener Weise anderweit zu regeln.
17.	71.	Buchholz, früherer Kreisgerichtsrath in Königsberg,	beantragt zu vermitteln, daß die ihm bisher gewährte Unterstützung erhöht werde.
18.	72.	Schulz, Gerichtsschreibergehülfe in Köln,	beantragt, daß ihm die Zeit, während welcher er bei der Steuerverwaltung in Dienst gewesen ist, bei Festsetzung seines Dienstalters als Gerichtsschreiber mitberechnet werde.
19.	88.	Nowack, Schuhmachermeister in Lyck,	beantragt, das betreffende Gericht anzuweisen, eine von ihm bei demselben eingereichte Klage einzuleiten.
20.	91.	Ulm, Gerichtsassistent in Gudensburg,	beantragt, sein Dienstalter als Gerichtsschreiber nach Maßgabe der dafür bis zum Jahre 1889 geltend gewesenen Bestimmungen festzusetzen.
21.	100.	Rahmann, Oekonom in Ober-Zöllenbeck, (überreicht vom Abgeordneten Meyer zu Selhausen)	führt Beschwerde über ein Urtheil in einem Prozesse, bei welchem er betheiligt.
22.	109.	Ließ, in Hamburg,	führt Beschwerde in verschiedenen gerichtlichen Angelegenheiten, bei welchen er betheiligt.
23.	110.	Krause, in Breslau,	beschwert sich in gleicher Weise bezüglich ihrer Angelegenheiten.
24.	118.	v. Kalkreuth und Genossen im Landgerichtsbezirk Oels	beantragen, die Inangriffnahme des Baues eines Gerichtsgebäudes für den Landgerichtsbezirk Oels zu fördern.
25.	129.	Knutsch, Amtsgerichtssekretär in Dortmund und Genossen,	beantragen, die Subalternbeamten der Lokaljustizbehörden mit den Beamten der Provinzialbehörden in Rang und etatsmäßigem Einkommen gleich zu stellen und denselben eine den Theuerungsverhältnissen entsprechende Zulage zu gewähren.
26.	130.	Goerte, Gerichtskassenrendant und Gerichtsschreiber in Lötzen,	beantragen, die Remunerationen für Verwaltung von nicht formirten Gerichtskassen als pensionsfähig zu bezeichnen und wegen der Bewilligung außerordentlicher Remunerationen anderweite Bestimmungen zu erlassen.
27.	136.	Haade, Gerichtsvollzieher in Garbing,	beantragt Rückzahlung eines Theiles des Wohnungsgeldzuschusses, welcher ihm während seiner Amtsführung in Norburg von seinem Gehalt in Abzug gebracht worden.
28.	146.	Stadtvertretung in Elbingerode (überreicht vom Abgeordneten Engels)	beantragen, für Wiedereinrichtung des Amtsgerichts in Elbingerode Sorge zu tragen.
29.	148.	Sauer und Genossen, Gerichtsassistenten in Stendal, (überreicht vom Abgeordneten Dr. Graf v. Bassewitz-Levetzow)	beantragen, das Gehalt der Gerichtsassistenten auf 1 800 bis 2 700 Mark festzusetzen.

Simon v. Bastrow,
Vorsitzender der Kommission für das Justizwesen.

D. Kommission für das Gemeindewesen.

1.	II. 21.	Jaecken, Vorstand des Vereins für bürgerliche Interessen in Krefeld,	beantragt die betreffenden Bestimmungen der Städteordnung für die Rheinprovinz dahin zu ändern, daß die im Einkommensteuergesetz angeordnete Geheimhaltung der Steuereinschätzung überall verwirklicht werde.
2.	22.	Handelskammer zu Krefeld	beantragt dasselbe.
3.	28.	Siemens und Genossen, Mitglieder des Stadtverordnetenkollegiums in Garding,	beantragen zu erwirken, daß die Versagung der Bestätigung eines zum Beigeordneten der Stadt Gewählten aufgehoben werde.

Laufende Nummer	Journal-Nummer	Name und Wohnort	Inhalt
4.	II. 60 (I.-CXXV)-14.	Vertretungen der Städte Erfurt, Halle u. a.	beantragen, den Städten mit mehr als 10 000 Einwohnern zur Deckung der ihnen in Folge der sozialreformatorischen Gesetze erwachsenden Ausgaben aus Staatsmitteln einen Zuschuß zu gewähren, welcher dem auf den Kopf der Bevölkerung entfallenden, durch diese Gesetze veranlaßten Kostenaufwande entspricht.
5.	62.	Mostert in Siegburg-Müldorf und Genossen, Gemeindeempfänger der Rheinprovinz,	beantragen, die Landgemeindeempfänger der Rheinprovinz als pensionsberechtigt zu erklären und dieselben auf Lebenszeit anzustellen.
6.	64.	Schräer in Burgsteinfurt und Genossen, Verwaltungssekretäre in Rheinland und Westfalen,	beantragen die dienstlichen Verhältnisse der in den Verwaltungen der Gemeinden und Aemter in den Provinzen Rheinland und Westfalen beschäftigten Sekretäre in näher angegebener Weise zu regeln.
7.	75.	Horn, Redakteur, und Genossen in Berlin,	beantragen die Bestimmung der Städteordnung von 1853, nach welcher die Hausbesitzer die Hälfte der Mandate zur Stadtverordnetenversammlung haben müssen, zu streichen.
8.	104.	Nissen, Kroogsbesitzer in Sophien-Magdalenen-Roog, (überreicht vom Abgeordneten Jürgensen)	beantragt die vier octroyirten preußischen Kroge vom Amtsbezirk Vordelum abzutrennen und aus denselben einen eigenen Amtsbezirk zu bilden.
9.	132.	Stadtverordnetenkollegium in Iserlohn	beantragt, es bei der Offenlegung der Bürgerlisten für die Stadtverordnetenwahlen nach § 20 der Städteordnung der Provinz Westfalen vom 19. März 1856 zu belassen.

Wessel,
Vorsitzender der Kommission für das Gemeindewesen.

E. Kommission für das Unterrichtswesen.

1.	II. 3.	Kettler, Frau in Weimar,	beantragt die Zulassung des weiblichen Geschlechts zur Ablegung des an den Gymnasien eingeführten Maturitätsexamens und die Zulassung der Abiturientinnen zum Studium in den medizinischen und philosophischen Fakultäten zu erwirken.
2.	11.	Scharf und Genossen, Lehrer in Eisleben,	beantragen den Erlaß eines Gesetzes über Mittel- und höhere Mädchenschulen.
3.	14.	Iversen, Lehrer in Kamtrup,	beantragt Bewilligung einer Entschädigung aus Staatsfonds für einen Fehlbetrag an seinem matrikelmäßigen Einkommen.
4.	15.	Glomp und Genossen, bäuerliche Besitzer in Bienau,	beschweren sich über die Höhe der Schullasten, welche ihnen auferlegt werden.
5.	23.	Rucklinski und Genossen in Sombien	beantragen Errichtung einer eigenen Schule für ihren Wohnort.
6.	40.	v. Weber in Dresden,	beantragt den Erlaß eines strafgesetzlichen Verbots der Vivisektion.
7.	41.	Freiherr v. Rosenberg, Königlicher Kammerherr, und Genossen in Hannover,	beantragen, die Vivisektion in näher angegebener Weise zu regeln.
8.	61 1–9.	Braun und Genossen, Lehrer in Soest u. a. O., (617 aus Hagen, überreicht vom Abgeordneten Schmidt [Elberfeld]), (619 aus Bielefeld, überreicht vom Abgeordneten Schnatsmeier)	beantragen, die staatlichen Alterszulagen auch den Volksschullehrern zu gewähren, die in Städten von mehr als 10 000 Einwohnern angestellt sind.
9.	81.	Mersmann, Standesbeamter in Oberhausen,	beantragt, die Bilanzen der Gymnasial- und Stiftungsfonds zu Köln, anstatt in den zu Köln erscheinenden Zeitungen in dem dortigen Regierungsamtsblatt auszuschreiben.

Haus der Abgeordneten. Verzeichniß der eingegangenen Petitionen.

Laufende Nummer	Journal-Nummer	Name und Wohnort	Inhalt
10.	II. 69.	Reichelt und Lücke, pensionirte Volksschullehrer in Carolina,	beantragen Bewilligung eines Zuschusses zu ihrer vor dem 1. April 1886 festgesetzten Pension.
11.	122.	Clauffen, Lehrer in Krummendiek, (überreicht vom Abgeordneten Kratz)	beantragt ihn dafür zu entschädigen, daß die zu der ihm übertragenen Küsterstelle gehörigen Dienstländereien seiner Nutzung entzogen worden sind.
12.	151.	Schulze, Rektor in Osterburg i. d. A. und Genossen, (überreicht vom Abgeordneten Stengel)	beantragen zu bewirken, daß bei Bemessung der staatlichen Dienstaltersjulagen die an Privatpräparandenanstalten zugebrachte Dienstzeit zur Anrechnung gelange.

Graf Clairon d'Haussonville,
Vorsitzender der Kommission für das Unterrichtswesen.

F. Kommission zur Prüfung des Staatshaushaltsetats.

1.	II. 16.	Dr. Albrecht und Genossen in Schmitten und den übrigen Feldbergdörfern im Taunus	beantragen ihre Heimathsorte an das Eisenbahnnetz anzuschließen.
2.	32.	Hellwig, pensionirter Lademeister,	beantragt Erhöhung seiner Pension.
3.	34.	Schauer und Genossen, Wittwen von unmittelbaren Staatsbeamten in Breslau und anderen Orten Schlesiens und Posens,	beantragen die Pensionen für ältere Wittwen der unmittelbaren Staatsbeamten zu erhöhen.
4.	35.	Kaßner, Försterwittwe in Kalborno,	beantragt ihre Pension nach Maßgabe der darüber ergangenen neueren Vorschriften zu erhöhen.
5.	36.	Mossier und Wranik, Eisenbahnschaffnerwittwen in Ratibor,	beantragen Bewilligung von unwiderruflichen Pensionen.
6.	37.	Dahlhaus, pensionirte Kreisbote in Gellenkirchen,	beantragt Erhöhung seiner Pension.
7.	38.	Thiel, pensionirter Stationsvorsteher in Eberswalde,	beantragt dasselbe für sich.
8.	39.	Borchardt, Försterwittwe in Neustettin,	beantragt Gewährung einer fortlaufenden Unterstützung.
9.	50.	Rosetzki und Genossen, Hülfsweichensteller in Dirschau,	beantragen zu veranlassen, daß sie zur definitiven Anstellung gelangen.
10.	51.	Hanewald, Lokomotivführer in Berlin,	beantragt Gehalt und Stellenzulage der Lokomotivführer in der näher von ihm angegebenen Weise zu regeln.
11.	52.	Lubowsky, Lokomotivführer in Rummelsburg,	beantragt Gleichstellung der Lokomotivführer der älteren Staatseisenbahnen im Gehaltsbezuge mit den im gleichen Dienstalter befindlichen Lokomotivführern ehemaliger Privateisenbahnen.
12.	53.	Bennewitz, Stationsassistent in Frankfurt a. M.,	beantragt die Einkommensverhältnisse der Eisenbahnstations- und Expeditionsassistenten in näher angegebener Weise zu regeln.
13.	54.	Hofert, Lademeister in Barmen,	beantragt für Lademeister eine Gehaltsskala mit sechs Stufen — steigend mit 100 Mark nach je 3 Jahren — einzuführen und denselben den Wohnungsgeldzuschuß der vierten Servisklasse zu gewähren.
14.	55.	Breitschwerdt, Lademeister in Görlitz,	beantragt seine Dienstzeit als Gendarm bei Feststellung seines Dienstalters als Eisenbahnbeamter mit zu berücksichtigen.
15.	56 1. 56 2.	Fischer, Lademeister in Leipzig, Grimm, Lademeister in Berlin,	beantragen für Lademeister eine Gehaltsskala mit sieben Stufen — steigend mit 100 Mark nach je 3 Jahren — einzuführen und denselben den Wohnungsgeldzuschuß der vierten Servisklasse zu gewähren.
16.	57.	Schädiger, Eisenbahntelegraphist in M.-Gladbach,	beantragt für die Stelle eines Stationsassistenten geprüften Eisenbahntelegraphisten mit den Stationsdiätarien gleichzustellen.

8 Haus der Abgeordneten. Verzeichniß der eingegangenen Petitionen.

Laufende Nummer	Journal-Nummer	Name und Wohnort	Inhalt
17.	II. 581-8.	Krüger in Kottbus und Genossen, Eisenbahntelegraphisten,	beantragen den Eisenbahntelegraphisten den Wohnungsgeldzuschuß der vierten Servisklasse zu gewähren.
18.	591—4.	Pitschel in Erfurt und Genossen, Eisenbahnbüreauassistenten,	beantragen die Eisenbahnbüreauassistenten nach einer bestimmten Reihe von Dienstjahren etatsmäßig anzustellen.
19.	66.	Crönert, Landgerichtsdirektor in Trier,	beantragt den Bau einer Eisenbahn, um das Hochland zwischen den Flüssen Rhein, Mosel, Saar und Nahe zu erschließen.
20.	69.	Bernards, Landgerichtssekretär in Köln,	beantragt für die in Köln wohnenden Staatsbeamten die Bewilligung einer Theuerungszulage.
21.	73.	Hemstedt, Lokomotivführer in Hannover,	beantragt für Lokomotivführer die Gehaltsskala anderweit in näher angegebener Weise zu regeln.
22.	74.	Manig, pensionirter Lademeister in Prenzlau,	beantragt anderweite Festsetzung seines Ruhegehalts.
23.	78.	Reuß, Weichensteller in Niederzwehren,	beantragt, die Weichensteller I. Klasse — Haltestellenvorsteher — in der Besoldung mit den Telegraphisten und Lademeistern gleichzustellen.
24.	83.	Rosenberg, Weichensteller in Ottensen,	beantragt sein Gehalt nach seiner Gesammtdienstzeit festzusetzen.
25.	84.	Stephan und Paul, Bahnmeister in Aachen,	beantragen das Gehalt für Bahnmeister auf 2100 bis 3200 Mark festzusetzen und denselben außerdem ein Tagegeld von 1½ Mark zu bewilligen.
26.	92.	Becker, Sekretär in Wandsbek,	beantragt Bewilligung einer Theuerungszulage an die in Wandsbek wohnenden Beamten.
27.	94.	Herrmann, Eisenbahnbüreauassistent in Frankfurt a. M.,	beantragt, die Diätare der Eisenbahnverwaltung nach einer bestimmten Reihe von Dienstjahren etatsmäßig anzustellen.
28.	95.	Vertretung der Stadtgemeinde Summersbach	beantragt Gewährung eines Staatszuschusses zu Eisenbahngrunderwerbskosten, welche sie zahlen soll, beziehungsweise bezahlt hat.
29.	99.	Peters, Polizeikommissar in Celle,	beantragt Erhöhung seines Gehalts.
30.	111.	Burmeister und Genossen, Eisenbahnbüreaudiätare in Erfurt,	beantragt die etatsmäßige Anstellung der Büreaudiätare der Eisenbahnverwaltung nach Ablauf einer bestimmten Zeit.
31.	112 1—2.	Hepte, Bürgermeister in Neuenahr, und Genossen,	beantragen den Bau einer Zweigbahn von der Eudkirchen-Bonner Eisenbahn in das Ahrthal zum Anschluß an die linksrheinische Uferbahn.
32.	117.	Runkel, Weichensteller I. Klasse in Walburg,	beantragt sein Gehalt anderweit unter Berücksichtigung seiner Dienstjahre als Bahnwärter festzusetzen.
33.	119.	Birfeld, pensionirter Bahnmeister in Andernach,	beantragt Gewährung der von ihm als früherem Beamten der vormaligen Rheinischen Eisenbahngesellschaft erworbenen (Privatkassen) Pension neben der staatlichen.
34.	123.	Schielopp, Gymnasiallehrer a. D. in Tilsit,	beantragt Erhöhung seiner Pension nach Maßgabe der neuen Gehaltssätze für Gymnasiallehrer.
35.	126.	Hohmann, Weichensteller erster Klasse,	beantragen, das Gehalt der Weichensteller erster Klasse auf 1200 bis 1800 Mark festzusetzen, denselben den Titel Haltestellenvorsteher zu geben und die Uniform derselben zu verändern.
	127.	Wollenhaupt, Weichensteller erster Klasse in Eptrode und Hasselbach,	
36.	131.	Weisbrod, Weichensteller erster Klasse in Wega,	beantragt zu vermitteln, daß ihm die Anstellungsberechtigung für den Stationsdienst ertheilt werde.
37.	137.	Christensen und Genossen, Vorstand des landwirthschaftlichen Vereins der Niederharde,	beantragen Erbauung einer Eisenbahn auf der Insel Alsen und dem festländischen Theil des Kreises Sonderburg zum Anschluß an die schleswigsche Hauptbahn.
38.	138.	Siebel und Genossen, Betriebssekretäre der Eisenbahndirektion Frankfurt,	beantragen, anstatt der einzelnen Büreaubeamten bewilligten Stellenzulage sämmtlichen in Frankfurt a. M. wohnenden Büreaubeamten der Königlichen Eisenbahndirektion Theuerungszulagen zu bewilligen.

Haus der Abgeordneten. Verzeichniß der eingegangenen Petitionen.

Laufende Nummer	Journal-Nummer	Name und Wohnort	Inhalt
39.	II. 139.	Altmann, Lokomotivführer in Bremen,	beantragt Erhöhung seines Gehalts.
40.	140.	Sutor in Körner,	beantragt den Bau einer Eisenbahn Mühlhausen-Körner-Schlotheim-Ebeleben.
41.	141.	Heiner, Eisenbahnbetriebssekretär in Essen, und Genossen	beantragen, die Einkommens- und Rangverhältnisse der Eisenbahnbetriebssekretäre in näher angegebener Weise zu regeln.
42.	144.	Kopp, pensionirter Eisenbahnzugführer in Bromberg,	beantragt Erhöhung seiner Pension.
43.	145.	Lück in Kattowitz und Genossen, Kreiskassengehülfen, (die aus Wollstein überreicht vom Abgeordneten v. Tiedemann [Bomst])	beantragen, für die ersten Kreiskassengehülfen Beamtenqualifikation, feste Anstellung und Pensionsberechtigung zu erwirken.
44.	147.	Geier, Eisenbahnbüreauassistent in Erfurt,	beantragt, die Eisenbahnbüreaudiätare mit fünfjähriger Ancienuität etatsmäßig anzustellen.
45.	150.	Hannemann, pensionirter Eisenbahnlokomotivführer in Bromberg,	beantragt Erhöhung seiner Pension.
46.	152.	Achenbach und Genossen, Büreaudiätarien im Eisenbahndirektionsbezirk Elberfeld, (überreicht vom Abgeordneten Weyerbusch)	beantragen Anstellung der Diätarien nach vierjähriger Wartezeit.
47.	1531—2.	Sander, Schaffner in Cassel und Genossen, frühere Beamte vom Staate übernommener Privatbahnen,	beantragen, ihre Gleichstellung in den Gehalts- und Pensionsverhältnissen mit den Staatsbeamten herbeizuführen.

v. Senda,

Vorsitzender der Kommission zur Prüfung des Staatshaushaltsetats.

Druck und Verlag: W. Moeser Hofbuchdruckerei in Berlin.

II.

Verzeichniß
der
bei dem Hause der Abgeordneten eingegangenen Petitionen.
17. Legislaturperiode IV. Session 1892.

Laufende Nummer	Journal-Nummer	Name und Wohnort	Inhalt
		A. Kommission für die Petitionen.	
31.	II. 160.	Hattemer, Mühlenbesitzer zu Hattersheim,	beantragt zu erwirken, daß ein von seiner Mühle zu entrichtender Kanon von 276,77 Mark in Wegfall komme.
32.	173.	Zimpel, Pensionär in Berlin,	beantragt zu veranlassen, daß er wieder in den Besitz näher bezeichneter Schriftstücke gelange.
33.	174.	Grobbels, Invalide in Kalk,	beantragt zu vermitteln, daß ihm die Pension, welche er aus einer Kranken- und Unterstützungskasse bezieht, im früher festgesetzten Betrage gezahlt werde.
34.	180.	Stahl, pensionirter Förster in Kammerforst, (überreicht vom Abgeordneten Conrad [Pleß])	beantragt Ersatzleistung für den Schaden, welchen ihm das Hochwild während seiner Dienstzeit in Theerofen an seinen Feldfrüchten zugefügt hat.
35.	182.	Hennig, Wittwe, in Berlin,	beschwert sich über die Höhe der ihr auferlegten Klassensteuer.
36.	184.	Oesterreich, Brunnenmacher in Greifswald,	beantragt zu veranlassen, daß ihm die Mobilien, welche ihm für rückständige Wohnungsmiethe innebehalten worden, herausgegeben werden.
37.	199.	Lorenzen und Genossen, Einwohner der Provinz Schleswig-Holstein,	beantragen Außerkraftsetzung der für Schleswig-Holstein noch zu Recht bestehenden Sabbathordnung vom 10. März 1840.
38.	200.	Penkalla, früherer Streckenarbeiter in Motrau,	beantragt zu erwirken, daß die Unfallrente, welche er aus Eisenbahnfonds bezieht, erhöht werde.
39.	201.	Kirchenvorstand der katholischen Pfarrei Sobten (überreicht vom Abgeordneten Dr. Porsch)	beantragt zu erwirken, daß die Pension, welche die Pfarrgemeinde einem sogenannten Staatspfarrer vertragsmäßig zu zahlen hat, auf Staatsfonds übernommen werde.
40.	206.	Dr. Stolp in Charlottenburg,	beantragt, auf Verleihung des pfandlichen Vorzugsrechtes für Forderungen der Bauhandwerker bei Neubauten abzielende gesetzliche Bestimmungen zu erlassen.
41.	207.	Coll und Genossen, Besitzer von Tuchfabriken in Falkenburg (Pommern),	beantragen für die Eisenbahn- und Postbeamten Bekleidungsämter zu errichten und diesen die Pflicht aufzulegen, die benöthigten Tuche direkt von den Fabrikanten zu beziehen.
42.	209.	Gloger, Müllermeister in Gostyn,	beantragt Ersatz des Schadens, welcher ihm angeblich in Folge der Anlage eines Bahnhofes in Gostyn erwachsen ist.

Haus der Abgeordneten. Verzeichniß der eingegangenen Petitionen.

Laufende Nummer	Journal-Nummer	Name und Wohnort	Inhalt
43.	II. 211.	Simon, Kaufmann in Tuchel,	beschwert sich über die Höhe der ihm auferlegten Klassensteuer.
44.	222.	Gibasiewicz, früherer Stellmacher in Broich,	beantragt zu veranlassen, daß ihm eine fortlaufende Unterstützung aus Staatsfonds bewilligt werde.
45.	224.	Koszyczka, Militärinvalide in Lontschnig,	beantragt zu vermitteln, daß seine Pension erhöht werde.
46.	231.	Mahler, Wittwe des Eisenbahnstreckenarbeiters in Würchwitz, (überreicht vom Abgeordneten Broemel)	beantragt Bewilligung einer laufenden Unterstützung für sich und ihre Kinder aus staatlichen Eisenbahnfonds.
47.	234.	Aufsichtsrath und Direktion der Ostpreußischen Südbahngesellschaft in Königsberg	beantragen zu erwirken, daß der von ihnen vertretenen Gesellschaft die staatliche Genehmigung zur Kündigung und Einlösung ihrer Prioritätsobligationen sowie zur Wiederausgabe eines gleichen Anleihebetrages unter Zinsherabsetzung auf 3½, bezw. 4 Prozent ertheilt werde.
48.	250.	Bongartz, Brenner in Vierfen-Beberich,	beantragt zu vermitteln, daß von dem in seiner landwirthschaftlichen Brennerei hergestellten Spiritus nur erforderlich sei, die Maischbottichsteuer zu entrichten.
49.	251.	Klinke, Bergivalide in Mokrau,	beantragt die Erhöhung seiner Pension herbeizuführen.
50.	253.	Stademann, pensionirter technischer Eisenbahnsekretär in Breslau, (überreicht vom Abgeordneten Dr. Porsch)	beantragt dasselbe für sich.
51.	632.	Köhler, Kaufmann in Memel, und Genossen,	beantragen zu veranlassen, daß die von Polizeibeamten bewirkte zwangsweise Zuführung unmündiger Kinder zu einer Impfanstalt als eine ungesetzliche und strafbare Handlung erklärt werde.

Lehmann,
Vorsitzender der Kommission für Petitionen.

B. Kommission für die Agrarverhältnisse.

18.	II. 178.	Ruh, Besitzer in Marschau, (überreicht vom Abgeordneten Rickert)	beschwert sich über die Entscheidung der zuständigen Behörden, durch welche sein Gesuch um Ertheilung eines Jagdscheines zurückgewiesen worden.
19.	194.	Wahn, Hofbesitzer in Pinnebergerdorf und Genossen, (überreicht vom Abgeordneten Peters)	beantragen Aufhebung der von ihren Grundstücken zu entrichtenden sogenannten Jagdrekognition.
20.	195.	Wagner, früherer Kreisboniteur in Zwergen,	beantragt zu veranlassen, daß er als Kreisboniteur wieder eingesetzt werde und ihm näher bezeichnete Nebenkosten erstattet werden.
21.	204.	Jebsen, Hofbesitzer in Catharinenhof, und Genossen, Grundbesitzer, (überreicht vom Abgeordneten Christophersen)	beantragen den Erlaß eines Gesetzes, welches ihnen die Befugniß giebt, eine Grundsteuerentschädigung anzumelden und geltend zu machen.
22.	217.	Madsen, Grundbesitzer in Kastbergleb,	beantragt, es den Grundbesitzern in der Provinz Schleswig-Holstein zu ermöglichen, binnen einer vorzuschreibenden Frist Grundsteuerentschädigungsansprüche anzumelden und geltend zu machen.
23.	225.	Graf Bernstorff und Genossen, Deputirte des Dannenberger Deichverbandes,	beantragen zu befürworten, daß die aus den Deichbauten des Jahres 1888 dem Dannenberger Deichverbande auferlegte Schuld von 120 000 Mark demselben erlassen oder erheblich gemindert werde.
24.	226.	Kühl und Genossen, Grundbesitzer in Husberg u. a. O. des vormaligen Amtes Neumünster,	beantragen es ihnen zu ermöglichen, Grundsteuerentschädigungsansprüche anzumelden und geltend zu machen.

Haus der Abgeordneten. Verzeichniß der eingegangenen Petitionen.   13

Laufende Nummer	Journal-Nummer	Name und Wohnort	Inhalt
25.	II. 239.	Humburg, Oberamtmann in Wildungen,	beantragt zu veranlassen, daß ihm von der für die Domäne Wabern pro 1879 bis 1890 bezahlten Pacht ein Theil zurückgezahlt werde.
26.	244.	Montowski und Genossen, Eigenthümer und Einwohner der Gemeinde Kossowo, (überreicht vom Abgeordneten Schroeder)	beantragen, ihnen aus einer an ihren Wohnort grenzenden Königlichen Forst die Werbung von Torf gegen die Taxe zu gestatten.
27.	1930/31.	Dankwardt, Kossäth in Möntwitz auf Rügen u. Lange in Stevelin, (überreicht vom Abgeordneten Neulirch)	beantragen Einführung des III. Abschnitts des Ablösungsgesetzes vom 2. März 1850, betreffend die gutsherrlichen Verhältnisse in Neu-Vorpommern und Rügen, und zwar mit rückwirkender Kraft.

Freiherr v. Hucue,
Vorsitzender der Kommission für die Agrarverhältnisse.

C. Kommission für das Justizwesen.

30.	II. 1561-2.	Beck und Genossen, Kassenschreiber bei den Gerichtskassen in Breslau u. a. O.,	beantragen die Remuneration der Kassenschreiber zu erhöhen und denselben Anstellungsberechtigung zu verleihen.
31.	158.	Schlächterinnung in Schleswig	beantragt für den Geltungsbereich des Jütschen Low ein Gesetz zu erlassen, nach welchem beim Verkauf von Rindvieh der Verkäufer auch ohne besonderes Versprechen während einer Frist von wenigstens einem Monat dafür einstehen muß, daß das verkaufte Thier nicht mit Perlsucht behaftet sei.
32.	164.	Geisler und Genossen, Gerichtsaktuare im Oberlandesgerichtsbezirk Breslau,	beantragen, die Einkommens- und Anstellungsverhältnisse der Gerichtsaktuare in näher angegebener Weise zu regeln.
33.	165.	Knoll, unverehelichte in Guhrau,	führt Beschwerde in gerichtlichen Angelegenheiten, bei welchen sie betheiligt ist.
34.	176.	Krueger, Privatmann in Neufahrwasser (überreicht vom Abgeordneten Rickert)	beschwert sich über Zurückweisung seiner Anträge auf Einleitung einer Untersuchung gegen eine näher bezeichnete Person.
35.	179.	Ronczoszek in Chorzow	beantragt seine Prozeßangelegenheiten zu ordnen und die über ihn eingeleitete Vormundschaft aufzuheben.
36.	190.	Dick und Genossen, Subalternbeamte des Amtsgerichts in Siegen,	beantragen Gleichstellung der Subalternbeamten der Lokaljustizbehörden mit denjenigen der Provinzialbehörden.
37.	191.	Schroeder und Genossen, Gerichtsassistenten in Magdeburg,	beantragen das Einkommen der Gerichtsassistenten zu verbessern.
38.	205.	Dr. Sternberg, Stabsarzt a. D. in Charlottenburg,	Beschwerde über Justizbehörden.
39.	208.	Vogel in Gr. Drebnau	führt Beschwerde über Entscheidungen in Prozeßsachen, bei welchen er betheiligt.
40.	215.	Richter, Lehrer a. D. in Menz,	beantragt näher angegebene Aenderungen des Gesetzes, betreffend die Dienstvergehen der nichtrichterlichen Beamten.
41.	4224-25.	Gattermann und Genossen, Gerichtsassistenten in Quedlinburg u. a. O.,	beantragen das Gehalt der Gerichtsassistenten zu erhöhen.
42.	47 49-60.	Schroedter und Genossen, Kanzleigehülfen bei Justizbehörden in Meheim u. a. O.,	beantragen, die Einkommens- und Anstellungsverhältnisse der Kanzleigehülfen bei den Justizbehörden in näher angegebener Weise zu verbessern.

3*

Laufende Nummer	Journal-Nummer	Name und Wohnort	Inhalt
43.	II. 72²	Schulz, Gerichtsschreibergehülfe in Elberfeld,	beantragt, daß ihm die Zeit, während welcher er bei der Steuerverwaltung im Dienst gewesen ist, bei Festsetzung seines Dienstalters als Gerichtsschreiber mitberechnet werde.
44.	148².	Kunze, Gerichtsassistent in Neurode (Glatz),	beantragt das Gehalt der Gerichtsassistenten auf 1 800 bis 2 700 Mark festzusetzen.

Simon v. Bastrow,
Vorsitzender der Kommission für das Justizwesen.

D. Kommission für das Gemeindewesen.

10.	II. 1611-51.	Die städtischen Behörden von Sömmerda u. a.	beantragen den Antrag der Städte Erfurt und anderer von mehr als 10 000 Einwohnern auf Gewährung eines Staatszuschusses zur Deckung der den Städten infolge der Durchführung der sozialreformatorischen Gesetze erwachsenden Kosten in der gestellten Form abzulehnen und den Staatszuschuß den Stadt- und Landkreisen — den letzteren zwecks Vertheilung unter die einzelnen Gemeinden — zu überweisen.
11.	177.	Bruns, Ackermann, und Genossen, Bürger der Stadt Kroppenstedt, (überreicht vom Abgeordneten Rickert)	beantragen, das die Theilung und Nutzung der dortigen Reiterhufen regelnde Königliche Normalreskript vom 3. März 1778 in näher angegebener Weise auf gesetzlichem Wege abzuändern.
12.	185.	Mersmann, Standesbeamter in Oberhausen, (überreicht vom Abgeordneten Freiherrn v. Plettenberg-Mehrum)	beantragt den im Kommunaldienst angestellten Militäranwärtern die Militärdienstzeit bei der Pensionirung anzurechnen und die Wittwen und Waisen der Kommunalbeamten nach den für die Staatsbeamten geltenden Grundsätzen zu versorgen.
13.	203.	Elster, Stadtverordneter, und Genossen in Ronsdorf (überreicht vom Abgeordneten Schmidt-Elberfeld)	beantragen einen Beschluß des Kreistages Lennep, betreffend Gewährung eines Darlehns an die Wermelskirchen-Burger Eisenbahngesellschaft, insoweit als ungültig zu erklären, als das Darlehen aus den dem Kreise überwiesenen Zöllen hergegeben werden soll; ferner zu erwirken, daß die pro 1889/90 und 1890/91 nicht zur Verwendung gekommenen Beträge dieser Zollüberschüsse den Stadt- und Landgemeinden des Kreises überwiesen werden.
14.	216.	Jacobi in Biedenkopf und Genossen, Kommunalforstschutzbeamte im Regierungsbezirk Wiesbaden, (überreicht vom Abgeordneten Borck [Biedenkopf])	beantragen zu veranlassen, daß die Gehälter der Kommunalförster auf Kosten der Staatskasse denjenigen der Königlichen Förster angepaßt werden.
15.	243.	Schwan, pensionirter Bürgermeister, jetzt in Hannover,	beantragt zu vermitteln, daß seine Pension erhöht werde.
16.	60 16.	Magistrat der Stadt Hirschberg in Schlesien (überreicht vom Abgeordneten Eberty)	beantragt, den Städten mit mehr als 10 000 Einwohnern zur Deckung der ihnen in Folge der sozialreformatorischen Gesetze erwachsenden Ausgaben aus Staatsmitteln einen Zuschuß zu gewähren, welcher dem auf den Kopf der Bevölkerung entfallenden, durch diese Gesetze veranlaßten Kostenaufwande entspricht.

Wessel,
Vorsitzender der Kommission für das Gemeindewesen.

Laufende Nummer	Journal-Nummer	Name und Wohnort	Inhalt

E. Kommission für das Unterrichtswesen.

13	II. 241.	Schmidt, pensionirter Lehrer in Lehre,	beantragen die Pensionen der emeritirten Lehrer zu erhöhen.
14.	242.	Walter, pensionirter Lehrer in Tilsit,	
15.	771.	Renski, pensionirter Lehrer in Kurzonken,	
16.	772.	Schimel, pensionirter Lehrer in Nowaken,	beantragen Erhöhung ihres Ruhegehalts.
17.	773.	Struwe und Genossen, pensionirte Lehrer in Rellinghusen,	
18.	154.	Frau Schulrath Cauer in Berlin und Genossinnen, (überreicht vom Abgeordneten Seyffardt [Magdeburg])	beantragen Zulassung der Frauen zur Reifeprüfung an preußischen Gymnasien und Realgymnasien.
19.	202.	Esch und Genossen, pensionirte Lehrer in Schneidemühl,	beantragen zu erwirken, daß ihre Pensionen nach Maßgabe des Gesetzes vom 31. März 1891 erhöht werden.
20.	240.	Jasnlewicz und Genossen, pensionirte Lehrer in Bromberg, (überreicht vom Abgeordneten Knörcke)	beantragen dasselbe für sämmtliche pensionirte Lehrer.
21.	245.	Brzyski und Genossen, katholische Hausväter der Schulgemeinde Bartschin, (überreicht vom Abgeordneten Schroeder)	beantragen Umwandlung der dortigen Simultanschule in eine katholische.
22.	246.	Bolle und Genossen, pensionirte Volksschullehrer in Friedeberg N/M.,	beantragen das Ruhegehalt der vor 1885 emeritirten Lehrer zu erhöhen.
23.	252.	Matern, Hauptlehrer in Wartenburg O/Pr., (überreicht vom Abgeordneten Krebs)	beantragt zu vermitteln, daß seine militärische Dienstzeit bei Berechnung der ihm zustehenden Alterszulagen und demnächstigen Pension mitberücksichtigt werde.
24.	1512.	Helmstedt, Rektor in Hadmersleben, und Genossen, (überreicht vom Abgeordneten v. Benda)	beantragen zu erwirken, daß bei Bemessung der staatlichen Dienstalterszulagen die an Privatpräparandenanstalten zugebrachte Dienstzeit zur Anrechnung gelange.

Kraß,
Stellvertretender Vorsitzender der Kommission für das Unterrichtswesen.

F. Kommission zur Prüfung des Staatshaushaltsetats.

48.	II.1551-5.	Beilipp und Genossen, Betriebssekretäre in Dortmund u. a. O.,	beantragen die Gehalts- und Rangverhältnisse der Eisenbahnbetriebssekretäre in näher angegebener Weise zu regeln.
49.	157.	Krahn, pensionirter Steueraufseher in Oberfrüchten,	beantragt Erhöhung seiner Pension.
50.	159.	Kunze, Werkmeister in Frankfurt a. M., (überreicht vom Abgeordneten Grimm [Frankfurt])	beantragt Erhöhung seines Gehalts.
51.	162.	Fahl, Waldwärter a. D. in Greifswald,	beantragt Bewilligung eines dauernden Pensionszuschusses.
52.	163.	Glashagen, Wittwe des Försters in Dramburg, (überreicht vom Abgeordneten Grafen v. Kleist-Schmenzin)	beantragt Erhöhung ihrer Wittwenpension.

Haus der Abgeordneten. Verzeichniß der eingegangenen Petitionen.

Laufende Nummer	Journal-Nummer	Name und Wohnort	Inhalt
53.	II. 166.	Handelskammer für das Herzogthum Braunschweig in Braunschweig,	beschwert sich über die Anordnung der Preußischen Eisenbahnverwaltung, nach welcher vom 1. Februar 1892 ab mehrere näher bezeichnete Züge innerhalb des Herzogthums Braunschweig nicht mehr befördert werden sollen.
54.	168.	Lucas in Essen, Büreaudiätar der Eisenbahndirektion in Köln,	beantragt, die Büreaudiätare der Eisenbahnverwaltung nach einer fest bestimmten Wartezeit als Eisenbahnbetriebssekretäre anzustellen.
55.	169.	Ackermann und Genossen, Büreaudiätare der Eisenbahndirektion Breslau,	beantragen dasselbe.
56.	170.	Casprzig, Zugführer in Johannisburg,	beantragt, die Eisenbahnzugführer mit den Lokomotivführern in Gehalt und Rang gleichzustellen.
57.	171.	Obstfelder, Erster Seminarlehrer a. D. in Weißenfels, (überreicht vom Abgeordneten Günther)	beantragt Erhöhung seiner Pension nach Maßgabe des demnächstigen, erhöhten Gehalts der Seminarlehrer.
58.	172.	Kozlowski, pensionirter Schutzmann in Neubanim,	beantragt Nachzahlung von Gehalt und Erhöhung seiner Pension.
59.	175.	Kuhnke, pensionirter Generalkommissionskanzlist in Frankfurt a. O.,	beantragt Erhöhung seiner Pension.
60.	183.	Meier, Förster a. D. in Sönne,	beantragt Erhöhung seiner Pension.
61.	186.	Karbe, Schulze, und Genossen in Gließen u. a. O. (überreicht vom Abgeordneten Frhrn. v. Dobeneck)	beantragen Erbauung eines Schöpfwerkes für das Mittel-oberbruch bei Neu-Tornow oder Neu-Gließen.
62.	187.	Aktiengesellschaft Donnersmarkhütte in Zabrze, O.-Schl.	beantragt Anschluß ihrer Eisen- und Kohlenwerke an die oberschlesische Schmalspurbahn durch zwei verschiedene Linien, Ermäßigung der für sie gültigen Tarifsätze und dementsprechende Zurückerstattung der seit dem 1. Oktober 1890 zu viel gezahlten Beträge, sowie Beförderung ihrer Frachten nach Oesterreich auf dem kürzesten Schienenwege und Aufhebung der Oberberger Brückengebühr.
63.	193.	Singer, für den landwirthschaftlichen Verein in Weißenfels, (überreicht vom Abgeordneten Barth)	beantragt Aufhebung des fiskalischen Brückenzolles auf der Weißenfelser Saalbrücke.
64.	210.	Behrens, Lokomotivführer in Hannover,	beantragt das Anfangsgehalt der Lokomotivführer auf 1500 Mark festzulegen und die Bestimmungen über die Gehalts- und Stellenzulagen derselben abzuändern.
65.	212.	Krogh, Fischereiverein für den Kreis Sonderburg,	beantragt den Ausbau einer Eisenbahn zwischen Sonderburg und Tingleff.
66.	227⅓.	Licke, Hotelbesitzer, und Genossen in Reinerz u. a. O.,	beantragt Weiterführung der Bahnstrecke Glatz-Rückert-Reinerz bis Lewin.
67.	230.	Hartte, Pfarrer in Petersdorf, (überreicht vom Abgeordneten v. Bockelberg)	beantragt zu erwirken, daß bei Bemessung der staatlichen Dienstalterszulagen der Geistlichen auch sämmtliche ihrerseits seit der definitiven Anstellung im Schulamte zugebrachten Dienstjahre derselben angerechnet werden.
68.	235.	Henning, Eisenbahnbetriebssekretär in Erfurt,	beantragt seine Pensionsverhältnisse anders, wie es geschehen, zu regeln.
69.	241.	Schmidt und Genossen in Neuzittau und der Magistrat in Köpenick	beantragen den Bau einer Eisenbahn zwischen Köpenick-Müggelsheim-Neuzittau-Gosen-Storkow.
70.	249.	Neumann, Gerichtsdiener in Landeshut, (überreicht vom Abgeordneten Dr. Avenarius)	beantragt, das Dienstalter der Unterbeamten behufs Feststellung des ihnen zustehenden Gehalts, nach Maßgabe ihrer gesammten Dienstzeit zu berechnen.
71.	542.	Woitschakowski, Lademeister der Oberschlesischen Eisenbahn,	beantragt für Lademeister eine Gehaltsskala mit sechs Stufen — steigend mit 100 Mark nach je 3 Jahren — einzuführen und denselben den Wohnungsgeldzuschuß der vierten Servisklasse zu gewähren.

Haus der Abgeordneten. Verzeichniß der eingegangenen Petitionen. 17

Laufende Nummer	Journal-Nummer	Name und Wohnort	Inhalt
72.	II. 584-7.	Tschierschke in Kreuznach und Genossen, Eisenbahntelegraphisten, (585 überreicht vom Abgeordneten Grimm [Frankfurt]),	beantragen, den Eisenbahntelegraphisten den Wohnungsgeldzuschuß der vierten Serviskllasse zu gewähren.
73.	1533.	Rieke, Lokomotivführer, und Genossen in Cassel, frühere Beamte vom Staate übernommener Privatbahnen, (überreicht vom Abgeordneten v. Christen)	beantragen ihre Gleichstellung in den Gehalts- und Pensionsverhältnissen mit den Staatsbeamten herbeizuführen.

Francke (Tondern),

Vorsitzender der Kommission zur Prüfung des Staatshaushaltsetats.

G. Kommission zur Vorberathung des Entwurfs eines Volksschulgesetzes.

1.	II. 25.	Pomme, Rittergutsbesitzer in Pollogwitz,	beantragt die Bestimmung über die Schulbau- und Beitragspflicht der Hausväter (§ 34 Thl. II Tit. 12 A. L. R.) in näher angegebener Weise abzuändern.
2.	611-10.	Braun und Genossen, Volksschullehrer in Soest u. a. O.,	beantragen die staatlichen Dienstalterszulagen auch den Volksschullehrern in Städten von mehr als 10 000 Einwohnern zu gewähren.
3.	76.	Magistrat in Striegau	beantragt den Entwurf dahin abzuändern, daß den größeren Stadtgemeinden und deren Lokalschulbehörden die bisherigen Rechte gewahrt bleiben.
4.	143.	Schwieger, Lehrer in Kl.-Oschersleben, und Genossen, (überreicht vom Abgeordneten v. Benda)	beantragen den Lehrern, welche an katholischen Missionsschulen thätig gewesen, die desfallsige Dienstzeit bei den Alterszulagen und der Pensionirung zu berechnen.
5.	167.	Ruhmer in Alt-Tschau	beantragt im Gesetz festzusetzen, daß die Gemeinden nicht berechtigt sind von solchen Privatlehrinstituten Schullasten zu erheben, die die Privatwohlthätigkeit in Anspruch nehmen.
6.	189.	Friederici in Friedenau und Genossen	beantragen hauptsächlich wegen der Bestimmungen im § 17 (Religionsunterricht) Ablehnung des Entwurfs.
7.	197.	Grabe und Genossen, Lehrer in Göritz a./O.,	sprechen eine Anzahl von Wünschen aus, die sie bei Berathung des Entwurfs berücksichtigt zu sehen wünschen.
8.	198.	Goebel, Konsistorialrath in Halle, und andere Geistliche	beantragen, die Bestimmungen des Entwurfs über Aufnahme und Entlassung der Schulkinder in näher angegebener Weise abzuändern.
9.	214.	Vertreter der Landgemeinde Dunetzen	beantragen die Bestimmungen des Entwurfs über die Aufbringung der Schullasten in näher angegebener Weise abzuändern.
10.	218.	Kirchenvorstand der katholischen Gemeinde in Frankfurt a./M.	beantragt im neuen Volksschulgesetz das Prinzip der Konfessionalität der Volksschule im weitesten Sinne zur Durchführung zu bringen.
11.	221.	Schlevoigt in Elberfeld	beantragt, es bei den bisherigen für die Verwaltung des Volksschulwesens maßgebend gewesenen Grundsätzen zu belassen.
12.	223.	Kruse in Hagen	beantragt Ablehnung des Entwurfs.
13.	228.	Berg und Genossen, Rektoren in Berlin,	sprechen eine Anzahl von Wünschen aus, die sie bei Berathung des Entwurfs berücksichtigt zu sehen wünschen.
14.	229.	Gemeinderath und Lotichius und Genossen in St. Goarshausen	erklären sich für Beibehaltung der im vormaligen Herzogthum Nassau bestehenden Simultanschulen.

Laufende Nummer	Journal-Nummer	Name und Wohnort	Inhalt
15.	II. 232.	Springer, Vorsteher einer evangelisch-lutherischen Schule in Berlin, (überreicht vom Abgeordneten v. Oertzen)	beantragt eine Aenderung des § 15 des Entwurfs dahin, daß statt des Wortes „Schule" gesetzt werden die Worte „Stadt, einem Schulbezirk oder einem Schulverbande".
16.	236.	Dr. Passavandt und Genossen in Frankfurt a./M.	beantragen Ablehnung des Entwurfs.
17.	238.	Fellgiebel in Magdeburg	beantragt dasselbe.
18.	247.	Groß, Buchdruckereifaktor in Schweidnitz i./Schl.,	beantragt Genehmigung des Entwurfs.
19.	248.	Backrap und Genossen in Frankfurt a./M.	beantragen Ablehnung des Entwurfs.

Graf Clairon d'Haussonville,
Vorsitzender der Kommission X.

Druck und Verlag: W. Moeser Hofbuchdruckerei in Berlin.

III.

Verzeichniß
der
bei dem Hause der Abgeordneten eingegangenen Petitionen.
17. Legislaturperiode IV. Session 1892.

Laufende Nummer	Journal-Nummer	Name und Wohnort	Inhalt
		A. Kommission für die Petitionen.	
52.	II. 260.	Der katholische Kirchenvorstand zu Keppel (überreicht vom Abgeordneten Dr. Lieber)	beantragt zu erwirken, daß aus den Keppelschen Pfarrfonds dem katholischen Pfarrfonds in Keppel wiederum ein jährlicher Betrag gezahlt werde, wie es von 1817 bis 1875 geschehen.
53.	264.	v. Friedrichs in Greifswald	beantragt eine für den Polizeibezirk der Stadt Greifswald erlassene Polizeiverordnung, betreffend das Radfahren, in einigen Punkten abzuändern.
54.	265.	Rieß, Kreisthierarzt a. D. in Frankenberg,	beantragt seine Wiederanstellung als Kreisthierarzt des Kreises Frankenberg herbeizuführen.
55.	280.	Hoff, Direktor der Flußfahrzeug-versicherungs-Gesellschaft zu Sachsenhausen,	beantragt, die Zulassung von Personen zur selbstständigen Führung von Fahrzeugen mit mehr als 10 000 Kilo Tragfähigkeit und von Dampfern auf Binnengewässern von einem auf Grund einer Prüfung zu erwerbenden Patent abhängig zu machen.
56.	303.	Arendt in Spanegeln und Genossen, Landwirthe, (überreicht vom Abgeordneten Dr. Krause)	beantragt, daß der gegen eine in ihrem Antrage näher bezeichnete Person seitens der Behörden erlassene Ausweisungsbefehl außer Kraft gesetzt werde.
57.	313.	Dr. Faber und Genossen in Bochum	beantragen dem näher geschilderten Gebahren der dortigen „Westfälischen Volkszeitung" mit allen zulässigen Mitteln entgegenzutreten.
58.	327.	Lürig in Köln und Genossen	beantragen zu veranlassen, daß ausländisches Kupfer bei der Einführung mit einem Zoll belegt werde.

Lehmann,
Vorsitzender der Kommission für Petitionen.

20   Haus der Abgeordneten. Verzeichniß der eingegangenen Petitionen.

Laufende Nummer	Journal-Nummer	Name und Wohnort	Inhalt

B. Kommission für die Agrarverhältnisse.

28.	II. 255.	Ewert und Genossen, Bewohner der Thorner linksseitigen Niederung,	beantragen, ihnen für erlittene Ueberschwemmungsschäden Unterstützung aus Staatsfonds zu bewilligen.
29.	288.	Lehmbeck in Hoopte und Genossen, Deputirte des Neulander Deichverbandes, (überreicht von den Abgeordneten Ludowieg und Friedrichs (Lüneburg))	beantragen Gewährung einer weiteren Entschädigung für die dem Verbande im Jahre 1875 durch das Hochwasser entstandenen Schäden.
30.	294.	Reil, Bürgermeister, und Genossen, Waldparzellenbesitzer in Rehna,	beantragen Entlassung ihres Waldes aus der Staatsforstaufsicht.
31.	355.	Schöpsmeier und Held in Hagedorn (überreicht vom Abgeordneten Schnatsmeier)	beantragen zu erwirken, daß das Verkoppelungsverfahren bezüglich der Hageborner Feldmark aufgehoben werde.

Freiherr v. Huene,
Vorsitzender der Kommission für die Agrarverhältnisse.

C. Kommission für das Justizwesen.

45.	II. 279.	Ehlert und Genossen, Gerichtsschreiber in Allenstein,	beantragen, das Maximalgehalt der Gerichtsschreiber bei den Land- und Amtsgerichten auf 3 600 Mark und die Tagegelder derselben bei Dienstreisen auf 9 Mark zu erhöhen.
46.	281.	Brockstädt, Amtsgerichtssekretär und andere Justizsubalternbeamte in Königsberg i./Pr.	beantragen, die Subalternbeamten der Lokaljustizbehörden und der Provinzialjustizbehörden in Rang und Einkommen gleichzustellen und den Justizsubalternbeamten eine Gehaltsaufbesserung zu gewähren.
47.	333.	Ehlert in Grabow,	beautragt die Wiederaufnahme eines gegen ihn anhängig gewesenen Strafverfahrens zu veranlassen.
48.	4761.	Claaß und Genossen, Kanzleigehülfen bei den Justizbehörden in Hagen i./W.	beantragen, die Einkommens- und Anstellungsverhältnisse der Kanzleigehülfen bei den Justizbehörden in näher angegebener Weise zu verbessern.

Simon v. Jastrow,
Vorsitzender der Kommission für das Justizwesen.

D. Kommission für das Gemeindewesen.

17.	II. 6017.	Vertretung der Stadt Eupen,	beantragt, den Städten mit mehr als 10 000 Einwohnern zur Deckung der ihnen in Folge der sozialreformatorischen Gesetze erwachsenden Ausgaben aus Staatsmitteln einen Zuschuß zu gewähren, welcher dem auf den Kopf der Bevölkerung entfallenden, durch diese Gesetze veranlaßten Kostenaufwande entspricht.
18.	16152-60.	Die städtischen Behörden in Ranis u. a. O.	beantragen den Antrag der Städte Erfurt, und anderer von mehr als 10 000 Einwohnern auf Gewährung eines Staatszuschusses zur Deckung der den Städten in Folge der Durchführung der sozialreformatorischen Gesetze erwachsenden Kosten in der gestellten Form abzulehnen und den Staatszuschuß den Stadt- und Landkreisen — den letzteren zwecks Vertheilung unter die einzelnen Gemeinden — zu überweisen.

Wessel,
Vorsitzender der Kommission für das Gemeindewesen.

Haus der Abgeordneten. Verzeichniß der eingegangenen Petitionen.

Laufende Nummer	Journal-Nummer	Name und Wohnort	Inhalt

E. Kommission für das Unterrichtswesen.

25.	II. 254.	Paulsen, Fräulein in Annettenhöhe, (überreicht vom Abgeordneten Christophersen)	beantragt ihrer Mutter, der Wittwe des Direktors des Königlichen Taubstummeninstituts zu Schleswig — Paulsen — eine Wittwenpension zu gewähren.
26.	261.	Blfimel in Eisleben und Genossen, Lehrer an mittleren Schulen und höheren Töchterschulen in der Provinz Sachsen, (überreicht vom Abgeordneten Dr. Arendt)	beantragen gesetzliche Regelung der Pensions-, Relikten- und Gehaltsverhältnisse der Lehrpersonen an Mittelschulen ꝛc.
27.	262.	Steinhoefel, emeritirter Lehrer in Prenzlau,	beantragt Erhöhung seines Ruhegehalts.
28.	277.	Langner, emeritirter Lehrer in Habelschwerdt, (überreicht vom Abgeordneten Dr. Porsch)	beantragt Erhöhung des Ruhegehalts derjenigen Lehrer, welche vor Erhöhung der Alterszulagen nach dreißigjähriger Dienstzeit emeritirt sind.
29.	293.	Schenk, Rektor in Frankenberg, und andere Lehrer des Kreises Frankenberg, (überreicht vom Abgeordneten Riesch)	beantragen, ihnen für das Jahr 1891/92 eine Theuerungszulage aus Staatsfonds zu bewilligen.
30.	300.	Friese in Hannover und Genossen, geprüfte Zeichenlehrer an höheren Lehranstalten,	beantragen Verbesserung ihrer amtlichen Stellung und ihres Einkommens.
31.	246 2.	Wende, pensionirter Lehrer in Schmiegel,	beantragt, das Ruhegehalt der vor 1885 emeritirten Lehrer zu erhöhen.

Kratz,

Stellvertretender Vorsitzender der Kommission für das Unterrichtswesen.

F. Kommission zur Prüfung des Staatshaushaltsetats.

74.	II. 259.	Abaschkiewitz und Genossen, Gerichtsassistenten in Beuthen O./Schl.,	beantragen darauf hinzuwirken, daß den Gerichtsassistenten eine Theuerungszulage für das Jahr 1891/92 nachträglich bewilligt und in Zukunft bis zur demnächstigen Gehaltsaufbesserung gewährt werde.
75.	263.	Schubert, Spediteur in Görlitz,	beantragt die Aufhebung einer Anordnung zu erwirken, nach welcher die Verladung von Möbelwagen nur zu gestatten ist, wenn unter die Räder Bohlen gelegt werden.
76.	270.	Kelter, Bergmann in Altenkessel,	beantragt, die jetzigen Regeln für Gewährung staatlicher Prämien an Berg- und Hüttenleute, welche in der Nähe von Staatswerken sich Wohnhäuser bauen, in näher angegebener Weise abzuändern.
77.	2711—8.	Meyer und Genossen, Bahnmeister in Nienburg u. a. O.,	beantragen das Gehalt der Bahnmeister mit dem der Stationsvorsteher II. Klasse gleichzustellen und denselben Funktionszulage zu gewähren.
78.	278.	Wolff, Lehrer, und Genossen in Hanau, (überreicht vom Abgeordneten Zimmermann)	beantragen die Position des Etats „Für den Neubau einer Turnhalle in Hanau" abzusetzen und die Staatsregierung zu veranlassen, der Frage näher zu treten, ob das Gymnasialgebäude in Hanau den daran zu stellenden Ansprüchen noch genügt.
79.	289.	Lepiorsch, Vorsteher der Königlichen Präparandenanstalt in Rosenberg O./Schl., (überreicht vom Abgeordneten Grafen Clairon d'Haussonville)	beantragt das Einkommen der Vorsteher an Königlichen Präparandenanstalten in näher angegebener Weise zu regeln.

22   Haus der Abgeordneten. Verzeichniß der eingegangenen Petitionen.

Laufende Nummer	Journal-Nummer	Name und Wohnort	Inhalt
80.	II. 312.	Ahrendt und Genossen, Büreaudiätare im Bezirk der Eisenbahndirektion Magdeburg,	beantragen Beschleunigung der ersten Anstellung der Diätare.
81.	3161–3.	Caffen und Genossen in Lysabel u. a. O.	beantragen den Bau einer Eisenbahn von Sonderburg nach Tingleff.
82.	324.	Roste und Ziegler, pensionirte Förster in Prinzenthal,	beantragen Aufbesserung ihrer Pension.
83.	3261–2.	Hanisch und Krosta, Eisenbahntelegraphisten in M.-Gladbach und Elberfeld,	beantragen, den Eisenbahntelegraphisten den Wohnungsgeldzuschuß für Subalternbeamte zu gewähren und dieselben in die II. Klasse der Subalternbeamten überzuführen.
84.	354.	Friedländer und Genossen in Berlin	machen Vorschläge zu einer Reform der Personen- und Gepäcktarife auf den Preußischen Staatsbahnen.
85.	2274.	Arbelt und Genossen in Lewin u. a. O.,	beantragen Weiterführung der Bahn Glatz-Rückers-Reinerz bis Lewin.

Francke (Tondern),

Vorsitzender der Kommission zur Prüfung des Staatshaushaltsetats.

— — —

G. **Kommission (X) zur Vorberathung des Entwurfs eines Volksschulgesetzes. — Nr. 9 und Zu Nr. 9 der Drucksachen.**

20.	II. 256.	Reinhardt, Kirchenältester, und Genossen in Lieberose,	beantragen Genehmigung des Entwurfs.
21.	257.	Meyer, Bürgermeister, und Genossen in Laub,	beantragen, die im vormaligen Herzogthum Nassau eingeführten Simultanschulen beizubehalten.
22.	258.	Professor Dr. Loofs und Genossen, 102 Lehrer der Universität Halle-Wittenberg,	machen eine Reihe von Bedenken gegen den Entwurf geltend.
23.	266.	Uhlendorff, Kaufmann, und Genossen in Hamm,	beantragen Ablehnung des Entwurfs.
24.	267.	Der Synodalausschuß der Probstei Südtondern	beantragt, eine jährliche einmalige Entlassung der Kinder aus der Volksschule für die Provinz Schleswig-Holstein festzusetzen.
25.	268.	Handtke, Lehrer in Klötzen,	macht seine Wünsche geltend zu den Bestimmungen des Entwurfs, welche das Einkommen der Lehrer betreffen.
26.	269.	Cremer, Pfarrer in Unna,	spricht sich zustimmend zum Gesetzentwurf aus.
27.	2720-41.	Vorstände der Gemeinden Niederhofheim u. a.	beantragen Ablehnung des Entwurfs.
28.	273.	Köhler, Rektor, und Genossen, Lehrer in Zielenzig u. a. O., (überreicht vom Abgeordneten Rickert)	machen Wünsche geltend zu mehreren Bestimmungen des Entwurfs, namentlich zu denjenigen, welche das Einkommen der Lehrer betreffen.
29.	274.	Krampf in Berlin	beantragt Annahme des Entwurfs.
30.	275.	Krause, Tischler in Berlin,	erhebt verschiedene Einwendungen gegen den Entwurf.
31.	276.	Christoph und Genossen in Gnadenfrei	beantragen Annahme des Entwurfs.
32.	282.	Hasse und Genossen in Stolp	erheben mehrere prinzipielle Einwendungen gegen den Entwurf.
33.	283.	Magistrat und Stadtverordnetenversammlung in Wiesbaden	beantragen, die die Simultanschulen betreffenden Bestimmungen des Entwurfs abzulehnen.
34.	284.	Vertretung der Stadt Ruhrort	beantragt Ablehnung des Entwurfs.
35.	285.	Zauder und Genossen in Wusterhausen (überreicht vom Abgeordneten v. Quast)	machen Wünsche geltend, welche sich in der Hauptsache auf die Dienst- und Einkommensverhältnisse der Lehrer beziehen.
36.	286.	v. Salisch und Genossen, Militsch-Trachenberg,	beantragen, den konfessionellen Charakter der Volksschule festzusetzen.

Haus der Abgeordneten. Verzeichniß der eingegangenen Petitionen. 23

Laufende Nummer	Journal-Nummer	Name und Wohnort	Inhalt
37.	II. 287.	Christoph, Schmiedemeister in Lebus,	theilt seine Erfahrungen über Landschulen mit.
38.	290.	Hahn, Lehrer in Kolberg,	beantragt wegen Berechnung der Dienstjahre städtischer Lehrer zu bestimmen, daß denselben eventuell auch die Dienstjahre an Landschulen angerechnet werden, und den Bürgermeistern ein Strafrecht über Lehrer nicht einzuräumen.
39.	291.	Wiepking, Gutsbesitzer in Pathannen,	beantragt, seine jetzige Verpflichtung zur Aufbringung von Schullasten anderweit zu regeln.
40.	292.	Roland, Rittergutsbesitzer auf Eholdhayn bei Beitz,	beantragt Ablehnung des Entwurfs.
41.	295.	Schittke in Berlin	beantragt Ablehnung des Entwurfs.
42.	296.	Dr. Ahlmann, Banquier, und Genossen in Kiel,	beantragen, den Entwurf nur unter voller Umgestaltung seiner grundsätzlichen Bestimmungen anzunehmen.
43.	297.	Rahne und Genossen in Herdecke	beantragen Ablehnung des Entwurfs.
44.	298.	Kalle und Genossen in Wiesbaden	beantragen dasselbe.
45.	299.	Dr. Fester, Funck und Dr. Roesler in Frankfurt a. M. (überreicht vom Abgeordneten Grimm (Frankfurt)	beantragen Bestimmungen zu treffen, durch welche die Weiterentwicklung der Einrichtung der städtischen Simultanvolksschule in Frankfurt auch für die Zukunft gesichert wird und die Befugnisse der Gemeindebehörden bezüglich der Verwaltung der dortigen Volksschule ungeschmälert im seitherigen Umfange aufrecht erhalten werden.
46.	301.	Neder in Berlin	beantragt Ablehnung des Entwurfs.
47.	302.	Kreitling und Genossen in Berlin	beantragen dasselbe.
48.	304.	Magistrat und Stadtverordnete in Berlin	beantragen dasselbe.
49.	305.	Deltyer, Lehrer a. D. in Elbing,	macht Vorschläge zu dem das Diensteinkommen der Volksschullehrer behandelnden Abschnitt des Entwurfs.
50.	306.	Braeside, erster Bürgermeister in Bromberg, als Vorsitzender einer Versammlung,	beantragt Ablehnung des Entwurfs.
51.	307.	Müller und Genossen in Carthaus	beantragen dasselbe.
52.	308.	Schirmer, Stadtrath, und Wolff, Stadtverordneter, u. A. in Thorn,	machen verschiedene Bedenken gegen den Entwurf geltend.
53.	309.	Dr. Jobst und Genossen in Berlin	beantragen Annahme des Entwurfs.
54.	310.	Tippel, Gasthofbesitzer in Guhrau,	beantragt dasselbe.
55.	311.	Ritter und Genossen in Waxweiler	beantragen zu bestimmen, daß für die Kinder der Landbevölkerung des Eifelgebirges der Schulbesuch sich auf halbe Tage zu erstrecken habe.
56.	314.	Damm und Genossen in Danzig, (überreicht vom Abgeordneten Rickert)	beantragen die Nichtannahme des Entwurfs in seiner jetzigen Gestalt.
57.	315.	Bahr und Genossen in Landsberg a./W.	beantragen Ablehnung des Entwurfs.
58.	318.	Reisch, Müllermeister, in Alt-Tschau, und Genossen,	sprechen ihre Zustimmung zu dem Entwurf aus.
59.	319.	Bäthge, Pfarrer, und Genossen in Nehfelde,	sprechen ihre Zustimmung zu dem Entwurf aus.
60.	320.	Schroeder, Kammergerichtsrath, und Genossen in Berlin,	beantragen Ablehnung des Entwurfs.
61.	321¹.	Magistrat und Stadtverordnetenversammlung der Stadt Ems	beantragen allen Bestimmungen des Entwurfs, welche zu Gunsten konfessioneller Volksschulen den Fortbestand vorhandener Simultanschulen zu gefährden oder die Neueinrichtung von Simultanschulen zu hindern oder zu erschweren geeignet erscheinen, die Zustimmung zu versagen.
62.	322.	Magistrat und Bürgervorsteherkollegium der Stadt Hann.-Münden	beantragen Ablehnung des Entwurfs.

24 Haus der Abgeordneten. Verzeichniß der eingegangenen Petitionen.

Laufende Nummer	Journal-Nummer	Name und Wohnort	Inhalt
63.	II. 323.	Schaum, Bürgermeister, und Genossen in Weilburg,	beantragen Ablehnung des Entwurfs.
64.	328.	Sommer, Justizrath, in Grotttau,	macht zur Information Mittheilung von den in Sachen, betreffend die Gründung eines evangelischen Schulsystems im Orte Guhrau, ergangenen Anordnungen.
65.	329.	Schmidt und Lewin in Guben	erwarten Ablehnung des Entwurfs.
66.	330.	Dr. Bochan in Köln	beantragt, derartige Bestimmungen zu vereinbaren, welche der Volksschule den staatlichen und nationalen Charakter in vollem Umfange sichern.
67.	331.	Dr. W. Raydt in Hannover	beantragt Ablehnung des Entwurfs.
68.	332.	Boch, Geheimer Kommerzienrath in Merzig (überreicht vom Abgeordneten Knebel)	beantragt dahin Bestimmung zu treffen, daß für obere Klassen bezw. Abtheilungen der Landschulen während der Sommermonate Halbtagsunterricht eingerichtet werden darf.
69.	334.	Dr. Zeller und Genossen, 69 ordentliche Professoren der Universität Berlin	sprechen eine Reihe von Wünschen aus, nach denen sie den Entwurf zu gestalten beantragen.
70.	335.	Magistrat und Stadtverordnete zu Elbing	beantragen Ablehnung des Entwurfs.
71.	336.	Dr. Lempke in Liegnitz	beantragt dasselbe.
72.	337.	Buschhaus in Hagen	beantragt dasselbe.
73.	338.	Sior, Superintendent (Synodalkonvent der Diözese Havelberg-Wilsnack)	beantragt einige Aenderungen der Vorschriften des Entwurfs, welche sich auf Entlassung der Kinder aus der Schule und die Trennung eines Schulamts vom Kirchenamte beziehen.
74.	339.	Werner, Heinzerling und Genossen in Biedenkopf	beantragen Ablehnung des Entwurfs.
75.	342.	Burl in Berlin	beantragt verschiedene Abänderungen des Entwurfs.
76.	343.	Frhr. v. d. Loe in Terporten	beantragt, die Schulpflichtdauer der Kinder der ländlichen Bevölkerung nicht auf das vollendete 14. Lebensjahr oder darüber hinaus auszudehnen und die im Schlußparagraphen vorgesehene Aenderung des Einkommensteuergesetzes nicht zu genehmigen.
77.	344.	Gemeinderath der Stadt Biebrich-Mosbach	beantragt Ablehnung des Entwurfs.
78.	346.	Godsch, Buchhändler in Liegnitz,	beantragt Annahme des Entwurfs.
79.	347.	Dienstbach in Usingen	beantragt Ablehnung des Entwurfs.
80.	348.	Beder, Oberbürgermeister in Köln, und die Oberbürgermeister von 7 anderen Städten	machen verschiedene Bedenken geltend gegen die Bestimmungen des Entwurfs, welche die Rechte und Pflichten der Gemeinden regeln sollen.
81.	349.	Brenner, Bürgermeister, und Genossen in Fleisbach,	beantragen mehrere Aenderungen des Entwurfs.
82.	350.	Jung, Bürgermeister, und Genossen in Schlangenbad,	beantragen für Erhaltung des Nassauischen Schulgesetzes einzutreten.
83.	351.	Magistrat zu Oranienburg	beantragt festzusetzen, daß der Gemeindevorstand von milden Stiftungen für deren Zöglinge, welche die Volksschule am Orte besuchen, einen Schulbeitrag erheben darf.
84.	352 u. 2.	Kellerhof, Rechtsanwalt und Genossen in Wiesbaden und in Raub, (überreicht vom Abgeordneten Dr. Lieber)	verlangen eine Fassung des Entwurfs dahin, daß die Bewohner des ehemaligen Herzogthums Nassau je nach der Konfession getrennten Schulen kommen.
85.	353.	Wasmuth, emeritirter Lehrer in Himmighausen,	beantragt, die Bestimmung des Entwurfs über die Höhe der Pension der Lehrer und deren Wittwen abzuändern.
86.	358.	Besper und Genossen, Lehrer in Frankenau u. a. O., (überreicht vom Abgeordneten Riesch)	beantragen mehrere Aenderungen des Entwurfs.
87.	359.	Milde, Amtsgerichtsrath a. D., in Breslau,	beantragt Annahme des Entwurfs.
88.	360.	Magistrat der Stadt Höchst a. M.	beantragt Ablehnung des Entwurfs.

Laufende Nummer	Journal-Nummer	Name und Wohnort	Inhalt
89.	II. 361.	Trappe, Pfarrer, und Genossen in Alt-Trebbin,	beantragen der Volksschule den christlich konfessionellen Charakter zu wahren.
90.	362.	Magistrat und Stadtverordneten-versammlung in Danzig	beantragen Ablehnung des Entwurfs.
91.	363.	Dr. jur. Amelung in Stettin (überreicht vom Abgeordneten Broemel)	beantragt dasselbe.
92.	366.	Bachmann, Justizrath in Bielefeld,	beantragt dasselbe.
93.	367.	Ulm in Strehlen	beantragt, den Entwurf in seinen konfessionellen Grundlagen aufrecht zu erhalten.

Graf Clairon d'Haussonville,
Vorsitzender der Kommission X.

---

11. Kommission (XI) zur Vorberathung des Gesetzentwurfs, betreffend die Kosten Königlicher Polizeiverwaltungen in den Stadtgemeinden, — Nr. 8, A zu Nr. 8 und B zu Nr. 8 der Drucksachen.

1.	II. 301.	Magistrat und Bürgervorsteher-kollegium der Stadt Celle	beantragen, die Beitragspflicht für Städte unter 25 000 Einwohnern auf 60 Pf. pro Kopf festzusetzen, die Insassen der Strafanstalten bei Berechnung der zahlungspflichtigen Kopfzahl außer Betracht zu lassen und im ersten Satz des § 6 hinter den Worten „Minderausgabe des Staates" einzuschalten: „und der Mehrausgaben der Stadtgemeinde".
2.	340.	Magistrat der Stadt Linden	beantragt Ablehnung des Entwurfs.
3.	341.	Der Oberbürgermeister der Stadt Köln	beantragt, den Entwurf in Bezug auf die Beitragspflicht der Städte über 75 000 Einwohner abzuändern und ihn in einigen anderen Punkten zu ergänzen.
4.	364.	Magistrat in Danzig	beantragt Ablehnung des Entwurfs.
5.	371.	Magistrat in Charlottenburg	beantragt dasselbe.
6.	392.	Magistrat in Berlin	macht seine Bedenken gegen den Entwurf geltend.

Barth,
Vorsitzender der Kommission XI.

Druck und Verlag: W. Moeser Hofbuchdruckerei in Berlin.

IV.

Verzeichniß
der
bei dem Hause der Abgeordneten eingegangenen Petitionen.
17. Legislaturperiode IV. Session 1892.

Laufende Nummer	Journal-Nummer	Name und Wohnort	Inhalt
		A. Kommission für die Petitionen.	
59.	II. 369.	Der Kirchenvorstand der katholischen Gemeinde Birngrütz, (überreicht vom Abgeordneten Dr. Avenarius)	beantragt zu erwirken, daß die Dotation, welche die Gemeinde dem früher dort zur Anstellung gekommenen sog. Staatspfarrer zu gewähren habe, auf Staatsfonds übernommen werde.
60.	387.	Voigt, Bahnwärter a. D. in Osterburg,	beantragt ihm eine Pension zu verschaffen.
61.	393.	Zimmer, Dechant in Neuerburg, und Genossen, katholische Pfarrer des Dechanats Neuerburg, (überreicht vom Abgeordneten Brockmann)	beantragen zu erwirken, daß bei Berechnung der Alterszulagen der katholischen Pfarrer die Dienstjahre vom Tage der Weihe als Priester ab gerechnet werden.
62.	419.	Beyer, Müllermeister in Guhren,	beantragt, ihm eine Beihülfe zu den Kosten der Herstellung eines Ueberganges von der Guhrauer Chaussee auf sein Grundstück aus Staatsmitteln zu bewilligen.
63.	441.	Bruyler, früherer Eisenbahnschaffner in Pankow,	beantragt Erhöhung seiner Pension zu vermitteln.

Lehmann,
Vorsitzender der Kommission für Petitionen.

		B. Kommission für die Agrarverhältnisse.	
32.	II. 370.	Lausten, Hofbesitzer in Süder-Selersleff.	beantragt zu erwirken, daß eine auf seinem Hofe lastende Abgabe an das Pastorat in Emmerleff ermäßigt werde.
33.	389.	Mey, Hofbesitzer in Gemlitz, (überreicht vom Abgeordneten Schroeder)	beantragt zu vermitteln, daß die für Abtretung eines Theils seines Ackers zur Weichselregulirung festgesetzte Entschädigung erhöht werde.
34.	446.	Bartel, Besitzer in Ober-Meffau,	beantragt ihm zur Beseitigung von Schäden, welche er durch Ueberschwemmungen erlitten, ein Darlehn aus Staatsfonds zu bewilligen.

Freiherr v. Durant,
Vorsitzender der Kommission für die Agrarverhältnisse.

Laufende Nummer	Journal-Nummer	Name und Wohnort	Inhalt
		D. Kommission für das Gemeindewesen.	
19.	II. 394.	Schulze, Bauerngutsbesitzer in Rübnitz,	beschwert sich über seine Nichtbestätigung zum Gemeindevorsteher und Gerichtsmann.
20.	16161	Der Magistrat in Jastrow	beantragt, den Antrag der Städte Erfurt und anderer von mehr als 10 000 Einwohnern auf Gewährung eines Staatszuschusses zur Deckung der den Städten in Folge der Durchführung der sozialreformatorischen Gesetze erwachsenden Kosten in der gestellten Form abzulehnen und den Staatszuschuß den Stadt- und Landkreisen — den letzteren zwecks Vertheilung unter die einzelnen Gemeinden — zu überweisen.

Wessel,
Vorsitzender der Kommission für das Gemeindewesen.

		E. Kommission für das Unterrichtswesen.	
32.	II. 368.	Thomsen, Hofbesitzer in Roost, und Genossen (überreicht vom Abgeordneten Johannsen)	beantragen es herbeizuführen, daß der Religionsunterricht in den nordschleswigschen ländlichen Volksschulen in 6 Stunden wöchentlich in dänischer Sprache ertheilt werde.
33.	372.	Möbis und Genossen, emeritirte Lehrer in Neuruppin, (überreicht vom Abgeordneten Lamprecht)	beantragen Erhöhung ihres Ruhegehalts.
34.	429.	Schlid und Genossen, Eingesessene von Hüinghausen und Umgegend,	beantragen zu veranlassen, daß statt in Ahe im Dorfe Hüinghausen eine Volksschule eingerichtet werde.
35.	439.	Dr. Kaiser, Direktor, und Genossen, wissenschaftliche Lehrer an den Realanstalten des vormaligen Herzogthums Nassau, (überreicht vom Abgeordneten Dr. Grimm [Wiesbaden])	beantragen, ihnen und ihren Nachfolgern im Amt das Anrecht auf Versorgung ihrer Hinterbliebenen aus dem vormals Nassauischen Centralfonds zu Unterstützungen der Wittwen und Waisen der Real- und Elementarlehrer wiederum zu verleihen.
36.	461.	Kulbert, Strafanstaltslehrer in Lingen, (überreicht vom Abgeordneten v. Schenckendorff)	beantragt die Pensions- und Rangverhältnisse der Strafanstaltslehrer in näher angegebener Weise zu regeln.

Kratz,
Stellvertretender Vorsitzender der Kommission für das Unterrichtswesen.

		F. Kommission zur Prüfung des Staatshaushaltsetats.	
86.	II. 356.	Magisträte von Krappitz und von Zülz (überreicht von dem Abgeordneten v. Helldorff)	beantragen den Bau einer Eisenbahn von Neustadt Oberschlesien über Zülz und Krappitz nach Gogolin.
87.	365.	Nordenberg und Fischer, Bahnmeister,	beantragen, den Bahnmeistern I. Klasse Gehalt wie den Stationsvorstehern I. Klasse und den Bahnmeistern Gehalt wie den Stationsvorstehern II. Klasse zu gewähren.
88.	395.	Bergemann, Förster a. D. in Graudenz, (überreicht durch den Abgeordneten Rickert)	beantragt Erhöhung seiner Pension.

Haus der Abgeordneten. Verzeichniß der eingegangenen Petitionen.

Laufende Nummer	Journal-Nummer	Name und Wohnort	Inhalt
89.	II. 406.	Lachner, Direktor der Handwerker- und Kunstgewerbeschule in Hannover,	beantragt Erhöhung der Ausgabesummen des Etats für gewerbliches Schulwesen.
90.	420.	Dithmar, pens. Gymnasialoberlehrer in Marburg,	beantragt für Erhöhung des Ruhegehalts der pensionirten Gymnasiallehrer einzutreten.
91.	421.	Noack in Herford und Genossen, seminaristisch gebildete Lehrer an höheren Unterrichtsanstalten und deren Vorschulen,	beantragen Aufbesserung ihrer Besoldung und Gewährung von Alterszulagen.
92.	440.	Claussen und Genossen in Grafenstein	beantragen, nur einer Bahn von Sonderburg über Gravenstein — nicht über Beuschau und Seegard — nach Tingleff zuzustimmen.
93.	460.	Wedding, früherer Rittergutsbesitzer, jetzt in Rosenberg Westpr.,	beantragt zu vermitteln, daß ihm die Ansiedelungskommission in Posen das ihrerseits in der Subhastation erworbene ihm zugehörig gewesene Gut Gulbien zurücküberlasse oder ihm eine Entschädigung von 60 000 Mark zahle.
94.	326 ³	Hahn, Eisenbahntelegraphist in Magdeburg,	beantragt, den Eisenbahntelegraphisten den Wohnungsgeldzuschuß für Subalternbeamte zu gewähren und dieselben in die II. Klasse der Subalternbeamten überzuführen.

Francke (Tondern),
Vorsitzender der Kommission zur Prüfung des Staatshaushaltsetats.

G. Kommission (X) zur Vorberathung des Entwurfs eines Volksschulgesetzes. — Nr. 9 und Zu Nr. 9 der Drucksachen.

94.	II. 373.	Pretzel, Stadtverordneter in Berlin,	beantragt, den Prinzipien des Entwurfs zuzustimmen.
95.	374.	Seulberg, Bürgermeister und Genossen in Bierstadt,	beantragen Ablehnung.
96.	375.	Thlum in Wittstock, (überreicht vom Abgeordneten Knörcke)	beantragt dasselbe.
97.	376.	Dühmert, Korrektor, und Genossen, Lehrer in Liebenwalde u. a. O., (überreicht vom Abgeordneten Lohren)	machen eine Reihe von Abänderungsvorschlägen.
98.	377.	Brisch und Genossen in Königsberg (Neumark),	beantragen einige Aenderungen des Entwurfs, die auf Regelung des jüdischen Religionsunterrichts abzielen.
99.	378.	Stadtverordnetenversammlung in Nordhausen, (überreicht vom Abgeordneten Lerche)	beantragt Ablehnung des Entwurfs.
100.	379.	Müller in Niederschönweide,	beantragt dasselbe.
101.	380.	Lattmann und Genossen in Goslar,	beantragen dasselbe.
102.	381.	Hahne, Kaufmann, und Genossen in Elbingerode,	beantragen dasselbe.
103.	382.	Magistrat und Bürgervorsteherkollegium in Klausthal	beantragen dasselbe.
104.	383¹⁻².	Schmidt, Superintendent, und Genossen in Mittenwalde u. a. O.,	beantragen Annahme des Entwurfs.
105.	384.	Riemer, Pastor in Berlin,	beantragt dasselbe.
106.	385.	Magistrat und Stadtverordnete in Rosenberg (Westpreußen)	beantragen Ablehnung.

30 Haus der Abgeordneten. Verzeichniß der eingegangenen Petitionen.

Laufende Nummer	Journal-Nummer	Name und Wohnort	Inhalt
107.	II. 386.	Magistrat und Stadtverordnete in Memel	beantragen Ablehnung.
108.	3881—3.	Schäfer, Bürgermeister, und Genossen in Dillenburg u. a. O.,	beantragen dasselbe.
109.	390.	Bartels, Fabrikbesitzer, und Genossen in Gütersloh,	beantragen, der Volksschule den christlich-konfessionellen Charakter zu sichern.
110.	391.	Dr. Weihe, Amtsgerichtsrath, und Genossen in Herford,	stimmen den grundlegenden Theilen des Gesetzentwurfs zu.
111.	396.	Obuch, Rechtsanwalt in Graudenz,	beantragt Ablehnung des Entwurfs.
112.	397.	Dr. Nitzsch, ordentlicher Professor der Theologie, und Genossen, 65 Lehrer der Universität Kiel,	machen ihre Bedenken gegen den Entwurf geltend.
113.	398.	Wöllmer in Charlottenburg,	protestirt gegen den Entwurf.
114.	399.	Ren|sch und Genossen in Krischa,	beantragen Annahme des Entwurfs.
115.	400.	Dr. Friedrich, Sanitätsrath, und Genossen in Hameln,	beantragen dasselbe.
116.	401.	Junge, Senator in Hameln,	beantragt Ablehnung mehrerer näher bezeichneter Abschnitte des Entwurfs.
117.	402.	Der Stadtrath von Hanau,	beantragt Ablehnung des Entwurfs.
118.	403.	Der Gemeinderath und eine Anzahl von Einwohnern der Stadt Braubach,	beantragen, das Nassauische Schulgesetz aufrecht zu erhalten.
119.	404.	Kroll in Tilsit,	beantragt Ablehnung des Entwurfs und Erlaß eines Volksschuldotationsgesetzes.
120.	405.	Magistrat und Stadtverordneten-versammlung in Spandau,	beantragen Ablehnung.
121.	407.	Proll und Genossen, Lehrer in Küstrin, (überreicht vom Abgeordneten v. Neumann)	beantragen, den Entwurf an verschiedenen Stellen in näher angegebener Weise abzuändern.
122.	408.	Henrici und Genossen, Einwohner der Gemeinde Anspach,	beantragen Ablehnung.
123.	409.	Fleischmann, Pastor, und Genossen in Strausberg,	beantragen Annahme.
124.	410.	Magistrat und Stadtverordneten-versammlung in Tilsit	beantragen mehreren näher bezeichneten Bestimmungen des Entwurfs nicht zuzustimmen.
125.	411.	Stiewe, Lehrer in Kommerau,	beantragt, die Bestimmungen des Entwurfs über das Einkommen ec. der Lehrer in näher angegebener Weise abzuändern.
126.	412.	Der Gemeinderath der Stadt Biebrich-Mosbach	beantragt Ablehnung.
127.	413.	Magistrat und Stadtverordneten-versammlung in Zielenzig	desgl.
128.	414.	Vorstand der Diözesensynode der Diözese Fritzlar-Melsungen	beantragt die Lokalschulaufsicht der Geistlichen beizubehalten, die Kirche in ihrem Eigenthumsrecht an den kirchlichen Stiftungen, auch an den zu Schul- und Schulbesoldungszwecken bestimmten zu schützen, und das Einkommen der Lehrer zu verbessern.
129.	415.	Magistrat und Stadtverordneten-versammlung in Liegnitz	beantragen näher angegebene Abänderungen verschiedener Abschnitte des Entwurfs.
130.	416.	Wendler in Frankfurt a. O.	beantragt Ablehnung.
131.	417.	Stadtverordnetenversammlung in Höchst	desgl.
132.	418.	Osterndorf u. Ringe in Dorum	beantragen Ablehnung des Entwurfs und Annahme eines Dotationsgesetzes.

Haus der Abgeordneten. Verzeichniß der eingegangenen Petitionen.

Laufende Nummer	Journal-Nummer	Name und Wohnort	Inhalt
133.	II. 422.	Lic. Weber in M.-Gladbach	spricht verschiedene Wünsche behufs Berücksichtigung bei der Beschlußnahme über den Entwurf aus.
134.	423.	Becker, Bürgermeister und Genossen in Daubvrn,	beantragen Ablehnung.
135.	424.	Heiland, Bürgermeister und Genossen in Eibelshausen,	desgl.
136.	425.	Der Gemeinderath und mehrere Bürger der Stadt Idstein	beantragen mehreren näher bezeichneten Abschnitten des Entwurfs die Zustimmung zu versagen.
137.	426.	Mielenz in Berlin	beantragt Ablehnung.
138.	427.	Thews und Genossen, Lehrer in Passenheim,	sprechen verschiedene Wünsche aus, behufs Berücksichtigung bei der Beschlußnahme über den Entwurf.
139.	428.	Blell und Genossen in Brandenburg (überreicht vom Abgeordneten Hugo Hermes)	beantragen Ablehnung.
140.	430.	Feuerhak und Genossen in Kronstadt	beantragen Annahme.
141.	431.	Mendelson, Pfarrer in Seehausen, und Genossen (überreicht vom Abgeordneten Bartels)	beantragen den Entwurf in seinen Grundlinien anzunehmen.
142.	432.	Schulz und Genossen, 72 Professoren der Universität Göttingen,	treten den Bedenken bei, welche die Dozenten der Universität Halle in ihrer Eingabe vom 3. Februar 1892 gegen den Entwurf erhoben haben.
143.	433.	Lehmann in Berlin	erhebt eine Reihe von Bedenken gegen den Entwurf.
144.	434.	Keller, Bürgermeister a. D. in Duisburg,	beantragt Ablehnung.
145.	436.	Edels und Genossen in Göttingen	beantragen Umgestaltung event. Ablehnung.
146.	437.	Schmidt und Genossen in Geestemünde und Lehe	desgl.
147.	438.	Stadtverordnetenversammlung in Wesel	beantragt Ablehnung.
148.	442.	Sartori, Geheimer Kommerzienrath und Genossen in Kiel,	desgl.
149.	443.	Münch und Genossen in Küstrin	desgl.
150.	444.	Kreitling in Berlin	desgl.
151.	445.	Kühnel, Pastor und Genossen in Horka,	beantragen für die Volksschule die konfessionelle Grundlage festzusetzen und für die Lehrer ein angemessenes Mindestgehalt staatlicherseits sicher zu stellen.
152.	447.	Göbel und Genossen in Jgstadt	beantragen Ablehnung.
153.	448.	Hellriegel in Berlin	desgl.
154.	449.	Magistrat und Stadtverordnetenversammlung in Frankfurt a. O.	beantragen Ablehnung.
155.	450.	Loga, Stadtrath, und Genossen in Wilster	erheben eine Reihe von Bedenken gegen den Entwurf.
156.	451.	Sirp, Lehrer, und Genossen in Bergen, (überreicht vom Abgeordneten Meyer zu Selhausen)	erklären ihre Zustimmung zu den Hauptbestimmungen des Entwurfs.
157.	452.	Capilo, Kreistagsabgeordneter, und Genossen in Hahn	beantragen Ablehnung.
158.	453.	Mohr, Landwirth, und Genossen in Flacht,	desgl.

Anhang z. d. Anl. d. stenogr. Berichte. 17. Legisl. IV. Session 1892.

Laufende Nummer	Journal-Nummer	Name und Wohnort	Inhalt
159.	II. 454.	Schwarz, Landwirth, und Genossen in Brekenheim	beantragen Ablehnung.
160.	455.	Christ, Bürgermeister, und Genossen in Niederseelbach	desgl.
161.	456.	Gemeinderath und eine Anzahl Einwohner der Gemeinde Wehen	beantragen eine Reihe näher angegebener Aenderungen des Entwurfs.
162.	457.	Sommer in Oberursel	beantragt Ablehnung.
163.	458.	Eichnatter in Homburg v. d. Höhe	desgl.
164.	459.	Stadtverordnetenversammlung in Homburg v. d. Höhe (II Nr. 457—459 überreicht vom Abgeordneten Heineken)	desgl.
165.	2724247.	Vorstände der Gemeinden Schwanheim u. a.	beantragen Ablehnung des Entwurfs.
166.	3212-7.	Gemeinde Erbenheim u. a.	beantragen, allen Bestimmungen des Entwurfs, welche zu Gunsten konfessioneller Volksschulen den Fortbestand vorhandener Simultanschulen zu gefährden oder die Neueinrichtung von Simultanschulen zu hindern oder zu erschweren geeignet erscheinen, die Zustimmung zu versagen.

Graf Clairon d'Haussonville,
Vorsitzender der Kommission X.

Druck und Verlag: W. Moeser Hofbuchdruckerei in Berlin.

V.

Verzeichniß
der
bei dem Hause der Abgeordneten eingegangenen Petitionen.
17. Legislaturperiode IV. Session 1892.

Laufende Nummer	Journal-Nummer	Name und Wohnort	Inhalt
		A. Kommission für die Petitionen.	
64.	II. 495.	Buer und Genossen, Grundbesitzer in Buer, (überreicht vom Abgeordneten Dr. Ostrop)	führen Beschwerde über die Kirchensteuerumlage für den Neubau der dortigen Kirche.
65.	536.	Rasch, Geh. Kanzleidirektor a. D. und andere Pensionäre in Berlin,	beantragen mehrere Bestimmungen des Reglements für die Königliche Allgemeine Wittwenverpflegungsanstalt vom 28. Dezember 1775 in näher bezeichneter Weise abzuändern.

Lehmann,
Vorsitzender der Kommission für Petitionen.

		B. Kommission für die Agrarverhältnisse.	
35.	II. 480.	Middelstädt und Genossen, Eigenthümer in Bellinchen,	beantragen Bewilligung einer Unterstützung aus Staatsfonds zum Ersatz von Schäden, welche ihnen das diesjährige Oberhochwasser zugefügt.
36.	484.	Wester- und Liatelermarscher Deichacht in Norden, (überreicht vom Abgeordneten Fegter)	beantragt zu veranlassen, daß in den Staatshaushaltsetat für 1893/94 der Betrag von 1 161 000 Mark eingestellt werde, welcher ihr unter näher angegebenen Bedingungen als Darlehn zu gewähren sei.
37.	522.	Jankowski und Genossen, Grundbesitzer in Kawcze, (überreicht vom Abgeordneten Dr. v. Jazdzewski)	beantragen Weiterführung der bestehenden Eindeichung der Gemarkung Kawcze auf Staatskosten, Gewährung einer Beihülfe zur Herstellung einer Dammstraße von Kawcze nach Schrimm aus Staatsmitteln und Ankauf der Gemarkung Kawcze seitens des Fiskus.
38.	551.	Kraatz in Stralsund	beantragt auf gesetzlichem Wege festzusetzen, daß die Fischerei in der Tiefe der Ostsee nach wie vor allen Fischern und Fischerei treibenden Bewohnern der Küste ohne Pachtzahlung und Entgelt freistehe.

Freiherr v. Huene,
Vorsitzender der Kommission für die Agrarverhältnisse.

Haus der Abgeordneten. Verzeichniß der eingegangenen Petitionen.

Laufende Nummer	Journal-Nummer	Name und Wohnort	Inhalt

C. Kommission für das Justizwesen.

49.	II. 468.	Frau Leppner in Bernburg	führt Beschwerde über Justizbehörden, die mit Regulirung einer näher bezeichneten Erbschaftssache betraut waren.
50.	471.	Prüfer, Landgerichtsassistent in Liegnitz, (überreicht vom Abgeordneten Lange)	beantragt zu erwirken, daß er zum Gerichtsschreiber (Sekretär) ernannt werde.
51.	532.	v. Oldenburg und Genossen auf Nordstrand	beantragen, dem Vorschlage des bezüglichen Gesetzentwurfs, das Amtsgericht auf der Insel Nordstrand aufzuheben, nicht zuzustimmen.

Simon v. Jastrow,
Vorsitzender der Kommission für das Justizwesen.

E. Kommission für das Unterrichtswesen.

37.	II. 462.	Tromnau in Bromberg und Genossen, Lehrer an mittleren Schulen und höheren Mädchenschulen,	beantragen einheitliche gesetzliche Regelung der Dotations-, Pensions- und Reliktenverhältnisse der Lehrpersonen an mittleren Schulen.
38.	470.	Nowinsky und Genossen in Laurahütte (überreicht vom Abgeordneten Rickert)	beantragen, den Lehrern der Gemeindeschulen zu Laurahütte staatliche Dienstalterszulagen zu gewähren.
39.	485.	Jung, pensionirter Lehrer in Hüffelsheim,	beantragt Erhöhung seiner Pension.
40.	514.	Sydow und Genossen, emeritirte Lehrer in Stolp (Pommern),	beantragen Erhöhung ihrer Pension.
41.	521.	Hennig und Genossen, Lehrer in Potsdam,	beantragen die Versorgung der Lehrerwittwen in näher angegebener Weise anderweit gesetzlich zu regeln.

Freiherr v. Plettenberg-Mehrum,
Vorsitzender der Kommission für das Unterrichtswesen.

F. Kommission zur Prüfung des Staatshaushaltsetats.

95.	II. 494.	Lühns, Schleusenmeister in Hammerfort,	beantragt, sein Gehalt nach seiner Gesammtdienstzeit — auch als Soldat und Gendarm — zu bemessen.
96.	533.	Zimnik, Lehrer in Rosenberg O.-Schl., (überreicht vom Abgeordneten Grafen Clairon d'Haussonville)	beantragt den zweiten Lehrern an den staatlichen Präparandenanstalten nach 25 jähriger Dienstzeit 2400 Mark Gehalt zu gewähren.
97.	535.	Dr. Scheibing und Genossen, Direktor und Lehrer des städtischen Gymnasiums zu Waldenburg, (überreicht vom Abgeordneten Dr. Ritter)	beantragen, im Normalbesoldungsetat für die Lehrer der höheren Unterrichtsanstalten die obligatorische Einführung der Dienstalterszulagen auch an städtischen höheren Lehranstalten festzusetzen.
98.	300.	Friese in Hannover und Genossen, geprüfte Zeichenlehrer an höheren Lehranstalten,	beantragen Verbesserung ihrer amtlichen Stellung und ihres Einkommens.

Francke (Tondern),
Vorsitzender der Kommission zur Prüfung des Staatshaushaltsetats.

Laufende Nummer	Journal-Nummer	Name und Wohnort	Inhalt
		G. Kommission (X.) zur Vorberathung des Entwurfs eines Volksschulgesetzes, — Nr. 9 und zu Nr. 9 der Drucksachen.	
167.	II. 463.	Brand, Stadtverordneter, und Genossen in Wesel	beantragen den Entwurf in seinen wesentlichen Bestimmungen anzunehmen.
168.	464.	von Ploetz in Berlin, als Präsident des Deutschen Bauernbundes,	beantragt die christliche Grundlage und den konfessionellen Charakter des Entwurfs nicht zu verändern.
169.	465.	Kroll in Tilsit (überreicht vom Abgeordneten Weiß)	beantragt Ablehnung.
170.	466.	Bitzmann in Berlin	spricht sich gegen den Entwurf aus.
171.	467.	Zöller und Genossen in Grenzhausen	beantragen Ablehnung.
172.	469.	Blume, Rektor in Melle	beantragt Bestimmung zu treffen, wodurch die bereits zu Recht bestehenden öffentlichen Rektor- und Mittelschulen in ihrem Bestande gesichert werden und den Lehrern an denselben Einkommen u. s. w. gewährleistet werde.
173.	472.	Der Ausschuß der evang. luth. Bezirkssynode Bassum und der Kreisschulinspektionslehrerverein Bassum	beantragen näher angegebene Aenderungen oder Ablehnung des Entwurfs.
174.	473.	Magistrat und Stadtverordnetenversammlung in Frankfurt a./M. (überreicht vom Abgeordneten Grimm [Frankfurt])	beantragen Ablehnung.
175.	474.	Die Stadtkollegien der Stadt Kiel	erheben eine Reihe von Bedenken gegen den Entwurf.
176.	475.	Baumgart und Genossen, 53 Dozenten der Universität Königsberg,	beantragen Ablehnung.
177.	476.	Schroeder, Lehrer in Magdeburg,	wünscht, daß der Entwurf in verschiedenen Theilen abgeändert werde.
178.	477.	Magistrat und Stadtverordnetenversammlung der Stadt Birnbaum	beantragen Ablehnung.
179.	478.	Dr. Rimann und Genossen in Hirschberg	beantragen Ablehnung.
180.	479.	Deuter, Bürgermeister, und Genossen, Bürger und Einwohner der Städte Clausthal, Zellerfeld und Wildemann (überreicht vom Abgeordneten Engels)	beantragen Ablehnung.
181.	481.	Ahlwardt und Genossen, 40 Professoren der Universität Greifswald,	schließen sich der Petition von Lehrern der Universität Halle vom 3. Februar 1892 an.
182.	482.	Hankel, Lehrer in Lychen, (überreicht vom Abgeordneten Lamprecht)	macht verschiedene Abänderungsvorschläge.
183.	483.	Roelbig, Pastor in Fischbach in Schl,	stellt Anträge auf Abänderung des von der Schulpflicht der Kinder handelnden Theils des Entwurfs.
184.	486.	Bleklinski und Genossen in Kröben	beantragen für die Provinz Posen zu bestimmen, daß in den Schulen, welche von Kindern polnischer Zunge besucht werden, die Muttersprache nicht nur als Unterrichtsgegenstand, sondern auch als Unterrichtssprache wieder einzuführen sei.
185.	487.	Baacke in Berlin	beantragt Ablehnung.
186.	488.	Magistrat und Stadtverordnete der Stadt Posen	desgleichen.
187.	489.	Elbers in Otterndorf	beantragt Ablehnung oder den Erlaß eines Dotationsgesetzes.

Laufende Nummer	Journal-Nummer	Name und Wohnort	Inhalt
188.	II.4901-96.	Moeres und Genossen, Familienväter in Dortmund u. a. O. Westfalens. (490¹³ aus Westkilver u. a. O. überreicht vom Abgeordneten Meyer zu Selhausen, 490⁹⁶ aus Blasheim überreicht vom Abgeordneten Frhrn. v. b. Reck)	erklären ihr Einverständniß mit dem Entwurf.
189.	491.	Engelke in Berlin	beantragt Annahme der wesentlichen Bestimmungen des Entwurfs.
190.	492.	Thilo, Buchhändler, und Genossen in Freienwalde	beantragen Annahme.
191.	493.	Pretzel, Stadtverordneter in Berlin,	desgleichen.
192.	496.	Magistrat und Stadtverordnete von Insterburg	beantragen Ablehnung.
193.	497.	Ide, Maurermeister in Friedrichsberg,	beantragt Ablehnung.
194.	498.	Magistrat und Stadtverordnetenversammlung in Charlottenburg	desgleichen.
195.	499.	Stadtverordnetenversammlung in Remscheid	desgleichen.
196.	500.	B. Poltrock und Helene Lange (überreicht vom Abgeordneten Rickert)	tragen an, einige näher bezeichnete Aenderungen und Ergänzungen des Entwurfs vorzunehmen.
197.	501.	Haken, Oberbürgermeister in Stettin und Genossen, — Pommerscher Städtetag —	tragen Bedenken und Wünsche vor, welche sich vornehmlich auf diejenigen Bestimmungen des Gesetzentwurfs beziehen, die für die Verwaltung der Volksschulen und für die Bürgerschaft in den Städten von besonderem Interesse sind.
198.	502.	Harkort, Ehrenamtmann a. D., und Genossen, Eingesessene des Amts Euneperstraße,	beantragen Ablehnung.
199.	503.	Rahl und Genossen, 45 Professoren der Rheinischen Friedrich Wilhelm Universität zu Bonn,	beantragen den Entwurf, wie er vorliegt, abzulehnen und nur den Bestimmungen zuzustimmen, welche die Vermögensverhältnisse der Volksschule betreffen.
200.	504.	Lindemann, Pfarrer in Hückeswagen, und Genossen in Düsseldorf	beantragen den Prinzipien des Entwurfs über den konfessionellen Charakter der öffentlichen Volksschule und die Betheiligung der Eltern an der Schulverwaltung zuzustimmen.
201.	505.	Lic. Dr. Kolbe, Professor, Gymnasialdirektor in Treptow a. R., und Genossen	beantragen dasselbe und eine Reihe von Aenderungen des Entwurfs.
202.	506.	Magistrat und Stadtverordnete von Lyck	protestiren gegen den Erlaß eines Volksschulgesetzes auf der Grundlage des Entwurfs.
203.	507.	Stadtverordnetenversammlung in Velbert	beantragt Ablehnung.
204.	508.	Better, Kaufmann, und Genossen in Pasewalk	beantragen Annahme.
205.	509.	Magistrat und Stadtverordnetenversammlung in Königsberg i.Pr.	beantragen Ablehnung.
206.	510.	Arntzen in Rixdorf	spricht sich gegen den Entwurf aus.
207.	511.	Boetticher in Halberstadt	wünscht Ablehnung des Entwurfs.
208.	513.	Bona-Meyer in Bonn	beantragt den Entwurf abzulehnen.
209.	515.	Lic. Weber, Pfarrer, und Genossen M.-Gladbach	beantragen, den Bestimmungen des Entwurfs über den konfessionellen Charakter der öffentlichen Volksschule und die Betheiligung der Eltern an der Schulverwaltung zuzustimmen.
210.	516.	v. Saldern, Oberst a. D. in Pyritz, (überreicht vom Abgeordneten v. Schoening)	beantragt Annahme.
211.	517.	Farr und Genossen in Weilburg	beantragen Ablehnung.

Laufende Nummer	Journal-Nummer	Name und Wohnort	Inhalt
212.	II. 518.	Graf Waldenburg in Limburg a. d. Lahn (überreicht vom Abgeordneten Dr. Lieber)	erklärt sich mit Ausführung der Verfassungsbestimmung: bei Einrichtung der Volksschulen die konfessionellen Verhältnisse möglichst zu berücksichtigen — einverstanden.
213.	519.	v. Bedell-Barlow in Polzen und Genossen	sprechen sich für die christliche Grundlage und den konfessionellen Charakter der Volksschule und deren Verbindung mit der Kirche aus.
214.	520.	Beuneke und Genossen, 53 Professoren der Universität Breslau,	beantragen, dem Entwurfe mit Ausnahme der Bestimmungen über die Aufbringung der Volksschullasten und über die finanziellen Rechte der Lehrer die Zustimmung zu versagen.
215.	523.	Raumann und Genossen in Sangerhausen	beantragen Ablehnung.
216.	524.	Meyer und Genossen in Hameln	beantragen Ablehnung.
217.	525.	Boehm, Oberlehrer, und Genossen in Berlin	beantragen den Grundsätzen des Entwurfs zuzustimmen.
218.	526.	Iversen, Lehrer in Munkbrarup (überreicht vom Abgeordneten Bunzen)	trägt an, den Entwurf in mehreren Theilen abzuändern.
219.	527.	Götting, Justizrath und Genossen in Hildesheim	beantragen Ablehnung.
220.	528.	Elering, Stadtpfarrer und Genossen in Höchst a./M.	erklären ihre Zustimmung.
221.	529.	Prietsch, Pfarrer, und Genossen in Langenbreer	desgleichen.
222.	530.	Apel, Lehrer in Breinum, und Genossen (überreicht vom Abgeordneten Sander)	tragen auf Abänderung einer Reihe von Paragraphen des Entwurfs an.
223.	531.	Thies, Lehrer in Frankfurt a./M.,	wünscht Aenderung einiger Paragraphen des Entwurfs.
224.	534.	Dr. Ufer in Berghausen (überreicht vom Abgeordneten Richter)	beantragt Ablehnung.
225.	537.	Edolt, Seminardirektor, und Genossen in Osterburg,	beantragen, den Entwurf bezüglich der Bestimmung über Berechnung der Dienstjahre der Lehrer dahin zu vervollständigen, daß auch die Lehrthätigkeit an Seminarpräparandenanstalten mit berücksichtigt werde.
226.	538.	Rappo und Genossen in Berlin	erklären ihre Zustimmung zu dem Gesetzentwurf.
227.	539.	Magistrat und Stadtverordneten-Collegium in Husum	beantragen den Entwurf nach näherer Angabe umzuändern.
228.	540.	Kahlcke und Genossen in Heide (überreicht vom Abgeordneten Ottens)	machen eine Reihe von Bedenken gegen den Entwurf geltend.
229.	541.	Wilde, Stadtrath in Eberswalde,	beantragt Ablehnung des Entwurfs und den Erlaß eines Schuldotationsgesetzes.
230.	542.	Kroos in Bederkesa (überreicht vom Abgeordneten Schelm)	beantragt Ablehnung.
231.	543.	Heubud, Pastor, und Genossen in Brumby	beantragen den Grundlagen des Gesetzentwurfs zuzustimmen.
232.	544.	Weller, Pastor, und Genossen in Senne	desgleichen.
233.	545.	Jung, Gastwirth, und Genossen in Bleidenstadt	machen eine Reihe von Bedenken gegen den Entwurf geltend.
234.	546.	Staude, Oberbürgermeister in Halle, (Namens der Vertreter der Städte der Provinz Sachsen mit mehr als 10 000 Einwohnern)	beantragt Ablehnung.
235.	548.	Weber und Genossen, Bürgermeister von 41 Städten in der Provinz Hessen-Nassau, (überreicht vom Abgeordneten Dr. Enneccerus)	beantragen Ablehnung.

Haus der Abgeordneten. Verzeichniß der eingegangenen Petitionen.

Laufende Nummer	Journal-Nummer	Name und Wohnort	Inhalt
236.	II.6491-5.	Winter, Bürgermeister und Genossen in Singhofen u. a. O. II 649⁴ aus Herborn (überreicht vom Abgeordneten Dr. Grimm [Wiesbaden])	beantragen namentlich, weil sie Beibehaltung der nassauischen Simultanschulen wünschen, Ablehnung des Entwurfs.
237.	6501-36.	Strüber, Bürgermeister und Genossen in Hartenfels	sprechen sich gegen Beibehaltung der nassauischen Simultanschulen und für Genehmigung der Bestimmungen des Entwurfs über Einrichtung konfessioneller Schulen aus.
238.	552.	Magistrat und Stadtverordnete in Eckernförde	beantragen Ablehnung.
239.	553.	Lucius und Genossen in Müllrose	desgleichen.
240.	554.	Langer und Genossen in Grünberg	desgleichen.
241.	555.	Wagner, Pfarrer, und Genossen in Nebelin	beantragen Annahme.
242.	556.	Magistrat der Stadt Münster	erklärt, indem er die Rechte der Stadtgemeinden in Bezug auf die Verwaltung des Schulwesens nachdrücklich geltend macht, seine Zustimmung zu den Grundlagen des Entwurfs, soweit dieser die Konfessionalität der Volksschule sichert und die Rechte der Eltern und der Religionsgesellschaften in Bezug auf die Schule anerkennt.
243.	557.	Schäfer in Zeitz	spricht sich für die Konfessionalität der Volksschule aus.
244.	558.	Stadtverordnetenversammlung der Stadt Lennep	beantragt Ablehnung.
245.	559.	Naumann, Justizrath, in Lüneburg	desgleichen.
246.	6111.	Neumann und Genossen, Lehrer in Prenzlau,	beantragen die staatlichen Dienstalterszulagen auch den Lehrern in Städten mit mehr als 10 000 Einwohnern zu gewähren.
247.	27248-57.	Vorstände der Gemeinden Oberlaufen u. A.	beantragen Ablehnung des Entwurfs.
248.	3112-3.	Cremer und Genossen in Elwerath u. a. O. des Kreises Prüm	beantragen zu bestimmen, daß für die Kinder der Landbevölkerung der Eifelgebirges der Schulbesuch sich nur auf halbe Tage zu erstrecken habe.
249.	3218-9.	Gemeinde Reichenberg u. a.	beantragen allen Bestimmungen des Entwurfs, welche zu Gunsten konfessioneller Volksschulen den Fortbestand vorhandener Simultanschulen zu gefährden oder die Neueinrichtung von Simultanschulen zu hindern oder zu erschweren geeignet erscheinen, die Zustimmung zu versagen.
250.	3322-5.	Petri-Fitten und Genossen in Hilbringen u. a. O. (überreicht vom Abgeordneten Knebel)	beantragen dahin Bestimmung zu treffen, daß für obere Klassen bezw. Abtheilungen der Landschulen während der Sommermonate Halbtagsunterricht eingerichtet werden darf.
251.	4502-5.	Ahrens, Gewerbeschuldirektor und Genossen in Kiel u. a. O. (II. 4506 aus Blumenthal überreicht vom Abgeordneten Dr. Seelig)	erheben eine Reihe von Bedenken gegen den Entwurf.
252.	4542-6.	Schleunes, Bürgermeister, und Genossen in Wallau u. a. O.	beantragen Ablehnung.

Graf Clairon d'Haussonville,
Vorsitzender der Kommission X.

H. Kommission (XI) zur Vorberathung des Gesetzentwurfs, betreffend die Kosten Königlicher Polizeiverwaltungen in den Stadtgemeinden, — Nr. 8, A zu Nr. 8 und B zu Nr. 8 der Drucksachen.

| 7. | II. 512. | Magistrat und Stadtverordnetenversammlung in Königsberg i. Pr. | beantragen, wenn nicht die Ablehnung des Gesetzes herbeigeführt werden sollte, die Herabsetzung des Beitragssatzes für Königsberg. |

Sarlk,
Vorsitzender der Kommission XI.

Druck und Verlag: W. Moeser Hofbuchdruckerei in Berlin.

VI.

Verzeichniß
der
bei dem Hause der Abgeordneten eingegangenen Petitionen.
17. Legislaturperiode IV. Session 1892.

Laufende Nummer	Journal-Nummer	Name und Wohnort	Inhalt
		A. Kommission für die Petitionen.	
66.	II. 562.	Rausch und Genossen, Gemeindevorsteher in Borui u. a. O.,	beantragen die Ortschaften Borui, Alt- und Neuborui, Alt- und Neuschacke bei dem Katasteramt in Neutomischel zu belassen.
67.	563.	Rimmeyer, Eisenbahnbüreaudiätar in Witten,	beantragt einer neuerdings ergangenen Anordnung, betreffend Anrechnung der Militärdienstzeit auf die Civildienstzeit rückwirkende Kraft bezüglich aller jetzigen außeretatsmäßigen Beamten beizulegen.
68.	581.	Alt, Pfarrer in Buch, und Genossen,	beantragen das Gesetz über die Vermögensverwaltung in den katholischen Kirchengemeinden dahin abzuändern, daß überall in der Rheinprovinz der Pfarrer kraft Gesetzes den Vorsitz im Kirchenvorstande führt und die kirchliche Gemeindevertretung in Wegfall kommt.
69.	596.	Lefrieu in Hillesheim und Genossen, Pfarrer des Dekanats Hillesheim,	beantragen zu veranlassen, daß bei Berechnung der Alterszulagen der katholischen Pfarrer die Dienstjahre derselben vom Tage der Priesterweihe gerechnet werden.
70.	597.	Zoellner in Manderscheid und Genossen, Pfarrer des Dekanats Manderscheid,	
71.	621.	Becker und Genossen, Einwohner von Gringelborn,	beantragen zu vermitteln, daß ihnen gestattet werde, Kohlen, welche sie geschenkweise aus der Grube „König" zu empfangen haben, mit der Eisenbahn zu befördern.
			Lehmann, Vorsitzender der Kommission für Petitionen.
		B. Kommission für die Agrarverhältnisse.	
39.	II. 566.	Gabriel, Mühlenmeister in Lichterfelde,	beantragt die Aufhebung der auf seinem Gute ruhenden Verpflichtung zur Zahlung einer Rente.
40.	590.	Weil, Bürgermeister und Genossen, Ackerbau treibende Bürger von Klein-Schwalbach, (überreicht vom Abgeordneten Rickert)	beantragen zu veranlassen, daß das Domänenvorwerk Klein-Schwalbach gegen den Gemeindewald umgetauscht werde.

Laufende Nummer	Journal-Nummer	Name und Wohnort	Inhalt
41.	II. 607.	Hörig, Rittergutsbesitzer in Körnitz und Genossen, (überreicht vom Abgeordneten Dr. v. Heydebrand und der Lasa)	beantragen zu veranlassen, daß die Regierung auf denjenigen Strecken der mittleren Bartsch, auf denen der Domänen- oder Forstfiskus räumungspflichtig ist, die nach der Polizeiverordnung vom 21. Dezember 1861 vorgeschriebene Normalbreite herstelle und den übrigen Räumungspflichtigen zur Erfüllung ihrer Verpflichtungen angemessene Beihülfen gewähre.

Freiherr v. Huene,
Vorsitzender der Kommission für die Agrarverhältnisse.

C. Kommission für das Justizwesen.

52.	II. 5791-2.	Gemeindevertretungen von Pellworm und Hooge (überreicht vom Abgeordneten Jürgensen)	beantragen, der Aufhebung des Amtsgerichts Pellworm nicht zuzustimmen.
53.	532 2.	Jacobsen, Gemeindevertreter und Genossen in Nordstrand u. a. O.	beantragen, der Aufhebung des Amtsgerichts auf der Insel Nordstrand nicht zuzustimmen.

Simon v. Jastrow,
Vorsitzender der Kommission für das Justizwesen.

D. Kommission für das Gemeindewesen.

21.	622.	Stadtverordnetenversammlung zu Merseburg (überreicht vom Abgeordneten Eberty)	beantragt anzuerkennen, daß ihr in dem in der Petition besprochenen Falle das selbstständige und direkte Beschwerderecht zusteht und dem zuständigen Minister zu ersuchen, ihr einen sachlichen Bescheid in der Angelegenheit zugehen zu lassen.

Wessel,
Vorsitzender der Kommission für das Gemeindewesen.

E. Kommission für das Unterrichtswesen.

42.	II. 560.	Gustavs, emeritirter Lehrer und Küster in Lassan, (überreicht vom Abgeordneten Grafen Clairon d'Haussonville)	beantragt Erhöhung des Ruhegehalts für die vor dem 1. April 1890 emeritirten Lehrer.
43.	619.	Teubner, Lehrer in Schroda,	beantragt Gewährung einer persönlichen Zulage aus Staatsmitteln, welche für Lehrer in der Provinz Posen ausgesetzt sind.

Freiherr v. Plettenberg-Mehrum,
Vorsitzender der Kommission für das Unterrichtswesen.

Haus der Abgeordneten. Verzeichniß der eingegangenen Petitionen.

Laufende Nummer	Journal-Nummer	Name und Wohnort	Inhalt
		F. Kommission zur Prüfung des Staatshaushaltsetats.	
99.	II. 565.	Scheffler, Zeichenlehrer in Rauen,	beantragt für das in der Vergangenheit zu wenig erhaltene Gehalt eine Entschädigung aus der Staatskasse und für die Zukunft das Gehalt der Zeichenlehrer nach dem neuen Normaletat.
100.	589.	Klinck, Zeichenlehrer in Danzig,	beantragt näher angegebene Aenderungen des Normalbesoldungsplanes für Lehrer an höheren Lehranstalten.
101.	598.	Rettelbusch, Gymnasial-Turnlehrer in Merseburg, (überreicht vom Abgeordneten v. Helldorff)	beantragt Gleichstellung der Turnlehrer an den höheren Schulen mit den Zeichenlehrern.
102.	611.	Bausch, Bergwerksbesitzer in Linnich,	beantragt den Bau einer Eisenbahn zwischen Lindern, Linnich, Jülich und Roermond.

Francke (Tondern),
Vorsitzender der Kommission zur Prüfung des Staatshaushaltsetats.

G. Kommission (X) zur Vorberathung des Entwurfs eines Volksschulgesetzes, — Nr. 9 und Zu Nr. 9 der Drucksachen.

253.	II. 564.	Gebhardt, Lehrer in Langenlonsheim, und Genossen	beantragen zu bestimmen, daß den Landlehrern aus Kreis- oder Bezirkskassen bis zum 20. Dienstjahre, Kommunalzulagen gewährt werden.
254.	567.	Toltemin, Pfarrer, und Genossen in Zöllenbeck (überreicht durch Abgeordneten Meyer zu Selhausen)	sprechen sich für den konfessionellen Charakter der Volksschule aus.
255.	568.	Stadtverordnetenversammlung in Lüttringhausen	beantragt Ablehnung.
256.	569¹⁻³.	Vertretungen der Städte Gelsenkirchen u. a.	erklären ihre Zustimmung zur Petition des Magistrats zu Münster — II 566 —
257.	570.	Magistrat und Stadtverordnetenversammlung zu Grünberg	beantragen Ablehnung.
258.	571.	Fegter und Genossen in Wirdum (überreicht vom Abgeordneten Fegter)	desgleichen.
259.	572.	Hippel und Genossen in Berlin	desgleichen.
260.	573.	Magistrat und Stadtverordnetenversammlung in Lauban	desgleichen.
261.	574.	Magistrat und Stadtverordnetenversammlung in Breslau	beantragen, dem Entwurfe, insbesondere soweit derselbe die Schulverwaltung der Städte betrifft, die Zustimmung zu versagen.
262.	575.	Callement, Gymnasiallehrer, und Genossen in Pyritz (überreicht vom Abgeordneten v. Schöning)	machen Bedenken gegen mehrere Bestimmungen des Entwurfs geltend.
263.	576.	Wiese und Genossen in Neumünster	beantragen, den Entwurf dahin abzuändern, daß diejenigen Bestimmungen, welche den Einfluß der Geistlichkeit auf die Schule ungebührlich steigern, sowie diejenigen, welche die Gemeinderechte schmälern, aus demselben entfernt werden.
264.	577.	Rümble, Lehrer, und Genossen in Bünde u. a. O. Westfalens	beantragen zu bestimmen, daß den Lehrern auch die in einem andern Bundesstaate zugebrachte Dienstzeit bei der Altersszulage mit angerechnet werde.
265.	578.	Elze, Rechtsanwalt, und Genossen in Halle	beantragen Ablehnung.

9*

42   Haus der Abgeordneten. Verzeichniß der eingegangenen Petitionen.

Laufende Nummer	Journal-Nummer	Name und Wohnort	Inhalt
266.	II. 582.	Bast in Ruver und Genossen, Lehrer des Landkreises Trier,	stimmen einigen Theilen des Entwurfs zu und wünschen die Abänderung anderer.
267.	583.	Magistrat und Gemeindekirchenrath in Mittenwalde	stimmen dem Entwurfe zu.
268.	584.	Die Stadtverordnetenversammlung in Solingen	beantragt Ablehnung.
269.	585.	Magistrat und Stadtverordnetenversammlung von Bromberg	desgleichen.
270.	586.	Magistrat und Stadtverordnetenversammlung von Marienburg	desgleichen.
271.	587.	Professor Dr. Jürgen Bona Meyer in Bonn als Vorsitzender des liberalen Schulvereins für Rheinland und Westfalen	beantragt Ablehnung.
272.	588 1-2.	Deutide in Sanne, Pastor und Genossen — evang. Pfarrervereine der Altmark und anderer Landestheile —	erklären ihre Zustimmung zu den Grundgedanken des Entwurfs.
273.	591.	Magistrat und Stadtverordnetenversammlung in Rüdesheim (Überreicht vom Abgeordneten Dr. Lotichius)	beantragen Ablehnung.
274.	592.	Dorner, Turnwart, und Genossen in Berlin	desgleichen.
275.	593.	Fürstnow, Lehrer in Gollin,	beantragt Annahme.
276.	594.	Magistrat und Stadtverordnetenversammlung von Oranienburg	beantragen Ablehnung.
277.	595.	Hottenroth, Bürgermeister, und Genossen in Johannisberg	beantragen, nicht solche Bestimmungen zu treffen, welche zu Gunsten konfessioneller Volksschulen den Fortbestand vorhandener Simultanvolksschulen zu gefährden oder die Neueinrichtung von Simultanschulen zu hindern oder zu erschweren geeignet erscheinen.
278.	599.	Gemeinderath von Marienberg	beantragt Ablehnung.
279.	600.	Pfannschmidt, Pastor, und Genossen in Neu-Tornow u. a. O. (Überreicht vom Abgeordneten Dr. Kropatschek)	beantragen, die christliche Volksschule zu erhalten.
280.	601.	Rüthnick, Pastor, und Genossen in Repin (Überreicht vom Abgeordneten Dr. Kropatschek)	desgleichen.
281.	602.	Mergler und Genossen (Überreicht vom Abgeordneten Dr. Grimm [Wiesbaden])	erheben Bedenken gegen mehrere Bestimmungen des Entwurfs.
282.	603.	Stadtverordnetenversammlung von Kreuznach	beantragt Ablehnung.
283.	604.	Wöllmer in Charlottenburg	spricht sich gegen den Entwurf aus.
284.	605.	Reh in Berlin	beantragt Annahme.
285.	606.	Vollmer und Genossen, Lehrer in Waldrode	beantragen eine Reihe von Paragraphen abzuändern.
286.	608.	Magistrat und Stadtverordnete von Köslin	beantragen, den Entwurf nach den Anträgen des Pommerschen Städtetages abzuändern.
287.	609.	Tramm in Hannover für den Verein der sämmtlichen selbstständigen Städte der Provinz Hannover	beantragt Ablehnung.
288.	610.	Dürken, Lehrer in Belm,	trägt die Wünsche des katholischen Lehrervereins behufs Gestaltung des Volksschulgesetzes vor.
289.	612.	Weiß und Genossen in Hilchenbach	beantragen Ablehnung.
290.	613.	Vorstand und Einwohner der Stadt Rastätten	desgleichen.
291.	614.	Neumann und Genossen in Tangermünde	erheben Bedenken gegen den Entwurf.

Laufende Nummer	Journal-Nummer	Name und Wohnort	Inhalt
292.	II. 615.	Magistrat und Stadtverordneten-versammlung zu Kottbus	beantragen Ablehnung.
293.	616.	Wulff und Genossen in Dortmund	erklären sich mit den Grundgedanken des Entwurfs einverstanden.
294.	617.	Magistrat und Stadtverordnete von Allenstein	beantragen Ablehnung.
295.	618.	Uhle-Wettler, Pfarrer, und Genossen in Obergebra und Friedrichsrode	sprechen ihre Zustimmung zum Entwurf aus.
296.	620.	Knapp, Bürgermeister, und Genossen in Kirberg	beantragen Ablehnung.
297.	623.	Rogalla, Stadtverordneter, und Genossen in Allenstein (überreicht vom Abgeordneten Markowski)	beantragen, das Schulwesen auf christlicher konfessioneller Grundlage zu regeln.
298.	624.	Bronitsch, Pastor und Genossen in Krossen und Falkenhein (überreicht vom Abgeordneten Dr. Kropatschek)	beantragen, daß Schulgesetz so zu fassen, daß ihre Kinder im evangelischen Glauben erzogen werden.
299.	625.	Der Gemeindevorstand in Mausfelden	beantragt Ablehnung.
300.	626.	Aumann, Superintendent und Genossen in Gr. Tinz	beantragen, für die Volksschule den christlichen Charakter und die konfessionelle Grundlage festzusetzen.
301.	627.	Dinse, Stadtverordneter in Berlin,	beantragt Ablehnung.
302.	628.	Rappo, Kaufmann, und Dr. Renadier in Berlin	sprechen sich zustimmend zum Entwurf aus.
303.	27268-62.	Weber und Genossen in Bechtheim u. a. O.	beantragen Ablehnung des Entwurfs.
304.	3114.	Gemeinderäthe in Borg u. a. O.	beantragen zu bestimmen, daß für die Kinder der Landbevölkerung des Eifelgebirges der Schulbesuch sich nur auf halbe Tage zu erstrecken habe.
305.	3326-11.	Görgen und Genossen in Weiskirchen u. a. O.	beantragen dahin Bestimmung zu treffen, daß für obere Klassen bezw. Abtheilungen der Landschulen während der Sommermonate Halbtagsunterricht eingerichtet werden darf.
306.	3802.	Eberhardt, Bürgermeister, und Genossen in Salzgitter (überreicht vom Abgeordneten Mackensen)	beantragen Ablehnung des Entwurfs.
307.	3884-5.	Hett, Gymnasiallehrer und Genossen in Emd u. a. O. (II. 3886 überreicht vom Abgeordneten Heineken)	beantragen Ablehnung.
308.	4506-7.	v. Paschkowski, Rechtsanwalt, und Genossen in Tondern u. a. O. (II. 4506 überreicht vom Abgeordneten Dr. Seelig)	erheben eine Reihe von Bedenken gegen den Entwurf.
309.	4547-8.	Tung, Bürgermeister in Sechshelden, und Genossen	beantragen Ablehnung.
310.	49037-45.	Gottschalk, Pfarrer, und Genossen in der Münster-Landgemeinde u. a. O. (II. 49037 u. a. aus Elferdissen u. a. O. überreicht vom Abgeordneten Meyer zu Selhausen; II. 49035 u. a. aus Hüllhorst u. a. O. überreicht vom Abgeordneten Frhrn. v. b. Recs)	erklären ihr Einverständniß mit dem Entwurf.
311.	4982.	Magistrat und Stadtverordnetenversammlung in Friedeberg (Neumark)	beantragen Ablehnung des Entwurfs.
312.	5152-9.	Lange, Pastor, und Genossen in Rheydt u. a. O.	beantragen den Bestimmungen des Entwurfs über den konfessionellen Charakter der öffentlichen Volksschule und die Betheiligung der Eltern an der Schulverwaltung zuzustimmen.

Laufende Nummer	Journal-Nummer	Name und Wohnort	Inhalt
313.	II.5406-12.	Caur, Bürgermeister, u. Genossen in Langenseifen u. a. O. (II. 5497—9 aus Flacht u. a. O. überreicht vom Abgeordneten Schaffner; II. 5491¹ aus Selters überreicht vom Abgeordneten Rickert)	beantragen namentlich, weil sie Beibehaltung der nassauischen Simultanschulen wünschen, Ablehnung des Entwurfs.
314.	55087-113.	Breuers, Pfarrer, u. Genossen in Pfaffenwiesbach u. a. O.	sprechen sich gegen Beibehaltung der nassauischen Simultanschulen und für Genehmigung der Bestimmungen des Entwurfs über Einrichtung konfessioneller Schulen aus

Graf Clairon d'Haussonville,
Vorsitzender der Kommission X.

II. Kommission (XI) zur Vorberathung des Gesetzentwurfs, betreffend die Kosten Königlicher Polizeiverwaltungen in den Stadtgemeinden, — Nr. 8, A zu Nr. 8 und B zu Nr. 8 der Drucksachen.

8.	II. 561.	Stadtverordnetenversammlung in Berlin	beantragt, den Entwurf in näher angegebener Weise abzuändern.
9.	580.	Magistrat in Breslau	beantragt Ablehnung des Entwurfs.

Sarth,
Vorsitzender der Kommission XI.

Druck und Verlag: W. Moeser Hofbuchdruckerei in Berlin.

VII.

Verzeichniß
der
bei dem Hause der Abgeordneten eingegangenen Petitionen.
17. Legislaturperiode IV. Session 1892.

Laufende Nummer	Journal-Nummer	Name und Wohnort	Inhalt
		A. Kommission für die Petitionen.	
72.	II. 644.	Graf v. Mirbach-Sorquitten in Berlin	beantragt, die Initiative des Deutschen Reichs zur internationalen Wiederherstellung des Silbers zum Münzmetall, die Besserung der ländlichen Arbeiterverhältnisse und die Erleichterung des Verkehrs herbeizuführen.
73.	663.	Autel, Vermessungsrevisor a. D. in Görlitz,	beantragt die Erhöhung seiner Pension herbeizuführen.
74.	668.	Friederici, Apotheker in Friedenau und Genossen	beantragen zu vermitteln, daß in Preußen neben der Beerdigung die Feuerbestattung erlaubt werde.

Lehmann,
Vorsitzender der Kommission für Petitionen.

		B. Kommission für die Agrarverhältnisse.	
42.	II. 642.	Porath, Mühlenbesitzer in Klein-Lüben,	beschwert sich über seine Heranziehung zu Deichlasten.

Freiherr v. Huene,
Vorsitzender der Kommission für die Agrarverhältnisse.

		C. Kommission für das Justizwesen.	
54.	II. 682.	Paasch in Berlin	führt Beschwerde in der Untersuchungssache, welche gegen ihn schwebt.

Simon v. Bastrow,
Vorsitzender der Kommission für das Justizwesen.

Laufende Nummer	Journal-Nummer	Name und Wohnort	Inhalt

E. Kommission für das Unterrichtswesen.

44.	II. 664.	Der Schulvorstand von Lagendorf (überreicht vom Abgeordneten Stoecker)	beantragt Theilung des Schulverbandes Lagendorf.
45.	683.	Wilke und Genossen, emeritirte Lehrer in Berlin,	beantragen Erhöhung ihres Ruhegehalts.

Freiherr v. Plettenberg-Mehrum,
Vorsitzender der Kommission für das Unterrichtswesen.

F. Kommission zur Prüfung des Staatshaushaltsetats.

103.	II. 629.	Michelson und Genossen, Direktor und Lehrer der Landwirthschaftsschule in Hildesheim,	beantragen Einreihung der berechtigten Landwirthschaftsschulen unter die berechtigten öffentlichen höheren Lehranstalten des neuen Normaletats.
104.	669 1.	Götsche und Genossen in Itzehoe,	
105.	669 2.	Vorstand der Innung „Bauhütte" daselbst,	beantragen Erhöhung des Staatszuschusses für Fortbildungsschulen.
106.	669 3.	Vorstand der Malerinnung daselbst	
107.	393.	Zimmer, Dechant in Neuerburg, und Genossen, katholische Pfarrer des Dechanats Neuerburg, (überreicht vom Abgeordneten Brockmann)	
108.	596.	Lefrieu in Hillesheim und Genossen, Pfarrer des Dekanats Hillesheim,	beantragen zu veranlassen, daß bei Berechnung der Alterszulagen der katholischen Pfarrer die Dienstjahre derselben vom Tage der Priesterweihe gerechnet werden.
109.	5971–2.	Zoellner in Manderscheid und Genossen, Pfarrer der Dekanate Manderscheid und Zell,	

Francke (Tondern),
Vorsitzender der Kommission zur Prüfung des Staatshaushaltsetats.

G. Kommission (X) zur Vorberathung des Entwurfs eines Volksschulgesetzes, — Nr. 9 und Zu Nr. 9 der Drucksachen.

315.	II. 630.	Asselmann, Pfarrer, und Genossen in Schlepzig	sprechen sich zustimmend zum Entwurf aus.
316.	631.	v. Witte und Genossen in Gossow	desgleichen.
317.	632.	Müller, Klempner, und Genossen in Cörlin u. a. O.	desgleichen.
318.	633.	Nawotnik in Berlin	desgleichen.
319.	634.	Christiani und Genossen in Heegermühle	beantragen Ablehnung.
320.	635.	Magistrat in Altona	desgleichen.
321.	6361–3.	Magisträte und Bürgervorsteherkollegien der Städte Moringen u. a.	desgleichen.
322.	637.	Professor Dr. Götze und Genossen in Magdeburg	erklären sich zustimmend zum Gesetz.
323.	638.	Magistrat und Stadtverordnete in Elmshorn (überreicht vom Abgeordneten Peters)	beantragen Ablehnung.

Laufende Nummer	Journal-Nummer	Name und Wohnort	Inhalt
324.	11. 639.	Früchtenicht und Genossen in Seestermühe (überreicht vom Abgeordneten Peters)	beantragen Ablehnung.
325.	640.	Ortsvertretungen von Stadt und Dorf Gerdstadt	desgleichen.
326.	641.	Godsch, Buchhändler in Liegnitz,	erklärt Zustimmung zum Gesetzentwurf.
327.	643.	Kneip und Genossinnen, Lehrerinnen in Vallendar u. a. O. (überreicht vom Abgeordneten Dauzenberg),	machen wegen Festsetzung des Gehalts für Lehrerinnen Vorschläge.
328.	645.	Melzer, Oberpfarrer, und Genossen in Fürstenwalde	sprechen sich zustimmend zum Entwurf aus.
329.	646.	Kraufe und Genossen in Jauer	beantragen Ablehnung.
330.	647.	Schendel, Mühlenmeister in Gr. Möllen,	beantragt Erhaltung der konfessionellen Volksschule.
331.	648.	Magistrat von Londern	beantragt Ablehnung.
332.	649.	Lorenz und Genossen in Berlin	sprechen ihre Zustimmung zum Entwurf aus.
333.	650.	Magistrat und Stadtverordnete von Pillau	beantragen Ablehnung.
334.	651.	Schmieding, Oberbürgermeister in Dortmund, als Vorsitzender des Vorstandes des Westfälischen Städtetages,	trägt auf Aenderung der Bestimmungen des Entwurfs an, welche über das städtische Schulwesen handeln.
335.	652.	Gemeindevertretung von Eckesei	tritt der Petition des Westfälischen Städtetages bei.
336.	653.	Gemeindevorstand von Schöneberg	spricht sich gegen die beabsichtigte Unterstellung der Volksschulen und namentlich des Religionsunterrichts unter die Religionsgesellschaften und gegen die Bevorzugung konfessioneller Volksschulen aus.
337.	654.	Goebel und Genossen in Ems	beantragen Ablehnung.
338.	655.	Stoevesand in Erfurt	spricht sich zustimmend zum Entwurf aus.
339.	656.	Engelmann in Pietz	beantragt Ablehnung.
340.	657.	Graf Rothkirch und Genossen in Panthenau,	beantragen Annahme.
341.	658.	Magistrat und Stadtverordnete der Stadt Neumünster	machen Bedenken geltend gegen Bestimmungen des Entwurfs, welche über die Interessen der städtischen Verwaltung zu schädigen drohen.
342.	659.	Gemeindevertretung der Stadt Platho	beantragt Ablehnung.
343.	660.	Stadtverordnetenkollegium der Stadt Duisburg.	desgleichen.
344.	661.	Magistrat und Stadtverordnetenversammlung in Thorn	beantragen Ablehnung des Entwurfs.
345.	665.	Oertel in Berlin	spricht sich zustimmend zum Entwurf aus.
346.	666.	Johannsen und Genossen, Einwohner der Stadt Schleswig	beantragen Ablehnung.
347.	667.	Stock und Tourneau in Berlin	sprechen sich zustimmend zu dem Entwurf aus.
348.	670.	Stadtverordnetenkollegium zu Itzehoe	beantragt den Entwurf, falls er nicht in näher angegebener Richtung umgestaltet wird, abzulehnen.
349.	671.	Magistrat und Stadtverordnetenversammlung in Eberswalde	beantragen Ablehnung des Entwurfs.
350.	672.	Magistrat und Stadtverordnetenversammlung in Neu-Ruppin	desgleichen.
351.	673.	Urban, Ingenieur in Berlin	spricht sich zustimmend zum Gesetzentwurf aus.
352.	674.	Herschenz, Predigtamtskandidat in Frieberg N. M.,	desgleichen.
353.	675.	Flathmann und Genossen in Linden	beantragen Ablehnung.
354.	676.	Staufe, Oberpfarrer in Wolbenberg,	spricht sich zustimmend zum Entwurf aus.
355.	677.	Andernach und Genossen in Soest	beantragen Ablehnung des Entwurfs.
356.	678.	Magistrat und Stadtverordnetenversammlung in Brandenburg	

11*

Laufende Nummer	Journal-Nummer	Name und Wohnort	Inhalt
357.	II. 679.	Schilling, Pfarrer in Rothenbergen (überreicht vom Abgeordneten Riedesel Frhrn. zu Eisenbach)	spricht sich zustimmend zum Entwurf aus.
358.	680.	Bender, Oberbürgermeister, und Genossen, — als Vorstand des Schlesischen Städtetages —	wünschen verschiedene Aenderungen des Entwurfs.
359.	682.	Der Magistrat in Rybnik	erklärt seinen Beitritt zur Petition des Schlesischen Städtetages.
360.	684.	Grose und Genossen in Coit (überreicht vom Abgeordneten Grafen Behr)	beantragen Ablehnung.
361.	685.	Schminke und Genossen, Lehrer in Burghasungen u. a. O., (überreicht vom Abgeordneten Knoercke)	beantragen, den Entwurf in verschiedenen näher bezeichneten Abschnitten abzuändern.
362.	686.	Philippi, Bürgermeister, und Genossen in Usingen (überreicht vom Abgeordneten Dr. Beckmann)	beantragen Ablehnung.
363.	687.	Boltz und Genossen in Saarbrücken (überreicht von den Abgeordneten Olzem und Bopelius)	sprechen sich gegen den Entwurf aus.
364.	689.	Brenning, Pastor in Tündern, und Genossen	sprechen ihre Zustimmung zu dem Entwurf aus.
365.	690.	Stadtverordnetenversammlung in Ohligs	spricht sich gegen den Entwurf aus.
366.	691.	Bürgermeister und Stadtverordnete in Olpe	erklären sich zustimmend.
367.	692.	Magistrat zu Hameln	beantragt Ablehnung.
368.	693.	Stadtverordnetenversammlung von Barmen	macht Bedenken gegen mehrere Bestimmungen des Entwurfs geltend.
369.	694.	Wiemann in Barmen	beantragt Aenderung mehrerer grundsätzlicher Bestimmungen des Entwurfs.
370.	241.	Schmidt, pensionirter Lehrer in Lehre,	beantragen die Pensionen der emeritirten Lehrer zu erhöhen.
371.	242.	Walter, pensionirter Lehrer in Tilsit,	
372.	771.	Kenski, pensionirter Lehrer in Kurzontken,	
373.	772.	Schiwek, pensionirter Lehrer in Nawaken,	beantragen Erhöhung ihres Ruhegehalts.
374.	773.	Struwe und Genossen, pensionirte Lehrer in Kellinghusen,	
375.	151 1 2.	Schulze, Rektor in Osterburg i. d. M. und Genossen, (überreicht vom Abgeordneten Stengel)	beantragen zu bewirken, daß bei Bemessung der staatlichen Dienstalterszulagen die an Privatpräparandenanstalten zugebrachte Dienstzeit zur Anrechnung gelange.
376.	277.	Langner, emeritirter Lehrer in Habelschwerdt, (überreicht vom Abgeordneten Dr. Porsch)	beantragt Erhöhung des Ruhegehalts derjenigen Lehrer, welche vor Erhöhung der Alterszulagen nach dreißigjähriger Dienstzeit emeritirt sind.
377.	3115-6.	Thomas, Gemeindevorsteher und Genossen in Neuenborn u. a. O. (II. 3116 aus Sombertsberg, überreicht vom Abgeordneten Broekmann)	beantragen zu bestimmen, daß für die Kinder der Landbevölkerung des Eiselgebirges der Schulbesuch sich nur auf halbe Tage zu erstrecken habe.
378.	4508-9.	v. Kroß-Horst und Genossen in Horst u. a. O. (II. 4508 überreicht vom Abgeordneten Peters; II. 4509 überreicht vom Abgeordneten Rickert)	erheben eine Reihe von Bedenken gegen den Entwurf.

Haus der Abgeordneten. Verzeichniß der eingegangenen Petitionen.

Laufende Nummer	Journal-Nummer	Name und Wohnort	Inhalt
379.	II. 490 46—56.	Eggerling, Pfarrer und Gen. in Bersmold u. a. O. (II. 490 46 u. a. überreicht vom Abgeordneten Meyer zu Selhausen; II. 490 50 aus Rahden überreicht vom Abgeordneten Freiherrn v. d. Reck; II. 490 54 aus Dannenwalde überreicht vom Abgeordneten Dr. Kropatschek)	erklären ihr Einverständniß mit dem Entwurf.
380.	498 3.	Magistrat und Stadtverordnetenversammlung in Solbin	beantragen Ablehnung des Entwurfs.
381.	514.	Sydow und Genossen, emeritirte Lehrer in Stolp (Pommern),	beantragen Erhöhung ihrer Pension.
382.	515 10-25.	Hoschütz und Genossen in Zagelsdorf u. a. O.	beantragen, den Bestimmungen des Entwurfs über den konfessionellen Charakter der öffentlichen Volksschule und die Betheiligung der Eltern an der Schulverwaltung zuzustimmen.
383.	549 13-14.	Wagner und Genossen in Rauenthal u. a. O.	beantragen namentlich, weil sie Beibehaltung der nassauischen Simultanschulen wünschen, Ablehnung des Entwurfs.
384.	550114-141.	Eberz, Pfarrer, und Genossen in Haddernheim u. a. O.	sprechen sich gegen Beibehaltung der nassauischen Simultanschulen und für Genehmigung der Bestimmungen des Entwurfs über Einrichtung konfessioneller Schulen aus.
385.	660.	Gustavs, emeritirter Lehrer und Küster in Lassan,	beantragt Erhöhung des Ruhegehalts für die vor dem 1. April 1890 emeritirten Lehrer.
386.	569 4-6.	Vertretungen der Stadt Warburg u. a.	erklären ihre Zustimmung zur Petition des Magistrats zu Münster — II. 556.

Graf Clairon d'Haussonville,
Vorsitzender der Kommission X.

II. Kommission (XI) zur Vorberathung des Gesetzentwurfs, betreffend die Kosten Königlicher Polizeiverwaltungen in den Stadtgemeinden, — Nr. 8, A zu Nr. 8 und B zu Nr. 8 der Drucksachen.

10.	II. 681.	Bender, Oberbürgermeister, und Genossen, als Vorstand des Schlesischen Städtetages,	sprechen sich gegen einige Bestimmungen des Entwurfs aus.

Sarth,
Vorsitzender der Kommission XI.

Druck und Verlag: W. Moeser Hofbuchdruckerei in Berlin.

VIII.

Verzeichniß
der
bei dem Hause der Abgeordneten eingegangenen Petitionen.
17. Legislaturperiode IV. Session 1892.

Laufende Nummer	Journal-Nummer	Name und Wohnort	Inhalt
		A. Kommission für die Petitionen.	
75.	II. 695.	Scheel, Bübner und Händler in Damerow,	beantragt Ermäßigung der ihm auferlegten Gewerbesteuer.
76.	707.	Weißenfels, Landmesser, und Pott, Auktionskommissar in Witten	beantragen näher bezeichnete Uebelstände auf dem Bergisch-Märkischen Bahnhofe in Witten zu beseitigen.
77.	717.	Hülsebus, Eielrichter, und Genossen in Olbersum und Petkum	beantragen bei der Staatsregierung zu befürworten, daß der projektirte Cataral-Kanal südlich neben der Eisenbahn nicht zur Ausführung gebracht werde.
78.	725.	Marklewitz, Invalide in Scheipnitz,	beantragt für Erhöhung seiner Pension einzutreten.
79.	726.	Bladt, Fährbesitzer und Genossen in Mummark auf Alsen	beantragen Anlage eines Hafens bei Mummark.
80.	758.	Otte in Buchelsdorf	beantragt, ihm Militärinvalidenpension zu bewilligen.
81.	759.	Vertreter der Gemeinde Broich-Speldorf (überreicht vom Abgeordneten Dr. Hammacher)	beantragen dafür einzutreten, daß für die Gemeinde Broich-Speldorf eine Apotheke errichtet werde.
82.	764.	Conrad, Pfarrer in Berneburg	beantragt, dem Gesetzentwurf, betreffend die äußere Heilighaltung der Sonn- und Festtage in den Provinzen Schleswig-Holstein u. s. w., wenn nicht überhaupt, doch für die Provinz Hessen-Nassau die Genehmigung zu versagen, dagegen dem Regierungspräsidenten die gesetzliche Ermächtigung zu geben, die zulässigen Ausnahmen von Sonntagsarbeit im Rahmen des bestehenden Gesetzes durch Polizeiverordnung festzusetzen.
83.	771.	Fischer in Gefell	beantragt, die richtige Größe einer ihm gehörigen Waldparzelle feststellen zu lassen.
84.	773.	Schlimmelpfennig, Kirchenältester in Heringen,	beschwert sich über Einführung eines neuen Gesangbuchs in dortiger Gemeinde.
85.	781.	Gloystein in Bremen	beantragt, zu veranlassen, daß ihm seine frühere Stelle als Stationsvorsteher der Unter-Elbeschen Eisenbahn wieder verliehen werde.

Laufende Nummer	Journal-Nummer	Name und Wohnort	Inhalt
86.	II. 7841-9.	Schneider, Bürgermeister, und Genossen in Matzenheim u. a. O.	beantragen, zu erwirken, daß das verkäufliche Holz aus fiskalischen Forsten im Walde versteigert und den Erstehern aus dem Kleinbauernstande das Kaufgeld gestundet werde.
87.	798.	Hölzermann in Neubrück (überreicht vom Abgeordneten Cremer)	beantragt, ihn dafür zu entschädigen, daß sein Mastenkrahn am Werchensee durch Erbauung des Ober-Spreekanals entwerthet ist.
88.	799.	Gutsche, unverehelichte in Königsberg,	beantragt zu veranlassen, daß ihr die Gnadenkompetenzen, welche ihrem Bruder, einem Beamten, zuständig gewesen wären, falls er eine Wittwe hinterlassen hätte, gezahlt werden.
89.	808.	Schmidt in Liegnitz (überreicht vom Abgeordneten Lange)	beantragt, zu veranlassen, daß ihm Vergütigung gewährt werde für den Schaden, welchen er dadurch erlitten, daß Frachtgut, welches er der Eisenbahn übergeben, angeblich nicht rechtzeitig umgeladen worden.
90.	810.	Gerecke, pens. Büreaudiener in Stendal	beantragt Gewährung eines Pensionszuschusses.
91.	812.	Reimers in Süderdeich	beantragt die Versetzung seines Sohnes, eines Steueraufsehers, zu veranlassen.
92.	817.	Reiczug, früherer Kreisgerichtssekretär in Marggrabowa	beantragt, seine Wiederaufnahme als Mitglied der allgemeinen Wittwenverpflegungsanstalt oder Rückzahlung der von ihm früher dahin geleisteten Beiträge.
93.	822.	Brinkies, Wittwe in Drawöhnen,	beantragt zu vermitteln, daß ihr eine Altersrente gezahlt werde.
94.	823.	Meede, Arbeiter in Neu-Passarge	beantragt herbeizuführen, daß ihm eine Unfallrente gezahlt werde.
95.	826.	Leurs, Brennereibesitzer in Pölik	beantragt zu erwirken, daß die von ihm im Jahre 1887 angeblich zu viel gezahlte Malzsteuer erstattet werde.
96.	827.	Zolbahn, Stellmachermeister in Bütow	beantragt, ihm die Konzession zum Betriebe einer Schankstätte zu verschaffen.

Lehmann,
Vorsitzender der Kommission für Petitionen.

D. Kommission für die Agrarverhältnisse.

43.	II. 757.	Rohloff und Genossen in Lobbe	beantragen zu veranlassen, daß das Domänenvorwerk Lobbe oder 30 ha Acker und Wiesen desselben als Rentengutsbesitzungen vergeben werden.
44.	782.	Steinberg, Destillateur, und Genossen in Luckenwalde (überreicht vom Abgeordneten Mies)	beantragen zu veranlassen, daß die Beiträge, welche sie jetzt von ihren Grundstücken zum Mutheverband zu leisten haben, ermäßigt werden.
45.	787.	Hoffmann, Ackerwirth in Gogolewo, (überreicht vom Abgeordneten Rickert)	beantragt Bewilligung einer Unterstützung in Folge der Schäden, welche er durch Ueberschwemmung seiner Besitzung im Jahre 1891 erlitten.
46.	871.	Strobol, Halbbauer in Klischczow	beantragt zu vermitteln, daß die Rente, welche von einer ihm gehörigen Ackerparzelle zu entrichten ist, ermäßigt werde.

Freiherr v. Durand,
Vorsitzender der Kommission für die Agrarverhältnisse.

Laufende Nummer	Journal-Nummer	Name und Wohnort	Inhalt
		C. Kommission für das Justizwesen.	
55.	II. 731.	Kreistag des Kreises Husum	beantragt Erhaltung der Amtsgerichte auf den Inseln Pellworm und Nordstrand.
56.	770.	Klein in Bohmiß	beantragt Aufhebung der gegen ihn ausgesprochenen Entmündigung.
57.	780.	Pochziol, Häusler in Henriettendorf	beantragt die Niederschlagung von Gerichtskosten, deren Zahlung ihm obliegt, zu veranlassen.
58.	786.	Sebastiani in Straßburg	führt Beschwerde in verschiedenen Rechtssachen, bei denen er betheiligt.
59.	804.	Herzog, Bergmann in Ober-Rybultau,	beantragt ein gerichtliches Urtheil, welches in einer Streitsache ergangen, bei welcher er interessirt, zu revidiren.
60.	809.	Wilsdorf, Bohrmeister in Teuchern,	führt Beschwerde über Zurückweisung von Strafanträgen, welche er gestellt.
61.	813.	Jureczko in Sorau	beantragt die Revision eines Erkenntnisses, welches in einer Strafsache gegen ihn ergangen ist.
62.	814.	Bahls, Lehrer a. D. in Erdmannen,	beantragt die Revision der gegen ihn in verschiedenen Strafsachen ergangenen Erkenntnisse.
63.	816.	Ehlert, Landwirth in Grabow,	wünscht Wiederaufnahme eines gegen ihn anhängig gewesenen Verfahrens.
64.	206.	Dr. Stolp in Charlottenburg	beantragt auf Verleihung des pfandlichen Vorzugsrechts für Forderungen der Bauhandwerker bei Neubauten abzielende gesetzliche Bestimmungen zu erlassen.
65.	5793-5.	Thebens, Pastor, und Genossen in Hooge u. a. O. (II. 5794 überreicht vom Abgeordneten Jürgensen)	beantragen, der Aufhebung des Amtsgerichts Pellworm nicht zuzustimmen.

Simon v. Jastrow,

Vorsitzender der Kommission für das Justizwesen.

D. Kommission für das Gemeindewesen.

22.	II. 7471-2.	Guthcke in Burgwall und Genossen, Amtsvorsteher (überreicht vom Abgeordneten Lamprecht)	beantragen, den Amtsbezirken und ländlichen Gemeinden bezw. deren Vorstehern für die Arbeiten aus Anlaß der sozialen Gesetze, des Einkommensteuergesetzes und des Wildschadengesetzes aus Staatsfonds Entschädigung zu gewähren.

Wessel,

Vorsitzender der Kommission für das Gemeindewesen.

E. Kommission für das Unterrichtswesen.

46.	II. 708.	Schoenrock in München	beantragt das Wiederaufnahmeverfahren in der Disziplinaruntersuchungssache gegen seinen Vater, einen Lehrer, zuzulassen.
47.	723.	Bornholdt, Lehrer a. D., in Rendsburg	beantragt Wiederanstellung im Schuldienste.
48.	748.	Namislo und Genossen, Lehrer in Obersch u. a. O.,	beantragen näher angegebene Aenderungen des Gesetzes, betreffend die Pensionirung der Lehrer und Lehrerinnen an den öffentlichen Volksschulen, vom 6. Juli 1885.

54   Haus der Abgeordneten. Verzeichniß der eingegangenen Petitionen.

Laufende Nummer	Journal-Nummer	Name und Wohnort	Inhalt
49.	II. 772.	Nutsch, Tischler in Niederhermsdorf,	wünscht Entlassung seines Sohnes aus der Schule.
50.	793.	Bieting, Gutsbesitzer in Schönwalde, (überreicht vom Abgeordneten Neukirch)	beantragt zu veranlassen, daß auch in dem Forstgutsbezirk Czersk die Gesetze wegen der Schullasten vom 14. Juni 1888 resp. 31. März 1889 zur Ausführung gebracht und ihm zu viel gezahlte Beträge an Schullasten erstattet werden.
51.	797.	Lüders und Genossen, Lehrer in Halberstadt, (überreicht vom Abgeordneten Weber [Halberstadt])	beantragen, allen Lehrern die staatlichen Alterszulagen zu bewilligen.
52.	819.	Remmes, ordentlicher Lehrer am Proggymnasium in Saarlouis,	beantragt, ihn als vollberechtigten Lehrer der Anstalt, an welcher er amtirt, anzuerkennen und ihm Wohnungsgeldzuschuß zu gewähren.
53.	828.	Gauerthe und Genossen, Gewerbetreibende in Baldenburg,	beantragen zu erwirken, daß in den Pommern und Brandenburg nahe gelegenen Städten der Provinz Westpreußen, wo keine polnischen Elemente vertreten sind, der Schulzwang für Lehrlinge und Gehülfen aufgehoben werde.

Freiherr v. Plettenberg-Mehrum,
Vorsitzender der Kommission für das Unterrichtswesen.

F. Kommission zur Prüfung des Staatshaushaltsetats.

110.	II. 746.	Eichgrün, Förster a. D. in Grünwald,	beantragt Erhöhung seiner Pension
111.	790.	Aktiengesellschaft Donnersmarkhütte in Zabrze	beantragt Herstellung einer Hauptbahnverbindung zwischen den Stationen Karf und Bobrek.
112.	792.	Jacob, pensionirter Schutzmann in Liegnitz, (überreicht vom Abgeordneten Lauge)	beantragt Erhöhung seiner Pension.
113.	796.	Haus, Forstamtssekretär in Rullld,	beantragt den forstlichen Privatsekretären nach 10 bis 12-jähriger Beschäftigung im Königlichen Forstdienst die Anstellungsberechtigung zu ertheilen.
114.	805 1.	Fraß und Genossen in Mehlsack,	
115.	805 2.	Pohl und Genossen in Mehlsack, (überreicht vom Abgeordneten Krebs)	beantragen den Bau einer Eisenbahn von Mehlsack nach Heilsberg.
116.	806.	Vertreter des minderjährigen Herzogs von Arenberg	beantragen im betreffenden Gesetz eine Bestimmung zu treffen, durch welche dem Herzoglich Arenbergschen Hause der Anspruch auf die Entschädigung aus § 4 des Einkommensteuergesetzes vom 24. Juni 1891 vorbehalten wird.
117.	820.	Rosetzky und Genossen, Hilfsweichensteller in Dirschau,	beantragen ihre definitive Anstellung herbeizuführen.
118.	824.	Rosenberg, Weichensteller in Ottensen,	beantragt sein Gehalt nach seiner Gesammtdienstzeit festzusetzen.
119.	825.	v. Kossowski, Rittergutsbesitzer in Gajewo und Genossen,	beantragen den Bau einer Eisenbahn zwischen Schönsee und Gollub.
120.	1452.	Frommhold, Kreiskassengehülfe in Jauer, (überreicht vom Abgeordneten Freiherrn v. Richthofen [Jauer])	beantragt den ersten Kreiskassengehülfen Beamtenqualifikation, feste Anstellung und Pensionsberechtigung zu erwirken.
121.	3164.	Hinrichsen und Genossen in Quars-Laygaard u. a. O.	beantragen den Bau einer Eisenbahn von Sonderburg nach Tingleff.

Laufende Nummer	Journal-Nummer	Name und Wohnort	Inhalt

| 122. | II. 5972. | Fisch, Dekan, und Genossen, Pfarrer des Dekanats Zell, | beantragen zu veranlassen, daß bei Berechnung der Altersjulagen der katholischen Pfarrer die Dienstjahre derselben vom Tage der Priesterweihe gerechnet werden. |

Francke (Sondern),
Vorsitzender der Kommission zur Prüfung des Staatshaushaltsetats.

L. Kommission (XIV) zur Vorberathung des Gesetzentwurfs, betreffend die Abänderung einzelner Bestimmungen des Allgemeinen Berggesetzes vom 24. Juni 1865, Nr. 99 der Drucksachen.

| 1. | II. 789. | Magdeburger Braunkohlenbergbauverein in Schönebeck | macht Bedenken gegen mehrere Bestimmungen des Entwurfs geltend. |
| 2. | 815. | v. Schwarze in Selbeck | beantragt, es bei der Bestimmung der Gewerbeordnung „Alle Strafen müssen zum Besten der Arbeiter verwandt werden" zu belassen. |

Popelius,
Vorsitzender der Kommission XIV.

M. Kommission (XV) zur Vorberathung des Gesetzentwurfs, betreffend die Aufhebung von Stolgebühren u. f. w., Nr. 84 der Drucksachen.

| 1. | II. 811. | v. Zittwitz, Pastor in Scheidelwitz, | beantragt Ablösung des Offertoriums, welches nach der Stolgebührenordnung für die evangelischen Gemeinden Schlesiens vom 28. Dezember 1870 Geistliche und Küster außer den tagmäßigen Gebühren zu fordern haben. |

Graf Clairon d'Haussonville,
Vorsitzender der Kommission XV.

O. Kommission (XVII) zur Vorberathung des Gesetzentwurfs, betreffend die Besetzung der Subaltern- und Unterbeamtenstellen in der Verwaltung der Kommunalverbände mit Militäranwärtern, Nr. 130 der Drucksachen.

| 1. | II. 785. | Homann und Genossen, Subaltern- und Unterbeamte der Städte Elbing, Königsberg u. f. w. | beantragen, im Gesetz zu bestimmen, daß den auf Lebenszeit angestellten Gemeindebeamten die Militärdienstzeit bei der Pensionirung anzurechnen ist. |

Sperlich,
Vorsitzender der Kommission XVII.

Druck und Verlag: W. Moeser Hofbuchdruckerei in Berlin.